…unde & Infos

Berwick-upon-Tweed
Insel Lindisfarne
SCHOTTLAND
Newcastle-upon-Tyne
Hadrian's Wall
Carlisle
4
Lake District
North York Moors
Scarborough
3
5
York
Hull
Preston
Leeds
Liverpool
Manchester
ENGLAND
Norfolk Coast
1
Nottingham
Norwich
Leicester
WALES
Birmingham
The Broads
Northampton
Cambridge
Blenheim Palace
Colchester
Cotswolds
LONDON
2
Cardiff
Bristol

UNTERWEGS MIT DOROTHEA MARTIN

Schon als Teenager verbrachte ich mehrere Sommerferien in England und Schottland, noch bevor ein Urlaub auf den Britischen Inseln in Mode kam. Zu meinen frühesten Erinnerungen zählen der kulinarische Schock angesichts meines ersten scharfen Currys; das winzige, windschiefe Zimmer in der alten Kate unserer herzlichen Gastgeber Paul und Connie, das die Tochter für mich geräumt hatte; die halsbrecherischen Fahrten über holprige, enge und von Hecken gesäumte Straßen, die zu einsamen Stränden am Fuße bizarrer Steilklippen führten, und das fröhliche Lachen und Stimmengewirr aus den schummrigen Pubs, deren Zutritt mir aus Altersgründen noch verwehrt war. Dieses seltsame Land mit seinen tiefenentspannten, freundlichen Menschen, den gleichförmigen schmalen Häuschen und der atemberaubenden Natur muss einen bleibenden Eindruck hinterlassen haben – ich kam immer wieder, zog 1999 nach Bristol, hängte meinen Medienjob an den Nagel und wurde staatlich geprüfte Reiseführerin. Mittlerweile durchqueren mein Partner und ich in unserem Wohnmobil „Bumblebee" wann immer möglich das Land, erwandern die Heidelandschaften, Moore und Gebirge, staunen über die Veränderungen und Investitionen, die vor allem die Städte im letzten Jahrzehnt dramatisch modernisiert haben, und erfreuen uns an den vielen Orten und Momenten, an denen alles noch genau so ist wie früher.

Text und Recherche: Dorothea Martin **Lektorat:** Nikola Braun, Horst Christoph, Anja Elser; Christine Beil (Überarbeitung) **Redaktion:** Heike Dörr **Layout:** Mirko Graf, Sven Talaron **Karten:** Theresa Flenger, Judit Ladik, Stephan Moskophidis, Benedikt Neuwirth **Fotos:** Jürgen Andrews (außer S. 611: Dorothea Martin) **GIS-Consulting:** Rolf Kastner **Grafik S.14/15:** Johannes Blendinger **Covergestaltung:** Karl Serwotka **Covermotive:** oben: Fountain Abbey in Yorkshire © mauritius images / Andrew Barker / Alamy; unten: Radcliffe Camera vor dem All Souls College in Oxford © mauritius images / Steve Vidler; gegenüberliegende Seite: Maritime Museum in Harwich © Jürgen Andrews)

2. KOMPLETT ÜBERARBEITETE UND AKTUALISIERTE AUFLAGE 2017

NORD- UND MITTELENGLAND

DOROTHEA MARTIN

Yorkshire 392

Der Nordwesten 560

Kleiner Wanderführer 682

Alle Wanderungen sind mit GPS kartiert. Waypoint-Dateien zum Downloaden unter: www.michael-mueller-verlag.de/gps

Kartenverzeichnis

Zeichenerklärung für die Karten und Pläne

Autobahn	Kloster, Klosterruine	Wasserbecken
Schnellstraße	Kirche	Gatter
Fernstraße	Burg, Burgruine	Krankenhaus
Hauptstraße	Museum	Telefon
sonstige Straße und Brücke	Mühle	Post
Wanderweg	Turm	Supermarkt
Eisenbahn	Miene	Bank
Fähre	Archäologische Stätte	Tankstelle
Fluss	Sehenswürdigkeit/ Naturattraktion	Camping
Grenze	Berggipfel	Schild
Nationalpark	Höhle	Flughafen
Strand	Wasserfall	Bushaltestelle
Gewässer	Felsen	U-Bahn
Grünanlage	Aussichtspunkt	Parkplatz
Friedhof		Information
Stadtfläche	Fußgängerzone	Fähhafen

Mit dem grünen Blatt haben unsere Autoren Betriebe hervorgehoben, die sich bemühen, regionalen und nachhaltig erzeugten Produkten den Vorzug zu geben.

Alles im Kasten

Was haben Sie entdeckt? Welches Pub haben Sie in besonders guter Erinnerung, wo haben Sie die schönsten Wanderungen gemacht, welches Hotel oder B&B hat Ihnen am besten gefallen, welchen Campingplatz würden Sie wieder besuchen?
Wenn Sie Ergänzungen, Verbesserungen oder neue Tipps zum Buch haben, lassen Sie es uns bitte wissen!

Schreiben Sie an: Dorothea Martin, Stichwort „Nord- und Mittelengland“
c/o Michael Müller Verlag GmbH | Gerberei 19, D – 91054 Erlangen
dorothea.martin@michael-mueller-verlag.de

Wahrzeichen der Landschaft Norfolks: Windmühlen

Wohin in Nord- und Mittelengland?

① Die Midlands → S. 102

Im Herzen Englands liegt mit Birmingham die einstige Hochburg der industriellen Revolution, heute prägen Kunst und moderne Architektur die Stadt. Zu den schönsten Landstrichen zählen die Cotswolds mit den unverputzten Häuschen aus Kalksteinen. Publikumsmagnet ist auch die ehrwürdige Universitätsstadt Oxford. Eine Zeitreise ins Mittelalter bieten William Shakespeares Geburtsort Stratford-upon-Avon, die Fachwerkdörfer Herefordshires und das imposante Warwick Castle.

② East Anglia → S. 270

Im Osten Englands findet d er R eisende kilometerlange Sandstrände, Dünen und Marschen, die ideale Bedingungen für Zugvögel bieten. Im Inland haben die flachen, malerischen Landschaften schon John Constable und Thomas Gainsborough inspiriert, das Seengebiet des Nationalparks „The Broads" ist ein Urlaubsparadies. Zu den architektonischen Kostbarkeiten zählen die Universitätsstadt Cambridge sowie die Kathedralen von Ely, Norwich und Peterborough.

③ Yorkshire → S. 392

Die Täler des Nationalparks „Yorkshire Dales" sind noch sehr ursprünglich, hier wuchsen die Brontë-Schwestern auf. Der Nationalpark „North York Moors" lockt Wanderer ins Hochmoor, und zwei der bekanntesten Klosterruinen des Landes, Rievaulx Abbey und Fountains Abbey, sind hier zu bewundern. York besticht mit Industriedenkmälern und seiner Kathedrale. Die Städte Leeds und Sheffield haben sich von ehemaligen Industriezentren zu attraktiven Universitätsstädten gemausert.

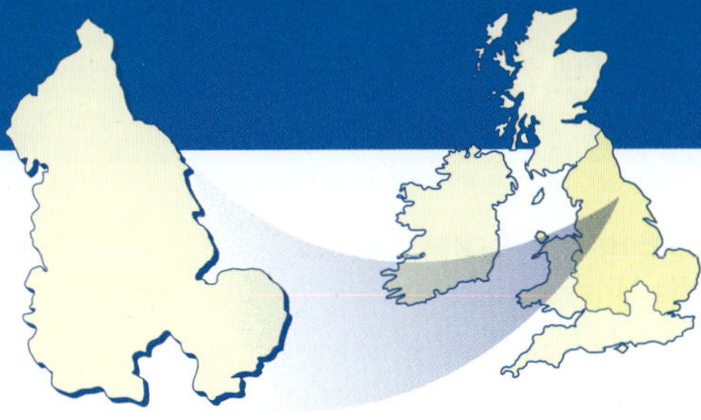

(4) Der Nordosten → S. 506

Nördlich der lebhaften Metropole Newcastle-upon-Tyne wird es rau und einsam. Die Gezeiteninsel Lindisfarne war die Wiege des englischen Christentums; zu ihrem Schutz erbaut, schmiegen sich Burgen und Burgruinen an die Dünen und Klippen. Schützen mussten sich auch schon die Römer, wovon die Mauerreste des Hadrianswalls zeugen. In der hübschen Kleinstadt Durham steht eine der formschönsten normannischen Kathedralen des ganzen Landes, und die nördlichen Penninen sind eine Gegend außergewöhnlicher Schönheit.

(5) Der Nordwesten → S. 560

Die ehemaligen Industriezentren Liverpool, Manchester und Leeds haben sich erfolgreich der Kultur und dem Kommerz geöffnet: Die Auswahl an bahnbrechenden Museen ist riesig, die Innenstädte sind ein Shoppingerlebnis. Im beschaulichen Chester hingegen scheint die Zeit stehen geblieben zu sein. Naturliebhaber kommen im Lake District voll auf ihre Kosten. Wildromantisch geht es auch im von zahlreichen Schafen beweideten Nationalpark „Peak District“ zu, den kilometerlange Trockensteinmauern durchziehen.

Die Vorschau

In England ticken die Uhren anders

Und nicht nur die. Was ist wirklich dran an den Klischees, die über die Insulaner bei uns kursieren?

„Der Ärmelkanal ist keine Wasserstraße, sondern eine Weltanschauung!" Dieses Bonmot von Sir Winston Churchill ist zwar alt, birgt aber bis heute ein Fünkchen Wahrheit. Auf der Insel fährt man notorisch links durch unendlich viele Kreisverkehre; man lebt in kleinen, gleichförmigen Reihenhäusern mit Bädern, deren Waschbecken zwei getrennte Hähne haben; im Pub gibt es abgestandenes Bier, das man sich selbst holen muss und das in ungesunden Mengen konsumiert wird. Beim Essen tunkt man das Lamm in Pfefferminzsoße und kippt Essig über seine Pommes; das Frühstück besteht aus einem Berg fettig Gebratenem. Der Engländer ist gegen Hitze und Kälte resistent, wahrscheinlich weil es durch seine einfach verglasten Fenster so zieht. Seinem sonnenverbrannten Körper gönnt er partout keinen Schatten, eisigen Temperaturen trotzt *er* in Shorts und Flipflops und *sie* im Minirock auf High Heels. Das Königshaus ist von gestern, aber so konservativ die Queen, umso unkonventioneller ihre Untertanen. Die Engländer pflegen schwarzen Humor und einen Hang zur Exzentrik. Kurzum: Sie sind ein ganz eigenes Völkchen, frei nach Asterix: Die spinnen, die Briten!

Der englische Linksverkehr

In England fährt man auf der falschen Straßenseite, richtig? Falsch, denn der Linksverkehr ist keine Erfindung der Engländer, es gab ihn bereits in der Antike. Da die meisten Menschen Rechtshänder sind und ihre Waffen in eben jener Hand hielten, ließ man entgegen-

kommende Pferde, Streitwagen und Kutschen jahrhundertelang rechts passieren, um sich im Falle eines Angriffs vernünftig wehren zu können. Die linke Fahrspur ist also die historisch korrekte Fahrspur. Im restlichen Europa waren die Schweden die letzten, die in den 1960er-Jahren vom Links- auf den Rechtsverkehr umgesattelt haben. Mindestens die Hälfte der Erdbevölkerung hält es bis heute wie die Briten, so beispielsweise auch die Australier, Inder, Japaner und Neuseeländer.

Die englische Küche

Die englische Küche ist fade, ja gänzlich geschmacklos – England ist ein wahres Niemandsland der Gaumenfreuden, richtig? Na ja, der miese Ruf der englischen Küche stammt aus den Nachkriegsjahren, als Lebensmittelrationierungen (noch bis 1954) Improvisation am Herd verlangten. George Orwells vernichtendes Urteil damals: „Man sagt gemeinhin, und selbst die Engländer pflichten dem bei, dass die englische Küche die schlechteste der Welt ist.“ Auch als die Rationierungen vorbei waren, wurde die Küche lange nicht besser. Erst in den 1990er-Jahren nahm England kulinarisch Fahrt auf, und das Essen heute hat mit den alten Stereotypen nicht mehr viel gemein. Für das berüchtigte englische Frühstück werden immer öfter Bio- und Qualitätsprodukte verwendet oder vegetarische Varianten geboten. Viele Städter züchten in Community Gardens ihr eigenes Biogemüse, kaum ein Ort kommt ohne einen Farmers' Market (Bauernmarkt) aus, auf dem frische Produkte aus der Region feilgeboten werden. Ein junger, flippiger Fernsehkoch hat außerdem dafür gesorgt, dass Kochen selbst bei der Jugend wieder „in“ ist. So präsentiert sich Englands Küche von heute international, abwechslungsreich, saisonal und verlockend ...

für manche vielleicht zu verlockend. Millionen viel zu dicke Engländer müssen mit Kampagnen für gesunde Ernährung zur Mäßigung erzogen werden. Allerdings essen sie mit Sicherheit noch „traditionell".

Der englische Tee

Die Engländer trinken ständig Tee, richtig? Richtig, die Engländer trinken viel Tee. Aber die Zeiten, da sie um Schlag 17 Uhr für ihre „nice cuppa tea" alles stehen und liegen ließen, sind im Alltag vorbei. Tee wird zu jeder Gelegenheit getrunken, insgesamt 165 Mio. Tassen am Tag. Fast immer (zu 96 %) sind es Beutel, aus denen das Gebräu entsteht. Tiefschwarz muss es sein, und Milch sollte hinein. Beim Thema Milch scheiden sich jedoch die Geister. Gehört sie zuerst in die Tasse und dann der Tee (MIF – Milk in First), oder sollte man zuerst den Tee und danach die Milch eingießen (TIF – Tea in First)? Was woanders niemanden kümmert, da dort Milch im Tee als Störfaktor und nicht als Bereicherung betrachtet wird, ist hier ein Glaubensbekenntnis. 2004 setzte die Royal Society of Chemistry diesem Streit vorerst ein wissenschaftliches Ende. Laut Forschungsergebnis muss zuerst die Milch in die Tasse, damit die Eiweißverbindungen nicht zerstört werden. Wer früher sehr schlechtes, oder ganz besonders kostbares Porzellan sein Eigen nannte, hielt es schon immer so, schließlich sollten die Tassen nicht zerspringen. Der Queen ist es gleich, sie hat genug Tassen. Sie wird wohl weiterhin erst den Earl Grey eingießen (lassen), bevor die Milch dazukommt. Vielleicht nimmt sie sich ja die beiden anderen Empfehlungen zu Herzen: Den Tee erst zu trinken, wenn er auf 60 bis 65 °C abgekühlt ist, um das vulgäre Schlürfen zu vermeiden, und vor der Teatime einen halb-

stündigen Spaziergang durch den kalten Regen zu machen – erst danach schmeckt die „cuppa“ richtig gut.

Die englische Höflichkeit

Engländer sind übertrieben höflich, richtig? Well, sie sind jedenfalls höflich. Politeness ist in England oberste Tugend. „Yes please“ und „no thank you“ bilden eine verbale Spracheinheit, und man entschuldigt sich befremdlicherweise auch, wenn man den entschuldigungswürdigen Vorfall gar nicht verursacht hat. Darum legen Sie sich die Wörtchen „please“, „thank you“ und „excuse me“ am besten ganz weit vorne auf Ihre Zunge, Sie werden sie ständig brauchen. Ein Zeichen der Höflichkeit ist auch das permanente Schlangestehen. Wo andernorts das Gesetz des Stärkeren gilt, übt sich der Engländer im Queuing. Es wird in allen Lebenslagen praktiziert: Man steht an der Bushaltestelle, am Bankschalter und eigentlich überall in der Schlange, am besten mit einem Abstand von einer Armlänge, sonst ist man nicht als Wartender zu erkennen und wird von jedem Neuankömmling auf seine Zugehörigkeit zur Schlange befragt. Vorgedrängelt wird auf keinen Fall, weder wenn eine zweite Kasse im Supermarkt eröffnet wird, noch wenn die Hausbank Pleite geht. Selbst als im Herbst 2007 die Schließung der Hypothekenbank Northern Rock drohte, stellten sich die verschreckten Sparer ordentlich an, um ihr Geld zu retten. Um das zu leisten, braucht es die stoische Stiff Upper Lip (Gleichmütigkeit), viel Geduld (Engländer nehmen klaglos hin, was sie nicht ändern können) und etwas Humor.

Der englische Humor

Engländer haben einen ausgeprägten Sinn für Humor, richtig? Kein Zweifel.

Die Vorschau

Der Engländer trifft sich mit Freunden, um zu witzeln und zu lachen, nicht um Probleme zu wälzen oder die Welt zu verbessern. Dabei lässt er ironische Kommentare und Sticheleien gut gelaunt über sich ergehen, die Urangst vor dem Scheitern ist ihm unbekannt. Da er sich selbst nicht so wichtig nimmt, bringt er den Mut zum Galgenhumor auf, den wir gemeinhin als schwarzen Humor verstehen. Dem Deutschen unterstellt der Engländer grundsätzlich, dass ihm der Sinn für Humor gänzlich fehle. Wenn der Deutsche über englische Witze nicht lachen kann, ist das jedoch meist ein Sprachproblem, denn der moderne englische Humor basiert weniger auf dem non-verbalen Slapstick eines Mr Bean als auf Sprachwitz und Doppeldeutigkeit. Unsere Ehre rettet seit vielen Jahren der in London lebende Stand-up-Comedian Henning Wehn. Mit seinen Witzen über beide Länder hat er die Engländer total überrascht, und er hat inzwischen Kultstatus erreicht.

Ein Lachlabor hat übrigens vor etwa zehn Jahren den Lieblingswitz der Engländer ermittelt: Eine Frau steigt mit ihrem Baby in einen Bus. Der Busfahrer sagt: „Das ist das hässlichste Baby, das ich je gesehen habe!“ Stinksauer setzt sich die Frau in den hinteren Teil des Busses und sagt zu ihrem Sitznachbarn: „Der Fahrer hat mich beleidigt.“ Daraufhin sagt der Mann: „Gehen Sie ruhig nach vorne und beschweren sich – ich halte solange den Affen für Sie.“

Das englische Wetter

In England regnet es immer, richtig? Nicht ganz. Tatsächlich ist das Wetter in Großbritannien ungeachtet aller Vorurteile weder besser noch schlechter als für seine Lage und den Breiten-

grad üblich: Stabile Großwetterlagen sind allerdings rar, eher prägen atlantische Tiefausläufer die Wetterlage. Die Winter verlaufen dank des Golfstromes ohne viel Schnee und Eis, sie sind kühl und feucht. Die Sommer sind eher mäßig warm als heiß. Nur selten ist es windstill, weshalb sich Sonne und Wolken ständig abwechseln. „Same but different“, bringen Einheimische ihr Lieblingsthema auf den Punkt. Hauptsache, man hat darüber geredet. Schlechtes Wetter wird einfach uminterpretiert: Selbst wenn es Schweine hagelt („it's hailing pigs“) oder Hunde und Katzen regnet („it's raining cats and dogs“) sprechen viele Briten von einem „lovely day“. Diese positive Grundeinstellung erreicht man wohl nur, wenn man Regen als „liquid sunshine“ (flüssigen Sonnenschein) empfindet und sich bei trübem Wetter freudig in betont farbenfrohe Klamotten schmeißt.

Das englische Königshaus

Das englische Königshaus ist verstaubt und überholt, richtig? Also zunächst gehört das englische Königshaus zu England wie Fish & Chips, die Mehrheit der Briten ist der Queen treu ergeben. Die Firma, wie sich die Königsfamilie intern nennt, hat alle Skandale überstanden, sie erlebt derzeit mit Prinz William, Kate und dem royalen Baby einen Modernisierungsschub sondergleichen. Nach 300 Jahren wurde endlich das Thronfolgegesetz geändert. Nun dürfen erstgeborene Töchter der Monarchen automatisch Königin werden – auch wenn sie noch Brüder bekommen. Auch die Regelung, dass Monarch und Ehepartner Protestanten sein müssen, soll aufgehoben werden. Die Queen wird allerdings kaum aus Altersgründen abdanken, sie sieht ihre Rolle als Amt auf Lebenszeit. Wie es mit der britischen Monarchie nach ihrem Tod weitergeht, steht in den Sternen.

Seit 1898 wacht St Mary's Leuchtturm über die Mündung des Tyne

Hintergründe & Infos

Es grünt so grün …

Natur und Umwelt

Die Geografie Englands

Grob vereinfacht kann man England in zwei große geografische Zonen einteilen, die von der imaginären Tees-Exe-Linie, die zwischen den Flüssen Tees in Yorkshire und Exe in Devon von Nordosten nach Südwesten gezogen wird, getrennt werden:

Nördlich und westlich dieser Linie, im Norden und Südwesten Englands, liegt **Upland Britain,** eine gebirgige Region, die vorwiegend aus älteren und härteren (metamorphen und magmatischen) Gesteinen besteht. Hier sind neben naturbelassenen, mit Farnen und Gräsern bewachsenen Heide- und Moorlandschaften vor allem Gebirgsketten anzutreffen, die zwar nicht sehr hoch (bis knapp 1000 m), jedoch in ihrer Beschaffenheit durchaus alpin zu nennen sind. Die Höhenzüge erhielten ihre heutige Form in den verschiedenen Eiszeiten durch die Bewegung der Eisschichten und das Schmelzwasser der Gletscher. Eine Besonderheit sind die **Pennines,** die die Briten liebevoll ihr Rückgrat *(backbone)* nennen. Der auf 400 km langgezogene Mittelgebirgszug erstreckt sich vom Peak District in Mittelengland bis zu den Cheviot Hills an der schottischen Grenze. Er wird im Westen von den Ebenen Cheshires und Lancashires gesäumt, im Osten grenzen die ehemaligen Kohlereviere Yorkshires und die Yorkshire Moors an diese Bergkette. Im Norden der Pennines schufen Sand- und teils verkarstete Kalksteinablagerungen große unterirdische Höhlensysteme, durch Verwerfungen und Senken entstanden offene Heide- und Grasflächen sowie Deckenmoore. Dazwischen finden sich zauberhafte

Täler, wunderbare Wälder und Wasserfälle. Großbritanniens ältester Fernwanderweg, der Pennine Way, verläuft über die gesamte Länge der Bergkette bis kurz hinter die schottische Grenze.

Die zweite, lieblichere geografische Zone ist **Lowland Britain,** das englische Tiefland. Es erstreckt sich im Süden und Osten der Insel und besteht aus jüngeren, nicht so widerstandsfähigen Gesteinsschichten (Sedimentgesteinen). Senken wie das Londoner Becken bilden die Kalksandsteinzüge und Kreidehügel der North Downs und der South Downs. Dazwischen liegt der Weald mit seinen dichten Eichenwäldern. Auf dem nach der flächendeckenden Abholzung oft versauerten oder moorigen Boden entstanden Heideniederungen. Weiter im Osten bestimmt die Trichtermündung der Themse die Landschaft, die ihre Gestalt im Laufe der Jahrhunderte durch Erosion stark verändert hat. Die größte Tieflandregion Englands ist East Anglia. Holländische Ingenieure verwandelten einen gewaltigen Teil des ehemaligen Moor- und Sumpflandes am Meerbusen The Wash in Ackerland. Eine Besonderheit in East Anglia sind die Broads, ein weit verzweigtes Netz aus Wasserläufen, Kanälen und Seen, die zum Teil durch Torfabbau entstanden sind.

Der größte Teil der **Midlands** besteht aus Hügelland. Zahlreiche Flüsse ziehen sich durch einen Kreidegürtel, der sich von der Grafschaft Dorset bis zum Humber erstreckt und sich in den Cotswold Hills am weitesten ausdehnt. Große Teile der Grafschaften Mittelenglands sind landschaftlich durch die industrielle Revolution gezeichnet, in deren Zuge die Rohstoffvorkommen ausgebeutet und die Schwerindustrien des Landes aufgebaut wurden.

Flora

Wenig Waldbestand, dafür viel saurer Boden und Moore zusammen mit einem recht milden Klima prägen die englische Flora. Eigentlich zählt England zum sogenannten **Buchenklimagebiet,** das durch warmfeuchte bis überfeuchte Sommer und kühle, bewölkte Winter gekennzeichnet ist. Die Insel war einst vollständig bewaldet, die spärlichen Überreste ursprünglichen Waldbestandes (nur mehr 6 % der Fläche) nennen die Briten *ancient woodland.* Hier wachsen noch heimische Pflanzen wie Hasenglöckchen *(bluebell),* Kleiner Klappertopf *(yellow rattle),* Buschwindröschen *(wood anemone)* oder Primeln *(primrose)* unter heimischen Baumarten wie Eschen, Erlen, Birken, Stieleichen *(English oak)* oder einer endemischen Ulme *(Ulmus minor var. plotii),* die man ausschließlich in England und hier hauptsächlich in den östlichen Midlands findet.

Vitaminreiches Wildobst: Sanddorn

Die Küsten gehören zur **Stechpalmenregion** mit Hautfarnen, Tieflandheide und Flachmooren oder Sumpfland *(fen).* Das größte zusammenhängende Dünengebiet Englands befindet sich nördlich von Liverpool. An den sandigen Küsten gedeihen viele Gräser, Sanddorn *(sea buckthorn),* Stranddisteln *(sea holly)* und verschiedene Orchideenarten. Die Wattküsten im Osten zeichnen sich durch Schwemmlandebenen, Sumpflandschaften, Salzmarschen, Tannenwälder und Trockenheiden aus. Englands Bergregionen mit ihren niedrigeren Temperaturen zählen zum Tundrenklima, wo zum Beispiel die Alpenbärentraube *(bearberry)* und viele Flechten- und Moosgesellschaften wachsen. Der hohe Niederschlag führt auch vermehrt zur Bildung von Hochmooren und Berglandheiden mit einer recht kargen Vegetation wie Glockenheide *(cross-leaved heath)* und Wollgras (*cotton grass).*

Das Besondere an der Flora Englands ist ihre klimatisch bedingte Üppigkeit und ihre Vielfältigkeit, die den zahlreichen englischen Pflanzenjägern zu verdanken ist, die meist im königlichen Auftrag von der **Royal Horticultural Society (RHS)** auf die Suche nach dem „grünen Gold" geschickt wurden. Sie brachten exotische Gewächse wie die Zaubermyrte oder den Tulpenbaum, Bananenstauden und Agaven, aber auch heute profan anmutende Pflanzen wie die Geranie, Gartenhortensie und den Rhododendron aus fernen Gefilden mit nach Hause. Den oft sauren Boden wissen vor allem die üppig gedeihenden Rhododendren, Azaleen, Kamelien und Magnolien zu schätzen. Es entstanden Forschungsgärten und das Botanisieren wurde zu einem beliebten Hobby der oberen Gesellschaftsschichten, wovon die vielen Gartenanlagen des Landes zeugen.

Gärten in England

„Die Liebe zum Garten ist ein Same, der, einmal gesät, nie wieder stirbt, sondern weiter und weiter wächst – eine bleibende und immer voller strömende Quelle der Freude." So beschrieb die Grand Dame der englischen Gartenarchitektur des 20. Jh., Gertrude Jekyll (→ S. 545, Lindisfarne Castle), den Gemütszustand vieler Engländer, deren Volkssport Nummer eins das Gärtnern *(gardening)* ist. Die Gartenkunst floriert auf der Insel auch in wirtschaftlich schlechten Zeiten: „Gärtnern ist keine Frage von Renommee oder Reichtum, Gärtnern ist ein Lebensstil", brachte es die Gartenarchitektin und Buchautorin Beth Chatto auf den Punkt (→ S. 287). Leute wie sie werden in England gefeiert wie Popstars, nirgendwo auf der Welt gibt es mehr öffentliche Gärten und Parkanlagen zu besichtigen als hier. Englands Denkmalschutzorganisation National Trust restauriert nicht nur bröckelndes Mauerwerk, sondern hält auch mehr als 200 historische Gärten am Blühen, etwa Hidcote Manor in den Cotswolds (→ S. 133) oder Biddulph Grange in Staffordshire in den Midlands (→ S. 269). Während man im Süden der Insel viele subtropische Gärten findet, überwiegen in Nord- und Mittelengland Landschaftsgärten, Schlossgärten, Cottagegärten und Gartenanlagen bestehend aus mehreren Gartenräumen, deren verschiedene Einzelgärten thematisch oder geografisch bepflanzt sind, etwa italienische oder japanische Gärten, Rosengärten, Wassergärten und Steingärten.

Fauna

England ist Lebensraum für 24 einheimische Landsäugetiere wie Dachs, Biber, Fuchs, Igel, Maulwurf, Maus und Ratte, Otter, Eichhörnchen, Wiesel oder Wildschwein – von Letztgenannten allerdings nur noch etwa 100 ausschließlich in den

Wäldern Südenglands zu finden sind. Die Zahl der heimischen, roten Eichhörnchen ist durch die Dominanz des nordamerikanischen Grauhörnchens auf 140.000 geschrumpft. Man sieht das rote Eichhörnchen nur noch selten, u. a. im Lake District. Der Wildbestand in den verbliebenen Wäldern des Landes wird auf eine Million geschätzt. Von den sechs Arten auf der Insel sind nur zwei einheimisch, nämlich Rotwild und Rehe. Eingeführt wurden Damwild, chinesische Wasserrehe, Muntjac und Sikahirsche. Viele Regionen, vor allem die Hochmoore Südenglands, sind bekannt für ihre halbwinden Ponys, einige leben auch in den Bergregionen Cumbrias. In den Cambridgeshire Fens wurden polnische Konik-Pferde angesiedelt. Die Hochmoore weisen nur kargen Baumbestand auf und werden von grasenden Schafen getrimmt. Oft sieht man hier Schnepfen, Kiebitze und Feldlerchen. Auch die Provencegrasmücke, das Schwarzkehlchen, die Nachtschwalbe, der Baumpieper und der Zaunkönig sind dort heimisch sowie Motten, Schmetterlinge, Eidechsen, Spinnen und die einzig giftige Schlange des Landes, die Kreuzotter mit ihrem markanten Zickzack-Muster. Reptilien sind in England allerdings im Grunde selten, es gibt nur wenige Schlangen- und einige Echsenarten.

Die Briten sind große Vogelfreunde und Ornithologen, die vor allem Singvögel gut füttern. Das Vogelbeobachten *(twitching)* ist ein beliebter Nationalsport. Im Vergleich zum Rest Europas gibt es allerdings wenig einheimische Vögel, die hier auch ganzjährig leben und nisten. Erstaunlicherweise kommt z. B. der Weißstorch seit gut 600 Jahren nur zu vereinzelten Blitzbesuchen vorbei. Sperling, Krähe, Taube, Star und verschiedene Drosselarten sind die vorherrschenden Vögel im Inland, seltener sind Königsfischer, Zaunkönig, Specht und Kuckuck. Zu den meist verbreiteten Raubvögeln zählen Bussard, Milan und Adler, doch findet man auch Eulen,

Turm- und Wanderfalken sowie Kornweihen. Im Lake District gibt es noch einen einzigen, einsamen Steinadler, dessen Partnerin bereits 2004 verstorben ist, weshalb man auf Nachkommen kaum hoffen darf (→ S. 648).

Entlang der 3500 km langen Küste kann man oft Wale (speziell in Northumberland), Delfine und Haie sichten. Es kommen vor allem *Basking Sharks* vor. Diese bis zu 12 m langen Riesenhaie wurden früher für ihr Fischöl und Fleisch gejagt, seit 1998 stehen sie unter Artenschutz. Von Mai bis Oktober halten sie sich gerne im Atlantik der britischen Westküste auf (z. B. vor der Isle of Man).

An den zerklüfteten Küsten leben Seehunde und Kegelrobben, und in den Klippen brüten 8 Mio. Seevögel 25 verschiedener Arten. England ist Lebensraum für 90 % der weltweiten Population von Atlantiksturmtauchern, 68 % aller Basstölpel und 60 % aller Großen Raubmöwen. Da die Insel auf vielen Zugrouten liegt, gilt sie zu Recht als Vogelparadies. An den Küsten wurden über die Jahre 18 Vogelbeobachtungsstellen *(bird observatories)* eingerichtet, wo man im Frühjahr nach Neuankömmlingen Ausschau halten kann. Die Royal Society for the Protection of Birds (RSPB) und der Wildfowl and Wetland Trust (WWT) pflegen außerdem unzählige Vogelschutzreservate. Einer der häufigsten Seevögel ist die Trottellumme, besonders beliebt und extrem auffällig sind die rund 1,2 Mio. bunten Papageientaucher. Daneben bieten auch Eissturmvögel, Reiher und Krähenscharben ein faszinierendes Bild. Im Alltag begleiten einen die Dreizehenmöwen und vor allem die Silbermöwen.

Englands Meere sind notorisch überfischt, die Seen und Flüsse gelten jedoch als sehr fischreich. Aus den Flüssen und Seen fischen die Angler vorwiegend Forelle, Plötze, Flussbarsch, Hecht und Lachs. Der bekannteste Salzwasserfisch des Landes ist der Kabeljau *(cod)*, dessen Filet traditionell zu Fish & Chips verarbeitet wird. Sehr häufig sind der Hering (Spitzname: *Silver Darling*), der vor allem in der nördlichen Nordsee gefangen wird, und die Makrele. Die Sardine, die einst Haupteinnahmequelle der englischen Fischer war, wird nur noch in kleinem Rahmen gefangen. Lachs und Seebarsch landen dafür recht oft im Netz und gehören deshalb auf die englische Speisekarte wie auch Seezunge, Rochen und verschiedenste Schalentiere.

Naturschutz

Englands einzigartiges, wie ein Patchwork gestaltetes Landschaftsbild aus hecken- und mauergesäumten Feldern und Weiden, Wäldern und Mooren, Flüssen und Seen, wird von den Briten als ihr nationales Wahrzeichen gesehen. Seit Mitte des 20. Jh. versucht man daher redlich, dieses Wahrzeichen gegen die unvermeidlichen Übergriffe des Industriezeitalters, wie z. B. Urbanisierung und intensive Landwirtschaft, zu schützen.

Nationalparks: Den höchsten Naturschutz genießen Regionen, die als Nationalparks gekennzeichnet wurden. Sie sind jedoch weder Staatsbesitz, noch stehen sie unter staatlicher Verwaltung, sondern werden von einer Parkbehörde geleitet. In England gibt es zehn Nationalparks, die ältesten entstanden Anfang der 1950er-Jahre (Peak District), der jüngste erhielt 2011 diesen Status (South Downs National Park). Englische Nationalparks nehmen insgesamt 8 % der Landesfläche ein. Sie sollen in ihrer Eigenart unversehrt bleiben, werden aber landwirtschaftlich genutzt, sind besiedelt und teilweise in Privatbesitz. Die Öffentlichkeit nutzt sie für Freizeitaktivitäten wie Wandern, Reiten, Angeln, Wassersport und vieles mehr. Fünf der zehn Nationalparks des Landes liegen in Nordengland: Northumberland National Park, Lake District, Yorkshire Dales, North York Moors und der Peak District. In East Anglia befindet sich der Nationalpark The Broads, der sich über Norfolk und Suffolk erstreckt.

Area of Outstanding Natural Beauty (AONB): 33 landschaftlich reizvolle Regionen genießen erhöhten Naturschutz, indem sie als Gebiete von außerordentlicher natürlicher Schönheit ausgewiesen wurden. Dazu zählen z. B. die Cotswolds mit ihren malerischen goldfarbenen Katen und Trockensteinmauern, und die North Pennines mit ihren berühmten Hügelrücken *(fells)* und Tälern *(dales)*. Die AONBs können sich mit Nationalparks überschneiden.

Küstenschutzgebiete (Heritage Coast): Diese schutzwürdigen Gebiete wurden vor allem dort etabliert, wo Gebirgszüge am Meer enden, oder an Küstenabschnitten mit ausgedehnten Watt- und Dünenlandschaften. 33 % der Küste, mehr als 1000 km insgesamt, werden dadurch in ihrer Ursprünglichkeit erhalten. Zu den Heritage-Küsten zählen North Norfolk, Suffolk, Spurn, Flamborough Headland, North Yorkshire und Cleveland, Durham, Northumberland und St Bees Head.

National Nature Reserves: Naturschutzgebiete heißen in England National Nature Reserves (NNR) und werden von den einzelnen Grafschaftsverwaltungen bestimmt. Sie werden für ihren besonderen Tierbestand und ihre geologische Beschaffenheit als schützenswert erachtet. Es gibt mehr als 1500 davon in England, was einer Fläche von rund 35.000 ha entspricht. Weitere 4100 Gebiete dienen wegen ihrer seltenen Flora und Fauna der wissenschaftlichen Forschung. Diese 8 % des Landes werden als Sites of Special Scientific Interest (SSSI) gekennzeichnet.

Umwelt- und Energiepolitik

Der weltweite Klimawandel zählt auch für das Mutterland der Industrialisierung zur größten Bedrohung seiner Naturschönheiten, Ökosysteme und Küsten. Industrielle Revolution und globale Expansion führten das Land im 18. und 19. Jh. in neue Dimensionen der Luft- und Umweltverschmutzung. Bereits 1865 gründeten die Briten allerdings auch die erste Umweltschutzbehörde der Welt, das sogenannte **Alkali Inspectorate,** das die Kontrolle der Verschmutzung und Sanierung von Slums zur Aufgabe hatte. Dies war vor allem ein Versuch, die aufgrund der schlechten Lebensbedingungen stetig steigenden Gesundheitskosten zu senken. Im 20. Jh. passierte dann lange nicht viel, was der neoliberalen Tradition der britischen Gesellschaft anzulasten ist. Man verließ sich weitgehend auf ein System freiwilliger Selbstverpflichtung der Unternehmen und die Eigeninitiative seiner Bürger. Bis heute gibt es kein eigenes Umweltministerium. Englands Umweltpolitik liegt in den Händen eines Staatssekretärs, eine grüne Partei gewann nie an Bedeutung. Derzeit gibt es nur eine Vertreterin der Grünen im britischen Parlament

Inzwischen hat es die **Umweltpolitik** jedoch auch in England auf der politischen Agenda der Regierungen bis nach oben geschafft. Dazu beigetragen haben sicher die Berichte, dass massenweise Honigbienenvölker sterben, die an Blütenpflanzen reichen Wiesen in England seit 1930 zu 97 % verschwunden sind und der Bestand an Haussperlingen in den letzten 25 Jahren um 10 Mio. abgenommen hat. Auch sah sich das Land immer häufiger dramatischen Wetter- bzw. Unwetterphänomenen ausgesetzt. Die Regierung David Camerons hat ein klares Bekenntnis zum Umweltschutz abgegeben und sich ehrgeizige Ziele gesteckt, die 2011 in einem Weißbuch zur natürlichen Umwelt (The Natural Choice – Securing the Value of Nature) veröffentlicht wurden. Hier sind Vorgehensweisen beschrieben, mit denen die Natur, Artenvielfalt und der Erhalt sensibler Ökosysteme künftig bei politischen und wirtschaftlichen Entscheidungen besser in den Vordergrund treten sollen.

Auch an einer nachhaltigen **Energiepolitik** und der Senkung des CO_2-Ausstoßes wird gearbeitet. Bis 2050 soll er um 60 % gesenkt werden, so das Ziel. Dabei wird die britische Regierung jedoch nicht auf Atomenergie verzichten. Derzeit sind in Großbritannien 15 Atomreaktoren an neun Standorten in Betrieb. Zwar werden viele alte Atommeiler geschlossen (die Hälfte der Kapazitäten soll bis 2025 stillgelegt werden), doch erstmals seit 1995 werden neue Atomkraftwerke gebaut, u. a. in den Grafschaften Somerset, Suffolk und Cumbria – die Entscheidung wird vom Parlament getragen und die ersten neuen Reaktoren sollen 2025 ans Netz gehen. Daneben werden die erneuerbaren Energien ausgebaut. 2015 deckte die britische Regierung immerhin bereits 25 % des gesamten Energiebedarfs aus erneuerbaren Energien, 2020 sollen es 30 % sein. Das ist im Vergleich zu Deutschland recht wenig, für England jedoch ein ehrgeiziges Ziel wenn man bedenkt, dass der Anteil an erneuerbaren Energien im Jahr 2000 bei nur 2,8 % lag. Während lange die Wasserenergie der größte Lieferant erneuerbarer Energien war, schießen seit einigen Jahren nahe den Küsten Windkraftanlagen wie riesige Pilzkolonien aus dem Meer. Die Windenergie im windigsten Land Europas hatte 2015 einen Gesamtanteil von 25% am Stromaufkommen und liegt nun vorn. Der bislang größte Windpark der Welt entstand 2010 auf 35 km^2 nur 15 km vor Ramsgate an der Isle of Thanet am Ärmelkanal. Die Küste vor Großbritannien ist für Offshore-Windfarmen besonders geeignet, da hier die Wassertiefe deutlich geringer ist als in vielen vergleichbaren Ländern.

Bloody history ...

Geschichte

Die Besiedlung der Insel

Neuere archäologische Funde belegen, dass das Gebiet der heutigen Britischen Inseln seit mindestens 800.000 Jahren besiedelt ist. Die Jäger und Sammler, die dort lebten, waren großen Tierherden gefolgt, die vom heutigen Festland über die damals noch bestehende Landbrücke hierher gezogen waren. Um etwa 8500 v. Chr. stieg der Meeresspiegel infolge der Eisschmelze an, sodass die Landbrücke verschwand und sich die Inseln herausbildeten.

Vor etwa 3500 Jahren wurden die Menschen auf den Inseln sesshaft und verlegten sich auf die Viehwirtschaft und den Ackerbau. Einwanderer aus dem heutigen Frankreich und von der Iberischen Halbinsel brachten Kühe, Schafe und Ziegen mit, darüber hinaus die Technik der Bronzeherstellung. Sie werden als „Glockenbecherleute“ bezeichnet, da sie ein spezifisches Totenritual pflegten, bei dem den Gestorbenen u. a. glockenförmige Trinkgefäße ins Grab gelegt wurden. Ob es sich dabei um prähistorische Bierkrüge handelte, wissen wir nicht ...

Um 700 v. Chr. begann die Eisenzeit, die von verschiedenen Einwanderungswellen begleitet war. Die bedeutendste Immigrantengruppe waren die **Kelten,** die die Eisenherstellung nach Britannien brachten und sich über die gesamte Insel ausbreiteten. Zur wichtigsten Ware im Handel mit dem Festland wurde Zinn aus Cornwall. Um 100 v. Chr. kamen die **Belger** nach Britannien, Angehörige eines Stammes keltisch-germanischer Herkunft, denen die damals rund drei Millionen Insulaner einige technische Innovation (u. a. die Töpferscheibe) zu verdanken hatten.

Ins Licht der europäischen Geschichtsschreibung traten die Inseln erst relativ spät. Noch gegen Ende des 5. Jh. v. Chr. gestand Herodot: „Ich weiß [...] von den Zinn-Inseln nichts." Griechische Seefahrer aus Marseille hatten zwar schon hundert Jahre zuvor die „Insel der Albionen" erkundet und von den dortigen Zinnvorkommen berichtet, doch erst mit Caesar fand die „Splendid Isolation" ein Ende. Als Caesar Gallien eroberte, gerieten auch die Kelten jenseits des Kanals in seinen Aktionsradius. Zweimal, in den Jahren 55 und 54 v. Chr., landete der Feldherr mit seinen Truppen auf der Insel. In gewohnter Weise kam, sah und siegte er, brach aber dann die Invasion ab, da sein Hauptaugenmerk der politischen Entwicklung Roms galt.

Ein Brite ist blau und hat einen Schnurrbart

„Das Innere Britanniens wird von Ureinwohnern bewohnt, die Küste aber von denen, die in kriegerischer Absicht der Beute wegen gelandet und nach der Eroberung dort blieben und Ackerbau betrieben. Die Bevölkerungsdichte ist sehr groß. Die sehr zahlreichen Häuser stimmen fast völlig mit den gallischen überein. Der Viehbestand ist bedeutend. Als Geld benutzten sie Kupfer- oder Goldmünzen oder Eisenbarren von bestimmtem Gewicht. Im Binnenland wird Zinn gewonnen, im Küstengebiet Eisen [...]. Die meisten Binnenlandbewohner bauen kein Getreide an, sondern leben von Milch und Fleisch und sind mit Fellen bekleidet. Alle Britannier bemalen sich mit Waid, der eine blaue Farbe erzeugt und ihren Anblick im Kampf umso schrecklicher macht. Sie tragen langes Haupthaar, sind sonst rasiert, außer eben am Kopf und an der Oberlippe."

Julius Caesar, *Der Gallische Krieg*

Von der römischen Provinz zum angelsächsischen Königreich

Die römische Invasion Britanniens begann im Jahre 43 n. Chr. mit drei Legionen vom Rhein und einer von der Donau, die unter dem Kommando von Aulus Plautius standen. Innerhalb weniger Jahre wurde zuerst Süd- und dann Mittelengland unterworfen. Der militärische Höhepunkt war die Einnahme von Camulodunum (Colchester), der Hauptstadt des mächtigen keltischen Stammes der Trinovanten. Kaiser Claudius höchstselbst war herbeigeeilt, um die schwächelnden Truppen von Aulus Plautius mit jeder Menge soldatischem Personal, furchteinflößenden Kriegselefanten und schweren Waffen zu unterstützen. Der Senat ehrte Claudius nach dem Sieg mit einem Triumphbogen und gab ihm den Beinamen Britannicus, den der Kaiser aber großmütig seinem Sohn überließ. Der weitere Vormarsch der Römer wurde naturgemäß immer wieder von lokalen oder regionalen Stammesfürsten unterbrochen, der bedeutendste war der blutige Aufstand unter Boudicca, der Königin der Icener, in den Jahren 60/61 n. Chr. Den hochgerüsteten und militärstrategisch weit überlegenen Invasionstruppen hatte aber auch sie am Ende nichts entgegenzusetzen.

Insgesamt schufen die Römer also in kürzester Zeit nach bewährtem Muster eine neue Provinz, die den Namen Britannia erhielt. Sie bauten die Infrastruktur aus und brachten zahllose zivilisatorische Errungenschaften hierher in den vergleichsweise unwirtlichen Norden des Kontinents, von denen letztlich auch die lokalen

Eliten und sogar das gemeine Volk profitierten. Das Leben wurde tendenziell römisch, zumindest in den Städten kam es kulturell und auch sprachlich zu weitreichenden Assimilierungsprozessen, und wer auf sich hielt und es sich leisten konnte, baute sich eine waschechte römische Villa. Anders war das auf dem „platten Land", wo das Leben trotz aller auch dort spürbaren Veränderungen weiter seiner vorrömischen Gang nahm.

Und so regte sich hier und da weiter Widerstand gegen die römischen Usurpatoren. Besonders ausgeprägt war er im hohen Norden der Insel, dort, wo das Klima und die Landschaften rau waren und die Bevölkerung offenkundig alles andere im Sinn hatte, als in den Römern Wohltäter der Menschheit zu sehen. Die Römer ihrerseits machten vermutlich eine einfache Kosten-Nutzen-Rechnung auf: Der Norden war ökonomisch nicht eben vielversprechend, und für seine dauerhafte Besetzung waren immense militärische Anstrengungen notwendig, die mit erheblichem finanziellem und personellem Aufwand verbunden waren. So erlahmte der römische Expansionsdrang Richtung Nordbritannien aus ganz pragmatischen Gründen bereits gegen Ende des ersten nachchristlichen Jahrhunderts, und unter Kaiser Hadrian wurden die römischen Truppen schließlich ganz aus den umkämpften Regionen am Rande des Reiches abgezogen.

Nachdem der Kaiser der Insel 122 n. Chr. einen Besuch abgestattet hatte, wies er den Bau eines Walls an, um die Provinz vor den Übergriffen der im hohen Norden ansässigen Pikten und Caledonier zu schützen. Fünf Jahre später stand das später als **Hadrianswall** berühmt gewordene Bollwerk, und zwar auf einer beeindruckenden Länge von etwa 120 km. Die damit gezogene Demarkationslinie verlief allerdings fast 160 km südlich der zuvor von den Römern eroberten Gebiete, war also gewissermaßen Ausdruck einer höchst vorsichtigen Gesamtstrategie. Hadrians Nachfolger, Kaiser Antoninus Pius, war damit offenkundig nicht zufrieden, besetzte das freiwillig aufgegebene Gebiet erneut und sicherte es durch den Bau des **Antoninuswalls** (142–144 n. Chr.). Der war zwar wesentlich niedriger als sein berühmteres Pendant, hatte aber neben dem Gebietsgewinn einen weiteren Vorteil: Er verkürzte die Frontlinie um mehr als die Hälfte auf nur noch 60 km. Trotzdem gelang es nicht, die feindlichen Stämme nördlich des Walls zu besiegen, sodass der Antoninuswall bereits 164 n. Chr. wieder aufgegeben wurde. Kaiser Septimius Severus teilte

Kaiser Hadrian ließ im Norden ein Bollwerk bauen

Britannien schließlich in zwei kleinere Provinzen auf: ins südliche *Britannia Superior* mit der Hauptstadt Londinium (London) und ins nördlich anschließende *Britannia Inferior* mit der Hauptstadt Eboracum (York).

Das römische Verhältnis zu Britannien änderte sich bereits, als Mitte des 4. Jh. verstärkt feindliche Stämme das Land angriffen. Vor allem Übergriffe der Pikten, Skoten, Sachsen und irischer Piraten, die die Küste plünderten, machten den Truppen zu schaffen. Im Jahr 367 hielt der Hadrianswall dem Ansturm erstmals nicht mehr stand. Zudem brachen Aufstände innerhalb der Bevölkerung los, deren Rädelsführer zum Teil verurteilte Römer waren, die zur Strafe in die Verbannung auf die Insel geschickt worden waren. Das alles geschah in einer Zeit, in der das römische Weltreich selbst in seinem Kernbereich auf dem europäischen Kontinent bereits auf wackeligen Füßen stand. Um dort noch einigermaßen handlungsfähig bleiben zu können, wurden die Truppen aus Britannien schrittweise abgezogen, weil sie andernorts dringlicher gebraucht wurden. Der endgültige Abzug aller römischen Truppen erfolgte schließlich im Jahr 410. Daraufhin verkümmerten die zivilisatorischen Errungenschaften schnell, das städtische und kulturelle Leben in der ehemaligen Provinz erlahmte.

Im Kampf gegen die Aufständischen und Angreifer hatten die Römer bereits länger Söldner aus der Nordseeregion zwischen Weser und Niederelbe eingesetzt. Nun entdeckten diese **Angeln, Sachsen** und **Jüten** die Insel als neuen Lebensraum. Trotz ihrer Unterzahl konnten sie sich in dem entstandenen Machtvakuum schnell etablieren. Die Hälfte der britischen Männer trägt heute das Y-Chromosom eines dieser germanischen Urväter in sich, obwohl diese Einwanderer nie mehr als zehn Prozent der Bevölkerung ausmachten. Doch sie unterwarfen die keltischen Briten oder drängten sie nach Cornwall, Wales und Schottland zurück. In ihrem Herrschaftsgebiet bildeten sich zunächst sieben Kleinkönigreiche: Nord- und Mittelengland wurde von den Angeln in Beschlag genommen, hier entstanden Northumbrien, Ostanglien und Mercien. Die Sachsen gründeten Sussex, Wessex und Essex. Kent war das Reich der Jüten. Im Gegensatz zu den Römern lebten die Angelsachsen bevorzugt in dörflichen Gemeinschaften und bauten aus Holz. Deswegen gibt es nur wenige materielle Zeugnisse dieser Kultur, ihr Erbe schlägt sich überwiegend in Ortsnamen und ihren Endungen nieder: *-burgh* etwa bedeutet Stadt (Peterborough), *-bury* Burg (Banbury), *-dun* heißt Hügel (Huntingdon), *-ham* Gehöft oder Dorf (Birmingham), *-ley* Lichtung (Helmsley), *-mer* See (Cromer) und *-borne* Bach (Ashbourne).

Nachdem die Angelsachsen um das Jahr 600 zum christlichen Glauben übergetreten waren, vollzog sich die **Christianisierung** der Britischen Inseln innerhalb weniger Jahrzehnte. Richtungweisend waren die Hochzeit von König Ethelbert von Kent, der im Jahr 597 die katholische Prinzessin Berta aus dem fränkischen Königshaus ehelichte, sowie die Konversion der Könige von Essex, Northumberland und East Anglia: England wuchs dauerhaft mit dem abendländisch-christlichen Kulturkreis zusammen. Der Klerus etablierte sich als neue geistige Führungsschicht und förderte den Aufbau eines prosperierenden Städtewesens. Zudem stärkte das Christentum die Stellung des Königs, dessen Amt durch die kirchliche Weihe und Salbung einen sakralen Charakter erhielt. Die Könige, so wurde verkündet, regierten von Gottes Gnaden. Sehr bedeutend war die Klosterkultur, die sich vor allem in Northumberland entfaltete. Am berühmtesten war das von Abt Breda gegründete Kloster Jarrow. Von den frühmittelalterlichen Kirchen sind oft nur wenige Überreste erhalten, da sie der nordischen Tradition folgend in Holz errichtet wurden.

Die Wiege des Christentums im Norden

Gegen Ende des 8. Jh. wurde England dann wiederholt von den **Wikingern** heimgesucht, die mit ihren wendigen Schiffen immer wieder an der Küste auftauchten. Den eigentlichen Beginn der Wikingerzeit markiert der Überfall auf das Kloster Lindisfarne im Juni 793. Die Kirche des heiligen Cuthbert wurde damals geplündert und zum Teil zerstört, die Mönche erschlagen und alles Wertvolle mitgenommen. So plötzlich, wie die Drachenschiffe gekommen waren, verschwanden sie auch wieder. Allerdings nicht für lange. Nur ein Jahr später wurde das Kloster Jarrow ebenfalls von Wikingern geplündert. Doch erst Mitte des 9. Jh. wurden aus den schnellen Beutezügen und sporadischen Angriffen Eroberungsfeldzüge, um die Angelsachsen zu unterwerfen und sich dauerhaft in England anzusiedeln. Von nun bis ins 11. Jh. hinein waren die Wikinger ständig in England präsent. 865 wurde erstmals das sogenannte **Danegeld** gezahlt, ein Tribut, der von den Wikingern gefordert wurde, um kampflos abzuziehen – die britischen Herrscher hatten ihnen nämlich kein stehendes Heer oder eine einsatzbereite Flotte entgegenzusetzen.

Die Wikinger nahmen das Geld und plünderten trotzdem weiter. 867 eroberten sie York, wodurch ganz Northumberland unter ihre Herrschaft geriet. Drei Jahre später griffen die Nordmänner East Anglia an und unterwarfen es, wobei auch der dortige König Edmund fiel. Erst König **Alfred von Wessex** schaffte es durch einige Offensiven, sein Gebiet zu verteidigen und die Wikinger zum Rückzug zu bewegen. Dafür erhielt er als einziger englischer König von der Geschichtsschreibung den Beinamen „der Große" verliehen. Mercia und der Norden blieben jedoch im Besitz der Wikinger, die Soldaten ließen sich hier dauerhaft nieder, und ein Friedensvertrag wurde geschlossen, der die Grenzen des Gebietes unter dänischer Herrschaft definierte: das sogenannte **Danelag.** Zu diesem Gebiet gehörten Northumberland, ein Großteil von Mittelengland und East Anglia, insgesamt etwa die Hälfte Englands. Es gibt kaum schriftliche Aufzeichnungen über diese Epoche. Wo die Wikinger siedelten, lässt sich allerdings anhand vieler Ortsnamen nachvollziehen. Die Endung *-by* etwa heißt im Dänischen so viel wie Dorf (Grimsby).

Lincoln, Leicester, Stamford, Nottingham und Derby wurden zu den „Five Boroughs" und blühende Handelsstädte. Weiter im Norden befand sich das Königreich York (Jorvik), welches beinahe ein Jahrhundert lang als skandinavischer Stützpunkt diente und zu einem der bedeutendsten Marktzentren Europas wurde. Die Herrschaft der Wikinger endete zunächst 954 mit dem Tod des letzten Wikingerkönigs von York Erik Blutaxt in der Schlacht von Stainmore. Doch nach einem fast 30 Jahre andauernden Frieden begannen die Überfälle von Neuem. Bis König Etheldred der Unfertige am 13. November 1002 ein Blutbad befahl und alle in England lebenden Dänen niedermetzeln ließ. Die Dänen reagierten mit dem Griff zur englischen Krone. **Knut der Große** riss die Macht an sich und regierte die Insel von 1018 bis 1035 als englischer König. Er machte Winchester zu seiner Hauptstadt, ließ sich taufen, unterstützte die Klöster und baute sein Reich geschickt aus. Nach dem Tod seines Bruders Harald wurde er auch König von Dänemark und vertrieb den König von Norwegen, um sich selbst als Herrscher zu krönen. Um die Nordseeländer enger aneinanderzubinden, führte er eine gemeinsame Währung ein und förderte die Verbreitung eines in seiner Heimat entwickelten Ornamentstils (Ringerike-Stil), der u. a. im Psalter von Cambridge Anwendung fand. Sein Riesenreich verfiel jedoch nach seinem Tode schnell, denn sein Sohn Hardeknut erwies sich als unfähig und trank sich 1042 bei einem Saufgelage zu Tode. Nun kam Eduard der Bekenner, der letzte Sohn Ethelreds, aus dem normannischen Exil zurück, um den Thron zu besteigen. Er brachte die Sitten und Bräuche der normannischen Heimat seiner Mutter mit auf die Insel und legte die Saat zu einem Thronfolgestreit. Mit seinem Tod beginnt 1066 eine neue Epoche der englischen Geschichte.

1066: Von Wilhelm dem Eroberer zur Magna Carta

Die normannische Eroberung Englands im Jahre 1066 war nicht etwa ein willkürlicher machtpolitischer Angriff eines äußeren Feindes. Vielmehr begab sich **Wilhelm der Eroberer**, so jedenfalls sahen es auch viele seiner Zeitgenossen, als legitimer Erbe des englischen Throns nach England, da ihn König Eduard der Bekenner schon zu Lebzeiten zu seinem Nachfolger bestimmt hatte. Als der Erbfall im Januar 1066 eintrat und sich Harold Godwinson, ein entfernter Verwandter von Eduard, der Wilhelm den Vasalleneid geleistet hatte, bereits einen Tag später selbst zum König krönte, musste Wilhelm handeln, wenn er seinen Machtanspruch aufrechterhalten wollte. In den folgenden Monaten ließ er eine Flotte von 300 Schiffen bauen, um alsbald über den Ärmelkanal nach England überzusetzen.

Wilhelm war allerdings nicht das einzige Problem Harold Godwinsons, denn auch der norwegische König Harald III. Hardrade erhob Ansprüche auf den englischen Thron. Godwinson drohten also im Grunde zwei Invasionen, eine normannische im Süden und eine norwegische im Nordosten. Die norwegische begann im September 1066 und verwickelte die Angelsachsen in zwei große Schlachten in der Nähe von York. Die erste, die Schlacht von Fulford, wurde auf angelsächsischer Seite von den Truppen der Earls von Northumberland und Mercia bestritten und endete mit einem Sieg der Norweger. Doch schon ein paar Tage später traf man sich erneut, diesmal in Stamford Bridge und diesmal unter Beteiligung Harold Godwinsons und seiner Truppen, die in einem kräftezehrenden Gewaltmarsch von Süden hierher geeilt waren und die norwegische Streitmacht komplett vernichteten. Harold hatte also den ersten Angriff auf seinen Thron erfolgreich abgewehrt.

Doch nur drei Tage nach der Schlacht von Stamford Bridge, am 28. September 1066, erreichte die normannische Invasionsflotte mit ihren hochbordigen Drachenschiffen bei Pevensey englischen Boden. Damit war die zweite Front im Süden des Landes eröffnet, sodass Harold gezwungen war, seine dezimierten und erschöpften Truppen erneut in Gang zu setzen und mehrere Hundert Kilometer Richtung Kanalküste zu leiten. Angelsachen und Normannen trafen schließlich am 14. Oktober bei der berühmten **Schlacht von Hastings** aufeinander, die genau genommen ein paar Kilometer von Hastings entfernt im küstennahen Binnenland stattfand. Trotz der taktisch besseren Stellung erlitten die Angelsachsen eine verheerende Niederlage, Schätzungen zufolge starben auf beiden Seiten jeweils 2000 Soldaten, auch König Harold selbst war unter den Toten. Sein Kontrahent Wilhelm wurde am Weihnachtstag des Jahres 1066 in Westminster vom Erzbischof von York zum englischen König gekrönt.

Die **Normannen** waren der einheimischen Bevölkerung zahlenmäßig hoffnungslos unterlegen. Um seinen Machtanspruch militärisch abzusichern, ließ Wilhelm zahlreiche Burgen als Herrschaftszentren errichten. Mit verhältnismäßig geringem Aufwand konnten so große Territorien militärisch und kulturell kontrolliert werden. Dennoch vollzog sich die Eroberung des gesamten Landes nur langsam. Vor allem die Nordengländer widersetzten sich. Sie massakrierten Wilhelms Truppen bei Durham und York und ermordeten viele seiner neuen Grafen. Daraufhin entschloss sich Wilhelm im Winter 1069 zu einer Militärkampagne, die unter dem martialischen Titel **„The Harrying of the North“** (Plünderung des Nordens) in die Geschichte eingegangen ist. Seine Armee verwüstete den gesamten Landstrich zwischen Durham und York. Eilig wurden die Burgen von York, Richmond, Durham und Newcastle gebaut, um die Bevölkerung in Schach zu halten. Trotzdem kam es immer wieder zu Aufständen, sodass Wilhelm 1080 erneut eine Armee in die Grafschaft Durham entsandte. Die Verheerungen waren so nachhaltig, dass Jahrhunderte vergehen sollten, bevor sich diese Region von der Politik der verbrannten Erde erholt hatte.

Sir Percy, Harry Heißsporn: Er kämpfte für König Heinrich IV.

Ein Ergebnis der normannischen Eroberung war die fast vollständige Vernichtung der altenglischen Aristokratie, deren Angehörige entweder getötet oder ins Exil geschickt wurden. An ihre Stelle traten die treuen Gefolgsleute Wilhelms und das System des Feudalismus. Unter den neuen Landesherren gab es keine freien Bauern mehr, da alles Land in Lehensland verwandelt worden war. Wilhelm ließ als eine seiner ersten Amtshandlungen das **Domesday Book** anlegen, eine Art Verzeichnis allen Besitzes seiner Lehnsleute und ihrer Vasallen, das die Grundlage für das neue Besteuerungsverfahren werden sollte. Darin taucht die Region nördlich des Flusses Tees übrigens gar nicht erst auf. Es war nach den Militärkampagnen offenbar nichts mehr da, was hätte besteuert werden können.

Ruine: die Stiftskirche von Egglestone Abbey

Am Hof sprach man fortan Französisch, das Angelsächsische wurde zur Volkssprache degradiert. Diese Zweisprachigkeit mit den unausweichlichen Assimilierungsprozessen hat dem modernen Englischen eine komplexe Wortschatzstruktur beschert, die aus romanischen und angelsächsischen Wurzeln in gleichem Maße schöpft. Auch die Rechtsprechung, die Mode, das Heer und der Klerus wurden normannisiert. Ebenso bedeutend war aber sicherlich, dass England durch die Vermittlung der normannischen Prälaten vom breiten Strom der neuen, von Nordfrankreich ausgehenden Gelehrsamkeit erfasst wurde. Auch in architektonischer Hinsicht erlebte England durch die normannische Eroberung eine Revolution. Die Normannen führten nicht nur den Burgenbau ein, sie stellten auch die Bischöfe, die in den Jahrzehnten nach Hastings fast jede größere Kirche ausbauen ließen.

Gegen Ende des 11. Jh. erlebte England eine außerordentliche Blütephase. Die Berater des Königs **Richard Löwenherz,** der von seiner zehnjährigen Regierungszeit nur sechs Monate auf der Insel verbrachte, erkannten die Vorteile einer florierenden Wirtschaft, richteten neue Märkte ein und verzichteten auf die Steuereinnahmen der deutschen Kaufleute in ihrer Londoner Niederlassung. Im Norden Englands blühte vor allem die monastische Kultur wieder auf. Klöster wie Melrose, Hexham, Rievaulx, Guisborough and Fountains entstanden und erwarben viel brachliegendes Land, das sie erfolgreich bewirtschafteten. Richards Bruder und Nachfolger Johann Ohneland, der uns als verräterischer Herrscher aus den Robin-Hood-Filmen bekannt ist, war ein rachsüchtiger und unfähiger König, der in zahllosen Feldzügen viele englische Besitzungen auf dem Kontinent verloren hatte.

Diese Kriege ließ er den Adel durch exorbitante Besteuerung finanzieren. Außerdem war er vom Papst exkommuniziert worden und hatte sich dem Pontifex unterworfen und England als päpstliches Lehen akzeptiert, was ihm den Beinamen Ohneland eingebrachte. Folglich eskalierte der Konflikt mit seinem Adel. Johann musste im Jahr 1215 die 63 Artikel der **Magna Carta Libertatum** anerkennen, die die königliche Autorität zugunsten von Freiheiten und Privilegien für die Kirche, den Adel sowie das Bürgertum beschnitt und allen späteren konstitutionellen und demokratischen Entwicklungen Tür und Tor öffnete.

Da der König diese Zugeständnisse jedoch wenig später widerrief, folgte ein Bürgerkrieg, der sich fast vollständig im Norden Englands austobte. Die Barone des Nordens schreckten nicht davor zurück, Prinz Louis von Frankreich zu Hilfe zu rufen. In dieser Krisensituation starb der König im Oktober 1216 (er soll in einer Abtei in East Anglia nach dem Verzehr einer großen Menge von Pfirsichen und Apfelwein tot umgefallen sein) und machte den Weg frei für seinen Sohn und Nachfolger Heinrich III.

Die Border Wars, der schwarze Tod und die Rosenkriege

Die nördlichen Grafschaften waren als Grenz- und Pufferstaaten zu Schottland ab dem 12. Jh. wiederholt den Angriffen der schottischen Könige ausgesetzt. 1237 kam ein erster Friedensvertrag zustande, der den River Tweed zur neuen Grenze zu Schottland bestimmte. Das änderte jedoch nichts daran, dass die Regionen beiderseits dieser Grenze jahrhundertelang umkämpft und unregierbar blieben. Verfeindete Clans wie die Armstrongs, Robsons oder Charltons, sog. **Border Reivers,** hielten sich an keinerlei Gesetze und terrorisierten und mordeten sich gegenseitig. Immer wieder lag England mit dem schottischen Königreich im Krieg oder umgekehrt, bis mit Jakob VI. ein schottischer König als Jakob I. auch König von England wurde. Die Situation im englisch-schottischen Grenzgebiet war so prekär, dass dem Bischof von Durham seit 1075 als Fürstenbischof („Prince Bishop") in seinem Hoheitsgebiet Northumberland und Yorkshire das Recht zugebilligt wurde, eine Armee aufzustellen, eigene Münzen zu prägen und Steuern einzutreiben. Dies hatte vor allem ein Ziel, nämlich die nördliche Grenze Englands zu befrieden und zu sichern.

Auch das 14. und das 15. Jh. waren von Kriegen und schweren Katastrophen gekennzeichnet. Im August 1348 erreichte die Pest England, eine zweite Epidemie folgte im Winter 1361, doch der Schrecken hatten noch immer kein Ende. 1369 und 1375 flackerte die Pest abermals auf. Modernen Schätzungen zufolge hat sich die englische Bevölkerung innerhalb weniger Jahrzehnte halbiert. Zur gleichen Zeit bekriegten sich England und Frankreich auf dem Kontinent.

Nach anfänglichen Erfolgen der Engländer trugen aber letztlich die Franzosen den Sieg im sog. **Hundertjährigen Krieg** (1338–1453) davon. Da sich das Kriegsgeschehen ausschließlich auf dem Kontinent abspielte, bekam die Bevölkerung Englands den Krieg nur durch höhere Steuerlasten zu spüren. Kaum herrschte Frieden, entbrannte zwischen den rivalisierenden Zweigen der Herrscherdynastie Plantagenet, den Häusern York und Lancaster, ein gnadenloser Kampf um die Krone. Da beide Häuser eine Rose (York weiß, Lancaster rot) im Wappen führten, gingen die von 1455 bis 1485 währenden Konflikte als **Rosenkriege** in die Geschichte ein. Den unrühmlichen Höhepunkt der Auseinandersetzungen bildete der wohl von **Richard III.** befohlene Mord an den unmündigen Söhnen seines 1483 verstorbenen Bruders Eduard IV (→ Kasten). Heinrich Tudor, der Earl of Richmond, stellte sich am 22. August 1485 mit Unterstützung des französischen Königs den Truppen Richards III. auf dem Schlachtfeld entgegen. Obwohl die Armee Richards zahlenmäßig überlegen war, trug Heinrich in **Bosworth** den Sieg davon. Dass Richard bei einer persönlichen Attacke auf seinen Herausforderer ums Leben kam, wurde von den Zeitgenossen als eine Art Gottesurteil interpretiert. Seine sterblichen Überreste wurden Anfang 2013 in Leicester unter einem Parkplatz gefunden, der Leichnam hatte eine Pfeilspitze im Rücken und Schlagspuren von elf Hieben am Schädel, von denen zwei tödlich waren. In der Kathedrale von Leicester fand er inzwischen seine neue Ruhestätte.

Richard III. – Held oder Monster?

Richard wurde 1452 als vierter Sohn von Herzog Richard von York geboren und kam nach dem Tod seines Vaters als achtjähriger Knabe an den burgundischen Hof in Utrecht, wo er eine vorzügliche Erziehung genoss, die ihn zu meinem der bestausgebildeten Sprösslinge des Hauses Plantagenet machte. Dass er auch einer der machthungrigsten war, zeigte sich nach dem Tod seines Bruders Eduard IV. (1483), der das Land über zwanzig Jahre regiert hatte. Designierter Nachfolger war sein ältester Sohn, der ebenfalls Eduard hieß und wegen seines noch geringen Alters unter der Vormundschaft Richards stand. Letzterer sollte während der Minderjährigkeit des Thronerben als Lordprotektor die Geschicke des Landes lenken.

Doch Elisabeth Woodville, die Witwe Eduards IV., hatte andere Pläne für ihren Sohn. Sie proklamierte ihn als Eduard V. zum König und wollte ihn zwei Wochen später krönen lassen. Vielleicht brachte der drohende Machtverlust Richard auf die Idee, nun selbst nach der Krone zu greifen. Zwar schwor er dem neuen König Eduard V. noch die Treue, kurze Zeit später setzte er jedoch dessen Berater fest und verhaftete auch den blutjungen König selbst und ließ ihn in den Tower von London bringen. Die Krönung Eduards wurde offiziell verschoben, es folgten weitere Festnahmen seiner Gefolgsleute sowie die Hinrichtung des mächtigen Lord Hastings, ehemaliger Gefährte von Richard und einer der mächtigsten Männer im Land. Auch Eduards jüngerer Bruder, Richard Duke of York, wurde im Tower untergebracht und die Ehe von Eduard IV und Elisabeth Woodville rückwirkend für ungültig erklärt. Damit hatte er alle ihre zehn Sprösslinge zu Bastarden gemacht, inklusive des jungen Eduards im Tower, der damit als Thronfolger ausschied. Folgerichtig erklärte sich Richard nun selbst zum neuen König Richard III. und ließ sich am 6. Juli 1483 in der Abtei von Westminster krönen. Das spurlose Verschwinden der beiden Prinzen aus dem Tower wenig später ließ sich bis heute nicht aufklären, ob er sie ermorden ließ oder nicht, bleibt unbekannt. Jedenfalls war er am Ziel seiner Träume.

Der Stern des neuen Königs sank jedoch sehr bald und sehr schnell. Seine Gefolgsleute wurden einer nach dem anderen abtrünnig, gnadenlos ließ er sie hinrichten, allen voran den Herzog von Buckingham, der bei Richards Thronübernahme die entscheidende Rolle gespielt hatte. Als man Richard dann nach dem Tod seines einzigen Sohnes und seiner Gattin Anna der Absicht verdächtigte, seine Nichte

Die Häuser Tudor und Stuart

Mit Heinrich VII., der durch seine Ehe mit Elisabeth von York die verfeindeten Adelshäuser verband, saß erstmals ein Tudor auf dem Thron. Er festigte die Stellung der Monarchie wieder. Umso wichtiger war diese Kontinuität für seinen Sohn und Nachfolger, Heinrich VIII., für den die Sicherung der Thronfolge oberste Priorität haben sollte. Als er nach dem überraschenden Tod seines älteren Bruders Arthur 1509 den englischen Thron bestieg, hatte er dessen Ehefrau, die spanische Prinzessin Katharina von Aragón, an seiner Seite und fand eine gut gefüllte Staatskasse vor. Obwohl der 18 Jahre junge Heinrich von seinen Zeitgenossen als überaus charmant, athletisch und gutaussehend sowie gebildet gepriesen wurde, sollte er als

Elisabeth zu heiraten, musste er dies öffentlich als unmoralisch dementieren. Ob wahr oder nicht, die Schwäche des Königs kam seinem Widersacher Graf Heinrich von Richmond, dem späteren Heinrich VII., gelegen, um Anspruch auf Richards Krone zu erheben und diesen militärisch durchzusetzen. Am 22. August 1485 trafen die Heere der beidebn schließlich auf dem Schlachtfeld von Bosworth aufeinander, wo Richard – als letzter englischer König, der in einer Schlacht starb – fiel. Die Analyse der Verletzungen an seinen Gebeinen legt nahe, dass sich der König, auch von seinen letzten Verbündeten im Stich gelassen und damit ohne Aussicht auf einen Sieg, tapfer in die Schlacht stürzte, sein Pferd aber im Morast stecken blieb, er deshalb abstieg und, inzwischen vermutlich ohne Helm, so lange weiterkämpfte, bis ihn die tödlichen Hiebe mit der Streitaxt am Schädel trafen. Sein Tod läutete das Ende der Rosenkriege, des jahrzehntelangen Machtkampfes zwischen den Häusern Plantagenet und Tudor, und den Beginn des Mythos von Richard dem Monster ein.

Doch war er wirklich so ein Monster? Richard, so viel steht fest, war ein machtbewusster Thronräuber, der auch vor Gräueltaten nicht zurückschreckte, um seine Ziele zu erreichen. Im Mittelalter befand er sich damit jedoch in illustrer Gesellschaft. Dass das Urteil über ihn dennoch schlechter ausfällt als über die meisten seiner Zeitgenossen, hat er der Propaganda der Sieger zu verdanken. Die Geschichtsschreiber der neuen Tudor-Dynastie verzerrten das Bild des Gegners ganz bewusst ins Schreckliche, indem sie ihm zunächst all die unaufgeklärten Todesfälle anlasteten – den Tod der Könige Heinrich VI. und Eduard IV., den Tod der beiden Prinzen im Tower und den Tod seiner königlichen Gemahlin Anna. Zweifellos hätte Richard für jeden Mord ein Motiv gehabt, vor allem für den an den Söhnen seines Bruders König Eduard, wobei deren Verschwinden durchaus auch einigen anderen Spielern im Geschacher um die Macht mehr als gelegen kam. Sein engster Berater etwa, der Herzog von Buckingham, soll sich selbst Hoffnungen auf den Thron gemacht haben, und auch Richards Nachfolger, Heinrich VII., muss die jungen Thronerben als Gefahr für seine Krone betrachtet haben. Den vielen Morden fügte dann jeder Chronist immer neue, dunkle Vermutungen hinzu, bis schließlich William Shakespeare den miserablen Ruf Richards III. in Gestalt des größten Bösewichts der Theatergeschichte in alle Welt trug. Eine Tragödie, zweifellos, auf die Historiker nach dem Leichenfund (→ S. 40) ein neues Licht werfen werden.

Despot in die Geschichte eingehen. Seine Geltungssucht, verbunden mit einem überzogenen Imponiergehabe, steigerte sich ins Unerträgliche. Letztlich waren es aber die Ehe- bzw. Nachfolgeprobleme Heinrichs VIII., die zu einer entscheidenden Wendung im Geschick des Landes führten: Da der Papst ihm die Scheidung von Katharina von Aragón verweigert hatte, sagte sich Heinrich VIII. 1534 von Rom los und machte die englische Kirche zu einer Nationalkirche, der anglikanischen Staatskirche mit dem König selbst an der Spitze.

Sechs Frauen und ein Mann

Mit seinen Frauen hatte Heinrich VIII. – oder besser: sie mit ihm – nur wenig Glück. Britische Schüler lernen einen Reim, um sich das Schicksal der Frauen Heinrichs VIII. leichter einzuprägen: „Divorced, beheaded, died / divorced, beheaded, survived". Geschieden wurde der englische König von Katharina von Aragón, Anne Boleyn verlor ihren Kopf, Jane Seymour starb, Anna von Kleve wurde ebenfalls geschieden, Katherine Howard starb wiederum durch den Henker, und nur Katherine Parr überlebte ihren Gatten.

Auf Heinrichs Befehl wurden auch die Klöster aufgelöst und deren Güter an treue Gefolgsleute verteilt. Auf diese Weise etablierte er einen neuen, patriotischen Adel, der entschieden für den Protestantismus eintrat, um die Klostergüter nicht wieder herausgeben zu müssen. Teilweise wurden Ländereien zu Spottpreisen an vermögende Kaufleute veräußert, da Heinrich dringend Geld benötigte, um den Krieg gegen Frankreich zu finanzieren. Gleichzeitig mangelte es nun aber im ganzen Land an einer wirksamen Armenfürsorge; an die Stelle der Klöster und religiösen Stiftungen traten Armengesetze sowie eine Zwangsabgabe zur Unterstützung der Notleidenden.

Die größte innenpolitische Krise seiner Regierungszeit erwuchs Heinrich VIII. durch die Rebellion der Katholiken im Norden Englands im Oktober 1536. Der Protest richtete sich zunächst nur gegen die Trennung der Kirche von Rom und die Auflösung der Klöster. Es vermengten sich aber alsbald verschiedene Interessen, die Feudalherren des Nordens fürchteten um ihren Einfluss, die Bauern sahen sich mehr und mehr wirtschaftlich in die Ecke gedrängt. Innerhalb weniger Tage schlossen sich Tausende Pilger dem Aufstand an, der **Pilgrimage of Grace** (Pilgerreise der Gnade). Da Heinrichs Armee den Rebellen zahlenmäßig weit unterlegen war, machte er ihnen zum Schein weitreichende Zugeständnisse. So erklärte er sich bereit, das nächste Parlament in York einzuberufen, seine dritte Frau, Jane Seymour, in York zu krönen und eine Generalamnestie erlassen zu wollen. Tatsächlich aber ließ er die Rädelsführer und 200 Gefolgsleute wegen Hochverrats hinrichten. Nur zwei Forderungen gab er nach: Er schuf eine Gerichtsbarkeit im Norden, damit die Menschen nicht für jede juristische Streitigkeit nach London reisen mussten, und nahm Prinzessin Maria wieder in die Thronfolge auf.

So kam denn auch nach seinem Tode 1547 sein drittgeborenes Kind, der Sohn seiner Lieblingsfrau Jane Seymour, Eduard VI., mit nur neun Jahren auf den Thron. Seine kurze Regentschaft nutzten die Ratgeber um Eduard dazu, den Protestantismus im Regelwerk der Kirche und den Köpfen der Menschen zu festigen. Zwei evangelische Gebetsbücher wurden veröffentlich, ein neuer Gottesdienst eingeführt und katholische Symbole aus den Kirchen entfernt. Da er bereits nach nur fünf Amtsjahren 1553 starb, war es für seine Halbschwester und überzeugte Katholikin Maria ein leichtes, diese Reformen zu revidieren und zum römisch-katholischen Glauben zurückzukehren. Sie heiratete ihren Cousin Philipp von Spanien. Wer ihr im eigenen Land nicht folgen wollte, landete auf dem Scheiterhaufen, was ihr den Beinamen „die Blutige" einbrachte. Doch auch ihre Amtszeit währte nur fünf Jahre, und so bestieg ihre Halbschwester **Elisabeth I.** 1558 den Thron.

Die Königin vollendete während ihrer langen Regierungszeit die Politik ihres Vaters. War bei ihrem Regierungsantritt die überwiegende Mehrzahl der Engländer wieder in den Schoß der alten Kirche zurückgekehrt, so dürfte die Zahl der Katholiken gegen Ende ihrer Herrschaft unter zwei Prozent gelegen haben. Angetrieben vom puritanischen Geist prosperierte die Wirtschaft. Nachdem Elizabeth 1587 die katholische Königin von Schottland, **Maria Stuart,** hatte köpfen lassen, schickte Philipp II. seine Armada, um England wieder für den rechten Glauben zu gewinnen. Maria hatte zusammen mit den Adelsfamilien Neville aus Durham und den Percys aus Northumberland einen Mordanschlag auf ihre Cousine geplant („The Rising of the North"/Der Aufstand des Nordens). Doch trotz der vermeintlichen militärischen Überlegenheit der spanischen Flotte glückte den Engländern vor Gravelingen ein historischer Sieg.

Erst auf dem Sterbebett liegend bestimmte Elizabeth I. den Sohn von Maria Stuart als **Jakob I.** zu ihrem Nachfolger. Der für seine liberale Einstellung bekannte Mann war zu diesem Zeitpunkt bereits König von Schottland und sollte bis zu seinem Tod (1625) in Personalunion als König von Schottland und England herrschen. Er verbannte die verfeindeten Familien des englisch-schottischen Grenzgebietes ins Exil, und so gelang es ihm, die Borders in den kommenden fünf Jahren zu befrieden. Beinahe wäre Jakob I. jedoch einem Anschlag zum Opfer gefallen. Der Katholik Guy Fawkes aus York plante 1605 zusammen mit zwei Jesuiten, den König samt Parlament in die Luft zu sprengen. Der sog. **Gunpowder Plot** war die Antwort auf einen königlichen Erlass, mit dem die Jesuiten ins Exil gezwungen werden sollten. Die „Schießpulver-Verschwörung" flog jedoch auf, weil einer der Anführer einem Freund die Warnung zukommen ließ, dem Parlament am Tag des Anschlags fernzubleiben. Der Brief gelangte in die Hände königstreuer Beamter, woraufhin unter dem Parlamentsgebäude 36 Pulverfässer entdeckt wurden. Fawkes und seine Mitverschwörer wurden gefangen genommen, gefoltert und hingerichtet.

Die Erinnerung an das Haus Stuart, das bis 1714 über England herrschen sollte, bleibt vom Bürgerkrieg überschattet, der 1649 in der Exekution **Karls I.** und der Abschaffung der Monarchie gipfelte – **Oliver Cromwell** stand als Lordprotektor an der Spitze des Staates. Bereits unter Jakob I. war es mehrfach zu Konflikten zwischen dem König und dem Parlament gekommen. Als das Parlament Karl I. 1628 in der Petition of Rights zu Zugeständnissen zwang, löste dieser kurzerhand das Parlament auf und versuchte elf Jahre lang allein zu regieren. Die Auseinandersetzung mündete in zwei Bürgerkriegen, der König wurde gefangen genommen und am 30. Januar 1649 hingerichtet. Cromwell, der erfolgreiche Anführer der parlamentarischen Armee stand de facto an der Spitze einer Militärdiktatur. Nach Cromwells Tod (1658) versuchte sich sein Sohn Richard als Nachfolger, doch wandte sich die Armee von ihm ab und holte den Sohn des geköpften Königs als Karl II. auf den Thron zurück. Dessen katholischer Bruder und Nachfolger Jakob II. geriet erneut mit dem Parlament in Streit und wurde in einer unblutigen – und daher „glorreichen" – Revolution ins Exil getrieben und durch den Protestanten Wilhelm von Oranien ersetzt. Dieser erkannte die **Bills of Rights** an, und England war auf dem Weg zur konstitutionellen Monarchie.

Nach der Glorreichen Revolution von 1689 stieg England innerhalb kürzester Zeit zur stärksten Wirtschaftsmacht Europas auf. London löste Amsterdam als weltweit bedeutendstes Handels- und Finanzzentrum ab und dehnte sich ständig weiter aus. 1694 wurde die Bank of England gegründet.

Da weder Wilhelm III. noch Königin Anna ihre Linie durch einen Thronfolger weiterführen konnten, fiel gemäß der Erbfolge die englische Krone an das Haus Hannover.Mit **Georg I.** bestieg 1714 erstmals ein deutscher Fürst den englischen Thron. Gegen ihn rebellierten die Schotten und weite Bevölkerungsteile Nordenglands, die Annas katholischen Halbbruder, James Stuart (The Old Pretender), für den rechtmäßigen Thronanwärter hielten. Nur Newcastle sprach sich für König Georg aus, weshalb den Bewohnern bis heute der Spitzname „Geordies“ anhaftet.

Im 18. Jh. entstand in England auch ein neuer Baustil. Da von 1714 bis 1830 alle Könige Georg hießen, wird diese Architektur gemeinhin als „georgianisch“ bezeichnet. Nicht nur in den Städten setzte eine rege Bautätigkeit ein, auch auf dem Land entstanden prächtige Landsitze. Nicht minder erfreuten sich Literatur und Kunst einer hehren Blüte: Romantische Poeten wie Coleridge, Wordsworth, Shelly und Byron schufen ihre Meisterwerke, und Maler wie Gainsborough, Reynolds, Constable und Turner bannten eine Welt im Umbruch auf ihre Leinwände, in der es schon bald lodernde Schornsteine, politische Parteien und eine ausgeprägte Klassengesellschaft geben sollte. England stand am Vorabend der industriellen Revolution.

Industrielle Revolution

England ist fraglos das Mutterland der Industrialisierung, wobei die industrielle Revolution als ein komplexer Prozess technischen Fortschritts, gepaart mit einem durchgreifenden wirtschaftlichen und sozialen Wandel, verstanden werden muss. In vielerlei Hinsicht waren die Voraussetzungen günstig: Landwirtschaft und Handel florierten, und zwischen der Bevölkerung und den Ressourcen bestand ein ausgezeichnetes Gleichgewicht. Mit anderen Worten: Arbeitskräfte und Nahrungsmittel standen ausreichend zur Verfügung. Die technologische Revolution erfasste zahlreiche Bereiche. James Hargreaves entwickelte 1764 eine Spinnmaschine, die er nach seiner Tochter „Spinning Jenny“ nannte. Richard Arkwright erfand fünf Jahre später die Spinnmaschine Waterframe, die mit Wasserkraft betrieben wurde. Die Produktion wurde nochmals enorm gesteigert, als die Dampfmaschine die Wasserkraft ablöste. 1769 verbesserte James Watt die Dampfmaschine, die zuvor von Thomas Newcomen entwickelt worden war. Der mechanische Webstuhl wurde 1784 von Edmond Cartwright erfunden. Das Ergebnis war, dass ein Spinner zu Beginn des 19. Jh. so viel Garn erzeugen konnte wie 200 Arbeiter vor den Erfindungen. Das bedeutete gleichzeitig das Ende der Heimindustrie, und eine neue industrielle Gesellschaft entstand auf Kosten des traditionellen Sozialgefüges.

Auch in der Metallverarbeitung machte man bahnbrechende Erfindungen. 1783 patentierte Henry Cort seine neue Methode, das mit Koks geschmolzene Eisen, das bisher nur als Gusseisen zu gebrauchen gewesen war, in Schmiedeeisen zu verwandeln. Beim sog. Puddelverfahren wurde dem Eisen beim Schmelzen der sich beimischende Kohlenstoff entzogen. Die Hochöfen wurden größer und größer, das Schmelzen bald durch heiße Gebläse vereinfacht. 1779 entstand mit dem neuen Baustoff die erste Eisenbrücke der Welt: The Iron Bridge, eine Bogenbrücke über den Fluss Severn. Bereits 1760 hatte Benjamin Huntman aus Sheffield eine Methode erfunden, um Stahl zu gießen, wodurch die Metallwarenproduktion Englands

Mit mehr als 100 Spinnereien war Manchester das Zentrum der Textilindustrie

noch bedeutender wurde und Sheffield als Zentrum für die Besteckherstellung Weltruhm erlangte. Die Schmelzung von so viel Roheisen konsumierte natürlich Millionen Tonnen Kohle, sodass den Kohlebergwerken eine immer größere Bedeutung zukam. Zum Transport der neuen Rohstoffe und Waren wurden die Kanäle von der Eisenbahn als schnellstes Transportmittel abgelöst und zum Vorzeigeprodukt der Industrialisierung. Nur 20 Jahre nach der Erfindung der Dampflokomotive „Rocket" durch George Stephenson im Jahr 1829 umfasste das Schienennetz des Landes bereits 10.000 Kilometer.

Parallel zur rasanten industriellen Entwicklung nahmen auch die Bevölkerungszahlen zu. Um die Menschen ernähren zu können, mussten die Agrarbetriebe vergrößert und die landwirtschaftliche Produktion mechanisiert werden. Damit jedoch wurde die Bewirtschaftung kleinerer Flächen unrentabel, sodass die Landbevölkerung verarmte, auswanderte oder in die Städte floh. In den Städten entstand das Industrieproletariat. Durch die zunehmende Mechanisierung brauchte man auch dort weniger Arbeiter, dadurch sanken die Löhne und die Arbeitslosigkeit stieg. Ohne Einkommen blieb nur noch eine Existenz als Bettler oder das gefürchtete Arbeitshaus, eine menschenverachtende Institution. Die Lebens- und Arbeitsbedingungen der Menschen waren ohnehin von Elend und Ausbeutung bestimmt. Es gab keine Gesetze, die den Arbeitsmarkt regelten, und die Armut zwang auch Frauen und Kinder, Lohnarbeit anzunehmen. Kinder wurden in Fabriken und im Untertagebau eingesetzt, wo sie im Sommer bis zu 64 und im Winter bis zu 52 Stunden in der Woche schufteten. Das erste Gesetz zum Schutz von Kindern wurde 1833 erlassen und sah folgende Einschränkungen vor: Arbeitsverbot für Kinder unter 9 Jahren in Textilfabriken, ein Nachtarbeitsverbot und maximal 12-Stunden-Tage für Jugendliche unter 18 Jahren.

Das Wachstum der Industriestädte führte zu Wohnungsnot, es bildeten sich Slums, in denen Krankheiten um sich griffen, sodass die Lebenserwartung sank. Man pferchte Menschentrauben in notdürftig errichtete Häuser, 300 Leute mussten sich einen Abort teilen. Kaum jemand hat diese sozialen Missstände eindrucksvoller geschildert als Charles Dickens in seinen Werken. Aber auch die Schriften von Marx und Engels, die auf die englische Arbeiterschaft selbst erstaunlich wenig Einfluss hatten, sind ohne die englische Erfahrung der beiden Begründer der kommunistischen Bewegung nicht denkbar. **Friedrich Engels** bereiste die bedeutendsten Industriezentren von Manchester, Birmingham und Liverpool bis hoch nach Newcastle. Manchester erlangte schon in Charles Dickens Roman „Harte Zeiten" als verqualmte Stadt „Coketown" fragwürdigen Ruhm. Engels beschreibt die Stadt mit den entsetzten Worten: „Wenn man sehen will, wie wenig Raum der Mensch zum Bewegen, wie wenig Luft – und welche Luft! – er zum Atmen im Notfall zu haben braucht, mit wie wenig Zivilisation er existieren kann, dann hat man nur hierher zu kommen."

Ob dieser furchtbaren Missstände sprach Premierminister Benjamin Disraeli von den „zwei Nationen", in die sein Land geteilt war: nämlich Arm und Reich. Thomas Arnold, Direktor der Eliteschule in Rugby, stellte 1832 fest, seine Generation habe „300 Jahre Entwicklung in einem Zeitraffer von nur 30 Jahren erlebt". Und tatsächlich, nach etwas mehr als einem Jahrhundert war der Wandel Englands hin zu einem kapitalistischen Industriestaat modernen Zuschnitts abgeschlossen.

Viktorianisches Zeitalter

Das England des 19. Jh. ist so untrennbar mit seiner Königin **Viktoria** verbunden, dass die gesamte Epoche ihren Namen trägt. In ihrer mehr als 60 Jahre währenden Regentschaft (1837–1901) wird England zur führenden Welt- und Wirtschaftsmacht. Die Geschicke des Landes prägen nun allerdings nicht mehr die Krone und der Adel, sondern Industrielle, Handelsgesellschaften und ambitionierte Politiker. Trotz des Aufstiegs Großbritanniens zur neuzeitlichen Großmacht, dem rapiden Wandel von handwerklicher Produktion zu industrieller Fertigung und einem unerschütterlichen Fortschrittsglauben verkörpert Viktoria auch das Festhalten an bürgerlichen Traditionen und Konventionen. Sie gab den Menschen Halt in einer zunehmend komplizierter werdenden Welt.

Die industrielle Revolution war der Auftakt zu einem wirtschaftlichen Aufschwung, der viele Briten mit den sozialen Umwälzungen versöhnte. Sie modernisierten ihr politisches System ohne Revolutionen, wie sie im Rest Europas an der Tagesordnung waren. Es gab Verbesserungen im Bereich des Sozialwesens, der Arbeitsbedingungen und des Wahlrechts.

Bis dahin jedoch war es ein langer und steiniger Weg. Die Situation der Arbeiter blieb nach heutigen Maßstäben verheerend. 1830 gab es in der Grafschaft Lancashire mehr als 560 Baumwollfabriken, die 110.000 Arbeiter beschäftigten, von denen 35.000 Kinder waren. 1840 starben im County Durham 32 Männer und Kinder bei einer Explosion im Bergwerk Bigges Pit, nur eine von vielen Katastrophen in den Kohlegruben. Auch die Wohnbedingungen in Manchester und den anderen Industriezentren blieben weiter miserabel, und die durchschnittliche Lebenserwartung stieg von rund 40 Jahren in den 1830er Jahren in Viktorias Regierungszeit gerade einmal auf 48 Jahre.

Doch bei aller Misere gab es auch Verbesserungen, vor allem dank der Wohltätigkeit bessergestellter Bürger, die es als ihre Christenpflicht ansahen, die Armen zu unterstützen. Ein neu eingerichtetes „Unhealthy Dwellings Committee" ließ zwischen 1885 und 1905 jährlich fünfhundert der miesesten Häuser Manchesters modernisieren. Es entstanden öffentliche Wasch- und Badeanstalten, und Krankenhäuser wurden gebaut. Experimente wagten auch erste Frühsozialisten wie **Robert Owen.** Er zeigte in seinen Textilfabriken von New Lanark, dass soziale Maßnahmen wie Arbeitszeitkürzungen, angemessener Lohn, Betriebsküchen, Werkswohnungen und Schulunterricht für Kinder sich vorteilhaft auf die Ertragslage auswirkten. Das waren wichtige Impulse für die englische Arbeiterbewegung und die Gewerkschaften, die als Selbsthilfeorganisation für die Lohnarbeiter entstanden waren.

Die Großmutter Europas: Königin Victoria

Man modernisierte ganze Innenstädte, und wer Geld hatte, ließ prächtige Rathäuser und Zivilbauten errichten wie die berühmten drei Grazien in Liverpool, die UNESCO Weltkulturerbe sind. Viele der Industriestädte sind bis heute von den innovativen, exzentrischen und modernistischen Bauwerken der 1850er- und 1860er-Jahre geprägt. Es entstanden Prachtstraßen, die mit Gaslaternen beleuchtet wurden, Abwasserkanäle und Eisenbahngleise durch Tunnel und Viadukte, die eine völlig neue Infrastruktur schufen, die bis heute genutzt wird. Die Verbesserung der Kommunikation war eine der zentralen Errungenschaften der Ära. Regelmäßige Postkutschendienste, Dampfschiffe und Eisenbahnen brachten Waren und Menschen in ungekanntem Tempo von Ort zu Ort. Das brachte auch zahllose Urlauber an die Küsten und in die neuen viktorianischen Seebäder wie Blackpool oder Scarborough. Auch Telegrafen, Telefone, Fotografie und Kino entstanden in der Regierungszeit Viktorias. Vielleicht blieb den Briten die Revolution ja tatsächlich erspart, weil die Mittelschicht wuchs so wie die Größe des Empires und das Ansehen der Briten auf dem internationalen Parkett. Die Ära der Aristokraten war jedenfalls vorbei, eine neue Mittelklasse bestimmte die Moden.

Die Außenpolitik unter Königin Viktoria wurde durch nationalstaatliches Denken und Kolonialisierung geprägt. Einige Historiker sind der Meinung, dass das Empire eher zufällig gewachsen sei in dem Versuch, neue Gebiete für die britische Marine und den Überseehandel zu erschließen. Doch fraglos brauchte die britische Industrie in der zweiten Jahrhunderthälfte immer mehr Rohstoffe. Spätestens dann wurden unter Einsatz des Militärs Länder bewusst zu Kolonien gemacht, um deren Bodenschätze und Märkte kontrollieren und bestehende Handelsbeziehungen sichern zu können (etwa Indien und Hongkong). Gleich zu Beginn ihrer Thronbesteigung im Jahr 1837 kamen Neuseeland und zwei Kolonien Nordamerikas zu

Angenehm: das Leben der Oberklasse

Großbritannien, es folgten das Niger-Delta und afrikanische Besitzungen. Teile Chinas und Hong Kong wurden in drei Kriegen um den Opiumhandel besetzt. 1876 wurde Viktoria zur **Kaiserin von Indien** ernannt. Britisch Indien zählte zur Hauptstütze des Weltreiches und umfasste das heutige Indien, Pakistan, Bangladesh und Myanmar. England übernahm auch Zypern, besetzte Ägypten und versuchte, Afrika in einer Linie von Kairo bis zum Kap zu kolonialisieren. Das ständig wachsende Empire (Viktoria war formal Herrscherin über ein Fünftel der Erde und ein Drittel der Weltbevölkerung) bot verlockende Einkommens- und Berufschancen. Wer eine Plantage auf Jamaika betrieb, war im Besitz einer Goldgrube. Auch Erfinder konnten über Nacht reich werden. Der Autodidakt aus der Arbeiterklasse war keine Seltenheit mehr.

Das Unterhaus entwickelte sich zu einem Instrument des gesamten Volkswillens und England zu einer konstitutionellen Parteiendemokratie. Es entstand eine Frauenbewegung, getragen von den sog. „Suffragetten“ (Suffrage gleich Wahlrecht), die Arbeiterschaft organisierte sich in Gewerkschaften und machte ihrer Unzufriedenheit in Streiks Luft. Der Premierminister war nun nicht mehr der erste Diener der Krone, sondern der Führer der Parlamentsmehrheit und gewann als solcher politisches Profil. Das galt besonders für Gladstone und Disraeli, die beiden prägendsten der zehn Premierminister unter Königin Viktoria. Gladstone war ein liberaler Humanist, aber etwas steif, Disraeli galt als nationaler Imperialist, war aber sehr charmant und der Liebling der Königin. Gemeinsam war ihnen, dass sie ihre Demokratie weiterentwickeln und in die entlegensten Winkel des Empire exportieren wollten. Dass die Königin nicht bei jedem Briten beliebt war, davon zeugen die insgesamt sieben Attentate, die im Laufe ihrer Amtszeit auf sie verübt wurden und die sie alle unverletzt überlebte.

Doch herrschte Königin Viktoria nicht nur über ein Fünftel der Erde, sie war auch mit fast jedem europäischen Fürstenhaus verwandt. Mit ihrem innig geliebten und viel zu früh verstorbenen Ehemann Albert aus dem Hause Sachsen-Coburg und Gotha hatte sie neun Kinder (und später 40 Enkel und 88 Urenkel), die in nahezu jedes Königshaus einheirateten und bald auf den Thronen von Norwegen, Schweden, Dänemark, Russland, Rumänien, Griechenland und Spanien saßen. Ihre älteste Tochter Victoria heiratete Prinz Friedrich von Preußen, der 1888 nur für kurze Zeit deutscher Kaiser sein sollte. Nur wenige Jahre nach ihrem Tod standen sich ihre Enkel in einem verheerenden Krieg gegenüber, und Zar Nikolaus II. von Russland, König George V. von Großbritannien und der deutsche Kaiser Wilhelm II. kämpften im Ersten Weltkrieg um die Vorherrschaft in Europa.

20. Jahrhundert

Britische Historiker interpretieren die Entwicklung ihres Landes zwischen 1900 und 2000 oft als eine Zeit relativen Niedergangs, geprägt von der Auflösung des britischen Weltreiches und vom Verlust der Rolle als führende Industrienation. Im Rückblick betrachtet mag dem so sein, aber zunächst gab es aufgrund der frühzeitigen Industrialisierung und vorwiegend städtischen Lebensweise gigantische Zuwächse an Lebensqualität, mehr materielle Sicherheit für die breite Bevölkerung, mehr politische Mitsprache. Die Briten übernahmen eine Pionierrolle bei der Herausbildung einer Konsum- und Freizeitkultur, die schon vor dem Ersten Weltkrieg weite Teile des öffentlichen Lebens bestimmte und in der Folgezeit prägend blieb – bis hin zur Popkultur der „Swinging Sixties“. Dagegen verschwand die industrielle Fertigung im letzten Drittel des 20. Jh. mit Brachialgewalt. Nach dem Zweiten Weltkrieg, aus dem England eigentlich als einer der großen Sieger hervorging, ging eine Kolonie nach der anderen verloren und das Imperium löste sich mir nichts dir nichts auf. Das dann gebildete Commonwealth konnte keinen wirklichen Ersatz für das Weltreich darstellen.

Am 14. August 1914 trat England in den **Ersten Weltkrieg** ein, nachdem deutsche Truppen die Souveränität des neutralen Belgien verletzt hatten. Der Staat griff nun sehr stark in das wirtschaftliche und gesellschaftliche Gefüge des Landes ein, und es wurde eine Koalitionsregierung mit Beteiligung der Labour Party gebildet.

Aus dem Ersten Weltkrieg ging England außenpolitisch zunächst gestärkt hervor. Deutschland als wichtigste konkurrierende Seemacht war vernichtet, das Kolonialreich wurde durch den Erwerb ehemals deutscher Kolonien und durch Teile des Osmanischen Reiches vergrößert. Russland war durch seine Revolution ebenfalls geschwächt. Doch auch die Briten ächzten unter einer Last – der Last der Kriegsschulden. London verlor seine Position als wichtigster Bankenstandort der Welt an New York, hatte man sich das Geld doch überwiegend von den Amerikanern geliehen. Zudem bekam die einstige Führungsnation auf dem Feld der Schwerindustrie Konkurrenz, die Industrieproduktion und Kohleförderung erreichte nie mehr den Stand von vor 1914. In den neuen Industriezweigen wie der Automobil- und Chemieindustrie besaß das Land ohnehin keinen Startvorteil. Wichtige Absatzmärkte in Asien gingen verloren. Innenpolitisch waren die 1920er-Jahre geprägt von harten Arbeitskämpfen, die sich an den geplanten Privatisierungen des Bergbaus entzündeten. 1929 wurde die **Labour Party** erstmals stärkste Partei, sie musste jedoch unter dem Eindruck der Weltwirtschaftskrise liberale und konservative Minister beteiligen. Das Königshaus sorgte für Verdruss, als Eduard VIII. darauf bestand, die zweimal geschiedene Amerikanerin Wallis Simpson zu heiraten, und zur Abdankung gezwungen wurde.

Auch außenpolitisch drohte Ungemach. In den britischen Kolonien begannen die Eliten Selbstbewusstsein zu entwickeln, Mitspracherechte zu fordern und schließlich nach der Unabhängigkeit zu streben. Man entließ viele Gebiete in die Autonomie und verlieh ihnen einen Dominion Status – der **British Commonwealth of Nations** entstand.

Angesichts der deutschen nationalsozialistischen Bedrohung rüstete England ab 1937 stark auf. Die Regierung versuchte jedoch weiterhin, mit einer Beschwichtigungspolitik den Krieg zu verhindern, da das Land mit der Wahrung seiner weltweiten Interessen schon über Gebühr belastet war. Nach dem deutschen Überfall auf Polen im September 1939 erklärte England Deutschland den Krieg, aus dem Großbritannien 1945 zusammen mit den Alliierten als Sieger hervorging.

Nach dem Ende des **Zweiten Weltkriegs** verlor England seinen Großmachtstatus, mühte sich aber weiterhin, militärisch die dritte Weltmacht hinter den USA und der Sowjetunion zu bleiben. Wie geschwächt man war, erfuhren die Briten in der Suez-Krise 1956. Die Folgen des Krieges waren auch für die englische Wirtschaft verheerend, und es dauerte einige Jahre, bis es im Land wieder aufwärtsging. Bei den Parlamentswahlen des Jahres 1945 wurden die Tories unter Winston Churchill schwer geschlagen, die Labour Party mit dem Premierminister Clement Attlee übernahm die Regierungsverantwortung. Labour verstaatlichte wichtige Wirtschaftszweige und versuchte, das Land in einen modernen Sozialstaat umzugestalten. Wichtigstes Vermächtnis dieser Reformen ist der **National Health Service** (NHS), das Nationale Gesundheitssystem, das 1948 gegründet wurde. Es garantiert jedem Bürger eine medizinische Grundversorgung, die nicht wie in anderen Ländern durch eine Sozialversicherung finanziert wird, sondern durch Steuergelder.

Die Fünfzigerjahre waren die Dekade, in der **Elisabeth II.** gekrönt wurde (2. Juni 1953), die Essensrationierung nach dem Kriege aufgehoben werden konnte und die Suez-Krise zu einem Ende kam. Aus dem schnell zerbröselnden Riesenreich zogen mehr und mehr Immigranten nach England. Die ersten Zuzügler waren allerdings Polen und Italiener, denn auf dem Kontinent fehlte die Arbeit, in England die Manpower. Viele Männer aus den ehemaligen Kolonien, z. B. der Karibik, hatten außerdem für die Briten gekämpft und suchten nun in Friedenszeiten nach neuen Aufgaben im Mutterland. Es war der Beginn einer Masseneinwanderung, die die schwarze Minderheit von wenigen Tausend nach Ende des Krieges auf 1,4 Millionen im Jahr 1970 anwachsen ließ. Ressentiments und Vorurteile vor allem der weißen Arbeiterschicht, der sog. „Teddy Boys", gegen die schwarzen „Exoten" mit britischen Pässen führten zu zweiwöchigen Rassenunruhen in Nottingham und kurze Zeit später zu gewalttätigen Ausschreitungen in Londons Notting Hill. Derartige rassistisch motivierte Straßenschlachten sollte es erst wieder in den 70er-Jahren in Leeds und London, 1980 auch in Bristol geben.

Ikonen der Swinging Sixties: die Beatles

1960 führte Harold Macmillan das Vereinigte Königreich in die EFTA und entließ eine Reihe von Kolonien in die Unabhängigkeit. Gegen den Widerstrand in der Bevölkerung und in der eigenen Partei stellte er einen Beitrittsantrag an die EG, der auf Drängen von Charles de Gaulles abgelehnt wurde. Sein Nachfolger Harold Wilson aus der Labour Partei hatte bald darauf mit einer erheblichen Inflation und einem massiven Anstieg der Arbeitslosigkeit zu kämpfen und war trotz Stützung durch die Zentralbanken 1967 zu einer Abwertung des Pfundes gezwungen, was bis heute die Einstellung der Engländer gegenüber der EU und dem Euro bestimmt.

1970 übernahm wiederum die Konservative Partei unter Edward Heath die Führung im Unterhaus, doch brachte dies keine wirtschaftliche Entspannung. Heath betrieb den englischen Beitritt zur EG, der 1973 vollzogen wurde. Die umstrittene Mitgliedschaft in der Europäischen Gemeinschaft wurde 1975 Gegenstand einer Volksabstimmung. In diesem Jahr hatte die Inflation mit 16,9 % einen neuen Höchststand erreicht. Gegen den Widerstand der Labour Party und der Gewerkschaften entschieden sich die Bürger jedoch mit großer Mehrheit für eine Mitgliedschaft. Der Streikwinter von 1978/79 führte jedoch zur Abwahl James Callaghans. Die Konservative Partei ging aus den Unterhauswahlen als Sieger hervor, und Margaret Thatcher wurde als erste Frau Premierministerin.

Die Ära Thatcher

„The Lady is not for turning“ – kaum ein Bonmot wurde im Zusammenhang mit **Margaret Thatcher** häufiger zitiert als dieses, zeigt es doch den eisernen Willen der Premierministerin, auch an unpopulären Entscheidungen gegen alle Widerstände festzuhalten und ihre einmal als richtig befundene Meinung nicht zu ändern, daher der Name „Eiserne Lady“. Die Amtszeit von Margaret Thatcher war ein Schock und eine Radikalkur für das Land. Kaum ein britischer Politiker vor ihr hat das Land so konfrontationsfreudig in zwei Lager gespalten wie sie: in begeisterte Unterstützer und hasserfüllte Widerständler. Selbst Jahrzehnte später führte die Nachricht von ihrem Tod bei manchen politischen Gegnern zu Freudenfesten („Ding Dong, Thatcher's Gone“, „Rest in Shame“). Die Proteste während ihrer feierlichen Beerdigung im Beisein der Queen, die fast schon die Form eines Staatsbegräbnisses annahm, fielen jedoch geringer aus als erwartet.

Stein des Anstoßes waren Thatchers radikale Wirtschaftsreformen. Sie führte eine unternehmerfreundliche Wirtschaftspolitik nach amerikanischem Vorbild ein, senkte den Spitzensteuersatz von 83 % auf 60 %, strich die Subventionen für die nicht mehr wettbewerbsfähige Schwerindustrie, privatisierte viele Staatsunternehmen (British Telecom, BP, British Airways) und bekämpfte die Macht der Gewerkschaften durch eine scharfe Gesetzgebung unerbittlich. Zum Schlüsselereignis ihrer elf Jahre dauernden Amtszeit wurde der Streik der britischen Bergarbeiter 1984/85 gegen die geplante Schließung ihrer Zechen, der **„Winter of Discontent“** (Winter der Unzufriedenheit). Er dauerte ein Jahr, bis den Gewerkschaften die Streikgelder ausgingen und die hoch verschuldeten Bergleute die Arbeitskampfmaßnahmen nicht länger durchhalten konnten. Thatcher trug einen traurigen Sieg davon, denn die Arbeitslosenquote stieg nach Schließung der Zechen und Gruben auf ein landesweites Hoch von 12,5 %. Die Zahl der im produzierenden Gewerbe Beschäftigten sank zwischen 1979 und 1990 von sieben auf fünf Millionen. Von Arbeitslosigkeit betroffen waren besonders die Gewerkschaftshochburgen beim Bergbau, im Baugewerbe, bei der Eisenbahn und den Dockarbeitern, wo die Arbeitslosenrate teilweise 50 % erreichte. Durch den Wegzug vieler Menschen verödeten die

Bergarbeitersiedlungen nach und nach, die Selbstmordrate nahm zu. Die Kinofilme „Billy Elliot“ und „Brassed Off – Mit Pauken und Trompeten“ geben einen guten Einblick in die Gefühlslage der Betroffenen. In vielen Industrieregionen Mittel- und Nordenglands sind die Folgen von Thatchers Politik bis heute spürbar.

Außenpolitisch konnte sich Margaret Thatcher 1982 mit einem Sieg im Falklandkrieg profilieren. Außerdem erwirkte sie den bis heute gültigen Britenrabatt auf Großbritanniens Beitragszahlungen an die EU („I want my money back“), überlebte im Oktober 1984 einen Bombenanschlag der IRA und veranlasste Helmut Kohl zu dem Satz, er fürchte Margaret Thatcher „wie der Teufel das Weihwasser“. Ihr Stern begann zu sinken, als sie 1987 eine personenbezogene Kommunalsteuer einführen wollte, die sog. Poll Tax. Ihre Partei zwang sie am 22. November 1990 zum Rücktritt. Der neue Premier **John Major** konnte den Abwärtstrend der Konservativen nur noch kurz aufhalten; am 1. Mai 1997 triumphierte New Labour unter Tony Blair, dessen Amtszeit zur längsten aller regierenden Premierminister der Labour Partei werden sollte.

Das 21. Jahrhundert

Tony Blair steht in Großbritannien für die Neuausrichtung der Labour Partei in die gesellschaftliche Mitte, „New Labour“. In seinen zehn Jahren Amtszeit erlebte das Land endlich einen wirtschaftlichen Boom, der mit marktorientierten Reformen und einer industriefreundlichen Deregulierung einherging. Blair führte Arbeitsbeschaffungsprogramme und einen Mindestlohn ein, hob Schul- und Studiengebühren an und erhöhte die Ausgaben für Gesundheit und Erziehung, was durch Steuererhöhungen finanziert wurde. Es gab auch Verfassungsreformen, etwa Regionalparlamente für Wales und Schottland, einen neuen Menschenrechtskatalog und eine Umstrukturierung des Oberhauses.

Diese innenpolitischen Errungenschaften stehen jedoch im Schatten seiner außenpolitischen Entscheidungen. Obwohl die Irak-Invasion inzwischen mehr als zehn Jahre zurückliegt, wird er das Image von „Bushs Pudel“ nicht los. Zu eng hatte er sich nach den Terroranschlägen auf Amerika am 11. September 2001 an die Seite des Verbündeten mit Georg W. Bush an dessen Spitze gestellt. Im gemeinsamen Anti-Terror-Kampf marschierten sie ab 2001 in Afghanistan, ab 2003 im Irak ein. Bis heute starben mehr als 400 britische Soldaten in Afghanistan und mehr als 130 im Irak, Tausende wurden schwer verletzt. Im Zuge eines vernichtenden Untersuchungsberichtes (Chilcott Enquiry) räumte der Ex-Premier im Juni 2016 Fehler bei der Planung des Irakkrieges ein und entschuldigte sich förmlich. Unter dem amtierenden Premierminister David Cameron verließen die britischen Truppen den Irak im Mai 2011 und Afghanistan im Oktober 2014.

Die große Krise der britischen Monarchie durch den Unfalltod Prinzessin Dianas in Paris gleich zu Beginn seiner Amtszeit meisterte Blair hingegen mit Bravour. Auch für sein entschiedenes Vorgehen nach den Terroranschlägen in London im Juli 2005, bei denen 56 Menschen ums Leben kamen, zollte ihm die britische Öffentlichkeit Respekt. Der 2008 erlassene „Terrorism Act“ enthielt zwölf Maßnahmen, die die Sicherheit der britischen Bürger erhöhen und die Arbeit der Ermittler erleichtern sollten. Auf der internationalen Bühne fanden Blairs Zusagen zu raschem Handeln im Klimaschutz und der Umsetzung des Kyoto-Protokolls großen Anklang. Europa allerdings stand er eher skeptisch gegenüber.

Tony Blair trat am 27. Juni 2007 zu Gunsten seines ehemaligen Schatzkanzlers **Gordon Brown** von seinem Amt zurück. Dessen Regierungszeit war von Pannen und der ersten Finanzkrise überschattet. Er verlor die Parlamentswahlen im Mai 2010 gegen seinen Konkurrenten der Konservativen Partei, **David Cameron**. Der Nachfahre Königs Wilhelm IV., Eton-Schüler und Oxford-University-Absolvent beschrieb sich bei seinem Amtsantritt als „modernen, mitfühlenden Konservativen". Er legte den Schwerpunkt seiner Politik zunächst auf bislang für die Konservativen eher untypische Themen wie Umweltschutz, den Ausbau der Krankenversicherung und eine flexible Einwanderungspolitik. Diese Themen wurden jedoch schnell überschattet vom desolaten Zustand der britischen Wirtschaft und der hohen Staatsverschuldung. Die rigide Sparpolitik der Regierung löste eine Rezession wie seit 80 Jahren nicht mehr aus, im August 2011 erlebte das schockierte Land in fast allen größeren Städten tagelange gewalttätige Ausschreitungen, Brandstiftungen und Plünderungen eines eher jugendlichen Mobs. Soziale Gerechtigkeit wurde zum Top-Thema, denn Cameron erklärte, mit den Bankenskandalen, dem Spendenskandal im Parlament und dem Phone-Hacking-Skandal des britischen Journalismus in jüngster Vergangenheit, die allesamt von Gier, Verantwortungslosigkeit und Machtmissbrauch geprägt gewesen seien, habe man für die Menschen ein schlechtes Vorbild abgegeben.

Der Posten als Premierminister hatte allerdings Auswirkungen auf Camerons Kurs in der Europapolitik. Um den Reformdruck auf seine europäischen Partner in Brüssel zu erhöhen, kündigte er eine Volksabstimmung über die Mitgliedschaft Großbritanniens in der EU an, die am 23. Juni 2016 zur Überraschung des Establishments mit einem Mehrheitsvotum von 52 % den Austritt, den sogenannten Brexit, besiegelte. Seitdem trudelt das Land von einer Krise in die nächste: Da die Schotten mehrheitlich in der EU verbleiben möchten, kündigte die Erste Ministerin Schottlands von der schottischen Nationalpartei, Nicola Sturgeon, eine zweite Volksabstimmung über die schottische Unabhängigkeit von England an (die erste 2014 hatte eine Mehrheit für den Verbleib beim Vereinigten Königreich ergeben). Das Pfund Sterling fiel auf einen historischen Tiefpunkt und die neue Premierministerin Theresa May von der Konservativen Partei scheint einen „harten" Brexit vorzubereiten, bei dem das Land keinen Zugang zum europäischen Binnenmarkt mehr hätte. Den Ruf einer Hardlinerin hat sich Theresa May als Innenministerin unter David Cameron ausgerechnet mit ihrer Migrationspolitik erworben, als sie radikalislamische Prediger ausweisen ließ und sich bereits damals gegen den freien Zuzug von EU-Bürgern aussprach. Die Oxford-Absolventin sitzt seit 1992 im britischen Unterhaus und führte von 2010 bis 2016 das Innenministerium. Sie zog nach einem hässlichen Machtgerangel kurz nach der Abdankung David Camerons, der sich inzwischen ganz aus der Politik zurückgezogen hat, noch im Juni 2016 in die 10 Downing Street ein. Die Pastorentochter gilt als kühle Pragmatikerin, die hart und viel arbeitet und Konflikte nicht scheut. Sie selbst sagt über sich, sie sei „keine Politikerin für die große Show", deshalb wird sie gerne mit Angela Merkel verglichen. Die Verhandlungen über den Austritt der Briten aus der Europäischen Union dürften wohl ihre Amtszeit dominieren: Nichts scheint derzeit sicher, alles ist möglich.

Womit einmal mehr die Monarchie das einzige Bindeglied in dem tief gespaltenen Land ist. Die Königsfamilie erfreut sich seit Jahren wieder großer Beliebtheit im Volke und sorgt zuverlässig für Lichtblicke und Stimmungsaufheller. Den Feierlichkeiten zum diamantenen Regierungsjubiläum der Queen und der Märchenhochzeit ihres Enkels William mit Kate Middleton im Jahre 2012 folgten die Geburten von deren beiden Kindern Prinz George (2013) und zwei Jahre später Prinzessin Charlotte (2015). 2016 feierte Elisabeth II. ihren 90. Geburtstag und die ganze Nation hofft, dass ihr ein ähnlich langes Leben beschieden sein wird wie ihrer im Alter von 101 Jahren verstorbenen Mutter.

Architekturstile

Vorgeschichtliche Bauwerke

Die augenscheinlichsten vorgeschichtlichen Bauten sind ohne Zweifel Steinkreise und Grabhügel. Zur prähistorischen Architektur gehören auch die Überreste zahlreicher Hill Forts, Festungsanlagen aus der Bronze- und Eisenzeit. Etwa 3000 v. Chr. wurde Castlerigg in Cumbria nahe Keswick errichtet. Weit weniger besucht werden z. B. die Nine Ladies im Peak District, die Rollright Stones in Oxfordshire oder Arbor Low in Derbyshire, der aus 46 Findlingen besteht und wahrscheinlich verbunden war mit dem Grabhügel Gib Hill. Das Großsteingrab Belas Knap in der Nähe von Winchcombe in den Cotswolds ist eine neolithische Grabkammer, ebenso Uley Long Barrow.

Römische Bauwerke (43–423)

Die Römer besetzten fast ganz Britannien für vier Jahrhunderte und hinterließen einige architektonische Relikte, die noch heute zu besichtigen sind. Wichtige Zeugnisse römischer Bauweise sind Stadtmauern (Chester, York), Bäder (York), Amphitheater (Chester, Cirencester), Burgen oder deren Ruinen (Hardknott in Cumbria), Villen (Chetworth bei Cirencester in Gloucestershire), schachbrettartige Straßenführungen und natürlich der Hadrianswall, ein über 100 km langer Schutzwall gegen die Schotten. In einer der größten römischen Villen North Leigh Roman Villa bei Minster Lovell (Oxfordshire) ist neben den Fundamenten ein großflächiges Mosaik erhalten.

Angelsächsische Architektur (450–1066)

Nur sehr wenige angelsächsische Bauten aus der Zeit vor 700 existieren heute noch, denn sie waren meist aus Holz. Gebäude aus Stein gab es nur wenige. Ausnahmen sind einige Kirchen und Krypten, wie man sie z. B. in der Ripon Cathedral oder Hexham Abbey antrifft. In Suffolk fand man in den 1930er-Jahren einen angelsächsischen Grabhügel, Sutton Hoo, der die Gaben eines Kriegsherrn oder Königs enthielt, u. a. einen Helm, Schild und ein Langschiff, die alle aus dem 7. Jh. stammen.

Normannische Architektur (1066–1200)

Schon bevor Wilhelm der Eroberer die Insel mit seinen Truppen eingenommen hatte, gab es normannische Einflüsse auf die englische Baukunst. Die Normannen taten sich als geübte Steinmetze hervor. Zahlreiche Kathedralen – z. B. Ely, Norwich, Oxford, Peterborough, Durham –, Burgen und Abteien überlebten die Jahrhunderte. Als Variante der europäischen Romanik sind massive Mauern aus bearbeitetem Stein typisch, ebenso gerundete Tor- und Fensteröffnungen. Als Dekore wurden geometrische Muster verwendet. Fast alle englischen Burgen gehen auf einen normannischen Vorgänger zurück. Der Klassiker: die Motte, ein aufgeschütteter Hügel mit Holz-

Einst wehrhaftes Bollwerk – die Reste des Hadrianswalls

Howard Castle: eines der ersten Barockgebäude Englands

turm darauf, der i. d. R. später durch einen steinernen Bergfried ersetzt wurde, wie man sie noch in Colchester Castle oder Castle Hedingham findet.

Englische Gotik (1200–1480)

Die Gotik wird in der englischen Kunstgeschichte in drei Perioden unterteilt. Gekennzeichnet ist die gesamte Epoche vom wirtschaftlichen Wachstum in Britannien.

Early English (1200–1300): Frühgotische Architektur ist an ihrer Schlichtheit erkennbar. Die Fenster sind größer und die Wände dünner als in normannischen Gebäuden. Auffällig ist auch, dass ein großer Vierungsturm das Äußere der Kathedralen bestimmt. Innen fallen die typischen Rippengewölbe ins Auge. Beispiele für den Early English Style sind das Hauptschiff der Kathedrale von Lincoln oder die Westfassade der Kathedrale von Peterborough.

Decorated (1300–1380): Der Decorated Style ist die Verfeinerung des Early English. Wände und Fenster sind mit Ornamenten versehen. Besonders realistisch sind die Abbildungen von Blättern und Zweigen. Die Fenster sind mit vertikalem Stabwerk unterteilt. Beispiele sind u. a. die Vierung der Kathedrale von Ely oder die Westfassade des Münsters in York.

Perpendicular (1380–1480): Die englische Spätgotik führte zum Höhepunkt der dekorativen Formen. Die Kirchen und Kathedralen sind dank ihrer großen Fenster lichtdurchflutet und von fächerförmigen Netzgewölben überdacht. Die Torbögen werden im Laufe der Zeit flacher, bis sie beinahe rechtwinklig sind. Ein herausragendes Beispiel dieses Stils ist King's College Chapel in Cambridge.

Tudorstil (1485–1603)

In der Tudor-Ära entstanden weit mehr Land- und Bürgerhäuser sowie Paläste als zuvor. Dafür wurden weit weniger Burgen und Kirchen gebaut. Mehr und mehr wurden Ziegelsteine (meist mit Verzierungen) eingesetzt. Zunächst jedoch findet man nur Ziegel rund um die Fenster und an den Ecken der Häuser. Eine typische Tudorfassade hat Flankierungstürmchen und Erker, Lanzettfenster und oft zinnenbekrönte Mauerabschlüsse. Auch die Fachwerkhäuser mit dem schwarzen Fachwerk und der weißen Füllung stammen aus dieser Zeit. Schornsteine wurden üblich, und in die Häuser der Adligen und reichen Kaufleute wurden bereits Glasfenster eingesetzt. Gute Beispiele sind Speke Hall bei Liverpool und Burghley House bei Stamford.

Elisabethanische Architektur (1558–1603): Die elisabethanische Ära ist eine Blütezeit des britischen Handels. Es entwickelte sich eine Schicht reicher Kaufleute, die sich repräsentative Stadthäuser oder Landsitze bauen ließ. Erste Versuche wurden unternommen, die Renaissance-Architektur auch in England einzuführen. Charakteristisch sind runde Torbögen, Stützpfeiler und klassische Ornamentierung. Allerdings blieben die Formen der Gebäude dem Tudorstil verhaftet. Den frühen Einfluss der Renaissance auf die elisabethanische Architektur kann man gut an der Hardwick Hall in Derbyshire erkennen.

Renaissance und Barock (1603–1714)

Ganze zwei Jahrhunderte nachdem die Italiener römische Architektur- und Kunstformen für sich wiederentdeckt hatten, schwappte die Renaissance auch nach England über. Berühmte Architekten und Baumeister wie Inigo Jones und Sir Christopher Wren übertrugen die italienische Renaissance und den Barock auf englische Verhältnisse. Herausragende Privatresidenzen im englischen Barockstil sind die Schlösser Castle Howard in Yorkshire und Blenheim Palace in Oxfordshire.

Georgianische Architektur (1714–1810)

Die Gebäude sind dem klassizistischen Baustil Andrea Palladios nachempfunden, unbedingt symmetrisch und weniger klobig als noch in der Renaissance. Ihr Inneres ist dank der großen Schiebefenster (Sash Windows) lichtdurchflutet. Prächtige Stadthäuser waren in der Regel fünf Stockwerke hoch: Im Keller waren Küche und Lagerräume untergebracht, im Erdgeschoss wurde gegessen, verwaltet und Billard gespielt, im ersten Stock empfangen, im zweiten Stock geschlafen und unters Dach schob man Kinder und Angestellte ab. Die Gebäude wurden recht funktional nebeneinandergestellt (Terraces), teilweise auch in Form eines Halbmondes (Crescents). Die prächtigen Landhäuser der Adligen, z. B. Kedleston Hall in Derbyshire, Harewood House in Yorkshire oder Holkham Hall in Norfolk, stehen in der Regel inmitten großzügiger englischer Landschaftsgärten, mit Wiesen bis direkt an die Fassade.

Regency-Architektur (1810–1830)

Als Prinzregent Georg (später Georg IV.) eingesetzt wurde, um den geistesgestörten und blinden König Georg III. zu vertreten, erfuhr die Architektur einige Veränderungen. Der Regency-Stil, in dem die ersten 30 Jahre des 19. Jh. gebaut wurde, ist nicht unbedingt durch Abwechslungsreichtum geprägt. Fast identische Reihenhäuser mit Säulengängen waren in dieser Zeit modern. Zum ersten Mal wurde Eisen eingesetzt, beispielsweise bei Zäunen, Fensterriegeln und Fußmatten. Ebenso häufig finden sich Stuckarbeiten. Aber auch die industrielle Revolution beeinflusste den Architekturstil. Erste Fabrikanlagen, riesige Lagerhallen und Eisenbrücken wurden errichtet. Einen Eindruck von der Eleganz dieses Baustils vermittelt z. B. die Innenstadt von Cheltenham in den Cotswolds.

Daniel Libeskinds Imperial War Museum in Manchester

Viktorianische Architektur (1837–1901)

Der technische Fortschritt hielt Einzug in die Architektur. Die neue Infrastruktur erforderte den Bau von Brücken und Tunneln, auch Bahnhöfe entstanden zuhauf. Konstruktionen aus Gusseisen und Glas im Treibhausstil herrschten vor. Ein weiteres Produkt dieser Zeit sind die typischen Reihenhäuser (Birmingham Back to Backs) aus rotem Ziegelstein, die eine gemeinsame Rückwand haben und aus zwei Räumen bestanden. Hier wohnten die Arbeiter der Industriezentren. Wer einmal nach Manchester kommt, kann sich vor allem in den Vororten ein Bild von dieser recht monotonen Architektur machen. Es gab jedoch auch solidere und komfortablere Stadthäuser mit den typischen Erkerfenstern und kleinen Vorgärten. Auch sie wurden oft in Reihe gebaut.

Das 19. Jh. ist auch die Zeit des **Gothic Revival**. Extravagante öffentliche Bauten wie Rathäuser, Universitäten oder Firmensitze spiegeln die Größe und den Reichtum des Empire wider, weshalb sie jegliche Bescheidenheit vermissen ließen. Alfred Waterhouse entwarf nicht nur das naturwissenschaftliche Museum in London, sondern auch das prächtige Rathaus von Manchester. Einer der bekanntesten Architekten des Gothic Revival war George Gilbert Scott, der u. a. Kelham Hall in Nottinghamshire schuf.

Auch Spielarten der Klassik blieben weiter populär, wie man am Rathaus von Leeds gut erkennen kann.

Architektur des 20./21. Jh.

Die größten Veränderungen in der Architektur sind wohl im 20. Jh. zu verzeichnen. Beton wird zum bevorzugten Baumaterial. Die im Zweiten Weltkrieg entstandenen Lücken versuchte man durch moderne Hochhäuser und Blockbauten zu schließen. Diese Art von Architektur, die sich von den 1950er- bis 1970er-Jahren großer Beliebtheit bei den Architekten erfreute, wird **Brutalismus** (Brutalism) genannt. Beispiele sind das Royal Liverpool University Hospital, das Gateway House in Manchester oder das Gartengebäude von St Hildas College in Oxford.

Die **Postmoderne** wollte ihr Design vor allem den Bedürfnissen der in den Häusern lebenden und arbeitenden Menschen anpassen und bediente sich mit einer gehörigen Portion Ironie recht wirkungsvoll architektonischer Vorbilder der letzten Jahrhunderte. Das Motto lautete: Anything Goes – alles ist erlaubt. Kennzeichen sind ungewöhnliche Formen und Farben, die Gebäude manchmal wie Kunstwerke aussehen lassen. So könnte man Nigel Coates National Centre for Popular Music in Sheffield (seit 2003 Teil der Universität) mit vier großen Edelstahltrommeln vergleichen. Das Chips Building, ein Wohnblock in Manchester, ähnelt bunten, wahllos aufeinandergestapelten Schuhkartons, an denen Kinder rumgeschnippelt haben.

Ein Trend ist auch der **kritische Regionalismus** (Critical Regionalism), bei dem die umgebende Landschaft die Form des Gebäudes mitbestimmt.

Im **Dekonstruktivismus** werden chaotische Formen und kubistisch anmutende Zusammensetzungen geometrischer Körper entworfen wie Daniel Libeskinds Imperial War Museum North in Manchester oder bis zu einem gewissen Grad auch das neue Civil Justice Centre der Stadt.

Die Millennium-Feierlichkeiten zum Jahr 2000 haben in der ganzen Welt eine Art Baufieber ausgelöst, das neue Jahrtausend mit besonders spektakulären architektonischen Meisterwerken und Renovierungen zu begrüßen. In England wurden viele der **Millennium-Projekte** noch in der wirtschaftlich stabilen Boomphase geplant oder gar begonnen, sodass auch in der folgenden Krisenzeit Innenstädte weiter saniert und neue Prestigebauten errichtet werden konnten. Zu den gelungensten Modernisierungen der jüngsten Zeit gehören u. a. Old Market Square in Nottingham oder der Erweiterungsbau des Ashmolean Museum in Oxford. Es entstanden neue Bibliotheken, Museen, Kunstgalerien und Shoppingmalls mit Hingucker-Fassaden.

Die Architektur des 21. Jh. lässt sich nur schwer einordnen, sie ist voller einmaliger, individueller Designs, die zunehmend von grünen Erwägungen bestimmt werden. Sie muss aber auch den modernen Technologien und Ansprüchen gerecht werden. Zudem soll sie wie schon die Postmoderne Spaß machen. Häufig findet man in England die sogenannte **Blob-Architektur** (Blobitecture), also den Bezug auf organische Formen und Rundungen. Gute Beispiele sind das Sage Gateshead Building in Gateshead von Sir Norman Foster oder das Selfridges-Kaufhaus im Bullring-Einkaufszentrum von Birmingham.

So altmodisch reist man nur im Urlaub

Anreise

Mit dem Flugzeug

Die schnellste Variante, nach England zu kommen (und in vielen Fällen auch eine erstaunlich billige), ist der Flieger. Die häufigste und oft günstigste Verbindung ist ein Flug nach **London,** wo es sechs Flughäfen gibt: Heathrow, Gatwick, London City, Luton, Stansted und Southend on Sea. **Heathrow** liegt 30 km westlich von London und 75 km südöstlich von Oxford. Die Flughäfen **Stansted** und **Luton** im Norden der Hauptstadt sind nur einen Katzensprung von Cambridge und East Anglia entfernt, **Southend on Sea** liegt 3 km nördlich des selbigen Badeortes in Essex. Die Flughäfen werden von verschiedenen Billigfliegern wie Air Berlin, Easyjet, Ryanair oder Germanwings angeflogen.

Wegen der Überlastung der Hauptstadtflughäfen sind in den vergangenen Jahren auch die lokalen Flughäfen stark ausgebaut worden: Von verschiedenen Flughäfen in Deutschland Österreich und der Schweiz fliegen z. B. Austrian Airlines, bmi regional, Easyjet, Flybe, Eurowings, Jet2, Lufthansa, Ryanair oder Swiss Airlines kleinere englische Flughäfen an. Wenn Sie etwa in die Cotswolds möchten, können Sie in **Bristol** landen, für einen Besuch der Midlands bieten sich der **Birmingham Airport** oder der etwas günstigere **East Midlands Airport** (Nottingham) an. Auch für weiter nördlich gelegene Ziele gibt es zahlreiche Direktverbindungen: Der Nordwesten erschließt sich von **Manchester** oder vom nur 50 km südwestlich liegenden **John Lennon Airport** (Liverpool). Weiter nördlich liegt der **Bradford Airport** (Leeds). Der nördlichste der englischen internationalen Flughäfen ist **Newcastle**

International. Für Reisende in den hohen Norden Englands ist es allerdings unter Umständen günstiger, Flüge zu den schottischen Flughäfen in **Edinburgh** oder **Glasgow** zu buchen.

Preisvergleiche für Flüge Eigentlich finden alle Preisvergleichsseiten im Internet recht zuverlässig günstige Flüge. Laut Stiftung Warentest schnitten **www.billig-flieger-vergleich.de**, **www.swoodoo.de** und **momondo.de** am besten ab. Auch unter **www.reise-preise.de** lassen sich Flugpreise vergleichen. Unter den Online-Reisebüros lag das niederländische www.cheaptickets.de preislich vor der Konkurrenz. Es erhebt jedoch eine Reservierungsgebühr. Als sehr gut erwiesen sich auch www.expedia.de und www.lastminute.de.

Fluggesellschaften **Air Berlin**, ✆ 0180/6334334, www.airberlin.com.

Austrian Airlines, ✆ 0043/517661001, Deutschland ✆ 069/50600598, www.austrian.com.

bmi regional, ✆ 01805/363735, www.bmiregional.com.

Eurowings, ✆ 0180/6320320 (rund um die Uhr für 0,20 €/Min., max. 0,60 € aus dem Festnetz), Österreich ✆ 0800/802682, www.eurowings.com.

British Airways, ✆ 0421/5575757 (Mo–Fr 9–17 Uhr), Österreich ✆ 01/79567222, Schweiz ✆ 0180/6060606, www.britishairways.com.

Easyjet, ✆ 0180/6060606 (8–20 Uhr für 0,20 €/Min. aus dem Festnetz), Österreich ✆ 0820/320950, www.easyjet.com.

Flybe, ✆ 0044/1392683152, www.flybe.com.

Jet2, ✆ 01803/511111 (0,09 €/Min. aus dem dt. Festnetz), Österreich ✆ 0810/10251565, (0,10 €/Min. aus dem Festnetz) www.jet2.com.

Lufthansa, ✆ 069/86799799 (tägl. 24 Std.); Österreich ✆ 0810/10258080 (Mo–Fr 6–21 Uhr, Sa–So ab 7 Uhr); Schweiz ✆ 0900/900922, www.lufthansa.com.

Ryanair, ✆ 0900/1160500 (0,62 €/Min. aus dem dt. Festnetz), www.ryanair.com.

Swiss International Airlines, ✆ 0041/848700700, www.swiss.com.

Mit Auto und Fähre

Für Reisende aus West- und Norddeutschland ist die An- und Abreise mit Auto und Fähre nach England bequem in einem Tag zu bewältigen. Wer jedoch in Ostdeutschland, Süddeutschland, Österreich oder in der Schweiz wohnt, sollte eventuell eine Übernachtung einplanen.

Bei der Wahl der **Route** spielt auch das Ziel eine Rolle. Wer beispielsweise nach East Anglia oder in die Midlands möchte, kann die knapp zweistündige Fahrt mit der Fähre von Calais oder Dünkirchen bis nach Dover buchen (ab 45 €). Je nach Wohnort kann aber auch die Überfahrt von Hoek van Holland nach Harwich bequemer sein (Stena Line, Dauer der Fährpassage: tagsüber ca. 6:30 Std. bzw. nachts 7:30 Std.). Planen Sie eine Reise in den Norden Englands, haben Sie die Wahl zwischen den Verbindungen von Rotterdam oder Zeebrugge nach Hull (P&O Ferries; 11 bzw. 14 Std., Überfahrt mit Übernachtung in einer Innenkabine mit Doppelstockbetten einfache Fahrt ab 209 €, Außenkabine und luxuriösere Ausstattung entsprechend teurer) oder der Fähre von Amsterdam nach Newcastle (DFDS Seaways, 15–17 Std., Kabine ab 179 € einfache Fahrt). Diese Routen werden nur nachts befahren.

Die **Fährpreise** schwanken je nach Saison stark, auch fährt man in der Regel unter der Woche günstiger als am Wochenende. Interessant sind die Spezialtarife, die von den verschiedenen Unternehmen angeboten werden. Zumeist ist es unerheblich, wie viele Personen mitfahren, die Größe des Fahrzeuges ist für den Preis entscheidend. Häufig gewähren die Fährgesellschaften bei rechtzeitiger Reservierung einen Frühbuchertarif, und wer in der Nebensaison reist, kann leicht die Hälfte sparen. In der Hauptsaison empfiehlt es sich, rechtzeitig zu reservieren.

Manche Fährgesellschaften, so beispielsweise P & O Ferries, bieten auch Gesamtarrangements mit Unterkünften an. Teilweise gibt es Rabatte für Onlinebuchungen. Über den Daumen gepeilt, muss man auf den Kurzstrecken mit etwa 225 € rechnen (Hin- und Rückfahrt), Schnäppchenangebote für ein Auto und bis zu 5 Personen sind ab 89 € zu haben. Die längeren Fährpassagen sind teurer: Die Fahrt nach Harwich schlägt mit etwa 350 € zu Buche, nach Hull ist man für rund 500 € mit an Bord. Die weiteste Fähre nach Newcastle erleichtert Sie um etwa 600 €. Bei diesen Routen spart man natürlich die Spritkosten (und ggf. die Übernachtung) während der weiten Anreise. Übrigens: Fast alle Fährgesellschaften nehmen Fahrräder kostenlos mit, wenn nicht, kosten sie 5 £.

Aktuelle Preise findet man im Internet unter der Homepage der jeweiligen Fährgesellschaft oder im Reisebüro. Auch der **Britische Fremdenverkehrsverein** (BTA) informiert in seiner Broschüre „Großbritannien" über die aktuellen Fährverbindungen. Die **Internetseiten** www.directferries.de und www.aferry.de sind Vergleichsportale für alle Fähranbieter.

Calais – Dover

P & O Ferries, Fahrzeit 1:30 Std., tägl. bis zu 46 Verbindungen. ✆ 0621/37909035 (Mo–Fr 9–17.30 Uhr), www.poferries.com.

DFDS Seaways, Fahrzeit 1:30 Std, tägl. 10 Abfahrten. ✆ 040/3890372, www.dfdsseaways.de.

Dünkirchen – Dover

DFDS Seaways, Fahrzeit 2 Std., tägl. bis zu 12 Verbindungen. ✆ 040/3890372, www.dfdsseaways.de

Hoek van Holland – Harwich

Stena Line, Fahrtzeit 5–7:30 Std., tägl. 2 Verbindungen. ✆ 0180/6020100, www.stenaline.de.

Rotterdam – Hull

P & O Ferries, Fahrzeit ca. 11 Std., eine Verbindung täglich. ✆ 0621/379 090 35 (Mo–Fr 9–17.30 Uhr), www.poferries.com.

Zeebrügge – Hull

P & O Ferries, Fahrzeit ca. 14 Std., eine Verbindung täglich. ✆ 0621/379 090 35 (Mo–Fr 9–17.30 Uhr, www.poferries.com.

Amsterdam – Newcastle

DFDS Seaways, Fahrzeit 16:30 Std., tägl. eine Überfahrt. ✆ 040/3890371, www.dfdsseaways.de.

Mit der Bahn durch den Eurotunnel

Der Chunnel ist die direkte Verbindung von der französischen Autobahn A 16 zur englischen Autobahn M 20 (in Calais den Hinweisschildern *„Tunnel sous la Manche"* folgen). In hochmodernen Pendelzügen auf der Basis des TGV, Le Shuttle genannt, kann man in 35 Minuten den Ärmelkanal unterqueren. Sowohl Fußpassagiere als auch Pkw und Lastwagen werden befördert (150 Millionen in den ersten 20 Jahren). Da die Züge alle 15 Minuten fahren, sind Reservierungen nicht erforderlich, oft ist der frühzeitige Ticketkauf aber günstiger als der Kauf am Schalter. Passkontrolle und Zollformalitäten für beide Länder erfolgen vor der Auffahrt auf den doppelstöckigen Waggon. Mit dem Pkw oder Kleinbus mit bis zu neun Personen zahlt man je nach Tageszeit, Saison und Flexibilität ab 139 € bis zu 460 €. Fahrradfahrer können für 30 £ pro Richtung ihre Bikes dazubuchen, wenn in der Bahn noch Platz ist. Alternativ muss man das Rad als Gepäck aufgeben, dann reist es jedoch mitunter erst einen Tag später (Kosten 25 £). Klappfahrräder, die in eine Bike-

Tasche von bis zu 85 cm Länge passen, sind kostenfrei. Ebenso das WLAN. Von Siemens sind schicke neue Züge im Einsatz mit jeweils 894 Sitzplätzen!!! Infos unter ✆ 0044/8448225822.

Die Bahnreise nach England kann man auch von Köln oder Frankfurt/Main mit dem ICE bzw. Thalys starten, dann dauert die Fahrzeit über Brüssel, wo man Anschluss an den Eurostar hat, bis nach London St Pancras etwa 5:30 bzw. 6:30 Std. Kinder bis 15 Jahre fahren bis Brüssel kostenfrei mit. Für die Fahrradmitnahme benötigt man eine Fahrradkarte sowie eine Stellplatzreservierung, die mindestens einen Tag vor Fahrtantritt erfolgen sollte.

Mit dem neuen „Sparpreis-Europa"-Ticket kommt man schon ab 59 € (einfache Fahrt 2. Klasse) nach London.

Aktuelle Informationen Infos zu Preisen und Verbindungen gibt es bei **Eurotunnel, Contact Centre Germany,** ✆ 0180/5/000248 (Mo–Fr 9–18 Uhr), www.eurotunnel.com.

Für die Strecke ab Frankfurt oder Köln ist die **Deutsche Bahn** Ansprechpartner. Infos zu Verbindungen und Vergünstigungen (oft gibt es London-Spezialangebote) unter ✆ 01806/996 633, kostenlose Fahrplanauskunft: ✆ 0800/1507090, www.bahn.de.

Thalys operiert auf der Route Köln–Brüssel. Hotline ✆ 0180/7070707 (0,14 €/Min.), www.thalys.com/de/de.

Unterwegs in England

Mit dem Auto

Gleich nach der Ankunft auf englischem Boden wird man mit dem Schild *„keep left"* konfrontiert. **Linksfahren** (und rechts überholen) ist die schwierigste Hürde, die für den kontinentalen Autofahrer in England zu nehmen ist. Aber nach einer gewissen Eingewöhnungsphase kommen die meisten Fahrer erstaunlich gut mit dem Linksverkehr zurecht. Um den Gegenverkehr nicht zu blenden, muss man die Frontscheinwerfer seines linksgesteuerten Wagens mit speziellen Schablonen, die man auf den Fähren oder an Tankstellen erhält, abkleben. Bei manchen Fahrzeugen lassen sich die Scheinwerfer von Rechts- auf Linksverkehr umstellen.

Außerhalb von London sind die Briten in der Regel sehr umsichtige und entspannte Fahrer, die vor allem Fremden das Spurwechseln und Einscheren großzügig gestatten. Das englische Straßennetz ist ausgezeichnet. Einzig das Autobahnnetz *(motorways)* ist nicht so gut ausgebaut wie in Deutschland. Die großen *A-roads,* die unseren Bundesstraßen entsprechen, sind dafür zumeist zweispurig ausgebaut *(dual carriageway)* und ermöglichen ein zügiges Vorwärtskommen. Auf den *B-* und *C-roads* kann das Autofahren zur Herausforderung werden, macht aber besonders Spaß. Die kleinen Straßen *(country lanes)* durch das ländliche England sind oft schmal, sehr kurvenreich und mitunter auch sehr steil. Viele Nebenstraßen scheinen kaum für Gegenverkehr ausgelegt zu sein *(single track)* und zwei Autos können nur an den Ausweichstellen passieren. Außerdem sind diese Straßen oft unübersichtlich, da sie von Trockensteinmauern und Hecken gesäumt werden. Man sollte also vorsichtig fahren. Eine Erkundungsfahrt kann manchmal aber auch in eine kleine Odyssee ausarten, da die Straßenbeschilderung nicht immer verlässlich ist bzw. die Schilder an für Kontinentaleuropäer ungewöhnlichen Stellen angebracht

In den Cotswolds blieb die Zeit wohl stehen

sind. Einen sehr aufschlussreichen Leitfaden bietet: www.visitbritainshop.com/deutschland/artikel-und-news/sicher-autofahren-im-vereinigten-konigreich/.

Fahrzeugpapiere Der nationale Führerschein und der Fahrzeugschein genügen vollkommen; die internationale Grüne Versicherungskarte ist zwar nicht mehr Pflicht, sie kann aber bei Unfällen sehr hilfreich sein.

Gurtpflicht Sie besteht für Fahrzeuglenker und alle Insassen. Es droht eine Strafe von 50 £!

Karten Der AA Road Atlas Britain verzeichnet nicht nur das Straßennetz mit deutlicher Farbkennzeichnung (blau für Autobahnen, rot für A-Straßen, gelb für B-Straßen), sondern weist auch die wichtigen Sehenswürdigkeiten aus. Die meisten deutschen Navigationssysteme gelten für Westeuropa und beinhalten Großbritannien.

Kraftstoff Premium unleaded=Super bleifrei; Super unleaded=Super Plus bleifrei) und v. a. Diesel sind etwas teurer als in Deutschland oder Österreich.

Kreisverkehr Der auch im deutschsprachigen Verkehrsraum immer häufiger anzutreffende Kreisverkehr (Roundabout) erfreut sich in England als Alternative zur ampelgesteuerten Kreuzung großer Beliebtheit. Das sich bereits im Kreisverkehr befindliche Fahrzeug hat fast immer Vorfahrt. Beim Herausfahren aus dem Kreisverkehr sollte man das Blinken nicht vergessen. Bei zweispurigen Kreisverkehren wird vom einbiegenden und außen fahrenden Fahrzeug erwartet, dass es den Kreisverkehr bei der nächsten Gelegenheit wieder verlässt.

Promillegrenze Sie liegt derzeit bei 0,8 Promille.

Routenplaner Eine tolle Webseite ist der „Explore the UK Routenplaner", der aufzeigt, welche Sehenswürdigkeiten auf der Strecke zu sehen sind und was zu erleben ist. www.freedom2explore.com/uk.

Tempolimit Innerhalb geschlossener Ortschaften 30 mph (48 km/h), auf einspurigen Landstraßen 50 mph (80 km/h), auf zweispurigen Landstraßen 60 mph (96 km/h), auf vierspurigen Landstraßen und auf der Autobahn sind 70 mph (112 km/h) erlaubt.

Pannenhilfe Der Partnerclub des ADAC ist die Automobile Association (AA), der des Automobilclubs von Deutschland der Royal Automobile Club (RAC). Sie können von

ADAC- bzw. AvD-Mitgliedern kostenlos in Anspruch genommen werden. Neben der ADAC-Mitgliedschaft ist auch ein ADAC-Euro-Schutzbrief zu empfehlen, der zusätzlichen Service bietet. Tag und Nacht erreicht man beide Pannendienste gebührenfrei unter ✆ 0800/0289018 (AA) bzw. ✆ 0800/828282 (RAC). Vom Mobiltelefon wähle man ✆ 01622/762342.

Parken Gelbe Linien am Straßenrand signalisieren Halteverbot, bei doppelt gezogenen gelben Linien herrscht absolutes Halteverbot. Bei Missachtung drohen Strafzettel oder Parkkrallen (Wheel Clamps). Kostenlose Parkplätze sind sehr selten. In den meisten Städten muss man sich ein Ticket am „Pay & Display"-Automaten holen. Oft kann man mit einer Telefon-App bezahlen. Die meisten Innenstädte verfügen über ausreichend Parkhäuser mit Parkautomaten und sind i. d. R. ausgeschildert. Fast alle Touristenziele haben ein Park-&-Ride-System: Auskunft gibt das nationale Verzeichnis www.parkandride.net.

Vorfahrt Sie wird anders als auf dem Kontinent gehandhabt. Es gibt keine generelle Vorfahrtsregel wie „rechts vor links" oder auch „links vor rechts", die Vorfahrt wird per Beschilderung oder durch Linien auf dem Asphalt geregelt (eine unterbrochene Strichlinie auf dem Boden heißt „Vorfahrt beachten", eine durchgezogene bedeutet „Stopp"). Wenn wirklich mal beides fehlt, müssen sich die Fahrer verständigen. Kreuzungen mit einem gelben diagonalen Raster (Box Junctions) dürfen nur befahren werden, wenn sich kein anderer Wagen in der Box befindet – „Do not enter box unless clear".

Zusatzversicherung Für wertvolle oder neuwertige Fahrzeuge, die nur teilkaskoversichert sind, empfiehlt sich der kurzfristige Abschluss einer Vollkaskoversicherung.

Mietfahrzeuge

Wer für seinen Englandaufenthalt ein Auto oder Wohnmobil mieten will, kann dies ohne Probleme bei den zahlreichen großen Firmen tun – auch vorab im Reisebüro. Günstiger als vor Ort bucht man auch im Internet, z. B. bei www.billigermietwagen.de.

Es empfiehlt sich der Abschluss einer Vollkaskoversicherung ohne Selbstbeteiligung; die Kosten etwaiger Schäden am Leihwagen werden dann von der Versicherung zurückerstattet. Eine zusätzliche Versicherung, die Reisenden an der Verleihstation gerne ans Herz gelegt wird, ist in diesem Falle dann nicht nötig. Einige Autovermietungen und Fluggesellschaften bieten einen Fly-&-Drive-Service an. Dabei wird einem sofort nach der Ankunft an einem englischen Flughafen ein Auto zur Verfügung gestellt. Bei den größeren Firmen wie Hertz, Avis, Budget, British Car Rental, Nationwide Vehicle Rentals, die in ganz England Filialen haben, kann man den Wagen gegen Aufpreis bei der einen Niederlassung abholen und bei einer anderen abgeben.

Bedingungen Bei den meisten Autovermietungen muss der Fahrer mindestens 21 J. alt sein und seit mindestens einem Jahr seinen Führerschein besitzen. Gelegentlich gibt es einen Aufpreis für Fahrer unter 25 J. Bei Senioren wird gelegentlich ein Aufschlag berechnet, einige Firmen verleihen generell keine Autos an über 78-jährige Fahrer. Für die Buchung vor Ort benötigt man i. d. R. eine EC- oder Kreditkarte, da eine Kaution in Höhe von bis zu 600 £ hinterlegt werden muss.

Tipp Wen der englische Linksverkehr oder die Tatsache, dass beim rechtsgesteuerten Auto der Schalthebel links statt rechts ist, verunsichern, für den lohnen sich die Zusatzkosten eines Leihwagens mit Automatik.

Mit der Bahn (British Rail)

England ist bekanntlich das Mutterland der Eisenbahn. Mit ihrem dichten Schienennetz stellt die Bahn eine Alternative dar, um das Land zu erkunden. Innerhalb

Englands sind die größeren Städte etwa im Stundentakt mit Intercityzügen erreichbar, will man in kleinere Orte, muss man oft mehrfach umsteigen oder einen Bus nutzen. Das Reisen mit der **British Rail** (BritRail) ist grundsätzlich teurer als mit dem Bus, wer allerdings sehr früh bucht und die Hauptrouten meidet, fährt auch mit der englischen Bahn recht günstig. Das britische Schienennetz wird seit der Privatisierung von zahlreichen privaten Eisenbahnunternehmen betrieben und ist daher etwas unübersichtlicher als bei uns.

In den Zügen ist es außerhalb der Stoßzeiten erlaubt, **Fahrräder** mitzuführen. Da oft nur eine bestimmte Anzahl von Rädern geduldet wird, ist es ratsam, sich vorab zu informieren. Dieser Service ist zwar häufig kostenlos, in IC-Zügen zahlt man jedoch 9 £. Aus Angst vor Anschlägen gibt es nur noch auf den größten Bahnhöfen die Möglichkeit der **Gepäckaufbewahrung.** Auf den kleinen und mittleren Bahnhöfen findet man nicht einmal mehr Schließfächer vor. Ach ja, bei älteren Zügen, z. B. von First Great Western, kann es sein, dass man beim Aussteigen das Fenster in der Tür herunterlassen, hinausgreifen und den Türgriff von außen betätigen muss.

Fahrplanauskunft ✆ 03457/48 49 50, aus dem Ausland ✆ 0044/207/278 5240, www.nationalrail.co.uk.

Tickets und Vergünstigungen Beim Lösen von regulären Fahrkarten am Schalter ist zu beachten: Ein **Single Ticket** gilt für die einfache Bahnfahrt, ein **Return Ticket** für die Hin- und Rückfahrt. Daneben gibt es häufig noch die sogenannten **Same Day Return Tickets** (manchmal billiger als Single Tickets), mit denen man noch am selben Tag die Rückfahrt antreten muss.

Viele Regionen bieten **Tagestickets**, die unbeschränkt für alle Züge der Region mit beliebigen Ein- und Ausstiegen (Hop on and off) gültig sind, z. B. Day Ranger oder Round Robin Tickets von Northern Rail.

Ähnlich wie in Deutschland gibt es noch zahlreiche **Sparangebote**, die dem Reisenden unter den Namen Super Advance oder Super Saver begegnen. Als Faustregel gilt, je früher man sich auf einen nicht zur Hauptverkehrszeit (Off-Peak) fahrenden Zug festlegt, desto billiger ist man unterwegs. Achtung: Nicht eingelöste Tickets werden meist nicht erstattet. Informationen und Angebote unter www.nationalrail.co.uk; das günstigste Angebot findet der Cheapest Fare Finder (ojp.nationalrail.co.uk/service/farefinder/search). Preiswerte Angebote kann man auch über www.thetrainline.com oder www.crosscountrytrains.co.uk ergattern.

BritRail England Pass: Wer England mit der Bahn bereisen will, dem empfiehlt sich der Kauf eines BritRail England Pass, den man bis zu 6 Monate vor Reiseantritt und für einen Zeitraum von bis zu einem Monat erwerben kann (2. Klasse: 157,50 € für 3 Tage, 500,50 € für 22 Tage und 595 € für einen Monat). Es gibt Ermäßigungen (Discounts) für die Nebensaison (20 %), Gruppenrabatt, Jugendrabatt (20 % für Jugendliche zwischen 16 und 25 J.), mit dem Eurail Pass sogar 50 %. Der Consecutive Pass gilt für aufeinanderfolgende Tage bis zu einem Monat, mit dem günstigeren Flexi Pass kann man eine bestimmte Anzahl von Tagen (3, 4, 8 oder 22 Tage) in einem Monat reisen (2. Klasse: zwischen 188 € für 3 Tage und 550,50 € für 22 Tage). Kinder unter 16 J. zahlen die Hälfte. Achtung: Der BritRail England Pass muss vor Reiseantritt in Deutschland, Österreich oder der Schweiz gekauft werden (erhältlich in Bahnhöfen und Reisebüros)! Weitere Infos unter www.visitbritainshop.com oder de.britrail.net.

Railcards: Studenten mit einem internationalen Studentenausweis und Jugendliche (16–25 J.) können eine „16–25 Railcard" beantragen, mit der man auf den meisten Strecken in England (2. Klasse) ein Drittel billiger fahren kann. Die Karte kostet 30 £ und gilt ein Jahr lang (70 £ für 3 J.). Dieselbe Vergünstigung gilt für Senioren (Senior Railcard), zwei Personen (Two Together Railcard) und Familien bzw. Gruppen (Family & Friends Railcard). Behinderte Menschen erhalten eine „Disabled Persons Railcard" für 20 £. Bis zu zwei Kinder unter 5 J. fahren kostenfrei, zwischen 5 und 15 J. zum halben Preis, wenn sie von einem zahlenden Erwachsenen begleitet werden. Infos unter www.railcard.co.uk.

Mit dem Bus

In England wird zwischen *coaches* und *buses* unterschieden. *Coaches* sind komfortable Fernbusse, die Ziele auf der gesamten Insel ansteuern. *Buses* sind nur für den Nahverkehr zuständig. Allerdings verbinden die *county buses* auch zahlreiche Städte innerhalb einer Grafschaft miteinander. Das Reisen mit den *coaches* ist immer etwas preisgünstiger als mit der Bahn. **National Express** unterhält das größte Netz an Fernbuslinien. Über Tarife und Fahrpläne kann man sich unter www.nationalexpress.com informieren. Auch **Megabus** fährt in der Regel günstiger als die Bahn, aber im Vergleich zu National Express weniger häufig und weniger zuverlässig nationale Destinationen an (www.megabus.com).

Tickets und Vergünstigungen **Coachcard**: Als Jugendlicher zwischen 16 und 25 J. oder nach Vorlage eines internationalen Studentenausweises kann man sich für 10 £ plus 2 £ Porto & Versand (25 £ für 3 J.) die Young Persons Coachcard besorgen. Sie gilt ein ganzes Jahr und macht das Benutzen von National Express Bussen um ein Drittel billiger. Es gibt auch eine Senior Coachcard und eine Disabled Coachcard.

Für **Gruppen** von 4–9 Personen gibt es gesonderte Vergünstigungen von 25 % Preisnachlass, bitte drei Tage vorher buchen.

Mit dem **Brit Xplorer Pass** kann man 7, 14 oder 28 Tage lang alle National Express und Caledonian Express Coaches in England, Schottland und Wales benutzen (Kosten: zwischen 79 £ für 7 Tage, 139 £ für 14 Tage und 219 £ für 28 Tage). Der Brit Xplorer Pass ist an den National-Express-Schaltern der Busbahnhöfe in größeren Städten sowie im Internet unter www.nationalexpress.com/coach/offers/britxplorer.aspx erhältlich.

Regionale Busunternehmen bieten oft auch preisgünstige **Explorer-**, **Rover-** oder **Rambler-Tickets** an. Bevor man sich eine Einzelkarte kauft, sollte man nach diesen Tickets fragen. Mit ihnen kann man einen Tag, manchmal auch mehrere Tage lang mit den Bussen der Stadt oder Region unterwegs sein. Die Tourist Offices geben Auskunft.

Verbindungen: Auskunft über Reiseverbindungen gibt die Traveline: ✆ 0871/2002233.

Plus Bus: In 227 englischen Städten können Gäste, die ein Zugticket vorlegen, kostenfrei mit den Stadtbussen fahren.

Mit dem Fahrrad

Fahrradfahren auf den zahlreichen schmalen, kurvigen und bergigen Landstraßen mit Abschnitten mit bis zu 20 % Steigung ist sicherlich abenteuerlich. Allerdings wurde in den vergangenen Jahren das englische Fahrradwegenetz erheblich ausgebaut und gerade auch in den Nationalparks gibt es einige wunderschöne Fahrradrouten. Wer also die ein oder andere Ecke mit dem Fahrrad erkunden möchte, findet weitere Infos im Kapitel „Aktiv in Nord- und Mittelengland“ unter dem Stichwort „Fahrradfahren und Mountainbiken“ (→ S. 79/80). Das National Cycle Network hat acht National Routes geschaffen. Wer Fahrräder im Zug mitnehmen möchte, sollte sie vorher anmelden.

In vielen Städten kann man über „**Bike & Go**“ günstig Fahrräder leihen. Diese Initiative erfordert eine Jahresmitgliedschaft (10 £) und die Zusendung einer individuellen Bike & Go-Card, dann beträgt die Leihgebühr 3,80 £/Tag. Es können maximal zwei Fahrräder gemeinsam ausgeliehen werden. www.bikeandgo.co.uk. Brompton Bike operiert nach dem gleichen Prinzip, nur mit Klappfahrrädern (www.bromptonbikehire.com).

Übernachten

In Großbritannien gibt es laut der British Hospitality Association rund 45.000 Hotels und Bed-&-Breakfast-Unternehmen, die etwa 50 Mrd. Pfund im Jahr umsetzen. Jedes Jahr werden zwischen 100 und 150 neue Unterkünfte eröffnet, es herrscht also kein Mangel. Viele der bekannten Suchmaschinen im Internet und zahlreiche Apps bieten Hotelzimmer zu stark vergünstigten Preisen an. Einige Hotels begegnen diesem Umstand, indem sie auf ihrer eigenen Internetseite eine Best-Preis-Garantie ausloben. Wer über das Internet bucht, sollte darauf achten, dass das Zimmer stornierbar ist. Manchmal lohnt es sich, ein wenig mehr für Flexibilität auszugeben, denn wenn einer eine Reise tut …

Historische Hotelunterkunft am Kai von Harwich

Unaufhaltsam scheint auch der Trend zu Plattformen der sogenannten „sharing economy“ wie Airbnb zu sein, die sich vor allem bei der „Generation Y“, den „Digital Natives“, großen Zulaufs erfreuen. Wer sich dennoch entscheidet, erst vor Ort auf Zimmersuche zu gehen, wende sich an die verbliebenen Touristeninformationen. Über den hier angebotenen **Accommodation Service** wird einem ein Zimmer nach Wahl vermittelt und mitunter auch für die kommenden Nächte vorbestellt. Dies nennt sich *Book a bed ahead* und ist gebührenpflichtig (ab 1,50 £). Wer auf eigene Faust auf Quartiersuche geht, muss auf das Hinweisschild *„Vacancies“* achten. Während der englischen Sommerferien sowie rund um die englischen Feiertage (Ostern bzw. *bank holidays*) ist es ratsam, rechtzeitig zu buchen.

Bei den **Übernachtungspreisen** trifft der Englandbesucher auf ein breites, vor allem nach oben hin offenes Spektrum. Neben persönlichen Vorlieben setzt nur der eigene Geldbeutel Grenzen. Die stetig wachsende Nachfrage der letzten Jahre hat dazu geführt, dass die meisten Häuser längst überfällige Modernisierungen vorgenommen haben und sich das Qualitätsniveau englischer Unterkünfte grundsätzlich gebessert hat. Leider zogen die Preise aber auch überproportional an. Am Grundriss der historischen Häuser hat sich ebenfalls nichts geändert. Viele Zimmer sind klein, in der Hochsaison landet man als Alleinreisender mitunter in einem Raum, der die Frage aufwirft: Ziehe ich hier ein oder mein Koffer? Die Zimmer der modernen Hotelketten (z. B. Travelodge, Premier Inn, Ibis, Holiday Inn Express) sind zumeist großzügiger geschnitten und genormt und oft recht günstig. In England verstehen sich die angegebenen Preise grundsätzlich inklusive 20 % Mehrwertsteuer. Meistens ist das Frühstück inbegriffen (B & B), manchmal auch das Dinner (D, B & B). In vielen Häusern von Hotelketten hingegen zahlt man für das Frühstücksbuffet extra, je nach Hotelkategorie zwischen 7 £ und 20 £ pro Person. Erstaunlich gut ausgestattet sind inzwischen die kürzlich renovierten Jugendherbergen des

Landes (YHA). Sie sind sehr beliebt und daher oft früh ausgebucht. Reisende mit bescheidenen Ansprüchen finden in Gemeinschaftsunterkünften (*bunkhouses, hostels*) oder Pensionen mit Gemeinschaftsbädern für rund 25 £ ein Bett mit Frühstück. Ist dem Zimmer ein Bad angeschlossen, nennt man das *en-suite*.

Hotels

Der Durchschnittspreis für ein Hotelzimmer in England liegt bei 104 £ mit großen regionalen Schwankungen. Die Preise für ein Doppelzimmer (DZ) in einem günstigen Hotel beginnen bei 70 £, in der gehobenen Mittelklasse bei 120 £ und in der Luxuskategorie bei 180 £. Vor allem im Norden wird die Angabe manchmal nicht für das Zimmer, sondern gern pro Person pro Nacht gemacht. Nach oben hin ist preislich so gut wie alles offen. Günstigster Ort in England zum Übernachten war 2015 mit durchschnittlich 64 £ für das Zimmer Blackpool, in Manchester werden durchschnittlich 94 £ verlangt, in Cambridge 115 £.

Achten Sie auch darauf, was für ein Zimmer Sie buchen. Als *double room* wird ein Doppelzimmer mit Doppelbett bezeichnet, ein *twin room* weist auf zwei Einzelbetten hin. Wer mit Kindern unterwegs ist, sollte nach einem *family room* fragen. Die ungeliebten Gäste des englischen Hotelwesens sind die Alleinreisenden. In modernen Hotels wird i. d. R. zwischen einem DZ und einem EZ nicht unterschieden. In „traditionellen" Hotels oder Pensionen zahlt für man für ein EZ oft fast den DZ-Tarif, landet aber in einem sehr viel kleineren Zimmer.

Noch ein Hinweis: In englischen Hotels ist das Rauchen fast immer verboten.

Bed & Breakfast (B & B)

Das Kürzel B & B steht für die Übernachtung bei einer Familie, die ein oder mehrere Zimmer an Gäste vermietet und morgens ein Frühstück serviert. Gerade in den ländlichen Gebieten kann man mit den Gastgebern schnell in Kontakt kommen und allerhand über die Gegend und den britischen Alltag erfahren. Von diesem herzlichen Umgang schwärmen viele Englandreisende.

Die einst so typische englische Einrichtung mit ihren blumigen Stoffen, dicken Teppichen, veraltetem Mobiliar und knarrenden Dielen ist mittlerweile vielfach modernen Linien und Möbeln gewichen. Die Zimmer sind jetzt meistens *ensuite* (mit Bad); ein Wasserkocher (samt Teebeutel und löslichem Kaffee), Fön und Fernseher gehören zum Standard. Je nach Ausstattung müssen pro Person zwischen 25 £ und 70 £ gerechnet werden. Darin ist nicht nur das Frühstück enthalten, sondern meist auch die Benutzung der Lounge, des Gartens oder anderer Räume. Morgens wird zur verabredeten Zeit Frühstück serviert; auf Wunsch kann man häufig auch ein vegetarisches Frühstück oder ein Diätfrühstück bestellen. Ein sehr schönes Angebot an landestypischen Unterkünften vermittelt die Agentur **Bed & Breakfast Nationwide,** ✆ 0044/1255/672377, bedandbreakfastnationwide.com. Auf dem Luxussegment arbeiten **Wolsey Lodges,** ✆ 0044/1473/822058, www.wolseylodges.com.

Die englische Variante von „Urlaub auf dem Bauernhof" heißt *Stay on a farm* und bietet zahlreiche Unterkünfte. Meist handelt es sich um schöne Landhäuser, die in der gehobenen Kategorie sogar einen Swimmingpool besitzen können. Häufig werden auch Ferienwohnungen mit Selbstversorgung *(self-catering)* angeboten. Infos über Farm Stay UK, ✆ 0044/24/76696909, www.farmstay.co.uk.

Aparthotels, Ferienhäuser und -wohnungen

Recht neu auf dem englischen Hotelmarkt sind die **Aparthotels.** Hier kann man ein Apartment auch nur für eine Nacht mieten, zumeist für einen ähnlichen Preis wie ein Hotelzimmer, ist aber sein eigener Herr. Besonders in einer Gruppe hat man dabei finanzielle Vorteile. Eine der neuen, angesagten Aparthotelketten in England ist RoomZZZ (mit Häusern in Manchester, Leeds, Newcastle, Chester und Nottingham), ✆ 0044/20/504555 (Reservierung), www.roomzzz.com.

Ferienhäuser und -wohnungen *(self-catering)* ermöglichen einen freien Tagesablauf, den nicht nur Familien mit Kindern zu schätzen wissen. Hinzu kommt, dass man nicht gezwungen ist, jeden Tag in ein Restaurant zu gehen und somit die Reisekasse schonen kann. Alle Tourist Information Centres (TIC) führen solche Unterkünfte. Die Vermietung erfolgt fast ausschließlich wochenweise. Ein Apartment kostet je nach Größe, Ausstattung und Saison zwischen 350 £ und 1000 £ pro Woche.

Wer seine Ferien gerne in individuellen und luxuriösen **Landsitzen,** historischen Gebäuden mit viel Flair oder in ungewöhnlichen Bauten wie Taubenschlägen, Windmühlen oder Leuchttürmen verbringen möchte, der hat in England auch dazu Gelegenheit.

Ferienhäuser Cottages4you, ✆ 0044/345/2680760, www.2cottages4you.co.uk und HomeAway.com.

Sykes Cottages, Spezialist für den Lake District, aber auch andere Regionen. In der Nebensaison oft sehr günstig. ✆ 0044/1244/356695 (tägl. 9–21.30 Uhr), www.sykescottages.co.uk.

Landsitze/historische Gebäude **Landmarktrust**, ✆ 0044/1628/825925, www.landmarktrust.org.uk.

National Trust, Holiday Booking Office, ✆ 0044/344/8002070, www.nationaltrustholidays.org.

Distinctly Different, ✆ 0044/1225/866842, www.distinctlydifferent.co.uk.

Jugendherbergen

Ein Häuschen, daneben ein Tannenbaum– dieses Symbol zeigt den Weg zur nächsten Jugendherberge. Insgesamt gibt es rund 150 Jugendherbergen *(youth hostels)* in England und Wales, die zum britischen Jugendherbergswerk (Youth Hostel Association, YHA) gehören und oftmals Hotelstandard erreichen (sog. „Poshtels"). Viele der Einrichtungen verfügen auch über Privatzimmer mit eigenem Bad, die natürlich teurer sind als die Gemeinschaftsunterkünfte. Im Jahr 2012 wurden die Herbergen der YHA von Lesern der Tageszeitung „The Guardian" unter die besten fünf Hotels des Landes gewählt, noch vor der Marriott-Hotelkette. In den Jugendherbergen gibt es Gemeinschaftsküchen, viele Häuser haben zudem Cafés oder Restaurants. Es werden Frühstück und oft auch Mittagessen (oder Lunchpakete) und Abendessen angeboten. Das Bettzeug wird grundsätzlich gestellt; wer in einer *camping barn* (einer Art Scheune) oder einem *camping pod* (kleine, zeltartige Hütte aus Holz) übernachtet, muss Schlafsack oder Bettzeug allerdings selbst mitbringen.

Zur Hauptreisezeit in den Ferienmonaten Juli und August können die Jugendherbergen in den landschaftlich schön gelegenen Häusern schon Monate im Voraus ausgebucht sein. Einige Hostels erlauben (meist für den halben Preis) das Zelten auf ihrem Grundstück. Die Einrichtungen des Hauses (Duschen, Küche usw.) dürfen dann mitbenutzt werden.

Information **Youth Hostel Association (YHA)**, ✆ 0044/800/0191700 (kostenfrei) oder 0044/1629/592700, www.yha.org.uk.

Jugendherbergsausweis Wer plant, seinen Urlaub in Jugendherbergen zu verbringen, fährt am besten mit einem **Internatio-**

nalen Jugendherbergsausweis, den man sich schon zu Hause besorgen sollte (in Jugendherbergen oder Fremdenverkehrsämtern). Eine Mitgliedschaft ist jedoch nicht Pflicht.

Eine preisgünstige Alternative zur Jugendherberge sind die sogenannten **Backpackers' Hostels** (www.hostelworld.com/Backpackers oder www.hostels.com/england), die es in vielen Städten gibt. Das Ambiente dort ist meist lockerer und es gibt gemischte Schlafräume (ab 15 £).

Auch die Universitäten bieten in den Sommermonaten preiswerte Übernachtungsmöglichkeiten in ihren *student halls* an (ca. 30 £). Bei Interesse kontaktiert man entweder die Universität direkt oder nutzt die unabhängige Internetplattform der **University Rooms Group** unter www.university-rooms.com.

Camping

In Nord- und Mittelengland gibt es Hunderte von Campingplätzen und Caravan Parks. Seit dem Jahr 2000 lässt der English Tourism Council die Campingplätze von neutralen Prüfern besuchen, die je nach Sauberkeit, Service und Lage bis zu fünf Sterne vergeben. Je nach Ausstattungsstandard müssen für eine Übernachtung zwischen 8 £ und 35 £ einkalkuliert werden. Recht neu ist das *Glamping (glamorous camping):* Man bezieht auf einem Zeltplatz ein Luxustipi oder einen *pod* (Holzhütte geformt wie ein Zelt). Der älteste Campingclub der Welt, der Camping and Caravanning Club, bietet auf 29 Plätzen *Readycamp*, fertig eingerichtete komfortable Zelte mit Betten, Sofa und Tisch, der Gast muss nur noch das Bettzeug/den Schlafsack mitbringen (www.readycamp.co.uk), manchmal nicht mal mehr das. Auf vielen Caravan Parks werden auch (oder nur) feststehende Wohnwagen vermietet, meistens mit einem Mindestaufenthalt von drei Tagen für ca. 70–125 £ pro Nacht für bis zu sechs Personen. Viele Plätze sehen deshalb leider aus wie eine Wohnwagen-Reihenhaussiedlung, oft ist Zelten nicht einmal erlaubt *(tents not permitted).*

Die Websites der Caravanclubs oder Apps wie iCampsites oder pitchup.com erleichtern die Campingplatzsuche. Vor Ort kann man sich an den braunen Schildern mit dem Campingsymbol orientieren. Grundsätzlich ist es empfehlenswert, vorher beim Campingplatz anzurufen. Eine Mitgliedschaft im Camping and Caravanning Club oder im Caravan Club (dessen Plätze sind oft besser ausgestattet; Zelte sind aber nicht erlaubt) ist von Vorteil. Der National Trust verwaltet Campingplätze in besonders reizvoller Lage mit meist schlichter Basisausstattung (www.nationaltrust.org.uk/camping).

Günstiger als die kommerziellen Campingplätze, auf denen man manchmal in der Masse der Wohnwagen versinkt, sind private Plätze auf Bauernhöfen oder Ähnlichem. Einige Farmer weisen per Schild darauf hin. Wer wild campen möchte, darf dies legal in ganz England nur mit Erlaubnis des Landbesitzers (ob nun Privatperson, Parkverwaltung oder Organisation). Doch wird das Wildcampen in England traditionell toleriert, wenn man sich an ein paar Regeln hält: Man bleibe nur für eine Nacht, mache kein Feuer, hinterlasse keinen Müll, stelle höchstens zwei Zelte auf einmal auf, beachte die Umwelt und erledige sein Geschäft mindestens 100 m von Gewässern entfernt. Mehr Infos dazu unter www.nationalparks.gov.uk/visiting/enjoying-outdoors/camping.

The Camping and Caravanning Club, ✆ 0044/24/76475426, www.campingandcaravanningclub.co.uk.

The Caravan Club, ✆ 0044/1342/327490, www.caravanclub.co.uk.

Biergarten mit Aussicht: The Jolly Fisherman in Craster

Essen und Trinken

Der Gemeinplatz, ein Franzose lebe, um zu essen, und ein Engländer esse, um zu leben, lässt sich heute nicht mehr ohne Weiteres aufrechterhalten. Fernsehköche wie Jamie Oliver, Nigel Slater oder Nigella Lawson haben die englische Küche revolutioniert, auch die Local-food-Bewegung hat ihren Teil dazu beigetragen, dass selbst in einfachen Restaurants und Pubs mehr und mehr auf die Produktqualität und moderne Rezepte geachtet wird. Dieser Trend ist in den größeren Städten deutlicher zu spüren als auf dem Land oder in den ehemaligen industriellen Zentren. Allen kulinarischen Fortschritten zum Trotz boomt auch der Fastfood-Markt weiter. Inzwischen ist jedoch nicht mehr Fish-'n'-Chips das Lieblingsgericht der Engländer, sondern das indische Gericht Chicken Tikka Masala, das auf den englischen Gaumen zugeschnitten wurde.

Frühstück/Breakfast

Für viele Engländer ist der Morgen noch immer die kulinarische Glanzstunde des Tages, die sie am liebsten mit einem opulenten Mahl zelebrieren, wozu sie gerne ausgehen (laut Big Hospitality Research geben sie tägl. 76 Mio. Pfund dafür aus). Darum bieten inzwischen auch die meisten Restaurantketten wie Wagamama, Strada oder Pizza Express ein erweitertes Frühstücksmenü. Einige Cafés sind dazu übergegangen, Frühstück auch am Abend anzubieten, ein sogenanntes „Brinner“. Zu jedem guten **English Breakfast** gehören – zumindest im Urlaub – Orangen- oder Grapefruitsaft, Müsli *(cereals)*, Haferbrei *(porridge)*, Spiegel- oder Rührei und knusprig gebratener Speck *(bacon)*. In besonders traditionellen Herbergen gibt es zudem Würstchen *(sausages)*, Grilltomaten *(tomatoes)*, gegrillte Champignons *(mushrooms)* und weiße Bohnen *(baked beans)*, manchmal auch noch Blutwurst *(black pudding)* und Bratfisch oder Bückling *(kippers)*. Dazu werden Toast – manchmal frittiert *(fried bread)* –, gesalzene Butter und die obligatorische bittere Orangenmarmelade *(marmalade)* gereicht. *Jam* heißen übrigens alle anderen Marmeladensorten. Etwa die Hälfte der Briten schwört auf *Marmite* als Brotaufstrich, einen würzigen Hefeextrakt, der wie streichbares Maggie schmeckt. Je nach Wunsch bekommt man Tee oder Kaffee (mit Milch) serviert.

Neben dem English Breakfast gibt es das sogenannte Continental Breakfast mit Brötchen, Butter und Marmelade. Da in den meisten B & Bs beide Arten im Übernachtungspreis enthalten sind, sollte man sich die gebratenen Leckereien nicht entgehen lassen.

Mittagessen/Lunch

Für ein preiswertes Mittagessen *(lunch)* bieten sich die zahlreichen **Fish-'n'-Chips-Restaurants** oder Imbissbuden an, die in nahezu jedem Ort zu finden sind. Besonders gut schmecken die in einem Teigmantel gebackenen Fischfilets aus der offenen Papiertüte natürlich an der Küste mit Blick aufs Meer. Die Engländer würzen Fish-'n'-Chips übrigens mit Essig *(vinegar)*.

Wer gerne günstig und bodenständig isst, sollte es einmal mit **Pub Food,** auch Pub Grub genannt, versuchen. Je nach Gegend haben sich viele Kneipen in sogenannte Gastro-Pubs verwandelt, die mit gepflegter Einrichtung und guter Qualität punkten. Vor allem die mittäglichen Lunch Specials sind in den Pubs sehr zu empfehlen und relativ preiswert (ab 5 £). Wie die Getränke, so bestellt und bezahlt man im Pub auch die Speisen direkt an der Theke. Dabei muss man seine Tischnummer angeben, also besser erst einen Platz suchen und danach anstellen.

Ein **traditionelles Gericht** ist der Ploughman's Lunch: frisches Weißbrot mit sauer eingelegten Zwiebeln, Butter und einem handfesten Stück Cheddar Cheese oder Ham and Egg Pie. Klassiker wie Steak and Kidney Pie, eine mit Nieren gefüllte Rindfleischpastete, sind sicherlich nicht jedermanns Sache. Leckerer sind der traditionelle Shepherd's Pie (Gehacktes mit Zwiebeln und Kartoffelbrei) oder der Gloucestershire Squab bzw. Country Lamb Pie, eine delikate Lammfleischpastete. Einige Regionen des Landes sind auch auf gekochten Schinken spezialisiert, der dann z. B. als York Ham oder Shrop-

Davon werden 382 Mio. Portionen im Jahr verspeist!

shire Black Ham angepriesen wird. Beim Salat ist Vorsicht angebracht, denn allzu oft wird er ohne Salatsoße serviert oder von einer dicken Schicht Mayonnaise erdrückt. Um dies zu verhindern, bittet man am besten um ein French Dressing. Sonntags wird in der Regel Sunday Roast (oft auch Carvery genannt) vom Buffet serviert, verschiedene Bratenaufschnitte mit Gemüse und Kartoffeln. Selbst in den urigsten Pubs stehen übrigens Chicken Korma und andere indische Currys auf der großen schwarzen Wandtafel.

Wer es wie die Engländer halten und nur einen **kleinen Happen** essen will (die durchschnittliche Zeit, die sich ein Engländer für den Lunch nimmt, beträgt laut einer Studie der University of Westminster nur 15 Minuten), kann sich mit einem Sand-

Indian Curry

Currys stammen ursprünglich aus Indien, heute wird der Begriff im gesamten pazifisch-asiatischen Raum für alles verwendet, was würzig und scharf ist. Die Bezeichnung soll von *kari* stammen, dem tamilischen Wort für Soße. Ein Curry hat keine festen Zutaten, vielmehr handelt es sich um eine Gewürzmischung, die sich je nach Herkunftsregion und Koch richtet. Curry aus Kalkutta enthält z. B. Kreuzkümmel, Fenchel, Bockshornklee, Senf, Selleriesamen und Zwiebeln. In Dhaka sind schwarzer Kümmel und Anis dabei. Meistens wird eine einzige Currysoße hergestellt, in der dann Fleisch, Fisch oder Gemüse gegart werden. Für die unterschiedlichen Gerichte werden weitere Zutaten wie Pfeffer, Ingwer, Koriandersamen, Kardamom, Knoblauch oder Tomaten hinzugefügt, häufig auch Tamarindenpaste. Dazu werden Reis, Naan (Brotfladen aus gesäuertem Teig) oder Puri (frittiertes Fladenbrot) serviert. Es gibt auch trockene Currys ohne Soße wie etwa Karma, was kein spezifisches Gericht ist, sondern nur die Methode des langsamen Garens beschreibt.

Die Briten lernten Currys als Kolonialherren lieben und aßen sie zum Frühstück, Mittag- und Abendessen. Unter Königin Viktoria, der Kaiserin von Indien, wurde die indische Küche sogar hoffähig, asiatische Untertanen versorgten sie täglich mit Currys. Der Dichter William Thackeray, in Kalkutta geboren, schrieb eine Lobeshymne auf die Speise, die nunmehr in aller Munde war. Da sich nach der Unabhängigkeit Indiens eine große Zahl von indischen und pakistanischen Commonwealth-Mitbürgern im Mutterland niederließen, führten sie dort natürlich auch ihre Traditionen und Kochkünste weiter. Zunächst jedoch war es plötzlich unschicklich für die Mittelklasse, dass das Haus oder der eigene Atem nach Curry rochen. Auch ging man damals nicht viel zum Essen aus, sodass die Inder, Pakistani, Nepalesen oder Sri-Lanker auf der Insel überwiegend für ihre eigenen Landsleute kochten. Erst das Ritual, nach dem Pub- oder Clubbesuch noch schnell ein Curry zu verzehren, verschaffte der indischen Küche bei den Engländern wieder eine neue, treue Gefolgschaft. Städte mit hohem Anteil ethnischer Minderheiten wie London, Birmingham oder Leicester sonnen sich in dem Ruf, die beste und authentischste indische Küche außerhalb Indiens zu haben und vermarkten ihre „Currymeile“. Das indische Curry gehört inzwischen derart zum Alltag der Briten, dass Robin Cook (Außenminister unter Tony Blair) Chicken Tikka Masala zu Recht ein echtes britisches Nationalgericht nannte. Man bekommt es sogar als Pizzabelag und im Zugrestaurant.

wich, einer Suppe oder der obligatorischen gebackenen Kartoffel *(jacket potato)* begnügen. Das bieten viele Café-Ketten oder die Sandwich-Kette *Pret a Manger* an. Als Alternative empfiehlt sich die Lebensmittelabteilung eines Kaufhauses (Marks & Spencer) oder ein Supermarkt (Tesco, Sainsbury's), wo es Salate, Sandwiches und exotische Spezialitäten in appetitlich zurechtgemachten Portionen gibt. Wer Wert auf biologische Kost legt, sollte auf den Hinweis *organic food* achten.

Teatime

Tee ist nicht nur das obligatorische Frühstücksgetränk; der Genuss einer *„cuppa tea"* ist kaum noch aus irgendeiner Situation wegzudenken. Die Verbundenheit, die zwischen den Menschen und ihrem milchig verdünnten, süßen Getränk besteht, brachte der viktorianische Premierminister Gladstone so zum Ausdruck: „Wenn dir kalt ist, wird dich Tee wärmen, wenn du erhitzt bist, wird er dich abkühlen, bist du bedrückt, wird er dich aufheitern, bist du erregt, wird er dich beruhigen!" Wegen dieser Allround-Medizin wurden Kriege ausgefochten und parlamentarische Debatten geführt. Trotz ihrer langen Tee-Tradition nutzen die Engländer in der Regel Teebeutel. Getrunken werden 165 Mio. Tassen pro Tag von den fast 1500 erhältlichen Sorten, zumeist Earl Grey, Darjeeling, Ceylon und Assam. Ob die Milch zuerst oder zuletzt zugegeben wird, spielt heute keine Rolle mehr. Angeblich schenkte man früher die Milch vor allem darum zuerst ein, damit das dünne Porzellan in den kalten englischen Landsitzen beim Kontakt mit dem heißen Tee nicht gleich zersprang.

Cream Tea: Scones, eingedickter Rahm und Marmelade

Ein Afternoon oder High Tea besteht aus einer Etagere voller herzhafter und süßer Begleiter wie Thunfisch-, Eier- und Gurken-Sandwiches, Scones (Hefeteigbrötchen) mit Clotted Cream (eingedickter Sahne) und Konfitüre, Teacakes, Muffins und Pralinen. Er wird traditionell zwischen 16 und 17 Uhr eingenommen (→ East Anglia Grantchester). Obwohl die Briten zu den Nationen mit dem geringsten durchschnittlichen Kaffeekonsum pro Kopf in Europa gehören, ist seit Jahren eine „Coffeehouse Revolution" zu beobachten, ausgelöst vom italienischen Bruderpaar Costa, das inzwischen gut 1400 Läden im Land betreibt.

Abendessen/Dinner

Abendessen gibt es in der Regel ab 19 Uhr und besteht in einem Restaurant zumeist aus zwei bis vier Gängen. Im Norden Englands wird das **Dinner** in Arbeiterkreisen verwirrender Weise auch „Tea" genannt. Wer die Reisekasse schonen will, geht am besten in ein Pub, das für seine gute Küche bekannt ist. Klassiker der englischen Küche sind Lammbraten *(roast lamb)* mit Pfefferminzsoße *(mint sauce)* und Roast Beef. Auch Fisch wird viel und gerne gegessen. Die Restaurants legen längst Wert auf eine ambitionierte Küche. Positiv zu vermerken ist die wachsende Zahl vegetarischer Restaurants, die mittlerweile in allen größeren Städten vorzufinden sind. Zumeist finden **Vegetarier** auch in den indischen Restaurants mehrere fleischlose Gerichte auf der Speisekarte. Infos unter www.vegetarianvisitor.co.uk.

Das **Preisniveau** englischer Restaurants hängt entscheidend davon ab, wo es sich befindet. In ärmeren Gegenden können selbst sehr gute Restaurants überraschend günstig sein, in vielen Großstädten und London sind sie ausgesprochen teuer. Für ein dreigängiges Menü muss man in einem Spitzenrestaurant mindestens 25 £ am Mittag und 50 £ am Abend bezahlen, in den meisten, eher normalpreisigen Restaurants sollte man mit 5–10 £ für die Vorspeise und 10–25 £ für den Hauptgang rechnen. Es kann sich durchaus lohnen, in einem guten Restaurant nach einem Set-Price-Menü Ausschau zu halten, das oft nur halb so teuer ist wie das abendliche Dinner. Dabei bekommt man eine eingeschränkte Auswahl an Gerichten zu einem festgelegten Preis, der erheblich unter dem liegt, was man à la carte bezahlen würde. Für die Urlaubskasse schonend sind auch die Pre-Theatre- oder Early-Bird-Angebote, wenn man also zu frühen Zeiten isst, zu denen die Restaurants sonst nicht ausgelastet sind.

Essen in der Town Hall: Memoirs Restaurant & Cocktail Bar in Colchester

In vielen Restaurants kann man seinen Tisch nicht selber wählen, sondern wird vom Personal platziert. Das Schild *„Please wait to be seated"* informiert über diese Regelung. An der Eingangstür jeden Restaurants hängt auch eine Speisekarte (*menue*). Darauf sind die aktuellen Preise inklusive Mehrwertsteuer (VAT) verzeichnet. In manchen Lokalen wird automatisch zu den angegebenen Preisen ein Bedienungsgeld *(service charge)* von 10 bis 15 % hinzugerechnet. Ist dies nicht der Fall, erwartet das Personal ein **Trinkgeld** *(tip)* in gleicher Höhe. Es gibt noch immer Restaurants bzw. Cafés, die keine Lizenz für alkoholische Getränke besitzen. Für Kontinentaleuropäer kurios sind die **BYO-Gaststätten** *(Bring Your Own)*, in die man seine alkoholischen Getränke selbst mitbringen darf.

Regionale Spezialitäten

Verschiedene Regionen Englands produzieren verschiedene regionale Delikatessen, die sich dank der Local-food-Bewegung immer größerer Beliebtheit erfreuen. Absolut im Trend liegen derzeit aber auch alte Klassiker wie Hummer, Waffeln und „new burger" oder auch „slides" (mehrere ganz kleine Burger).

Yorkshire

Am bekanntesten ist die Grafschaft Yorkshire für ihren kulinarischen Eigensinn. Von hier kommen sowohl Fish-'n'-Chips als auch der berühmte Yorkshire Pudding (→ Kasten, S. 76), eine eher geschmacksneutrale Teigbeilage. Süße Gaumen streicheln ein süßer Ingwerkuchen (Yorkshire Ginger Cake) oder eine Quarktorte mit Rosenwasser (Yorkshire Curd Tart). Aus der Grafschaft kommt auch der meiste Rhabarber des Landes. Wallace und Gromit machten den Wensleydale-Käse weltberühmt, der oft mit süßen Beilagen gegessen wird.

Northumberland

Northumberland an der schottischen Grenze ist von klaren Flüssen durchzogen, weshalb die Küche dutzende Rezepte für Lachs kennt. Die Nordsee liefert Bücklinge (Kippers) und Herzmuscheln (Cockles). Das beliebteste Gemüse ist der Lauch, aus dem auch der Leek Pudding als Beilage zu Eintopfgerichten gekocht wird. Die Insel Lindisfarne ist bekannt für ihren Honigwein.

Lake District

Den Lake District assoziieren die Briten mit den deftigen Cumberland Sausages (Schweinewürstchen), mit Gingerbread (Lebkuchen), Rum Butter (Rumbutter) und Damson Gin. Die Lincolnshire Sausages sind mittelgrobe Schweinsbratwürste, die mit reichlich Salbei gewürzt sind.

Midlands

In den Industrieregionen der Midlands waren die Leute meist ziemlich arm, daher aßen sie oft minderwertiges Fleisch wie Rinder- und Schweinkutteln und Innereien, die in Pies (Pasteten) eingebacken wurden. Aus Nottinghamshire stammt die beliebte Apfelsorte Bramley, die gerne gekocht wird. Die Midlands sind u. a. auch bekannt für einen Snack namens Pork Scratchings (Chips aus gegrillter Schweinehaut) und Oatcakes (Haferplätzchen), während Birmingham mit den besten Balti Restaurants aufwarten kann. Im Süden der Midlands versorgt der Fluss Severn die Region mit Elvers (Baby- oder Glasaale).

Worcestershire

Aus der Grafschaft Worcestershire stammt natürlich die gleichnamige Soße, eine Würzsoße nach einem Rezept aus Indien.

Oxford

Mit Oxford verbinden Einheimische vor allem die Oxford Marmalade, eine Orangenmarmelade, die dunkler ist als die übliche und besonders große Stücke enthält.

East Anglia

East Anglia ist für seine Truthahnzucht berühmt: Früher wurden die Tiere im Herbst auf einem dreimonatigen Fußmarsch nach London getrieben, um dort zu Weihnachten verkauft zu werden. Das Meer liefert Krebse, Austern und Herzmuscheln, und es gibt eine große Tradition des Räucherns. Am Strand wird im großen Stil Meerkohl gesammelt.

Yorkshire Pudding

Diese Spezialität hat reichlich wenig mit dem uns bekannten Pudding zu tun und ruft bei den Besuchern vom Festland geteilte Reaktionen hervor. Während einige auf den Yorkshire Pudding schwören, fühlen sich andere eher an die gewöhnungsbedürftige englische Küche mit ihren eigenwilligen Kreationen erinnert. Nichtsdestotrotz sollte man einmal diese traditionelle Beilage probieren. Genau genommen ist der Yorkshire Pudding nichts anderes als ein sehr dünner Pfannkuchen aus Mehl, Eiern und Milch, der mit Rinderfett in der Bratröhre in einer speziellen Form gebacken wird, bis er aufgeht und goldbraun ist. Man sollte jedoch darauf achten, dass der Pudding frisch zubereitet ist und nicht aus der Tiefkühltruhe stammt (wie leider in vielen Pubs üblich) – er sollte auf jeden Fall knusprig sein. Serviert wird der hohle Yorkshire Pudding, der ungefähr die Form eines Suppentellers hat, entweder als Vorspeise oder als Beilage, wobei man z. B. Lammbraten und Gemüse in den Pudding legt und das Ganze mit Bratensaft sowie Pfefferminzsoße übergießt.

Pubs

Die Public Houses (Pubs) sind Treffpunkte für Jung und Alt. Nachdem die **Öffnungszeiten** jahrzehntelang generell bis 23 Uhr begrenzt waren, ist es Gaststätten außerhalb von Wohngebieten nun erlaubt, rund um die Uhr auszuschenken. Die meisten traditionellen und Dorf-Pubs haben jedoch keine neue Lizenz erworben und schließen wie gewohnt um 23 Uhr. Die meisten Pubs sind werktags von 11 bis 23 Uhr sowie sonntags von 12 bis 22.30 Uhr geöffnet. Pünktlich fünfzehn Minuten vor Feierabend wird noch immer eine Glocke geläutet: *„Last orders, please!“* Eine Viertelstunde später wird man mit einem trockenen *„drink up“* zum Austrinken ge-

Das erweiterte Wohnzimmer eines Engländers

drängt. In größeren Städten wie Newcastle, Leeds oder Birmingham finden sich problemlos Pubs und Bars, die bis weit nach Mitternacht geöffnet haben.

Pubs sind eine Lebenseinstellung und mit kontinentalen Kneipen, Bistros oder italienischen Bars keinesfalls vergleichbar. Viele Engländer betrachten das Pub um die Ecke als ihr erweitertes Wohnzimmer, in dem sie zwanglos mit ihren Nachbarn und Freunden ins Gespräch kommen können. Und auch der Kontinentaleuropäer merkt schnell: Wenn an kalten Wintertagen das Kaminfeuer prasselt, gibt es keinen schöneren Ort als ein Pub. Da es in England strenge **Alkoholgesetze** gibt, ist Kindern und Jugendlichen unter 18 Jahren sowohl der Konsum von Alkohol als auch der Zutritt zum Schankraum verwehrt. Die meisten Pubs haben jedoch Familienzimmer oder Nebenräume, in denen sich Minderjährige aufhalten dürfen.

Normalerweise bestellt man sein **Bier** an der Bar, bekommt sein halbes oder ganzes Pint (0,568 Liter) gezapftes Bier und muss gleich bezahlen; eine Bedienung gibt es nicht, Trinkgeld wird nicht erwartet. Das gezapfte Bier ist weniger kalt als auf dem Kontinent und hat fast keinen Schaum. Radler heißt hier *shandy*. Weitere Informationen zum Thema britisches Bier finden sich im Internet unter www.camra.org.uk/gbg.

Die gängigsten Biersorten

Bitter	obergärig gebrautes dunkles Fassbier (draught), bitterer Geschmack
Lager	helles untergärig gebrautes Bier, Pils
Stout/Porter	Starkbier – Guinness (bitter), Mackeson (süß)
Barley Wine	extra starkes Bier
Brown Ale	kräftig, dunkel und süß
Light Ale	hell, schäumend
Mild	dunkel, geschmackvoll
Real Ale	Fassbier ohne Kohlensäure, bis 8 % Alkoholgehalt
Newcastle Brown	Starkbier

Man muss im Pub natürlich nicht zwangsweise Bier trinken. Diejenigen, die keinen Gerstensaft mögen, können Cider probieren. **Cider** ist ein moussierender Apfelwein, der je nach Region anders schmeckt. Bevor man zu tief ins Glas schaut, sollte man bedenken, dass der englische Cider einen höheren Alkoholgehalt als der deutsche Apfelmost hat. Die meisten Pubs bieten auch mehrere gute **Weine** an (französische, italienische, spanische und Neue-Welt-Weine). Zwar wird auch in England Wein angebaut (inzwischen füllen mehr als 500 Winzer rund 6 Mio. Flaschen im Jahr ab), aber man bekommt ihn nur beim Winzer oder in Spezialgeschäften und er ist verhältnismäßig teuer. Sowohl für den Konsumenten als auch für den Hersteller, darum kursiert der Witz: „How do you make a small fortune? Start with a large fortune and then open a vineyard. – Wie macht man ein kleines Vermögen? Beginne mit einem großen Vermögen und eröffne einen Weinberg." Um englischen Wein zu lieben, ist ein gehöriges Maß Lokalpatriotismus von Vorteil.

Eine Sommerspezialität stellt der *Pimm's* dar: Dabei handelt es sich um einen Likör auf Ginbasis, der mit Zitronenlimonade gemischt und mit Gurken, Erdbeeren und frischen Minzblättern angereichert wird. Was man in englischen Pubs nicht bekommt, sind Schnäpse. Auch Fanta oder Apfelschorle sind unbekannt, dafür gibt es Ginger Ale, Ginger Beer, Appletizer und Tonic Water.

Nicht nur für Mountainbiker ein Traumgelände

Sport und Aktivitäten

England ist ein Paradies für Outdoorfans. Die Möglichkeiten, sich sportlich zu betätigen, sind beinahe grenzenlos. An den sandigen Stränden der Nordseeküste von East Anglia oder bei Blackpool an der Irischen See wird gebadet. Auch Surfer, Windsurfer und Kanufahrer sieht man überall, wo es Wasser gibt. Wanderer finden herrliche Wege entlang der Küsten, wo es sich oft ebenso gut klettern lässt. In den Mittelgebirgen läuft man entspannt durch grüne Hügellandschaften, die auch mit zahlreichen Routen für Mountainbiker durchzogen ist. Die Hochmoore und der alpine Lake District locken ambitionierte Wanderfreunde. Eine geradezu klassische Freizeitbeschäftigung ist die Runde Golf, und auch der Pferdesport genießt in England einen hohen Stellenwert, ob nun aktiv während der Reiterferien oder auf der Rennbahn im Wettfieber.

Aktiv in Nord- und Mittelengland

Angeln

England ist das Mutterland des modernen Angelns. Hier wird am See, am Meer, an Flüssen und an Teichen geangelt. Vor allem aber finden Angler eine unglaubliche Dichte an Forellenteichen vor. Viele dieser Teiche sind *„Fly Only“*, nur für **Fliegenfischer.** Gefangen werden dort überwiegend dicke Regenbogenforellen. Die Fliegenfischer sind sehr gut organisiert, zu fast jeder „Pfütze“ gibt es eine Homepage. Öfter als im übrigen Europa trifft man in England auf Angler, die fast ausschließlich einem bestimmten Zielfisch nachstellen. Übrigens müssen in England nahezu alle Süßwasserfische wieder zurückgesetzt werden *(catch and release)*, und Köderfische müssen im Angelladen gekauft werden.

Wer seine Angel auswerfen will, muss unbedingt einen **Angelschein** besitzen und über die Schonzeiten informiert sein. National Rod Fishing Licences sind in den örtlichen Postämtern oder der Umweltbehörde (Environment Agency) erhältlich. An den meisten Gewässern braucht man zusätzlich ein Day Ticket. Eines der größten Angelgeschäfte Europas ist **Fosters** in Birmingham (→ S. 195). Das **Brandungsangeln** nach Plattfischen, Dorschen, Pollacks, Makrelen und Wolfsbarschen erfreut sich großer Beliebtheit. Zudem steht an der Küste das **Hochseeangeln** nach Haien (meistens kleine Katzenhaie und Blauhaie), Dorsch, Meerbarsch, Seehecht etc. hoch im Kurs.

Infos unter www.gov.uk/fishing-licences und www.fsbi.org.uk. Postämter: www.postoffice.co.uk, ✆ 0344/8005386. Umweltbehörde (Environment Agency): ✆ 03708/506506, www.environment-agency.gov.uk.

Birdwatching

Birdwatching ist eines der beliebtesten Freizeitvergnügen der Engländer, etwa 3 Mio. Vogelfreunde sollen diesem Sport nachgehen. Bei nahezu jeder Witterung sitzen sie mit Khakihosen, Ferngläsern und Teleobjektiven zwischen den Hecken und richten ihr Teleskop auf seltene Arten, nebenbei blättern sie in Vogelkundebüchern, Technikfreaks haben sogar einen iPod dabei und gleichen den Ruf der Wildnis mit der Tonkonserve ab. Die Begeisterung geht dabei quer durch alle Gesellschaftsschichten und reicht vom Briefträger bis zum Adeligen: Die Royal Society for the Protection of Birds (RSPB) hat mehr als eine Million Mitglieder. Insgesamt 574 Vogelarten soll es in Großbritannien geben, angefangen bei Rotkehlchen und Eisvogel über Papageientaucher und Wanderfalke bis hin zu seltenen Exemplaren wie dem Goldflügel-Waldsänger.

Infos unter www.rspb.org.uk.

Coasteering

Einen Adrenalinkick verspricht diese wilde Kombination aus Klettern, Wandern, Klippenspringen und Schwimmen, die seit einigen Jahren an den englischen Küsten beliebt ist. Zu diesem Abenteuer trägt man einen Neoprenanzug, Helm und eine Schwimmweste. Im Mittelpunkt steht das Schwimmen, wobei man von bis zu 10 m hohen Klippen ins Meer springt, um dann die Formationen und Höhlen zu erkunden und die Wellenbewegungen des Ozeans zu erspüren.

International Coasteering Association, ✆ 0044/ 01637/831206, www.coasteering.org.

Fahrradfahren und Mountainbiken

England verfügt über fantastische Fahrrad- und Mountainbikerouten. Mithilfe staatlicher Lotterie- und Steuergelder wird das englische Fahrradwegenetz seit Jahren ausgebaut – mehrere Hundert Millionen Pfund wurden dafür bereits aufgewendet. Das **Sustrans National Cycle Network** verläuft nun fast 25.000 km kreuz und quer durch das ganze Land und verbindet verschiedenste Fahrradrouten miteinander; 70 % der Routen führen allerdings entlang verkehrsarmer Straßen. 29 gut ausgeschilderte Radfernwege sind entstanden, die entlang stillgelegter Bahntrassen, auf alten Treidelpfaden und weniger befahrenen Landstraßen verlaufen. Zudem erschließt das westliche Teilstück der fast 6000 km langen EuroVelo-Route 12 (Nordseeküsten-Radweg, North Sea Cycle Route) den Osten Englands für Radler.

Wer es etwas aufregender mag, für den hat die Forestry Commission im ganzen Land eine Reihe von **Mountainbikeparcours** geschaffen. Am bekanntesten ist der Yorkshire Dalby Forest, weil auf diesen anspruchsvollen, schwarz gekennzeichneten Strecken 2011 die UCI-Mountainbiking-Cross-Country-Weltmeisterschaften stattfanden. Mal etwas ganz anderes bietet der Water Rail Way in Lincolnshire, der 40 km entlang einiger Kunstinstallationen durch die Fens führt.

In England gibt es keine Radwegebenutzungspflicht. Ist kein Radweg vorhanden, müssen Radfahrer auf der Straße fahren (die Bürgersteige dürfen nicht befahren werden).

Information **CTC (Cyclist Touring Club)**, die größte britische Radorganisation. Hier sind Tourenvorschläge und weitere Informationen erhältlich. Auch geführte Radtouren zwischen 3 und 21 Tagen werden angeboten. ✆ 0044/844/736 8450, www.ctc.org.uk.

British Cycling, ✆ 0044/161/2742000, www.britishcycling.org.uk.

Sustrans, Streckenkarten und Infopakete zum National Cycle Network, ✆ 0044/117/9268893, www.sustrans.org.uk.

Ein gutes Magazin ist **Mountain Bike Rider**, www.mbr.co.uk.

Fahrradverleih Falls Sie nicht mit dem eigenen Drahtesel unterwegs sind, finden Sie in diesem Reisehandbuch bei den einzelnen Ortsbeschreibungen Adressen von Unternehmen, die Fahrräder verleihen. Außerdem gibt es in größeren Orten Bike-Hire-Schemes (→ Unterwegs).

Karten Es empfiehlt sich, zu der entsprechenden Region eine gute Karte zu kaufen. Praktisch sind z. B. die Outdoor Leisure Maps von Ordnance Survey (gibt es allerdings nur für einige Gegenden), aber auch andere Karten mit mindestens Maßstab 1:50.000.

In den lokalen Tourist Offices liegen meistens auch Tourenvorschläge aus, welche die schönsten Routen der Umgebung beschreiben.

Streckenkarten zum National Cycle Network sind bei Sustrans erhältlich (s. o.).

Buchtipp **England per Rad**, J. Riek/U.Schäfer, Wolfgang Kettler Verlag, 14,80 €.

Golf

Der in deutschsprachigen Ländern als elitär geltende Golfsport hat in England den Charakter eines Volkssports. Die fast 2000 Golfclubs zählen rund 750.000 Mitglieder. Tageszeitungen berichten im Sportteil über Turniergolf in epischer Breite, Golf wird wöchentlich stundenlang im Fernsehen gezeigt, und der Ryder Cup hat fast den Rang einer Fußball-WM. Es gibt bezahlbare, gut gepflegte Public Courses wie Sand am Meer, auch Quick-9-Holer sind als Feierabendprogramm gesellige Normalität. Natürlich gibt es auch die von Profis entworfenen Championship Courses, die sich zumeist in Privatbesitz befinden. Dort sind Greenfees fällig, die der Urlaubskasse den Todesstoß verpassen können. Ansonsten regiert jedoch eher Understatement. Viele altehrwürdige Plätze befinden sich an den Küsten, sturmumtost mit Dünengras, wo man unaufgeregt den Widrigkeiten trotzt. Auf mehr als 1500 Plätzen können auch Urlauber versuchen, das eigene Handicap zu verbessern.

Im Internet kann man sich unter folgenden Adressen der Golf Union über sämtliche Golfclubs der Regionen informieren: www.englandgolf.org/golfcentral oder www.golfeurope.com/clubs/england.htm. Sämtliche, auch öffentlichen Plätze listet: www.englishgolf-courses.co.uk. Ein Standardwerk ist der Albrecht Golf Führer, 1golf.eu.

Kanalboote

Ein beliebtes Fortbewegungsmittel ist das Kanalboot *(narrowboat)*, schmale Frachtboote, die im 17. und 18. Jh. speziell für die neuen, engen Kanäle konstruiert wurden. Ca. 15.000 Briten leben auf ihnen, man kann sie jedoch auch für Urlaubszwecke mieten (→ Kasten S. 434). An die 2500 km Wasserwege verbinden zahlreiche Städte in England. Über Kanäle und Flüsse geht die Fahrt mit einem **Hausboot** in die entlegensten Ecken der Insel. Zum Führen der Boote sind keine speziellen Vorkenntnisse erforderlich. Alles, was man wissen sollte, wird einem vor dem Fahrtantritt mitgeteilt.

Die wichtigsten **Wasserwege** in Nord- und Mittelengland: Der *Leeds and Liverpool Canal* ist mit 204 km der längste Kanal. Er hat 91 Schleusen, darunter die mit der größten Fallhöhe des Landes. Auf dem *Trent & Mersey Canal*, der 150 km lang ist und ins Kanalsystem der Midlands führt, hebt der Anderton Boat Lift (→S. 570) das Kanalboot 17 m hinunter zum River Weaver. Der *Grand Union Canal* führt von Birmingham 220 km in Richtung London. In Ostengland sind Lincoln, Boston, Spalding und Ely durch die 240 km des *Fens Waterways Link* verbunden (www.fens waterways.com).

Pro Boot und Woche muss man mit etwa 500 £ rechnen, für komfortable Boote zahlt man in den Sommerferien auch schon einmal über 1000 £. Auf der Website VisitEngland findet man eine Liste verschiedener Kanalboot-Urlaubsanbieter (www.visitengland.com/de/planen-sie-ihren-besuch).

Canal & River Trust, ✆ 0044/303/0404040, www.canalrivertrust.org.uk.

The Inland Waterway Association vermittelt Urlaube. ✆ 0044/1494/783453, www.water ways.org.uk.

Klettern

Rock Climbing ist in England so beliebt, dass es an den meisten Universitäten Kletterclubs für Studenten gibt. Aufgrund der unterschiedlichen Gesteinsarten gestaltet sich das Klettern sehr vielfältig. Im Lake District, wo der Fell and Rock Climbing Club aktiv ist, findet man im Norden und Nordwesten das 500 Mio. Jahre alte Skiddaw-Tonschiefermassiv, das im Norden und Süden vom vulkanischen Borrowdale-Gürtel umgeben ist, sonst kommen grobkörniger Sandstein (*gritstone* oder schlicht *grit* genannt), Kalkstein und Granit vor. Die Engländer klettern gerne traditionell (Trad Climbing), d. h., es gibt viele Routen, die selbst abzusichern sind, etwa mit Klemmkeilen, Friends oder Schlingen. Trad Climbing wird vor allem mit dem Peak District assoziiert, wo es ein großes Routenangebot in allen Schwierigkeitsgraden gibt. Es finden sich aber auch Boulder- und Sportklettergebiete dort.

The British Mountaineering Council (BMC), The Old Church, 177–179 Burton Road, West Didsbury, Manchester, M20 2BB, ✆ 0161/4456111, www.thebmc.co.uk.

Fell and Rock Climbing Club, www.frcc.co.uk.

Eine gute Informationsquelle ist auch **UK Climbing** (www.ukclimbing.com).

Verschnaufpause am Hang

Reiten

England hoch zu Ross zu erkunden, ist eine überaus reizvolle Alternative zum Wandern und Fahrradfahren. Vor allem in den Nationalparks werden Reiterferien für Anfänger und Fortgeschrittene angeboten. Beliebt ist auch das Pony-Trekking.

British Horse Society, hält Listen von Veranstaltern in ganz England bereit. Abbey Park, Stareton, Kenilworth, Warwickshire, CV8 2XZ, ✆ 0044/2476/840500, www.bhs.org.uk. Eine nützliche Website ist auch www.ukhorseriderguide.com.

Wandern und Trekking

Wer Nord- und Mittelengland bereist, sollte sich unbedingt Zeit für die eine oder andere Wanderung nehmen. Wandern hat hier Tradition: Auf der Insel sind Groß und Klein, Jung und Alt bei jedem Wetter und zu jeder Jahreszeit unterwegs; 16 % der Engländer wandern mindestens einmal in der Woche. Wandern inspirierte zahlreiche Schriftsteller und Maler – Premierminister William Gladstone marschierte mit 83 Jahren noch hinauf auf den Mount Snowdon.

Immer größere Teile des Landes werden für Wanderer erschlossen. Seit dem Jahr 2000 haben in England Wanderer das **Right to Roam,** also das Recht durch offene Landschaften wie Bergland, Moore, Heide und Niederungen zu streifen, wie es in skandinavischen Ländern üblich ist. Bis zum Jahr 2020 soll dank des Coastal Access Project die gesamte Küste des Landes (ca. 4500 km) durch einen neuen *England Coast Path* für Wanderer erschlossen werden (hwww.nationaltrail.co.uk/england-coast-path). Selbst über privates Land darf man in England stapfen, wenn es *custom* ist, also schon immer so war. Schon 1826 formierte sich in Manchester die Association for the Preservation of Ancient Footpaths, die diese Gewohnheitsrechte historischer Routen über Privatland bei Gericht gegen die Landbesitzer einklagte. Überall werden Sie daher auf die grünen Schilder *„Public Footpath"* treffen: Die Wege führen mitunter über Viehweiden, Kornfelder und durch Vorgärten. In England gilt die Regel: Wo nicht *„Private"* oder *„No Trespassing"* steht, darf man den Weg nutzen.

Fernwanderweg Hadrianswall Path

Wer zu Fuß in Englands Bergen, Mooren und Küstenregionen unterwegs ist, findet viele, manchmal nicht besonders gut ausgeschilderte Wanderwege. Besonders beliebt sind bei Wanderfreunden natürlich die unberührten Gegenden der Nationalparks und Naturschutzgebiete sowie die Fernwanderwege. 13 offizielle **National Trails** gibt es in England. Diese durch das Eichelsymbol gekennzeichneten Routen führen insgesamt etwa 3500 km durch wunderschöne Natur, geschätzte 12 Mio. Menschen nutzen sie im Jahr. Dazu zählen der Peddlars Way 156 km entlang der Küste Norfolks, der Yorkshire Wolds Way, der 127 km von Hessle bei Hull bis an die Nordseeküste in North Yorkshire führt, der Cleveland Way, der 176 km durch die North York Moors und entlang der Ostküste verläuft, der Hadrian's Wall Path, der 135 km entlang der alten Römermauer einmal quer über die Insel führt, der Pennine Bridleway, der von Derbyshire zum Teil dem High Peak Trail folgt und nach 209 km in Bottomley endet, sowie der Pennine Way (400 km), der von den Midlands durch den Lake District bis zur schottischen Grenze verläuft.

In unserem **Wanderteil** (→ S. 682) haben wir einige der schönsten Routen in Nord- und Mittelengland für Sie zusammengestellt.

Information Rambler's Association, ✆ 0044/20/73398500, www.ramblers.org.uk.

Natural England, ✆ 0044/300/0603900, www.gov.uk/government/organisations/natural-england.

Infos zu den **National Trails** unter www.nationaltrail.co.uk.

Karten Da gerade kleinere Wanderwege bisweilen nicht gut ausgeschildert sind, sollte man sich gutes Kartenmaterial besorgen. Insbesondere die **Ordnance Survey Maps** erweisen sich als nützlich. Die Landranger-Serie im Maßstab 1:50.000 leistet gute Dienste, in schwierigem Gelände erweist sich jedoch eine Karte der Explorer- oder Outdoor-Leisure-Serie (Maßstab jeweils 1:25.000) als zweckmäßiger.

Wassersport: Segeln, Surfen und Kanufahren

Der **Segelsport** an der englischen Küste kann auf eine lange Geschichte zurückblicken: Bereits 1812 wurde auf der Isle of Wight der Royal Yacht Club gegründet, und 1826 fanden die ersten Rennen vor Cowes statt. Cowes und die Wasserstraße des Solent sind auch die bekanntesten britischen Segelreviere. Bei den Einheimischen ausgesprochen beliebt sind auch die Norfolk Broads, wo es kilometerlange Wasserwege ohne störende Schleusen gibt. Die seichten Seen und Flüsse sind vor allem für „Schönwettersegler" geeignet, und man kann ganz in Ruhe Naturreservate, Panoramaaussichten, Wälder, Sümpfe und Domstädte erleben. Auch auf den vielen Seen des Lake District bietet sich ein Segeltörn geradezu an.

Windsurfen ist ein Sport, der wohl in England seinen Ursprung hat, und zwar 1958, als ein Junge namens Peter Chilvers ein Brett und ein Segel miteinander kombinierte. Windsurfer finden auf der Insel viele gute Locations und das Wasser wegen des Golfstroms weniger kalt, als man denkt (ein Neoprenanzug ist dennoch unumgänglich!). Außerdem garantieren die häufigen Tiefdruckgebiete, die das Land überqueren, guten Wind. Viele der besten Reviere befinden sich zwar in Südengland, aber günstiger ist ein Kurs anderswo. In den West Midlands gibt es beispielsweise 15 Clubs, bei denen man das Windsurfen erlernen kann, z. B. im Edgbaston Reservoir bei Birmingham. Die Winde auf den Seen des Lake District können sehr unstet sein, an der Küste bei Allonby oder Walney Island finden Windsurfer konstantere Bedingungen.

Wilde Landschaft, wildes Wasser

Surfen, also Wellenreiten, kann man am besten an der Atlantikküste Südenglands. Die Nordseeküste hat jedoch viele Spots, die zwar nicht Weltklasse sind, wo es aber bei günstigen Bedingungen auch gute Wellen gibt. Bei Surfern bekannt sind Blyth, Whitley Bay, Tynemouth, South Shields oder Black Middens bei Newcastle. Beliebte Surfspots sind auch Saltburn-By-Sea, Whitby und Scarborough. Viel weiter südlich haben Cromer in der Grafschaft Norfolk und die Strände von Lowestoft, Gorleston und Scratby bei Great Yarmouth einen guten Ruf bei Surfern. Die beste Zeit zum Surfen ist übrigens außerhalb der Sommermonate.

Auch alle Arten des **Kanufahrens** sind in England möglich, Kanu fahren kann man auf Flüssen *(white water canoeing)*, Seen *(lake canoeing)* oder in der Meeresbrandung *(sea canoeing)*

RYA (Royal Yachting Association), ✆ 0044/2380/604100, www.rya.org.uk.

Surfing GB, ✆ 0044/7967/664643, www.surfinggb.com.

British Canoe Union, ✆ 0044/845/3709500, www.britishcanoeunion.org.uk.

Zuschauersport

Cricket

Cricket ist Englands Sommersport und wird fast mit derselben Leidenschaft verfolgt wie Fußball oder Rugby. Die Spielregeln sind recht komplex und lassen sich daher nur skizzieren. Auf einem ovalen Spielfeld, dessen Größe nicht einmal zwingend festgeschrieben ist (meist 100–140 m Durchmesser), befindet sich in der Mitte die Spielbahn, *pitch*, die rund 20 m lang ist. An jedem Ende dieses Pitches stehen die *wickets*, senkrechte Stäbe *(stumps)*, auf denen zwei kurze Querhölzer *(bails)* liegen.

Zwei Teams aus jeweils elf Spielern treten gegeneinander an, die Partie wird in mehrere Durchgänge eingeteilt, die man *innings* nennt. Das eine Team hat das Schlagrecht, es hat nur die beiden sich auf dem *pitch* gegenüberstehenden *batsmen*, die die *wickets* verteidigen müssen, auf dem Feld. Das andere Team ist die Feldmannschaft. Ihr *bowler* wirft vom anderen Ende des *pitch* den Ball in die Richtung eines *batsman*. Ziel der Feldmannschaft ist das schnelle Ausscheiden des *batsman*, z. B. durch Treffen und Zerschlagen des *wicket* oder durch Fangen des abgeschlagenen Balls, bevor dieser den Boden berührt. Nach Ausscheiden des *batsman* tritt der nächste der Schlagmannschaft an seine Stelle.

Wie lang noch mal dauert so ein Spiel?!

Der *batsman* seinerseits versucht durch einen guten Schlag Punkte *(runs)* zu erzielen. Schlägt der *batsman* den Ball aus dem Spielfeld heraus, bekommt er automatisch fünf Punkte. Bleibt der Ball im Spiel, können die beiden *batsmen* so lange auf dem *pitch* hin und her laufen, bis der Ball von der Feldmannschaft an seine Ausgangsposition zurückgebracht wurde. Ein *run* wird in diesem Fall dann erzielt, wenn es den beiden *batsmen* gelingt, ihre Position zu tauschen.

Sind irgendwann zehn der elf *batsmen* ausgeschieden, hat der übrigbleibende *batsman* keinen Partner mehr und das *inning* ist zu Ende. Die Mannschaften tauschen ihre Positionen – die Schlagmannschaft wird zur Feldmannschaft und die Feldmannschaft zur Schlagmannschaft – und alles geht von vorne los. Am Ende gewinnt das Team, das in seinen *innings* mehr *runs* erzielen konnte als die rivalisierende Mannschaft. So ein Spiel, auch *Test* genannt, kann fünf Tage dauern, was die Engländer mit nicht nachlassender Spannung verfolgen.

Fußball

England ist bekanntlich das Mutterland des Fußballs. So verwundert es auch nicht, dass für so manchen überzeugten Fußballfan der Besuch eines Spiels der reichsten Liga der Welt, der Premier League, den Höhepunkt eines Englandbesuches darstellt. Auf der Website des fraglichen Vereins kann man sich informieren, wann die Karten in den *general sale* gehen: Ab diesem Termin kann man sie über das Inter-

> „Ich verliebte mich in den Fußball, wie ich mich später in Frauen verlieben sollte: plötzlich, unerklärlich, unkritisch und ohne einen Gedanken an die Schmerzen und die Zerrissenheit zu verschwenden, die damit verbunden sein würden."
>
> Nick Hornby, *Fever Pitch*

net buchen oder die Bestellhotline anrufen. Um eine Karte zu ergattern, braucht man allerdings viel Glück. Die Bezahlung erfolgt so gut wie immer mit einer Kreditkarte. Viele Fußballstadien der bekannten Vereine (z. B. Manchester United oder FC Liverpool) kann man auch zu den spielfreien Zeiten besichtigen, achten Sie auf die Informationen bei den einzelnen Städten. Alles, was Sie schon immer über englischen Fußball wissen wollten, erfahren Sie im National Football Museum in Manchester (→ S. 380).

Hunderennen

In einer Rangliste der beliebtesten Freizeitvergnügen der Engländer steht der Besuch eines Windhunderennens nach Fußball und Pferderennen an dritter Stelle. Seit 1926 in Birmingham die erste Rennbahn eröffnet wurde, kennt die Begeisterung für die durchtrainierten Greyhounds, die mit bis zu 70 km/h über die Rennbahn fegen, keine Grenzen. Derzeit gibt es in ganz England mehr als 25 lizenzierte Windhunderennbahnen, die alljährlich rund 8 Mio. Besucher zählen. Spannend wird das Greyhoundracing natürlich erst durch die Wetten auf den jeweiligen Favoriten. Als eine Art Roulette mit lebendigen Kugeln soll Churchill dieses Wettvergnügen einst bezeichnet haben.

Greyhound Board of Great Britain, ✆ 0044/20/78220900, www.gbgb.org.uk.

Pferderennen

Horseracing ist als der Sport der Könige bekannt. Schon im Jahr 211 ließen die Römer in Yorkshire eine Rennbahn bauen. Im Mittelalter veranstalteten Städte wie Chester oder Newcastle die ersten Pferderennen. 1793 wurde in England das erste Gestütbuch für Vollblutzucht herausgegeben, aus dem sich ableiten lässt, dass heute weltweit 80 % aller Vollblüter von nur drei englischen Pferden abstammen. Der erste König, der Pferderennen zu seiner Unterhaltung veranstalten ließ, war Karl II. im 17. Jh. und zwar in Newmarket in Cambridgeshire (→ 380). Seitdem sind Pferderennen eine der beliebtesten Freizeitbeschäftigungen der oberen Klassen, deren Derbys, Oaks oder Guineas von vielen Ländern kopiert wurden. In England gibt es 52 Pferderennbahnen, auf denen an 360 Tagen im Jahr Rennen ausgetragen werden. Der Rennkalender unterteilt sich in *Jumpracing* (Turniersaison) und *Flatracing* (Flachrennsaison). Die Turniersaison beginnt im Oktober und endet im April (das berühmteste Rennen ist das Cheltenham Festival im März), die Flachrennsaison findet von April bis Oktober statt.

The British Horseracing Authority (BHA), ✆ 0044/20/71520000, www.britishhorseracing.com.

Studentische und olympische Disziplin: der Achter

Der Doktor und das liebe Vieh

Wissenswertes von A bis Z

Ärztliche Versorgung

Zuständig für die medizinische Versorgung in England ist der National Health Service (NHS), dessen ambulante Dienste jeder Bürger des Landes kostenfrei in Anspruch nehmen kann. Bis zum Austritt Großbritanniens aus der Europäischen Union gilt das auch für jeden Bürger eines EU-Mitgliedsstaates – man braucht nichts weiter als die Europäische Versichertenkarte, die auf der Rückseite der Krankenkassenkarte aufgedruckt ist.

Nach dem Brexit wird die Europäische Versichertenkarte für Großbritannien automatisch ihre Gültigkeit verlieren; wie sich die Situation dann darstellt (ob die Briten z. B. wieder zu bilateralen Vereinbarungen mit einzelnen Staaten zurückkehren), ist derzeit noch ungewiss. Spätestens für eine Reise nach diesem Tag X dürfte der Abschluss einer **Auslandskrankenversicherung** aber in jedem Fall die sicherste Option sein.

Der NHS bietet ein gestaffeltes System der medizinischen Versorgung an, dessen Dreh- und Angelpunkt der gute alte **Hausarzt (General Practioner, GP)** ist: In seiner Praxis ist man als Patient fest registriert, dort bekommt man verschreibungspflichtige Medikamente und nur (!) dort erhält man eine Überweisung zum Facharzt. Für Touristen sind die Hausärzte allerdings nicht unbedingt die beste Anlaufstelle: Die Patientenregister sind in aller Regel voll, und bis man irgendwo einen Termin bekommt, ist der Schnupfen wieder weg und der Patient längst wieder zu Hause. Nur in ausgesuchten Fällen, etwa wenn man seine verschreibungspflichtigen Medikamente zu Hause vergessen hat, muss man sich auf die Suche nach einer Hausarztpraxis machen (z. B. im Internet unter www.nhs.uk und dort im Menü „Services near you / GP“).

Sonst empfiehlt es sich, bei typischen Urlaubsbagatellerkrankungen wie Husten, Schnupfen, Durchfall und Co. das nächstgelegene **NHS Walk-In Centre (WIC)** anzusteuern. Diese Zentren, die Ende der 1990er-Jahre zur Entlastung der Hausarztpraxen geschaffen wurden, sind in größeren Städten meist gleich mehrfach in verschiedenen Stadtteilen vertreten, in ländlichen Gegenden sind sie naturgemäß rarer gesät. Bisweilen sind sie auch Krankenhäusern angegliedert und firmieren dort unter der Bezeichnung *Urgent Care Centre* bzw. *Minor Injuries Unit*. WICs sind ohne Anmeldung oft bis zum späteren Abend sowie am Wochenende zugänglich – manchmal aber auch so voll, dass man mit langen Wartezeiten rechnen muss. Geleitet werden sie in der Regel von einer Krankenschwester oder einem Krankenpfleger, in vielen Fällen werden aber auch Allgemeinmediziner zur Behandlung hinzugezogen. Den Standort des nächsten Walk-In Centre erfährt man ebenfalls unter www.nhs.uk (im Menü „Services near you / Urgent Care Services" auswählen).

Hat man mehr als eine Bagatellerkrankung und braucht man möglicherweise sogar fachärztliche Behandlung, sollte man als Tourist das A&E Department (Accident and Emergency Department) eines Krankenhauses (Notaufnahme/Notfallambulanz) aufsuchen, wo man von Ärzten verschiedener Fachrichtungen versorgt wird (der vom Gesundheitssystem eigentlich vorgesehene Weg *Hausarzt – Überweisung – Facharzt* ist nicht praktikabel, weil man so in aller Regel in eine lange, lange Warteschleife gerät ...). Aber Vorsicht: Nicht jedes Krankenhaus verfügt über ein A&E Department, insbesondere die im ländlichen Raum sind oft nur mit den oben erwähnten Minor Injuries Units ausgestattet, in denen die kleineren Blessuren behandelt werden.

NHS-Notrufnummer: Bei schweren Verletzungen bzw. akuten, als lebensbedrohlich empfundenen Krankheitszuständen wählt man ✆ 999.

NHS-Service-Nummer: Wer nach einem Walk-In Centre oder einem GP sucht und weder über Smartphone noch Internetzugang verfügt, kann sich auch unter ✆ 111 die entsprechenden Adressen besorgen. Das rund um die Uhr und 365 Tage im Jahr verfügbare Servicetelefon hilft aber auch prinzipiell, wenn Sie sich nicht sicher sind, an welche Instanz des etwas verschlungenen NHS-Systems Sie sich in Ihrem speziellen Fall wenden sollen. Bringen Sie viel Geduld und ausreichende Englischkenntnisse mit, denn die Telefonmitarbeiter sind verpflichtet, einen langen Fragenkatalog zu Ihren Beschwerden abzuarbeiten.

Kinderärzte: Fehlanzeige, Sie müssen mit dem dem Walk-In Centre oder dem GP vorliebnehmen.

Zahnärtze: Es gibt NHS-Praxen und Privatpraxen, Letztere sind in jedem Fall teuer (und nicht zwingend gut). Bei akuten Zahnschmerzen sollte man also auf eine NHS-Praxis oder eine Zahnklinik zurückgreifen, Adressen auch hier unter www.nhs.uk (im Menü „Services near you / Dentists") bzw. beim Servicetelefon 111 nachfragen.

Apotheken befinden sich in England meistens im hinteren Bereich von Drogerieketten wie SuperDrugs oder Boots. Auch große Supermärkte haben oft Apothekenschalter, die bis 21 oder 22 Uhr geöffnet sind. Bei verschreibungspflichtigen Medikamenten müssen Sie eine Zuzahlung von derzeit 8,05 £ leisten (Senioren über 60 J. und Kinder unter 16 J. sind frei).

Diplomatische Vertretungen

Deutschland: German Embassy, 23 Belgrave Square, London, SW1X 8PZ, Ⓤ Hyde Park Corner, ✆ 0044/20/78241300, www.london.diplo.de.

Österreich: Austrian Embassy, 18 Belgrave Mews West, London, SW 1X 8HU, Ⓤ Hyde Park Corner, ✆ 0044/20/73443250, www.bmeia.gv.at/botschaft/London.html.

Schweiz: Swiss Embassy, 16–18 Montague Place, London, W1H 2BQ, , Ⓤ Baker Street, ✆ 0044/20/76166000, www.eda.admin.ch/london.

Dokumente

Bürgern aus Deutschland und Österreich genügt für die Einreise ein gültiger Personalausweis, Schweizer benötigen einen Reisepass beziehungsweise eine gültige Identitätskarte. Kindereinträge im Reisepass eines Elternteils sind seit Mitte 2012 nicht mehr gültig. Jedes Kind benötigt ein eigenes Ausweisdokument.

Einkaufen

Lohnenswert ist ein Bummel durch die großen Kaufhäuser oder die kleinen, oft sehr individuell gestalteten Läden. Die modische Vielfalt in den Boutiquen und größeren Textilhäusern (in der Regel ist England modisch rund ein Jahr voraus) entschädigt für den finanziellen Aufwand. Und so teuer ist England nun auch wieder nicht, vor allem wenn man Markenware in Outlets kauft. Die entsprechenden Hinweise finden Sie in den einzelnen Kapiteln. Gerade in abgelegenen Gegenden kann man in Craft oder Gift Shops auch recht preisgünstig heimische Produkte erwerben (z. B. Schafwollpullover im Lake District, Töpferwaren in den Potteries). In den Nationalparks gibt es eine große Zahl von Outdoor-Geschäften, hier kann man sich für Wanderungen ausrüsten.

Nichts geht über eine „nice cuppa tea"

Eintrittspreise/Ermäßigungen

England besitzt zahlreiche attraktive Museen, unglaublich viele Herrensitze und bedeutende historische Monumente, die man besichtigen kann. Um das Reisebudget zu schonen, gibt es Sparmöglichkeiten. Die Denkmalschutz-Organisationen **English Heritage** und **National Trust** legen Besucherpässe auf, die für einen pauschalen Kaufpreis freien Zugang zu den jeweiligen Sehenswürdigkeiten gestatten. Zu besonderen Veranstaltungen und assoziierten Sehenswürdigkeiten erhält man verbilligten Eintritt. Der National Trust ist mit 4,1 Millionen Mitgliedern und 60.000 ehrenamtlichen Mitarbeitern die größte Organisation für Kultur- und Naturschutz in Europa und auch die bedeutendere der beiden Organisationen hier im Land. Er hat deutlich mehr Landsitze und Gärten in seiner Obhut als English Heritage, das besonders viele prähistorische Denkmäler und archäologische Stätten, Burgen und Abteiruinen betreuen. Die Sehenswürdigkeiten, zu denen man freien Eintritt mit einem dieser Pässe hat, haben wir hier im Buch mit den jeweiligen Internetadressen www.english-heritage.org.uk bzw. www.nationaltrust.org.uk versehen.

Kosten für den **English Heritage Overseas Visitor Pass:** Für 9 Tage 30 £, zwei Erw. 50 £, Familie mit bis zu vier Kindern bis 19 J. 55 £. Für 16 Tage 35 £, zwei Erw. 60 £ und Familien 65 £. Man hat Zugang zu mehr als 100 Herrensitzen, Burgen, Abteien und Monumenten und erhält einen Reiseführer, in dem die mehr Attraktionen der Denkmalorganisation gelistet sind. Erhältlich ist der Pass über die Website VisitBritain (www.visitbritainshop.com/world/english-heritage-overseas-visitor-pass) oder direkt über English Heritage (www.english-heritage.org.uk/visit/overseas-visitors).

Kosten für den **National Trust Touring Pass:** Für 7 Tage 26 £, zwei Erw. 47 £, Familie mit 2 Erw. und einer unbegrenzten Zahl von Kindern unter 18 J. 53 £. Für 14 Tage 31 £, zwei Erw. 57 £ und Familien 66 £. Mit diesem Pass hat man Eintritt zu über 300 Anwesen, Gärten und Schlössern und erhält ebenfalls einen Reiseführer gratis. Erhältlich ist dieser Pass online über VisitBritain (www.visitbritainshop.com/deutschland/national-trust-touring-pass) und beim National Trust (shop.nationaltrust.org.uk/national-trust-touring-pass/c56) sowie im Land selbst an ausgewählten Sehenswürdigkeiten.

Die meisten größeren Städte oder Grafschaften verkaufen an Besucher ebenfalls **Touristenpässe**, die den kostenfreien oder im Preis reduzierten Zutritt zu Museen und Sehenswürdigkeiten gestatten, wie z. .B. der Essex Pass (9,99 £/Jahr, essexpass.com).

Studenten sollten ihren **internationalen Studentenausweis** nicht vergessen, da sie damit fast alle Sehenswürdigkeiten zu einem ermäßigten Eintrittspreis besichtigen können.

Feiertage und Feste

Banken, Büros und Geschäfte, aber auch die meisten Museen und Sehenswürdigkeiten haben an den folgenden Feiertagen geschlossen:

1. Januar (New Year's Day)

Karfreitag (Good Friday)

Ostermontag (Easter Monday)

1. Montag im Mai (Early May Bank Holiday)

Letzter Montag im Mai (Spring Bank Holiday)

Letzter Montag im August (Summer Bank Holiday)

25. Dezember (Christmas Day)

26. Dezember (Boxing Day)

Die Engländer halten viele ihrer Traditionen hoch, und so gibt es auch in Nord- und Mittelengland übers Jahr zahlreiche **Feste** und **Festivals** – über die zahlreichen **Musikfestivals** informiert www.realfestivals.co.uk. Folgende Liste ist eine Auswahl:

Februar

Ende Febr.: Yorvik Viking Festival.

April

Ende April: Shakespeare's Birthday Celebrations, Stratford-upon-Avon.

Mai

Anfang Mai: Mayday Morning, Oxford; Cheltenham Jazz Festival; Chilli Festival, Eastnor Castle; Maldon Mud Race, Essex.

Mitte Mai: Keswick Mountain Festival.

Ende Mai/Anfang Juni: English Wine Week; Walkfest North York Moors; Tetbury Woolsack Races; Liverpool SoundCity.

Juni

Anfang Juni: Cotswold Olimpicks.

Juli

Anfang Juli: Stratford River Festival; Birmingham Jazz Festival.

Mitte Juli: Brass Durham Festival; Latitude Festival, Suffolk; Buxton Festival.

Ende Juli: Cambridge Folk Festival; King's Lynn Art Festival.

August

Ende Aug.: Creamfields Festival (Dance Music), Daresbury; Leeds Festival; International Beatles Week, Liverpool.

September

Anfang Sept.: Austern Festival Mersea, Essex.

Mitte Sept.: Ludlow Food Festival, Shropshire; The Great North Run, Newcastle.

Sept. bis Nov.: Blackpool Illuminations.

Oktober

Mitte Okt.: Ilkley Literary Festival; Nottingham Goose Fair.

Ende Okt.: Bram Stoker International Film Festival, Whitby.

November

Mitte Nov.: Tideswell Male Voice Choir at Peak Cavern.

Dezember

Festival of the Nine Lessons, Weihnachten im King's College Cambridge.

Geld

Landeswährung ist britische Pfund (£), 100 Pence (p) ergeben ein Pfund (engl. Pound Sterling). Banknoten gibt es zu 50, 20, 10 und 5 £, Münzen zu 1 und 2 £ sowie 50, 20, 10, 5, 2 und 1 p. In den vergangenen Jahren blieb der **Wechselkurs** des Pfunds relativ konstant. Seit dem Brexit-Referendum unterliegt es enormen Schwankungen, im Januar 2017 musste man für ein Pfund umgerechnet 1,15 € zahlen. Als Faustregel gilt, dass die Lebenshaltungskosten in England etwa 20 % höher sind als in Deutschland.

Der Umtausch von Bargeld ist in England um einiges teurer als zu Hause. Gewechselt wird nur von den wenigsten Banken; **Postämter, Reisebüros,** private **Wechselstuben** und größere **Kaufhäuser** wie Marks & Spencer übernehmen diesen Service und bieten dabei unvorteilhafte Wechselkurse an. Am einfachsten holt man sich deshalb Bargeld aus dem Automaten oder man zahlt gleich mit der Kreditkarte. Diese werden von fast allen Tankstellen, Restaurants, Hotels, Geschäften und Sehenswürdigkeiten akzeptiert. Das garantiert den aktuellen Tageskurs plus einer Gebühr, die je nach heimischer Bank unterschiedlich hoch ausfällt.

Bei **Verlust der Bank- und Kreditkarten** kann man sie über diese zentrale Nummer sperren lassen: ✆ **0049/116116** oder ✆ **0049/40504050.** Sie gilt mittlerweile auch für die meisten anderen elektronischen Medien wie Handys. Einige deutsche Banken machen nicht mit, etwa die HypoVereinsbank und die Postbank. Eine Teilnehmerliste finden Sie unter www.sperr-notruf.de.

Haustiere

Bis zum Austritt Großbritanniens aus der Europäischen Union gelten die gleichen Einreiseregelungen für Haustiere wie in allen anderen Ländern der EU und der Schweiz. Tierbesitzer müssen beim Reisen einen EU-Heimtierausweis mitführen, mit dem amtlich attestiert wird, dass das Tier mit einem Chip versehen, entwurmt (nur Hunde) und vor der Einreise gegen Tollwut geimpft wurde. Nach der Impfung ist eine Wartezeit von 21 Tagen vorgeschrieben. Quarantäne und ein Bluttest sind nicht erforderlich.

Weitere Infos unter www.gov.uk/take-pet-abroad.

Information

Die britischen Fremdenverkehrsämter (Visit Britain) im europäischen Ausland erteilen keine persönlichen Auskünfte mehr. Alle Informationen gibt es nur noch im

Internet unter der Adresse: www.visti britain.com. Im Buch finden Sie unter den einzelnen Regionen und Städten die Internetadressen der Touristeninformationen unter dem Punkt „Information".

Wer sich bereits vorab im Internet über England informieren möchte, kann dies unter folgenden Adressen tun:

www.visitbritain.com, der attraktive Internetauftritt der britischen Fremdenverkehrsämter umfasst mehr als 40.000 Seiten; die Sprache ist frei wählbar. Auf der interaktiven Karte kann man sich bis in das kleinste Dorf hinunterklicken und nach Unterkünften und Veranstaltungen suchen. Nützlich ist die Suche nach Sehenswürdigkeiten per Datenbank. Ganz England lässt sich so nach Schlössern durchforsten.

www.enjoyengland.de, erleichtert die Planung eines England-Urlaubs mit vielen Informationen.

www.aboutbritain.com, englischsprachige Website von britischen Reise- und Freizeitprofis mit detaillierten Beschreibungen und Fotos.

www.britainexpress.com, gute Informationsquelle für Hintergründe, vor allem zur Geschichte.

www.timeout.com, digitale Variante des Stadtmagazins Time Out für Manchester (www.timeout.com/Manchester), Birmingham (www.timeout.com/birmingham), Leeds (www.timeout.com/Leeds) und Umgebung.

www.artsfestivals.co.uk, Hinweise zu aktuellen Ausstellungen und Konzerten.

www.nationaltrust.org.uk, Beschreibung der Sehenswürdigkeiten, die unter der Obhut der größten Kultur- und Naturschutzorganisation des Landes stehen. Es gibt auch eine App.

www.english-heritage.org.uk, analog zum Internetauftritt des National Trust, es gibt ebenfalls eine App.

Internet

Die meisten Hotels und Hostels in England verfügen über einen drahtlosen, doch leider nicht immer kostenlosen Zugang zum Internet. In England spricht man dabei nicht von WLAN, sondern von Wi-Fi (sprich Wei-Fei). Auch viele Cafés und Bars locken ihre Gäste mit einem kostenlosen Internetzugang.

Karten

Zuverlässige Bezugsquelle für detaillierte Straßen- und Wanderkarten, z. B. Landranger Maps (1:50.000) und Explorer Maps (1:25.000), per Bestellung im Internet ist die Geobuchhandlung Kiel (www.geobuchhandlung.de).

Englands Klima – besser als sein Ruf

Klima und Reisezeit

Das sprichwörtliche englische Klima ist vor allem eins: wechselhaft. Man startet seine Wanderung bei herrlichem Sonnenschein und erreicht den Gipfel bei strömendem Regen (*liquid sunshine*). Selbst im **Frühjahr** können in Nordengland noch Schneestürme toben, auf einer unserer letzten Reisen wurden wir im März im Lake District eingeschneit – zwei Wochen später konnte man bei Sonnenschein Eis schleckend am Strand promenieren. Am besten halte man es wie die unerschrockenen Engländer selbst, die kein schlechtes Wetter kennen, sondern nur die falsche Kleidung. Solange man mehrere Lagen und wetterfeste Sachen dabeihat, kann England bei jedem Wetter und zu jeder Jahreszeit entdeckt werden. Wie sich das Wetter gestaltet, liegt entscheidend auch daran, wo man sich aufhält:

Ostengland ist überwiegend flach (unter 60 Höhenmeter), und das Klima unterscheidet sich kaum von dem Südenglands. Damit zählt diese Gegend zu den trockensten, wärmsten und sonnigsten Regionen Englands. Durch den Golfstrom sind die Winter hier sehr mild, die mittleren Höchsttemperaturen liegen bei 12–14,5 °C. Im Januar und Februar ist es durchschnittlich noch immer 5–8 °C warm, das Wasser erreicht jedoch nur 5–6 °C. Im Sommer wird es selten so heiß wie bei uns, die mittleren Höchsttemperaturen im Juli betragen 20–23 °C, die des Wassers 15–16 °C. In ungewöhnlichen Hitzesommern werden die höchsten Temperaturen auch regelmäßig im Osten Englands verzeichnet. Mehr Sonnenstunden gibt es in Großbritannien nur auf den Kanalinseln, East Anglia kommt auf 1450–1550 Sonnenstunden im Jahr bei recht geringem Regenfall von meist weniger als 700 mm.

Die **Midlands** sind durch ein Übergangsklima zwischen Süd- und Nordengland gekennzeichnet. Die Cotswolds und Teile Northamptonshires haben Höhenlagen von bis zu 250 m, das Black Country und der Peak District von bis zu 400 m. Darum ist es hier im Jahresdurchschnitt schon etwas kühler, nur noch 10–14 °C betragen die mittleren Höchsttemperaturen. Am wärmsten sind die Midlands im Südosten, wo das Thermometer im Juli auf durchschnittlich 22 °C klettert. An Sonnenstunden werden meist weniger als 1350 im Jahr erreicht, im Süden der Midlands kommt man jedoch in vielen Jahren auf 1500. Die regenreichsten Gebiete sind der Peak District und entlang der walisischen Grenze, wo 1200–1500 mm im Jahr die Norm sind, im Süden und Osten ist es mit rund 600 mm Niederschlag jährlich am trockensten.

Der Norden: Der Gebirgszug der Pennines ist die Wetterscheide Nordenglands. Westlich der Pennines ist es oft kühl und trübe, es herrschen Westwinde vor, die über die Irische See heranziehen. Die Temperaturen hängen in erster Linie von der Höhenlage ab. In den Yorkshire Moors befindet man sich etwa 400 m über dem Meeresspiegel, in den Pennines im Schnitt um die 600 m (mit dem höchsten Punkt, dem Cross Fell, auf 893 m). Im Lake District befindet sich der höchste Berg Englands, der Scafell Pike, mit 978 m. Frost ist daher im Winter üblich. Alle 100 m sinkt die Temperatur im Durchschnitt um 0,5 °C. Die mittleren Jahreshöchsttemperaturen liegen zwischen 6 °C (Lake District) und 13,5 °C, im Juli werden durchschnittlich 13 °C (Lake District) bis 21 °C erreicht, Hitzewellen sind extrem selten. Auch das Wasser erreicht an den Küsten Nordenglands im Winter nur rund 5 °C, im Sommer etwa 13 °C. Mai, Juni und Juli sind die Sonnenmonate, insgesamt kommt die Region auf 1250–1500 Sonnenstunden im Jahr, die Sonne lacht allerdings häufiger an den Küsten als im Landesinneren. Es regnet recht viel. Der Lake District ist Englands regenreichstes Gebiet mit stellenweise mehr als 3000 mm Niederschlag pro Jahr. In den Pennines kommen um die 1500–2000 mm im Jahr runter, in den North York Moors auch noch über 1000 mm und an den Küsten 600–800 mm. Im Frühling ist es in der Regel am trockensten.

	Blackpool		**Ambleside**		**Cambridge**	
	Ø Lufttemperatur (Min./Max. in °C)		Ø Lufttemperatur (Min./Max. in °C)		Ø Lufttemperatur (Min./Max. in °C)	
Jan.	1,9	7,2	1,1	6,8	1,6	7,3
Febr.	1,7	7,4	1,3	7,3	1,3	7,7
März	3,3	9,4	2,6	9,1	3,1	10,6
April	4,7	12,1	4,2	12,3	4,3	13,3
Mai	7,4	15,5	6,8	16,1	7,1	16,9
Juni	10,5	17,7	9,8	18,0	10,2	19,9
Juli	12,8	19,6	11,8	19,9	12,4	22,8
Aug.	12,7	19,4	11,4	19,8	12,4	22,6
Sept.	10,4	17,4	9,3	16,7	10,4	19,3
Okt.	7,6	13,9	6,7	13,0	7,6	14,9
Nov.	4,7	10,1	3,6	9,6	4,2	10,3
Dez.	2,0	7,5	1,5	7,0	1,9	7,5
Jahr	**6,7**	**13,1**	**5,9**	**13,0**	**6,4**	**14,5**

Daten: UK Met Office, Periode 1981 bis 2010

	Blackpool		Ambleside		Cambridge	
	Ø Niederschlag (in mm)	Ø Tage mit Niederschlag ≧ 1 mm	Ø Niederschlag (in mm)	Ø Tage mit Niederschlag ≧ 1 mm	Ø Niederschlag (in mm)	Ø Tage mit Niederschlag ≧ 1 mm
Jan.	79	14	231	19	47	10
Febr.	58	10	174	15	34	8
März	64	12	169	16	38	10
April	52	10	106	13	41	9
Mai	54	10	91	12	46	8
Juni	63	10	113	12	52	9
Juli	61	10	115	13	48	8
Aug.	77	12	141	15	51	8
Sept.	82	11	163	14	54	8
Okt.	104	15	239	19	59	9
Nov.	94	15	227	18	53	10
Dez.	95	14	238	16	46	10
Jahr	**883**	**146**	**2005**	**181**	**568**	**108**

Daten: UK Met Office, Periode 1981 bis 2010

Maße und Gewichte

Obwohl in Großbritannien offiziell im metrischen und dezimalen System gemessen wird (mit Ausnahme von Entfernungen in Meilen und Flüssigkeiten in Pints), begegnet man im Alltag noch oft den sogenannten Imperial Standards:

Längenmaße: 1 Inch (in) = 2,54 cm; 1 Foot (ft) = 30,48 cm; 1 Yard (yd) = 91,44 cm; 1 Mile = 1,609 km.

Hohlmaße: 1 Pint (pt) = 0,5683 l; 1 Gallon (gall) = 4,5459 l.

Gewichte: 1 Stone = 6,36 kg; 1 Pound (lb) = 453,59 g; 1 Ounce (oz) = 28,35 g.

Notruf

Polizei, Feuerwehr und Rettungsdienst erreicht man unter der Rufnummer ✆ 999. Der Anruf ist kostenlos, auch von allen Telefonzellen aus.

Öffnungszeiten

Die Ladenöffnungszeiten in England sind unübersichtlich. In der Regel sind die Geschäfte montags bis samstags von 9 oder 9.30 Uhr bis 17.30 Uhr geöffnet, am Sonntag eingeschränkt, meistens von 10.30 bis 17 Uhr. Die Geschäfte in den Einkaufszentren sind i. d. R. länger auf, mindestens bis 18 Uhr, oft auch bis 20 oder 21 Uhr. Postämter, Banken und Behörden haben samstags nur vormittags geöffnet und sonntags geschlossen. Zahlreiche Filialen der großen Supermarktketten wie Asda, Tesco oder Sainsbury's haben werktags einen 24-Stunden-Betrieb, die meisten sind zwischen 7 und 23 Uhr geöffnet, sonntags oft nur bis 16 oder 17 Uhr.

Bei den angegebenen Öffnungszeiten der Museen und Sehenswürdigkeiten gilt es zu beachten, dass der letzte Einlass zumeist 30 oder 45 Minuten vor Ende der Öffnungszeiten ist.

Parken

Fast alle größeren Städte verfügen über ein Park-&-Ride-System mit oft mehreren Routen in die Innenstädte (www.parkandride.net). Die Nutzung ist sehr zu empfehlen, da die Straßenführung in vielen Orten recht kompliziert sein kann, Parkhäuser teuer sind und Nerven kosten. Die meisten Parkhäuser verfügen über Parkautomaten, an denen man auch mit Karte zahlen kann. Falschparker zahlen ein Bußgeld, das in den meisten Städten 50 £ beträgt und sich halbieren lässt, wenn man innerhalb von 14 Tagen zahlt. Bei Leihwagen werden die Strafen automatisch von der Kaution abgezogen.

Post

Das Porto für Postkarten sowie Briefe bis 20 g beträgt innerhalb Europas 1,05 £ (Stand April 2017, das Porto wird jedes Jahr im April neu festgelegt). Innerhalb des Vereinigten Königreiches kosten Briefe bis 100 g, die als First Class Mail innerhalb von 24 Stunden ausgeliefert werden, 0,65 £, als Second Class Mail 0,56 £ (Auslieferung innerhalb von 72 Stunden). Infos unter www.royalmail.com.

Postleitzahlen

Englische Postleitzahlen stehen hinter dem Ortsnamen und sind eine Kombination aus fünf bis sieben Buchstaben und Ziffern, die wie Koordinaten funktionieren und einen mithilfe von GPS bis auf wenige Meter Abweichung genau ans Ziel führen. Man kann daher anstatt der umständlichen Adresse auch einfach nur die Postleitzahl in sein Navigationsgerät eingeben und kommt so sicher zum Ziel.

Radio und Fernsehen

Radio und Fernsehen müssen innerhalb eines gesetzlich festgelegten Rahmens senden. Zunächst gibt es die in der ganzen Welt bekannte British Broadcasting Corporation (BBC), die vier Fernseh- und vier Radioprogramme sowie 20 lokale Rundfunksender betreibt. Außerdem sendet die BBC in 36 verschiedenen Sprachen nach Übersee (www.bbc.co.uk). Daneben existieren private Fernsehsender (z. B. ITV, Channel 4 und Channel 5) und Radiosender, die von der Independent Broadcasting Authority kontrolliert werden. Nur mit viel Glück wird man ein Hotelzimmer finden, dessen Fernseher auf den Empfang deutschsprachiger Sender eingestellt ist, denn das Land ist nur lückenhaft verkabelt, und deutsche Sender werden von einem anderen Satelliten ausgestrahlt als englische.

Rauchen

In England gilt seit dem 1. Juli 2007 ein weitgehendes Rauchverbot. Alle öffentlichen Bereiche wie Sehenswürdigkeiten (auch Gärten oder Freiluftmuseen), Verkehrsmittel, Hotels, Pubs und Restaurants, Behörden, Kinos und Theater sind rauchfreie Zonen. Bei Verstößen droht eine Geldstrafe von mindestens 50 £. Raucher von E-Zigaretten achten bitte auf die Schilder „no vaping". Generell verboten ist das Rauchen von E-Zigaretten in Zügen, auf Flughäfen, in Fußballstadien und in Krankenhäusern.

Reisen mit Behinderung

Die meisten öffentlichen Einrichtungen, Hotels und Sehenswürdigkeiten sind in England an die Bedürfnisse von Menschen mit Behinderung angepasst. In fast allen Broschüren und Internetseiten findet man unter dem Stichwort *Access* entsprechende Hinweise zur Zugänglichkeit. Das National Accessibility Scheme zeichnet Unterkünfte, die für Menschen mit Geh-, Hör- oder Sehbehinderung geeignet sind, mit einem Logo aus. Es gibt auch einige Organisationen, die Unterstützung in allen Lebenslagen bieten, u. a. Tourism for All und Disabled Go.

Tourism for All, ✆ 0845/1249971, aus dem Ausland ✆ 0044/1539726111, www.tourismforall.org.uk.

Disabled Go, ✆ 0044/845/2704627, m.disabledgo.com.

Schwule und Lesben

In einer Umfrage des statistischen Bundesamtes von England aus dem Jahr 2010 bezeichneten sich fast 750.000 Bürger als bekennend homo- oder bisexuell. Fast alle größeren Städte haben einen Gay District, die meisten Gay Communities treten sehr selbstbewusst auf und veranstalten im August eine Gay Pride Parade. London ist die unangefochtene Hochburg der britischen Schwulenszene. Außerhalb der Hauptstadt hat Manchester mit seinem Gay Village die beste Homosexuellenszene des Landes. In Newcastle nennt sich der Bezirk das Pink Triangle und in Liverpool gibt es ein Gay Quarter im Herzen der Stadt um den Queens Square. In Birmingham machen die Schwulen in der Gaybourhood die Nacht zum Tage, nur in York sieht das Angebot etwas mau aus. Informationen findet man im Internet unter www.gayguide.co.uk.

The Lesbian and Gay Foundation, Infos und Rat rund um die Uhr, ✆ 0044/345/3303030, www.lgbt.foundation.

International Gay and Lesbian Travel Association, www.iglta.org.

Gay European Tourism Association, www.geta-europe.org/gay-travel-advice-europe.php.

Schwulenfreundliche Vermieter und Hotels findet man unter www.purpleroofs.com/europe/uk/ukregion.html.

Strom

Normalerweise 230-Volt-Wechselstrom. Da die englischen Steckdosen einer anderen Norm unterliegen – sie sind dreipolig –, wird für die kontinentalen Zweistiftstecker ein Adapter benötigt, der vor Ort in Supermärkten oder im Fachhandel erhältlich ist. Elektrische Rasierer lassen sich in den Hotels zumeist problemlos ohne

Adapter an die zweipoligen Rasierersteckdosen im Badezimmer anschließen. **Gut zu wissen:** Wenn eingesteckte elektrische Geräte nicht funktionieren, sollte man einen Blick auf die Steckdose werfen. Dort befindet sich ein kleiner Schalter, der angeschaltet sein muss.

Vom Aussterben bedroht

Telefon und Internet

Die öffentlichen Fernsprecher, die berühmten, fotogenen roten Häuschen, sind, wenn man sie denn überhaupt noch findet, mit Münzapparaten ausgestattet, bei vielen kann man die Kreditkarte verwenden. Von manchen modernen Glastelefonzellen kann man auch SMS und E-Mails verschicken.

Handy und Roaming: Die Roaming-Gebühren sind europaweit dank der EU-Roaming-Verordnung einheitlich geregelt. Seit April 2016 gelten folgende Obergrenzen: abgehende Telefonate und mobile Datendienste dürfen nicht mehr als 0,05 €/Min. bzw. MB (zzgl. Mehrwertsteuer) Aufschlag auf den Heimattarif kosten, ausgehende SMS nur 0,02 €, der Empfang von Textmessages ist kostenfrei. Ab Juni 2017 werden Roaming-Gebühren europaweit abgeschafft (nach dem neuesten Gesetzentwurf gibt es allerdings gewisse Einschränkungen: Es wird z. B. eine „Fair-Use-Grenze“ geben, die ein Dauer-Roaming mit einer ausländischen SIM-Karte verhindern soll).

Gut zu wissen: Viele Pubs, Cafés und Hotels bieten einen kostenfreien Zugang ins Internet. Der Netzempfang weist in ländlichen Gebieten leider noch immer viele Lücken auf.

Ländervorwahlen

Durchwahlnummer für Deutschland	0049
Durchwahlnummer für Österreich	0043
Durchwahlnummer für die Schweiz	0041

Trinkgeld

Obwohl fast alle Hotelrechnungen ein Trinkgeld *(service charge)* beinhalten, freuen sich das Servicepersonal und die Zimmermädchen über ein Trinkgeld *(tip)*. In hochpreisigen Restaurants ist das Trinkgeld bereits in der Rechnung enthalten; ist das nicht der Fall, sollten auf den Rechnungsbetrag 10–15 % hinzugeschlagen werden – je nachdem, ob und wie zufrieden man war.

Ein ähnlicher prozentualer Betrag gilt auch bei einer Taxifahrt als angemessen. In den Pubs wird hingegen an der Theke kein Trinkgeld erwartet.

Uhrzeit

Die Uhren orientieren sich an der GMT (Greenwich Mean Time), die eine Stunde hinter der MEZ (mitteleuropäische Zeit) zurückliegt. Die Uhrzeiten sind immer mit den Zusätzen *am* (0–12 Uhr) bzw. *pm* (12–24 Uhr) angegeben. Wer also um 9 pm verabredet ist, muss sich um 21 Uhr am Treffpunkt einfinden.

Working Holidays und Sprachreisen

Neben Sprachreisen sind Working Holidays eine gute Gelegenheit, den Urlaub mit Bildung, Sport oder anderen Aktivitäten zu verbinden. Unter www.visitbritain.de gibt es Infos für junge Menschen. Das British Council stellt eine Liste verschiedener Anbieter für Sprachreisen und Working Holidays bereit. English UK ist der Berufsverband der Sprachschulen, dessen Mitglieder einer Qualitätsprüfung des British Council unterliegen.

British Council Information Centre, Alexanderplatz 1, 10178 Berlin, ✆ 030/31109910, www.britishcouncil.org.

English UK, ✆ 0044/20/76087960, www.englishuk.com.

Zeitungen/Zeitschriften

Deutschsprachige Tages- und Wochenzeitungen sind in der Provinz (alles außerhalb von London) nur schwer zu bekommen. Wenn man sie auftut, stammen sie fast immer vom Vortag. Wer sich jenseits der Boulevardblätter (*tabloids*, am auflagenstärksten sind The Sun und der Daily Mirror) mit der englischen Politik und Kultur beschäftigen möchte, hat eine große Auswahl an nationaler Presse: The Daily Telegraph und The Times (auflagenstark und eher rechtskonservativ), The Independent (liberal) und The Guardian (links angesiedelt). Am Sonntag kann man zusätzlich den linken Observer oder die Sunday Times lesen. Für Eilige gibt es eine seriöse Zusammenfassung der wichtigsten News vom Independent im Tabloid-Format.

Zollbestimmungen

Seit 1993 existieren an den Binnengrenzen der Europäischen Union keine mengenmäßigen Ein- und Ausfuhrbeschränkungen mehr. Tabak, Alkohol und andere Waren können problemlos eingeführt werden, soweit erkennbar ist, dass sie ausschließlich für den Privatgebrauch bestimmt sind. Als Richtmenge gelten 800 Zigaretten, 400 Zigarillos, 200 Zigarren oder 1 kg Tabak, 10 l Spirituosen sowie 90 l Wein und 110 l Bier. Für Schweizer gelten die üblichen Mengenbeschränkungen: 200 Zigaretten, 100 Zigarillos, 50 Zigarren oder 250 g Tabak, 1 l Spirituosen oder 2 l Wein, 50 ml Parfüm oder 250 ml Eau de Toilette.

Pflanzen und Lebensmittel zum privaten Gebrauch dürfen mitgeführt werden. Infos unter www.hmrc.gov.uk.

Imposante Burg am Ufer der Nordsee: Bamburgh Castle

Reiseziele

Benediktiner gründeten Malmesbury Abbey im 7. Jahrhundert

Die Midlands

Keine andere Gegend lebt so von Kontrasten wie Mittelengland – die „Midlands“ oder auch „Heart of England“: Neben den Besuchermagneten der Region Oxford mit der ehrwürdigen Eliteuniversität und dem mittelalterlich geprägten Geburtsort von William Shakespeare, Stratford-upon-Avon, findet man hier das idyllische Bilderbuch-England, Nationalparks und unberührte Natur.

Doch auch manche Narben, die die industrielle Revolution in Ort- und Landschaften geschlagen hat, sind noch sichtbar. Die Engländer bringen diese Gegensätze treffend auf den Punkt: Die Midlands böten dem Reisenden „some of the best and some of the worst of England“.

Zu *„some of the best“* von Mittelengland zählt Oxford. Die berühmte Universitätsstadt mit ihren 38 Colleges ist die Kaderschmiede der englischen Elite und ein architektonisches Juwel. Sie liegt am nordöstlichen Rand der **Cotswolds,** einer der malerischsten und romantischsten Gegenden Mittelenglands überhaupt. Die sanfte Hügellandschaft, die während des Mittelalters vor allem offenes Weideland für Millionen Schafe bot, ist gespickt mit idyllischen Dörfchen und stattlichen Landhäuser der einst reichen Wolltuchhändler, die alle aus ein- und demselben Sandstein gemeißelt scheinen. Westlich der Cotswolds in Richtung der walisischen Grenze, die von König Offa von Mercia um 800 n. Chr. durch einen gleichnamigen Wall gesichert wurde, findet der Besucher die touristisch eher unberührten Landstriche

Die Midlands

des **Wye Valley,** das sich von Gloucestershire über Herefordshire und Shropshire zieht, wo inmitten von fruchtbarem Farmland und bewaldeten Mittelgebirgen mittelalterliche Burgen, Landsitze und Dörfer voller Fachwerkhäuser historischen Charme besitzen. Worcestershire und die Malvern Hills mit ihren hübschen Marktstädtchen waren schon Inspiration für Englands berühmtesten Komponisten Edward Elgar.

Der Geburtsort des berühmtesten Dichters der Nation, **Stratford-upon-Avon,** befindet sich am nordwestlichen Rande der Cotswolds. Hier wandeln jährlich Millionen von Besuchern auf William Shakespeares Spuren. Theaterfreunde sollten sich eine Aufführung der Royal Shakespeare Company nicht entgehen lassen. Wenige Kilometer nordöstlich von Stratford erhebt sich aufsehenerregend **Warwick Castle,** das als das besterhaltene mittelalterliche Schloss Englands gilt und von Madame Tussaud's betrieben wird.

Zentrum Mittelenglands ist **Birmingham,** die zweitgrößte und demografisch jüngste Stadt Englands. Einst das Powerhaus der industriellen Revolution, wurden in den vergangenen Jahren viele Milliarden zur Verbesserung des Stadtbildes ausgegeben, was „Brum" für Besucher inzwischen durchaus attraktiv macht.

Fährt man weiter gen Norden, erscheinen die Midlands über weite Strecken als eine eher urbane, besiedelte Landschaft, die weniger durch ihre Reize besticht, denn durch ihre Industriegeschichte. Doch auch hier finden sich entzückende Gartenanlagen und die pompösen Landsitze ehemaliger Industriebosse. Im Norden gibt es wieder Natur pur. Nordwestlich von Derby lädt der **Peak District Nationalpark,** eine der schönsten Landschaften der Insel am südlichen Ende der Pennines, zu einem längeren Besuch ein.

Blackpool, Carlisle
Bradford, Leeds
Crosby
Liverpool
St Helens
Wigan
Manchester
Barnsley
M1
Rotherham
A580
Sale
Glossop
Stockport
Sheffield
Birkenhead
Warrington
Manchester Airport
Wirral
Liverpool Airport
Peak District NP
A55
Ellesmere Port
Anderton Boat Lift
Northwich
Macclesfield
A6
Chesterfield
Chester
Winsford
Buckley
Little Moreton Hall
Derbyshire
Matlock
Cheshire
Crewe
Biddulph Grange Gardens
Carsington Water
Alfreton
WALES
Dee
A41
M6
Nantwich
Burslem
Stoke-on-Trent
Belper
Wrexham
A52
Pontcysyllte Aqueduct
Newcastle-under-Lyme
Longton
Alton Towers
Kedleston Hall
Llangollen
Whitchurch
The Dorothy Clive Garden
Trentham Gardens
A50
Derby
Market Drayton
Oswestry
Staffordshire
Melbourne Hall
A49
Stafford
Burton-upon-Trent
Calke Abbey
A41
National Brewery Centre
Wrekin
Rugeley
A38
Ashby de la Zouch
Shrewsbury
Cannock
Telford
Tamworth
National Forest
Welshpool
Wroxeter Roman City
M54
Bosworth Battlefield
Ironbridge Gorge Museum
RAF Museum Cosford
Sutton Coldfield
A49
Hinckley
Shropshire
Wolverhampton
Newtown
Bridgnorth
Nuneaton
Black Country Living Museum
Stokesay Castle
Birmingham
Sarehole Mill
Coventry
Kidderminster
Solihull
Offa's Dyke Centre
Ludlow
A449
Kenilworth Castle
Stoneleigh Abbey
Redditch
Croft Castle
Worcestershire
Warwick
Berrington Hall
Royal Leaming
Coughton Court
Leominster
Elgar Birthplace and Museum
M5
Alcester
Charlecote Park
Hampton Court Castle and Gardens
Ragley Hall
Worcester
Compton Verney Art Gallery and Park
Queenswood Arboretum
Stratford-upon-Avon
Malvern Hills
Spetchley Park and Gardens
Mickleton
Hidcote Manor Garden
Hay-on-Wye
Great Malvern
Evesham
Hereford
Chipping Campden
Banbury
Eastnor Castle
Herefordshire
Ledbury
Wye
M50
Stanton
Broadway Tower
Moreton-in-Marsh
Severn
Winchcombe
Sezincote
Rollright Stones
Sudeley Castle
A465
Ross-on-Wye
Stow-on-the-Wold
Gloucester
Woodstock
Cheltenham
Goodrich Castle
A40
Northleach
Blenheim Palace
The Cotswolds NP
Burford
North Leigh Roman Villa
A48
Monmouth
Forest of Dean
Rococo Garden
Swansea
Witney
Corinium Museum
Minster Lovell
Cotswold Wildlife Park and Gardens
Stroud
WALES
Clearwell Caves
Cirencester
Pontypool
Wye Valley
Tintern Abbey
A40
Owlpen Manor
Lechlade
Kelmscott Manor
M5
Cwmbran
Tetbury
Oxfordshire
Cotswold Waterpark
Newport
Bristol
Highgrove
Uffington White Horse
Malmesbury

Kingston-upon-Hull
Doncaster
Robin Hood Airport Doncaster Sheffield
Grimsby
Cleethorpes
Rotterdam, Zeebrugge
Hemswell Antique Centres
Market Rasen
Gainsborough
Lincolnshire Wolds
Louth
Mablethorpe
Sutton-on-Sea
A57
Worksop
Retford
Burton Waters
A158
A16
Sherwood Forest
Doddington Hall & Gardens
Lincoln
Witham
Hardwick Hall
Edwinstowe
Skegness
Mansfield
A1
Lincolnshire
Newark-on-Trent
A17
M1
Nottingham
National Centre of Art & Design
Sleaford
Burghley House
Boston
Hunstanton
Wollaton Hall and Park
A52
Belton House
Grantham
Belvoir Castle
Beeston
East Midlands Airport
Spalding
A17
King's Lynn
Loughborough
Melton Mowbray
Bourne
Barnsdale Gardens
Stamford
Welland
Wisbech
Great Ouse
Norwich
National Space Centre
Rutland Water NR
Nene
Downham Market
Leicester
A47
Peterborough
Kirby Hall
March
A6
Corby
Cambridgeshire
Norfolk
Market Harborough
A10
Chatteris
Waveney
Nene
Kettering
Thetford
A14
Rugby
Coton Manor
Ely
A11
Brixworth
Wellingborough
Huntingdon
Rushden
Suffolk
Althorp Park
A14
ton Spa
St Neots
Newmarket
Bury St Edmunds
Northampton
Cambridge
Northamptonshire
M1
Bedford
Sulgrave Manor
A10
Haverhill
Milton Keynes
Bedfordshire
Royston
A43
Sudbury
Letchworth
Hertfordshire
Buckingham
Bletchley
Hitchin
Essex
Buckinghamshire
A6
Stevenage
Bishop's Stortford
Stansted Airport
Braintree
Bicester
Luton
Dunstable
Luton Airport
Ipswich
London Oxford Airport
Aylesbury
A1(M)
M11
Hemel Hempstead
St Albans
Harlow
Witham
Oxford
A12
Hatfield
Chelmsford
Thame
A34
Thames
M40
High Wycombe
Watford
London
20 km
Midlands

Im östlichen Mittelengland ist das beschauliche **Lincoln** mit seinen mittelalterlichen Gassen, die hinauf zur dreitürmigen Kathedrale führen, und den Ruinen einer normannischen Burg am schönsten. **Nottinghams** modernes Stadtbild ist zwar nicht sonderlich attraktiv, doch erinnern zahlreiche Museen und einige historische Bauten an vergangene Jahrhunderte. Etwas nördlich breitet sich der **Sherwood Forest** aus, der Wald, in dem Robin Hood und seine Gesellen Unterschlupf gefunden haben sollen. Einen guten Überblick über die Midlands verschafft die Website www.visitheartofengland.com.

Oxford

Vom Carfax Tower streift der Blick über die ehrwürdigen Colleges, deren Geschichte bis ins 12. Jh. zurückreicht. Geradezu majestätisch überragen die Türme der Kapellen die zahlreichen Kuppeln und Zinnen der übrigen Wohnhäuser. Und in den Straßen wimmelt es von Studenten, die auf ihren Fahrrädern die verschiedenen Hochschulen ansteuern.

Auf den Flüssen Cherwell und Themse (in Oxford Isis genannt, nach dem lateinischen Namen Tamesis) gleiten Stechkähne, und durch die Gassen weht ein Hauch von Romantik und Vergeistigung. Alles in allem eine Atmosphäre, die den Besucher in längst vergangene Zeiten eintauchen lässt. Heinrich II. war maßgeblich für die Entstehung dieser wissenschaftlichen Hochburg verantwortlich, die heute zu einer der ältesten und berühmtesten Universitätsstädte in Europa zählt und in deren Debating Society (Debatierklub der Studentengewerkschaft) noch immer die hellsten Köpfe der Welt zum Wortgefecht in den Ring steigen. Heinrichs Erlass, der Engländern verbot, im fernen Paris zu studieren, schuf die Voraussetzung für die Errichtung der ersten Colleges. University College und Balliol College nahmen im 13. Jh. ihren Lehrbetrieb auf. Die Studenten wohnten zu dieser Zeit in Wirtshäuern oder bildeten Wohngemeinschaften. Das Verhältnis zwischen Studenten und Ein-

City of dreaming spires – Stadt der verträumten Turmspitzen

heimischen wurde immer wieder durch vehemente Zusammenstöße getrübt – so soll es auf der High Street zwischen St Martin's und St Mary's Church keinen Quadratmeter gegeben haben, der nicht irgendwann einmal mit Blut befleckt war. Höhepunkt war 1355 der Scholastica's Day, ein Massaker an mehr als 60 Studenten. Daraufhin machten die Universitäten (1410) mit Unterstützung von Krone und Kirche das Wohnen in Sammelunterkünften *(halls of residence)* zur Pflicht. Noch immer wohnen die Studenten wenigstens in ihrem ersten Studienjahr in den Halls, wo sie normalerweise über ein Einzelzimmer verfügen.

Heute bietet sich dem Betrachter ein weitaus friedlicheres Bild. In der einst so umkämpften High Street, kurz The High genannt, reihen sich die Fassaden von sechs Colleges, mehreren Kirchen und Fachwerkhäusern in buntem Mix aneinander, ein malerisches Ensemble, das auch William Turner auf die Leinwand bannte. Am erstaunlichsten ist, dass diese altehrwürdigen Colleges auch im 21. Jh. mit ihren *Great Halls* (heute meist Speisesäle), *Quads* (Innenhöfe) und Türmen derselben Berufung nachgehen wie eh und je. Christ College ist das größte, Merton College das älteste, New College von seiner Architektur und Anlage her vielleicht das authentischste und Magdalen College gilt als das schönste. Das Christ Church College mit der Oxford Cathedral besticht durch seine große Parkanlage Christ Church Meadow. 13 Premierminister waren Absolventen dieser größten und bekanntesten Hochschule der Stadt! Insgesamt besuchten 27 Premierminister des Landes die hiesige Universität, vom Earl of Wilmington 1742 bis zur derzeitigen Amtsinhaberin Theresa May, die 1977 am St. Hugh's College ihren Bachelor in Geografie machte. Alumni aus Oxford erkämpften sich seit der Gründung 160 olympische Medaillen und 52 Nobelpreise, viele fanden auch einen festen Platz in den Geschichtsbüchern: Sir Walter Raleigh, Sir Christopher Wren, Thomas Edward Lawrence (bekannt als Lawrence von Arabien), Oscar Wilde und Eduard VIII., um nur einige zu nennen. Wer sich einen kurzen Überblick über die Stadtgeschichte verschaffen will, ist im Oxford Museum im Rathaus gut aufgehoben. Stadtführungen, die das Tourist Office veranstaltet, geleiten die Touristen zu den wichtigsten Colleges und sorgen für das nötige Hintergrundwissen. Nicht alles hier ist altehrwürdig, so ist etwa der „Bezirk" rund um die Ruine der normannischen Burg recht neu. Der Castle District lädt mit Open-Air-Veranstaltungen, Restaurants, Cafés und Bars sowie dem Hotel Malmaison im alten Stadtgefängnis zum Flanieren ein. Der etwas alternative Stadtteil Jericho wird vor allem abends lebendig. Hier entstand mit dem Radcliffe Observatory Quarter ein neuer Campus.

Oxford zählt 158.000 Einwohner, von denen mehr als 30.000 Studenten der Universität sind. Wie in Cambridge (*„the other place"*) gibt es auch hier kaum ein Haus im Stadtzentrum, das nicht der ehrenwerten Lehranstalt gehört. In den 1870er-Jahren wurden erstmals auch weibliche Studenten zugelassen, die jedoch erst ab 1920 einen Abschluss *(degree)* erwerben durften. Inzwischen sind etwa die Hälfte der Studenten weiblich, und nach 115 Jahren öffnete 2008 das letzte Single-Sex-College St Hilde's seine Pforten auch männlichen klugen Köpfen. Auf den Professorenstühlen allerdings sitzen nur zu einem knappen Drittel Frauen. Oxford ist überwiegend männlich und von der Hautfarbe her weiß, 2015 gab es hier nur 24 dunkelhäutige britische Studenten und einen einzigen schwarzen Professor. Attraktiv ist Oxford natürlich auch für Sprachenschüler, gilt doch das Oxford-Englisch als das reinste Englisch, das Englisch der Gebildeten eben. Ein Grund vielleicht, weshalb die Stadt bei vielen Engländern noch immer mit Begriffen wie „Klassengesellschaft" und „Snobbery" verbunden wird und so viele ausländische Studenten anzieht. Aus Deutschland etwa bekamen hier Ex-Bundespräsident Richard von Weizsäcker,

Die Midlands → Karte S. 104/105

Ex-FAZ-Herausgeber Frank Schirrmacher, der Philosoph Theodor Adorno und der Theaterregisseur Peter Zadek den intellektuellen Schliff.

Etwas außerhalb des Stadtkerns, in Cowley, hat die Autoindustrie ihren Sitz. William Morris, später zum Lord Nuffield geadelt, eröffnete hier 1902 einen Fahrradladen, wo er Experimente mit Motorrädern durchführte. Zehn Jahre später produzierte er sein erstes Auto, den Morris Oxford (engl. Spitzname: *Bullnose*), das ein durchschlagender Erfolg wurde. Wieder zehn Jahre später kamen bereits 41 % aller in England produzierten Autos aus dieser Werkstatt. Noch zu seinen Lebzeiten spendete der mittlerweile reiche Lord 30 Mio. Pfund an die Universität und verschiedene Krankenhäuser. Die Ikone aller englischen Autos, der Mini, wird bis heute hier gebaut. Von der Autoproduktion ist im historischen Stadtzentrum allerdings nichts zu sehen, und im Sommer von den Studenten auch nicht. Dann gehört die Stadt ihren Besuchern und deshalb ein Tipp: Wer nach Oxford reist, sollte sich rechtzeitig um eine Unterkunft bemühen. Extrem hohe Besucherzahlen während der Sommermonate können bei der Zimmersuche zum Problem werden.

Basis-Infos

Information **Oxford Tourist Information Centre**, Mo–Sa 9.30–17.30 Uhr, So 10–16 Uhr, im Winter eine halbe Stunde früher. 15–16 Broad Street, Oxford, OX1 3AS, ✆ 01865/686430, experienceoxfordshire.org.

Gepäckaufbewahrung, Geldwechsel, Prospekte und Führer zu den Sehenswürdigkeiten, außerdem Informationen über Stadtrundfahrten und Stadtführungen (→ S. 110). Vergünstigte Eintrittskarten für Blenheim Palace.

Verbindungen **Bus** – Busbahnhof am Gloucester Green, OX1 2BU (am Ende der George Street). Alle 15–30 Min. fahren der Oxford Express X90 (Bay 5, ✆ 01865/785400, X90london.co.uk) und Oxford Tube (✆ 01865/772250, www.oxfordtube.com) direkt nach London (Day return 18 £, an Bord gibt es WLAN, Kinder So–Fr frei). National Express verbindet u. a. mit London (alle 30 Min.), Bristol und Cambridge (✆ 0871/7818181, nationalexpress.com).

Bahn – Kürzlich modernisierter Bahnhof in der Park End Street, OX1 1HS (an der A 420 Richtung Swindon); Ticket Office: Mo–Fr 5.45–20 Uhr, Sa 7.30–20 Uhr, So 7.15–20 Uhr. Züge nach London Paddington Station (90 Min., Great Western Railway, ✆ 0345/7000125, gwr.com), Stratford, Birmingham, Manchester, Newcastle und in die Chilterns (Cross Country Trains, ✆ 0371/2442389, www.crosscountrytrains.co.uk).

An der neuen **Oxford Parkway Station**, Water Eaton Park & Ride, OX2 8HA, fahren alle 30 Min. Highspeed-Züge der Chiltern Railways von und nach London Marylebone Station. Dauer: eine knappe Stunde. ✆ 03456/005165, www.chilternrailways.co.uk.

Flugzeug – **London Oxford Airport** ist ein kleiner Flughafen 8 km nördlich der Stadt, wo nur Privatjets landen. Bislang ist deshalb für Flugreisende aus Kontinentaleuropa **London Heathrow** die beste Option. Die Oxford Bus Company betreibt einen Airline-Service rund um die Uhr (Gloucester Green, Stand 7, 8–20 Uhr alle 30 Min., danach alle Stunde), die Fahrtzeit beträgt rund 90 Min. von Heathrow Central Bus Station, Stand 15. ✆ 01865/785400, www.theairline.info.

Park & Ride – Es gibt fünf Park-and-Ride-Plätze, die Ihnen den Stau und die Sucherei nach einem Parkplatz ersparen. Hin- und Rückfahrt 2,80 £ oder 4,20 £ für den SmartZone-Tagespass (gibt's beim Fahrer), der unbegrenzte Fahrten für alle Busse innerhalb der Stadt erlaubt. Mo–Fr von 6–23.30 Uhr, So nur bis 19 Uhr, oxfordshire.gov.uk und oxford.gov.uk.

Bootsverleih An der **Folly Bridge** (Salter's Steamers, www.saltersteamers.co.uk, ✆ 01865/243421) und der **Magdalen Bridge** (Howard C. & Son) kann man sich von Febr. bis Nov. Ruder-, Tretboote und Punts (Stechkähne) ausleihen (22 £/Std., Sa/So 24 £; Kaution 30 £ und Ausweis erforderlich). www.oxfordpunting.co.uk. Liste mit genauen Adressen beim Tourist Office.

Einkaufen Die Haupteinkaufsstraßen in Oxford sind **High Street** (Nr. 106 ist der Uni-

Spitzname Marshmallow: die Blavatnik School of Government

Die Midlands → Karte S. 104/105

versity of Oxford Shop, Nr. 116/117 der OUP Bookshop), **Broad Street** (hier befindet sich z. B. der berühmte Blackwells Shop und der allererste Secondhandladen von Oxfam), **Queen Street** und **Cornmarket Street** (Boots, W. H. Smith, Marks & Spencer). Im Herbst 2017 wird im Stadtzentrum das neu gestaltete **Westgate Shopping Centre** fertig sein.

Blackwell's Music Shop, Biografien und Texte verschiedener Musikgruppen; viel Material über Soul-, Pop- und Rockgrößen (von den Beatles bis zu Michael Jackson). Ganze Schränke voller Literatur über klassische Komponisten und Musik (auch Noten). Verkauf von Konzerttickets. Mo–Sa 9–18.30 Uhr, So 11–17 Uhr. 53 Broad Street, OX1 3BQ, bookshop.blackwell.co.uk.

Alice's Shop, kitschige Souvenirs zu Alice im Wunderland. Tägl. 10.30–17 Uhr. Juli/Aug. tägl. 9.30–18.30 Uhr. 83 St Aldates, OX1 1RA, aliceinwonderlandshop.com.

Ede and Ravencroft, seit 1689 werden hier u. a. die akademischen Kleidungsstücke für die Abschlussfeier (Talare und Doktorhüte), sowie Gerichtsroben und -perücken, Hofkleidung (bereits für 12 Krönungen) und Anzüge für Oxfords Bullingdon Club (ein Dining Club) verkauft. Mo–Sa 9–17.30 Uhr. 119 High Street, OX1 4BX, ✆ 01865/242756, www.edeandravenscroft.com.

Fahrradverleih Oxford ist eine fahrradfreundliche Stadt mit mehr Radwegen als sonst üblich.

Bainton Bikes, mehr als 150 Fahrräder, ab 10 £/Tag. Auch Bike Tours durch Oxford (bis zu 3 Std. 20 £) oder in die Cotswolds. City Shop in der 78 Walton Street, OX2 6EA, und Mo–Fr 9–17.30 Uhr, Sa bis 17 Uhr, So 10–16 Uhr; ✆ 01865/311610, www.baintonbikes.com.

The Cycle Centre, recht zentral gelegener Familienbetrieb und Verleih zu guten Preisen. 10 £/Tag, 25 £/Woche. Tägl. (außer So) 9–18 Uhr. 85 Walton Street, OX2 6EA, ✆ 01865/554646, www.thecyclecentre.com.

In der Touristeninformation ist eine **Oxford Cycle Map** erhältlich, Download unter www.oxfordshire.gov.uk.

Kino Beim Tourist Office ist eine Liste mit den sechs Kinos der Stadt erhältlich.

Märkte Von der High Street geht der **Covered Market** ab, der 1772 gegründet wurde, um die Straßen Oxfords von unordentlichen Ständen zu befreien. Im ersten Stock Georgina's Coffee Shop (Mo–Sa 8–17 Uhr, So 10–16 Uhr, oxford-coveredmarket.co.uk). Unbedingt auch einen Keks von Ben's Cookies probieren, wo seit 1983 die besten Cookies der Stadt gebacken werden (Mo–Sa 9.15–17.30 Uhr, So 10–16 Uhr; www.benscookies.com).

Auf dem **Gloucester Green** findet mittwochs von 9 bis 17 Uhr ein Open-Air-Markt für Obst und Gemüse statt, donnerstags von 9 bis 16 Uhr ein Antiquitätenmarkt und jeden ersten Do des Monats von 9 bis 15 Uhr der Farmer's Market.

Kultur/Veranstaltungen

Informationen über ständig wechselnde Veranstaltungen findet man im kostenlosen Living in Oxford Magazine (inoxford.com) und unter www.dailyinfo.co.uk. Hier gibt es auch die besten Stadtpläne zum Downloaden. Ansonsten finden in den Sommermonaten zahlreiche Theateraufführungen und Konzerte in den Colleges statt. Einen guten Überblick über das klassische Angebot verschafft www.musicatoxford.com.

Konzerte Unter dem Motto „Beautiful Music in Beautiful Places" veranstaltet das **City of Oxford Orchestra** Konzerte in der Exeter College Kapelle und im Sheldonian Theatre. Auch das Festival of Baroque Music ist ein Publikumsmagnet. Midsummer Cottage, Boars Hill, OX1 5DG, ✆ 01865/744457, www.cityofoxfordorchestra.co.uk.

Außerdem April bis Juni sonntags um 11.15 Uhr **Oxford Coffee Concerts** mit Kammermusik im Holywell Music Room, Europas ältester Konzerthalle; Eintritt 12 £, erm. 11 £, Kinder unter 16 J. frei. Karten: ✆ 01865/305305 und www.ticketsoxford.com; Hollywell Street, OX1 3SD, coffeeconcerts.co.uk.

Stadtführungen Die vom Tourist Office angebotenen **Rundgänge** (z. B. University and City Tour) finden täglich um 10.45 und 13 Uhr statt, in der Saison auch um 11 und 14 Uhr, und kosten für Erw. 12 £, Senioren 11.50 £ und für Kinder 7,50 £. experience oxfordshire.org/official-tours. Außerdem u. a. Family Tour, Alice in Wonderland und Harry Potter Tour, Inspector Morse Tour, Pub Tour und Ghost Tour.

Der **Open Top City Sightseeing Bus** fährt alle 10–15 Min. seine Runde und kostet 13 £, Senioren 10 £, Studenten 11 £, Kinder 7 £. ✆ 01865/790522 (bis zu 1 Std. vor der Tour), www.sightseeingoxford.com.

Theater Ein reizvoller und beliebter Treffpunkt für einen Abend mit Oper, Ballett, Pantomime oder Musical ist das **New Theatre** in der George Street, OX1 2AG (Programmhinweise und Vorbestellungen unter ✆ 0844/8713020, www.atgtickets.com/oxford).

Veranstaltungen Jedes Jahr am 1. Mai wird der **May Day Morning** begangen. Seit irgendwann im späten 15. Jh. besteigen die Chorknaben des Magdalen College gegen 4 Uhr morgens ihren College Tower. Die High Street wird gesperrt und eine Menschenmenge versammelt sich um 6 Uhr, wenn die ersten Hymnen erklingen. Danach werden die Glocken geläutet und im Radcliffe Square sowie auf der Broad Street treten Morris Dancer auf, um den Frühling zu begrüßen. Die Cafés und Pubs sind ab 4 Uhr geöffnet. Wer zu tief ins Glas guckt, landet nicht selten im Cherwell.

Ein weiterer alljährlicher Höhepunkt in Oxfords Veranstaltungskalender ist die **Eights Week** (Ende Mai/Anfang Juni), wenn für die Studenten der Stress der Prüfungen vorüber ist und die berühmt-berüchtigten Ruderregatten um den Titel „Head of the River" auf der Themse ausgetragen werden. Besonders reizvoll ist das **Rennen der College-Achter** (College Summer Eights) zwischen den Oxford Colleges untereinander sowie (Anfang Juli) die **Henley Royal Regatta**, das Rennen zwischen den stark rivalisierenden Universitätsstädten Oxford und Cambridge, das seit 1829 stattfindet. Anfang Sept. findet seit 1625 ein Rummel zur **St Giles Fair** statt.

Übernachten

→ Karte S. 112/113

Die Preise für Unterkünfte in Oxford generell ziemlich hoch. Am besten ein Zimmer mindestens zwei Wochen im Voraus buchen (häufig wird eine Anzahlung verlangt). Iffley Road, Cowley Road, Abingdon Road und Banbury Road sind die B & B-Straßen. Allerdings ist die Iffley Road eine lange Straße, sodass viele B & Bs weit ab vom Zentrum liegen (es gibt aber Busse).

***** **Macdonald Randolph Hotel & Spa** **12** Der Klassiker unter den Luxusherbergen in Oxford direkt gegenüber dem Ashmolean Museum. Die holzverkleidete Bar erlangte Weltruhm durch Inspector Morse, der sich hier gerne von seinem Assistenten Lewis auf ein Pint einladen lässt. Ansonsten ziemlich altmodisch und konservativ, dafür recht teuer. Der wunderschöne Spa-Bereich kostet auch für Hotelgäste 15 £, Parken kostet

26,50 £ und muss gebucht werden. Zimmer ab 212 £. Beaumont Street, OX1 2LN, ✆ 01865/256400, www.macdonaldhotels.co.uk.

**** **Malmaison** **26** Die Herbergen dieser Boutiquehotel-Kette befinden sich mal in einer griechisch-orthodoxen Kirche, mal in einem Postsortierlager und mal in einem Gefängnis. Der zum Edelhotel umgebaute Knast stammt aus dem 19. Jh. und liegt unweit des Castles. Die Zimmer sind meist zwei zusammengelegte Zellen um einen zentralen Innenhof herum inklusive der Gitter und Schlösser. Eine dritte Zelle dient als Badezimmer. Zimmer ab 175 £. 3 Oxford Castle, New Road, OX1 1ND, ✆ 08165/689944, www.malmaison.com/locations/oxford.

**** **Old Bank Hotel** **24** Das stilvolle Haus auf der High Street inmitten der historischen Colleges wurde 2011 zum Best City Hotel gekürt. DZ ab 199 £ ohne Frühstück, aber mit Nutzung der Hotelfahrräder. 92–94 High Street, OX1 4BJ, ✆ 01865/799599, www.oldbank-hotel.co.uk.

››› Mein Tipp: **Holywell Bed & Breakfast** **11** In einem windschiefen Stadthäuschen von 1530 mit uralten Holzpaneelen vermietet die Amerikanerin Carrie Holloway 3 urige Zimmer. Ihr Mann Stuart ist Stadt- und Geisterführer (auch im B & B soll es spuken!), sodass gute Tipps garantiert sind. Mitten im Stadtzentrum, früh buchen! Zimmer 85–135 £ inkl. Frühstück, WLAN und Parkplatz. 50 £ Kaution. 14 Holywell, OX1 3SA, ✆ 01865/721880, www.holywellbedandbreakfast.com. ‹‹‹

The Tower House **15** Ebenfalls im Stadtzentrum sind hier 8 Zimmer (5 davon ensuite) zu haben. Das Haus stammt aus dem 17. Jh., im hellblauen Treppenhaus ist der Lack schon ziemlich ab, die Zimmer aber haben ursprünglichen Charme. Ohne Bad ab 100 £, mit Bad ab 135 £. Die Vermieter leben nicht vor Ort, Frühstück wird um die Ecke im angeschlossenen Restaurant Turl Street Kitchen in einem Turm serviert, der einst Teil der Stadtmauern war. 15 Ship Street, OX1 3DA, ✆ 01865/246828, www.towerhouseoxford.co.uk.

**** **Remont** **3** Ultraschickes Boutique-Familienhotel mit 25 Zimmern, Flachbildschirmen, kostenfreiem WLAN, Frühstück vom reichhaltigen Buffet und Parkplätzen. Auch Triple und Family Rooms. Gut 3 km vom Stadtzentrum (8 Min. mit dem Bus). DZ 117–147 £. 367 Banbury Road, OX2 7PL, ✆ 01865/311020, www.remont-oxford.co.uk.

Galaxie Private Hotel **2** Modernes, frisch renoviertes Hotel (32 Zimmer) nördlich des Zentrums mit hübschem Wintergarten und Terrasse im entzückenden Garten. Familiengeführt und mit Parkmöglichkeit sowie WLAN. EZ ab 82 £, DZ ab 100 £. 180 Banbury Road, OX2 7BT, ✆ 01865/515688, www.galaxie.co.uk.

Acorn **32** Edwardianisches Haus 2 km südöstlich des Zentrums. Freundlich-helle Zimmer, Parkplatz und Internet. Auch vegetarisches Frühstück, guter Pub (Magdalen Pub) schräg gegenüber. EZ (nur Waschbecken) 40 £, DZ (en suite) 76–84 £. 260 Iffley Road, OX4 1SE, ✆ 01865/247998 und 07714/903972 (mobil), www.oxford-acorn.co.uk.

Studentenunterkünfte In den Trimesterferien (besonders Juni bis Sept.) kann man versuchen, in den Studentenunterkünften der Colleges zu übernachten, eine Auswahl gibt www.oxfordrooms.co.uk, z. B.:

Isis Guest House **21** Nur Juli, Aug. und Sept.; während des Uni-Betriebs ist es die St Edmund Hall of Residence, wo Studenten wohnen. B & B 42–50 £ pro Pers. 45–53 Iffley Road, OX4 1ED, ✆ 01865/613700, www.isisguesthouse.com.

Jugendherbergen **YHA Oxford** **17** Moderne Herberge mit 184 Betten in Zwei- bis Sechsbettzimmern, direkt an der Themse gelegen und ganz in der Nähe des Bahnhofs. (Man kann direkt durch eine kleine Passage von der Westbound Platform hinübergehen.) Ganzjährig geöffnet; mit allen Annehmlichkeiten wie Waschmaschine, Spieleraum etc. Während der Sommermonate ist eine Reservierung oder die Ankunft am frühen Morgen ratsam. Bett ab 16 £, Zimmer ab 55 £, Zimmer für 4 Pers. ab 79 £, für 6 Pers. 99–149 £. 2A Botley Road, Oxford OX2 0AB, ✆ 0845/3719131, www.yha.org.uk/hostel/oxford.

Camping Beim Tourist Office ist eine Liste der Campingplätze erhältlich.

››› Mein Tipp: **Lincoln Farm Park Oxfordshire** **20** Dieser schöne Campingplatz wurde 2010 „Campsite of the Year" des englischen Automobilclubs. Der Platz ist eben und besitzt ein Wellnessangebot. Er liegt in einem Park, die Stellplätze sind teilweise von Hecken umgeben. Es gibt eine stündliche Busverbindung nach Oxford. Electric Pitch ab 23,50 £. High Street, Standlake Witney, OX29 7RH, ✆ 01865/300239, www.lincolnfarmpark.co.uk. ‹‹‹

Die Midlands → Karte S. 104/105

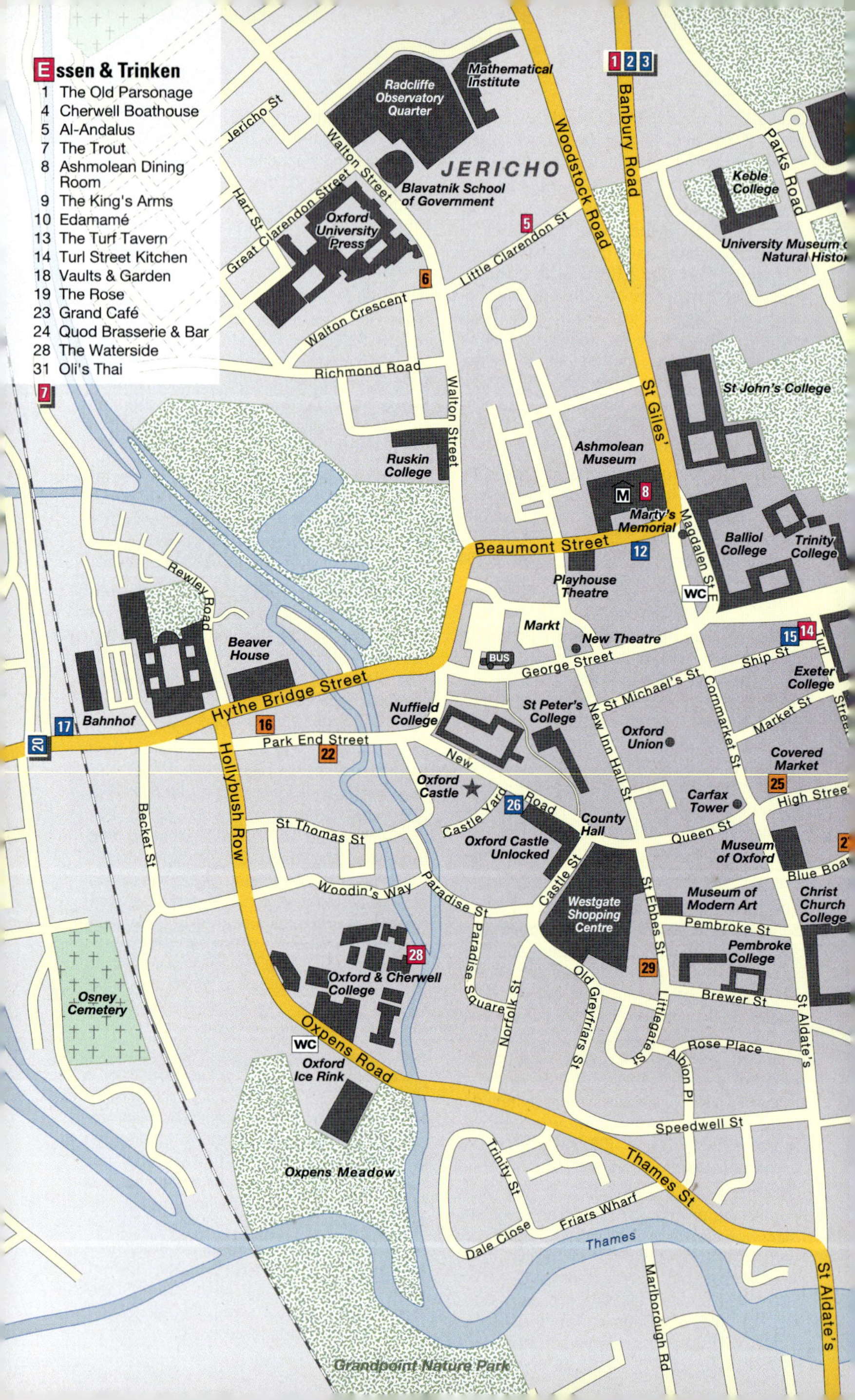
Essen & Trinken
1 The Old Parsonage
4 Cherwell Boathouse
5 Al-Andalus
7 The Trout
8 Ashmolean Dining Room
9 The King's Arms
10 Edamamé
13 The Turf Tavern
14 Turl Street Kitchen
18 Vaults & Garden
19 The Rose
23 Grand Café
24 Quod Brasserie & Bar
28 The Waterside
31 Oli's Thai
Radcliffe Observatory Quarter
Mathematical Institute
JERICHO
Blavatnik School of Government
Oxford University Press
Jericho St
Walton Street
Hart St
Great Clarendon Street
Little Clarendon St
Walton Crescent
Richmond Road
Woodstock Road
Banbury Road
Parks Road
Keble College
University Museum of Natural History
St Giles'
St John's College
Ruskin College
Ashmolean Museum
Martyr's Memorial
Magdalen St E
Balliol College
Trinity College
Beaumont Street
Playhouse Theatre
WC
Rewley Road
Beaver House
Markt
New Theatre
BUS
George Street
Ship St
Turl Street
Exeter College
Hythe Bridge Street
Bahnhof
Nuffield College
St Peter's College
St Michael's St
Market St
Oxford Union
Park End Street
New Road
Cornmarket St
New Inn Hall St
Covered Market
Oxford Castle
Castle Yard
Carfax Tower
High Street
County Hall
Queen St
Museum of Oxford
Becket St
Hollybush Row
St Thomas St
Oxford Castle Unlocked
Woodin's Way
Paradise St
Castle St
Westgate Shopping Centre
St Ebbes St
Museum of Modern Art
Blue Boar
Christ Church College
Pembroke St
Pembroke College
Oxford & Cherwell College
Paradise Square
Norfolk St
Old Greyfriars St
Littlegate St
Brewer St
St Aldate's
Osney Cemetery
Oxford Ice Rink
Oxpens Road
Rose Place
Albion Pl
Speedwell St
Trinity St
Oxpens Meadow
Thames St
Friars Wharf
Dale Close
Thames
Marlborough Rd
Grandpoint Nature Park

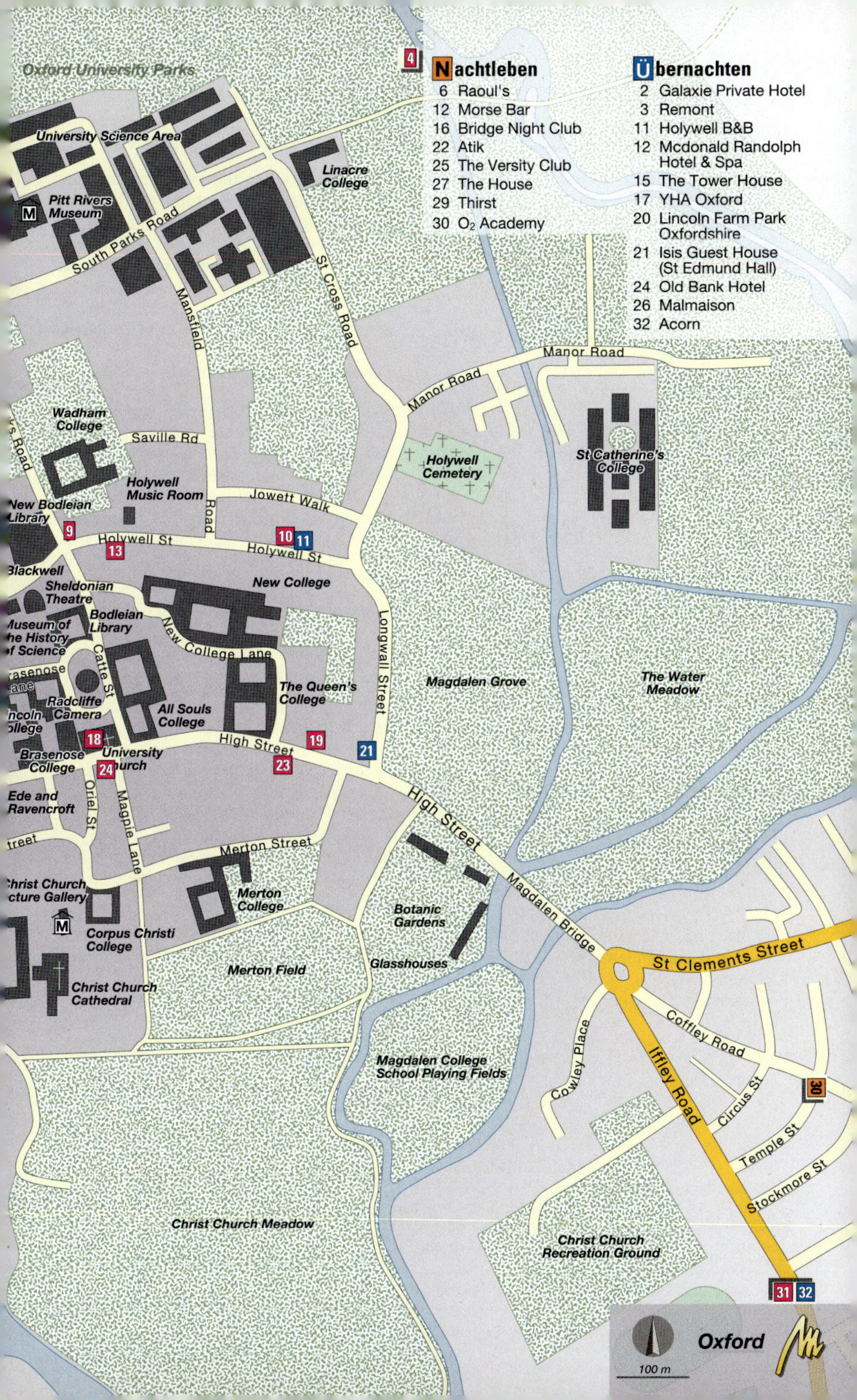

Nachtleben
6 Raoul's
12 Morse Bar
16 Bridge Night Club
22 Atik
25 The Versity Club
27 The House
29 Thirst
30 O2 Academy
Übernachten
2 Galaxie Private Hotel
3 Remont
11 Holywell B&B
12 Mcdonald Randolph Hotel & Spa
15 The Tower House
17 YHA Oxford
20 Lincoln Farm Park Oxfordshire
21 Isis Guest House (St Edmund Hall)
24 Old Bank Hotel
26 Malmaison
32 Acorn
Oxford University Parks
University Science Area
Linacre College
Pitt Rivers Museum
South Parks Road
Mansfield Road
St Cross Road
Manor Road
Wadham College
Saville Rd
Holywell Cemetery
St Catherine's College
Holywell Music Room
Jowett Walk
New Bodleian Library
Holywell St
Blackwell
Sheldonian Theatre
New College
Bodleian Library
Museum of the History of Science
New College Lane
Catte St
Longwall Street
Magdalen Grove
The Water Meadow
Radcliffe Camera
All Souls College
The Queen's College
Brasenose College
University Church
High Street
Ede and Ravencroft
Oriel St
Magpie Lane
Merton Street
Christ Church Picture Gallery
Merton College
Botanic Gardens
Magdalen Bridge
St Clements Street
Corpus Christi College
Glasshouses
Christ Church Cathedral
Merton Field
Coffley Road
Iffley Road
Cowley Place
Magdalen College School Playing Fields
Circus St
Temple St
Stockmore St
Christ Church Meadow
Christ Church Recreation Ground
Oxford
100 m

Essen & Trinken/Nachtleben

→ Karte S. 112/113

Essen & Trinken **Ashmolean Dining Room** 8 Familienfreundliches Dachrestaurant im gleichnamigen Museum, → S. 112.

Oli's Thai 31 Neuzugang und der beste Asiate in der Stadt, kein Kitsch, nur leckere Thaiküche zu moderaten Preisen. So und Mo Ruhetag, Di 12–15 Uhr, Mi–Sa 12–14 und 17–22 Uhr. 38 Magdalen Road, OX4 1RB, ✆ 01865/790223, olisthai.com.

Edamamé 10 Kleiner, familienbetriebener Japaner, der v. a. von Studenten aufgesucht wird. Sushi nur Donnerstagabend. Keine Reservierung möglich, aber Takeaway. Lunch-Hauptgerichte ab 6,50 £. Mi 11.30–14.30 Uhr, Do–Sa 11.30–14.30 Uhr und 17–20.30 Uhr, So 12–15.30 Uhr. 15 Holywell Street, OX1 3SA, ✆ 01865/246916, www.edamame.co.uk.

››› **Mein Tipp:** **The Waterside** 28 In diesem Restaurant mit Flussblick präparieren angehende Köche des City of Oxford College unter Aufsicht ihrer Tutoren appetitliche Lunches mit besten lokalen Zutaten. 2 Gänge nur 5 £, 3 Gänge 8 £. Donnerstags auch thematische Dinnerabende. Di–Fr 12–13.30 Uhr, Do 18–20 Uhr. Oxford Campus (Brent Block), Oxpen Road, OX1 1SA, ✆ 01865/551950; www.cityofoxford.ac.uk. ‹‹‹

Turl Street Kitchen 14 Hier wechselt die Speisekarte jede Woche – genau wie die Öffnungszeiten. Mittags kommen Angestellte zum Lunch, abends eher Studenten. Man sitzt an langen Holztischen, die Gerichte sind saisonal, supergut und mittelpreisig (Hauptgericht 11,50–13 £). 16–17 Turl Street, OX1 3DH, ✆ 01865/264171, www.turlstreetkitchen.co.uk.

Vaults & Garden 18 Café im Gewölbe der St Mary's Church, frische und Biozutaten. Frühstück, Lunch (alles unter 10 £) und Teatime, auch Tische draußen mit Blick auf die Radcliffe Camera. Tägl. 8–18 Uhr, So nur bis 17.30 Uhr. 1 Radcliffe Square, OX1 4AH, ✆ 01865/279112, www.thevaultsandgarden.com. ■

››› **Mein Tipp:** **Cherwell Boathouse** 4 In einem 100 Jahre alten Bootshaus etwa 1,5 km vom Stadtzentrum, wo man Ruderboote und Punts (Stechkähne) ausleihen kann, befindet sich auch ein ungewöhnliches Restaurant. Im Sommer isst man draußen auf der Terrasse, lauscht dem Plätschern des Wassers (oder den Schreien der gekenterten Studenten). Eine umfangreiche Weinkarte macht den Abend perfekt. Im Sommer werden in der Teahut Bar & Café Frühstück und Lunch serviert. Restaurant tägl. 12–14 Uhr (Sa/So bis 14.30 Uhr) und 18–21.15 Uhr (Sa/So bis 21.30 Uhr). Bardwell Road, OX2 6ST, ✆ 01865/552746, www.cherwellboathouse.co.uk. ‹‹‹

Grand Café 23 Kitsch und Glamour, Marmorsäulen, vergoldete Blätter, Art-déco-Spiegel und eines der ältesten Kaffeehäuser des Landes (Queen's Café gegenüber erhebt übrigens selbigen Anspruch – beide wurden irgendwann um 1650 gegründet). Mehr Atmosphäre als Qualität und nicht billig. 84 High Street, OX1 4BG, ✆ 01865/204463, www.thegrandcafe.co.uk.

The Rose 19 Hier wird noch loser Tee serviert, die Scones sind ein Traum. Auch Frühstück und Lunch. 51 High Street, OX1 4AS, ✆ 01865/244429, the-rose.biz.

Quod Brasserie & Bar 24 Eine Oxforder Institution, trendige Bar und Brasserie in einer ehemaligen Bank mit wohltuend schlichtem Ambiente und kleinem Garten. Ganztags geöffnet, moderne italienische Küche, Hauptgerichte 10.95–17.50 £. Lunch Mo–Fr 12–18 Uhr 2 Gänge 12,95 £. Tägl. 7–23 Uhr, So nur bis 22.30 Uhr. 92–94 High Street, OX1 4BJ, ✆ 01865/202505, www.quod.co.uk.

The Old Parsonage 1 Edelrestaurant in einem Hotelanwesen aus dem 17. Jh. Im Sommer wird die moderne britische Küche auf der Gartenterrasse serviert. Im Winter offener Kamin in der Lounge. Auch 35 Zimmer (ab 189 £). Tägl. 7–23 Uhr. 1 Banbury Road, OX2 6NN, ✆ 01865/310210, www.oldparsonage-hotel.co.uk.

The Turf Tavern 13 Kleines und besonders verwinkeltes Studentenpub aus dem 17. Jh.; gilt als das älteste Pub der Stadt und ist nicht ganz so einfach zu finden (unterhalb der Seufzerbrücke links). Äußerst urig eingerichtet. Um das Gebäude herum stehen Holzbänke, auf denen man gemütlich sitzen und sein Bier trinken kann. Auch günstige Pubgerichte (Fish & Chips 8,45 £) und Salate. Tägl. 11–23 Uhr. 4-5 Bath Place, OX1 3SU, ✆ 01865/243235, www.turftavern-oxford.co.uk.

Al-Andalus 5 Bringt spanisches Flair auf die Restaurant-Meile Little Clarendon im Stadtteil Jericho. Gutes Ambiente, leckere Tapas (Mixed Tapas 8,50 £). Mo–Do 12–15 und 17 Uhr bis spät, Fr–Sa 12 Uhr bis spät, dann treten oft Tänzer aus Sevilla auf. 10 Little Clarendon Street, OX1 2HP, ✆ 01865/516688, www.tapasoxford.co.uk.

The Trout 7 Beliebtes, efeu-umranktes Pub aus dem 17. Jh., im Wolvercote Village (Bus 6). Inspektor Morse trinkt hier gern am Fluss mit Blick auf die Godstow Brücke. Godstow Road, Wovercote, OX2 8PN, ✆ 01865/510930, www.thetroutoxford.co.uk.

The King's Arms 9 Kurz „The KA", oft überfüllt mit Studenten der Sorte „Papi zahlt". Jacket Potato 5,50 £, Sandwiches 4,95 £, Pint of Bitter 3,50 £. Tägl. 10.30–24 Uhr. 40 Holywell Street, OX1 3SP, ✆ 01865/242369, kingsarmsoxford.co.uk.

Nachtleben **O₂ Academy** 30 Spielstätte für Bands und Nightclub mit einer Kapazität für 1350 Leute, drei verschiedene Veranstaltungsräume. Als es noch das Zodiac war, haben hier Radiohead ihr Video „Creep" gedreht. 190 Cowley Road, OX4 1UE, ✆ 01865/813500, Tickets: ✆ 0844/4772000 oder www.ticketweb.co.uk, www.academymusicgroup.com/o2academyoxford.

Bridge Nightclub 16 Der Haus-DJ legt viel Funkmusik auf, der Club hat drei Tanzflächen und viele Student Nights. Ab 22 Uhr, So geschlossen. 6–9 Hythe Bridge Street, OX1 2EW, ✆ 01865/242526, bridgeoxford.co.uk. In derselben Straße gibt es weitere Bars mit DJs wie z. B. das **Thirst** 29 (www.thirstbar.com, Happy Hour 20–22 Uhr, Cocktails 2,75 £) und den Super-Club **Atik** 22 mit 5 Tanzflächen (www.atikclub.co.uk/oxford).

Morse Bar 12 Hotelbar des Randolph (→ S. 110), wo Inspector Morse sein Bierchen schlürft. Spezialisiert auf Whisky und Champagner.

The Versity Club (TVC) 25 Tolle Bar mit Dachterrasse und herrlichem Blick über die Türme der Stadt. Auch gute Küche (18 bis 21 Uhr, am Wochenende ab 12 Uhr). 9 High Street (beim Covered Market), OX1 4DB, ✆ 01865/248777, tvcoxford.co.uk.

The House 27 Cocktailbar mit Philippe-Starck-Sofas und Terrasse. Von den Machern des Duke of Cambridge (Little Clarendon Street in Jericho), und genauso erfolgreich. Happy Hour bis 20 Uhr, auch Knabbereien. So–Do 17–24 Uhr, Fr–Sa 12–1 Uhr. Blue Boar Street, OX1 4EE, ✆ 01865/724433, www.housebar.co.uk.

››› **Mein Tipp:** **Raoul's** 6 Cocktailbar in Jericho im Retro-70er-Jahre-Look mit selbiger Mucke und guten Drinks. Do–Sa bis 1 Uhr, So–Di 16 Uhr bis Mitternacht, Mi–Sa bis 1 Uhr. 32 Walton Street, OX2 6AA, ✆ 01865/553732, raoulsbar.com. ‹‹‹

Im Turf Tavern geht das Bier nie aus

Die Midlands → Karte S. 104/105

Museen und Denkmäler

Ashmolean Museum: Ein Tag im Ashmolean Museum, und Sie bereisen 8000 Jahre Zivilisationsgeschichte. Das 1683 gegründete Museum ist das älteste in England. Elias Ashmole, Anwalt und Alchimist, hatte zwei Gartenbauer deren naturhistorische und ethnologische Kunstobjekte katalogisieren lassen und sie dabei überredet, ihm die Sammlung zu vererben. Nach dem mysteriösen Tod der Witwe eines der Gartenbauer im Ententeich konnte er 1659 sein Erbe antreten, das er schnell erweiterte und 1677 der Universität Oxford vermachte. Die Kunst- und archäologischen Sammlungen sind in dem riesigen klassizistischen Gebäude auf fünf Etagen untergebracht; ihre Besichtigung würde Tage in Anspruch nehmen. Man betritt das Museum durch sein imposantes Portal und gelangt in ein lichtes, von Treppen gesäumtes Atrium. Der spektakuläre Erweiterungsbau von 2009 schmiegt sich nahtlos an das alte Gebäude von 1845 an, verglaste Flure und Durchgänge verschaffen faszinierende Perspektiven. Es gibt 39 Abteilungen für Dauer- sowie vier Abteilungen für Wechselausstellungen.

Crossing Cultures, Crossing Time heißt das Konzept, bei dem der Besucher auf eine Reise durch Ideen und Gedankenwelten, Zeiten und Epochen verschiedener Zivilisationen und Kontinente geschickt wird und die Objekte nicht isoliert präsentiert, sondern als Teil einer Weltkultur verstanden werden. Die sehenswerten Artefakte reichen von der weltweit umfangreichsten Sammlung von Zeichnungen Raffaels bis zur größten Sammlung von vordynastischen Kunstschätzen aus Ägypten außerhalb Kairos mit einigen sehr gut erhaltenen Mumien und Sarkophagen. Ein Schwerpunkt liegt auf islamischer und fernöstlicher Kunst und Kultur. Auch britische Funde und Kuriositäten zählen zu den Schätzen, etwa eine Laterne von Guy Fawkes (also dem Mann, der das Parlament samt König in die Luft sprengen wollte) und die Totenmaske von Oliver Cromwell. Die Kunstausstellung setzt ihre Schwerpunkte auf italienische, französische und britische Künstler. Publikumsliebling sind

Die Randolph Sculpture Gallery im Ashmolean Museum

die Aquarelle von William Turner. Und zur Stärkung kann man sich aus dem Labyrinth der Kulturgüter in ein wunderbares Dachrestaurant flüchten.

Tägl. (außer Mo) 10–17 Uhr. Eintritt frei. Beaumont Street, OX1 2PH, ✆ 01865/278000, www.ashmolean.org.

Restaurant/Dining Room Di, Mi und So 10–16.30 Uhr, Do–Sa bis 22 Uhr. ✆ 01865/553823, www.ashmoleandiningroom.com.

Es grüßen Iguanadon und Tyrannosaurus

Oxford University Museum of Natural History: Wer etwas über die Tierwelt, etwa einen 14 m großen Tyrannosaurus Rex, Steine oder Mineralien erfahren möchte, komme in diesen spektakulären viktorianischen Bau mit riesigem glasüberdachtem Innenhof. Das Museum beherbergt seit 150 Jahren die wissenschaftlichen Sammlungen der Universität zu Zoologie, Entomologie, Geologie und vielem mehr. Besonders stolz ist man auf das besterhaltene Skelett eines Dodo (ausgestorbener Vogel aus Mauritius) und den Bienenstock voller europäischer Honigbienen, die man im Film *„Bees at lunch"* beim Mittagessen beobachtet kann.

Tägl. 10–17 Uhr. Eintritt frei. Audioguide zum Downloaden über die Webseite. South Parks Road (geht von der Broad Street ab), OX1 3PW, ✆ 01865/272950, www.oum.ox.ac.uk.

Pitt Rivers Museum: In diesem ausgezeichneten Museum gleich im Anschluss (Zugang nur durch das Natural History Museum möglich) wird die Sammlung der Universität zur Anthropologie und Archäologie gezeigt. Sie umfasst rund eine halbe Million Objekte, die Gelehrte, Reisende und Missionare aus aller Welt zusammentrugen. Viele sind noch in viktorianischen Holzvitrinen ausgestellt, andere hängen von der Decke unter dem neogotischen Glasdach aus 8000 Scheiben oder an den Wänden. Das voll gestopfte Museum soll Vorbild für den Laden in der „Diagon Alley" der Harry-Potter-Filme gewesen sein.

Di–So 10–16.30 Uhr, Mo 12–16.30 Uhr. Eintritt frei. Audioguide zum Downloaden über die Webseite. South Parks Road, OX1 3PP, ✆ 01865/270927, www.prm.ox.ac.uk.

Museum of the History of Science: Dieses Haus war einst das erste Ashmolean Museum, was man mehr als Lehranstalt mit Laboren und Forschungseinrichtungen denn als Ausstellungshalle begreifen muss. Bei der Restaurierung 1998 wurden hier menschliche Knochenreste gefunden, die beweisen, dass trotz des kirchlichen Verbots (alle Professoren waren zwangsläufig Mitglied der anglikanischen Kirche) Leichen (meist Hingerichtete) seziert wurden, wie shocking! Heute beherbergt das Museum eine Sammlung alter wissenschaftlicher Instrumente, wie z. B. Sonnenuhren, Mikroskope, chirurgische Instrumente und Kameras. Eine Besonderheit ist eine Tafel, die Albert Einstein so manches Mal voll gekritzelt haben dürfte.

Di–So 12–17 Uhr. Eintritt frei. Kostenlose Führungen Do 14.30 und 15.15 Uhr, Sa 12.30 und 13.15 Uhr. Broad Street, OX1 3AZ, www.mhs.ox.ac.uk.

Modern Art Oxford: Der künstlerische Direktor Paul Hobson setzt in diesem kleinen, aber bedeutenden Museum für zeitgenössische Kunst auch weiterhin auf wechselnde Ausstellungen internationaler Malerei, Skulpturen, Fotografien und Installationen des 20. und 21. Jh. In dem scheunenartigen Bau stellten bereits Stars wie Jackson Pollock und Yoko Ono aus. Auch umstrittene britische Künstler wie Tracey Emin (wurde berühmt durch die Präsentation ihres zerwühlten Bettes) und die Chapman Brüder (bekannt für nackte Puppen mit Genitalien als Nasen) waren hier schon zu sehen. Der ehemalige Lieferanteneingang wird für Filmprojektionen und als hochgelobtes Café und Bar genutzt.

Di–Sa 11–18 Uhr, So 12–17 Uhr. Eintritt frei. 30 Pembroke Street, OX1 1BP, ✆ 01865/722733, www.modernartoxford.org.uk.

Oxford Castle Unlocked: In diesem Museum in der Burg wird die tausendjährige Geschichte von Gewalt, Kerkerhaft, Hinrichtungen, Fluchtdramen und Liebesromanzen erzählt. Sie lernen lokale Berühmtheiten kennen, wie etwa Marshall William Smith, der das Gefängnis im 17. Jh. so gefürchtet machte wie Schloss Colditz (Kriegsgefangenenlager für alliierte Offiziere), oder den Henker Jack Ketch, der zum Vorbild aller Gefängniswärter und Henker in „Punch and Judy" wurde, dem englischen Puppentheater. Das Gefängnis wurde erst 1996 geschlossen. Vom St George's Tower (101 Stufen) hat man einen wunderbaren Blick über die Stadt, die 900 Jahre alte romanische Krypta dient auch als Ort für Veranstaltungen wie das Ghost Festival.

Tägl. 10–17 Uhr, letzte Tour 16.20 Uhr. 10,75 £, erm. 9 £, Kind 7,50 £, Familie 34 £. Audioguide für den Gefängnisflügel. Im Café 1071 gibt es sächsische Suppe, ein Castle Club Sandwich oder eine normannische Platte. 44–46 Oxford Castle, OX1 1AY, ✆ 01865/260666, www.oxfordcastleunlocked.co.uk.

Museum of Oxford: Die Ausstellung in zwei Räumen zur Lokalgeschichte im Rathaus zeigt, wie aus dem kleinen angelsächsischen Dorf die Wissenshochburg Englands wurde. Eine Abteilung befasst sich auch mit Oxfords berühmten Autoren. Im Korridor stellen hier beheimatete Künstler aus. An einem Bildschirm begibt man sich auf eine virtuelle Motorradfahrt durch das moderne Oxford. Es gibt auch ein Café.

Mo–Sa 10–17 Uhr. Eintritt frei. Town Hall, St Aldate's, OX1 1BX, ✆ 01865/252761, www.museumofoxford.org.uk.

Carfax Tower: An der Kreuzung der vier wichtigsten Straßen der Stadt, High Street, Cornmarket Street, Queen Street und St Aldate's, erhebt sich der 700 Jahre alte Westturm der alten Kirche St Martin, die im 19. Jh. wegen Baufälligkeit abgerissen wurde. Steigt man die knapp 100 Stufen hinauf zur Aussichtsplattform, bietet sich ein überwältigender Blick auf die Universitätsstadt, die der Dichter Matthew Arnolds zu Recht *City of Dreaming Spires* (Stadt der verträumten Türme) nannte. Zu jeder Viertelstunde schlagen Ritterfiguren an der Ostfassade mit einem Hämmerchen gegen zwei Glocken.

Ganzjährig tägl. 10.30–17 Uhr, im Winter bis 15.30 Uhr. 2,50 £, Kind 1,50 £. Queen Street, OX1 1ET.

Oxford Martyrs: Als 1555 die katholische Tochter Heinrichs VIII., Maria die Blutige, auf den Thron kam, brachte sie viele uneinsichtige Anhänger der von ihrem Vater gegründeten anglikanischen Kirche vor Gericht, um sie als Ketzer verurteilen und auf dem Scheiterhaufen verbrennen zu lassen. Darunter waren auch die Bischöfe Hugh Latimer und Nicholas Ridley sowie der Erzbischof von Canterbury Thomas Cranmer. Hugh Latimer soll vor seiner Hinrichtung gescherzt haben: „Seien Sie guter Dinge, Master Ridley; wir werden heute eine Kerze in England entzünden, die wohl nie wieder gelöscht werden kann." Die anglikanischen Geistlichen sind als Oxford Martyrs (Märtyrer) in die Geschichte eingegangen und im gleichnamigen Denkmal von George Gilbert Scott an der Kreuzung der Straßen St Giles, Magdalen und Beaumont vor dem Balliol College verewigt. Im 19. Jh. entstand das sogenannte Oxford Movement, eine von Kardinal John Henry Newman geleitete Konvertitenbewegung, die sich vom konservativen Flügel der anglikanischen Kirche absetzte und einen Anglo-Katholizismus einführte. Newman konvertierte schließlich zum römisch-katholischen Glauben und wurde 2010 von Papst Benedikt XVI. seliggesprochen.

Die Midlands → Karte S. 104/105

Oxford University

Oxfords eigentliche Sehenswürdigkeit ist die Universität bzw. ihre 38 unabhängigen Colleges und sechs Studentenwohnheime *(halls)*. Die Universität hat 19 Fakultäten und ist für ihre Ruskin School of Fine Arts berühmt; trotzdem belegen 40 % der Studenten ein Fach in den Naturwissenschaften. Obwohl die Studenten verschiedenen Colleges angehören und in verschiedenen Wohnheimen leben, teilen sie sich die zentrale Bibliothek sowie die Labors und besuchen die gleichen Vorlesungen. Das Studienjahr wird unterteilt in drei Terms (die Trimester heißen Michaelmas, Hilary und Trinity), und ein reguläres Studium dauert in der Regel drei, höchstens vier Jahre. Die Studiengebühr beträgt seit 2012 9000 Pfund pro Jahr für britische Studenten und Studenten aus der EU (für manche Studiengänge weniger), Nicht-EU-Mitglieder zahlen 6000–16.000 Pfund mehr plus eine Collegegebühr von über 7000 Pfund. Finanzschwache Studenten haben Zugang zu Stipendien und Krediten.

Klassizistisch: die Radcliffe Camera

Die Colleges agieren unabhängig voneinander und sind für die studentische Infrastruktur sowie die soziale Einbindung zuständig. Sie haben eigene Bibliotheken, Sportmannschaften, Traditionen und finanzielle Ressourcen. Zu einem College gehören zwischen 100 und 500 Studenten, die es selbst auswählt (2015/6 waren es mehr als fünf Bewerber pro Studienplatz aus 140 Ländern der Welt) und jedem einen Tutor zuweist. Diesen sogenannten Don (von lateinisch *dominus*) trifft der Student zweimal in der Woche, er berät, fordert und begleitet sein Studium. Apropos: Die Dons dürfen als Einzige die Rasenflächen der Innenhöfe *(Quads)* betreten.

Wegen der großen Besucherströme durch die bekannten Colleges wurden mehrere Pforten für die Öffentlichkeit geschlossen. Andere Colleges haben mittlerweile festgelegte Öffnungszeiten oder sind nur für kleine Gruppen zugänglich. Auf der Webseite www.ox.ac.uk/visitors/visiting-oxford/visiting-the-colleges werden die aktuellen Öffnungszeiten bekannt gegeben, wer ganz sicher gehen will, sollte zuvor anrufen.

University College: Das University College nimmt für sich in Anspruch, das älteste in Oxford zu sein (nicht regulär offen für Besucher, auf Anfrage lässt der Portier manchmal passieren). In jüngerer Zeit erlangte es Berühmtheit als der Ort, an dem Amerikas Ex-Präsident Bill Clinton „nicht inhalierte", während er einen Joint rauchte. Gegründet wurde es angeblich schon unter Alfred dem Großen im 9. Jh. Die eigentliche Stiftung fand aber erst im Jahre 1249 statt, und der heutige Bau stammt aus dem 17. Jh. Der Dichter Percy Bysshe Shelley besuchte das University College ein halbes Jahr lang, ehe er 1811 wegen seiner gotteslästerlichen Schrift „The Necessity of Atheism" der Schule verwiesen wurde. Heute erinnert eine Statue an den berühmten Schüler. Schlimmer noch trieb es der Physiker Thomas Southwell, der im 15. Jh. das College of Physicians gegründet hatte. In seinem Zimmer machte er sich der Nekrophilie mit der (toten) Herzogin von Kent schuldig und wurde daraufhin in den Tower von London geworfen, wo er am Vorabend seiner Hinrichtung mysteriöserweise verstarb. Etwa 250 m die High Street hinunter findet man den **Botanischen Garten**, der 1621 gegründet wurde und mit neun Gewächshäusern voller Farne, Orchideen, Palmen und Kakteen aufwarten kann.

College: High Street, Logic Lane. Eintritt nur in den Semesterferien, tägl. 10–12 und 14–16 Uhr, 2 £, erm. 1 £. ✆ 01865/276602, www.univ.ox.ac.uk.

Botanic Garden: Rose Lane. Mai bis Aug. tägl. 9–18 Uhr (letzter Einlass 17.15 Uhr), März/April und Sept./Okt. bis 17 Uhr (letzter Einlass 16.15 Uhr), Nov. bis Febr. nur bis 16 Uhr (letzter Einlass 15.15 Uhr). 5 £, erm. 3,50 £. ✆ 01865/286690, www.botanic-garden.ox.ac.uk.

Magdalen College: Gleich gegenüber dem botanischen Garten liegt das Magdalen College, das oft als das schönste in Oxford bezeichnet wird, mit seiner riesigen Garten- und Parkanlage. Hier kann man am River Cherwell entlangspazieren und dem Rotwild beim Äsen zusehen. Magdalen wurde 1458 vom Bischof von Winchester, William Waynflete, gegründet. Der Glockenturm aus dem 15. Jh. ist ein Wahrzeichen der Stadt. Ganzer Stolz ist die neue Library im Longwall Quad. Der Chor der Kapelle ist sehr berühmt, und während der Vorlesungszeit zieht der Abendgesang, der täglich außer montags stattfindet (18 Uhr), viele Besucher an.

College: High Street. Okt. bis Juni tägl. 13–18 Uhr, Juli bis Sept. 12–19 Uhr. 5 £, erm. 4 £, Familie 14 £. Juli–Sept. Führungen tägl. 18 Uhr, 6 £ ✆ 01865/276000, www.magd.ox.ac.uk. Der **Visitor Shop** und die **Old Kitchen Bar** sind in der vorlesungsfreien Zeit von 12 bis 17.30 Uhr für Lunch und Tea geöffnet. Auch B & B buchbar über die Webseite (EZ ab 49 £, DZ 110 £).

Queen's College: Gegenüber dem University College liegt das Queen's College. 1340 gegründet, weist es heute prächtige Bauten aus dem 17. und 18. Jh. auf. Am Eingangstor steht die Statue von Königin Caroline, der Gattin Georgs II., die uns daran erinnern soll, dass die Königin 1000 Pfund Sterling für den Bau dieses Gebäudes stiftete. Die Kapelle wurde von keinem geringeren als Sir Christopher Wren entworfen. Das College pflegt noch einige wundersame Rituale, so werden etwa die Studenten per Trompetenfanfare zum Dinner gerufen und zu jeder Weihnacht wird ein Wildschweinkopf aufgetischt. Laut Annalen des Colleges hatte einst ein Student ein wütendes Wildschwein erlegt, indem er ihm eine Ausgabe von Aristoteles in den Rachen warf, woran es erstickte. Leider wird einem nur im Rahmen einer Führung des Tourist Office oder nach einer Terminabsprache Eintritt gewährt.

Auch der Turm des Sheldonian Theatre ist zu besteigen

Die Midlands → Karte S. 104/105

Das Herz der University: Im Dreieck von Catte Street, Broad Street und High Street liegt das sogenannte Herz der Universität. Noch bis 1320 wurde die Uni von der St Mary's Church aus geleitet, wo alle Versammlungen und bis zum Bau des Sheldonian Theatre auch die Degree-Zeremonien stattfanden. Gönnen Sie sich hier einen Kaffee mit Blick auf die Radcliffe Camera. Erst im 15. Jh. bekam die Verwaltung mit der Divinity School und der Duke Humfreys Library ihr eigenes Gebäude, und 200 Jahre später gesellten sich der Vorlesungssaal, die Labore und ein extra Raum für Prüfungen hinzu. Noch einmal 100 Jahre später wurde mit der Radcliffe Camera die Hauptbibliothek gebaut. Alle diese Gebäude zusammen machen heute das Herz der Universität aus und sind einer der beeindruckendsten Gebäudekomplexe in England.

St Mary's Church: tägl. 9–17 Uhr, Juli/Aug. bis 18 Uhr. Turmbesteigung 4 £, erm. 3 £, Familie 12 £, www.university-church.ox.ac.uk. Tolles Café, → Essen und Trinken S. 114.

Bodleian Library mit Divinity School: In der Broad Street (Parallelstraße zur High Street) befindet sich die Hauptbibliothek Oxfords. Die Bodleian Library besteht aus mehreren Gebäuden: dem wohl meistfotografierten Gebäude der Stadt, der runden Radcliffe Camera aus dem 18. Jh. – benannt nach dem Arzt John Radcliffe, der 40.000 Pfund für den Bau einer Bibliothek für seine wissenschaftlichen Bücher stiftete, und dem lat. Wort *camera* für Raum (kein Zutritt für Besucher, da Leseraum) – sowie aus der New und der Old Bodleian Library (auch Duke Humfrey's Library; Führungen möglich). Sie nennt als eine der drei „Copyright"-Bibliotheken in England sage und schreibe 11 Mio. Druckerzeugnisse ihr Eigen. Per Gesetz gibt es hier von praktisch jedem Buch, das in England gedruckt wurde, ein Exemplar. Zugang zur Duke Humfrey's Library haben Sie über den Old School Court, in dem Sie eine Statue von Duke Humfrey finden. Dieser schenkte der Universität die ersten Manuskripte. 1602 stiftete der Diplomat Sir Thomas Bodley der ersten öffentlichen Bibliothek im Lande rund 2000 Bücher, nachdem er von seinen Reisen durch Zentraleuropa zurückgekehrt war. www.bodley.ox.ac.uk.

Die Divinity School aus dem 15. Jh. mit ihrem fantastischen gotischen Gewölbe war das erste Gebäude, das als Vorlesungssaal für die Universität gebaut wurde und beherbergte die theologische Fakultät. Damals fanden hier die Prüfungen statt, jedoch nicht als schriftliches Examen, sondern in Form eines Disputs zwischen Prüfer und Prüfling. Heute ist die Divinity School Teil der Bodleian Library.

Führungen Mini Tour (30 Min) Mo–Sa 15.30, 16 und 16.40 Uhr, So 12.45, 14.15, 14.45, 16 und 16.40 Uhr, 6 £. **Standard Tour** Mo–Sa 10.30, 11.30, 13 und 14 Uhr, So 11.30, 14 und 15 Uhr. 8 £. **Audiotours** (auch auf Deutsch) Mo–Sa 9–16 Uhr, So erst ab 11 Uhr. 2,50 £, Familie 6 £. **Extended Tours** durch die Divinity School, Duke Humfrey's Library, die Reading Rooms und Radcliffe Camera So 11.15 und 13.15 Uhr, 14 £. **Extended Tour** durch die Divinity School, das Convocation House, den Chancellor's Court, Duke Humfrey's Library und die Radcliffe Camera Mi und Sa 9.15 Uhr, 14 £. Nur **Divinity School** Mo–Sa 9–17 Uhr, So ab 11 Uhr. 1 £. ✆ 01865/287400, www.bodleian.ox.ac.uk.

Seufzerbrücke: Wenn Sie durch das Great Gate mit den Statuen von Eduard VI. aus dem Old Court der Divinity School herauskommen und links gehen, blicken Sie unbedingt rechts die New College Lane hinunter. Sie sehen dort Oxfords Bridge of Sighs, die Seufzerbrücke, die zum Hertford College gehört und aus dem Jahr 1914 stammt. Immer wieder wird berichtet, dass die Brücke gesperrt wurde, damit die Studenten des Hertford College gezwungen würden, mehr Treppen zu steigen, um vom alten *Quad* zum neuen *Quad* zu gelangen und dabei fitter zu werden. Völliger Unsinn: Die Brücke war durchgehend offen, und man muss mehr Stufen gehen, wenn man die Brücke benutzt, als ohne sie.

Sheldonian Theatre und Clarendon Building: Sie gelangen nun auf einen Platz mit drei auffälligen Gebäuden. Die Divinity School links (→ S. 121) zeigt über der Tür das Wappen der Oxford University: Ein aufgeschlagenes Buch mit sieben Siegeln steht für das Lernen. Die Universität Cambridge hat ein geschlossenes Buch im Wappen, was bissige Späße provoziert. Geradeaus erhebt sich das ehrwürdige Sheldonian Theatre, benannt nach Erzbischof Gilbert Sheldon, der das Geld für den

Venedig stand Pate: die Seufzerbrücke

Bau gab. Christopher Wren plante und erbaute es zwischen 1664 und 1668, als er hier Professor für Astronomie war. Mit den Büsten am Zaun wirkt das Sheldonian wie ein römisches Theater – und tatsächlich stand das Open-Air-Theater des Marcellus in Rom Pate. Noch heute werden hier die Zeugnisübergaben zelebriert und akademische Grade verliehen, übrigens nach wie vor in lateinischer Sprache – und auf den legendär unbequemsten Sitzen des Landes! Die Zeremonie heißt im Volksmund „bible bashing" (Bibelklatschen), da der Vizekanzler dem in Talar und Barett gekleideten Absolventen den akademischen „Ritterschlag" mit der Bibel auf den Hut verpasst. Danach erst darf man sich im neuen Talar des Bachelor, Master oder Doktor präsentieren. Während der jährlich im Juni stattfindenden *Encaenia* oder *Commemoration* (Treffen von Würdenträgern, Mäzenen und Koryphäen der Universität zur Verleihung der Ehrendoktorwürden) schreitet eine Schar von Studenten und Professoren in pompösen Gewändern durch die Straßen Oxfords zum Sheldonian – ein Ereignis, das man sich nicht entgehen lassen sollte. Vom Dach hat man eine grandiose Aussicht über die Stadt. Die Kuppel schmückt das berühmte Deckengemälde von Robert Streeter, Hofmaler Karls II., in welchem Religion, Kunst und Wissenschaft über Neid, Unwissenheit, Hass und Missgunst triumphieren. Das Theater wird auch regelmäßig für Konzerte genutzt, seit Georg Friedrich Händel hier 1733 im Rahmen eines zweiwöchigen Konzertmarathons und der Uraufführung seines Oratoriums „Athalia" der Doktorgrad für Musik verliehen wurde.
Auf der rechten Seite des Platzes befindet sich die klassizistische Fassade des Clarendon Building mit den Statuen der neun Musen davor. Es wurde für die Oxford University Press gebaut (Herausgeber des berühmten Lexikons *Oxford English Dictionary*) und dient heute als Immatrikulationsbüro der Uni.

Sheldonian Theatre: März bis Okt. tägl. (außer So) 10–12.30 Uhr und 14–16.30 Uhr, Nov. bis Febr. nur bis 15.30 Uhr. Weihnachten und Ostern 10 Tage geschlossen. 3,50 £, erm. 2,50 £, **Führung** (Ostern und Juni bis Sept. an ausgewählten Tagen) 8 £, erm. 6 £. www.ox.ac.uk/sheldonian.

Akademische Kleiderordnung

Die Roben *(gowns)* der Universitäten Oxford und Cambridge werden im Jahre 1222 erstmals erwähnt, als sie der Erzbischof von Canterbury Stephen Langton als Einheitskleidung anordnete. Die *cappa clausa* war ein vorne geschlossener, knöchellanger schwarzer Mantel mit weit ausgeschnittenen Ärmeln und einem Überwurf mit Kapuze sowie seidenen Aufschlägen. Heute ist nur noch der Talar der Doktoren vorne geschlossen. Die farbliche Gestaltung der Mäntel gibt Auskunft über die Fakultät und den akademischen Grad (Doktoren z. B. tragen Rot, der Rektor trägt einen goldbestickten Mantel). Außerdem schmücken bei offiziellen Anlässen mitunter verschiedenfarbige Schals und Ehrenkordeln gewisse Funktionsträger. Das *mortarboard* (Doktorhut) von Oxford ist ein steifer Hut, wie ein quadratisches Brett, verziert mit einer Quaste (je nach Fakultät und Grad verschieden); der Hut von Cambridge sieht eher aus wie eine französische Baskenmütze: eine weiche Filz- oder Samtkappe mit einem viereckigen Knopf in der Mitte.

Balliol College: Das Balliol College (Kreuzung Broad Street und Magdalen Street) stammt aus den Sechzigerjahren des 13. Jh. und war über 300 Jahre Schülern aus ärmeren Verhältnissen vorbehalten. Das College mit dem viktorianischen Äußeren

Die Midlands → Karte S. 104/105

Balliol, das College mit den meisten ausländischen Studenten

mauserte sich im 19. Jh. zu einer der bedeutendsten Lehranstalten. Berühmte Studenten waren der Dichter Matthew Arnold, die Premierminister Macmillan und Heath sowie der Schriftsteller Aldous Huxley. Die Holztüren zum inneren und äußeren Hof tragen noch immer Rußspuren aus der Zeit, als hier die protestantischen Märtyrer auf dem Scheiterhaufen verbrannt wurden.

Tägl. 10–17 Uhr oder Sonnenuntergang. 2 £, erm. 1 £, mit Guidebook. ✆ 01865/277777, www.balliol.ox.ac.uk. Erfrischungen in der Buttery im Garden Quad.

Trinity College: Das Trinity College in der Broad Street entstand 1555 an der Stelle, an der vorher das Durham College lag. Da Letzteres eine kirchliche Institution war, fiel es den Plünderungen unter Heinrich VIII. zum Opfer. Trinity und Balliol pflegen eine hitzige Feindschaft, die sich in absurden Schikanen der Studenten untereinander äußert.

Während der Vorlesungszeit Mo–Fr 10–12 und 14–18 Uhr, im Winter bis 16.30 Uhr. Sa–So 13–18. In den Semesterferien tägl. 10–18 Uhr, im Winter bis 16.30 Uhr. 3 £, erm. 2 £ (mit Buch). ✆ 01865 279900 www.trinity.ox.ac.uk.

New College: Nachdem die Pest im 14. Jh. viele Opfer gefordert hatte, glaubte der Bischof von Winchester, William of Wykeham, die Ausbildung der Jugend fördern zu müssen, um ausreichend Staatsmänner und Kirchendiener hervorzubringen. 1379 gegründet, ist das New College in der New College Lane die erste Anlage, die um einen Innenhof gebaut wurde. Bis 1854 wurden nur Studenten aus Winchester zugelassen. In der Kapelle sind die Lazarus-Statue von Jacob Epstein und eine Gedenktafel für drei deutsche Mitglieder der Schule, die im Krieg gefallen sind, zu sehen. Außerdem bestechen die farbigen Glasfenster aus dem 14. Jh. Der hübsche Park wird an zwei Seiten von der alten Stadtmauer mit fünf Bastionen eingerahmt. Über die New College Lane zum Hertford College führt Oxfords ureigene Seufzerbrücke (Bridge of Sighs, → S. 122), eine Kopie des berühmten venezianischen Originals aus dem 19. Jh.

Mitte März bis Mitte Okt. tägl. 11–17 Uhr (College Gate), Nov. bis Febr. 14–16 Uhr (Holywell Gate). 4 £, erm. 3 £ (inkl. Buch), im Winter frei. ✆ 01865/279253, www.new.ox.ac.uk.

Christ Church College („The House"): Vom Carfax Tower geht es nun wieder die St Aldate's in südliche Richtung. Auf der linken Seite steht das wohl herrschaftlichste College – Christ Church. Kardinal Wolsey gründete 1525 diese Schule unter dem Namen Cardinal College, Heinrich VIII. machte daraus im Jahr 1546 nach dem Sturz des Lordkanzlers Christ Church. Es gehört zu den größten Colleges, verzichtet aber auf den Titel College und heißt allgemein *The House*. Die Christ Church Chapel ist gleichzeitig Oxfords Kathedrale und die kleinste von England. Schon im 8. Jh. stand hier ein Nonnenkloster für St Friedeswide, Oxfords Schutzheilige ist in der Kathedrale begraben. In der Mitte des Colleges befindet sich der größte Innenhof in Oxford, *Tom Quad*. Über dem Eingangstor erhebt sich der Tom Tower, ein Werk von Sir Christopher Wren, in dem die 7 t schwere Great Tom hängt (1680 gegossen). Jeden Abend um 21.05 Uhr läutet sie 101 Mal im Gedenken an die ursprünglich 101 Christ-Church-Studenten. Früher wurden nach dem Läuten die Tore aller Colleges geschlossen – wer zu spät kam, musste bezahlen.

Mo–Sa 9–17 Uhr, So 14–17 Uhr (letzter Einlass 16.15 Uhr, die Christ Church Cathedral schließt um 16.30 Uhr). 4,50–9 £ (je nach Jahrenszeit und was offen ist), erm. 4–8 £, Familie 10–22 £. Der Speisesaal ist zwischen 12 und 14 Uhr geschlossen. Behind-the-Scenes-Tour ab 10 Personen 13 £, erm. 11 £. ✆ 01865/286573, www.chch.ox.ac.uk.

Christ Church Picture Gallery: In der Gemäldegalerie am Canterbury Quad kann man die Bilder einiger europäischer Maler bestaunen, darunter Werke von Leonardo da Vinci, Tizian, Tintoretto oder van Dyck. Wer nur in die Galerie will, sollte das College über die Oriel Street betreten.

Juni Mo, Mi–Sa 10.30–17 Uhr, So 14–17 Uhr. Juli bis Sept. Mo–Sa 10.30–17 Uhr, So 14–17 Uhr; Okt. bis Mai Mo, Mi–Sa 10.30–13 und 14–16.30 Uhr, So nur 14–16.30 Uhr. 4 £, erm. 2 £. Führung jeden Mo 14.30 Uhr, frei. ✆ 01865/276172, www.chch.ox.ac.uk/gallery.

Bildungspalast mit Strahlkraft: Christ Church College

Die Midlands → Karte S. 104/105

Fantasie, Zauberei und schnöder Mord

Früher zog es jüngere Leseratten vor allem nach Oxford, um in Alices Wunderland abzutauchen, deren Schöpfer Lewis Carroll unter seinem richtigen Namen Charles Lutwidge Dodgson am Christ Church College erst Mathematik studierte und dann unterrichtete. Der gehemmte Stotterer freundete sich mit der kleinen Tochter des Dekans, Alice Lidell, an, für die er immer fantastischere Geschichten erfand.

Heute wandeln immer mehr Touristen auf den Spuren von Harry Potter. Seit 2001 in Oxford erstmals Teile der Saga gedreht wurden, kann sich das Christ Church College über 40 % mehr Besucher freuen. Diese schreiten andächtig durch den mittelalterlichen Speisesaal, der als Vorlage für die große Halle von Hogwarts diente, die letztendlich im Studio nachgebaut wurde, um die Dreharbeiten zu vereinfachen. Die Divinity School mit ihren Deckenmotiven von Bestien und biblischen Szenen taucht als Hogwarts Sanatorium im Film auf, und Duke Humfrey's Library diente als Bibliothek der Zauberschule.

Ins Umland von Oxford verschlägt es hingegen treue Fans von Inspektor Barnaby. Informationen und Touren zu den Drehorten der Krimiserie wie Wallingford, Henley-on-Thames oder Thame findet man auf www.visitbritain.com/de/de/auf-den-spuren-von-inspector-barnaby-die-top-10-drehorte oder www.visitmidsomer.com.

Radcliffe Observatory Quarter: Im Stadtteil Jericho zeigt sich das moderne Gesicht der Universität. Dort entstand auf dem fast 4 ha großen Gelände des alten Universitätskrankenhauses (Infirmary) der Campus „Radcliffe Oberservatory Quarter", in dessen Herz sich eine neue Bibliothek, das Mathematische Institut, der Fachbereich Humanities und die Blavatnik School of Government befinden, die sich aus Spenden des gleichnamigen Milliardärs finanzierte. Sein Aussehen brachte diesem Neubau des Schweizer Architekturbüros Herzog & de Meuren (u. a. Tate Modern in London) den Spitznamen „Marhsmallow" ein. Ein glitzernder Kontrast zur klassizistischen University Press gegenüber.

Zwischen Observatory Street, Woodstock Road und Walton Street.

Blenheim Palace

Busse fahren vom Busbahnhof Oxford in das 15 km nördlich gelegene hübsche Dorf Woodstock mit vielen Pubs, Cafés und Boutiquen. Hauptattraktion des Ortes ist der Blenheim Palace, Zuhause des 12. Herzogs von Marlborough und Geburtsort von Winston Churchill. Dessen Urahn John Churchill besiegte die Truppen Ludwigs XIV. bei der Schlacht von Höchstädt (Battle of Blenheim bzw. Blindheim) im Jahre 1704. Von Queen Anne bekam er zum Dank diesen sehenswerten Barockpalast mit rund 200 Räumen geschenkt, der von einer weitläufigen Parkanlage (800 ha) mit einem kleinen See, Springbrunnen und formalen Gärten umgeben ist. Gerne kommen Filmcrews zum Drehen, 2015 stand Blenheim im James-Bond-Streifen „Spectre“ für den römischen Palazzo Cadenza, in der Verfilmung von Cinderella mit Cate Blanchett stellt es den Königspalast des Prinzen dar.

Die Midlands → Karte S. 104/105

Die Arbeiten an dem Prachtbau unter der Leitung von John Vanbrugh standen von Anfang an unter keinem guten Stern: Des Herzogs Gattin Sarah, eine enge Vertraute der Königin, wollte eigentlich den Architekten Sir Christopher Wren, und Königin Anne kamen ohnehin Zweifel, ob sie nicht doch zu großzügig gewesen war. So kamen die Bautätigkeiten 1712 zum Stillstand, und die Marlboroughs kehrten erst nach dem Tode Königin Annes 1714 zurück. Sie ließen Vanbrugh und seinen Assistenten Nicholas Hawksmoor den Bau auf eigene Kosten beenden, denn auch König Georg I. zeigte sich knauserig.

Die dreiflügelige Anlage um einen großen Hof und weitere kleinere Innenhöfe herum ist eine Mischung aus palladianischer Villa und Anklängen an das Schloss von Versailles. Der Palast war nicht nur als Familiensitz, sondern auch als nationales Kriegsdenkmal gedacht. So beeindruckend wie das Haus ist auch der Park. Der Lauf des River Glyme wurde geändert, um die Grand Bridge zu bauen. Später wurde der berühmte Gartenbaumeister Sir Lancelot Capability Brown mit der weiteren Gestaltung beauftragt. Mit einer Miniatureisenbahn kann man durch den Vergnügungsgarten zuckeln, das Schmetterlingshaus bietet farbenfrohe Abwechslung und mehrere formale Gärten erfreuen Blumenliebhaber. Im obligatorischen Irrgarten ging bislang zwar noch niemand verloren, wer sich aber auch auf dem Gelände nicht verlaufen will, kann einen Audioguide für den Garten ausleihen. Mehrere Ausstellungen beleuchten die Familiengeschichte.

Besucher gelangen durch das imposante East Gate in einen Hof mit der Orangerie (Restaurant) und dem neuen Besucherzentrum in der antiken Wäscherei. Durch den Clock-Tower-Bogen gelangt man in den Great Court. Erklimmen Sie die Treppen zur Eingangstür und Sie stehen in der riesigen, säulengeschmückten Great Hall, wo Sie beim Blick nach oben das Deckengemälde von James Thornhill begeistern wird, auf dem der 1. Herzog von Marlborough in römischem Gewand vor Britannia kniet. Fantastisch ist auch die vergoldete Decke von Nicholas Hawksmoor im Drawing Room. Im Zentrum des Palastes liegt der State Dining Room. Der französische Maler Louis Laguerre hat hier sowohl die Wände als auch die Decke bemalt, sie zeigt – den Herzog von Marlborough in Siegerpose. Der Salon wird von der Familie noch immer für Bankette und die Weihnachtsfeierlichkeiten genutzt. Die folgenden drei Prunksäle werden von herrlichen Tapisserien dominiert, in der Bibliothek gibt es unter der wunderbaren Stuckdecke außer Büchern auch die Krönungsroben der Familie zu sehen, bevor es durch die Kapelle wieder nach draußen geht. Ach ja, die Familie: Mehrere Räume und ein Film widmen sich dem wohl berühmtesten Churchill, Sir Winston, und seiner schillernden Politkarriere. Hauptattraktion ist unangefochten die Garderobe, in der der spätere Premierminister das Licht der Welt erblickte.

Febr. bis Dez. tägl. 10.30–17.30 Uhr, Gärten ab 10 Uhr, letzter Einlass 16.45 Uhr. Der Park ist ganzjährig 9–18 Uhr geöffnet. Palast und Park 24,90 £, erm. 19,90 £, Kind 13,90 £, Familie 59,90 £; nur Park 14,90 £ bzw. 10,90 £, Kind 6,50 £, Familie £ 39,90. Die Touristeninformation in Oxford verkauft vergünstigte Tickets. Woodstock, OX20 1PP, ✆ 01993/810530, Anrufbeantworter ✆ 0800/8496500, www.blenheimpalace.com. Verschiedene Führungen Feb. bis Sept. (State Room Tours, Private Apartment Tours, Upstairs and Downstairs Tours) 6 £, erm. 5 £.

Ein viertägiges **Reitturnier**, die Fidelity Blenheim Palace International Horse Trials, finden seit 1990 im Sept. statt: Dressur, Cross Country und Show Jumping. www.blenheim-horse.co.uk.

Rollright Stones

Fans der Frühgeschichte werden sich bestimmt für die **Rollright Stones** interessieren, die sie von Blenheim Palace nach einer 20-minütigen Autofahrt Richtung Nordwesten erreichen. Der neolithische Steinkreis setzt sich aus drei Elementen zusammen: den mehr als 70 Findlingen der King's Men (Männer des Königs), den Whispering Knights (Flüsternde Ritter) und dem einzeln stehenden Monolithen, dem King Stone (Stein des Königs). Sie symbolisieren einen König und seine Höflinge, die von einer Hexe an der Eroberung Englands gehindert wurden, indem sie sie versteinerte. Der Legende nach kann man die Steine nicht verlässlich zählen, es kommt immer eine andere Anzahl dabei heraus.

Knapp 5 km nordwestlich von Chipping Norton nahe Long Compton (an einer Seitenstraße zwischen der A 3400 und der A 44). Kasse des Vertrauens, 1 £. OX7 5NQ, www.rollrightstones.co.uk und www.english-heritage.org.uk. Veranstaltungen wie „Spring Moon Watch", auch privat buchbar für Events.

Weltkulturerbe: Blenheim Palace

Steinkaten und Blumenpracht prägen die Cotswolds

Die Midlands → Karte S. 104/105

Die Cotswolds

Die Cotswolds gelten als das Herz von England. Mit rund 2000 km² sind sie das größte zusammenhängende Gebiet in England, das als Area of Outstanding Natural Beauty eingestuft wurde, als Gegend von herausragender Schönheit.

Schon im vorigen Jahrhundert wurde die idyllische Landschaft, die durch Schafzucht und Wollproduktion reich geworden war, von vielen Künstlern und Kunsthandwerkern geschätzt, die die Cotswolds zu ihrer Heimat erkoren. Die Arts-and-Crafts-Bewegung von William Morris und den Präraffaeliten (→ Kasten S. 145) hat hier ihre Wurzeln, und in vielen Ortschaften gibt es zahlreiche Galerien, Workshops und Antiquitätenläden. Der Charme der Region zieht seit Jahren viele Londoner ins Grüne, die sich hier gern Wochenend- und Ferienhäuser leisten. Berühmtheiten wie Elizabeth Hurley und Kate Winslet gehören zu den illustren Bewohnern der Cotswolds. Auch Filmemacher werden hier fündig, so diente etwa das für seine Lavendelfelder berühmte Dörfchen Snowshill bei Broadway als eine Kulisse in „Bridget Jones – Schokolade zum Frühstück“. Und auch die Königsfamilie schätzt die Gegend.

Neben Bilderbuchdörfchen (über die Hälfte hat weniger als 300 Einwohner) kann man in den Cotswolds römische Ruinen, prächtige Landsitze oder farbenfrohe Gärten besuchen. Wenn Sie die Cotswolds mit dem Auto erkunden möchten, folgen Sie einfach der Romantic Road (www.the-cotswolds.org/top/english/seeanddo/romanticroad).

Moreton-in-Marsh

Der Marktflecken Moreton liegt an der Schneise, die das Schmelzwasser der Gletscher vor rund 12.000 Jahren durch die Cotswolds gezogen hat und die heute das Evenlode-Tal bildet. Der hübsche Ort wurde geprägt von der Mitford-Familie, die u. a. das **Arboretum** im nahegelegenen Batsford hinterlassen hat. Der Curfew Tower an der Ecke High Street und Oxford Street besitzt noch seine originalen Glocken, die von 1633 bis 1860 die Sperrstunde einläuteten. Einer der beliebtesten Straßenmärkte der Cotswolds findet hier jeden Dienstag statt. Opernfans sollten unbedingt auf dem Landsitz **Longborough** vorbeischauen, wo im Sommer ein Opernfestival stattfindet. Auch der Landsitz **Sezincote,** der 1810 für einen gewissen Charles Cockerell gebaut wurde, ist sehenswert: Mit seinem kupfernen Zwiebelturm, seinen Minaretten und dem Garden of Paradise wirkt er wie ein englisches Taj Mahal. Für Gartenfreunde lohnt der Besuch des **Bourton House Gardens,** eines in mehrere Außenräume unterteilten Privatgartens mit vielen Staudenanlagen, Kübelpflanzen und Blumenampeln.

Information **Moreton Area Centre**, Mo 8.45–16 Uhr, Di–Do bis 17.15 Uhr, Fr bis 16.45 Uhr, Sa 10–13 Uhr, im Winter bis 12.30 Uhr. Touristeninformation und Bürgerberatung. High Street, GL56 0AZ, ✆ 01608/650881, moreton@cotswold.gov.uk.

Sehenswertes **Batsford Arboretum**: tägl. 9–17 Uhr, So ab 10 Uhr. 7,95 £, erm. 6,95 £, Kind 3,50 £, Familie 19,95 £. Batsford Park, GL56 9AD, ✆ 01386/701441, www.batsarb.co.uk.

Sezincote: Mai bis Sept. Do, Fr und Feiertage 14.30–17.30 Uhr, 10 £ inkl. Führung; Gärten Jan. bis Nov. Do, Fr und Feiertage 14–18 Uhr, 5 £. Nahe Moreton-in-the Marsh, GL56 9AW, www.szincote.co.uk.

Bourton House Garden: April bis Okt. Di–Fr 10–17 Uhr, 7 £. Bourton-on-the-Hill (3,5 km westl. von Moreton), GL56 9AE, ✆ 01386/700754, www.bourtonhouse.com.

Veranstaltungen **Longborough Festival Opera**, 480 Plätze hat das Opernhaus auf dem Gelände des Landsitzes, knapp 70 Musiker passen in den Orchestergraben. Dargeboten werden Klassiker wie Wagners Walküre oder Puccinis Madame Butterfly. Tickets kosten 45–200 £. Wie in Glyndebourne gibt es eine lange Dinner-/Picknick-Pause. GL56 0QF, ✆ 01451/830292, www.lfo.org.uk.

Übernachten **The Redesdale Arms**. Traditionelles Pub mit 3-Sterne-Komfort, 34 Zimmer, davon 11 Boutique Rooms in den ehemaligen Stallungen. Gemütliche Bar und Lounge. DZ B & B ab 140 £. High Street, GL56 0AW, ✆ 01608/650308, www.redesdalearms.com.

Snowshill

Ein Stück westlich von Moreton liegt das Dorf Snowshill mit seinen **Lavendelfarmen,** das der Film über Bridget Jones berühmt gemacht hat, die dort ihre Eltern zu Weihnachten besucht. Das absolut sehenswerte **Snowshill Manor** gehörte einst dem exzentrischen Sammler Charles Paget Wade und ist bis heute vollgestopft mit 22.000 Memorabilien, die er zu Lebzeiten aus aller Welt zusammengetragen hat: etwa 26 Samurai-Rüstungen aus Seide, Metall, Bärenhaut und Menschenhaar, Sänften, Fahrräder, Uhren und Wandteppiche. Hübsch ist auch der charmante Garten im Arts-and-Crafts-Stil, der nach dem Vorbild von Hidcote Manor entstand und biologisch bewirtschaftet wird.

Sehenswertes **Snowshill Lavender Farm**: Juni bis Anf. Aug. tägl. 10–17 Uhr. 3,50 £, erm. 2,50 £. Hill Barn Farm, WR12 7JY, ✆ 01386/854821, www.cotswoldlavender.co.uk.

Snowshill Manor: Mitte März bis Okt. tägl. 12-17.30 Uhr (timed tickets), Garten ab 11 Uhr. Nov. bis Mitte März nur Sa–So mit Führungen um 11.15, 12.15, 13.15 und 14.15 Uhr.

Garten 10.30–15.30 Uhr. 10,40 £, Kind 5,40 £, Familie 26,20 £, nur Garten 5,90 £, Kind 2,70 £, Familie 14,50 £. WR12 7JU, ✆ 01386/852410, www.nationaltrust.org.uk/snowshill-manor.

Übernachten **Snowshill Hill Estate.** Bed & Breakfast, das sich seine 5 Sterne verdient hat. Es ist alles sauber und gemütlich, mit Powerduschen und in absoluter Ruhe. Reichhaltiges Frühstück. 3 km vom Dorf. EZ ab 55 £, DZ ab 80 £. Snowshill Hill, nahe Moreton-in-Marsh, GL56 9TH, ✆ 01386/853959, www.snowshill-hill.co.uk.

Chipping Campden

In diesem Marktstädtchen bauten sich die Wollhändler nicht nur respektable Häuser, sondern investierten ihren Reichtum auch in die Verschönerung der Gemeindekirche. **St James' Church** erstrahlt in perfekter Gotik und birgt Überraschungen im Innern. Eine Grabplatte, *Grevel Messing,* erinnert an William Grevel und seine Frau; Grevel verstarb 1401 und soll Vorbild für den Kaufmann in Chaucers „Canterbury Tales" gewesen sein. Sein Haus steht in der High Street gegenüber der ebenfalls 600 Jahre alten Woolstapler's Hall, in der sich die Tuchhändler trafen. In der Südkapelle findet man die Grablege von Sir Baptist und Elizabeth Hicks. Sie waren ebenfalls Wollhändler und sehr reich. Sie investierten in den Bau der *almshouses* für Bedürftige bei der Kirche, die bis heute von 12 Rentnern des Ortes bewohnt werden, und ließen 1627 die Markthalle auf der High Street errichten.

In der Sheep Street befindet sich die 300 Jahre alte **Silk Mill,** das ehemalige Studio des William-Morris-Jüngers Charles Robert Ashbee. Im Erdgeschoss finden mittlerweile Wechselausstellungen zeitgenössischer Künstler der Region statt, im ersten Stock kreieren Hart Gold & Silversmiths seit 1902 Schmuck. Wer sich für die Guild of Handicraft interessiert, kann das **Court Barn Museum** besuchen, das in einer modernisierten Scheune neben der Kirche untergebracht ist. Naturfreunde finden in Leysbourne (Verlängerung der High Street) den Ernest „Chinese" Wilson Memorial Garden (ganzjährig geöffnet, Eintritt frei); der Namensgeber war ein Sohn des Ortes und bedeutender Pflanzensammler. Apropos Naturfreunde: In Chipping Campden beginnt auch der Cotswold Way, ein 165 km langer Fernwanderweg nach Bath.

Information Tourist Information Centre, tägl. 9.30–17 Uhr, im Winter Mo–Do nur bis 13 Uhr, Fr–So bis 16 Uhr. Old Police Station, High Street, GL55 6HB, ✆ 01386/841206, www.chippingcampdenonline.org.

Einkaufen **Campden Bookshop**, einer der bekanntesten Secondhand-Buchläden. Dragon House, High Street, GL55 6AG, ✆ 01386/840944.

The Garden Gadget Shop, Sundial House, High Street, GL55 6AG, ✆ 01386/841856, www.look4design.co.uk.

Seerosenteich im Hidcote Manor Garden

Schuhe, Schmuck u. v. m. gibt es auch in der **Old Silk Mill** in der Sheep Street, s.u.

Fahrradtouren **Cotswold Country Cycles**, organisierte Fahrradausflüge, die kürzesten ab 275 £ (Simply Cotswolds oder Cotswolds and the Bard, 3 Tage und 2 Nächte). Longlands Farm Cottage, GL55 6LJ, ✆ 01386/438706, www.cotswoldcountrycycles.com.

Museen **Old Silk Mill**: The Gallery@The Guild. Tägl. 10–17 Uhr, im Winter So–Do nur bis 16.30 Uhr, Fr–Sa bis 17 Uhr. Eintritt frei. Sheep Street, GL55 6DS, ✆ 07870/417144, www.thegalleryattheguild.co.uk.

Court Barn Museum: April bis Sept. tägl. (außer Mo) 10–17 Uhr. Okt. bis März tägl. (außer Mo) 10–16 Uhr. 5 £. Church Street, ✆ 01386/841951, courtbarn.org.uk.

Veranstaltungen **Cotswolds Olimpicks** → Kasten (→ S. 133).

Übermachten/Essen ****** Cotswold House Hotel & Spa**. Exklusives Hotel mit elegantem Treppenhaus, in den Zimmern wartet stimmungsvolle Beleuchtung und Fußbodenheizung, vor dem Dinner gibt es Kanapees. Entspannen Sie im Wellnessbereich (Temple Spa) und schlemmen Sie im formellen Gartenrestaurant oder legeren Bistro. Auch Cottages zu mieten. Ab 130 £ bis 525 £ für die Hot Tub Suite. The Square, GL55 6AN, ✆ 01386/840330, Reservierung: ✆ 0844/8159833, www.cotswoldhouse.com.

››› **Mein Tipp:** **Bantam Tea Rooms**. Teestube in ehemaligem Zunfthaus aus dem 17. Jh. mit 5 Zimmern, freundlich, hell und gepflegt, dabei recht günstig. EZ 70 £, DZ 90 £. High Street, GL55 6HB, ✆ 01386/840386, www.bantamtea-rooms.co.uk. ‹‹‹

Taplins. B & B in modernem Haus aus Cotswoldstein. Den Besitzern Rachel und Tim Hall gehört der Stuart House Antique Shop im Ort, aus dem so manches Möbelstück und Accessoire stammt. EZ ab 70 £, DZ ab 78 £. 2 Nächte Minimum Aufenthalt. 5 Aston Road, GL55 6HR, ☏ 01386/840927, www.cotswoldstay.co.uk.

Eight Bells Inn. Im 14. Jh. gebaut für die Steinmetze der Kirche. Hier wurden die Glocken gelagert, daher der Name. Vom Biergarten aus hat man einen Blick auf das Gotteshaus. Dinner im Kerzenschein und bei offenem Kamin. 7 Zimmer ab 99 £, Familienzimmer für 4 Pers. 175 £. Church Street, GL55 6JG, ☏ 01386/840371, www.eightbellsinn.co.uk.

Michael's Mediterranean Restaurant. Zypriotische Küche im Woolmarket House, Spezialität ist das Marathona-Filetsteak (26,50 £). Mo Ruhetag, So nur 12–15 Uhr. High Street, GL55 6AG, ☏ 01386/840826, www.michaelsmediterranean.co.uk.

Badgers Hall. Traditioneller Tearoom in liebevoll restauriertem Häuschen aus dem 15. Jh. Auch Lunch (Mi–So 9.30–17 Uhr) und B & B. 2 Nächte ab 280 £/Zimmer. High Street, GL55 6HB, ☏ 01386/840839, www.badgershall.co.uk.

Die Midlands → Karte S. 104/105

Die Olimpicks der Cotswolds

Welly-Wanging (Gummistiefel-Schleudern), Shin-Kicking (Schienbein-Treten mit eisenverstärkten Schuhspitzen), Sack Races (Sackrennen) und Climbing a slippery Pole (einen rutschigen Mast erklimmen) heißen die absurdesten Disziplinen, in denen die Teilnehmer der Olympischen Spiele der Cotswolds gegeneinander antreten. Im Jahre 1612 hat ein Rechtsanwalt namens Robert Dover aus Chipping Campden dieses unterhaltsame Spektakel gegründet, und fast 300 Jahre lang erfreuten sich die Wettbewerbe bei Einheimischen und extra Angereisten so großer Beliebtheit, dass es zwischen den Enthusiasten zu Ausschreitungen mit Todesopfern kam und der Wettbewerb Mitte des 19. Jh. verboten wurde. 1951 jedoch wurden die Olimpicks wiederbelebt, erstaunlicherweise mit Unterstützung der British Olympic Association, und bis heute sind viele der alten Sportarten vertreten. Schauplatz ist jedes Jahr Anfang Juni Dover's Hill am westlichen Stadtrand von Chipping Campden, wo man das sportliche Wochenende bei einem feuchtfröhlichen Tanzfestival im Ort zu Ende gehen lässt. Informationen unter www.olimpickgames.co.uk.

Hidcote Manor Garden

Knapp 7 km nordöstlich von Chipping Campden kaufte 1905 der in Frankreich geborene Amerikaner mit britischer Staatsbürgerschaft Major Lawrence Johnston ein Landhaus. Ohne jede gärtnerische Vorbildung wurde er zu einem der berühmtesten Gartenbaukünstler des 20. Jh. Er teilte das Gelände in Parzellen auf und schuf hinter Hecken und Mauern verschiedene windgeschützte Gärten, die jeweils ein eigenes Farbspektrum bekamen. Außerdem entstanden Sichtachsen und neue Wege. Die Hidcote Gardens wurden zum Paradebeispiel für den in Mode gekommenen Cottage Garden und beeinflussten den Gartenbaustil des vergangenen Jahrhunderts entscheidend. Es war der erste Garten, den der National Trust erwarb (1948).

März bis Sept. tägl. 10–18 Uhr, Okt. bis März tägl. 10–17 Uhr. Nov. bis März Sa–So 11–16 Uhr. Letzter Einlass 1 Std. vor Schließung. 10,90 £, Kind 5,45 £, Familie 27,25 £. Hidcote Bartrim, GL55 6LR, ☏ 01386/438333, www.nationaltrust.org.uk/hidcote.

Kiftsgate Court Gardens

Nur einen knappen Kilometer von Hidcote entfernt, ist dieser Garten geradezu ein Geheimtipp. Er ist in Privatbesitz und gehört der Enkelin von Heather Muir, die das Anwesen 1918 kaufte und sich diesen Garten mit Panoramablick schuf, der vor allem für seine Rosensammlung gerühmt wird. Hübsch ist auch der Water Garden, der als Meditationsplatz mit einem quadratischen Pool und 24 vergoldeten Bronze-Philodendron-Blättern ausgestattet wurde.

April und Sept. So, Mo, Mi 14–18 Uhr, Mai bis Juli Sa–Mi 12–18 Uhr, Aug. Sa–Mi 14–18 Uhr. 8 £, Kind 2,50 £. Chipping Campden, GL55 6LN, ✆ 01386/438777, www.kiftsgate.co.uk.

Broadway und Stanton

Broadway ist wohl das bekannteste der Cotswolds-Dörfer, weshalb sich im Sommer Scharen von Touristen hier tummeln, um den Liebreiz zu genießen und durch die zahlreichen Antiquitätenläden zu stöbern. Ein Hotelier hat diesen Ansturm auf den Ort auf der Postkutschenroute von Worcester nach London begründet, als er Anfang des 20. Jh. das Gasthaus „Lygon Arms" in ein Luxushotel verwandelte, für dessen Ausstattung er alte Möbel in seiner Tischlerwerkstatt aufpolierte. Der Ort besteht aus einer langen und breiten High Street – daher der Name Broadway –, die von Kastanienbäumen gesäumt wird. Über der Stadt erhebt sich der Fish Hill, wo Mönche einst ihren Fisch gelagert haben sollen und auf dem seit dem 18. Jh. der Broadway Tower thront, eine gotische *folly* (Zierbau), in der sich eine Ausstellung zu William Morris befindet. Der hatte die letzten 25 Jahre seines Lebens in den südlichen Cotswolds im Kelmscott Manor (→ S. 144/145) verbracht. Von der Arts-and-Crafts-Bewegung (→ Kasten S. 145) stark beeinflusst, entwarf später Sir Gordon Russell Möbel, die 200 Handwerker in Broadway für ihn fertigten. Viele der

Bastion des Kunsthandwerks: der Broadway Tower

Zeichnungen, Fotos, Möbel und Filmausschnitte sind im **Gordon Russell Museum,** seiner ehemaligen Werkstatt zu sehen, die wegen ihrer gebogenen Form von den Einheimischen *The Banana* genannt wird. Kunstfreunde finden in der High Street im reizenden Tudor House auch das **Ashmolean Broadway Museum,** wo auf zwei Etagen einige Möbel, Textilien, Glaswaren und Gemälde aus der Oxforder Sammlung untergekommen sind.

Die B 4632 Cheltenham Road führt südlich von Broadway durch einige attraktive Dörfer wie Buckland und Laverton nach **Stanton,** ein Bilderbuchdorf aus Cotswoldstein, das ohne Shops und Tearooms auskommt. Hier beginnt und endet die Cotswolds-Wanderung (→ S. 686), vor oder nach der man sich im Mount Inn laben und von der Terrasse einen wunderbaren Blick über die Hügellandschaft genießen kann. **Stanway House** 1,6 km südlich des Ortes gehört Lord und Lady Neidpath und ist nur selten für Besucher geöffnet. Sollten Sie Glück haben, lohnt sich vor allem der Water Garden aus dem 18. Jh., der 2004 mit Englands größtem Brunnen versehen wurde, der eine 100 m hohe Fontäne über den Rasen schießt.

Die Midlands → Karte S. 104/105

Tour 1: Rundwanderung von Stanton über Snowshill → S. 686
Mittelschwere Wanderung durch zwei Bilderbuchdörfer der Cotswolds zu einem Landsitz

Information **Tourist Information Centre,** Mitte Febr. bis Dez. Mo–Sa 10–17 Uhr, So 11–15 Uhr. Unit 14, Russel Square, High Street, WR12 7AP, ✆ 01386/852937, www.beautifulbroadway.com.

Ausgezeichnete allgemeine Informationen zu den Cotswolds bietet die Website www.cotswolds.com.

Sehenswertes **Broadway Tower**: tägl. 10–17 Uhr (je nach Wetter). 5 £, erm. 4,50 £, Kind 3 £, Familie 14 £. Atombunker tägl. 10–16.45 Uhr, 4 £, Bunker und Tower zusammen 8 £. Morris & Brown Café tägl. 9–17 Uhr. ✆ 01386/852390, www.broadwaytower.co.uk.

Gordon Russell Museum: März bis Okt. tägl. (außer Mo) 11–17 Uhr, Nov. bis Febr. bis 16 Uhr. 5 £, erm. 4,50 £, Kind 1 £. 15 Russell Square, WR12 7AP, ✆ 01386/854695, www.gordonrussellmuseum.org.

Ashmolean Broadway Museum: tägl. (außer Mo) 10–17 Uhr, Nov. bis Jan. Di–Sa nur bis 16 Uhr, So nur bis 15 Uhr. 5 £, Kind 2 £, Familie 10 £. Führungen. 65 Highstreet, WR12 7DP, ✆ 01386/859047, www.shmoleanbroadway.org.

Stanway House und Fountain: Juni bis Aug. Di und Do 14–17 Uhr, Fontäne 14.45–15.15 Uhr und 16–16.30 Uhr. 9 £, erm. 7 £, Kind 4 £, Familie 22 £, nur Fontäne 6 £, erm. 4,50 £, Kind 2 £, Familie 15 £. Stanway, GL54 5PQ, ✆ 01386/584469, www.stanwayfountain.co.uk.

Übernachten/Essen ****** The Lygon Arms**. Aus dem 16. Jh., die beste Adresse vor Ort und vielleicht in den Cotswolds, 78 Zimmer und 7 Suiten, neu renoviert mit Klimaanlage, High-Speed-Internet und Audiosystemen. Mitten im Zentrum des Ortes, mit guter Küche und einem umfangreichen Wellnessprogramm. EZ 70 £, DZ 70–80 £, Luxuszimmer 130–160 £ mit Frühstück. High Street, WR12 7DU, ✆ 01386/840318, www.lygonarms.co.uk.

Cowley House. Bauernhaus aus dem 18. Jh., das im Tudorstil eingerichtet ist, sehr ruhig neben einem ehemaligen Kloster. B & B im EZ 80 £, am Wochenende 10 £ weniger als das DZ, DZ 79–110 £. Church Street, WR12 7AE, ✆ 01386/858148, www.cowleyhouse-broadway.co.uk. ■

Crown and Trumpet. Zentral, aber einfacher und günstiger ist dieses alte Coaching Inn aus dem 17. Jh. mit 4 Zimmern über einem urigen Country Pub. DZ ab 65 £ im Sommer ohne Frühstück, Blues- und Live-Jazz-Abende Mi und Do. Frühstück 9,95 £. ✆ 01386/853202, www.crownandtrumpet.co.uk.

Winchcombe

Die einstige Hauptstadt des Königreichs Mercia kann heute mit gerade mal 5000 Einwohnern aufwarten. Hauptattraktion ist das romantische **Sudeley Castle,** einst Sommerresidenz der Tudors. Drinnen stehen Möbel von William Morris & Co., an den Wänden hängen Gemälde von Constable und Turner. Der größte Schatz aber ist der Queen's Garden, der eigentlich aus zehn verschiedenen Gärten, u. a. einem alten Rosengarten, besteht. Das Anwesen gehört heute dem Millionär und Partylöwen Henry Dent-Brocklehurst und seiner Mannequin-Gattin Lili Maltese.

Als einer der schönsten Spaziergänge gilt der 4 km lange Wanderweg von Winchcombe über Sudeley Castle nach **Belas Knap,** zur besterhaltenen neolithischen Grabkammer des Landes, wo 31 Skelette von Stammeshäuptlingen gefunden wurden. In der Nähe befinden sich auch die Ruinen der Zisterzienserabtei **Hailes Abbey,** die der Legende nach von dem in Seenot geratenen Richard Graf von Cornwall (Erbauer der Burg von Tintagel) 1246 zum Dank für seine Rettung gegründet wurde.

Cleeve Hill südwestlich von Winchcombe ist mit 330 m der höchste Punkt der Cotswolds, von wo aus man herausragende Ausblicke über Cheltenham bis nach Tewkesbury genießen kann. Den besten Blick hat man nicht von der Spitze, sondern von Cleeve Cloud nahe dem Golfplatz.

Information **Touristeninformation**: März bis Nov. tägl. 10–17 Uhr, im Winter nur Sa–So 10–16 Uhr. Town Hall, High Street, GL54 5LJ, ✆ 01242/602925, www.winchcombe.co.uk. **Führungen**: Ostersonntag bis Ende Okt. So 11 und 14.30 Uhr, frei.

Events **Winchcombe Cotswolds Walking Festival:** allljährlich im Mai, www.winchcombewelcomeswalkers.com/festival.

Hell of the North Cotswolds: 100 km Mountainbike Rennen, jedes Jahr im April, www.winchcombecc.org.uk/honc.

Kunst **Winds of Change Gallery**, Ausstellungen und Workshops, Verkauf von Schmuck und Kunst. Di–Sa 10–17 Uhr. 8 High Street, GL54 5HT, ✆ 01242/603836. www.windsofchangegallery.co.uk.

Sehenswertes **Sudeley Castle**: Ostern bis Okt. tägl. 10–17 Uhr. 14,50 £, erm. 13,50 £, Kind 5,50 £, Familie 37,50 £. 10% Nachlass bei Onlinebuchung. Kunst-Führungen Mo–Do 14.30 Uhr, bitte bis 10.30 Uhr bei der Touristeninformation buchen, 10 £. Info vom Band ✆ 01242/604357, Büro ✆ 01242/602308, www.sudeleycastle.co.uk. Es werden auch Urlaubscottages vermietet.

Belas Knap Long Barrow: ganzjährig geöffnet. Eintritt frei. www.english-heritage.org.uk.

Hailes Abbey: April bis Juni und Sept. bis Okt. tägl. 10–17 Uhr, Juli bis Aug. bis 18 Uhr. 5 £, erm. 4,50 £, Kinder 3 £, Familie 13 £. GL54 5PB, ✆ 01242/602398, www.englishheritage.org.uk.

Übernachten **Gambles Farm**. Ein familiengeführter Bauernhof nahe Woodmancote mit Pferden, Hunden und einem Schwein sowie drei ordentlichen Zimmern, EZ 55 £, DZ ab 65 £, Familienzimmer 80–100 £ mit Frühstück (hausgebackenes Brot!). Gambles Lane, Woodmancote, Cheltenham, GL52 9PU, ✆ 01242/677719, www.gamblesfarm.co.uk.

Essen & Trinken **The Lady Jane Tea Room.** Gemütliches, wenn auch altmodisches Café mit Terrasse und Kamin sowie einer großen Kuchenauswahl. Mo–Mi und Sa–So 10–16.30 Uhr. 7 Hailes Street, GL54 5HU, ✆ 01242/603578, www.theladyjaneteaoom.co.uk.

››› Mein Tipp: **5 North Street**. Gilt als eines der besten Restaurants in den Cotswolds. Koch Marcus Ashenford hat sich bereits im Alter von 25 Jahren einen Michelinstern verdient. Hummer, Jakobsmuscheln und Wild haben ihren Preis. Menüs 47–54 £, vegetarisches Menü 40 £, Gourmet-Menü 72 £. Mi–So 12.30–13.30 Uhr, Di–Sa 19–21 Uhr. GL54 5LH, ✆ 01242/604566, www.5northstreetrestaurant.co.uk. ‹‹‹

Cheltenham

Die Stadt wurde 1716 als Kurort gegründet, nachdem eine Quelle entdeckt worden war, der heilende Eigenschaften nachgesagt wurden. Bald strömten Adlige und königliche Besucher hierher. Das Erbe dieser Blütezeit ist in der Regency-Architektur mit über 2000 denkmalgeschützten Häusern zu bewundern. Viele sind entlang der Promenade zu finden, die Sie einmal bis zum Neptun-Brunnen hinunterbummeln sollten, der dem Trevi-Brunnen von Rom nachempfunden ist. Einer der schönsten Bezirke ist Montpellier. Hier lädt die klassizistische Arkade Montpellier Walk, deren Säulen als Karyatiden (weibl. Figuren) gestaltet sind, zum Shoppen ein. Danach kann man sich in der Montpellier Street in den vielen Bars und Cafés stärken.

Nach dem Ersten Weltkrieg kamen viele pensionierte Oberste aus dem gesamten Empire nach Cheltenham, wovon bis heute zahlreiche gute indische Restaurants und Kunstschätze im Museum zeugen. Militärisch spielt die Stadt bis heute eine gewisse Rolle, befindet sich hier doch die elektronische Schaltstelle des britischen Geheimdienstes. Der Firmensitz ist ein 337 Mio. Pfund teurer, kreisrunder Neubau mit einem Hof in der Mitte. Spitzname: *Doughnut*. Einen modernen Anbau erhielt auch das altehrwürdige Cheltenham Ladies' College, eine der Top-Privatschulen des Landes. Nach Cheltenham locken aber vor allem die vielen Festivals (klassische Musik im Juli, Jazz im April, Literatur im Oktober) und natürlich die Pferderennbahn (Cheltenham Racecourse), die Heimat des National Hunt und führender Austragungsort für den Golden Cup, das bedeutendste Hindernisrennen der Welt. Sie verfügt über einen eigenen Bahnhof für historische Dampfzüge. Eines der schönsten Gebäude befindet sich gleich um die Ecke: die klassizistische Trinkhalle **Pittville Pump Room.** Den Besuch sollte man unbedingt mit einem Spaziergang im Pitville Park mit seinem Ziersee und den Blumenanlagen verbinden.

Musikfreunde dürfte das **Gustav Holst Birthplace Museum** interessieren. Der spätromantische Komponist wurde 1874 in diesem intimen Regency-Reihenhäuschen geboren, konnte aufgrund einer Entzündung im Arm seinen Traumberuf Pianist nicht ausüben und erlangte mit seiner Orchestersuite „Die Planeten" Weltruhm.

Ein paar Kilometer weiter auf der A 429 Richtung Südosten nach Yanworth liegt mit **Chedworth** eine der besterhaltenen römischen Villen des Landes.

Information **Tourist Information Centre**, im Erdgeschoss von The Wilson – Cheltenham Art Gallery & Museum mit Café und Bistro. Tägl. 9.30–17.15 Uhr. Clarence Street, GL50 3JT, ✆ 01242/522878 und 01242/255848, www.visitcheltenham.com.

Stadtführungen (90 Min.), April bis Mitte Nov. Sa 11 Uhr, Juli/Aug. auch So, 5 £.

Einkaufen **The Guild at 51**, Shop und Galerie der Gloucestershire Guild of Craftsmen: Schmuck, Textilien, Lederwaren und vieles mehr von zeitgenössischen Handwerkern der Region. Tägl. 9.30–17.15 Uhr. The Wilson, 51 Clarence Street, GL30 3JT, ✆ 01242/245215, guildcrafts.org.uk.

The Brewery, Cheltenhams Shopping Centre mit vielen Bars, Läden, Kinos und Restaurants, www.thebrewerycheltenham.co.uk.

Montpellier und The Suffolks, hinter den Imperial Gardens kann man durch kleine, unabhängige Läden bummeln. Viele lokale Modedesigner haben hier ihre Geschäfte, wie Caroline Charles. Gut für Abendbekleidung, Unterwäsche und antiken Schmuck.

Einheimische gehen in der **Bath Road** einkaufen, wo sich viele Delikatessen- und Bioläden niedergelassen haben.

Sehenswertes **Pittville Pump Room**: nicht zu besichtigen während Veranstaltungen, sonst Mi–So 10–16 Uhr. Eintritt frei, Heilwasser auch frei. East Approach Drive, GL52 3JE, ✆ 01242/523852, www.pittvillepumproom.org.uk.

Die Midlands → Karte S. 104/105

Holst Birthplace Museum: Febr. bis Juni und Okt. bis Mitte Dez. Di–Sa 10–16 Uhr, Juli bis Sept. Di–Sa 10–17 Uhr, So 13.30–17 Uhr. 5 £, erm. 4,50 £, Kind 2 £, Familie 12 £. 4 Clarence Road, GL52 2AY, ✆ 01242/524846 www.holstmuseum.org.uk.

Chedworth Roman Villa: Mitte März bis Okt. tägl. 10–17 Uhr, Febr./März und Nov. bis 16 Uhr. 9,05 £, erm. 4,53 £, Familie 22,63 £. Es gibt ein Café. ✆ 01242/890256, www.chedworthromanvilla.com und www.nationaltrust.org.uk/chedworth-roman-villa.

The Wilson (Cheltenham Art Gallery & Museum): Museum auf vier Etagen mit einer Gallerie für die weltberühmte Sammlung von Arts-&-Crafts-Objekten. Außerdem niederländische Malerei, orientalisches Porzellan und Exponate zur Archäologie der Cotswolds und der Geschichte Cheltenhams. Es gibt auch eine Ausstellung über den Polarforscher und Namensgeber Edward Wilson, der aus Cheltenham stammte. April bis Okt. tägl. 10–17 Uhr, im Winter bis 16 Uhr. 1. Do des Monats ab 11 Uhr, 3. Do des Monats bis 20 Uhr. Eintritt frei. Clarence Street, GL50 3JT, ✆ 01242/237431, www.thewilson.org.uk.

Sport/Kultur **Cheltenham Racecourse**, 16 Rennen von Okt. bis April, Führungen an Tagen ohne Rennen 18 £ (✆ 01242/539538), GL50 4SH. Infos unter ✆ 01242/513014, Kartenverkauf: ✆ 0344/5793003, www.cheltenham.co.uk.

Übernachten *** **The George Hotel**. Dieses klassizistische Haus im Stadtzentrum mit 31 modern eingerichteten Zimmern verschiedener Größen verfügt über eine ausgezeichnete Brasserie und eine Cocktailbar mit Livemusik an den Wochenenden. EZ 120–22 £, DZ 130–210 £. Auch Wellnessangebote zusammen mit Chapel Spa. St George's Road, GL50 3DZ, ✆ 01242/235751, www.stayatthegeorge.co.uk.

**** **Crossways Guest House**. Zentrale Pension in einer hübschen Regency Villa, freundlich und kürzlich modernisiert. Lyndsay und Mark sorgen für gute Informationen, gute Laune und kleine Extras (z. B. Bademäntel auf dem Zimmer und Kühlschrank in der Lounge). EZ mit Gemeinschaftsbad 45 £, en-suite 60 £, DZ mit Gemeinschaftsbad 80, en-suite 95 £. 57 Bath Road, GL53 7LH, ✆ 01242/527683, crosswaysguesthouse.com.

** **Central Hotel**. Teure Boutiquehotels und Pensionen gibt es in Cheltenham zuhauf, dies hier ist eine sehr einfache, aber günstige Alternative im Stadtzentrum. Familiengeführt, 20 individuell gestaltete Zimmer mit Küchennutzung. EZ ab 45 £, DZ ab 55 £. Auch Apartments ab 49 £ und Studios. 7–9 Portland Street, GL52 2NZ, ✆ 01242/582172, www.centralhotelcheltenham.co.uk.

››› **Mein Tipp:** *** **The Big Sleep**. Cooles und günstiges Kettenhotel mit 59 sauberen, sehr einfachen, aber modernen Zimmern in knalligen hellen Farben. Schlichtes kontinentales Buffetfrühstück. Parkplatz zu buchen für 7 £. DZ 55–160 £, Familienzimmer 90–300 £. Wellington Street, GL50 1XZ, ✆ 01242/696999, www.thebigsleephotel.com. ‹‹‹

Essen & Trinken **Le Champignon Sauvage**. Bestes Restaurant in der Stadt mit zwei Michelinsternen, klassische französische Küche, 2 Gänge à la carte 50 £, 3 Gänge 63 £, Set Menue 26 £/32 £. Di–Sa 12.30–14.15 und 19.30–21.30 Uhr. 24–26 Suffolk Road, GL50 2AQ, ✆ 01242/573449, www.lechampignonsauvage.co.uk.

››› **Mein Tipp:** **The Daffodil**. Restaurant und Bar in einem alten Art-déco-Kino. Feine modern-britische Küche. Montagabends „Jazz and Martini Mondays" mit Martinis zum halben Preis. Mo–Do 18–24 Uhr, Fr–Sa ab 12 Uhr, Afternoon-Tea von 15–17 Uhr. 18–20 Suffolk Parade, GL50 2AE, ✆ 01242/700055, www.thedaffodil.com. ‹‹‹

John Gordons. In dieser Weinbar bekommt man auch tapasartige Snacks wie Käse und Antipasti, schön sind die Tische unter der überdachten Arkade, wo die Welt an einem vorbeizieht. Mo–Mi 11–22 Uhr, Do 10.30–23 Uhr, Fr–Sa 10.30–1 Uhr, So 12–21 Uhr. 11 Montpellier Arcade, GL50 1SU, ✆ 01242/245985, www.johngordons.co.uk.

Painswick und Rococo Garden

Painswick, die „Königin der Cotswolds", liegt im gleichnamigen Tal und besteht aus einem Netz aus kleinen Gassen, die sich um die spätgotische kleine Kirche herumwinden. Der Friedhof ist berühmt für seine 99 Eibenbäume, und die Legende will es, dass – sollte je ein hundertster gepflanzt werden – der Teufel höchstpersönlich erscheine, um ihn verwelken zu lassen. Als im Jahr 2000 ein Millenniumbaum gepflanzt wurde, passierte erst einmal gar nichts, bis nach sieben Jahren eine alte Eibe starb, um die Zahl 99 wieder herzustellen. Jedes Jahr am Sonntag nach dem 19. September findet die *clypping ceremony* statt: Dabei laufen die Kinder des Dorfes mit Blumen im Haar in einer Prozession um den Kirchhof, fassen sich dann um die Kirche einen Kreis bildend an den Händen und singen.

Auf der Gloucesterroad kommt man nach ungefähr einem Kilometer zum **Rococo Garden**, der in den 1980er-Jahren nach einem Gemälde von 1748 originalgetreu restauriert wurde und neben der formalen Gartenanlage auch einen schönen Waldwanderweg bietet. Im angrenzenden Kutschenhaus ist ein Restaurant untergebracht.

Rococo Garden: Jan. bis Okt. tägl. 10.30–17 Uhr. 7 £, erm. 6 £, Kind 3,30 £, Familie 18 £. Gloucester Road, GL6 6TH, ✆ 01452/813204, www.rococogarden.org.uk.

Owlpen Manor

Am westlichen Rand der Cotswolds liegt einen knappen Kilometer östlich des Ortes Uley ein Landsitz aus dem 15. Jh. – ein echter Geheimtipp. Owlpen Manor wurde 1926 im Arts-and-Crafts-Stil liebevoll wieder hergerichtet und ist in terrassenförmige Gärten des 16. und 17. Jh. eingebettet. Das Haus ist nur für Hochzeiten oder Gruppen geöffnet, den Garten aber kann man besichtigen. Auf dem Gelände stehen mehrere romantische Period Cottages und eine alte Mühle, die an Urlaubsgäste vermietet werden.

Garten tägl. 10–17 Uhr. 5 £. Cottages ab 280 £/Woche. Uley nahe Dursley, GL11 5EZ, ✆ 01453/860261, www.owlpen.com.

Stroud

Der Designer Jasper Conran beschrieb Stroud einmal als „das Covent Garden der Cotswolds“, und das stolze Marktstädtchen ist tatsächlich für seine steilen Einkaufsstraßen mit Designerboutiquen und Galerien sowie für seine Kaffeehauskultur bekannt. Der Ort war eine der Geburtsstätten der „Organic Food“-Bewegung, Vorkämpfer für Biowaren. Der samstägliche Farmers' Market gilt als einer der besten des Landes. In und um den Ort haben sich einige bekannte Künstler angesiedelt. Der berühmteste von ihnen dürfte Damien Hirst sein, bestverdienender „Junger Wilder“ der zeitgenössischen englischen Kunstszene, der in Chalford ein Studio hat. Fünf Täler umgeben Stroud, durch die sich fünf Flüsse zum Severn schlängeln – im Mittelalter gab es noch Wassermühlen. Im 18. und 19. Jh. wurden in Stroud, einem der wichtigsten Zentren für die Tuchproduktion in den Cotswolds, vorwiegend die roten Stoffe für die Armeeuniformen hergestellt, deren Farbe bis heute Stroudwater Scarlet heißt. Inzwischen werden allerdings nur noch grüne Stoffe für die Bespannung von Snookertischen fabriziert. Die Geschichte der Tuchproduktion in Stroud wird im **Museum in the Park** im ehemaligen Haus eines Wollhändlers aus dem 17. Jh. dokumentiert und durch zeitgenössische Ausstellungen ergänzt. Im Park spielen von Juni bis August sonntags von 14.30 bis 16.30 Uhr Blaskapellen aus der Umgebung.

Information Tourist Information Centre, tägl. (außer So) 10–17 Uhr. Subscription Rooms, George Street, Gloucestershire, GL5 1AE, ✆ 01453/760960, www.stroud.gov.uk und www.visitthecotswolds.org.uk.

Kino Vue Stroud **Apollo**, Merrywalks Shopping Centre, ✆ 08712/240240, www.myvue.com/home/cinema/stroud.

Die Midlands → Karte S. 104/105

Märkte Der **Fresh-n-Local Farmers' Market** von Stroud gilt als einer der besten des Landes. Gleichzeitig findet der **Threadneedle Flea Market** statt. Sa 9–14 Uhr, Cornhill Market Place und Umgebung, Stroud, GL5 2HH, www.fresh-n-local.co.uk.

Sehenswertes **Museum in the Park**: April bis Sept. Di–Fr 10–17 Uhr, Sa/So ab 11 Uhr, Aug. auch Mo 10–17 Uhr, Okt. bis März Di–Fr 10–16 Uhr, Sa/So 11–16 Uhr. Eintritt frei. Stratford Park, GL5 4AF, ✆ 01453/763394, www.museuminthepark.org.uk.

Übernachten *** **The Bear of Rodborough Hotel**. Im Arts-&-Crafts-Stil umgebautes steinernes Postkutschen-Inn über der Stadt. Urig, aber luxuriös und komfortabel. B & B ab 85. Rodborough Common, GL5 5DE, ✆ 01453/878522, www.cotswold-inns-hotels.co.uk/bear.

Essen & Trinken **JRool**. Bistro und Wine Bar, spezialisiert auf Eggs Benedict (nur Sa) zum Frühstück und innovative britische Küche hernach. So/Mo geschl., Di–Fr 10–15 Uhr, Do—Fr auch ab 18 Uhr, Sa 9–15 und ab 18 Uhr. 12 Union Street, GL5 2HE, ✆ 01453/767123, www.jrool.co.uk.

››› **Mein Tipp: Woodruffs**. Erstes Biocafé Großbritanniens, alles vegetarisch mit Ausnahme der Thunfisch-Makrelen-Pastete. Tägl. (außer So) 8.30–17 Uhr. Auch vegetarische Kochkurse. 24 The High Street, GL5 1AJ, ✆ 01453/759195, www.woodruffs organiccafe.co.uk. ‹‹‹

Tetbury

Ein weiteres typisches Cotswoldsdorf, das seine Existenz der Wollindustrie und seine Schönheit dem Cotswoldstein verdankt. Besonders romantisch sind die Chipping Steps, eine Flucht alter Steinstufen, die von Weberkaten gesäumt sind. Auf dem Marktplatz stehen eine von Säulen umgebene Markthalle und die Stadthäuser der reichen Händler aus dem 17. Jh. Der Landsitz von Prinz Charles, **Highgrove,** dessen Gärten man im Sommer besuchen kann, und seine Duchy Home Farm sind nur knapp 2 km entfernt. Einrichtungsaccessoires im Landhausstil und Geschenke verkauft der Prinz im Highgrove Shop in der Long Street. Auch Prin-

Alte Markthalle von Tetbury

zessin Annes Landsitz Gatcombe befindet sich nur einen Katzensprung von hier bei Avening, und die Prinzen William und Harry spielen bis heute gern Polo im Beaufort Polo Club.

5 km südlich des Dorfes kann man das **Westonbirt Arboretum** besuchen, einen 240 ha großen Garten voller exotischer Bäume und Sträucher (15.000 Spezies!), in dem im Frühjahr Hunderte von Rhododendren und Azaleen blühen. Der 13 m hohe Treetop Walk führt 300 m entlang der Baumwipfel und bietet tolle Aussichten.

Information **Tourist Information Centre**, April bis Okt. Mo–Sa 10–16 Uhr, Nov. bis März Mo–Sa 10–14 Uhr. 33 Church Street, GL8 8JG, ✆ 01666/503552, www.visittetbury.co.uk.

Einkaufen **Highgrove Shop**, Mo–Sa 9.30–17 Uhr, So 10.30–16.30 Uhr. 10 Long Street, GL8 8AQ, ✆ 0845/5214342, www.highgroveshop.com.

Außerdem gibt es rund zwei Dutzend **Antiquitätengeschäfte** in Tetbury entlang Long Church und New Church Streets.

Sehenswertes **Highgrove**: Die Gärten sind mit Voranmeldung zu besichtigen von April bis Mitte Okt., 25 £, kürzere Highlights-Tour 17,50 £, Champagner-Tours 75 £. Buchung: ✆ 0207/7667310. Im April gibt es ein Garden Festival, Eintritt 15–75 £, Buchung ✆ 0333/2224555. Erfrischungen bekommen Besucher im Orchard Restaurant oder dem Café. Nahe Tetbury, GL8 8PH, www.highgrovegardens.com.

Westonbirt Arboretum: tägl. 9–17 Uhr. Café, Restaurant und Shop. 6–9 £, erm. 4–6 £, Kind 2–4 £ (je nach Saison). GL8 8QS, ✆ 0300/0674890, www.forestry.gov.uk/westonbirt.

Veranstaltungen **Tetbury Woolsack-Races**, Ende Mai. Ein Volksfest, bei dem die Läufer auf dem Rücken Wollsäcke eine 25 %ige Steigung hoch tragen, oft nach Biergenuss im Crown oder Royal Oak. www.tetburywoolsack.co.uk.

Übernachten/Essen *** **The Ormond**. Postkutschen-Inn im Stadtzentrum, 16 geschmackvoll eingerichtete Zimmer, hervorragendes Essen. EZ ab 79 £, DZ 79–190 £ (mit Himmelbett). 23 Long Street, GL8 8AA, ✆ 01666/505690, theormondattetbury.co.uk.

Quayles. Deli, Bistro und Weinbar in einem, super für leichten Lunch oder einen Drink am Abend. Mo–Fr 9–17 Uhr, Do–Fr auch 18–21 Uhr. 1 Long Street, GL8 8AA, ✆ 01666/505151, www.quayles.co.uk.

Malmesbury

Das alte angelsächsische Abteistädtchen verdankt seinen einstigen Reichtum den Webern des Mittelalters, die eine Reihe von Armenhäusern, ein achteckiges Marktkreuz und gemütliche Inns schufen. Die High Street beginnt am Fuße eines Hügels bei einer alten Seidenspinnerei, überquert den Fluss und windet sich dann hinauf zu dem Marktkreuz von 1490, wo alle zwei Wochen ein Farmers' Market abgehalten wird.

Durch ein Tor gelangt man zur normannischen **Abteikirche** der Benediktiner, die nach dem Einsturz ihres Westturmes einen neuen Lichtgaden und ein Gewölbe im Decorated Style erhielt. Bemerkenswert ist der Nordeingang mit seinem Skulpturenrelief, das Szenen aus dem Alten Testament darstellt. Der größte Schatz der Kirche befindet sich im Nordschiff: das Grab von Aethelstan, Enkel Alfreds des Großen und König von England zwischen 924 und 939. Dank des Geschäftssinnes eines reichen Wollwebers namens Stumpe überlebte die Abbey die Wirren der Reformation unbeschadet. Dieser nämlich erwarb das Gotteshaus, baute sich auf dem Gelände einen Landsitz und stellte in den sechs Jochen zwischen den Königsgräbern seine Webstühle auf. Er gab die Kirche am Ende seines Lebens der Gemeinde zurück.

Die Midlands → Karte S. 104/105

Einem Bibliothekar des 12. Jh., William of Malmesbury, haben wir die Überlieferung der Geschichte vom fliegenden Mönch Eilmer zu verdanken, der sich eine Apparatur zum Fliegen baute und damit vom Kirchendach sprang. Er landete nicht hoch oben in den Lüften, sondern tief unten in der High Street – mit zwei gebrochenen Beinen. Am Ostende der Abtei gelangt man durch einen angelsächsischen Torbogen zum Haus des Abtes aus dem 16. Jh., wo sich auch die **Abbey House Gardens** befinden, eine entzückende kleine Gartenanlage mit u. a. mehr als 2000 verschiedenen Rosenarten. Seit 2016 werden im Haus auch drei Zimmer vermietet.

Information Tourist Information Centre, Mo–Do 9–17 Uhr, Fr bis 16 Uhr, Juni bis Sept. auch Sa 10–16 Uhr. Town Hall, Market Lane, Cross Hayes, SN16 9BZ, ✆ 01666/823748, www.malmesbury.gov.uk.

Sehenswertes Abteikirche: tägl. 9–17 Uhr, im Winter bis 16 Uhr. So mehrere Gottesdienste. Spende von 5 £ erbeten. Guide Book 2 £, neuer Audioguide. Erfrischungen sind in der Abbey Kitchen erhältlich (Mo–Sa 9.30–16 Uhr, So geschl.). ✆ 01666/826666, www.malmesburyabbey.com.

Abbey House Gardens: Ende März bis Okt. tägl. 11–17.30 Uhr. An mehreren Tagen im Jahr legen Nudisten hier ihre Kleidung ab, die „clothes optional days" finden sich auf der Webseite. 7,50 £, erm. 6,50 £, Kind 3 £, Familie 18 £. SN16 9AS, ✆ 01666/827650, www.abbeyhousegardens.co.uk. Rufus vermietet in dem Tudorhaus drei Zimmer ab 120 £/Nacht, Gäste haben den Garten dann für sich. www.airbnb.co.uk/rooms/6179705.

Veranstaltungen WOMAD, Musikfestival mit mehr als 80.000 Besuchern im nahen Charlton Park am letzten Wochenende im Juli. www.womad.org.

Übernachten/Essen **** Abbey House, → Sehenswertes.

**** The Old Bell. Hotel und Restaurant in einer Postkutschenstation im Herzen des Ortes. Angeblich 1220 von einem Abt der Abtei gegründet als Gästehaus für die Besucher des Klosters und seiner Bibliothek. 31 Zimmer vom Feinsten, DZ ab 115–275 £. Abbey Row, SN16 0BW, ✆ 01666/822344, www.oldbellhotel.co.uk.

Bird Cage. Tolle italienische Pizzeria, die Pizzen, Pasta und Salate sind auch für Veganer geeignet, es gibt glutenfreie und laktosefreie Varianten. Tägl. 12–21.30 Uhr. 2 High Steet, SN16 9AU, ✆ 01666/825505, birdcagemalmesbury.co.uk.

Cirencester

Einst hieß der Ort Corinium und war Englands zweitgrößte römische Stadt nach London mit einem der größten **Amphitheater,** das inzwischen grasüberwachsen, aber in seinen Umrissen noch immer zu bestaunen ist. Die Sachsen zerstörten Cirencester im 6. Jh., doch erschuf sich der Ort als wichtigste Wollstadt der Region im Mittelalter neu. Heute nennt er sich gerne „Hauptstadt der Cotswolds" und versprüht auch eher städtisches denn dörfliches Flair.

Es lohnt der Besuch der Kirche **St John the Baptist,** die groß wie eine Kathedrale daherkommt und durch ihren hohen gotischen Turm auffällt. Der Eingang ist ungewöhnlicherweise dreigeschossig. Er wurde im 15. Jh. als Büro für die Äbte eines längst verschwundenen Klosters gebaut und diente nach der Reformation als Rathaus. Die Ostfenster bestehen aus wertvollem mittelalterlichem Buntglas, und im Innern gibt es viele Messinggrabplatten von bedeutenden Wollhändlern und den Boleyn Cup, einen kostbaren Becher, der 1535 für die zweite Frau Heinrichs VIII. geschaffen wurde.

Einen Streifzug durch die Geschichte Cirencesters mit Schwerpunkt auf der Römerzeit erlaubt das **Corinium Museum.** Man kann Rekonstruktionen einer römischen Villa und die Baracken römischer Soldaten besuchen und sieht Mosaike und andere Funde.

Für einen Spaziergang bietet sich der **Cirencester Park** an, ein von Graf Bathurst und seinem Freund Alexander Pope am Anfang des 18. Jh. geometrisch angelegter Landschaftspark (8 x 4,5 km). Er hat ein Freibad, das aus einer lokalen Quelle gespeist wird, und während der Saison wird hier sonntags Polo gespielt. Mitunter sitzen dann auch die Prinzen William und Harry im Sattel.

Information **Tourist Information Centre**, Mo–Sa 10–17 Uhr, So 14–17 Uhr, Nov. bis März nur bis 16 Uhr. Corinium Museum, Park Street, GL7 2BX, ✆ 01285/654180, www.cirencester.co.uk.

Einkaufen **Corn Hall and Arcade**, Mo–Do 10–16 Uhr Markt für Haushaltswaren, Kleidung und Gartenaccessoires, Fr 8–15 Uhr Antiquitätenverkauf (www.cirencester-antiques.co.uk), jeden 2. und 4 Sa/Monat Kunsthandwerk. www.cotswoldcraftmarket.co.uk. Jeden 1. und 3. Sa Farmer's Market. Mo–Do 10–16 Uhr Bazaar.

Black Jack Street, kleine Boutiquen und Geschäfte in einer der ältesten Gassen des Ortes mit dem Spitznamen Notting Hill of Cirencester. www.cirencestershopping.co.uk/blackjackstreet.

Kultur **Brewery Arts Centre**, Mo–Sa 9–17, So 10–16 Uhr (nur April bis Dez.). Cirencesters Zentrum für zeitgenössische bildende und darstellende Künste. Auch Kurse und Café mit Livemusik. Brewery Court, GL7 1HJ, ✆ 01285/657181, www.newbreweryarts.org.uk.

Sehenswertes **Corinium Museum**: Mo–Sa 10–17 Uhr, So 14–17 Uhr, Nov. bis März nur bis 16 Uhr. 4,95 £, erm. 4,10 £, Student 3,30 £, Kind 2,25 £. Park Street, GL7 2BX, ✆ 01285/655611, coriniummuseum.org.

Amphitheater: ganzjährig geöffnet. Eintritt frei. www.english-heritage.org.uk.

St John the Baptist: tägl., So nur nachmittags. Eintritt frei. Market Place, GL7 2NX, ✆ 01285/659317, www.cirenparish.co.uk.

Cirencester Park: tägl. von Sonnenaufgang bis -untergang. Eintritt frei, GL7 2BP, www.cirencesterpark.co.uk. Infos zum Polo: ✆ 01285/653225, www.cirencesterpolo.co.uk.

Schwimmen **Freibad**, Mitte Mai bis Anf. Sept. Mo, Mi und Fr 7–18.45 Uhr, Di und Do ab 7.30 Uhr, Sa 9–17.45 Uhr, So ab 10 Uhr. 4,50 £, erm. 3 £, Kind 2,50 £. ✆ 01285/653947, www.cirenopenair.co.uk.

Übernachten **The Greensleeves**. Gepflegtes B & B zwischen Cheltenham Spa und Cirencester. EZ ab 50 £, DZ ab 70 £, Fr–Sa 75 £, So 65 £. Baunton Lane, Stratton, GL7 2LN, ✆ 01285/642516, www.greensleeves4u.co.uk.

*** **Corinium**. Unprätentiöses Hotel-Restaurant in altem Wollhändlerhaus mit 15 Zimmern und einem Walled Garden, 5 Min. vom Zentrum. Parkplatz in der Trafalgar Road hinter dem Haus. EZ 70 £, DZ ab 115 £. 2 Nächte am Wochenende ab 210 £. 12 Gloucester Street, GL7 2DG, ✆ 01285/659711, www.coriniumhotel.com.

YHA Cotswolds. Erst im April eröffnete dieses Hostel im New Brewery Arts Centre, wo man an verschiedenen handwerklichen Workshops teilnehmen kann. Bett ab 22 £, Zimmer ab 40 £, DZ ab 65 £. Brewery Court, GL7 1HW. www.yha.org.uk/hostel/cotswolds.

Camping **Abbey Home Farm**. Ein ganz schlichter Campingplatz auf einer Biofarm mit Bioladen (Mo geschl.) und Biotoilette. 18 Leute passen auch in die vier neuen Rundzelte (Yurts) des Eco-camps und man kann ein Holiday-Cottage mieten. Zelt 4,50 £ pro Pers., Kind 2 £. Keine Hunde, Caravans oder große Autos nur in einem Bereich. Burford Road, GL7 5HF, ✆ 01285/640441 (Shop) oder 01285/652808 (Camping), www.theorganicfarmshop.co.uk.

Essen & Trinken **Graze Bar, Brasserie & Chophouse**. Brasserie gegenüber der Kirche mit Garten und Kamin. Es gibt klassisch britische Gerichte. Mo–Do 11–23 Uhr, Fr–Sa bis 24 Uhr, So bis 22.30 Uhr. 3 Gosditch Street, GL7 2AG, ✆ 01285/652375 www.bathales.com/our-pubs/pid/graze-cirencester.

Café Mosaic. Einfaches Menü zu fairen Preisen und mit frischen Zutaten. Wie der Name vermuten lässt, schmücken Mosaike von einheimischen Künstlern den Raum. Tägl. (außer So) 8.30–17 Uhr. 12 The Woolmarket, Dyer Street, GL7 2PR, ✆ 012285/656362, www.cafemosaic.co.uk.

Keith's Coffee Shop. Mehr Delikatessenladen als Café (im hinteren Teil), wenn's voll ist, weiche man in den hübschen kleinen Garten aus. Rund 35 Kaffee- und 75 Teesorten. Mo-Sa 8.45–17.30 Uhr. 2 Blackjack Street, GL7 2AA, ✆ 01285/654717.

Die Midlands → Karte S. 104/105

Cotswold Waterpark

Zwischen Cirencester und Cricklade im Süden sowie Poole Keynes bis Lechlade im Norden liegt der Cotswold Waterpark, mit gut 100 km^2 eine der größten Seenlandschaften des Landes. Mehr als 140 künstliche Seen sind Ziel für Naturfreunde, denn seit einigen Jahren verwandelt sich die Gegend in ein Weltklasse-Ökosystem. Nachtigallen, Rohrdommeln, Fledermäuse und Libellen sind hier zu Hause, und viele Vögel aus aller Welt überwintern hier. Zahlreiche **Country Parks** locken mit ihren Wassersportaktivitäten vor allem Familien. Das Angebot an Caravanparks und Chalet-Dörfern ist riesig.

Information **Gateway Centre**, tägl. 9–17 Uhr, hier gibt es auch ein Café und Toiletten. Spine Road East, South Cerney, GL7 5TL (an der A 419 Swindon–Cirencester), Eintritt frei. ✆ 01793/752413, www.waterpark.org.

Country Parks **Cotswold Country Park and Beach**, vier Naturreservate und zwei Seen mit Strand und Rettungsschwimmern und viele andere Aktivitäten wie Wasserskibahn, Bootsverleih und Spielplatz. Febr. bis Dez., im Sommer 10–20 Uhr. Spratsgate Lane, Shorncote, Cirencester GL7 6DF, ✆ 01285/868096, www.cotswoldcountrypark.co.uk.

Wassersport bietet **Waterland Outdoor Pursuits**, Spratsgate Lane bei Cirencester, Shorncote, GL7 6DF, ✆ 01285/861202, www.ukwatersports.co.uk.

Neigh Bridge Country Park, nahe Somerford Keynes. Der Themse-Fernwanderweg verläuft neben dem Park, Angellizenzen kann man erwerben über ashtonkeynes anglingclub.co.uk. Parkgebühr 2 £/Tag.

Riverside Park, bei Lechlade-on-Thames. Flutwiesen mit Picknick-Gelände und Schilffeldern, in denen Vögel und Insekten über Forellen, Brassen und Barschen schwirren. Von April bis Sept. private Bootstouren mit der MV Inglesham auf der Themse, ✆ 01367/252401, www.lechladetripboat.co.uk.

Thames Path, Route und Informationen vom National Trails Office, ✆ 01865/810224, www.nationaltrail.co.uk/thamespath.

Lechlade und Kelmscott Manor

In Lechlade im Kelmscott Manor wohnte einst William Morris mit seinem Freund Dante Gabriel Rossetti von 1871 bis zu seinem Tode im Jahr 1896. Er richtete sich natürlich mit eigenen Möbeln, Stoffen, Tapeten und Wandteppichen ein oder wählte Objekte seiner gleichgesinnten Freunde Edward Burne-Jones und Dante Gabriel Rossetti. Der Wandteppich *Millefleurs* im White Room ist handgewebt, er wurde 1925 nach Morris' Design in seiner Firma Morris & Co, die noch bis 1940 existierte, gefertigt. Im Nachbarzimmer hängt das Porträt von Morris' Frau Jane an der Wand, *Blue Silk Dress*, das Rossetti malte. Drei Jahre lang war Rossetti bei Morris Untermieter, sein ehemaliges Studio ist heute der Tapestry Room. Im Obergeschoss schmückt eine handgestickte Decke das Himmelbett des ehemaligen Hausherrn. Es trägt eingestickt seine „Verse für das Bett in Kelmscott". Durch die Old Kitchen gelangen Besucher in den hübschen Garten.

In Lechlade entspringt die Themse, deren Verlauf man auf dem 294 km langen Thames Path bis zur Thames Barrier (Sturmflutwehr) in London Woolwich folgen kann. Die erste Schleuse ist bei Lechlade-on-Thames, das St John's Lock wird von einer Statue von Old Father Thames bewacht, die einst für die Weltausstellung im Londoner Crystal Palace geschaffen wurde.

Nach guten 10 km auf der A 4095 Richtung Nordosten erreicht man **Bampton,** das als Drehort für das fiktionale Yorkshire-Dorf Downton in der Erfolgsserie „Downtown Abbey" diente.

Kelmscott Manor: April bis Okt. Mi und Sa 11–17 Uhr. Eintritt 9,50 £, erm. 5 £, nur Garten 3,50 £, Familie 26 £. GL7 3HJ. ✆ 01367/252486, www.sal.org.uk/kelmscott-manor. Anfahrt: Von Lechlade auf der A 417 Richtung Faringdon, beim Trout Pub links abbiegen und den Schildern folgen.

William Morris und die Präraffaeliten

Was uns heute als modernes Design und zeitgemäßes Formgefühl vorkommt, hat seine Wurzeln in einer Bewegung, die in England unter dem Begriff *Arts and Crafts Movement* bekannt ist und Ende des 19. Jh. durch eine Generation von Künstlern angestoßen wurde, die sich Präraffaeliten nannten. Damit beschworen sie das mittelalterliche Idealbild, dass jeder Künstler ein Handwerker und jeder Handwerker ein Künstler sein solle. Sie waren Humanisten und Sozialisten und wollten die Schönheit des Lebens bewahren in einer Zeit, in der die fortschreitende Industrialisierung dem Menschen die Freude und Identifikation mit seiner Arbeit zu rauben und sein Umfeld mit billiger Massenware zu überschwemmen drohte. Zur „Firma" gehörten Künstler wie Dante Gabriel Rosetti oder Edward Burne-Jones und eben William Morris. Kreativ, wie sie waren, lebten, liebten und litten sie zusammen. Rosettis Frau Elizabeth Siddal beging Selbstmord, während dieser ein Verhältnis mit Morris' Gattin Jane unterhielt, wobei sich Morris wiederum bis über beide Ohren in Georgiana verliebte, die die Angetraute seines Freundes Burne-Jones war. Trotz des emotionalen Tohuwabohus schrieben sie Gedichte, bauten Möbel, entwarfen Häuser, Einrichtungen, Tapetenmuster und Buntglasfenster. William Morris gründete auch die berühmteste private Druckerei seiner Zeit, die Kelmscott Press, und erfand eigene Drucktypen, um hochwertige Bücher herzustellen. Seine Philosophie fasste William Morris in einem einzigen Leitsatz zusammen: *„Have nothing in your houses that you do not know to be useful or believe to be beautiful"* („Habt nichts in euren Häusern, was ihr nicht für nützlich oder für schön erachtet").

Uffington White Horse

Eine halbe Stunde südlich von Lechlade liegt auf einem Dragon Hill genannten Berg ein Magnet für spirituelle Geister, das Uffington White Horse. Der Umriss dieses Pferdes, des vermutlich ältesten Scharrbilds Englands, misst 107 m auf 37 m und wird vom National Trust gepflegt. Traditionell wird es mit der angelsächsischen Invasion im 5. Jh. in Verbindung gebracht, wahlweise auch mit König Alfred und seinem Sieg über die Wikinger im 10. Jh. Neuere Forschungen datieren es 2000 bis 3000 Jahre zurück in die Eisenzeit und deuten es als Huldigung der keltischen Göttin Epona, die über die (damals) heiligen Pferde wachte. In Sichtweite thront auf dem White Horse Hill (262 m) auch die Eisenzeitfeste Uffington Castle.

Ganzjährig geöffnet, Eintritt frei. Der National Trust betreibt April bis Okt. Sa/So einen Infostand. www.nationaltrust.org.uk/white-horse-hill.

Bibury

William Morris pries diesen Ort als *„the most beautiful village in England"*, und Arlington Row – eine Reihenhaussiedlung aus urigen Weber-Cottages – gehört zu den meistfotografierten Straßen im Land, die auch zahlreiche Kalender und

Die Midlands → Karte S. 104/105

Romantisches Hotel in Bibury: Swan

Postkarten schmückt. Die Katen stammen aus dem 14. Jh. (als sie Klosterscheunen waren), wurden im 17. Jh. in Weberhäuser umgestaltet und sind bis heute bewohnt. Neben der ehemaligen Mühle ist eine Forellenfarm mit Verkaufsstand, wo seit 1902 jedes Jahr 10 Mio. Regenbogenforellen gezüchtet werden. Das Swan Hotel gegenüber ist eine sehr elegante Adresse, um seinen Afternoon Tea einzunehmen, zu dinieren oder gar zu wohnen. Die Church of St Mary stammt aus angelsächsischer Zeit.

Information www.bibury.com.

Aktivitäten **Bibury Trout Farm,** April bis Sept. tägl. 8–17.30 Uhr, März und Okt. bis 17 Uhr, Nov. bis Febr. bis 16 Uhr. Eintritt 3,95 £, erm. 3,50 £, Kind 2,95 £, Familie 12,50 £. GK7 5NL, ✆ 01285/740215, www.biburytroutfarm.co.uk.

Übernachten **Swan Hotel.** 22 Zimmer in ehemaligem Coaching Inn aus dem 17. Jh. DZ ab 99 £ mit Frühstück, an Wochenenden und in der Hauptsaison bis 250 £. GL7 5NW, ✆ 01285/740695, www.cotswold-inns-hotels.co.uk/swan.

Burford und Minster Lovell

Wie auf einer Perlenkette reihen sich mit Geißblatt und Rosen bewachsene Natursteinhäuser entlang der recht breiten High Street in **Burford** aneinander, die am Fuße des Hügels an der Burford Bridge über den River Windrush endet. In einem alten Tudor-Gebäude auf Stelzen, das einst ein Wegezollhäuschen war, befindet sich das **Tolsey Museum,** das die Insignien des Ortes und alte Industrieobjekte präsentiert. Die Kirche St John the Baptist enthält einige aufwendige Mausoleen, die die Reformation überlebt haben. Auf dem Friedhof finden sich für die Gegend typische *bale tombs,* Grabmäler, die die Form eines Wollballens haben. Neben dem Eingang erinnert eine Plakette an die drei Levellers, die hier am 17. Mai 1649 hingerichtet wurden. Sie hatten die sozialen Ungerechtigkeiten angeprangert und wurden als Anführer einer vor-sozialistischen Bewegung erschossen. Jedes Jahr findet zu ihrem Gedenken der Levellers Day statt (am Samstag, der dem 17. Mai am nächsten liegt).

8 km flußabwärts duckt sich **Minster Lovell** in das Tal des Windrush, ein uralter Ort, der an der Römerstraße zwischen St Albans und Cirencester liegt und nach der Gutsfamilie Lovell benannt ist. Von deren einstigem Landsitz steht allerdings nur noch eine Ruine (English Heritage). Einige strohgedeckte Katen, mittelalterliche Inns und die Kenelm's-Kirche prägen das Idyll.

Nicht weit von hier befindet sich an der A 4095 von Witney nach Woodstock die **North Leigh Roman Villa** mit ihrem fast vollständig erhaltenen Mosaikfußboden (English Heritage, Eintritt frei).

Familien können den Wildpark **Cotswold Wildlife Park and Gardens** ansteuern, der neben seinen mehr als 260 Arten (u. a. Leoparden und Asiatische Löwen, Giraffen, Krokodile, Wölfe) Gärten, einen Skulpturengarten und einen viktorianischen Landsitz (Bradwell Grove Estate) bietet. Im ehemaligen Küchengarten wachsen tropische Pflanzen, die den Vögeln und Nagern aus Madagaskar Lebensraum bieten. Täglich werden die Pinguine, Löwen und Lemuren gefüttert. Im Sommer verbindet eine Schmalspurbahn die vier Bereiche der 50 ha großen Anlage. Außerdem gibt es einen großen Spielplatz und verschiedene Picknickbänke.

Informationen **Burford Visitor Information Centre**, Mo–Sa 9.30–17 Uhr, So 10–16 Uhr. 33a High Street, Burford, OX18 1QA, ✆ 01993/823558,www.oxfordshirecotswolds.org und burfordtown.com.

Einkaufen/Fahrradverleih **Cotswold Woollen Weavers**, Kleidung, Teppiche und Einrichtungsgegenstände aus Cotswold-Wolle. Studio, Shop, Café und ein kleines Textilmuseum des Designers. Es werden auch Fahrräder verliehen (6 £ für 3 Std., 10 £ für 6 Std.). Mo–Sa 10–18 Uhr, So 14–18 Uhr. Im Dorf Filkins (A 361 zwischen Burford und Lechlade), GL7 3JJ, ✆ 01367/860660, www.naturalbest.co.uk.

Sehenswertes **Tolsey Museum**, April bis Okt. tägl (außer Mo) 14–17 Uhr, High Street/ Cheep Street, OX18 4QU, www.tolseymuseumburford.org.

Die hübsche High Street von Burford

Die Midlands → Karte S. 104/105

North Leigh Roman Villa: ganzjährig geöffnet, 550 m von der Hauptstraße A 4095, Eintritt frei. Parken in Haltebucht auf der Straße 550 m entfernt. www.english-heritage.org.uk.

Rollright Stones: knapp 5 km nordwestlich von Chipping Norton nahe Long Compton (an einer Seitenstraße zwischen der A 3400 und der A 44). Kasse des Vertrauens 1 £. OX7 5NQ, www.rollrightstones.co.uk und www.english-heritage.org.uk (→ Näheres S. 128). Veranstaltungen wie „Spring Moon Watch", auch privat buchbar für Events.

Uffington White Horse: ganzjährig geöffnet, Eintritt frei. Der National Trust betreibt April bis Okt. Sa/So einen Infostand. www.nationaltrust.org.uk/white-horse-hill.

Cotswold Wildlife Park and Gardens: April bis Okt. tägl. 10–18 Uhr, letzter Einlass 16.30 Uhr, im Winter nur bis 17 Uhr, letzter Einlass 15.30 Uhr. Eintritt 15 £, erm. (Kinder bis 16 J. und Senioren) 10 £. Bradwell Grove, Burford, OX18 4JP, ✆ 01993/823006, www.cotswoldwildlifepark.co.uk.

Übernachten **The Priory**. Restaurant und B & B mit 5 kleinen und einfachen Gästezimmern im Hof mitten in Burford. EZ (Etagenbad) 30 £, DZ (Etagenbad) 57,50 £, DZ en-suite 69,50 £. 35 High Street, OX18 4QA, ✆ 01993/823249, www.prioryrestaurant burford.co.uk.

Swan Hotel. 18 Zimmer in einem ehemaligen Coaching Inn aus dem 17. Jh., das der Herzogin von Devonshire gehört. Der Landgasthof befindet sich in Swinbrook am River Windrush, hat ein gutes Restaurant, heimische Biersorten im rustikalen Schankraum und moderne Zimmer in einer umgebauten Scheune. DZ 125–195 £. ✆ 01993/823339, www.theswanswinbrook.co.uk.

Northleach

Der wunderhübsche Marktplatz von Northleach wird von einer der schönsten Wollkirchen der Region überragt. St Peter and St Paul repräsentiert reinste Hochgotik des 15. Jh. und enthält eine riesige Sammlung an Messingdenkmälern, die an die spendablen Wollhändler erinnern. Die High Street wird von einem interessanten Architekturmix gesäumt, darunter viele schmale Fachwerkhäuser, die die Größe der *burgage plots* widerspiegeln, der mittelalterlichen Ladenflächen, die für fünf Pence an Händler vermietet wurden. In der alten Schule befindet sich heute **Keith Harding's World of Mechanical Music**, eine Sammlung von Uhren und mechanischen Instrumenten aus ganz Europa. Kinder und Sammler sollten sich am Marktplatz das Doll's House nicht entgehen lassen, 1971 als Englands erstes Puppen-Geschäft gegründet. Einkehren kann man wunderbar im Wheatsheaf Inn aus dem 17. Jh.

Im alten **Gefängnis** am westlichen Ende des Ortes am römischen Fosse Way befindet sich eine Ausstellung zum bäuerlichen Leben in der Region sowie der historische Gerichtssaal. Das Gefängnis wurde zu einer Touristenattraktion ausgebaut. Man kann eine originale Zelle besuchen, im Hof historische Farmgerätschaften und Schäferhütten bestaunen oder sich im Besucherzentrum namens **Escape to the Cotswolds** über Geologie, Geschichte, Landschaft, Flora und Fauna der Region sowie den Fernwanderweg Cotswold Way informieren. Danach sollte man im Cotswold Lion Café die Gedanken an Wasser und Brot verscheuchen.

Information **Escape to the Cotswolds Visitor Centre at the Old Prison**, März bis Okt. tägl. 9.30–16 Uhr, im Winter Mo geschl. Eintritt frei, Spende von 2 £ erbeten. Fosse Way. GL54 3JH, ✆ 01451/862000, www.escapetothecotswolds.org.uk/things-to-see/aonb-visitor-centre.

Einkaufen **Coln Valley Smokery**, geräucherter Lachs, Forellen und mehr. Mo–Fr 8–16 Uhr. Far Peak, GL54 3JL, ✆ 01285/740311, www.simplysalmon.co.uk.

Sehenswertes **Keith Harding's World of Mechanical Music**: tägl. 10–17 Uhr, letzter Einlass 16 Uhr. 8 £, erm. 7 £, Kind 3,50 £, Familie 19 £ (beinhaltet Führung). The Oak House, High Street, GL54 3ET, ✆ 01451/860181, www.mechanicalmusic.co.uk.

Die Midlands → Karte S. 104/105

Bourton-on-the-Water: das Venedig der Cotswolds

Bourton-on-the-Water

Romantisch windet sich der River Windrush durch den Ort. Fünf kleine Brücken überspannen ihn, was dem Ort den Spitznamen „Venedig der Cotswolds" beschert hat. Rechts und links säumen honigfarbene Cottages die Dorfwiese. Bourton gehört sicher zu den attraktivsten Dörfern der Region, und damit leider auch zu den überlaufensten, da es regelmäßig von Reisebussen angefahren wird. Für die Besucher wurden ein Miniaturdorf, ein Motormuseum und eine **Parfümerie** eingerichtet, in der man der Mischung von Duftwässerchen beiwohnen kann und eine interessante Führung durch die Manufaktur, den Garten und das Labor erhält (Kurse möglich).

Wer Idylle ohne touristischen Trubel bevorzugt, sollte knapp 4 km weiter fahren nach **Wyck Rissington,** auf dessen Village Green man in aller Ruhe die Enten im Teich füttern kann. In der hübschen Kirche St Lawrence aus dem 12./13. Jh. war Gustav Holst einst Organist. Entzückend vor allem im Frühjahr ist auch der **Stonehouse Garden,** ein Cottage-Garten mit verschieden gestalteten Abteilen (Besichtigung nur nach Voranmeldung).

Information **Tourist Information Centre Bourton**, tägl. 9.30–17 Uhr. Victoria Street, Gloucestershire GL54 2BU, ✆ 01451/820211, www.bourtoninfo.com.

Sehenswertes **The Cotswold Perfumery**: Mo–Sa 9.30–17 Uhr, im Sommer bis 17.30 Uhr, So ab 10.30 Uhr. Besichtigungstouren müssen gebucht werden. Victoria Street, Bourton-on-the-Water, GL54 2BU, ✆ 01451/820698, www.cotswold-perfumery.co.uk.

Stonehouse Garden: Katie Lukas, Stone House, Wyck Rissington, GL54 2PN, ✆ 01451/810337, www.stonehousegarden.co.uk.

Veranstaltungen **Football in the River Windrush**, am Bank Holiday Monday im Aug. treten 7 Spieler pro Seite um 15 Uhr im Fluss zum „Wasserfußball" gegeneinander an.

Übernachten *** **The Mousetrap Inn.** Kleines Gasthaus mit 10 hübschen Zimmern und sehr neuen Betten, gutes Pub-Essen. B & B DZ ab 50 £, Drei-Bett-Suite bis 110 £. Lansdowne, GL54 2AR, ✆ 01451/820579, www.mousetrap-inn.com.

The Slaughters

Die Orte Upper und Lower Slaughter haben nichts mit Schlachtereien oder Gemetzel zu tun, sondern zählen zu den idyllischsten Dörfern der Cotswolds. Der Name stammt aus dem Altsächsischen und bedeutet soviel wie Platz des Schlehdorns. Zu Fuß sind die Slaughters eine Stunde von Bourton-on-the-Water entfernt, der Fußweg folgt der alten Römerstraße Fosse Way. **Lower Slaughter** liegt am River Eye. Stärken können Sie sich im Old Mill Tea Shop, wo es auch hausgemachtes Bio-Eis gibt (tägl. 10–18 Uhr, www.oldmill-lowerslaughter.com). Die Mühle wurde zuletzt 1958 kommerziell für die Mehlherstellung genutzt und gehörte zum Lower Slaughter Manor, das heute als familiengeführtes Hotel dient. Der größte Teil der kleinen St Mary's Church wurde im 19. Jh. errichtet. Das seltener besuchte **Upper Slaughter** hat ebenfalls eine kleine Kirche mit sächsischen Fundamenten und ein Luxushotel, Lords of the Manor, das im alten Pfarrhaus aus dem 17. Jh. untergebracht ist und ein Sterne-Restaurant sein Eigen nennt.

Übernachten **** **Lower Slaughter Manor.** Frisch renoviertes Countryhotel aus dem 17. Jh., 19 luxuriöse Schlafzimmer in 5 Kategorien, in allen warten ein Obstkorb und flauschige Bademäntel auf die Gäste. DZ ab 176 £ ohne Frühstück. Lower Slaughter, GL54 2HP, ✆ 01451/820456, www.slaughtersmanor.co.uk.

**** **Lords of the Manor.** Merry Old England erwartet die Gäste in diesem Luxushotel, das in einem Park inmitten traumhafter Landschaft liegt. Die Dielen knarren, die Möbel sind historisch und die Zimmer mitunter hellhörig, man kann auf der Terrasse im Freien speisen und unzählige lokale Käsesorten probieren. Das Restaurant hat einen Michelin-Stern. DZ ab 150–495 £. Upper Slaughter, GL54 2JD, ✆ 01451/820243, www.lordsofthemanor.com.

Stow-on-the-Wold

Stow-on-the-Wold, die „Stadt auf dem Hügel“, liegt als höchster Ort in den Cotswolds zwischen Bourton und Moreton am alten römischen Fosse Way 215 m über dem Meeresspiegel. Zentrum des Ortes bildet der alte Market Square, der wie eine italienische Piazza anmutet. Hier findet jeden zweiten Donnerstag im Monat von 9 bis 13 Uhr ein Farmers' Market statt. Kleine Gässchen *(tures)* zweigen vom Marktplatz ab, in denen zahlreiche Antiquitätengeschäfte zu finden sind. Wunderbar zum Bummeln und Stöbern.

Eines der schönsten Häuser des Landes aus der Zeit Jakobs I. befindet sich nordöstlich von Stow: **Chastleton House** wurde zwischen 1607 und 1612 von einem reichen Woll- und Tuchhändler namens Walter Jones um einen kleinen Hof (Diary Court) herumgebaut. Der Landsitz blieb unverändert erhalten, weil die Familie im Bürgerkrieg auf Seiten des Königs gestanden und unter Oliver Cromwell allen Reichtum verloren hatte. Auch in den nächsten 400 Jahren konnten deshalb keine größeren Umbauten oder Renovierungen an dem Landsitz vorgenommen werden. Seit 1991 ist das Haus im Besitz des National Trust, fühlt sich allerdings weiter wie eine Zeitkapsel und leicht abgewohnt an. Der Kamin in der Great Hall ist verrußt, der Eichentisch genauso alt wie das Haus selbst. Neben dem Great Chamber, wo Gäste mit Musik und Theater unterhalten wurden, ist die 22 m lange Long Gallery mit einem Tonnendach und wunderbarer Gipsdecke das Highlight. Eine weitere Kostbarkeit ist die Juxton Bible, die angeblich während der Hinrichtung Karls I. von seinem Kaplan, Bischof Juxton, gehalten wurde. Es gibt keinen großen Park, dafür einen hübschen Garten, der für seine ungewöhnlichen Topiari (in Form geschnittene Pflanzen) bekannt ist. In den Stallungen informiert eine Ausstellung über englisches Gartendesign der letzten 400 Jahre.

Information www.go-stow.co.uk.

Einkaufen **As long as it sparkles**, Mutter und Tochter verkaufen hier wunderschöne Retro-Secondhandkleidung, Schmuck, Möbel und Geschenke. Mo–Sa 10–17 Uhr, So 10–16 Uhr. 8 Talbot Court, GL54 1BQ, ✆ 01451/870132, www.aslongasitsparkles.co.uk.

Reiten Die British Horse Society hat den **Sabrina Way** für Reiter angelegt. Er führt von Stow-on-the-Wold nach Forthampton bei Tewkesbury.

Sehenswertes **Chastleton House**: März tägl. 13–16 Uhr, April–Okt. tägl. 13 bis 17 Uhr. Dez. nur Sa/So 11–15 Uhr. Timed Tickets (Karten mit Zeitfenster): 9,50 £, Kind 5 £, Familie 24 £; nur Garten 3,50 £, erm. 2 £, Familie 9 £. Chastleton nahe Moreton-in-Marsh, GL56 0SU, ✆ 01494/755560, www.nationaltrust.org.uk/chastleton-house.

Veranstaltungen **The Big Feastival**, Jamie Oliver und sein Freund und Blur-Bassist Alex James scharen seit 2011 am letzten Wochenende im Aug. Familien zum Food- und Musikfestival um sich. Letztes Jahr kamen 16.000 Besucher. In der Big Kitchen kochen Englands Spitzenköche. Alex James' Farm, Kingham, OX7 6UJ, 8 km südöstlich von Stow-on-the-Wold, www.jamieoliver.com/thebigfeastival.

Essen & Trinken **The Old Butchers** Hübsches Restaurant mit umfangreicher Speisekarte, Nose-to-Tail-Konzept, d. h. alles wird verarbeitet: Aufsschnitt- und Käseplatten, Fisch, Wild, Risotto, Burger. Do Ruhetag. Tägl. 12–14.30 Uhr u. 18.30–21.30 Uhr, Sa bis 22 Uhr, So 19–21 Uhr. Park Street, Stow-on-the-Wold, GL54 1AQ, ✆ 01451/831700, sites.google.com/site/theoldbutchers/home.

Höchster Ort der Cotswolds:
Stow-on-the-Wold mit dem King's Arms Postkutschen-Inn am Marktkreuz

Die Midlands → Karte S. 104/105

Shakespeares Grablege: Trinity Church am Avon

Stratford-upon-Avon

Stratford ist vor allem wegen seines berühmtesten Sohnes, William Shakespeare, bekannt. Und so kommen unzählige Besucher, um auf den Spuren des großen Dichters zu wandeln. Der aufwendige Umbau des Royal Shakespeare Theatre rückt ihn auch im 21. Jh. ins Rampenlicht und hat eine Verschönerung der ganzen Innenstadt nach sich gezogen.

Gleich wenn man den Avon über die Clopton-Brücke aus dem 15. Jh. überquert, kann man den illustren Barden neben Blumenrabatten und farbigen Booten in den Bancroft Gardens auf einer Säule stehen sehen. Flankiert wird das **Gower Memorial** von Shakespeares bekanntesten Protagonisten: Hamlet, Prinz Hal, Lady Macbeth und Falstaff, die die Philosophie, Geschichte, Tragödie und Komödie repräsentieren. Eine weitere lebensgroße Statue wurde ein Stückchen weiter aus Anlass seines 400. Todestages aufgestellt. In drei Theatern spielt die Royal Shakespeare Company (RSC): **Main House, The Swan** (Bühne für zeitgenössische Autoren Shakespeares) und **The Other Place** (Studio- und Festivaltheater). Auch wer nicht perfekt Englisch kann, wird von der Ausdruckskraft der Schauspieler mitgerissen. Möchte man keine Vorstellung besuchen, sollte man trotzdem das Royal Shakespeare Theatre besichtigen. Vom Dachrestaurant hat man fast ebenso schöne Ausblicke über die Bancroft Gardens, den Fluss Avon und die Landschaft von Warwickshire wie vom neuen Viewing Tower. Neben den Theatern locken fünf Häuser, die im Besitz des Barden oder seiner Familie waren, zur Besichtigung. Richten Sie sich aber auf eine wahre Touristenschwemme ein. Interessanterweise hat weder die Stadtverwaltung noch die Landesregierung je für die Restaurierung oder den Erhalt dieser Gedenkstätten bezahlt. Sie verdanken ihre Existenz allein einer Privatinitiative, dem **Shakespeare Birthplace Trust,** eine Stiftung, die 1847 gegründet wurde, um die Werke Shakespeares zu studieren und die Örtlichkeiten zu erhalten.

Stratford selbst ist ein hübsches, altes Marktstädtchen mit vielen entzückenden Fachwerkhäusern. Der Bischof von Worcester gründete eine Stadt an der Stelle, an der schon die Römer den Avon überquert hatten, und verlieh ihr 1196 die Marktrechte. Die Lage spiegelt sich im Namen wider: *strete ford* bedeutet Straßenfurt. Die alte Römerstraße führte durch die Bridge Street, Wood Street und Greenhill Street. Zu Zeiten William Shakespeares hatte Stratford etwa 1500 Einwohner, heute sind es fast 25.000, die rund 4 Mio. Besucher im Jahr verkraften müssen.

Die Midlands → Karte S. 104/105

Basis-Infos

Information **Visitor Information Centre,** viel Material über den berühmtesten Sohn der Stadt und die mit Shakespeare verbundenen Sehenswürdigkeiten. Die Zimmervermittlung weiß immer, wo noch ein Bett frei ist. Auch Bustickets werden verkauft. Mo–Sa 9–17.30 Uhr, So 10–16 Uhr. Bridgefoot, Stratford-upon-Avon, CV37 6GW, ✆ 01789/264293, www.shakespeare-country.co.uk oder www.iscover-stratford.com.

Verbindungen **Bus** – National-Express-Busse halten hinter dem Leisure Centre am Bridgeway. Die Bushaltestelle für Nahverkehrsbusse befindet sich in der Bridge Street. Von London Victoria aus fahren mehrere Unternehmen Stratford regelmäßig an. Fahrtzeit 3:15 Std.

Bahn – Stratfords Bahnhof ist in der Alcester Road (www.stratfordparkway.co.uk). Etwa stündlich fahren Züge nach Birmingham, Direktverbindung mit Chiltern Railways nach London/Marylebone Station. Fahrtzeit 2:15 Std., an manchen Samstagen werden späte Züge um 23.20 Uhr für Theaterbesucher eingesetzt. Von Birmingham aus kann man von Mitte Juli bis Anfang Sept. sonntags mit einer historischen Dampflok zur viktorianischen Town Station anreisen (25 £), dem Shakespeare Express. ✆ 0121/7084960, www.shakespeareexpress.com.

Flugzeug – nächster Flughafen ist Birmingham International (→ 194).

River Avon Fähre – März bis Okt. bringt Sie die Kettenfähre vom Dirty Duck Pub zur gegenüberliegenden Seite, wo man die Butterfly Farm besuchen oder im Café Sol mexikanisch essen kann. Fahrpreis 0,50 £.

Park & Ride – Northern P&R Bishopton an der A 46, CV37 9QY; Mo–Sa 7.30–23.30 Uhr, So 9.30–19.30 Uhr.

Southern P&R Shipston Road/Trinity Mead an der A 4390, CV37 8LU.

Bustransfer (hin und zurück) 2 £, Familie 3 £. Mo–Sa 7.30–23.30 Uhr, So 10–19 Uhr, April bis Sept. So schon ab 9.30 Uhr. www.warwickshire.gov.uk/stratfordparkandride.

Antiquitäten **Barn Antiques Centre,** Scheune 8 km außerhalb in Südwarwickshire, Erfrischungen im Bistro Violette. Di–Sa 10–17 Uhr, So 10.30–16.30 Uhr. Station Road, Long Marston, CV37 8RP, ✆ 01789/721399, www.barnantique.co.uk.

Bootsverleih **Avon Boating,** Kanus, Ruderboote und Stechkähne 6 £/Std., Minimum 2 Std., auch Motorboote für den halben Tag oder länger. Von April bis Okt. halbstündige Dampferfahrten, die von Bancroft Gardens neben dem Royal Shakespeare Theatre abgehen. Clopton Bridge, ✆ 01789/267073, www.avon-boating.co.uk.

Bancroft Cruisers legen tägl. 10.30–17.30 Uhr (wetter- und saisonbedingt) für Fahrten von 45–60 Min. vom Landing Stage hinter dem Crowne Plaza Hotel ab. 5,50 £, Kind 4 £. Bridgefoot, CV37 6YR ✆ 01789/269669, www.bancroftcruisers.co.uk.

Fahrradverleih **Stratford Bike Hire,** Fahrräder werden an die gewünschte Adresse in Stratford oder Umgebung geliefert. Eine schöne Route führt 8 km entlang einer stillgelegten Eisenbahnlinie (The Stratford Greenway). Start am Severn Meadows Car Park. Dort kann man sein Fahrrad auch abholen, tägl. 9.30–17.30 Uhr, CV37 6GR. 15 £/Tag. ✆ 07711/776340, www.stratfordbikehire.com.

Veranstaltungen Höhepunkt des Festivalkalenders sind die **Shakespeare's Birthday Celebrations,** die Geburtstagsfeierlichkeiten am 23. April (gleichzeitig St George's

Day). Dann fallen Morris-Tänzer und Straßenkünstler in Stratford ein, es gibt auch einen Blumenumzug von Shakespeares Geburtshaus bis zur Trinity Kirche, wo an seinem Grab Kränze niedergelegt werden.

Selbstredend dreht sich an einem Ort wie Stratford vieles ums Theater, aber es gibt auch andere Veranstaltungen wie das **Music Festival** im Okt. (Festival Office ✆ 01789/298197, www.stratfordmusicfestival.com).

Beliebt ist auch die Stratford **Mop Fair** ebenfalls im Oktober, die man sich wie eine Art Rummel vorstellen muss. Daneben wird auch Warwick Castle (→ S. 215) gerne als Ort für Sonderveranstaltungen genutzt. Hier findet Ende August ein **Medieval Festival** statt mit Ritterspielen, Tanz und Mummenschanz. Auch im Oktober werden Ritterduelle ausgetragen.

Kino **Stratford Picture House**, Windsor Street, CV37 6NL, ✆ 0871/9025741, www.picturehouses.co.uk.

Märkte Fr und Sa 9–16 Uhr in der Rother Street beim amerikanischen Trinkbrunnen. **Antiques Market** jeden zweiten und vierten Sa des Monats, 9–16 Uhr. So 10–17 Uhr März bis Weihnachten **Food and Crafts Market** in der Waterside.

Stadtführungen **Rundgänge**, Mo–Fr 11 Uhr, Sa–So zusätzl. 14 Uhr, Preis 6 £, erm. 5 £, Kind 3 £. Start am Schwanenbrunnen beim Royal Shakespeare Theatre. Dauer: ca. 2 Std. www.stratfordtownwalk.co.uk. Auch **Ghost Walks** (Mo, Do, Fr, Sa 19.30 Uhr, 6 £, erm. 4 £, zu buchen unter ✆ 01789/292478 oder 07855/760377, stratfordtownwalk@btinternet.com) und **Ghost Cruises**.

Außerdem Stadtrundfahrten mit **Open-Top-Bussen** ganzjährig (City Sightseeing) im Sommer alle 20 Min. in sieben Sprachen. Preis 13,50 £, erm. 11,50 £, Kind 7 £, Familie 30 £. ✆ 01789/412680, www.city-sightseeing.com.

Übernachten

Hotels in Stratford sind in der Regel sehr teuer, aber es gibt zahlreiche gute B & Bs. Sie konzentrieren sich am Evesham Place, in Grove Road, Broad Walk, Shipston und Alcester Road. Die Touristeninformation vermittelt Unterkünfte gegen eine Gebühr.

Tudor Charme: Falcon Hotel

**** **The Arden Hotel** **14** Ultraschickes Boutiquehotel in Toplage an der Waterside gegenüber der Royal Shakespeare Company, Garten, Brasserie, Champagnerbar und Terrasse. Sonntags Jazz-Lunches. Zimmerpreise wechseln je nach Auslastung ab 215 £. Waterside, CV37 6BA, ✆ 01789/298682, www.theardenhotelstratford.com.

**** **Falcon Hotel** **12** Das Hotel besteht aus einem alten Teil aus dem 15. Jh. und einem Neubau, in dem sich die meisten Zimmer befinden. Es gibt einen hübschen Hof zum Verweilen. Die Zimmer haben guten Standard, kostenloses Internet und Parkplatz, trotzdem immer wieder gute Sonderangebote. DZ ab 77 £. Chapel Street, CV27 6HA, ✆ 01789/279953, www.sjhotels.co.uk/stratford.

Sunnydale Guest House **19** Hübsche, recht kleine Zimmer mit Bad bietet dieses B & B etwa 10 Min. vom Zentrum. Der lichte Frühstücksraum geht raus zur Terrasse und dem gepflegten Garten. EZ ab 50 £, DZ ab 65 £. 64 Shipston Road, CV37 7LP, ✆ 01789/295166, sunny-dale.co.uk.

»» Mein Tipp: **The Emsley** 3 B & B in einer eleganten viktorianischen Stadtvilla in ruhiger Lage aber fußläufig zu allen Sehenswürdigkeiten. Die Zimmer sind individuell und liebevoll gestaltet, alle en suite mit TV. Das Frühstück ist reichhaltig mit hausgemachter Marmelade. DZ 65–90 £, Familienzimmer 105–130 £. 4 Arden Street, CV37 6PA, ✆ 01789/299557, www.theemsley.co.uk. ««

Moss Cottage 18 15 Min. Fußweg vom Zentrum, sehr gepflegt, sauber und komfortabel, sogar Klimaanlage, WLAN und Parkplatz, ausgezeichnetes Frühstück und ein herzlicher, persönlicher Empfang. EZ 45–50 £, DZ 75 £. 61 Evesham Road, CV37 9BA, ✆ 01789/294770, mosscottage.org.

Church Farm 16 Modernes Farmhaus in einem Bilderbuchdorf 10 km südöstlich von Stratford. Sehr geeignet für Familien und Gruppen. Zwei Zimmer im Haupthaus, vier Zimmer in umgebauten Stallungen, zwei Caravans (wochenweise, für je 6 Pers.). Gästelounge, Terrasse und Garten. Die Besitzer halten Pferde, Schafe, Hunde und Katzen. B & B EZ ab 38 £, DZ ab 30 £/Pers., Kind 10 £. Dorsington, CV37 8AX, ✆ 01789/720471, www.churchfarmstratford.co.uk.

Hemmingford House 2 Die Jugendherberge liegt etwa 3 km außerhalb und ist mit den Bussen Nr. 18, 18A und 15 zu erreichen. Die prächtige, über 200 Jahre alte Villa hat auch sechzehn DZ. B & B ab 18 £, privates Zimmer en-suite ab 49 £. Alveston, CV37 7RG, ✆ 0345/3719661, www.yha.org.uk.

Camping **Stratford Avon Racecourse Touringpark** 17 Camping auf der Pferderennbahn am Ufer des Avon, Platz für 150 Wohnwagen und 150 Zelte. Ende März bis Sept., Hunde erlaubt. Zelt ab 12 £, Caravan ab 13 £. Strom nur gegen Aufpreis nach vorheriger Buchung. Luddington Road, CV37 9SE, ✆ 01789/201063, www.stratfordtouringpark.com.

Essen & Trinken

→ Karte S. 155

Shakespeare macht hungrig! Die meisten Restaurants verschiedener Nationalitäten und für alle Geldbeutel findet man in der Sheep Street.

The Vintner 10 Benannt nach einem Weinhändler, von dem schon Shakespeare seinen Rebensaft bezogen haben soll. Café, Bar und Restaurant in historischem Ambiente, an der Messingbar gibt es auch Tapas. Tägl. 9.30–21 Uhr. 4–5 Sheep Street, CV37 6EF, ✆ 01789/297259, www.the-vintner.co.uk.

››› Mein Tipp: **The Opposition** 7 Gleich nebenan, etwas entspannteres Restaurant im Bistrostil, italienische und französische Speisen, etwas für den schmaleren Geldbeutel. Versteckter Garten. Mo–Do 12–14 und 17–21.30 Uhr, Fr/Sa 12–14 und 17–23 Uhr. 13 Sheep Street, CV37 6EF, ✆ 01789/269980, www.theoppo.co.uk. ‹‹‹

Bensons Restaurant and Tea Rooms 5 Hier gibt es Frühstück (5 £), Lunch oder den perfekten Champagner Afternoon Tea (19,95 £), Mo–Sa 9–17 Uhr, So 10–16 Uhr. 4 Bard's Walk, CV37 6EY, ✆ 01789/261116, www.bensonsrestaurant.co.uk.

››› Mein Tipp: **No.1 Shakespeare Street Bar and Kitchen** 1 Bester Laden in Stratford für etwas mehr Party: Cocktails, im Retrostil, Easy Listening und schnelle Bargerichte. Mo–Do und So 12–23 Uhr, Fr/Sa bis 2 Uhr. 1 Shakespeare Street, ✆ 01789/264787, www.theshakespearestreet.co.uk. Im ersten Stock werden in der Chapel Live-Gigs geboten, So ab 20 Uhr Jazz. Wenn es hier voll ist, probieren Sie es gegenüber im Pub **The One Elm**, 1 Guild Street, ✆ 01789/404919, www.oneelmstratford.co.uk. ‹‹‹

Windmill Inn 15 Mit 350 Jahren angeblich das älteste Pub in der Stadt, aber nicht angestaubt und mit großer Auswahl an Ales. 22 Church Street, CV37 6HB, ✆ 01789/297687, www.windmill-stratford-upon-avon.co.uk.

The Black Swan/The Dirty Duck 13 Das historische Pub mit zwei Namen aus dem 15. Jh. ist weltberühmt in Theaterkreisen. Viele Schauspieler/innen haben sich mit Fotos in der Actor's Bar verewigt, Restaurant und Außenterrasse, tägliche Spezialitätentafel und faire Preise. Waterside, CV37 6BA, ✆ 01789/297312, www.oldenglishinns.co.uk.

Garrick Inn 8 Eine der ältesten Gaststätten in einem hübschen Fachwerkhaus aus dem 14. Jh., benannt nach dem berühmtesten Shakespeare-Darsteller. 25 High Street, CV37 6AU, ✆ 01789/292186, www.oldenglishpubs.co.uk.

El Greco 4 Griechische Küche mit britischem und mediterranem Einschlag, das moderne und sehr gepflegte Restaurant erstreckt sich über zwei Etagen mit Blick über den Market Square. Probieren Sie die Mezzes (Tapasteller). Tägl. 10–22 oder 23 Uhr. 27 Rother Street, CV37 6NE, ✆ 01789/290505, www.el-greco.co.uk.

Edward Moon 11 The Moons ist eine Art englisches Bistro, benannt nach einem durch die Kolonien reisenden Koch des frühen 20. Jh. Ein leckeres Sandwich zum „Flying Lunch" kostet 5 £. Auch Deftiges zum Abend. Mo–Fr 11–14.30 und 17–21.30 Uhr. Sa 11–15 Uhr und 17–22 Uhr. So 11–15 und 17–21 Uhr. 9 Chapel Street, CV37 6EP, ✆ 01789/267069; www.edwardmoon.com.

Loxleys Restaurant and Winebar 9 Schönes Dekor und Ambiente unter rustikalen Deckenbalken, entspannte Atmosphäre und Gerichte aus saisonalen Produkten örtlicher Produzenten, gute Auswahl vom Grill. Mo-Sa 9.30–23 Uhr, So nur bis 22.30 Uhr. 3 Sheep Street, CV37 6EF, ✆ 01789/292128, www.loxleysrestaurant.co.uk. ■

››› Mein Tipp: **Hathaway Tea Rooms** 6 In verschiedenen Räumen werden nicht nur Afternoon Tea oder Kuchen serviert, sondern auch gute und günstige Mittagsoptionen wie Sandwiches und Suppen. Beeindruckendes Konzept, fantastische Auswahl an ungewöhnlichen und losen Teesorten. Bunte, freundlich-fröhliche Einrichtung. Ein Laden zum Wohlfühlen. Mo–Fr 9.30–17.30 Uhr, Sa 9–18 Uhr, So 10–17 Uhr. 19 High Street, CV37 6AU, ✆ 01789/264022, hathawaytearooms.com. ‹‹‹

Sehenswertes

Stratfords Sehenswürdigkeiten sind zum großen Teil eng mit dem Leben von William Shakespeare verwoben. **Shakespeare Houses** nennen sich fünf Ausstellungen, für die es verschiedene Kombitickets gibt: Birthplace, New Place, Hall's Croft, Anne Hathaway's Cottage und Mary Arden's Farm.

Das Kombiticket **Town, Cottage and Farm Pass** für alle fünf Attraktionen kostet 26,25 £, erm. 24,75 £, Kind 17 £, Familie 69,50 £, wer weniger Zeit hat beschränke sich auf den **Town Houses Pass**: Birthplace, New Place und Hall's Croft für 17,50 £, erm. 16,50 £, Kind 11,50 £, Familie 46,50 £. Alle Tickets sind ein Jahr gültig. Erhältlich über das Tourist Information Centre oder den Shakespeare Birthplace Trust, ✆ 01789/204016, www.shakespeare.org.uk/visit-the-houses.html. 10 % Rabatt bei Online-Buchung. Man kann eine kostenfreie App laden: Eye Shakespeare.

Birthplace Museum: Shakespeares Geburtshaus in der Henley Street ist wahrscheinlich eines der meistbesuchten Gebäude Englands; dabei ist keineswegs erwiesen, ob er wirklich in diesem hübschen Fachwerkhaus geboren wurde. Tatsache ist, dass ein Teil des Gebäudekomplexes von John Shakespeare, Williams Vater, 1556 gekauft wurde. Es ist mit antiken Möbeln und Alltagsgegenständen des 16. Jh. sowie einigen Repliken ausgestattet. Das Museum dokumentiert Leben und Werk des Dichters. Der Zugang erfolgt über das Shakespeare Visitor Centre nebenan, in dem der Besucher erst einmal über die Lebensumstände Shakespeares aufgeklärt wird. Studenten können hier in der Bibliothek stöbern und sich am umfangreichen archivierten Material ergötzen. Außerdem finden hier Lesungen, Konzerte und andere Veranstaltungen statt.

Juli/Aug. tägl. 9–17.30 Uhr, Mitte März bis Juni und Sept./Okt. tägl. 9–17 Uhr, Nov. bis März tägl. 10–16 Uhr. Kombitickets s. o. Henley Street, CV37 6QW, ✆ 01789/201822, www.shakespeare.org.uk.

Hier erblickte William Shakespeare das Licht der Welt

Die Midlands → Karte S. 104/105

Royal Shakespeare Company (RSC)

Wer in Stratford ist, sollte sich eine Aufführung der Royal Shakespeare Company nicht entgehen lassen. Da diese Darbietungen häufig ausverkauft sind, ist eine rechtzeitige Vorbestellung ratsam. Am Geburtstag des Barden im Jahre 1879 öffnete das erste Theater hier seine Pforten. Ein Shakespeare-Festival wurde eingeführt, das anfangs nur wenige Wochen dauerte, dessen Vorstellungen sich jedoch sehr bald über das ganze Jahr erstreckten. Nachdem ein Feuer das Haus 1926 in Schutt und Asche gelegt hatte, wurde ein zweites Theater erbaut, das Main House, das über viele Art-déco-Elemente verfügt. Bei den jüngsten Umbau- und Renovierungsarbeiten kam ein Turm dazu, von dem man spektakuläre Ausblicke hat. Das Theater The Swan teilt sich seitdem das Foyer mit dem Main House. In beiden Häusern werden regelmäßig Stücke von Shakespeare aufgeführt. Die Ausstellung, „The Play's The Thing" (8,50 £, erm. 4,25 £), erzählt die Entstehungsgeschichte der berühmtesten Produktionen, und in einem digitalen Umkleideraum können Theaterkostüme anprobiert werden. Das dritte Haus am Ort ist The Other Place (Southern Lane), wo moderne und experimentelle Stücke gegeben und Werke von Zeitgenossen Shakespeares wie Christopher Marlowe und Ben Jonson aufgeführt werden. Hier erhält man auf einer „From Page to Stage" Tour (8,50 £, erm. 4,50 £) Einblick in den Probenprozess und Zugang zu einigen der rund 40.000 Kostüme im Fundus. Außerhalb von Stratford hat die RSC noch Bühnen in London (Roundhouse und Hampstead Theatre) und in Newcastle (Theatre Royal und Live Theatre).

Tower Öffnungszeiten: So–Fr 10–18.15 Uhr, Sa und Matinees 10–12.15 und 14–18.15 Uhr, im Winter nur So–Fr 10–16.30 Uhr, Matinees 10–12.15 und 14–16.30 Uhr, Sa 10–12.15 Uhr. Aufführungen kosten 12–56 £, Schüler und Student (16–25 J.) nur 5 £. Box Office tägl. 9.30 Uhr (Di 10 Uhr) bis 20 Uhr (an Aufführungstagen bis 18 Uhr), bei besonders beliebten Stücken stehen einige schon ab 6 Uhr morgens Schlange. Tickets ✆ 01789/403493, www.rsc.org.uk. Unterschiedliche Führungen durch die Theater 6,50–8,50 £, erm. 3–4,50 £. Mehrere Cafés sowie ein Dachrestaurant für Lunch und Dinner, ✆ 01789/403449.

Shakespeare's New Place: Wer die High Street in südliche Richtung geht, kommt auf der Chapel Street zu einem weiteren Areal, das mit Shakespeare in Verbindung gebracht wird. Ticket-Office, Shop und eine schlichte, aber interaktive Ausstellung zu Leben und Werk des Schriftstellers befinden sich in Nash's House, wo Shakespeares Enkeltochter Elizabeth Hall mit ihrem ersten Mann Thomas Nash wohnte. Nebenan stand bis Mitte des 18. Jh. New Place, das damals zweitgrößte Haus von Stratford, das William Shakespeare im Alter von 32 Jahren erwarb und in dem er 19 Jahre lang bis zu seinem Tod wohnte. 1759 wurde es abgerissen – nicht etwa weil es baufällig war, sondern weil der damalige Besitzer Francis Gastrell den nicht enden wollenden Pilgerstrom satt hatte. Die Empörung darüber war so groß, dass Gastrell sich gezwungen sah, Stratford zu verlassen. Zum 400. Jahrestag von Shakespeares Tod 2016 wurde das Areal als zeitgenössischer Garten, den man durch ein modernes Tor direkt von der Chapel Street betritt, komplett neu gestaltet. Um den Originalbrunnen herum sind im Boden die Fundamente des Hauses markiert. Blickfang ist ein 4,5 m großer, windgebogener Bronzebaum im Herzen des ehemaligen Gebäudes, wo der Barde seinen Arbeitsplatz hatte. Ein Globus symbolisiert Shakespeares Einfluss in der Welt. Verschiedene weitere Kunstwerke sind über die Anlage verteilt und sollen Shakespeares Lebenswelt erfahrbar machen, wobei sich die meisten Skulpturen auf seine Dramen beziehen. „The Tempest" (Der Sturm) hat er angeblich in New Place geschrieben. Der Knotengarten aus den 1920er-Jahren wurde ebenfalls wunderschön restauriert. Einen guten Überblick über das gesamte Anwesen hat man von der Aussichtsterrasse im ersten Stock von Nash's House, wo eine überschaubare Ausstellung (New Place Exhibition Centre) historische Hintergründe mit dem Schwerpunkt auf William Shakespeare als Familienmensch und Bürger Stratfords liefert. Dieser Besuch ist weniger informativ als vielmehr eine schöne Erfahrung.

Mitte März bis Okt. tägl. 9–17 Uhr, sonst 10–16 Uhr. Kombitickets → S. 157. 22 Chapel Street, CV37 6EP, ✆ 01789/292325 (Birthplace Museum).

Dem Dichter ist nicht zu entkommen: The Shakespeare Pub

Die Midlands → Karte S. 104/105

Hall's Croft: Shakespeares älteste Tochter Susanna lebte zusammen mit ihrem Mann Dr. John Hall in diesem wunderschönen Tudor-Haus in der Straße The Old Town, wo auch ihre Tochter Elizabeth geboren wurde. Alle drei liegen neben William in der Holy-Trinity-Kirche begraben. Heute befindet sich in Hall's Croft eine Ausstellung mit medizinischen Instrumenten jener Zeit und Beschreibungen von Heilmethoden. Fieber trieb Dr. Hall seinen Patienten zum Beispiel aus, indem er ihre Füße in Taubenkadaver stellte. Hinter dem Haus liegt auch ein kleiner Garten, in dem der Mediziner Heilkräuter züchtete, die er für seine Medikamente brauchte.

Mitte März bis Okt. tägl. 10–17 Uhr, sonst 11–16 Uhr. Kombitickets → S. 157. CV37 6BG. ✆ 01789/292107 (Birthplace Museum). Im Café gibt es Cream Teas. Im Juli auch Open-Air-Aufführungen eines Shakespeare-Stückes.

Shakespeare's Schoolroom and Guildhall: Die Guild of the Holy Cross war eine Vereinigung der führenden Mitglieder der Gemeinde – Händler, Ärzte oder Politiker –, die sich Mitte des 13. Jh. formiert hatte, um die Geschicke der Stadt zu bestimmen und vor allem die eigenen Interessen zu verfolgen. Der Komplex gleich beim New Palce besteht aus mehreren Gebäuden. Die Zunftmitglieder versammelten sich in der Guild Chapel, in der bis heute einige restaurierte mittelalterliche Wandbemalungen zu sehen sind, u. a. die Darstellung des Jüngsten Gerichts über der Kanzel und ein Totentanz, in dem Skelette die Bevölkerung in den Abgrund führen. Die Chapel schmiegt sich an eine bildschöne Reihe von Fachwerkhäusern, die 1416 als Guildhall errichtet wurden. Im ersten Stock, der sogenannten Over Hall, zog nach der Regentschaft Heinrichs VIII. die King Edward VI Grammar School ein. Shakespeare soll sie besucht und hier Grundkenntnisse in Latein, Rhetorik, Geschichte und der Dichtkunst des Ovid erworben haben, was ihn zum Schreiben animierte. In diesem Raum erlebte er wohl auch seine erste Theateraufführung. Bis 2013 wurde das Erdgeschoss als Bibliothek der Schule genutzt, nach dem Umbau sind hier unten eine Ausstellung über die sozialen und religiösen Aspekte des Stadtlebens zu Zeiten Shakespeares sowie ein 7-minütiger Film zu sehen. Im Schulzimmer darüber findet zu Schulzeiten vormittags regulärer Unter-

Guild of the Holy Cross: Guildhall und Almshouses

richt statt, danach darf man unter Aufsicht eines „Masters“ die mit Graffiti übersähten Schulbänke aus der Tudorzeit selber drücken – wer mag, auch in Verkleidung. Ein Jahrhundert jünger sind die anschließenden Fachwerkhäuser mit den auffallend hohen Schornsteinen. Sie dienten als *almshouses*, eine Art Armenhaus, und wurden für 24 notleidende Senioren gebaut, die hier auf Kosten der Guild wohnen durften. Bis heute werden die Gebäude so genutzt, allerdings gibt es nur noch elf Apartments.

In den Schulferien (King Edward VI School), tägl. 10–17 Uhr, sonst erst ab 11 Uhr. 8 £, erm. 6 £, Kind 5 £, Familie 17–22 £, online 10 % Rabatt. Church Street, CV37 6 HB. ✆ 01789/203170; www.shakespearesschoolroom.org.

Hier erhielt William Shakespeare seine Schulbildung

Harvard House: Hier lebte John Harvard, der vor mehr als 300 Jahren Amerikas führende Universität großzügig förderte. Das Haus war 1586 von seiner Mutter Katherine Rogers gebaut worden, die einen Fleischer namens Robert Harvard aus London heiratete und hier ihren Sohn John gebar. 1910 schenkte ein Millionär aus Chicago das Haus der Universität von Harvard. Daneben steht das Garrick Inn, das nach dem bekanntesten Shakespeare-Darsteller des 18. Jh. benannt ist. Er war federführend bei der Gründung des Shakespeare-Festivals und schuf auch eine Büste seines Vorbilds, die auf dem klassizistischen Rathaus steht. Harvard House ist nicht zu besichtigen.

Tudor World: Mit Animationen und üblen Gerüchen wird hier dem Barden und seiner Zeit etwas unsentimentaler auf den Leib gerückt. Anschaulicher geht es nicht! Zu sehen ist die Show in der Shrieves-House-Scheune aus dem 16. Jh.

Tägl. 10.30–17.30 Uhr. 6 £, erm. 5 £, Kind 3 £, Familie 14 £. Shakespeare Tours Sa 14 Uhr, 5 £, erm. 4 £, Kind 3 £, Familie 13 £. Ghost Tours tägl. um 18 Uhr, Sa auch 19, 20 und 21 Uhr für 7,50 £. 40 Sheep Street, ✆ 01789/298070, www.tudorworld.com.

Bancroft's Gardens: Auf dieser Wiese direkt am Fluss Avon vor dem Royal Shakespeare Theatre ließen die Einwohner Stratfords im Mittelalter ihr Vieh grasen. Sie ist nie bebaut worden, da sie ständig vom Fluss überschwemmt wurde. Heute sind die Gärten wunderbar bepflanzt, es gibt verschiedene Sitzgelegenheiten, mehrere Denkmäler, etwa das Shakespeare-Gower-Denkmal, ein Geschenk von Lord Ronald Gower, und die Schwanenstatue von Christine Lee, die das 800-jährige Jubiläum der Stadtrechte feiert, eine weitere Shakespeare-Statue für Selfies vor dem Theater, eine Sonnenuhr, eine neue Veranstaltungsbühne und zwei Brücken über den Kanal bzw. über die Schleuse.

Holy Trinity Church: Hier befindet sich das Grab des Dichters im Chorraum. Dieses Privileg wurde ihm wegen seines Einsatzes als Laienpfarrer zuteil. An der Nordwand steht eine Büste von Shakespeare, die kurz nach seinem Tod gefertigt wurde – sie soll dem wahren Aussehen des Meisters durchaus gerecht werden. Schließlich kann man das Taufbecken bewundern, in dem Shakespeare am 25. April 1564

Die Midlands → Karte S. 104/105

Idylle auf dem Land: Anne Hathaway's Cottage

getauft wurde. Außerdem erhält man Einsicht in das Kirchenregister mit seinem Tauf- und Sterbeeintrag. Shakespeares Grabstätte ist aber nicht das einzige, was in der Dreifaltigkeitskirche Beachtung verdient. Die Gründung von Trinity Church geht auf das 12. Jh. zurück, sie wurde im gotischen Stil umgebaut und erhielt im 18. Jh. einen eleganten Turm. Der Türklopfer an der inneren Tür der Südpforte (Eingang) ist einer von nur drei im Lande erhaltenen Schutzringen aus dem 13. Jh. Jeder Flüchtling, der ihn erreichte, konnte Schutz für 37 Tage fordern.

April bis Sept. Mo–Sa 8.30–18 Uhr, So 12.30–17 Uhr, März und Okt. Mo–Sa 9–17 Uhr, So 12.30–17 Uhr, Nov. bis Febr. Mo–Sa 9–16 Uhr, So 12.30–17 Uhr. Eintritt zur Grabstätte 3 £, erm. 2 £. Old Town Stratford, ✆ 01789/266316, www.stratford-upon-avon.org.

Anne Hathaway's Cottage & Garden: Ab Evesham Place (südlich vom Market Place) ist ein ca. 2 km langer Spazierweg zum Anne Hathaway's Cottage ausgeschildert. Von der Bridge Street fahren aber auch Busse nach Shotterey. In diesem reetgedeckten Haus wohnte Shakespeares Frau vor ihrer Heirat. Annes Vater war ein wohlhabender freier Bauer, und zwölf Räume waren damals ein beachtliches Anwesen. Heute befinden sich hier einige Möbel aus den vergangenen Jahrhunderten und man erfährt, wie sich Mann und Frau in Shakespeares Tagen den Hof machten. Will man in den angrenzenden Shakespeare Tree Garden, muss man zunächst einige Souvenirabteilungen durchqueren.

Mitte März bis Okt. tägl. 9–17 Uhr. 10,25 £, erm. 9,25 £, Kind 6,50 £, Familie 27 £. Kombitickets → S. 157. 22 Cottage Lane, Shottery, CV37 9HH, ✆ 01789/338532. Download der Karte des Fußwegs möglich unter www.shakespeare.org.uk. Direkt gegenüber können Sie sich im Cottage-Restaurant und Tea Garden stärken (März bis Okt. tägl. 9.30–17 Uhr).

Mary Arden's Farm: Etwa 5,5 km nordwestlich von Stratford liegt in Wilmcote das Haus, in dem Shakespeares Mutter wohnte. Nach dem Tod ihres Vaters war der Besitz 1556 in ihre Hände übergegangen, der jüngsten von acht Töchtern. Das Innere ist im Stil der elisabethanischen Zeit eingerichtet. Das angeschlossene

Countryside Museum informiert über das Landleben der vergangenen Jahrhunderte. Mary Ardens Vater Robert war ein sehr wohlhabender Farmer, wovon auch die Stallungen, die Cidermühle und der Taubenschlag zeugen. Neuerdings kann man hier auch eigenhändig Kühe melken und Kaminfeuer entfachen.

März bis Nov. tägl. 10–17 Uhr, Dez. bis März geschl. 13,25 £, erm. 12,25 £, Kind 8,50 £, Familie 35 £. Kombitickets → S. 157. Station Road, Wilmcote, CV37 9UN, ✆ 01789/293445.

Von Stratford per Bahn (außer So) oder Bus. Auch die City-Sightseeing-Busse fahren regelmäßig zu Mary Arden's Farm. Vom Anne Hathaway's Cottage führt ein ausgeschilderter Fußweg hierher.

Umgebung von Stratford-upon-Avon

In der Umgebung von Stratford liegen einige wunderhübsche Dörfer wie **Welford-on-Avon** mit seinen weiß gewaschenen und strohgedeckten Cottages oder **Mickleton,** das nördlichste der Cotswold-Dörfer, das für seinen traditionellen Charme und den „Pudding Club" (seit 1985 kann man im Three Ways House Hotel typisch englische Nachtische probieren) bekannt ist. Außerdem kennzeichnen ausgezeichnet erhaltene Landsitze aus der elisabethanischen Epoche, der Tudorzeit und der Klassizistik die Region. Im Sommer verbindet ein **Open-Top-Sightseeing-Service** einige Sehenswürdigkeiten in Süd-Warwickshire miteinander, u. a. Charlecote Park, Compton Verney und Warwick Castle.

Charlecote Park: Im Park dieses Tudoranwesens 9 km nordwestlich von Stratford soll William Shakespeare beim Wildern erwischt worden sein. Bis heute gibt es ein gepflegtes Wildgehege (entworfen von Capability Brown). Die Gärten am River Avon sind ein perfektes Plätzchen zum Entspannen. Aus elisabethanischer Zeit stammt noch das imposante Torhaus. Das Haus selbst, in dem sowohl Elisabeth I. als auch Admiral Horatio Nelson übernachtet haben sollen, wurde im 19. Jh. pompös umgebaut, enthält wertvolle Kunstschätze und wirkt entsprechend bombastisch.

Mitte Feb. bis Ende März 11.30–15.30, April bis Okt. Do–Di 11–16 Uhr, Mi 12–24 Uhr nur mit Führung. Nov. bis Mitte Dez. Mo–Fr 12–14 Uhr mit Führung, Sa/So 11.30–15 Uhr. Park und Gärten ganzjährig tägl. 10–18 Uhr, Nov.–Mitte Feb./Dez. nur bis 16 Uhr. 10,90 £, Kind 5,45 £, Familie 27,27 £. ✆ 01789/470277, www.nationaltrust.org.uk/charlecote-park.

Anfahrt: mit Stagecoach X18 Leamington Spa nach Stratford; an der B 4086 bei Wellesbourne, CV35 9ER.

Ragley Hall: Rund 15 km westlich von Stratford über die A 46 bei Alcester, das für historisch Interessierte wegen seiner römischen Vergangenheit von Bedeutung ist, befindet sich in einer riesigen Parkanlage der Herrensitz Ragley Hall. In diesem palladianischen Bau ist der Marquis von Hertford zu Hause. Eine Innenbesichtigung führt von der barocken großen Halle durch stilvoll eingerichtete Räume mit einer großartigen Sammlung von Gemälden und Antiquitäten. In den Stallungen kann man Kutschen verschiedener Epochen bewundern, und der Irrgarten im Park macht nicht nur Kindern Spaß.

April bis Okt. Mi–So 10–16.30 Uhr (letzter Einlass 15.30 Uhr), Park and Gardens bis 17 Uhr. 10,50 £, erm. 9 £, Kind 6,50 £, Familie 33 £. Alcester, B49 5NJ, ✆ 01789/762090, www.ragley.co.uk.

Coughton Court: Auf der A 46 (dann A 435) nordwestlich von Stratford und 3 km nördlich von Alcester findet man das Zuhause der Throckmorton-Familie von 1409. Als alteingesessener, aber katholischer Adel waren die noblen Herrschaften in den Gunpowder Plot verstrickt. Die Ehefrauen der Verschwörer sollen hier in der Nacht zum 5. November 1605 auf Nachricht von ihren Männern gewartet haben, die derweilen das Parlament in Westminster samt König in die Luft zu sprengen versuchten. Zu den Schätzen der Familie zählen neben Möbeln, Gemälden und Porzellan auch die Bluse von Mary Queen of Scots und der Throckmorton-Umhang, den Mary angeblich bei ihrer Hinrichtung (1587) getragen haben soll. Außerdem nennt der National Trust die Travelling Library aus dem 17. Jh., eine Reisebibliothek. Neben einem weitläufigen Park mit zwei Kirchen und künstlichem See gibt es auch formale Gartenanlagen, wie den Walled Garden und den Bog Garden, sowie einen der schönsten Rosengärten des Landes.

März und Okt. Do–So 11–17 Uhr, April bis Sept. Mi–So 11–17 Uhr. Kurze Führungen (Taster tours): April bis Sept. Mi–Fr 10.45–11.15 Uhr. 10,45 £, Kind 5,15 £, Familie 26,05 £; nur Gärten 7,05 £, Kind 3,50 £, Familie 17,70 £. ✆ 01789/400777, www.nationaltrust.org.uk/coughton-court.

Compton Verney Art Gallery and Park: Informell will diese Kunstgalerie sein, die sich 14 km östlich von Stratford hinter den Mauern eines prächtigen klassizistischen Landsitzes von Robert Adam verbirgt. Der umliegende Park wurde von Lancelot Capability Brown entworfen. Das Anwesen wurde 1993 von der Peter Moores Foundation halb verfallen aufgekauft, dessen gleichnamiger Gründer fast 100 Mio. Pfund für die Kunst gestiftet hat und dafür von der Königin zum Ritter geschlagen wurde. Seit der umfangreichen Renovierung werden auf drei Etagen in sechs ständigen Ausstellungen u. a. italienische Malerei aus Neapel (1600–1800), deutsche Malerei und Skulpturen (1450–1650) und britische Porträtmalerei gezeigt. Die Wechselausstellungen widmen sich überwiegend zeitgenössischer Kunst. Natürlich dürfen ein Café und ein Shop nicht fehlen.

Mitte März bis Anf. Dez. Di–So 10.30–17 Uhr (letzter Einlass 16.30 Uhr, Park bis 18 Uhr). Eintritt ohne Sonderausstellungen: 7,25 £, erm. 6,50 £, Kind 3 £, Familie 14,50 £. Mit Sonderausstellung 15 £, erm. 14 £, Kind 3 £, Familie 30 £. Compton Verney, CV35 9HZ, ✆ 01926/645500, www.comptonverney.org.uk.

Aus dem 16. Jahrhundert: Charlecote Park nahe Stratford upon Avon

Gloucester

Gloucester Folk Museum

Schon die Römer nutzten die Stadt am Ostufer des Severn als Hafen, der damals noch Glevum hieß und eine von nur drei *coloniae* in Großbritannien war. Wo sich die vier Römerstraßen treffen, steht heute der 25 m hohe **St Michael's Tower** aus dem 15. Jh. Zur Zeit der Normannen war Gloucester Sitz des Geschlechts der Plantagenets – Heinrich III. wurde hier sogar gekrönt. Ihre wirtschaftliche Blüte erlebte die Stadt im 14. Jh., in das auch der Bau der prächtigen **Kathedrale** fällt. Wie die meisten englischen Städte lebte Gloucester im Mittelalter von der Wolle, die von den Schafen aus den Cotswolds stammte und hier verarbeitet wurde. Nachdem die Wollproduktion im 18. Jh. zum Erliegen kam, wurde die Nadelindustrie der größte Arbeitgeber, weshalb heute überdimensionierte Nadeln die Bürgersteige der Innenstadt säumen. Im frühen 19. Jh. hob man auch einen Kanal aus, der den Schiffsverkehr und damit die heimische Wirtschaft ankurbeln sollte. Heute fahren hier vor allem Ausflugsboote. Die viktorianische Dockanlage wurde für 400 Mio. Pfund renoviert und zu einer Touristenattraktion samt Designer-Outlet umgestaltet. Auch um den Bahnhof und die Busstation herum wird investiert, dort entsteht das King's Quarter. In der Innenstadt sind zahlreiche Giebel- und Fachwerkhäuser aus dem Mittelalter erhalten, etwa das New Inn in der North Street, das 1450 für Wallfahrer zum Schrein von Eduard II. gebaut worden war. Einige Klosterüberreste der *Greyfriars* (Franziskaner) und *Blackfriars* (Dominikaner) sind erstaunlich gut erhalten.

Information **Gloucester Tourist Information Centre**, Mo 10–17 Uhr, Di–Sa ab 9.30 Uhr. 28 Southgate Street, GL1 2DP, ✆ 01452/396572, Hotelbuchungen: ✆ 01452/307576, www.thecityofgloucester.co.uk.

Gloucester Museum Pass: 12 Monate Eintritt in alle Museen für 10 £, Familie 20 £.

Verbindungen **Bus** – Gegenüber dem Bahnhof am Bruton Way befindet sich die Bus Station, Traveline ✆ 0871/2002233. NatEx fährt von hier direkt nach London (✆ 08717/818178). Es gibt regelmäßig Busse in den Forest of Dean, die Cotswolds, nach Cheltenham und nach Oxford. Bus 101 bedient das Stadtzentrum. www.thinktravel.info.

Bahn – Railway Station Bruton Way, stündliche Züge nach London Paddington (knapp 2 Std.), Verbindungen auch nach Birmingham, Cardiff, Bristol oder Manchester.

Bootsurlaub English Holiday Cruises fahren mit bis zu 22 Gästen auf dem **Riverboathotel MV Edward Elgar** den River Severn entlang. Wochenenden (ab 240 £/Pers.) oder 3–6 Tage/Nächte. Ein Koch ist an Bord. Oliver Cromwell, West Quay, The

Docks, GL1 2LG, ✆ 01452/410411, river.englishholidaycruises.co.uk.

Einkaufen **Gloucester Quays**, Designer-Outlet am St Anne Way. 50 Geschäfte (Nike, Calvin Klein, Le Creuset etc.) mit bis zu 70 % Preisnachlässen. Mo–Fr 10–20 Uhr, Sa bis 19 Uhr, So bis 17 Uhr. GL1 5SH, ✆ 01452/338933, www.gloucesterquays.co.uk. Verschiedene Cafés und Restaurants sowie ein Travellodge-Hotel komplementieren das Angebot in den Docks.

Gloucester Antique Centre, hier verkaufen in einem Fachwerkhaus in der Innenstadt bis zu 100 Händler ihre Antiquitäten. Mo–Sa 10–17 Uhr, So 11–17 Uhr. 26 Westgate Street, GL1 2NG, ✆ 07976/896461.

Gloucester Arts and Craft Centre, alles handgemacht von lokalen Künstlern, Mo–Sa 10–17 Uhr, 5 College Court, College Street, GL1 2NE, ✆ 01452/307161, www.glosartscrafts.co.uk.

Kino/Theater **Cineworld**, im Leisure Quarter von Gloucester Quays, The Quayside, 10 Leinwände. ✆ 0871/2202000, www.cineworld.co.uk.

Gloucester Guildhall, Theater, Konzerte, Comedy und vieles mehr. 23 Eastgate Street, GL1 1NS, ✆ 01452/503050, www.gloucester.gov.uk/guildhall.

Märkte **Farmers' Market**, Fr 9–15 Uhr, The Cross/Gate Street. Lokale Spezialitäten sind der Double-Gloucester-Käse und die Gloucester Old Spot Sausage (Würstchen).

Stadtführungen **Gloucester Civic Trust**, City Tour (1:30 Std.), April bis Sept. Tägl. (außer So) 11.30 Uhr am St Michael's Tower, 4 £, Kind frei. Viele andere thematische Führungen. Alternativ kann man hier oder in der Touristeninformation für 3,50 £ einen Audioguide leihen. Southgate Street, GL1 2DH, www.gloucestercivictrust.org/discover-gloucester.

Veranstaltungen Wie in guten alten Zeiten fühlen sich die Docks Ende Mai an, wenn zum **Gloucester Sea Shanty Festival** historische Segelboote vor Anker gehen, denen Piraten entspringen, Wikingerboote in die Schlacht ziehen und Musik für Unterhaltung sorgt. www.gloucestershantyfestival.co.uk.

Ein riskantes Spektakel ist Ende Mai das **Cheeserolling** in Brockworth 6 km südöstlich von Gloucester, wo ein sieben Pfund schwerer, runder Double-Gloucester-Käse den extrem steilen Cooper's Hill hinunterschießt – und die Wettbewerbsteilnehmer unter Einsatz ihrer Gesundheit hinterher. www.cheese-rolling.co.uk.

Festival **Three Choirs Festival**, Ende Juli mit den Chören der Kathedralen von Gloucester, Worcester und Hereford. Veranstaltungsort ist rotierend eine der drei Städte. ✆ 01452/768928, www.3choirs.org.

Gloucester Rhythm and Blues Festival, Anfang Aug. www.gloucesterblues.co.uk.

Übernachten *** **The New Inn**. In dem alten Postkutschen-Inn gibt es 33 Zimmer, die um einen Innenhof liegen. Alles sehr traditionell. EZ ab 48 £, DZ ab 59 £ mit Frühstück. 16 Northgate Street, GL1 1SF, ✆ 01452/522177, newinn.relaxinnz.co.uk.

The Mulberry House, liebevoll geführtes B & B 10 Minuten Fußweg vom Stadtzentrum in einer ruhigen Sackgasse. Zwei Zimmer, EZ 35–40 £, DZ 55–60 £ mit umfangreichem Frühstück. 2a Heathville Road, GL1 3DP, ✆ 01452/720079, www.the-mulberry-house.co.uk.

Essen & Trinken **The Old Bell – Tiger's Eye**. Panasiatische Küche und Cocktailbar (2 Bars und eine Lounge) in einem Inn aus dem 17. Jh. Mo–Do 12–15 und 17–24 Uhr, Fr–Sa 12–24 Uhr, So 12–17 Uhr. 9A Southgate Street, GL1 1TG, ✆ 01452/332993, www.theoldbell-tigerseye.co.uk.

Café Rene – Le Pub & Restaurant. Lunchsnacks und Pub Food am Abend, später oft Musik, am Wochenende DJs in der Cellar Bar bis 4 Uhr (3 £ Eintritt nach 23 Uhr). Greyfriars, 31 Southgate Street, GL1 1TPS, ✆ 01452/309340, www.caferene.co.uk.

Sehenswertes

Kathedrale St. Peter und der Heiligen unteilbaren Dreifaltigkeit: In der ruhigen Domfreiheit von Gloucester steht eine der prächtigsten Kirchen des Landes mit ihrem markanten, 70 m hohen Turm. Sie wurde vor rund 1300 Jahren als Nonnenkloster gegründet und im 11. Jh. als Kirche einer Benediktinerabtei neu gebaut. Als der amtierende Abt 1072 starb, setzte Wilhelm der Eroberer einen seiner

Kapläne auf den vakanten Posten: Serlo, einst ein Mönch auf dem Mont-Saint-Michel, sorgte für eine neue Blüte der Abtei und trieb den Bau des normannischen Gotteshauses im romanischen Stil seiner Heimat voran. Seine Statue steht vor der südwestlichen Eingangshalle. Im alten Kapitelhaus erließ Wilhelm der Eroberer 1085 dann die Order, dass ein Verzeichnis über allen Besitz in seinem neuen Reich angelegt werden solle, das Domesday Book, eine Art Reichsgrundbuch, das die neuen Lehnsverhältnisse klärte. Das Buch gab Auskunft darüber, wo welche Gebäude standen und wie viele Menschen, Schweine, Schafe und anderes Getier dort lebten. Schlecht kann es um seinen Besitz nicht bestellt gewesen sein, machte der König der Abtei doch viele großzügige Geschenke, sodass das normannische Gotteshaus schon im Jahr 1100 geweiht werden konnte. Die heutige Kathedrale entspricht in ihrem Aufbau noch immer diesem Bauwerk.

Zu weiterem Reichtum verhalf dem Kloster dann ein Märtyrergrab. Eduard II. fand hier seine letzte Ruhestatt, nachdem ihn seine Gemahlin Isabella und ihr Liebhaber Roger Mortimer in Berkeley Castle grausam ermordet hatten. Die prächtige, mit einem Baldachin versehene Alabasterfigur Eduards II. an der Nordseite des Chores ist ein Prunkstück des Decorated Style, gestiftet von seinem Sohn. Die Verschönerung der Kirche im hochgotischen (Decorated Style) und spätgotischen (Perpendicular Style) Stil finanzierten größtenteils die Pilgerscharen mitfühlender Untertanen. Besonders das komplizierte Vierungsgewölbe mit seinem eleganten Rippennetzwerk sowie der Chor sind meisterlich gelungen. Den Chor schließt nach Osten in der Lady Chapel das größte mittelalterliche Buntglasfenster Englands ab, das über die gesamte Breite und Höhe des Schiffes mit gitterartigem Maßwerk versehen ist. Es zeigt die Marienkrönung inmitten von Heiligen,

Turm der Gloucester Cathedral ▲

Schönster Kreuzgang des Landes ▼

Märtyrern und Königen und wurde von Adligen bezahlt, die an der ruhmreichen Schlacht von Crécy 1346 teilgenommen hatten. Um 1370 wurde der Kreuzgang mit seinem beeindruckenden Fächergewölbe erneuert. Er diente bei Harry-Potter-Dreharbeiten als Korridor der Hogwarts-Schule, viele Schüler der angrenzenden King's School spielten als Statisten mit.

Tägl. 7.30–8.45 und 9.15–18 Uhr während der Schulzeiten. So 11.45–14.45 Uhr. Eintritt frei, eine Spende von 7 £ wird erbeten. Fotoerlaubnis 3 £. Turmführungen (269 Stufen) nur im Sommer: Mo/Di (nur in den Schulferien) 14.30 Uhr, Mi–Fr 14.30 Uhr, Sa 13.30 und 14.30 Uhr, Feiertage auch 11.30 Uhr. 7 £, Kind 1 £.

Gloucester Docks: Die Docks sind heute eine moderne Speicherstadt, deren Lagerhäuser zu Luxusapartments umgebaut wurden. Besucher können in den Antiquitätenshops oder dem Designer-Outlet stöbern oder das **National Waterways Museum Gloucester** besuchen, dessen interaktive Ausstellung der Geschichte der britischen Kanäle vom 18. Jh. bis heute nachgeht. Von Mai bis September starten am Museum auch täglich Bootstouren entlang derselben Route, die die Schauspielerin Mia Wasikowska 2015 in der jüngsten Disneyverfilmung von „Alice im Wunderland" („Hinter den Spiegeln") nahm. Der Erinnerung an das örtliche Regiment dient das **Soldiers of Gloucestershire Museum** im alten Zollhaus, das 300 Jahre Soldatentum in nachgebauten Feldlagern und Schützengräben, mit Archivfilmen und Computerspielen beleuchtet. Publikumsmagnet der Docks ist The Quayside, ein Vergnügungsviertel mit Kinos, Restaurants und weiteren Geschäften.

Gloucester Waterways Museum: April bis Anf. Nov. tägl. 10–17 Uhr, Anf. Nov. bis Weihnachten Di–So 11–15 Uhr. 5 £, erm. 4 £, Kind 3,60 £, Familie 9–13,50 £. Bootsfahrten Mai bis Oktober, nur an den Wochenenden, ab Merchant's Quay beim Vining`s Restaurant, 5,50 £, erm. 4,50 £, Kind 3,75 £, Familie 16,50 £. Llanthony Warehouse, Gloucester Docks, GL1 2EH, ✆ 01452/318200, canalrivertrust.org.uk/enjoy-

In den Speichern wird heute gewohnt

Heimat von Peter Rabbit und seinen Freunden

Die Midlands → Karte S. 104/105

the-waterways/museums-and-attractions/national-waterways-museum-gloucester.

Soldiers of Gloucestershire Museum: tägl. 10–17 Uhr, Nov. bis Febr. Mo geschl.. 4,75 £, erm. 3,75 £, Kind 2,75 £. Custom House, Gloucester Docks, 31 Commercial Road, GL1 2HE, ✆ 01452/522682, soldiersofglos.com.

St Michael's Tower: In dem „Tower of Learning", der das Heritage Information Centre des Gloucester Civic Trust beherbergt, läuft ein Film über Geschichte und Gegenwart von Gloucester, man kann die drei Turmglocken läuten oder einen Audioguide für die Stadterkundung ausleihen (3,50 £). Alternativ starten hier täglich um 11 Uhr Stadtführungen. Im Café wird Kaffee und Kuchen für 1 £ verkauft und es gibt kostenfreies WLAN.

April bis Sept. Mo–Sa 10.30–16 Uhr, Eintritt frei. Stadtführungen 4 £. The Cross, GL1 1PA, ✆ 01452/526955, www.gloucestercivictrust.org.

Eastgate Viewing Chamber: Hier kann man die römischen und mittelalterlichen Mauerreste des ehemaligen Osttores und eines „horse pPools" bestaunen, in dem zu Tudorzeiten an Markttagen das Vieh gewaschen wurde.

Febr. bis Sept. vorab buchbar durch die Touristeninformation. Führungen nur Sa, 5 £, erm. 3 £. Eastgate Street, GL1 1PU, ✆ 01452/410898.

Gloucester Life Museum: In dem 500 Jahre alten Tudorhaus wird auf drei Etagen Sozialgeschichte lebendig. Es geht u. a. um den Fischfang im River Severn, die örtliche Nadelfabrik oder die letzte Nacht des heimischen Märtyrers Bischof Hooper, der von Maria der Blutigen vor seiner Kathedrale auf dem Scheiterhaufen verbrannt worden war. Seine Statue steht auf dem St Mary's Square.

April-Sept. Di–Sa 10–17 Uhr, Okt bis 15 Uhr, Nov. bis März Sa 10–15 Uhr. 5 £, erm. 3 £, Familie 12 £. 99–103 Westgate Street, GL1 2PG, ✆ 01452/330495. www.thecityofgloucester.co.uk/things-to-do/gloucester-life-museum-p137833.

Gloucester City Museum & Art Gallery: In der Ausstellung *The Story of Gloucester* spaziert man förmlich durch die Jahrhunderte der Stadtgeschichte. Viele Workshops, ein Café und Kinderprogramm.

Di–Sa 10–17 Uhr, Okt. bis März nur bis 15 Uhr, 5 £, erm. 3 £, Familie 12 £. Brunswick Road, GL1 1HP, ✆ 01452/410898, venues.gloucester.gov.uk/freetime/museums.

Beatrix Potter Museum & Shop, The House of The Tailor of Gloucester: Dieses schiefe Häuschen in einer kleinen Gasse gleich bei der Kathedrale taucht in Beatrix Potters drittem Buch auf, in dem sie die Geschichte des armen Schneiders von Gloucester, der es doch noch zu Wohlstand bringt, erzählt und illustriert.

Tägl. 10–16.30 Uhr, im Winter nur bis 16 Uhr. 9 College Court, GL1 2NJ, ✆ 01452/422856, www.tailor-of-gloucester.org.uk.

Wye Valley und der Forest of Dean

Die Region beansprucht für sich, der Geburtsort des britischen Tourismus zu sein. Im 18. Jh. gehörte ein Ausflug ins Wye Valley, an der Grenze zu Wales, zu einer guten bürgerlichen Erziehung. Dichter, Maler und andere romantische Geister pilgerten auf der Suche nach dem Pittoresken in dieses entlegene, bewaldete Flusstal mit seinen Abtei- und Burgruinen.

Heute kann man auf eher ausgetretenen Pfaden zu den Aussichtspunktklassikern wandern. Der Ausblick ist immer noch wunderbar, z. B. vom **Symonds Yat Rock,** wo der Wye nordöstlich von Monmouth durch eine steile Schlucht fließt, oder nachdem man die 365 Stufen zum Wyndcliff hinaufgestiegen ist, einem Felsen südlich von **Tintern Abbey.** Diese grandiose Ruine eines Zisterzienserklosters aus dem 12. Jh. ist das beliebteste Ziel im Wye-Tal. Wanderer kommen hierher, um Teilstrecken des 284 km langen **Offa's Dyke** zu erlaufen, eines 18 m breiten und bis zu 4,5 m hohen Schutzwalls, den der König von Mercia lange vor der Eroberung durch die Normannen im 8. Jh. anlegen ließ. Etwas weiter flussaufwärts in der Nähe des Ortes Ross-on-Wye liegt die beeindruckende Burgruine von **Goodrich Castle,** die ebenfalls einen Besuch wert ist.

Zwischen den Flüssen Wye und Severn erstreckt sich der **Forest of Dean,** einst königliches Jagdgebiet, das sich im Mittelalter nach Eisenerz- und Kohlefunden in eine Industrielandschaft verwandelte. In der **Hopewell Colliery** wird bis heute Kohle gewonnen. 2 km südlich von Coleford kann man auch noch ein 4500 Jahre altes Eisenbergwerk besichtigen, die **Clearwell Caves.** J. R. R. Tolkien verbrachte viel Zeit im **Forest of Dean,** das 109 km² große Areal inspirierte ihn zu Mittelerde-Landschaften in „Der Herr der Ringe". In diese Mini-Appalachen der westlichen Midlands, die zum großen Teil wieder aufgeforstet wurden, kommen Touristen heute vor allem wegen der Outdoorsportmöglichkeiten. Die Royal Forest Route führt auf einer Strecke von 30 km durch das Herz der Region. Sehenswert ist auch der **Westbury Court Garden,** der einzige holländische Wassergarten des Landes.

Information Wye Valley Visitor Centre, Mo–Sa 9–18 Uhr. Jubilee Park, Symonds Yat West, Ross-on-Wye, Herefordshire, HR9 6DA, ✆ 01600/890360; Zweigstelle von März bis Okt.: The Old Station Tintern, Tintern, Chepstow, NP16 7NX, ✆ 01291/689566, wyevalleyvisitorcentre.co.uk, www.wyedeantourism.co.uk.

Wye Valley AONB Office, Hadnock Road, Monmouth, Monmouthshire, NP25 3NG, ✆ 01600/713977, www.wyevalleyaonb.org.uk.

Forest of Dean, Dean Heritage Centre, Museum und Freilichtmuseum mit fünf Ausstellungsräumen zur Geschichte der Region, der Replika einer Kohlenmine, eines Schulzimmers u. v. m. Es finden zahlreiche Veranstaltungen und Aktivitäten statt, es gibt auch einen Coffee Shop. Mitte März bis Okt. tägl. 10–17 Uhr, sonst nur bis 16 Uhr. 7,20 £, erm. 6,30 £, Kind 5,40 £, Familie 23–28 £. Camp Mill, Soudley, Forest of Dean, Gloucestershire, GL14 2UB, 01594/822170; www.deanheritagecentre.com.

Aktivitäten **Reiten**: **Forest Trekking**. Ponyreiten ab 13 £/30 Min. oder 25 £/Std. Helme werden gestellt. Court Farm, Bream, bei Lyndney, GL15 6ES, ✆ 0795/6087445, www.forest-trekking.co.uk.

Wassersport: **River Wye Canoeing** – Monmouth Canoe & Acitivity Centre, geführte Halbtages- und Tagesausflüge mit dem Kanu, auch Rock Climbing, Caving, Gorge Walking und Mountainbiking. An der A 40 neben dem Monmouth Leisure Centre, Castle Yard, Old Dixton Road, Monmouth, NP25 3DP, ✆ 01600/716083, www.monmouthcanoe.co.uk.

Wye Canoes bietet u. a. 2-tägige Kanufahrten von Hereford nach Ross-on-Wye, Lieferservice (Canoe2 U Service), Kanu für 2 Pers. 15 £/Std. oder 35 £/Tag. Ye Old Ferrie Inn, Symonds Yat West, Ross-on-Wye, HR9 6BL, ✆ 01600/890027 oder 07789/895082, www.wyecanoes.com.

Wyedean Canoe & Adventure Centre, Symonds Yat East, Ross-on-Wye, HR9 6JL, ✆ 01600/890238, www.wyedean.co.uk.

National Diving & Activity Centre, in einem 80 m tiefen gefluteten Steinbruch, auch 700 m lange Seilrutsche (zip wire) und Abseiling. Tidenham, Chepstow, NP16 7LH, ✆ 01291/630046, www.ndac.co.uk.

Lama-Treks: Severnwye Llama Trekking, 48 £/Pers. inkl. Picknick. Start ist am Mallards Pike Lake. Severnwye Farm, Spout Hill, Smallbrook, GL15 6AE, ✆ 01594/528482 oder 07929/372933, www.severnwyellamatrekking.co.uk.

Wandern: **Offa's Dyke Path**, 284 km langer Fernwanderweg von den Sedbury Cliffs bei Chepstow bis Prestatyn in Nordwales an der Irischen See. www.nationaltrail.co.uk/offas-dyke-path.

Wye Valley Walk, 218 km langer Fernwanderweg entlang des River Wye von der Mündung bei Chepstow bis an die Grenze nach Wales. www.wyevalleywalk.org.

Gloucestershire Way, dieser 161 km Wanderweg führt von Chepstow bis nach Tewkesbury. www.visitforestofdean.co.uk/outdoors_glos_way.

Wysisway, dieser Fernwanderweg verbindet auf 88 km Offa's Dyke Path mit dem Thames Path.

Bootsfahrten **Kingfisher Cruises**, schon Dichter wie Coleridge und Wordsworth würdigten die vom River Wye geprägte Landschaft, durch die man . Zeiten variieren, Mitte März bis Okt., meist 11 Uhr, Dauer ca. 45 Min. Symonds Yat East, ✆ 01432/267862 oder 07831/297672 (mobil), www.wyenot.com/kingfisher01.htm.

Dampfeisenbahn **Dean Forest Railway**, die Strecke führt von Lydney nach Parkend, März bis Okt. Norchard Railway Station, Forest Road, Lydney, GL15 4ET, ✆ 01594/845840, www.deanforestrailway.co.uk.

Fahrradverleih **Dean Forest Cycles**, tägl. 9–17 Uhr, Tourenrad 18 £/Tag, Mountainbikes 25-45 £/Tag. New Road, Parkend, GL15 4HG, ✆ 01594/368009, www.deanforestcycles.co.uk.

Pedalabikeaway, Mai bis Okt. tägl. 9–18 Uhr. Kinderfahrräder ab 19 £/Tag, MB ab 24 £/Tag. Cannop Valley, nahe Coleford, GL16 7EH, ✆ 01594/860065, www.pedalabikeaway.co.uk.

Weinprobe **Three Choirs Vineyard**. Einer der größten Winzer Englands mit Hotel (8 Zimmer, ab 140 £) und Restaurant. Tours & Tasting tägl. 14.30 Uhr, Juni bis Okt. auch Sa 11 Uhr, 12,50 £. Newent, GL18 1LS, ✆ 01531/890223, www.three-choirs.vineyards.co.uk.

Übernachten/Essen *** **Speech House Hotel**. Bekanntestes Hotel vor Ort, seit Jahrhunderten Sitz des Verderer-Gerichts, passenderweise in einer alten Jagdvilla. 37 Zimmer, DZ 80–200 £ (vom Cottage Room bis zum Master mit Himmelbett). Coleford, GL16 7EL, ✆ 01594/822607, www.thespeechhouse.co.uk.

*** **The Inn on the Wye**. Wunderschön modernisiertes Coaching Inn mit 12 Zimmern. DZ ab 57,50 £, mit Himmelbett ab 72,50 £. Kerne Bridge, Goodrich, HR9 5QS, ✆ 01600/890872, www.thewyeinn.co.uk.

**** **The Saracens Head Inn**. Pub direkt am Fluss mit 10 gepflegten Zimmern, ab 89 £. Symonds Yat East, Ross-on-Wye, HR9 6JL, ✆ 01600/890435, www.saracensheadinn.co.uk.

››› Mein Tipp: **Forest of Dean Cabins**. 76 luxuriöse Holzhütten mitten im Wald, Highlight ist das Golden Oak Treehouse mit privatem Whirlpool, das 5 Schlafzimmer hat.

Die Midlands → Karte S. 104/105

Ab 3 Nächte, ab 595 £ (4 Pers.). Zu buchen über Forest Holidays, Bath Yard, Moira, Derbyshire, DE12 6BA, ✆ 03330/110495, www.forestholidays.co.uk. «

Tan House Farm. B & B im ehemaligen Haus eines Gerbers, kreativ dekoriert und umgeben von wunderbarer Parklandschaft. Das hervorragende Ostrich Pub ist in Laufnähe. EZ 50 £, DZ 70 £ mit Frühstück. Newland, Coleford, Gloucestershire, GL16 8NQ, ✆ 01594/832222, www.bedbreakfastnewland.co.uk/node/6.

**** **The Rock**. B & B in ehemaligem Kutschen-Inn mit großem Garten, Outdoor-Jacuzzi, tollen Ausblicken, Tipps für Wanderungen und ein herzhaftes Frühstück. Platz für 14 Gäste. B & B EZ 45 £, DZ ab 64 £, Studio 85 £ ohne Frühstück. Hillersland nahe Symonds Yat, Coleford, GL16 7NY, ✆ 01594/837893, www.stayattherock.com.

Sehenswertes

Tintern Abbey: Wie alle Zisterzienserklöster lag auch Tintern Abbey in der Abgeschiedenheit eines Tales, um von der eigenen Hände Arbeit leben zu können und nicht von bäuerlichen Abgaben abhängig zu sein. Da der Orden selbst arm war, wurde er von örtlichen Adligen unterstützt – Sir Walter Fitz Richard de Clare, ein Cousin des Bischofs von Winchester, trug bei der Gründung der Abtei 1131 finanziell die Hauptlast. Die ersten Mönche kamen aus der Nähe von Chartres in Frankreich, denn Tintern war eine Tochtergründung von l'Aumône. Die Armut hielt nicht lange an, denn Sir Walter gab den Zisterziensern viel Land, und bald nannten sie 3100 Schafe ihr Eigen. Tintern wurde zur zweitreichsten Abtei im Lande, alleine der Abteihof maß 11 ha, mehr als die Stadt Bath zu dieser Zeit! Der Reichtum spiegelt sich in den gewaltigen Mauerresten wider. Tintern teilte das Schicksal der anderen 600 Klöster im Land und wurde unter Heinrich VIII. aufgelöst, die Abtei verfiel. Da es kein benachbartes Dorf gab, das die Ruine als Steinbruch nutzte, blieb sie verhältnismäßig gut erhalten.

März bis Juni und Sept./Okt. tägl. 9.30–17 Uhr, Juli/Aug. bis 18 Uhr, Winter 10–16 Uhr, So erst ab 11 Uhr. 6 £, erm. 4,20 £, Familie 16,20 £, 1 £ für Audioguide. ✆ 01291/689251, www.cadw.wales.gov.uk.

Goodrich Castle: Auf einem Hügel hoch über dem River Wye steht diese kleine rote Sandsteinburg aus dem 12. Jh. Der dreigeschossige Burgfried stammt aus der Anfangszeit und ist in einem erstaunlich guten Zustand. Im 13. Jh. eroberte Graf William Marshal of Pembroke die Burg, doch belegte ein walisischer Prinz den Lord mit einem Fluch, woraufhin alle seine fünf Söhne unter mysteriösen Umständen ums Leben kamen. Etwas später kam die Burg in den Besitz der Valence-Familie (William Valence war ein Halbbruder Heinrichs III.), die genug Geld besaß, um aus der Verteidigungsanlage im Laufe der Zeit eine bescheidene Residenz zu machen. Bemerkenswert ist das Torhaus, das ungefähr 1300 fertig war und nur gestürmt werden konnte, wenn man zuvor zwei Brücken überwandt.

April bis Sept. tägl. 10–18 Uhr, Okt. bis 17 Uhr, Nov. bis April Sa–So 10–16 Uhr, in den Ferien tägl., 7 £, erm. 6,20 £, Kind 4,10 £, Familie 18,10 £. Kostenloser englischer Audioguide. 8 km südlich Ross-on-Wye. ✆ 01600/890538, www.english-heritage.org.uk.

Clearwell Caves: Seit fast 5000 Jahren wird in diesem natürlichen Höhlensystem, das vor rund 330 Mio. Jahren durch unterirdische Flussläufe geformt wurde, Bergbau betrieben. Die Menschen in der Jungsteinzeit sollen hier bereits nach roten Ockerpigmenten geschürft haben (die auch heute noch hier gewonnen und im Laden verkauft werden), mindestens seit den Römern wurden hier Eisenerze abgebaut. Neun Höhlen in diesem Museumsbergwerk sind ohne Führung zugänglich, dabei können Besucher durch Infotafeln Einblicke in die Erzgewinnung von damals und heute gewinnen. Spannender und einzigartig ist das Deep Level; in das tiefer gelegene, 32 km lange Netzwerk von Höhlen kommt man nur mit einem Führer

Einst zweitreichste Abtei Englands: Tintern Abbey

Die Midlands → Karte S. 104/105

samt spezieller Ausrüstung (Overalls, Gürtel, Helme, Taschenlampen). Die Guides sind mit den Traditionen des Bergbaus bestens vertraut und stammen zum Großteil aus Knappenfamilien. Sie lassen Besucher die Arbeitsbedingungen unter Tage nachempfinden. Besonders Kinder staunen, dass viele Bergarbeiter teilweise schon im Alter von acht Jahren unter Tage schufteten, die durchschnittliche Lebenserwartung lag bei 50 Jahren. Was mit dem Eisen schließlich gemacht wurde, kann man in der mittelalterlichen Schmiede sehen.

Mitte Febr. bis Anf. Nov. tägl. 10–17 Uhr. 6,50 £, erm. 5,50 £, Kind 4,50 £. ✆ 01594/832535, www.clearwellcaves.com.

Hopewell Colliery Museum and Working Mine: Hopewell ist nicht nur eine Schaumine, sondern hier wird bis heute Kohle gewonnen. Bei einer Tour unter Tage kann man viel über die harten Lebens- und Arbeitsbedingungen der Freeminer lernen. Absolut faszinierend, ein kleines Museum ergänzt das Erlebte.

Ostern bis Okt. tägl. 10–16 Uhr. 45-minütige Führungen, letzte Tour 15 Uhr. 5 £, Kind 3,50 £. Cannop Hill, Speech House Road, Coleford, GL16 7EL, ✆ 014594/810706, www.hopewell colliery.com.

Westbury Court Garden: Dieser Garten ist der einzige liebevoll restaurierte Wassergarten im holländischen Stil im ganzen Lande, der von der Vorliebe für alles Holländische im 17. Jh. zeugt. Fast alle dieser Art wurden in späteren Jahren in englische Landschaftsgärten verwandelt oder zerstört. Im Zentrum der Anlage befinden sich zwei lange Kanäle (der längere ist 137 m lang), die von Eibenhecken und akkuraten Topiaren in Kugelform gesäumt werden und mit anmutigen Statuen versehen sind. Es gibt außerdem einen wunderhübschen ummauerten Secret Garden, einen formal angelegten Parterregarten und einen Gemüsegarten mit historischen Obstsorten (vor 1700 angelegt). Auf dem Gelände steht auch eine der ältesten Steineichen des Landes.

März bis Ende Okt. tägl. 10–17 Uhr. 6 £, erm. 2,90 £, Familie 15,20 £. Westbury-on-Severn, GL14 1PD, ✆ 01452/760461, www.nationaltrust.org.uk/westbury-court-garden.

Hereford

Zwischen Apfelplantagen und Viehweiden liegt westlich der Malvern Hills und an der Grenze zu Wales die hübsche Bischofsstadt Hereford am River Wye, eine mittelalterlich geprägte, ländliche Idylle, die für den Wye-Lachs, ihre weißgesichtigen Kühe, Hopfen und Cider berühmt ist. Die Geschichte und Herstellung des beliebten Apfelweines (Bulmer Cider) wird Ihnen im **Cider Museum** nähergebracht. In Pembridge am New Inn im Stadtzentrum beginnt übrigens eine etwa 30 km lange und markierte **Cider Cycling Route** für Radler. Die Umgebung wird von tiefen Flußtälern, zahlreichen Burgen und schwarz-weißen Fachwerkhäuser bestimmt.

Hereford war auch das Zentrum des Unterkönigtums von Mercia, weshalb hier kurz vor 680 eine Diözese gegründet wurde. Als militärischer Stützpunkt am Übergang über den River Wye erlangte der Ort Bedeutung, aber auch durch die Reliquien König Ethelberts aus East Anglia, der hier 794 ermordet wurde. Die **Kathedrale** von Hereford beherrscht bis heute das Stadtbild, in einem modernen Anbau befindet sich die preisgekrönte Ausstellung über die Chained Library (Kettenbibliothek) und die weltberühmte *mappa mundi* – eine Weltkarte aus der Zeit um 1300, die die Welt mit Jerusalem als Zentrum zeigt.

Basis-Infos

Information www.visitherefordshire.co.uk. 90-minütige Stadtführungen ab Kathedrale von Mai bis Ende Okt., Mo–Sa um 11.30 Uhr, So um 14.30 Uhr, Preis 4 £, Kind 1 £, www.herefordguidedwalks.org.uk.

Aktivitäten **Cider Cycling Route**, 32 km langer Rundkurs durch die Anbaugebiete. Infos in der Ledbury Touristeninformation oder unter www.ciderroute.co.uk.

Bootsverleih **Left Bank Canoe Hire**, Kanus und Kajaks 20 £/halber Tag, 25 £/Tag, Kinder ab 6 J. Bridge View Offices, Bridge Street, HR4 9DG, ✆ 01432/264807, www.leftbankcanoehire.co.uk.

Einkaufen **Old Market Shopping Centre** in Herefords Stadtmitte, mit einem Debenhams-Kaufhaus, einem Odeon-Kino mit 6 Sälen und einem Waitrose-Supermarkt ist es neuer Einkaufsmagnet der Region. HR4 9HR, www.oldmarkethereford.co.uk.

Märkte **Wochenmarkt** Mi und Sa 9–16 Uhr, High Town und Commercial Street, HR1 1AA. **Produce and Craft Market**, Do 9–15 Uhr. **Antiquitätenmarkt**, Fr von März bis Dez. 9–15 Uhr.

Festivals **Wye Valley River Festival** Anfang Mai alle zwei Jahre, nächstens 2018: Zwei Wochen Musik, Kunstinstallationen und Familienunterhaltung entlang des Flusses. www.wyevalleyaonb.org.uk.

Three Choirs Festival, Ende Juli mit den Chören der Kathedralen von Gloucester, Worcester und Hereford. Veranstaltungsort ist rotierend eine der drei Städte. ✆ 01452/768928, www.3choirs.org.

Übernachten

***** **Somerville House**. 5-Sterne-B-&-B in einer Stadtvilla aus dem 19. Jh. mit Terrasse und hübschem Garten. 12 makellose, zeitlos moderne Zimmer mit neuen Bädern, günstiger Minibar und kostenlosem WLAN. EZ 75 £, DZ 85–125 £. 12 Bodenham Road, HR1 2TS, ✆ 01432/273991, www.somervillehousehereford.co.uk.

**** **No 21**. Zentrales B & B in einem modernisierten edwardianischen Haus, die Einrichtung ist eine gelungene Mischung aus Antiquitäten und modernen Möbeln, sauber, frisch und freundlich. EZ mit Frühstück ab 60 £, DZ ab 70 £. 21 Aylestone Hill, HR1 1HR, ✆ 01432/279897 und 07967/525403 (mobil), www.21aylestonehill.co.uk.

»» Mein Tipp: *** **Castle House Hotel**. Elegante klassizistische Villa in einer ruhigen Sackgasse nahe der Kathedrale und der hübschen Einkaufsstraße Church Street. Ein Plus sind die attraktive Gartenanlage und der Blick auf den Wassergraben der Burg vom Restaurant aus, das auch von Einheimischen gern aufgesucht wird (s. u.). Große, eher traditionelle Zimmer im Haupthaus, modernere Ausstattung im Townhaus wenige Hundert Meter die Straße hinab (Nr 25). Freies Parken und WLAN. DZ ab 230 £ mit Frühstück. Castle Street, HR1 2NW, ✆ 01432/356321, castlehse.co.uk. ««

Essen & Trinken

Castle Restaurant und **Ballingham Bar & Bistro**. Die Zutaten für die Hotelküche stammen zum großen Teil von der eigenen Farm. Im Bistro gibt es Sandwiches, Salate und Cream Tea (2–6 £), im Restaurant enthält die Speisekarte raffinierte Gerichte aus aller Welt (14–26 £). Der Sohn des Besitzers mixt übrigens perfekte Cocktails für danach. Tägl. 7–21.30 Uhr. Castle Street, HR1 2NW, ✆ 01432/356321, www.castlehse.co.uk. ■

Madeleine Café Hereford. Französisch inspiriertes Bistro mit niedlichem Garten im Hof. Alle Zutaten stammen aus der Region, tolle Lunchangebote und Afternoon Tea. Mittwochs Musik und zwei Gänge für 15 £. Mo–Di und Do 9.30–16 Uhr, Mi bis 22 Uhr, Fr 9.30–22.30 Uhr (Küche schließt um 20 Uhr), Sa 9.30–16.30 Uhr. 17 Church Street, HR1 2LR, ✆ 01432/265233, www.church-street-cafe-restaurant-hereford.co.uk.

Thai on Wye. Freundliches, intimes asiatisches Restaurant in warmen Farben mit hervorragender Küche. Tägl. 12–14 und 17–22.30 Uhr. 15 West Street, HR4 0BX, ✆ 01432/376769, thaionsevern.wix.com/thai-on-wye.

Razbari. Bollywood am Wye, sehr gute traditionelle Tandoori in modernem Ambiente und oft Musik- und Tanzeinlagen. Mo–Do 17.30–24 Uhr, Fr/Sa bis 1 Uhr. 156 Eign Street, HR4 0AP, ✆ 01432/265440, www.razbari.co.uk.

Sehenswertes

Hereford Cathedral: Die erste Kathedrale aus dem 9. Jh. war die Begräbniskirche für König Ethelbert, dessen Kopf in die Westminster Abtei nach London überführt worden sein soll. Er war nach Herefordshire gekommen, um die Tochter König Offas zu heiraten, der ihn jedoch enthaupten ließ. Unmittelbar nach seinem gewaltsamen Tod setzte ein Heiligenkult ein, sodass um 1000 die Kathedrale der Jungfrau Maria und Ethelbert geweiht wurde. Ein neuer vergoldeter und bemalter Schrein für den heiligen Ethelbert steht seit 2007 im Retrochor. Bis ins 12. Jh. hinein, als Südwales endgültig erobert war, wurden die Geschicke der Stadt durch Übergriffe der Waliser bestimmt, die 1055 auch die Kathedrale zerstörten. Die Kathedrale wurde daraufhin zwischen dem 12. und 14. Jh. nach dem Vorbild der Basilika von Aix-la-Chapelle neu erbaut und zu einem großen Teil durch die Spenden der Pilger finanziert, die zum Grab des heiligen Thomas de Cantilupe (Bischof von 1275 bis 1282) kamen. Sein Schrein ist einer der wenigen Heiligenschreine des Landes, der die Reformation überlebt hat, und befindet sich im nördlichen Querschiff, in dem auch die Stanbury-Kapelle im Perpendicular Style mit ihren Arts-&-Crafts-Fenstern sehr sehenswert ist. Die Westfront der Kathedrale und Teile des Schiffs wurden nach einem Einsturz von James Wyatt 1786 im neugotischen Stil wiederaufgebaut. Der Bischofsstuhl und das Chorgestühl stammen aus dem 14. Jh., das Taufbecken ist normannisch und zeigt inzwischen kopflose Apostel, die von vier Löwen bewacht werden. In der Kathedrale befindet sich auch eine lebensgroße Statue von Edward Elgar, dem größten britischen Komponisten, der in Hereford seine produktivsten Jahre verbrachte.

Die Midlands → Karte S. 104/105

Die Chained Library (Kettenbibliothek, bei der die Bücher mit einer Kette am Regal befestigt sind, sodass man sie zwar lesen, aber nicht mitnehmen kann) befindet sich heute im modernen Anbau und enthält mehr als 1400 Bücher, von denen viele vor 1500 gedruckt wurden, sowie 200 Manuskripte aus dem Mittelalter, die noch heute von Forschern genutzt werden. Zu sehen sind auch Druckstöcke und Druckpressen von 1611. Die berühmte *mappa mundi* befindet sich in einem Holzschränkchen. Auf der kreisförmigen Karte aus Pergament liegt Jerusalem im Zentrum, Europa ist links und Afrika rechts unten angeordnet. Die *mappa mundi* ist ein bedeutendes Zeitzeugnis, wie die Menschen im 13. Jh. ihre Welt wahrnahmen. 500 Miniaturzeichnungen stellen Berge, Flüsse, 420 Städte sowie Pflanzen, Tiere und mythologische Figuren dar.

Tägl. 9.15–17 Uhr, So 11–15 Uhr. Spende 5 £. Führungen April bis Okt. Mo–Sa 11.05 und 14.05 Uhr, im Winter nur Mo–Fr 11.05 Uhr, Sa auch 14.05 Uhr. Auch Secret Garden und Tower Tours (218 Stufen, 5 £, Kind 3 £). Orgelkonzerte Di (nur im Sommer) um 13.15 Uhr. Mappa Mundi: April bis Okt. Mo–Sa 10–17 Uhr, im Winter bis 16 Uhr. 6 £, erm. 5 £, Familie 8–14 £. Erfrischungen gibt es im Cloister Café. 5 College Cloisters, Cathedral Close, HR1 2NG, ✆ 01432/374200, www.herefordcathedral.org.

The Old House Museum: Mitten im modernen Shoppingbezirk steht dieses Fachwerkhaus aus dem Jahre 1621, das einst eine Fleischerei mit Laden und danach ein Eisenwarengeschäft war, dann von der Lloyds Bank als Schalterhalle genutzt wurde und heute als Museum dient. Dieses gibt einen Einblick in den Alltag der Menschen im 17. Jh.; die Eichenmöbel, Himmelbetten und Tapeten dieser Epoche sind original erhalten.

Mo-Di u. Do-Sa 11–16 Uhr, Mi ab 10 Uhr. Eintritt frei. High Town, HR1 2AA, ✆ 01432/260694, www.herefordshire.gov.uk/museums.

The Cider Museum: Das Museum erzählt die Geschichte des Apfels, wie er zu Apfelmost wird und seinen Weg von der Obstplantage über die Entsaftung und Fermentierung bis hin zur Flaschenabfüllung nimmt. Die Ausstellung umfasst historische Maschinen und Werkzeuge, man sieht die Werkstatt eines Fassmachers und kommt durch den Gärkeller sowie die Cider-Champagner-Keller, die von der Offa-Destillerie für die Herstellung verschiedener Liköre genutzt werden. Das Museum veranstaltet regelmäßige Events wie Kunstausstellungen und Wettbewerbe.

April bis Okt. tägl. (außer So) 10–17 Uhr (letzter Einlass 16.15 Uhr), sonst 11–15 Uhr (letzter Einlass 14.15 Uhr). 5,50 £, erm. 5, Kind/Student 3 £, Familie 16 £. 21 Ryelands Street, HR4 0LW, ✆ 01432/354207, www.cidermuseum.co.uk. Anfahrt: A 438 Brecon Road.

Tewkesbury

Das mittelalterlich geprägte Tewkesbury mit seinen vielen wunderbaren Fachwerkhäusern aus der Tudorzeit (rund 350 Gebäude der Stadt sind denkmalgeschützt) liegt am Zusammenfluss von Severn und Avon, weshalb der Ort nie über seine mittelalterlichen Dimensionen hinauswachsen konnte. Ein Angelsachse namens Theoc gründete hier im 7. Jh. eine Einsiedelei, aus der nach der Eroberung durch die Normannen die Abtei erwuchs, die den höchsten normannischen Turm in England besitzt. Ein romantischer Bummel führt durch mittelalterliche Gassen entlang des Vintage and Antique Trails (Antiquitätenrundgang) oder an einem der Flüsse entlang. Sehenswert sind auch The Old Baptist Chapel und das John Moore Countryside Museum. Wer in einem der hübschen Pubs einkehrt, sollte unbedingt den Tewkesbury Senf probieren.

Information **Tewkesbury Heritage and Visitor Centre „Out of the Hat"**, Besucherzentrum in einem ehemaligen Hutladen, hier werden die Senfbällchen (Mustard Balls, www.tewkesburymustard.co.uk) verkauft. Im 1. OG gibt es ein Museum zur Stadtgeschichte (3,50 £, erm. 3 £). April bis Okt. Mo–Sa 10–16 Uhr, Nov. bis März Mo/Di und Fr/Sa 10–16 Uhr. 100 Church Street, GL20 5AB, ✆ 01684/855040, www.tewkesbury heritage.co.uk, www.tewkesbury.gov.uk.

Bootsfahrten **Severn Leisure Cruises**, veranstaltet von Mai bis Sept. mittwochs 75-minütige Bootsfahrten auf dem River Severn von und nach Upton. 11,50 £, Kind 6,50 £. The Boathouse, Waterside, Upton upon Severn, WR8 0HG, ✆ 01684/593112, severnleisurecruises.co.uk.

Einkaufen **AD 1471**, gilt als einer der besten Delikatessenläden in der Region. 101 Church Street, GL20 5AB, ✆ 01684/291471, www.ad1471.co.uk.

Sport **Tewkesbury Leisure Centre**, Swimmingpool und Fitness-Center. Gloucester Road, GL20 5SY, ✆ 01684/293740, www.placesforpeopleleisure.org/centres/tewkes bury-leisure-centre.

Festivals **Tewkesbury Medieval Festival**, Großes Mittelalterfest mit der nachgestellten Schlacht von Tewkesbury am zweiten Juli-Wochenende. Auf der Flutwiese südlich der Abtei fand im Jahr 1471 eine entscheidende Schlacht der Rosenkriege statt, eine der Türen von Tewkesbury Abbey ist auch heute noch mit 68 Metallplatten bedeckt. Sie sollen von den Brigantine-Rüstungen der Ritter stammen, die dort Zuflucht suchten. In der Touristeninformation kann man dazu ein informatives Heftchen kaufen. www.tewkesburymedievalfestival.org.

Wandern Zwei Fernwanderwege führen durch Tewkesbury, der 161 km lange **Gloucesterhire Way**, der in Chepstow beginnt und durch die nördlichen Cotswolds nach Tewkesbury führt, sowie der **Severn Way**, eine 338 km lange Strecke entlang des gleichnamigen Flusses.

Übernachten **Jessop House**. In der Stadtvilla aus dem 18. Jh. wohnt man stilecht mitten im Ort. Ein kleiner Hof lädt zum Freiluft-Kaffee ein, die gepflegte Pension hat vom Automobilclub 5 Sterne erhalten. EZ 60–85 £, DZ 79–125 £, Familienzimmer 100–160 £. 65 Church Street, GL20 5RS, ✆ 01684/292017, www.jessophousehotel.com.

Fieldcroft B & B. Der Bungalow steht in ländlicher Umgebung und hat einen großen Garten, die Zimmer mit Ausblick (eines ensuite) kosten ab 50 £ inkl. reichhaltigem Frühstück mit Eiern von den eigenen Hennen. Parkplatz vorhanden. Aston Field Lane, GL20 8HJ, ✆ 01684/773173 oder 07887/552028 (mobil), www.fieldcroft.co.uk. ■

Essen & Trinken **My Great Grandfathers**. Familiengeführtes Restaurant in einem adretten Fachwerkhaus mit Blick auf die Abtei. Gehobene Küche, viele Steakangebote. Mo–Sa 18–23 Uhr. 84–85 Church Street, GL20 5RX, ✆ 01684/292687, www.my greatgrandfathers.co.uk.

The Boat House. Pub direkt am Fluss unter engagiertem Management. Ausgezeichnete Location und sehr gutes Essen, das Fleisch (Rib-Eye-Steak, 16,50 £) kommt frisch vom örtlichen Fleischer (eigene Schlachtung). Weinproben und andere Veranstaltungen, freitags „fish night". Tägl. 11–22 Uhr, So nur bis 21 Uhr. King Johns Island, Mythe Road, GL20 6EB, ✆ 01684/275714, www.theboathousepub.co.uk. ■

Tilly's. Hübsches kleines Café-Restaurant mit guter Auswahl für Frühstück, Lunch und Kuchen. Mo–Sa 8–17 Uhr, So 10–16 Uhr. 83 Barton Street, GL20 5PY, ✆ 01684/275068.

Sehenswertes

Tewkesbury Abbey: Der Einsiedler Theoc, der wohl der Namensgeber des Ortes ist, ließ sich im 7. Jh. hier nieder. Ein erstes Kloster mit einer kleinen religiösen Gemeinschaft von vier oder fünf Mönchen wurde 715 gegründet. Von diesem Bau ist nichts erhalten. Um das Jahr 980 ließ die Abtei Cranborne (Dorset) ein neues Kloster in Tewkesbury gründen. Aufwind erhielt die Abtei 1102, als Geraldus von Avranches, der Abt von Cranborne, seinen Sitz nach Tewkesbury verlegte, wonach sich das Kloster rasch zu einem der bedeutendsten im westlichen England entwickelte. 1121 wurde die großartige neue Abteikirche geweiht. Im späten 12. Jh. umfasste der Konvent mehr als 50 Mönche.

Die Midlands → Karte S. 104/105

Tewkesbury hatte am Ende sechs Tochterklöster (Bristol, Cardiff, Deerhurst, Goldcliff, Llantwit-Major und Cranborne) und ein Armenhaus. Die Abtei erfreute sich besonders umfangreicher Unterstützung durch die Adelsfamilien de Clare und Despenser. Ihre zahlreichen Gräber finden sich im Gotteshaus – nur Westminster Abbey hat mehr Grabmäler innerhalb der Kirche.

Glücklicherweise wurde die Kirche nach der Übergabe der Abtei an Heinrich VIII. als Pfarrkirche erhalten, denn die Bürger kauften dem König das Gebäude zum Preis der Glocken und des Bleidaches ab. Die Klostergebäude und die Marienkapelle jedoch verfielen und dienten als Steinbruch.

Tewkesbury Abbey gilt als eine der vollkommensten normannischen Kirchen des Landes, die nur minimale Umbauten im gotischen Stil erlebt hat. Berühmt sind u. a. die sieben mittelalterlichen Buntglasfenster im Chor (14. Jh.) sowie das gigantische Westfenster aus dem 17. Jh. mit der Darstellung von Jesu Leben. Achten Sie ebenfalls auf die vielen bemalten Schlusssteine, darunter 50 Blattmasken. Eine Besonderheit sind die drei Orgeln.

Mo–Sa 8.30–17.30 Uhr, So 7.30–18 Uhr. Eintritt frei, Spende erbeten. Führungen (mitunter auch auf den Turm) Ostern bis Okt. 5 £. Mittägliche Orgelkonzerte Juli bis Sept. Di 13 Uhr. Tearoom Mo–Sa 10.45–13.45 Uhr und So 13.30–16 Uhr. ✆ 01684/850959, www.tewkesburyabbey.org.uk.

The John Moore Museum und Merchant House: Das kleine Museum belegt eines der Häuschen der Abbey Row Cottages, die im späten 15. Jh. als Handelshäuser für das Benediktinerkloster erbaut wurden. Im Erdgeschoss ließ man die Fensterläden herunter, die dann als Verkaufsfläche dienten. Wie das funktionierte und wie der Alltag einer Familie der Mittelschicht aussah, erfährt man im Merchant House nur ein paar Türen weiter. Die überschaubare Sammlung des Museums umfasst viele kuriose Objekte zur Naturwissenschaft, vor allem Vögel und Säugetiere, die in der Region heimisch sind und die der Schriftsteller und Naturforscher John Moore gesammelt hat. Schön ist auch der Secret Garden.

April bis Okt. Di–Sa 10–13 Uhr und 14–17 Uhr, Nov. bis März nur Sa. 3 £, erm. 2,50 £, Kind 2 £, Familie 8 £. 41–42 Church Street, GL20 5SN, ✆ 01684/297174, www.johnmooremuseum.org.

Ledbury

Ledbury, etwa 24 km nordwestlich von Tewkesbury, ist ein Dorf, das fast ausschließlich aus Fachwerkhäusern besteht. Es gibt wohl kaum einen Ort, der auf so wenige Straßenzüge verteilt mehr Häuser aus der Tudor- und Stuartzeit vereint: Das Marktgebäude in der High Street steht auf 16 Holzsäulen und diente einst als Kornlager. Gleich daneben befinden sich das Feathers Inn und das New House. Die Seitenstraße, die zur Kirche St Michael and All Angels führt (Church Street), ist eine der besterhaltenen mittelalterlichen Straßen überhaupt. Die Pfarrkirche vereint verschiedene Baustile, und ihr Glockenturm – typisch für Herefordshire – ist freistehend. **Ledbury Park** aus dem Jahr 1600 gilt vielen als das schönste Fachwerkhaus Englands. **St Catherine's Hospital** von 1231 ist noch vollständig erhalten, samt einer Halle, einer Kapelle, dem Master's House, Armenhäusern und einer Fachwerkscheune. In der Halle finden häufig Märkte statt, im Master's House ist die Touristeninformation untergebracht. Die alte Ledburys Boys Grammar School dient als **Heritage Centre,** im **Butcher Row House Folk Museum** gibt es Reproduktionen von Helmen und Brustpanzern zu sehen, die in der Schlacht von Ledbury 1645 getragen wurden, und eine kleine Sammlung historischer Musikinstrumente.

Eine Kuriosität ist der **Painted Room** mit dem Fresko eines unbekannten Künstlers, das einen typischen Wandteppich des 16. Jh. imitiert.

Nur 3 km entfernt erhebt sich an einem idyllischen See das märchenhafte **Eastnor Castle,** ein festungsartiger Landsitz in einem weitläufigen Parkgelände mit Wildgehege und Arboretum. Er ist Privatbesitz der Familie Hervey-Bathurst, Nachkommen des Erbauers. Die Burg enthält Kunstschätze und mittelalterliche Waffen, durch das Arboretum führt ein Tree Trail, es gibt ein Heckenlabyrinth, einen Abenteuerspielplatz und ein Café.

Freunde des Cider haben in der 400 Jahre alten **Westons Cider Mill** die Gelegenheit, den Produktionsprozess vom Apfel bis zum leckeren Most zu verfolgen und einen heimischen Tropfen zu verkosten.

Information **Tourist Information @ Ice Bytes**, tägl. (außer So) 10–17 Uhr. 38 The Homend, HR8 1BT, ✆ 0844/5678650, www.herefordshire.gov.uk, www.visitledbury.info.

Sehenswertes **Heritage Centre**: In der ehemaligen Grammar School. Ostern bis Okt. tägl. 10.30–16.30 Uhr, Church Lane, HR8 1DN. Eintritt frei.

Butcher Row House Museum: Ostern bis Sept. tägl. 11–17 Uhr, Okt. nur bis 15 Uhr. 14 High Street, HR8 1DW. Eintritt frei.

Painted Room: März Mo–Fr 11.30–15 Uhr, April bis Okt. Mo–Fr 11–16 Uhr, Mai bis Sept. auch Sa 11–16 Uhr, Mitte Juli bis Sept. auch So und feiertags 14–17 Uhr. Eintritt frei. 1 Church Lane, HR8 1DL. ✆ 01531/632306, www.ledburytowncouncil.gov.uk/16th_Century_Painted_Room.aspx.

Eastnor Castle: Ostern und an Feiertagswochenenden sowie Juni bis Sept. jeden So, in den Sommerferien (Ende Juli bis Ende Aug.) So–Do 11–16.30 Uhr (letzter Einlass 16 Uhr). 10,50 £, Kind 7 £, Familie 28 £, nur Gelände 7 £, Kind 5 £, Familie 19 £. eastnorcastle.com.

Westons Cider Mill: Mo–Fr 9–17 Uhr, Sa 10–16.30 Uhr, Führungen tägl. 11, 12.30, 14 und 15.30 Uhr. 8 £, erm. 4 £, Familie 20 £. The Bounds, Much Marcle, HR8 2NQ, ✆ 01531/660108, www.westons-cider.co.uk.

Auf sechzehn Säulen steht das Markthaus von Ledbury

Die Midlands → Karte S. 104/105

Übernachten **Eastnor Castle Deer Park Campsite.** Im Park des Anwesens; Wasseranschlüsse, aber keine Duschen oder Toiletten. Geöffnet Mitte März bis Mitte Juni, von Mitte bis Ende Aug. und im Sept. 8,50 £ pro Caravan oder Zelt. Es gibt auch zwei Holiday Cottages. Nahe Ledbury, HR8 1RL, ✆ 01531/633160, eastnorcastle.com.

Orchard House. 100 Jahre alte Villa mit schönem Walled Garden, große exquisite Zimmer und Betten, hausgemachte Leckereien von Keksen bis zum selbstgebackenen Brot und eingemachter Marmelade. Die Eier kommen von den eigenen Hühnern. 3 Zimmer. EZ 65–70 £, DZ 85–100 £, South Parade, HR8 2HA, ✆ 01531/632294, www.orchardhouseledbury.co.uk. ■

Essen & Trinken **The Olive Tree.** Italiener mit vielen vegetarischen Optionen, das Fleisch kommt vom Metzger gegenüber. Di–Sa 12–14 Uhr, So bis 14.30 Uhr, Mo–Fr 18–22 Uhr, Sa ab 17.30 Uhr, So 18–21.30 Uhr. 44 The Homend, HR8 1BT, ✆ 01531/634181, theolivetreeledbury.co.uk.

Worcester

Die geschichtsträchtige Domstadt Worcester schmiegt sich an die Malvern Hills, eine der großartigsten Landschaften, die die West Midlands zu bieten haben.

Ihr berühmtester Sohn ist der Komponist Sir Edward Elgar, der dem Land die patriotische Hymne „Land of Hope and Glory“ schenkte und der in der Kathedrale in einem Buntglasfenster verewigt ist. Desweitern steht eine Büste von ihm im Priory Park und eine Statue auf der Belle-Vue-Terrasse.

Im Zentrum von Worcester steht die **Guildhall,** die wie ein klassizistischer Palast aussieht. Über ihrem Eingang thront Queen Anne, während deren Regentschaft sie gebaut wurde. Zu ihren Füßen stehen Karl I. und Karl II., denn Worcester war die letzte Stadt des Reiches, die sich im Bürgerkrieg den parlamentarischen Truppen Oliver Cromwells ergab – dessen Totenmaske ist pikanterweise über den beiden Königen zu finden. Im stuckverzierten **Pump Room,** der die Größe eines Ballsaales besitzt, befinden sich heute die Touristeninformation, ein Selbstbedienungsrestaurant und ein Tea Shop.

Die **Commandery,** das ehemalige Hauptquartier Karls II., ist inzwischen das Stadtmuseum. Wenn man die Friar Street beim Inn „The Pheasant“ hinunterspaziert, kommt man zu den schönsten Ecken des Städtchens. Das älteste Gebäude ist **Greyfriars,** ein Kaufmannshaus, das über einen herrlichen Garten verfügt. Höhepunkt eines Besuches ist die **Kathedrale,** in der Johann Ohneland begraben liegt. Die normannische Krypta ist die älteste im Lande, und das Buntglas aus dem 19. Jh. kann es mit Canterbury oder Notre Dame aufnehmen. In der Domfreiheit stehen The King's School und die weltbekannte Choir School. Seit mehr als 300 Jahren treten Ende Juli alle drei Jahre für eine Woche die Chöre von Hereford, Gloucester und Worcester gemeinsam zum **Three Choirs Festival** an.

Die günstige Lage Worcesters am River Severn hatten sich bereits frühe Siedler zunutze gemacht und hier 400 v. Chr. ein Dorf gegründet sowie einen ringsum verlaufenden Festungswall gebaut. Die Römer entwickelten das Dorf zu einer Stadt mit Eisenverarbeitung und Töpfereiöfen. Royal-Worcester-Porzellan ist bis heute einer der beiden „Exportschlager“ der Stadt. Im **Museum of Worcester Porcelain** nahe der Kathedrale erfährt man mehr darüber. Der andere ist die braune, würzige Worcestersoße, die in der Lea & Perrins Fabrik (heute Heinz, nicht zu besichtigen) hergestellt wird. Die beiden Chemiker John Lea und William Perrins hatten Anfang des 18. Jh. ein Rezept aus Bengalen nachgekocht und damit den Geschmack der Nation getroffen.

Information **Tourist Information Centre Worcester**, Mo–Sa 9.30–17 Uhr, an Feiertagen 10–16 Uhr. In der Guildhall, High Street, WR1 2EY, ☏ 01905/726311, www.visitworcestershire.org/worcester.

Verbindungen **Zug** – Vom Bahnhof Foregate Street fahren London Midland und First Great Western Züge regelmäßig direkt nach London Paddington (3 Std.), Birmingham oder Hereford.

Festival **Three Choirs Festival**, Ende Juli mit den Chören der Kathedralen von Gloucester, Worcester und Hereford. Veranstaltungsort ist rotierend eine der drei Städte. ☏ 01452/768928, www.3choirs.org.

Markt **General Market**, Mo, Mi, Fr und Sa 9–17 Uhr am Angel Place, WR1 3QN.

Übernachten **** **The Manor Coach House**. Dieses B & B hat schon viele Preise gewonnen. Die 5 Zimmer sind eigentlich Apartments in den ehem. Stallungen, teilweise über zwei Etagen, der Hof lädt zum Entspannen ein und ist von einem wunderschönen Garten umgeben. Denkwürdiges Frühstück. EZ 59 £, DZ 85 £. Hinlip Lane, Hinlip, WR3 8SJ, ☏ 01905/456457, www.manorcoachhouse.co.uk.

*** **Holland House**. Saubere Unterkunft mit drei einfach ausgestatteten Gästezimmern in einem viktorianischen Reihenhaus in Fußnähe (20–30 Min) zur Innenstadt. EZ 45 £, DZ 55–59 £ mit gutem Frühstück. 210 London Road, WR5 2JT, ☏ 01905/353939, www.holland-house.me.uk.

Essen & Trinken **Mac and Jac's Café Deli**. Frisch zubereitete Lunches im Ambiente eines Fachwerkhauses aus dem 17. Jh. Tolle Vorspeisenplatten für zwei. Mo–Sa 9–17 Uhr und an Feiertagen 10–16 Uhr, auch Supper Evenings. 44 Friar Street, WR1 2NA, ☏ 01905/731331, www.macandjacs.co.uk.

Saffron's Bistro. Bistro und Bar auf zwei Etagen in der Altstadt. Mediterran-englische Küche, 2-Gänge-Lunch für 14 £. Mo–Do 12–14.15 und 17.30–21.30 Uhr, Fr bis 22 Uhr, Sa bis 22.30 Uhr. 15 New Street, WR1 2DP, ☏ 01905/610505, www.saffronsbistro.co.uk.

Steht am River Severn: die Worcester Cathedral

Die Midlands → Karte S. 104/105

Sehenswertes

Worcester Cathedral: Auf das Highlight von Worcester hat man den besten Blick vom Cricket-Platz auf der gegenüberliegenden Uferseite des River Severn aus. Gegründet wurde die Liebfrauenkathedrale (Cathedral Church of Christ and the Blessed Virgin Mary) bereits im Jahr 680, um einen neuen Bischofssitz zu etablieren. Nach Überfällen der Wikinger ließ Bischof Oswald im 10. Jh. die erste stattliche Kirche erbauen, an die ein Benediktinerkloster anschloss. Im ausgehenden 11. Jh. begann Bischof Wulstan mit einem Neubau, dessen wunderschöne Krypta noch erhalten ist. In die normannische Formensprache des Neubaus ließ er angelsächsische Bauelemente integrieren, denn Bischof Wulstan war einer der wenigen Angelsachsen im von den Normannen eroberten England, der seinen Posten nicht für einen Franzosen räumen musste.

Ab 1201 häuften sich dann nachweisbar die Wunder am Grabe Wulstans, woraufhin bei einer Neuweihe nach den Wirren der Herrschaft Johann Ohnelands die Kathedrale den beiden heiliggesprochenen Bischöfen Oswald und Wulstan geweiht wurde. Beide sind zuseiten des Hauptes von Johann Ohnelands Grabskulptur platziert. Bald konnte die Kirche die Heerscharen an Wallfahrern nicht mehr aufnehmen, und so wurde der Bau nach und nach erweitert – in verschiedenen Stilen: Zunächst waren ein größerer Chor und Retrochor (Umgangschor) nötig. Das um 1125 erbaute runde Kapitelhaus steht am Ende dieser Bautätigkeit. Sein Gewölbe wird von einem einzigen zentralen Pfeiler gestützt. Die Gotik zog dann ab 1224 in die Marienkapelle, den Retrochor, die östlichen Querhäuser und den Chor (Early English) ein. Die Grabkapelle von Prinz Arthur, dem älteren Bruder König Heinrichs VIII., ist ein Beispiel für den spätgotischen Perpendicular Style. Viele gotisch anmutende Elemente stammen aus dem Restaurierungswahn des 19. Jh., wie die Altarrückwand und der Lettner. Auch viele Monumente im Innern der Kathedrale stammen aus dem 19. Jh. und wurden von dem Bildhauer Sir Gilbert Scott geschaffen.

In der Domfreiheit finden sich zwischen modernen Backsteinbauten der Nachkriegszeit ab und zu Teile des alten Benediktinerklosters. Achten Sie auf die schönen Schlusssteine im Kreuzgang. Im östlichen Krezugang befindet sich ein Café. Das Refektorium der Mönche an der Südseite des Kreuzgangs wird heute von der King's School genutzt. Bis 2007 zierte übrigens die Westfassade der Kathedrale die Rückseite des britischen 20-Pfund-Scheins.

Tägl. 7.30–18 Uhr. Eintritt frei. Führungen März bis Nov. tägl. (außer So) 11 und 14.30 Uhr, Dez. bis Febr. nur Sa. Kosten 5 £. Turmbesteigung (235 Stufen) Mitte März bis Okt. Sa und in den Ferien 11–17 Uhr, So 12.30–15.30 Uhr. 4 £, erm. 2 £, Familie 8 £. ☏ 01905/732900, www.worcestercathedral.co.uk.

Museum of Royal Worcester: Das 1879 eröffnete Museum befindet sich neben der stillgelegten Porzellanfabrik. Es beherbergt die weltweit größte Sammlung von Royal-Worcester-Porzellan (etwa 10.000 Objekte). Zu den Exponaten erfährt man per Audioguide erstaunliche Hintergründe: etwa, dass nach der Schlacht von Waterloo so viele Zähne von Verstorbenen eingesammelt wurden, dass man damit halb Europa seine Dritten hätte verpassen können. Nur waren die echten Beißerchen so teuer, dass viele Bedürftige auf Porzellanzähne ausweichen mussten – von Royal Worcester natürlich. Auch die kleinste Vase des Landes stammt aus der hiesigen Manufaktur und wurde für Queen Mary's Puppenhaus in Windsor Castle geschaffen.

Außerdem ist die umfangreiche Sammlung des ehem. Direktors Richard William Binns zu bestaunen, der japanische, chinesische und koreanische Töpferwaren sowie eine große Menge von Literatur über Kunst, Skulptur, Architektur und Botanik anhäufte.

März bis Okt. tägl. (außer So) 10–17 Uhr, sonst 10–16 Uhr. 6 £, erm. 5 £, Familie 12 £. Severn Street, WR1 2ND, ✆ 01905/21247, www.museumofroyalworcester.org.

Commandery Worcester: Das Gebäude aus dem 12. Jh., das ein Konglomerat verschiedener Baustile ist, wurde für über 1 Mio. Pfund zu einem interessanten kleinen Museum ausgebaut. Hier wird die Geschichte von Macht und Reichtum, Krieg und Tod, der Gesellschaft von Worcester und ihrer Industrialisierung erzählt – von ehemaligen Bewohnern aus sechs verschiedenen Epochen, die per Audioguide zu den Besuchern sprechen.

Di–Sa 10–17 Uhr, So ab 13.30 Uhr. 5,50 £, erm. 4,50 £, Kind 2,50 £, Familie 13 £. Sidbury, WR1 2HU, ✆ 01905/361821, www.worcestershire.gov.uk/museums/info/1/the_commandery.

Worcester City Art Gallery & Museum: In dem Museumsbau aus dem 19. Jh. werden Objekte zur Stadtgeschichte und vielen anderen Themen präsentiert: von Dinosaurierabdrücken oder einem römischen Mosaik über eine Ausstellung zu Lea & Perrins (Worcestersauce) bis zur Herstellung von Handschuhen, eine Branche, für die Worcester ebenfalls berühmt ist. Ein Teil der Ausstellung ist historischen Waffen und den örtlichen Regimenten gewidmet. Zudem finden Wechselausstellungen und Workshops statt.

Mo–Sa 10.30–16.30 Uhr. Eintritt frei. Foregate Street, WR1 1DT, ✆ 01905/23371, www.worcestershire.gov.uk/museums/info/2/city_art_gallery_and_museum.

Greyfriars: Dieses Fachwerkkleinod aus dem Jahre 1480 wurde im 17. und 18. Jh. um Anbauten erweitert und nach dem Zweiten Weltkrieg vor dem Abriss gerettet und restauriert. Eine hübsche Oase der Ruhe ist der ummauerte Garten mit seinem Garden Tea Shop.

März bis Sept. Di–Sa 11–17 Uhr, Okt. bis Febr. 11 bis 16 Uhr. Kurze Führung immer 11–12.30 Uhr. 5 £, erm. 2,50 £, Familie 12,50 £. Friar Street, WR1 2SZ, ✆ 01905/23571, www.nationaltrust.org.uk/greyfriars-house-and-garden.

The Hive: Die Universitätsbibliothek mit den goldfarbenen Kupferschindeln an der Uferzeile ist gleichzeitig ein öffentliches Kompetenzzentrum für Kultur, Bildung und Information und beherbergt das Geschichtszentrum der Stadt. Sie wurde 2012 von der Queen eröffnet und trägt wegen ihrer markanten Form den Spitznamen „der Bienenstock". Die Dachverkleidung spiegelt die Umrisse der Malvern Hills wider und erinnert an die Royal Worcester Brennöfen.

Tägl. 8.30–22 Uhr. The Butts, WR1 3PD, ✆ 01905/822866, www.thehiveworcester.org.

Elgar Birthplace and Museum: 4 km westlich von Worcester wurde in Lower Broadheath der Komponist Edward Elgar geboren. Obwohl er hier nur seine ersten zwei Lebensjahre verbrachte, liebte er das Haus mehr als jedes andere und erklärte mehrmals, es sei sein einziger Wunsch, dass es als Museum und Denkmal erhalten bliebe. Seine Tochter erfüllte ihm diesen Traum, und seit 2000 ist das Cottage samt modernem Besucherzentrum für Interessierte geöffnet. Zur Einstimmung in Leben und Werk des Komponisten läuft ein kurzes Video, dann führt ein Audioguide den Besucher durch Ausstellung und Haus. Ein schöner Garten und ein Café runden das Erlebnis ab.

März bis Mitte Sept. Fr–Di 11–17 Uhr, letzter Einlass 16.15 Uhr. 7,50 £, erm. 6,50 £, Student 4,50 £, Kind 3,50 £, Familie 15 £. Crown East Lane, Lower Broadheath, WR2 6RH, ✆ 01905/333224, www.elgarmuseum.org.

Die Midlands → Karte S. 104/105

Spetchley Park and Gardens: 5 km östlich von Worcester liegt ein viktorianisches Paradies, das sich seit 100 Jahren kaum verändert hat. Dieser kontrastreiche Park wurde von Generationen der Berkeley-Familie geschaffen, hier genießt man sowohl die Blütenpracht formal angelegter Gärten und raffiniert konzipierte Ausblicke als auch reichlich naturbelassenes Gelände mit Waldgebieten und einem Wildgehege.

Ende März bis Sept. Mi–So und Feiertage 11–18 Uhr, Okt. nur Sa/So 11–16 Uhr. 7 £, erm. 6,50 £, Kinder 3–16 J. 2,50 £, Familie 17 £ inklusive Audioguide. Spetchley, WR5 1AS, ✆ 01453/810303, www.spetchleygardens.co.uk.

Magnolien in Spetchley Park

Witley Court and Gardens: Nach einem Feuer im Jahre 1936 liegt dieses einst glorreiche Countryhaus als Ruine in einer Parklandschaft, umgeben von stilvollen Gärten, deren Höhepunkt der imposante Springbrunnen ist. Er zeigt Perseus und Andromeda und soll der größte Europas sein. Seine Fontäne steigt 36 m hoch. Sehenswert ist auch die barocke Witley Church, Erholung findet man in den Tea Rooms.

Ostern bis Sept. tägl. 10–18 Uhr, Okt. bis 17 Uhr, im Winter Sa–So 10–16 Uhr. Springbrunnen April bis Sept. 11–17 Uhr zu jeder vollen Stunde, Okt. 11–16 Uhr. 7,80 £, erm. 7 £, Kind 4,70 £, Familie 20,30 £ mit Audioguide. Witley 10 Meilen nordwestlich von Worcester auf der A443, WR6 6JT, www.english-heritage.org.uk/visit/places/witley-court-and-gardens.

Great Malvern und die Malvern Hills

Der Kurort Great Malvern ist bekannt für seine Heilquellen und besteht aus mehreren kleinen Ortschaften. Am Abend beleuchten über 80 historische Gaslaternen die Stadt. Die Prioratkirche, die 1085 gegründet wurde und einst zu einem Benediktinerkloster gehörte, besticht mit ihrem Buntglas, den mittelalterlichen Fußbodenplatten und -kacheln sowie den Miserikordien aus dem 15. Jh. Nahe der Kirche steht das alte Torhaus, das jetzt ein **Museum** beinhaltet. In fünf Räumen werden die Geologie der Malvern Hills erklärt, die mittelalterliche Geschichte der Stadt und ihre Zeit als Kurbad vergegenwärtigt sowie die Hauptindustriezweige der Moderne vorgestellt (Morgan Motor und Radartechnologie). Kinder können sich als Benediktinermönche verkleiden.

Den besonderen Reiz von Great Malvern macht jedoch die Lage an den Hängen der **Malvern Hills** aus. Die höchste Erhebung dieser Hügelkette ist der **Worcester Beacon** oberhalb von Great Malvern (485 m). Von dort kann man einen Spaziergang auf dem Kamm zum **Herefordshire Beacon** und dem **British Camp,** einer Eisenzeitfeste aus dem 2. Jh. v. Chr., machen. Unterwegs bieten sich atemberaubende Ausblicke hinüber zu den Black Mountains von Wales, über das Severn-Tal und bis zu den Cotswolds. Die Malvern Hills entstanden vor 650 Mio. Jahren. Die

Granithügellandschaft in der Severnebene, die im Volksmund als Land of Hope and Glory bezeichnet wird, erstreckt sich über etwa 15 km und mehr als 20 Gipfel (von Chase End bis Great Malvern) und soll den Komponisten Edward Elgar zu seinen Enigma-Variationen inspiriert haben. Mit dem Auto kann man einer 60 km langen Elgar-Route folgen. Schöner allerdings ist die Erkundung der „kahlen Berge", so die Übersetzung aus dem Angelsächsischen, zu Fuß.

Mit den **Burford House Gardens** am River Teme, die für ihre Clematis-Sammlung bekannt sind, und dem kürzlich restaurierten neopalladianischen Anwesen **Croome Park** befinden sich zwei Sehenswürdigkeiten im Umland, die einen Abstecher wert sind. Letztere wurde von Capability Brown gestaltet und verfügt über den größten eingefriedeten Garten des Landes mit Gewächshäusern für Melonen, Ananas, Pfirsiche und Weinreben (privat, extra Eintritt).

Information **Touristeninformation**, tägl. 10–17 Uhr, Nov. bis März So nur bis 16 Uhr. Great Malvern, 21 Church Street, WR14 2AA, ✆ 01684/892289, www.visitthemalverns.org.

Sehenswertes **Priory**: Ostern bis Okt. tägl. 10.30–17 Uhr. 2 £, Kind 0,50 £. Sa–So 1 £, Kind frei. Priory Gatehouse, Abbey Road, WR14 3ES, ✆ 01684/567811, malvernmuseum.co.uk.

Burford House Gardens: Hinter dem Gartencenter, Mo–Fr 10–17 Uhr, Sa–So ab 9 Uhr. Eintritt frei. Burford, Tenbury Wells, WR15 8HQ, ✆ 01584/810777, www.gardenstovisit.net/burford-house-garden.

Croome Park: Haus März bis Okt. tägl. 11–17 Uhr, in den Ferien im Febr. bis 16.30 Uhr. Park bereits ab 10 Uhr. Nov bis Mitte Dez. nur Sa–So 10–16 Uhr. 10,45 £, Kind 5,15 £, Familie 26,05 £. Nur Park 7,05 £, Kind 3,05 £, Familie 17,70 £. Im Winter Nachlass. Tearooms im Keller, Restaurant im 1940er-Jahre-Stil. Croome D'Abitot, nahe High Green, WR8 9DW, www.nationaltrust.org.uk/croome.

Übernachten **** **The Abbey Hotel**. 103 Zimmer, sauber, komfortabel mit tollen Garten und Blick auf die Malvern Hills. Gutes englisches Frühstück. DZ ab 85 £. Abbey Road, WR14 3ET, ✆ 01684/892332, www.sarova.com.

Camping **Riverside Park**. Hübsche Anlage am Flussufer des Severn; Zelte, Caravans und Bootsliegeplätze. Bar und Lounge. März bis Okt., Zelt 10 £, Caravan 18 £. Little Clevelode, WR13 6PE, ✆ 01684/310475, www.riverside-park.co.uk.

Essen & Trinken **Nag's Head**. Typisch englisches Pub mit hervorragendem Essen. Das Pub findet sich auch in The Good Pub Guide. Es gibt 15 Ales vom Fass. Küche Mo–Sa 12–14 und 18.30–20.30 Uhr, So 12–14 und 19–20.30 Uhr. 21 Bank Street, WR14 2JG, ✆ 01684/574373, www.nagsheadmalvern.co.uk.

Terrace on the Hill. Mitten zwischen den Geschäften versteckt, fungiert dieser hübsche kleine Laden tagsüber als Café und Brasserie, Fr und Sa abends kocht der Chef wechselnde 7-Gänge-Taster-Menues für 39,50 £. Mo–Sa 10–16 Uhr, Fr und Sa auch 19.30–23 Uhr. 18 Worcester Road, WR14 4QW, ✆ 01684/438130, www.facebook.com/terraceonthehill.

Leominster

Die Stadt Leominster (gesprochen Lemster) im walisischen Grenzgebiet (Marshes) ist ein historisches Markstädtchen voller Antiquitätenläden. Sie ist ein guter Ausgangspunkt für die Erkundung unberührter Landschaften und mittelalterlicher Dörfer. Mehr als 1200 Bäume werfen im **Queenswood Arboretum** ihren wohltuenden Schatten. Auch Ausflüge zu **Croft Castle, Hampton Court Castle and Gardens** und **Berrington Hall** sind empfehlenswert. Freunde mittelalterlicher Architektur können weiter nördlich dem **Black and White Village Trail** folgen, einer 65 km langen Rundfahrt durch so bezaubernde Fachwerkdörfer wie Eardisland, Pembridge, Weobley oder Dilwyn. Beim hiesigen Fachwerk stehen die senkrechten Holzbalken

Die Midlands → Karte S. 104/105

so eng zusammen, dass die Häuser schwarz-weiß gestreift aussehen (www.blackandwhitehouses.co.uk/blackandwhitetrail.php).

Information **Tourist Information Centre Leominster**, das kooperativ geführte Informationszentrum ist gut bestückt und verkauft auch regionale Lebensmittel. Mo–Sa 9.30–16 Uhr. 1 Corn Square, HR6 8LR, ✆ 01568/616460, www.leominstertourism.co.uk.

Wandern Jedes Jahr Ende Mai/Anfang Juni findet 9 Tage lang das **Malvern Walking Festival** statt. Viele Themenwanderungen, u. a. der beliebte End-to-end-Walk. www.malvernwalking.uk.

Übernachten/Essen **Wickton Court**. Eine 600 Jahre alte ländliche Herberge 11 km südlich von Leominster am Ende einer einspurigen Straße; es gibt ein Spielzimmer mit Tischtennisplatte, Tennisplätze und Fahrräder zum Ausleihen. Der Luxus ist unaufdringlich, das Frühstück hervorragend, und Sally Kellard führt auch einen Supperclub, wo sie privat für zahlende Gäste Eigenkreationen auftischt. DZ 95–120 £, das hausgemachte Dinner kostet 25 £. Stoke Prior, HR6 0LN, ✆ 07812/602122, www.wickton.co.uk.

The Merchants House. Café mit einer guten Mittagskarte in einem Fachwerkhaus mit kleinem Hof. Tägl. (außer So) 9–16 Uhr. 10 Corn Square, HR6 8LR, ✆ 01568/616141, www.themerchantshouse.org.

»› **Mein Tipp: The Angel**. Gediegenes Pub. Spezialität: Steak; sehr große Vorspeisen, die man sich am besten teilt. Lunchtime Menue 5,50 £. Tägl. 12–15 und 18–24 Uhr. Kingsland, HR6 9QS, ✆ 01568/709195, www.angelkingsland.com/The_Angel/Home.html. ‹«

Sehenswertes

Queenswood Country Park and Arboretum: In diesem Park gibt es u. a. einen Wald, in dem über 1200 Baumarten aus aller Welt wachsen. Das Arboretum wurde 1953 gepflanzt, um die Krönung von Königin Elisabeth II. zu feiern. Im Frühjahr watet man durch Felder voller Hasenglöckchen (Blue Bells), im Herbst erstrahlt das Laub in den schönsten Farben. Es gibt ausgewiesene Spazierwege, einen Shop, ein Café, Picknicktische und einen Kinderspielplatz.

Tägl von Sonnenauf- bis Sonnenuntergang. Eintritt frei. Es gibt ein familiengeführtes Café, Tägl. 9–16 Uhr. Dinmore Hill an der A 49 zwischen Leominster und Hereford, Bus 492 von Leominster nach Hereford. www.herefordshire.gov.uk/queenswood-country-park-and-arboretum.

Croft Castle: 8 km nordwestlich von Leominster steht diese Normannenfestung. Sie wurde im Bürgerkrieg beschädigt und daraufhin zum Country-Schloss der ritterlichen Croft-Familie umgebaut, die bis heute hier wohnt. Portraits von Thomas Gainsborough zieren die Wände. Eine kleine Kapelle aus dem 14. Jh. beherbergt die Gräber einiger Familienmitglieder. Im Park stehen 300 uralte Bäume, und es gibt einen ummauerten Garten. Ein Spazierweg (5 km) führt zu einer Eisenzeitfeste auf dem Croft-Ambrey-Hügel, von wo aus man angeblich 14 Grafschaften überblicken kann.

März–Okt. tägl. 10–17 Uhr, in den Winterferien tägl. 10–16.30 Uhr, Nov. bis Mitte Dez. Sa–So 10–16 Uhr. 9,90 £, Kind 5 £, Familie 14,55–24,75 £; nur Park 5,70 £, Kind 2,90 £, Familie 8,60–12,90 £. Es gibt ein Café. Yarpole, nahe Leominster, HR6 0PW, ✆ 01789/400777, www.nationaltrust.org.uk/croft-castle-and-parkland.

Hampton Court Castle and Gardens: 1427 ließ sich der Ritter Sir Rowland Lenthall dieses Anwesen bauen, nachdem ihm Heinrich IV. zur Vermählung mit seiner Cousine Margaret Fitzalan das Land geschenkt hatte. Im 19. Jh. gehörte der Landsitz dem Sohn des Erfinders Richard Arkwright, des begüterten Begründers der Textilgroßindustrie, und bis 1999 einem amerikanischen Unternehmer. Die Gärten sind besonders attraktiv. Sie bestehen aus einem bewirtschafteten Küchengarten, einem Rosengarten und einem Labyrinth aus 1000 Eiben um einen gotischen Turm herum. Ein Geheimtunnel führt zu einem Wasserfall und holländischen Wassergärten mit Pavillons und einer 150 Jahre alten Glyzinie. Das Orangerie-Café wurde von Joseph Paxton gebaut, der auch den Pavillon für die erste Weltausstellung im Londoner Hyde Park schuf.

Gärten: Ostern bis Okt. tägl. 10.30–17 Uhr. 8,50 £, erm. 7,50 £, Kind 4,75 £, Familie 24 £. **Garten mit Schlossführung** um 11.30, 12.30, 14 und 15 Uhr. 13 £, erm. 11,50 £, Kind 7,25 £, Familie 36,50 £. Hope under Dinmore, HR6 0PN, ✆ 01568/797777, www.hamptoncourt.org.uk.

Berrington Hall: Als eines der ersten Häuser des Architekten Henry Holland wurde die klassizistische Berrington Hall 1778–1781 für den Politiker Thomas Harley in einem englischen Landschaftsgarten erbaut, den Lancelot Capability Brown entworfen hat. Zu besichtigen sind u. a. die Angestelltentrakte; schön ist die Elmar-Digby-Möbelsammlung französischer Stücke aus dem 18. Jh.

Mitte Febr. bis Okt. tägl. 11–17 Uhr, Garten und Park schon ab 10 Uhr. Nov. bis Mitte Dez. Sa–So 11–16 Uhr und um Weihnachten und Neujahr an unterschiedlichen Tagen. Hausführungen 11–13 Uhr, Haus ohne Führung 13–17 Uhr. Nov./Dez. Sa/So 10–16 Uhr. 9,90 £, Kind 5 £, Familie 14,55–24,75 £, nur Park 7,70 £, Kind 3,85 £, Familie 11,60–19,25 £. Nahe Leominster, HR6 0DW, ✆ 01568/615721, www.nationaltrust.org.uk/berrington-hall.

Die Midlands → Karte S. 104/105

Ludlow

Ludlow ist mit ganzen Straßenzügen voller Fachwerkbauten gesegnet, die aus seiner Blütezeit als Hauptstadt der Marshes im 16. Jh. stammen. Der Ort liegt an einer ehemaligen Packeselroute und war durch seine steilen Flussbänke so gut geschützt, dass hier 1086 auch ein **Castle** errichtet wurde. Hier wurde Eduard V. im Alter von zwölf Jahren zum König über Wales und die Welsh Marshes ernannt (bevor er zusammen mit seinem Bruder von seinem Onkel Richard III. im Tower von London ermordet wurde, → Geschichte S. 40).

Ludlow wurde am Reißbrett als Garnisonsstadt entworfen. Einige Abschnitte der Stadtmauer und eines der ehemals sieben Stadttore, **Broad Gate,** sind erhalten. Ludlows Reichtum rührte von seinem Markt, wo vor allem Vieh, Wolle und Tuche umgesetzt wurden. Bis heute findet an vier Tagen in der Woche beim denkmalgeschützten Buttercross ein Markt statt. Inzwischen gilt das Dorf als das Gourmet-Paradies der Region, jedes Jahr im September wird ein großes **Food and Drink Festival** veranstaltet (www.foodfestival.co.uk). 6 km nördlich von Ludlow erhebt sich eine weitere sehenswerte Burg, **Stokesay Castle.**

Information Tourist Information Centre **Ludlow**, tägl. außer So 10–20 Uhr. Ludlow Assembly Rooms, 1 Mill Street, SY8 1AZ, ✆ 01584/875053,www.ludlow.org.uk und www.visitsouthshropshire.co.uk.

Ghost Walks April bis Dez. Fr 20 Uhr ab Buttercross vor dem Church Inn. www.shropshireghostwalks.co.uk.

Fahrradverleih Wheely Wonderful **Cycling**, 20–28 £/Tag, auch Anlieferung sowie Canoes. Petchfield Farm, Elton, SY8 2HJ, ✆ 01568/770755, www.wheelywonderful cycling.co.uk.

Kino In den **Ludlow Assembly Rooms**. Auch Theateraufführungen und Konzerte. 1 Mill Street, SY8 1 AZ, ✆ 01584/878141, www.ludlowassemblyrooms.co.uk.

Märkte Ganzjährig Mo, Fr und Sa. April bis Sept. auch Mi. So meistens Flohmarkt, jeden zweiten Do im Monat **Farmers' Market**.

Übernachten *** **The Feathers Hotel**. Die Fassade von 1619 gehört zu den berühmtesten des Landes. Sie enthält verblasste Straußenfedern, die dem Hotel den Namen gaben. 40 modernisierte Zimmer, einige mit Balkon, und natürlich knarzt es an allen Ecken und Enden. EZ 95 £, DZ ab 135 £. Bullring, SY8 1AA, ✆ 01584/875261, www.feathersatludlow.co.uk.

***** **The Charlton Arms**. Manager und Besitzer Cedric Bosi hat 2014 mit der Übernahme des Pubs die Küche richtig auf Vordermann gebracht. Auch die 9 Zimmer wurden luxuriös renoviert. Das Pub liegt direkt am Fluss mit Ausblick und Terrasse. EZ und DZ 100–160 £. Ludford Bridge, SY8 1PJ, ✆ 01584/872813, www.thecharltonarms.co.uk.

Essen & Trinken **Mortimers**. Dieser Neuzugang im Schlemmerdorf ist eines der besten Restaurants im Ort. In einer Bar-Lounge wird man zum Aperitif empfangen, im holzgetäfelten Speiseraum wird französische Küche serviert, die zu Recht auf einen Michelin-Stern hofft. Di–Sa 12–14 und 19-21 Uhr. Lunch 2 Gänge 20 £, Dinner 3 Gänge 40 £. 17 Corve Street, SY8 1DA, ✆ 01584/872325, www.mortimersludlow.co.uk.

The Olive Branch. Alteingesessenes Deli und Café, bekannt für seine innovative vegetarische, vegane und weizenfreie Küche. Tägl.9.30–16.30 Uhr. 2–4 Old Street, SY8 1NP, ✆ 01584/874314, www.theolivebranchludlow.co.uk. ■

The Green Café. Wundschönes Café im Grünen mit einer Terrasse am Wasser und Essen, das Restaurant-Standard besitzt (gebratene Ochsenzunge mit Jerusalemartischocken) und dafür einen Bib Gourmand von Michelin bekommen hat. Di-So 10-16.30 Uhr (Lunch 12–14.30 Uhr). Juni bis Sept. Fr–Sa auch 18–20 Uhr. Mill on the Green, Linney, SY8 1EG, ✆ 01584/879872, thegreencafe.co.uk.

Mr Underhill's at Dinham Weir. Michelin-Stern gekrönt. Es wird nur abends und für alle ein und dasselbe 9-Gänge-Menü gekocht (täglich wechselnd, Allergien können vorab angemeldet werden). Fast wie eine Henkersmahlzeit. Genauso fantastisch wie das Essen ist auch der Preis: 65 £ pro Kopf. Man speist mit Ausblick auf den Garten und den River Teme. Danach kann man sich bei Mr Underhill's auch kostspielig betten: Zimmer ab 220 £. Nur Mi–So. ✆ 01584/874431, www.mr-underhills.co.uk.

The Fish House. Dieser Fischhändler hat einige wenige Tische im Laden mit einer Fisch- und Meeresfrüchtebar (6 Austern 10 £). Fr–Sa herrliche Fischplatten. Mi–Sa 9–16 Uhr, Lunch 12–15 Uhr. Tolsey House, 51 Bullring, SY8 1AB, ✆ 01584/879790, www.thefishhouseludlow.co.uk.

Sehenswertes

Ludlow Castle: Die Burg kam 1461 in den Besitz der Krone und diente die nächsten 350 Jahre als Zuhause für Könige, Prinzen, ihre Höflinge und den Adel. 1689 wurde das Castle aufgegeben und verfiel. Seit 1811 gehört es den Earls of Powis, die die imposante Ruine der Öffentlichkeit zugänglich gemacht haben.

Tägl. 10–16 Uhr, April bis Sept. bis 17 Uhr. 5 £, erm. 4,50 £, Kind 2,50 £, Familie 13,50 £. ✆ 01584/873355, www.ludlowcastle.com.

Stokesay Castle: Das Gebäudeensemble aus Burg, Fachwerktor und einer Kirche, die bis heute als Gemeindekirche fungiert, ist eines der am besten erhaltenen mittelalterlichen Anwesen in England. Der Wollhändler Laurence von Ludlow erwarb es nach dem Ende der Grenzkriege mit Wales 1281, aber da er dem Frieden nicht traute, gestaltete er es als Burg. Die seit 1291 unveränderte Great Hall mit ihrem kunstvollen Holzdach sowie die Holztreppe aus langen Planken sind sehr beeindruckend. Im nördlichen Turm haben sich die mittelalterlichen Fliesen und die Wandbemalung fast komplett erhalten. Er führte zum Wohnblock, der im 17. Jh. verändert wurde, als auch das Gatehouse entstand. Ein Bonus sind die herrlichen Gärten und das schöne Café. Wer will, kann auch stilecht (und kostspielig) im Lord's Dining Room speisen, um Jackett und Krawatte wird gebeten.

Ostern bis Sept. tägl. 10–18 Uhr, Okt. bis 17 Uhr, Nov. bis März. Sa–So 10–16 Uhr, in den Ferien tägl. 7 £, erm. 6,20 £, Kind 4,10 £, Familie 18,10 £, inkl. Audioguide. Nahe Craven Arms, SY7 0AH, www.english-heritage.org.uk. Dining im Winter Fr–Sa 17–21 Uhr.

Mittelalterlicher Charme: Shrewsbury

Shrewsbury

Die Hauptstadt der Grafschaft Shropshire (rund 70.000 Einwohner) und einstige Grenzfeste gegen die Waliser schmiegt sich halbinselartig in eine Schleife des River Severn und versprüht mit ihren verwinkelten Gassen *(shuts)* und dem vielen Tudor-Fachwerk mittelalterlichen Charme. Die Skyline von Shrewsbury wird von vier Kirchen geprägt: **St Mary's** hat einen der höchsten Türme der Grafschaft und ein Jesse-Fenster aus dem 14. Jh., **St Chad's** besitzt das größte runde Schiff der Grafschaft, **St Alkmund's** hat ein beeindruckendes Ostfenster und die **Abbey** von Shrewsbury ein Arts-and-Crafts-Fenster von Margaret Rope. In den durchaus lesenswerten Krimis der Autorin Ellis Peters, die aus Shrewsbury stammte, löst ein fiktiver Mönch der Abtei, Brother Cadfael, zahlreiche Morde.

Die älteste Straße ist die Butcher Row, die vom Pride Hill abgeht. In der High Street sind vor allem die beiden Fachwerkhäuser (16. Jh.) **Owen's Mansion** und **Ireland's House** bemerkenswert. Die High Street führt zum Square mit der alten Markthalle und dem Denkmal für Lord Clive (Clive of India), Parlamentsmitglied und ehemaliger Bürgermeister des Ortes. Die **Bear Steps,** eine von Fachwerk-Cottages gesäumte kleine Treppenflucht, führen zum Bear Pub. Zur Abteiruine, die wie das **Castle** von Roger de Montgomery erbaut wurde, gelangt man über die sogenannte Englische Brücke am River Severn. Geht man über die Waliser Brücke, kommt man hinauf zum **Mount,** dem Geburtshaus Charles Darwins. Seine Statue steht gegenüber vom Castle Gate am **Stadtmuseum,** das römische Altertümer aus Wroxeter birgt.

Information **Tourist Information Shrewsbury**, April bis Okt. tägl. 10–17 Uhr, Okt. bis Ostern Mo geschlossen. The Music Hall, in der sich auch das **Shrewsbury Museum &**

Art Gallery befindet (Mo–Sa 10–16.30 Uhr, im Sommer auch So 11–16 Uhr, 4 £, erm. 3,50 £, Kind 2 £, Familie 10 £). The Square, SY1 1LH, ✆ 01743/258888, www.visitshrewsbury.co.uk.

Stadtführungen per Boot auf der Sabrina Mai bis Okt. 6-mal tägl., 45 Min. ab Welsh Bridge, ✆ 01743/369741, www.sabrinaboat.co.uk.

Der berühmteste britische Naturforscher: Charles Darwin

Veranstaltungen **Shrewsbury Flower Show** im Aug. mit über 250 Ausstellern und tollem Rahmenprogramm. Quarry Park, Eingang St Chad's Terrace Road. ✆ 01743/234050, www.shrewsburyflowershow.org.uk.

Übernachten **The Old House Suites.** Drei geräumige und luxuriöse Suiten im Tudorstil im Herzen der Stadt schon ab 85 £ (Mary Tudor Suite), inklusive kontinentalem Frühstück, Breitbandinternet und Parkplatz. Die Thomas Bromley Suite unterm Dach ist für 5 Pers. geeignet, B & B 85–100 £ (für 2 Pers.). 20 Dogpole, SY1 1ES, ✆ 0781/3610904, www.theoldhousesuites.com.

››› Mein Tipp: **The Isle Estate.** Landsitz 6,5 km von Shrewsbury, hochherrschaftliches Anwesen, kuschelige Zimmer für sehr faire Preise. 3 Zimmer mit Ausblick, B & B EZ 50–70 £, DZ 85–100 £. Island Lane, Bicton, SY3 8EE, ✆ 07776/257286 oder 01743/851218, www.the-isle-estate.co.uk. ‹‹‹

Essen & Trinken **The Renaisssance Restaurant.** Elegante klassizistische Speisesäle, nur 50 m von der New Music Hall entfernt, für positive Überraschungen sorgt das gleichnamige 6-Gänge-Menü für 38 £/Pers., das einem die Qual der Wahl erspart. Mi–Sa 10–12 Uhr, Lunch 12–14.30 Uhr, Dinner Fr/Sa 19–21.30 Uhr. 29A Princess Street, SY1 1LW, ✆ 01743/354289, www.renaissancerestaurant.co.uk.

Morgans. Café, Lounge, Bar und Restaurant im Exchange Hotel, gemütliche Sofas, 70 Weine, Shropshire Biere, in der offenen Küche werden internationale Gerichte mit regionalen Produkten gekocht. Frühstück tägl. 8–11.30 Uhr, So 9–11 Uhr. Mi Steak Night (2 Filet-Steaks und eine Flasche Wein 40 £), Do Wine & Dine (2 Gänge und eine Flasche Wein 17,95 £). 1 Bellstone, SY1 1HU, ✆ 01743/239199, www.theexchangehotel.co.uk. Es gibt auch 6 Zimmer. ■

Sehenswertes

Shrewsbury Castle: Die Burg mit zwei Glockentürmen wurde 1071 von Roger de Montgomery, dem ersten Grafen von Shrewsbury, gegründet. Sie spielte eine zentrale Rolle in den Kriegen der englischen Könige gegen die Waliser. Eduard I. errichtete hier während der Eroberungszüge 1277–1283 sein Militärlager und ließ den letzten walisischen Prinzen hinrichten. Sein Sohn Eduard II. wurde der erste englische Träger des Titels Prince of Wales, der bis heute jedem erstgeborenen Sohn des Königshauses gebührt. Gegen Ende des 18. Jh. verwandelte der Ingenieur Thomas Telford die Anlage in einen privaten Wohnsitz, was sie bis 1924 blieb.

Heute gehört die Burg der Stadt und beherbergt das Shropshire Regimental Museum, das u. a. Waffen und Uniformen (ab dem 18. Jh.) ausstellt.

Shropshire Regimental Museum, Ende Mai bis Mitte Sept. Mo–Mi und Fr-Sa 10.30–17 Uhr, So nur bis 16 Uhr, sonst nur bis 16 Uhr, Mitte Dez. bis Febr. geschl. 3 £, erm. 2 £, unter 18 J. 1 £. Zugang zum Castlegelände frei. ✆ 01743/358516, www.shrewsburymuseum.org.uk/visit-shrewsbury/shrewsbury-castle und www.shropshireregimentalmuseum.co.uk.

Shrewsbury Abbey: Roger de Montgomery gründete 1083 auch die Abtei. Zuvor gab es in Shrewsbury bereits eine kleine Kapelle, die dem heiligen Peter geweiht war. Ab 1138 strömten Pilger zum Schrein mit den Reliquien der heiligen Winifred, einer walisischen Märtyrerin des 7. Jh. Die Abtei war 457 Jahre lang bis zur Auflösung unter Heinrich VIII. ein Benediktinerkloster. Fast alle Klostergebäude gingen verloren, nur die Kirche blieb verkürzt als Gemeindekirche erhalten. Der Westturm mit seinem frühgotischen Buntglasfenster aus der Regierungszeit Eduards II. steht noch.

April bis Okt. tägl. 10–16 Uhr, sonst 10.30–15 Uhr. Eintritt frei. Abbey Foregate, SY2 6BS, ✆ 01743/232723, www.shrewsburyabbey.com.

Wroxeter Roman City: *Viroconium Cornoviorum* war einst das viertgrößte römische Lager des Landes, das sich in eine reguläre Stadt wandelte. Die Ruinen der Badehäuser und der Turnhalle sind am besten erhalten. Der Nachbau einer römischen Villa zeigt die Fähigkeiten und Technologien, die die Römer einsetzten. Eine Wand in verschiedenen Stadien der Fertigstellung veranschaulicht die Bauweise. Auf Nachfrage kann auch ein römischer Weinberg besichtigt werden.

Ende März bis Sept. tägl. 10–18 Uhr, Okt. bis 17 Uhr, sonst Sa–So 10–16 Uhr. 6 £, erm. 5,30 £, Kind 3,60 £, Familie 15,60 £, inkl. Audioguide. Wroxeter, 8 km östlich von Shrewsbury, SY5 6PH, www.english-heritage.org.uk.

Shrewsbury Castle ▲

Mittelalterlicher Charme: Stadtzentrum von Shrewesbury ▼

The Ironbridge Gorge Museum: Eine halbe Autostunde östlich von Shrewsbury liegt in Telford dieser interessante Museumskomplex, der einen guten Einblick in das Leben und Arbeiten der Menschen während der industriellen Revolution gibt. Die damalige Industrieanlage Coalbrookdale ist nahezu unverändert erhalten; sie machte Geschichte, weil hier die erste Eisenbrücke der Welt gebaut wurde. Die Brücke über die Severn-Schlucht wurde von der UNESCO 1986 zum Weltkulturerbe erklärt. Wer möchte, kann im neuen Technology Centre als Jungingenieur in die Lehre gehen. Außer der Brücke selbst gibt es mit Blists Hill Open Air Museum einen originalgetreu rekonstruierten viktorianischen Ort, den Tar Tunnel, verschiedene historische Manufakturen (u. a. für Porzellan und Pfeifen), ein Besucherzentrum sowie weitere Gebäude zu besichtigen, sodass man in den insgesamt 10 interaktiven Museen durchaus den ganzen Tag verbringen kann. Auch das Örtchen Ironbridge selbst lädt zum Verweilen ein.

Die Museen haben unterschiedliche Öffnungszeiten. Ganzjährig tägl. 10–17 Uhr (mit Ausnahme vom Tar Tunnel, tägl. 10.30–16 Uhr, und dem Iron Bridge Tollhouse, nur in den Ferien Sa/So). Im Winter ist die Bliss Hill Victorian Town nur bis 16 Uhr geöffnet, Tar Tunnel, Darby Houses und Iron Bridge Toll House sind geschlossen. Eintritt für jede Sehenswürdigkeit extra: bis zu 16,25 £, erm. 13 £, Kind 11 £. Jahrespass für alle Sehenswürdigkeiten: 25 £, erm. 20 £, Kind 15 £, Familie 50–68 £. ✆ 01952/433424, www.ironbridge.org.uk.

Mitte April bis Okt. kostenfreies Park-&-Ride-System, in den Ferien tägl., sonst Sa/So und Feiertage alle 12 Min. von der A4169, Ironbridge By-pass, Jiggers-Bank-Parkplatz, TF4 3QE. Zwischen den Museen fährt alle 30 Min. der Gorge Connect Bus (2,20 £). www.telford.gov.uk/ironbridgeparkandride.

Benthall Hall: Dieser Landsitz ist seit der Regentschaft Elisabeths I. und seit 30 Generationen von der Benthall-Familie bewohnt. An den naturbelassenen Garten schließt sich der Park an. Von dort wandert man 5,5 (recht anstrengende) Kilometer zur Ironbridge, die jedoch tolle Ausblicke über das Tal des Severn bieten.

März bis Okt. Di–Mi und Sa–So 12.30–17 Uhr, im Febr. Sa–So 13–16 Uhr. 6,50 £, Kind 3,25 £, Familie 16,25 £. Broseley, TF12 5RX, ✆ 01952/882159, www.nationaltrust.org.uk/benthall-hall.

Royal Air Force Museum: In Großbritanniens National Museum of Aviation in Cosford (es gibt auch einen Ableger in London) finden Liebhaber von Flugmaschinen eine der größten Sammlungen historischer und vor allem militärischer Flugzeuge und Raketen des Landes. Die mehr als 60 Fahrzeuge stammen neben Großbritannien auch aus Deutschland, Amerika, Japan und Argentinien. Ein Flugsimulator erhöht den Spaßfaktor, eine Ausstellung zum Kalten Krieg den Informationsgehalt.

Tägl. 10–17 Uhr (letzter Einlass 16 Uhr). Eintritt frei, aber Parkgebühr. Shifnal, Cosford, TF11 8UP, ✆ 01902/376200, www.rafmuseum.org.uk/cosford.

Bridgnorth und Severn Valley Railway: Wer sich länger in der Gegend aufhält, sollte auch Bridgnorth besuchen, eine charmante Kleinstadt mit Ober- und Unterstadt, die durch Englands älteste und steilste Standseilbahn (www.bridgnorthcliffrailway.co.uk) verbunden sind. Hier nimmt auch die dampflokbetriebene Severn Valley Railway ihren Anfang, um auf romantischer Strecke immer am Fluss entlang nach Kidderminster zu dampfen.

Tourist Information Centre Bridgnorth, Mo–Fr 9.30–17 Uhr, Sa ab 9 Uhr. The Library, Listley Street, WV16 4AW, ✆ 01746/763257, www.visitbridgnorth.co.uk.

Severn Valley Railway: Mai bis Sept. tägl., sonst nur Sa/So, Hin- und Rückfahrt die gesamte Strecke 19 £, erm. 18 £, Kind 13 £. www.svr.co.uk.

Das „Metallkleid" des Bullring und sein „Rüssel"

Birmingham

Birmingham ist nach London die zweitgrößte Stadt Englands. Die industrielle Revolution ließ die mittelgroße Marktstadt in wenigen Jahrzehnten zu einem riesigen Industriezentrum werden. Heute versucht „Brum", wie die Bürger ihre Stadt nennen, durch neue Projekte und viel Kunst mehr Lebensqualität zu bieten, und ist dabei sehr erfolgreich.

Die Elendsviertel sind im Zentrum so gut wie verschwunden und vielfach modernen Hightechbauten von Stararchitekten wie Nicholas Grimshaw und Richard Rogers gewichen, die Birmingham von der Betonwüste in einen glitzernden Konsumtempel verwandelt haben. Zum neuen Wahrzeichen stieg das Kaufhaus Selfridges im Einkaufszentrum **Bullring** auf, dank der 15.000 Aluminiumplatten seiner Fassade, die bei schönem Wetter in der Sonne funkeln, dicht gefolgt von der neuen, futuristischen **Central Library.** Vorbei ist es mit dem schlechten Ruf der Stadt, nur der örtliche Dialekt mit seinem seltsamen Singsang *(Brummie)* gilt beim Rest der Nation noch als der hässlichste des Landes. Birmingham mit seinen vier Universitäten lockt vor allem die Jugend. Mehr als 40 % der Bevölkerung sind unter 25 Jahre alt. Sie verwandeln die Stadt derzeit in die jüngste und eine der kreativsten Metropolen Europas. Von hier stammt die Rockband Black Sabbath mit dem unvergesslichen Ozzy Osbourne. Die musikalische Tradition wird durch eine „New Beat Generation" mit Teenie-Bands namens Peace, Swim Deep oder Jaws wiederbelebt. Entsprechend aufregend gestaltet sich das Nacht- und Clubleben. Kulinarisch befindet sich Birmingham ebenfalls im Umbruch, bereits fünf Sterneköche tischen hier internationale Spezialitäten auf.

Die Bürger von Birmingham sind ohnehin stolz auf ihre Stadt, die seit 1166 Stadtrecht genießt und die Heimat so bekannter Marken wie Cadbury, Austin, Bird's und Dunlop ist. Birmingham war die erste Stadt der Welt, die man schon zu Anfang des 19. Jh. als vollständig industrialisiert bezeichnen konnte. Berühmte Erfinder und Techniker wie James Watt, Matthew Boulton und Erasmus Darwin fanden sich hier zusammen, um die Industrialisierung voranzutreiben. Mit seinen Hunderten von Manufakturen und Werkstätten wurde Birmingham schnell zum Handelszentrum, von hier aus wurden Juwelen, Gewehre, Schwerter und Knöpfe in die ganze Welt geliefert. Während des Zweiten Weltkriegs zerstörten dann deutsche Bomben große Teile der Innenstadt. Fast ebenso destruktiv fiel der modernistische Wiederaufbau in den 1960er- und 70er-Jahren aus. Jedoch wurden allein im ersten Jahrzehnt des 21. Jh. über 11 Mrd. Pfund in die Anlage von Parks, den Wohnungsbau entlang der Kanäle, Museen, ein neues Krankenhaus und die Modernisierung von Busbahnhof, Bibliothek und Sportanlagen investiert. Eine Fahrt auf einem der Kanalboote (Birmingham hat mit über 56 km mehr Wasserstraßen als Venedig!) führt an vielen dieser neuen Wahrzeichen vorbei. Auch der Besuch des aufgepeppten **Jewellery Quarter** lohnt sich, selbst wenn man gerade keinen Brilli erstehen möchte. 40 % des Schmucks aus England stammt von hier. Unter den zahlreichen Museen und Galerien, die Birmingham als Kulturmetropole etablieren sollen, warten vor allem die **Ikon Gallery** und das **Birmingham Museum and Art Gallery** mit der weltbesten Sammlung der Präraffaeliten darauf, entdeckt zu werden.

Basis-Infos

Information Sehr ausführliche Informationen auch auf Deutsch und Stadtpläne zum Downloaden erhält man auf der offziellen Webseite von Marketing Birmingham: www.visitbirmingham.com/de.

Verbindungen **Bus** – Der Busbahnhof Digbeth Station befindet sich in der High Street/ Mill Lane, B5 6DD. Von hier starten sowohl Überland- als auch Nahverkehrsbusse. Der National Express fährt regelmäßig nach London (stündlich), Manchester und Cardiff. West-Midland-Busse verbinden mit Coventry und Wolverhampton. ✆ 0121/5022006, www.nxbus.co.uk/

Das *One Day Network Ticket* (Stadtbusse, Tram, Züge) gibt es für 8,30 £ (mit einer aufladbaren „Swift Karte" für 8,10 £) erm. 5,05 £, Off Peak (nach 9.30 Uhr) schon für 6,50 £. Es erlaubt die Nutzung der Metro, aller Busse und Züge. www.network westmidlands.com.

Bahn – Birmingham ist ein Verkehrsknotenpunkt für Züge nach London, Wales, in den Südwesten Englands sowie zu vielen nördlichen Zielen. Es gibt drei Bahnhöfe. Die meisten Züge halten in der New Street Station. Von hier operiert auch ein Express-Service nach London Euston und zum Flughafen. Verbindungen nach Warwick und Stratford-upon-Avon am besten von den Bahnhöfen Snow Hill und Moor Street. Züge nach London von Moor Street am Bullring Shopping Centre, das man zu Fuß von der New Street innerhalb von 10 Min. oder mit Bussen erreichen kann (ausgeschildert).

Flugzeug – Der Birmingham International Airport liegt rund 12 km östlich vom Zentrum. Vom Hauptbahnhof in Birmingham fahren regelmäßig Züge nach Birmingham New Street (alle 30 Min.), der Bahnhof ist mit einer kostenfreien „Skyrail" an den Flughafen angeschlossen (10–15 Min. Reisezeit). Die großen Airlines unterhalten auch kostenlose Shuttle-Busse oder man nehme Bus Nr. 97 oder 97A (24 Std./Tag) ins City Centre. Airport ✆ 0871/2220072, www.birminghamairport.co.uk.

Metro – Birminghams Straßenbahn fährt von Wolverhampton über Dudley und West Bromwich nach Birmingham und hält dort an den Stationen Jewellery Quarter, St Paul's, Snow Hill, Bull Street und New Street Station. Ab 2,10 £, Hin- und Rückfahrt 3,40 £, Tageskarte 5 £, Familie 9,50 £ (für 2 Erw. und bis zu 4 Kinder).

Einkaufen Die meisten Läden und gängigen Kaufhäuser sind in der Fußgängerzone, der New Street, und in den Shoppingzentren City Plaza, Grand Central und Pavilions in der High Street zu finden. Dort gibt es auch hübsche Einkaufsarkaden (Great Western, Picadilly, Burlington) aus dem 19. Jh. Die besten **Charity Shops** sind in der Harborne High Street. Die besten **Secondhandläden** gibt es in der Digbeth High Street.

Das ultimative Shopping-Erlebnis ist der **Bullring** (www.bullring.co.uk → Sehenswürdigkeiten). Hier sind 140 Läden auf einer Fläche von 26 Fußballfeldern untergebracht. Das Gelände besteht aus einer Reihe von Malls, überdachten Straßen, Plätzen und Kaufhäusern. Die aus 15.000 glitzernden Aluminium-Modulen zusammengesetzte Fassade des Kaufhauses **Selfridges** ist zum architektonischen Wahrzeichen und Werbemagneten der Stadt geworden. Die **Foodhall** des Kaufhauses ist nicht ganz wie bei Harrods oder im KaDeWe, kann sich aber sehen lassen.

Wer eher Designerläden im Sinn hat, begebe sich in den Südosten der Stadt zur **Mailbox**. Das ist eine alte Postverteilerstation, in die Luxuswohnungen, Edelboutiquen (Armani, Boss, Tommy Hilfiger, Harvey Nichols) und Restaurants sowie einige Spas und das Malmaison Hotel eingezogen sind. 7 Commercial Street; B1 1RS; ✆ 0121/6321000, www.mailboxlife.com.

In die ehemalige Produktionsstätte für Birds Vanillesoße, die **Custard Factory** (→ Sehenswürdigkeiten), ist Birminghams Creative Quarter eingezogen. Sie ist das Synonym für unabhängige, coole und witzige Läden gespickt mit Cafés und Restaurants, Galerien und Studios sowie schönen Plätzen zum Verweilen im Freien. Gibb Street, B9 4AA, www.custardfactory.co.uk.

Jewellery Quarter Shopping Centre, Hockley. In dem traditionellen Goldschmiedezentrum der Stadt kann man sehr ausgefallene oder traditionelle Schmuckstücke ergattern. www.jewelleryquarter.net.

Grand Central, Einkaufsparadies im erneuerten New Street Bahnhof, www.grandcentralbirmingham.com.

Eines der größten Angelgeschäfte des Landes ist **Fosters of Birmingham**, Mo–Sa 9–18 Uhr, Unit K, Moor Lane, Witton, B6 7HH, ✆ 0121/3443333, www.fostersofbirmingham.co.uk.

Internet **Unis Internet Lounge**, The Pavilion Shopping Centre, High St., B4 7SL, 1 £/30 Min. ✆ 0121/6326172.

Kino Ältestes Kino der Stadt und evtl. des ganzen Landes ist das **Electric Cinema** von 1909, 47–49 Station Street, B5 4DY, ✆ 0121/6437879, www.theelectric.co.uk.

„A Real Birmingham Familie": Skulptur vor der Stadtbibliothek

Die Midlands → Karte S. 104/105

Neuestes und luxuriösestes Kino ist das **Everyman** in der Mailbox, 116 Wharfside St., B1 1RF; www.everymancinema.com. ✆ 0871/9069060.

Arthouse-Filme zeigt das **Midlands Art Centre (MAC),** Cannon Hill Park, B12 9QH; ✆ 121/4463232, www.macbirmingham.co.uk.

Star City, einer der größten Kinokomplexe Europas, nördlich des Zentrums an der M 6, Vue hat 25 Leinwände. www.starcity.org.uk.

Birmingham hat mit **Flatpack** im April ein eigenes Kinofestival etabliert. flatpackfestival.org.uk.

Märkte **Indoor Market/Rag Market**, in der Edgbaston Street befinden sich gleich mehrere Märkte: Auf über 500 Marktständen werden Frischwaren (Mo–Sa), Kleidung, Möbel, aber auch viele klassische Mitbringsel und Secondhandartikel (Di, Do, Fr, Sa) angeboten. Antikmärkte finden jeweils am zweiten oder dritten Mi des Monats statt. www.ragmarket.com.

Aktivitäten/Kultur

→ Karte S. 198/199

Bootsfahrten Die Industriestadt Birmingham war schon früh auf die Kanäle für den Warentransport angewiesen. Heute fahren hier Ausflugsboote vom Gas Street Basin, ICC (International Convention Centre) und dem National Sea Life Centre.

Away2canal, Kanaltouren von Ostern bis Sept. und im Dez. Abfahrt Brindleyplace, The Waters Edge (Postleitzahl B1 2JB) für einstündige Rundfahrten um 10.30, 12, 13.30, 15 und 16.30 Uhr. 7 £, erm. 6 £, Kind 4 £, Familie 18 £. ✆ 0121/6477151, www.away2canal.co.uk.

Futuristischer Bau: das Hotel Indigo an der Mailbox

Sherborne Wharf Heritage Boats, einstündige Bootstouren von Ostern bis Nov. tägl. 11.30, 13, 14.30 und 16 Uhr, Okt. bis Dez. nur Sa/So zu denselben Zeiten, Jan. bis Ostern Sa/So 13 und 14.30 Uhr. 8 £, erm. 7 £, Kind 6 £, Familie 22 £. Vom International Convention Centre, Sherborne Street, B1 2EA, ✆ 0121/4556163, sherbornewharf.co.uk.

Second City Canal Cruises, mit Souvenirshop, The Canal Shop, Gas Street Basin und 2. Laden Kingston Row. ✆ 0121/2369811, www.secondcityboats.co.uk.

Fahrradverleih **On Your Bike**, 18 £/24 Std., danach 10 £/Tag. 33–40 Bradford Street, B5 6HX, ✆ 0121/6666933; www.onyourbike.com.

Brompton Bike Hire ab Brindleyplace und den Bahnhöfen Snow Hill und Moor Street, Registrierung erforderlich, 2–5 £/Tag. www.bromptonbikehire.com.

Fußball Mit Aston Villa hat Birmingham ein Premier-League-Team, dessen Stadion besichtigt werden kann. **Villa Park**, Anfahrt Busse 7 und 11. Touren Mi, Fr und manchmal So. 16,95 £, Kind 11,95 £, Familie 54,50 £. Villa Park, B6 6HE, ✆ 0800/6120950, www.avfc.co.uk.

Kultur **Birmingham Repertory Theatre**, der Ort für moderne und oft provokante Theateraufführungen. Centenary Square, Broad Street, B1 2EP, ✆ 0121/2364455, www.birmingham-rep.co.uk.

Birmingham Hippodrome, auch hier finden Konzerte und andere Veranstaltungen statt, u. a. treten auch das Royal Ballet von Birmingham und die Welsh National Opera auf. Viele Musicalhits aus dem Westend von London. Hurst Street, Southside, B5 4TB, ✆ 0844/3385000, www.birminghamhippodrome.com.

Genting Arena, fast 30 Mio. Pfund haben aus der ehem. NEC Arena eine Weltklassehalle für Großveranstaltungen und Popkonzerte mit bis zu 15.000 Besuchern und 20.000 Parkplätzen gemacht. M 42, Ausfahrt 6, B40 1NT, ✆ 0844/5811331, www.gentingarena.co.uk.

Barclaycard Arena, Multifunktionshalle am Brindleyplace, die rund 15.000 Menschen fasst. King Edward's Road, B1 2AA, Tickets: www.theticketfactory.com. ✆ 0844/3380338, www.barclaycardarena.co.uk.

Symphony Hall, hier tritt u. a. das City of Birmingham Symphony Orchestra auf, das von Sir Simon Rattle, der derzeit die Berliner Philharmoniker leitet, zu Weltrang geführt wurde. The ICC, Broad Street, B1 2EA, ✆ 0121/3450600, www.thsh.co.uk/symphony-hall.

Midlands Arts Centre (Mac), das komplett renovierte Arts Centre im Cannon Hill Park organisiert Theaterstücke, Konzerte und Filmvorstellungen. Tägl. 9–21.45 Uhr. Cannon Hill Road, B12 9QH, ✆ 0121/4463232, www.macarts.co.uk.

The Drum, eine Kultureinrichtung im Vorort Aston, die sich auf moderne Kunst und britisch-afrikanische, asiatische und karibische Kultur der ortsansässigen Gemeinde spezialisiert hat. 144 Potters Lane, Aston on Carrant, B6 4UU, ✆ 0121/3332444, www.thedrum.org.uk.

The Arcadian, der moderne Kultur- und Vergnügungskomplex im Herzen der Stadt in Southside bietet neben Bars und Restaurants auch den **Sence Bar & Nightclub** und den **Glee Club**, einen der besten Orte für Comedy. ✆ 0871/4720400, www.glee.co.uk/birmingham.

Schwimmen **Moseley Road Swimming Pool**, eines der ältesten und schönsten öffentlichen Schwimmbäder der Stadt, nur ein Pool geöffnet, es wird Geld gesammelt für die Renovierung. Mo, Mi und Do 7–21 Uhr, Di bis 20 Uhr, Fr bis 13 Uhr und 16–21 Uhr, Sa 8–17 Uhr, So 7–13.30 Uhr. Moseley Road, Balsall Heath, B12 9AN, ✆ 0121/4640150, www.moseleyroadbaths.co.uk.

Stadtrundfahrten **Big Brum Open Top**, verschiedene thematische Rundfahrten, von der Panorama Tour bis hin zu Tolkien, World War I und mehr. Reguläre Touren Ende April bis Ende Sept. Sa–So 10.30, 12.30 und 14.30 Uhr ab Victoria Square. Information: www.birmingham-tours.co.uk oder ✆ 0121/4272555. Bookingline: ✆ 0845/6801926.

Veranstaltungen **Birmingham Jazz Festival**, in den ersten zwei Wochen im Juli wird ein beliebtes Jazzfestival veranstaltet. Über 200 Bands sorgen dann für Unterhaltung, oft kostenlos. ✆ 0121/4547020, www.bigbearmusic.com.

Das dreitägige **Mostly Jazz, Funk & Soul Festival** bringt Anfang Juli Discostimmung in den Moseley Park. Karten über mostlyjazz.co.uk.

Das **Brindleyplace Film Festival** zeigt im Juli eine Woche lang kostenlos und unter freiem Himmel 9 Filme von gestern und heute, meistens Kassenschlager.

Der Klassiker der Birmingham-Veranstaltungen ist das **Brindleyplace Dragonboat Race** im Juni. www.brindleyplace.com.

Übernachten

→ Karte S. 198/199

Birmingham hat in den vergangenen paar Jahren einen enormen Zuwachs an Hotelkapazitäten in allen Segmenten verzeichnen können, darunter auch das erste **Park Regis** Hotel in Europa (mit Rooftop Restaurant). Zimmerpreise sind im Vergleich zu anderen Großstädten selbst im Stadtzentrum eher moderat (und die Hälfte der neuen Hotels sind Budget Hotels).

The Old Crown **24** Acht rustikale und in die Jahre gekommene Zimmer im ältesten Pub der Stadt (1368), schöner Biergarten, zentral nahe dem Busbahnhof und der Custard Factory gelegen, allerdings an befahrener Hauptstraße. Oft Live-Gigs. Sehr urig, aber laut. B & B im EZ 35 £, DZ ab 60 £, ab 80 £ mit eigenem Bad. Parkplatz. 188 High Street, B12 0LD, ✆ 0121/2481368, www.theoldcrown.com.

*** **Bloc Hotel** **4** Das Konzept eines Designhotels für den anspruchsvollen Gast zu fairen Preisen basiert auf der (geringen) Größe der 73 Zimmer (10 m²) und einer fantastischen Lage im Jewellery Quarter. Kein Frühstück. Parken nahebei für 5,50 £/24 Std. Zimmer ab 45 £, Apartroom (20 m²) ab 90 £. Caroline Street, B3 1UG, ✆ 0121/2121233, www.blochotels.com.

Die Midlands → Karte S. 104/105

*** **Ibis Styles Hotel** 11 In diesem zentral gelegenen Neubau kosten die 120 Zimmer ab 59 £. Die Einrichtung ist schick, der Service freundlich, alles ist sauber, es gibt kostenfreies WLAN und kontinentales Frühstück ist inbegriffen. 65 Lionel Street, B3 1JE, ✆ 0121/2001900, www.ibis.com/de/hotel-9130-ibis-styles-birmingham-centre/index.shtml.

››› Mein Tipp: **** **Staying Cool at Rotunda** 19 Im Rotunda-Rundbau aus den 1960er-Jahren mitten im Stadtzentrum werden Boutique Apartments im 2., 18., 19. und 20. Stockwerk für 2–4 Personen vermietet. Aus den deckenhohen Fenstern haben Sie einen atemberaubenden Panoramablick. Studio ab 110 £ ✆ 0121/2851290; www.stayingcool.com. ‹‹‹

**** **Hotel La Tour** 13 Ultramoderner Glaspalast, aus vielen der 174 geräumigen Zimmer hat man einen Blick über den neuen East Side City Park. Hervorragendes Preis-Leistungs-Verhältnis, die Zimmerpreise beginnen bei 89 £. Fünf Minuten zum Bullring. Masshouse Plaza, Albert Street, B5 5JE, ✆ 0121/7188000, hotel-latour.co.uk.

*** **Nitenite** 20 Budgethotel, 104 sehr kleine Zimmer ohne Fenster (stattdessen zeigen

Flachbildschirme Live-Szenen aus dem Stadtleben), aber toller Komfort, kostenloses WLAN, kostenfreie Filme und urbanes Ambiente. Nebenan ist ein Deli fürs Frühstück. DZ ab 47 £. 18 Holliday Street, B1 1TB, ✆ 08458/909099, www.nitenite.com.

Hatters **2** Hostel im Jewellery Quarter, das fast Hotelstatus für sich beanspruchen kann. Rezeption eher Jugendherberge, Zimmer eher Hotel. Lockere Atmosphäre, Frühstück 24 Std., Lounge, Spitzenküche. 14–16,50 £ im bis zu 12-Betten-Schlafsaal, DZ 40–55 £. 92–95 Livery Street, B3 1RJ, ✆ 0121/2364031, http://hattersgroup.com.

Bed & Breakfast at Woodbrooke **30** Komfortable, wenn auch einfache Zimmer in diesem Quäker-Zentrum, das auf Erholung ausgerichtet ist. Der Garten mit seinem Teich und Enten sorgt dafür. Das Frühstücksbuffet ist hervorragend. Auf Wunsch auch andere Mahlzeiten. 60 Zimmer, 49 en-suite. EZ ab 50 £, DZ ab 65 £. 8,5 km südl. des Zentrums, 1046 Bristol Road, Selly Oak, BS29 6LJ, Busse 61 und 63 von New Street Station, ✆ 0121/4725171, www.woodbrooke.org.uk.

Essen & Trinken/Nachtleben

→ Karte S. 198/199

Birmingham hat sich zu einem gastronomischen Schlaraffenland entwickelt. Hier gibt es über 1500 Cafés, Restaurants und Bars mit fast 30 verschiedenen Landesküchen sowie mehr Restaurants mit Michelin-Stern als in jeder anderen englischen Stadt außerhalb Londons (die da wären: Purnell's, Simpsons, Turners, Carters und Adams; Infos unter www.viamichelin.com). Preiswertere Küche bietet z. B. das Chinese Quarter. Das Balti-Dreieck (www.balti-birmingham.co.uk) – Balti ist ein pakistanisches Gericht – befindet sich 3 km südlich des Zentrums (www.thebaltiguide.com). Nahe der Universität und kulinarisch „up and coming" sind die Bezirke Sally Oak und Harborne.

Essen & Trinken **The Mockingbird Cinema and Kitchen** 22 Lässige Restaurant-Bar in der Custard Factory, das schlichte, aber gute Essen sollte man mit einem Kinobesuch im Anschluss krönen. Tolle Atmosphäre, Superpreise, den Mockingburger gibt's für 10 £. Mockingbird House, Custard Factory, Gibb Street, B9 4AA, ✆ 0121/2247456, mockingbirdtheatre.com.

Meating 23 In diesem hippen Restaurant, das mit Elementen, die an einen Kuhstall erinnern sollen, gestaltet wurde, bekommt man auf dem Holzkohlegrill zubereitetes Fleisch von Galloway-Rindern aus North Yorkshire. Chinatown, 1. OG Arcadian Centre, Hurst Street, B5 4TD, Mo–Fr 17–22 Uhr, Sa ab 12 Uhr, So 12–20 Uhr; ✆ 0121/6227407, www.thatmeatingplace.com.

Two Cats Kitchen 1 Intimes Restaurant mit Deckenbalken, Kacheln, Spiegeln und Buntglasfenstern, dessen Küche von der baltischen Heimat der Betreiberin inspiriert ist. 7-Gänge-Probemenü 42 £. Danach gehe man am besten auf einen Absacker in die Rose Villa Tavern nebenan. Do–Sa 12–14 Uhr, Di–Sa 18–21.30 Uhr (letzte Bestellung, länger geöffnet). Jewellery Quarter, 27 Warstone Lane, B18 6JQ, ✆ 0121/2120070, www.twocatskitchen.com.

››› **Mein Tipp: Lasan** 5 Wenn es so etwas wie eine indische Haute Cuisine gibt, dann finden Sie sie hier. Ungewöhnliches Speisenangebot, für Curry recht kleine Portionen. Spezialität sind die Banquets, die sich die Gäste am Tisch teilen. (2 Gänge 32,95 £, 3 für 36,95 £, 4 für 39,95 £) Unbedingt vorab buchen. 3–4 Dakota Building, James Street, St Paul's Square, B3 1SD, ✆ 0121/2123664, www.lasan.co.uk. ‹‹‹

Shanghai Shanghai 25 Dim Sum Chinese Restaurant & Bar. Spezialität des Hauses: Lunchtime Dim Sum, kantonesische Küche in Spitzenqualität. Auch Gerichte aus anderen Regionen, die meisten für 7,50–8,50 £. Tägl. 11.30–23 Uhr. 1. Stock im Arcadian Centre, Ladywell Walk, Chinatown, B5 4TD, ✆ 0121/6226060, www.shanghaishanghai.co.uk.

Zen at Metro 10 Beliebte Business Bar unter Tage (auf der Speisekarte stehen Steak Sandwiches, Sliders and Mini Fish 'n' Chips), panasiatisches Restaurant am Abend. Sehr stylisch, die Decke ist von einem ovalen Glasdach unterbrochen, an den Wänden hängt Kunst – und die geschwungene Wand ist komplett mit Spiegeln gestaltet. Groß, sehr beliebt, aber nicht billig. Mo–Do 11.30–14.30 und 17.30–21.30 Uhr (letzte Bestellung), Fr bis 22 Uhr, Sa 18–22 Uhr (last orders), So geschl. 73 Cornwall Street, B3 2DF, ✆ 0121/2001911, www.zenmetro.co.uk.

Viva Brazil 15 Das Steakhaus serviert 15 Fleischsorten vom Spieß (Full Rodizio, 14,95–24,95 £, je nach Tageszeit), ein Fest nicht nur für Stadtcowboys. Es gibt auch eine Salatbar mit großer Auswahl an vegetarischen Gerichten (15,95 £), ein Seafood Rodizio (24,95 £) und acht andere brasilianische Klassiker. Dazu werden 100 Weine ausgeschenkt. Klingt nach einer Qual der Wahl. Tägl. ab 12 Uhr, 7 Bennett's Hill, B2 5ST, ✆ 0121/2121020, www.vivabrazilrestaurants.com/birmingham.asp.

Purnell's Bistro 9 In diesem Restaurant voll schlichter Eleganz wird in oberster Preisliga so erfolgreich fein gekocht, dass Besitzer und Chefkoch Glynn Purnell kürzlich auch ein Bistro eröffnet hat. Purnell's Tour für 80 £/Pers. ist eine kulinarische Reise durch seine besten Gerichte. Beliebt ist auch die Ginger Bar. 55 Cornwall Street, B3 2DH, ✆ 0121/2129799, www.purnellsrestaurant.com.

Harborne Kitchen 29 Erst im November 2016 eröffnete dieses Restaurant in einer ehemaligen Fleischerei im trendigen

Kostenfreie Aussicht: Blick auf Birmingham vom Library Viewpoint

Die Midlands → Karte S. 104/105

Harborne. Es versteht sich als Treffpunkt für Genießer, im Zentrum steht eine offene Küche, aus der die Köche bis zu zehn Gästen die Speisen höchstpersönlich präsentieren und servieren. 2 Gänge 15 £ (Lunch), 26 £ (Dinner). Es gibt auch tägl. wechselnde Bar-Snacks (4–11 £), die gut zu den Cocktails passen. Mi–Do 11–23 Uhr, Fr–Sa bis 23.30 Uhr, So 11–19 Uhr. Mi–Fr keine Küche von 14.30–17.30 Uhr. 175 High Street, Harborne, B17 9QE, www.harborne kitchen.com.

»» **Mein Tipp: The Old Joint Stock Pub & Theatre Venue** 14 War das erste Pub, das die Brauerei Fuller's in den Midlands eröffnet hat und gewann 2010 den Preis für das beste Innenstadt-Pub. Denkmalgeschütztes Haus mit Glaskuppel (ehemalige Bank, heute Theater), opulentes Dekor, große Räume, gutes Essen und ein kleiner Patio zum Draußensitzen. Hausspezialität sind Homebaked Pies. 4 Temple Row West, B2 5NY, ✆ 0121/2001892, www.oldjoint stock.co.uk. ««

The Old Contemptibles 8 Altes Pub mit viel Atmosphäre wie in einem viktorianischen Gin-Palast, in dem es vor Geschäftsleuten wimmelt. Das Pub ist bekannt für seine leckeren Mittagsgerichte. Mo–Sa 10–23 Uhr, So 12–18 Uhr. 176 Edmund Street, B3 2HB, ✆ 0121/2003310, www.nicholsonspubs.co.uk/theoldcontemptiblesedmundstreetbirmingham.

The Warehouse Café 18 Vegetarisches Restaurant mit ökologischem Anspruch, leckere und günstige Küche. Markenzeichen: Halloumi Fish & Chips. Di–Sa 12–15.30 Uhr und ab 17.30 Uhr. Letzte Bestellung 20.15 Uhr. 54–57 Allison Street, B5 5TH, ✆ 0121/6330261, www.thewarehousecafe.com.

Coffee Time 12 Eine total positive Überraschung im Square Shopping Centre, super Kaffee und Crêpes. Schlicht, aber in warmem Gelb gehalten. Mo–Fr 7–18 Uhr, Sa 8.30–18.30 Uhr, So 10–17 Uhr. Priory Square, Central Square Kiosk, B4 7LG, ✆ 07919/848980, www.coffeetime-birmingham.co.uk.

Anderson's Bar & Grill 3 Steakhouse in einem Gewölbe mit entspanntem Ambiente, das zu den besten des Landes zählt, aber faire Preis bietet. Porterhouse Steak für 2 zum Teilen 32,50 £. Auch super Tapas für später am Abend. Jewellery Quarter: 30 Mary Ann Street, St Paul's Square, B3 1RL, ✆ 0121/2002515, www.andersonsbar andgrill.co.uk.

Nachtleben Die meisten Clubs und Bars befinden sich entlang der **Broad Street. The Arcadian** in Chinatown ist ebenfalls ein Ballungszentrum des Nachtlebens.

Birminghams Homosexuellen-Szene konzentriert sich ebenfalls in Chinatown um die **Hurst Street**.

Pryzm 26 Nationale Clubkette und Birminghams größter und bekanntester Superclub. Recht futuristisch mit viel Neon und knallig bunten Farben, Clubnächte Mo, Di, Do, Fr und Sa, 22–4 Uhr, Eintritt 5 £. 182 Broad Street, B15 1DA, ✆ 0121/6674535, www.pryzm.co.uk/birmingham.

Red Lion Folk Club 31 Pub in einem ehemaligen Haus eines Vikars mit Folkkonzerten mittwochabends. Küche 12–22 Uhr. Vicarage Road, Kings Heath, B14 7LY, ✆ 0121/2025000, www.redlionfolkclub.com.

››› Mein Tipp: **Bachhus Bar** 17 Dunkles Holz, schummrige Beleuchtung, eine Atmosphäre wie in einer alten Bibliothek. In einem Kellergewölbes mitten im Stadtzentrum mischen sich Dekadenz mit Gemütlichkeit und einer ordentlichen Speisekarte. Unter der Burlington Arcade (und dem Burlington Hotel), New Street, B2 4JH, ✆ 0121/6325445, www.nicholsonspubs.co.uk/restaurants/eastandwestmidlands/bacchusbarbirmingham. ‹‹‹

Sunflower Lounge 21 Bar im 1960er-Retrostil, die lässigen Besucher passen dazu, abends oft Live-Gigs (5–12 £) 1. So des Monats kostenfreie Sunday Sunflower Session. Auch Essen (Hauptgerichte 5–10 £). 76 Smallbrook Queensway, B5 4EG, ✆ 0121/6326756, thesunflowerlounge.com.

The Nightingale Club 28 „Best Midlands Gay Venue", Schwulenclub auf drei Ebenen mit fünf Bars, Spielhalle und Garten. Es gibt auch eine Kinoserie „Queer Cinema Club". Ladys sind ebenfalls willkommen. Jeden Do Getränke 1 £. Essex House, 18 Kent Street, B5 6RD, ✆ 0121/6221718, www.nightingaleclub.co.uk.

››› Mein Tipp: **The Jam House** 6 Auf drei Ebenen kann man hier essen, trinken und tanzen, zu Rhythm'n'Blues, Soul etc. Eintritt wird nur Sa/So und Do nach 21 Uhr erhoben. Der bekannte Fernsehmoderator, Musiker und DJ Jules Holland verkehrt hier. So/Mo geschlossen. Jewellery Quarter, 1 St Paul's Square, ✆ 0121/2003030, www.thejamhouse.com/birmingham. ‹‹‹

The Rainbow Venues 27 Eine Reihe von Pubs, Bars (Spotlight) und Clubs (The Street, The Warehouse, The Arena, Mama Roux's) auf einem Industriegelände. Oft spielen Livebands, es gibt auch eine Dachterrasse. Es werden im Jahr zwei Festivals veranstaltet, zum Geburtstag von Rainbow zu Ostern das Chapter Festival und im Juli Made Birmingham, wo sich Dance Music, Kunst und Kultur feiert. 160 Digbeth High Street, B12 0LB, therainbowvenues.co.uk.

Actress and Bishop 7 Pub mit Livemusik oder DJs im ersten Stock. Indie und Rock. Jewellery Quarter, 35 Ludgate Hill, B3 1EH, ✆ 0121/2367426, www.theactressandbishop.co.uk.

Stadtzentrum

Victoria Square: Wenn man die Fußgängerstraße New Street in Richtung Victoria Square entlangschlendert, erblickt man in dessen Mitte die Statue einer nackten Dame namens „The River", die den Fluss des Lebens repräsentiert. Einst der größte Brunnen Europas, wurde die Anlage kürzlich aus Kostengründen in ein subtropisches Blumenbeet verwandelt. Bis die maroden Leitungen repariert sein werden, steht *The Floozie* daher nicht länger *in the Jacuzzi.* Noch nie im Wasser stand die 6 m große Eisenfigur in ihrer unmittelbaren Nähe, deren Füße im Gehweg vergraben liegen: Der „Iron: Man" von Sir Antony Gormley soll das industrielle Erbe Birminghams und der Region repräsentieren. Jüngere Mitbürger glauben jedoch lieber, er repräsentiert Black Sabbaths „Iron Man". Die Namensgeberin des Platzes ist übrigens auch als Statue zu finden: Queen Victoria. Den Victoria Square flankieren mehrere schöne Gebäude. Auf der Nordseite befindet sich das Council House im Renaissancestil, über dessen Eingang eine Reliefskulptur der Britannia prangt, die die Besitzer der Manufakturen belobigt. Beeindruckend ist auch die denkmalgeschützte und kürzlich aufwendig renovierte Town Hall, die dem Tempel von Castor nachempfunden ist und nur ein paar Schritte weiter am Chamberlain Square neben dem ebenfalls klassizistischen Council House zu finden ist.

Erinnert an den Tempel von Castor – die Town Hall

Chamberlain Square und Birmingham Museum and Art Gallery: Im Zentrum dieses eher kleinen Platzes befindet sich ein Brunnen samt Denkmal für den Namensgeber Joseph Chamberlain, Vater des späteren Premierminister Neville Chamberlain und selbst Politiker, der in den 1870er-Jahren Bürgermeister der Stadt und Reformer war. Hier befindet sich auch die größte Kunstgalerie der Stadt, das Birmingham Museum and Art Gallery. Diese bekannte Ausstellung in einem schönen viktorianischen Gebäude, das man an seinem Uhrenturm (The Big Brum) erkennen kann, enthält die wohl größte Sammlung präraffaelitischer Glas- und Keramikkunst. Ein ganzer Raum ist dem Maler Sir Edward Burne-Jones gewidmet, der 1833 in Birmingham geboren wurde. Andere Räume beschäftigen sich mit europäischer Malerei, Archäologie und Naturgeschichte. Außerdem kann man sich in einem herrlichen nachgebauten Tearoom aus edwardianischer Zeit erfrischen oder im Museumsshop umschauen, über dessen Eingang Lucifer steht, eine Skulptur von Jacob Epstein.

Birmingham Museum and Art Gallery: Mo–Do und Sa/So 10–17 Uhr, Fr ab 10.30 Uhr. Eintritt frei (bis auf die Wechselausstellungen). Chamberlain Square, B3 3DH, ✆ 0121/3032834. Unter www.bmag.org.uk gibt es Infos zu den meisten Museen und Galerien der Stadt und ihren aktuellen Ausstellungen.

Centenary Square: Verlässt man den Chamberlain Square in Richtung Centenary Square, geht es an einer gigantischen Baustelle entlang: Hier entsteht auf dem Gelände des vormalig Paradise Circus genannten Stadtteils das neue Quartier Paradise Birmingham mit zahlreichen Bürokomplexen, Hotels, Shops und öffentlichen Plätzen. Der zentral gelegene Centenary Square erhielt seinen heutigen Namen 1989 anlässlich der Hundertjahrfeier der Stadtrechte Birminghams und wurde 1991 neu gestaltet. Das Straßenpflaster, die Geländer und die Lampen stammen alle von ein und derselben Designerin, Tess Jaray. Zwischen der klassizistischen Hall of Memory und Baskerville House erinnert eine Skulptur von David Patten aus sechs auf Portlandsandstein-Quadern aufgebrachten Metalllettern an den Drucker John

Baskerville, der im 18. Jh. u. a für die Cambridge University arbeitete und Werke des römischen Dichters Vergil druckte. Das Monument heißt Industry and Genius und buchstabiert „virgil“ spiegelverkehrt. Im Zusammenhang mit der Eröffnung der sich dahinter erhebenden neuen Central Library wurde der Platz 2013 noch einmal in Teilen umgestaltet und soll in den kommenden Jahren nach den Entwürfen der Gewinner einer millionenschweren Ausschreibung ein völlig neues Gesicht erhalten.

New Central Library: Diese nunmehr größte Bibliothek Europas wurde für 189 Mio. Pfund umgebaut und dient seit September 2013 nicht nur als Bibliothek, sondern auch als Kultur- und Unterhaltungskomplex. Ihre fein ziselierte Fassade soll eine Reminiszenz an die Handwerkstraditionen der Stadt sein. Kritiker vergleichen den Bau mit einer gigantischen Hochzeitstorte. Mit dem Umbau durch das Architekturbüro Mecanoo aus Delft wurden drei Gebäude und Bauperioden auf diesem Platz vereint: Das Repertoiretheater REP, ein Sichtbetonbau aus den 1960er-Jahren, der durch die Auskragung des neuen Gebäudes einen gemeinsamen Eingang mit der Bibliothek erhielt und dessen wunderschöner Zuschauersaal aufpoliert wurde. Das Baskerville House, ein neoklassizistischer Sandsteinbau von 1936, und der neue Anbau. Dieses transparente Glasgebäude umfasst 35.000 m^2, beherbergt 24 km Regale für 1,5 Mio. Bücher, interaktive Touchscreens und Medienwände, 200 öffentlich zugängliche Computer, ein Studiotheater (sonntags trifft man sich hier zum Filmclub) und ein Café. In die Rotunde auf dem Dach wurde ein holzverkleideter Lesesaal von 1882 eingebaut. Dieser Shakespeare-Gedächtnis-Raum enthält eine der umfangreichsten Sammlungen von Büchern und Manuskripten des Barden, u. a. viele Erstausgaben. Vom siebten Stockwerk und seinem „Secret Garden“ oder von der Aussichtsterrasse im fünften hat man einen unverstellten Blick über die Stadtsilhouette.

Mo–Di 11–19 Uhr, Mi-Sa 1a–17 Uhr. Eintritt frei. Centenary Square, Broad Street, B1 2ND, ✆ 0121/2424242, www.libraryofbirmingham.com.

Modern: die New Central Library

Hall of Memory: Dieses tempelartige Gebäude von 1925 auf dem Centenary Square ist dem Gedenken an die mehr als 12.000 Opfer Birminghams im Ersten Weltkrieg gewidmet. Rund 35.000 Männer kehrten als Invaliden von den Schlachtfeldern heim. Die vier Figuren von Albert Toft, einem Birminghamer Bildhauer, stellen die Armee, die Navy, die Luftwaffe und das Frauenhilfskorps dar. Im Innern befinden sich drei Bronzereliefs zu den Themen Einberufung, Front und Heimkehr. Nach dem Zweiten Weltkrieg wurden weitere Denkmäler hinzugefügt für die Kriege in Korea, Vietnam und den Falklands.

Tägl. (außer So) 10–16 Uhr. Eintritt frei. www.hallofmemory.co.uk.

St Philip's Cathedral: Erbaut 1709–1715 als Pfarrkirche für die Neustadt, ist St Philip's ein seltenes Beispiel des englischen Barock. Die Kuppel des Turmes empfand der Architekt und Höfling Königin Annes, Thomas Archer, der venezianischen Barockkirche Santa Maria della Salute nach, die er auf seiner Studienreise durch Europa bewundert hatte. Seit Ende des 19. Jh. ist das Gotteshaus Kathedrale und vor allem für seine vier intensiv leuchtenden Buntglasfenster des Präraffaeliten Edward Burne-Jones bekannt.

Mo–Fr 8–18.30 Uhr, Sa/So 9–17 Uhr. Shop 10.30–15.30 Uhr. Führungen Mo 13 Uhr und Mi 11.30 Uhr. Eintritt frei. Colmore Row, ✆ 0121/2621840, www.birminghamcathedral.com.

Brindleyplace

Am Betongiganten des International Convention Centre vorbei bzw. durch sein Atrium hindurch kommt man zur Wharfside, einem der elegantesten Stadterneuerungsprojekte Birminghams, bekannt unter dem Namen Brindleyplace. Wo sich früher Fabrik- und Kanalanlagen befanden, gibt es heute neben rund zwei Dutzend Restaurants, Bars, Cafés und vielen Shops die **Barclycard Arena**, eine futuristische Mehrzweckhalle, sowie ein von Sir Norman Foster entworfenes **National Sea Life Centre**. Die **Ikon Gallery** in einem alten Schulgebäude zählt zu den führenden Museen für zeitgenössische Kunst in England, wo auch thematische Führungen angeboten werden. Der Höhepunkt des runderneuerten Kanalsystems, das einst für den Transport von Kohle aus dem Black Country nach Birmingham genutzt wurde, ist das nur wenige Minuten von Brindleyplace entfernte **Gas Street Basin**. An dem von Bars und Pubs gesäumten Kanalbecken mischt sich moderne Architektur mit restaurierten Häusern aus dem 18. und 19. Jh. Kanaltouren durch das Herz der Stadt führen an Sehenswürdigkeiten wie dem **Cube** vorbei, einem neuen Wahrzeichen der modernen Skyline Birminghams. Der glanzvolle, würfelartige Bau mit Aluminiumfassade in verschiedenen Bronzetönen erinnert in Anspielung an Birminghams Geschichte als Juwelierstadt an eine Schmuckschatulle. Er hat 25 Stockwerke, auf die sich Apartments, ein Hotel, ein Spa und ein Panorama-Restaurant verteilen, und gehört zum exklusiven, in einem ehemaligen Postgebäude untergebrachten Einkaufszentrum **Mailbox**. Ein Kino (Everyman) und zahlreiche Restaurants beleben den Komplex auch am Abend.

Information Centre: 9 Brindleyplace (im Gebäude von Free Radio), 7–19 Uhr, ✆ 0121/6436866, www.brindleyplace.com.

National Sea Life Centre: Mo–Fr 10–17 Uhr, Sa–So 10–18 Uhr. 19,20 £ (online nur 12,75 £). The Waters Edge, Brindleyplace, ✆ 0121/6436777, www.sealifeeurope.com.

The Ikon Gallery: Tägl. (außer Mo) 11–18 Uhr. Eintritt frei. 1 Oozell's Square, ✆ 0121/2480708, www.ikon-gallery.co.uk. **Café Ikon**, Mo–Sa 11–23 Uhr, So 11–18 Uhr.

Mailbox: Mo–Sa 10–19 Uhr, So 11–17 Uhr, Restaurants bis in den späten Abend. 7 Commercial Street; B1 1RS; ✆ 0121/6321000, www.mailboxlife.com.

Southside

Bullring: Dieses Gebäude der Kaufhauskette Selfridges, das 2003 eröffnet wurde, brachte als erstes Glamour in die bis dahin recht provinzielle zweitgrößte Stadt Englands. Die Architektur des Londonder Büros Future Systems sorgte landesweit für Schlagzeilen, erinnert der Bau doch an eine deformierte Discokugel. Tausende (es sollen 15.000 sein) von schimmernden Aluminiumscheiben bilden die Außenhaut des Warenhauses, die wie ein Schuppenpanzer eines Reptils die Wellen und Krümmungen des Baus nachformt. Ein rüsselartiger Übergang führt zum Parkhaus im dritten Obergeschoss und zwei Ausgänge auf die terrassenförmige Piazza im Südwesten. Als Inspiration diente den Architekten Paco Rabannes berühmtes Metallkleid.

Mo–Fr 10–20 Uhr, Sa ab 9 Uhr, So 11–17 Uhr. Park Street, B5 4BU, ✆ 0121/6321599, www.bullring.co.uk.

Chinatown: In Ermangelung einer Hafenanbindung entstand das chinesische Viertel in Birmingham sehr viel später als die Chinatowns in London, Liverpool oder Cardiff. Die meisten Bewohner, die sich in den 1960er-Jahren um die Hurst Street herum niederließen, kamen aus der britischen Kolonie Hongkong. Heute leben hier auch Menschen aus Malaysia und anderen Nationen. Das Arcadian Centre umfasst die „Chinese Street“, wo alljährlich im Februar das Chinesische Neujahrsfest gefeiert wird. Auf der Verkehrsinsel Holloway Circus steht die siebenstöckige Pagoda, das von einem prominenten chinesischen Geschäftsmann gestiftete Wahrzeichen des Districts. Südlich von Chinatown liegt Birminghams Schwulenviertel.

Back to Backs: In diesem restaurierten Hofplatz mit vier Arbeiterhäusern ist jedes im Stil einer unterschiedlichen Epoche eingerichtet. Einst gab es Tausende dieser Häuser, die alle *„back to back“* aneinandergebaut wurden, um in den übervölkerten Arbeiterbezirken Platz zu sparen. Außer diesen Häuschen kann man einen Süßwarenladen aus den 1930er-Jahren und eine interaktive Ausstellung besuchen, die einem den Alltag von damals anhand der Lebensgeschichten der ehemaligen Bewohner näherbringt. Die Besichtigung ist nur im Rahmen einer Führung möglich (Buchung telefonisch).

Di, Mi, Do 13–15 Uhr, Fr–So und während der Schulferien ab 10 Uhr. Buchung erforderlich, Besichtigung nur mit Führung (75–90 Minuten, alle 15 Min.). 7,85 £, Kind 4,55 £, Familie 16,65 £. 50–54 Inge Street/55–63 Hurst Street, B5 4TE, ✆ 0121/6667671, www.nationaltrust.org.uk/birmingham-back-to-backs.

Jewellery Quarter

Wer die Tram scheut, kann auf dem Treidelpfad vom Brindleyplace (Zugang bei der Barclaycard Arena) ins Jewellery Quarter gelangen. Es liegt 1,5 km nordwestlich des Zentrums, die Gebäude stammen größtenteils aus der viktorianischen Zeit und der gesamte Bezirk ist denkmalgeschützt. Es ist das weltgrößte schmuckproduzierende Viertel Europas, dessen berühmte School of Jewellery (inzwischen Teil der City of Birmingham University) noch immer Goldschmiede ausbildet und dessen Produkte in über 100 Juwelierläden zum Stöbern einladen. Ab der Mitte des 18. Jh. siedelten sich in dieser Gegend viele Silber- und Goldschmiede an, die ihre Wohnhäuser in Studios verwandelten, bevor eigene Manufakturen und Werkstätten gebaut wurden. Momentan entwickelt sich das Viertel zu einer schicken Wohngegend mit vielen guten Pubs und Restaurants. In der Touristeninformation gibt es ein Faltblatt mit einem Spaziergang vorbei an den schönsten Gotik-, Renaissance- oder Art-Nouveau-Fassaden, auch die offizielle Webseite ist sehr informativ: www.jewelleryquarter.net.

Museum of the Jewellery Quarter: Das Museum ist in dem ehemaligen Fabrikgebäude der Firma Smith and Pepper untergebracht und wirkt, als könnte es jederzeit den Betrieb wieder aufnehmen. Hier wird das Gold- und Silberschmiedehandwerk dokumentiert, und einige der veralteten Gerätschaften werden zu Demonstrationszwecken wieder angeworfen. Smith und Pepper hatten sich dem Fortschritt verweigert, die Fabrik atmete dauerhaft den Geist des 19. Jh. 1981 machte das Unternehmen von heute auf morgen dicht, und das Museum hat alles so bewahrt, wie es war, inklusive der benutzten Teetassen. Apropos: Angeschlossen sind ein sehr angenehmer Tearoom und ein Shop, in dem man ausgesuchte Stücke aus den ansässigen Werkstätten kaufen kann.

Di–Sa und Feiertage 10.30–17 Uhr, 7 £, erm. 5 £, Kind 3 £, Familie 15–20,20£. 75–79 Vyse Street, B18 6HA, ✆ 0121/5543598, www.birminghammuseums.org.uk/jewellery.

Die Midlands → Karte S. 104/105

Digbeth und die Eastside

Thinktank (The Museum of Science and Discovery): Zehn Minuten vom City Centre entfernt, im Herzen der Eastside, entstand für 6 Mio. Pfund ein nagelneues Viertel, das Wissenswertes über die Neuen Medien, Wissenschaften und Technologien bündeln will. Der Millennium Point wird beherrscht von dem vierstöckigen Gebäude von Nicholas Grimshaw (Eden Project in Cornwall, Waterloo Station in London), in dem der Thinktank untergebracht ist. Das Museum zeigt in zehn Galerien 250 interaktive und zumeist futuristische Ausstellungsstücke von der viktorianischen Dampfmaschine über Kampfflugzeuge aus dem Zweiten Weltkrieg bis hin zu Speedcars. Hier lernt man die Vergangenheit zu verstehen, die Gegenwart zu erforschen und die Zukunft zu erahnen. Ziel ist es, Denkanstöße zu geben *(„to make you think“)*. Angeschlossen sind ein digitales Planetarium und das Giant-Screen-Kino. Thinktank entwickelte auch den Eastside City Park, die erste neue Parkanlage in Birmingham seit 130 Jahren. 310 Bäume wurden gepflanzt, diverse Grünflächen und Plätze angelegt und ein 188 m langer Kanal geschaffen.

Tägl. 10–17 Uhr (letzter Einlass 16 Uhr). 13 £, Kind 9,50 £, Familie 30–48,50 £, online günstiger. Planetarium Show 1 £. Millennium Point, Curzon Street, B4 7XG, ✆ 0121/3488000, www.thinktank.ac.

Custard Factory, Fazeley Studios und Arthouse Digbeth: In der ehemaligen Vanillesoßen-Fabrik für von Alfred Frederick Bird erweist sich die Kreativkultur seit den 1990er-Jahren als urbaner Modernisierer. Der industrielle Gebäudekomplex von 20.000 m² besteht nunmehr aus Arbeitsräumen, Ateliers, Studios, Cafés, Restaurants, kreativem Einzelhandel und modernen Apartmentneubauten. Die Street-Art von 60 internationalen Künstlern kann man auf Nachfrage auf einer „City of Colours Tour“ kennenlernen. Am ersten Freitag des Monats finden Ausstellungen, Konzerte und Kulturprojekte bis spät in die Nacht statt.

Gibb Street, B9 4AA, ✆ 0121/2247777, www.custardfactory.co.uk. **City of Colours Tour**: www.cityofcolours.co.uk.**First Friday**: www.digbethfirstfriday.com.

Edgbaston/Moseley/Sally Oak

Barber Institute of Fine Arts: Diese kleine, aber äußerst lohnenswerte Ausstellung auf dem Gelände der Birmingham University im Stadtteil Edgbaston wurde 1932 von Lady Barber, der Frau eines reichen Geschäftsmannes, gegründet, da ihr die Universität den künstlerischen Bereich zu vernachlässigen schien. Die Ausstellung widmet sich alten Meistern wie Rubens und Rembrandt, zeigt aber auch Werke von Künstlern wie Turner, Degas, Monet, van Gogh und Picasso. In dem

Art-déco-Gebäude gibt es auch eine Konzerthalle, in der Veranstaltungen stattfinden, und ein Café.

Mo–Fr 10–17 Uhr, Sa/So 11–17 Uhr. Eintritt frei. 2. und 4. So/Monat auch kostenfreie Führungen. University of Birmingham, Park Road, B15 2TS, ✆ 0121/4147333, barber.org.uk. Anfahrt mit Bussen 61, 63 vom Zentrum bis Edgbaston Park; Bahn: 10 Min. Spaziergang von University Station.

Botanical Gardens and Glasshouses: Erholung verspricht der botanische Garten von Edgbaston in der Westbourne Road. Die riesige Parkanlage mit Seen, subtropischen Treibhäusern und viel Grün lädt zum Spazierengehen ein.

April bis Sept. Mo–Fr 10–17 Uhr, Sa/So bis 18 Uhr, Okt. bis März bis 17 Uhr. 7 £ (2 Pers. 12 £), erm. 4,75 £, Familie 22 £. www.birminghambotanicalgardens.org.uk. Anfahrt am besten mit der Bahn bis Five Ways. Westbourne Road in Edgbaston, B15 3TR.

Sarehole Mill: Der Schriftsteller J. R. R. Tolkien lebte lange Zeit in Birmingham. Er ging in die King Edward's School und verbrachte seine Kindheit in den Stadtteilen Moseley und King's Heath. In der Sarehole Wassermühle aus dem 18. Jh., wo der Autor sich oft als Kind aufhielt, wird man in die viktorianische Vergangenheit zurückversetzt. Hier wurde zunächst Mehl produziert und später während der industriellen Revolution Metall gerollt. Tolkien hatte die Mühle so ins Herz geschlossen, dass er noch Geld für ihre Renovierung spendete, als er schon längst in Oxford lebte. Das Marschland drumherum soll ihm die Vorlage für das Auenland der Hobbits im Roman „Der Herr der Ringe" geliefert haben. Es gibt einen Tolkien Trail zum Herunterladen, mit dessen Hilfe man auf den Spuren des Autors wandeln kann (visitbirmingham.com/de/what-to-do/heritage/tolkiens-birmingham). Zum Einkehren eignet sich z. B. der Elizabeth-of-York-Pub, wo eine Statue seinem Meisterwerk „The Lord of the Rings" gewidmet ist.

Ende Mai bis Okt. Mi–So 12–16 Uhr, in den Ferien auch feiertags und Di. 6 £, erm. 4 £, Kind 3 £, Familie 13,50–18,20 £. Führungen Mi–Fr 12.15 und 14.15 Uhr. 3 Cole Bank Road, B13 0BD, ✆ 0121/3488160, www.birminghammuseums.org.uk/sarehole. Anfahrt mit Bus Nr. 4.

Umgebung von Birmingham

Das Gebiet im Westen und Norden von Birmingham ist wegen seiner Geschichte als Kohlerevier mit viel Schwerindustrie (Eisen, Stahl) als **Black Country** bekannt, das letzte Bergwerk schloss 1968. Tolkien soll die Gegend Vorbild für Mordor gewesen sein. Diese heute sehr ländliche Region wird nur von kleineren Industrieorten durchbrochen. Hier kann man gut spazieren gehen, und es gibt einige interessante Industriemuseen zu besichtigen.

Black Country Living Museum: Dieses anschauliche Freiluftmuseum rekonstruiert ein ganzes Dorf, wie es Mitte des 19. Jh. für diese Gegend typisch war. Unter anderem kann man eine Kohlengrube besichtigen, an einer Schulstunde teilnehmen und ein Kino aus den 1920er-Jahren besuchen. In dem Dorf leben Personen, die in Originalkostümen den ganzen Charakter der Zeit heraufbeschwören.

Ende März bis Okt. tägl. 10–17 Uhr, Nov./Dez. Mi–So 10–16 Uhr. 16,95 £, erm. 13,50 £, Kind 8,45 £, Familie 35–48 £. Dudley, Tipton Road, DY1 4SQ, ✆ 0121/5579643, www.bclm.co.uk.

Walsall New Art Gallery: Diese renommierte Kunstgalerie ist in einem mit Terrakottaziegeln verkleideten Hochhaus untergebracht. Gezeigt wird die Sammlung von Kathleen Garman, der Geliebten und späteren Gattin des Bildhauers Jacob Epstein, und der amerikanischen Bildhauerin Sally Ryan, Tochter eines Industriemagnaten. Sie sammelten die Kunst ihrer Familienmitglieder und Freunde, darunter so illustre

Namen wie Epstein natürlich, aber auch Modigliani und Lucian Freud. Zu den Attraktionen zählen ebenfalls Gemälde von Rembrandt, Constable, Monet, Matisse, van Gogh und Picasso, die in der Ausstellung nach Themen geordnet wurden. Im obersten Stock gibt es ein Restaurant, von dem man auf die Kanäle und Schornsteine herunterblicken kann.

Di–Sa 10–17 Uhr, So 12–16 Uhr. Eintritt frei. Talks Mi und Sa um 13 Uhr. Gallery Square, Walsall, WS2 8LG, Info-Line: ✆ 01922/654000, Rezeption: ✆ 01922/654400, www.thenewartgallerywalsall.org.uk.

Cadbury World: Diese Schokolade im lila Papier ist deutschen Senioren mitunter noch aus den Carepaketen der Nachkriegszeit bekannt und zeichnet sich durch ihren niedrigen Kakao- und sehr hohen Milch- und Zuckeranteil aus. Schokolade erreichte England im Jahre 1650 und wurde danach in allen Kaffeehäusern angeboten. In der Cadbury World nimmt Aztekenkönig Montezuma den Besucher mit auf eine Zeitreise durch die Geschichte der Schokolade, die der Sage nach einst Götterspeise im Paradies gewesen ist. Es geht interaktiv durch insgesamt 14 Zonen von der Kakaobohnenernte bis zur modernen Herstellung und Werbung inklusive Bimmelbahnfahrt und 4-D-Adventure. Die Tour endet natürlich beim Konsum und Verzehr der Produkte, die man in zwei Läden kaufen kann. Cadbury World liegt im hübschen Dorf Bournville, das Anfang des 20. Jh. von der Quäkerfamilie Cadbury für ihre Arbeiter gebaut worden war.

Die Öffnungszeiten sind kompliziert und variieren je nach Tag (mind. 10–15 Uhr), bitte telefonisch erfragen oder der Website entnehmen. 16,75 £, erm. 12,65 £, Kind 12,30 £, Familie 49,96–59,95 £. Linden Road, Bournville, B30 2LU, ✆ 0844/8807667, www.cadburyworld.co.uk. Vom Zentrum von Birmingham geht es am schnellsten mit der Bahn von New Street nach Bournville. Vom Bahnhof folgen Sie der Beschilderung (knapp 15 Min.).

Wolverhampton Art Gallery: Pop-Art-Fans aufgepasst: In Wolverhampton – knapp 20 km nordwestlich von Birmingham – befindet sich dieses Museum, das über die größte Sammlung von Pop Art nach der Tate Gallery in London verfügt. Darunter sind viele Werke von Andy Warhol, Peter Blake, Roy Lichtenstein and Richard Hamilton.

Mo–Sa 10–17 Uhr, Eintritt frei. Lichfield Street, Wolverhampton, WV1 1DU, ✆ 01902/552195, www.wolverhamptonart.org.uk/visit/wolves.

Coventry

Eine attraktive Stadt ist die Automobilmetropole sicher nicht. In der Nacht zum 14. November 1940 wurde fast das gesamte Zentrum zerstört, Coventry verlor als einzige Stadt des Landes auch seine Kathedrale. Der Neubau allerdings zählt zu den großen Touristenattraktionen der Region und ist einen Besuch wert.

Über die A 45 in östliche Richtung gelangt man von Birmingham nach Coventry, eine Stadt, die um das Benediktinerkloster Leofrics, des Earl of Mercia, erwuchs. Dessen Gattin Lady Godiva soll 1049 nackt durch die Straßen der Stadt geritten sein, um gegen die hohen Steuern, die ihr Mann den Bürgern auferlegt hatte, zu protestieren. Ihre Reiterstatue steht am Broadgate unter einem großen Zeltdach. Daneben befindet sich die **Coventry Clock**, wo sich die nackte Godiva jede Stunde auf ihrem Pferd einmal um die eigene Achse dreht und dabei von Peeping Tom beobachtet wird (der in Wirklichkeit für seine Indiskretion geblendet worden war).

Die Midlands → Karte S. 104/105

Seit 1678 gibt es jedes Jahr im Juni während des Godiva-Festivals den Godiva-Prozessionszug. Am Broadgate befindet sich auch die **Holy Trinity Church,** deren Fresko vom Jüngsten Gericht sehenswert ist.

Seine Blüte verdankte Coventry im 17. Jh. der Tuchherstellung, später entwickelte sich die Stadt zum Zentrum der britischen Autoindustrie. Zwischenzeitlich gab es über 100 Manufakturen, von Daimler über Rover bis zu Triumph und als letztes das Jaguar-Werk in der Browns Lane, das 2004 schloss. Die Zeugnisse dieses Booms stehen heute im **Coventry Transport Museum,** das die größte Sammlung zur britischen Straßenverkehrsgeschichte beherbergt. Die zahlreichen Industrien waren auch der Grund, warum deutsche Bomben die Stadt im Jahr 1940 zum größten Teil in Schutt und Asche legten. Nach dem Krieg wurde der Phönix ins Stadtwappen aufgenommen, Coventry avancierte zum Symbol des Wiederaufbaus und suchte sich als Partnerstädte Dresden und Sarajevo aus.

Die Neubauten, die nach dem Krieg entstanden, lassen wenig vom einstigen Glanz der Altstadt erahnen. Was von der Fachwerkpracht übrig ist, steht überwiegend in der Spon Street. In der Cook Street haben zwei der ursprünglich zwölf mittelalterlichen Stadttore überlebt. In der nördlichen Innenstadt an den Hales und Fairfax Streets wurde für 50 Mio. Pfund mit dem Millennium Place ein neuer Bereich mit moderner Architektur gestaltet. In der **Herbert Art Gallery and Museum** kann man alte und neue Meister vergleichen und die Geschichte der letzten 500 Jahre erleben. Vor allem aber die 1962 erbaute Kathedrale ist einen Besuch wert. Sie wurde an die Überreste der alten **Cathedral of St Michael** angebaut, die im Krieg zerstört wurde. Dank der riesigen bunten Fenster ist das Innere lichtdurchflutet.

Information **Tourist Information Centre,** Mo–Fr 9.30–17 Uhr, Sa 10–16.30 Uhr, So 10–12 und 13–16.30 Uhr. Off Bayley Lane bei der Kathedrale, CV1 5RN, ✆ 024/76225616, www.visitcoventryandwarwickshire.co.uk. Man kann einen Audioguide über die App downloaden.

Verbindungen **Bus** – Pool Meadow Busstation liegt gleich gegenüber der Kathedrale in der Fairfax Street. Alle 2–3 Std. fahren National-Express-Busse von London Victoria nach Coventry.

Bahn – Coventry Station befindet sich südlich der Ringstraße am Station Square, CV1 2GT. Züge fahren jede halbe Stunde nach London Euston und öfter nach Birmingham.

Flugzeug – Birmingham International Airport ist nur 20 Min. von Coventry entfernt. Der Flughafen von Coventry selbst bedient nur Charterflüge.

Park & Ride – Mo–Sa von War Memorial Park, Kenilworth Road, CV3 6PT, südl. der Stadt.

Aktivitäten 39 Kunstwerke von 34 Künstlern säumen den **Coventry Canal Art Trail,** der 9 km entlang der Promenade vom Coventry Canal Basin im Herzen der Stadt zur Hawkesbury Junction führt. covcanalsoc.org.uk.

Einkaufen **West Orchard** ist Coventrys größtes Shoppingcenter. www.westorchards.co.uk.

Märkte **Coventry Market** ist mit mehr als 180 Ständen einer der größten Indoor-Märkte Europas. Mo–Mi 8–17 Uhr, Do bis 15 Uhr, Fr–Sa bis 17.30 Uhr. Queen Victoria Road, CV1 3HT.

Veranstaltungen **Godiva Festival**, dreitägiges kostenfreies Musikfest im Juli für die ganze Familie mit Godiva-Prozession am Samstag. War Memorial Park, Kenilworth Road, CV3 6PT, www.godivafestival.com.

Übernachten Die meisten B & Bs befinden sich um die St Patrick's Road und Park Road in der Nähe der Ringstraße.

**** **Acacia Guest House**. Zentrales B & B in einem ruhigen Wohngebiet in gehbarer Reichweite zur Innenstadt. Sehr sauber, nette Gastgeber, englisches Blümchendekor. Parkplätze. Zimmer ab 30 £, aktuelle Preise sind zu erfragen. 11 Park Road, CV1 2LE, ✆ 024/76633622, www.acaciaguesthousecoventry.co.uk.

** **Ibis Hotel Coventry Centre**. Modernes 89-Betten-Haus mit erträglichen Preisen.

Mo–Fr ab 65 £/Zimmer, Sa/So ab 49 £, Frühstück extra. Mile Lane, CV1 2NL, ✆ 024/76250500, www.ibishotel.com.

››› Mein Tipp: **Barnacle Hall**. 3 Zimmer in einem wunderschönen Farmhaus (16. Jh.) mit freigelegten Balken. EZ 45-55 £, DZ 85 £, ohne Bad 75 £. Zu Recht ausgezeichnet und empfohlen. Zwischen Birmingham und Noneaton. Shilton Lane, Shilton, Coventry, CV7 9LH, ✆ 024/76612629, www.barnaclehall.co.uk. ‹‹‹

Camping **Bosworth Water Trust**. Der Freizeitpark direkt am See bietet Wassersport, Fischen und Minigolf. Es gibt ein Ufercafé, Camping direkt am Wasser. Nur Familien oder Paare über 25! Wohnwagen oder Zelt 11–30 £. Far Coton Lane, Willsborough Road, Nuneaton, CV13 6PD, ✆ 01455/291876, www.bosworthwatertrust.co.uk/stay-with-us.

Essen & Trinken **The Squirrel**. Ein Pub im Zentrum mit gutem Essen (englische Pub-Klassiker), Livemusik und DJs. Entspannte Atmosphäre und (beheizte) Sonnenterrasse. 1 Greyfriars Lane, CV1 2GY, ✆ 024/76226661, www.thesquirrel-coventry.co.uk.

Millsy's Cafe, Bar & Bistro. Europäische Küche mit italienischem Schwerpunkt und Grill in elegantem, kosmopolitischem Ambiente; oben Restaurant, im EG Bar. Mo Talentnacht, z. T. Do/Fr Livebands. Sunday Fizz bis 24 Uhr, Sekt 3 £. Mo–Sa ab 8.45 Uhr, So ab 10 Uhr. 20 Earlsdon Street, Earlsdon, CV5 6EG, ✆ 024/76713222, millsys.co.uk.

The Farmhouse Restaurant. Der richtige Ort für Leute, die sich nicht entscheiden können. Es gibt indische und englische Küche, eine große Kinderkarte und sonntags Sunday Roast (Braten). Pub Preise, aber gute Qualität. Tägl. 12–24 Uhr. 215 Beechwood Avenue, Earlsdon, CV5 6HB, ✆ 024/76714332, thefarmhouserestaurant.co.uk.

Court 6. Guter Inder mit überschaubarer Speisekarte, alles frisch zubereitet, lecker – und günstig. Tägl. außer Mo 17–23 Uhr. 16 Spoon Street, CV1 3BA, ✆ 024/76559190.

Die Midlands → Karte S. 104/105

Sehenswertes

Coventry Cathedral: Nach der Zerstörung der alten Kathedrale St Michael's am 14. November 1940 wurde bereits einen Tag später die Entscheidung getroffen, neben der alten eine neue Kathedrale zu bauen, wobei die Ruinen als Mahnmal in den Neubau integriert werden sollten. Der Architekt Basil Spence erhielt den Zuschlag

Gewagter Entwurf einer neuen Kathedrale: Coventry

für einen mutigen Entwurf im Geiste Le Corbusiers – und der ultramoderne Neubau hatte Erfolg. Die Ausmaße der Kathedrale blieben ganz klassisch, jedoch wurden völlig neue Materialen (Beton und Stahl) verwandt. Mit dem gelungenen Einsatz von Licht schuf Spence ein unglaubliches Raumgefühl. Von außen wirkt die Kathedrale fast wie eine Festung, deren Außenwand von Jacob Epsteins letztem Werk, dem hl. Michael, dominiert wird, der gegen den Teufel kämpft. Der Eingang ins Gotteshaus ist überdimensional groß, was nötig war, um den Neubau mit den fast 700 Jahre älteren Ruinen zu verbinden. Gleichzeitig sollte ein Symbol für Tod und Wiederauferstehung gesetzt werden. Sehenswert sind das Sunburst-Fenster in der Taufkapelle von John Piper, das als Symbol des Heiligen Geistes in der Mitte die Sonne aufstrahlen lässt. Das Taufbecken besteht aus einem unbehauenen Felsen aus Bethlehem. Die zehn bunten Glaswände sind schräg eingesetzt, und von Gold über Rot zu Blau und Violett sollen sie den Lebenszyklus des Menschen von der Geburt über den Tod bis zur Auferstehung darstellen. In der Chapel of Unity, der Kapelle der Einigkeit, wurden bewusst internationale Materialien verarbeitet: So stammen der Mosaikboden aus Schweden und die Glasfenster aus Deutschland.

Mo–Sa 10–17 Uhr, So 12–16 Uhr, Eintritt frei, um eine Spende von 3,50 £ wird gebeten. Turmbesteigung 2,50 £, erm. 1 £. Ruine der alten Kathedrale tägl. 9–17 Uhr. Visitor Centre, 7 Priory Row, CV1 5FB, ✆ 024/76521210, www.coventrycathedral.org.uk. Auch Smartphone-App. **St Michael Tower**: Von 9.30–16 Uhr, Sa–So ab 10 Uhr kann man die 181 Stufen des alten Turms der Kathedrale erklimmen: 2,50 £, erm. 1,50 £.

Guildhall of St Mary: Am anderen Ende der Bayley Lane und der Domruinen steht diese wunderschöne Zunfthalle aus dem 14. Jh. Sie diente Mary Queen of Scots 1560 als Gefängnis, bevor sie von ihrer Halbschwester Elisabeth I. hingerichtet wurde. Die Wandteppiche von 1500 sind sehenswert. Erfrischen kann man sich in der Krypta in Godiva's Café.

Ostern bis Sept. So–Do 10–16 Uhr, Godiva's Café ganzjährig Mo–Fr 11–15.30 Uhr. Eintritt frei. Bayley Lane, CV1 5RN, ✆ 024/76833328, www.stmarysguildhall.co.uk.

Holy Trinity Church: In dieser Gemeindekirche aus dem 12. Jh. gibt es ein Wandfresko des Jüngsten Gerichts, das mehrere Jahrzehnte älter ist als Leonardo da Vincis berühmtes Abendmahl. Es stammt aus dem Jahr 1435 und hat als eines der wenigen die Reformation überlebt, als viele Wandmalereien übermalt wurden, weil sie angeblich die Kommunikation mit Gott störten. Bemerkenswert sind auch die Miserikordien aus dem 14. Jh. und die Buntglasfenster.

Mo–Sa 9.30–16 Uhr, So nur während des Gottesdienstes. Eintritt frei, Spende erbeten. 5A Priory Row, CV1 5ES, ✆ 024/76220418, www.holytrinitycoventry.org.uk.

Coventry Transport Museum: Ausgelegt als eine Reise durch die Zeit spaziert man durch die verschiedenen Epochen der Automobilgeschichte. Eine riesige Sammlung zeigt alles, was auf britischen Straßen seit 1869 unterwegs war, vom Fahrrad übers Motorrad bis zu Autos und Rennwagen. Passend für eine Stadt, in der 140 Automanufakturen zu Hause waren, u. a. Daimler, Standard Triumph und Jaguar.

Tägl. 10–17 Uhr, letzter Einlass 16.30 Uhr. Eintritt frei. Millennium Place, Hales Street, CV1 1JD, ✆ 024/76234290, www.transport-museum.com.

The Herbert: Coventrys Kunstgalerie und Museum im historischen Zentrum vereint unter seinem Dach das Stadtarchiv, kreative Medienstudios und ein Kunstinformationszentrum. Benannt wurde die Institution nach ihrem Stifter, dem Industriellen und Maschinenhersteller Sir Alfred Herbert. Zu seiner Sammlung gehören Exponate der Archäologie, Naturwissenschaften und mehr als 5000 Kunstwerke (Gemälde, Skulpturen, Zeichnungen etc.), in deren Zentrum das fast 6 m lange

Meisterwerk von Bacchus und Ariadne des italienischen Barockmalers Luca Giordano (1634–1705) steht. Die Werke sind in drei Galerien aufgeteilt: Bildhauer, Alte Meister und Kunst seit 1900.

Mo–Sa 10–16 Uhr, So ab 12 Uhr. Eintritt frei. Jordan Well, CV1 5QP, ✆ 024/76294734, www.theherbert.org.

Millennium Place: Der Platz, überspannt von dem 62 m langen Whittle Arch (benannt nach dem Pionier des Jetmotors), ist mit modernen Kunstwerken bestückt: Françoise Scheins 24-Stunden-Uhr leuchtet neonblau in die Nacht und zeigt die Zeitzonen der Welt. Sie wird flankiert vom Werk des deutschen Bildhauers Jochen Gertz. Seine Peoples Bench and Obelisk ist eine Bank, die aus Hunderten von Platten besteht, in die die Einwohner von Coventry Freundschaftsbotschaften eingravieren durften. Eine 162 m lange Glasbrücke verbindet den Millennium Place mit dem Garden of International Friendship. Von ihr kann man auch auf Lady Herbert's Garden und Teile der mittelalterlichen Stadtmauern hinunterblicken.

Die Midlands → Karte S. 104/105

Rugby

Der Name ist Programm! Die imposante Rugby School gilt als die Wiege des Sports. 1823 nahm hier ein Schüler namens William Webb Ellis in einem Fußballmatch den Ball einfach unter den Arm und rannte damit los. Seine Statue befindet sich im recht ansprechenden Stadtzentrum, man kann das **Rugby School Museum** besuchen, die **Rugby Art Gallery and Museum** mit der Hall of Fame im ersten Stock oder das **Webb Ellis Rugby Football Museum:** eine alte Werkstatt, vollgestopft mit Memorabilien, neben einem Sportgeschäft, wo man auch handgefertigte Rugbybälle erwerben kann. Auf dem Weg von oder nach Coventry lohnt ein Stop am **Ryton Organic Garden,** wo man den Anbau von Bio-Gemüse bestaunen, erlernen und die Produkte im Café auch verzehren kann.

Er erfand Rugby: William Webb Ellis

Visitor Centre: Im Foyer der Rugby Art Gallery and Museum. Tägl. (außer So) 10–16 Uhr. The Foyer, Little Elborow Street, CV21 3BZ, ✆ 01788/533217, www.enjoyrugby.co.uk; www.ragm.org.uk.

Rugby School Museum: Führung Sa 14 Uhr ab Shop (bitte telefonisch prüfen). 6,95 £, erm. 4,95 £. Barby Road. ✆ 01788/556169, www.rugbyschool.co.uk/commercial/school-shop-and-tours/tours.

Rugby Art Gallery and Museum: Di–Fr 10–17 Uhr, Sa 10–18 Uhr, feiertags 12–16 Uhr. Eintritt frei. Im 1. OG Rugby Hall of Fame. Little Elborow Street, CV21 3BZ, 01788/533201, www.ragm.co.uk.

The Webb Ellis Rugby Football Museum: Gegenüber der Schule nahe der Webb Ellis Statue. Tägl. (außer So) 9.30–17 Uhr, Eintritt frei. 5–6 St Matthews Street, CV21 3BY, ✆ 01788/533217, www.ragm.org.uk.

Ryton Organic Garden: Tägl. 10–17 Uhr, Stock Pot Café tägl. 8–16 Uhr. 5,50 £, Kind 3,50 £, Familie 14,50 £. Park, Ryton on Dunsmore, CV8 3LG, ✆ 02476/303517; www.gardenorganic.org.uk.

Thront über dem River Avon: Warwick Castle

Warwick

Warwick ist ein sehr sehenswertes Städtchen mit mittelalterlichem Flair und imposanter Burg, die viele turbulente Zeiten erlebt hat. Der Ort wird gerne auf dem Weg nach oder von Stratford-upon-Avon angesteuert. Im Jahr 1694 fiel Warwick einem Brand zum Opfer, daher besteht der Stadtkern heute hauptsächlich aus Gebäuden der georgianischen Zeit. Rund um das Zentrum sind jedoch noch mittelalterliche Bauten und zwei der Stadttore erhalten. Besonders attraktiv ist ein Streifzug entlang der Mill Street, die im Mill Garden (April bis Okt. 9–18 Uhr, 1,50 £) endet, von wo man einen fantastischen Blick auf die Burg hat.

Information **Tourist Information Centre**, The Court House, Jury Street, CV34 4EW, ✆ 01926/492212, www.visitwarwick.co.uk und www.enjoywarwick.co.uk.

Verbindungen **Bus** – Stündlich fahren von Stratford aus Busse nach Warwick. Auch von London und Birmingham gibt es Ausflugsbusse.

Bahn – Ebenso regelmäßig kommt man mit dem Zug hierher. Der Bahnhof ist an der Coventry Road 2,5 km außerhalb der Stadt. Chiltern Railways fährt direkt nach London Marylebone.

Einkaufen **Smith Street** ist Warwicks älteste Einkaufsmeile, **Swan Street** die geschäftigste.

Es gibt mehrere Antiquitäten-Zentren, u. a. das **Warwick Antiques Centre** mit 30 Ausstellern. Mo–Sa 10–17 Uhr. 5–7 Jury Street, ✆ 01926/498914, CV34 4EH, www.warwickantiquescentre.com.

Märkte Am Market Place Sa 9–16 Uhr, jeden 2. und 5. Sa des Monats Farmers' Market.

Übernachten »› Mein Tipp: **Park Cottage**. Windschiefes Fachwerkhaus aus dem 15. Jh., das einst dem Grafen von Warwick und zu seiner Burg gehörte. 7 Zimmer, EZ 59–80 £, DZ 85–99 £. 113 West Street, CV34 6AH, ✆ 01926/410319, www.parkcottagewarwick.co.uk. ‹«

Shrewley Pools Farm. 400 Jahre alter Bauernhof, zwei Zimmer mit Blick über den Garten und die Landschaft. Man sollte Tiere mögen, gefrühstückt wird mit Produkten von der Farm. DZ ab 70 £, Familienzimmer teurer. Five Ways Road, Haseley (8 km von Warwick), CV35 7HG, ☏ 01926/484315, www.shrewleypoolsfarm.co.uk.

Essen & Trinken Die meisten Pubs und Restaurants befinden sich in der Smith Street bzw. ihrer unmittelbaren Umgebung. Die Touristeninformation hält eine Liste mit Restaurants bereit.

Robbie's. Intimes historisches Restaurant mit wechselnder Karte, einheimische Produkte, Spezialitäten müssen an Wochentagen vorbestellt werden. Zwei Gänge 15,50 £. Tägl. 12–17 und 18–22.30 Uhr. 74 Smith Street, CV34 4HU, ☏ 01926/400470, www.robbiesrestaurant.co.uk.

The Roebuck. Ältestes Pub des Ortes von 1470, entsprechend rustikal. Gemüse und Fleisch nur von lokalen Erzeugern. Mo–Do 12–24 Uhr, Fr/Sa bis 0.30 Uhr, So bis 23.30 Uhr. 57 Smith Street, CV34 4HU, ☏ 01926/494900, www.theroebuckwarwick.co.uk.

New Bowling Green. Historisches Pub mit modernisiertem Schankraum, das besonders wegen seines Biergartens beliebt ist. Mo–Fr 17–19 Uhr Happy Hour. 13 St Nicholas Church Street, CV34 4JD, ☏ 01926/411470, www.thenewbowlinggreenwarwick.co.uk.

Rose & Crown. Zentrales Pub am Marktplatz mit 13 schönen Zimmern ab 80 £. Britische Küche mit mediterranem Einschlag. 30 Market Place, CV34 4SH, ☏ 01926/411117, www.roseandcrownwarwick.co.uk.

Thomas Oken Tea Rooms. 20 verschiedene Teesorten und Afternoon Tea, bei gutem Wettter draußen. Tägl. 10–17 Uhr. 20 Castle Street, CV34 4BP, ☏ 01926/499307, thomasokentearooms.co.uk.

Die Midlands → Karte S. 104/105

Sehenswertes

Warwick Castle: Höhepunkt eines Besuchs in Warwick ist eine Besichtigung des hübschesten mittelalterlichen Schlosses von Großbritannien. Eine erste hölzerne Festung wurde hier wahrscheinlich von Wilhelm dem Eroberer im Jahr 1068 errichtet. Kurze Zeit später ersetzte man sie durch eine massive Burg. Die Grafen von Warwick waren sehr einflussreich, und im Mittelalter gelangte die Stadt durch Handel zu Wohlstand. Im 17. und 18. Jh. baute man die Anlage zu einem schlossartigen Landsitz aus. Während des Hundertjährigen Krieges wurden französische Soldaten hier in den Verliesen des Caesar's Tower eingekerkert. Seit 1978 gehört die ganze Anlage Madame Tussaud's. Vor allem die Folterkammer und der Gefängnistrakt wurden erwartungsgemäß mit aus Wachs modelliertem Schrecken erfüllt. Dem blutrünstigen Teil der Schlossgeschichte widmet sich das Burgverlies, The Castle Dungeon. Der Kerker ist so gruselig, dass sich ein Besuch nicht für Kinder unter zehn Jahren eignet.

Ein guter Ausgangspunkt ist die Ausstellung The Kingsmaker Experience, die die Geschichte des mächtigsten Grafen von Warwick, Richard Neville, erzählt. Im Ghost Tower geht es um die heimtückische Ermordung von Sir Fulke Greville, der noch immer in den Gemäuern spuken soll. Die herrschaftlichen State Apartments stehen unter dem Motto Royal Weekend Party – Wachsfiguren stellen eine noble Tea-Time-Gesellschaft von 1898 nach, bei der gleich zwei zukünftige Könige anwesend waren. An den Wänden hängen Porträts und Gemälde von Holbein, Rubens und Velàzquez. Erholung verspricht ein Rundgang durch die Parkanlage, deren Höhepunkt ein hübscher Rosengarten ist. Im Wintergarten kann man einen Blick auf die berühmte Warwick Vase aus der Römerzeit werfen, die einem der Grafen im 18. Jh. für sein diplomatisches Geschick geschenkt worden war. Im Sommer finden regelmäßig Ritterturniere statt.

Tägl. 10–18 Uhr, Okt. bis März nur bis 17 Uhr. 30,20 £ (mit Dungeon), erm. 25,20 £, Kind 27,20 £, Familie 98,80–122,20 £. Online und 7 Tage im Voraus günstiger! Parkgebühr 3–5 £. Infoline: ☏ 0871/2652000, www.warwick-castle.com.

Mill Garden: Dieser kleine Garten besteht seit 60 Jahren am Fuße des Castle, das man von hier aus fantastisch fotografieren kann.

April bis Okt. tägl. 9–18 Uhr. 2,50 £ (Kasse des Vertrauens). Mill Street, CV34 4HB, ✆ 01926/492877.

Oken's House: Am Eingang zur Burg befindet sich in der Castle Street dieses Fachwerkhaus. Thomas Oken war ein Geschäftsmann aus dem 16. Jh., der kinderlos verstarb und sein Vermögen in die Gründung von Armenhäusern steckte. Heute kann man hier in Thomas Oken Tea Rooms eine Erfrischung zu sich nehmen (→ Essen & Trinken).

St John's House Museum: In dieser Villa mit schönem Garten sind neben alten Musikinstrumenten und Kostümen auch Puppen, Teddys und Spielzeuge ausgestellt, daneben gibt es eine originalgetreu viktorianisch ausgestattete Küche und ein Klassenzimmer. Der erste Stock der Villa ist dem Royal Warwickshire Regiment vorbehalten.

Tägl. (außer So) 10–17 Uhr, im Winter nur bis 16 Uhr. Eintritt frei. St John's, CV34 4NF, heritage.warwickshire.gov.uk.

Collegiate Church of St Mary: Die schöne Pfarrkirche im Ort am Old Square ist berühmt für die Beauchamp-Kapelle der Grafen von Warwick, ihr Fächergewölbe, ihre Gräber aus dem Mittelalter und der Tudorzeit sowie ihren 53 m hohen Turm mit zehn Glocken, den man besteigen darf.

Im Sommer tägl. 10–18 Uhr, So 12.30–16.30 Uhr, im Winter 10–16.30 Uhr. Eintritt frei, Spende von 2 £ erbeten. Turmbesteigung je nach Wetterverhältnissen (1 £). Old Square, CV34 4RA, ✆ 01926/403940, www.stmaryswarwick.org.uk.

Lord Leycester Hospital: Diese wohltätige Einrichtung in der High Street, die im Jahr 1571 von Robert Dudley, dem Grafen von Leicester, als Unterkunft für zwölf alte Soldaten und ihre Frauen eingerichtet wurde, ist Teil des mittelalterlichen Westtores und besitzt eine schöne Kapelle und einen Ratssaal. Drinnen gibt es ein

Mittelalterliche Soldatenunterkunft: Lord Leycester Hospital

Historische Tea Rooms in Warwick

Die Midlands → Karte S. 104/105

Museum des Queen's Own Hussars Regiment, dem Kavallerie-Regiment der West Midlands. Instand gehalten wird die Anlage von ihren derzeitigen Bewohnern, immer noch Soldaten mit ihren Frauen.

Im Sommer Di–So 10–17 Uhr, im Winter bis 16 Uhr. 5,90 £, erm. 5,40 £, Kind 4,90 £. Master's Garden 2 £ extra (restaurierter Walled Garden, nur im Sommer). 60 High Street, CV34 4BH, ✆ 01926/491422, www.lordleycester.com.

Market Hall Museum: In der Markthalle von 1670 geht es um die Geschichte, Archäologie und Natur der Region. Ein Highlight ist die Sheldon Tapestry aus dem 16. Jh.: Die Wandbehänge zeigen Karten der vier Grafschaften Warwickshire, Worcestershire, Gloucestershire und Oxfordshire. Zur Zeit der Recherche war das Museum wegen Umbau geschlossen.

Di–Sa und feiertags 10–17 Uhr, April bis Sept. auch So 11.30–17 Uhr. Eintritt frei. Market Place, CV34 4SA, ✆ 01926/412500, heritage.warwickshire.gov.uk.

Umgebung von Warwick

Kenilworth Castle and Elizabethan Garden: Die Burgruine mit ihren roten Sandsteintürmen, dem mächtigen Burgfried und den wehrhaften Burgmauern wurde von Sir Walter Scott Anfang des 19. Jh. in seinem Roman „Kenilworth" verewigt, in dem er Königin Elisabeth I. und Robert Dudley, dem Grafen von Leicester, eine Liebesgeschichte andichtete. Andere Autoren, die sich hier Inspiration für ihre Spukgeschichten holten, waren J. R. R. Tolkien und J. K. Rowling.

Die ältesten Teile der Burg sind der große Turm und die Mauer des inneren Burghofs, die vom Oberkammerherrn Heinrichs I., Geoffrey de Clinton, erbaut wurden. Wichtigster Baumeister war später Simon de Montfort, der die Burg in einen Palast und eine Lehranstalt verwandelte. Im Krieg der Barone machte er Heinrich III. das Leben so schwer, dass dieser den unliebsamen Adligen enteignete und

Kenilworth seinem Sohn Edmund schenkte. Die Burg wurde eine der fünf lizensierten Turnierstätten im Lande mit einem eigenen Turnierplatz für Ritterspiele, dem *tiltyard*, der heute noch zu besichtigen ist. Das größte Fest veranstaltete hier 1575 besagter Robert Dudley. Um seine vermeintliche Geliebte und Königin zu beeindrucken, feierte man 19 Tage lang in Saus und Braus. Elisabeth konnte das bunte Treiben sogar von einem eigens für sie errichteten Turm, dem Leicester Tower, aus verfolgen. Dudley ließ auch einen Knotengarten für die Königin anlegen, als er noch hoffte, sie heiraten und mit diesem Garten verführen zu können. Das Eheglück beschied der Garten ihm nicht, kein Wunder also, dass man ihm jahrhundertelang kaum mehr Beachtung schenkte. Zum Glück beschrieb ein Höfling den Garten detailgetreu, sodass er wieder in seine alte Pracht zurückversetzt werden konnte. Das Gatehouse ist als Wohnhaus der 1930er-Jahre belassen, hat einige Tudorzimmer und im ersten Stock eine Ausstellung über die ach so jungfräuliche Königin und ihren Lieblingshöfling.

Geöffnet Ende März bis Sept. tägl. 10–18 Uhr, Okt. tägl. 10–17 Uhr, Nov. bis Febr. Sa/So 10–16 Uhr, in den Ferien täglich. Eintritt 10,10 £, erm. 9,10 £, Kind 6 £, Familie 26,20 £. Audiotour extra. Castle Green, CV8 1NE, ✆ 01926/852078, www.english-heritage.org.uk.

Anfahrt mit Stagecoach U12 von Coventry oder Leamington Spa bis Kenilworth Clock (dann noch 10 Min. zu Fuß).

Stoneleigh Abbey: Unweit von Kenilworth, auf der A 46 Richtung Coventry, liegt eingebettet in einen Park am River Avon dieses Herrenhaus, das zwischen dem 16. und 18. Jh. erbaut wurde, aber auf ein Zisterzienserkloster aus dem 12. Jh zurückgeht. In den Zimmerfluchten des Westflügels hat schon Karl I. gewohnt, als die Einwohner Coventrys ihm den Zutritt zu ihrer Stadt verwehrten. Auch die Schriftstellerin Jane Austen kam zu Besuch auf den Ahnensitz ihrer Verwandtschaft, den Leighs, und hat die Abtei in zwei ihrer Romane liebevoll beschrieben. Jeden Mittwoch und Sonntag entführen kostümierte Guides die Besucher in die Romanwelt der berühmten Autorin. Sehenswert sind auch die Kapelle, das mittelalterliche Torhaus und die Stallungen aus der Regency-Zeit.

Ostern bis Okt. Di–Do, So und Feiertage, Besichtigung mit Führung 11.30, 13 und 14.30 Uhr, Park 11–17 Uhr. Tearoom in der Orangerie 10.30–16 Uhr. 8,50 £, Kind 3,50 £, Park 4 £. ✆ 01926/858535, www.stoneleighabbey.org.

Royal Leamington Spa

Der Kurort mit seinen Parks und Gärten am River Leam erlangte erst im 19. Jh. an Bedeutung, als die schon den Römern bekannten Solequellen von der englischen High Society zur Linderung ihrer Wehwehchen genutzt wurden. Zur Unterbringung dieser noblen Besucher wurden Stadthäuser gebaut, die dem Ort bis heute ein gediegenes Aussehen verleihen. Zum Kuren kommt allerdings niemand mehr, die Stadt wird vielmehr für ihre *retail therapy* (Einkaufsmöglichkeiten) geschätzt, in den Royal Pump Rooms and Baths ist jetzt ein Kulturzentrum mit Galerie, Museum und Touristeninformation eingezogen. Nicht nur die Einkaufsstraßen (etwa Parade) laden zum Bummel ein, sondern auch die schönen Grünanlagen, vor allem die Jephson Gardens gegenüber der Royal Pump Rooms mit einem Tropenhaus. Da auch viele Studenten der Universität Warwick hier wohnen, sind die Nächte lebhaft und die Pubs und Bars voll.

Touristeninformation, Di–Fr 10–15 Uhr, Sa 11–16 Uhr, So 11–15 Uhr. Royal Pump Rooms, The Parade, CV32 4AB, ✆ 01926/742762, www.royal-leamington-spa.co.uk.

Zum Klettern oder Sitzen:
Elefant im Jephson Garden

Northamptonshire

Die Grafschaft Northamptonshire wird als „*the country of spires and squires*" bezeichnet. *Spires* (Türme) bezieht sich auf die vielen Kirchen und *squires* (Gutsherr) auf die vielen Lords und Landbesitzer, die sich hier großartige Herrensitze bauten. Zahlreiche Anwesen stehen Besuchern offen, der bekannteste ist Althorp, nordwestlich von Northampton, Familiensitz der Spencers und letzte Ruhestätte von Lady Diana.

Althorp Park: Nach dem Tod Dianas, Prinzessin von Wales, 1997 hat sich der Familiensitz der Spencers zu einem Touristenmekka entwickelt. Rund 150.000 Besucher kommen in den zwei Monaten, die das Haus geöffnet ist, um der „Königin der Herzen" ihren Respekt zu zollen. Sie liegt auf einer bewaldeten Insel in der Mitte eines ovalen Sees begraben, nur einen kurzen Spaziergang vom Haus entfernt. Am anderen Ende des Sees wurde ein Diana-Tempel errichtet. Nachdem jahrelang die Memorabilien Dianas in den Stallungen ausgestellt waren, hat ihr Bruder Charles, der 9. Earl of Spencer, den Diana-Kult auf seinem Anwesen 16 Jahre nach ihrem Unfalltod beendet. Was bleibt, ist ein klassizistischer Landsitz mit einer guten Gemäldesammlung, deren berühmtestes Stück van Dycks Doppelporträt des Grafen von Bristol mit dem Herzog von Bedford ist. Auch Joshua Reynolds war mit den Spencers befreundet, sodass 20 seiner Werke die Wände schmücken – neben Gainsborough, Rubens und Stubbs. Auch die Porzellansammlung ist beachtenswert.

Juli und Aug.: Tägl. 12–17 Uhr. Im Juli findet auch das Literary Festival statt, Anf. September ein Food Festival. Besichtigung nur mit Führung, die Öffnungszeiten bitte auf der Website prüfen. 18,50 £, erm. 16 £, Kind 11 £, Familie 45 £. ✆ 01604/770107, spencerofalthorp.com.

Anfahrt: An der A 428 nordwestlich von Northampton. Busse vom Bahnhof Northampton stündlich (Stagecoach 96).

Sulgrave Manor: Heinrich VIII. verkaufte das Tudoranwesen 1539 an einen Mr Lawrence Washington, dessen Nachfahre George 250 Jahre später erster Präsident der Vereinigten Staaten wurde. Zwangsläufig trifft man hier viele Amerikaner auf den Spuren ihrer Geschichte. Die Washington-Familie lebte hier 120 Jahre lang, bevor Colonel John Washington 1656 nach Virginia umzog.

April bis Okt. nur Sa/So 10–17 Uhr, Aug. tägl. (außer Fr). Besichtigung nur mit Führung. 7,90 £, erm. 7,40 £, Kind 3,60 £, Familie 21 £; nur Garten 3,60 £. ✆ 01295/760205, www.sulgravemanor.org.uk. Anfahrt: An der B 4525 13 km nordöstlich von Banbury.

Kirby Hall: Dieser elisabethanische Landsitz lässt noch immer erahnen, warum er das Juwel der englischen Renaissance genannt wird. Er wurde errichtet von einem Günstling Elisabeths I., Christopher Hatton, der ihr als ausgezeichneter Tänzer aufgefallen war und dann zu ihrem Lord Chancelor aufstieg. Hatton finanzierte Sir Francis Drakes Reisen (der sein Schiff nach dem Wappentier seines Gönners „Golden Hinde" taufte) und trieb sich mit dem Bau von Holdenby House (nur nach vorheriger Vereinbarung zu besichtigen) und Kirby Hall in den Bankrott. So prächtig war das Anwesen, dass auch Jakob I. zu Besuch kam. Die königlichen Gemächer *(state rooms)* und die Great Hall sind intakt, andere Teile des Hauses liegen teilweise in Ruinen; der Garten wurde im Stil des 17. Jh. restauriert.

April bis Sept. Mi–So 10–18 Uhr, Okt. nur bis 17 Uhr, Nov. bis März Sa/So 10–16 Uhr. 6,60 £, erm. 5,90 £, Kind 4 £, Familie 17,20 £. Audiotour. Nahe Kirby Lane, Corby, NN17 3EN, ✆ 01536/203230, www.english-heritage.org.uk. Anfahrt: Seitenstraße der A 43 6 km nordöstlich von Corby. Centre Bus 67.

Coton Manor Gardens: Der Landsitz aus dem 17. Jh. in goldenem Northampton-Sandstein steht im Mittelpunkt dieses wunderschönen Gartens, der in den 1920er-

Jahren geschaffen wurde. Er ergießt sich auf verschiedenen Ebenen vom Haus aus in die Landschaft. Der Kräutergarten, die Wildblumenwiese und die raffiniert gepflanzten, einfarbigen Rabatten sind eine Augenweide. Im Sommer blühen und duften überall die Rosen! Ein weiterer Höhepunkt ist der Water Garden mit seinen Flamingos. Im Frühjahr muss man unbedingt durch die Wälder voller Glockenblumen und Hasenglöckchen (Blue Bells) spazieren.

Ostern bis Sept. Di–Sa 12–17.30 Uhr (letzter Einlass 16.45 Uhr), April/Mai auch So und Feiertage. 7 £, erm. 6,50 £, Kind 2,50 £. Coton (zwischen Northampton und Rugby), Northampton, NN6 8RQ, ✆ 01604/740219, www.cotonmanor.co.uk.

Das Rathaus von Northampton

Bosworth Battlefield Heritage Centre und Country Park: Die Schlacht von Bosworth markiert im Volksverständnis der Briten das Ende der Rosenkriege. Hier trafen am 22. August 1485 die Heere von König Richard III. und Heinrich Tudor aufeinander. Die Schlacht ging für den König verloren, dessen Verbündete untätig blieben oder gar die Seiten wechselten. Richard kam dabei ums Leben (→ Kasten S. 40). Sein Leichnam wurde geschändet, nackt in einem Wirtshaus in Leicester zur Schau gestellt und anschließend in der dortigen Greyfriars Church beerdigt. Mehr als 500 Jahre nach seinem Tod wurden seine Gebeine bei Grabungen auf einem Parkplatz in Leicester entdeckt und an der Fundstelle das King Richard III Visitor Centre errichtet (→ S. 226). Im hiesigen Centre werden die Ereignisse rund um die damalige Schlacht behandelt und darüber hinaus wird gezeigt, mit welchen wissenschaftlichen Methoden man das Schlachtfeld von 1485 lokalisieren konnte und welche archäologischen Funde welche Schlüsse zulassen. Durch den Country Park führt ein Battlefield Trail (2,2 km) mit Erklärungen. Auf der Strecke von Shackerstone via Market Bosworth bis nach Shenton verkehren Dampfzüge (Battlefield Line Railway).

Heritage Centre: Ostern bis Okt. tägl. 10–17 Uhr, im Winter nur bis 16 Uhr. 7,95 £, erm. 7 £, Kind 4,75 £, Familie 17,50–25,75 £. Führungen: 4,50 £, erm. 4 £, Kind 3 £, Familie 10,50–16 £. Battlefield Carpark 2,50 £, Park geöffnet ab 7 Uhr bis 16–20 Uhr, je nach Jahreszeit, Eintritt frei. Tithe Barn Restaurant gleiche Öffnungszeiten wir Heritage Centre. Sutton Cheney, nahe Market Bosworth, Nuneaton, CV13 0AD, ✆ 01455/290429, www.bosworthbattlefield.org.uk. Anfahrt: 13 km von der Ausfahrt 1 der M 69. Bus 153 stündlich von Leicester nach Market Bosworth.

Battlefield Line Railway: März bis Okt. Sa/So 11–17 Uhr, in den Ferien öfter. 10 £, erm. 8 £, Kind 6 £, Familie 28 £. Shackerstone Station, Shackerstone, CV13 6NW, ✆ 01827/881249, www.battlefield-line-railway.co.uk.

Brixworth Church: Wenige Kilometer nördlich von Northampton steht auf einem Hügel die angeblich besterhaltene angelsächsische Kirche des Landes und eventuell älteste Kirche nördlich der Alpen. Die All Saints Church stammt aus dem 7. Jh. und wurde von den Mönchen von Peterborough unter der Regentschaft Offas von Mercia gegründet.

Geöffnet tägl. bis Sonnenuntergang. Brixworth an der A 508 nach Market Harborough. www.friendsofbrixworthchurch.org.uk.

Leicester

Leicester ist ein geschichtsträchtiger Ort, der jedoch dank der deutschen Luftwaffe, falscher Stadtplanung und des Niedergangs seiner Industrien an Charme verloren hat. Seit 2015 ist die Stadt kulturell im Kommen, wovon der Ausbau des Cultural Quarter im Stadtzentrum zeugt.

In der Römerzeit hieß die Stadt Ratae Corieltavorum (auch Ratae Coritanorum), sie wurde dann die Hauptstadt von König Lears Reich und im 8. Jh. Sitz der Bischöfe von East Mercia. Überreste eines römischen Badehauses und andere archäologische Funde aus der Vergangenheit der Stadt sind im **Jewry Wall Museum** zu besichtigen. Dort, wo die Normannen eine Burg errichtet hatten, ist heute ein hübscher Park. Im 13. Jh. führte Simon de Montfort, Namensgeber für eine der beiden Universitäten der Stadt, von hier eine Revolte an; seine Statue schmückt den Uhrenturm im Stadtzentrum. Zum Einkaufen bietet Leicester die größte Markthalle des Landes, in den Gassen (Leicester Lanes) finden sich einige unabhängige Boutiquen und Designershops. Hübsch ist es auch um die St Martin's Cathedral in Nachbarschaft der **Guildhall,** einem Fachwerkhaus aus dem 14. Jh. Dort entstanden ein neues Theater und viele Galerien, die das Herz des **Cultural Quarter** bilden.

Im 20. Jh. machte sich Leicester einen Namen als Stadt für Strumpfwaren, weshalb in den 1970er-Jahren besonders viele Arbeiter aus Indien hierherzogen. Inzwischen rechnet man damit, dass Leicester bald die erste Stadt Englands sein wird, in der ethnische Minderheiten die Mehrheit bilden. Im Oktober kann man das größte hinduistische Lichterfestival (Diwali) außerhalb Indiens erleben. Kulinarisch kann man die Indien-Erfahrung in Leicester auf der pulsierenden Belgrave Road (Golden Mile) beschließen, wo man die authentischsten indischen Restaurants vorfindet. Großbritanniens bekanntester Kartoffelchipshersteller Walkers hat ebenso seinen Sitz in Leicester wie die international erfolgreiche Bekleidungsfirma Next. Der ganze Stolz der Stadt ist aber das Fußball- und Rugby-Team. Die meisten Besucher kommen nach Leicester, um eines der Spitzenspiele im **Walkers Stadium** zu sehen oder aber um die Hauptattraktion der Stadt zu besuchen: das **National Space Centre.** In sechs Ausstellungsbereichen wurde u. a. die Columbus Weltraumstation nachgebaut, wo man erfährt, wie die Astronauten essen, schlafen oder sich erleichtern. Auch eine Kopie der Sojus-T-Weltraumfähre ist zu besichtigen, die die Mannschaft zur Mir-Station brachte.

Beliebter Treffpunkt in der Einkaufszone: Haymarket Memorial Clock Tower

Schlagzeilen machte die Stadt im September 2012 , als Archäologen bei Grabungen auf einem Parkplatz die Gebeine des 1485 in der Schlacht von Bosworth gefallenen **König Richards III** fanden. Das Gelände war zuvor als der ehemalige Standort der zu einem Franziskanerkloster gehörenden zerstörten Greyfriars-Kirche identifiziert worden, in der der geschändete Leichnam des Königs bestattet worden war. 2015 wurden seine sterblichen Überreste nach einwöchigen Feierlichkeiten erneut beigesetzt, diesmal allerdings in der Kathedrale. An der Ausgrabungsstelle wurde das King Richard III Visitor Centre errichtet (s. u.).

Die Midlands → Karte S. 104/105

Basis-Infos

Information **Old Town Information Point**, Mo–Sa 9–17 Uhr. BBC Radio Leicester, Guildhall Lane, LE1 5LB, www.goleicestershire.com.

Visit Leicester Centre, 51 Gallowtree Gate, LE1 5AD. Mo–Sa 10–18 Uhr, So 11–17 Uhr. ✆ 0116/2994444, www.visitleicester.info. Hier ist auch eine Liste mit den Terminen für Stadtführungen erhältlich.

Einkaufen **Leicester Lanes**, hier findet man Designershops, Kunsthandwerksläden und Galerien. Boutiquen haben sich in der **Francis Street** und **Allendale Road** im Stoneygate-Bezirk angesiedelt. Goldschmuck wird auf der **Golden Mile** (Belgrave Road) verkauft. Sie können in Leicester außerdem die größte **Markthalle** Europas besuchen.

Festivals **Diwali**, dieses mehrtägige hinduistische Lichterfest findet am 15. Tag des Hindumonats Kartik zu Neumond statt, was Ende Okt., Anfang Nov. ist (2017: 19. Okt., 2018: 7. Nov., 2019: 27. Okt.). Fast 40.000 Menschen versammeln sich in der Belgrave Road zu Kulturdarbietungen und Feuerwerk. www.visitleicester.info/diwali.

Seit rund 30 Jahren findet am ersten Samstag im August der **Caribbean Carnival** statt. Lateinamerikanische Musik begleitet die bunten Straßenumzüge vom Victoria Park ins Stadtzentrum und wieder zurück. leicestercarnival.com.

Kultur Das **Cultural Quarter** im zentralen Stadtteil St Georges war einst Produktionsstätte für Textilien und Schuhe. Heute sind hier das ultra-moderne **Curve Theatre** von Rafael Vinoly (60 Rutland Street, LE1 1SB, ✆ 0116/2423560, www.curveonline.co.uk), das **Phoenix** mit zwei Leinwänden und 3-D-System (4 Midland Street, LE1 1TG, ✆ 0116/2422800, www.phoenix.org.uk) und das **LCB**, Leicester Creative Business Depot, mit einer Galerie (Mo–Fr 9–17.30 Uhr) und der Refuel Cafe Bar zu finden, wo sich Hunderte von Kreativfirmen niedergelassen haben. Eintritt frei. Ein Audioguide als Download führt durch das Viertel.

Eine weitere Galerie im Viertel ist **Two Queens** (2 Queen Street, LE1 1QW, www.2queens.com).

In der **Fußgängerzone** befinden sich Granite Floorscapes, ins Pflaster eingearbeitete Kunstwerke zur Geschichte der Stadt, sowie Musica Bollards, Säulen mit Licht- und Soundeffekten (cqart.leicester.gov.uk).

Übernachten

→ Karte S. 224/225

*** **Ramada Encore Hotel** **11** Neuestes Hotel in der Innenstadt, moderne Zimmer mit Walk-in-Duschen, Bistro-Restaurant und Bar, DZ ab 65 £. 84–90 Charles Street, LE1 1GE, ✆ 0116/3661050, www.ramada.co.uk.

Hotel Maiyango **6** Boutiquehotel mit 14 schicken Zimmern, die mit handgefertigten Möbeln eingerichtet sind, sowie Restaurant, Cocktail Lounge und Delikatessenladen im Herzen der Stadt. DZ ab 79 £, Suite ab 139 £. 13–21 St Nicholas Place, LE1 4LD, ✆ 0116/2518898, www.maiyango.com.

The City Rooms **13** Familiengeführtes B & B in einem klassizistischen Haus von 1800, das einst als Kursaal diente, weshalb es über einen riesigen Ballsaal im ersten Stock verfügt und häufig von Hochzeitsgesellschaften genutzt wird. Vier luxuriöse Schlafzimmer, kontinentales Frühstück wird auf dem Zimmer serviert. Kinder unter 12 J. frei. DZ ab 80 £. Hotel Street, LE1 5AW, ✆ 0116/2515337, www.thecityrooms.co.uk.

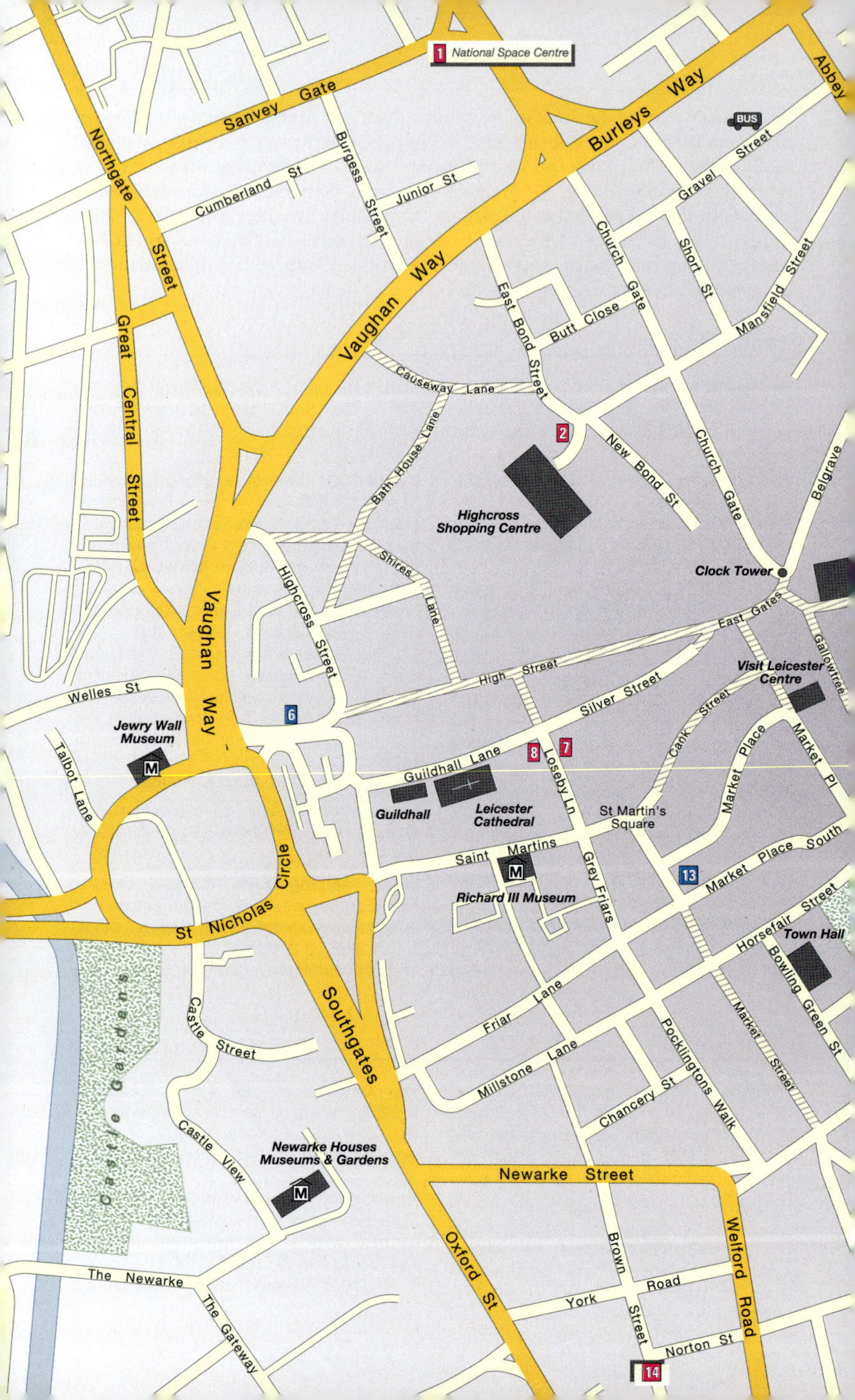
1 National Space Centre
Abbey
BUS
Sanvey Gate
Northgate
Northgate Street
Burleys Way
Cumberland St
Burgess Street
Junior St
Gravel Street
Church Gate
Short St
Mansfield Street
Vaughan Way
East Bond Street
Butt Close
Great Central Street
Causeway Lane
2
New Bond St
Bath House Lane
Highcross Shopping Centre
Belgrave
Clock Tower
Shires Lane
Highcross Street
East Gates
High Street
Visit Leicester Centre
Gallowtree
Welles St
6
Silver Street
Cank Street
Jewry Wall Museum
M
Talbot Lane
Guildhall Lane
8
7
Loseby Ln
Market Place
Market Pl
Guildhall
Leicester Cathedral
St Martin's Square
Saint Martins
Richard III Museum
Grey Friars
13
Market Place South
St Nicholas Circle
Horsefair Street
Town Hall
Bowling Green St
Castle Gardens
Southgates
Friar Lane
Market Street
Castle Street
Millstone Lane
Pocklingtons Walk
Chancery St
Castle View
Newarke Houses Museums & Gardens
Newarke Street
Welford Road
Oxford St
Brown Street
The Newarke
York Road
The Gateway
Norton St
14

Übernachten
6 Hotel Maiyango
11 Ramada Encore Hotel
13 The City Rooms
Essen & Trinken
1 Bobby's Restaurant
2 James Cafe Bistro
3 Altro Mondo
7 Mrs Bridges Tea Room
8 World Peace Cafe
14 Shivalli
Nachtleben
4 The Shed
5 The SoundHouse
9 The Exchange
10 Manhattan 34
12 The Ale Wagon
Golden Mile
Belgrave Gate
St Matthews Way
Wheat St
Gladstone St
Erskine Street
Humberstone Road
Fabrika Art Centre
Haymarket Shopping Centre
Humberstone Gate East
Humberstone Gate
Hq Gallery
Curve Theatre
Southampton Street
Queen Street
Burton Street
St Georges Way
St George's Church
LCB Depot
Halford St
Charles Street
Rutland Street
Colton St
Granby Street
Swain Street
Campbell St
Station St
Bahnhof
Waterloo Way
Wellington Street
New Walk
King Street
S. Albion Street
New Walk Museum & Art Gallery
Leicester
100 m

Essen & Trinken/Nachtleben

→ Karte S. 224/225

Leicester macht sich als Destination für Vegetarier einen Namen, es gibt rund 60 Restaurants, Cafés und Läden für Rohkostfreunde.

Essen & Trinken **Bobby's** 1 Berühmtes indisches Restaurant für Vegetarier, schlicht und gut, die Speisekarte ist allerdings recht verwirrend. Mo–Fr 11–22 Uhr, Sa–So ab 10 Uhr. 154–156 Belgrave Road, LE4 5AT, ✆ 0116/2660106, www.eatatbobbys.com.

››› **Mein Tipp:** **Shivalli** 14 Fabelhaftes Sunday Lunch serviert dieser Inder mit ausschließlich vegetarischer Speisekarte, die 50 Gerichte zur Auswahl hat oder wahlweise ein Buffet. Mo–Fr 12–15 und 18–23 Uhr, Sa 12–23 Uhr, So 12–22 Uhr. 21 Welford Road, LE2 7AD, ✆ 0116/2550137, www.shivallirestaurant.com. ‹‹‹

Altro Mondo 3 Guter familiengeführter Italiener mit Livemusik am Do abends. Di–Sa 12–14 und 18–22.30 Uhr. 10–12 Humberstone Road, LE5 0AR, ✆ 0116/2537567; www.altromondo.co.uk.

World Peace Cafe 8 Vegetarische Küche im Nagarjuna Buddhist Centre nahe der Kathedrale. Guter Lunch in entspannter Umgebung. Fr abends „Meditation and Meal", nach der gemeinsamen Entspannung wird ein vegetarisches 4-Gänge-Mahl serviert. Di–Sa 10.30–16 Uhr. 17 Guildhall Lane, LE1 5FQ, ✆ 0116/2620317, www.meditateinleicester.org.

Mrs Bridges Tea Rooms 7 Frühstück für 6,45 £ und Lunches sowie hausgemachte Kuchen in einem historischen kleinen Tearoom auf zwei Etagen und bei schönem Wetter im Hof. Mo–Do 9–16.30 Uhr, Fr–Sa bis 17 Uhr, So 11–15.30 Uhr. 17 Lowesby Lane, LE1 5DR, ✆ 0116/2623131, mrsbridgestearooms.com.

James Cafe Bistro 2 Beliebtes, witziges Bistro mit immenser Auswahl an britisch-italienischer Küche. Auch Musikabende an manchen Samstagen. Di–Fr 9.30–17 Uhr, Sa 10–22 Uhr. 5 East Bond Street, LE1 4SX, ✆ 0116/2513323.

Nachtleben **Manhattan 34** 10 Cocktailbar im Cultural Quarter, in der regelmäßig Mixology-Kurse stattfinden. Mo–Mi 16–23 Uhr, Do bis 24 Uhr, Fr/Sa 12 bis 1 Uhr. 34 Rutland Street, LE1 1RD, ✆ 0116/2628855, www.manhattan34.com.

The Exchange 9 Gemütliche Bar gegenüber des Curve Theaters mit umfangreichem Programm: Bandauftritte, Poetry und Kunstausstellungen. Auch Snacks, z. B. Frühstückstoast für 1 £. Mo–Do 9–24 Uhr, Fr bis 1 Uhr, Sa 10 bis 1 Uhr, So 12–23 Uhr. 50 Rutland Street, LE1 1RD, ✆ 0116/2513434, www.exchangeleicester.com.

The Ale Wagon 12 Pub im Zentrum mit Real Ale, in dem Beer Festivals stattfinden. 27 Rutland Street, LE1 1RE, ✆ 0116/2623330, www.alewagon.co.uk.

The SoundHouse 5 Leicesters bekanntester Veranstaltungsort für Live-Gigs. Di Open Mic Night ab 19.30 Uhr, die anderen Tage je nach Veranstaltung. So geschl. 28 Southampton Street, LE1 1SJ, ✆ 07710/341982, soundhouseleicester.co.uk.

The Shed 4 In diesem Nachtclub tritt seit 1994 Leicesters musikalischer Nachwuchs auf. 4 £, Fr/Sa 5 £. Mo–Do 19–24 Uhr, Fr/Sa 20–2 Uhr. Drei bis fünf Bands pro Nacht. 5 Yeoman Street, LE1 1UT, ✆ 0116/2622255, www.shedvenuedirect.co.uk.

Sehenswertes

King Richard III Visitor Centre: Auch wenn Shakespeare ihn zum Protagonisten seines Dramas und damit letztlich unsterblich machte – der echte König Richard III. fand einen grausamen Tod. Elf Hieb- oder Stichwunden, wahrscheinlich mit einer Streitaxt zugefügt, ergab die Untersuchung seiner sterblichen Überreste, die 2012 in Leicester gefunden worden waren. Das und vieles mehr erfährt man in der Ausstellung „Richard III: Dynasty, Death and Discovery". Hier geht es um die Geschichte der Rosenkriege, das Leben des letzten Plantagenet-Königs, der gerade mal 26 Monate regiert hatte, sein blutiges Ende in der Schlacht von Bosworth Field 1485 (→ S. 221) sowie – einen Stock höher – um die Entdeckung seiner Gebeine und die aus ihnen gewonnenen wissenschaftlichen Erkenntnisse. 3-D-Drucke seiner Knochen ersetzen das Original, das mit viel Pomp in der Kathedrale 100 m weiter 2015 seine letzte Ruhestätte fand.

Mo–Fr u. So 10–16 Uhr, Sa und Feiertage bis 17 Uhr. 7,95 £, erm. 7 £, Kind 4,75 £, Familie 21,50 £. 4a St Martins, LE1 5DB, ✆ 0300/3000900, kriii.com.

Leicester Cathedral: Die Chorschranke wurde verlegt und eine neue Kapelle, ein neuer Altar sowie ein ultramoderner neuer Bischofsthron geschaffen – alles nur, um im Chorumgang das Grabmal Richards III. zu errichten. Der moderne Sarkophag aus fossilienführendem Swaledalestein aus Yorkshire (passend für den letzten König aus dem Hause York) steht denn auch im Mittelpunkt jedes Kathedralenbesuches. Gelungen ist ebenfalls das Gedenkfenster von Thomas Denny in der angrenzenden St Katherine's Chapel, das Szenen aus dem Leben des Königs zeigt. Das Gotteshaus wurde vor knapp 1000 Jahren von den Normannen als St.-Martins-Kirche gebaut und expandierte über viele Jahrhunderte, bevor man es 1927 zur Kathedrale erhob.

Mo–Sa 10–17 Uhr, So 12.30–14.30. Führungen Mo–Sa 14 Uhr, 5 £. 7 Peacock Lane, LE1 5PZ, ✆ 0116/2615200, leicestercathedral.org.

Guildhall: In einem der besterhaltenen Fachwerkhäuser der Stadt (14. Jh.) am Westende der Kathedrale wird seit der Umbettung Richards III. eine permanente Mittelalterausstellung gezeigt. Erfrischen kann man sich im White Rose Café. Vor der Tür befindet sich die Skulptur „Towards Stillness“ vom amerikanischen Bildhauer Pierce Quintero, die in zwölf Stahlplatten den Tod Richards bis zur Bergung seines Leichnams beschreibt.

Tägl. 11–16.30 Uhr, Eintritt frei. Guildhall Lane, LE1 5FQ, ✆ 0116/2532569, www.leicester.gov.uk/museums.

New Walk Museum and Art Gallery: Leicesters Stadtmuseum von 1849 besteht aus sechs Abteilungen, in denen u. a. eine umfassende Kunstsammlung britischer und europäischer Maler des 16. bis 19. Jh. von William Turner über Edgar Degas und Camille Pissarro gezeigt wird. Die Arts and Crafts Gallery beschäftigt sich vor allem mit dem Architekten Ernest Gimson, der in Leicester geboren wurde. In der Dinosaurier-Abteilung steht der Turlang-Dinosaurier Cetiosaurus im Mittelpunkt, es werden auch einige der ältesten Fossilien der Welt gezeigt sowie ein Stück des Barwell Meteoriten, der aus den Anfängen unseres Sonnensystems vor 4,5 Mrd. Jahren stammt. Es gibt außerdem eine Ägyptische Abteilung und eine Ausstellung deutscher Expressionisten mit Werken von Marc, Kandinsky und Schmidt-Rotluff sowie 150 Picasso-Keramiken aus der Attenborough-Sammlung. Wechselausstellungen aus dem Britischen Museum und dem Victoria & Albert Museum ergänzen das Programm.

Mo–Sa 10–17 Uhr, So ab 11 Uhr, Eintritt frei. 53 New Walk, LE1 7EA, ✆ 0116/2254900, www.leicester.gov.uk/museums.

Jewry Wall Museum: Archäologische Funde geben einen Einblick in das Leben der Menschen vor 5000 Jahren bis zum Mittelalter mit Schwerpunkt auf der Römerzeit. Die Jewry Wall, die dem Museum den Namen gibt, war Teil der römischen Badeanlagen und ist außerordentlich gut erhalten.

Febr. bis Okt. tägl. 11–16.30 Uhr. Eintritt frei. Audiotour. St Nicholas Circle, LE1 4LB, ✆ 0116/2254971, www.leicester.gov.uk/museums.

Newarke Houses Museum & Gardens: Hier geht es in zwei historischen Stadthäusern aus dem 16. Jh. um die Geschichte der Stadt im 20. Jh. und des Royal

Die Midlands → Karte S. 104/105

Leicestershire Regiments. Zimmer bzw. Straßenszenen im Stil der 1950er- bis 1970er-Jahre, ein Kino, eine Spielzeugsammlung von der Tudorzeit bis heute sowie ein Spielplatz machen das Museum zu einer familienfreundlichen Attraktion. Eine Dauerausstellung handelt von Ugandas asiatischer Gemeinde, die 1972 vom Diktator Idi Amin 90 Tage Zeit bekam, um das Land zu verlassen, und überwiegend nach Kanada und Großbritannien auswanderte, vor allem nach Leicester. Der Garten ist in verschiedene Bereiche unterteilt: den Rosengarten mit Sorten aus den Jahren 1650 bis 1850, die Castle Wall Borders, deren Pflanzen mit Mythen, Religion und Vorurteilen assoziiert wurden, und den Apothekengarten.

Mo–Sa 10–17 Uhr, So ab 11 Uhr. Eintritt frei. The Newarke, LE2 7BY, ✆ 0116/2254980, www.leicester.gov.uk/museums.

National Space Centre: Sechs interaktive Ausstellungsbereiche mit mehr als 150 möglichen Experimenten warten auf kleine und große Entdecker unseres Universums und seiner Planeten. Die Highlights sind der 42 m hohe Rocket Tower, wo in einem alten Kino der erste Science-Fiction-Film gezeigt wird, man sich in Juri Gagarin verwandeln und mit der Vostok-Kapsel ins All fliegen oder als Pilot der Eagle auf dem Mond landen kann. Das Sir Patrick Moore Planetarium entführt Besucher auf eine 360-Grad-Reise durch das Sonnensystem. Im Bereich „Exploring the Universe" erhält man Einblick in die Forschung nach außerirdischer Intelligenz, reist durch ein Wurmloch oder beobachtet den Big Bang. Im Space Theatre laufen Filme über unsere Galaxie und im Weltraumsimulator Human Spaceflight kann man ein Astronautentraining für die Mondbasisstation 2025 absolvieren oder den Moon Walk erlernen.

Di–Fr 10–16 Uhr, Sa/So bis 17 Uhr, während der Schulferien tägl. 10–18 Uhr. 14 £, erm. 11 £. Parken 3 £. Exploration Drive, LE4 5NS, ✆ 0845/6052001 (Info-Hotline), ✆ 0116/2610261, www.spacecentre.co.uk. Anfahrt: 3 km nördlich des Stadtzentrums mit Bus 54 vom Bahnhof.

Abbey Pumping Station: Leicesters Museum für Wissenschaft und Technologie befindet sich neben dem National Space Centre. Besonders populär sind die Steam Days, wenn drei alte Dampfmaschinen in Betrieb sind. Die Pumpstation schloss 1964.

Febr. bis Okt. tägl. 11–16.30 Uhr. Eintritt frei. Old Corporation Road, LE4 5PX, ✆ 01160/2995111, www.leicester.gov.uk/museums.

Umgebung von Leicester

Die Umgebung von Leicester ist landschaftlich sehr reizvoll, weshalb schon **Thomas Cook,** der Urvater des Massentourismus, hier seine erste organisierte „Reise" 1841 unternahm: Es ging von Leicester nach Loughborough und zurück (eine Distanz von 48 km).

Ashby de la Zouch und der National Forest

Das ehrgeizigste Umweltprojekt des Landes lässt aus dem ehemaligen Kohlerevier nordwestlich von Leicester ein Wald- und Erholungsgebiet auf 520 km² entstehen. Bis 2012 wurden bereits 8 Mio. Bäume gepflanzt, insgesamt sollen es rund 30 Mio. werden, außerdem werden mehr als 1000 km Wanderwege und Fahrradrouten angelegt. Mitten in diesem Gebiet liegen das Dörfchen Ashby de la Zouch und die besterhaltene Normannenburg Großbritanniens.

Ashby de la Zouch Castle: Die Burg geht auf ein befestigtes Landhaus aus dem 12. Jh. zurück, das von Alain de Parrhoet la Zouch aus der Bretagne gebaut wurde. Das Gut wechselte häufig den Besitzer und fiel im 15. Jh. an die Krone, nachdem der Eigentümer aus dem Hause Lancaster im Rosenkrieg sein Leben ließ. Nach einigen Jahren schenkte es König Edward IV. seinem Gefolgsmann William Lord Hastings, der es zur Burg ausbaute. Nach ihm ist der 24 m hohe Turm benannt, den man besteigen kann. Hastings ließ auch eine Kapelle errichten, in der ein Triptychon von Hans Memling erhalten ist. Es zeigt Lord Hastings Schwester Elizabeth und ihren Mann Sir John Donne zu beiden Seiten der Jungfrau Maria mit Kind. Die Kapelle wird bis heute als Familiengruft genutzt. 1569 war Mary Queen of Scots während ihrer Gefangenschaft hier eine Zeit lang eingesperrt, bevor sie im Februar 1587 in Fotheringhay in Northamptonshire ihr Ende fand. Wie so viele Burgen im Land wurde auch Ashby de la Zouch im Bürgerkrieg geschleift. Die Burgruine bildete die Kulisse für Sir Walter Scotts Ritterroman „Ivanhoe" und erlangte so touristische Aufmerksamkeit.

Sharpe's Pottery Museum: Von kunstvollen Keramikobjekten bis hin zu Kloschüsseln reichte die Produktion dieser Töpferei in Swadlincote (8 km nordwestlich von Ashby de la Zouch), die jüngst als Touristenattraktion gestaltet und mit einer National-Forest-Ausstellung, einem Coffee Shop und einer neuen Ausstellung zum Thema „A Toilet Story" ausgebaut wurde. Es finden auch Workshops statt, bei denen man sich am Ton austoben kann.

Melbourne Hall and Gardens: Der überschaubare Landsitz war im 19. Jh. das Zuhause des Premierministers William Lamb, 2. Viscount Melbourne, der auch der australischen Stadt ihren Namen gab. Entstanden ist das Gut aus einem Palast, der einst den Bischöfen von Carlisle gehörte, bis er im 17. Jh. umgebaut wurde und in die Hände eines Architekten geriet, der einen wunderschönen Garten anlegte. Das Esszimmer ist mit herrlichen Holzpaneelen verkleidet, um den Mahagonitisch stehen Stühle aus Walnussholz (17. Jh.). In der Bibliothek gibt es neben vielen historischen Büchern auch ein Cembalo. Der Garten aus dem 18. Jh. ist von der jetzigen Hausherrin erweitert worden, ein Spazierweg führt durch das Gelände entlang des Mühlenteichs, über kleine Brücken und Wildblumenwiesen. Derzeit ist Melbourne Hall von Lord und Lady Ralph Kerr und ihren Kindern bewohnt.

Information **Touristeninformation in Ashby de la Zouch**, Mo–Fr 10–17 Uhr, Sa bis 13 Uhr. North Street, Ashby de la Zouch, LE65 1HU, ✆ 01530/411767, www.goleicestershire.com, www.nationalforest.org.

Touristeninformation in der Töpferei, geöffnet wie das Museum, ✆ 01283/222848.

Conkers, Heart of the National Forest Visitor Centre mit unzähligen Indoor- und Outdoor Aktivitäten, etwa das Hi Ropes Adventure, Sommer 10–18 Uhr, Winter bis 17 Uhr. 9,05 £, erm. 7,51 £, Kind 7,23 £. Rowdan Road (B586), Moira, DE12 6GA, ✆ 01283/216633, www.visit.conkers.com.

Rundfahrten **The National Forest Hopper**, Arriva Bus 9a fährt Mo–Sa jede Stunde von Leicester bis Burton-upon-Trent an den wichtigsten Attraktionen des National Forest wie Ashby de la Zouch, Moira Furnace und Sharpe's Pottery vorbei. www.nationalforestbybus.co.uk.

Sehenswertes **Castle**: Ende März bis Sept. Mi–So 10–18 Uhr, Okt. bis 17 Uhr, Nov.–März Sa–So 10–16 Uhr, in den Ferien tägl. 5,10 £, erm. 4,60 £, Kind 3 £, Familie 13,20 £, inkl. Audiotour. South Street, Ashby de la Zouch, LE65 1BR, ✆ 01530/413343, www.english-heritage.org.uk.

Sharpe's Pottery Museum: Tägl. (außer So) 10–16.30 Uhr. Eintritt frei; Führungen letzter Mi des Monats, 4,50 £ mit Erfrischungen. West Street, Swadlincote, DE11 9DG, ✆ 01283/222600, www.sharpespotterymuseum.org.uk.

Melbourne Hall and Gardens: Haus Aug. tägl. außer Mo 14.15–16.15 Uhr, Di–Do nur mit Führung. Fr–So 14–16.15 Uhr ohne Führung. 7 £, erm. 6 £, Kind 5 £. Gärten

Die Midlands → Karte S. 104/105

April bis Sept. Mi und Sa/So und wenn das Haus geöffnet ist, 13.30–17.30 Uhr, nur Gärten 5 £, erm. 4 £; Besucherzentrum und Tearoom. Church Spuare, Melbourne, Derbyshire DE73 8EN, ✆ 01332/862502, www.melbournehall.com.

Übernachten **YHA National Forest**. Umweltfreundlicher Neubau, 83 Betten in 2- bis 4-Bett-Zimmern, (neun DZ, 23 Familienzimmer), ab 13 £, Privatzimmer ab 69 £. 48 Bath Lane, Moira, Swadlincote, DE12 6BD, ✆ 0845/3719672, www.yha.org.uk. ■

Log Cabins (hölzerne Chalets) im **Rosliston Forestry Centre**, mind. vier Nächte, Chalets für 4–10 Pers. Ab 590 £ je Woche. Burton Road, Rosliston, Swadlincote, Derbyshire, DE12 8JX, ✆ 01283/519119, www.roslistonforestlodges.co.uk.

Melton Mowbray

Das jährliche East Midlands Food Festival macht aus Melton Leicestershires kulinarische Hauptstadt. Die kleine, sonst wenig aufregende Marktstadt liegt im Vale of Belvoir, was so viel wie „schöne Aussicht" heißt, und verfügt über ein gleichnamiges Castle. Aus Melton stammt der berühmte Stilton-Käse, ein legendärer und geruchsintensiver Schimmelkäse, der landestypisch mit Portwein verzehrt wird. Der Ort ist auch Heimat der Melton Mowbrays Pork Pies (seit 1851), die von der EU als regionale Spezialität anerkannt wurden. Im Stadtzentrum steht das Anne of Cleve's House, das Heinrich VIII. seiner geschiedenen Frau (Nummer 4) schenkte. Das mittelalterliche Gebäude von 1384 dient heute als Pub.

Hier bekommt man die berühmtesten Pasteten

Information www.melton.gov.uk/tourism.

Einkaufen **Ye Olde Pork Pie Shoppe**, aka Dickinson & Morris tägl. (außer So) 8–17 Uhr. 10 Nottingham Street, Melton Mowbray, LE13 1NW, ✆ 01164/482068, www.porkpie.co.uk.

The Melton Cheeseboard, zu den 150 Käsesorten, die hier verkauft werden, zählt auch der Stilton von der Long Clawson Dairy 5 Meilen entfernt. So Ruhetag. 8 Windsor Street, LE13 1BU, ✆ 01664/562257; meltoncheeseboard.co.uk.

The Parish Brew produziert das stärkste Ale der Welt mit 23 % Alkoholgehalt, Baz's Super Brew. Führungen Sa 12–14 Uhr. 6 Main Street, Burrough On the Hill, Melton Mowbray, LE14 2JQ.

Rutland Water

Dieser größte künstliche See Europas (1254 ha) südlich des hübschen Marktstädtchens Oakham liegt in Englands kleinster Grafschaft Rutland und ist ein Naturreservat, das als Überwinterungsplatz für Gänsevögel und Brutstätte für Fischadler

Der größte Stausee Englands: Rutland Water

Die Midlands → Karte S. 104/105

dient. Er wurde 1970 angelegt und eignet sich gut für Aktivitäten wie Radfahren, Bootstouren, Angeln oder Wandern. Eine 100 km lange Wanderstrecke führt einmal um das Gewässer herum. Am südlichen Ufer ist die normannische Kirche bei Normanton ein beliebtes Fotomotiv, nördlich des Sees sollten sich Gartenliebhaber unbedingt die **Barnsdale Gardens** ansehen, 38 Schaugärten, deren Existenz Geoff Hamiltons BBC-Gartenshow zu verdanken ist.

Information **The Lyndon Visitor Centre**, tägl. 9–17 Uhr, in den Ferien bis 20 Uhr, im Winter nur Sa/So 10–16 Uhr. 6,65 £, erm. 4,45 £, Kind 3,30 £, Familie 15,45 £. Egleton, Oakham, Rutland, LE15 8BT, ✆ 01572/737378, www.rutlandwater.org.uk.

Rutland Water Visitor Centre, April bis Okt. tägl. 10–16 Uhr, im Winter Sa–Di und Do 10–16 Uhr. Sykes Lane, Empingham, Oakham, LE15 8PX, ✆ 01780/686800, www.anglianwater.co.uk/leisure/water-parks/rutland/.

Anglian Water Birdwatching Centre, tägl. 9–17 Uhr, Nov. bis April bis 16 Uhr. Egleton, Oakham, Rutland LE15 8BT, ✆ 01572/770651, www.rutlandwater.org.uk/visitor-centres.

Aktivitäten **Outdoor Adventure Rutland**, Rock Climbing, Fahrradverleih, High-Ropes-Kurse; www.rockblok.com.

Rutland Cycling, ab 14,99 £ für 2 Std., 22,99 £/Tag; Whitwell Main Centre (Nordküste) und Normanton (Südküste), ✆ 0330/5550080, www.rutlandcycling.com.

Rutland Sailing School, Gibbet Lane, Edith Weston, Oakham, LE15 8HJ, ✆ 01780/721999, www.rutlandsailingschool.co.uk.

Bootsfahrten auf der Rutland Belle, März-Okt., ab 12 oder 13 Uhr, Abfahrt Whitwell North Shore, ✆ 01572/787630, rutlandwatercruises.com.

Fishing, Kurse bietet **Rutland Water Fishing**, The Old Post Office, 18 King Edward's Way, Oakham, Rutland, LE15 8EZ, ✆ 01780/722466, www.rutlandflyfishing.com.

Sehenswertes **Barnsdale Gardens:** Gärten u. Gartencentre: März bis Mai und Sept. bis Okt. 9–17 Uhr, Juni bis Aug. bis 19 Uhr, Nov. bis Febr. 10–16 Uhr, Tea Rooms: März bis Mai und Sept. bis Okt. 9 bis 16.30 Uhr, Juni bis Aug. bis 18.30 Uhr, Nov. bis Febr. 10–15.30 Uhr. 8 £, erm. 7 £, Kind 4 £, Familie 23 £. The Avenue, Exton, Oakham, Rutland, LE15 8AH. www.barnsdalegardens.co.uk.

Eine der schönsten Straßen des Landes: The Strait am Fuße von Steep Hill

Lincoln

Unter den Römern hieß die Stadt „Lindum Colonia". Das Nordtor, heute Newport Arch genannt, ist das einzige sichtbare Überbleibsel aus dieser Zeit. Mittelalterliche kopfsteingepflasterte Gassen bahnen sich ihren Weg hinauf zur imposanten Kathedrale. Unterhalb des alten Stadtkerns liegt der modernere Teil Lincolns mit seinem Einkaufsviertel.

Während der Hauptgeschäftszeit scheint die gesamte Bevölkerung in der Fußgängerzone der High Street unterwegs zu sein. Zu jeder halben Stunde wird das geschäftige Treiben vom Geläut der **Kathedrale** übertönt, einer der größten des Landes, die für die Hollywood-Verfilmung von Dan Browns „The Da Vinci Code – Sakrileg" mit Tom Hanks die Westminster Cathedral in London spielen durfte. Nur einen Katzensprung entfernt befinden sich die Reste der **Burg** mit ihrem neuen Magna-Carta-Museum. Vom Observatory Tower, einem nachträglich erbauten Eckturm, hat man einen sagenhaften Ausblick auf die flache Landschaft von Lincolnshire. Sehenswert ist die Altstadt um die Kathedrale, z. B. die alten Häuser am **Steep Hill.** Die High Street führt durch das südliche Stadttor Stonebow hinunter zur Guildhall (Rathaus) und zur **High Bridge,** der ältesten überbauten Brücke Englands. Bailgate ist ebenfalls eine besonders attraktive alte Straße, die zum **Newport Arch** führt, einem Römertor.

Die Geschichte von Lincoln beginnt am Brayford Pool, einem natürlichen Hafen am Fluss Witham, wo sich die Eisenzeitsiedlung Lindum befand. Die Römer bauten in dieser strategisch gut gelegenen Bucht bereits im Jahr 48 n. Chr. eine Garnison und machten sie später zur Colonia. Unter den Wikingern wurde Lincoln zu einem bedeutenden Handelszentrum. Die Normannen errichteten schon zwei Jahre nach der Eroberung die große Burg und vier Jahre später die Kathedrale. Im frühen Mittelalter entwickelte sich die Stadt zu einem Zentrum der Wollverarbeitung und zu einem der wichtigsten Häfen Englands für Textilexporte. Die Stadt war berühmt für ihr Lincoln Green, grünen Stoff, in den sich angeblich auch Robin Hood gewandete.

Das Städtchen ist quasi zweigeteilt: Die „bessere" Gegend sind die Teile der Stadt, die sich auf dem Hügel (Up Hill) befinden, wo die meisten historischen Sehenswürdigkeiten stehen. In den Niederungen (Down Hill) wohnten ab dem 19. Jh., als Lincoln zu einem Zentrum des Maschinenbaus geworden war, die Arbeiterfamilien. Wem die Steigung zwischen Unter- und Oberstadt zum Laufen zu steil ist, der kann sich auch mit dem Walk-&-Ride-Bus von der High Street zum Castle Hill fahren lassen (alle 10 Min.). Oder Sie sammeln am Fluss Wigham an der **Brayford Waterfront** mit wunderbarem Blick auf die Kathedrale Kräfte; hier lässt es sich auch gut dinieren oder Boot fahren. Landesweit berühmte Spezialitäten sind die Lincolnshire Sausages (Würste) und Käsesorten wie der Lincoln Poacher oder der Cote Hill, den Sie bei Elite Meat (89 Bailgate, www.elitemeats.co.uk) oder bei Comestibles (82 Bailgate) probieren können. Sweet Plum Bread (süßes Pflaumenbrot) und Chutneys stammen ebenfalls von hier.

Kulturinteressierte können in der **Drill Hall** Konzerte, Theateraufführungen, Literaturabende und Bierfestivals erleben. Im Museum **The Collection** kommen Freunde der Archäologie auf ihre Kosten, darin eingebettet wurde die **Usher Gallery,** wo Klassiker der Moderne zu sehen sind.

Die Midlands → Karte S. 104/105

Basis-Infos

→ Karte S. 235

Information **Tourist Information Centre**, im Leigh Pemberton Fachwerkhouse aus dem 16. Jh. Mo–Sa 10–17 Uhr, So 10.30–16 Uhr. 9 Castle Hill, Lincoln, Lincolnshire LN1 3AA, ✆ 01522/545458, www.visitlincolnshire.com oder www.lincoln.gov.uk. Kostenloser Veranstaltungsführer Lincoln Live Guide, Zimmervermittlung, Liste der Übernachtungsmöglichkeiten (Where to stay).

Verbindungen **Bus** – Fernbusse halten an der City Bus Station gegenüber vom Hauptbahnhof. Von hier aus bestehen Verbindungen nach Leeds, Bristol, London, Yorkshire und Peterborough. www.lincsbus.info.

Bahn – Der Hauptbahnhof befindet sich in der St Mary's Street. Zwei Züge fahren stündlich über Newark-on-Trent (umsteigen) nach London King's Cross. Alle zwei Stunden fahren Züge nach Doncaster, von wo man nach York weiterreisen kann.

Walk & Ride – Mo–Sa 9.10–14.47 und 16.10-17.22 Uhr fährt ein Shuttlebus seine Runde, von den Parkplätzen, über Bahnhof und Busterminal durch die Innenstadt. Tagesticket Hop on/Hop off: 3 £, Kind 1,60 £.

Einkaufen Individuelle Boutiquen und Shops finden sich nördlich der Kathedrale und des Castle im Bailgate. Vor allen Dingen Gourmets kommen unterhalb der beiden Hauptsehenswürdigkeiten auf ihre Kosten:

Goodies **16** Süßwarenladen mit 300 Sorten Bonbons und Schokoladen, Mo–Sa 10.30–17 Uhr, So 13–16 Uhr (März bis Dez.). 5 The Straight, LN2 1JD, ✆ 01522/525307, www.goodiessweets.co.uk.

The Cheese Society **19** Käseladen und -café mit riesigem Sortiment und käselastigen Gerichten. Tägl. (außer So) 10–16.30 Uhr, Sa bis 17 Uhr. 1 St Martin's Lane, LN1 1HY, www.thecheesesociety.co.uk.

Individuelle Läden und Lokale finden sich am Bailgate, etwa **The Ice Cream Parlour** **12**, wo die Dennett-Familie seit 75 Jahren Eis herstellt (3 Bailgate, LN1 3AE, Ostern bis Dez. 11 Uhr bis Sonnenuntergang, Jan. bis Ostern Fr–So 11–17.30 Uhr, www.dennetts.co.uk/ice-cream-parlour-in-lincoln), oder **The Whisky Shop** **5** Mo–Sa 10–17 Uhr, Ostern bis Weihnachten auch So 11–15 Uhr, 87 Bailgate, www.lincolnwhiskyshop.co.uk.

The Shambles 7 am Westgate Nr. 4 verkauft Antiquitäten. LN1 3AS, ✆ 01522/548854.

Hemswell Antique Centres 2 Eine von Europas größten Antiquitätenhallen. Tägl. 10–17 Uhr, Caenby Corner Estate, Hemswell Cliff, Gainsborough, DN21 5TJ, ✆ 01427/668389, www.hemswell-antiques.com.

Kino **Odeon**, Brayford Wharf North, LN1 1YS, ✆ 01522/5222555 oder 0871/2244007, www.odeon.co.uk.

Weniger Mainstream ist **The Venue** in der Bishop Grosseteste University, 10 Min. vom Bailgate zu Fuß. Longdales Road, LN1 3DY, www.thevenuelincoln.co.uk.

Märkte Der Lincoln **Christmas Market** zieht jedes Jahr Zehntausende Besucher an. Er findet an einem langen Wochenende Anfang Dez. statt und erstreckt sich um die Kathedrale und die Burg.

Farmers' Market jeden ersten Fr im Monat am City Square, jeden zweiten Mitwoch im Monat in der High Street und jeden dritten Sa im Monat am Castle Hill, 9–16 Uhr.

Artist's Market jeden ersten Samstag im Monat am Castle Hill, jeden dritten Samstag im Monat **Antiques Fair** am Castle Hill.

Aktivitäten/Kultur

Bootsfahrten **Brayford Belle Boat Trips**. Bootsausflüge Ostern bis Mitte Okt. tägl. 11, 12.15, 13.30, 14.45 und 15.45 Uhr, Okt. nur Sa/So. 7 £, erm. 6 £, Kind 4 £, Familie 19 £. Brayford Wharf North, LN1 1YX, (Lucy Tower Street hinter dem Restaurant Wagamama), ✆ 01522/881200 oder 07947/546511, www.lincolnboattrips.com.

Fahrradverleih- und touren: **hirebikes** stellt stadtweit 100 Fahrräder an vier Stationen zur Verfügung. Nach Anmeldung (wählen Sie die *casual membership*) kostet die Stunde 2 £, der Tag 5 £. www.hirebikelincoln.co.uk.

Kultur **New Theatre Royal** ist die Bühne für Dramen, Pantomime und Opern. Clasketgate, LN2 1JJ, ✆ 01522/519999, www.newtheatreroyallincoln.co.uk.

Lincoln Drill Hall. Veranstaltungs- und Kunstzentrum der Gemeinde: Jazz, Theater, Comedy, Dance und ein gutes Café, wo samstags 12–14 Uhr Live-Sessions stattfinden und am letzten Mittwoch des Monats meist Akkustik-Gitarre gespielt wird (www.lincolndrillhall.com/your-visit/food-drink). Free School Lane, LN2 1EY, ✆ 01522/873894, www.lincolndrillhall.com.

Lincoln Performing Arts Centre (LPAC), Veranstaltungskomplex auf dem Universitätsgelände. Drama, Comedy, Ballett und zeitgenössischer Tanz. Brayford Pool, LN6 7TS, ✆ 01522/837600, www.lpac.co.uk.

Stadtrundgänge In der Touristeninformation kann man sich mit Infomaterial eindecken, anhand dessen man die Stadt auf eigene Faust durchqueren kann.

Im Juli und Aug. tägl., im Juni, Sept. und Okt. nur Sa und So um 11 Uhr vor dem Visitor Information Center beginnende Stadtführungen. 4 £, Kinder unter 12 J. frei. ✆ 01522/521256, www.visitlincoln.com/things-to-do/guided-tours oder www.lincolnguidedtours.co.uk.

Ghostwalks starten ganzjährig Mi bis Sa um 19 Uhr am Magna Carta Pub. 5 £, Kinder unter 12 J. 3 £. ✆ 01673/857574, www.lincolnghostwalks.co.uk.

Darüber hinaus gibt es jeden Sa um 9.30 Uhr Photowalks, auf denen die besten Motive der Stadt unter Anleitung geknippst werden können. 10 £. www.visitlincoln.com/things-to-do/historic-lincoln-photo-walks, ✆ 01522/246646. Photowalks durch die Kathedrale kosten 20 £, die Termine finden Sie unter www.through-the-lens.co.uk/lincoln-cathedral-photowalk und lincolncathedral.com/visit-us/cathedral-tours.

Im Internet kann man vier **Stadtspaziergänge** zu verschiedenen Themen herunterladen: „Roman Trail" (Römer), „Aviation Trail" (Fliegerei), „Boole Trail" (George Boole, Vater der modernen Algebra) und „1217 Battle of Lincoln Trail" (Schlacht von Lincoln). Kindern macht der „Mystery Treasure Trail", eine Art Schatzsuche, Spaß (gibt es in der Touristeninformation für 6,99 £). www.visitlincoln.com/trails.

Jogging Enthusiasten und **Fahrradfreunde** können dem **Spire And Steeples Art and Heritage Trail** von der Lincoln Kathedrale 26 Meilen (42 km) bis nach Sleaford folgen, wo der Weg am **National Centre of Craft and Design (NCCD)** endet (www.nationalcraftanddesign.org.uk).

Übernachten
3 The Old Bakery Rest. with Rooms
4 St Clements Lodge
8 Castle Hotel
10 Cathedral View Guest House
15 The Poplars
23 Hartsholme Country Park Campsite

Essen & Trinken
1 Burton Road Chippy
3 The Old Bakery Rest. with Rooms
6 The Bronze Pig
9 The Victoria Pub
11 Café Zoot
12 The Ice Cream Parlour
13 Browns Restaurant & Pie Shop
14 Wig and Mitre
17 Harbour Lights
19 The Cheese Society
20 The Barge on the Brayford
21 Stokes High Bridge Café

Nachtleben
18 Lola Lo
22 The Engine Shed

Einkaufen
2 Hemswell Antique Centres
5 The Whisky Shop
7 The Shambles
16 Goodies
19 The Cheese Society

Tour Lincoln. Open-Top-Busse mit Live-Kommentar (engl.) halten an elf Stellen, März bis Okt. Sa/So und Feiertage, Juni/Sept. tägl. 10–15 Uhr ab Kathedrale. 10 £, Student 8 £, bis zu 2 Kinder unter 16 J. frei, sonst 4 £. www.visitlincoln.com/things-to-do/bus-tour-lincoln.

Veranstaltungen Im Tourist Office ist der kostenlose Veranstaltungskalender Major Events erhältlich. Darin findet man die wichtigsten Ausstellungen, Festivals und sportlichen Veranstaltungen.

Im Mai gibt es die **Lincolnshire Jazz Week,** Ende Juni verheißt die **Lincolnshire Show** ein landwirtschaftliches Volksfest mit Jahrmarkt, www.lincolnshireshow.co.uk. Einem einzigen Produkt huldigt das **Lincoln Sausage Festival** im Oktober.

Ein Stand im Central Market

Übernachten/Essen & Trinken

→ Karte S. 235

Übernachten Viele B & Bs befinden sich in der Carline Road, der Yarborough Road und der West Parade. In der Touristeninformation gibt es eine Broschüre, in der auch Hotels verzeichnet sind.

Castle Hotel **8** Gleich gegenüber der Touristeninformation, restauriertes Schulgebäude aus dem 19. Jh., sehr modern und bequem. 18 Zimmer und ein 5-Sterne-Apartment für 4 Pers. EZ 90-100 £, DZ 100-130 £, inkl. Frühstück. Selbstversorger im Cottage bis zu 4 Pers. 230 £. Außergewöhnlich gutes Restaurant. Westgate, LN1 3AS, ✆ 01522/538801, www.castlehotel.net.

The Old Bakery Restaurant with Rooms **3** In der historischen Oberstadt unweit des Castle. Übernachtung mit Dinner empfohlen. Eines der besten Restaurants der Stadt! Zwei der drei Zimmer, die modern und in erdigen Tönen gehalten sind, haben ein eigenes Bad. DZ ab 75/80 £ inkl. Frühstück. 26–28 Burton Road, LN1 3LB, ✆ 01522/576057 oder 0845/2051172, www.theold-bakery.co.uk.

Cathedral View Guest House **10** Das 700 Jahre alte Haus bietet einen freundlichen Empfang und eine Unterkunft mit Atmosphäre (niedrige Decken, Balken und knarrende Dielen), die meisten der sieben Zimmer haben Blick auf die Kathedrale. Achtung, nur recht kleine Doppelbetten! Sehr gutes Frühstück. Parkplatz kostenfrei, besser vorher reservieren. B & B DZ ab 80 £. 6 East Gate, LN2 1QA, ✆ 01522/537469, cathedralviewlincoln.co.uk.

The Poplars **15** Günstig, sauber und ruhig liegt diese Pension nur 5 Min. vom Cathedral Quarter entfernt. Sie bietet sechs Zimmer mit oder ohne Bad. Wer wenig Wert auf Platz und Schnickschnack legt, gerne nett empfangen wird und einen steilen Hang meistert, ist hier richtig. B & B EZ ohne Bad 40 £, mit Bad 50 £, DZ ohne Bad 45–50 £, mit Bad 55–60 £. Frühstücksbuffet zur Selbstbedienung. Beaumont Fee, LN1 1EZ, ✆ 01522/510170 oder ✆ 07392/432425, www.thepoplarslincoln.co.uk.

››› Mein Tipp: **** **St Clements Lodge** **4** Janet und Bill Turner bieten ausgesprochen gepflegte und geschmackvolle Zimmer gleich hinter der Kathedrale. B & B EZ 70 £, DZ 85–90 £. Nur Barzahlung oder Scheck,

10 £ Anzahlung. 21 Langworth Gate, LN24 4AD, ✆ 01522/521532, www.stclementslodge.co.uk. «««

Camping *** **Hartsholme Country Park Campsite** 23 Rund 5 km südwestlich des Bahnhofs liegt dieser Country Park. Zu erreichen mit dem Bus R66 in Richtung Birchwood Estate. Geöffnet März bis Okt. 26 Plätze für Wohnwagen, acht Zeltstellplatz für 2 Pers. 14–19 £, Einpersonenzelt 10 £, Pods 35 £. Skellingthorpe Road, LN6 0EY, ✆ 01522/873578, www.lincoln.gov.uk/visitor-and-leisure/parks-and-open-spaces/hartsholme-country-park/hartsholme-country-park-campsite.

Die Midlands → Karte S. 104/105

Essen & Trinken/Nachtleben

→ Karte S. 235

Essen & Trinken Auf dem oberen Teil der High Street, dem Steep Hill, Straite und der Bailgate befinden sich einige gemütliche Tearooms, wo exzellenter Kaffee, leckere Obsttorten und deftige Mittagessen serviert werden.

The Old Bakery 3 → Übernachten.

»»» **Mein Tipp: The Bronze Pig** 6 Kleines Restaurant mit Delikatessenladen, das Menü wechselt je nachdem, welche Zutaten der Region frisch zu bekommen sind, wöchentlich oder öfter. Man kann den Köchen Eamonn (Ire) und Pompeo (Italiener) in der Küche zusehen. Nur Mi–Sa abends sowie Sa mittags. 4 Burton Road, LN1 3LB, ✆ 01522/524817, www.thebronzepig.co.uk. «««

The Barge on the Brayford 20 Essen auf dem Boot oder dem Ponton. Im urigen Restaurant unter Deck gibt es vor allem Fisch und Seafood (Fischplatten 25–50 £). Die Meal Deals zum Lunch sind erstaunlich günstig (9,95 £). Abends auch Bar. Tägl. ab 11 Uhr. Braysford Waterfront North, LN1 1YW, ✆ 01522/511448, www.bargeonthebrayford.com.

Café Zoot 11 In elegantem Ambiente wird auf zwei Etagen vom Champagnerfrühstück über Snacks bis zum italienisch inspirierten Dinner viel Köstliches serviert. Die Preise für ein Hautgericht liegen zwischen 10–20 £. Tägl. ab 8.30 Uhr bis spät. 5 Bailgate, LN1 3AE, ✆ 01522/536663, www.cafezoot.co.uk.

Pub am River Witham

Stokes High Bridge Café 21 Das ansehnliche Fachwerkhaus wurde 1540 auf einer Brücke errichtet, die aus dem frühen 12. Jh. stammt. Serviert wird im ersten und zweiten Stockwerk. Das schwarze Fachwerk und die kleinen Räume verbreiten eine urige Atmosphäre. Auf der Speisekarte steht alles, was zur traditionellen Teatime gehört: vom Mug of Coffee über Eis bis zu diversen Afternoon Tea Specials (21,90 £ für 2 Pers.). Die täglich wechselnden Lunch-Gerichte sind preisgünstig und lecker. Mo–Sa 8–17 Uhr, So 11.30–16 Uhr. 207 High Street, ✆ 01522/513825, www.stokes-coffee.co.uk.

Browns Restaurant & Pie Shop 13 Ultimativ englisches Restaurant in einem schönen Fachwerkhaus mit Kellergewölbe. Spezialität sind Pasteten von Wild, Lamm oder Hase (8,95–12,95 £). Mo–Sa 12–14.30 und 17 bis 21.30 Uhr, So 12–20.30 Uhr. 33 Steep Hill, LN2 1LU. ✆ 01522/527330, www.brownspieshop.co.uk.

Wig and Mitre 14 Pub in einem Gebäude aus dem 14. Jh. Während man unten preisgünstige Menüs und von 10–18 Uhr sogar klassischen Afternoon Tea bekommt, ist das Restaurant im Obergeschoss etwas teurer. Mo–Sa 8.30–24 Uhr (letzte Bestellung 22 Uhr), So nur bis 23 Uhr (letzte Bestellung 21.30 Uhr). 32 Steep Hill, LN2 1LU, ✆ 01522/535190, www.wigandmitre.com.

The Victoria Pub 9 Lincolns berühmtestes Pub, das in jeder Führung vorkommt. Es liegt in der Nähe des Castles, ist klein und urig und enttäuscht nicht. 6 Union Road, LN1 3BJ, ✆ 01522/541000, www.victoriapub.net.

The Cheese Society 19 In diesem Café kann man Käse kaufen oder kleinere Gerichte wie etwa Avodaco auf Sauerteigbrot mit gegrilltem Halloumikäse essen. Tägl. Mo–Fr 10–16.30 Uhr, Sa bis 17 Uhr. 1 St Martin's Lane, ✆ 01522/511003, www.thecheesesociety.co.uk/lincoln-cafe.

Burton Road Chippy 1 Für die Zubereitung des englischen Nationalgerichtes hat der seit 30 Jahren familiengeführte Imbiss mit Restaurant 2016 erneut für die Region Gold in den National Fish & Chips Awards gewonnen. Di–Do 11.30–14 und 16.30–21.30 Uhr, Fr–Sa 11.30–21.30 Uhr (im Restaurant nur bis 21 Uhr). www.burtonroadchippy.co.uk.

Harbour Lights 17 Vom diesem erst 2016 eröffneten Restaurant an der A 57 nordwestlich von Lincoln hat man einen herrlichen Blick auf den Yachthafen, es gibt frischen Fisch aus Grimsby, Tapas und Cocktails (7 £). Ein entspanntes Plätzchen für viele Gelegenheiten. Di–Do 12–23 Uhr, Fr–Sa bis 24 Uhr, So bis 22 Uhr. Um eine Tischreservierung wird gebeten. The Landings, Burton Waters, LN1 2TU, ✆ 01522/808233, www.harbourlights.uk.com.

Nachtleben »» Mein Tipp: **The Engine Shed 22** Diese Glasbox auf dem Unigelände ist einer der beliebtesten Clubs der Stadt mit Live-Gigs, Clubnächten und Modeschauen. In der Tower Bar mit zahlreichen 3-D-Bildschirmen kann man Sport gucken, snacken und speisen. Brayford Pool, LN6 7TS, ✆ 01522/837400, Tickets: ✆ 0844/8888766; www.engineshed.co.uk. ««

Lola Lo 18 Ein bißchen Südsee, 30 klassische Cocktails und ein Musikmix aus Disco, Electro und Indie. Viele Studenten. Mi 23–3.30 Uhr, Do 22.30–3 Uhr, Fr–Sa 22–3 Uhr, Sa 21–3 Uhr. 280–281 High Street, LN2 1JG, ✆ 01522/525828, www.lolalolincoln.com.

Sehenswertes

Lincoln Cathedral: Der zentrale Turm der Kathedrale (die von den Einheimischen Minster genannt wird) zählt zu den höchsten Kirchtürmen des Landes. Als die Kirche 1311 fertig war, war sie das größte Bauwerk der Welt. Große Teile wurden bereits 1070 erbaut. Zwei Jahrzehnte später erfolgte die Einweihung, doch ein Feuer (1141) und ein Erdbeben (1185) zerstörten das Gotteshaus. Geblieben aus dieser Zeit sind die Westfassade mit ihren fantastischen Darstellungen von Himmel und Hölle und der untere Teil der beiden westlichen Türme. Mit dem Wiederaufbau wurde 1186 Hugh of Avalon beauftragt, der spätere heilige Hugh von Lincoln. Er tat sich zudem als Beschützer der Juden Lincolns hervor, die von Vertreibung und Pogromen bedroht waren. Über seinem Schrein im sogenannten Engelschor befindet sich eine weniger ernst gemeinte „Sehenswürdigkeit“ der

Kathedrale, der *imp*: ein koboldartiges Fabelwesen, das der Legende nach den Wiederaufbau der Kathedrale verhindern wollte und zur Strafe versteinert wurde. Heute zeigt sich das Gebäude in einer Mischung aus englischer Spätgotik und Early-English-Stil. Im Zentralturm hängt die über fünf Tonnen schwere Glocke Great Tom, die ihren massigen Klangkörper stündlich in Bewegung setzt. Besonders sehenswert sind die beiden mittelalterlichen Fenster Bishop's Eye (14. Jh.) und Dean's Eye (13. Jh).

Südlich der Kathedrale stehen die Ruinen des mittelalterlichen Bischofspalastes in einem schönen Garten. An der Nordostseite finden Sie eine Statue des Poet Laureate Sir Alfred Tennyson, der 1809 in Somersby in Lincolnshire das Licht der Welt erblickte.

Cathedral: Juli/Aug. Mo–Fr 7.15–20 Uhr, Sa/So bis 18 Uhr, sonst Mo–Sa 7.15–18 Uhr, So bis 17 Uhr. Shop: Mo–Sa 9.30–17 Uhr, So 10.30–16 Uhr. Refectory Café: Mo–Sa 10–16.30 Uhr, So 12–16 Uhr. 8 £, erm. 6,40 £, Kind 4,80 £, Familie 20,80 £. Joint Ticket mit Castle: 16 £, erm. 13 £, Kind 10 £, Familie 40 £. Führungen: März bis Okt. Mo–Sa 11, 13 und 15 Uhr, Nov. bis Febr. Mo–Sa 11 und 14 Uhr. Roof Tours: März bis Okt. Mo–Sa 11 und 14 Uhr, sonst Mo–Fr 13.30 Uhr, Sa 11 und 13.30 Uhr. Tower Tours: März bis Nov. Sa 11.30, 13 und 14.30 Uhr. Cathedral Photowalks März bis Juni. ✆ 01522/561600, www.lincolncathedral.com.

Himmel und Hölle

Bishop's Palace: April bis Okt. Mi–So 10–17 Uhr, sonst Sa/So 10–16 Uhr. 5,10 £, erm. 4,60 £, Kind 3,10 £, Familie 13,20 £. Minster Yard, LN2 1PU, ✆ 01522/527468, www.english-heritage.org.uk.

Lincoln Castle: Von der Kathedrale geht es über den Minster Yard durch das mittelalterliche Exchequer Gate, einst Teil der Verteidigungsmauern aus dem 14. Jh., in Richtung Westen zu den nur wenige Meter entfernten Burgruinen. Wilhelm der Eroberer war für den Bau verantwortlich. 1068 befahl er, 166 Häuser der angelsächsischen Siedler abzureißen, um aus dem Abbruchmaterial Lincoln Castle zu errichten. Einzig die Maueranlagen der normannischen Burg sind erhalten. Zum 800-jährigen Jubiläum der Magna Carta wurde die Burg bis 2015 für 22 Mio. Pfund restauriert, man kann die Burg nun vollständig auf der Mauer umrunden. Die beiden Türme Lucy Tower und Cobb Hall waren im Mittelalter Verliese. Der Observatory Tower hingegen wurde im 19. Jh. für astronomische Zwecke gebaut. Von hier aus hat man einen herrlichen Blick auf Kathedrale, Stadt und Umland. Das alte viktorianische Gefängnis innerhalb der Mauern wurde zugänglich gemacht, man darf sich darin als Gefangener oder Wächter kleiden und fühlen. Im Zentrum der Neuerungen aber steht der Neubau eines Museumsgewölbes, die Magna Carta

Vault. Dort ist als Leihgabe der Kathedrale die Magna Carta zu sehen und in ihren historischen Zusammenhang als eine Art Ur-Verfassung unserer westlichen Demokratien gestellt. Sie ist eines der vier noch existierenden Originale dieses Dokuments, auf das Englands Herrscher Johann Ohneland am 15. Juni 1215 zähneknirschend sein königliches Siegel drückte. Diese große Urkunde der Freiheit garantierte zwar zunächst nur dem Adel bestimmte Grundrechte, sie gilt jedoch als Meilenstein für die Entwicklung des Rechtsstaates, der Menschenrechte und der modernen Demokratie. Geschrieben wurden die 3500 Wörter der 63 Artikel in mittelalterlichem Latein mit Eisengallustinte auf Kalbsleder. Die Geschichte der Magna Carta wird in einem Film erläutert. Außerdem zu sehen ist die Charter of the Forest von 1217, ein begleitendes Originaldokument aus der Regentschaft Heinrichs III., der wenige Wochen nach Johanns Tod gekrönt wurde.

April bis Sept. 10–17 Uhr, Okt. bis März 10–16 Uhr. 12 £, erm. 9,60 £, Kind 7,20 £, Familie 31,20 £. Joint Ticket mit Kathedrale: 16 £, erm. 13 £, Kind 10 £, Familie 40 £. Tägl. kostenfreie Führungen (45 Min.) ✆ 01522/554559. www.lincolncastle.com.

Steep Hill: Eine der schönsten Gassen Englands, sie führt von der Burg bzw. der Kathedrale wieder hinunter in die Einkaufsstraße. Fans von Charles Dickens werden sie wiedererkennen als die, in der Oliver Twist seine Ausbildung absolvierte. Neben hübschen Häuserfassaden aus dem 19. Jh. finden sich Gebäude aus dem 14. und 15. Jh. In einem Fachwerkhaus aus dem 14. Jh. ist heute ein schönes Pub untergebracht, The Wig and Mitre. Gleich daneben steht das ebenfalls beeindruckende House of Aaron the Jew (Norman House).

Jews Court und Jews Houses: Auf dem Weg hinunter zur Innenstadt und zum Hafen wird die Gasse Steep Hill zur Strait, die gesäumt ist von den Jews Houses. Das mittelalterliche Lincoln war eines der jüdischen Zentren von England, viele Juden gehörten zu den erfolgreichsten Wollhändlern der Stadt. Davon zeugen

Vor 800 Jahren wohnten hier Juden

Einzige Brücke des Mittelalters, die noch bebaut ist: Lincoln High Bridge

Die Midlands → Karte S. 104/105

mehrere Häuser aus dem 12. Jh., u. a. Jews Court, ein imposantes Steinhaus, das die Synagoge gewesen sein soll. Die antisemitische Stimmung im England des 13. Jh. gipfelte mit der Ausweisung aller Juden durch Eduard I. (1290).

The Collection – Usher Gallery: Das archäologische Museum präsentiert Funde aus allen Epochen der Stadtgeschichte. Sehenswert sind ein 2000 Jahre altes römisches Mosaik, eine der ersten Goldspangen aus der Bronzezeit in Europa sowie viele Funde aus der Eisenzeit. Die Highlights der integrierten Usher Gallery für zeitgenössische Kunst sind antike Uhren und Miniaturporträts von James Ward Usher, Skulpturen von Henry Moore, Vanessa Bell oder Terry Frost, Gemälde des Landschaftsmalers Peter de Wint sowie von L. S. Lowry und William Turner. Auch Gedichte und Memorabilia von Sir Alfred Tennyson finden sich hier. Der Hofdichter Königin Viktorias stammte aus der Grafschaft Lincolnshire.

Tägl. 10–16 Uhr, letzter Einlass 15.45 Uhr. Eintritt frei. Danes Terrace, LN2 1LP, ✆ 01522/782040, www.thecollectionmuseum.com.

Stonebow und Guildhall: Über die zur Stadt hinabführende High Street spannt sich ein Steinbogen *(stonebow)* – im 15. Jh. das südliche Stadttor Lincolns. Im obersten Stock befindet sich das Rathaus (Guildhall), in dem der Stadtrat seit 1371 tagt. Ratsversammlungen werden noch heute durch eine um 1378 gegossene Glocke einberufen. Ausgestellt sind hier auch die Schwerter von Richard II. und Heinrich VII. Der Officer des Bürgermeisters trägt den schönen Titel *„City Sword Bearer and Keeper of the Keys of the Guildhall"*. Bei seinen Führungen erfährt man, dass er beim Besuch eines Monarchen bis heute dem Bürgermeister das Schwert überreicht, der es dann der Königin hinhält, damit sie es berührt. Ein Privileg – für die Königin!

Führungen Mo, Mi, Fr und Sa 10.30 und 14 Uhr. Eintritt frei. Saltergate, LN2 1DH, ✆ 01522/541727.

High Bridge: In ihrem Verlauf überspannt die High Street den River Witham als sogenannte High Bridge (12. Jh.). Sie ist die einzige Brücke Englands, die noch heute mit einem mittelalterlichen Haus bebaut ist (→ Stokes High Bridge Café, S. 237). Steigt man die Treppe rechts neben dem Café hinunter, bietet sich ein schöner Blick auf das Gebäude.

Museum of Lincolnshire Life: Das meistbesuchte Museum der Region, in dem 200 Jahre Sozialgeschichte lebendig werden, befindet sich in den alten Kasernen des Royal Lincolnshire Regimets in der Burton Road. Man kann darin eine alte Küche aus der viktorianischen Zeit und eine nachgebildete Apotheke bestaunen. Außerdem sind Maschinen und Gerätschaften aus Industrie und Landwirtschaft zu sehen sowie ein Panzer aus dem Ersten Weltkrieg.

Tägl. 10–16.30 Uhr, letzter Eintritt 16 Uhr. Eintritt frei. Burton Road, LN1 3LY, ✆ 01552/782040, www.lincolnshire.gov.uk/heritage-and-tourism/museum-of-lincolnshire-life. Anfahrt mit Bus 7 vom Busbahnhof.

Ellis Mill: Die letzte von neun Windmühlen auf dem Mill Hill unweit des Museum of Lincolnshire Life stammt aus dem Jahr 1798 und wurde 1977 restauriert. Seit 1980 mahlt sie wieder Mehl – wenn genug Wind vorhanden ist.

April bis Sept. Sa/So 14–17 Uhr, Okt. bis März nur Sa von 14 Uhr bis Sonnenuntergang. Eintritt frei. Mill Road, LN1 3JJ.

Doddington Hall & Gardens: Westlich von Lincoln liegt im Dorf Doddington dieser elisabethanische Landsitz, der 1600 für den Registrar des Bischofs gebaut wurde. Seit 2006 gehört er Claire und James Birch, die erhalten haben, was sich in 400 Jahren so angesammelt hat: Textilien, Porzellan, Möbel und Bilder. Besonders sehenswert sind die Wandteppiche aus Flandern aus dem 17. Jh. Das Haus ist von 2,4 ha Gartenanlagen umgeben. Die Parterregärten im eingefriedeten West Garden enthalten eine Sammlung von Schwertlilien, im ummauerten Küchengarten finden häufig Kochdemonstrationen und -kurse statt. Zu weitläufigen Spaziergängen laden die mit Skulpturen gesäumten Wege der Parkanlage ein.

Haus und Garten Ende März bis Sept., Mi sowie sonn- und feiertags 12–16.30 Uhr, Garten bereits ab 11 Uhr. Im Okt. nur Garten So 11–16.30 Uhr. Der Küchengarten ist ganzjährig tägl. geöffnet. 10,50 £, Kind 4,75 £, Familie 28 £, nur Garten 6,50 £, Kind 3,50 £, Familie 18 £. Doddington, LN6 4RU, ✆ 01522/694308, www.doddingtonhall.com.

Rundfahrt durch Lincolnshire

Die landwirtschaftlich geprägte Grafschaft Lincolnshire erstreckt sich von Norfolk im Süden bis zum Humber im Norden (Grenze zu Yorkshire). 20 % der Lebensmittel Englands werden hier angebaut, weshalb Einheimische vom *bread basket of England*, dem Brotkorb Englands, sprechen. Aus dem flachen Marschland erhebt sich die hügelige Heidelandschaft der Lincolnshire Wolds, um an der Nordseeküste wieder in einer Tiefebene um die Hafenstadt Grimsby zu enden. Der Tourismus konzentriert sich an der Küste um den Urlaubsort Skegness.

Newark-on-Trent

An der Stelle, wo die Römerstraße Fosse Way auf den Fluss Trent stieß, entstand vor 2000 Jahren eine keltische Siedlung. Der Ort erlebte im 12. Jh. eine Blüte, als sich die Bischöfe von Lincoln die Burg **Newark Castle** und eine Brücke über den Trent bauen ließen. Im Südturm der Burg starb 1216 König Johann Ohneland an der Ruhr, eine Ausstellung im Nordwest-Tower ist ihm gewidmet. Das Castle wurde nach der Belagerung im englischen Bürgerkrieg 1648 zum größten Teil zerstört. An den imposanten Ruinen entstand im 19. Jh. ein schöner Garten, der heute als Park genutzt wird. Hübsch ist auch der kopfsteingepflasterte Marktplatz der 40.000 Einwohner zählenden Stadt. Die zentrale Rolle nicht nur dieser königstreuen Stadt, sondern aller drei Königreiche (England, Schottland und Irland) im Bürgerkrieg wird im **National Civil War Centre** thematisiert, das in einer klassizistischen Schule und einer Tudorhalle dahinter entstand, die durch einen modernen Glaseingang miteinander verbunden wurden. Gezeigt werden rund 500 Objekte, u. a. verschiedenste historische Waffen und Rüstungen. In Kopien eben jener darf man sich fürs Selfie kleiden. Vom Centre aus können Besucher auf einem Civil War Trail die Stadt erkunden, geführt durch eine App, die die Ereignisse in 24 Minifilmen veranschaulicht.

Information **Visitor Gateway Newark**: Das neue Besucherzentrum befindet sich im National Civic War Centre und informiert mit interaktiven Touchscreens und Werbefilmen über die Region. Es gibt Flugblätter, einen Ticket-Buchungsservice und ein Café: Nineteen20. Öffnungszeiten wie Ciciv War Centre. 14 Appletongate beim Castle, Newark NG24 1JY, ✆ 01636/655765, www.newark-sherwooddc.gov.uk/visitorgateway.

Sehenswertes **Newark Castle and Gardens**: Garten tägl. geöffnet von Sonnenaufgang bis -untergang. Gilstrap Heritage Centre im Sommer 9–18 Uhr, im Winter bis 17 Uhr, Eintritt frei. Führungen: Mi, Fr, Sa und So um 11 Uhr Verlies-Tour (Dungeon), um 13 Uhr Turm und Krypta (Tower and Undercroft). Preis 5 £, Kind 2,50 £, Familie 12,50 £. Castlegate, NG24 1BG, ✆ 01636/655755, www.newark-sherwooddc.gov.uk/newarkcastle.

National Civic War Centre: April bis Sept. tägl. 10–17 Uhr, Okt. bis März bis 16 Uhr. 8 £, erm. 7 £, Kind 3,50 £. 14 Applegate, NG24 1JY, www.nationalcivilwarcentre.com.

Die Midlands → Karte S. 104/105

Grantham

Die Geschichte der schön gelegenen Stadt im Witham-Tal reicht bis in die Tage Eduards des Bekenners zurück. Von normannischen Zeiten zeugen die Arkadenpfeiler der **Kirche St Wulfram,** die im gotischen Stil umgebaut wurde und mit ihrem hohen Spitzturm auf die Häuser zu ihren Füßen herabblickt. In der Chained Library (Kettenbibliothek) befinden sich 300 kostbare Bücher, darunter über 80 mittelalterliche Folianten. Schräg gegenüber liegt mitten im Ort das parkumsäumte **Grantham House,** ein Herrenhof aus der Tudorzeit. In der King's School lernte schon der kleine Isaac Newton Latein, an den eine Statue auf dem Marktplatz erinnert. Im nahen **Woolsthorpe Manor** wurde er geboren. Dort steht auch der Baum, von dem ein Apfel fiel ... Die Idee von der Schwerkraft war geboren (mehr dazu im Science Discovery Centre). Das Angel and Royal Inn in der High Street wurde im Mittelalter von den Tempelrittern gegründet und hat den Besuch vieler Könige erlebt. Margaret Thatcher wurde in der 2-6 North Parade in Grantham geboren, wo sie auch ihre Kindheit verbrachte. Der eisernen Lady ist eine Ausstellung im **Grantham Museum** gewidmet.

Information **Tourist Information Centre**, Mo–Fr 9.30–16.30 Uhr, Sa bis 14 Uhr. Im Foyer des Guildhall Arts Centre, St Peter's Hill, Grantham, Lincolnshire NG31 6PZ, Avenue Orad, ✆ 01476/406166, www.southwestlincs.com und www.guildhallarts centre.com.

Verbindungen 40 km südlich von Lincoln, stündlich Busverbindung mit Lincolnshire Roadcar. Mit dem Zug muss man in Newark umsteigen. Direkte Verbindungen nach London King's Cross.

Sehenswertes **Grantham House**: nur Juni Mi/Do 14–17 Uhr, zu anderen Jahreszeiten nach Vereinbarung. 7,75 £, erm. 3,60 £, Familie 18,80 £. Castlegate, NG31 6SS, ✆ 01476/564705, www.nationaltrust.org.uk.

Woolsthorpe Manor und Discovery Centre: Mitte März bis Okt. tägl. außer Di 11–17 Uhr, Nov./März Fr–Mo 11–15 Uhr, Nov. bis Febr. nur mit Führung. Science Discovery Centre: Mitte März bis Okt. tägl. 11–17 Uhr, Nov./März nur bis 15 Uhr. 6,45 £, erm. 3,27 £, Familie 16,18 £. Waterlane, Woolsthorpe bei Colsterworth, NG33 5PD, ✆ 01476/860338, www.nationaltrust.org.uk/woolsthorpe-manor.

Grantham Museum: Do–Sa 10–16 Uhr. Eintritt frei. St Peter's Hill, NG31 6PY, ✆ 01476/568783, gramuseum.wordpress.com.

Belton House: Dieser Landsitz aus dem 17. Jh. (gut 4 km nördlich von Grantham) wird Sir Christopher Wren zugeschrieben. Finanzielle Probleme zwangen die Brownlow-Familie 1984, das Haus an den National Trust zu verkaufen. Es wird oft als das perfekte Country House beschrieben und liegt, umgeben von herrlichen formalen Gärten im englischen, italienischen und französischen Stil sowie einer Orangerie, in einem schönen Park mit Wildgehege. Im Innern beeindrucken opulente Holzverkleidungen (zum Teil von Grinling Gibbons), Stuckdecken, glitzernde Spiegel, alte Meister an den Wänden und Silberwaren in den Vitrinen. Der Tapestry Room enthält eine Sammlung von Mortlake-Wandteppichen aus dem 18. Jh. Das chinesische Zimmer ist mit handgemalten chinesischen Tapeten ausgestattet.

Eine entscheidende Rolle spielte das Anwesen bei der Abdankung Eduards VIII. wegen seiner Liebe zur Amerikanerin Wallis Simpson. Das Paar versteckte sich hier vor der Presse und möglichen Attentätern, bis Lord Brownlow Wallis Simpson in von Windsor ins Exil nach Frankreich begleitete. Sie sollte England nie wiedersehen. Bei seiner Rückkehr wurde der Lord vor die Wahl gestellt, der Hochzeit der beiden fernzubleiben oder seinen Titel als Lord Lieutenant of Norfolk zu verlieren. Er blieb fern und zog sich hierher auf den Landsitz zurück.

Ostern bis Okt. Haus Mi–So 12.30–17 Uhr, Shop, Restaurant, Gärten und Park 9.30–17.30 Uhr, Nov./Febr. nur bis 16 Uhr. Führungen durch den Angestelltentrakt: 11–15 Uhr. 15 £, Kind 9,60 £, Familie 39,60 £; nur Gärten 11,50 £, Kind 7,80 £, Familie 30,80 £. Grantham, NG32 2LS, ✆ 01476/566116, www.nationaltrust.org.uk/belton-house. Riesiger Abenteuerspielplatz.

Anfahrt: Auf der A 607 (Grantham Lincoln Road) gut 4 km nördlich von Grantham.

Stamford

Zwischen Grantham und Peterborough an der A 1 liegt eine der schönsten, wenn auch nicht besonders typischen Ortschaften Lincolnshires: das Marktstädtchen Stamford, das für sich als *„the finest stone town in England"* wirbt. Einst ein Kutschenhalt auf dem Weg von London nach Edinburgh, gibt es hier noch immer rund 50 Pubs. Die Stadt wurde zum großen Teil vor rund 200 Jahren im klassizistischen Stil aus honigfarbenem Sandstein errichtet. Vier **Kirchen** sind sehenswert: die frühgotischen Gotteshäuser St Mary und All Saints und die hochgotischen St John's und St George's mit ihren alten Buntglasfenstern. Pittoresk ist die kopfsteingepflasterte Gasse Barn Hill nahe des Red Lion Square. Nach Anmeldung ist auch **Browne's Hospital** zu besichtigen, ursprünglich ein Armenhaus aus dem 15. Jh., das im 19. Jh. umgebaut wurde. Heute leben hier 13 Bürger der Stadt. In der Chantry Chapel sieht man noch mittelalterliches Buntglas sowie einige schöne Möbelstücke aus der Zeit. Sehenswert ist auch der Klostergarten. Jane-Austen-Fans werden hier „Meryton" aus der Verfilmung von „Stolz und Vorurteil" aus dem Jahre 2005 wiedererkennen. Viele Szenen wurden auch im unweit gelegenen elisabethanischen Landsitz Burghley gedreht.

Information Tourist Information Centre im Arts Centre (Theater), nur im Sommer 9.30–17 Uhr, So bis 15.30 Uhr. 27 St Mary's Street, Lincolnshire PE9 2DL, ✆ 01780/755611, www.stamfordartscentre.com.

Sehenswertes Browne's Hospital: Nur mit Führung zu besichtigen, Buchung unter: ✆ 01780/763153 oder ✆ 01780/766567. 3,50 £, Minimum 30 £. Broad Street, Stamford, PE9 1PF, www.stamfordcivicsociety.org.uk/visit-brownes.html.

Die Midlands → Karte S. 104/105

Burghley House: Dieser elisabethanische Landsitz 2,5 km östlich von Stamford protzt mit zahlreichen Türmchen, Laternen, Bogengängen, dekorativen Schornsteinen und Säulen. Das vierflügelige Gebäude wurde von William Cecil, 1. Baron Burghley, 1555–1587 gebaut. In den 35 herrschaftlichen und 80 bescheideneren Räumen finden sich eine der größten Privatsammlungen italienischer Kunst, Tapisserien und Möbel aus dem 18. Jh., japanisches Porzellan und Deckengemälde von Antonio Verrio. Erwähnenswert sind sein Heaven Room mit den Darstellungen antiker Götter und das daran anschließende Treppenhaus (Hell Staircase) mit der Darstellung des Sensenmannes und eines klaffenden Mauls einer großen Katze, in dem die Seelen gepeinigt werden.

Die Gärten wurden 1756 von Lancelot Capability Brown in einen Landschaftspark verwandelt. Spaß macht vor allem der *Garden of Surprises* im Ostteil des Wildparks, der u. a. einen historischen Wassergarten, eine dampfende Mooshöhle, einen Skulpturengarten und ein Café umfasst. Man sollte darauf gefasst sein, während eines Besuches überraschend nass zu werden …

2005 wurden in Burghley Szenen für den Film „Stolz und Vorurteil" gedreht, für Dan Browns Sakrileg-Verfilmung diente das Haus als päpstliche Residenz. Das Anwesen ist noch immer im Besitz der Cecils und wird von einer Familienstiftung verwaltet.

Ostern bis Okt. tägl. (außer Fr) 11–17 Uhr, Haus und Garden of Surprises: 14 £, erm. 12,50 £, Kind 7 £, Familie 40 £. Audioguide 2,50 £. Nur Garden of Surprises tägl. 11–17 Uhr, 8,50 £, erm. 7 £, Kind 5,50 £, Familie 26 £. Park tägl. 8–18 Uhr, Eintritt frei. Orangerie Restaurant tägl. 11–17 Uhr. Während der Horse Trials Anfang Sept. geschlossen, Nov. bis Ostern nur Mi–So 10–16 Uhr. Stamford PE9 3JY, ✆ 01780/752451, www.burghley.co.uk.

Spalding

Spalding ist eines der hübschesten Örtchen in dieser flachen Ebene mit ihren Feldern und kleinen Dörfern, die sich South Holland nennt. Ein Klein-Amsterdam, umschlossen von Tulpenfeldern, durch das sich in zahllosen Windungen der Fluss Welland zieht. Auf beiden Seiten des Flusses, den sieben Brücken überspannen, finden sich schöne Häuser aus dem 18. Jh. Eines der ältesten Gebäude ist die restaurierte **Ayscoughfee Hall** von 1451, die heute als Museum für Sozialgeschichte dient und u. a. eine Ausstellung über den Abenteurer und Ozeanforscher Captain Mathew Flinders beherbergt, der Australien ersegelte und erforschte. In der Gartenanlage kann man unter Eiben zu einem See spazieren. Auch einige der Kirchen von Spalding sind sehenswert, etwa St Mary and Nicholas aus dem 13. Jh., deren Stichbalkendecke mit Engeln verziert ist.

Die meisten Besucher kommen Anfang Mai zum Flower Festival nach Spalding oder im Oktober zum Kürbisfest. Blumenliebhaber können jedoch das ganze Jahr über die **Springfield Festival Gardens** als Teil des Outlet Shopping Centres besuchen, wo man im Frühjahr durch ein buntes Blumenmeer von Tulpen und Narzissen watet, im

Sommer 80 verschiedene Rosensorten vorfindet und Showgärten bekannter Gartenarchitekten bewundern kann. Auch der japanische Garten ist sehr beeindruckend. Ein Teil des Geländes wurde vom Bildhauer Stephen Newby in eine Art Skulpturenpark mit modernen Stahlgebilden verwandelt, die Brunnen sind ebenfalls Kunstwerke, die Wasser mit Musik und optischen Effekten kombinieren.

Information **Tourist Information Centre Spalding**, South Holland Art Centre, Market Place, Lincolnshire PE11 2SS, ✆ 01775/725468, www.visitlincolnshire.com/content/spalding, www.spalding.town.

Sehenswertes **Ayscoughfee Hall and Gardens**: Mi–So und Feiertage 10.30–16 Uhr. Eintritt frei. Café April bis Sept. 10–17 Uhr, Okt. bis März bis 15.30 Uhr. Gärten Mo–Sa 8 Uhr bis Sonnenuntergang, So erst ab 10 Uhr. Church Gate, PE11 2RA, ✆ 01775/764555, www.sholland.gov.uk/article/3324/Ayscoughfee-Hall-Museum-Gardens.

Springfield Outlet Shopping and Festival Gardens: Mo–Mi 10–18 Uhr, Do bis 20 Uhr, Sa 9–18 Uhr, So 11–17 Uhr. Eintritt frei. PE12 6EU. Anfahrt über die A 16 Spalding Bypass. Norfolk Green Busse verkehren regelmäßig von Spalding.

Boston

Knapp 55 km südöstlich von Lincoln liegt am Fluss Witham der ehemals wichtigste hanseatische Hafen für englische Textilexporte nach Flandern, Belgien und Nordfrankreich (13. und 14. Jh.). Aus dieser Blütezeit stammt auch die sehenswerte **Church of St Botolph** (der Name Boston leitet sich ab von St Botoph's Stone). Den 90 m hohen Turm (Boston Stump) krönt eine achteckige Laterne, die nachts ihr Leuchtfeuer über die See hinaussandte. Von hier hat man eine grandiose Aussicht über Lincolnshire und all die Gemüsefelder, die überwiegend von osteuropäischen Einwanderern abgeerntet werden. Sie machen derzeit mehr als 10 % der Bevölkerung aus. Die Stadtverwaltung bemüht sich um Integration, so sind beispielsweise Besucherinformationen neuerdings in mehreren Sprachen verfasst (u. a. Lettisch, Litauisch, Polnisch oder Russisch). Dabei hat die Stadt selbst eine lange Geschichte der Auswanderung. Im 17. Jh. fanden sich ganze Gemeinden von puritanischen Pilgern hier zusammen, die später mit der Mayflower in die Neue Welt aufbrachen und dort die Stadt Boston in Massachusetts gründeten (www.mayflower400uk.com/boston). Ihr erster Auswanderungsversuch 1607 endete allerdings mit der Gefangenschaft im Rathaus, dem heutigen Museum **St Mary's Guildhall,** wo man die Zellen besichtigen kann. Einen Besuch wert ist auch die **Maud Foster Mill,** eine gut erhaltene Windmühle von 1819 in der Nähe des Stadtzentrums; das dort produzierte Biomehl ist vor Ort käuflich zu erwerben, und es gibt eine Ferienwohnung. Vogelliebhaber zieht es zu den Salzmarschen des Vogelschutzreviers **RSPB Freiston Shore** 7 km von Boston am Wash, wo im Sommer Säbelschnäbler oder Sandregenpfeifer und im Winter die nordamerikanische Pfeifente, Spießenten, Krickenten und Brandgänse zu beobachten sind.

Information **Tourist Information Centre**, Mi–Sa 10.30–15.30 Uhr, im Guildhall Museum, 2 South Square, Boston, Lincolnshire PE21 6HT, ✆ 01205/365954, www.boston.gov.uk u. www.bostontown.co.uk.

Verbindungen Von Lincoln fahren Züge nach Boston (in Sleaford umsteigen).

Bootsfahrten **Boston Belle**, Juni bis Mitte Sept. verschiedene Fahrten entlang des River Witham oder hinaus auf hohe See. 16–20 £. Juli/Aug. Mi Kurzfahrten für 7,50 £. Auch Jolly Sailor Café und Restaurant. Witham Bank East, Sluice Bridge, PE21 9JU, ✆ 01205/820108 oder ✆ 07595/045387, bostonbelle.co.uk.

Markt **Wochenmarkt** Mi und Sa mit rund 120 Ständen am Market Place.

Sehenswertes **Botolph Church**: Mo–Sa 8.30–16 Uhr, So 7.30–16 Uhr. Eintritt frei, Turmbesteigung (365 Stufen) Mo–Sa 10–

15.30 Uhr, So 13–15.30 Uhr, 4 £, erm. 3 £. Café Mo–Sa 10–15.30 Uhr. parish-of-boston.org.uk.

St Mary's Guildhall: Mi–Sa 10.30–15.30 Uhr, Eintritt frei. South Street, ✆ 01205/365954, www.bostonguildhall.co.uk.

Maud Foster Mill: Mi und Sa 10–17 Uhr, Juli bis Sept. öfter. 3 £, erm. 3 £, Kind 2 £, Familie 10 £. An der A 52 Skegness Road, auch Tearoom. ✆ 01205/352188, www.maudfoster.co.uk. Ferienwohnung ab 530 £/Woche, www.holidaycottages.co.uk/east-of-england/lincolnshire/the-flour-mill.

RSPB Freiston Shore: Ganzjährig geöffnet, kein Eintritt. Viewpoints und Wetland Trail. Shore Road, Freiston, Boston PE22 0LY, ✆ 01205/724678, www.rspb.org.uk/reserves/guide/f/freistonshore/about.aspx.

Die Midlands → Karte S. 104/105

Skegness

Der bekannteste Badeort an der Küste Lincolnshires dürfte Skegness sein, bei Einheimischen auch „Skeggy" genannt. Der Reiz des Ortes ist zweifelsohne sein 5 km langer, goldener **Sandstrand** mit Blick auf einen Offshorewindpark. Er liegt allerdings unterhalb der lärmenden Grand Parade, auf der sich Fahrgeschäfte, Spielhöllen, Pubs und Fish-and-Chips-Shops aneinanderreihen. In der Gartenanlage der Strandpromenade findet sich eine Statue des Stadtmaskottchens Jolly Fisherman. Der imposante **Pier** von 1881 ragte einst 562 m in die Nordsee, nach einem Sturm 1978 ist er nur noch 118 m lang. Das einstige Fischerdörfchen entwickelte sich mit dem Bau der Eisenbahn in den 1870er-Jahren zu einem Touristenort, und die Eröffnung eines Ferienlagers durch den Urlaubsveranstalter Butlin 1936 machte Skegness endgültig zum Ziel des Massentourismus.

Rund 3 km südlich von Skegness kann man dem Lärm im **Gibraltar Point National Nature Reserve** entfliehen, dessen Dünen, Marschland und Lagunen viele Seevögel anziehen. Hier vollzieht sich der Übergang zwischen der nördlichen Klippen- und Sandküste und der südwestlich anschließenden Marsch- und Wattenbucht The Wash. Vom **Wash Study Centre** aus kann man viele der 35 Arten beobachten, die hier nisten, u. a. Seeschwalben, 50 Paare des Flussregenpfeifers, einige Rotschenkel und viele Spechtvögel. Nach 80 Jahren Abwesenheit wurde hier auch wieder die Kreuzkröte angesiedelt.

Information **Tourist Information Centre Skegness**, tägl. 9.30–19.30 Uhr, im Winter bis 16 Uhr. Embassy Centre, Grand Parade, Lincolnshire PE25 2UG, ✆ 01507/613100; www.visitlincolnshire.com und www.visitskegness.co.uk.

Gibraltar Point National Nature Reserve Besucherzentrum (mit Rooftop Viewing Deck), April bis Okt, tägl. 10–16 Uhr, Nov. bis März 11–15 Uhr, Sa/So bis 16 Uhr, Eintritt frei, (1 £ Parkgebühr). Es gibt ein Café. Gibraltar Road, PE24 4SU, ✆ 01754/898079, www.lincstrust.org.uk/reserves/gibraltar-point.

Übernachten Viele B & Bs befinden sich in der Drummond Road, in der Touristeninformation gibt es eine Broschüre, in der auch Hotels verzeichnet sind.

Hotel No 8. Direkt an der Strandpromenade, 18 Zimmer mit moderner Ausstattung, kostenlosem WLAN und Parkplatz nahebei. Auch Familienzimmer für bis zu 4 Pers. EZ ab 39 £, Kingsize mit Meerblick ab 79 £. South Parade, PE25 3HW, ✆ 01754/761301 oder 07766/054594, www.hotelno8.co.uk.

Beach Dene Guest House. Gepflegte Pension mit acht Zimmern nahe der Strandstraße Parade (zweite Reihe), mit Gartenterrasse, Parkplatz nur auf der Straße. Mitte Juli bis Sept. DZ B & B 55 £, sonst 45 £. 46 Scarborough Avenue, PE25 2TA, ✆ 01754/764409, www.beachdene.com.

››› **Mein Tipp:** **** **Quorn Hotel**. Familiengeführtes, solides Hotel mit 24 Zimmern an der Strandstraße Parade, aber ruhig, sauber und freundlich. Gutes Frühstück, auch Dinner. Das Extra für den Seeblick lohnt sich. EZ 53 £, DZ ab 79 £, Familienzimmer 95–117 £. Parkplätze vorhanden. 11 North

Parade, PE25 2UB, ✆ 01754/763508, www.quornhotel.net. «

Essen & Trinken **Wolfies Wine Bar.** Günstig und für Pubessen gut, bis 17 Uhr kann man zwei Essen für 12 £ verzehren. Klassiker vom Grill und Fish & Chips. Fr ab 21 Uhr 80s Night mit DJ, auch Sa werden Hits aufgelegt. Im Restaurant im ersten Stock (ab 18 Uhr, Fr–So ab 17 Uhr) ist es etwas ruhiger und gemütlicher. South Parade, PE25 3HW, ✆ 01754/762736, www.wolfieswinebar.co.uk.

The Barley Mow. Dorf-Pub in Friskney, 16 km von Skegness mit hervorragender Küche, Lunch für 2 Pers. für 10 £. Slow Roasted Belly Pork für 9,95 £. Di–Mi 17–22.30 Uhr, Do 11.45–15 Uhr u. 17–23 Uhr, Fr–Sa 11.45–15 Uhr und 17–23 Uhr, So 11.45–22 Uhr. Sea Lane, Friskney, PE22 8SD, ✆ 01754/820883.

Mablethorpe und Sutton-on-Sea

Die etwas ruhigeren Rivalen von Skeggy locken ebenfalls mit traumhaften Sandstränden. Ein kleiner Rummel, Skaterpark, Bimmelbahn (Sand Train), Teich und Strandhütten bieten beste Voraussetzungen für den Familien-Badeurlaub in **Mablethorpe.** Ein berühmter Besucher war Lord Alfred Tennyson, nach dem die Tennyson Road und eine Grundschule benannt wurden. Das Bathing Beauties Festival im September ist kein Schönheitswettbewerb für Badenixen, sondern für die Strandhütten, die von ihren Besitzern zu diesem Anlass herausgeputzt werden. Am nördlichen Ende von Mablethorpe (zu erreichen mit dem Sand Train) befindet sich eine **Robbenschutzstation** (Seal Sanctuary) mit Zoo, danach folgt auf 8 km das Rimac-Nature-Reservat bis Saltfleet Haven. Das kleinere **Sutton-on-Sea** verfügt über eine hübsche Gartenanlage an der Strandpromenade mit kleinem Wasserfall, Spielplatz, Bowlinggrün und einem Kinderbecken.

Information **Tourist Information Mablethorpe**, Ostern bis Okt tägl. 9.30–17 Uhr, sonst bis 16.30 Uhr. Unit 5, The Louth Hotel, High Street, LN12 1AF, ✆ 01507/613273, www.mablethorpe.info.

Sehenswertes **Seal Sanctuary (Robbenschutzstation) and Wildlife Centre**: März bis Okt. tägl. 10–17 Uhr, Nov. und Febr. nur Sa/So. 8 £, erm. 7 £, Kind 5 £, Familie 24 £. North End, LN12 1QG, ✆ 01507/473346, www.thesealsanctuary.com.

Essen & Trinken **The Kings Head Inn.** Strohgedecktes Country Pub aus dem 16. Jh. 6 km nördlich von Mablethorpe mit hervorragender Küche (gehobene Preise) und Tea Rooms. Di–Fr 12–15 u. 18–21 Uhr, Sa durchgehend, So 12–19.30 Uhr. Mill Road, Theddlethorpe, LN12 1PB, ✆ 01507/339798, www.kingsheadinn.com.

Louth

Die hübsche Kleinstadt mit Ziegelsteinbauten aus dem 17. und 18. Jh. ist die Hauptstadt der Lincolnshire Wolds. Sie schrieb durch den Ausbruch der Katholiken-Rebellion Lincolnshire Rising Geschichte, die am 1. Oktober 1536 nach dem Abendgebet in der St-James-Kirche begann und eine der schlimmsten Regierungskrisen Heinrichs VIII. auslöste. Der 90 m hohe Turm dieser Kirche von 1515 bestimmt bis heute die Stadtsilhouette. Für Gourmets lohnt ein Bummel durch die vielen Delikatessengeschäfte, vor allem zum Cheese Shop am East Gate. Am Tor selbst markiert übrigens ein Schild die Stelle, durch die der Nullmeridian führt. Weitere Markierungen und Steintafeln in der Stadt zeugen von den häufigen Überschwemmungen durch den Fluss Lud. Westlich von Louth liegt **Hubbard's Hill,** ein schöner Park am Hang einer Gletscherschlucht, die vor 40.000 Jahren während der letzten Eiszeit entstand.

Information Tourist Information Centre Louth, Mo–Fr 9–17 Uhr, Ostern bis Okt. auch Sa 10–16 Uhr. Town Hall, Cannon Street, LN11 9NW, ✆ 01507/601111, explorelincolnshire.co.uk, visiteastlincolnshire.com.

Einkaufen The Cheese Shop, Mo–Sa 8–16 Uhr, 110 East Gate, LN11 9AA, ✆ 01507/600407, thecheeseshoplouth.co.uk.

Markttage, Mi und Fr/Sa sowie jeden vierten Mi im Monat Farmers Market. 9–16 Uhr am Cornmarket.

Die Midlands → Karte S. 104/105

Cleethorpes

Das Seebad an der Flussmündung des Humber bestand ursprünglich aus drei Dörfern. Erst in den 1820er-Jahren entwickelte sich das Fischerdorf mit seinen knapp 300 Einwohnern zu einem Ferienort, der in den 1870er-Jahren seine Promenade mit Themenpark, Eisenbahn und Zoo sowie einen Pier erhielt. Höchster Punkt an der Küste ist der Nachbau einer Burgruine aus dem 19. Jh., Ross Castle. Auch die Küste um Cleethorpes zählt wegen der Dünen, Moor- und Sandebenen, die Hunderttausende Zugvögel als Zwischenstopp nutzen, zu den Naturschutzgebieten (Site of Special Scientific Interest). An klaren Tagen kann man von hier den Leuchtturm der Spurn-Halbinsel in Yorkshire sehen.

Tourist Information, Mo–Fr 10–17 Uhr, Juli/Aug. bis 18 Uhr, im Winter bis 16 Uhr, Sa/So 9–16 Uhr. Cleethorpes Library, 42–43 Alexandra Road, North East Lincolnshire, DN35 8LG, ✆ 01472/323112, www.visitlincolnshire.com.

Grimsby

Ein dänischer Fischer namens Grim soll der Legende nach im 9. Jh. den Hafen nördlich von Grimsby gegründet haben. Wahrscheinlicher jedoch ist, dass der Name Grim ein Name des heidnischen Gottes Odin war, der in England oft benutzt wurde. Das Anhängsel *-by* kommt aus dem Altnordischen und bedeutet Dorf. Spuren des Dorfes reichen bis zu den Römern, die sich sicher wegen der schon damals reichen Fischbestände an der Mündung des Humber niederließen. Die zunehmende Versandung des Hafens ab dem 15. Jh. führte zunächst zu einem wirtschaftlichen Rückgang und Bedeutungsverlust, bevor im 18. Jh. mit dem umfangreichen Hafenausbau ein Boom ausgelöst wurde. In den 1920er-Jahren war Grimsby der wichtigste Fischereihafen Englands mit der größten Fischerflotte und hatte den Spitznamen „Home of the Haddock“, Heimat des Schellfisches.

Heute zählt der Hafen von Grimsby zu den umschlagstärksten von ganz Großbritannien, sein Dock Tower aus über einer Million Backsteinen dominiert mit rund 100 m die Skyline der Industriestadt, die fast 100.000 Einwohner zählt. Noch immer ist sie eng mit der Hochseefischerei verbunden, wovon das **National Fishing Heritage Centre** zeugt. Dort können Besucher auch mit einem historischen Trawler, der Ross-Tiger, auf Tour gehen. Tagesbesucher sollten in Grimsby unbedingt Fish & Chips essen, z. B. bei Marklews. Auch einige fischverarbeitende Fabriken, u. a. von ICI und Birds Eye, sind hier heimisch und stellen Fischstäbchen und andere Gerichte her.

Sehenswertes Grimsby National Fishing Heritage Centre, Alexandra Docks, DN31 1UZ, April bis Okt. Di–So 10–17 Uhr, im Winter Di–So 10–16 Uhr. 6 £, erm. 4 £, Kind 2 £, Familie 12 £. ✆ 01472/323345, www.nelincs.gov.uk.

Essen & Trinken Marklews Fish & Chips, Mo–Sa 11.30–23 Uhr, So 11–23 Uhr, 109 Humberstone Road, DN32 8DR, ✆ 01472/354370.

Wybers Chippy, Mo–Sa 11.30–23 Uhr, So 11–23 Uhr, 334 St Nicholas Drive, DN37 9SF, ✆ 01472/887354.

The Galleries of Justice

Nottingham

Bürogebäude und Parkhäuser an der mehrspurigen Umgehungsstraße lassen das rund 300.000 Einwohner zählende Nottingham auf den ersten Blick nicht allzu attraktiv wirken. Robin-Hood-Romantik sucht man hier vergeblich. Neben Historischem bietet die Stadt eine lebhafte Studentenszene mit vielen Kneipen und kulturellen Veranstaltungen.

Von Daniel Defoe einst als eine der angenehmsten und schönsten Städte in England bewundert, verwandelte sich Nottingham während der industriellen Revolution zu einem der am dichtesten besiedelten Industriegebiete, das für seine Slums berüchtigt war. Das heutige Stadtbild wird vor allem durch unansehnliche Hochhauskonstruktionen der Nachkriegszeit geprägt. Das Clifton-Hochhaus etwa war in den 1950er-Jahren der größte soziale Wohnungsbau in Europa. In der Innenstadt gibt es jedoch einige nette Einkaufsstraßen, Cafés und wunderschöne Plätze. Das Zentrum ist der **Old Market Square**, der zweitgrößte Platz des Landes (nach dem Londoner Trafalgar Square), wo der Legende nach der Bogenschützenwettbewerb veranstaltet wurde, den Robin Hood unerkannt gewinnen konnte. Die meisten Touristen steuern direkt auf das **Schloss** zu, in dem der berüchtigte Sheriff von Nottingham angeblich residierte. Unterhalb des Castle befinden sich **Höhlen**, die man besichtigen kann, sowie das aus dem Mittelalter stammende Jerusalem Pub. Außerdem erinnern zahlreiche Museen und einige historische Bauten an vergangene Jahrhunderte.

Gegründet von den Sachsen, die ihr den Namen „Snotingaham“ gaben, bestand die Siedlung damals in weiten Teilen aus Höhlen, die in den weichen Sandstein geschlagen worden waren – obendrauf ließ Wilhelm der Eroberer 1068 eine Festung bauen. Die fast 500 Höhlen wurden zum Teil noch bis in die 1940er-Jahre bewohnt (Abschnitte kann man besichtigen). Fast alle Könige des Mittelalters residierten regelmäßig in der Festung. Nottingham blieb lange Zeit eine beschauliche Marktstadt. Das sollte sich im Zuge der Industrialisierung ändern. Ab der zweiten Hälfte des 18. Jh. spielte die Textilherstellung, insbesondere das Spitzenklöppeln, eine wichtige Rolle. Der Weber und Erfinder James Hargreaves siedelte nach Nottingham über und führte hier seine berühmte Spinnmaschine Spinning Jenny ein. Fabriken wurden errichtet, und die Stadt stieg zu einem der führenden Textilzentren Europas auf. Als im 19. Jh. eine Rezession das Gewerbe erfasste und zahlreiche Weber kurz vor dem Hungertod standen, kam es zu sogenannten Ludditen-Unruhen: Zwischen 1811 und 1816 stürmten Arbeiter die Fabriken und zerstörten systematisch die Maschinen. Anfang des 20. Jh. begann man, viele alte Gebäude der Stadt abzureißen und die Ringstraße um die Innenstadt anzulegen.

Nottingham ist dennoch eine Erfolgsstory: Sie ist die Heimat der Raleigh Bikes, des Pharmagiganten Boots und der Zigarettenproduktion, Modedesigner wie Paul Smith haben hier ihr Hauptquartier. Die **Uni-Stadt** zieht mit massiven Modernisierungsprogrammen immer mehr Leute an. Die finden eine lebendige Clubszene vor, Sushibars, Loftapartments und Designershops, und die sportlich Versierten haben in Trent Bridge sogar ihr Cricket-Mekka. Ein Besuchermagnet ist auch das 43 Mio. Pfund teure National Ice Centre, das als Veranstaltungsort genutzt wird. Mit der **Nottingham Contemporary** bietet die Stadt auch eine der größten Galerien für zeitgenössische Kunst. Der Tourismus in der Stadt lebt allerdings noch immer im Wesentlichen von der Pflege der Legende um Robin Hood. Nördlich von Nottingham breitet sich der berühmte **Sherwood Forest** aus – bzw. das, was von ihm übrig geblieben ist.

Basis-Infos

→ Karte S. 154/155

Information Am alten Marktplatz findet sich das **Nottingham Tourism Centre** mit einer Unmenge von kostenlosen Broschüren und Stadtkarten. Mo–Sa 9.30–17.30 Uhr, im Juli/Aug. und Dez. auch So 11–17 Uhr. 1–4 Smithy Row, Nottingham, Nottinghamshire NG1 2BY, ✆ 08444/775678, aus dem Ausland: +44(0)115/9155133; www.experience nottinghamshire.com.

Verbindungen **Bus** – National-Express-Busse starten ab Broadmarsch Coach Station, südlich des Zentrums (Collin Street), Stadt- und Nahverkehrsbusse ab York Street. Sherwood Arrow Busse operieren im Sommer an Sonntagen in ganz Nottinghamshire und fahren von der Nottingham Bus Station die Hauptsehenswürdigkeiten im Umland an. Auch ein Derbyshire Wayfarer Day Rover Ticket für 12,40 £ spart Geld. Im Stadtgebiet kann man mit dem **Easyrider Ticket** 20 % sparen (Purse Ticket) oder fünf Tage lang unbegrenzt die Verkehrsmittel für 15,50 £ nutzen (myeasyrider. nctx.co.uk). Die **Robin Hood Card** (Anschaffung 2 £) ist ebenfalls eine Magnetkarte, die bei einer Aufladung mit einem Guthaben von 3,15 £ unbegrenztes Fahren für den Tag erlaubt. www.robinhood network.co.uk.

Bahn – Der Bahnhof liegt im Süden (5 Min. Fußweg vom Zentrum) an der Carrington Street. East-Midland-Züge fahren in weniger als 2 Std. nach London St Pancras.

Straßenbahn – Die Straßenbahn Nottingham Express Transit (NET) verfügt über zwei Linien (32 km) mit fünf Haltestellen im Zentrum. Sie fährt praktischerweise vom Bahnhof durch den Old Market Square und Lace Market, Linie 1 führt vom Poenix Park nach Clifton und Linie 2 von Hucknall nach Chilwell. An mehreren Haltestellen außerhalb der Stadt befinden sich P & R (s. u.). Tageskarten: 4 £. ✆ 0115/9242454, www. thetram.net.

Park & Ride – Parken und mit der Straßenbahn ins Zentrum fahren. Es gibt insgesamt neun Parkplätze, einige davon werden mit Bussen bedient, andere sind an das Straßenbahnnetz angeschlossen. www. nottinghamcity.gov.uk/parkandride.

Einkaufen Ein hübsches und verstecktes Kleinod ist **Cobden Chambers Shopping**

Die Midlands → Karte S. 104/105

14, ein sonniger Hof, wo sich Juweliere, Musikläden, alternative Boutiquen und eine Café-Bar angesiedelt haben. Es werden auch Märkte veranstaltet. Pelham Street, NG1 2ED, ✆ 0115/9413366, www.cobdenchambers.co.uk. Am **Lace Market** 18 St Mary's Gate verkauft **Debbie Bryan** 22 Schmuck und Kunsthandwerk made in Nottingham und betreibt einen kleinen Tea Room (Mo–So 11–17.30 Uhr, www.debbiebryan.co.uk). Eine gute Gegend zum Stöbern für ausgefallene Geschenke ist auch der Bezirk **Hockley**. Antiquitäten findet man entlang der **Derby Road**.

Wirklich sehenswert ist der Laden des einheimischen Designers Sir Paul Smith, **Wiloughby House** 23, Mo–Sa 10–18 Uhr, So 11–17 Uhr, in der 20 Low Pavement, NG1 7DL, www.paulsmith.co.uk/uk-en/shop/locator/paul-smith-willoughby-house.

Designerboutiquen finden sich im **Bridlesmith Walk** zwischen Bridlesmith Gate und Weekday Cross, der **Exchange Arcade** sowie der Arkade **Flying Horse Walk**.

Hurts Yard gleich am Old Market Square ist eine der letzten verbliebenen schmalen Gassen, hier verstecken sich eine Tequila Bar, ein Café, ein Plattenladen und einige weitere kleine Läden. Die **Fußgängerzone** verläuft entlang der Clumber Street.

Fahrradverleih Im **Tourism Centre** für 4 £/Tag inklusive Robin Hood Card. Tägl. 9.30–17 Uhr.

Kino **Broadway Cinema**, vier Leinwände und Café-Bar, Arthouse-Filme. 14–18 Broad Street, ✆ 0115/9526611, www.broadway.org.uk.

Cineworld, 14 Leinwände im Cornerhouse, 29 Forman Street, NG1 4AA, ✆ 0871/2002000, www.cineworld.co.uk.

Screen 22, kleinstes Kino der Welt (22 moderne Sitze) im Szeneviertel Hockley, Active 3D. Sonntagabends wird ein Kultfilm gezeigt, den die Besucher zuvor per Internet wählen. 25b Broad Street, NG1 3AP, ✆ 07891/832389, www.screen22.co.uk.

Aktivitäten

Konzerte **Motorpoint Arena Nottingham**, Stadion im National Ice Centre am Lace Market mit 10.000 Plätzen, wo von der irischen Tanzgruppe Riverdance bis hin zur Rockband The Darkness die Großveranstaltungen der Region stattfinden. Ein-

Ältestes Pub des Landes: Ye Old Trip to Jerusalem

gänge in der Lower Parliament Street und am Bolero Square, NG1 1LA. Karten: ✆ 0843/3733000, www.motorpointarenanottingham.com/Online.

Stadtrundgänge **Robin Hood Walks**, März bis Okt. Sa 14 Uhr, Dauer ca. 2 Std., 12 £, erm. 10 £, Kind 7 £. Start vom Cross Keys Pub, Byard Lane, Fletscher Gate, NG1 2GJ, ✆ 0844/4775678, www.ezekialbone.com/robin-hood.

Ghostwalk, Sa 19 Uhr ab dem Ye Olde Salutation Inn, 6 £, Kind 3 £ (unter 9 J. frei), Familie 15 £. Maid Marian Way, NG1 6AJ, ✆ 07968/648950 oder ✆ 07534/672497, www.thenottinghamghostwalk.co.uk.

Theater **The Royal Centre**, bestehend aus dem **Theatre Royal**, wo Ballett, Oper und Schauspiel gezeigt wird, und der **Royal Concert Hall**, wo klassische Konzerte, Tanz und mehr dargeboten werden. Theatre Square, NG1 5ND, ✆ 0115/9895555, www.trch.co.uk.

Lakeside Arts Centre, Veranstaltungsort der University of N

ottingham für Musik, Tanz, Theater und Ausstellungen in verschiedenen Galerien. Es gibt auch einen tollen Shop für kreative Mitbringsel (Di–Sa 11–17 Uhr, So 12–16 Uhr). University Park, NG7 2RD, ✆ 0115/8467777, www.lakesidearts.org.uk.

Veranstaltungen **Nottinghill Goose Fair**, riesiger Rummel, der seit mehr als 710 Jahren im Okt. stattfindet. Forest Recreation Ground, 3 km nördlich des Stadtzentrums. www.experiencenottinghamshire.com/whats-on/goose-fair-2014-p358771.

Die Midlands → Karte S. 104/105

Übernachten

→ Karte S. 254/255

Die meisten B & Bs der Stadt liegen etwas abgelegen in den Vororten, im Stadtzentrum gibt es eine recht gute Auswahl an Hotels.

**** **Lace Market Hotel** 27 Nottinghams führendes Boutiquehotel, 42 Zimmer und Suiten in elegantem Understatement, sehr gutes Restaurant (Merchant's), schöne Bar (Saint Bar) und traditionelles Pub (Cock & Hoop). Viele Vergünstigungen/Specials im Internet. EZ ab 85 £, DZ ab 95 £. 29–31 High Pavement, Lace Market, NG1 1HE, ✆ 0115/9484414, www.lacemarkethotel.co.uk/.

** **Ibis Nottingham Centre** 19 Zentral gelegen am Lace Market, 142 kleine Zimmer, aber modern, freundlich und funktional, WLAN. Budget-Preis ab 50 £/Zimmer. 16 Fletcher Gate, NG1 2FS, ✆ 0115/9853600, Reservierung: ✆ 0049/(0)69/95307595, www.accorhotels.com/de/hotel-6160-ibis-nottingham-centre/index.shtml.

*** **Ramada Hotel City Centre** 7 Schlichtes, modernes 90-Betten-Haus in einer ruhigen Sackgasse und zentral gelegen. Ab 59 £/Zimmer ohne Frühstück. Das Frühstück am Abend vorher buchen, dann ist es günstiger. 17–31 Wollaton Street, NG1 5FW, ✆ 0115/9128000, www.ramadanottinghamcitycentre.co.uk.

**** **St James Hotel** 24 Das große Plus ist die Lage direkt beim Castle, die Ausstattung ist eher retro-modern (70er-Jahre-Look in den Fluren), für das kleine Budget gibt es extra kleine Zimmer, sog. Crash Pads (ab 59 £/Nacht mit Frühstück). Kein Restaurant, in der No 6 Lounge Bar gibt es kleinere Speisen zu fairen Preisen. EZ ab 59 £, DZ ab 72,50 £. St James' Street, ✆ 0115/9411114, www.stjames-hotel.com.

»» **Mein Tipp: Yellow House** 2 B & B in ruhigem Doppelhaus etwa 15 Min. vom Zentrum entfernt. Die freundliche Besitzerin hat einen ebenso freundlichen Hund und vermietet ein Zimmer unterm Dach. 75 £, Einzelbelegung ab 55 £ mit einem guten Frühstück. 7 Littlegreen Road, Woodthorpe, NG5 4LE, ✆ 0115/9262280, www.bandb-nottingham.co.uk. ««

SACO Apartments 10 Zentral gelegene Apartments mit WLAN und Parkplatz. Ab 83 £/Nacht für bis zu 4 Pers. U. a. The Ropewalk, NG1 5DQ. (Büro in Bristol), ✆ 0330/2020505, aus dem Ausland ✆ 0117/9706999, www.sacoapartments.com.

Igloo Hybrid 18 Dieses nagelneue Hostel mit japanischen Einflüssen verfügt über Schlafsäle und private Zimmer (Sleep Boxes), ist zentral gelegen und ruhig, denn es erlaubt keine Gruppenbuchungen. Es is fast vollständig mit Second-Hand-Möbeln eingerichtet, ein Teil des Gewinns wird für wohltätige Zwecke verwendet. Eine Gemeinschaftsküche ist vorhanden. Single Sleep Box ab 29 £, Double Sleep Box ab 32 £, mit Bad EZ ab 46 £, DZ ab 49 £. 4–6 Eldon Chambers,

Wheeler Gate, NG1 2NS. ✆ 0115/9475250, www.igloohostel.co.uk/igloo-hybrid. ■

Sherwood Forest YHA Hostel 1 32 km von Nottingham entfernt, zu erreichen mit Bus 33. Moderne Herberge mit großen Schlafsälen, oft als ganze Einheit vermietet, schnell ausgebucht. Betten ab 20 £. Forest Corner, Edwinstowe, NG21 9RN, ✆ 0345/3719139, www.yha.org.uk.

Essen & Trinken/Nachtleben

Essen & Trinken Die Gegend um **Carlton Street** und **Goose Gate** östlich des Stadtzentrums liegt im Moment am Puls der Gastronomie. Viele Cafés und Bars befinden sich auch um den **Lace Market** herum, etwa **Brass Monkey** 26 (11 High Pavement, www.brassmonkeybar.co.uk, Mo–Sa 17–3 Uhr, So 20–3 Uhr) und **The Lacehouse** 21 (in einer alten Spitzenmanufaktur am Broadway) oder **Keans Head** 25 (46 St Mary's Gate) für Craft Bier. The **Cornerhouse** gegenüber dem Theatre Royal ist ein Neubaukomplex, wo man Clubs und Restaurants wie **Wagamama** oder **TGI Fridays** findet (cornerhousenottingham.co.uk).

The Alley Café Bar 12 Bei vegetarischen und veganen Köstlichkeiten kann man in diesem Lokal vom Frühstück bis zum Abendessen bei Worldmusic, Dub-Reggae oder Jazzklängen entspannen. Galerieartige Atmosphäre. Mo–Di 11–21 Uhr, Mi–Sa bis spät (Mitternacht), So 12–18 Uhr. Cannon Court, Longrow West, NG1 6JE, ✆ 0115/9551013, alleycafe.co.uk.

Annie's Burger Shack 20 Eines der recht neuen alternativen Restaurants in Hockley. Der „German Burger" ist natürlich mit Sauerkraut. Amerikanisches Frühstück gibt es auch vegetarisch oder vegan von 8–10.30 Uhr, die mehr als 30 Burger-Varianten Mo–Do 12–22 Uhr, Fr bis 23 Uhr, Sa 11.30–23 Uhr, So 11.30–22 Uhr. 5 Broadway, NG1 1PR, www.anniesburgershack.com.

››› Mein Tipp: **Tamatanga – Urban Indian Canteen** 4 Man sitzt an großen, eckigen Tischen auf Holzbänken. Mit einer Kantine hat das Restaurant nur gemein, dass es schnell geht. Indische Küche, funky 70er-Stil, eher junges Publikum. Vor 18 Uhr kostet eine Speise plus Getränk nur 7,95 £! So–Do 11.30–22 Uhr, Fr/Sa bis 23 Uhr. The Cornerhouse, Trinity Square, NG1 4DB, ✆ 0115/9584848, www.tamatanga.com. ‹‹‹

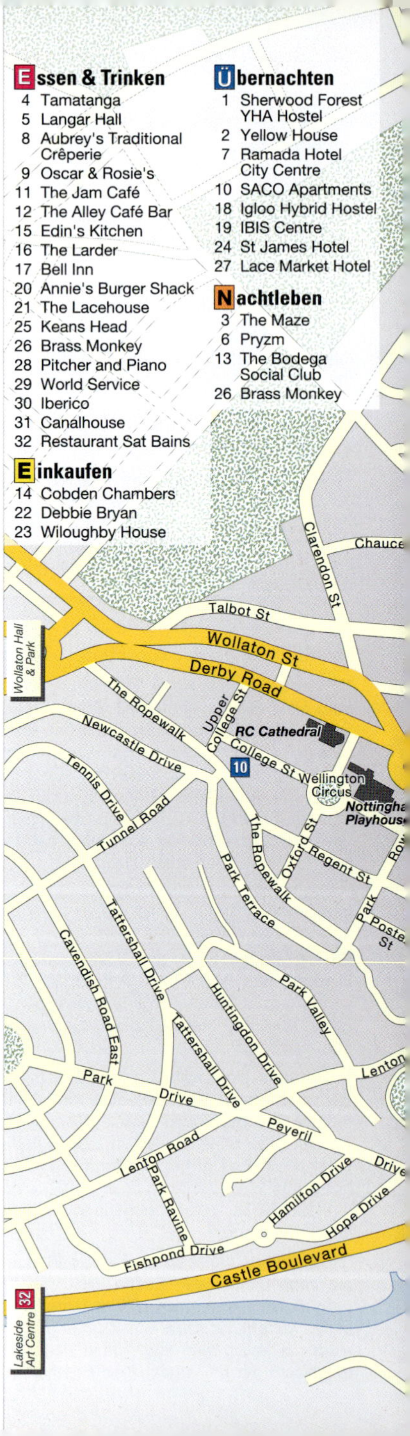

Nottingham
200 m
Mansfield Road
Huntingdon Street
Victoria Bus Station
Victoria Centre
Nottingham Trent University
Guildhall
The Cornerhouse
Royal Concert Hall
Theatre Royal
Theatre Square
Upper Parliament St
Lower Parliament St
1 King's Walk
2 Trinity Walk
Broadway Cinema
Lace Market
Exchange Arcade
Long Row
Old Market Square
West End Arcade
St Peter's Church
Lace Market Theatre
St Mary's Church
Zone
Motorpoint Arena
National Ice Centre
Nottingham Contemporary
St Nicholas's Church
Broadmarsh Shopping Centre
Castle Museum & Art Gallery
Ye Olde Trip to Jerusalem
Brewhouse Yard Museum
Canal Street
Maid Marian Way
Wilford Road
Carrington St
Station Street
Bahnhof
London Road
Queen's Road
St Mary's Rest Garden
Victoria Park
Bath Street
BUS

Oscar & Rosie's 9 Viele sagen, hier gäbe es die beste Pizza der Stadt, alles hausgemacht und nur mit den besten Zutaten, natürlich auch glutenfrei oder vegan. Die Lunch-Specials für 7 £ sind ein Hit (tägl. 12–16 Uhr). Di–Do 12–15 und 17–22 Uhr, Fr–Sa 12–23 Uhr, So 12–15 und 17–21 Uhr. 7–9 Thurland Street, NG1 3DR, ✆ 0115/9361983, www.oscarandrosies.com.

The Larder 16 Restaurant im ersten Stock eines Delikatessengeschäftes, nur Produkte von lokalen Farmern und Fischern, moderne britische Küche, tägl. wechselndes Menü, man ist spezialisiert auf Steaks. Di–Do ab 17.30 Uhr, Fr–Sa Lunch 12–14.30 Uhr und Dinner ab 17.30 Uhr. So 12–15.30 Uhr. 16–22 Goosegate, erster Stock, Hockley, NG1 1FE, ✆ 0115/9500111, www.thelarderongoosegate.co.uk. ■

World Service 29 Restaurant der gehobenen Klasse und Lounge-Bar um die Ecke vom Castle. Asiatisches Dekor und japanische Gartenterrasse, separate Dining Rooms in historischem Newdigate House im Kolonialstil. Neue britische Küche, Hauptgerichte 15–27 £. Marschall Talard, der hier mehrere Jahre als Kriegsgefangener verbrachte, soll übrigens als erster den Sellerie kultiviert haben. Mo–Fr 12–14 und 17–22 Uhr, Sa 12–14 und 18.30–22 Uhr, So 12–15.30 Uhr. Lounge Bar Mo–Do 12–15 und 18.30–24 Uhr, Fr/Sa 12–24 Uhr, So 12–18 Uhr. Castlegate, NG1 6AF, ✆ 0115/8475587, www.worldservicerestaurant.com.

Restaurant Sat Bains 32 Ein Restaurant mit zwei Michelin-Sternen und acht Gästezimmern im Boutique-Stil. Sehr experimentierfreudig und teuer, seit 14 Jahren kocht hier John Freeman. Menü 85–125 £ pro Pers. (Taster Menue mit 7 oder 10 Gängen). Di–Sa Lunch ab 12 Uhr, Dinner Di–Do 19–21 Uhr, Fr 18.30–21.30 Uhr, Sa 18–22 Uhr. DZ 140–285 £. Lenton Lane, NG7 2SA, ✆ 0115/9866566, www.restaurantsatbains.com.

Langar Hall 5 In diesem exklusiven Country-House-Hotel treffen sich Schöngeister und Exzentriker zum exklusiven Dinner bei Pascal. Die Karte richtet sich nach der Saison. Zum Nachtisch unbedingt den Stilton-Käse von Coloston Bassett bestellen. Wer nicht mehr fahren will, kann in einem der zehn Zimmer nächtigen (120–350 £). Das Essen ist dagegen vergleichsweise bezahlbar, zwei Gänge kosten 25 £, Hauptgerichte à la Carte 20–30 £. NG13 9HG, ✆ 01949/860559, www.langarhall.com.

››› Mein Tipp: Aubrey's Traditional Crêperie 8 Lassen Sie sich nicht von der Location in der Mini-Mall abschrecken, der kleine Laden selbst versprüht legeren frankophilen Charme und es gibt die tollsten Galettes und Crêpes wie original in der Bretagne. Mi–Sa 10–18 Uhr. 14-16 West End Arcade, NG1 6JP, ✆ 0115/9470855, www.aubreystraditionalcreperie.com. ‹‹‹

Iberico 30 Sehr gutes Tapas-Restaurant in der Shire Hall/Galleries of Justice mit guten Drinks. High Pavement, Lace Market, NG1 1HN, ✆ 0115/9410410, www.ibericotapas.com.

Edin's Patisserie Bar & Kitchen 15 Kleiner Delikatessenladen mit Café in einem ehemaligen Juweliergeschäft, dessen Vitrinen weiter genutzt werden. Edin serviert günstige Salate, Pies und Suppen, die Zutaten stammen aus Devon. Mo–Do 7.30–19 Uhr, Fr–Sa bis 24 Uhr, So 8.30–19 Uhr. 15 Carton Street, NG1 1NL, ✆ 0115/9501172.

Bell Inn 17 Historisches Pub mit Außenterrasse und guter Bier- und Whiskyauswahl direkt im Zentrum. Livemusik, Mi open mic night. Küche tägl. 11–22 Uhr. Auch Cave Tours bei Voranmeldung. Fr–Sa bis 0.30 Uhr geöffnet. 18 Angel Row, ✆ 0115/9475241, www.bellinnnottingham.co.uk.

Pitcher and Piano 28 Bar in einer umgebauten Kirche der Unitaristen, beeindruckende Location, nachmittags entspannt, abends busy. Am Wochenende bis 2 Uhr morgens geöffnet. High Pavement, Lace Market, NG1 1HN, ✆ 0115/9586081, www.pitcherandpiano.com.

Canalhouse 31 Pub in ehemaligem Canal Museum. Der Kanal fließt durch das Pub, das auch eine große Außenterrasse besitzt. Richtig was für den Sommer! Fr/Sa bis 1 Uhr. 48–52 Canal Street, NG1 7EH, ✆ 0115/9555060, www.thecanalhouse.co.uk.

Nachtleben Nottingham hat eine beachtliche Club- und Kneipenlandschaft zu bieten. Hier nur einige Clubs:

The Jam Café 11 Tagsüber dient der entspannte Laden als Café und Bar, abends werden Live-Gigs veranstaltet. Mi–So 12–24 Uhr, Fr bis 1 Uhr, Sa 11–1 Uhr, So 11–16 Uhr. 12 Heathcote Street, NG1 3AA, ✆ 0115/483566, www.jamcafe.info.

The Bodega Social Club 13 Ableger des gleichnamigen Clubs in London, entsprechend cool mit DJs und Livemusik, Motto: sehen und gesehen werden, vor allem

Pub am Wasser: Canalhouse

Die Midlands → Karte S. 104/105

donnerstags zur Paradisco mit Live-Saxofon von 23 bis 3 Uhr. Bar und Biergarten. 23 Pelham Street, NG1 2ED, ✆ 0115/9505078, Box Office: ✆ 0845/413444, www.bodeganottingham.com.

Pryzm **6** In den sechs völlig unterschiedlich eingerichteten Räumen soll eine intimere Atmsophäre entstehen als in der Großdisko. Alle Räume sind knallig farbenfroh, es werden auf drei Tanzflächen unterschiedliche Musikgenres bedient. Insgesamt ist Platz für 2500 Partygänger. The Palais, Lower Parliament Street, NG1 3BB, ✆ 0115/9501075, www.pryzm.co.uk/nottingham.

The Maze **3** Im hinteren Teil der Forest Tavern wird nicht nur getanzt, sondern auch aufgeführt. Fast jeden Abend finden andere Veranstaltungen bzw. Konzerte statt. Ein wirklich cooler Club! 257 Mansfield Road, NG1 3FT, ✆ 0115/9475650, www.themazerocks.com.

Sehenswertes

Nottingham Castle/Museum & Art Gallery: Leicht unterhalb des Schlosses steht verborgen hinter Büschen die Bronzestatue von Robin Hood, dem König der Diebe, der der Legende nach mit seinen Mannen den Sherwood Forest unsicher machte. Von der ursprünglichen Burg, die Wilhelm der Eroberer erbauen ließ, ist heute außer dem Torhaus nichts mehr übrig, denn sie wurde während des Bürgerkrieges von den Parlamentariern geschleift. Erst der Herzog von Newcastle ließ die Burg in der zweiten Hälfte des 17. Jh. im Renaissancestil wieder aufbauen. Seit 1878 dient sie als Museumsgalerie mit einer etwas unübersichtlichen Folge von kleineren Ausstellungsräumen. Ein Highlight ist die vollständige Sammlung von Wedgwood Jasperware aus dem 18. Jh., die aus 1400 Stücken besteht. Die gesamte Burganlage soll jedoch bis 2020 umgebaut werden und ein neues Besucherzentrum, interaktive Ausstellungen sowie ein anspruchsvolles Veranstaltungsprogramm erhalten. Eine große Robin Hood Gallery (derzeit muss sich der berühmte Gesetzlose mit einem kleinen Kellerraum zufriedengeben) soll dann das Bedürfnis der Besucher nach einem unterhaltsamen Einblick in die Legende stillen. Im ersten Stock, wo derzeit die Art Gallery mit Gemälden überwiegend aus dem 19. Jh. untergebracht ist, werden die beiden wichtigsten vorindustriellen Handwerke des mittelalterlichen Nottinghams zur Schau gestellt werden: Alabaster-Schnitzerei und Spitzenklöppeln. Außerdem wird es Führungen durch das Höhlensystem der Burg geben. Das Café besitzt schon heute eine nette Terrasse mit tollem Panoramablick, und der Shop ist gut sortiert.

Tägl. 10–17 Uhr, Nov. bis Febr. Mi–So 10–16 Uhr. 7 £, erm. 5 £, Familie 20 £. Lenton Road, NG1 6EL, ✆ 0115/8761400, www.nottinghamcastle.org.uk.

Castle Caves (Mortimer's Hole): Die unterhalb des Schlosses gelegenen Höhlen kann man bislang nur unabhängig von der Burg und mit einem Führer besichtigen. Am Haupteingang zum Schloss führen zwei Treppen zu einem unterirdischen Gängesystem, durch das Rober Mortimer spuken soll. Mortimer, der der Liebhaber der Königin Isabella war und den Mord an ihrem Gatten Eduard II. in die Wege geleitet hatte, wurde angeblich in der Burg gefangenen genommen, da seine Verfolger durch das Höhlensystem eindringen konnten. Sie erwischten ihn inflagranti im Bett der Königin. Mortimer wurde 1330 gehängt, gestreckt und gevierteilt.

Tägl. 12, 13, 14 und 15 Uhr, im Winter Zeiten bitte erfragen. Touren (zusätzlich zum Castle-Eintritt) 5 £, Kinder unter 5 J. frei. ✆ 0115/8761400, www.nottinghamcastle.org.uk/explore/nottingham-castle-caves.

Ye Olde Trip to Jerusalem: Am Fuße des Schlosshügels befindet sich dieses sehenswerte Pub, das auch eine Art Museum ist. An dieser Stelle stand bereits im Mittelalter eine Herberge. Berühmt wurde sie, nachdem Kreuzritter auf dem Weg ins Heilige Land im Jahr 1189 hier gerastet und sich erfrischt hatten – daher der ungewöhnliche Name. Einst gab es einen geheimen Eingang in das Höhlen-Netzwerk, das zum Castle führte. Ein weiteres Pub mit Zugang zum Höhlensystem ist übrigens das Hand and Heart in der Derby Road 65–67.

So–Do 10–23 Uhr, Fr/Sa bis 24 Uhr. Cellar Tours Mo–Do 11, 12, 15 und 17 Uhr. Brewhouse Yard, Castle Road, NG1 6AD, ✆ 0115/9473171, www.triptojerusalem.com.

Museum of Nottingham Life at Brewery Yard: In diesen alten Cottages wird die Sozialgeschichte der Stadt auf drei Etagen lebendig. Man sieht anhand von historischen Räumen, wie die Menschen im viktorianischen Zeitalter wohnten und wie die Läden damals aussahen, man kann sich alte Arztpraxen ansehen oder ein ehemaliges Schulzimmer betreten. Im Untergeschoss sind die Höhlen von Nottingham nachgebaut, die der Bevölkerung in den 1940er-Jahren als Luftschutzbunker dienten. In den ehemals 20 Häusern im Brewery Yard lebten 127 Menschen in ärmlichen Verhältnissen.

Sa/So 12–16 Uhr. 2,50 £. Castle Boulevard, NG7 1FB, ✆ 0115/8761400, www.nottinghamcastle.org.uk/explore/museum-of-nottingham-life-at-brewhouse-yard.

Stadtteil Lace Market: Über die Castle Gate gelangt man vom Schloss ins Stadtzentrum und zum Lace Market – einst Umschlagplatz für die Stoffindustrie, präsentiert sich das Viertel heute als Nottinghams kulturelles Zentrum. Enge Straßen winden sich um die St Mary Church, eine Kirche im Perpendicular-Stil aus dem 15. Jh., wo der berühmte Bach-Chor regelmäßig Konzerte gibt. Man beachte das wunderbare Bronzerelief von Jesus und Maria an der Südtür. Hier oben befand sich übrigens die angelsächsische Siedlung „Snotingaham". Am Broadway reihen sich einige viktorianische Lagerhallen aneinander, die inzwischen fast alle zu Loft-Apartments umgebaut sind. In der Stoney Street steht das wohl größte und interessanteste Industriegebäude der Stadt – die Lagerhalle von Page & Co mit ihren schönen Steinreliefs und den großen Fenstern im Dach. Etwas südlich befindet sich das ehemalige Verwaltungsviertel von Nottingham. In High Pavement steht die imposante Shire Hall aus dem Jahr 1770, in der sich die Galleries of Justice (→ S. 260) befinden. An den Lace Market grenzt das Viertel Hockley mit seinem reichen gastronomischen Angebot und Nachtleben.

Lace Market Heritage Point in der Shire Hall, Audioguides (durch das Viertel entlang des Lace Market Trail) in den Galleries of Justice für 2,95 £ (30–45 Min.).

Nottingham Contemporary: Das Museum für zeitgenössische Kunst ist ein ungewöhnlicher Kastenbau, dessen nördliche Fassade sozusagen im Sandsteinfelsen versinkt. Das Londoner Architektenbüro Caruso St John hat die jadegrüne und goldene Verkleidung mit einem typischen Muster der Nottingham-Spitze verziert. Auf 3000 m² werden vier Galerien durch Oberlichter bzw. deckenhohe Fenster erhellt. Die Räume wurden teilweise von Künstlern wie Matthew Brannon und Pablo Bronstein ausgestattet. Es gibt auch einen Theatersaal, ein Studienzentrum und eine Cafébar mit einem Laden. Vier bis fünf große Ausstellungen erstklassiger, internationaler Künstler werden im Jahr gezeigt. Jeden Samstag gibt es in der Cafébar Livemusik.

Di–Sa 10–18 Uhr, So und Feiertage 11–17 Uhr. Eintritt frei. Cafébar Di–Fr 10–18 Uhr, Sa 10–23 Uhr, So 11–18 Uhr. Weekday Cross, NG1 2GB, ✆ 0115/9489750, www.nottinghamcontemporary.org.

City of Caves: Unter dem Shoppingcenter Broadmarsh verbirgt sich eine ungewöhnliche Touristenattraktion. Ein menschengemachtes System aus rund 500 Höhlen, das seit 700 Jahren verschiedentlich genutzt wurde, zuletzt im Zweiten Weltkrieg als Bunker. Unterhalb der Straßen von Nottingham bis hin zum Drury Hill kann man sich per Audioguide oder sehr viel dramatischer von einem Schauspieler führen lassen.

Tägl. 10.30–17 Uhr, letzter Einlass 16 Uhr. 7,95 £, erm. 5,95 £, Familie 23,50 £, inkl. Audioguide. Tour mit Schauspielern Sa/So 10.30–16 Uhr. Es gibt ein Kombiticket mit den Galleries of Justice. Drury Walk, Upper Level, Broadmarsh Shopping Centre, ✆ 0115/9881955, www.cityofcaves.com.

Höhlensystem unter der Burg: Castle Caves

Galleries of Justice: In diesem ehemaligen Gefängnis bekommen Besucher eine Häftlingsnummer und können auf der Crime and Punishment Tour den Alltag im Zuchthaus vergangener Zeiten interaktiv nacherleben. Im Flügel von 1833 werden in einer neuen Ausstellung Memorabilien der letzten 300 Jahre präsentiert. Es gibt auch Ghost Tours und Murder-Mystery-Veranstaltungen. Entspannung findet man anschließend im Divine Coffee House.

Tägl. 9–17.30 Uhr, Führungen 10.30–16 Uhr, Mo–Di per Audioguide (Facts & Felons), Mi–So mit Schauspielern (Performance Tours). 9,95 £, erm. 7,95 £, Familie 29,95 £. Auch Kombitickets mit City of Caves. Shirehall, High Pavement, ✆ 0115/9520555, www.galleriesofjustice.org.uk.

Wollaton Hall, Gardens and Deer Park: 4 km westlich des Zentrums liegt ein schöner Tudor-Landsitz, der 1588 von Sir Francis Willoughby, einem Kohlebergwerkbesitzer, gebaut wurde. Der Besucher kann die Gerüche und die Hitze einer Tudorküche erleben oder ein Video über die Tischsitten verfolgen. Ein Teil der Räume birgt auch ein naturhistorisches Museum. Architekt war Robert Smythson, der auch Longleat in Wiltshire entworfen hat. Der Park ist die grüne Lunge der Stadt. Im Café gibt es Suppen und Sandwiches. In den Stallungen werden im Industrial Museum u. a. Werkzeuge zum Spitzenklöppeln, Raleigh-Fahrräder und eine riesige Dampfmaschine gezeigt. Das Haus diente in der Batman-Verfilmung „The Dark Knight Rises“ als Wayne Manor.

Wollaton Hall and Park: Haus: März bis Okt. tägl. 10–17 Uhr, sonst nur Do–Mo 10–16 Uhr. Park: Mo–Fr ab 8 Uhr, Sa/So ab 9 Uhr. Eintritt auf das Gelände frei, Parkgebühr 4 £. Führungen durch das Haus um 12, 13, 14 und 15 Uhr, 5 £, Kinder unter 5 J. frei. Wollaton Park, Derby Road, Wollaton, NG8 2AE, ✆ 0115/8763100, www.wollatonhall.org.uk. Anfahrt vom Zentrum mit den Bussen 30 und 35.

Industrial Museum: Öffnungszeiten Sa, So und feiertags 11–17 Uhr. 2 £, erm. 1 £. Sonntags manchmal Demonstration der Dampfmaschinen, dann 4 £, erm. 2 £, www.nottinghamindustrialmuseum.co.uk.

Tudorhaus am Lace Market

Robin Hood in Nottingham

„Unter diesem kleinen Stein liegt Robert, Graf von Huntingdon, kein andrer Bogenschütz so gut; das Volk nannte ihn Robin Hood. Geächtete wie ihn und die Seinen wird England nimmermehr beweinen.“ So lautet die Grabschrift, die Little John seinem Herrn schrieb, der im wilden Wald unter dem grünen Rasen begraben liegt, wohin sein letzter Pfeil geflogen war. Wohl jeder kennt die Legende von Robin Hood, der von den Reichen nahm und es den Armen gab. Viele Plätze in England erheben Anspruch darauf, irgendwie mit diesem Mann in Verbindung zu stehen, der Sherwood Forest ist als Unterschlupf der Bande berühmt. Dabei ist noch immer umstritten, ob es ihn je gegeben hat und wer er wirklich war: eine Sagengestalt vor historisch wahrem Hintergrund, treu seinem König, ritterlich gegen Frauen, freundlich zu Unterdrückten und mutig im Kampf gegen die Mächtigen – ein Volksheld eben.

Die Midlands → Karte S. 104/105

Sherwood Forest

Nottingham ist das Tor zum Sherwood Forest mit seinen Abteien, Schlössern und Waldbauerndörfern. Der Sherwood Forest ist das im Ausland wohl bekannteste Waldgebiet Englands, denn die Legende besagt, dass Robin Hood hier sein Unwesen getrieben haben soll. Sein Hauptquartier soll er an der größten Eiche des Waldes gehabt haben, der Major Oak (10 Min. Spaziergang vom Visitor Centre), die zwischen 800 und 1000 Jahre alt ist und einen Umfang von 11 m hat. Tatsache ist, dass der einst dichte Eichen- und Birkenwald im Mittelalter zahlreichen Gesetzlosen Schutz bot. Erste Erwähnung findet Robin Hood in William Langlands Epos „Piers Plowman“ (14. Jh.). Im 15. Jh. wurde die Figur wieder aufgegriffen und mit einer eigenen Handlung ausgeschmückt. Sir Walter Scott beschreibt Hoods Bande, die Merry Men, in seinem Roman „Ivanhoe“ als edle Räuber und höfliche Diebe.

Früher breitete sich der Sherwood Forest über fast ganz Nottinghamshire aus. Rodungen im Zuge der Industrialisierung ließen nur noch einige kleinere Flecken übrig. Ein Spaziergang durch die Überreste des Waldes ist also nicht sonderlich beeindruckend.

Rund 30 km nördlich von Nottingham gelangt man über die B 6034 nahe Mansfield in den Ort **Edwinstowe,** der den Eingang zum **Sherwood Forest Country Park** bildet. Hier befindet sich auch ein recht veraltetes Besucherzentrum mit einer kleinen Ausstellung zur Robin-Hood-Legende (Souvenirverkauf) sowie zur Filmadaption mit Russell Crowe. In der St Mary's Church soll Robin seine Marion geheiratet haben.

Robin Hoods Major Oak

Nördlich des Sherwood Forest stand mit **Clumber Park** einst der Landsitz der Herzöge von Newcastle, der jedoch 1938 abgerissen wurde. Geblieben ist ein wunderbarer Landschaftspark um einen See. Die gotische Kapelle St Mary the Virgin aus dem 19. Jh. sowie der ummauerte Küchengarten mit dem **Museum of Gardening Tools** sind sehenswert. Im September ist Clumber Park Schauplatz für Derbys **Food Festival.**

Fahrradverleih **Sherwood Pines**, 8 £/Std., 24 £/Tag, tägl. 9–17 Uhr, Mi bis 20.30 Uhr (nur im Sommer), Old Clipstone, Mansfield, NG21 9JL, ✆ 01623/822855, www.sherwoodpinescycles.co.uk/hirebikes.

Sehenswertes **Besucherzentrum**: tägl. 10–17 Uhr, Nov. bis Ostern nur bis 16.30 Uhr. Eintritt frei. Parken 3 £, Swinecote Road, Edwinstowe, Mansfield, NG21 9HN, ✆ 01623823202, www.nottinghamshire.gov.uk oder www.edwinstowe.co.uk. Der Park ist jeden Tag bis zur Dämmerung geöffnet. Einen Imbiss bekommt man im Forest Table Restaurant.

Clumber Park: April bis Okt. tägl. 10–17 Uhr, Jan. bis März und Okt. bis Dez. tägl. 10–16 Uhr. Küchengarten und Museum April bis Okt. tägl. 10–17 Uhr, Nov./Dez. Sa/So 11–15 Uhr. 7 £ (Parkgebühr), Küchengarten 5,50 £. Es gibt auch ein Restaurant.

Veranstaltungen **Robin Hood Festival**, fast eine Woche lang wird der Räuber mit einem Mittelalterfest gefeiert. Anfang August, Infos über das Besucherzentrum.

Hardwick Hall

Eine enge, gewundene Straße führt von der Abfahrt 29 der M 1 nach Hardwick Hall, zu einem der großartigsten und besterhaltenen elisabethanischen Herrensitze im Land. Er war die Residenz von Elisabeth, Countess of Shrewsbury. Diese bemerkenswerte Dame gründete eine Dynastie, die 500 Jahre zu den mächtigsten in England zählte. Sie war schon über 70 Jahre alt, als sie das brachliegende alte Herrenhaus von ihrem Bruder kaufte und ihren Neubau daneben errichten ließ – frisch getrennt von ihrem vierten Ehemann, dem 6. Earl of Shrewsbury. Von da an war sie als Bess of Hardwick bekannt. Der beliebteste Architekt dieser Zeit, Robert

Smythson, schuf einen Landsitz mit sechs Türmen. Fast die gesamte Einrichung ist noch original aus dem 16. Jh. erhalten, darunter Gobelins, Stickereien und Wandbehänge. In dem schönen Park ist noch die Ruine der Old Hall zu sehen, die von English Heritage unterhalten wird und die man besichtigen kann. Auch den Rosengarten sollte man im Sommer nicht verpassen.

Mitte Febr. bis Okt. Mi–So 11–17 Uhr, Dez. 11–15 Uhr, Garten und Park ganzjährig 9–18 Uhr. 13,76 £, erm. 6,88 £, Familie 34,40 £; Garten 6,88 £, erm. 3,44 £, Familie 17,20 £. Doe Lea, Chesterfield, S44 5QJ, ✆ 01246/850430, www.nationaltrust.org.uk/hardwick-hall.

Die Midlands → Karte S. 104/105

Kedleston Hall

Aus Rivalität und Geltungsdrang soll dieser Landsitz westlich von Derby in den 1760er-Jahren entstanden sein – wollte man doch Chatsworth House und damit der Nachbarin, der Herzogin von Devonshire, in nichts nachstehen. Der Protzbau der Familie Curzon trägt den Spitznamen „Temple of the Arts", denn das Haupthaus wurde vor allem gebaut, um einen gebührenden Rahmen für Nathaniel Curzons Kunstsammlung zu schaffen. Als Wohnhaus für die Familie war es niemals gedacht – dennoch bewohnt die Curzon-Familie bis heute den Ostflügel. Und so führt der Rundgang durch das Eastern Museum an Vitrinen mit Schätzen vorbei, die der Besitzer von seinen Reisen nach Indien und Afrika mitbrachte, etwa einen Sattel für Elefanten oder einen indischen Thron. George Nathaniel Curzon, Marquess und später Earl Curzon of Kedleston, war von 1898 bis 1921 Vizekönig von Indien.

Touristisch und finanziell hat dieses beeindruckende Haus – die Innenausstattung und die Gartenanlage hat der damals noch unbekannte Robert Adam entworfen – von den Dreharbeiten zu „Die Herzogin" mit Keira Knightley profitiert. Die Filmeinnahmen wurden fast vollständig in die Restaurierung investiert.

Anfang März bis Okt. Sa–Do 12–17 Uhr, Park Jan. bis Mitte Febr. und Nov. bis Dez. tägl. 10–16 Uhr, Mitte Febr. bis Okt. tägl. 10–18 Uhr. 13 £, Kind 6,50 £, Familie 32,50 £. Nur Park 5,90 £, Kind 2,95 £, Familie 14,75 £. Nahe Quarndon, Derby, DE22 5JH, ✆ 01332/842191, www.nationaltrust.org.uk/kedleston-hall.

Calke Abbey

Obwohl der Landsitz Ticknall südlich von Derby seit 1985 im Besitz des National Trust ist, blättert hier die Farbe von den Wänden. Vom üblichen Sanierungsglanz ist wenig zu sehen, lediglich der Verfall wurde gestoppt. Die Familie Harpur hat in den 300 Jahren, in denen sie hier zurückgezogen wohnte, eine immense Sammlung ungewöhnlicher Schätze aus allen Teilen der Welt zusammengetragen.

Der Salon war ihr Privatmuseum, in dem ausgestopfte Tiere, Fossilien und ägyptische Artefakte ausgestellt sind. Staunend steht man in der Küche, die seit 1928 außer Betrieb ist, und bewundert die Vorrichtung zum Wenden der Schinken vor dem Rauch oder die Reihe von Glocken, mit denen man das Personal herbeirief.

Einen vollkommenen Gegensatz dazu bilden die Gärten. Hier ist alles gepflegt und geordnet. Ein „Lustgarten" mit exotischen Pflanzen lädt zum Verweilen ein, der Gemüsegarten gibt Inspiration für die Gestaltung der eigenen Beete.

Haus: März bis Okt. tägl. 11–17 Uhr. Garten, Stallungen, Restaurant und Shop schon ab 10 Uhr. 13,50 £, Kind 6,95 £, Familie 33,70 £, nur Garten und Stallungen 9,10 £, 4,50 £, Familie 22,80 £. Auch Holiday Cottages. Ticknall, DE73 7LE, ✆ 01332/863822, www.nationaltrust.org.uk/calke-abbey.

Stoke-on-Trent – The Potteries

Die Grafschaft Staffordshire ist vor allem für ihre Töpferwerkstätten (The Potteries) bekannt. Die sechs Orte Stoke, Hanley, Tunstall, Burslem, Fenton und Longton bilden zusammen Stoke-on-Trent und stehen seit dem 17. Jh. für die Porzellanherstellung. Die berühmten Namen hat die Finanzkrise der letzten Jahre allerdings dahingerafft.

Die rund 2000 Hochöfen sind schon lange verschwunden oder rauchen nicht mehr, denn der Industriestandort Stoke ist mit der Finanzkrise ins Trudeln geraten. Die beiden Traditionsfirmen Spode und Wedgwood gingen nach 250 Jahren Produktion in Konkurs und haben neue Besitzer. Auch Royal Doulton gehört schon länger zur Waterford Wedgwood Group und produziert in Indonesien. Die Vergangenheit wird noch in einigen Museen und Besucherzentren aufrechterhalten. Ein Lichtblick, weil eine moderne Erfolgsgeschichte, ist die Manufaktur von Emma Bridgewater. Außer Geschirr und Porzellanwaren gibt es in Stoke wenig von Interesse. Wer Kinder oder Jugendliche dabeihat, wird mit ihnen vielleicht einige der 125 Attraktionen des Vergnügungsparks **Alton Towers** ausprobieren wollen und ihnen erzählen, dass Popstar Robbie Williams 1974 hier geboren wurde. Liebhaber des britischen Ale kommen im **National Brewery Centre** in Englands Bierhauptstadt Burton-upon-Trent auf ihre Kosten. Naturliebhaber sollten unbedingt einige der Gärten und die traumhafte Landschaft des **Peak District** besuchen (→ S. 615).

Basis-Infos

Information **Tourist Information Centre**, Mo–Sa 10–17 Uhr, So 11–6 Uhr. Zimmervermittlung, Informationen zu Ausflügen und Veranstaltungen. The Potteries Museum and Art Gallery, Bethesda Street, Hanley, Stoke-on-Trent, Staffordshire ST1 3DW, ✆ 01782/236000, www.visitstoke.co.uk.

Verbindungen **Bus** – National Express Busse fahren regelmäßig von den meisten größeren Städten nach Stoke, u. a. von London Victoria (4:30–5 Std.). Stoke-on-Trent Hanley Bus Station in der Lichfield Street, ST1 3AD, ist nagelneu, daneben entsteht derzeit ein Shopping Centre.

Bahn – Der Bahnhof liegt ca. 3 km vom Stadtzentrum in der Station Road, ST4 2AA, und wird von der West Coast Main Line angefahren (Virgin Trains). Hochgeschwindigkeitszüge fahren von und nach London Euston (1:30 Std.), Birmingham und Manchester Picadilly Station.

Fahrradverleih **Brompton Bikes**, verleihen am Bahnhof Klappräder für 5 £/Tag. Man muss sich jedoch anmelden und vorab buchen. www.bromptondock.co.uk.

Einkaufen **The Station Kitchen (Staffordshire Oatcakes)**, Haferplätzchen bzw. Haferfladen sind die Spezialität von Nord Staffordshire. Di–Mi 8–14.30 Uhr, Do 8–14 Uhr, Sa 8–12 Uhr. Station Building, Station Road, Endon, Stoke on Trent, ST9 9DR, ✆ 01782/503512, www.staffordshireoatcakes.com.

Highlane Oatcakes, Di 7–16 Uhr, Do–Fr 7.30–17.30 Uhr, Sa 7–16 Uhr, So 7–12.15 Uhr. 597–599 High Lane, Burslem, ST6 7EP, ✆ 01782/810180, www.highlaneoatcakes.co.uk.

Wedgwood & Royal Doulton Outlet Store, Preisnachlässe bis zu 75 %. Mo–Sa 9–17 Uhr, So und Feiertag 10–16 Uhr. Forge Lane, Etruria, ST1 5NP, www.worldofwedgwood.com.

Kino/Theater **Stoke Film Theatre**, Indie-Filme, College Road, ST4 2DH, ✆ 01782/411188, www.stokefilmtheatre.org.uk.

The Regent Theatre, Art-déco-Theater in dem Opern, Ballett, Drama und Musicals gezeigt werden. Picadilly, Cultural Quarter, St1 1AP, ✆ 01782/213808, www.atgtickets.com/venues/regent-theatre.

New Vic Theatre, bekanntes Rundtheater im Nachbarort für Aufführungen, Konzerte und Musicals. Etruria Road, Newcastle-under-Lyme, ST5 0JG, ✆ 01782/717962, www.newvictheatre.org.uk.

Veranstaltungen **Stoke-on-Trent Festival**, in der Victoria Hall und im Forum Theatre, Orchester und Klavierkonzerte. stokeontrentfestival.com.

Übernachten/Essen & Trinken

Übernachten **** **Moat House** (Best Western Plus). Ein modernes Haus mit 147 großen Zimmern, 10 Min. vom Zentrum, mit gepflegtem Pool und Sauna, die kleine Terrasse eignet sich für einen entspannten Drink. B & B DZ ab 89 £. Etruria Hall, Festival Way, ST1 5BQ, ✆ 01782/609988, www.bw-stokeontrentmoathouse.co.uk.

Kenwood Guest House. Georgianische Villa mit sechs makellos sauberen Zimmern, 5 Min. vom Zentrum an der A 5006 gelegen. Hausgebackene Kekse, sichere Parkplätze, kostenloses WLAN und reichhaltiges Frühstück. B & B EZ (sehr klein) 41–48 £, DZ 72–108 £. 14 Stoke Road, Shelton, ST4 2DP, ✆ 01782/765787, www.kenwoodguesthousestoke.co.uk.

Essen & Trinken **NOM Restaurant and Bar**. Britisch-europäische Küche in entspanntem italienischem Bistro-Ambiente. Themenabende. Lunch mit zwei Gängen 9,95 £. Cocktails für 6,75 £. Mo–Do 11.30–21 Uhr, Fr/Sa bis 21.30 Uhr. 12 Percy Street, Hanley, ST1 1NE, ✆ 01782/479404, www.nomrestaurant.com.

Sanjeevs. Ein super Inder, mit oder trotz ayurvedischem Konzept. Die Preise sind mehr als angemessen, House Specials kosten 7,95 £. Tägl. 17.30–23 Uhr. 861 Leek New Road, ST2 7HQ, ✆ 01782/545533, www.sanjeevs.co.uk.

››› **Mein Tipp:** **Blondies Twisted Tea Room**. Sandwiches, Pies und Kuchen im Retro-Stil der 50er-Jahre und auf altem Porzellan serviert. Charming! So–Mi 10.30–16 Uhr, Do–Sa bis 17 Uhr. 15 Percy Street, Hanley, ST1 1NA, ✆ 01782/280680, www.blondiestwistedtearoom.org. ‹‹‹

Flaschenofen der viktorianischen Porzellanbrennerei

Die Midlands → Karte S. 104/105

Besterhaltene der historischen Töpfereien

Sehenswertes

The Potteries Museum and Art Gallery: Das Museum enthält die größte Sammlung von Tonwaren und Porzellan der Welt, aber auch Ausstellungen zu anderen Industrien, die Stoke prägten. Highlight ist u. a. ein Schatz aus angelsächsischer Zeit aus dem Königreich Mercia (Staffordshire Hoard).

Mo–Sa 10–17 Uhr, So 11–16 Uhr. Eintritt frei. Bethesda Street, Hanley, ST1 3DW, ✆ 01782/232323, www.stokemuseums.org.uk.

Gladstone Pottery Museum: Dieses Stadtmuseum ist eine rekonstruierte Töpferfabrik aus dem 19. Jh., komplett mit kopfsteingepflastertem Innenhof und Hochöfen. Hier wurde für die Tafeln der Mittelklasse produziert. Demonstrationen in zeitgenössischen Kostümen verbreiten eine Atmosphäre wie in einem Charles-Dickens-Roman. In der „Flushed With Pride“-Ausstellung wird außerdem die Geschichte der Toilette samt Geruchseffekten inszeniert.

April bis Sept. Di–Sa 10–17 Uhr, sonst bis 16 Uhr. 7,50 £, erm. 6 £, Kind 5,25 £, Familie 22 £. Uttoxeter Road, Longton, ST3 1PQ, ✆ 01782/237777, www.stokemuseums.org.uk/gpm.

World of Wedgwood: Das Museum, das ist einem herrlichen Park liegt, zeigt das Leben des außergewöhnlichen Industriellen Josiah Wedgwood, der als Keramikproduzent mit seinen Erfindungen bedeutende Fortschritte im Töpferhandwerk bewirkte, sowie die schönsten Objekte aus 250 Jahren Porzellanherstellung. Die Sammlung ist von der UNESCO als schützenswert anerkannt und gehört dem Victoria & Albert Museum in London. Während der Tour durch die Fabrik bekommt man einen Einblick in den Produktionsablauf (Informationen dazu wahlweise über Bildschirme mit Touchscreen oder einen Führer) und kann viele historische Meisterstücke bewundern. Ein Film über das Leben des Firmengründers, der übrigens der Großvater von Charles Darwin war, stellt diesen auch als treibende Kraft beim Kanalbau und als Aktivisten gegen den Sklavenhandel vor. Wie viele andere hat die Firma Wedgwood die Finanzkrise nicht überlebt und gehört inzwischen dem amerikanischen Konsortium KPS. Wer ein Erinnerungsstück mit nach Hause nehmen möchte, kann im Factory Outlet fündig werden. Stärken kann man sich in der Dining Hall oder den Tea Rooms.

Tägl. 10–17 Uhr. 7,50 £, erm. 5 £, Kind 3,75 £, Familie 15 £. Museumsführungen: Mo–Fr 11 und 14.30 Uhr. Fabrikführungen: Tägl. 10–15 Uhr, 13,50 £, erm. 10,50–£, Kind 7,50 £, Familie 30 £. Kombiticket (Discovery Experience): 15 £, erm. 10,50 £, Kind 7,50 £, Familie 30 £. Wedgwood Drive, Barlaston, ST12 9ER, ✆ 01782/282986, www.worldofwedgwood.com.

Emma Bridgewater Factory: Die Tassen mit den bunten Punkten, Herzen oder witzigen Sprüchen kennt hierzulande jeder. Und die halbe Nation hat einen Teller oder eine Tasse im Schrank, die an ein königliches Ereignis wie das diamantene Regierungsjubiläum der Queen oder die Geburten von Prinz George oder Prinzessin Charlotte erinnern. Die Emma Bridgewater Factory wurde 1985 von der Namensgeberin gegründet und ist heute eine der größten Töpfermanufakturen des Landes sowie wichtigster Arbeitgeber in Stoke. Es gibt Führungen, Sie können Ihr eigenes Porzellan gestalten oder im Café hausgemachte Kuchen bzw. herzhafte Salate zu sich nehmen, die im eigenen Garten gedeihen.

Mo–Sa 9.30–17.30 Uhr, So 10–16 Uhr. Führungen: Mo–Do 10, 11.30 und 13.30 Uhr, Fr nur 10 und 11.30 Uhr. 2,50 £ (die bei einem Einkauf im Shop von mehr als 12,95 £ verrechnet werden). Buchung: ✆ 01782/201328. Lichfield Street, Hanley, ST1 3EJ, emmabridgewaterfactory.co.uk.

Trentham Gardens: Die italienische Gartenanlage, die in den 1840er-Jahren von Charles Barry (Westminster Parliament) angelegt wurde, gehört zum Estate von Trentham, einer Parklandschaft mit mäanderndem See (es gibt Ruderboote zum Ausleihen) aus der Ideenwerkstatt des unvergleichlichen Lancelot Capability Brown. Das Herzstück der

Noch immer Handarbeit ▲

Schon lange ausrangiert ▼

Anlage ist umfassend restauriert worden und erhielt ein neues Pflanzdesign nach Entwürfen des führenden britischen Gartenarchitekten Tom Stuart-Smith. Das 4 ha große Gelände umfasst Springbrunnen und Topiari, David-Austin-Rosenbeete und mehr als 80.000 mehrjährige Stauden. Rund 100.000 Blumenzwiebeln setzen jahreszeitliche Akzente. Der niederländische Designer Piet Oudolf schuf entlang des Flusses Trent neue Blumenwiesen (Floral Prairie) und wechselfeuchte Bereiche (Rivers of Grass). Weitere Attraktionen sind der Affenwald, in dem 140 Berberaffen leben, und ein Shopping- und Gartencenter mit 50 Geschäften und vielen Restaurants.

Trentham Gardens: April bis Sept. 9–19 Uhr (Tore schließen um 20 Uhr), Okt. 9–17 Uhr, Nov. bis März 9–15 Uhr. 11,25 £, erm. 9,60 £, Familie 28,50–39 £. Stone Road, ST4 8JG, ✆ 01782/646646, www.trentham.co.uk/trentham-gardens. Italian Garden Tearoom und Lakeside Café.

Monkey Forest: April bis Juli und Sept./Okt. tägl. 10–17 Uhr, Aug. bis 18 Uhr, Anf. Nov. bis 16 Uhr. 8,50 £, erm. 8 £, Kind 6,50 £. South Entrance, Stone Road, ST12 9HR, ✆ 01782/659845, www.trentham.co.uk/monkey-forest.

Kombiticket 17,50 £, erm. 15,50 £, Kind 3–4 J 6,50 £, ab 4 J. 14 £.

Trentham Shopping Village: April bis Okt. tägl. 10–17.30 Uhr, Jan. bis März nur bis 17 Uhr.

Dorothy Clive Garden: Colonel Harry Clive schuf diesen 5 ha großen Garten für seine an Parkinson leidende Frau Dorothy. Spazierwege führen im alten Teil aus den 1930er-Jahren an mehr als 250 Rhododendronarten, Azaleen, Kamelien und einem Wasserfall vorbei. Das Waldgelände in einem stillgelegten Steinbruch steht im Mai in voller Blüte, im Herbst dürfen Besucher die Früchte der Obstbäume ernten. Der hübsche Tea Room überblickt den neueren Teil der Anlage, den Hillside Garden, wo man durch einen romantischen Tunnel aus Goldregen schreiten, eine alpine Landschaft mit Teich durchqueren und die Blumenrabatten voller Sommerstauden, Dahlien, 40 Sorten zierlicher Deutzien und duftender Rosen genießen kann.

April bis Sept. tägl. 10–17.30 Uhr, Tearoom 11–17 Uhr. Im Winter nur am Wochenende 10–17 Uhr, Tearoom 11–16 Uhr. 7,50 £, erm. 7 £, Kind 2 £, im Winter 3,50 £. Willoughbridge, Shropshire, TF9 4EU, ✆ 01630/647237, dorothyclivegarden.co.uk.

Alton Towers: Dieser Vergnügungspark bietet waghalsige Fahrten. Die Weltneuheit „Oblivion", eine senkrechte Achterbahn, kracht mit 180 km/h zu Boden. „Nemesis", eine Hänge-Achterbahn, wirbelt die fest angeschnallten Besucher durch die Luft. Rutschen und Strände locken im Waterpark, während der Tree Top Quest nichts für Leute mit Höhenangst ist. Ein Park mit hübschen Gärten bringt Ihren Adrenalinpegel und Puls hoffentlich wieder auf Normalniveau, wenn nicht, gelingt Ihnen das sicher im Spa. Für die Kleinen gibt es Theateraufführungen, einen Streichelzoo und einen Abenteuerspielplatz, auch an den obligatorischen Fast-Food-Ketten herrscht kein Mangel. Wer will, kann sogar auf dem Gelände wohnen.

Park: Meist tägl. 10–17 Uhr, in den Ferien bis 21 Uhr. 50 £, Senioren 25 £, ein Elternteil plus Kind 4–11 J. 43,80 £, Familie ab 85 £. Der Waterpark, Tree Top Quest und Spa kosten extra. Internetpreise um 30 % günstiger. Aus dem Ausland ✆ 01538/703344, im Inland ✆ 0871/2223330, www.altontowers.com.

Hotel. DZ mit Frühstück ab 150 £, Lodges ab 119 £, ✆ 0871/2221100.

National Brewery Centre: Neben den vier Abteilungen, in denen die Geschichte des englischen Bierbrauens dokumentiert und mit einem (auch deutschsprachigen) Audioguide lebendig gemacht wird, sind die zwei großen Shire Horses (Kaltblutpferde) die unangefochtenen Stars bei den Besuchern. Beide wurden nach Biermarken benannt (Major und Trooper) und wiegen rund eine Tonne. Außerdem kann man vier verschiedene Gerstensäfte verkosten (auch vom Fass), es gibt eine Bar mit Restaurant und ein Café. Oft Livemusik oder andere Events wie „Jazz on Tap“ am ersten Mittwoch im Monat (außer im August).

April bis Sept. tägl. 10–17 Uhr (letzter Einlass 16 Uhr), Führungen um 11 und 14 Uhr, Sept. bis März 10–16 Uhr (letzter Einlass 15 Uhr), Führungen um 11 und 13.30 Uhr. 9,50 £, erm. 8 £, Kind bis 16 J. 4,95 £, Familie 21,95 £. (inkl. vier Bierprobe-Gutscheine pro Erw.). Horninglow Street, Burton-upon-Trent, DE14 1NG, ✆ 01283/532880, www.nationalbrewerycentre.co.uk.

The Brewery Tap Bar and Restaurant. Mo/Di 11–18 Uhr, Mi–Sa 11–23 Uhr, So 12–18 Uhr.

Little Moreton Hall: Einer der schönsten Fachwerk-Herrensitze im Land findet sich ca. 17 km nördlich von Stoke-on-Trent. Der Bau aus Eichenbalken auf einem Steinfundament mit einem Wassergraben stammt aus den Jahren 1504–1508 und wurde von der wohlhabenden Landbesitzerfamilie Moreton im Laufe des 16. Jh. erweitert. Die Gärten wurden in den 1980er-Jahren wieder als Knotengarten im Tudorstil angelegt.

Überwiegend Mi–So 11–17 Uhr, in den Schulferien tägl., Nov. bis Mitte Dez. nur bis 16 Uhr, Mitte Dez. bis Mitte Febr. geschl. 9,05 £, Kind 4,50 £, Familie 22,60 £ (inkl. Führung), von April bis Okt. auch Kombiticket mit Biddulph Grange Gardens. Congleton, Cheshire, CW12 4SD, ✆ 01260/272018, www.nationaltrust.org.uk/little-moreton-hall.

Anfahrt über die A 34 Richtung Congleton.

Biddulph Grange Gardens: Diese geheimnisvollen Gärten stammen aus der viktorianischen Epoche und liegen am Rande von Staffordshire. Die Anlage geht auf eine Zusammenarbeit von James Bateman und Edward Cooke zurück. Bateman war seit seiner frühen Jugend ein passionierter Gärtner, der in Knypersley Hall eine beachtliche Orchideensammlung zusammengetragen hatte, bevor er nach Biddulph zog. Die herrliche Komposition der Gartenanlagen bietet dem Besucher ein nahezu surrealistisches Erlebnis. Mit wenigen Schritten kann man von China nach Ägypten (!) und von wilden schottischen Glens zu einem formalen Garten spazieren. Alle Gartenbereiche sind durch Mauern und Hecken voneinander getrennt, aber durch geschwungene Wege oder unterirdische Verbindungsgänge miteinander verbunden. Die Anlage wurde 1988 vom National Trust übernommen und umfassend restauriert. Unbedingt sehenswert!

In den Biddulph Grange Gardens

März bis Okt. tägl. 11–17.30 Uhr, Nov./Dez. und Jan. bis Mitte Febr. bis 15.30 Uhr. 8,10 £, Kind 4,31 £, Familie 21,54 £, von April bis Okt. auch Kombiticket mit Little Moreton Hall. Grange Road, Biddulph, ST8 7SD, ✆ 01782/517999, www.nationaltrust.org.uk/biddulph-grange-garden.

Die Midlands → Karte S. 104/105

Für die Schüler von Eton gebaut: das King's College in Cambridge

East Anglia

Das einstige sächsische Königreich erstreckt sich heute über die Grafschaften Essex, Suffolk, Norfolk und die östlichen Teile von Cambridgeshire. Das überwiegend sehr flache Land besteht zu großen Teilen aus Moor und Niedermoor, das durch zahlreiche Naturschutzgebiete bewahrt wird.

East Anglia drückt sich wie ein breiter Buckel in die Nordsee. Im Süden ist es begrenzt durch den Verlauf der Themse von London bis zu ihrem Mündungsgebiet, die westliche Grenze erstreckt sich von London nach Norden bis zum Mündungsgebiet des Great Ouse und dem Meerbusen The Wash. Die knapp 6 Mio. Einwohner leben überwiegend in Dörfern, die dank der Nähe zu London oft beliebte Urlaubsziele der Hauptstädter sind. Die Region hat keine Großstädte, keine Schwerindustrie und keine Bodenschätze. Geprägt ist sie vom Wasser: den Marschen der Küste, den Gezeitenmündungen der Flüsse, den Torfseen der Broads und den einstigen Sümpfen der Fens. Auch die Reste der großen Wälder von Essex gehören zu dieser Landschaft. Neben der Landwirtschaft sind heute Biotechnologie und Umweltschutz die wichtigsten Wirtschaftszweige.

Erst spät wurde der Osten Englands durch ein Eisenbahnnetz erschlossen, Autobahnen gibt es bis heute nicht. Und so geht es hier immer noch vergleichsweise weltabgeschieden zu. Viele Ortschaften haben sich ihren ursprünglichen Charme bewahrt. Die großartigen Herrenhäuser der Region sind meist für Besucher geöffnet, in den angeschlossenen Park- und Gartenanlagen kann man umherschlendern

oder im hauseigenen Café eine englische Teestunde genießen. Alternativen fürs Sightseeing sind Klosterruinen und mittelalterliche Kirchen, und wer die Natur liebt, wird sich an den wilden Küsten und am ausgedehnten Marschland erfreuen.

Die meisten Touristen verbucht die Universitätsstadt **Cambridge** mit ihren architektonischen Schätzen. Auch die historische Stadt **Ely** nördlich von Cambridge ist einen Besuch wert. Schon aus der Ferne kann man die Silhouette der schönen Kathedrale ausmachen. Eine der eindrucksvollsten und größten Kathedralen Englands steht in **Peterborough,** einer ansonsten modernen Einkaufs- und Industriestadt. Die Hauptstadt der Grafschaft und Bischofsstadt **Norwich** nennt nicht nur die Kathedrale mit dem zweithöchsten Turm Englands ihr Eigen, zahlreiche weitere mittelalterliche Kirchen schmücken die Stadt.

Weiter südlich in der Grafschaft Essex liegt **Colchester** – vermutlich die älteste englische Stadt. Von hier aus erreicht man schnell das Tal des River Stour an der Grenze zu Suffolk, das als **Constable Country** bekannt ist. Der englische Landschaftsmaler John Constable (1776–1837) stammte aus dieser Gegend (East Bergholt) und schuf hier einige seiner bekanntesten Werke. Auch der Maler Thomas Gainsborough verewigte die leicht hügelige Landschaft in vielen Gemälden, er stammt aus Sudbury. Rund um **Sudbury** finden sich viele mittelalterliche Städtchen, deren Fachwerk- und Backsteinhäuschen in einer Zeit entstanden, als die Textilindustrie für Wohlstand sorgte. Diese Region eignet sich besonders gut zum Radfahren, Reiten und Wandern.

Von Colchester aus ist es nicht weit zu den kleineren Badeorten Clacton, Frinton und Walton, die in England als **Sunshine Holiday Coast** vermarktet werden, derzeit aber gehörige Probleme als *welfare ghettos* erleben, in denen mehr als die Hälfte der Bevölkerung arbeitslos ist. Badefreudige Massen aus London strömen am Wochenende zuhauf nach **Southend-on-Sea,** eines der lautesten *„Fun-by-the-Sea"*-Seebäder East Anglias, wo sich die Besucher in den typischen „Amusement-Arkaden" und billigen Nachtclubs unterhalten lassen.

Southend-on-Sea

Southend ist die größte Stadt in Essex und seit Anfang des 19. Jh. das wohl beliebteste Seebad der Grafschaft, was nichts mit der Schönheit des Orts, sondern mit seiner Nähe zu London zu tun haben dürfte. Nur 80 km von der Hauptstadt entfernt, hat sich Southend den Spitznamen „London's East-End-on-Sea" verdient.

Hier ist Ballermann angesagt: „The Kursaal", wie er auf gut Englisch heißt, ist einer der größten Vergnügungstempel des ganzen Landes mit Bowlingbahnen, Rollerskating, Schlittschuhlaufen, Kasino, Snooker und vielem mehr. Wer die Idylle sucht, macht besser einen Bogen um Southend.

Die Stadt erstreckt sich entlang einer 11 km langen Küste, deren Strände erstaunlich sauber sind. Ihr Wahrzeichen ist der 2 km lange **Pier,** der als der längste der Welt gilt. 300 Millionen europäischer Fördergelder sind jüngst ins Stadtzentrum und die Seafront geflossen, am Ende des Piers steht nun der sehr moderne Royal Pavilion, in dem sich Theater, Künstlerstudio und Café befinden. Dorthin kann man sich auf Wunsch auch mit der Pier Railway kutschieren lassen. In den Old Pier Workshops befindet sich das kleine **Pier-Museum,** nicht weit davon lockt der Themenpark **Adventure Island** zur Achterbahnfahrt und das Aquarium Sea Life Adventure mit seinen Piranhas. Die Southend Cliff Railway von 1912 bringt Gäste von der *seafront* hinauf

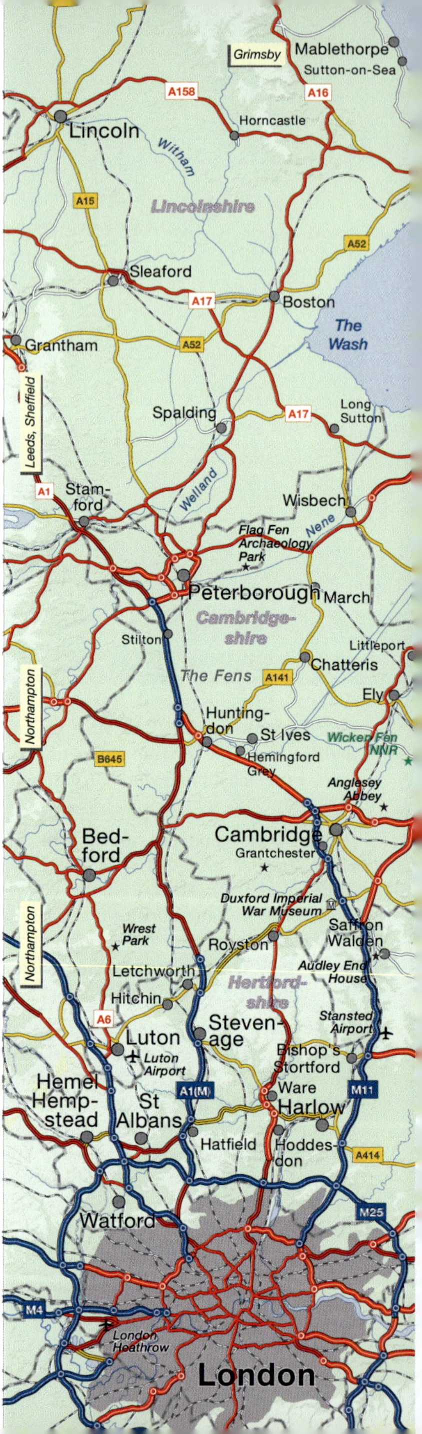

Kingston-upon-Hull
Rotterdam
Zeebrugge
Skegness
Brancaster
Branodunum
Holkham Hall
Wells-next-the-Sea
Blakeney Point
Blakeney
Cley-next-the-Sea
Sheringham
Cromer
Overstrand
Hun-stanton
Burnham Thorpe
Cley Marshes
Walsingham
Felbrigg Hall
Mundesley
Heacham
A149
Wolverton Royal Station
Sandringham House
A148
Fakenham
Blickling Hall
A140
North Walsham
Houghton Hall
Castle Rising
Aylsham
Stalham Museum of the Broads
Horsey Windpump
King's Lynn
Salle
Norwich International Airport
Hickling Broad
RAF Museum
Castle Acre
Dereham
Taverham
Wroxham
Caister Castle
Caister-on-Sea
A10
Norwich
Fairhaven
Great Yarmouth
Downham Market
Gooderstone Water Gardens
Sainsbury Centre for Visual Arts
Norfolk Broads
Time and Tide
Oxburgh Hall
Watton
Framingham Pigot
Burgh Castle
Gorleston-on-Sea
Norfolk
Brecks
Somerleyton Hall and Gardens
A140
Bungay
Beccles
Lowestoft
Waveney
Brandon
A143
Thetford
Diss
A11
Waveney
Halesworth
West Stow
A143
Southwold
A12
Walberswick
National Stud
A14
Bury St Edmunds
Suffolk
Newmarket
National Heritage Centre for Horseracing and Sporting Art
Ickworth House
Stow-market
Framlingham Castle
Framling-ham
Museum of East Anglian Life
Aldeburgh
Lavenham
Ips-wich
Sutton Hoo
Orford
Haverhill
Long Melford
Kersey
Woodbridge
Orford Castle
Clare
Hadleigh
Sudbury
East Bergholt
Pin Mill
Felixstowe
Hedingham Castle
Railway Museum
Flatford Mill
Thaxted
Manningtree
Harwich
Dedham Vale
Colchester
Braintree
St Botolphs Priory
Beth Chatto Gardens
Walton-on-the-Naze
Essex
Layer Marney Tower
Frinton-on-Sea
Mersea Island
A12
Clacton-on-Sea
Maldon
Chelmsford
Rayleigh
Basildon
London Southend Airport
A127
A13
Leigh-on-Sea
Southend-on-Sea
Grays
Sheerness-on-Sea
Gravesend
Herne Bay
Margate
Gillingham
Ramsgate
20 km
East Anglia

nach Clifftown mit einem schönen Blick über die Themsemündung und den Pier (10–17.45 Uhr, 50 p). Neben dem Konferenzzentrum wurde der alten **Priory** neues Leben eingehaucht, wo sonntags auch Open-Air-Konzerte gegeben werden. Das **Southchurch Hall Museum** ist ein sehenswertes Fachwerkhaus aus dem 14. Jh. mit Ententeich in einer schönen Gartenanlage unweit der Strandpromenade. Im **Central Museum** befindet sich ein Planetarium.

Southend wird nicht nur von sonnen-, sondern auch von wissensdurstigen jungen Leuten bevölkert. Die Stadt ist seit 2003 Universitätsstadt. Am Bahnhof entstand ein ultramodernes Unigebäude mit Campus, bis zu 12.000 Studenten der University of Essex und des South East Essex College werden hier ausgebildet. Auch das neu gegründete New Technology Institute hat hier seinen Sitz.

Im 5 km westlich gelegenen Fischerdorf **Leigh-on-Sea** findet man noch kopfsteingepflasterte Gassen und bunte Fischerboote. Eine alte Fischerkate dient als Museum. In der Cockle Row kann man direkt von den Fischern Herzmuscheln kaufen. Es gibt auch einige neue und gute Restaurants. Naturliebhaber finden im Belfairs Wood, Park & Nature Reserve Möglichkeiten zum Golfen und Reiten, einen Nature Trail und ein Besucherzentrum mit Shop und Café. Auf dem benachbarten **Two Tree Island** kann man im Frühjahr und Sommer Säbelschnäbler beobachten.

Basis-Infos

Information **Tourist Information Centre**, Karten, Broschüren, Buchung von Veranstaltungen und Unterkünften. Frühjahr tägl. 8.15–17 Uhr, im Sommer bis 19 Uhr, im Herbst und Winter nur bis 15 Uhr. Pier Entrance, Western Esplanade, Southend-on-Sea, Essex SS1 1EE, ✆ 01702/618747, www.visitsouthend.co.uk.

Verbindungen **Bus** – National Express (Nr. 090) fährt 1-mal tägl. direkt von Victoria Station in London zum Busbahnhof in der York Road. Fahrzeit gut 2 Std. ✆ 0871/7818181, nationalexpress.com. Das lokale Busunternehmen Arriva bietet eine Day-Saver-Tageskarte für 3,70 £ an (Kind 2,60 £, Familie 7,50 £). First Essex verkauft „Rubbeltickets“, auf denen man Tag, Monat und Jahr der Fahrt, für die man die Karte nützen möchte, abrubbelt. All Essex kostet 8 £, nur Southend Metro Plus 3,40 £. Arriva: ✆ 0344/8004411, www.arrivabus.co.uk. First: ✆ 0345/6020121, www.firstgroup.com. Essex Travel Line: ✆ 0871/2002233, www.travelineeastanglia.co.uk.

Bahn – Southend Victoria Station und Central Station werden regelmäßig von verschiedenen Londoner Bahnhöfen aus angefahren, z. B. Liverpool Street oder Fenchurch Street. ✆ 0345/7444422 (option 5), www.c2c-online.co.uk.

Flugzeug – **Southend-on-Sea Airport**, ca. 3 km nördl. des Stadtzentrums. Die Arriva-Busse Nr. 7 und 8 fahren etwa alle 15 Min. zwischen Victoria Rail Station und Flughafen (6 bis 24 Uhr, ca. 1 Std. Fahrzeit). Nr. 9 startet und endet beim Southend Travel Centre an der High Street. Zudem direkte Zugverbindung von und nach London Liverpool Street. Easyjet fliegt von/nach Berlin. ✆ 01702/538500, www.southendairport.com.

Stansted Airport, wird stündlich vom X30-Bus von First Group angefahren (ab 16,80 £).

Aktivitäten **The Kursaal**, wahrscheinlich der erste Themenpark im Lande (1901) mit zehn Bowlingbahnen und dem Rendezvous-Kasino. Mo–Fr ab 11 Uhr, Sa/So ab 9.30 Uhr. Eastern Esplanade, SS1 2WW, ✆ 0843/2908926, www.mfabowl.com.

Rendezvous Casino, tägl. 24 Std., freier Eintritt, ✆ 01702/668712, www.southend.rendezvouscasino.com.

Adventure Island, Rummel mit Achterbahnen, Dschungel-Safari und Gokarts. Öffnungszeiten variieren, in der Hauptsaison tägl. 12–22.30 Uhr. Eintritt frei, nur „pay to play“, günstiger als jede Attraktion einzeln sind die Wristbands (Tageskarten): 25 £, Kind 15–25 £ (im Internet 5 £ Rabatt). Western Esplanade, ✆ 01702/443400, www.adventureisland.co.uk.

Sea Life, Aquarium voller tropischer Fische und Haie. Tägl. 10/11 Uhr bis 17 oder 20 Uhr, je nach Jahreszeit. 10,50 £, erm. 8,50 £, Kind 7,50 £. Eastern Esplanade, ✆ 01702/442211, www.sealifeadventure.co.uk.

Pier: Mai bis Sept. tägl. 8.15–20 Uhr, Sept. bis Okt. Mo–Fr 8.15–18 Uhr, Sa–So bis 20 Uhr, Nov. bis März Mi–So 9.15–17 Uhr; Eintritt 2 £, erm. 1 £. **Pier Railway**, Southend Pier, Fahrt 4,30 £, erm. 2,20 £, Familie 10 £.

Kultur **Cliffs Pavilion**, Hauptbühne der Stadt für Theater, Musicals und Konzerte. Auch Garry Barlowe und Robbie Williams waren schon hier. Station Road, SS0 7RA, ✆ 01702/351135, www.southendtheatres.org.uk.

Pier Museum, April bis Sept. Di/Mi und Sa/So 11–17 Uhr. 1,50 £, Kind 50 p. Marine Parade, SS1 2EL, ✆ 01702/611214, www.southendpiermuseum.co.uk.

Leigh Heritage Centre, tägl. 10.30–15 Uhr, Eintritt frei. 8–13 High Street, SS9 2EN, ✆ 0172/470834, www.leighsociety.com/leighheritagecentre.htm.

Übernachten/Essen & Trinken

Übernachten **Premier Inn**. Nagelneues Haus der beliebten Kette, viele Zimmer mit Seeblick, Frühstück kostet extra. Zimmer ab 56,50 £. Kostenfreies WLAN, Parken 3 £/ Nacht. Eastern Esplanade, SS1 2YT, ✆ 0333/ 0030025, premierinn.com.

Pebbles Guest House. B & B in ruhiger Lage im Vorort Thorpe Bay, ca. 1,5 km vom Pier. Modern eingerichtet. EZ ab 45 £, DZ mit Meeresblick ab 70 £. 190 Eastern Esplanade, Thorpe Bay, SS1 3AA, ✆ 01702/582329, www.mypebbles.co.uk.

Essen & Trinken **Pipe of Port**. Rustikales Bistro und Weinbar mit Sägespänen auf dem Boden und Kerzenbeleuchtung. Berühmt für seine Pies (9,35 £), auch Light Lunches. Juni bis Aug. So/Mo Ruhetag. 84 High Street, ✆ 01702/614606, www.pipeofport.com.

La Petite Petanque. In diesem gemütlichen Bistro-Café mit Bar wird Frühstück, Lunch und Afternoon-Tea mit Blick auf das Bowling Green (Rasen für den englischen Kugelsport Bowls) serviert. Mo–Sa 8.30–19 Uhr, So ab 9.30 Uhr. Cambridge Square Gardens, Cambridge Road, SS1 2EZ, ✆ 01702/ 353208, www.lapetitepetanque.co.uk.

Traditionsreiche Fish'n'Chips gibt's seit 1930 bei **Fishermans Wharf** an der Western Esplanade (small 7,95 £, extra large 15,95 £), zudem große Seafood-Speisekarte. Der Laden ist beliebt – Reservierung ist ratsam. Mo–Do nur Lunch ab 12 Uhr, Fr–Sa auch abends, So nur bis 18 Uhr. ✆ 01702/346773, www.fishermanswharfsouthend.co.uk.
Ausgezeichnet wurde das ebenfalls familiengeführte **Oldhams of Westcliff**, Mo–Sa 11.30–21.30 Uhr, So 12–21 Uhr. 13 West Road, SS0 9AU, ✆ 01702/346736, www.oldhamsofwestcliff.co.uk.

Alle **Pubs in Old Leigh** sind im Sommer und an den Wochenenden gut besucht. Wer dort essen möchte, sollte reservieren.

Crooked Billet. In Leigh-on-Sea. Das einzige Pub in dem Fischerdorf, das nicht nach einem Boot benannt wurde. In der traditionellen Taverne aus dem 16. Jh. gibt es auch Fischgerichte und eine gute Auswahl an Ales. Terrasse mit Meeresblick. Mo–Sa 12–23 Uhr, So bis 22.30 Uhr. 51 High Street, SS9 2EP, ✆ 01702/480289, www.nicholsonspubs.co.uk/thecrookedbilletleighonsea.

The Peterboat. In Leigh-on-Sea. Spezialität in diesem Pub an der Ufermauer ist neben Fish & Chips die Herzmuschelsuppe (Old Leigh Cockle Chowder). 27 High Street, SS9 2EN, ✆ 01702/475666, www.eastangliapubs.com/pub/the_peterboat.

The Boatyard. Im Winter sitzt man hinter der Glasfassade, im Sommer auf dem Sonnendeck mit Blick über die Themsemündung. Dann gibt es auch Grillabende, Musik- und Kulturangebote und saisonales Feuerwerk. 8/13 High Street, Leigh-on-Sewa SS9 2EN, ✆ 01702/475588, www.theboatyardrestaurant.co.uk.

Osborne Bros. In Leigh-on-Sea. Seit 1880 verkauft die Osborne-Familie an diesem Imbiss in der Altstadt Seafood. Beste Adresse in Essex, alles von Herzmuscheln über Wellhornschnecken (Whelks) bis zum Räucherfisch. Tägl. ab 8 Uhr bis zum späten Nachmittag (je nach Wetter). Billet Wharf, High Street, SS9 2ER, ✆ 01702/ 477233, www.osbornebros.co.uk.

East Anglia → Karte S. 272/273

Sehenswertes

Prittlewell Priory: Mönche der Cluniac Priory of St Pancras gründeten im 12. Jh. dieses kleine Kloster, das nie mehr als 18 Brüdern ein Domizil war. Nach der Reformation gelangte das Haus in Privatbesitz, woraufhin der Friedhof in einen Küchengarten verwandelt und das Gelände in einen Park umgestaltet wurde. Ein Besucherzentrum informiert über die Geschichte der Anlage.

Di–Sa 10–15.30 Uhr, So ab 11 Uhr. Eintritt frei. Priory Park, Victoria Avenue, SS2 6NB, ✆ 01702/434449, www.southendmuseums.co.uk.

Southchurch Hall: Das hübsche mittelalterliche Fachwerkhaus wurde auf einem Grundstück gebaut, das im 9. Jh. den Mönchen von Canterbury gehörte, daher der seltsame Name Southchurch Hall. Das Haus aus dem 14. Jh. hat einige bauliche Veränderungen erfahren, war bis in die 1930er-Jahre eine Farm und gehört heute der Stadt. Drinnen kann man den Alltag der Bewohner nachempfinden, der Garten mit Ententeich ist eine willkommene Oase der Ruhe im Stadtzentrum.

Di–Sa 10–14 Uhr, So 11–15.30 Uhr. Eintritt frei. Park Lane, SS1 2TE, ✆ 01702/467671, www.southendmuseums.co.uk.

Central Museum und Planetarium: Neben einer kleinen Ausstellung zur Ortsgeschichte, die u. a. eine Sammlung historischer EKCO-Radios und -Fernseher zeigt, die ab 1924 in Southend produziert wurden, sind hier Exponate zur Geologie und Archäologie der Region zu sehen.

Di–Sa 10–17 Uhr. Eintritt frei. Planetarium Filmzeiten: Sa 11, 14 und 15 Uhr. 4,60 £, Kind 3,60 £, Familie 15,50 £. Reservierung unter ✆ 01702/212345, Victoria Avenue, SS2 6EW, ✆ 01702/434449, www.southendmuseums.co.uk.

Belfairs Wood, Park & Nature Reserve: Das 85 ha große Waldgebiet, in dem sich Eichen und Kastanienhaine mit Wiesenlandschaften abwechseln, gehörte einst zur Belfair Farm und ist die grüne Lunge der Region. Vor zehn Jahren wurde hier der seltene Scheckenfalter *(Melitaea athalia)* eingeführt, der nun im Juni und Juli in großen Schwärmen herumflattert. Das Naturreservat ist auch Lebensraum für Siebenschläfer und Spechtmeisen. Familien finden Tennisplätze, einen Golfplatz und Spielplätze vor.

Besucherzentrum Belfairs Woodland Centre: tägl. 9–17 Uhr, Nov-Jan nur bis 16 Uhr. Eastwood Road, North/Belfair Park Drive, Leigh-on-Sea, SS9 4LR, ✆ 01702/477467, www.essexwt.org.uk/reserves/belfairs.

Two Tree Island: Eine Brücke verbindet das benachbarte Fischerdörfchen Leigh-on-Sea mit diesem Natur- und Wildschutzgebiet, das auf einer 257 ha großen Insel liegt, ein Paradies für Vogelfreunde darstellt und eine tolle Aussicht über die Themse-Mündung und die Ruine von Hadleigh Castle bietet (essexwt.org.uk/reserves/two-tree-island).

Maldon

Maldon an der Blackwater-Flussmündung war im Mittelalter ein wichtiger Hafen, der bis heute recht malerisch ist. Das auffälligste Haus in der hübschen High Street ist **Moot Hall,** das im 15. Jh. als Haus der D'Arcy-Familie gebaut wurde und später als Gericht, Polizeistation und Gefängnis diente. Samstags können Besucher aufs Dach steigen für einen hübschen Panoramablick über die Mündung und die beiden Inseln Northey und Osea. In der Ruine der St-Peter's-Kirche gründete im 17. Jh. Thomas Plume die nach ihm benannte **Plume Library,** in der über 8000 Bücher und

Heimathafen der Thames Sailing Barges: Maldon am River Blackwater

East Anglia → Karte S. 272/273

Schriften lagern, die zwischen 1470 und Plumes Tod 1704 gedruckt wurden. Im Erdgeschoss ist die Maldon Embroidery ausgestellt, ein 13 m langer Wandteppich, der zur 1000-Jahr-Feier der Schlacht von Maldon gegen die Wikinger (991) gestickt wurde (von 86 Menschen, die dafür drei Jahre brauchten). Am modernisierten **Hythe Quay** liegen bis heute die Thames Sailing Barges, die letzten Cargoschiffe der Welt, die noch unter Segel fuhren; sie sind auch auf dem Stadtwappen zu sehen. Einen schönen Ausblick auf den Kai und die Mündung hat man vom **Promenade Park,** der viele Freizeitangebote bereithält. Das Salz von Maldon (→ Kasten) ist weltbekannt und wird gern zum Kochen verwendet.

Information **Maldon District Tourist Information Centre**, Di und Do–Sa 10–16 Uhr. Wenlock Way, High Street, CM9 5AD, ✆ 01621/856503, www.visitmaldondistrict.co.uk oder visitmaldon.co.uk. Informationen zum Segeln auf einer Sailing Barge: www.bargetrust.org.

Markt Wochenmarkt Do 9–15 Uhr, Butt Lane Car Park. Bauernmarkt Do 9–11.45 Uhr in der Town Hall.

Fitness **Blackwater Leisure Centre**, Park Drive, CM9 5UR, ✆ 01621/851898, www.placesforpeopleleisure.org/centres/blackwater-leisure-centre.

Sehenswertes **Moot Hall**: Führung und Dachbesteigung März-Okt Do-Sa 14 und 15.30 Uhr, Eintritt 4 £, erm. 3 £, Kind 2 £. High Street (zwischen Market Hill und All Saints Church). ✆ 07711/985540, www.themoothall.co.uk.

Thomas Plume's Library: Di–Do 14–16 Uhr, Sa 10–12 Uhr. Market Hill, CM9 4PZ, ✆ 01621/854850, www.thomasplumeslibrary.co.uk.

Northey Island: bei Ebbe kann man von Heybridge 1,6 km zur Insel hinüberlaufen (wie auch zur zweiten Insel Osea); sie war Schauplatz einer Schlacht gegen die Wikinger im Jahr 991. Die Insel gehört dem National Trust, man braucht für den Besuch eine Erlaubnis (Advance Permit). Kontakt: Northey Cottage, Mundon Road, Maldon, CM9 6PP, ✆ 01621/853142, www.nationaltrust.org.uk/northeyisland.

St Peter on the Wall: Gebaut von St Cedd aus Lindosfarne im Jahre 654, gilt diese

Kirche als eine der ältesten in England. Frei zugänglich, 850 m zu Fuß vom Parkplatz. Bradwell-on-Sea, CM0 7PN, www.bradwell chapel.org. Am ersten Samstag im Juli wird die Wallfahrt „Bradwell Festival" veranstaltet.

Weißes Gold aus Maldon

Der römische Kommandeur von Maldon, Cassius Petrox, hatte die Gewohnheit, sich nach einem langen Marsch immer ein Bad herrichten zu lassen, um die Schmerzen, die Schwielen und müde Knochen hervorriefen, zu lindern. Eines Tages kam er später als geplant in die Garnison zurück. Das Badewasser aus der Blackwater-Mündung hatte schon lange vor sich hin geköchelt und war zu seinem Ärger nicht nur viel zu heiß – auf dem Badewannenboden hatten sich auch weiße Kristalle gebildet. So hatte Petrox durch Zufall entdeckt, wie man Salz produziert. Er verließ die Armee und wurde der erste Salzproduzent von Maldon, womit er nicht nur weißes Gold erntete ...

Chelmsford

Die Grafschaftshauptstadt von Essex, an den Flüssen Chelmer und Can gelegen, hat touristisch nicht sonderlich viel zu bieten. Einen Blick wert ist die St Mary's Church, die seit 1908 Kathedrale ist – eine der kleinsten des Landes. Beachtenswert sind das Gemälde *Tree of Life* von 2004, eine Bronze-Pieta sowie ein Altartuch, das die Reise des Heiligen Cedd darstellt.

3 km westlich sind die elegante klassizistische Villa **Hylands House** und ihre Gärten sehenswert, die Ende des 18. Jh. von dem berühmten Landschaftsgärtner Humphrey Repton gestaltet wurden. In den Stallungen sind ein Besucherzentrum und Künstlerwerkstätten eingerichet, im Park findet alljährlich das V-Rock-Festival statt. Das ca. 13 km südöstlich gelegene **Hyde Hall** ist die kleinste der vier Gartenanlagen der Königlichen Gartenbaugesellschaft (RHS) und beeindruckt u. a. durch seinen großen Rosengarten, einen Sumpfgarten und den Dry Garden.

Sehenswertes **Chelmsford Cathedral**: Mo–Sa 7.45–18 Uhr, So 7.30–12.30 und 14–19 Uhr. Führungen auf Anfrage (3 £, Kind 1 £, Reservierung ✆ 01245/265012). 53 New Street, CM1 1TY, ✆ 01245/294489, www.chelmsfordcathedral.org.uk.

Hylands House and Gardens: Park and Gardens tägl. 7.30 bis Sonnenuntergang, Eintritt frei. Haus nur April bis Sept. So und Mo 10–17 Uhr, letzter Einlass 16 Uhr. (3,80 £, erm. 2,80 £). Hylands Park, London Road, CM2 8WQ, ✆ 01245/605500, www.chelmsford.gov.uk/hylands.

Hyde Hall RHS Garden: März bis Okt. tägl. 10–18 Uhr, Nov. bis Feb. bis 16 Uhr. 10 £, erm. 5 £, Familien 25,50 £. Creephedge Lane, Rettendon, Chelmsford, CM3 8ET, ✆ 0845/2658071, www.rhs.org.uk/hydehall.

Essen & Trinken/Nachtleben **The Chop Bloc Steakhouse**: Die Brüder Steve und Dave Patten sind beide Schlachter. Beste Voraussetzungen, um in der umgebauten Brauerei luftgetrocknetes Hereford Beef, T-Bome und Prime Rib zu servieren. Leider nicht billig. Mo–Do 11.30–23 Uhr, Fr–Sa bis 24 Uhr, So bis 22.30 Uhr. Greys Brewery Yard, Springfield Road, CM2 6QR, ✆ 01245/294489, www.chopbloc.com.

Asylum: Dieser Club wendet sich mit Auftritten von Bands aller Stilrichtungen an die musikverrückten („musically insane") Bewohner und Gäste der Stadt. Zwei Tanzflächen. Mi–Sa 17–1 Uhr, Fr–Sa länger geöffnet. 48–49 Viaduct Road, CM1 1TS, ✆ 01245/256285, asylumchelmsford.co.uk.

Charmant ist die verkehrsberuhigte Einkaufsmeile

Colchester

Colchester beansprucht für sich, Englands älteste Stadt zu sein. Tatsächlich ist eine Siedlung schon im 5. Jh. v. Chr. nachzuweisen, als der Führer des keltischen Stammes der Trinovantes hier eine Festung errichtete. Die Römer wählten die prosperierende Stadt Camulodunum zur Hauptstadt ihrer Provinz Britannia. Von hier aus starteten sie die Eroberung der Insel.

Die römische Vergangenheit der Stadt am Fluss Colne ist allgegenwärtig; die schachbrettartige Straßenführung und die Stadtmauer stammen aus dieser Zeit. Letztere gehört zu den ältesten ihrer Art in England und wurde nach den Übergriffen Boadiceas, der britischen Jeanne d'Arc (→ Kasten), in den Jahren 65–80 n. Chr. angelegt. Etwas südlich der Stadt haben Archäologen die Reste einer **römischen Rennbahn** (*Roman Circus*) freigelegt. Die Stadtgeschichte wird im hiesigen Museum dokumentiert, das in der normannischen Burg untergebracht ist, die im 11. Jh. über den Ruinen eines römischen Tempels erbaut wurde. Um 1189 erhielt Colchester die Stadtrechte. 1565 kam es zu einer Einwanderungswelle religiöser Flüchtlinge aus Holland und Flandern, die der Textilindustrie zum Aufschwung verhalfen und die Blumenzucht als neuen Gewerbezweig mitbrachten. Während des englischen Bürgerkriegs wurde Colchester 1648 von den Parlamentariern belagert. Innerhalb der Stadtmauern brach eine große Hungersnot aus, und nach elf langen Wochen musste man sich ergeben. Das **Siege House** am East Hill zeigt bis heute Spuren der Kämpfe: An der Westfassade sind 17 Einschusslöcher zu erkennen.

Heute präsentiert sich Colchester mit seinen rund 170.000 Einwohnern modern. Die High Street ist breit und leidlich hübsch; richtig romantisch wird es für Architekturfreunde im **Holländischen Viertel.** Culver Street, Sir Isaak's Walk, Lion

Walk und Trinity Street heißen die verkehrsberuhigten Einkaufsstraßen – links und rechts zwei- bis dreigeschossige Läden, dazwischen immer mal wieder historische Fachwerkhäuser, die meist Pubs oder Tearooms beherbergen. Außerdem gibt es viele recht neue Restaurants, eine Galerie für zeitgenössische Kunst (Firstsite) und eine lange Musiktradition. Sowohl Leadsänger Damon Alberg als auch Gitarrist Graham Coxon von Blur stammen aus der Stadt. Auch Jay Kay, Frontmann von Jamiroquai, wuchs hier auf.

Der Aufstand der Iceni

Als Claudius im Jahre 43 v. Chr. vier Legionen mit 40.000 Soldaten nach Britannien schickte, konnte er bei seinem Eroberungsfeldzug auf die Unterstützung einiger britischer Stämme zählen. So verbündeten sich die in Norfolk ansässigen Iceni mit den Invasoren. Doch auch von ihnen verlangten die Römer später, die Waffen niederzulegen. Die Iceni weigerten sich, und die Römer antworteten mit Gewalt. Nachdem das Oberhaupt der Iceni, König Prasutagus, gestorben war, konfiszierten die Römer fast den gesamten Besitz des Stammes, um die Iceni und die Trinovantes zu willfährigen Untertanen zu machen. Prasutagus' Gemahlin Boudicca (lat. Boadicea) verwehrte sich dagegen, worauf die Römer sie verprügeln und ihre Töchter vergewaltigen ließen. Im Gegenzug organisierte die tapfere Königin im Jahr 61 n. Chr. eine Rebellion gegen die Besatzer in den südlichen Regionen Britanniens. Die römische Hauptstadt Camulodunum (Colchester) wurde zerstört, Londinium (London) und Verulamium (St Albans) wurden verwüstet. Überlieferungen zufolge forderten die Aufstände mehr als 70.000 Menschenleben. Schließlich wurden die Rebellen von der römischen Armee geschlagen, und die Königin beging Selbstmord. Eine moderne Skulpur vor dem Bahnhof von Colchester erinnert an die mutige Boudicca, eine weitere schmückt die Westminster Bridge in London.

Basis-Infos

Information **Visitor Information Centre**, im Hallytree Museum unweit vom Castle. Diverse Prospekte zu thematischen Spaziergängen, etwa zum Painter's Trail durch das Dedham Vale oder zum Town-to-Sea-Trail mit 13 Kunstwerken entlang der Route. Mo–Sa 10–17 Uhr. Hollytree Museum (EG), Castle Park, CO1 1UG, ✆ 01206/282920, www.visitcolchester.com.

Verbindungen **Bus** – Busbahnhof zwischen Osborne Street und Stanwell Street. Information und Buchung über die überregionale Rufnummer ✆ 0871/7818181. Busse verkehren häufiger über Stansted Airport (3:30 Std.) als direkt (2:30 Std.).

Bahn – Colchester hat zwei Bahnhöfe. Die Main Line Station (North Station), Station Way, liegt ca. 1,5 km nördlich des Zentrums (Bus 2B). Hier kommen die Züge von London (50 Min.) und Harwich (30 Min.) an. Die Town Station, Magdalen Street, ist der Bahnhof für Züge in Seebäder wie Clacton und Frinton sowie Norwich (1 Std.).

Einkaufen Südlich der High Street im **Culver Square Shopping Centre** sowie im **Lion Walk Shopping Centre**. Außerdem **William & Griffin**, Kaufhaus mit berühmter Schaufensterdekoration zu Weihnachten.

Colchester Oyster Fishery, hier kann man Austern, Hummer und Krabben zum Fabrikpreis kaufen. Mo–Fr 8–17 Uhr. Pyefleet Quay, East Road, East Mersea, CO5 8UN, ✆ 01206/384141, www.colchesteroysterfishery.com.

Fahrradverleih **Outdoor Hire Centre**, 12 £/Std., 25 £/Tag, März bis Okt. Mo–Sa 9–17 Uhr, c/o Roman Circus House, Roman Circus Walk, CO2 7GZ, ✆ 01206/700707, www.outdoorhirecentres.com.

Kino **Odeon Film Centre**, 8 Leinwände. 29–31 Head Street, CO1 1NH, Information (keine Karten) ✆ 0333/0067777, www.odeon.co.uk.

Märkte Fr/Sa in der Culver Street West und den umliegenden Straßen. **Farmers' Market** am 1. Fr im Monat am Arts Centre.

Aktivitäten/Kultur

Fahrradtouren **Painter's Trail**, 111 km lange Strecke mit malerischen Ansichten.

Viewfinder Trail, 28 km rund um Colchester.

Town To Sea Trail, 3,2 km entlang des River Colne.

Die entsprechenden Karten gibt es in der Touristeninformation oder unter colchester.cyclestreets.net.

Fitness **Colchester Leisure World**, Fitness-Center mit modernem großem Schwimmbad sowie den Aqua Springs mit Sauna und Dampfbädern. Cowdray Avenue, CO1 1YH, ✆ 01206/282000, www.colchesterleisureworld.co.uk.

Kultur Colchester hat vier Museen, vier Theater und zahlreiche Galerien. Infos unter www.visitcolchester.com/whats-on.aspx.

Charter Hall ist der größte Veranstaltungsort für Ausstellungen, klassische Konzerte und Rockkonzerte sowie Stand-up-Comedians. Colchester Leisure World, Cowdray Avenue, CO1 1YH, ✆ 01206/282020, www.charter-hall.co.uk.

Colchester Arts Centre, gleich neben dem Balkerne Gate. Ehemalige viktorianische Kirche, in der heute Tanz- und Theateraufführungen, aber auch Rock-, Folk- und Jazz-Konzerte stattfinden. St-Mary-at-the-Wall, Church Street, CO1 1NF, ✆ 01206/500900, www.colchesterartscentre.com.

Mercury Theatre, bietet ein vielseitiges Programm an eigenen Produktionen und Gastspielen, viele klassische Dramen. Balkerne Gate, CO1 1PT, ✆ 01206/573948, www.mercurytheatre.co.uk.

Lakeside Theatre & University Gallery der hiesigen Universität, Wivenhoe Park, bietet ein interessantes Programm sowie Ausstellungen. CO4 3SQ. ✆ 01206/873261, lakesidetheatre.org.uk.

Veranstaltungen **Food Drink and Leisure Festival**, alljährlich Ende Mai auf der Insel Mersea (Mersea Island Vineyard and Brewery, www.mersea-fdl-festival.com). Das **Oyster Feast** wird um den 20. Okt. zelebriert. Seit 1186 werden im Colne-Fluss Austern gezüchtet („Colchester Natives"). Zur Ernte rudern der Bürgermeister und Honoratioren der Stadt mit dem Boot hinaus, toasten der Königin mit Gin und Gingerbread zu und ernten symbolisch die erste Auster. Teilnahme leider nur auf Einladung.

Für alle offen ist das Mittelalterspektakel **Medieval Festival & Oyster Fayre Market** Anfang Juni im Castle Park.

Stadtführungen Sa 11 Uhr, Juli/Aug. und in den Schulferien Mo–Sa 11 Uhr ab dem **Tourist Office** (ca. 1:30 Std.; 4,20 £).

Colchester Sightrunning, Joggen durch die Stadt mit historischer Führung (ca. 5 km), Sa 13 Uhr, ab 9,50 £, www.colchester-sightrunning.co.uk.

Weinprobe **Dedham Vale Vineyard**, Tour mit Informationstafeln entlang der Route durch den Weinberg und Verkostung von fünf Weinen für 5 £, geführte Grand Tour 22 £. Ostern bis Ende Okt. Mi–So und Feiertage 12–18 Uhr. Green Lane, Boxted, CO4 5TS, ✆ 01206/271136, www.dedhamvalevineyard.com.

Hübsch für eine Pause vom Einkaufsbummel

East Anglia → Karte S. 272/273

Übernachten

Colchester bietet eine große Auswahl an Unterkünften in allen Preislagen. Ausführliche Infos bei der Touristeninformation. Viele B&Bs finden sich in der Roman Road, einer Straße mit hübschen Häusern, die an der Stadtmauer entlangführt.

**** **Grey Friars Hotel** **8** Die im 18. Jh. erbaute Stadtvilla wurde 2015 aufwendig zum Hotel umgebaut. Alle 26 Zimmer sind klassisch, aber zeitgenössisch ausgestattet und haben indische Seidenvorhänge, Marmorbäder, eine Espressomaschine, kostenloses WLAN und eine kostenfreie Minibar. Vor allem Zimmer mit Blick in den Garten sind zu empfehlen. Stornierungen bis zu 48 Std. vorab kostenfrei. Übernachtung mit Frühstück DZ ab 120 £. High Street, CO1 1UG, ✆ 01206/621915, greyfriars colchester.co.uk.

*** **North Hill Hotel** **4** Die 24 Zimmer inkl. zwei Suiten hinter der eher unscheinbaren georgianischen Backsteinfassade sind sauber, modern mit einem historischen Touch, das Green-Room-Bistro ist gut (2 AA-Rosetten), die Lage zentral. B & B 75–119,50 £. 51 North Hill, CO1 1PY, ✆ 1206/ 574001, northhillhotel.com.

Timbers B&B **1** Geschmackvolle und luxuriöse Unterkunft in einer ruhigen Wohnstraße 10 Min. von Colchester entfernt (nahe der A 12). Hübscher Garten, freundliche Gastgeber, gutes Frühstück. B & B im DZ ab 89 £. Westwood Hill, Braiswick, CO4 5BN, ✆ 01206/845033 und 07881/816919 (mobil), www.timbersbandb.co.uk.

Baye House **6** B & B in 400 Jahre altem Cottage mit klassizistischer Fassade in der romantischen Stowell Street im Dutch Quarter. Schöne, jedoch recht kleine Zimmer und ein Gärtchen. Rabatt bei mehr als 3 Nächten. B & B EZ 50 £, DZ 70 £. 62 West Stockwell Street, CO1 1HE, ✆ 07737/ 533879, www.bayehouse.com.

Old Wills Farm **17** Im Dörfchen Feering, 3 komfortable Zimmer in einem modernen Farmhaus. Exzellentes und herzhaftes Frühstück, freundlicher Empfang mit selbst gebackenen Keksen. B & B EZ 55 £, DZ 75 £. Little Tey Road, Feering, CO5 9RP, ✆ 01376/ 570259, www.essexfarmhousebandb.co.uk.

Camping **Ardleigh Caravan & Camping Park** **2** Friedlicher, kleiner Platz am See (Reservoir) mit einfacher Ausstattung für nur 5 Wohnwagen und einige Zelte. Bis zu 24 £ in der Hochsaison. Dead Lane, Ardleigh, CO7 7RH, ✆ 01206/231134, www. campingandcaravanningclub.co.uk.

Essen & Trinken/Nachtleben

Essen & Trinken **Il Padrino** **15** Authentischer Italiener mit Kellergewölbe, tolle Karte, kleine Preise, keine Pizza. Mo 12–14.30 Uhr, Di–Sa 12–14.30 und 18–22 Uhr. 11 Church Street, CO1 1NF, ✆ 01206/366699, www.ilpadrinocolchester.co.uk.

Memoirs **7** Das Restaurant in der alten Bücherei im Rathaus hat viel Charme, eine gehobene internationale Küche und ist für seine guten Cocktails berühmt. Hauptgerichte 12–18 £. 65 Stockwell Street, CO1 1HE, ✆ 01206/562400, www.memoirs colchester.co.uk.

Church Street Tavern **13** Weniger ein Pub denn ein Stadthaus. In dem ehemaligen Bankgebäude gibt es eine Lounge-Bar im Erdgeschoss und ein Restaurant darüber. Hier wird Gemütlichkeit erfolgreich mit einem anspruchsvollen Brasserie-Menü kombiniert. 3 Gänge kosten um die 30 £. Lunch Mi–Fr 12–14.30 Uhr, Sa–So bis 15 Uhr, Dinner Mi–Do 18–21.30 Uhr, Fr–Sa bis 22 Uhr. 3 Church Street, CO1 1NF, ✆ 01206/ 564325, churchstreettavern.co.uk.

North Hill Noodle Bar **5** Beliebter Chinese mit gemütlichem Ambiente, schnellem Service und günstigen Lunchtime Dishes für 6,50 £. Mo–Sa 12–22 Uhr, So bis 21.30 Uhr. 2 North Hill, CO1 1DZ, ✆ 01206/368889, www. northhillnoodlebar.co.uk.

The Daisy Cup **14** Farbenfrohes Café mit Lunchoptionen wie Salaten, Sandwiches und Suppen, das von Sternekoch Carl Shilington geliefert wird. Mo–Sa 9–17 Uhr, So ab 11 Uhr. Street Isaacs Walk, Unit 3 Mercantile House, CO1 1JJ, ✆ 01206/767227, www.thedaisycup.co.uk.

Lunch **16** Frische Sandwiches, Salate und Panini, tolles Frühstück, guter Lunch.

Mo–Fr 8–15 Uhr, Sa bis 16 Uhr. 11 Headgate Building, Sir Isaacs Walk, CO1 1JJ, ✆ 01206/564753, www.lunch-colchester.co.uk.

Nachtleben **The Cells** 9 Witzige Cocktailbar und Restaurant in den ehemaligen sechs Gefängniszellen unter dem Gericht. Das Essen (Burger, Chicken Wings, etc.) ist eher Durchschnitt. Mo–Sa 12–21 Uhr, Bar Mo–Do bis 23 Uhr, Fr–Sa bis 24 Uhr. 65 Stockwell Street, CO1 1HE, ✆ 01206/562400, www.the-cells.co.uk.

Hole in the Wall 12 Pub aus dem 17. Jh. mit nettem Biergarten. Hier trifft sich die Jugend bei Hardrock und Bier. Eingeschränkte Speisekarte. Mo–Do 12–23 Uhr, Fr-Sa bis 24 Uhr, So bis 22.30 Uhr. Balkerne Gate Passage, CO3 3LA, ✆ 01206/579897.

Twisters Café and Bar 3 Macht von außen nicht viel her, innen jedoch gestylte Einrichtung und freundliche Bedienung. Beliebt bei den Einheimischen, viel alternative live Musik und am Wochenende gerammelt voll, da DJs auflegen. 45 North Hill, CO1 1PY, ✆ 01206/500204, www.twistersbar.com.

After Office Hours Bar 10 Recht neue und originell dekorierte Cocktailbar mit Haus-DJ. So–Do 11–1 Uhr, Fr–Sa bis 2 Uhr. 128 High Street, CO1 1SP, ✆ 01206/564367.

Atik 11 Großclub im ehemaligen Grand Palace of Varieties, viel Dance und R & B. Vom Balkon blickt man auf die Tänzer hinab. Wer eine VIP Box bucht, kann Shisha-Pfeifen reservieren. Nix Indie, sondern stylish und jung. Happy Hour (halber Preis) 20.30–23 Uhr. 131 High Street, CO1 1SP, ✆ 01206/762555, www.atikclub.co.uk/colchester.

The Soundhouse 18 In den alten Stallungen des Bull Pubs zog 2012 ein Musikvenue ein. Gigs meist freitags, viel Rhythm and Blues und 80s, jeden letzten Freitag des Monats „House of Blues“. 2–4 Crouche Street, CO3 3ES, ✆ 01206/366647, thebullcolchester.co.uk.

Sehenswertes

Dutch Quarter: In dem Viertel nördlich der High Street (hinter dem beeindruckenden spätviktorianischen Rathaus) siedelten sich im 16. Jh. holländische und flämische Flüchtlinge an. Sie brachten ihre Fachkenntnisse in der Webkunst nach Colchester und verhalfen der Stadt zu wirtschaftlichem Aufschwung. Empfehlenswert ist ein Spaziergang entlang der West und der East Sockwell Street mit ihren gedrungenen Häusern mit spitzen Giebeln. Im ehemaligen Stowell Arms Pub, einem hübschen Fachwerkhaus aus dem 14. Jh., wohnte einst der Schriftsteller Daniel Defoe (Robinson Crusoe).

Colchester Castle Museum: Das nach umfangreicher Renovierung 2014 wiedereröffnete Stadtmuseum gibt einen interaktiven Einblick in die tausendjährige Geschichte von Colchester. Wilhelm der Eroberer ließ die größte normannische Burg Europas ein Jahrzehnt nach der Schlacht von Hastings erbauen, an der Stelle, wo zu römischer Zeit ein Tempel gestanden hatte. In diesem hatten sich die Einwohner verbarrikadiert, als die Rebellen unter Führung von Königin Boudicca die Stadt angriffen (→ Kasten S. 280). Der sogenannte „Fenwick Treasure" stammt aus dieser Zeit. Der Schatz beinhaltet Gold- und Silberschmuck sowie einige Münzen und wurde im September 2014 bei Grabungen unter dem Kaufhaus Fenwick gefunden. Die Burg diente im Mittelalter überwiegend als Gefängnis. Der schöne Park bietet zahlreiche Freizeitmöglichkeiten.

Mo–Sa 10–17 Uhr, So 11–17 Uhr. 7,60 £, erm. 4,75 £, Familie 20 £. Führung 2,90 £, erm. 1,45 £. Im Castle Park nördlich der High Street, CO1 1TJ, www.cimuseums.org.uk/ycastle.

Steht auf den Grundmauern eines römischen Tempels: Colchester Castle

Museum of Natural History: Auf der gegenüberliegenden Straßenseite des Castle Park befindet sich in der umgebauten All Saints Church das Naturkundemuseum der Stadt. In der kleinen Ausstellung über die Natur und Artenvielfalt der Region von der Eiszeit bis heute kann man durch einen Dachsbau kriechen und erfährt auch einiges über die Auswirkungen des Klimawandels auf Nordost-Essex.

Di–Sa 10–17 Uhr, So ab 11 Uhr. Eintritt frei. High Street, Ecke Trinity Street, CO1 1DN, ✆ 01206/282941, www.cimuseums.org.uk/naturalhistorymuseum.

Hollytrees Museum: Hier wird dank vieler Spielzeuge und einer fantastischen Puppenstube die Kindheit in Colchester vor 300 Jahren lebendig. Ein kleiner Garten öffnet sich zum Castle Park. Im Erdgeschoss befindet sich die Tourist Information.

Di–Sa 10–17 Uhr. Eintritt frei. Castle Park, CO1 1UG, ✆ 01206/282940, www.cimuseums.org.uk/hollytrees.

Das Prestigeobjekt für die moderne Kunst: Firstsite

East Anglia → Karte S. 272/273

Firstsite: Das Museum für zeitgenössische Kunst von Rafael Viñoly ist ein Prestigeobjekt, eine kubistisch anmutende Skulptur, die mit ihrer goldschimmernden Fassade aus einer Kupfer-Aluminium-Legierung (Spitzname: *golden banana*) beeindruckt. Im Innern nicht weniger spektakulär, scheint sich das Museum mehr selbst zu feiern als die Künstler, deren Werke hier ausgestellt sind. Darunter sind Arbeiten britischer Künstler wie Antony Gormely, Bridget Riley oder Tracey Emin (Wechselausstellungen in Zusammenarbeit mit der Tate Gallery), aber auch Werke internationaler Künstler mit Schwerpunkt Südamerika. Ein umfangreiches Filmprogramm und Events von der Kinderdisco bis zum Workshop machen die Galerie zu einem kulturellen Treffpunkt. Im Café-Restaurant MUSA kann man auf der Terrasse im Grünen sitzen.

Di-So 10–17 Uhr. Eintritt frei. Lewis Gardens, High Street, CO1 1JH, ✆ 01206/577067, www.firstsite.uk.net.

St Botolph's Priory: Die Ruinen des im 12. Jh. gegründeten Klosters finden sich südöstlich des Zentrums nahe der Stadtmauer. St Botolph's Priory war das erste Augustinerkloster in England. Im Zuge der Auflösung der Klöster durch Heinrich VIII. wurde es geräumt und im Bürgerkrieg zerstört.

Durchgehend geöffnet. Eintritt frei.

Wasserturm und Balkerne Gate: Vom Rathaus gesehen westlich der High Street erhebt sich ein Wasserturm aus dem 19. Jh., der wegen seiner Höhe (etwa 40 m) auch Jumbo genannt wird (nach dem ersten afrikanischen Elefanten im Zoo von London). Die vier massiven Säulen des Turms sind aus 250.000 Backsteinen gemauert. Geht man die Verlängerung der High Street weiter zur Stadtmauer, kommt man zum größten erhaltenen Torweg aus römischer Zeit, dem Balkerne Gate von 200 n. Chr. Ein Stückchen weiter schmiegt sich ein kleines Pub mit dem sprechenden Namen Hole in the Wall an die Stadtmauer.

Roman Circus: Die Reste einer römischen Pferderennbahn sind südlich der Stadt zu besichtigen. Der *Circus* soll im zweiten Jahrhundert entstanden sein und war einst rund 450 m lang.

Ende März bis Sept. Mo–Sa 10–16.30 Uhr, im Winter Mo–Fr 10–16 Uhr. Eintritt frei. Es gibt ein Museum und Café vor Ort. Roman Circus Centre, Roman Circus Walk, CO2 7NE, ✆ 01206/501785, romancircus.co.uk.

East Anglian Railway Museum: In einem restaurierten alten Bahnhof in Chappel, 8 km westlich von Colchester, erfährt man Wissenswertes über die Eisenbahngeschichte und -technik der letzten 150 Jahre, z. B. wie Dampfloks und Signale funktionieren.

Tägl. 10–16.30 Uhr. 6 £, erm. 5 £, Kind 3 £, an Tagen mit Veranstaltungen 15–20 £, Kind 9 £. Chappel and Wakes Colne Station, CO6 2DS, ✆ 01206/242524, www.earm.co.uk.

Colchester Zoo: Der vor 50 Jahren eröffnete Zoo 8 km nordöstlich der Stadt gilt als einer der besten Englands. Die Anlage für die mehr als 200 Tierarten ist sehr modern und übersichtlich organisiert. Stars sind zwei Tiger, die afrikanischen Löwen und eine künstliche Pinguin-Küste. Besonders stolz ist man auf das neue Asienhaus. Mit dem „Lost Madagascar Express“ fährt man durch verschiedene Länder und Kontinente, bis man bei den Lemuren (Feuchtnasenaffen) landet, einem offenen Gehege, durch das man spazieren kann.

März bis Juli tägl. 9.30–18 Uhr, Aug. bis 18.30 Uhr, Sept. bis Okt. bis 17 Uhr. 22,49 £, erm. 20,49 £, Kind bis 14 J. 15,49 £ (online 15% Rabatt, im Winter günstiger). Maldon Road, Stanway, CO3 0SL, ✆ 01206/331292, www.colchester-zoo.com. Eastern National Bus Nr. 75 Richtung Tiptree.

Umgebung von Colchester

Mersea Island

Diese östlichste bewohnte Insel Englands (18 km^2, 6500 Einwohner) an der Mündung der Flüsse Blackwater und Colne ist nur bei Ebbe zu Fuß über den angelsächsischen Damm und Wallfahrtsweg (The Strood) zu erreichen. Vorher unbedingt die Gezeiten prüfen (www.tidetimes.org.uk/west-mersea-tide-times)! Segeln, Fischen und die Austernzucht sind hier Zeitvertreib und Lebensunterhalt. Im August finden während der Mersea Week eine Woche lang Regatten statt. Im Örtchen West Mersea entzücken alte Fischerkaten die Besucher, die oftmals der Appetit auf Fisch und die Meerestiere hertreibt. Gut essen kann man etwa in der Company Shed oder 100 m weiter in der West Mersea Oyster Bar. Eine schöne Umgebung für ein Picknick oder einen Spaziergang bietet der Cudmore Grove Country Park am östlichen Ende der Insel. Hier gibt es auch einen Winzer, der Ferienunterkünfte vermietet und in seiner kleinen Brauerei Bier braut. Der einzige Sandstrand der Insel ist übrigens Monkey Beach bei West Mersea.

Information www.visitmerseaisland.co.uk.

Aktivitäten Lady Grace Boat Trips, 20-minütige Touren durch die Bucht, 2 £, im Winter Hochseefischen und Vogelbeobachtungsausflüge. ✆ 07791/859624, ladygraceboattrips.webs.com.

Essen & Trinken Company Shed. Sehr schlichtes, aber gutes Lokal, hier gibt es Meeresfrüchte pur, Brot muss, Wein kann der Gast selbst mitbringen. Meeresfrüchteplatte 16 £. 129 Coast Road, CO5 8PA, ✆ 01206/382700, thecompanyshed.co.

Die Company-Shed-Besitzer haben ein weiteres ebenso unprätentiöses Restaurant im kleineren East Mersea eröffnet, hier kann man reservieren und bekommt auch Alkohol: Mehalah's at Oysters & Ale, tägl. außer Mo 10–17 Uhr, zu Urlaubszeiten Fr–Sa bis 22 Uhr. East Road, East Mersea, CO5 8TQ, ✆ 01206/382797, www.mehalahs.co.uk.

West Mersea Oyster Bar. Ebenfalls recht schlichtes Restaurant mit Terrasse am Wasser, Spezialität: Austern. So–Do 9–17 Uhr, Fr/Sa bis 22 Uhr, im Juli/Aug. auch Do bis 22 Uhr. Coast Road, CO5 8LT, ✆ 01206/381600, www.westmerseaoysterbar.co.uk.

Mersea Island Vineyard. Winzer mit B & B, Zimmer ab 55 £. Rewsalls Lane, East Mersea, CO5 8SX, ✆ 01206/385900, ✆ 07973/294278 (mobil), www.vineyard.mersea brewery.co.uk.

The Artcafé. Kleines Café mit Feinkostgeschäft, ein Familienunternehmen, das Kunstgenuss mit Gaumenfreuden verbindet. Alle Speisen hausgemacht, die Karte wechselt mit der Saison. Im Deli nebenan werden hausgemachte Kuchen, Marmeladen und Brot verkauft. Tägl. 9–17 Uhr, Frühstück bis 11 Uhr. 2 Coast Road, West Mersea, CO5 8QE, ✆ 01206/385234, www.islandartcafe.co.uk. ■

Layer Marney Tower

Von Colchester aus fährt man ungefähr 8 km auf der B 1022 in Richtung Maldon zu diesem Anwesen. Das Gebäude ist nur ein Torhaus, aber immerhin das höchste aus der Tudorzeit; u. a. weist es zahlreiche Ornamente im italienischen Stil auf (frühes 16. Jh.). Die normannische Familie der Marneys plante ursprünglich den Bau eines ganzen Palastes, der Hampton Court in den Schatten stellen sollte, doch der letzte Bauherr verstarb, bevor das Gebäude fertig war. Im Rahmen der Turmbesteigung kann man auch ein besonders schönes Exemplar eines Puppenhauses bestaunen und sich im History Room über die Geschichte des Bauwerks informieren; oben entschädigt der grandiose Ausblick für den Aufstieg. Zum Anwesen gehören ein schöner Garten, ein Park mit Wildgehege und Spielplatz, einige typische Nutztiere sowie ein hübsches Café in den ehemaligen Stallungen.

East Anglia → Karte S. 272/273

Layer Marney Tower: April bis Juni und Sept. So und Mi 12–17 Uhr, Juli/Aug. So–Do 12–17 Uhr, an nationalen Feiertagen 11–17 Uhr. 7 £, erm. 4,50 £, Familie 20 £. Führung 12 £. Layer Marney, CO5 9US, ✆ 01206/330784, www.layermarneytower.co.uk.

Übernachten/Camping: Feather Down Farm, Luxuszelte mit Betten, Kühlschrank und WC. April bis Ende Okt. 465–1199 £/Woche (6 Pers.), Lower Marney, CO5 9US, ✆ 01420/80804, www.featherdown.co.uk/farm/layer-marney-tower.html.

Beth Chatto Gardens

In dem unscheinbaren Örtchen Elmstead Market biegt man in eine ebenso unscheinbare Gasse ab (gut ausgeschildert), die zu einem weißen Vorstadtbungalow führt. Dort wohnt Beth Chatto, die Grand Dame der Gartenkunst, die auch zahlreiche breitenwirksame Veröffentlichungen zum Thema beigetragen hat. Seit mehr als einem halben Jahrhundert arrangiert die mittlerweile über 90-Jährige hinter ihrem Haus ihren Garten wie ein Kunstwerk. Dabei fand sie unkonventionelle Lösungen für Probleme durch Schatten, Trockenheit, starke Ostwinde und steinigen Boden, denn der Garten liegt in einem sehr regenarmen Landstrich auf einer Endmoräne. In einem mediterranen Bereich tummelt sich eine unendliche Pflanzenvielfalt, im Schatten von Mammutbäumen entstand ein Waldgarten, der sich im Frühjahr in einen blühenden Teppich verwandelt und im Sommer durch geschickte Kombination von blauen Herzblattlilien mit japanischem Waldgras Farbakzente setzt. Mit ihren Pflanzenzüchtungen gewann Chatto seit 1977 bereits zehn Goldmedaillen auf der Chelsea Flower Show. Gegenüber befinden sich ein Café, ein Shop und eine gut sortierte Gärtnerei.

März bis Okt. Mo–Sa 9–17 Uhr, So ab 10 Uhr, sonst Mo–Sa 9–16 Uhr, So ab 10 Uhr. 6,95 £, im Winter 4 £. Elmstead Market, Colchester, CO7 7DB. ✆ 01206/822007, www.bethchatto.co.uk. Anfahrt: knapp 500 m östlich von Elmstead Market an der A 133.

Dedham Vale

Die Landschaft am Ufer des River Stour habe ihn zum Maler gemacht, schrieb John Constable einst an einen Freund. Es ist auch wirklich lieblich, das Tal des Stour, nordöstlich von Colchester bei Dedham, Flatford und East Bergholt, wo Constable 1776 geboren wurde. East Bergholt House, das er mehrfach malerisch verewigt hat, wurde leider in den 1840er-Jahren abgerissen. Viele Motive aus seinen Gemälden lassen sich aber bis heute recht einfach wiederfinden, denn es hat sich nur wenig verändert. In Flatford stößt man auf die Kornmühle seines Vaters (etwa 1 Std. zu Fuß von East Bergholt entlang des Stour) und in den strohgedeckten Cottages neben der Brücke (Bridge Cottage) auf eine kleine Ausstellung über den Maler. Ein Spazierweg führt zu den berühmtesten Constable-Ausblicken, z. B. nach Dedham, wo in der bildhübschen High Street seine Schule steht. Die Kirche daneben mit ihrem 40 m hohen Turm taucht ebenfalls auf vielen seiner Bilder auf; in der Kirche hängt eines seiner Gemälde. Auch der Maler Thomas Gainsborough wurde im Stour Valley geboren. Obwohl er mehr für seine Porträts berühmt ist, galt seine Liebe ebenfalls der Landschaftsmalerei (→ Sudbury). Dem Maler Sir Alfred Munnings, ehemaliger Präsident der Royal Academy, ist in seinem einstigen Wohnsitz Castle House in Dedham ein kleines Museum mit Garten und Tearoom gewidmet.

Stratford St Mary und Stoke by Nayland sind ebenfalls äußerst pittoreske Dörfer mit historischen Pubs und alten Fachwerkhäuschen. Kersey, auf dessen Hauptstraße man eine Furt passieren muss, wird oft als das hübscheste aller Dörfer in Suffolk beschrieben.

Information **Tourist Information Centre**, tägl. 10.30–17.30 Uhr, Okt. bis 17 Uhr, Nov.–März Mi–So 10.30-15.30 Uhr. Flatford Bridge Cottage, Flatford Lane, East Bergholt, CO7 6UL, ✆ 01206/298260, www.visitsuffolk.co.uk, www.visit-constablecountry.co.uk.

Verbindungen **Dedham Vale Hopper Bus**, Juli bis Ende Aug. Di/Mi und Sa/So 10–17 Uhr, Tagesticket 5 £. Manningtree Bahnhof – Flatford – East Bergholt – Stratford St Mary – Dedham – Lasford – Manningtree. ✆ 01473/826242, www.dedhamvalestourvalley.org.

Bootsfahrten Halbstündige Touren auf dem River Stour von Flatford Bridge Cottage zum Dedham Boathouse Restaurant, Ostern bis Ende Okt. Sa 10.15, 11.45, 13.15, 14.45 und 16.15 Uhr. So und Feiertage (Aug. auch Mi) Fahrten vom Bridge Cottage nach Fen Bridge. Beide 5 £, Kind 3 £, Familie 14 £. The River Stour Trust, ✆ 0844/8005018, www.riverstourtrust.org/river-trips.

Fahrradverleih **Bike Doctor**, Cooks Garage, Heath Road, East Bergholt, CO7 6RL, ✆ 01206/298646 oder 07788/164931.

Sehenswertes **Bridge Cottage in Flatford**: Öffnungszeiten → Tourist Information Centre. Eintritt frei. Ab und zu geführte Wanderungen (3 Std.) 6,50 £. Flatford, East Bergholt, CO7 6UL, ✆ 01206/298260, www.nationaltrust.org.uk. Erfrischungen gibt's im Riverside Tearoom neben dem Bridge Cottage.

Alfred Munnings Art Museum and Garden: April bis Okt. Mi–So 14–17 Uhr, Café ab 12 Uhr. 6,50 £, Kind 1 £. East Lane Ecke Castle Hill, Dedham, CO7 6AZ, ✆ 01206/322127, www.munningsmuseum.org.uk.

Übernachten ** **The Sun Inn**. Coaching Inn aus dem 16. Jh. mit gemütlicher Lounge und Garten, gekocht wird italienisch. 7 Zimmer, B & B im DZ 145 £, mit Dinner 195 £. High Street, Dedham, CO7 6DF, ✆ 01206/323351, www.thesuninndedham.com.

Rosemary B & B. 3 schöne altenglische Zimmer mit Waschbecken, die Bäder sind auf dem Gang. Gepflegter, romantischer Garten, die Hausherrin Natalie Finch veranstaltet Gartenführungen und Malkurse. 47 £/Pers. Rectory Hill, East Bergholt, CO7 6TH, ✆ 01206/298241, www.rosemarybnb.co.uk.

Milsom Hotel Dedham. Country House mit 15 Zimmern im modernen Design mit Naturböden, warmen Erdfarben und kostenfreien Softdrinks aus der Minibar sowie WLAN. DZ ab 100 £. Stratford Road, Dedham, CO7 6HW, ✆ 01206/322795, www.milsomhotels.com.

Essen & Trinken **Le Talbooth Restaurant**. Die Küche genießt einen exzellenten Ruf und bietet klassische Gerichte mit Pfiff, etwa gedünstete Ochsenzunge an Roter Beete. Juni bis Sept. Sonntagabend Barbecue am Fluss. Lunch tägl. 12–14.30 Uhr, Dinner 19–21.30 Uhr (letzte Bestellung). Gunhill, Dedham, CO7 6HP, ✆ 01206/323150, www.milsomhotels.com/le-talbooth/.

Boathouse Restaurant. Moderne englische Küche in der urig-eleganten Atmosphäre eines alten Bootshauses. Mit Terrasse und Bootsverleih (März–Okt., 14 £/Std.). Tägl. außer Mo 12–14.30 Uhr, Di–Sa 18.30–21.30 Uhr. Mill Lane, Dedham, CO7 6DH, ✆ 01206/323153, dedhamboathouse.com.

Clacton, Frinton und Walton – die „Sonnenscheinküste“

East Anglia → Karte S. 272/273

Vom Stadtbahnhof in Colchester fahren die Züge gen Osten nach Clacton-on-Sea, Frinton-on-Sea und Walton-on-the-Naze (mit dem Auto nimmt man die A 133). Die drei auf der Halbinsel Tendring gelegenen Badeorte entstanden gegen Ende des 19. Jh. und dienen bis heute hauptsächlich den Londonern als Naherholungsgebiet, das mit den geringsten Niederschlagsmengen des Landes für sich wirbt.

Der größte der drei Orte ist **Clacton.** Er trägt so wenig schmeichelhafte Spitznamen wie *top of totty* (etwa „Spitze der Geschmacklosigkeit“) oder *poverty on sea* (Armut an der See). Die Arbeitslosenquote lag 2015 bei rund 50 %, auch das Einkommen liegt mit rund 16.000 Pfund mehr als 10.000 Pfund unter dem Landesdurchschnitt. Die Misere hat Tradition. Anfang der 1930er-Jahre schon entstanden hier ganze Feriensiedlungen aus selbst gebauten Wellblechhütten, in denen die Arbeiter der nahen Ford-Werke unterkamen. Am wenig ansprechenden Pier finden sich die üblichen Spielarkaden und verlassen wirkende Rummelplätze. Die 11 km Sandstrand vor Clacton allerdings sind nicht zu verachten, und auch die Gartenanlagen an der Seafront sind wunderhübsch bepflanzt. Jüngst wurden Millionen in den Bau einer neuen Kläranlage investiert, sodass sich Tendring's Clacton Beach nun mit dem Titel „Best Beach in East Anglia“ schmücken darf.

Der achteckige Naze Tower

In **Frinton,** einem ehemaligen Fischerdorf, das bei der Upper Class der 1920er-Jahre beliebt war, sucht man vergeblich nach „niederen“ Formen des Amüsements. Erst nach jahrelangem Streit durfte hier vor wenigen Jahren der erste Fish-and-Chips-Shop eröffnen, heute gibt es ein paar mehr. In Frinton verkehrten einst die politische Prominenz, Mitglieder der königlichen Familie und Filmstars, und noch heute strahlt Frinton eine gewisse Eleganz aus. Am langen Sandstrand mit seinen Dutzenden von viktorianischen Strandhäusern auf Stelzen tummeln sich im Sommer die Urlauber. Wer nicht auf der Promenade bummelt, tut dies auf der Connaught Avenue, der Haupteinkaufsstraße, die wegen ihrer exklusiven Geschäfte von den Einheimischen in „Bond Street von East Anglia" umgetauft wurde.

Walton diente der gehobenen Bürgerschicht zur Erholung und besitzt ebenfalls einen Pier mit Vergnügungsmeile, von dem Boote ablegen zum Angeln oder zur Robbenbeobachtung im Hamford Water Nature Reserve. Enge Straßen und eine gewundene Uferpromenade sorgen für ein nettes Ambiente. Die Stadt hat ihren Beinamen „On-the-Naze" von der Landspitze, die wenige Kilometer nördlich von Walton ins Meer ragt (*naze* = Landspitze). Ein Spaziergang führt entlang der Küste zum 25 m hohen Naze Tower, der die Schiffe vor den gefährlichen West Rocks warnt und heute eine Aussichtsplattform (111 Stufen), eine Kunstgalerie und ein Café beherbergt. Der Tower ist auch mit dem Auto erreichbar.

Information **Tourist Information Centre Clacton**, ganzjährig Informationen über die gesamte Tendring-Halbinsel. Mo–Do 9–16.30 Uhr, Fr bis 16.15 Uhr, Sa 9.30–15.30 Uhr. So geschl. Town Hall, Station Road, CO15 1SE, ✆ 01255/686633,www.essex-sunshine-coast.org.uk. Im Sommer hat auch Walton-on-the-Naze eine Tourist Information, Princes Esplanade, ✆ 01255/675542, www.walton-on-the-naze.com. Internetauftritt Frinton: www.frinton.org.

Naze Tower: Café tägl. 10–17 Uhr, Aussichtsplattform April bis Okt. 10–17 Uhr. 2,50 £, erm. 1,50 £. www.nazetower.co.uk.

Bootsfahrten Ausflüge zu den Robben (es leben rund 70 Robben in den Walton Backwaters): April bis Okt. 2-mal tägl. vom Foundry Slip auf der M. V. Karina mit dem ehemaligen Fischer Tony Haggis. 14 £, Kind 8 £. ✆ 07806/309460.

Märkte/Einkaufen Clacton hat einen überdachten **Markt**, Mo–Sa 9–17 Uhr, 32–40 Rosemary Rd., www.clactoncoveredmarket.co.uk. Das **Factory Outlet** am Stadtrand bietet 60% Nachlass auf Markenwaren. Mo–Sa 10–18 Uhr, So 11–17 Uhr. Stephenson Rd., CO15 4TL, www.clactonfactoryoutlet.com.

In Walton ist Markttag am Donnerstag, im Sommer auch Montag, Market Millennium Square.

Übernachten/Essen *** **Kingscliff Hotel**. Direkt an der Küste von Holland on Sea liegt dieses Hotel aus den 1930er-Jahren, das über 30 modernisierte schöne Zimmer und ein gutes Restaurant verfügt. 65–85 £, mit Frühstück 77–97 £. 55 Kings Parade, Holland-on-Sea, Clacton, CO15 5JG, ✆ 01255/818800, www.thekingscliffhotel.co.uk.

*** **Le Vere House**. Gastfreundliches viktorianisch eingerichtetes Hotel. Die 5 Zimmer sind recht altmodisch, aber sauber und ganz in der Nähe der Strandpromenade. B & B ab 60 £/Zimmer. 15 Agate Road, Marine Parade West, Clacton, CO15 1RA, ✆ 01255/423044, www.leverehotel.co.uk.

**** **Chudleigh**. Das B & B an der Sonnenküste mit ausgezeichneten Gästekommentaren. 9 gepflegte und meist geräumige Zimmer, tolles Frühstück, nahe dem Strand mit Parkplätzen. EZ 50–68 £, DZ 80–88 £, Familienzimmer 85–100 £. Agate Road, Marine Parade, Clacton-on-Sea, CO15 1RA, ✆ 01255/425407, chudleighhotel.com.

The Old Surgery. Hier wohnt man fast wie in einem Boutique Hotel mit englischem Thema. Nur 3 Zimmer, kurze Wege zum Strand und ins Zentrum bzw. zur Einkaufsmeile. B & B DZ ab 90 £, mitunter 2 Nächte Mindestaufenthalt. 14 Holland Road, Frinton-on-Sea, CO13 9DH, ✆ 01255/675700, www.theoldsurgeryfrinton.com.

The Victory. Ein traditionelles, freundliches Pub mit Deckenbalken, Kamin und Admiral Nelson an der Wand, nach dessen Flaggschiff Victory es benannt ist. An den Wochenenden Livemusik. Jeden Do 17–21 Uhr Steak & Grill Night. Sonntags Bratenaufschnitt (Sunday Roast) zu fairen Preisen. Auch zwei Zimmer, B & B 60 £. 4 Suffok Street, Walton On The Naze, CO14 8AR, ✆ 01255/677857, www.victorywalton.co.uk.

Camping **Martello Beach Holiday Park**. Außen- und Indoor-Pool. Chalets, Caravans, Drei-Zimmer-Zelte, Wohnwagen ab 15 £, nur wenige Zeltstellplätze (ab 7 £). Direkt an der Küste. Belsize Avenue, Jaywick, Clacton-on-Sea, CO15 2LF, ✆ 01255/820372, www.park-resorts.com/holiday-parks/essex/martello-beach.

Harwich und Dovercourt

Harwich wird von den Fähren von Hoek van Holland angelaufen. Der Ort liegt an der Mündung des River Stour, der sich hier mit dem River Orwell vereint und die Grenze zwischen Essex und Suffolk bildet. Die Grafen von Norfolk bauten das Städtchen im 13. Jh., um von der strategisch günstigen Lage zu profitieren. Eine regelmäßige Verbindung nach Holland besteht bereits seit 1661. Im hiesigen Dock wurde die Mayflower gebaut, mit der die Pilgerväter nach Amerika segelten, und kurz vor Ausbruch des Zweiten Weltkrieges gingen fast 10.000 evakuierte Kinder jüdischer Eltern aus Deutschland hier an Land. Das angrenzende Dovercourt ist älter als Harwich, der Sandstrand einer der besten in Essex.

Information Nächstes **Tourist Information Centre** in Clacton (→ S. 290). Die Harwich Society betreibt ein Informationsbüro im viktorianischen **Halfpenny Pier Ticket Office**, das von Mai bis Mitte Okt. tägl. 10–17 Uhr geöffnet ist und auch eine „New World"-Ausstellung über die Mayflower enthält. Von Mai bis September werden samstags um 14 Uhr kostenlose Führungen angeboten. The Quay, ✆ 01225/553610, www.harwich-society.co.uk.

Verbindungen **Bahn** – Harwich International Station wird von Abellio Greater Anglia (www.abelliogreateranglia.co.uk; ✆ 0345/6007245) jede volle Stunde von London angefahren (Liverpool Station mit Umsteigen in Manningtree, 1:45 Std.). Der Bahnhof im Hafen befindet sich direkt neben dem Terminal-Gebäude.

Fähre – Die Strecke Harwich – Hoek van Holland (Rotterdam) wird von Stena Line befahren (→ Anreise). Der „Dutchflyer" (ab 49 £ einfache Fahrt) beinhaltet die Bahnfahrt in East Anglia, die Fährüberfahrt und die Bahnfahrt zu einer von 28 holländischen Städten (✆ 08445/762762; www.stenaline.co.uk/ferry-to-holland/rail-and-sail).

Übernachten/Essen *** **Alma Inn & Dining Rooms**. Gute Gaststätte (Fischgerichte) wenige Minuten vom Stadtbahnhof entfernt mit 5 wirklich sehr hübschen Zimmern, alle nach historischen Personen der Region benannt und en-suite (mit Bad). Zimmer ab 75 £, Suite für 6 Pers. 150 £, Frühstück inklusive. 25 King's Head Street, Harwich, CO12 3 EE, ✆ 01255/318681, www.almaharwich.co.uk.

*** **The Pier Hotel**. Modernes, gehobeneres Hotel direkt am Kai mit zwei guten Restaurants, die Afternoon Teas und auch Meeresfrüchte servieren. Die 14 Zimmer sind frisch renoviert. DZ 100–205 £. The Quay, Harwich, CO12 3HH, ✆ 01255/241212, www.milsomhotels.com/the-pier.

Paston Lodge. Modernisiertes B & B in einem edwardianischen Haus, sauber und freundlich, in Fußnähe zum Hafen. EZ 35 £, DZ 59 £, Familienzimmer ab 70 £. 1 Una Road, Parkeston, CO12 4PP, ✆ 01255/551390, www.smoothhound.co.uk/hotels/pastonlodge.html.

East Anglia → Karte S. 272/273

Sehenswertes

Halfpenny Pier: Von dem Landesteg von 1853, dessen Name vom „half an old penny" stammt, den die Schiffahrt an Zollgebühr fürs Anlegen zahlen musste, hat man einen Blick hinüber zum Containerhafen Felixstowe und dem Shotley-Yachthafen. Bis zum Ersten Weltkrieg legten hier die Raddampfer mit Urlaubern an, damals war der Pier noch doppelt so lang wie heute. Es gibt ein kleines Café, daneben liegt das Museum Feuerschiff LV18, das von März bis Oktober zu besichtigen ist.

März–Okt. tägl. 11–16 Uhr, Eintritt 2 £, erm. 1 £, Familie 5 £, ✆ 07446/171320, www.lv18.org.

Electric Palace: Ein Kino aus edwardianischer Zeit (1911), das heute unter Denkmalschutz steht und Schauspieler Clive Owen als Schirmherrn hat. Filme werden überwiegend am Wochenende gezeigt (7 £), einmal im Monat treten bei Live on Stage Musiker oder Bands auf.

Besichtigung nur nach Vereinbarung. Kinoprogramm und Veranstaltungen bitte der Website entnehmen. Kings Quay Street, Harwich CO12 3ER, ✆ 01255/553333, electricpalace.com.

Harwich Redoubt: Das Museum ist in einem runden Fort untergebracht, das 1808 als eine von vielen Küstenbefestigungen zur Verteidigung gegen Napoleon errichtet wurde. Es hat einen beeindruckenden Durchmesser von 60 m und ist die einzige derartige Verteidigungsanlage, die für Besucher offen ist. Es gibt ein kleines Militärmuseum mit 11 Originalkanonen, und im Sommer werden Schlachten nachgestellt.

Mai bis Aug. tägl. 10–16 Uhr, Sept. bis April nur So 10–12 und 14–16 Uhr. 3 £. Behind 29 Main Road, CO12 3LT, ✆ 01255/503429, www.harwich-society.com.

Harwich Mayflower Project: Zum 400. Geburtstag der Erstbesiedlung Amerikas durch die Pilgerväter der Mayflower wird in Harwich eine authentische Replika des Schiffes gebaut. Das 100 Fuß lange (ca. 30 m) und 200 Tonnen schwere Segelboot verschafft in der zweijährigen Bauphase 15 jungen Leuten eine Ausbildung in Schiffsbau und Schiffstechnik, mehrere Hundert haben im eigenen Training Centre einführende Kurse besucht. Die neue Mayflower soll im September 2020 ihre Jungfernreise über den Atlantik antreten.

Mo–Sa 9–17 Uhr, So nur nach Vereinbarung. Viewing Gallery. The Railyard, George Street, CO12 3ND, www.harwichmayflower.com.

Treadwell Crane: Auf Harwich Green steht der 250 Jahre alte Tretmühlen-Kran, der noch bis 1928 im Naval Shipyard von zwei Arbeitern betrieben wurde, die in einer Art Hamsterrad ihre Runden drehten.

Low Lighthouse/Maritime Museum und High Lighthouse: Die beiden Leuchttürme stehen in der Nähe der Parkanlagen an der Esplanade. Im Low Lighthouse ist eine Ausstellung zur Geschichte der Handelsmarine und der Royal Navy zu sehen. Constables Gemälde vom Vorgänger des Low Lighthouse hängt übrigens in der Tate Gallery in London.

Mai bis Aug. Fr–So 11–15 Uhr, 1 £. Harbour Crescent, CO12 3NL, ✆ 01255/503429, www.harwich-society.com.

Lifeboat Museum: Das Museum in der alten Lifeboat Station von 1876 erzählt die Geschichte der Seenotrettung. Man kann die Valentine Wyndham-Quin besteigen, ein Rettungsboot, das bis 1984 in Clacton-on-Sea Dienst tat.

Mai bis Okt. Mi–So 11–15 Uhr. 1 £. Timberfields, Wellington Road, CO12 3DT, ✆ 01255/503429.

Low Lighthouse mit bunten Beach Huts

Ipswich

Wo der Fluss Orwell für Frachter schiffbar wird, liegt die Hauptstadt der Grafschaft Suffolk. Als Handelshafen hatte Ipswich im Mittelalter eine Blütezeit. Der Containerhafen in Felixstowe hat Ipswich inzwischen den Rang abgelaufen. Die Stadt hat historisch einiges zu bieten, jedoch sind die Sehenswürdigkeiten weit verstreut.

Im 6. Jh. errichteten die Angelsachsen an der Stelle der heutigen Stadt eine Siedlung. Im Mittelalter wurde Ipswich aufgrund seiner günstigen Lage am Orwell-Fluss eine blühende Handelsstadt. Insgesamt zwölf Kirchen – einige sind heute noch zu besichtigen – zeugen vom Reichtum der Stadt. 1472 wurde hier Thomas Wolsey geboren, der spätere Erzbischof von York und Kanzler Heinrichs VIII.

Bereits während des Baubooms in viktorianischer Zeit verlor die Stadt viel von ihrem alten Charakter, und bis heute ist kein Konzept in der Stadtplanung zu erkennen. Vor allem die Ringstraße und die vielen Kreisverkehre zerschneiden die Stadt. Die Docks entstanden Mitte des 19. Jh. und gehörten lange zu den wichtigsten an der Ostküste, heute erleben sie eine Renaissance und bekommen ein neues, attraktiveres Gesicht. Dorthin führen zwei mittelalterliche Gassen (St Nicholas Street und St Peter's Street) mit zahlreichen historischen Gebäuden und Fachwerkhäusern.

East Anglia → Karte S. 272/273

Kardinal Wolsey und die Grenzen der Macht

Thomas Wolsey stammte aus einfachen Verhältnissen, er war der Sohn eines Metzgers. Ausgebildet im Magdalen College in Oxford, wurde er 1498 Priester und gelangte schon unter Heinrich VII. als dessen Kaplan zu Macht und Reichtum. Er wurde Erzbischof von York, Kardinal und Lordkanzler Heinrichs VIII. und war als solcher verantwortlich für die Außenpolitik und Jurisdiktion im Lande. Mit seinem Reichtum finanzierte er ein Gymnasium in Ipswich und das Cardinal's College, das spätere Christ Church in Oxford. Viele Adlige verachteten oder hassten ihn, vor allem wegen seiner niederen Geburt und der Arroganz, die er angeblich an den Tag legte. Als Wolsey mit dem Ansinnen scheiterte, für die Scheidung Heinrichs VIII. von seiner ersten Frau die Einwilligung des Papstes zu erwirken, fiel er beim König in Ungnade. Er wurde aller seiner Ämter enthoben und des Hochverrats angeklagt. Er starb jedoch nicht durch die Hand des Henkers, sondern eines natürlichen Todes bzw. möglicherweise auch durch Selbstmord, als er von York nach London unterwegs war, um den König zu treffen.

Basis-Infos

Information Tourist Information Centre, tägl. außer So 9–17 Uhr. St Stephen's Lane (zwischen Busbahnhof und Ancient House in der St Stephen's Church), IP1 1DP, ✆ 01473/258070, www.allaboutipswich.com.

Verbindungen Bus – Busbahnhof am Old Cattle Market (ein Häuserblock südlich des Ancient House, IP4 1AD), www.travelineeastanglia.org.uk, www.travelinesoutheast.org.uk, Traveline ✆ 0871/2002233; Stadtbusse ab Tower Rampart, IP1 3BB. Fahrplanauskunft: ✆ 0800/919390, www.ipswichbuses.co.uk.

Außerdem verkehren Mo–Fr 7.15–19.15 Uhr kostenfreie Shuttle-Busse alle 20 Minuten, zwischen 12 und 14 Uhr alle 10 Minuten in einer Schleife, samstags 10–18 Uhr.

Bahn – Bahnhof in der Burrell Road auf der südlichen Seite des River Orwell, erreichbar über die Princes Street (IP2 8AL). Direkte Verbindungen nach London (70 Min.) und über Bury St Edmunds nach Cambridge. Infos über Abellio Greater Anglia, ✆ 0345/6007245, www.abelliogreater anglia.co.uk und www.travelinesoutheast.org.uk. Die Busse 12, 13, 14 und 66/67 fahren in die Innenstadt. Es gibt Plusbus-Tickets.

Park & Ride - London Road nahe A12/A14, IP8 3TQ, Mo–Sa 7–19 Uhr, Busse alle 10 Minuten. Oder Marltesham, IP5 3QX, an der A1214. 2,50 £, Gruppe bis zu 5 Pers. 4 £.

Fahrradverleih **Bicycle Doctor & Hire Service**, ab 15 £/Tag, 100 £ Pfand. 18 Bartholomew Street, IP4 2RP, ✆ 01473/259853, www.bicycledoctor.gbr.fm.

„Bike & Go“ Verleihstation am Bahnhof, Mo–Sa 5–21.20 Uhr, So 7.20–22 Uhr. Jahresgebühr 10 £, Leihgebühr 3,80 £/24 Std.; www.bikeandgo.co.uk.

Kino **Ipswich Film Theatre**, Indie-Filme und World Cinema. Alle Karten 7 £, erm. 3 £ (bis 25 J.). Ipswich Corn Exchange, hinter der Town Hall, The Walk. King Street. IP1 1DH, www.iftt.co.uk.

Märkte Di und Do–Sa Cornhill am Rathaus, 8.30–17 Uhr.

Aktivitäten/Kultur

Bootsfahrten **Orwell River Cruises**, die Harwich Hafentour mit der „Orwell Lady“ (3:30 Std.) startet von April bis Sept. meist Mi, Fr, Sa, So um 14 Uhr vom Orwell Quay in den Wet Docks. 20 £, erm. 17 £, Kind 14 £, Familie 60 £. Die Pin Mill Cruise (10.30 Uhr, 2:30 Std.) führt an manchen Sonntagen von April bis Sept. flussaufwärts, 16 £, erm. 14 £, Kind 12 £, Familie 50 £. Die Orwell Bridge Route (1287 m lange Brücke von 1982) verlässt den Orwell Quay an manchen Samstagen von Mai bis Aug. um 12 Uhr (50 Min.), 12 £, Kind 6 £, Familie 30 £. ✆ 01473/258070 oder ✆ 07773/369970, www.orwellrivercruises.com.

Kardinal Wolsey

Fahrradtouren In der Tourist Information bekommt man die Broschüre „Cycling around the Shotley Peninsula“, die eine 93 km lange Route auf ruhigen Landstraßen beschreibt.

Festivals **Ip-Art Summer Festival**, Theater, Film, Musik, Literatur und Kunst Ende Juni/Anfang Juli. **Pulse Festival**, Off-Theater Ende Mai/Anfang Juni im New Wolsey Theatre, www.wolseytheatre.co.uk.

Alive & V Dubbin, Volkswagen-Liebhaber-Show mit Livebands und Ess-Ständen im Juni auf Jimmy's Farm (→ Essen und Trinken). www.aliveandvdubbin.co.uk.

Kunst Die **Ipswich Art School Gallery** ist für ihre interessanten Projekte bekannt (u. a. bereits zwei Saatchi-Ausstellungen); zu ihren Absolventen zählen Maggi Hampling und Brian Eno. Di–So 10–17 Uhr. Eintritt frei. 1 Upper High Street (neben dem Ipswich Museum), IP1 3QH, www.cimuseums.org.uk/article/10725/Ipswich-Art-School.

Schwimmen **Crown Pools**, Crown Street, IP1 3JA, ✆ 01473/433655, www.ipswich.gov.uk.

Stadtführungen Die Ipswich Tourist Guide Association veranstaltet **geführte**

Rundgänge von Mai bis Sept. Di und Do 14.15 Uhr ab der Tourist Information (4 £), Buchung erforderlich; dort erhält man auch einen Flyer, mit dem man auf eigene Faust einen Rundgang unternehmen kann.

Ghostwalks, Geisterspaziergänge finden jeden 1. Do im Monat um 20 Uhr ab Tourist Information Centre statt, 5 £, www.geminighosts.co.uk, ✆ 01473/614032.

Stadtrundfahrten Ein **Open-Top-Sightseeing-Bus** verkehrt von Ende Juli bis Ende Aug. Di und Fr zwischen 10 und 16.15 Uhr alle 75 Min. (5 £, erm. 3 £, Familie 12 £). Die Route führt 10 km entlang der Küste vom Landguard Fort bis zur Felixstowe Ferry.

Theater **New Wolsey Theatre**, Civic Drive, IP1 2AS, ✆ 01473/295900, www.wolseytheatre.co.uk.

Übernachten

Übernachten **** **Salthouse Harbour Hotel**. Luxushotel in einem umgebauten Speicher am Jachthafen. 43 exquisite, große Zimmer (die meisten mit Blick aufs Wasser). Mo–Do ab 159 £, Fr/Sa ab ab 179 £, So ab 149 £. 1 Neptune Quay, IP4 1AS, ✆ 01473/226789, m.salthouseharbour.co.uk.

**** **Novotel**. Hotelkette in Innenstadtnähe mit 101 modernen Zimmern. Brasserie und Bar bis Mitternacht. Ab 59 £ ohne Frühstück. Grey Friars Road, IP1 1UP, ✆ 01473/232400, m.novotel.com.

**** **Sidegate Guest House**. B & B in moderner Villa am Stadtrand, Fairtrade-Produkte im Bad, die Zutaten fürs Frühstück stammen aus dem Umland. Kostenfreies WLAN und Freeview. 6 freundliche Zimmer in hellen Farben, gepflegt und sauber mit modernen Sanitäranlagen. 20 Min. vom Zentrum am Adastral Park oder mit Bus 66. B & B EZ ab 50 £, DZ ab 75 £. 121 Sidegate Lane, IP4 4JB, ✆ 01473/760024, www.sidegateguesthouse.co.uk.

** **Bridge Guest House**. In der Nähe des Bahnhofs (zu Fuß ca. 15 Min. ins Zentrum), vielleicht die günstigste Unterkunft im Ort. 16 Einzel- und Mehrbettzimmer, Standard einer Jugendherberge, aber freundlich und recht sauber. Zimmer ohne eigenes Bad mit Frühstück EZ 29 £, DZ 49 £, mit Bad EZ 35–49 £, DZ 69–79 £. 4–6 Ancaster Road, IP2 9AA, ✆ 01473/601760, www.bridgeguesthouseipswich.co.uk.

**** **Lattice Lodge**. Wunderbares Öko-Gästehaus mit Wintergarten und Garten. 9 schöne und saubere Zimmer, Parkplätze und kostenfreies WLAN. B & B EZ ab 63 £, DZ ab 68 £, Familienzimmer ab 88 £. Ermäßigung bei längerem Aufenthalt. 20 Min. zu Fuß ins Zentrum oder Bus 66 vom Bahnhof. 499 Woodbridge Road, IP4 4EP, ✆ 01473/712474, www.latticelodge.co.uk. ■

Camping **Orwell Meadows Leisure Park**. Familiengeführter Platz mit allem Komfort und (unbeheiztem) Swimmingpool, die Stellplätze direkt an der Straße sind mitunter laut. März bis Jan. Zeltplatz inkl. 2 Pers. ab 17 £, Caravanplatz ab 21 £. Priory Lane, IP10 0JS, ✆ 01473/726666, www.orwellmeadows.co.uk.

East Anglia → Karte S. 272/273

Essen & Trinken/Nachtleben

Zahlreiche Restaurants der mittleren Preisklasse mit guter Küche findet man am Wet Dock (Albion Wharf und Neptune Quay). Gut ist zum Beispiel das **Bistro on the Quay** in einem früheren Lagerhaus (Dinner mit 2 Gängen 15,95 £). Mo–Sa 12–14 Uhr, So bis 14.30 Uhr, Dinner Mo–Do 18.30–21.30 Uhr, Fr–Sa ab 18 Uhr. 3 Wherry Quay, ✆ 01473/286677, bistroonthequay.co.uk.

Mariners Restaurant. Etwas formeller, ein schwimmendes Restaurant; gute Qualität (und kleine Portionen); Set Menu, nur am Sa à la carte. 2 Gänge 24.95 £, 3 Gänge 28,95 £. So/Mo Ruhetag, Di–Sa 12–14 und 18.30–21.30 Uhr. Neptune Quay, IP4 1AX, ✆ 01473/289748, www.marinersipswich.co.uk.

Museum Street Café. Vegetarisches, schlichtes und ungezwungenes Lokal mit guter Auswahl an Suppen (4,50 £), Salaten, Panini, Lasagne und Quiches. Mo–Fr 9–16.30 Uhr, Sa 11–16.30 Uhr, So geschl. Westgate House, Museum Street, IP1 1HQ, ✆ 01473/232393.

Sanctuary Café. Angenehmes und entspanntes Lokal im St Nicholas Centre (ehem. Kirche) mit Blick ins Grüne. Günstiges Frühstück, Lunch und Afternoon Teas. Mo–Fr 9–17 Uhr. 4 Cutler Street, IP1 1UQ, ✆ 01473/298508, www.stnicholasipswich.com.

K Bar & Steakhouse. Hier kann man den Drink auf der Gartenterrasse einnehmen und aus der umfangreichen Karte mehr als nur Burger (ab 8.95 £) und Steaks (House Cut 340 g für 15 £) wählen. Brunch 12 £. Mo nur Lunch 12–15 Uhr, Di–Sa 12–15 und 17–24 Uhr (Küche 18–21 Uhr), So Ruhetage. In der idyllischen St Nicholas Street Nr. 33–37. ✆ 01473/215721, kbarandgrill.co.uk.

The Fat Cat Freehouse. Traditionelles Ale Pub (12 Ales) mit Biergarten, bekannt für seine Scotch Eggs. Mo–Sa außer Mi gibt es kleine Snacks zum Lunch, So–Do kann man sich wie in Bayern sein eigenes Essen mitbringen oder beim örtlichen Chinesen oder Inder bestellen. Keine Kinder und keine Hunde! Mo–Do und So 12–23 Uhr, Fr 12–24 Uhr, Sa 11–24 Uhr. 288 Spring Road, IP4 5NL, ✆ 01473/726524, www.fatcatipswich.co.uk.

Suffolk Food Hall. Einer der bekanntesten Lebensmittelmärkte der Region, am westlichen Ende der Orwell-Brücke. In den umgebauten Scheunen werden regionale Produkte verkauft, es gibt ein Restaurant mit Blick über den Orwell-Fluss: The Cookhouse, Mo–Do 8–17 Uhr, Fr/Sa bis 22.30 Uhr, So 8.30–16.30 Uhr, ✆ 01473/786616, www.suffolkfoodhall.co.uk, sowie ein Pflanzencenter: Mo–Sa 9–18 Uhr, So 10.30–16.30 Uhr. Wherstead Hall, Peppers Lane, Wherstead, IP9 2AB, ✆ 01473/786610, www.suffolkfoodhall.co.uk. ■

››› **Mein Tipp: Jimmy's Farm**. Der Freund von Jamie Oliver wurde 2002 Farmer und hat seinen Hof mit Farmshop, Fleischerei, Comedy, Quiz Nights und Kinderdisco zu einer lokalen Attraktion ausgebaut. Er betreibt auch ein Restaurant. Fleisch aus eigener Schlachtung, leicht gehobenes Preisniveau. Außerdem haben ein Adnams Weinladen und ein Klamottenladen von Joules auf dem Hof eröffnet. Farm tägl. 9.30–17 Uhr, Shops Mo–Fr und So 10–16 Uhr, Sa 9.30–17 Uhr. Pannington Hall Lane, Wherstead, IP9 2AR, ✆ 01473 604206, www.jimmysfarm.com. ‹‹‹

Nachtleben **Unit 17**. Einziger Nachtclub in Ipswich und größter der Grafschaft Suffolk mit drei Räumen unter einem Dach. Mo und Do 22–3 Uhr, Fr–Sa bis 4 Uhr. 2–6 £. First Floor, West Leisure Terrace, Grafton Way, Cardinal Park, IP1 1AX, ✆ 01473/218850, www.unit17nightclub.co.uk.

The Steamboat Tavern. Tagsüber entspanntes Pub mit Küche, abends oft Live-Gigs und Folk-Sessions mit Blick über die Marina. 78 New Cut, IP2 8HW, ✆ 01473/601902, thesteamboat.co.uk.

Sehenswertes

Cornhill Market: Mittelpunkt der Stadt und zugleich ein guter Ausgangspunkt, um Ipswich zu erkunden, ist der alte Marktplatz, der schon in angelsächsischer Zeit das Stadtzentrum war. Heute wird der Platz eingerahmt vom Rathaus aus dem Jahr 1878. Daneben steht das klassizistische Postamt, in dem sich jetzt eine Bank befindet. Westgate, Tavern und Carr Street sind Einkaufsstraßen, die für den Autoverkehr gesperrt sind.

Ancient House: Wo von der Tavern Street links die Tower Street abgeht, öffnet sich auf der rechten Seite eine Durchgangsgasse, die zur Fußgängerzone Buttermarket führt. Hier steht das Ancient House, eines der berühmtesten Gebäude der Stadt. Das Haus wurde im Jahre 1567 errichtet und um 1670 im Barockstil umgebaut. Beeindruckend ist das reiche Dekor, das verschiedene Kontinente symbolisiert, die mit der Stadt in Verbindung standen: Europa wird repräsentiert durch eine gotische Kirche, Asien durch eine orientalische Kuppel, Afrika durch ein Krokodil und Amerika durch eine Tabakpfeife.

Christchurch Mansion/Wolsey Art Gallery: Am Ende der Tavern Street biegt man links in die Northgate Street ein, die geradewegs zum großen Christchurch Park führt. Hier steht das Tudorhaus Christchurch Mansion, das ehemalige Landhaus eines Londoner Kaufmanns aus dem Jahr 1550. Innen sind mehrere Werke der

Maler Constable und Gainsborough zu sehen, dazu historische Möbel und ein Wandteppich, der die Geschichte von König Artus erzählt – und danach kann man im gemütlichen Tearoom entspannen.

Tägl. außer Mo 10–17 Uhr. Eintritt frei. Führungen durch das Mansion (A Peep into the Past) März bis Nov. Di–Sa 11 Uhr, So 14 Uhr. Soane Street. IP4 2BE, ✆ 01473/433554, www.cimuseums.org.uk/Christchurch-Mansion.

Historic Waterfront/Wet Dock und John Russell Gallery: Seit gut 15 Jahren wird das Wet Dock in einen Wohn- und Freizeitkomplex umgebaut. Als es 1842 in Betrieb genommen wurde, war es das größte in ganz Europa. Heute befinden sich hier neben dem Zollhaus aus dem Jahr 1845 und umgebauten Lagerhäusern noch immer ein Handelshafen, die Spirit-Werft (die noch immer klassische Holzjachten baut), zwei Jachthäfen, viele Restaurants und Bars sowie die kleine John Russell Gallery, die Werke zeitgenössischer Maler und Bildhauer aus Suffolk zeigt. Fehl am Platze wirkt das 23 Stockwerke hohe Apartment-Hochhaus Cranfield's Mill Tower. Auch der ultramoderne Campus der University of Suffolk am Neptune Quay entbehrt jeden maritimen Bezugs. Dafür finden die Studenten am Stoke Quay auf der anderen Hafenseite neue Restaurants und Bars, die durch eine Promenade mit den Northern Quays verbunden sind.

John Russell Gallery: Mo–Sa 9.30–17 Uhr. Mitte Aug. bis erste Septemberwoche geschl. 4–6 Wherry Lane, IP4 1LG, ✆ 01473/212051, thejohnrussellgallery.co.uk.

Ipswich Transport Museum: Das Museum zeigt die verschiedensten Transportmittel, die im Lauf der Jahrhunderte in der Stadt benutzt wurden – von Fahrrädern bis zu Feuerwehrwagen. Angeschlossen sind ein Café und ein Souvenirladen.

April bis Nov. So/Feiertage 11–16 Uhr, in den Schulferien Mo–Fr 13–16 Uhr. 5,50 £, erm. 5 £, Kind 3,50 £, Familie 16 £. Old Trolleybus Depot, Cobham Road, IP3 9JD, ✆ 01473/715666, www.ipswichtransportmuseum.co.uk.

Ipswich Museum: Mit Rekonstruktionen und Animationen wird hier die Geschichte von Ipswich zum Leben erweckt. Daneben gibt es Abteilungen zur Naturgeschichte und Geologie – und in der ägyptischen Ausstellung Sarkophage und Mumien.

Di–Sa 10–17 Uhr. Eintritt frei. High Street, IP1 3QH, ✆ 01473/433550, www.cimuseums.org.uk.

Die Wolsey Art Gallery im Christchurch Mansion

East Anglia → Karte S. 272/273

Umgebung von Ipswich

Pin Mill

An diesem romantischen Fleckchen waren früher Schmuggler die häufigsten Gäste, und noch immer werden hier die Themse-Kähne mit den rot-braunen Segeln *(Thames barge)* repariert, der hiesige Segelclub ist Austragungsstätte des jährlichen Thames Barge Race (1. Juliwochenende). In jedem Fall sollte man im Butt and Oyster Pub aus dem 17. Jh. einkehren, der von den umliegenden Farmen beliefert wird.

››› Mein Tipp: **The Butt & Oyster**, Mo–Fr 10–23 Uhr, Sa–So 10–22.30 Uhr. IP9 1JW, ✆ 01473/780764, www.debeninns.co.uk/buttandoyster. ‹‹‹

Woodbridge

Etwa 12 km nordöstlich von Ipswich liegt das propere Woodbridge, eine im 16. Jh. im Schiffbau führende Hafen- und Marktstadt mit 7400 Einwohnern und vielen holländisch anmutenden Katen. Heute laufen hier luxuriöse Segeljachten vom Stapel. An die Glanzzeiten der Stadt erinnert die Tide Mill, eine weiße Mühle am Deben-Fluss, der für einen Uferspaziergang prädestiniert ist. Das Mühlrad dreht sich abhängig von den Gezeiten, noch immer wird hier Mehl hergestellt. Im Bawdsey Quay Watersports Centre kann man Segelkurse belegen, das Boathouse Café serviert Produkte aus dem Küchengarten des Bawdsey Manor. Eine Fähre setzt nach Felixstowe Ferry (→ S. 299) auf der anderen Uferseite über, wo es eine gute Fischräucherei gibt.

Information www.visit-woodbridge.co.uk, www.visitsuffolk.com/explore/woodbridge.

Aktivitäten **Bawdsey Quay Watersports**, Segeln, Kayaking, Rafting und Motorboote. April bis Okt., ✆ 07747/847263, bawdseyquay.co.uk.

Fahrrad Vorab gebuchte Bikes und E-Bikes liefert das Familienunternehmen **Suffolk Cycle Hire**. Buchung bis spätestens 18 Uhr am Vortag. 15 £/Tag (Kinderfahrräder 10 £) plus 15 £ Liefergebühr, Rabatt bei mehreren Tagen, E-Bikes 25 £. Ausweis und Kaution mitbringen, ein Helm und Schloss sind im Preis enthalten. 104b Bentwaters Parks, Woodbridge, IP12 2TW, ✆ 01394/461166, www.suffolkcyclehire.co.uk.

Sehenswertes **Tide Mill Living Museum**: Ostern bis Okt. tägl. 11–17 Uhr. 5 £, erm. 4 £, Kind 2 £, Familie 12 £. Tide Mill Way, IP12 1BY, ✆ 01394/385295, woodbridgetidemill.org.uk.

Übernachten **Hill House Hall**. Gästehaus aus dem 14. Jh. mit Holzbalken und Kaminen hinter klassizistischer Fassade, 2 romantische Zimmer mit Fachwerk. EZ 65–70 £, DZ 85–150 £ (Family Suite). 30 Market Hill, IP12 4LU, ✆ 01394/383890, www.hillhousehall.com.

Essen & Trinken **Boathouse Café**. Leckere Kleinigkeiten vom Krebssandwich bis zur hausgemachten Makrelenpastete. Vom Balkon aus kann man das Treiben an der Fähre beobachten. Nov. und März/April Fr–So und Feiertage 11–17 Uhr, Mai bis Okt. Do–Mo 11–17 Uhr, in den Schulferien täglich. The Quay, Bawdsey, IP12 3AZ, ✆ 07900/811826, www.boathousecafe.co.uk.

Sutton Hoo

Über die B 1083 gelangt man von Woodbridge nach Sutton Hoo. 1939 stießen Wissenschaftler hier auf ein bedeutendes angelsächsisches Grab: ein einfacher Erdhügel, darunter die Überreste eines umgekehrten, 27 m langen Ruderbootes, angefüllt mit kostbarsten Beigaben, die nun im British Museum in London ausgestellt sind. Man vermutet, dass es sich um das Grab des etwa im Jahr 625 verstorbenen Königs Raedwald von Ostanglien handelt. Weitere Funde wurden in den letzten Jahren freigelegt, darunter ein zweites Grab. Abgesehen von dem Gelände mit den Grabhügeln kann man auch Tranmer House besichtigen, das so belassen wurde, wie die Besitzerin Edith Pretty 1939 zur Zeit des Fundes lebte. In der Exhibition Hall werden Rekonstruktionen des Helms, Zepters und Schildes des Königs sowie der Grabkammer und des Schiffes gezeigt; dazu kann man ein Video ansehen und einer 15-minütigen Ausführung zu verschiedenen Themen lauschen.

April bis Okt. und in den Ferien tägl. 10.30–17 Uhr, Mitte März bis Ostern Mi–So 10.30–17 Uhr, Nov. Sa/So 10.30–16 Uhr, Jan. bis Mitte März Sa/So 11–16 Uhr. 8,20 £, Kind 4,10 £, Familie 20,50 £. ✆ 01394/389700, www.nationaltrust.org.uk/sutton-hoo.

Angelsächsischer Helm

East Anglia → Karte S. 272/273

Felixstowe

Der Industriehafen, heute der größte Containerhafen des Landes, bietet wenig Sehenswertes, außer vielleicht die Seafront Gardens, die sich terrassenförmig hoch zum Felix Hotel erstrecken. Auch der Strand mit seinen Beach Huts ist ganz hübsch. 3 km südlich des Zentrums setzt nahe dem Landguard Fort eine Passagierfähre nach Harwich über. Ein lohnenswerter Ausflug ist das Fischerdorf Felixstowe Ferry an der Mündung des Flusses Deben, wo man frischen Fisch von den Fischerhütten bzw. an Ständen kaufen, Golf spielen oder mit einer Fähre über den Deben nach Bawdsey (→ Woodbridge, S. 298) übersetzen kann. In die andere Richtung geht es zu den **Trimley Marshes**, einem Feuchtgebiet, das vor allem Vogelbeobachter anspricht.

Information **Beach Hut Tourist Information Point**, Ostern bis Sept. tägl. 11–15 Uhr. The Promenade gegenüber der Town Hall und in den Gärten gegenüber Manning's Amusements. Außerdem **Suffolk Coastal District Customer Service Centre** in der Library, Mo 10–16 Uhr, Di–Fr 9–17 Uhr. Crescent Road, IP11 7BY, ✆ 01394/383789, www.visitfelixstowe.co.uk und www.suffolkcoastal.gov.uk.

Verbindungen **Fähren**, **Felixstowe Ferry Quay to Bawdsey**, April und Okt. nur am Wochenende, Mai bis Sept. tägl. 10–18 Uhr. 2 £, hin/zurück 3 £, mit Fahrrad 3,50 £/5 £. **Harwich Ferry to Felixstowe/Shotley** April bis Sept. tägl. 9–17 Uhr, im Okt. nur bei gutem Wetter, 4 £, Hop-on-Hop-off-Ticket 9 £, Kind 7 £, Fahrrad 1 £; www.harwichharbourferry.com.

Essen & Trinken **Felixstowe Ferry Springtide Fish**. Die Fischer von Felixstowe Ferry beliefern diesen Laden mit frischem Fang von Scholle, Rochen, Seebarsch und Meeresfrüchten, auch Fischpasteten und Fischbuletten werden verkauft. Tägl. 10–17 Uhr. The Ferry, IP11 9RZ, ✆ 01394/284582 oder ✆ 07923/473826.

Museum of East Anglian Life (Stowmarket)

Mitten in der Ortschaft Stowmarket, ca. 20 km von Ipswich, liegt dieses Freilichtmuseum. Auf dem 30 ha großen Gelände sind 15 historische Gebäude und Rekonstruktionen zu sehen, etwa eine alte Schmiede oder Wassermühle, auch Schafe, Schweine und Rinder werden hier gehalten. Man kann mit alten Traktoren fahren, einen Zigeunerwagen besteigen und historische Badeanzüge bestaunen. Insgesamt 40.000 Gegenstände aus der Vergangenheit der Region lagern in den Archiven des Museums. Auf dem Gelände befindet sich auch das Herrenhaus Abbot's Hall aus dem frühen 18. Jh., in dem jeder Raum einen anderen historischen Aspekt des Lebens in diesem Haus, im Ort oder in der Region beleuchtet. Wechselausstellungen ergänzen die gewonnenen Einblicke. Es gibt auch ein Tourist Information Centre und ein Café.

Freilichtmuseum Mitte März bis Okt. Di–Sa 10–16.30 Uhr, So ab 11 Uhr. Abbot's Hall Di–So 10–16.30 Uhr. Café Di–Sa 9–16.30 Uhr, So 10.30–16.30 Uhr. 8,25 £, erm. 7,15 £, Kind 4,70 £, Familie 15,40 £/22 £. Iliffe Way gegenüber dem ASDA-Supermarkt, die A 14 verlassen auf die B 1115 Richtung Great Finborough. ✆ 01449/612229, www.eastanglianlife.org.uk.

Einkaufen Chilli Company: Seit 16 Jahren werden auf dieser Farm 50 Sorten Chillies kultiviert, im Farmshop „Smoke and Spice" kann man viele Chilliprodukte von Soßen über Schokoladen kaufen oder im Deli-Café vor Ort seinen Appetit stillen. Mo–Sa 9–17.30 Uhr, So 10–16 Uhr. Norwich Road, Stowmarket, Mendlesham, IP14 5NQ, ✆ 01449/766344; chillicompany.com.

Von Ipswich nach Great Yarmouth

Die Küste von Manningtree bis Lowestoft ist der Stolz von Suffolk. Sie heißt Suffolk Coast and Heath und ist ein AONB, eine „Area of Outstanding Natural Beauty" (www.greentraveller.co.uk/holidays-suffolk-coast-and-heaths-aonb). Die wie Perlen aneinandergereihten Küstenörtchen gehören zu den schönsten Szenerien des Landes: Orford ist berühmt für seine normannische Burg und die Fischräuchereien, Aldeburgh für sein klassisches Musikfestival und Southwold für seine Eleganz.

Orford

Fast 15 km fließt der Fluss Alde parallel zur Küste, bis er endlich hinter Orford mündet, wo er River Ore genannt wird. Der hübsche kleine Ort war im Mittelalter ein reicher Handelshafen für Wollexporte, heute ist er bei Seglern und Gourmets beliebt und daher im Sommer oft überfüllt. Für einen fischigen Imbiss sollte man bei Butley Orford Oysterage reinschauen. Beim Orford General Store findet man in Penny's Café nur selten einen Platz, in der Pump Street Bakery gibt's auch was zum Mitnehmen, und samstags herrscht Marktbetrieb in der Town Hall. Wer die Einsamkeit sucht, dem sei eine Wanderung entlang des River Ore oder ein Ausflug nach Orford Ness empfohlen, einer einsamen Landzunge zwischen Fluss und Meer, wo man die Tidenströmung durch die Kiesel rollen hört und nur mit der Fähre hinkommt. Auf Havergate Island im River Ore kann man im Frühjahr und Sommer Säbelschnäbler und Seeschwalben beobachten, im Herbst und Winter tummeln sich hier Enten und Watvögel. Für seine Ausblicke sehenswert ist Orford Castle, ein Bergfried mit 5 Stockwerken, drei Meter dicken Mauern und die erste Burg, die Heinrich II. in Suffolk bauen ließ, um die Macht der Barone zu brechen.

Information www.visit-orford.co.uk und www.orford.org.uk.

Fahrrad Entspannend ist die 30 km lange Radtour von Orford nach Butley Priory.

Nächster Fahrradverleih Suffolk Cycle Hire in Woodbridge (→ S. 298), das Unternehmen liefert auch.

Sehenswertes **Orford Castle**: an der B 1084 36 km nordöstlich von Ipswich. April bis Sept. tägl. 10–18 Uhr. Okt. tägl. 10–17 Uhr, Nov. bis Dez. Sa/So 10–16 Uhr, Jan.–März Sa–So 10–18 Uhr. Führungen Fr 11 und 15 Uhr. 6,90 £, erm. 6,10 £, unter 16 J. 4,10 £, Familie 17,90 £. ✆ 01394/450472, www.english-heritage.org.uk.

Orford Ness Nature Reserve: Ende März bis Ende Juni und Okt. nur Sa 10–14 Uhr, Juli bis Sept. Di–Sa 10–14 Uhr. Mit der Fähre vom Orford Quay, letzte Fähre zurück um 17 Uhr. 9 £, Kind 4,50 £, Familie 22,50 £. www.nationaltrust.org.uk/orford-ness-national-nature-reserve.

Havergate Island: Am 1. Sa jeden Monats nur mit Buchung und per Boot, RSPB Minsmere Reserve Visitor Centre, ✆ 01728/648281, 22 £, Kind 11 £. Boote fahren jeden 1. Samstag des Monats (außer Mai bis Juli) vom Orford Quay um 10 Uhr (Fahrtdauer 20 Min.) und kehren um 14 Uhr zurück. ✆ 01394/-450732 und havergte.island@rspb.org.uk.

Übernachten/Essen **Butley Orford Oysterage**. Ungezwungenes Restaurant, seit den 1960ern ziemlich unverändert, sehr gute Fischgerichte und frische Austern aus dem Fluss. Lunch tägl. 12–14.15 Uhr, Dinner 18.30–21 Uhr, Sa ab 18 Uhr. Market Hill, IP12 2LH, ✆ 01394/450277, www.pinneysoforford.co.uk.

»» **Mein Tipp: Pump Street Bakery**. Die Bäckerei ist berühmt für ihre Brote und Gebäckteilchen, im rustikalen Café werden aber auch herzhafte Speisen serviert. Die Karte wechselt täglich je nach regionalem Angebot. Mi–Sa 9–16 Uhr, So ab 10 Uhr. Mo–Di geschl. 1 Pump Street, IP12 2LZ, ✆ 01394/459829, www.pumpstreetbakery.com. ««

The Crown and Castle. Das Hotel mit einem hervorragenden Bistro-Restaurant gehört Ruth Watson (und ihrem Ehemann), die mehrere Kochbücher veröffentlicht hat. Gute Fischauswahl und 21 luxuriöse Zimmer für 145–395 £ (Suite Dinner mit B & B). Fr und Sa nur zwei Nächte Dinner mit B & B. Lunch tägl. 12.15–14.15 Uhr, Dinner tägl. 18.30–21.15 Uhr. Orford, Woodbridge, IP12 2LJ, ✆ 01394/450205, www.crownandcastle.co.uk.

Elliots B & B. Penny Teale betreibt den Dorfladen mit dem **Penny's Café** und vermietet zwei ordentliche Zimmer direkt über dem Geschäft. Das Frühstück wird mit regionalen Produkten aus dem Laden zubereitet. DZ 75–95 £ mit kontinentalem Frühstück in Penny's Café: Mo–Sa 8.30–17.30 Uhr, So 10–16 Uhr. Pump Street, IP12 2LN, ✆ 01394/450204, www.orfordgeneralstore.com/stay.

YHA Blaxhall. Jugendherberge im Dorf Blaxhall, etwa 10 km von Orford. Bett 10–19 £, Zimmer ab 49 £. Handtücher 2 £.The Old School House, Blaxhall, Woodbridge, IP12 2EA, ✆ 0345/3719305, aus dem Ausland ✆ 01728/688206, www.yha.org.uk.

East Anglia → Karte S. 272/273

Aldeburgh

Der verschlafene, aber irgendwie charmante Küstenort nördlich von Ipswich hat keine großen Attraktionen, abgesehen vielleicht von der **Moot Hall,** die seit über 400 Jahren als Versammlungshalle dient und auf dem Dorfgrün gleich neben der Promenade steht. Der Ort besteht aus der Hauptstraße und einem Strand voller Kiesel, der nicht unbedingt zum Baden, aber zu ausgedehnten Spaziergängen entlang der angenehm unberührten Küste einlädt. Am Nordende des Strands steht Maggi Hamblings Scallop Shell, eine kontrovers diskutierte Muschelskulptur, die schon mehrfach durch Vandalismus beschädigt wurde.

Aldeburgh lebte lange Zeit von seinem Hafen, dem Schiffsbau (Sir Francis Drakes Schiff Golden Hind wurde hier gezimmert) und seiner kleinen Fischerflotte. Mit dem Niedergang des Fischfangs ging es auch mit Aldeburgh bergab, bis unerwartete Rettung nahte in Gestalt des Komponisten Benjamin Britten, der sich hier niederließ und 1948 ein klassisches Musikfestival ins Leben rief. Heute lebt der 3000-Seelen-Ort vom Tourismus. Das intime Festival, das schon mit Größen wie Yehudi Menuhin, Janet Baker oder Anne-Sophie Mutter aufwarten konnte, findet im Juni in einer alten Mälzerei im nahe gelegenen Snape Maltings statt. Im August gibt es Bälle sowie einen

Carnival, das ganze Jahr über Konzerte. Benjamin Britten hat in der reich verzierten St.-Peter-und-Paul-Gemeindekirche ein Gedächtnisfenster erhalten und liegt auf dem dortigen Friedhof begraben. Sein Studio im **Red House,** in dem er mit seinem Partner Peter Pears bis zu seinem Tod 1976 gelebt hat, kann besichtigt werden.

Information **Tourist Information Centre**, Mo–Sa 10–15 Uhr, So 12–16 Uhr. 48 High Street, IP15 5AB, ✆ 01728/453637, www.visit-aldeburgh.co.uk.

Aktivitäten **Iken Canoe and Kayak Hire**, mit dem Kanu oder Paddle-Board den River Alde entlang, 10 £/Std, 30 £/halber Tag. Cliff nahe Aldeburgh, IP12 2EN, ✆ 01728/688267 oder 07979/517186, www.ikencanoe.co.uk.

Festival **Aldeburgh Music Festival**, 8–20 £, einige Veranstaltungen kostenlos. Snape Maltings Concert Hall, Snape, IP17 1SP, ✆ 01728/687110, www.aldeburgh.co.uk.

Theaterfreunde strömen im September auch ins High Tide Theatre, um die modernen Produktionen (sechs neue jedes Jahr) während des **Hightide-Festivals** zu erleben. Box-Office im Aldeburgh Cinema. Die Produktionen gehen international auf Tour. ✆ 01728/573101, www.hightide.org.uk/the-festival.

Kunst **Aldeburgh Beach Lookout**, Galerie von der Londoner Kunsthändlerin Caroline Wiseman hoch oben in einem isolierten Küstenwachturm. Am Samstag jeder Woche stellt ein neuer Künstler seine Arbeiten aus. 11–16 Uhr, kostenfreies Getränk zwischen 12 und 14 Uhr. 31 Crag Path, IP15 5BS, ✆ 01728/452754, www.aldeburghbeach lookout.com.

Sehenswertes **Red House**: 25 Gehminuten vom Zentrum entfernt (während des Festivals gibt es einen Shuttlebus). Ende März bis Okt. Di–Sa 13–17 Uhr, Führungen um 16 Uhr (vorab buchen), Nov. bis März Di–Fr 13–16 Uhr. Während des Aldeburgh Festivals im Juni tägl. 10–17 Uhr. Eintritt 5 £, Führung 2,50 £. Britten-Pears Foundation, The Red House, Golf Lane, IP15 5PZ, ✆ 01728/451700, www.brittenpears.org.

Kontrovers: Maggi Hamblings Scallop Shell

Übernachten *** **The White Lion.** Gegenüber vom Strand und seinen Beach Huts gelegen, hat man aus einigen Zimmern einen herrlichen Meeresblick. Älteres Haus mit ein paar Macken, das Restaurant ist allerdings ausgezeichnet. DZ ohne Meeresblick ab 125 £, mit Meeresblick ab 155 £. Market Cross Place, IP15 5BJ, ✆ 01728/452720, www.whitelion.co.uk.

Alde Garden. Alternativer, umweltfreundlicher Campingplatz (Kompost-Toiletten) mit mongolischen Zelten (bis zu 5 Pers., ab 190 £ für 2 Nächte), Wohnzelt (ab 135 £ für 5 Pers., 2 Nächte), ein Cottage (ab 270 £/2 Tage), Camping (Zelt ab 15 £) und ein Zigeunerwohnwagen (ab 180 £ für 2 Erw. und 2 Kinder, 2 Nächte). The Sweffling White Horse Inn, Low Road, Sweffling, IP17 2BB, ✆ 01728/664178, aldegarden.co.uk. ■

Essen & Trinken **Aldeburgh Fish & Chips Shop**. Mit jenem Gericht hat dieser Imbiss seit 1967 großen Erfolg. Nur Takeaway; wer lieber im Sitzen isst, bekommt den gleichen Fisch bei The Golden Galleon mit Tischen im Upper Deck, zu erkennen an der Schiffsfigur der Meerjungfrau, die an der Hauswand hängt. Di–Sa 11.45–14 Uhr, So 12–14.30 Uhr, Do–Sa auch 17–21 Uhr. 226 High Street, IP15 5DB, www.aldeburghfish andchips.co.uk.

The Golden Galleon. Mo–Fr 12–14 Uhr, Mo–Mi und Fr auch 17–20 Uhr, Sa 12–14.30 und 16.30–20 Uhr, So 12–19 Uhr. 137 High Street, IP15 5AR, ✆ 01728/454685, www.aldeburghfishandchips.co.uk.

Fresh Food Pantry at Snape Maltings, 5 Tage die Woche wird hier frisch gebacken und die anderen Waren stammen alle von Farmen aus dem Umland. Ende März bis Okt. Mo–Sa 10–17.30 Uhr, So 9.30–15.30 Uhr. Snape Maltings nahe Aldeburgh, IP17 1SR, ✆ 01728/688303.

Framlingham Castle

19 km westlich von Aldeburgh liegt tiefstes Mittelalter: die ehemalige Residenz der Herzöge von Norfolk und eine der schönsten Burgen des Landes. Hier kann man über die 800 Jahre alten und erstaunlich gut erhaltenen Wehrgänge der Burgmauer mit ihren 13 Wehrtürmen spazieren. Die Ringmauer mit Ecktürmen und Torhaus verkörperte im 12. Jh. modernste Militärarchitektur. Nur ein einziges Mal musste die Feste der Belagerung widerstehen, gehörte der zweite Graf von Norfolk doch zum Widerstand gegen König Johann Ohneland, dem man die Magna Carta abgetrotzt hatte. Mal in den Händen der Barone, mal in der Hand der Krone, schenkte Eduard VI. Framlingham Castle seiner Halbschwester Mary Tudor. Die Krone fiel aber nicht an sie als rechtmäßige Thronfolgerin, sondern an die Protestantin Jane Grey, woraufhin Mary nach Framlingham floh, sich dort zur Königin erklären ließ und auf London zumarschierte. Nach neun Tagen auf dem Thron landete Jane Grey auf dem Schafott und die „Bloody Mary" begann ihre Regentschaft. Im 17. Jh. fiel die Burg durch Erbschaft an das Pembroke College in Cambridge. Die Akademiker bauten im Burghof ein Armenhaus, das heute noch steht, den Rest ließen sie verfallen.

Weinfreunde möchten vielleicht in der Nähe bei Shawsgate Vineyard, einem der ältesten Winzer East Anglias, etwas anderes als alte Gemäuer auf sich wirken lassen.

Castle: April bis Sept. tägl. 10–18 Uhr, Okt. tägl. 10–17 Uhr, Nov. bis März Sa/So 10–16 Uhr, in den Ferien tägl. 10–16 Uhr. 7,60 £, erm. 6,80 £, unter 16 J. 4,50 £, Familie 19,70 £. Church Street, IP13 9BP, ✆ 01728/724189, www.english-heritage.org.uk.

Shawsgate Vineyard, einer der ältesten Winzer East Anglias, 8 ha Weinanbau, Führungen und Weinproben. Mai bis Sept. Mo–Sa 10–17 Uhr, im Winter Fr–Sa 11–16 Uhr. Badingham Road, Shawsgate, IP13 9HZ, ✆ 01728/724060, www.shawsgate.co.uk.

East Anglia → Karte S. 272/273

Southwold

Wer hinter Blythburgh von der A 12 abbiegt, fährt durch Marschland und Heide immer auf einen weißen Leuchtturm zu. Dieser steht mitten im Ort zwischen all den Backsteinhäuschen und überragt mit seinen 31 m einen Sandstrand mit bunten Strandhütten, die inzwischen für mehrere zehntausend Pfund den Besitzer wechseln. Southwold ist ein Ort ohne große Sehenswürdigkeiten, deshalb fahren die meisten Touristen daran vorbei. So konnte sich der Ort viel von seiner Ursprünglichkeit bewahren und präsentiert sich dem Besucher erfrischend unprätentiös.

Die Entwicklung von Southwold zum Seebad begann schon Ende des 18. Jh., als sich der Landadel Villen auf die Klippen baute. Zu einem echten Modebad wurde Southwold jedoch nie. Es riecht nach Hopfen, Malz und Meer, denn Southwold ist auch das Zuhause der Adnams Brewery. Deren cremiges Ale wird in den vielen Pubs ausgeschenkt, zum Beispiel im Swan Hotel am Marktplatz oder im Red Lion am South Green. Die Einheimischen treffen sich zum Billard- oder Kartenspiel im **Sailor's Reading Room.** Das klitzekleine **Maritime Museum** dort wurde als Denkmal für einen Kapitän von dessen Witwe eingerichtet. Sie hatte dabei die trügerische Hoffnung, die Seeleute zum Lesen an- und vom Trinken abzuhalten. Zu sehen gibt es vergilbte Fotos von lange verstorbenen Fischern, Berichte über Sturmfluten, Schiffsfiguren, Schiffsuhren und Schiffsmodelle.

Das **Heimatmuseum,** das in einem kleinen Häuschen aus dem 17. Jh. untergebracht ist, dokumentiert interaktiv und mit Filmausschnitten die Geschichte des Orts, vor allem eine Seeschlacht von 1672, als hier in Southwold die britische und die holländische Flotte aufeinandertrafen. Neben der RNLI Lifeboat Station geht es im **Alfred Corry Museum** ebenfalls um heroische Taten zur See, und zwar die der Mannschaften des Seenotrettungsbootes gleichen Namens.

Information Informative Webseiten: www.exploresouthwold.co.uk oder www.visitsouthwold.co.uk.

Bootsfahrten Coastal Voyager bietet vom Hafen aus alles: adrenalinhaltige „Sea Blast Trips", gemütliche Flussfahrten bis hin zum Robbengucken nach Scroby Sands. ✆ 07887/525082, www.coastalvoyager.co.uk.

Kino **Electric Picture Palace**, 68 Plätze hat dieses altbackene Kino, ein Nachbau aus der edwardianischen Epoche. Ticket 5–6 £. Führung So 14.30 Uhr auf Anfrage. Blackmill Road, IP18 6AP, ✆ 07815/769565, www.exploresouthwold.co.uk/cinema.

Sehenswertes **Leuchtturm**: Mi, Sa, So 14–16 Uhr, in den Ferien tägl. 11–13 und 14–16 Uhr. 4 £, Kind 3 £, Familie 12 £. ✆ 01502/724729, www.trinityhouse.co.uk.

Southwold Museum: Ostern bis Okt. tägl. 14–16 Uhr, im Aug. zusätzl. 10.30–12 Uhr. Eintritt frei, Spende von 3 £ erbeten. 9–11 Victoria Street, IP18 6HZ, ✆ 01502/726097, www.southwoldmuseum.org.

Amber Museum: Mo–Sa 9–17 Uhr, So 11–16 Uhr (wie der Shop). Eintritt frei. 15 Market Place, IP18 6EA, ✆ 01502/723394, www.ambershop.co.uk.

Sailor's Reading Room: Tägl. 9 Uhr bis zur Dämmerung. East Cliff, IP18 6EL, www.southwoldsailorsreadingroom.co.uk.

Alfred Corry Lifeboat Museum: Das Museum in der alten Cromer-Lifeboat-Hütte wird demnächst erweitert. Ostern bis Okt. Mo-Fr 10–13 und 14–16.30 Uhr, Sa/So 10.30–16.30 Uhr. Eintritt frei. Ferry Road, IP18 6NG, ✆ 01502/724484.

Veranstaltungen **Suffolk Summer Theatres**, Mai bis Sept. in Southwold und Aldeburgh; alle zwei Wochen kommen neue Produktionen auf die Bühne. St Edmund's Hall, Cumberland Road, IP18 6JP, ✆ 01502/722572, www.southwoldtheatre.org.

Übernachten **The Swan Hotel**. Wunderschönes mittelalterliches Haus, gehört der Adnams-Brauerei. 42 Zimmer, einige davon nach hinten um einen Bowlingrasen gruppiert. B & B EZ ab 115 £, DZ 185–305 £. Market Place, IP18 6EG, ✆ 01502/722186, www.adnams.co.uk/hotels/the-swan.

Amber House. 4 freundliche, leicht altmodische Zimmer in einem viktorianischen Haus, drei mit Blick auf die Seafront und den Pier. B & B DZ 85–110 £, 140 £ für 3 Pers., 24 North Parade, IP18 6LP, ✆ 01502/723303, www.southwoldamberhouse.co.uk.

Camping **Harbour Campsite**. 2,5 km südlich von Southwold. 130 Plätze direkt an einem Sandstrand. Stellplatz 19,25–26,50 £. Geöffnet März bis Nov. Eine Fähre fährt von Mai bis Okt. über den Blythe-Fluss nach Walberswick. Um die Ecke am Nordufer gibt es einen super Fish-'n'-Chips-Stand. Ferry Road, P18 6ND, ✆ 01502/722486, www.southwoldcamping.com.

Essen & Trinken **Mrs T's Fish'n'Chips**. Die hiesigen Fish'n'Chips wurden durchs Fernsehen berühmt; Exmodel Twiggy warb für den Imbiss, der seither brummt und ein Restaurant eröffnet hat. Tägl. 11.45–15 Uhr. Blackshore Quay, Southwold Harbour, IP18 6TA, ✆ 01502/724709.

The Lord Nelson („Nellie"). Gemütliches Pub mit Biergarten und gutem Essen. Beliebt bei Einheimischen und Touristen. Mo–Fr 10.30–23 Uhr, So 12–22.30 Uhr. 42 East Street, IP18 6EJ, ✆ 01502/722079, www.thelordnelsonsouthwold.co.uk.

Walberswick

Der entzückende kleine Ort liegt inmitten einer Patchwork-Felderlandschaft kaum 2 km südlich von Southwold und ist von dort über die Fußgängerbrücke über den River Blythe oder mit der Fähre zu erreichen. Walberswick war 650 Jahre lang ein geschäftiger Handelshafen, von dem aus Käse, Schinken, Korn, Holz und Fisch vorwiegend nach London verschifft wurden. Noch heute kann man im Hafen frischen Fisch kaufen. Die Idylle, zu der vor allem die Fischerhäuser auf Pfählen beitragen,

Der Hafen von Walberswick

East Anglia → Karte S. 272/273

zog schon in den 1890er-Jahren Künstler wie Philip Wilson Steer und seinen Kreis englischer Impressionisten in den Bann. 1914 verbrachten der Künstler Charles Rennie Mackintosh und seine Frau Margaret hier ihren Urlaub, der im Knast endete. Die Soldaten hatten ihn dank seines schottischen Dialekts für einen deutschen Spion gehalten. Heute haben hier weniger bekannte Stars wie der Filmemacher Paul Greengrass oder Radio-DJ Simon Mayo ihr Feriendomizil.

Fähre nach Southwold: Ende Mai bis Sept. tägl. 10–12.30 und 14–17 Uhr alle 30 Min. Ostern bis Mai und Okt. nur Sa/So. Personen und Fahrräder je 1 £. ✆ 01502/724729, www.explore walberswick.co.uk/ferry.php.

Lowestoft und die Suffolk Broads

Die Suffolk Broads und das **Waveney Valley** im Hinterland des Fischerhafens Lowestoft sind außerhalb der Region so gut wie unbekannt. Der Waveney-Fluss schlängelt sich in ausladenden Windungen durch die Landschaft, die einst aus Wasserwiesen und Marschen bestand und früher sehr viel weiter schiffbar war als heute. Das Wasser ist auch die Attraktion des ansonsten mit Reizen nicht gesegneten Lowestoft, das durch die Wasserwege Lake Lothing und Oulton Broad geteilt und mit zwei Klappbrücken wieder verbunden wurde. Bei **Ness Point** und der Windrose Euroscope steht man am sehr unspektakulären östlichsten Punkt Englands. Weiter im Inland liegen die hübschen Marktstädtchen Beccles, Bungay und Halesworth.

Tourist Information Centre, East Point Pavilion, Royal Plain, NR33 0AP, ✆ 01502/533600, www.lovelowestoft.co.uk. **Busverbindung**: Im Sommer verkehrt der First Bus 99 stündlich zwischen Southwold und Lowestoft. Return Ticket 5,50 £.

Fahrradverleih: „Bike & Go"; www.bikeand go.co.uk.

Bootstour: Waveney River Tours, → Norfolk Broads, S. 311 .

Fischräucherei: Anchor Smokehouse, Mo–Fr 8–16 Uhr, Sa 8–12 Uhr. Katwijk Way, NR32 1QZ, ✆ 01502/515744, www.anchorsmoke house.co.uk.

Great Yarmouth

Wo der River Yare in die Nordsee mündet, liegt das beliebte, aber lärmende Seebad Great Yarmouth. Die Stadt spaltet sich in zwei Teile, das Viertel um die Strandpromenade und die Altstadt am Fluss.

Auch wenn man auf dem letzten Abschnitt der A 47 an einigen malerischen Windmühlen vorbeikommt, das Great Yarmouth von heute hat nichts mehr mit dem romantischen Ort zu tun, in dem David Copperfield das Waisenhaus von Mr Pegotty als „Aladins Palast" empfand. Die Touristenmeile Regent Street endet an der Vergnügungspromenade, die sich den endlos langen Sandstrand (Golden Mile) entlangzieht. Am Horizont drehen sich die Rotoren eines Offshore-Windparks im perfekten Gleichtakt, während das Ufer mit typisch englischen Freizeitangeboten gepflastert ist: Spielhallen, Minigolfanlagen und vieles mehr. Die Stadt ist vollständig auf Tourismus ausgerichtet; allerdings war die Wasserqualität hier lange Jahre nicht besonders gut, daher haben viele der Hotels und Caravan Parks ihre eigenen Pools. Heute kann man mit Ausnahme des North Beach bedenkenlos an Yarmouth' Stränden baden gehen. Am Ufer der South Quay Promenade liegen zahlreiche Boote, und es finden sich noch einige historische Häuser, die die Bombenangriffe des Zweiten Weltkriegs überstanden haben. Einige wurden restauriert, wie die Row 111 am South Quay, andere stehen mit zugenagelten Fenstern da.

Im 14. Jh. war Yarmouth einer der wichtigsten Handelshäfen Englands und das „Tor zu Norfolk" – von hier aus bestand über den Yare eine direkte Verbindung nach Norwich. Damals entstanden die *rows* – enge Gässchen, die nur mit speziellen schmalen Pferdewagen befahren werden konnten. Hier lebten Seefahrer und Kauf-

Windmühlenromantik bei Great Yarmouth

leute. Nur wenige Besucher wissen, dass Great Yarmouth nach York die vollständigste mittelalterliche Stadtmauer (1284–1396) besitzt.

Bis 1663 fand jedes Jahr in Great Yarmouth die Fischmesse statt (Free Herring Fair), zu der Besucher aus dem ganzen Ost- und Nordseeraum anreisten, um gesalzenen Fisch zu kaufen. Erst im 19. Jh. brachte die Heringsverarbeitung wieder einen Aufschwung. Die vor der Küste gefangenen *silver darlings* wurden hier gepökelt und geräuchert und dann als sog. *bloaters* in die ganze Welt verschifft (was auch der Spitzname des örtlichen Fußballvereins ist). Der Kaufmann John Andrews wurde durch den Handel zum „Heringskönig"; seine aus dem 18. Jh. stammende Villa am South Quay, das spätere Zollhaus (Nr. 20), kann man besichtigen.

Bei den Millionen Tonnen an Hering, die hier jährlich gefangen wurden (Anfang des 20. Jh. betrug der Jahresfang durchschnittlich 530 Millionen Fische), kam es bald zu einer Überfischung, sodass der Bestand in den 60er-Jahren rapide abnahm. Die seitdem reduzierten Fangquoten ließen eine lukrative Weiterverarbeitung nicht mehr zu, dies wird besonders im **Maritime Museum** dokumentiert.

Fast zur gleichen Zeit wurden vor der Küste von Great Yarmouth größere Ölvorkommen entdeckt; heute stehen hier zahlreiche Fördertürme für Öl und Gas, und vor Scroby Sands (bei den Seehundbänken) produziert ein Off-Shore-Windpark Strom. Der Off-Shore-Industrie dient auch der recht neue **Outer Harbour,** der 600 m ins Meer reicht.

East Anglia → Karte S. 272/273

Basis-Infos

Information **Maritime House**, die Touristeninformation ist behilflich bei der Zimmervermietung, der Zusammenstellung von Touren. 25 Marine Parade, Great Yarmouth, Norfolk NR30 2EN, ✆ 01493/846346, www.great-yarmouth.co.uk. Es gibt ein Faltblatt mit verschiedenen **Stadtführungen**: nur Mai bis Okt., So 14 Uhr. 3,75 £, Kind 1,50 £, www.great-yarmouth.co.uk/whats-on/guided-heritage-walks.aspx.

Verbindungen **Bus** – Busbahnhof in der Stadtmitte an der Market Gate. Im Sommer starten manche Veranstalter an der Beach Coach Station, ✆ 01493/857345. Anglian Bus und First Eastern Counties betreiben jeweils einen stündlichen Busdienst von/nach Norwich (anglianexpress 7 und First X 1 und X11). www.anglianbus.co.uk, www.firstgroup.com.

Bahn – Bahnhof in Runham, vom Stadtzentrum in westl. Richtung. Acle New Road, NR30 1SD. Wherry Lines fährt stündlich nach Norwich. Von dort Verbindungen nach London Liverpool Street (2:20 Std.). Im Sommer auch zwei Direktverbindungen am Samstag. www.wherrylines.org.uk und www.travelinesoutheast.org.uk.

Einkaufen **Wochenmarkt** Mo–Sa 9–17 Uhr (Do Craft Market) am Market Place. Viele Läden in der King Street. Wenn es regnet, sind die **Market Gate Shopping Mall** oder die **Victoria Arcades** zu empfehlen.

Aktivitäten/Kultur

Bootsfahrten Vom Yarmouth Beach gegenüber Anchor Gardens (NR30 2EN) kann man 3 km zu den Scroby Sands fahren und Seehunde besuchen. Mai bis Sept. tägl. 10–15.30 Uhr, 9 £, erm. 8 £, Kind 6 £. ✆ 07876/800770, www.sealtripsatyarmouth.com.

Fahrradtouren Der **Norfolk Coast Cycle Way** führt 165 km von Great Yarmouth nach King's Lynn. Es gibt kürzere Routen, wie den **Caistor Castle Explorer Loop** (10 km) oder den **Broads Explorer Loop** (37 km). Nützlich ist das „Norfolk Coast Cycleway Pack", erhältlich bei der Tourist Information für 4,99 £.

Golf 18-Loch-Plätze in **Caister-on-Sea** (Yarmouth Road, NR30 5TD, ✆ 01493/728699, www.club-noticeboard.co.uk/greatyarmouth) und in **Gorleston-on-Sea** (Warren Road,

NR31 6JT, ✆ 01493/661911, www.gorleston golfclub.co.uk).

Kino **Hollywood**, Multiplex an der nördlichen Marine Parade, Infoline ✆ 08700/662990, Buchung: ✆ 01493/852600, www.hollywoodcinemas.uk.

Schwimmbäder **Marina Leisure Centre**, Wellenmaschine, Rutschen und Kunststrand, Triathlonausstattung mit 250-m-Pool, 16-km-Radbahn (entlang der Promenade) und 3-km-Joggingbahn. Marine Parade, NR30 2ER, ✆ 01493/851521, www.great-yarmouth.co.uk.

Burgh Hall Holiday Park, beheiztes Freibad in der Lords Lane in Bradwell (nur Mai bis Sept.), NR31 9EP, ✆ 01493/781478.

Theater In die verschiedenen **Pier-Theater** geht man weniger wegen der Vorführungen – die haben einen morbiden Charme –, sondern weil hier manchmal bekannte englische Stars aus Film und TV zu sehen sind; die Shows finden normalerweise regelmäßig von Juli bis Sept. statt:

Britannia Pier Theatre, Britannia Pier, NR30 2EH, ✆ 01493/842914, www.britannia-pier.co.uk. **Gorleston Pavilion Theatre**, Pavillion Road, NR31 6PP, ✆ 01493/662832, www.gorlestonpavilion.co.uk. **Hippodrome Circus**, East Anglias Mini Albert Hall, St George's Road, NR30 2EU, ✆ 01493/844172, www.hippodromecircus.co.uk. **St George's Theatre**, seit 2012 sind in dieser früheren Barockkirche Theateraufführungen, Zirkus, Quiznights und Street Art zu sehen; King's Street, NR30 2PG, ✆ 01493/331484, www.stgeorgestheatre.com.

Veranstaltungen **Maritime Festival**, alljährlich an einem Wochenende im Sept. am South Quay, an dem sich historische Segelschiffe einfinden. www.great-yarmouth.co.uk/maritime-festival.

Seit rund 60 Jahren werden in den Seafront Gardens im Aug. und Sept. die **Outdoor-Bowls-Meisterschaften** des Landes ausgetragen. Das Preisgeld beträgt immerhin 8000 £. www.great-yarmouth.co.uk/whats-on/festival-of-bowls.aspx.

Vergnügen **Pleasure Beach**, die Hauptattraktionen dieses Vergnügungsparks, den alljährlich mehr als 1 Mio. Urlauber besuchen, sind der Rollercoaster (Achterbahn), die Log-Flume-Wasserrutsche und das 4-D-Kino. März bis Nov. Sa/So 12–17 Uhr, im Juli/Aug. täglich. Eintritt frei, South Beach Parade, ein Ritt 4 £ (4 Tokens), Wristband 18–21 £, Ticket für die Saison 80 £. ✆ 01493/844585, www.pleasure-beach.co.uk.

Atlantis Complex, Freizeitpark mit Aussichtstürmen, Restaurants, Bars, Nachtclub und Live-Entertainment, alles unter einem Dach. Atlantis Tower, 33 Marine Parade, NR30 2EN, ✆ 01493/851530, www.theatlantis complex.co.uk.

Sea Life, die Fütterung der Pinguine ist das Highlight in diesem eher kleinen Aquarium mit 150 Arten, in dem auch Seepferdchen, Krokodile, Riesenschildkröten und Haie zu sehen sind. Mo–Fr 10–16 Uhr, Sa/So bis 17 Uhr. 15,60 £, online günstiger. Marine Parade, NR30 3AH, ✆ 01493/330631, www.visitsealife.com/great-yarmouth.

Merrivale Model Village, in einer hübschen Gartenanlage steht diese Welt im Kleinen mit den Miniaturnachbauten ganzer Dörfer, einiger Landsitze sowie des Buckinghampalasts. Durch die Anlage zuckelt eine Modelleisenbahn und man kann Minigolf spielen. Mitte März bis Okt. 10–17.15 Uhr. 7,50 £, erm. 6,50 £, Familie 23 £. Marine Parade, NR30 3JG, ✆ 01493/842097, www.merrivalemodelvillage.co.uk.

Wandern Fernwanderwege der Region sind der **Angles Way** (125 km) von Great Yarmouth nach Thetford und der **Weaver's Way**, der über 98 km von Cromer (vorbei an Blickling Hall) ins Hickling Broad Nature Reserve führt. Infos in der Touristeninformation, wo auch Führer für die 5–10 km langen Rundwanderwege in der Umgebung von Yarmouth erhältlich sind.

Windhundrennen **Yarmouth Stadium**, jeden Mo und Mi ab 18.30 Uhr, Sa ab 19.30 Uhr. Caister-on-Sea, NR30 5TE, ✆ 01493/720343, www.yarmouthstadium.co.uk.

Übernachten/Essen & Trinken

Übernachten *** **Andover House**. Hotel und Restaurant in Strandnähe. Moderne britische Küche, wann immer möglich mit Zutaten aus der Region. Die 25 Zimmer sind ultrasauber und modern. EZ mit ab 79 £, DZ 89–109 £, kontinentales Frühstück inbegriffen. 28–30 Camperdown, NR30 3JB, ✆ 01493/843490, www.andoverhouse.co.uk.

**** **The Bromley**. Kleines Familien-Guesthouse mit individuell gestalteten Zimmern in zentraler Lage (eine Querstraße hinter der Marine Parade und dem Strand), viele kleine Extras wie WLAN auf dem Zimmer, superbequeme Betten und sehr sauber, dazu ein reichhaltiges Frühstück. Parkplatz. EZ ab 60 £, DZ ab 70 £. 63 Apsley Road, NR30 2HG, ✆ 01493/842321, www.bromleyhotel.co.uk.

** **Saffrons Guest House**. B & B nicht weit vom Pier. 3 saubere und freundliche Zimmer und 3 Familiensuiten. Kostenfreies WLAN, Parken gegen Gebühr. Mindestaufenthalt 2 Nächte, EZ ab 42 £, DZ ab 52 £, Kind 8 £ bzw. 7 £ extra. 102 Wellesley Road, NR30 2AR, ✆ 01493/844693, www.saffronsguesthouse.co.uk.

Hermanus Holiday Centre. Die runden Strandhütten erinnern an die Karibik oder eben an Südafrikas Hermanus Bay, die Vorbild für diese Ferienanlage war. Ruhig, aber mit Pool (Juni bis Aug.) und Familienunterhaltung. Hütte für zwei ab 75 £/Nacht, Hütte bis zu 6 Pers. 387–698 £/Woche. The Holway, Winterton-on-Sea, 13 km nördlich von Great Yarmouth, NR29 4BP, ✆ 01493/393216, www.hermanusholidays.com.

Camping **Vauxhall Holiday Park**. Nicht weit vom Bahnhof im Stadtteil Runham (auf der Insel zwischen Bure und Yare), riesige Anlage mit tropischem Indoor- und Outdoor-Schwimmbad (The Splash Zone), Sauna, Fitnessstudio, Club (ab 18 J.), Amusement-Arkaden und Einkaufsmöglichkeiten. Geöffnet Ostern bis Sept. und in den Schulferien. 21–45 £/Zeltplatz. 12 New Acle Road, NR30 1TB, ✆ 01493/857231, www.vauxhallholidaypark.co.uk.

Am Strand entlang in nördlicher Richtung befinden sich in den Orten **Caister-on-Sea**, **California**, **Newport** und **Hemsby** zahllose Campingplätze in Strandnähe.

Essen & Trinken **The Seafood Restaurant** Seit fast 30 Jahren serviert die Familie Kikis hier Fisch in allen erdenklichen Varianten. Das Restaurant ist etwas in die Jahre gekommen, der Fisch jedoch frisch und lecker. Mo–Fr 12–13.45 Uhr, Mo–Sa 18.30–22.30 Uhr. 85 North Quay, NR30 1JF, ✆ 01493/856009, theseafood.co.uk.

The Waterside. 12 km nordwestl. von Great Yarmouth; hier können Sie vor oder nach Aktivititäten wie Fischen, Bootfahren oder Vogelbeobachten romantisch frühstücken, Mittag essen oder Kaffee trinken. Das Café ist tägl. 9–17 Uhr geöffnet, Brunch gibt es bis 11.30 Uhr. Main Road, Rollesby, NR29 5EF, ✆ 01493/740531, www.thewatersiderollesby.co.uk.

East Anglia → Karte S. 272/273

Sehenswertes

Nelson-Säule: Das Nelson's Monument (auch Norfolk Naval Pillar) steht seit 1819 in einem hässlichen Industriegebiet südlich des Zentrums Richtung Hafen. Es wurde 24 Jahre vor seinem Pendant in London errichtet, da Nelson ein Ehrenbürger der Stadt war. Man kann die 217 Stufen der rund 45 m hohen Säule erklimmen, auf der die Britannia steht. Das Monument erinnert an die Schlacht am Nil 1798, als die Flotte Nelsons über die Napoleons einen entscheidenden Sieg errang.

Führungen: Juni bis Aug. So 10–15 Uhr, nur 2 Pers. auf einmal, 3,50 £ pro Pers. Fenner Road, South Denes, NR30 3PX, Buchung unter ✆ 01493/850698, www.nelson-museum.co.uk.

Nelson Museum: Das Museum in einem Tudorhaus an der sanierten Quayside ist vollgestopft mit Memorabilien, die an den einäugigen und einarmigen Admiral erinnern. Horatio Nelson wurde in Burnham Thorpe in Norfolk geboren, ging in Norwich zur Schule und lernte in den Broads das Segeln. Er war regelmäßiger Besucher in Great Yarmouth und nahm hier nach der Schlacht am Nil die Ehrenbürgerschaft der Stadt in Empfang. Die Menge trug ihn auf Händen zum Whrestler's Inn, wo er feierlich einen Schwur ablegen sollte. Dabei bemerkte ein Beamter, dass Nelson die linke Hand auf die Bibel legte und rügte ihn, es müsse selbstverständlich die rechte sein. Woraufhin der Lord sarkastisch geantwortet haben soll, die sei leider in Teneriffa geblieben.

Febr. bis Okt. Mo–Fr 10–16 Uhr, Sa/So 13–16 Uhr. 3,95 £, erm. 3,50 £, Kind 2,50 £, Familie 12 £. 26 South Quay, NR30 2RG, ✆ 01493/850698, www.nelson-museum.co.uk.

Elizabethan House Museum: In dem Kaufmannshaus aus dem 16. Jh. (South Quay Nr. 4) sind besonders die holzgetäfelten Innenräume sehenswert; eine Ausstellung dokumentiert das Stadtleben der vergangenen Jahrhunderte.

April bis Okt. Mo–Fr und So 10–16 Uhr. 4,80 £, erm. 4,60 £, Kind 3,90 £, Familie 12,30–16,30 £. 4 House Quay, NR30 2QH, ✆ 01493/855746, www.nationaltrust.co.uk.

Great Yarmouth Row Houses und Greyfriars' Cloisters: Altes Kaufmannshaus aus dem 17. Jh. in der Row Nr. 117 mit Stuckdecken und schönen Fenstern (direkt an der South Quay Promenade am Flussufer). Über das benachbarte Haus Nr. 111 gelangt man zu den Kreuzgängen eines ehemaligen Franziskanerklosters aus dem 13. Jh., das bei Bergungsarbeiten nach einem Bombenangriff im Zweiten Weltkrieg freigelegt wurde.

April bis Sept. Mo–Fr 11–16 Uhr. 4,90 £, erm. 4,40 £, Kind 2,90 £, Familie 12,70 £. South Quay, NR30 2RG, ✆ 01493/857900, www.english-heritage.org.uk.

Tolhouse Museum and Gaol: Wenn man vom South Quay in die Yarmouth Street und dann in den Tolhouse Way abbiegt, gelangt man zum einstigen Gericht und Stadtgefängnis aus dem 13. Jh. Heute befindet sich im 1. Stock ein Heimatmuseum. Außerdem kann man die Verliese aus viktorianischer Zeit besichtigen und erfahren, wie mit Schmugglern, Piraten und Hexen verfahren wurde.

Nur an Special Events Days und im Aug. Mo–Fr und So 10–16 Uhr. 3,70 £, erm. 3,50 £, Kind 3 £, Familie 9,40–12,60 £, inkl. Audioguide. Tolhouse Street, NR30 2SH, ✆ 01493/858900, www.museums.norfolk.gov.uk.

Time and Tide Museum of Great Yarmouth Life: Das Museum in einer früheren Heringspökelei vermittelt Wissenswertes über die Entwicklung der Stadt von der einsamen Sandbank zum beliebten Seebad. Der Schwerpunkt liegt auf der maritimen Geschichte, zu sehen sind viele historische Boote und Dokumente zu Seenot und Schiffbruch. Man kann auf einem rekonstruierten Kai der 1950er-Jahre spazieren oder sich durch die Rekonstruktion der Rows zwängen. Erfrischungen gibt's im Silverdarlings Café.

April bis Okt. tägl. 10–16.30 Uhr, im Winter Mo–Fr 10–16 Uhr, Sa/So ab 12 Uhr. 5,50 £, erm. 5,20 £, Kind 4,40 £, Familie 14–18,70 £. Blackfriars Road, NR30 3BX, ✆ 01493/743930, www.museums.norfolk.gov.uk.

Great Yarmouth Pottery: Innerhalb der Stadtmauern liegt diese ehemalige Heringsräucherei, die aus Treibholz und Schiffswracks gezimmert wurde und heute ein kleines maritimes Museum sowie eine Töpferwerkstatt mit Shop und Galerie beherbergt.

März bis Juli Di–Do 9.30–15 Uhr, in den Ferien Mo–Fr 9.30–15 Uhr. 19 Trinity Place (Eingang Blackfriars Road), NR30 3HA, ✆ 01493/850585, www.greatyarmouthpottery.com.

The Minster Church of St Nicholas: Das Gotteshaus ist das auffälligste Gebäude der Stadt, geweiht wurde es im Jahr 1101 vom Bischof von Norwich. 1942 brannte es völlig aus und wurde wieder instandgesetzt. Seit 2011 trägt St Nicholas den Ehrentitel „Minster" (Münster).

Tägl. 10–13 Uhr. 67 North Denes Road, NR30 4LU, www.gtyarmouthminster.org.

The Lydia Eva: Das von einer Dampfmaschine angetriebene Fischerboot, Baujahr 1930, diente neun Jahre lang dem Heringsfang, bevor die Royal Air Force das Schiff kaufte und zum Ausbringen von Bojen nutzte. Damals waren noch mehr als 1000 solcher Boote in Great Yarmouth im Einsatz. Anfang der 1970er wurde Lydia Eva restauriert und ist seitdem ein Museumsschiff. Man kann auf ihr auch Tagesausflüge machen (175 £, 6 Std. nach Lowestoft).

März bis Okt. Di–So 10–16 Uhr, So ab 12 Uhr. Eintritt frei, Spende erbeten. South Quay, NR30 2QJ, ✆ 07758/350433, www.lydiaeva.org.uk.

Umgebung von Great Yarmouth

Burgh Castle: Hier, etwa 5 km westlich des Zentrums von Yarmouth, am Westende von Breydon Water, stehen die Reste der römischen Festung Gariannonum mitten in der Wiesenlandschaft. Bis Anfang des 4. Jh. diente das Fort zur Abwehr der Sachsen. Damals lag die Marsch noch unter Wasser und Burgh Castle an einer breiten Meeresbucht. Heute stehen nur noch Teile der massiven Mauern.

Durchgehend zugänglich, Eintritt frei. Wanderer können die 6 km auf dem Angles Way entlang des Südufers vom Breydon Water laufen. www.english-heritage.org.uk.

Caister Castle: Die Backsteinburg nördlich von Great Yarmouth und der Yare-Mündung, ursprünglich von einem Wassergraben umgeben, ist heute Domizil einer Sammlung von Autos, Motorrädern, Fahrrädern und Kinderwagen, eine Fundgrube für Oldtimer-Enthusiasten. Einst war Caister Castle das Zuhause von John Fastolf, dem legendären Vorbild für Shakespeares feigen, aber liebenswerten Dickwanst Falstaff. Der historische Ritter Fastolf war eine der schillerndsten Figuren im Hundertjährigen Krieg. Von einem Frankreichfeldzug kehrte er so reich zurück, dass er sich diese Burg bauen ließ.

Mitte Mai bis Sept. tägl. außer Sa 10–16.30 Uhr. 14 £, erm. 13 £, Kind 7 £, Familie 38 £. Castle Lane, Caister-on-Sea, NR30 5SN, ✆ 01664/567707, www.caistercastle.co.uk.

Somerleyton Hall & Gardens: Der stattliche Landsitz wurde Mitte des 19. Jh. im italienischen Stil erbaut und gehört Lord und Lady Somerleyton, die mit ihren beiden Kindern den Dienstbotentrakt bewohnen. Zu besichtigen ist das Schloss nur mit einer Tour, die in der pompösen Eingangshalle beginnt und durch teils im jakobinischen Stil, teils viktorianisch dekorierte Räume sowie einen prächtigen Ballsaal und die herrliche Bibliothek führt. Der Terrassengarten vor dem Haus wurde von William Nestfield angelegt, dem Landschaftsgärtner der Londoner Kew Gardens. Im weitläufigen Park sind das Heckenlabyrinth sowie das Duke's Head Pub die Hauptattraktionen.

April bis Sept. Di, Do, So und feiertags 11.30–15 Uhr, Gärten 10–17 Uhr und zusätzl. am Mi. 10,95 £, erm. 9,95 £, Kind 5,95 £, Familie 29 £. Nur Garten: 6,45 £, erm. 5,45 £, Kind 4,45 £, Familie 19 £. Somerleyton, Lowestoft, NR32 5QQ, ✆ 0871/2224244, somerleyton.co.uk.

Norfolk Broads

Im Mittelalter gehörte das flache Land Norfolks zu den dichtestbesiedelten Gebieten Englands. Heute spaziert man meilenweit durch eine einsame labyrinthische Welt aus Marschwiesen, Feldern und Schilfbänken. Es geht an Seen und Flüssen entlang, zwischendurch stößt man immer wieder auf Cottages mit Bootsstegen und reetgedeckte Kirchlein.

Westlich von Great Yarmouth, zwischen Norwich und der Küste, breitet sich die weite Marschlandschaft der Norfolk Broads aus. Seit 1989 sind 303 km^2 davon Nationalpark. Fünf große Flüsse – Yare, Waveney, Bure, Ant und Thurne – sorgen für die Bewässerung des Gebiets und für rund 320 km Wasserwege, die ideal zum Segeln und Rudern sind, ehe sie bei Great Yarmouth in die Nordsee fließen. Die Broads sind Englands größtes Feuchtgebiet und einer der letzten Zufluchtsorte vieler bedrohter Vogel- und Pflanzenarten. Vielleicht auch deshalb ist diese Region eines der beliebtesten Ferienziele in Ostengland.

East Anglia → Karte S. 272/273

Lange Zeit glaubte man, die Broads seien natürlich entstanden. Tatsächlich aber waren menschliche Eingriffe ausschlaggebend: Weil es in Norfolk kaum Holz gab, mussten schon die Römer auf einen anderen Brennstoff umsteigen – Torf wurde gestochen. Die Sachsen und die Normannen schürten ihre Öfen ebenfalls mit Torf. Fast ganz Norfolk wurde so über Jahrhunderte hinweg mit Heizmaterial aus den Broads versorgt. Als im 13. und 14. Jh. der Meeresspiegel anstieg, liefen die bis zu vier Meter tiefen Gräben voll Wasser, und die Broads, um die 60 Seen, entstanden. Heute leidet die Wasserqualität dieser künstlich entstandenen Landschaft unter den Folgen der Umweltverschmutzung, die bereits zum Aussterben vieler Tier- und Pflanzenarten geführt hat.

Wer das Gebiet erkunden will, kann dies am besten mit einem Hausboot tun. Die Broads sind Heimat der größten Bootsflotte englischer Kanalsysteme. Über 200 km schleusenfreie Wasserstraßen stehen dem Urlauber zur Verfügung. Doch wird mittlerweile versucht, dem anwachsenden Tourismus entgegenzuwirken. Wie sich das auf den Bootsverkehr auswirken wird, bleibt abzuwarten. Einige Boote und Fähren sind inzwischen elektrisch, etwa die Schiffe, die durch die Marschen und Dykes zum **How Hill Nature Reserve** bei Ludham fahren. Der Norfolk Wildlife Trust betreibt einen Water Trail mit elektrischen Booten, die die **Hickling Broads** erkunden und zum Tree Tower unterwegs sind, einem 18 m hohen Turm mit tollen Ausblicken über die Seenlandschaft. An Bord der Electric Eel kann man das Naturschutzreservat **How Hill** und den River Ant entdecken. Entlang des Flusses finden sich einige malerische **Windmühlen** wie die Hunsett Mill, die jedoch lange nicht so berühmt ist wie die Windmühle bei **Thurne** oder so imposant wie die **Horsey Windpump.** Auf dem Barton Broad, dem zweitgrößten See des Nationalparks, fährt das erste solarbetriebene Ausflugsboot, die „Ra", benannt nach dem ägyptischen Sonnengott. An diesem See liegen auch die hübschen Dörfer **Stalham** mit dem Broads Museum sowie **Sutton.** Ein historisches Boot, der Mississippi-Raddampfer Southern Comfort, verkehrt von **Horning** auf dem River Bure. Hornings Segelverein organisiert das jährliche Three River Race.

Die Broads erkundet man am besten zu Wasser

Ebenfalls beliebt ist das Radeln auf dem gut ausgebauten Radwegenetz (man kann in fast allen Orten Räder mieten). Denn neben all dem Wasser bestehen die Broads auch aus 13.500 ha Marschweideland. Im Gebiet zwischen Norwich und Great Yarmouth finden sich weitere hübsche Örtchen, darunter **Surlingham,** das in einer Schleife des River Yare liegt und mit reetgedeckten Cottages, guten Pubs und dem Surlingham-Church-Marshes-Vogelreservat aufwartet. **Reedham,** ebenfalls am River Yare gelegen, war einst ein römischer Hafen und präsentiert sich heute so malerisch, dass hier zahlreiche Filme gedreht wurden, u. a. Agatha Christies Poirot. Bei **Acle** sollten Sie ins Bridge Inn einkehren, am besten nach einer Rundwanderung entlang der Deiche, die Ihnen weite Blicke über glitzernde Wasserwege und Mühlen ermöglicht (→ Wanderung 2, S. 688). Wer den Charme des 19. Jh. mag, sollte auch einen Stopp in **Framingham Pigot** 6 km südöstlich von Norwich einplanen. Das Dorf ist in Privatbesitz und wie eine Zeitkapsel.

Für Besucher mit wenig Zeit: Am schönsten ist der nördliche Teil der Norfolk Broads entlang der Flüsse Bure, Ant und Thurne, wo man rund 50 Broads (der berühmteste ist der Hickling Broad) vorfindet. Nur 13 davon sind für Boote schiffbar, einige der *dykes* (Kanäle) sind nur in der Urlaubszeit geöffnet.

East Anglia → Karte S. 272/273

Basis-Infos

Information in den Broads **Broads Authority**, Dragonfly House, 2 Gilders Way, Norwich, Norfolk NR3 1UB, ✆ 01603/610734, www.broads-authority.gov.uk und www.enjoythebroads.com.

Die drei größten Besucherzentren befinden sich in Hoveton, Withlingham und How Hill. Auch in der Tourist Information von Norwich gibt es Unterlagen über die Broads und dort liegt das Besuchermagazin Broadcaster aus. Alle Touristeninformationen sind bei der Vermittlung von Unterkünften, Booten etc. behilflich.

Informative Webseiten sind www.enjoythebroads.com, www.visitnorfolk.co.uk/explore/Broads.aspx oder www.norfolkbroads.com.

Whitlingham Country Park, Ostern bis Okt. tägl. 10–16 Uhr, Nov. bis März 11–16 Uhr. Visitor Centre, Whitlingham Lane, Trowse, NR14 8TR, ✆ 01603/756094 oder ✆ 01603/617332. Von hier kann man mit dem Solarboot Ra fahren.

Hoveton (Wroxham), April bis Okt. tägl. 9–13 und 13.30–17 Uhr. Station Road, NR12 8UR, ✆ 01603/782281 oder 01603/756097. Es werden Bootsfahrten mit der Liana angeboten.

How Hill (Ludham), April/Mai und Okt. Mo–Fr 10.30–13 und 13.30–17 Uhr, Sa/So 10.30–17 Uhr, Juni bis Sept. tägl. 9.30–17 Uhr. Toad Hole Cottage Museum, Ludham, NR29 5PC, ✆ 01692/756096, toadholetic@broads-authority.gov.uk. Hier sind Bootsfahrten mit dem Electric Eel möglich.

Verbindungen Die Verkehrsanbindungen in den Broads sind leider nur unzureichend.

Bahn – Züge fahren von Norwich über Hoveton und Wroxham nach Sharingham. Lokale Bahnhöfe in Acle, Beccles, Burney Arms, Brundall, Buckenham, Cantley, Haddiscoe, Lingwood, Lowestoft, Oulton Broad, Reedham, Salthouse, Somerleyton und Worstead. www.travelinesoutheast.org.uk.

Busse verbinden Norwich (Surrey Street) unregelmäßig mit Wroxham, Harning, Potterheigham und anderen Dörfern. Täglich fährt ein National-Express-Bus von Norwich nach Wroxham.

Bootsverleih **Herbert Woods**, einer der ersten und größten Vermittler, vermietet Tagesboote, Cruiser und Kanus sowie Cottages. Broads Haven, Potter Heigham, NR29 5JF, ✆ 0800/1444472 (kostenfrei), aus dem Ausland ✆ 01692/670711, www.herbertwoods.co.uk.

Broadland Day Boats, stunden- und tageweise Vermietung von Booten und Kanus. Ludham Bridge Boatyard, Ludham, NR29 5NX, ✆ 01692/667659, www.dayboathire.com.

Hunter's Yard vermieten Segelboote aus den 1930ern (mit und ohne Skipper). Horsefen Road, Ludham, NR29 5QG, ✆ 01692/678263, www.huntersyard.co.uk.

Martham Boats ist spezialisiert auf Holzboote aller Arten. Valley Works, Cess Road, Martham, NR29 4RF, ✆ 01493/740249, www.marthamboats.com.

Whispering Reeds, vermieten neben Segelbooten, Hausbooten und Kanus auch das Bittern-Picknick-Boot für einen halben Tag (60–70 £) oder einen Tag (100–110 £). Staithe Road, Hickling, NR12 0YW, ✆ 01692/598314, www.whisperingreeds.net.

Barnes Brinkcraft, Vermietung von Booten für bis zu 8 Personen ab 15 £/Std., auch halbe Stunde, halber Tag oder voller Tag (in der Hauptsaison 112 £) und Bootsurlaube. Riverside Road, Wroxham, ✆ 01603/782625, www.barnesbrinkcraft.co.uk.

Hoseasons, Lowestoft, vermieten 19 Hausboote an 6 Locations; zwei Pers. ab 269 £/Woche, vier Pers. ab 319 £/Woche, in der Hochsaison ab 400 £. Sunway House, Lowestoft, NR32 2LW, ✆ 0345/4986060, www.hoseasons.co.uk.

Fahrradverleih Zwei Stunden kosten 10 £, der halbe Tag 13 £, der volle Tag ab 18 £. Die Touristeninformationen verfügen über den Flyer „The Broads by bike". Die folgenden Verleiher (die meisten haben auch Boote im Angebot) finden sich in den Broads:

Broadland Cycle Hire, an der A 1062 in Bewilderwood bei Wroxham, Horning Road, Noveton, Norwich, NR12 8JW, ✆ 07887/480331, www.norfolkbroadscycling.co.uk.

Clippesby Hall, 60 £/Woche, Hall Lane, Clippesby, Great Yarmouth, NR29 3BL, ✆ 01493/367800, www.clippesby.com/cyclehire.asp.

Stokesby Riverside Tea Rooms and Stores, The Green, Stokesby (2,2 Meilen von Acle), NR29 3EX, ✆ 01493/750470.

The Canoe Man → S. 315.

Aktivitäten/Veranstaltungen

Angeln Zum Angeln brauchen Sie eine Lizenz der Environmental Agency, erhältlich u. a. in Postämtern (→ Sport, S. 79 f.). Die Saison geht von Mitte Juni bis Mitte März.

Bootsfahrten Die **Broads Authority** organisiert folgende Fahrten: Auf der elektrischen **Liana**, Dauer 1:15 Std. Juni bis Sept. tägl. 11, 12, 14, 15 und 16 Uhr, April/Mai und Okt. nur Sa/So. 7 £, erm. 6 £, Familie 19,50 £. Ab Hoveton Broads Information Centre, Station Road, Hoveton, NR12 8UR, ✆ 01603/756097.

Der **Wildlife Trust** hat auf den Hickling und dem Ranworth Broads Boote im Einsatz. 45 Min. (10.45, 12.15, 14 und 15.30 Uhr) kosten 6–8,50 £, Kind 3–6 £. In Hickling auf der Swallowtale oder Little Tern, ✆ 01692/598276, und in Ranworth auf der Damselfly. ✆ 01603/270479, www.norfolkwildlifetrust.org.uk.

Das **Solarboot Ra** fährt vom Whitlingham Country Park durch den Great Broad. Juni bis Sept. tägl. 11, 12, 14, 15, 16 Uhr, April/Mai und Okt. nur Sa/So. 5 £, erm. 4 £, Familie 15 £. Whitlingham Country Park, Whitlingham Lane, Trowse, NR14 8TR, ✆ 01603/756094.

Das 100 Jahre alte Boot **Electric Eel** startet im How-Hill-Naturreservat nahe Ludham für eine 50-minütige Fahrt für Vogelbeobachter zum Reedham Water. Juni bis Sept. tägl. 10–16 Uhr, April, Mai und Okt. nur Sa/So 11–15 Uhr. 7 £, erm. 6 £, Familie 19,50 £. How Hill Ludham, Toad Hole, Cottage Museum, NR29 5PG.

Weitere Bootstouren: Ab **Horning** auf dem Mississippi-Raddampfer **Southern Comfort**, 90 Min-2 Std., Mai bis Sept. 10.30, 13 und 15 Uhr, Di und Do auch 19.30 Uhr, Sa unregelmäßig, für März/April und Okt./Nov. bitte Zeiten erfragen. Mississippi River Boats, Poppyfield Barn/Shoals Road, Horning, NR12 8XR, ✆ 01692/630262, www.southern-comfort.co.uk.

Waveney River Tours vom Mutford Lock am **Oulton Broad**, Bridge Road, NR33 9JS, 1:30 Std., Mai bis Sept. tägl. 11 und 14 Uhr, April und Okt. Mo un Fr keine Fahrten. Bootsfahrten auch ab **Snape Maltings**, The Quay, IP17 1SR, 45 Min., www.waveneyrivertours.com.

Ab **Horsey** mit der Lady Ann durch den Horsey Mere zum „Wildlifeschauen". 1 Std., So–Fr 10.30, 11.45, 3.30, 14.45 und 16 Uhr. Horsey Windpump, The Staithe, NR29 4EF, ✆ 07791/526440, www.wildlife-boat-trips.co.uk.

Ab **Hoveton/Wroxham** mit Broad Tours, The Bridge, Wroxham, NR12 8RX, ✆ 01692/782207, www.broads.co.uk.

Birdwatching Die Auswahl an Naturreservaten in den Broads ist riesig, die Region gilt als die beste für Vogelfreunde. Sie halten hier u. a. Ausschau nach Dunkelwasserläufern, Rohrdommeln, Seidensängern, Rohrweihen, Baumfalken, Wasserrallen, Rotaugenenten, Bartmeisen und Schwalbenschwanzschmetterlingen. Im Winter kommen Kraniche, Kornweihen, Merlin-Falken, Löffelenten, Krickenten oder Schellenten vorbei.

Hier einige Empfehlungen: **Cley Marshes**, das älteste Wildlife-Trust-Reservat im Land, bei Cley-next-the-sea, hat gute Birdwatching Hides (Vogelbeobachtungsunterstände) und ein Besucherzentrum. Eintritt 5 £. Auf der A 149, 6 km nördl. von Holt, NR25 7SA, ✆ 01263/740008, www.norfolkwildlifetrust.org.uk/cley.aspx.

Hickling Broad National Nature Reserve, das größte und ursprünglichste Naturreservat mit Wanderwegen, Beobachtungsposten und Besucherzentrum. Hier kann man Großbritanniens größten Schmetterling bewundern, den Swallowtail (Schwalbenschwanz). Auch Wildlife-Bootsfahrten. NR12 0BW, ✆ 01692/598276, www.norfolkwildlifetrust.org.uk/hickling.

RSPB Titchwell Marsh Nature Reserve, Strände, Lagunen und Schilfbänke, Vogelunterstand Parrinder Hide, Besucherzentrum 9–17 Uhr, Führungen buchbar unter ✆ 01485/210779. Main Road, Titchwell, King's Lynn, PE31 8BB, www.rspb.org.uk/reserves/guide/t/titchwellmarsh.

Fahrradtouren **Marriots Way**, 42 km entlang einer stillgelegten Eisenbahnroute zwischen Reepham und Norwich.

Bure Valley Path, 14 km durch das Bure-Tal von Horning nach Aylsham.

Mehr Routen unter www.norfolkbroads.com/explore/cycling.

Festivals **Three Rivers Race**, Anfang Juni. Regatta 72 km entlang der Flüsse Ant, Bure und Thurne, organisiert vom Horning Sailing Club. threeriversrace.org.uk.

Broads Outdoors Festival, drei Wochen im Mai voller Veranstaltungen und Aktivitäten im ganzen Nationalpark (Wassersport, Schnitzeljagden, Ciderverkostung u. v .m.). www.outdoorsfestival.co.uk.

Gottesdienst in den Ruinen von St Benet's Abbey durch den Bischof von Norwich, immer am 1. Sonntag im August.

Golf **Sheringham Golf Club** mit Blick übers Meer. Sheringham, NR26 8HG, ✆ 01263/823488, www.sheringhamgolfclub.co.uk.

Royal West Norfolk Golf Club, beliebter und anspruchsvoller Platz in den Marschen direkt am Meer zwischen Hunstanton und Wells. Das Clubhouse ist bei Flut nicht mit dem Auto erreichbar, auch Loch 8 und 9 sind dann nicht bespielbar. Nur zwei Bälle erlaubt. Brancaster, King's Lynn, PE31 8AX, ✆ 01485/210087, www.rwngc.org.

Naturzentrum **Broadlands Wildlife Centre**, dieses schwimmende Zentrum zeigt eine Ausstellung über das Ökosystem der Broads. Von hier aus kann man dem etwa einen Kilometer langen Lehrpfad folgen (Führungen Di, Do, Fr, So, 10.45, 12.15, 14, 15 Uhr, 6 £, Kind 3 £). Eine 2-stündige Führung zum Cockshoot Broad gibt es Mo, Mi und Sa 10.30 und 12.30 Uhr (10 £, Kind 6 £). Besucherzentrum April bis Sept. tägl. 10–17 Uhr, Okt. nur Sa/So. Ranworth, The Staithe, NR13 6HS, ✆ 01603/270479, www.norfolkwildlifetrust.org.uk/wildlife-in-norfolk/nature-reserves/reserves/ranworth-broad.

Reiten **West Runton Riding Stables**, zwischen Cromer und Sheringham, auch Farmmuseum mit Shirehorses und Ponys. Sandy Lane, West Runton, ✆ 01263/837339, www.worldofhorses.co.uk.

Weitere Adressen unter www.norfolkhorseriding.co.uk.

Wandern Der **Weaver's Way** passiert das Hickling Broad National Nature Reserve (→ S. 315) zwischen Stalham und Thurne auf einer Länge von 21 km.

Ein Fernwanderweg ist der **Wherryman's Way** (www.wherrymansway.net) über 56 km zwischen Norwich und Great Yarmouth entlang des River Yare. Wherry ist ein typisches, flaches Norfolk-Segelboot.

Wassersport Kajak- und Kanufahren, Windsurfen und Segeln kann man im **Whitlingham Outdoor Education Centre** im Whitlingham Country Park bei Trowse erlernen, 3 km von Norwich entfernt. Auch Besucherzentrum und Café. Whitlingham Lane, Trowse, NR14 8TR, ✆ 01603/632307, www.whitlinghamoec.co.uk.

The Canoe Man, Outdoor-Spezialist Mark nimmt Sie mit auf geführte Kanuausflüge, auf Wunsch mit Übernachtung im Tipi, geht mit Ihnen Paddeln, Schnorcheln oder Schwimmen in den Broads und veranstaltet

East Anglia → Karte S. 272/273

Fotokurse, Whitewater Rafting u. v. m. Auch Bootsverleih. 10 Norwich Road, Wroxham, NR12 8RX, ✆ 0845/4969177 oder 01603/783777, www.thecanoeman.com.

Banks Boats and Canoe Hire, Staithe Cottage, Wayford Bridge, NR12 9LN, ✆ 01692/582457, www.bankboats.co.uk.

Sehenswertes

Bure Valley Railway: Der Miniaturzug verkehrt zwischen Wroxham (nordöstlich von Norwich) und Aylsham (Stationen in Brampton, Buxton und Coltishall). Etwa 15 km tuckert die Bahn durch die Landschaft und passiert dabei Herrenhäuser, kleine Dörfer und alte Kirchen. Entlang der Strecke wurde ein Spazier- und Fahrradweg angelegt. Wroxham ist die „Hauptstadt" der Broads und ein Zentrum für Bootsverleih.

Ende März bis Sept. täglich, Okt. bis März nur an ausgewählten Wochenenden und in den Ferien. Hin/zurück: Erw. 13 £, erm. 6,50 £; in Kombination mit einer Dampferfahrt durch die Broads (Steam Cruise) 20 £, Kind 12,50 £, ✆ 01263/733858 (Aylsham), www.bvrw.co.uk.

Nächster Fahrradverleih: Broadland Cycle Hire in Bewilderwood (→ S. 314).

Museum of the Broads: Das Museum in Stalham, untergebracht in einem alten Bootshaus, widmet sich den verschiedenen Berufen, denen die Bewohner der Broads in den letzten Jahrhunderten nachgingen, beispielsweise dem Bau der Plattbodenschiffe *(wherry)* und der Aalfischerei. Man kann ein Video zur Geschichte der Broads sehen und die ausgestellten Boote – u. a. das mit der dünnsten Wand, das einzige Beton-Dinghy und die größte Dampflaunch – am eigenen Bootsanlegesteg auf dem Wasser erleben.

Ostern bis Okt. tägl. 10–16 Uhr, Juni bis Sept. bis 16.30 Uhr. 5 £, erm. 4,50 £, Kind 2,50 £, Familie 13 £. The Staithe, Stalham, NR12 9DA, ✆ 01692/581681, www.museumofthebroads.org.uk. Auch einstündige Bootsfahrt mit dem Dampfschiff Falcon. Di/Mi 11–15 Uhr. 4,50 £, erm. 2,50 £, Familie 13 £.

Fairhaven Woodland and Water Garden: 95 Vogelarten leben an diesem Privatsee, umgeben von altem Waldbestand, in dem im Frühjahr unzählige Osterglocken, Rhododenren, Azaleen und Buschwindröschen blühen. Im Mai sind die rund 50.000 Etagen-Primeln eine wahre Pracht. Ein Netzwerk von Kanälen *(dykes)* durchzieht das 53 Hektar große Gelände, das von 15 Brücken überspannt ist. Im Sommer kann man hier Boot fahren und am Sonntag Konzerten lauschen.

März bis Sept. tägl. 10–17 Uhr, Okt. bis Febr. bis 16 Uhr. 5,91 £, erm. 5,36 £, Kind 3,41 £, Hund 25 p. School Road, South Walsham, NR13 6DZ, ✆ 01603/270449, www.fairhavengarden.co.uk. Anreise auch mit Boot (River Bure bis Fleet Dyke bei der St Benet's Abbey) oder Anglian Bus 124.

East Ruston Old Vicarage Gardens: Die Besitzer der Old Vicarage haben Ende der 1980er-Jahre inmitten einer prärieähnlichen Landschaft einen exotischen Küstengarten geschaffen. Vom Seewind durch einen Baum- und Buschgürtel geschützt, wurden die 12 Hektar als Abfolge unterschiedlicher Außenbereiche gestaltet. Herrliche Rabatten, sog. Buchsbaumparterre sowie wunderschöne Formschnittpflanzen sind die eher klassischen Elemente. Außergewöhnlich sind das Wüstenareal, das die Flora Arizonas imitiert, der versunkene Garten und der exotische Garten. Zur Anlage gehören auch ein Gemüsegarten, ein Schnittblumengarten, ein ummauerter Garten und Waldwege mit Wildblumenwiesen.

April bis Okt. Mi–So 13–17.30 Uhr. 8,50 £, Kind 1 £. East Ruston nahe Stalham und dem Happisburgh-Leuchtturm, NR12 9HN, ✆ 01692/650432, www.e-ruston-oldvicaragegardens.co.uk.

Horsey Windpump: In Horsey treffen die Broads auf das Meer, entsprechend viele Sturmfluten haben hier gewütet. Die Mühlen Norfolks haben entweder das Korn gemahlen oder die Marschen entwässert, die Horsey Windpump diente Letzterem. Die viergeschossige, restaurierte Windmühle ist seit 1948 im Besitz des National Trust. Im Innern sieht man historische Fotos der Gegend, von der Plattform aus hat man wunderbare Aussichten über Horsey Mere und den Strand, wo man zwischen November und Januar auch die neugeborenen Seerobben sieht. Ein kleines Café und ein Naturgarten runden den Kurzbesuch ab.

März bis Okt. tägl. 10–16.30 Uhr (zur Zeit der Recherche weg. Restaurierung geschlossen). 3 £, Kind 1 £. Horsey, NR29 4EF, ✆ 01263/740241, www.nationaltrust.org.uk/horsey-windpump.

Entwässerte ab 1820 Deiche: Thrune Mill

RAF Air Defence Radar Museum: In diesem Labyrinth aus Gängen und Räumen, zehn Gehminuten von Horning entfernt, wird die Geschichte der Radarabwehr seit 1935 nachgezeichnet und die Erinnerung an den Kalten Krieg wachgehalten. Eine weitere Ausstellung dokumentiert die „Luftschlacht um England" (Battle of Britain).

April bis Nov. Di, Do, Feiertage 10–17 Uhr, letzte Führung 15 Uhr. 10 £, erm. 9 £, Kind 5 £, Familie 25 £. RRH Neatishead, Horning, NR12 8YB, ✆ 01692/631485, www.radarmuseum.co.uk.

Acle: Das hübsche Marktstädtchen Acle (Markttag ist Do morgens) lag einst als Fischerörtchen an der Küste. Die Flussmündung des River Bure, des längsten Flusses durch die Broad, versandete und die Marschen entstanden. Der Ort gilt als Tor zu dieser Wasserlandschaft und liegt nun 12 km vom Meer entfernt. Alljährlich findet auf dem Bure die Acle Regatta statt. Die Kirche Edmund des Märtyrers ist eine von 124 Rundturmkirchen in Norfolk. Touristenmagnet ist The Bridge Inn, ein strohgedecktes Pub direkt am Wasser des River Bure mit einer einladenden Terrasse, wo Sie auch nach der Rundwanderung rasten sollten, wenn Sie die weiten Ausblicke über die Deiche zu Fuß genießen möchten.

Tägl. 11–23 Uhr, So nur bis 22.30 Uhr. Fish & Chips 11,95 £. Old Road, NR 13 3AT, ✆ 01493/750288, www.aclebridge.co.uk.

Tour 2: Rundwanderung im Norfolk-Broads-Nationalpark → S. 688
Mühlenromantik und Sonnenuntergänge entlang der Deiche.

Zweigeschossiger Kreuzgang der Norwich Cathedral

Norwich

Vom St James' Hill im Osten der Stadt schweift der Blick über den mittelalterlichen Kern mit seinen 33 Kirchen. Außer London gibt es in ganz England keinen Ort, der so viele Gotteshäuser aus dieser Epoche besitzt. Überragt wird das Bild von der Kathedrale, deren Turm 96 m in den Himmel sticht. Gleich dahinter lässt sich Norwich Castle ausmachen.

Der Name „Northwic" (Stadt im Norden) taucht erstmals im 10. Jh. auf Silbermünzen von König Aethelstan I. auf. Doch schon vorher siedelten hier am Fluss die Angelsachsen, die mit Flandern und Frankreich regen Handel trieben. Mit der normannischen Eroberung erfuhr Norwich einen Aufschwung und schon Ende des 11. Jh. zählte die Stadt zu den größten in England. Der Bischofssitz wurde hierher verlegt, man baute eine Burg und eine Kathedrale – beide Gebäude prägen bis heute das Bild der Innenstadt. Norwich gelangte durch die Textilproduktion zu Reichtum, das hier gefertigte grobe Gewebe war unter dem Namen *worsted* bekannt. Eine Zuwanderungswelle flämischer Weber im 14. und 15. Jh. stärkte Norwich als Textilstadt weiter. Der Maddermarket erinnert an den Färberkrapp *(madder)*, mit dessen Wurzelsaft das Tuch rot gefärbt wurde.

Die Altstadt mit ihren Kopfsteinpflastergassen ist ein mittelalterliches Kleinod, das es mit York durchaus aufnehmen kann. Obwohl die Stadt am Wensum-Fluss die Verkehrsdrehscheibe der Region ist und sich viele Hightechunternehmen hier angesiedelt haben, hat sich Norwich mit seinen rund 130.000 Einwohnern eine angenehme Größe bewahrt. Eines der wenigen international bekannten Erzeugnisse ist der seit 1804 hier produzierte „Colman's Mustard", den ein besonders pikanter Geschmack auszeichnet und von dem man sich ein Glas mit nach Hause nehmen sollte, wenn man es scharf mag.

Eine der jüngeren Errungenschaften der Stadt ist die in den 1960er-Jahren gegründete University of East Anglia. Daneben hat sich Norwich inzwischen zur Shoppingstadt entwickelt. Neben der althergebrachten Fußgängerzone **Gentleman's Walk** und der **Royal Arcade** von 1899 konnte sich die **Castle Mall** erfolgreich etablieren. Ihr folgten die Riverside rund um den Bahnhof sowie das **Fußballstadion**, wo ein Einkaufs- und Freizeitkomplex mit Nachtclubs und Kinos entstand; dann das gläserne „Forum" in der Innenstadt und zuletzt **Chapelfield**, ein nagelneues Stadtviertel auf dem Gelände der früheren Nestlé-Fabrik mit Aberdutzenden von Designerläden, Bars und Restaurants. Da ist es fast ein Wunder, dass das Traditionskaufhaus **Jarrold** von 1843 in der Exchange Street immer noch existiert!

Eine Kuriosität der Stadt ist übrigens der örtliche Fußballclub Norwich City, dessen Spieler wegen ihrer schreiendgelben Shirts „Kanarienvögel" heißen. Kein gesetzter Patriarch amtiert hier als Vorstand, sondern eine weibliche Berühmtheit, die schon so manches Dinner gerettet hat und nun das Erfolgsrezept für den Verein lieferte: Delia Smith, die Fernsehköchin der Nation. Mit ihr stieg Norwich City 2015 wieder in die Premier League auf.

Basis-Infos

Information **Tourist Information Centre**, Mo–Sa 9.30–17.30 Uhr, Mitte Juli bis Mitte Sept. auch So 10.30–15.30 Uhr. Prospekte über Stadt und Region, Auskünfte und Material über die Norfolk-Broads. Stadtführungen Ostern bis Okt. meist Mo, Di, Do u. Sa um 11 und/oder 14 Uhr (5 £, erm. 1,50 £). Buchung über www.thenorwichshop.couk oder die Touristeninformation im Forum auf der Millennium Plain, NR2 1TF, ✆ 01603/213999, www.visitnorwich.co.uk.

Stadtspaziergänge kann man herunterladen unter www.walkit.com/cities/norwich.

Norwich 12 & Shaping 24: Das Projekt stellt 12 architektonisch und historisch bedeutsame Gebäude vor, die 1000 Jahre Stadtgeschichte umspannen. Es werden vier Führungen zu jeweils drei dieser Gebäude angeboten. Juli bis Sept. immer Do und Fr, Details in der Tourist Information, www.heritagecity.org/projects/shaping-24.htm.

Verbindungen **Bus** – der mit Architekturpreisen überhäufte Busbahnhof liegt in der Surrey Street (NR1 3NX). National Express fährt regelmäßig nach London (Liverpool Street, Fahrzeit 3 Std.) und Cambridge. King's Lynn und Peterborough werden vom First Excel Service X1 (Eastern Counties) bedient. Infos über den örtlichen Nahverkehr konectbus (einfaches Ticket 2,60 £, hin und zurück 4,30 £, Tagesticket „Adult Anywhere Day Ticket" 9 £) erhält man im Traveline Shop, Castel Meadows, ✆ 0871/2002233, www.konectbus.co.uk, www.travelineeastanglia.org.uk.

Bahn – Züge aus London (alle 30 Min.), Cambridge, Peterborough und King's Lynn halten am Bahnhof in der Thorpe Road (NR1 1EF). www.abelliogreateranglia.co.uk. Die Bittern Line (www.bitternline.com) fährt eine malerische Route durch die Broads nach Wroxham, Cromer und Sharingham. Ranger-Tickets erlauben unbegrenztes Reisen für einen Tag, inkl. des Coasthopper-Busses entlang der Küste (18,10 £, Kind 2 £). Die Wherry Lines Railway (www.wherrylines.org.uk) bedient Great Yarmouth und Lowestoft. Sonntags werden kostenfreie geführte Wanderungen für Bahnreisende angeboten. Bus 25 fährt vom Bahnhof ins Zentrum. Das „Plusbus-Ticket" erlaubt für 3 £ unbegrenztes Busfahren in der Stadt.

Flugzeug – Norwich International Airport (NWI), Flüge u. a. nach Manchester, Aberdeen, Amsterdam. Park & Ride zum/vom Airport Linie 501 (nur Mo–Sa). ✆ 01603/411923, NR6 6JA, www.norwichairport.co.uk. Taxi-Buchungsnummer: ✆ 01603/424044.

Riverbus – Norwichs Wasserwege, die Flüsse Yare und Wensum, sind mit dem

East Anglia → Karte S. 272/273

Boot befahrbar: Gegenüber dem Bahnhof befindet sich der Thorpe Road Quay. Von dort kann man bis zum Elm Hill mitfahren (4 £). Verschieden lange Strecken, auch Bootsverleih und Rivercruises. Infos über Norwich City Boats, ✆ 01603/701701, www.cityboats.co.uk.

Park & Ride – Norwich hat 3 Park & Ride-Möglichkeiten ins City Centre, Service 501 Thickthorn, 502 Harford und Sprowston und 503 Postwick. Mo–Fr von 6.40 bis 18.30 Uhr, Sa 7–18.10 Uhr, Sonntag kein Service. Ticket 3,50 £.

Einkaufen **Television and Movie Store**, geniale Auswahl an DVDs, Filmmusik, T-Shirts aller erdenklichen Motive und Memorabilien. Mo–Sa 9–18 Uhr, So 10.30–16 Uhr. 2 Millennium Plain, gegenüber dem Forum, NR2 1TF, ✆ 01603/611420, www.scifi collector.co.uk.

Head in the Clouds, von Raucherstäbchen und Pfeifen bis hin zu Hippie-Klamotten und -schmuck hat sich hier seit den 70ern nichts geändert. Mo–Sa 9.30–18 Uhr, So 11–17 Uhr. 13 Pottergate, NR2 1DS, ✆ 01603/620479; www.headintheclouds.info.

St Gregory's Antique and Collectables, in einer mittelalterlichen Kirche auf der Pottergate in den Lanes verkaufen 30 Händler Mo–Fr 10–17 Uhr und Sa bis 18 Uhr ihre Waren. NR2 1ER, ✆ 01603/631640, norwich lanes.co.uk.

Looses Emporium, 60 Antiquitätenhändler unter einem Dach, echte Fundgrube. Mo–Fr 10–17 Uhr, Sa 9–18 Uhr, So 11–16 Uhr. 23–25 Magdalen Street, NR3 1LP, ✆ 01603/665600, www.loosesemporium.co.uk.

Coleman's Mustard → S. 329.

Kino **Cinema City**, das anspruchsvolle Alternativkino in einem mittelalterlichen Haus wurde inzwischen auf drei Leinwände erweitert. Gutes Café und Restaurant. St Andrew's Hall, St Andrews Street, NR2 4RD, ✆ 0871/9025724, www.picturehouses.co.uk/cinema/Cinema_City.

Zudem gibt es drei Multiplex-Kinos: **Hollywood** am Anglia Square (www.hollywood cinemas.net/norwich), **Vue** im 5. Stock des Castle Mall Shopping Centre (www.myvue.com/home/cinema/norwich) und das **Odeon Riverside** (www.riversidenorwich.co.uk/cinema).

Märkte Mo–Sa Markttreiben mit rund 200 Ständen am Market Place. **Farmer's Market** am Gentleman's Walk jeden ersten und dritten Sonntag im Monat.

Bootsfahrt auf dem River Wensum

Aktivitäten/Kultur

Fahrradtouren Die Norwich Cycle Map ist in der Tourist Information erhältlich oder unter www.visitnorwich.co.uk/assets/Uploads/PDF/Cycling-Map.pdf. Sieben farblich markierte Routen führen durch die Stadt.

Kunst **Outpost**, die gut vernetzte, nichtkommerzielle Galerie wurde von Künstlern für Künstler der Region geschaffen, die hier in dem früheren Bürogebäude auch arbeiten können. Derzeit sind etwa 400 Kunstschaffende Mitglied des Vereins. 7 Ausstellungen im Jahr, dazu viele Events, Foren und Filmvorführungen. Do–So 12–18 Uhr. 10b Wensum Street, Tombland, NR3 1HR, ✆ 01603/612428, www.norwichoutpost.org.

Musik **St Andrew's and Blackfriar's Hall**, klassische Konzerte; St Andrews Plan, NR3 1AU, ✆ 01603/628477, www.halls norwich.com.

Assembly House, hier gibt es auch ein gutes Lokal für den Morning Coffee, den Afternoon Tea und das Pre-Theatre Dinner. Neuerdings auch Zimmer (→ Übernachten). Theatre Street, NR2 1RQ, ✆ 01603/626402, www.assemblyhousenorwich.co.uk.

Norwich Arts Centre, in der ehemaligen St-Swithun-Kirche in den Lanes, hier finden manchmal Rockkonzerte statt; Nirvana traten hier bei ihrer ersten UK-Tournee vor 87 Leuten auf. Auch Theater, Comedy, Media-Installationen, Ausstellungen. 51 St Benedicts Street, NR2 4PG, ✆ 01603/660352, norwichartscentre.co.uk.

Stadtrundfahrten **Sightseeing Bus**, der rote Open-Top-Bus verkehrt jede Stunde. April bis Sept. tägl. 10.15–16.15 Uhr, Okt. nur Di–Sa. Ticket 10 £, erm. 8 £, Kind 5 £, Familie 25 £. www.city-sightseeing.com.

Theater Über die Theaterwelt und aktuelle Veranstaltungen informiert der Prospekt Out and About (kostenlos im Tourist Office).

Theatre Royal, *die* Theateradresse in East Anglia, hier kann man Westend-Musicals, Ballett und Pantomime sehen. Theatre Street, NR2 1RL, Theaterkasse ✆ 01603/630000, secure.theatreroyalnorwich.co.uk/online.

Norwich Playhouse, Theater mit 300 Plätzen, mitten in der Stadt am Fluss gelegen. Auf die Bühne kommen zeitgenössische Stücke und Comedy. Mit Caféterrasse. 42–58 St George's Street, NR3 1AB, Theaterkasse ✆ 01603/598598, www.norwich playhouse.co.uk.

Maddermarket Theatre, angesehenes Theater, das Stücke britischer und internationaler Autoren inszeniert. St John's Alley, NR2 1DR, ✆ 01603/620917, www.madder market.co.uk.

Übernachten

→ Karte S. 323

**** **Holiday Inn** **23** Modernes Hotel der bekannten Kette mit Sportstudio in zentraler Innenstadtlage, ideal für Besuche in Stadt und Umgebung. Kostenfreier Internetzugang, Parkplatz 4,95 £/Nacht. DZ 70–150 £, Kinder schlafen und essen kostenfrei. Carrow Road, NR1 1HU, ✆ 0871/4234942, www.hinorwichcity.co.uk.

The Maids Head Hotel **7** Wer Kettenhotels meidet und es „quirky" mag: dieses 800 Jahre alte Haus mit Anbauten aus den 1960er-Jahren liegt direkt bei der Kathedrale und rühmt sich, das älteste Hotel des Ortes zu sein. Ein Labyrinth aus Treppchen und Gängen führt zu den 84 Zimmern, die liebevoll renoviert wurden, alle unterschiedlich groß sind und teilweise niedrige Decken haben. DZ ab 102 £, mit Frühstück ab 122 £. 20 Tombland, NR3 1LB, ✆ 01603/209955; maidsheadhotel.co.uk.

**** **Giles House Hotel** **15** Luxushotel in einer klassizistischen Stadtvilla mit imposantem Treppenhaus, Marmorsäulen, 24 Zimmern, kleinem Spa und angesagter Bar. DZ ab 120 £ mit Frühstück. Sehr zentral mit kostenlosem Parken. 41 St Giles Street, NR2 1JR, ✆ 01603/275180, stgileshousehotel.com.

***** **The Assembly House** **20** Elf luxuriöse Zimmer und Suiten mit Marmorbädern in einer denkmalgeschützten Stadtvilla mitten im Zentrum und dennoch ruhig. Erst 2016 eröffnet. DZ ab 160 £. Von 12–16.30 Uhr wird hier köstlicher Afternoon Tea serviert (18,50 £ oder 34 £ für zwei). Theatre Street, NR2 1RQ, ✆ 01263/711400, www.assembly housenorwich.co.uk.

**** **Norfolk Mead Hotel** **3** Charmantes, umgebautes Landhaus aus georgianischer Zeit in einem Park mit Garten und eigenem

East Anglia → Karte S. 272/273

See. Im Nordwesten der Stadt in Coltishall am Bure-Fluss gelegen. Luxuriöse Zimmer, Suiten und Apartments, DZ mit Frühstück ab 135 £. Church Loke, Coltishall, NR12 7DN, ✆ 01603/737531, www.norfolkmead.co.uk.

*** **Abbey Hotel Guesthouse** 21 Schlichte, saubere, zentral gelegene Unterkunft in Bahnhofsnähe für Budget-Reisende. 7 etwas veraltete, aber freundliche Zimmer, zwei davon mit Bad. Zimmer mit Bad EZ 48 £, DZ 70 £, ohne Bad EZ 34 £, DZ 66 £, inkl. Frühstück. 16 Stracey Road, NR1 1EZ, ✆ 01603/612915, www.abbeyhotelnorwich.co.uk.

**** **Gothic House** 1 Ruhiges, entzückend dekoriertes B & B in einem Hinterhof mit historischem Touch, 5 Gehminuten von der City; herzlicher Empfang von Landlord Clive und Katze. 2 Zimmer. EZ ab 65 £, DZ ab 95 £ inkl. Frühstück; Bademantel und -latschen für den Gang ins Bad (Bad auf Etage). Parkplatz. King's Head Yard, Magdalen Street, NR3 1JE, ✆ 01603/631879, www.gothic-house-norwich.com.

Lord Rosebery 2 Vier opulent ausgestattete Zimmer (das schönste ist die Suite) in einem liebevoll restaurierten Pub 1,5 km vom Zentrum (20 Min. Spaziergang); trotz Pub (super Küche Do–Fr 16–21 Uhr, Sa–So ganztags) sehr ruhig. DZ 55–75 £, Suite 100–120 £, inkl. kontinentales Frühstück, das auf dem Zimmer bereitsteht (Zimmer haben Kühlschrank). 94 Rosebery Road, NR3 3AB, ✆ 01603/414284, www.lordrosebery.co.uk.

Camping **Norwich Camping and Caravaning** 25 Nahe der A 146, rund 1,5 km südlich des Stadtzentrums in der Martineau Lane in Lakenham, mit eigenem Garten und Zugang zum Fluss für Angler. 50 Stellplätze, Zeltplatz 8,70 £, Pers. 7,15–12,15 £. Geöffnet Ostern bis Okt. NR1 2HX, ✆ 01603/620060 (bis 20 Uhr), www.campingandcaravaningclub.co.uk.

Essen & Trinken/Nachtleben

Die schicksten Bars und Cafés findet man im Stadtteil **Tombland** um die Kathedrale herum. Gut besucht sind auch die Lokale im modernen Amüsierkpomplex Riverside Quarter, während sich die **St Benedicts Street** in den **Lanes** mit eher unkonventionellem Charme zeigt. Ende Mai feiern die Norwicher Pubs 10 Tage lang ihre zahlreichen einheimischen Ales.

Essen & Trinken **Roger Hickman's** 13 Der Sternekoch hat eine Edelgaststätte in Creme, Schwarz und Weiß eröffnet. Die Küche ist Modern British, drei Gänge schlagen mit 45 £ zu Buche (25 £ als Lunch). Reservierung empfohlen. Di–Sa 12–14.30 und 19–22 Uhr. 79 Upper St Giles Street, NR2 1AB, ✆ 01603/633522, www.rogerhickmanrestaurant.com.

Britons Arms Coffee House & Restaurant 9 Stilvolles Haus aus dem Jahr 1420. Das dreigiebelige Fachwerkhaus an der Ecke zum Elm Hill beherbergt heute ein Café. Sandwiches, Kuchen, Tee und Kaffee. Hausgebackenes Brot und lokale Zutaten, Di–Sa 9.30–17 Uhr, So Ruhetag, im Winter So und Mo. 9 Elm Hill, NR3 1HN, ✆ 01603/623367, britonsarms.co.uk.

Delias Restaurant & Bar 24 Beliebtes Restaurant im Norwich Football Club, das Menü ist selbstredend aus den 6000 Rezepten der Fernsehköchin zusammengestellt, die hier Vorstand ist. Regulär geöffnet nur Fr/Sa ab 19 Uhr (3 Gänge 35,75 £). Oft Special Events oder Dinner nach Fußballspielen. Carrow Road, NR1 1JE, ✆ 01603/218704 www.deliascanarycatering.co.uk.

Dining Rooms 10 Restaurant in historischem Gebäudekomplex. Hier kocht Chris Barber, der schon für Prinz Charles in der Küche stand. Zwei Räume befinden sich im Kellergewölbe aus dem 14. Jh., einer im sogenannten Suckling House. Europäisch-englische Küche aus der Region. Bar und Sitzplätze im überdachten Hof. Tägl. 10–23.30 Uhr, So nur bis 22 Uhr. Cinema City, St Andrew's Street, NR2 4AD, ✆ 07504/356378, www.norwichdiningrooms.co.uk.

The Waffle House 14 Seit 1978 werden hier aus Bio-Zutaten belgische Waffeln gebacken, die nicht nur die Herzen von Süßmäulern höher schlagen lassen. Auch Veganer, Vegetarier und Glutenfrei-Esser finden hier eine stattliche Auswahl. Legendär sind die fruchtigen Milkshakes. Mo–Sa 10–22 Uhr, So bis 21 Uhr. 39 St Giles Street, NR2 1JN, ✆ 01603/612790, www.wafflehousenorwich.co.uk.

The Last Wine Bar & Restaurant 5 Seit 25 Jahren eine gastronomische Institution in

Norwich. Die Räumlichkeiten in einer ehemaligen Schuhfabrik sind elegant-gemütlich, das Essen hervorragend. Das 3-Gänge-Menü kostet 27,50 £. Über 100 Weine. Mo–Sa 12–14.30 Uhr und 18–22.30 Uhr. 76 St George's Street, NR3 1AB, ✆ 01603/626626, www.lastwinebar.co.uk.

The Grosvenor Fish Bar 12 Beste und einladende Fischbude der Stadt, in den Lanes. Auch Fisch-Sandwiches und Wraps. Wer zum Speisen sitzen und etwas trinken möchte, dem wird das Essen ins Birdcage Pub gegenüber (23 Pottergate) geliefert. Mo–Sa 11–19.30 Uhr. 28 Lower Goat Lane NR2 1EL, ✆ 01603/625855, fshshop.com.

The Library Restaurant 16 Schon die Lage direkt am Markt und die opulente Ausstattung dieses Restaurants in der denkmalgeschützten ehemaligen Bibliothek der Stadt legen einen Abstecher nahe. Brasserie-Menü mit Hauptgerichten ab 11,95 £. Mo–Sa 11–22 Uhr, So 11–15 Uhr. 4A Guildhall Hill, NR2 1JH, ✆ 01603/616606, www.thelibrary restaurant.co.uk.

42 King Street 18 Cocktails und Tapas aus aller Welt je nach Saison in schlichtem, aber lässigem Ambiente. Wenig Auswahl, aber gut. Di–Sa 16–24 Uhr. 42 King Street, NR1 1PD, ✆ 07807/762704, www.facebook.com/42KingStreet.

Greenhouse 19 Vegetarier und Veganer finden hier gute und günstige Biogerichte für 5 bis 10 £. Sitzmöglichkeiten auch im

Hof. Die Greenhousegalerie widmet sich Umweltthemen, der Shop verkauft Fairtrade-Produkte. Di–Fr 10–16.30 Uhr, Sa bis 17 Uhr. 42–46 Bethel Street, NR2 1NR, ✆ 01603/631007, www.greenhousetrust.co.uk. ■

The Playhouse Bar 8 Man sieht dieser kreativen Café-Bar an, dass sie von Absolventen der Kunsthochschule betrieben wird. Hier ist alles erlaubt und den ganzen Tag und Abend über viel los. Kleine Preise und hübsche Terrasse am Ufer. Probieren Sie Black Lager. Mo–Sa 9–24 Uhr, So 12–24 Uhr. 42–58 St Georges Street, NR3 1AB, ✆ 0163/766669, www.theplayhousebar.co.uk.

Adam and Eve 4 Wahrscheinlich der älteste Pub von Norwich (13. Jh.), am nördlichen Anfang des Riverside Walk gelegen; war schon die Brauerei für die Bauarbeiter der Kathedrale. Sehr hübsch, deshalb etwas touristisch und überteuert. 17 Bishopgate, NR3 1RZ, ✆ 01603/667423, www.facebook.com/pages/Adam-Eve. Hier beginnt in den Monaten April bis Juni Di und Do um 19.30 Uhr der Ghost Walk, Juli bis Dez. auch Mo (Mahlzeit und Führung 13 £, www.ghostwalknorwich.co.uk).

Authentischer geht es ein paar Häuser weiter im **Red Lion** 6 zu. Der Pub mit Biergarten am Fluss serviert Sunday Roasts, aber auch Pizzen. Di und Do gibt's dazu gratis eine Flasche Wein. Boatlaunching und Pokerabende. Mo–Sa 11–23 Uhr, So 12–22.30 Uhr. Parkplatz 4 £/Tag. 79 Bishopsgate, NR1 4AA, ✆ 01603/620154, redlionnorwich.com.

Frank's Bar 11 Hübsche kleine Bar in den Lanes mit Chillfaktor, tagsüber ein Café. Gute Musik und erstaunlich gute Speisekarte. Sonntags gibt's Frühstück von 10 bis 18 Uhr, ab 17 Uhr werden kostenfrei Filmklassiker gezeigt. Di–Do 10–24 Uhr, Fr/Sa bis 2.30 Uhr, So 10–22.30 Uhr. 19 Bedford Street, NR2 1AR, ✆ 01603/618902, www.franksbar.co.uk.

Nachtleben **Waterfront** 22 Einer der alteingesessenen Clubs der Stadt mit live Konzerten und DJ-Nächten; betrieben wird er von der Studentengewerkschaft zusammen mit dem Council. 139–141 King's Street, NR1 1QH, ✆ 01603/632717, Programm unter thewaterfront.ticketabc.com.

Mercy XS Nightclub 17 Riesen-Club mit drei Räumen und Beschallung für jeden Geschmack, von Dance bis zu HipHop und Pop. Es gibt auch was fürs Auge, z. B. sexy Tänzer auf einem Glaspodium und eine Pre-Club Bar XS. Fr–Sa ab 22 Uhr. Fr Cabana Club (3 £), Sa Saturday Night. 86–88 Prince of Wales Road, NR1 1NJ, ✆ 01603/627666, www.mercynightclub.com. Nebenan in Rocco's Bar geht es auch nicht viel ruhiger zu.

Sehenswertes

Norwich Castle Museum & Art Gallery: Über der Ostseite des Marktplatzes thront auf einem künstlichen Hügel die Burg, die der Earl of Norfolk im 11. Jh. errichten ließ. Erhalten ist nur noch der Bergfried, der als Wehr- und Wohnturm diente. Vom 14. Jh. bis ins 19. Jh. wurde das Gebäude als Gefängnis genutzt. Heute ist hier ein Museum untergebracht, das in zwei Ausstellungsräumen anhand von Kostümen, Textilien, Glas-, Keramik-, und Silberwaren die Stadt- und Burggeschichte dokumentiert und Werke regionaler Landschaftsmaler aus dem 19. Jh. zeigt. Andere Themen sind Natur und Geologie, die Angelsachsen, Wikinger und die römische Epoche. In einem Raum kann man etwa die Widerstandskämpferin Boudicca auf einer virtuellen Fahrt in einem Streitwagen begleiten, wie er im Kampf gegen die Römer eingesetzt wurde. Stolz ist man auch auf den Schatz von Snettisham (Snettisham-Horte), einem Schmuckfund aus der späten Eisenzeit, der beim Pflügen eines Lavendelfeldes in den 1970er-Jahren zu Tage kam.

Gegenüber der Feste steht die Guild Hall aus dem 15. Jh., die als Justizgebäude genutzt wurde und durch einen langen Tunnel mit der Burg verbunden ist. So nahmen Delinquenten keinen Schaden durch den tobenden Mob, wenn sie zur Hinrichtung geführt wurden; ihre Totenmasken sind im Kellergewölbe der Burg zu sehen.

Mo–Sa 10–16.30 Uhr, So 13–16.30 Uhr; Mitte Juni bis Ende Sept. bis 17 Uhr. 8,80 £, erm. 7,90 £, Kind 7 £, Familie 22,40–29,90 £. Mit P-&-R-Ticket Eintritt nur 6,80 £. ✆ 01603/493625, www.museums.norfolk.gov.uk/Visit_Us/Norwich_Castle.

Vor 900 Jahren als königlicher Palast erbaut, heute Museum

East Anglia → Karte S. 272/273

Kathedrale: Die Kathedrale der Heiligen Dreifaltigkeit nördlich des Castle ist wegen ihrer Sommerkonzerte zum kulturellen Treffpunkt geworden. Man betritt das Gelände (die sogenannte Domfreiheit) durch das Erpingham Gate, das mit der Norwich School, einer der ältesten Privatschulen des Landes, und der School Chapel ein schönes Ensemble bildet. Die Statue Lord Nelsons, ihres berühmtesten Schülers, steht gleich daneben. Am Tor außerhalb der Domfreiheit steht das Denkmal von Edith Cavell, die im Ersten Weltkrieg als Krankenschwester in Belgien fast 200 Engländer vor den Deutschen versteckt hatte und dafür hingerichtet wurde. Das Hostry-Besucherzentrum ist der offizielle Eingang in das Gotteshaus. Im Locutory, dem Aufenthaltsraum, in dem einst die Mönche Besucher trafen, informiert ein kurzer Film über die Geschichte der Kathedrale.

1096 wurde mit dem Bau des Gotteshauses begonnen. Bischof Herbert de Losinga hatte den Bischofssitz von Thetford zuvor nach Norwich verlegt. Der Kirchenfürst war im Gefolge von Wilhelm dem Eroberer aus der Normandie nach England gekommen. Seinen Bischofsthron (er steht immer noch am Originalstandort in der Apsis hinter dem Altar) hatte er vom Festland mitgebracht. Unter Losinga wurden Chor und Seitenschiffe im normannischen Stil fertiggestellt, doch erst sein Nachfolger erlebte die Vollendung des Hauptschiffs. Der Grundriss des Gotteshauses entspricht dem der Kathedrale in Rouen. Der hohe Turm wurde im 14. Jh. durch einen Sturm zerstört und 1490 durch einen gotischen Spitzturm ersetzt. Mit seinen 96 m Höhe ist er nach dem Turm der Kathedrale von Salisbury der zweithöchste in England.

Auch im Innern vermischen sich die Baustile: Das gotische Gewölbe ruht auf normannischen Säulen und wartet mit rund 1000 fantastischen Schlusssteinen auf, die Geschichten aus dem Alten und Neuen Testament erzählen. Man kann eine App herunterladen, die die Motive erklärt. In der Lukas-Kapelle findet man ein mittelalterliches Taufbecken mit den Abbildungen der sieben Sakramente sowie ein fünfteiliges Altarretabel, das sogenannte Despenser-Reredos. Die Bilderfolge (Geißelung, Kreuzweg, Tod, Auferstehung und Himmelfahrt Christi) soll Bischof Despenser im 14. Jh. gestiftet haben. In der Jesuskapelle finden sich mittelalterliche Fresken sowie

ein weiteres Altarretabel: die Verehrung der Heiligen Drei Könige, ein Werk des Augsburger Künstlers Martin Schwartz aus dem 15. Jh. Auch die kunstvoll geschnitzten Miserikordien im Chorgestühl wurden im 15. Jh. geschaffen. Im Obergeschoss des nördlichen Chorumgangs befindet sich das sogenannte Reliquiengewölbe, in dem kostbare Sakralgegenstände aus Silber und Gold zu sehen sind.
Die Kathedrale war auch Kloster, der Bischof zugleich Abt. Früher gelangten die Mönche vom Südschiff durch das großartige Portal des Priors zu den Klosteranlagen, heute muss man durch das Besucherzentrum zurück. Die zweistöckig angelegten Kreuzgänge (14. und 15. Jh.), die abends wunderschön beleuchtet werden, sind die einzigen ihrer Art in England. Auf den Zwischensteinen des Deckengewölbes, den Bossen, befinden sich etwa 400 weitere fein gemeißelte und farbig gefasste Abbildungen von religiösen Motiven.
Um die Kathedrale herum liegt die Domfreiheit (Cathedral Close), in der im Mittelalter bis zu 60 Benediktinermönche lebten. Heute gibt es hier noch rund 80 denkmalgeschützte Gebäude. Eine Oase der Entspannung ist der ehemalige Kräutergarten der Brüder, wo ein Graslabyrinth an das Goldene Regierungsjubiläum der Königin (2002) erinnert.

Tägl. 7.30–18 Uhr, im Sommer bis 19 Uhr. Spende erbeten. Führungen Mo–Sa 11, 12, 13 und 14 Uhr (kostenfrei). Das Hostry Visitor Centre ist geöffnet Mo–Sa 9.30–16.30 Uhr, So ab 12.15 Uhr, die Library Di–Do 9.30–16.30 Uhr. Kräutergarten und Labyrinth tägl. 9–17 Uhr. Von April bis Juni kann man zwischen 10–16 Uhr die Wanderfalken beobachten. Zu empfehlen ist das Refectory Restaurant mit spektakulärem Blick auf die Mauern des Kreuzgangs, Mo–Sa 10–17 Uhr, So ab 11 Uhr. 12 The Close, NR1 4AH, www.cathedral.org.uk.

Pull's Ferry und Bishop Bridge: Geht man zum Wensum-Fluss hinunter, gelangt man zu Pull's Ferry, einem alten Fähr- und Torhaus. Ein kleiner Kanal, auf dem Waren und der schwere Kalkstein aus Caen für den Bau der Kathedrale befördert wurden, führte früher von hier bis zur Kirche. Flussaufwärts gelangt man zur Bishop Bridge aus dem Jahr 1340, eine der wenigen noch erhaltenen Brücken aus dem Mittelalter. Flussabwärts, am südlichen Ende der Stadtmauer, überspannt die Carrow Bridge den Wensum.

Juliana von Norwich – adelige Mystikerin des 15. Jh.

Mit ihrem Buch in der Hand, den *„Revelations of a Divine Love“* (Offenbarungen der göttlichen Liebe), steht die adelige Dame in der Westfassade der Kathedrale. Sie lebte etwa von 1342 bis 1413 in Norwich und das wenige, was wir aus ihrem Leben wissen, erfahren wir aus dieser Schrift. Dort schildert sie, wie sie im Mai des Jahres 1373 plötzlich von einer heftigen Krankheit heimgesucht wurde. Während ihres Leidens erhielt sie 16 Visionen, die sie die Liebe Gottes zu uns Menschen tiefer verstehen ließen. So fasste sie den radikalen Entschluss, von nun an in einer Klause zu leben und nur für Gott da zu sein. Über 40 Jahre lang verbrachte Juliana in einer Zelle eingeschlossen rechts vom Altar der St-Julian-Kirche. Durch ein kleines Fenster wurde sie mit Nahrung versorgt und durch dieses Fenster spendete sie Trost. Auf die Güte Gottes könne man sich auch in den schwersten Stunden verlassen, so war ihre Botschaft; eine Botschaft, die dem Bösen, das die Menschen des Mittelalters und ihre Theologen fürchteten wie die Pest, seinen Schrecken nahm: Alles wird gut.

Fährhaus aus dem 15. Jahrhundert am River Wensum: Pull's Ferry

East Anglia → Karte S. 272/273

Cow Tower: Direkt am Fluss nördlich des Great Hospital erhebt sich der rund 15 m hohe Gefechtsturm aus dem 14. Jh., der einst Teil der Stadtmauer war. Im Erdgeschoss befand sich ein Speiseraum, die beiden Stockwerke darüber waren Schlafquartiere.

Elm Hill: Durch das St Ethelbert's Gate von 1272 oder das etwa hundert Jahre jüngere Erpingham Gate gelangt man von der Domfreiheit wieder auf die Tombland-Straße (bzw. Wensum Street). Hier befand sich die Keimzelle der Stadt „Northwic". Das schmale Gässchen Elm Hill mit seinen Fachwerk- und Backsteinhäuschen, aber auch klassizistischen Gebäuden war einst eine geschäftige Durchgangsstraße. Zur Blütezeit der Weberstadt Norwich im späten Mittelalter lebten in dieser Straße reiche Kaufleute, danach zogen Handwerker und Kleinbetriebe ein. An der Rückseite der Häuserzeile zum Fluss hinunter befanden sich die Werkstätten, Speicher und die Hinterhofhäuser der Arbeiter. Das Haus mit der Nr. 43 ist Wright's Court, das als einziges noch einen solchen Hinterhof besitzt. Im Kaffeehaus Britons Arms (→ Essen & Trinken), das als einziges Gebäude die Feuersbrunst von 1507 überstand, kann man bei einem Stück Kuchen die Atmosphäre genießen.

St Andrew's Hall, Blackfriars Hall: Zwischen Elm Hill und St George's Street steht mit der St Andrew's Hall und der Blackfriars Hall einer der besterhaltenen mittelalterlichen Klosterkomplexe im Land. Früher waren die beiden Hallen Hauptschiff und Chor einer Dominikanerkirche. Nach der Reformation diente die Blackfriars Hall holländischen Siedlern („Strangers") als Kirche, später wurde sie von der Stadt als Versammlungs- und Festsaal genutzt, während die St Andrew's Hall zur Bewirtung der königlichen Gäste diente. Die Krypta birgt u. a. das Chorgestühl der Blackfriars Hall sowie Porträts namhafter Bürger von Norwich. Die Säle sind nicht öffentlich zugänglich, werden aber häufig für Veranstaltungen genutzt, etwa für Konzerte während des Norwich-Festivals.

Mo–Sa 9.30–16.30 Uhr. Eintritt frei. St Andrews Plain, NR3 1AU, ✆ 01603/628477, www.thehallsnorwich.com. Konzert-Termine: www.nnfestival.org.uk/festival/music.

Strangers' Hall: Geht man die St Andrews Street weiter nach Westen, gelangt man über die Straße Charing Cross vorbei am Maddermarket Theatre zur mittelalterlichen Strangers' Hall aus dem 14. Jh. Hier sind die Räume im Stil verschiedener Epochen eingerichtet; zu sehen sind u. a. eine Great Hall aus der Tudorzeit, ein georgianischer Speiseraum, das unterirdische Steingewölbe (Undercroft) und draußen ein elisabethanischer Knotengarten. Das Anwesen war ursprünglich das Heim wohlhabender Kaufleute und Bürgermeister.

Juni–Sept. Mi–Fr 10–16 Uhr, So 13–16.30 Uhr, Mitte Febr. bis Ende Mai und Okt. bis Dez. Mi 10–16 Uhr und So 13–16.30 Uhr. 4,80 £, erm. 4,60 £, Kind 3,90 £, Familie 12,30–16,30 £. Charing Cross, NR2 4AL, ✆ 01603/493625, www.museums.norfolk.gov.uk/Visit_Us/Strangers_Hall/index.htm.

The Lanes: Wendet man sich nun Richtung Markt, befindet man sich in den verkehrsfreien Gassen und Alleyways der Lanes. Kleine Tafeln an den Häusern erklären die historischen Zusammenhänge, etwa zur sächsischen Töpfertradition (Potergate) oder zu berühmten Bewohnern. Eine dieser Lanes ist die kleine Bridewell Alley. Hier ist in einem früheren Wohnhaus, das später lange Zeit als Gefängnis genutzt wurde, das Museum zur regionalen Industrie- und Handwerksgeschichte untergebracht. Man erfährt, dass neben Senf auch Maschendraht, Seidenschals, Schuhe, Bier, Schokolade und die Mackintosh-Bonbons in der Stadt produziert wurden. Schuhmacher berichten von ihrer Arbeit, in einem Wohnzimmer aus den 1950ern darf man Gesellschaftsspiele testen und im Minikino Filme sehen.

The Museum of Norwich at the Bridewell: Di–Sa 10–16.30 Uhr. 5,50 £, erm. 5,20 £, Kind 4,40 £, Familie 14–18,70 £. Bridewell Alley, NR2 1RQ, ✆ 01603/629127, www.museums.norfolk.gov.uk/Visit_Us/Museum_of_Norwich_at_the_Bridewell/index.htm.

Marktplatz: Den Platz mit den bunt gestreiften Markisen der Marktstände säumen einige interessante Gebäude, wie die Guildhall (1407–1413), die über die Jahrhunderte als Gerichtsgebäude, Gefängnis und Tuchhalle diente. Das barocke Gebäude gegenüber ist Jarrold, eines der letzten in Privatbesitz befindlichen Warenhäuser Englands, und das schon seit 1823.

Die City Hall aus rotem Backstein aus dem Jahr 1938, erbaut nach dem Vorbild des Stockholmer Rathauses im Art-déco-Stil, wurde von Georg VI. und Queen Mary (Queen Mum) eröffnet; ihr Glockenturm dominiert den Platz, ihren Eingang bewacht ein Paar bronzener Löwen. Die Marktkirche St Peter Mancroft (Mitte des 15. Jh.) zeigt einen spätgotischen Turm, eine wunderschöne Stichbalkendecke mit hölzernem Fächergewölbe und ein Perpendicular-Fenster mit leuchtendem Buntglas aus dieser Zeit.

Jarrold: Mo, Mi, Fr 9–17.30 Uhr, Di 9.30–17.30 Uhr, Do 9–19 Uhr, Sa 9–18 Uhr, So 10.30–16.30 Uhr. 1–11 London Street, NR2 1JF, ✆ 01603/660661, www.jarrold.co.uk.

St Peter Mancroft: Mo–Sa 10–16 Uhr; im Winter nur bis 15.30 Uhr. Ende Mai bis Anf. Juli am Samstagmittag (13 Uhr) kostenfreie Konzerte. The Chantry, NR2 1QZ, www.stpetermancroft.org.uk.

Forum: Der Glaspalast aus dem Jahr 2001 gegenüber der St-Peter-Mancroft-Kirche ist die Hauptbibliothek der Stadt, in ihren Archiven lagern bedeutende Dokumente der US-Armee aus dem Zweiten Weltkrieg. Im Atrium finden oft Ausstellungen statt, hier befinden sich auch die Tourist Information, Cafés, die BBC East, ein Ableger von Jarrold sowie die Fusion Screen, die auf einem 24 m langen digitalen Bildschirm Installationen, Dokumentationen, Kunst und Filme lokaler Talente zeigt.

Tägl. 7–24 Uhr, Eintritt frei. Library Mo–Fr 10–19 Uhr, Sa 9–17 Uhr. Fusion Screen Mo–Sa 10–16.30 Uhr, Eintritt frei. NR2 1TF, ✆ 01603/727950, www.theforumnorwich.co.uk.

Coleman's Mustard Shop and Museum: Der Laden in der Jugendstilpassage der Royal Arcade, ein Werk des Norwicher Architekten George Skipper, ist ganz dem viktorianischen Stil verpflichtet. Bei ihrer Eröffnung 1899 wurde die Passage vor allem wegen der Art-Nouveau-Kacheln von W. J. Neatby gerühmt. Der Laden selbst bietet neben allerlei Memorabilien eine große Auswahl an Senfsorten. Und die sind scharf! Unternehmensgründer Jeremiah Coleman, der 1804 mit der Produktion begann, verwendete Senfpflanzen, die auf den umliegenden Feldern angebaut wurden. Heute gehört das einstige Familienimperium dem Unilever-Konzern und ist Marktführer in England.

Mo–Sa 10–17 Uhr, Juli bis Dez. auch So 11–16 Uhr. 15 The Royal Arcade, NR2 1NQ, ✆ 01603/627889, royalarcadenorwich.co.uk/shops/colman's-mustard-shop-museum.

Berühmter, scharfer Senf: Coleman's

Theatre Royal und Assembly House: Renommiertes Theater, nur wenige Schritte von St Peter entfernt (→ Kultur, S. 321). Auf der Art-déco-Bühne traten einst die Londoner Bühnenstars ihrer Zeit auf, heute ist das Theatre Royal eines der erfolgreichsten englischen Provinztheater – von Oper bis zu Musicals und Tanzshows kommen hier die unterschiedlichsten Gastspiele auf die Bühne. Im benachbarten Assembly House von 1754 (jetzt Hotel und Restaurant) konnte die feine Gesellschaft danach der Geselligkeit frönen. Für Norwichs Bürger und Landadelige wurden hier oft elegante Bälle und Empfänge gegeben, sogar der Klaviervirtuose Franz Liszt ließ hier seine Finger über die Tasten fliegen.

Kemp's Restaurant Theatre Royal: Mo–Sa 9.30–19 Uhr; Lunch 12–14.30 Uhr, Dinner ab 17 Uhr. ✆ 01603/598577, secure.theatreroyalnorwich.co.uk/online. **Assembly House** → Übernachten.

St John's Roman Catholic Cathedral: Die katholische Kathedrale der Stadt Johannes der Täufer ist die zweitgrößte des Landes. Sie wurde 1889 vom 15. Herzog von Norfolk gestiftet, der damit die Reintegration der Katholiken im Lande fördern wollte. Die Steine der Eingangsstufen zeigen Tausende von Fossilien, auch die Marmorsäulen im Innern sind voll von fossilen Ablagerungen. Die Buntglasfenster machen das 84 m lange Schiff recht finster, in der Sunken Chapel sind die Heiligen Flora, Pauline, Esther und Barbara zu sehen, allesamt Namenspatroninnen der ersten Gattin der Herzogs.

Tägl. 7.30–18.30 Uhr, So nach der Messe (ca. 12 Uhr). Café The Narthex: Mo–Sa 10.30–16 Uhr, Shop Di–Sa 10.30–16 Uhr sowie nach den Gottesdiensten. Eintritt frei, Spenden willkommen. Tower Tours im Sommer Sa 13.30, So 12.45 Uhr (kostenfrei). Unthank Road, NR2 2PA, ✆ 01603/624615, www.sjbcathedral.org.uk.

Plantation Gardens (Secret Garden): Der versteckte kleine Garten in einem stillgelegten Steinbruch bei der Kathedrale wurde vor über 100 Jahren angelegt und vor

East Anglia → Karte S. 272/273

etwa 25 Jahren wiederentdeckt, seitdem wird er kontinuierlich restauriert und gepflegt. Zu der hübschen Anlage gehören ein gotischer Brunnen, ein Gewächshaus und ein terrassenförmig angelegter italienischer Rabattengarten.

Tägl. 9–18 Uhr. Eintritt 2 £. 4 Earlham Road, NR2 3DG, ✆ 07504/545810, plantationgarden.co.uk.

Dragon Hall/Writers' Centre Norwich: Das mittelalterliche Kaufmannshaus im südlichen Teil der Altstadt erhielt seinen Namen wegen der Schnitzereien am Dachvorsprung, die einen Drachen zeigen. Im 15. Jh. errichtete hier ein heimischer Händler nahe am Wensum-Fluss ein Kontor, das über die Stadtgrenzen hinaus bekannt wurde. In der Great Hall des Hauses wurden die Waren präsentiert und verkauft. Seit April 2015 ist sie das Zuhause des Writers' Center Norwich, das 2018 zum National Centre for Writing werden möchte und mit Kursen, Lesungen und Debatten kreatives Schreiben fördert. Ein- bis dreimal im Monat gibt es einen Heritage Open Day mit Führung.

Heritage Open Day: Führung 14 Uhr. 2,50 £, Kinder unter 12 J. frei. 115–123 King Street, NR1 1QE, ✆ 01603/877177, www.enjoynorwich.com/dragon-hall und www.writerscentre norwich.org.uk.

University of East Anglia, Sainsbury Centre of Visual Arts: Der Campus der Universität befindet sich etwa 5 km westlich des Zentrums, die meisten Gebäude wurden in den Jahren 1962–1972 errichtet. Am Rande des Areals erhebt sich das von Sir Norman Foster geplante Sainsbury Centre of Visual Arts. Das Innere dieses außergewöhnlichen Hallenbaus aus Stahlrohren und Aluminiumpaneelen zeigt eine Sammlung sehenswerter moderner Kunstwerke, u. a. von Picasso, Degas, Mondrian und Henry Moore. Zwischen der modernen Kunst stößt der Besucher auf alte Artefakte aus südamerikanischen und ägyptischen Kulturen, auf Skulpturen aus der Römerzeit, sogar auf Eskimokunst. Das Museum entstand in den 1970er-Jahren durch eine Stiftung von Sir Robert und Lisa Sainsbury, Eigentümer der bekannten Supermarktkette, die u. a. mit Henry Moore, Francis Bacon und Alberto Giacometti befreundet waren. Die beiden wollten jungen Kunststudenten die Möglichkeit geben, Kunstwerke von einem sinnlichen, nicht nur von einem intellektuellen Standpunkt aus zu betrachten.

Di–Fr 10–18 Uhr, Sa–So bis 17 Uhr (auch Gallery Café und Garden Restaurant). Führungen durch die Sammlung Di–So 11 und 14 Uhr. University of East Anglia, NR4 7TJ, ✆ 01603/593199, www.scva.ac.uk. Eintritt frei, Sonderausstellungen kostenpflichtig (7–12 £). Anfahrt mit den Bussen 25 (um einen Halt am Sainsbury's Centre Stop am Chancellor's Drive bitten), 22 und 26 (von der Campus Haltestelle 10 Min. zu Fuß). Ab Castle Meadow im City Centre.

Umgebung von Norwich

Blickling Hall: Durch Getreide- und Maisfelder geht es über die A 140 in Richtung Norden zu dem bei Aylsham gelegenen beeindruckenden Landsitz. Gebaut wurde das Herrenhaus im frühen 17. Jh. für Sir Henry Hobart, Lordoberrichter von Jakob I. Der Backsteinbau mit den kuppelartigen Aufsätzen auf den schmalen Seitentürmen erinnert an nordische Architektur. Besonders sehenswert neben den Gemächern ist die Stuckdecke in der 43 m langen Galerie des Ostflügels (Long Gallery). Hier befindet sich eine Bibliothek mit über 12.000 Bänden, viele davon kostbare alte Stücke. Die Long Gallery führt in einen Bildersaal, an der Wand ein Gobelin mit dem Porträt Peters des Großen hoch zu Ross, gewebt 1764 in St. Petersburg als Geschenk für John Hobard, den Gesandten Georgs II. am Zarenhof. Wegen der zahlreichen Bildteppiche und Gobelins hat der National Trust in einer früheren Scheune seine zentrale Restaurierungswerkstatt für Textilien eingerichtet. Das von mächtigen Eibenhecken umgebene Anwesen besitzt natürlich auch einen wunderschönen Park, ein Café und ein Restaurant.

Haus: Anf. März bis Okt. Mi–Mo 12–17 Uhr, Nov. Sa/So 12–14 Uhr, erste Dezemberwoche Fr–So 14–20 Uhr. Mitte Dez. bis Mitte Anf. März geschlossen.

Garden Shop: März–Okt. tägl. 10–17 Uhr. **Garten/Restaurant**: Ende Febr. bis Okt. tägl. 10–17 Uhr, sonst Mi–So 11–16 Uhr.

Eintritt: Haus und Garten 12,65 £, Kind 6,80 £, Familie 23,45–32,30 £. Nur Garten 8,10 £, erm. 4,50 £, Familie 16,80–23,60 £. ✆ 01263/738030, www.nationaltrust.org.uk/blickling-estate.

Die Norfolk Craft Guild stellt regelmäßig in der **Hobart Gallery** aus. Eintritt frei.

Salle: 13 km westlich von Blickling Hall. Schon von weitem grüßen die Türmchen von St Peter and Paul, Norfolks schönster „Wollkirche", wie man die ländlichen Kirchen hier nennt. Finanziert wurde ihr Bau aus den Gewinnen des Wollhandels, ihre Pracht spiegelt den Reichtum der Tuchhändler und Manufakturbesitzer. Auch die Schlossherren von Blickling haben hier in großem Stil in ihr Seelenheil investiert. Besonders schön sind der Deckel des Taufbeckens aus dem 15. Jh. und die filigranen Schnitzereien mit Pflanzen und Tieren am Chorgestühl. Gerüchten zufolge soll Anne Boleyn, die zweite Gemahlin Heinrichs VIII., oder nur ihr Herz hier begraben sein. Kopflos, so heißt es, spuke sie zu jedem Jahrestag ihrer Enthauptung in Blickling Hall, dessen Vorgängerbau der Sitz ihrer Ahnen war.

East Anglia → Karte S. 272/273

Die Nordküste von Norfolk: Von Norwich nach King's Lynn

Die vielleicht einsamste Küste des Landes mit ihren Sand- und Kiesbänken, endlosen Marschen, Buchten, Prielen und Kanälen liegt im Norden von Norwich. Sie liefert die kulinarischen Glanzlichter der Region: Sweet Cromer und Sharingham Crabs (Krebs), Brancaster Oysters (Austern) und Morston Mussels (Muscheln). Zwischen Sharingham und Hunstanton verläuft die Küstenstraße, an ihr reihen sich Marschdörfer mit Flinthäusern, Flintkirchen, Fischerkaten und hübschen Pubs. Coasthopper-Busse (für 1, 3 und 7 Tage ab 9,50 £) bedienen die Strecke von Cromer über Wells-next-the-Sea und Hunstanton bis nach King's Lynn ganzjährig und täglich, im Sommer jede halbe Stunde. Zwischen Cromer und Hunstanton verläuft auf 72 km auch der bei Wanderern beliebte North Norfolk Coastal Path durch die Norfolk Coast Area of Outstanding Natural Beauty.

Cromer

Die Steilküste in der Umgebung von Cromer formt einen harten Kontrast zur flachen Küstenlandschaft von Norfolk. Leider sind die Klippen stark von der Erosion betroffen, viele Häuser sind ins Meer „abgerutscht". Der Sandstrand bei Trimingham mit den jüngsten Kreideklippen des Landes südöstlich von Cromer ist ein Produkt dieser Erosion.

Schon seit Ende des 18. Jh. war der Ort unter wohlhabenden Familien ein Geheimtipp. Der Aufschwung zum Seebad erfolgte Ende des 19. Jh. mit dem Ausbau der Eisenbahnlinie. In den Luxushotels gaben sich blaublütige Badefreunde die Ehre, zu den Gästen zählten Kaiser Wilhelm II. und Österreichs Kaiserin Sissi. Vom alten Glanz zeugt das Grand Hotel de Paris am Pier, in dem Lord Suffield residierte und das in viktorianischer Zeit zum Hotel umgebaut wurde. Auch der in den 1990ern komplett restaurierte Pier stammt ursprünglich aus dieser Zeit. Cromer wird überragt vom Turm der St-Peter-and-St-Paul-Kirche; mit 49 m ist er der höchste in Norfolk. Er stammt aus dem 14. Jh., als Cromer noch den Namen Shipden trug.

Nur noch wenige Krabbenboote zeugen heute von der einstigen Haupteinnahmequelle der Stadt, der Krebs- und Krabbenfischerei. In der Fangzeit von April bis September kann man in den Restaurants Hummer, Krebse und Krabben probieren. Eine Fabrik verarbeitet alljährlich rund 300 Tonnen der begehrten Meeresfrüchte.

Im **Cromer Museum** in einem Fischerhäuschen gleich neben der Kirche kann man das Zuhause eines Fischerehepaars besichtigen und erfahren, wie man in viktorianischer Zeit mit Badewagen und knielangen Kostümen ins Wasser ging. Die Geologieabteilung zeigt u. a. die versteinerten Reste eines Elefanten, die in West Runton gefunden wurden. Neu ist die Ausstellung mit Fotografien von Olive Edis, die als erste offizielle weibliche Kriegsfotografin für die Briten den Ersten Weltkrieg dokumentierte. Viele erinnern sich an die Schrecken dieses Krieges nur in Schwarz-Weiß, sie jedoch war an der Front, um erste Farbaufnahmen im Autochromverfahren zu machen.

Das Museum und Informationszentrum an der East Promenade, **Henry Blogg Lifeboat Museum,** ist nach dem berühmten Lebensretter Henry Blogg benannt, der in seinen 53 Jahren Dienstzeit rekordverdächtige 873 Personen vor dem Tod durch Ertrinken bewahrt hat. Das Haus dokumentiert die Geschichte der Seenotrettung von Cromer und erzählt beispielsweise, wie im Zweiten Weltkrieg über 500 Menschen mit dem berühmten Rettungsboot „H F Bailey“ geborgen wurden.

Basis-Infos

Information **North Norfolk Information Centre**, März bis Sept. tägl. 10–17 Uhr, sonst 10–16 Uhr. Louden Road, Cromer, Norfolk, NR27 9EF, ☏ 01263/512497, www.visitnorthnorfolk.com und www.thisiscromer.co.uk.

Verbindungen **Bahn** – tägl. rund ein Dutzend Verbindungen mit Abellio Greater Anglia nach Norwich, Sheringham und Thetford. Thames Link Great Northern bedient Cromer auf der Strecke nach King's Lynn. Bahnhof an der A 148 in Richtung Holt.

Bus – von der Cadogan Road (in der Nähe der Prince of Wales Road) fahren Busse (Sanders Coaches, Konectbus und Norfolk Green) ebenfalls nach Norwich und Sheringham, im Sommer auch nach King's Lynn und Hunstanton.

Einkaufen **Jarrold Cromer**, seit mehr als 100 Jahren verkauft Jarrold aus Norwich auch in Cromer. Mo–Sa 9–17.30 Uhr, So 11–15 Uhr. 33 Church Street, NR27 9ES, www.jarrold.co.uk/our-stores/cromer.

Fahrräder **Manor Farm Cycle** Hire (→ Camping). Halber Tag 10 £, ganzer Tag 14 £. ☏ 07770709407 (Tom). **Electrifying Cycles**, Verleih von E-Bikes, 26 £/Tag, 155 £/Woche. Mo–Sa 10–16 Uhr. So nur nach Vereinbarung. 4 Old Station Yard, NR27 0HF, ☏ 01263/513631 und 07812/996648 (mobil), www.electrifyingcycles.co.uk.

Kino **Regal Movieplex**, 2–4 Hans Place, NR27 9EQ, ☏ 01263/510151, cromer.merlincinemas.co.uk.

Sehenswertes **Cromer Museum**: April bis Okt. Mo–Fr 10–16 Uhr, Sa/So ab 12 Uhr. 4 £, erm. 3,80 £, Kind 3,20 £, Familie 10,20–13,60 £. East Cottages, Tucker Street, NR27 9HB, ☏ 01263/513543, www.museums.norfolk.gov.uk/Visit_Us/Cromer_Museum.

Henry Blogg Lifeboat Museum: Febr./März und Okt./Nov. Di–So 10–16 Uhr, April bis Sept. bis 17 Uhr, Eintritt frei. Rocket House, The Gangway, NR27 9ET, ☏ 01263/511294, www.rnli.org/HenryBlogg. Das **Rocket House Café** hat lokale Kunst an den Wänden und verarbeitet lokale Zutaten. Mo–Fr

9–17 Uhr, Sa–So ab 10 Uhr, mitunter auch Samstagabend. ✆ 01263/519126, www.rockethousecafe.co.uk.

Theater Das **Pavilion Theatre** am Ende des Piers zeigt von Juni bis Sept. die übliche leichte Kost; auch Bar und „Tides" Restaurant vorhanden. Kasse und Gift Shop Mo–Fr 10–17 Uhr, Sa–So bis 20 Uhr. ✆ 01263/512495, www.cromer-pier.com.

Veranstaltungen **Cromer & Sheringham Crab and Lobster Festival**, alljährlich an einem Wochenende Ende Mai. Der Spaß beginnt am Freitag mit einer Variety Show im Pier Pavilion Theatre.

Außerdem: Am letzten Sonntag im August treten zwischen 10 und 16 Uhr Kombattanten zu den **World Pier Crabbing Championships** an. Die Promenade ist dann voller Stände mit Leckereien, Kunsthandwerk und Musik. www.crabandlobsterfestival.co.uk.

Sie sind Teil des **Carneval** Mitte August mit Straßenumzügen und weiteren Attraktionen, etwa einer Red-Arrows-Flugshow, Fallschirmspringer-Demos, Schnitzeljagden, Fackelzug u. v. m. www.cromercarnival.co.uk.

Wassersport **Glide Surf School**, zwischen Ostern und Okt. kann man hier das Wellenreiten lernen. Marine Parade, NR27 9HE, ✆ 01263/805005 oder 07966/392227 (Benjamin), www.glidesurfschool.co.uk.

East Anglia → Karte S. 272/273

Übernachten/Essen & Trinken

Übernachten **** **Red Lion Hotel**. Das komfortabelste Hotel an der Seafront mit 15 Zimmern, bei Einheimischen beliebt wegen der großen Auswahl an Ales und der prämierten Küche. Schön ist die altmodische Mahagoni-Bar, moderner die Lounge-Bar. EZ ab 62,50 £, DZ ab 115 £. Brook Street, NR27 9HD, ✆ 01263/514964, www.redlion-cromer.co.uk.

*** **Hotel de Paris**. Von außen sieht das viktorianische Hotel am Pier immer noch großartig aus, innen ist der Charme alter Zeiten erhalten, es fehlt der Luxus der neuen, dafür ist es relativ günstig. B & B 35–50 £/Pers. Jetty Cliff, High Street, NR27 9HG, ✆ 01263/513141, www.leisureplex.co.uk.

*** **The Wellington Cromer**. Vier gepflegte moderne Zimmer gibt es in dieser schön renovierten viktorianischen Villa nur ein paar Schritte vom Strand entfernt. Das Courtyard Restaurant ist ebenso zu empfehlen. DZ inkl. Frühstück ab 80 £, Familienzimmer 100 £. Garden Street, NR27 9HN, ✆ 01263/511075, www.wellington-cromer.co.uk.

Sandcliff Guest House. Super „value for money" (Preis-Leistungs-Verhältnis) in Strandnähe. Die 23 Zimmer sind gepflegt und freundlich, fast alle haben Meerblick und kosten je nach Auslastung zwischen 35 und 75 £ ohne Frühstück. 37 Runton Road, NR27 9AS, ✆ 01263/512888, www.sandcliffcromer.co.uk.

Croft House Cromer. In der zweiten Reihe vom Pier steht diese ebenfalls liebevoll gepflegte viktorianische Villa mit einigen sehr großen Zimmern (Suiten), alle wurden vor wenigen Jahren geschmackvoll renoviert. Herzliche Gastgeber, super Frühstück und sogar Parkplätze. 5 Min. zum Pier. B & B 65–75 £. 38 Cabbell Road, NR27 9HX, ✆ 01263/513143, www.crofthousecromer.com.

Manor Farm Cottages. In den sieben umgebauten Farmgebäuden (Stallungen, Traktorhaus) unterschiedlicher Größe können von 2 bis zu 8 Gäste selbstversorgend nächtigen. 1,5 km von Cromer, 15 Min. vom Strand. ab 55 £/Nacht (mind. 3 Nächte). Manor Farm (East Runton), Cromer, Norfolk, NR27 9PR, ✆ 01263/512858, www.manorfarmcottagesnorfolk.co.uk. Angeschlossen ist ein Zeltplatz (s. u.).

Camping **Deer's Glade Campsite**. Ferienpark mit See zum Angeln, abendlichem Shuttle-Service zu Restaurants und Pubs der Gegend und Zugang zum Wildgehege von Gunton Hall. 2 Übernachtungen Minimum, 2 Nächte mit Zelt 31 £. Auch Pods (kleine Hütten) und Bell Tents (wohnlich eingerichtete Rundzelte) werden vermietet. White Post Road, Hanworth, NR11 7HN, ✆ 01263/768633, www.deersglade.co.uk.

Manor Farm Caravan & Camping Site. Großer, leicht abschüssiger Platz am Waldrand mit Zugang zum East-Runton-Kieselstrand. Spiel- und Fußballplatz, Fahrradverleih (s. o.). Stellplatz (Pitch) 15–24 £, Erw. 5 £. Geöffnet Ostern bis Sept./Okt. East Runton, Cromer, NR27 9PR, ✆ 01263/512858, www.manorfarmcampsite.co.uk. Es werden auch Cottages zur Selbstversorgung auf dem angrenzenden Gelände vermietet (s. o.).

Essen & Trinken Frische Krabben (Cromer-Krabben sind klein, aber schmackhaft) gibt es in den vielen Fish-'n'-Chips-Läden in der **Garden Street**, die vom Pier ins Stadtzentrum führt. Für Selbstverpfleger empfehlenswert ist **Davies Fish Shop**, tägl. 8.30–17 Uhr, im Winter Di–Sa 8.30–16.30 Uhr, 7 Garden Street, ✆ 01263/512727. Liebhaber von Krebsfleisch sollten auch **Bob Davies Cromer Crabs** am Ende der Brunswick Terrace probieren oder im **Rocket House Café** am Henry Blogg Lifeboat Museum (s. o.) am Hafen einkehren. Im **Rocky Bottoms** kann man zum Hummer- und Krabbenschmaus seinen eigenen Wein mitbringen (Korkgebühr 1 £), So–Mi 10–17 Uhr, Do–Fr bis 20 Uhr, Cromer Road, West Runton, NR27 9QA, www.rockbottoms.co.uk. Fish & Chips schmecken bei **No 1 Fish & Chips** so gut, dass das Restaurant 2015 zu den fünf besten des Landes gewählt wurde. 1 New Street, NR27 9HP, ✆ 01263/512316.

Blue Sky Café. Kleines schlichtes Café auf der Klippe mit Seeblick nahe beim Parkplatz. Suppen, Sandwiches, traditionelle Snacks. Tägl. 10–18.30 Uhr. Runton Road, NR27 9AU, ✆ 07833/682917.

Old Rock Shop Bistro. Günstiges kleines Café, in dem man am Wochenende auch abends gut bedient wird. Leckere Fischsuppe (homemade seafood chowder 6,95 £) und Krebsfleisch-Specials. So–Di 8–18 Uhr, Fr/Sa Dinner 17–21 Uhr. 10 Hamilton Road, NR27 9HL, ✆ 01263/511926, www.theoldrockshopbistro.co.uk.

Bann Thai. Gutes thailändisches Restaurant. Di–Sa 12–14.30 Uhr und tägl. 17–22 Uhr. 1a Church Street, ✆ 01263/513193, www.bann-thai.co.uk.

Boltons Bistro. Sehr gutes kleines Restaurant im Cliftonville Hotel an der Seafront, das für seine Fischgerichte bekannt ist. Täglich wechselnde Specials. Reservieren! Runton Road, Seafront, NR27 9AS, ✆ 01263/512543, www.cliftonvillehotel.co.uk/boltons-bistro.

Gunton Arms. Fünf Meilen südlich von Cromer steht dieses wie eine Jagdhütte aussehende Pub, das mit einer beeindruckenden Sammlung moderner Kunst und schmackhafter Küche aufwartet. Mitunter wird am offenen Kaminfeuer im Elk-Room gekocht. Auch 8 Schlafzimmer von 95 bis 340 £. Cromer Road, Thorpe Market, NR11 8TZ, 01263/832010, www.theguntonarms.co.uk.

Felbrigg Hall

Lang zieht sich die Fahrt durch den Landschaftspark hin, bevor man schließlich vor einem der schönsten Landsitze aus dem 17. Jh. steht. Felbrigg Hall 3 km südwestlich von Cromer ist benannt nach dem Standartenträger Richards II., der hier ein mittelalterliches Haus bauen ließ. Im 18. Jh. wurde es von William Windham II. umgebaut, dessen Geist angeblich durch die Bibliothek spukt – war es doch seine Liebe zu Büchern, die ihn das Leben kostete. Beim Versuch, die kostbaren Bücher aus der brennenden Bibliothek eines Freundes zu retten, kam er in den Flammen um. Wenn heute bestimmte Bücher auf dem Schreibtisch ausgelegt werden, erscheine der frühere Hausherr, um darin zu blättern, berichten die Führer. Zu sehen ist auch eine Sammlung edler Möbel sowie zahlreiche Werke des italienischen Landschaftsmalers Giovanni Battista Busiri, die Windham von seiner Grand Tour durch Europa mitgebracht hatte. Der über 200 ha große Park ist berühmt für seine uralten Bäume und bezaubert mit einem Walled Garden – einem ummauerten Garten, der auch untypischen Nutzpflanzen der Region Raum bietet.

Ende Febr. bis Ende März Sa–Mi 11–15 Uhr, Ende März–Mitte Okt. bis 17 Uhr, in den Schulferien Anf. Febr. tägl. 11–15 Uhr und Ende Okt. tägl. 11–16 Uhr. Garten: Ende Febr. bis Mitte Okt. tägl. 11–17 Uhr, in den Schulferien Anf. Febr. und Ende Okt. tägl. 11–16 Uhr, Nov.–Dez. Do–So 11–15 Uhr. 10,40 £, erm. 5 £, Familie 25,80 £. Nur Garten 6,25 £, erm. 3,15 £. Felbrigg, NR11 8PR, ✆ 01263/837444, www.nationaltrust.org.uk/felbrigg-hall.

Sheringham

Der traditionelle Badeort entwuchs ebenfalls einem Fischerdorf, nachdem seit 1887 die Eisenbahn von Norwich auch hier hielt. Die Strecke wird bis heute befahren, u. a. auch mit einem historischen Dampfzug der **North Norfolk Railway** („Poppy Line") auf dem Weg nach Holt. Der hübsch gelegene, aber selbst nicht sehr reizvolle Ort sitzt *„twix sea and pine"*, zwischen der See und Pinien. Lower Sheringham bietet den Besuchern Strand und Meer, Upper Sheringham hat den Wald und die Heide. Im Museum **The Mo** an der östlichen Promenade kann man eine historische Flotte an Fischer- und Rettungsbooten bestaunen und Wissenswertes über die Shoal-Windfarm lernen, deren 88 Turbinen 220.000 Haushalte mit Strom versorgen.

Gut 3 km südwestlich findet sich der Landsitz **Sheringham Hall**, dessen Park man von der Weybourne Station der „Poppy Line" erreicht. Das Besucherzentrum zeigt eine Ausstellung über den berühmten Gartenarchitekten Humphrey Repton, der den Sheringham-Park gestaltet hat (für ihn war es sein *darling child* und *most favourite work*).

Information **Tourist Information**, Ende Mai bis Anf. Sept. Mo–Sa 10–17 Uhr, So 10–16 Uhr; April bis Mitte Mai und Sept./Okt. tägl. 10–14 Uhr; geschlossen Nov. bis März. Station Approach, Station Road, NR26 8RA, ✆ 01263/824329, www.experiencesheringham.com, www.northnorfolk.org.

Anreise Züge mehrmals täglich mit der Bitterne Line von Norwich.

Aktivitäten **North Norfolk Railway** (Poppy Line), Fahrplan bitte der Webseite entnehmen (www.nnrailway.co.uk). Hin- und Rückfahrt nach Holt 12 £, erm. 11 £, Kind 8,50 £, Familie 40 £. Sheringham Station, Station Approach, NR26 8RA, ✆ 01263/820800.

Sehenswertes **Museum The Mo**: Ende März bis Okt. Di–Sa 10–16.30 Uhr, So 12–16 Uhr, im Sept. auch Mo 10–16.30 Uhr. 3,70 £, erm. 3,20 £, Kind 2 £, Familie 10 £. Life Boat Plain, Sheringham, NR26 8BG, ✆ 01263/824482, www.sheringhammuseum.co.uk.

East Anglia → Karte S. 272/273

The Poppy Line: North Norfolk Railway

Sheringham-Park: ganzjährig geöffnet von Sonnenauf- bis Sonnenuntergang. Besucherzentrum: Mitte März bis Okt. tägl. 10–17 Uhr, sonst nur Sa/So 11–16 Uhr. Upper Sheringham, NR26 8TL, ✆ 01263/820550, www.nationaltrust.org.uk/sheringham-park.

Übernachten **YHA Sheringham.** Die Jugendherberge ist ein Neubau mit 100 Betten, die für 13–25 £ zu haben sind. Private Zimmer ab 29 £. 1 Cremer's Drift, NR26 8HX, ✆ 0345/3719040, www.yha.org.uk/hostel/sheringham.

Cley-next-the-Sea

Hier tragen die Katen aus Flint- und Ziegelsteinen geschweifte Giebel und Dachpfannen, als wäre Cley ein holländisches Städtchen. Am Rande des Rieds – der alte Hafen ist längst versandet – steht eine Windmühle (B & B und kleines Restaurant). Seit dem 17. Jh. schon liegt Cley gar nicht mehr „next-the-sea". Früher wurde von Cley Harbour die Wolle verschifft und das Salz, das man im benachbarten Salthouse gewann. Vom Hafen führt ein Weg über die Marsch mit ihrem Netz an Entwässerungskanälen ans Meer. Den nehmen vor allem die Vogelbeobachter, den Ort selbst steuern gastronomisch Interessierte an: Denn nahe der Windmühle steht das **Cley Smokehouse,** in dem Lachs, Bloaters und Kippers geräuchert werden, es gibt Sheringham-Krebse, Pasteten, ja sogar geräucherte Oliven. In der alten Schmiede ist heute der Picnic-Fayre-Delikatessenladen zuhause, ein guter Anlaufpunkt auch für örtlichen Spargel und köstliches Eis.

Übernachten/Essen & Trinken **Windmill.** Die Übernachtung in der Windmühle kostet in der Nebensaison wochentags 159 £, sonst bis zu 199 £ im DZ mit Frühstück. Selbstversorger 79–99,50 £/Pers./Nacht, je nach Saison manchmal 2 oder 3 Nächte Mindestaufenthalt. Im Restaurant gibt es Sunday Lunch, sonst nur Dinner fix um 19.30 Uhr. Drei-Gänge-Menü 32,50 £. Buchung erforderlich: ✆ 01263/740209. Cley-next-the-Sea, Holt, NR25 7RP, www.cleywindmill.co.uk.

Cley Smokehouse. Mo–Fr 9–17 Uhr, Sa 8.30–17 Uhr, Sonn- und Feiertage 9.30–16.30 Uhr. High Street, NR25 7RF, ✆ 01263/740282, www.cleysmokehouse.com.

Picnic Fayre. Mo–Sa 9–17 Uhr, So 10–16 Uhr. High Street, NR25 7RP, ✆ 01263/740587, www.picnic-fayre.co.uk.

Blakeney Point

Ein kleines hübsches Örtchen westlich von Cromer, mit einem Rathaus aus dem 13. Jh. und einem teuren Jachthafen. Der Turm der Pfarrkirche wurde einst als Leuchtturm genutzt. Nördlich davon, zu erreichen über Cley-next-the-Sea, ragt eine spitze Landzunge ins Meer, genannt Blakeney Point. Von dort aus kann man Seehunde beobachten, die wegen des Krabbenreichtums hierher kommen. Von Mai bis Juli nistet auch eine Seeschwalbenkolonie auf der Landzunge. Das Wetter in dieser Gegend ist rau, der Wind fegt über die Küste. Es ist eher beschwerlich, zu Fuß bis zum Ende der steinigen Landzunge zu laufen, was aus Naturschutzgründen nur Mitte April bis August erlaubt ist. Am besten nimmt man eines der Ausflugsboote, von denen aus man auch eher die Chance hat, die scheuen Seehunde zu sichten, die hier im Winter ihre Heuler gebären. Die Boote fahren von Morston aus, die Abfahrtszeiten richten sich nach dem Gezeitenstand, daher sollte man vorher anrufen.

Information **Morston Quay Information Centre** und Lifeboat House, geöffnet 2 Std. vor und 2 Std. nach der Flut (High Water). Quay Road, NR25 7BH, ✆ 01263/740241, www.nationaltrust.org.uk/blakeney-national-nature-reserve#Overview.

Bootstouren **Bishop's Boats**, Touren zur Seehundbeobachtung. Ausgangspunkt ist

Blakeney-Fischer

East Anglia → Karte S. 272/273

Blakeney Harbour oder Morston Quay. Kontakt: Turnstone Cottage, Old Post Office Yard, Westgate Street, NR25 7NQ, ✆ 01263/-740753, www.bishopsboats.com. Mitte März bis Okt. tägl., verschiedene Abfahrtszeiten. Fahrzeit 1–2 Std. 12 £, Kind 6 £.

Bean's Boat Trips, April bis Okt., Trips im Winter nur unregelmäßig, bitte Website konsultieren. 12 £, Kind 6 £ (nur bar). 12 The Street, ✆ 01263/740038, und 69 Morston Road, ✆ 01263/740505, www.beansboattrips.co.uk.

Übernachten/Essen **White Horse**. Schönes Pub mit moderner Einrichtung und Zimmern. DZ 99–209 £ inkl. Frühstück. 4 High Street, Blakeney, NR25 7AL, ✆ 01263/740574, adnams.co.uk/hotels/the-white-horse.

Wells-next-the-Sea und Walsingham

Wells-next-the-Sea ist gut 1,5 km vom Meer entfernt, bei Ebbe sogar fast 5 km. Der Ort ist Teil des größten Küstennaturreservats Englands und einer der attraktivsten Orte an der Nordküste von Norfolk. Ein Highlight ist die Küstenwanderung von hier nach Burnham-Overy-Straith entlang der Küste und Salzmarschen, der Coastal Hopper bringt Sie zu ihrem Ausgangspunkt zurück. Wells ist der einzige Hafen der Marsch, der nicht nur von Freizeitjachten angelaufen wird. Das frühere Schmugglernest besteht aus dem alten Hafenkai mit dem Granary Theater, von dem eine Straße hinunter zum örtlichen Strand führt, den Buttlands im Norden, um die sich Villen und Lindenbäume gruppieren, und der Altstadt mit ihren verwinkelten Gassen, die zum Kai führen. Die Staithe Street ist die lokale Einkaufsmeile.

Von Wells aus fahren historische Dampfzüge nach **Walsingham.** Walsingham ist ein Wallfahrtsort und gilt als Englands „Nazareth"; hier stehen gleich zwei Schreine zur „Lady of Walsingham", ein römisch-katholischer in der Slipperkapelle aus dem 14. Jh. und, inmitten von Farmgebäuden, ein anglikanischer. Die Jungfrau Maria wird seit dem 11. Jh. von Gläubigen beider Konfessionen als „Unsere liebe Frau von Walsingham“ verehrt. Damals bekam eine gewisse Richeldis de Faverchis bei einer Vision der Gottesmutter den Auftrag, hier das Haus der Heiligen Familie in Nazareth nachzubauen. Dieses Heiligtum wurde nach Canterbury zur zweitwichtigsten Wallfahrtsstätte Englands, jedoch in der Reformation zerstört. Erst in den 1930er-Jahren lebten die Wallfahrten wieder auf. Seitdem findet in jedem Frühjahr eine nationale Wallfahrt nach Walsingham statt, rund 300.000 Menschen versammeln sich zur spirituellen Einkehr, zum Gebet und zum täglichen Gottesdienst „Sprinkling of the Well“.

Information **Tourist Information**, Ostern bis Aug. Mo–Sa 10–17 Uhr, So 10–16 Uhr; Sept. tägl. 10–14 Uhr; Okt. bis Ostern Sa/So 10–14 Uhr. Staith Street, Wells-next-the-Sea, Norfolk, NR23 1AN, ✆ 01328/710885, www.visitnorfolk.co.uk, www.northnorfolk.org, www.wells-guide.co.uk.

Dampfeisenbahn **Wells & Walsingham Light Railway**: Mitte März bis Okt. 4- bis 5-mal tägl. von Wells nach Walsingham; hin/zurück 9 £, Kind 7 £. Anfahrt auch mit Coastal Hopper oder Bus X29 von Norwich. NR23 1QB, ✆ 01328/711630, www.wellswalsinghamrailway.co.uk.

Wallfahrtsstätte **Tourist Information Shire Hall Museum**, Führungen von Ostern bis Sept. Mi und Do um 11 Uhr, Juni bis Sept. auch Sa um 14 Uhr. Abbey Grounds, Walsingham NR27 1YQ, ✆ 01328/820510, www.walsingham.org.uk.

Übernachten **YHA Wells Next-the-Sea**. Super Hostel in einer viktorianischen Villa mit holländischem Giebel. Bett ab 15 £, Zimmer ab 59 £. Church Plain, NR23 1EQ, ✆ 0345/3719544, www.yha.org.uk/hostel/wells-next-sea.

Der **Coasthopper** von Norwich hält hier zwischen Hunstanton und Sheringham.

Camping **Pinewoods Holiday Park**. Direkt am Meer. Lodges und Caravans (wochenweise); Stellplätze für Zelte und Caravans 17–38 £ (tageweise). Beach Huts (Umkleidehütten) 13–30 £/Tag. Eine eigene Bimmelbahn fährt regelmäßig in den Ort. Beach Road, Wells-Next-the-Sea, NR23 1DR, ✆ 01328/710439, www.pinewoods.co.uk.

Essen & Trinken **Plattens Fish & Chips Take-away** und **Fryer's Bounty Restaurant nebenan**. Hier wird seit 1966 frischer Fisch zubereitet. Quayside, 12 A The Quay, Wells-next-the-Sea, NR23 1AH, ✆ 01328/711249, plattensfishandchips.co.uk.

Holkham Hall

Der Holkham-Park scheint kein Ende zu nehmen, Rotwild und Schafe, eine lange Eichenallee, doch irgendwann gelangt man zu einem der perfektesten aller klassizistischen Herrenhäuser im Lande. Erbauen ließ es in den Jahren 1734–1759 Thomas Coke, der 1. Graf von Leicester, der wie so viele Adelige seinen Geschmack auf einer Bildungsreise durch Europa verfeinert und sich an antiken Vorbildern orientiert hatte. Nach fünf Jahren kam er mit einer Sammlung kostbarster Antiquitäten zurück und ließ dafür in der Marsch einen Palast erbauen, für den der größte Teil des alten Dorfes weichen musste.

Die Marmorhalle zeigt sich halb als Basilika, halb als Tempel, mit elfenbein- und pinkfarbenen Alabastersäulen geschmückt. Sie führt in den Salon, den Hauptempfangssaal, dessen weinrote Samtwände Gemälde von Gainsborough, Rubens und monumentale Gobelins aus Brüssel und Mortlake zieren. Von den von William Kent geschaffenen Prunkmöbeln sind besonders die Seitentische mit Straußenbeinen zu erwähnen, auf denen Mosaikplatten aus der Hadriansvilla in Tivoli ruhen. In der langen Galerie im Westflügel stehen griechische und römische Skulpturen. Vom Landscape Room hat man einen herrlichen Blick durch ein venezianisches Fenster auf den Landschaftspark, den Lancelot C. Brown 1762 geplant hat.

Cokes Neffe und Erbe hatte einen Sohn, der der berühmteste Besitzer von Gut Holkham werden sollte. Thomas William Coke, der als Coke of Norfolk in die Geschichte einging, hatte ein Faible für die Landwirtschaft: „Mr Coke" führte das Gut über mehr als sechs Jahrzehnte (1776–1842), er verkörperte den noblen Bauern, der die Grafenwürde ablehnte, stattdessen lieber Felder entwässern ließ, neue Maschinen und Tierrassen einführte, eine moderne, große Scheune baute und seine Pächter mit den neuesten Techniken und Produkten vertraut machte. In den ehemaligen Stallungen im Bygones Museum sind heute um die 4000 Objekte aus dieser Zeit zu sehen. Königin Viktoria ehrte Coke am Ende seines Lebens mit dem Grafentitel und die Pächter errichteten für ihn nach seinem Tod eine riesige Gedenksäule– fast 40 m hoch.

Haus: Ostern bis Okt. So/Mo und Do 12–16 Uhr sowie zu Halloween. Museum, Gardens, Café: April bis Okt. tägl. 10–17 Uhr. Park: April bis Okt. tägl. 7–19 Uhr. 15 £, Kind 7,50 £, Familie 41 £. Nur Museum und Garten 7 £, Kind 3,50 £, Familie 19 £. Bei Online-Buchung 10 % Rabatt. Parkplatz 3 £/Tag. Anfahrt: An der A 149, gut 3 km westlich von Wells-next-the-Sea. NR23 1AB, ✆ 01328/710227, www.holkham.co.uk.

East Anglia → Karte S. 272/273

The Burnhams: Burnham Market und Burnham Thorpe

Das Schicki-Micki-Marktstädtchen **Burnham Market,** abseits der Küstenstraße in einer sanft gewellten Hügellandschaft gelegen, hat sich seinen Spitznamen „Chelsea-on-Sea" verdient. Den Dorfanger umgeben klassizistische Villen, vor denen mehr Geländewagen parken als in London-Knightsbridge. Man kann durch die Boutiquen bummeln und großartig essen, z. B. im Hoste, einem Gastropub aus dem 17. Jh. In der Grooms Bakery wird seit 1923 Brot gebacken, und der Gurneys Fish Shop verkauft Brancaster-Krabben, Muscheln aus Thornham oder Morsten und Krabben von The Wash. Im benachbarten **Burnham Thorpe** wuchs Admiral Horatio Nelson auf.

Webseite www.burnhammarket.co.uk.

Übernachten **** **The Hoste**. 34 Zimmer, weitere Zimmer im Vine House und Railway House, inklusive eines romantischen Zimmers im Eisenbahnwaggon. DZ inkl. Frühstück 160–255 £. The Green, Burnham Market, PE31 8HD, ✆ 01328/738777, www.thehoste.com.

Essen & Trinken **The Duck Inn Stanhoe**. Das Pub am Straßenrand macht von außen nicht viel Aufhebens, hat sich aber für seine Küche einen guten Namen gemacht. Es wurde 2015 in den Michelin Guide aufgenommen und 2017 vom Good Food Guide als bestes lokales Restaurant prämiert. Auch Zimmer, ab 100 £, mit Dinner ab 150 £. Lunch Mo–Sa 12–14.30 Uhr, So bis 19.45 Uhr, Dinner Mo–Sa 18.30–21 Uhr. Burnham Road, Stanhoe, PE31 8QD, 5 km südl. von Burnham Market an der B1155, ✆ 01485/518330, www.duckinn.co.uk.

Gurneys Fish Shop. Krabben, Krebse, Austern, Muscheln und vieles mehr. Mo–Sa 9–17 Uhr, So 10–13 Uhr, im Winter So geschlossen. Market Place, PE31 8HD, ✆ 01328/738967, www.gurneysfishshop.co.uk.

Brancaster und Kastell Branodonum

Östlich der Ortschaft Brancaster, über den Norfolk Coastal Walk zu erreichen, erheben sich die Reste des römischen Kastells Branodonum. In der Antike stand es noch nahe der Nordküste der Brancaster Bay am östlichen Ufer des Wash. Damals reichte das Meer bis unmittelbar an den Nordwall heran, die Festung besaß einen geschützten Naturhafen. Das Hafenbecken ist längst verlandet, heute erstrecken sich hier Salzmarschen und der Golfplatz „Royal West Norfolk". Der National Trust hütet nicht nur das Kastell, sondern auch große Teile der Marsch und die vorgelagerte Insel mit ihrer langen Wanderdüne.

Übernachten/Camping **Deepdale Farm**. Eine der besten Jugendherbergen und Campsites an der Küste. Bett im Granary Hostel ab 25 £, DZ 30–60 £, Familienzimmer bis 6 Pers. 55–110 £. Camping (keine Caravans) 5–13 £/Pers. Auch Tipis, Yurts und Schäferhütten. Information tägl. 10–16 Uhr. Ganzjährig geöffnet. Burnham Deepdale, PE31 8DD, ✆ 01485/210256, www.deepdalefarm.co.uk.

The Wash und Hunstanton

Über 25 km erstreckt sich bei King's Lynn das flache Gezeitenbecken, die Bucht des Wash, die auf einer Fläche von 159 km² von Skegness bis Hunstanton reicht. Ähnlich wie das Wattenmeer ist die Landschaft hier geprägt von bei Ebbe trockenfallendem und bei Hochwasser überflutetem Land. Weite Strände und im Sommer violett blühende Salzwiesen prägen das Bild. Der ruhige Badeort Hunstanton, kurz Hunstons, wegen seiner schönen Sonnenuntergänge auch „Sunny Hunny" genannt, besitzt einen Sandstrand mit imposanten 18 m hohen Klippen aus verschiedenfarbigen Kalk- und Sandsteinschichten. Hier endet bzw. beginnt der Norfolk Coast Path. Vom Pier fährt das „Wash Monster" zu den Klippen und den Robbeninseln (Searles Sea Tours). An der Promenade gibt es auch ein **SeaLife Sanctuary,** ein Rettungszentrum für Robben, Otter, Pinguine und Haie. Unvergleichlich ist der Farbenrausch auf der **Heacham-Farm,** wenn Mitte Juni bis Ende August die Lavendelfelder blühen. Das bernsteinfarbene Lavendelöl wird in einer alten Wassermühle destilliert.

Information **Tourist Information** The Town Hall, in den Schulferien tägl. 9.30–17 Uhr, Mitte Sept. bis Okt. und April bis Anf. Juli bis 16 Uhr, Nov. bis April bis 15 Uhr. The Green, PE36 6BQ, ✆ 01485/532610, www.visithunstanton.info.

Bootsfahrten **Searles Sea Tours**, Sea Safaris April bis Okt. Seal Islands 16 £, Kind 8 £; Coastal und Wreck-Tour 9 £, Kind 4,50 £. Central Promenade, PE36 5BH, ✆ 01485/534444, www.seatours.co.uk.

Fahrradverleih **Heacham A. E. Wallis**. Mo–Mi u. Fr–Sa 9–17.30 Uhr, Do bis 13 Uhr, So geschlossen. 12 £/Tag, 9 £/halber Tag, auch wochenweise für 40 £ möglich. 34–40 High Street, Heacham, PE31 7EP, ✆ 01485/571683; www.aewallis.co.uk.

Sehenswertes **SeaLife Sanctuary**: Tägl. 10–17 Uhr, letzter Einlass 16 Uhr. 16,60 £ pro Person, Kind bis 3 J. frei. Online nur 10,79 £, auch in der Touristeninformation gibt es Karten billiger. Southern Promenade, PE36 5BH, ✆ 01485/533576, www.visitsealife.com/hunstanton.

Heacham Lavender Farm: auch Garten und Streichelzoo. Tägl. 9–17 Uhr. Eintritt frei. Norfolk Lavender, Caley Mill, Heacham, PE31 7JE, ✆ 01485/570384, www.norfolk-lavender.co.uk.

Übernachten **Pigeon Wood**. Hier schläft man in großen, luxuriösen Safarizelten mit Doppelbett und Küchenecke. Es gibt 5 davon, nahe am Strand; für bis zu 6 Pers. (5 Erw.), 315–745 £ für Kurzaufenthalte Mo–Fr oder Fr–So, 595–1295 £ für die komplette Woche. März bis Okt. mind. 3 Nächte. The Hideaway, Sedgeford, Hunstanton, PE36 5LL, ✆ 01485/750414, www.wildluxury.co.uk/pigeon-wood-hideaway.html.

YHA Hunstanton. 39 Zimmer in zwei viktorianischen Stadtvillen. Bett ab 27 £. Gutes Frühstück. 15 Avenue Road, PE36 5PW, ✆ 0345/3719639, www.yha.org.uk/hostel/hunstanton.

Essen & Trinken **The Neptune**. Intimes Restaurant in einem hübschen Postkutschen-Inn aus dem 18. Jh. Chefkoch Kevin Mangeolles bekam einen Michelin-Stern u. a. für seine Wildgerichte. Mo–Sa 19–21 Uhr, So auch 12–13.30 Uhr. 2 Gänge 43 £, 3 Gänge 58 £. Es gibt auch 6 helle, frische Zimmer mit maritimem Flair (ab 250 £ inklusive einem dreigängigen Menue). 85 Old Hunstanton Road, Old Hunstanton, ✆ 01485/532122, www.theneptune.co.uk.

King's Lynn

Bürgerhäuser, holländisch anmutende Handelskontore, Speicherhäuser – die an der Bucht The Wash gelegene Stadt war im 17. Jh. als einziger englischer Ort Mitglied der Hanse, die hiesigen Kaufleute pflegten regen Handel mit den Häfen in Hamburg, Bremen und Danzig, in Skandinavien und Frankreich.

In den 1930er-Jahren wurde der Großteil der Ziegelbauten aus dieser Zeit abgerissen, das Hansekontor blieb jedoch erhalten. In den 1950er- und 60er-Jahren richteten Überflutungen in der Altstadt schwere Schäden an. Geblieben sind dennoch einige historische Gebäude. Etliche Herrenhäuser und Burgen in der Umgebung von King's Lynn machen die Stadt zudem zu einem guten Ausgangspunkt für Touren in die eher einsamen Landschaften und Küstenabschnitte von West-Norfolk.

Um 1101 ließ der Bischof von Norwich auf dem heutigen Stadtgebiet ein Kloster errichten, das Bishop's Lynn genannt wurde. Nachdem Heinrich VIII. die Klöster aufgelöst hatte, wurde die Stadt in King's Lynn umbenannt. Im Gegenzug gewährte Heinrich der Stadt Marktrechte. Bis heute gibt es zwei Marktplätze, den Tuesday Market Place und den Saturday Market Place. Im Mittelalter gewann King's Lynn als Handelshafen Bedeutung. Pelze, Holz, Wachs, Eisen und Harz wurden nach King's Lynn gebracht, im Gegenzug gingen englische Wolle, Häute, Stoffe, Salz und Blei in die Häfen der Hanse. In der King Street und der Queen Street hatten die Kaufleute ihre Häuser und Geschäfte, heute noch ist gut zu erkennen, wie dieses Geschäftsviertel angelegt war. Eine Berühmtheit, die mit der Stadt in Verbindung steht, ist Sir Robert Walpole, der im 18. Jh. für King's Lynn im Parlament saß und als erster Premierminister des Landes Karriere machte. Außerdem wurde George Vancouver hier geboren, der auf zwei Entdeckungsreisen mit James Cook segelte, bevor er sein eigenes Kommando bekam und von Kalifornien nach Alaska vorstieß. Nach ihm ist die Stadt Vancouver in Kanada benannt.

Nach ihm heißt eine Stadt in Kanada: Captain Vancouver

Seit 2005 ist die Kleinstadt King's Lynn Mitglied der „Neuen Hanse", eines Verbundes ehemaliger Hansestädte, der 1980 gegründet wurde mit dem Ziel, Handel und Tourismus auch über die Grenzen hinweg zu fördern.

Basis-Infos

Information **Custom House**, April bis Sept. Mo–Sa 10–17 Uhr, So 12–17 Uhr; Okt. bis Mai Mo–Sa 10.30–16 Uhr, So 12–16 Uhr. Stadtführungen Mai bis Ende Okt. Di, Fr/Sa 14 Uhr, Juni/Juli auch Mo 19 Uhr (5 £, erm. 4 £, Kind 1 £). Purfleet Quay, King's Lynn, Norfolk PE30 1HP, ✆ 01553/763044, www.visitwestnorfolk.com.

Verbindungen **Bus** – vom Busbahnhof am Vancouver Centre (PE30 4BY) geht es mit Firsts Linie X 1 nach Peterborough und Norwich; wochentags stündlich, sonntags alle 2 Std. Die Küste lässt sich gut mit dem Coast Hopper erkunden; der fährt das ganze Jahr hindurch von Sheringham über Hunstanton nach King's Lynn, von Ende Juni bis Sept. stündlich. Der X 40 fährt nach Hunstanton.

Bahn – regelmäßig Fahrten nach London King's Cross mit Govia Thameslink (stündlich, in Spitzenzeiten alle 30 Min., Fahrzeit 1:40 Std.) und Peterborough (Midland Trains über Cambridge) und nach Ely. Bahnhof in der Blackfriar's Road, PE30 1NT. Günstig reist man innerhalb der Region mit dem Anglia-Plus-Ticket „One Day Ranger" (18,20 £, gilt einen Tag in ganz Anglia) oder mit „Three Days in Seven" (36,20 £, gilt an drei Tagen Ihrer Wahl innerhalb einer Woche in ganz Anglia).

Fähre – eine Passagierfähre verkehrt Mo–Sa alle 20 Min. von 6.45 bis 18.30 Uhr zwischen King's Lynn und West Lynn.

Einkaufen **Old Granary Antiques Centre** mit 18 Händlern in der King's Straithe Lane. Mo–Sa 10–16.30 Uhr. PE30 1LZ, ✆ 01553/775509.

Old Curiosity Shop, 25 St James Street, ✆ 01553/766591.

Fahrradtouren Der **Norfolk Coast Cycle Way** verläuft auf 95 km von King's Lynn bis nach Cromer.

Kultur **Groundwork Gallery**. Die ambitionierte Galerie eröffnete im Juli 2016 in der ehemaligen Werkstatt eines Möbelbauers gleich beim Custom House und veranstaltet neben Ausstellungen zeitgenössischer Künstler verschiedenster Medien auch Workshops, Lesungen und Filmvorführungen mit dem Themenschwerpunkt Umwelt. Juli bis Okt. Di–Sa 11–16 Uhr, 17 Purfleet, PE30 1ER, www.groundworkgallery.com.

Kino: Majestic Cinema in der Tower Street, ✆ 01553/772603, www.majestic-cinema.co.uk.

Konzerte: **Old Corn Exchange**. In der alten Kornbörse finden regelmäßig Pantomime, Comedy, Musicals und Konzerte statt. Das Coffee House ist Mo–Sa 10–15 Uhr geöffnet. Tuesday Market Place, PE30 1JW, ✆ 01553/764864, www.kingslynncornexchange.co.uk.

Märkte Hauptmarkttage sind Di und Fr am Tuesday Market Place, ein weiterer Markt Sa am Saturday Market Place vor der St-Margaret's-Kirche. Jeweils 8–15 Uhr.

Schwimmen **Alive St James Pool**, Mo–Fr 6–21.90 Uhr, Sa 7–17 Uhr, So 8–20 Uhr. Blackfriars Street, PE30 1NN, ✆ 01553/764888, www.aliveleisure.co.uk/alive-stjames.

Veranstaltungen Ende Juli steigt das beliebte **Arts Festival**, das wichtigste Kunst- und Musikfestival in East Anglia: Konzerte, Theater und Ausstellungen im King's Lynn Arts Centre (www.kingslynnfestival.org.uk). Dann sind nicht selten alle Übernachtungsmöglichkeiten ausgebucht.

Seit ein paar Jahren gibt es in der Woche davor das **Festival Too**, das mit Rock- und Pop-Gigs auf junges Publikum zugeschnitten ist. www.festivaltoo.co.uk.

Übernachten/Essen & Trinken

Übernachten **** **Duke's Head Hotel**. Das einstige Stadthaus eines Abgeordneten aus dem 17. Jh. ist heute ein Nobelhotel mit klassizistischer Fassade und Blick über den Tuesday Market Place. DZ ab 95 £, Frühstück extra. Zwei Restaurants und zwei Bars. Parkplatz. Tuesday Market Place, PE30 1JS, ✆ 01553/774996, www.dukesheadhotel.com..

*** **The Bank House Hotel.** Dieses alte Händlerhaus in bester Lage am River Ouse verfügt über 12 Zimmer und ein hervorragendes Restaurant. B & B EZ 85–120 £, DZ ab 115 £, die besten Zimmer (Captain's u. Bath Rooms) kosten 220 £. King's Staithe Square, PE30 1RD, 01553/660492, thebank house.co.uk.

**** **Knights Hill Hotel (Best Western)**. 6,5 km nordöstlich von King's Lynn liegt diese umgebaute Farm mit 79 Zimmern und Wellnessbereich (Indoor-Pool und Sauna). B & B im DZ ab 117,50 £. Dinner gibt's in der Garten-Brasserie oder im Farmers Arms Pub. South Wootton, King's Lynn, PE30 3HQ, ✆ 01553/675566, www.abacus hotels.co.uk/knights-hill-hotel-and-spa.

Fairlight Lodge. Heimeliges und gepflegtes viktorianisches B & B mit schönem Garten, 1,5 km vom Bahnhof entfernt. Zum Empfang liegen hausgemachte Kekse bereit. EZ 60 £, DZ 85–90 £, Familienzimmer 120 £, jeweils inkl. Frühstück. 79 Goodwins Road, PE30 5PE, ✆ 01553/762234, www.fairlight lodge.co.uk.

Camping **Pentney Park**. 15 km südöstlich von King's Lynn gibt es einen ganzjährig geöffneten Camping mit 200 Stellplätzen, Spar Markt, Indoor Pool, Fitnessraum, Außenpool und Waschsalon. Vom Stellplatz ohne Strom in der Nebensaison (3,26 £) bis zum Superpitch für 10,95 £. Erw. 7,20–8,25 £, Kind 3,95–4,50 £. Main Road, Pentney, PE32 1HU, ✆ 01760/337479, www.pentney-park.co.uk.

Essen & Trinken **Crofters**. Coffee House unter der Guildhall, halb Gewölbe, halb Saal mit massiven Holzbalken an der hohen Decke. Empfehlenswert für die Teatime. Nur Mo–Sa 9.30–15 Uhr. 27 King Street, ✆ 01553/773134.

Riverside Restaurant. Das Restaurant in einem alten Speicher aus dem 15. Jh. hat eine Terrasse direkt am Fluss. Fischspezialitäten und Fleisch vom Huhn bis zum Fasan. Lunch 10 £, 2 Gänge 13 £, Dinner-Hauptgerichte knapp unter 15 £. Mo–Sa 12–14 und 18.30–21.30 Uhr. 27 King Street, ✆ 01553/773134, www.theriversiderestaurant kingslynn.co.uk.

Market Bistro. Moderne britische Küche auf höchstem Niveau mit besten lokalen Zutaten und einer Prise Wagemut wird in diesem familiengeführten Restaurant geboten. Im Sommer kann man auf der Terrasse im Schatten von St Margaret speisen. 2-Gänge-Lunch 17 £. Di 18–20.30 Uhr, Mi–Do 12–14 und 18–20.30 Uhr, Fr–Sa 12–14 und 18–21 Uhr. 11 Saturday Market Place, ✆ 01553/771483, www.marketbistro.co.uk.

››› **Mein Tipp: The Rathskeller.** Im historischen Speicher „Hansehouse" ist dieses gemütliche Bistro mit Terrasse am Fluss gleichzeitig auch eine Wein- und Cocktailbar. Hier gibt es vom Burger and Pint für 10 £ über feinen Afternooon Tea (11,95 £) bis hin zum gehobenen Dinner eine große Bandbreite an kulinarischen Optionen. Am letzten Freitag im Monat findet die „open-mic-night" statt, Happy Hour ist Mo–Sa 16–18.30 Uhr. 1 South Quay, PE30 5GN, ✆ 01553/773713, therathskeller.co.uk. ‹‹‹

Globe Hotel. Sehr hübsches und großes Wetherspoon Pub (Lloyds No 1) mit Restaurant in einem Hotel; das Gebäude stammt aus dem 17. Jh. Lunches, Teas und Dinner zu moderaten Preisen. Auch 37 Zimmer 39–94 £. Do und Feiertage Musik bis 24 Uhr, Fr/Sa bis 1 Uhr. Tuesday Market Place, King Street, ✆ 01553/668000, www.jd wetherspoon.
com/hotels/england/norfolk/globe-hotel.

Sehenswertes

Lynn Minster/St Margaret: Die Hauptkirche von King's Lynn und West Norfolk erhebt sich nahe dem Fluss Great Ouse im Zentrum der Stadt. 2011 wurde St Margaret wegen ihres riesigen Einzugsbereichs zum Münster erklärt. Bischof de Losinga ließ sie um das Jahr 1100 erbauen und gründete damit Bishop's Lynn. Das Gotteshaus diente Benediktinermönchen 400 Jahre lang auch als Klosterkirche. Durch seine Lage ist das Gotteshaus immer wieder von Hochwasser und Sturm betroffen, wie die Gezeitenstände und Hochwassermarken am Gebäude erkennen lassen – in den Jahren 1953 und 1978 litt die Stadt besonders. Achten Sie auf die Monduhr im Südwest-Turm; sie zeigt neben der Mondphase auch den Stand der Gezeiten in der Bucht von King's Lynn.

Tägl. 9–18 Uhr. Eintritt frei. Café nur im Sommer Di und Sa ab 10.30 Uhr. Saturday Market Place, ✆ 01553/767090, www.stmargaretskingslynn.org.uk.

East Anglia → Karte S. 272/273

Saturday Market Place: Gleich neben der Kirche breitet sich der kleinere und ältere der beiden Marktplätze der Stadt aus, der mehr oder weniger ihr Zentrum bildet. Von Mai bis Oktober gibt es hier am Dienstag sogenannte Lunchtime-Liedernachmittage (Recitals).

Guildhall of the Holy Trinity/Stories of Lynn: Das Gebäude gegenüber der Kirche ist eines der interessantesten von King's Lynn (heute Teil der Town Hall). Ursprünglich entstanden um 1421, wurde es später ausgebaut und Ende des 19. Jh. im neugotischen Stil umgestaltet. Auffälligstes Merkmal ist die dekorative Fassade im Schachbrettmuster. Im Kellergewölbe *(undercroft)*, das einst als Warenlager diente, zeichnet heute die interaktive Ausstellung „Stories of Lynn" die Stadtgeschichte anhand ihrer Protagonisten nach. Wie in den Fluren der Zauberschule Hogwarts bei Harry Potter flackern an den Wänden immer wieder sogenannte *talking portraits* auf, Projektionen von Bürgern, die ihre Geschichte erzählen (u. a. Sir Robert Walpole oder Margret Kempe). In einem verdunkelten Raum werden das Stadtsilber und der Kronschatz verwahrt, dessen kostbarste Stücke ein Schwert und der King John's Cub sind, ein vergoldeter Silberpokal aus dem 14. Jh. Das Schicksal einiger notorischer Insassen des Old Gaol Houses, denen man im Gefängnis mit seinen Zellen aus dem 18. und 19. Jh. begegnet, lehrt Besucher das Gruseln. Wer will, kann sich auch als Gefängniswärter oder Sträfling verkleiden, auf einem Tauchstuhl Platz nehmen oder sich in Eisen ketten lassen. Dienstags und sonntags wird eine kostenlose Führung durch den ersten Stock der Guildhall angeboten, auf der man die prächtige Stone Hall, den klassizistischen Assembly Room und den Card Room besichtigt.

Tägl. 10–16.30 Uhr (letzter Einlass 16 Uhr). 5 £, erm. 3,50 £, Familie 13,50 £. So Kombiticket mit Lynn Museum & The Custom House Maritime Exhibition. Saturday Market Place, PE30 5DQ, ✆ 01553/774297.

Hanseatic Warehouse: Auf den lang gestreckten Parzellen von Queen Street und King Street am Fluss standen früher Wohnhäuser, Ställe und Speicherhäuser. Das schönste noch erhaltene ist das ehemalige Hansekontor aus dem Jahr 1428 (Kreuzung Margaret's Lane und Nelson Street). Ab dem Jahr 1475 residierte in dem Fachwerkgebäude eine der vier Hanseniederlassungen in England. Um 1750 wurde das Haus von örtlichen Kaufleuten übernommen, die an der Ostseite das St Margarete's House anfügten. Inzwischen wurde das bald 600 Jahre alte Anwesen denkmalgerecht umgebaut und enthält u. a. Wohnungen, Studios, ein Restaurant (→ Rathskeller) sowie eine Kunstgalerie.

Greenland Fishery: Das 1605 aus Holz gebaute Kontor in der Bridge Street (Nr. 30) stammt aus der Zeit, als von hier die Grönlandfahrer in See stachen.

Marriott's Warehouse: Das Lagerhaus für Getreide und Salz aus dem 16. Jh. ist heute ein Café und Restaurant, im 1. Stock ist eine Ausstellung zu den historischen Gebäuden des Orts zu sehen.

South Quay, PE30 5DT, ✆ 01553/818500, www.marriottswarehouse.co.uk.

Custom House: In dem alten Zollhaus aus dem 17. Jh. am Purfleet Quay ist nach einem Umbau die Tourist Information untergebracht. Das Gebäude mit dem Turm in der Mitte kann besichtigt werden. Im 1. Stock (im Long Room) befindet sich eine maritime Ausstellung über die Seefahrer und Kaufleute der Stadt. Auf dem Kai vor dem Gebäude steht die Statue von Captain George Vancouver.

Ostern bis Sept. Mo–Sa 10–17 Uhr, So 12–17 Uhr; Nov. bis Ostern Mo–Sa 10.30–16 Uhr, So ab 12 Uhr. Eintritt 1 £. Purfleet Quay, PE30 1HP, ✆ 01553/763044, kings-lynn.tic@west-norfolk.gov.uk.

Café im alten Lagerhaus: Marriott's Warehouse

Lynn Museum: Das Museum erzählt die Geschichte von West-Norfolk von der Eisenzeit bis heute. Highlight der Ausstellung ist ein Nachbau des 4000 Jahre alten Seahenge, eines Holzkreises aus der Bronzezeit – der zentrale Baumstumpf ist original! Zu bestaunen ist auch ein Schatz von Goldmünzen der Iceni (aus dem Stamm kam auch Königin Boudicca), der Pfotenabdruck eines römischen Hundes und Karussellpferde aus dem 19. Jh.

Di–Sa 10–17 Uhr; So 12–16 Uhr. 4,20 £, erm. 4 £, Kind 3,20 £, Familie 10,50–14,30 £. Audioguide kostenlos. Market Street, PE30 1NL, ✆ 01553/775001, www.museums.norfolk.gov.uk/Visit_Us/Lynn_Museum.

South Gate: Am Nar-Fluss an der London Road steht das eindrucksvollste der verbliebenen Stadttore (15. Jh.) – es öffnet den Weg aus der Stadt nach Süden.

St George's Guildhall: Weiter geht es über die King Street, die Richtung Norden zum Tuesday Market führt, mit einer Reihe schöner Häuser aus der Tudor- und der georgianischen Zeit. Hier steht auch die um 1400 erbaute St George's Guildhall, das älteste Rathaus in England. Im Mittelalter gab es rund 60 Zünfte in der Stadt, die von St George's war eine der mächtigsten. Nachdem Heinrich VIII. im Jahr 1547 die Zünfte wegen ihrer Verbindungen zur Kirche aufgelöst hatte, wurde das Gebäude als Lagerraum genutzt. In elisabethanischer Zeit war es ein Theater, in dem Shakespeare selbst bei einem seiner Stücke mitgespielt haben soll. Auch heute wird die Guildhall gelegentlich für Aufführungen genutzt.

Wenn möglich öffnen Ehrenamtliche Di–Fr 10–14 Uhr, Eintritt frei. ✆ 01553/779095. Im selben Haus befinden sich das Crofters und das Riverside Restaurant. 29 King Street, PE30 1HA, www.nationaltrust.org.uk/st-georges-guildhall.

Tuesday Market Place: Ein Stück weiter die King Street hinauf gelangt man zum großen Tuesday Market Place, auf dem am Dienstag und Freitag Obst und Gemüse verkauft werden. Auffälligstes Gebäude ist hier das Duke's Head Hotel aus dem Jahr 1689 (→ Übernachten).

East Anglia → Karte S. 272/273

True's Yard Fisher Folk Museum: Wer einen Eindruck vom Leben der Fischer im 19. und frühen 20. Jh. gewinnen will, sollte True's Yard in der North Street nicht verpassen. In den 1930er-Jahren riss man hier fast alle historischen Häuser ab – zwei Cottages aus der Zeit um 1800 und ein Smokehouse sind alles, was von dem Fischerviertel übrig blieb. Auf zwei Etagen mit jeweils einem engen Zimmer wohnten hier einst bis zu elf Menschen. Die Kinder schliefen alle in einem Bett – und die Eltern auf dem Boden. Es gab kein Abwassersystem und natürlich kein fließendes Wasser. Die interessanten Führungen sowie Fotos des historischen Lynn machen die Vergangenheit lebendig.

Di–Sa 10–16 Uhr. 3 £, erm. 2,50 £, Kind 1,50 £, Familie 6 £. Auch Tearoom und kleiner Laden. North Street, PE30 1QW, ✆ 01553/770479, truesyard.co.uk.

Greyfriar's Tower and Gardens: Der 28 m hohe Turm eines Franziskanerklosters aus dem 13. Jh. steht inzwischen recht geneigt auf ehemaligem Marschland und überlebte als Navigationshilfe für die Seefahrt. Der Garten darum herum wurde zur Krönung Georgs V. 1911 angelegt und formt heute die Umrisse der Klostergebäude.

Tägl. 8 Uhr bis Sonnenuntergang. Eintritt frei. St James Street hinter der Library, NE30 5EZ.

Umgebung von King's Lynn

Castle Rising: Die gut erhaltenen Reste von Castle Rising liegen wenige Kilometer nordöstlich von King's Lynn (auf dem Weg nach Sandringham). Zu sehen ist neben den Erdwällen auch der normannische Turm von 1140, ein 15 m hoher Wohnturm, der von William D'Albini II. gebaut wurde, um seine neue Frau Queen Alice, die Witwe Heinrichs I., zu beeindrucken. Die Burg befindet sich seit dem 16. Jh. im Besitz der Familie Howard (Herzöge von Norfolk), die Nachfahren der D'Albinis sind. Die berühmteste Bewohnerin des Castle war Queen Isabella, die hier nach dem Mord an ihrem Ehemann König Eduard II., in den sie vermutlich verwickelt war, ihr 27 Jahre währendes Exil verbrachte.

April bis Nov. tägl. 10–18 Uhr, Dez. bis März Mi–So 10–16 Uhr. 4,50 £, erm. 3,80 £, Kind 3 £, Familie 14 £. ✆ 01553/631330, www.castlerising.co.uk. Anfahrt mit Bus 10D, 11 und 413 von King's Lynn (15 Min.).

Sandringham House: Das Haus ist seit vier Generationen eine der Privatresidenzen der Krone. Die Royals verbringen das Weihnachtsfest hier und machen Sandringham bis Februar zur offiziellen Residenz, wenn die Jagdsaison auf Fasane endet. Es ist in dieser Zeit für Besucher tabu, in den anderen Monaten kann man es besichtigen. 1861 hatte Queen Victoria das Anwesen 10 km nördlich von King's Lynn für ihren Sohn Eduard VII. gekauft in der Hoffnung, ihn so von den Lastern des Londoner Nachtlebens fernhalten zu können. Bald wurde ihm das Haus zu klein, er ließ es durch einen neoelisabethanischen Landsitz mit 365 Räumen ersetzen. Zu viel, befand die jetzige Königin, ließ einen Flügel abreißen und das Innere modernisieren. Nun gibt es noch 274 Räume, von denen fünf zu besichtigen sind. Die Besichtigungsrunde führt durch den Salon, den über dem Eingang eine Balustrade ziert, auf der eine Band spielte, als der Raum noch als Ballsaal diente. Im Korridor sind Waffen ausgestellt, der Dining Room ist mit spanischen Wandgobelins behängt. Durch die Norwich Gates gelangt man in den 240 ha großen Park mit zwei Seen, Restaurants, Picknickplätzen und dem York Cottage im Hintergrund, in dem Georg V. und Queen Mary gelebt haben, sowie zur Anmer Hall, die William und Kate gehört. Im Park House auf dem Estate wurde übrigens Prinzessin Diana geboren, die hier aufwuchs, bis sich ihre Eltern scheiden ließen. Das im ehemaligen Kutschhaus untergebrachte Museum stellt u. a. Oldtimer der königlichen Familie

Hier feiert die Queen Weihnachten: Sandringham House

East Anglia → Karte S. 272/273

und Mitbringsel ihrer Gäste zur Schau. In Sandringham züchtet die Queen Labradore und Cockerspaniels, nicht weit weg ist die Royal Stud, ihre Pferdezucht. Es lohnt sich ein Abstecher ins Nachbardorf zur Wolverton Royal Station. Der königliche Bahnhof ist heute privat bewohnt und eine liebevoll restaurierte Zeitkapsel mit einem kleinen Museum im Schuppen, der einst als Werkstatt genutzt wurde.

Öffnungszeiten: Ostern bis Okt. (ausgenommen eine Woche Ende Juli/Anfang Aug.) tägl. 11–17 Uhr, im Okt. nur bis 16 Uhr. Park 10.30–18 Uhr, im Okt. 17 Uhr. Das Besuherzentrum und das Restaurant sind ganzjährig 9.30–16 Uhr geöffnet. St Mary Magdalen ist nur von April bis Okt. zu besichtigen. Aktuelle Zeiten auf der Website.

Eintritt: Haus, Museum, Garten: 14 £, erm. 12,50 £, Kind 7 £, Familie 35 £. Nur Museum und Garten: 9 £, erm. 8 £, Kind 5 £, Familie 23 £. ✆ 01485/545408, www.sandringhamestate.co.uk.

Flower Show: seit mehr als 135 Jahren alljährlich im Juli. www.sandringhamflowershow.org.uk.

Anfahrt: PE35 6EH. Bus 11 von King's Lynn Bus Station (nach Hunstanton).

Wolverton Royal Station: Richard Brown wohnt hier, lässt Besucher jedoch auf sein Grundstück. Meist 11–17.30 Uhr. Eintritt frei, Spende erbeten. PE31 6HA, www.wolfertonroyalstation.co.uk.

Houghton Hall: Knapp 8 km östlich von Sandringham steht Houghton Hall. Das grandiose Herrenhaus wurde um 1730 für Sir Robert Walpole, Englands ersten Premierminister, gebaut, der hier wie ein König lebte und ein ganzes Dorf abreißen ließ, um den Park anlegen zu lassen. Die meisten Kunstschätze, die die Walpoles angesammelt hatten, befinden sich heute allerdings in der Eremitage in St. Petersburg; sie mussten um 1779 verkauft werden, weil der exzentrische Enkel von Sir Robert in einen finanziellen Engpass geraten war. Doch allein die Innendekoration der Räume ist sehenswert: Rokokospiegel, die an handgemalten chinesischen Tapeten hängen, Chinoiserien in Chippendaleschränken, in der Stone Hall allegorische Schnitzereien und Skulpturen von William Kent und Michael Rysbrack, etwa eine Büste von Sir Robert in römischer Toga … Für die Serie von Mortlake-Gobelins ließ

Kent einen eigenen Raum bauen: Im Tapestry Dressing Room hängen die lebensgroßen Porträts der Stuart-Könige, gewoben im Jahr 1670. Bewohnt wird der Palast von der Cholmondeley-Familie, die das Land seit dem 12. Jh. in ununterbrochener Erbfolge besitzt und seit dem 18. Jh. mit den Walpoles durch Heirat verbunden ist.

Anf. Mai bis Ende Sept. Mi/Do und So/Feiertage 11–16.30 Uhr (letzter Einlass), Haus erst ab 12.30 Uhr. 15 £, Kind 5 £, Familie 30 £. Gardens & Grounds (Soldier Museum mit Zinnsoldaten, keine Hunde erlaubt) 10 £, Kind 3 £, Familie 25 £. ✆ 01485/528569, PE31 6UE, www.houghtonhall.com.

Castle Acre: Die Hauptstraße des Ortes knapp 20 km östlich von King's Lynn führt noch immer durch das Bailey Gate. Von der kurz nach der normannischen Eroberung erbauten Burg ist allerdings kaum noch etwas zu sehen. Dafür kann man die besser erhaltenen Ruinen einer Abtei besichtigen, die ebenfalls aus normannischer Zeit stammt. Die Westfassade der Kirche aus dem 12. Jh. steht noch in ihrer ganzen Größe. Auch das Wohnhaus des Abts, in dem eine Ausstellung über das Klosterleben der Cluniazenser informiert, ist noch fast intakt. Die Kräuter im Gärtchen neben dem Besucherzentrum wurden für die Herstellung von Arzneien genutzt.

Castle und Bailey Gate: Frei zugänglich, kein Eintritt, Pye's Land, PE32 2XB. **Castle Acre Priory**: April bis Sept. tägl. 10–18 Uhr, Okt. tägl. 10–17 Uhr, Nov. bis März Sa/So 10–16 Uhr. 6,60 £, erm. 5,90 £, Kind 4 £, Familie 17,20 £ inkl. Audiotour. PE32 2XD, ✆ 01760/755394, www.english-heritage.org.uk.

Oxburgh Hall: Zwischen den Brecklands im Norden und den Fens im Süden erhebt sich noch einmal unerschütterlich das Mittelalter. Das schönste an diesem Tudorschloss mit Wassergraben ist das prächtige Torhaus, in dem Heinrich VII. auf der Wallfahrt nach Walsingham mit Gemahlin Elisabeth von York Station machte. Erbaut wurde Oxburgh 1482 von Sir Edmund Bedingfield, dem Marschall von Calais. Die Familie waren Höflinge und Beamte, die im engsten Kreis der Tudors verkehrten, wegen ihres katholischen Glaubens nach der Reformation jedoch alle Ämter verloren. Mitglieder der Familie wohnen noch immer in Teilen des Hauses, das nun dem National Trust gehört. Zu sehen sind u. a. im King's Room Heinrichs VIII. Anweisungen, wie seine erste Frau Katharina von Aragon bestattet werden sollte. In einem kleinen Raum nebenan befinden sich die Stickereien der schottischen Königin Maria Stuart, die ihre Rivalin Elisabeth I. hier weggesperrt hatte. Ein mit Tausenden von Blumen in geometrischen Rabatten bepflanzter französischer Garten und ein ummauerter Küchengarten runden den Besuch ab.

In den Schulferien Mitte Juli bis Anf. Sept. und Ostern tägl. 11–17 Uhr. In den Herbstferien im Okt. tägl. 11–16 Uhr. März, Mitte April bis Mai und Sept. nur Fr bis Mi 11–17 Uhr. Garten, Shop, Tearoom: 11–16 Uhr, Nov. bis Jan. nur Sa bis So. 9,60 £, Kind 4,80 £, Familie 24 £. Nur Garten 5,30 £, Kind 2,65 £, Familie 13,25 £. Oxborough nahe Swaffham, PE33 9PS, ✆ 01366/328258, www.nationaltrust.org.uk/oxburgh-hall.

Gooderstone Water Gardens: Nach kilometerlanger Fahrt durch gewundene enge Lanes erreicht man Gooderstone und den idyllischen Wassergarten. Ein Forellenbach, vier Teiche und 13 Brücken prägen das Gelände, auf dem 1970 Billy Knight, ein pensionierter Farmer, sein baumloses, mooriges Land neu gestaltet hat. Im Nature Trail voller Wildblumen sieht man mitunter einen Kingfisher. Nach seinem Tod übernahm Tochter Carol die Pflege des Gartens.

Tägl. 10–17.30 Uhr (letzter Einlass 16.30 Uhr), Tearoom Mitte März bis Mai Sa/So 10–17.30 Uhr, Juni bis Sept. tägl. 6,50 £, erm. 6 £, Kind bis 16 J. frei. The Street, Gooderstone, King's Lynn, PE33 9BP, ✆ 01603/712913 und 07730/551945 (mobil), www.gooderstonewatergardens.co.uk.

Peterborough

Peterborough ist eine sehr alte Stadt, ihr Ursprung geht auf die römische Gründung Durobrivae im Jahr 43 n. Chr. zurück, doch die Industrialisierung hat das Stadtbild leider ziemlich verdorben.

Die ansonsten unspektakuläre Industrie- und Einkaufsstadt am River Nene, rund 40 km nordwestlich von Cambridge, besitzt eine herrliche normannische Kathedrale. Katharina von Aragón, die erste Ehefrau Heinrichs VIII., liegt hier begraben. Seit acht Jahrhunderten überragt die Prachtkirche, eine der größten und schönsten Englands, die Stadt. Peterborough ist natürlich kein Touristenmagnet wie die beiden Kathedralenstädte East Anglias Ely und Norwich, hat sich allerdings in den letzten Jahren sehr um seine Gäste bemüht. So wurden im Rahmen des Projekts „Millennium Green Wheel" 80 km Rad- und Spazierwege durch Stadt und Umgebung angelegt.

East Anglia → Karte S. 272/273

Basis-Infos

Information **Peterborough Destination Centre**, Zimmernachweis und Auskünfte über die Region; kostenloser Stadtplan. Mo–Sa 9.30–17 Uhr. 41 Bridge Street, Peterborough, Cambridgeshire PE1 1HA, ✆ 01733/52336, www.vivacity-peterborough.com, www.visitpeterborough.com.

Wer sich über die Skulpturen in der Stadt informieren möchte: www.peterborough sculpture.org.

Verbindungen **Bus** – Busbahnhof im Queensgate Shopping Centre (PE1 1NT), Tickets dort und im Tourist Office. Alle 2 Std. Busse nach London. Fahrplanauskunft unter www.travelinesoutheast.org.uk.

Bahn – Peterborough liegt an der Bahnlinie Norwich–Birmingham bzw. Manchester–Liverpool. Regelmäßig und direkt nach London King's Cross, auch mit IC-Zügen (Fahrzeit ca. 1 Std.). Hauptbahnhof am

Die dreiteilige Fassade von St Peter

westlichen Stadtrand am Bourges Boulevard (PE1 1QL), erreichbar über eine Fußgängerbrücke vom Queensgate Shopping Centre.

Einkaufen Großes **Queensgate**-Einkaufszentrum mitten in der Stadt. Alternativen sind das **Rivergate Centre** und die **Westgate Arcade**.

City Market, Di–Sa 8.30–16 Uhr, Northminster, PE1 1AY. **Farmers' Market** jeden 2. und 4. Do im Monat 9–16 Uhr am Cathedral Square.

Fahrradtouren/-verleih Entlang der neuen „grünen Straße" führen viele Fahrradwege. Infos unter ✆ 01733/568480, www.pect.org.uk.

Rutland Cycling, Verleih von Mountainbikes, Hybrid- und Komfort-Fahrrädern am Lakeside im Ferry Meadows Country Park (nur im Sommer Sa–So 10–16 Uhr). 22,99 £/Tag, E-Bikes 29,99 £/Tag, Kinder 9,99 £/Tag. Ham Lane, Orton Meadows, PE2 5UU, ✆ ✆ 0330/5550080 oder 01733/236103, www.rutlandcycling.com.

Verleih von 20 Klapprädern am Bahnhof. Leisure Members zahlen für die Jahresmitgliedschaft 20 £ plus 2,50 £ tägl. für ein Fahrrad oder nur 1 £ Mitgliedschaft und 5 £ für das Fahrrad/Tag. www.bromptondock.co.uk.

Kino Größtes Kino ist das Multiplexkino **Showcase Cinema**, Mallory Road, Boon Gate, PE1 5AU, ✆ 0871/2201000, www.showcasecinemas.co.uk/locations/peterborough.

Arthouse-Kino John Clare Theatre in der Zentralbibliothek. Broadway, PE1 1RX, www.peterboroughartscinema.co.uk.

Schwimmen **Swimming Centre**, Mo 7.30–20 Uhr, Di/Mi bis 19.45 Uhr, Do 6.30–19.45 Uhr, Fr 7.30–18 Uhr, Sa 13–18 Uhr, So 8–13.45 Uhr. 4,80 £. Bishops Road, PE1 5BW, ✆ 01733/864760, www.vivacity-peterborough.com/venues/regional-fitness-and-swimming-centre.

Stadtführungen Rundgänge müssen unter ✆ 01733/452336 im Destination Centre oder an der Rezeption des Peterborough Museums gebucht werden, wo sie auch beginnen (Priestgate, PE1 1LF). Von April bis Okt. Historic Peterborough Sa 14 Uhr, Dauer ca. 90 Min. 5 £, erm. 3 £; auch Themenführungen und abendliche Ghost Walks, Pub Crawls und Crime and Punishment Walks. Auf Wunsch Führung durch die Kathedrale.

Theater **Key Theater**, eigene und Gastspielproduktionen; im Riva Restaurant isst man mit Blick auf den Nene-Fluss. Embankment Road, PE1 1EF, ✆ 01733/207239, www.vivacity-peterborough.com/venues/key-theatre.

Übernachten, Essen & Trinken

Als größte Stadt in Cambridgeshire bietet Peterborough ein breites Spektrum an Hotels und Pensionen. Zimmernachweis im Peterborough Destination Centre.

**** **Bull Hotel**. Frühere Kutschenstation aus dem 18. Jh., in super Lage am Westgate; komfortabel ausgebaut zum Konferenzzentrum mit 118 Zimmern und eleganter Lounge. EZ ab 62 £, DZ 62–116 £, Frühstück 7,50 £/Pers. ✆ 01733/561364, www.peelhotels.co.uk/hotels/bull-hotel-peterborough-cambridgeshire-england/. Online buchen!

**** **Pearl Hotel**. Boutique-Hotel im Zentrum, 20 große Zimmer in dunklen, warmen Farben. Kostenfreie Parkplätze und WLAN. DZ ab 75 £ mit kontinentalem Frühstück. Im hauseigenen thailändischen Restaurant speist es sich ganz vorzüglich. 77 Lincoln Road, PE1 2SH, ✆ 01733/566662, www.thepearlhotel.co.uk.

*** **Orton Hall Hotel & Spa**. Der Landsitz aus dem 17. Jh. gehörte einst dem Marquess of Huntly, George Gordon, aus der Produzentenfamilie des Gordon Gins. Er liegt in einem wunderhübschen Dorf auf einem 8 ha großen Parkgelände. 70 Zimmer, ein elegantes Restaurant mit Eichenverkleidung, ein einladender Wellnessbereich und ein 18-Löcher-Golfplatz nebenan garantieren einen erholsamen Aufenthalt. DZ ab 95 £. The Village, Orton Longueville, PE2 7ND, ✆ 01733/391111, www.abacushotels.co.uk/orton-hall-hotel-and-spa/book-online.

Aragon House. Familiengeführtes, freundliches Haus, kleine, aber gepflegte Zimmer, manche mit, andere ohne eigenes Bad, 15 Gehminuten ins Zentrum. B & B im EZ ab 40 £, DZ ab 66 £. 75 London Road, PE2 9BS, ✆ 01733/563718, www.aragonhouse.co.uk.

Beehive. Tolles Gastropub mit Bar-Feeling mitten im Zentrum. Die Ausstattung ist so modern wie die Küche, abkühlen kann man im Courtyard. 2 Albert Place, PE1 1DD, ✆ 01733/310600; www.beehivepub.co.uk.

Prévost. Eigentümer und Koch Lee Clarke hat erst 2016 eröffnet und will sich hier einen Michelin-Stern erkochen. Das Restaurant in ehemaligen Hofstallungen hat nur 28 Plätze, eine offene Küche und eine lockere Atmosphäre. Fine Dining schon, aber dabei bitte entspannt bleiben. Drei Gänge 32,50 £, neun Gänge 75 £ (es gibt auch eine vegetarische Variante). Mi–Sa 12–14 u. 18–21 Uhr. 20 Priestgate, PE1 1JA, ✆ 01733/3313623, prevostpeterborough.co.uk.

Sehenswertes

Peterborough Cathedral: Aus dem Trubel der Stadt tritt man durch ein mittelalterliches Tor und steht vor der gotischen Fassade des Gotteshauses, dessen Bau im Jahr 1118 begonnen wurde. Schon um das Jahr 655 stand hier auf sumpfigem Gelände die kleine Kirche eines Klosters. Bis zur Reformation war die Kathedrale mit ihrem auffallend asymmetrischen Grundriss und der beeindruckenden Westfassade (drei riesige gotische Bögen reichen vom Boden bis unters Dach) im Besitz der Benediktiner; seit der Auflösung der Klöster durch Heinrich VIII. gehört sie der anglikanischen Kirche (die Ausstellung „Story of the Abbey" bringt die Geschichte näher). Links neben der Eingangstür hängt das Gemälde des Totengräbers Robert Scarlett, der hier eigenhändig zwei Königinnen unter die Erde brachte; die eine war die erste Frau Heinrichs VIII., Katharina von Aragón (ihr Grab ist mit den Fahnen Spaniens und Englands geschmückt), die andere Maria Stuart, deren Leichnam später nach London in die Westminster Abbey überführt wurde; daneben wurde in dem Gotteshaus neun Jahrhunderte lang auch der rechte Arm König Oswalds von Northumberland verwahrt.

Schiff und Querhäuser haben eine handbemalte Holzdecke (1230), eines der seltenen Beispiele dieser Art aus dem Mittelalter. Traumhaft ist auch das Fächergewölbe im Chorumgang *(retrochoir)*. Beachten Sie auch den Hedda Stone, eine Skulptur aus dem 9. Jh., verziert mit den Relieffiguren Christi und der elf Apostel, der wohl einst Teil eines angelsächsischen Schreins war.

Auf dem Cathedral Square im Herzen der Stadt steht das Wahrzeichen, die Town Hall.

Mo–Sa 9–17 Uhr, So 12–15 Uhr. Eintritt frei, Spende erbeten, Fotoerlaubnis 3 £. Führungen Mo–Sa 14 Uhr, 8 £, erm. 6 £. Turmbesteigung April bis Okt. meist Mi 14 Uhr, Sa 11 und 14 Uhr (15 £). Minster Precincts, PE1 1XS, ✆ 01733/355315, www.peterborough-cathedral.org.uk.

Die Market Hall am Central Square

Peterborough Museum & Art Gallery und Priestgate Vaults: Das besuchenswerte Heimatmuseum mit Abteilungen zur Archäologie und der Sozialgeschichte der Stadt zeigt historische Kleidung ab 1600, Haushaltsgegenstände und landwirtschaftliches Gerät aus dem 19. Jh. Die Abteilung zur Naturgeschichte, in der die Dinosaurier natürlich nicht fehlen, präsentiert eine bedeutende Sammlung von Fossilien aus der Jurazeit. In dem kürzlich umgebauten Museum hat auch eine Abteilung mit drei Räumen Platz gefunden, in der Werke zumeist heimischer, aber auch internationaler Künstler zu sehen sind. Die Räume im Kellergewölbe aus der Tudorzeit sind als Priestgate

East Anglia → Karte S. 272/273

Vaults nach unterschiedlichen Epochen eingerichtet, von Schauspielern verkörperte historische Persönlichkeiten und Charaktere berichten aus ihrem Leben damals.

Museum: Di–So 10–17 Uhr, in den Ferien auch Mo 10–17 Uhr. Eintritt frei. Sonderveranstaltungen 3 £, erm. 2 £, Familie 6 £. Garten: April bis Okt. 1. Sa im Monat. Priestgate Vaults: Besichtigung nur mit Führung (ca. 45 Min.) um 14.30 Uhr, Sa–So auch 11.30 Uhr. 4 £, erm. 3 £. Priestgate, PE1 1LF, ✆ 01733/864663, www.vivacity-peterborough.com/museums-and-heritage/peterborough-museum.

Longthorpe Tower: Der Turm war Teil eines befestigten Gutes, das Sir Robert Thorpe um das Jahr 1300 erbaute, als er vom Bauer zum Ritter aufgestiegen war. Der große Saal zeigt höchst sehenswerte mittelalterliche Fresken, auf denen sich Könige, Heilige, Musiker, Tiere und auch einige Monster zeigen.

Ostern bis Okt. Sa/So und Feiertage 10–17 Uhr. 3 £, erm. 2 £, Kind 2 £, Familie 8 £. Longthorpe Road, Longthorpe, PE3 6LU, ✆ 01733/864663, www.english-heritage.org.uk.

Flag Fen Archaeology Park: Wer wissen möchte, wie Bronzezeit-Menschen vor 3500 Jahren in den Fens wohnten, sich ernährten und auf Stegen und mit Booten fortbewegten, erfährt es in diesem Open-Air-Museum.

April bis Sept. tägl. 10–17 Uhr. 6 £, erm. 4 £, Familie 16 £. The Droveway, Northey (A1139 oder B1040), PE6 7QJ, 01733/864468, www.vivacity-peterborough.com/museums-and-heritage/flag-fen.

Peterborough Nene Valley Railway: Die historische Dampfeisenbahn befährt die gut 10 km lange Strecke von Peterborough Nene Valley nach Wansford. Hauptattraktion ist der Nachbau der historischen Lokomotive „Thomas the Tank Engine".

Fahrplan wechselt stark je nach Saison; bitte erfragen oder der Website entnehmen. 14,50 £, erm. 11,50 £, Kind 7 £, Familie 36 £. ✆ 01780/784444, www.nvr.org.uk.

Umgebung von Peterborough

Wisbech

Fährt man entlang der A 47 durch die Obsthaine und Gemüsefelder, ist schwer vorstellbar, dass hier einmal weißer Strand gewesen sein soll – und doch bedeutet das der Name des Marktstädtchens: „Wis-beach". Inzwischen 19 km landeinwärts gelegen, ist Wisbech noch immer ein Seehafen, ein Gezeitenhafen sogar. Die Küste von The Wash verlief nämlich über Tausende von Jahren viel weiter südlich, bevor der Verschlammungsprozess der Flüsse und Trockenlegungsaktionen durch den Menschen einen immer breiteren Küstenstreifen dazugewannen. Wer mehr über diese Geschichte erfahren möchte, ist im **Wisbech and Fenland Museum** richtig. Die Sammlung (sie zeigt u. a. das Manuskript von Charles Dickens' „Great Expectations") befindet sich in der Häuserreihe The Crescent, die dem Verlauf des Wassergrabens der normannischen Burg folgt.

Am schönsten ist Wisbech im Frühling, wenn am Stadtrand die Obstgärten blühen. Der Nene-Fluss fließt mitten durch den Ort, seine Ufer wurden von wohlhabenden Kaufleuten an beiden Seiten mit schönen Terrassen bebaut (North Brink und South Brink; für die BBC-Produktion von Charles Dickens' „David Copperfield" dienten sie als Kulisse). Das bekannteste Haus ist das **Peckover House** von 1722 auf der North Brink, das einer Quäker-Bankiersfamilie gehörte. Das **Octavia Hill's Birthplace Museum** am South Brink Place ehrt die Dame, die zu den drei Gründern des National Trust zählt und unermüdlich für die Verbesserung der Lebensbedingungen der Arbeiterklasse stritt. Einen Besuch wert ist auch die **Elgoods Brewery** mit ihrem hübschen Garten und dem berühmten Heckenlabyrinth.

Information www.fenland.gov.uk und www.wisbechtowncouncil.gov.uk.

Märkte Tägl. am Market Place, sonntags mit car boot sale (Flohmarkt).

Sehenswertes **Elgoods Brewery**: Garten: Ostern bis Anf. Okt. Di–Do 11.30–16.30 Uhr, Führung um 14 Uhr. 4 £, erm. 3,50 £. ✆ 01945/583160, www.elgoods-brewery.co.uk.

Octavia Hill's Birthplace Museum: Mitte März bis Ende Okt. Mo–Mi und Sa/So 13–16.30 Uhr. 2,50 £. 7 South Brink, PE13 1JB, ✆ 01945/476358, www.octaviahill.org.

Peckover House: März bis Okt. Sa–Mi 13–17 Uhr, Ausnahmen siehe Website. 7,40 £, Kind 3,70 £, Familie 18,55 £; nur Garten 5,25 £, Kind 2,60 £, Familie 13 £. North Brink, Wisbech, PE13 1JR, www.nationaltrust.org.uk/peckover-house.

Wisbech and Fenland Museum: Di–Sa 10–16 Uhr. Eintritt frei. Museum Square, PE13 1ES. ✆ 01945/583817, www.wisbechmuseum.org.uk.

Übernachten/Essen **** **Oliver Twist Country Inn**. Moderner Landgasthof; stilvolles Pub-Restaurant mit traditioneller Küche und 6 hübsche Zimmer mit Bad. EZ 69 £, DZ 87,50 £, inkl. Frühstück. High Road, Guyhirn, Wisbech, PE13 4EA, ✆ 01945/450523, theolivertwist.com.

East Anglia → Karte S. 272/273

Huntingdon und St Ives

Die beiden historischen Marktstädtchen liegen am Great-Ouse-Fluss. In **Huntingdon** wurde Oliver Cromwell geboren, in St Ives hat er gelebt, seine Statue wacht heute über den Markt der Stadt. Die Erfolgsgeschichte von Huntingdon beginnt im Jahr 921, als Eduard der Ältere die Stadt von den Wikingern befreit, zur Hauptstadt der Grafschaft ernennt und eine Münzpräge einrichtet. Wilhelm der Eroberer ließ eine wehrhafte Burg bauen und am Ende des 13. Jh. gab es nicht weniger als 16 Kirchen und sechs Klöster im Ort. Eines davon fiel nach der Reformation in die Hand der Cromwell-Familie und so wurde Oliver Cromwell hier am 25. April 1599 geboren. Das Cromwell House steht an ebendieser Stelle, stammt aber aus dem Jahr 1830. Während des Bürgerkriegs war das Städtchen das Hauptquartier des Lord Protektor. Das **Cromwell Museum** informiert über diese Zeit.

Ab 1631 lebte Cromwell in **St Ives,** das vor allem für seine mittelalterliche Brücke über den Ouse-Fluss bekannt ist; die Brücke ist eine von nur noch vieren im Land, die eine Kapelle besitzen. Der **Ouse-Valley-Fernwanderweg** führt 229 km von Syresham in Northamptonshire am Fluss entlang über St Ives bis nach King's Lynn.

Cromwell Museum: April bis Okt. Di–So 11–15.30 Uhr, Nov. bis März Di–Fr und So 13.30–15.30 Uhr, Sa 11–15.30 Uhr. 2,50 £, Führung bis zu 10 Personen 25 £. Grammar School Walk, Huntingdon PE29 3LF, ✆ 01480/708008, www.cromwellmuseum.org. **Ouse Valley Way**: www.ldwa.org.uk/ldp/members/show_path.php?path_name=Ouse+Valley+Way.

Hemingford Grey

Malerischer geht es kaum. Durch Wiesen voller Lilien und entlang süßer Cottages mäandert der Ouse-Fluss zum Dorf Hemingford, ein schmaler Weg führt zum ältesten ständig bewohnten Haus Englands: Hemingford Grey. Das Manor House mit Wassergraben wurde von den Normannen um das Jahr 1130 gebaut, es ist angeblich das älteste kontinuierlich bewohnte Haus des Landes und nur nach Vereinbarung zu besichtigen. Die Gärten im Stil eines Cottage Gardens sind für ihre 200 alten Rosen- und Iris-Arten bekannt und sind zu besichtigen.

Haus: Besichtigung nur nach Vereinbarung. 8 £, erm. 7 £, Kind 3 , Familie 23 £. **Garten**: tägl. 11–17 Uhr. 4 £, erm. 3,50 £, Kind frei. Hemingford Grey, Huntingdon, PE28 9BN, ✆ 01480/463134, www.greenknowe.co.uk.

Ely

Zwischen King's Lynn und Cambridge liegt Ely, dessen Kathedrale aus allen Blickrichtungen das Bild prägt. Drumherum breiten sich die Fens aus, ein baumloses, heckenloses Flachland, das seit Jahrhunderten kultiviert wird.

Die historische Stadt am Fluss bietet neben der schönen Lage auch einige Sehenswürdigkeiten und gute Einkaufsmöglichkeiten. Donnerstag ist Markttag, dann ist Ely besonders lebendig. Oliver Cromwell, eine der bekanntesten Gestalten der englischen Geschichte im 17. Jh., lebte auch hier einige Jahre; sein Wohnhaus beherbergt heute die Tourist Information und ein Museum.

Ely ist ein idealer Ausgangspunkt für eine Erkundung der Fens, heute ein fruchtbares Getreideland mit seltenen Vögeln und Schmetterlingsarten. Vor der Trockenlegung im 17. Jh. war Ely eine unzugängliche Insel mitten im Marschland, bekannt als „Isle of Eels" (Insel der Aale). Nach den Aalen ist die Stadt auch benannt und wie die Aale wird sie ausgesprochen: ee-lee. Die Touristensaison wird alljährlich im April mit dem „Eel Day" eröffnet, wo Aal-Kostproben, Umzüge und Folkloredarbietungen auf dem Programm stehen.

Der River Great Ouse ist die Lebensader der drittkleinsten Stadt des Landes. Gegründet wurde Ely von Königin Etheldreda aus Northumbria, die sich auf der Flucht vor ihrem Mann befand und hier ein Kloster gründete. Die fromme Dame hatte sich ihrem Gatten zwölf Jahre lang verweigert, um einen Keuschheitsschwur zu wahren. Als sie starb, wurde sie in einem Holzsarg bestattet, doch noch zehn Jahre später war ihr Leichnam unverwest. Man bettete sie in einen Marmorsarg um, der viele Pilger anlockte. Eine weitere Legende besagt, dass sich der legendäre Held von Cambridgeshire, Hereward the Wake, in die Sümpfe zurückgezogen habe, um von hier aus seinen Widerstand gegen die unter William dem Eroberer einfallenden Normannen zu organisieren. Verraten von den Mönchen von Ely, wurde er schließlich ermordet und gilt seitdem als „the last of all English". Nachdem das Gelände eingenommen war, errichteten die Normannen die Kathedrale. Das Sumpfgebiet wurde ab dem 17. Jh. trockengelegt; bis dahin hatte der Torf, der als Brennmaterial zur Salzgewinnung genutzt wurde, der Stadt Reichtum verschafft.

Basis-Infos

Information **Oliver Cromwell House**, April bis Okt. tägl. 10–17 Uhr, Nov. bis März tägl. 10–16 Uhr. Kostenlose Straßenkarte und ein kostenloses Faltblatt zum Eel Trail; die Mitarbeiter helfen bei der Buchung der Unterkunft und geben Tipps zu Ausflügen. Im selben Gebäude untergebracht wie das Museum. 29 St Mary's Street, Ely, CB7 4HF, ✆ 01353/662062, www.visitely.eastcambs.gov.uk.

Verbindungen **Bus** – von der Haltestelle an der Market Street Mo–Sa alle 30 Min. Busse nach Cambridge (Nr. 9, 12).

Bahn – Ely liegt an der Linie London – King's Lynn – Norwich – Peterborough (First Capital Connect, www.firstcapitalconnect.co.uk). Bahnhof in der Station Road südlich des Zentrums (CB7 4BS).

Bootsfahrten **Ely Lynn Union River Cruises**, im Sommer tägl. ab 12 Uhr, Sa/So 11 Uhr. 5 £, Kind 3,50 £. Ship Lane (vor The Maltings), CB7 4AU, ✆ 07927/390380.

Einkaufen Am Fluss gibt es ein **Antiquitäten Centre** (55a–55b Waterside, CB7 4AU, ✆ 01353/667066, www.watersideantiques.co.uk), ausgeschildert ab Dien's Meadow.

Neu ist das **Cloisters Shopping Centre** an der Nordseite des Market Square.

Fahrradverleih- und touren **Jockey Trail**, 45 km lange, moderate Teilstrecke des National Cycle Paths von Newmarket in die Fens. www.visitely.org.uk.

Fahrradverleih **Ely Station Cycle Point**. Verleih an der Ely Station durch **Bike & Go** (nur nach Registrierung und nach Erhalt der Bike & Go Card). 10 £ Mitgliedsbeitrag und 3,80 £ Leihgebühr/Tag (bis zu 72 Std.).

Festivals **Ely Festival/Eel Day**, am letzten April- oder ersten Mai-Wochenende. Mit Umzug vom Cross Green zu den Jubilee Gardens und Aal-Weitwurf-Wettbewerb (heute mit künstlichen Aalen, Rekord 12,9 m).

Folk Festival im Juli, www.elyfolkfestival.co.uk.

Apple Day im Oktober auf dem Palace Green.

Kultur **The Maltings**: In der viktorianischen Brauerei ist heute das **Ely Cinema** zuhause, das auch als Veranstaltungshalle für Konzerte, Comedy und Theater dient. Ship Lane, CB7 4BB, www.babylonarts.org.uk/cinema.htm.

Die **Babylon Gallery** (Mo–Fr 12–16 Uhr, Sa–So 10–16 Uhr, www.adec.org.uk.) zeigt Kunst und Handwerkskunst, im **Ta Bouche** nebenan kann man speisen und bis in den frühen Morgen Cocktails schlürfen. Waterside, CB7 4AU, ✆ 01353/666699, tabouche.co.uk.

Märkte **Wochenmarkt** jeden Do sowie am 1., 3. und 5. Sa im Monat; **Flohmarkt** jeden Sa und **Farmers' Market** jeden 2. und letzten Sa im Monat 8.30–15.30 Uhr auf dem Market Square. Delikatessen sind geräucherter Aal und Straußenburger. Ostern bis Nov. am letzten So im Monat **Blumen- und Handwerksmarkt**.

Wandern **Bishop's Way**, Rundwanderweg durch die Fens auf den Spuren der Bischöfe von Ely zu ihrem Palast in Little Downham.

Wassersport Derzeit wird der **Fens Waterway Link** ausgebaut, der auf 240 km Wasserwegen Lincoln mit Peterborough und Ely verbinden wird (www.eawa.co.uk oder www.fenswaterways.com).

East Anglia → Karte S. 272/273

Übernachten/Essen & Trinken

Übernachten **Little Downham Anchor**. In den Fens, 3 km nördlich von Ely; kürzlich renoviertes Hotel und Restaurant auf hohem Standard. 11 Zimmer. EZ 69–119 £, DZ 79–129 £, inkl. Frühstück. 25 Main Street, Little Downham, Ely CB6 2ST, ✆ 01353/699333, www.littledownhamanchor.co.uk.

Old Hall. Luxus-B-&-B in frisch restauriertem jakobinischen Landsitz nahe bei Ely, etwas für besondere Gelegenheiten. Nur Suiten, alles picobello. DZ 140–160 £. Stuntney, Ely, CB7 5TR, ✆ 01353/663275, www.theoldhallely.co.uk.

Cathedral House. Im Schatten der Kathedrale, georgianisches Haus mit Garten, der einst zur Kathedrale gehörte. Gefrühstückt wird stilvoll in der großen Küche, wenn es kalt ist, vor dem Kamin. B & B EZ 65–75 £, DZ 80–99 £. Am Wochenende 2 Nächte Mindestaufenthalt (170–190 £). Auch Coach-House mit Selbstversorgung (4–5 Pers., ab 150 £). 17 St Mary's Street, CB7 4ER, ✆ 01353/662124, www.cathedralhouse.co.uk.

Nächste **Jugendherberge** → Cambridge.

Camping **Riverside Caravan and Camping**. In Littleport, Platz für Wohnwagen direkt am Ufer des Great Ouse; auch Bungalows. Achtung: Der Campingplatz ist nichts für Familien, Kinder sind nicht erwünscht. Angeln 6 £/Tag. Caravan ab 14,50 £, Zelt ab 10 £/Pers. 21 New Bank, Littleport, ✆ 01353/860255, www.riversideccp.co.uk.

Essen & Trinken Auch in kulinarischer Sicht lohnt ein Abstecher zur Waterfront (Annesdale):

Peacock's Tearoom. In dem hübschen georgianischen Gebäude kann man aus bis zu sechzig Teesorten wählen. Neuerdings gibt es auch ein Zimmer (EZ 110 £, DZ 125 £). Mi–So, 10.30–17 Uhr, Juni bis Sept. auch Di. 65 Waterside, CB7 4AU, ✆ 01353/661100, www.peacockstearoom.co.uk.

Cutter Inn. Pub mit Terrasse am Wasser, gut für traditionelle Gerichte, besser für einen Drink. Mo–Sa 9–23 Uhr, So 9–22.30 Uhr. 42 Annesdale, CB7 4BN, ✆ 01353/662713, www.thecutterinn.co.uk.

Old Fire Engine House. Elys exklusivstes Restaurant residiert im alten Feuerwehrhaus. Hier wird der Aal zubereitet, der von Elys letztem verbliebenen Eel-catcher Peter Carter gefangen wird. Lokale Küche mit Fen-Rezepten, auf der Karte viel Wild (Hauptgerichte 17 £), an den Wänden Kunst; der Afternoon-Tea wird im Walled

Garden serviert. Lunch tägl. 12.15–14 Uhr, Tea 15.30–17.15 Uhr, Dinner 19–21 Uhr. Sonntagabend geschlossen. 25 St Mary's Street, CB7 4ER, ✆ 01353/662582, www.theoldfireenginehouse.co.uk. ■

Almonry Restaurant and Tearooms. Links der Lady Chapel, Zugang von der Domfreiheit oder von der Highstreet aus. Attraktives Gartenrestaurant, Teas und Coffees, auch Pies oder Fisch zum Lunch. Bei Regen isst man im Gewölbe aus dem 12. Jh., in dem die Geistlichen einst Almosen an die Armen verteilten. Mo–Sa 9–17 Uhr, So 11–17 Uhr, Do–Sa auch Dinner ab 18.30 Uhr. ✆ 01353/666360, www.elycathedral.org.uk.

››› Mein Tipp: **Samovar Tea House, Shop & Gallery**. Hübscher kleiner Laden mit unglaublicher Auswahl an Tees, dazu hausgemachte Kuchen und Snacks. Di–Sa 9–18 Uhr, So 10–16 Uhr. 23 Fore Hill, CB7 4AA, ✆ 01353/662160, www.samovarteahouse.co.uk. ‹‹‹

SP Noodle Bar. Asiatisches Restaurant mit minimalem Komfort und schnellem Service, aber frisch zubereiteten Speisen. Lunch Mo–Sa 12–15 Uhr, So 12.30–15 Uhr, Dinner So–Do 17.30–22.30 Uhr, Fr/Sa bis 23.30 Uhr. Auch Gästezimmer: EZ 35 £, DZ 55-60 £. 3 Lynn Road, ✆ 01353/658353, www.elyguesthouse.co.uk/restaurants.htm.

Fish'n'Chips. Die besten gibt es im The Fish House Ely, tägl. 10–21 Uhr. 5 Market Place, CB7 4NP, ✆ 01353/662720.

Three Pickerels. Idyllisches Countrypub mit Biergarten am Flussufer und 4 Zimmern. Mo–Do 12–14.30 und 18–23 Uhr, Fr/Sa 12–23 Uhr, So 12–22.30 Uhr. 19 Bridge Road, Mepal, CB6 2AR, ✆ 01353/777777, thethreepickerels.co.uk.

Sehenswertes

Kathedrale: Mittelpunkt der Stadt ist das majestätische Gotteshaus, das alleine schon den Besuch lohnt. Im Jahr 673 gründete Etheldreda, Königin von Northumbria, hier ein Kloster. 1081 begannen die Normannen nach der Eroberung der Stadt mit dem Bau der Kathedrale. Fast 300 Jahre vergingen, bis sie fertiggestellt war. Architektonische Besonderheit ist der achteckige, in ganz England einzigartige Turm. Als 1322 der alte Zentralturm zusammengestürzt war, verbaute man 400 Tonnen Eichenholz, um diesen oktogonalen Lantern Tower zu errichten. Ein Blick nach oben ins Turminnere lässt die aufwendige Konstruktion erahnen.

Ely Cathedral

Den schönsten Blick auf die Kathedrale hat man, wenn man, vom Bahnhof kommend, von der Broad Street auf den Pfad abbiegt, der nach Westen durch den die Kathedrale umgebenden Park führt. Von der kleinen Erhebung aus geht man am besten durch die Ely Porta, den früheren Haupteingang, zum ehemaligen Kloster, von dem südlich der Kathedrale noch einige Gebäudereste erhalten sind.

Das Kirchenschiff ist 170 m lang und auch sehr breit, auffallendstes Merkmal sind die Kreuzbögen aus der normannischen Zeit. Die Holzdecke mit ihrer

Cromwell House und Museum

East Anglia → Karte S. 272/273

geringen Wölbung überspannt einen Raum von fast 15 m; bemalt wurde sie erst im 19. Jh. von zwei Amateuren. Die Querschiffe sind die ältesten Teile der Kirche. Die Stichbalkendecke wurde im 15. Jh. mit großflügeligen Engeln dekoriert. Das Ostfenster mit seinen drei hohen Lanzetten zeigt kostbare Glasmalereien. Besonders schön ist auch die Marienkapelle, um deren Mauern sich Sitze mit steinernen Baldachinen mit fantasievollem Steinmetzschmuck ziehen; sie gelten als Inbegriff der englischen Hochgotik (Decorated Style). Die St Edmunds Chapel zieren mittelalterliche Fresken, wovon eines den Tod des Heiligen darstellt. Im Chor markiert eine Gedenkplatte den ehemaligen Schrein der Kirchengründerin. Das Chorgestühl stammt aus dem 14. Jh., eigenartigerweise gibt es keinen Bischofsstuhl; Dekan und Bischof sitzen noch heute wie im Mittelalter der Abt und sein Prior an der Nord- und Südtür.

Besonders atmosphärisch ist ein Besuch während des allabendlichen Evensongs um 17.30 Uhr, bei dem man den Chorknaben des King's College lauschen kann. Der Bischofspalast nebenan stammt aus dem 15. Jh. und ist heute ein Altenheim. Musikfreunden ist die Kathedrale vielleicht von einem Pink Floyd Cover von 1994 vertraut: „The Division Bell".

Im Sommer tägl. 7–18.30 Uhr, Winter Mo–Sa 7–18.30 und So 7.30–17.30 Uhr. Eintritt mit Führung 8 £, erm. 6 £, Kind bis 16 J. frei; vor 9 Uhr, nach 17 Uhr und So ebenfalls frei. Eintritt inkl. Stained Glass Museum: 12 £, erm. 9 £. Octagon Tower, West Tower: 9 £. Eintritt für alle Sehenswürdigkeiten 18 £, erm. 15,50 £. Chapter House, The College, CB7 4DL, ✆ 01353/667735, www.elycathedral.org.

Stained Glass Museum (in der Kathedrale): Wer mittelalterliche Glasmalerei einmal aus der Nähe studieren will, findet hier Exponate aus den vergangenen 800 Jahren.

Das Museum im Triforium des südlichen Querschiffs der Kathedrale hat vor allem die Aufgabe, wertvolle Glasmalereien zu bewahren und zu restaurieren.

Mo–Sa 10.30–17 Uhr, So 12–16.30 Uhr. 4,50 £, erm. 3,50 £, unter 16 J. frei. The South Triforium, ✆ 01353/660347, stainedglassmuseum.com.

Oliver Cromwell House: Ein kurzer Spaziergang über den Rasenplatz vor der Kathedrale in westliche Richtung, vorbei an der russischen Kanone, führt zur St Mary's Street. Hier befindet sich das Oliver Cromwell House, in dem auch die Tourist Information untergebracht ist. Eine Ausstellung informiert über das Leben Cromwells, der in dem schönen Fachwerkhaus in den Dreißigerjahren des 17. Jh. etwa für zehn Jahre mit Mutter, Frau, zwei Schwestern und sechs Kindern lebte. Im Bürgerkrieg von 1642 bis 1648 war er der Führer der puritanischen Parlamentarier. Nach erbitterten Kämpfen wurde 1649 die Monarchie abgeschafft und Karl I. enthauptet. Cromwell wurde Lord Protector des Commonwealth, das dem Namen nach eine Republik war, tatsächlich aber eher einer Militärdiktatur ähnelte. 1660, zwei Jahre nach Cromwell's Tod, wurde die Monarchie wieder hergestellt. Teile des Hauses sind 750 Jahre alt. Neben Cromwells Lebensgeschichte informiert das Museum auch ausführlich über die Fens.

April bis Okt. tägl. 10–17 Uhr, Nov. bis März tägl. 11–16. 4,60 £, erm. 4,90 £, Kind 3,40 £, Familie 14 £. 29 St Mary's Street, CB7 4HF, ✆ 01353/662062, www.olivercromwellshouse.co.uk.

Ely Museum: Das Museum im 700 Jahre alten Old Goal (Gefängnis) zeichnet die Entstehung der Fens nach und informiert über das Leben ihrer bäuerlichen Bewohner.

April bis Okt. Mo–Sa 10.30–17, So erst ab 13 Uhr; im Winter Mo und Mi–Sa 10.30–16, So erst ab 13 Uhr. 4,50 £, erm. 4 £, Kind 1 £. The Old Gaol, Market Street, CB7 4LS, ✆ 01353/666655, www.elymuseum.org.uk.

Die Fens

„Jeder Idiot mag die Berge, doch nur ein Mann mit Verstand mag die Fens", verteidigte der Lyriker Sir John Betjeman die Reize dieser flachen Moorlandschaft, die sich um die Meeresbucht The Wash ausbreitet und einst das Überschwemmungsgebiet der Flüsse Witham, Welland, Nene und Ouse war.

Bevor das Sumpfgebiet der Fens trockengelegt wurde, konnte man die Gegend nur mit erfahrenen Führern durchqueren. Damals war die unzugängliche Insel inmitten des Marschlands noch als Isle of Eels (Insel der Aale) bekannt, wo im Jahr bis zu 50.000 der Tiere gefangen wurden. Mit der systematischen Trockenlegung mithilfe von Kanälen begann man im 17. Jh. unter der Leitung des holländischen Ingenieurs Cornelius Vermuyden; damit änderte sich nicht nur der Verlauf des Ouse-Flusses, sondern auch das Leben der Bewohner der Gegend. Zunächst sank das Land ab, sodass es zu Überschwemmungen kam. Man versuchte, das Wasser mit eigens dafür gebauten Windmühlen abzuleiten, doch erst um 1820, nachdem es dampfgetriebene Pumpen gab, ließ sich das Überflutungsproblem dauerhaft lösen, und erst gut hundert Jahre später wurde das Gelände in fruchtbares Weide- und Ackerland umgewandelt. Einige der Pumpen kann man heute im **Prickwillow Engine Trust** sehen.

Die Moorlandschaft hat natürlich ihre eigenen Legenden und Geister: singende Mönche, nebelhafte Frauengestalten, todbringende Nachtwächter ... Pfeifen Sie also nie, wenn Sie abends auf den Pfaden unterwegs sind, das könnte die bösen Jack o' Lanterns (Nachtwächter) aus dem Moor locken, die Ihnen dann falsche Wege leuchten.

Im **Naturreservat Wicken Fen** (etwa 10 km südöstlich von Ely, das älteste des Landes) bekommt man noch einen Eindruck von dem Gebiet der Fens vor der Trockenlegung. Auf dem großen Gelände leben wilde Konik-Ponys, hier dreht sich eine der letzten Windmühlen der Gegend (die Wicken Windmill) und hier steht die **Fen Cottage,** eine Kate, die veranschaulicht, wie eine Familie in den Fens vor gut 100 Jahren gelebt hat.

Information **Wicken Fen National Nature Reserve**, Lode Lane, Wicken, CB7 5XP. Naturpark: Ganzjährig bis zur Dämmerung geöffnet. Visitor Centre: Tägl. 10–17 Uhr. Man kann hier auch Ferngläser und Fahrräder leihen (April bis Sept., 5 £/2 Std.). Viermal täglich werden 50-minütige Bootsfahrten angeboten, 5,50 £, Kind 3,25 £, Familie 16 £. Café: Mitte Febr. bis Okt. tägl. 10–17 Uhr (Nov. bis Febr. Mi–So 10–16.30 Uhr). Eintritt 6,65 £, erm. 3,25 £, Familie 16,50 £. www.nationaltrust.org.uk/wicken-fen-nature-reserve.

Übernachten **Dragon Fly Cottage**. Traditionelles B & B mit Blick auf die Fens, wo die Libellen (Dragon Flys) zu Hause sind. Nur ein DZ mit Bad (75 £) und ein EZ ohne Bad (55 £), Familie 105 £. In der Nähe gibt es das alte Dorfpub The Maid's Head. 26 Lode Lane, Wicken, CB7 5XP, ✆ 01353/727054 und 07850/433472 (mobil), www.dragonfly cottage.co.uk.

Fenview Lodge. Moderner, gepflegter Bungalow im hübschen Dorf Doddington, ebenfalls mit Blick auf die Fens. Garten am See. Drei große Zimmer, alle mit Bad. B & B EZ 55 £, DZ 75 £, Familie ab 100 £. 15 Brickmakers Arms Lane, Doddington, PE15 0TR, ✆ 01354/740103, www.fenviewlodge.co.uk.

Essen & Trinken **Five Miles from Anywhere No Hurry Inn**. In Upware, das Pub ist renovierungsbedürftig, doch die Terrasse liegt hübsch am Ufer des Cam; mit Anlegestelle und Spielplatz. Wechselnde Speisekarte, gut für Drinks mit etwas zum Beißen. Mo–Do und So 11–23 Uhr, Fr/Sa bis 24 Uhr. Old School Lane, CB7 5ZR, ✆ 01353/721654, www.fivemilesinn.com.

»» **Mein Tipp:** **Fen House Restaurant**. Elegant und gemütlich, französisch inspirierte Küche mit Zutaten der Saison. Etwas für die besondere Gelegenheit. Nur Fr–Sa 19–21 Uhr. 2 Lynn Road, Littleport, Ely CB6 1QG, ✆ 01353/860645. ««

East Anglia → Karte S. 272/273

Zurück zur Natur – The Great Fen Project

Mühsam wurden die Sümpfe einst trockengelegt, nun werden ebenso mühsam große Teile der Fens wieder geflutet („vernässt“) und zur Auenlandschaft bzw. in ein Niedermoor zurückverwandelt. Das Great Fen Project ist das anspruchvollste und spannendste Renaturierungsvorhaben, das es in England seit langem gibt. 3700 ha Land zwischen Holm Fen und Woodwalton Fens sollen in ihren Ursprungszustand zurückversetzt und als Feuchtgebiete und Lebensraum für vom Aussterben bedrohte Tiere und seltene Flora wiederhergestellt werden. Auch für eine nicht so seltene Spezies sollen die Fens attraktiver werden: für ökologisch interessierte Touristen, denen auf Minibeast-Safaris vorgeführt wird, wie man die Artenvielfalt erhalten, den Wasserrückhalt erhöhen und die Nährstoffbelastung der Gewässer verringern kann. Auf eigene Faust kann man sich ab dem Great Fen Information Point auf den Dragonfly Trail durch die Great Fens begeben.

The Great Fen Information Point (New Decoy Farm): An der B 660, soll das Great Fen Visitor Centre entstehen. Royal Society for Nature Conservation (Wildlife Trust), www.greatfen.org.uk. Anmeldung für Aktivitäten und Wanderungen: Great Fens Project Team, ✆ 01487/710420.

Sie überspannt den River Cam: die Seufzerbrücke

Cambridge

Seit rund 800 Jahren ist Cambridge Universitätsstadt und bis heute stark von dieser Rolle geprägt. 95 % aller Gebäude in der Innenstadt sind in Besitz der Universität. Tradition wird hier noch großgeschrieben, was schon durch die zeitentrückten alten Fakultätsgebäude augenfällig ist.

92 Nobelpreisgewinner, 14 Premierminister und neun Erzbischöfe von Canterbury haben in Cambridge studiert. Es herrscht eine ausgeprägte Rivalität mit *„the other place"*, wie man Oxford hier despektierlich nennt. In Sachen Schönheit liegt Cambridge für die meisten Engländer vorne – im Vergleich zu seinem ewigen Konkurrenten hat es mehr Charme, weniger Industrie und weniger Verkehrsprobleme. Hier gibt es mehr als sechzig Fachbibliotheken sowie die zentrale University Library, vergleichbar mit der Deutschen Bibliothek in Frankfurt. Nur Abiturienten mit den besten Noten dürfen es wagen, sich in Cambridge zu bewerben. Trotzdem ergattert nur jeder Fünfte einen Studienplatz.

Höhepunkt des hiesigen Studentenlebens ist die Feier nach Bestehen des Abschlussexamens, Anzug, Krawatte und weißes Hemd sind dann obligatorisch, aber auch sonst sieht man die dunklen Uniformen. Die noch nicht graduierten Studenten tragen kurze, schwarze Capes, die Graduierten und Professoren Talare *(gowns)* in den Farben ihrer Fakultät und je nach Rang und Würden mit Borten, samt- oder seidegefütterten Schleppen und Ärmeln oder Hermelinverzierungen. Dazu gehören viereckige Barette *(caps)* mit Troddeln. Die lange Schleppe des goldbestickten Samtmantels des Kanzlers hält bei festlichen Gelegenheiten ein Page in seidenen Kniehosen in den Händen. Wer es einrichten kann, sollte seinen Besuch auf das letzte Wochenende im Juni legen und zu den dreitägigen Abschlussfeierlichkeiten herkommen, wenn die Stadt regelrecht Kopf steht.

Cambridge ist eine Kleinstadt, die sich zwar weiterentwickelt, ihr homogenes Erscheinungsbild aber bewahrt hat. Die Straßen wimmeln von den Fahrrädern der rund 20.000 Studenten. Alles in Cambridge ist zu Fuß erreichbar, mehrere Fußgängerzonen halten die Autos aus der Innenstadt fern. In den engen Kopfsteinpflastergassen der Altstadt scheint die Zeit stehen geblieben zu sein. Nach der Besichtigungstour findet man Entspannung in einem der zahlreichen Parks. Oder man erholt sich beim *punting* (einer Stechkahnfahrt) auf dem River Cam – in flachen Booten stakt man den Fluss hinauf oder hinab. Im Sommer verdienen sich Studenten als „Gondoliere" und Reiseführer ein Zubrot. Spannend wird es, wenn die traditionellen Ruderregatten *(bumps)* ausgetragen werden. Dabei wird versucht, das vor einem liegende Boot zu rammen – ein Riesenspaß nicht nur für die Zuschauer.

Cambridge liegt in einem wahren Netz von Römerstraßen, es war einst ein strategisch wichtiger Punkt am Cam-Fluss. Schon im 1. Jh. v. Chr. gab es auf dem heutigen Stadtgebiet eine Siedlung, um 40 v. Chr. bauten die Römer eine Brücke über den Fluss, über die die *Via Devana* führte. Dieser Handels- und Heeresweg verband Colchester mit dem Militärlager in Lincoln.

Angeblich wurde die Universität von Studenten ins Leben gerufen, die im Jahr 1209 aus Oxford fliehen mussten und hier eine Zweigniederlassung gründeten. Grund waren Unruhen, die ausgebrochen waren, nachdem ein Student für einen angeblichen Mord gehängt worden war. Viele Oxforder Studenten suchten daraufhin Zuflucht in den Klostermauern und -schulen von Cambridge. 17 Jahre später hatte sich die Studentengemeinde mit einem Kanzler etabliert, 1318 erteilte der Papst die formelle Anerkennung als „studium generale".

Cambridge und Oxford sind Englands älteste Universitäten und prägten fast sechshundert Jahre lang das geistige Klima des Landes. Bis ins 19. Jh. hinein, als es in den Industriestädten zu einer Neugründungswelle mit technischen Schwerpunkten kam, waren sie auch praktisch die einzigen Universitäten.

Das soziale Gefälle zwischen den Bürgern der einfachen Marktstadt und den Akademikern führte zu Konflikten, die Jahrhunderte andauerten. Die Fakultäten waren von der Krone privilegiert, sie besaßen einen großen Teil der Ländereien und damit auch politischen Einfluss. Erst 1856 stellte eine Reform sicher, dass die Universität ihre Rechte an die Stadt abtreten musste, der Konflikt *„town versus gown"* wurde beigelegt. Immerhin entsandte die Universität noch bis 1950 eigene Abgeordnete ins Stadtparlament, die von den Graduierten gewählt wurden.

800 Jahre nach der Universitätsgründung ist die Moderne inzwischen auch nach Cambridge vorgedrungen. Seit den 1990ern wurden westlich des Flusses viele Einrichtungen neu gebaut. Anfang des neuen Jahrtausends kaufte sich Microsoft in die Universität ein und sponsert seitdem ein neues Forschungszentrum. Entsprechend ist Cambridges neuer Spitzname „Silicon Fen", denn die etwa 1500 Hightechfirmen der Region mit ihren mehr als 50.000 Angestellten setzen alljährlich viele Milliarden Pfund um.

Basis-Infos

Information **Visitor Information Centre**, Geldwechsel, Zimmervermittlung, reichlich Infomaterial über die diversen Colleges; auch Stadtführungen (Buchung: ✆ 01223/791501) und Verkauf von Tickets aller Art. April bis Okt. Mo–Sa 10–17 Uhr, So 11–15 Uhr, im Winter So geschlossen. Peas Hill, CB2 3AD (rechte Seite der Guildhall), ✆ 01223/791500, www.visitcambridge.org.

East Anglia → Karte S. 272/273

Verbindungen **Bus** – Busbahnhof in der Drummer Street, CB1 1NQ. Busse von National Express halten 200 m weiter in der Parkside gegenüber der Polizeistation (✆ 0871/7818181); Fahrten regelmäßig nach London, Norwich und Oxford. Nach London, Great Yarmouth und Norwich Anbindung auch mit anderen Gesellschaften. Die grünen Busse des **City Circle** fahren von Mo bis Sa alle 15 Min. kostenlos durch's Zentrum (9–17.30 Uhr). **Multibus Cross Country Travel** erlaubt Fahrten in ganz Cambridgeshire für 8 £/Tag. Das **Stagecoach Dayrider Ticket** für 4,10 £ deckt Park & Ride sowie Busse innerhalb der Stadtgrenze ab, für 6,40 £ in ganz Cambridgeshire.

Bahn – Bahnhof in der Station Road, CB1 2JW, knapp 2 km südlich der Innenstadt. Regelmäßig Schnellzüge nach London (King's Cross Station 50 Min., Liverpool Street Station 70 Min.), nach Peterborough und in die östlichen Städte (Norwich, Ely, King's Lynn, Ipswich). Busse Citi 1, Citi 3 oder Citi 7 fahren für 4,10 £ (Dayrider-Ticket) ins Zentrum. Beim Einsteigen nach der Richtung fragen!

Park & Ride – 5 Parkplätze an allen Einfallstraßen, tägl. meist von 7.30 bis 20.30 Uhr, teils früher und bis 23 Uhr, So 9–18 Uhr. Parkgebühr 1 £. Busse ins Zentrum alle 10 Min. für 2,70 £. bis zu 3 Kinder frei. www.cambridgeshire.gov.uk/info/20149/park_and_ride.

Einkaufen Bekanntester Buchladen ist **Heffer's Bookshop** (seit 1876, jetzt aber im Besitz von Blackwell's) mit über 300.000 Titeln plus Videos, CDs und Schreibwaren. 20 Trinity Street, CB2 1TY, bookshop.blackwell.co.uk/stores/heffers-academic-general-books.

Die **Grand Arcade** ist mit 52 Läden und einem **John-Lewis-Kaufhaus** die Shopping-Meile der Stadt und durch einen Glasgang mit dem **Lion Yard Shopping Centre** verbunden. Aufgemotzt wurde auch die **Christ's Lane** mit Filialen von H & M und Zara. In der **Benet Street Area**, dem sogenannten **Arts Quarter**, finden sich Boutiquen, Juweliergeschäfte, Töpfereien, Cafés und mehrere Secondhand-Buchläden.

Ryder & Amies: Das Familienunternehmen kleidet Cambridges Akademiker seit mehr als hundert Jahren ein. 22 King's Parade, CB2 1SP, ✆ 01223/350371; www.ryderamies.co.uk.

Fahrradverleih Im Tourist Office ist eine Liste mit Verleihern erhältlich, darunter: **City Cycle Hire Ltd.**, 10 £/Tag, 1 Jahr 110 £, Pfand 40 £. 61 Newham Road, CB3 9EY, ✆ 01223/365629, www.citycyclehire.com.

Cambridge Rutland Cycles, 10 £/Tag. Mo, Mi, Fr 8–18 Uhr, Di und Do 8–19 Uhr, Sa 9–17 Uhr, So 10–17 Uhr. Cycle Point, 156 Great Northern Road, CB1 2FX. ✆ 01223/352728, www.rutlandcycling.com/pages/rutland-cycling-cambridge-station.aspx.

Im **Grand Arcade Cycle Park** (Indoor-Parkplatz) ist Platz für 500 Räder mit Schließfächern (bis 23.30 Uhr). 2 £/Tag, 10 £ Pfand. Eingang Corn Exchange Street, CB2 3QF. Auch Fahrradverleih durch Rutland Cycles Mo–Di und Do–Fr 8–18 Uhr, Mi bis 19 Uhr, Sa 9–18 Uhr, So 10–17 Uhr. 10 £/Tag. www.rutlandcycling.com/pages/rutland-cycling-grand-arcade.aspx.

Online-Infos zum Fahrradfahren unter www.camcycle.org.uk.

Kino **Arts Picturehouse**, auf drei Leinwänden sind Kunstfilme zu sehen. Nette Bar. 38–39 St Andrew's Street, CB2 3AR, ✆ 0871/9025720, www.picturehouses.co.uk.

The Light Cinema, zurzeit das größte und modernste Kino der Stadt, neun Leinwände. Cambridge Leisure Park, Clifton Way, (Bus 1 und Bus 3 ab City Centre), ✆ 08712/2002000, cambridge.lightcinemas.co.uk.

Vue Cinemas, acht Leinwände. Grafton Centre, East Road, CB1 1PS, ✆ 0871/2240240, www.myvue.com.

Märkte **Wochenmarkt** Mo–Sa 10–16 Uhr auf dem Market Square (am Rathaus). Hier auch **Art & Crafts** und **Farmers' Market** (So 10–16 Uhr). Ein weiterer open air **Arts and Craft Market** verkauft Handgefertigtes. Sa 10–16 Uhr in den All Saints Gardens gegenüber Trinity und St John's College. www.cambridge.gov.uk/markets.

Aktivitäten

Golf **Cambridge Lakes Golf Course**, öffentlicher Platz 1,5 km südlich des Zentrums. 9 Löcher, Schläger und Bälle 2 £/Stück, Green Fee 5,50–8,50 £. Tägl. ab 8 Uhr. Trumpinton Road, CB2 8AJ, ✆ 01223/324242, www.cambridgelakes.co.uk.

Schwimmen **Cambridge Parkside Pools**, größte Schwimmhalle am Ort mit Wasserrutschen. Gonville Place am Parker's Piece, CB1 1LY, ✆ 01223/446104, www.cambridge.gov.uk/content/parkside-pools.

Zudem gibt es ein **Freibad im Jesus Green**, abgehend von der Chesterton Road, CB4 3AX, aber nur im Sommer, Mo, Di, Fr 7.30–18.30 Uhr, Mi–Do 12–18.30 Uhr, Sa–So ab 11 Uhr. ✆ 01223/302579, www.cambridge.gov.uk/jesus-green-outdoor-pool.

Stadtführungen/-rundfahrten Das **Tourist Office** bietet Busrundfahrten sowie Stadtführungen zu Fuß an (Buchung ✆ 01223/791501, www.visitcambridge.org/official-tours).

Führungen durch die **Colleges** dauern etwa 2 Std. und kosten 16–20 £/Pers., erm. 14–18 £, Kind 10 £ (Eintritt inkl. Kings College und Chapel). Treffpunkt ist das Tourist Office, in dem man auch weitere Informationen erhält. Wenn Sie zum ersten Mal in der Stadt sind, sollten Sie sich einer dieser Führungen anschließen – sie geben einen Überblick über die Colleges. Mo–Sa mehrmals täglich.

Zudem fahren die roten **Citysightseeingbusse** (Cambridge Bus Tour) alle 20 Min. ihre Runde, im Winter alle 40 Min. und nur bis 16 Uhr. Sie halten an 20 Stellen. Preis 14 £, erm. 10 £, Kind 7 £. ✆ 01223/423578, www.city-sightseeing.com.

Stechkahnfahrten Auch in Cambridge ist „Punting" (Stechkahnfahren) eine beliebte Beschäftigung. Ausleihen kann man Punts und Ruderboote (Kajaks) ganzjährig je nach Wetter u. a. auf dem Trinity–College–Gelände, an der **Quayside** (die Magdalene Street von Norden kommend links ab) oder in der **Mill Lane** (an der Silver Street). Achtung: Keine Tickets von Straßenverkäufern erwerben, sie sind illegal.

Größte Punt Company ist **Scudamore's Punting Company**, Granta Place, The Mill Pond, CB2 1RS. Punting-Boote 27,50 £/Std., 110 £/Tag; auch Chauffeurbetrieb, 19 £ pro Person und Tour (online billiger). ✆ 01223/359750, www.scudamores.com.

Auch manche Pubs verleihen Punts.

Wandern Entlang des 11 km langen angelsächsischen **Devil's-Dyke-Deichs**, Start in Stechworth oder Dullingham, vorbei an der National-Stud-Pferdezucht, Ende in Reach bzw. Swaffham Prior. In Reach lädt der Dyke's End Pub zur Rast ein.

East Anglia → Karte S. 272/273

Kultur/Veranstaltungen

Über aktuelle Veranstaltungen informiert das Tourist Office.

Theater/Konzerte **Cambridge Arts Theatre**, von Pantomime bis zum klassischen Drama aus dem Londoner Westend. 6 St Edward's Passage, CB2 3PJ, ✆ 01223/503333, www.cambridgeartstheatre.com.

ADC Theatre, Das Theater der Universität dient seit 1855 einigen Studenten-Companys wie dem Cambridge University Amateur Dramatic Club als Veranstaltungsort. Park Street, CB5 8AS, ✆ 01223/300085, www.adctheatre.com.

Cambridge Corn Exchange, größter Veranstaltungsort der Stadt und Location für Gastspiele von Oper über Tanz bis zu Livemusik. 2 Wheeler Street, CB2 3QB, ✆ 01223/357851, www.cambridgelivetrust.co.uk/cornex.

The Junction → Nachtleben.

West Road Concert Hall, die Konzerthalle der Universität bietet Orchestern und Solisten klassischer Musik eine Bühne. Auch World Music und Jazz. 11 West Road, CB3 9DP, ✆ 01223/335184, www.westroad.org.

Veranstaltungen Alljährlicher Höhepunkt sind die **May Weeks** am Ende des Hochschuljahres. Sie finden Anfang Juni statt und bieten Konzerte, Theateraufführungen, Feste und vieles mehr. Dies ist auch die Zeit, in der die berüchtigten **May Bumps** auf dem River Cam ausgetragen werden. Die Rudermannschaften der Colleges reihen sich an der Startlinie hintereinander auf, um beim Startschuss zu versuchen, in den Neben-/Vordermann hineinzufahren und ihn abzudrängen. Das Boot, das „gebumpt" wird, verliert seine Startposition im nächsten Jahr. Gebumpt wird übrigens auch schon mal im Februar (**Lent Bump**), im Juli darf sich dann das Normalvolk versuchen. ✆ 01223/467304.

Im Juli locken gleich mehrere Festivals auf die Straßen, es gibt Theateraufführungen, Konzerte und Ausstellungen. Am letzten

Juliwochenende trifft man sich zum **Cambridge Folk Festival**, das seit mehr als 50 Jahren im Freien stattfindet. Besucher campen und glampen. www.cambridgelive trust.co.uk/folk-festival.

Im Juli/August wird das **Shakespeare Festival** mit sechs Open-Air-Produktionen in den College-Höfen und -Gärten gefeiert. Unbedingt rechtzeitig (im Mai) buchen, rund 25.000 Menschen kommen in die Vorführungen! www.cambridgeshakespeare.com.

Auf keinen Fall verpassen sollte man einen Auftritt des **King's College Choirs**. Das Festival of the Nine Lessons und die Weihnachtschoräle sind weltberühmt, man kann aber auch einfach den Evensong (Abendgottesdienst) besuchen: Di–Sa 17.30 Uhr, So 10.30 bzw. 15.30 Uhr. King's College Chapel, ✆ 01223/331224 (Choir Office), www.kings.cam.ac.uk/events/chapel-services/nine-lessons.html. Die Chorjungen treten in der Schuluniform des Eton College auf.

Übernachten

Die Unterkünfte in Cambridge sind notorisch überteuert. In den Sommermonaten, von März bis April und um Weihnachten ist ein **Zimmer in einem der Colleges** eine günstigere Alternative: www.universityrooms.com/en/city/cambridge/home (Zimmer ab 44 £). Zahlreiche B & Bs findet man auf der Jesus Lane, der Tennison Road und der Chesterton Road.

**** **Hotel du Vin** **38** Mittelalterliches Gebäude der luxuriösen Hotelkette, die 41 Zimmer sind mit Monsunduschen und ägyptischen Leinentüchern ausgestattet. Das hervorragende Bistro serviert neben Colchester-Austern und Schnecken auch Klassiker wie Lammschulter. DZ 179–355 £. Trumpington Street, CB2 1QA, ✆ 01223/928991, hotelduvin.com.

**** **Hotel Felix** **2** Luxushotel 1,5 km vom Stadtzentrum entfernt, versteckt in einer wunderschönen Gartenanlage. Die 52 Zimmer sind groß und minimalistisch eingerichtet, man kann auf der Terrasse im Grünen speisen oder im Wellnessbereich relaxen. EZ ab 205 £, DZ ab 220 £, inkl. Frühstück. Whitehouse Lane, Huntingdon Road, CB3 0LX, ✆ 01223/277977, www.hotelfelix.co.uk.

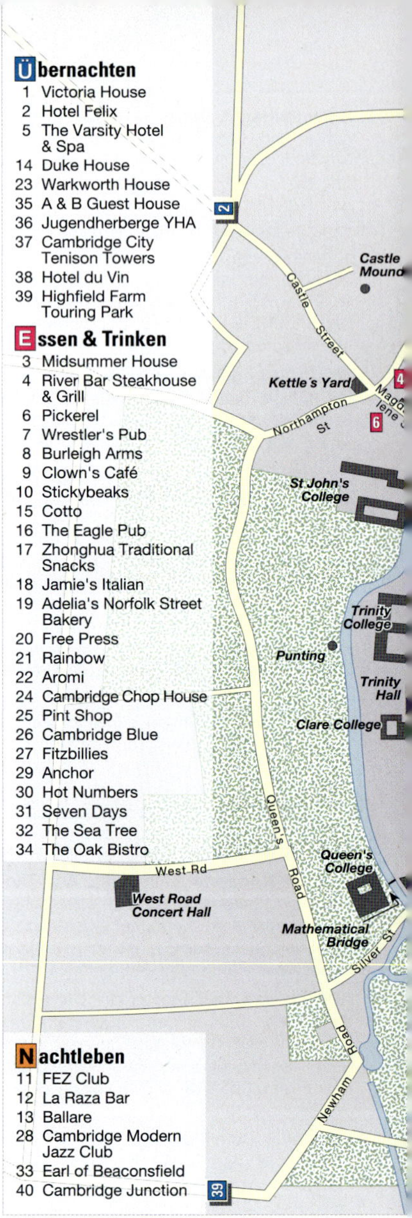

**** **The Varsity Hotel & Spa** **5** Neues, superteures Wohlfühlhotel im Herzen der Stadt, hier trifft Mittelalter auf 21. Jh. 48 Zimmer und rundumverglaste Penthouse-Suiten. Dachterrasse. B & B DZ 179–850 £. Thompson's Lane (bei der Bridge Street),

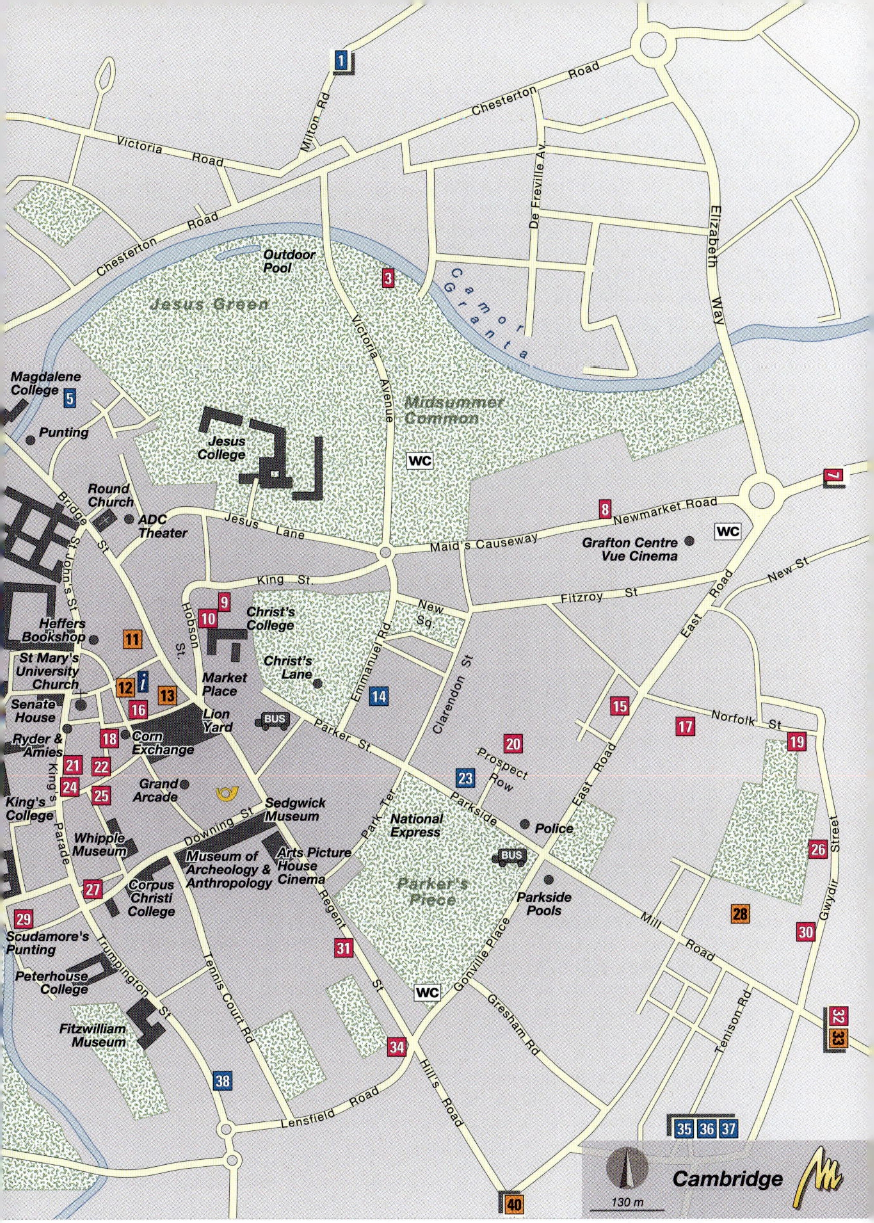

CB5 8AQ, ✆ 01223/306030, www.thevarsity hotel.co.uk.

Warkworth House 23 Nur 10 Gehminuten ins Zentrum; die große, freundliche Pension ist geschmückt mit Blumengehängen. Alle 15 Zimmer mit Bad, einige frisch renoviert. Neuer Wintergarten, großes Frühstücksbuffet im Souterrain, Wäscheraum. B & B EZ 75 £, DZ ab 105 £, Familienzimmer ab 140 £. Apartment (Selbstversorger) 125 £. Warkworth Terrace, CB1 1EE, ✆ 01223/ 363682, www.warkworthhouse.co.uk.

A & B Guest House 35 Nur 4 Min. vom Bahnhof und 15 Min. vom Zentrum, schöne Familienpension mit 11 renovierten Zimmern, alle mit Bad. Kostenfreie Parkplätze. EZ 50–55 £, DZ 70–90 £, Familienzimmer 95–105 £, inkl. Frühstück. Für Cambridge sehr gutes Preis-Leistungs-Verhältnis! 124 Tennison Road, CB1 2DP, ✆ 01223/315702, www.aandbguesthouse.co.uk

Duke House 14 Die einstige Residenz des Duke of Gloucester ist heute eine romantische Boutique-Pension am Park, in die Innenstadt führt ein kurzer Spaziergang. 4 meist recht kleine Luxus-Zimmer, bequeme Betten, große Bäder. DZ 120–175 £ inkl. Frühstück. 1 Victoria Street, CB1 1JP, ✆ 01223/314773, dukehousecambridge.co.uk.

Victoria House 1 Knapp 30 Min. zu Fuß ins Zentrum. Gelungener Stilmix aus alt und neu, sauber und komfortabel. 8 Zimmer mit Bad, 2 Apartments. Mindestens 2 Nächte. B & B EZ ab 85 £, DZ ab 95 £. 57 Arbury Road, CB4 2JB, ✆ 01223/350086, www.victoria-guesthouse.co.uk.

Cambridge City Tenison Towers 37 Schlichtes und sauberes B & B 15 Min. vom Zentrum nahe des Bahnhofs. Sehr kleine Zimmer, aber „preiswert". EZ ab 50 £, DZ ab 70 £, inkl. Frühstück. 148 Tenison Road, CB1 2DP, ✆ 01223/363924, www.cambrigdecitytenisontowers.com.

YHA Cambridge 36 Vom Hauptbahnhof in der Station Road die erste Straße rechts (Tennison Road), dann auf der rechten Seite. Die Jugendherberge ist im Sommer oft schon am frühen Morgen ausgebucht, deshalb rechtzeitig anmelden. In den erst 2014 renovierten Zimmern stehen zwei bis acht Betten, in der Cafeteria kann man frühstücken und zu Abend essen. Ziemlich laut. B & B ab 23 £, Zimmer ab 30 £. 97 Tennison Road, CB1 2DN, ✆ 0345/3719728, www.yha.org.uk/hostel/cambridge.

Camping Im Tourist Office ist eine Liste mit einigen Campingplätzen der Umgebung erhältlich.

Highfield Farm Touring Park 39 In Comberon (Long Road), dem Stadtzentrum am nächsten gelegener Zeltplatz (8 km). Anfahrt über die A 603 in Richtung Südwesten. Nach etwa 4,5 km rechts auf die B 1046, die man noch 2 km weiterfährt (CamBus 118 vom Busbahnhof). Nur Zelte. Zweipersonenzelt und Auto 13–18,50 £. Geöffnet Ende März bis Anfang Nov. ✆ 01223/262308, www.highfieldfarmtouringpark.co.uk.

Essen & Trinken/Pubs/Nachtleben

→ Karte S. 364/365

Für den Hunger zwischendurch kann man sich auf dem Markt Obst und Gemüse besorgen. Ansonsten findet sich an fast jeder Ecke ein Restaurant oder ein Café/Tearoom.

Essen & Trinken **Midsummer House** 3 Edles und teuerstes Restaurant mit einer der besten Weinliste außerhalb von Paris und zwei Michelin-Sternen in der Kochkrone. Von den Balkonplätzen Blick über den River Cam. Lunch Mi–Sa 12–13.30 Uhr, Dinner Di–Do 19–21.30 Uhr, Fr–Sa ab 18.30 Uhr. 5 Gänge, wahlweise auch vegetarisch: 47,50 £, 7 Gänge 82,50 £, 10 Gänge 105 £; unbedingt reservieren. So/Mo Ruhetag, Di nur Dinner. Midsummer Common, CB4 1HA, ✆ 01223/369299, midsummerhouse.co.uk.

The Oak Bistro 34 In dem denkmalgeschützten ehemaligen Pub kommt feine, britische Küche auf den Tisch, im Sommer auch draußen im Walled Garden. Viele Fischgerichte. Lunch Mo–Sa 12–14.30 Uhr (2 Gänge 13,95 £, 3 Gänge 16,95 £), Dinner Mo–Do 18–21.30 Uhr, Fr–Sa bis 21.45 Uhr. Hauptgerichte ab 13,95 £. 6 Lensfield Road, CB2 1EG, ✆ 01223/323361, www.theoakbistro.co.uk.

Jamie's Italian 18 In der alten Bibliothek. Sehr groß, trotzdem fantastische Location; rustikales, mediterranes Flair, am Tresen baumeln Schinken von der Decke. Diverse Vorspeisenteller (kleine Portionen) und einfache Nudelgerichte zu moderaten Preisen (5,95–14,95 £). Keine Reservierung möglich. The Old Library, 2 Wheeler Street, CB2 3QJ, ✆ 01223/654094, www.jamieoliver.com/italian/cambridge.

Cotto 15 Bistro mit kreativer Speisekarte, moderne europäische Küche mit frischen Zutaten und guten Nachtischen. Dinner Mi–Fr ab 18.30 Uhr, Sa ab 18 Uhr im 1. Stock. 3 Gänge 60 £, Sa 65 £. So/Mo Ruhetag. 183 East Road, CB1 1BG, ✆ 01223/302010, www.cottocambridge.co.uk. ■

Cambridge Chop House 24 Britische Küche und Ale vom Fass kann man hier bei einem der besten Ausblicke genießen – auf das King's College. Das Restaurant dient tägl. von 10–12 als Coffeehouse, danach wird viel Fleisch serviert. Jede Nacht Steak Night. Pre-Theatre Menü 2 Gänge für 14 £, 3 Gänge für 18 £. Mo–Do 10–22.30 Uhr, Fr–Sa bis 23 Uhr, So bis 21.30 Uhr. 1 King's Parade, CB2 1SJ, ✆ 01223/359506, www.cambs cuisine.com/cambridge-chop-house.

The River Bar Steakhouse & Grill **4** Versteckt hinter Henry's Bar muss man den Cam über eine Holzbrücke überqueren und einige Stufen hinabsteigen. Trendy mit großem Champagner- und Cocktailangebot, das man auch von der Dachterrasse mit Blick über die Colleges genießen kann. Öffnungszeiten Terrasse: Mo–Do 14 Uhr bis Sonnenuntergang, Fr–So ab 12 Uhr, BBQ Fr 17.30–20.30 Uhr, Sa–So ab 12 Uhr. Restaurant: Mo–Do 18.30–23.30 Uhr, Fr 17.30–0.30 Uhr, Sa12–0.30 Uhr, So 12–23.30 Uhr. Quayside, CB5 8AQ, ✆ 01223/307030, www.riverbarsteakhouse.com.

Zhonghua Traditional Snacks **17** In dem winzigen, spartanischen Restaurant mit vielleicht 10 Tischen werden handgemachte chinesische Snacks, vor allem günstige Nudelgerichte und Dumpling-Suppen serviert. Mi–Mo 12–21 Uhr. 13 Norfolk Street, CB1 2LD, ✆ 01223/354573.

Seven Days **31** Die asiatische Alternative für den chinesischen Gaumen. In dem Restaurant gibt es für Abenteuerlustige Exotisches wie Schweineohren oder Hühnerfüße, die meisten Gäste kommen für die schnellen Suppen, die Hot Pots. Tägl. 12–15 Uhr und 17.30–22.30 Uhr. 66 Regent Street, CB2 1DP, ✆ 01223/309559.

The Sea Tree **32** Alternative, familiengeführte Fischbar, alles frisch vom Billingsgate Market, auch vegetarische Optionen und weizenfreie Panade. Sonntags Brunch. Mo 17–22 Uhr, Di–Fr 12–14 und 17–22 Uhr, Sa 12–22 Uhr, So 17–21 Uhr. 13–14 The Broadway, Mill Road, CB1 3AH, ✆ 01223/414394, theseatree.co.uk.

Norfolk Street Bakery **19** Café und Bäckerei, Artisanbrot, Chorizobrötchen und Focaccia werden täglich frisch gebacken, auch portugiesischer Süßkram; Verkaufsschlager ist Pastel de Nata. Mo–Fr 7.30–17.30 Uhr, Sa 8.30–14 Uhr. 89 Norfolk Street, CB1 2LD, ✆ 01223/660163, www.norfolkstreet bakery.com.

Hot Numbers **30** Tolles Coffeehouse im Dales-Brauereigebäude mit eigener Kaffeeröstung und Fitzbillies-Kuchen. Alternative Atmosphäre, oft Livemusik, nebenan Ausstellungen im Williams Art Space. Mo–Mi und Sa 7–18 Uhr, Do–Fr bis 22.30 Uhr, So 8–18 Uhr. Unit 6, Dales Brewery, Gwydir Street, CB1 2LJ, ✆ 01223/359966, hotnumbers coffee.co.uk.

East Anglia → Karte S. 272/273

Ruhe vor dem Sturm: Jamie's Italian

Clown's Café 9 Britisch-italienische Coffeebar, auch gutes Lunchmenü, gemischtes Publikum, entspannt alternativ. Mi 18–20.30 Uhr Aperitivo Night mit einem italienischen Snack-Buffet für 6 £/Person. Mi–Mo 8–23.30 Uhr. 54 King's Street, ✆ 01223/355711, de-de.facebook.com/Clownscafe.uk.

Rainbow 21 Hier kommen vegetarische, vegane und glutenfreie Gerichte nach internationalen Rezepten auf den Teller. Di–Sa 10–22 Uhr, So bis 15 Uhr, Mo Ruhetag. 9a Kings Parade, CB2 1SJ, ✆ 01223/321551, www.rainbowcafe.co.uk. ■

Fitzbillies 27 Seit 1928 werden hier die berühmten Chelsea Buns gebacken, die klebrig-süßen Rosinenschnecken. Großes Café, mehr wie eine Kantine. Mo–Fr 8–18 Uhr, Sa ab 9 Uhr, So ab 10 Uhr. 52 Trumpington Street, CB2 1RG, ✆ 01223/352500, www.fitzbillies.com.

Stickybeaks 10 Unabhängiges Café, das für seine Sandwiches und den Sonntags-Brunch gerühmt wird. Mo–Fr 8–17.30 Uhr, Sa ab 9 Uhr, So 10–17 Uhr. 42 Hobson Street, CB1 3NL, ✆ 01223/359397, www.stickybeakscafe.co.uk.

Aromi 22 Seit 2013 werden hier italienische Delikatessen über den Tresen verkauft, bei deren Zubereitung man zuschauen kann. Wenige Tische, immer voll. Mo–Do und So 9–19 Uhr, Fr–Sa bis 20 Uhr, 1 Bene't Street, CB2 3QN, ✆ 01223/300117, www.aromi.co.uk.

Pubs Etliche Pubs mit einer ausgeprägten Studentenszene locken zu einem Kneipenbummel. Die Quayside hat sich zu einem Brennpunkt des Nachtlebens entwickelt, seit hier Ketten wie Starbucks, Bar Med und andere aufgemacht haben. Besonders reizvoll sind die an verschiedenen Tagen stattfindenden Musikabende. Plakate überall in der Stadt kündigen die Ereignisse an, auch das Tourist Office hält Infomaterial bereit. Eine Auswahl guter Pubs:

Pint Shop 25 Einfaches Essen über dem Holzkohlenfeuer gegrillt oder auch nur Barsnacks, dazu Craft Beer und eine intime Atmosphäre machen aus dem Pint Shop einen ungezwungenen Platz zum Wohlfühlen. Tolle Lunch-Set-Menü-Angebote. 10 Peas Hill, CB2 3PN, ✆ 01223/352293, www.pintshop.co.uk.

The Eagle 16 Das Postkutschen-Inn aus dem 16. Jh. (→ Sehenswertes) ist immer voll, gutes Essen und große Portionen zu vernünftigen Preisen; mehrere kleinere Räume machen die Gaststätte urgemütlich. Für Raucher beheizter Hof im Winter. Tägl. ab 8 Uhr, also auch was fürs Bagel-Frühstück. 8 Benet Street, CB2 3QN, ✆ 01223/505020, www.eagle-cambridge.co.uk.

Anchor 29 Reizvolles, eher touristisches Pub am Fluss mit mehreren Räumen auf mehreren Etagen. Die Einrichtung ist ganz aus Holz. Von der Terrasse aus kann man die Puntingboot-Dramen unter der Mathematical Bridge verfolgen. Silver Street, CB3 9EL, ✆ 01223/353554, www.anchorcambridge.com.

Burleigh Arms 8 Ein schönes, solides Pub, nicht ganz so zentral, aber mit frischer, zuverlässig guter Küche, lokalen Ales und freundlichem Charme. 9–11 Newmarket Road, CB5 8EG, ✆ 01223/301547, www.burleigharmscambridge.co.uk.

Cambridge Blue 26 Eng, voll mit Schnick-Schnack und Ruderern der Uniszene („blue" ist die Farbe der Uni-Sportteams), die sich im Biergarten von den Strapazen auf dem Cam erholen. 85–87 Gwydir Street. CB1 2LG, ✆ 01223/471680, www.thecambridgeblue.co.uk.

Pickerel 6 Das älteste Pub von Cambridge. Hier kann man v. a. mittags gut essen. 30 Magdalene Street, CB3 0AF. ✆ 01223/355068, www.taylor-walker.co.uk/pub/pickerel-cambridge/c3602.

Wrestler's Pub 7 Einfaches, aber hübsches Pub mit Thai-Snacks, fast immer proppenvoll. 337 Newmarket Road, CB5 8JE, ✆ 01223/566554, www.facebook.com/The-Wrestlers-135242926521870.

Free Press 20 Das Pub ist mit alten Zeitungen dekoriert und offeriert sehr gutes Bar-Essen mit großer Auswahl für Vegetarier. Handyfreie Zone! 7 Prospect Row, CB1 1DU, ✆ 01223/368337, www.freepresspub.com.

Nachtleben **La Raza Bar** 12 Restaurant (Tapas), Cocktailbar und Venue für Livemusik in einem. Jeden Mittwoch spielt die Hausband Booga's Electric Sauce, 2–3 mal in der Woche gibt es DJ-Abende oder Gigs. 4–6 Rose Crescent, CB2 3LL, ✆ 01223/464550, laraza.co.uk.

Cambridge Modern Jazz Club 28 Live-Jazz in der **Hidden Rooms** Gewölbebar unterhalb des Restaurants Pizza Express in der Jesus Lane. 7b Jesus Lane, CB5 8BA, ✆ 01223/514777, www.cambridgejazz.org.

Earl of Beaconsfield 33 Viermal in der Woche Livemusik: So Blues, Di Acoustic, Do

Irish Folk und Sa ein bunter Mix aus Gastauftritten. Mo–Mi 13–24 Uhr, Do–Fr bis 1 Uhr, Sa 12–1 Uhr, So 12–24 Uhr. 133 Mill Road, CB1 3AA, ✆ 01223/410703, www.earlofbeaconsfield.co.uk.

Ballare 13 Großer und beliebter Nachtclub bei den Studis (Do Student Thursday). Bloß nicht mit Jeans und Turnschuhen aufschlagen! Während des Unibetriebs Di/Mi 22–2 Uhr, Do–Sa bis 4 Uhr, Ferienzeit Do–Sa 22.30–3.30 Uhr. Heidelburg Gardens, Lion Yard, CB2 3NA, ✆ 01223/364222, www.ballare.co.uk/cambridge.

Cambridge Junction 40 Kulturzentrum und Nachtclub mit drei Sälen für Musik und Performances. Es gibt Platz für 1000 Clubber und reguläre Clubnights, aber auch Tanz und Theatervorstellungen unter der Woche. Clifton Way, CB1 7GX, ✆ 01223/511511, www.junction.co.uk.

FEZ Club 11 Seit 15 Jahren tanzt Cambridges Studentengemeinde hier zu Indie, Electro, R'n'B, Funk und Soul in orientalischem Ambiente. Tägl. ab 22 Uhr. 15 Market Passage, CB2 3PF, ✆ 01223/519224, www.cambridgefez.com.

The University of Cambridge

Die Universität besteht aus 31 Colleges, die meist um Höfe *(courts)* herum gebaut wurden und aus vier Hauptkomponenten bestehen: Studentenunterkünften, Bibliothek, Kapelle und Speisesaal. Die Colleges unterstehen den drei Organen der Universität, die das akademische Leben regeln: dem Senate House, dem Regent House und dem Senate Council. Dem Senate House gehören alle graduierten Mitglieder der Colleges an, dem Regent House solche, die ein Lehr- oder Verwaltungsamt innehaben. Aus seinen Reihen wählt das Regent House den Senate Council, der aus sechzehn Mitgliedern besteht. Diese drei Organe wachen über die Examen, die Berufung von Professoren und alle Aufgaben von Universität und Colleges. Der Kanzler der Uni ist meist eine Persönlichkeit des öffentlichen Lebens, seine Aufgaben sind rein repräsentativ. 2011 löste der Geschäftsmann und Politiker Lord Sainsbury of Turville Prinz Philipp, den Gatten der Queen, auf diesem Posten ab. Die eigentliche Arbeit macht der Vizekanzler, zurzeit der frühere Medizinprofessor Sir Leszek Borysiewicz.

Insbesondere die Franziskaner- und Karmeliter hatten Einfluss auf die Entwicklung der Universität von Cambridge. Das erste offizielle College wurde 1284 vom Bischof von Ely aus der Taufe gehoben, das Peterhouse. Ihm folgten über die Jahre viele weitere Gründungen, die letzte 1979 mit dem Robinson College, dessen Gründer Sir David Robinson mit dem Verleih von Fernsehern Millionär geworden war. Heute sind drei der 31 Colleges nur für Frauen. Frauen waren natürlich lange nicht zugelassen. Die ersten Colleges sollten vor allem Priester und Geistliche ausbilden. Später traten neben der Kirche auch der Hof, der Hochadel, die Zünfte und die Gilden als Stifter auf.

Leider sind nicht alle Colleges öffentlich zugänglich. Die Tafel, die jeweils an den Eingängen angebracht ist, weist auf die Besuchszeiten hin. Die Pförtner lassen außerhalb dieser Zeit keinen Neugierigen passieren. Ein Universitätsjahr in England ist (noch) in Trimester eingeteilt. Die drei jeweils achtwöchigen Abschnitte heißen Michaelmas (Oktober bis Mitte Dezember), Lent (Anfang Januar bis Mitte März) und Easter (Mitte April bis Ende Juni). Während eines Trimesters sind die Besuchszeiten der Colleges eingeschränkt, während der Examen von Mitte April bis Ende Juni sind fast alle Colleges geschlossen.

St John's College und School of Pythagoras: Wir beginnen unseren Rundgang am nördlichen Ende der Altstadt, im ältesten Teil von Cambridge, in der Magdalene Street. Auf der rechten Seite liegt das St John's College mit seiner berühmten Seufzerbrücke. Diese Anlage wurde 1511 von Lady Margaret Beaufort gegründet. Man

East Anglia → Karte S. 272/273

betritt das Gelände durch ein eindrucksvolles Torhaus. Es gibt drei Courts, von denen der zweite als der schönste Tudor-Hof in England gilt. Über den River Cam zum dritten Hof hinüber führt die New Bridge, besser bekannt als Bridge of Sighs (Seufzerbrücke), eine Nachbildung der Seufzerbrücke in Venedig. Im Garten des College befindet sich die aus Stein und Holz erbaute School of Pythagoras, das älteste Gebäude der Stadt (12. Jh.). Studenten des John's College stehen in dem Ruf, arrogant zu sein, und die Studenten anderer Colleges ziehen ihre Nachbarn mit einem Spottlied auf, dessen Hauptzeile lautet: *„I'd rather be at Oxford than at John's"* – „Ich würde eher nach Oxford gehen als aufs John's". Worauf die Kontrahenten zurücksingen: *„Apply, apply with hope in your hearts; but you'll never be at John's"* („Bewirb dich doch voller Hoffnung im Herzen, doch du wirst es nie schaffen nach John's").

College und School of Pythagoras: März bis Okt. tägl. 10–17 Uhr. 5 £, erm. 3,50 £. ✆ 01223/ 338606, www.joh.cam.ac.uk.

Trinity College: Wir biegen nun von der Bridge Street rechts in die St John's Street ab und finden auf der rechten Seite das Trinity College. Das größte (und angeblich reichste) College der Stadt wurde 1546 von Heinrich VIII. wenige Wochen vor seinem Tod gegründet. Heinrich thront über dem Eingangstor, in der linken Hand hält er den Reichsapfel, in der rechten – nein, nicht das Zepter, sondern ein Stuhlbein, dem Humor der Studenten sei Dank. Unter den Trinity-Studenten waren aber nicht nur Witzbolde, sondern auch die Wissenschaftler und Philosophen Sir Isaac Newton, Ernest Rutherford, Ludwig Wittgenstein und Bertrand Russel sowie die Schriftsteller John Dryden, Lord Byron, Lord Tennyson und George Herbert. Sage und schreibe 32 Nobelpreisträger und sechs Premierminister sind aus den Wissenschafts- und Wirtschaftsfakultäten des College hervorgegangen. Auch Könige wie Eduard VII. und Georg VI. ließen sich hier ausbilden.

The Great Court ist der größte Innenhof der Stadt. In seiner Mitte steht ein Springbrunnen (Anfang des 17. Jh.), in dem Lord Byron öfter ein Bad genommen haben

Größtes College von Cambridge: Trinity

soll. Der „King Edward III“-Turm besitzt eine markante Uhr, die jeden Schlag nicht einmal, sondern zweimal (in zwei Tonlagen) tätigt. Eine alte Tradition ist es, zu Mitternacht die 347,5 m einmal um den Innenhof zu rennen, bevor der letzte Schlag verklungen ist. Geschafft hat das bislang nur ein junger Student in den 1920er-Jahren: ein olympischer Hürdenläufer. In der Kapelle aus der Mitte des 16. Jh. stehen die Statuen der berühmtesten Schüler des College. Die Statue von Lord Byron sollte eigentlich in der Poet's Corner in der Abtei von Westminster stehen. Diese verweigerte die Annahme jedoch wegen des skandalösen Lebenswandels des Dichters, daher fand sie ihren Platz in der Wren Library. Diese erreicht man, indem man weiter in Richtung Cam über das College-Gelände geht. Die Bibliothek wurde ab 1676 errichtet, innen birgt sie zum Teil sehr alte Holzregale, die mit einzigartigen Bücherschätzen gefüllt sind. Das älteste Buch sind die Episteln des heiligen Paul aus dem 8. Jh.; in Glasvitrinen kann der Besucher auch einige Manuskripte weltbekannter Klassiker begutachten.

März bis Okt. tägl. 10–17 Uhr, in Prüfungswochen geschlossen. Ante Chapel, Chapel, Great Court, Great Hall (nur 15–17 Uhr) und Nevile's Court: 3 £ (Ticket am Great Gate). Library: Mo–Fr 12–14 Uhr, Sa 10.30–12.30 Uhr, kein extra Eintritt. ✆ 01223/338400, www.trin.cam.ac.uk.

Senate House und Great St Mary's: Nun geht es die Kings Parade in südliche Richtung entlang. Auf der rechten Seite kommt man an einem weißen, klassizistischen Gebäude vorbei, dem Senate House. Hier hängen Ende Juni die öffentlichen Listen mit den Prüfungsergebnissen aus, hier finden dann auch die Degree Ceremonies in lateinischer Sprache statt. Der einzige Satz, der in englischer Sprache fällt, ist die Bitte, während der Feier die Handys auszuschalten. Die rund vierhundert Studenten laufen traditionellerweise von ihren Colleges zum Senate House in strenger Reihenfolge: Zuerst kommen die Studenten der drei Royal Colleges: King's, Trinity und St John's. Danach geht es nach dem Alter der Colleges. Gegenüber steht die Kirche Great St Mary's oder auch University Church, hier fanden vor dem Bau des Senate House die Feierlichkeiten statt. Wer den Turm mit seinen 123 Stufen besteigt (3,50 £, erm. 2,80 £, Kind 2 £, Familie 8 £), hat einen wunderbaren Blick über die Stadt und speziell zum King's College. Dahinter befindet sich der Marktplatz.

King's College: Der imposante helle Steinbau mit den zahllosen reich verzierten Türmchen, der sich nun rechter Hand erhebt, ist das altehrwürdige Kleinod von Cambridge – einem Palast ähnlicher als einer Hochschule. 1441 gründete Heinrich VI. das College im zarten Alter von 19 Jahren; es sollte 70 Studenten Platz bieten, die ausschließlich aus der von ihm gegründeten Eliteschule Eton rekrutiert wurden. 400 Jahre lang kamen alle Studenten des King's College aus Eton, die als Privileg ihre Degrees erhielten, ohne (!) Prüfungen ablegen zu müssen.

Das Prunkstück des College ist seine Kirche. Die sogenannte Chapel ist 88 m lang, 24 m hoch und 12 m breit. Innen überwältigen die farbigen Glasfenster aus dem 16. Jh. (es handelt sich um den vollständigsten Satz von Buntglasfenstern aus der Renaissance, nur das Westfenster ist viktorianisch). 1939 wurden die Fenster zum Schutz vor Bomben eingelagert; sie wieder einzusetzen dauerte ganze fünf Jahre. Ein Blick nach oben in das prächtige Fächergewölbe lässt die aufwendigen Bauarbeiten erahnen. Das Gewölbe allein wiegt 1875 Tonnen, die Schlusssteine jeweils eine Tonne. Unterhalb der Fenster werden die Wappen von Kreaturen aus der britischen Heraldik getragen. Über ein Jahrhundert war nötig, um das Gotteshaus fertigzustellen. Sehenswert sind auch das Chorgestühl, die sorgfältig gearbeitete Holzverkleidung der Orgel (ein Geschenk Heinrichs VIII.) und das Gemälde „Adoration of the

East Anglia → Karte S. 272/273

Prunkstück des King's College: seine Kirche

Magi" (Anbetung der Könige) von Peter Paul Rubens (hinter dem Altar). Zu Weihnachten findet hier seit 1918 pünktlich um 15 Uhr das Festival of Nine Lessons and Carols statt, ein Gottesdienst, der vom berühmten Chapel-Chor gesungen wird. Die Teilnahme hier wie auch beim allabendlichen Evensong um 17.30 Uhr ist kostenfrei!

Während des Trimesters (Okt. bis Nov., Mitte Jan. bis Mitte März, Ende April bis Mitte Juni und Ende Juni bis Anf. Juli) Mo–Fr 9.30–15.30 Uhr, Sa 9.30–15.15 Uhr, So 13.15–14.30 Uhr; sonst Mo–So 9.30–16.30 Uhr, im Dez. und Jan. So nur bis 15.30 Uhr. 9 £, erm. 6 £, Audiotour 2 £ extra. ✆ 01223/746506, www.kings.cam.ac.uk.

Old Cavendish Laboratorys: Ein kurzer Abstecher in die Benet Street führt zum Kirchturm von St Benedict aus dem Jahr 1025 sowie zu den berühmten Old Cavendish Laboratorys. Das Forschungsinstitut brachte zwischen 1904 und 1973 22 Nobelpreisträger hervor. Hier entdeckte J. J. Thomson 1897 das Elektron, James Chadwick in den 1930er-Jahren das Neutron, Ernest Rutherford spaltete hier das erste Atom, und Francis Crick und James Watson erforschten hier 1953 *„the meaning of life"*, die Struktur der DNA. Präsentiert haben sie ihren Fund gegenüber in ihrer Stammkneipe, dem Eagle Pub, mit einer hingeworfenen Skizze auf der Serviette.

Queen's College: Gleich neben dem King's College und über die Queen's Lane zu erreichen. Viele halten das Queen's College für das malerischste aller Colleges. Gegründet wurde es 1448 von Margarete von Anjou, der Gemahlin Heinrichs VI. Juwel der Anlage mit ihrem ansehnlichen Innenhof ist die President's Lodge (am Cloister Court). Sie wurde 1537 gebaut und zeigt holzgetäfelte Räume aus der ersten Hälfte des 16. Jh. Im College lehrte für kurze Zeit u. a. der Humanist Erasmus von Rotterdam.

Die Mathematical Bridge verbindet den älteren Teil des College (bei den Studenten *„The Dark Side"* genannt) mit der neueren Hälfte. Diese Holzbrücke ist eines der meistfotografierten Motive der Stadt – das beste Foto kann man von der Silver

Street Bridge aus schießen. Angeblich soll die Brücke von Sir Isaac Newton geplant worden sein, ohne die Verwendung irgendwelcher Nägel oder Schrauben. Dann hätten Studenten in einer Nacht- und Nebelaktion versucht, sie auseinanderzunehmen und wieder zusammenzubauen. Erfolglos, sagt die Legende, weshalb die Brücke seitdem doch von Nägeln und Schrauben zusammengehalten wird ... Tatsächlich wurde die Mathematical Bridge 22 Jahre nach Newtons Tod von James Essex gebaut.

Old Hall und Chapel: April bis Sept. und Okt. bis März tägl. 10–16.30 Uhr mit Ausnahme der Examens- und Vorbereitungszeiten Ende April bis Anf. Mai, Mitte Mai bis Mitte Juni. Eintritt 3 £. ✆ 01223/335520, www.queens.cam.ac.uk.

Corpus Christi College: Es liegt gegenüber dem Queen's College an der King's Parade und wurde 1352 gegründet. Besonders stolz ist man darauf, das einzige College zu sein, das von den Bürgern der Stadt ins Leben gerufen wurde. Es gehört zu den kleinsten Colleges und besitzt den am besten erhaltenen mittelalterlichen Innenhof (14. Jh.). Die sogenannten Single Span Rooms, mit einem Fenster zum Innenhof und einem zur Straße, teilten sich damals vier Studenten mit einem Lehrer. Heute darf hier nur wohnen, wer besondere Leistungen erbracht hat. Der größere Innenhof des College wurde übrigens von William Wilkins (u. a. auch Architekt der National Gallery in London) im 19. Jh. geplant; es war sein Lieblingswerk, weshalb er sich auch in der Kapelle von Corpus Christi begraben ließ. Die Parker Library mit ihren fast 500 Manuskripten und 1000 Büchern aus dem 6. bis 16. Jh. ist nur per Sonderführung zu besichtigen.

Jan. bis April tägl. 14–16 Uhr, Eintritt frei; Mai/Juni geschlossen; Juli bis Sept. 10.30–16.30 Uhr, Eintritt 3 £; Okt. bis Dez. tägl. 14–16 Uhr, Eintritt frei; 24. Dez. bis 2. Jan geschlossen. Führungen Corpus Christi College mit Parker Library (ab Touristeninformation): Mo und Do um 14 Uhr. 9 £. ✆ 01223/338000, www.corpus.cam.ac.uk.

Corpus Clock: Die merkwürdige Uhr steht an der King's Parade vor der Taylor Library, gekrönt von einem Grashüpfer, der offenbar die Zeit frisst. Eine Million

Ein Erlebnis: gleich werden die Degrees vergeben

East Anglia → Karte S. 272/273

Pfund hat das Werk gekostet, das 2008 von Stephen Hawking, dem berühmten Autor von „Eine kurze Geschichte der Zeit“, enthüllt und von John Taylor, einem Erfinder, entwickelt und bezahlt wurde. Das Zifferblatt aus 24-karätigem Gold hat einen Durchmesser von 1,2 m und 60 Schlitze, die die Uhrzeit angeben, wenn blaues Licht durch sie strömt (jedoch nur alle fünf Minuten). Zur vollen Stunde fällt eine Kette in einen Sarg. Das eigenartige Chronometer soll uns an unsere Sterblichkeit erinnern und des Londoner Uhrmachers John Harrison gedenken, der vor 250 Jahren das Problem der Bemessung des Längengrades löste.

Peterhouse: Der Weg führt nun zurück auf die King's Parade, die weiter südlich zur Trumpington Street wird. Auf der rechten Seite erhebt sich das älteste und eines der kleinsten Colleges der Stadt, das Peterhouse. 1284 wurde es vom Bischof von Ely gegründet und noch heute existieren Teile des ursprünglichen Gebäudes. Das Ostfenster der Schulkapelle wurde nach Entwürfen von Peter Paul Rubens angefertigt. Schön ist die getäfelte Dining Hall. Unter den bedeutenden Studenten taucht auch Colin Charles Greenwood auf, seines Zeichens Bass-Spieler von Radiohead, einer Band, die sich Ende der 1980er-Jahre unter dem Namen „On A Friday“ zusammengetan hatte.

Tägl. 9–17 Uhr. Eintritt frei. ✆ 01223/338200, www.pet.cam.ac.uk.

Jesus College: Nicht auf unserer Wegstrecke, sondern im Norden der Altstadt findet man an der Jesus Lane das Jesus College. John Alcok, Bischof von Ely, rief es im Jahre 1496 ins Leben. Ein großer Teil der mittelalterlichen Architektur blieb erhalten: Die aus dem 12. Jh. stammende Klosterkirche und heutige College-Kapelle befindet sich überwiegend im Originalzustand; die heutige College Hall war der Speisesaal der Nonnen. Im Innenhof des College breitet sich ein wunderschöner Garten aus, in dem einige moderne Skulpturen zu finden sind. Schön anzusehen ist auch das mächtige Torhaus, durch das man die Anlage betritt.

Innenbereich tägl. bis 18 Uhr geöffnet; geschlossen während der Examenszeit und bei Veranstaltungen. Eintritt frei. ✆ 01223/339339, www.jesus.cam.ac.uk.

Hier starten die Stadtführungen: Round Church

Christ's College: Vom Jesus College gelangt man über die Malcolm und Hobson Street zur Sidney Street, die in südliche Richtung in die St Andrew's Street übergeht. Hier liegt das Christ's College, eine Stiftung von Lady Margaret Beaufort im Jahr 1505. Die von einem wunderschönen Park umgebene Anlage gehört zu den sehenswertesten Colleges von Cambridge. Der Dichter John Milton soll hier bereits unter dem Maulbeerbaum gesessen haben. Ein anderer berühmter Student war Charles Darwin. Die Universität besitzt die weltweit größte Sammlung seiner Manuskripte.

Während der Vorlesungszeit tägl. 9–16 Uhr, die Fellow Gardens nur Mo–Fr 9–16 Uhr. Eintritt frei. ✆ 01223/334900, www.christs.cam.ac.uk.

Clare College Fellows Garden: Dieser auf allen Seiten von Deichen und dem Fluss umgebene Garten wird derzeit in seinen Originalzustand von 1947 zurückversetzt – eine versteckte Oase der Ruhe und der Blütenpracht inmitten der Stadt.

Ostern bis Sept. tägl. 10.30–16.30 Uhr, während der Examenszeit geschlossen. Eintritt 4,50 £. Trinity Lane, CB2 1TL. Eingang vom Clare Old Court oder von der Queen's Road. ✆ 01223/333200, www.clare.cam.ac.uk/The-Fellows-Garden.

Museen und Ausstellungen

Round Church: In dem Gebäude aus der Normannenzeit, dem zweitältesten von Cambridge, kann man sich in der Ausstellung „The Cambridge Story“ eingehend über die Geschichte der Stadt informieren und warum Cambridge zur weltberühmten Universitätsstadt wurde. Ein knapp halbstündiger Film „Saints and Scholars“ beschreibt die Entwicklung von Stadt und Uni der letzten 800 Jahre. Von hier starten auch Stadtführungen (Bridge Street gegenüber St John's College).

Mo–Fr 10–17 Uhr, Sa 13.30–17 Uhr, So 13.30–16 Uhr. 2,50 £, erm. 1 £. Führungen Mi 11 Uhr, So 14.30 Uhr; 10 £, Studenten 8 £. ✆ 01223/311602, www.roundchurchcambridge.org, www.christianheritage.org.uk.

Fitzwilliam Museum: Dieses kunsthistorische Museum von Weltrang ist als „Art Museum of Cambridge University“ bekannt. Im 1. Stockwerk zeigt es eine umfangreiche Sammlung westeuropäischer Malerei, hier hängen Werke von Dürer, da Vinci, Michelangelo, Monet und vielen anderen. Zu sehen sind aber auch Skulpturen, Keramiken, Textilien, Möbel und anderes mehr. Im Erdgeschoss ist antike Kunst aus Ägypten, Asien, Griechenland und Rom zu sehen. Regelmäßig gibt es spannende Wechselausstellungen. Besuchenswert!

Di–Sa 10–17 Uhr, So 12–17 Uhr, das Courtyard Café schließt 30 Min. früher. Eintritt frei, um eine Spende wird gebeten. Führung Sa 14.30 Uhr, Treffpunkt Courtyard Eingang (6 £). Trumpington Street, CB2 1RB, ✆ 01223/332900, www.fitzmuseum.cam.ac. uk.

Kettle's Yard Museum: In diesem windschiefen Cottage, das in seinem Zustand von 1967 belassen wurde, ist diese wunderbare Ausstellung mit Werken aus dem frühen 20. Jh. zu sehen; dazu in einem angrenzenden Neubau Kunst der Gegenwart aus aller Welt. Oft finden hier auch Veranstaltungen, Lesungen oder Konzerte statt. Auch der Besuch des Shops lohnt sich.

Haupthaus: Zur Zeit der Recherche war der KukIturkomplex wegen Umbau geschlossen. Die Wiedereröffnung ist für Sommer 2017 geplant. Einige der Ausstellungsobjekte sind währenddessen in anderen Galerien zu sehen. Castle Street, CB3 0AQ, ✆ 01223/352124, www.kettlesyard.co.uk.

Botanic Gardens: Die wunderschöne Anlage eignet sich bestens für einen entspannten Spaziergang. Das Gewächshaus in der Mitte des Geländes wurde von John Stevens Henslow, dem Mentor von Charles Darwin, 1846 angelegt. Auf rund 16 ha sind zehntausend Pflanzenarten zu bewundern. Sehr hübsches Garden-Café

East Anglia → Karte S. 272/273

mit Terrasse und kostenlosem WLAN. Zugang zum Garten am besten über den Eingang von der Bateman Street.

April bis Sept. tägl. 10–18 Uhr, Febr./März und Okt. bis 17 Uhr, Nov, bis Jan. nur bis 16 Uhr. 5 £, erm. 4,50 £, Kind frei. März bis April und Aug. bis Okt. am 1. So im Monat kostenlose Führung um 15 Uhr, Mai bis Juli jeden So um 15 Uhr. Im Preis enthalten ist ein Audioguide. 1 Brookside, CB2 1JE, ✆ 01223/336265, www.botanic.cam.ac.uk/Botanic.

Centre for Computing History: Seit 2013 wird hier die Geschichte unseres Informationszeitalters erzählt, das mit einem Altair 8800, Baujahr 1975, begann. Der Besucher lernt die schlauen Köpfe kennen, die die bahnbrechenden Innovationen auf den Weg brachten und bekommt natürlich auch historische Computer, Spielkonsolen und ähnliche Exponate zu Gesicht. Gelegentlich werden auch Retro-Gaming-Events veranstaltet.

Mi–So 10–17 Uhr, in den Sommerferien tägl. 8 £, erm. 6 £, Familie 24 £. Rene Court, Coldhams Road, CB1 3EW, ✆ 01223/214466, www.computinghistory.org.uk

MAA – Museum of Archaeology & Anthropology: Das 2012 modernisierte Museum in der Downing Street konzentriert sich auf die Frühgeschichte, zeigt u. a. archäologische Funde aus aller Welt und erzählt die Geschichte der Stadt bis ins Spätmittelalter. Im Mittelpunkt steht dabei der Mensch, wie er in den letzten zwei Millionen Jahren lebte und überlebte. Stolz des Museums ist die größte Sammlung von Artefakten von den Südseereisen von Captain Cook. Eine weitere Abteilung präsentiert Werke zeitgenössischer Künstler, die sich mit Themen wie Imperialismus, Kolonialismus oder Tourismus und ihren Folgen für unsere globale Gesellschaft auseinandersetzen.

Di–Sa 10.30–16.30 Uhr, So 12–16.30 Uhr. Eintritt frei. Downing Street, CB2 3DZ, ✆ 01223/333516, maa.cam.ac.uk/maa.

Museum of Classical Archaeology: Das auch „Ark“ genannte Museum zeigt eine Sammlung von mehr als 600 Gipsformen römischer und griechischer Skulpturen. Zwar handelt es sich nicht um die Originale, doch können hier die Modelle fast aller berühmter Statuen der klassizistischen Epoche besichtigt werden; so kamen im frühen 19. Jh. auch die jungen Adeligen zu ihrer Allgemeinbildung, wenn sie sich die Rundreise durch Europa nicht leisten konnten. Es gibt Veranstaltungen wie Vorträge oder Aufführungen antiker Musik und griechischen Theaters.

Mo–Fr 10–17 Uhr, Sa nur während der Trimesterzeiten 10–13 Uhr. Sidgwick Avenue, CB3 9DA, ✆ 01223/335153, www.classics.cam.ac.uk/museum.

University Museum of Zoology: Ein weiteres Universitätsmuseum, ebenfalls in der Downing Street. Hier soll es nach dem Umbau eine neue Ausstellungshalle zum Thema Wale geben. Auch ein neuer Raum zur Evolution der Säugetiere ist geplant. Sicher wird die Evolution des Menschen weiterhin im Mittelpunkt stehen und durch Charles Darwins Mitbringsel von seiner Reise zu den Galapagosinseln veranschaulicht werden. Entstanden ist das Museum aus der Harvard-Sammlung für vergleichende Anatomie, die die Universität Cambridge 1814 gekauft hatte.

Wegen Umbau voraussichtlich bis Sommer 2017 geschlossen. Downing Street, CB2 3EJ, ✆ 01223/336650, www.museum.zoo.cam.ac.uk.

Sedgwick Museum of Earth Sciences: Das dritte Museum in der Downing Street zeigt eine spektakuläre Sammlung von Fossilien, Steinen und Mineralien aus aller Welt. Die geologischen Fundstücke umspannen 550 Mio. Jahre Erdgeschichte. Charles Darwin steuerte einige der Ausstellungsstücke bei, zudem sind Arten zu sehen, die er von seiner Reise zu den Galapagosinseln mitbrachte.

Mo–Fr 10–13 und 14–17 Uhr, Sa 10–16 Uhr. Eintritt frei. Downing Street, CB2 3EQ, ✆ 01223/333456, www.sedgwickmuseum.org.

Cambridge Museum of Technology: Das Museum befindet sich in einer alten viktorianischen Pumpstation, die als Klärwerk arbeitete. Als dieses 1968 schloss, taten sich Liebhaber zusammen, um das Gebäude und seine Maschinen zu restaurieren.

Ostern bis Okt. jeden So und in den Ferien 14–17 Uhr; Nov. bis Ostern nur am 1. So im Monat. Wenn Dampfvorführungen stattfinden, ist von 11 bis 17 Uhr geöffnet. 5,50 £, erm. 3,50 £, Kind 3 £, Familie 14 £ bei Dampf; 3,50 £, erm. 2 £, Kind 1 £, Familie 8,50 £ regulär. Cheddars Lane, CB5 8LD, ✆ 01223/368650, www.museumoftechnology.com.

Cambridge Science Centre: Zielgruppe dieses Wissenschaftsmuseums sind Familien mit Kindern, die Exponate sind interaktiv und machen physikalische Grundprinzipien erfahrbar.

Di–Fr 13–17 Uhr, in den Ferien ab 10 Uhr, Sa, So und Feiertag 10–17 Uhr. 3,50 £, Kinder 2,50 £, Familie 10 £. 18 Jesus Lane, CB5 8BQ, ✆ 01223/967965, www.cambridgesciencecentre.org.

Polar Museum: Das weltweit führende Museum in der Erforschung der Erdpole! In den jüngst zum hundertjährigen Jubiläum der Terra-Nova-Expedition modernisierten und erweiterten Abteilungen sind Dokumente, Zeichnungen und Fotografien über die Expeditionen von Robert Scott und anderen Polarforschern in die Antarktis ausgestellt, u. a. die letzten Briefe Scotts und die Tagebücher von Sir Ernest Shackleton. Der Schwerpunkt liegt auf der wissenschaftlichen, sozialen und ökologischen Bedeutung der Polarregion. Das Institut beherbergt auch die weltgrößte Bibliothek zum Thema.

Di–Sa 10–16 Uhr. Eintritt frei. Lensfield Road, CB2 1ER, ✆ 01223/336540, www.spri.cam.ac.uk/museum.

East Anglia → Karte S. 272/273

Whipple Museum of the History of Science: Hier sind wissenschaftliche Instrumente vom 14. bis 20. Jh. aus Bereichen wie Physik, Magnetismus oder Mikroskopie zu sehen. Neu ist die Globe-Galerie im 1. Stock, die Weltkugeln aus verschiedenen Epochen und Ländern präsentiert.

Mo–Fr 12.30–16.30 Uhr. Eintritt frei. Free School Lane, CB2 3RH, ✆ 01223/330906, www.sites.hps.cam.ac.uk/whipple.

Cambridge and County Folk Museum: Die kreuz und quer verlaufenden Museumsräume in diesem ehemaligen Gasthaus wurden kürzlich neu gestaltet und zeigen Tausende von witzigen und aberwitzigen Exponaten aus dem Alltag der Menschen in Cambridge seit 1700, u. a. eine Falle für *bedbugs* (Bettwanzen).

Di–Sa 10.30–17 Uhr, So 12–16 Uhr. 4 £, erm. 2 £, Kind unter 12 J. frei. 2–3 Castle Street, CB3 0AQ, ✆ 01223/355159, www.folkmuseum.org.uk.

Umgebung von Cambridge

Grantchester

Kleiner Ort mit vielen reetgedeckten Häuschen und Kastanienbäumen 5 km südwestlich von Cambridge. An sonnigen Tagen spaziert man eine Dreiviertelstunde am River Cam entlang oder mietet sich in Cambridge ein Boot, um die Strecke per Punting zurückzulegen. Drei Pubs locken zum Lunch. Eine wunderbare Institution ist der **Orchard Tea Garden,** ein Obsthain, in dem seit 1868 in bequemen Sonnenstühlen die Teatime zelebriert wird. Hier entspannten schon Dichter und Denker, und während der May Balls bringen sich die feiernden Absolventen mit Champagner und Erdbeeren in Stimmung. Der Englisch „afternoon tea" wurde 1840 von der Herzogin von Bedford erfunden, deren Magen nicht bis zum Dinner um 20 Uhr warten konnte. Also erbat sie sich ein Tablett mit Tee, Sandwiches und Kuchen auf ihr Zimmer. Schon bald lud sie ihre Freundinnen zu dieser Zwischenmahlzeit ein, und der „afternoon tea“ zwischen 16 und 17 Uhr war geboren. Er wurde ein soziales Ereignis der Upper Class, zu dem man sich entsprechend mit langen Kleidern, Handschuhen und Hüten modisch aufbrezelte.

April bis Okt. tägl. 9.30–17 Uhr, sonst 10–16 Uhr. 45–47 Mill Way, CB3 9ND, ☏ 01223/551125, www.theorchardteagarden.co.uk. Anfahrt ab Cambridge: Mit Stagecoach-Bus 18 oder 18A ab Drummer Street Bus Station.

Wimpole Estate

Der größte Landsitz in Cambridgeshire, 14 km südwestlich der Stadt, wurde dem National Trust 1976 von Elsie Bambridge, der Tochter Rudyard Kiplings, vererbt. Herzstück des Anwesens ist die 1643 erbaute Wimpole Hall, drum herum rund 1000 ha Land, auf dem sich ein Musterbauernhof mit seltenen Tieren, ein ummauerter Kitchen Garden und weitere herrliche Gartenanlagen vom 17. bis 19. Jh. (u. a. ein holländischer Garten) befinden. Die rund 30 Räume des Hauses wurden von namhaften Architekten gestaltet. Am prächtigsten ist der Gelbe Salon, der seinen Namen der goldgelben Seide verdankt, mit der die Wände bespannt sind. Das Design des überkuppelten Raums erinnert an die Loggia der Villa Madama in Rom, die Architekt Sir John Soane zusammen mit seinem späteren Auftraggeber, dem 3. Earl of Hardwicke, auf einer Italientour besucht hatte. Dem 5. Earl, genannt Champagner-Charlie, gelang es, sein Erbe in nur 15 Jahren zu verspielen, er musste fast alles verkaufen. Für das Anwesen selbst jedoch wollte niemand genug zahlen, und so durchlebte das Haus eine geisterhafte, nur sporadisch bewohnte Existenz. Der letzte Mieter war Rudyard Kipling, von dessen Erbe seine Tochter das Anwesen kaufen und endlich restaurieren konnte.

Hall: Mitte Febr. bis Okt. Sa–Do 11–17 Uhr, Nov. Sa/So nur mit Führung 11–15 Uhr. **Gärten, Shop, Restaurant**: Mitte Febr. bis Okt. tägl. 10–17 Uhr, sonst 11–16 Uhr. **Farm und Café**: Mitte Febr. bis Okt. tägl. 10.30–17 Uhr, sonst Sa–So 11–16 Uhr. 16,25 £, Kind 8 £, Familie 40,75 £. **Farm**: 10,45 £, Kind 5,25 £, Familie 26,15 £. Old Wimpole Road, Arrington, Royston, SG8 0BW, ☏ 01223/206000, www.nationaltrust.org.uk/wimpole-estate.

Anglesey Abbey

Von Rosen berankt liegt der Herrensitz 10 km nordöstlich von Cambridge an der B 1102. Uralte Bäume säumen den Weg zum ehemaligen Augustinerkloster (frühes 13. Jh.), das nach seiner Auflösung durch Heinrich VIII. in private Hand kam und um 1600 erstmals umgebaut wurde. In den 1930er-Jahren wurde es von Lord Fairhaven und seinem Bruder in einen gemütlichen Wohnsitz verwandelt. Auch wollte er einen angemessenen Rahmen für seine Kunstsammlung schaffen. Heute kann man hier seine große Sammlung von Möbeln, Gemälden und antiken Uhren bestaunen. Auch den wunderschönen Landschaftsgarten mit Themengärten, Statuen und Formschnitthecken (Topiari) ließ er anlegen. Am Ende vermachte er 1948 nicht nur sein Haus mitsamt den Kunstschätzen dem National Trust, er gründete auch den Fairhaven Fund, mit dem das Fitzwilliam Museum in Cambridge traditionelle Landschaftsmalereien erwerben konnte, die er so liebte. Die Wassermühle wurde in den 1980er-Jahren restauriert und verkauft heute ihr Mehl an die Besucher.

Haus: April bis Sept. Di 11–15.30 Uhr, Mi–So 11–17 Uhr. Preis für die gesamte Anlage: 13,30 £, Kind 6,90 £, Familie 35 £. **Gärten, Restaurant und Shop**: Ende März bis Okt.

tägl. 10.30–17.30 Uhr, sonst bis 16.30 Uhr. **Mühle**: tägl. 11–15.30 Uhr (Nov. bis März nur Mi–So). Eintritt nur Gärten und Mühle 7,65 £, Kind 4,35 £, Familie 21,50 £. Quy Road, Lode, CB25 9EJ, ✆ 01223/810080, www.nationaltrust.org.uk/anglesey-abbey. **Anfahrt**: Bus Nr. 10 von Cambridge nach Newmarket. Mitte März bis Okt. Mi–So 11–16 Uhr, Do nur mit Führung 11–15.30 Uhr. 12,45 £, Kind 6,45 £, Familie 32,65 £. **Gärten, Restaurant und Shop**: Ende März bis Okt. tägl. 10.30–17.30 Uhr, sonst bis 16.30 Uhr. **Mühle**: ganzjährig Mi–So Nov. bis März 10.30–15.30 Uhr, März bis Okt. bis 16 Uhr. Eintritt nur Gärten und Mühle 7,15 £, Kind 4,05 £, Familie 20,10 £. Quy Road, Lode, CB25 9EJ, ✆ 01223/810080, www.national trust.org.uk/anglesey-abbey. **Anfahrt**: Bus Nr. 10 von Cambridge nach Newmarket.

Wrest Park

Dieser Landsitz südlich von Bedford wird im Volksmund „das kleine britische Versailles“ genannt und vor allem wegen seiner formalen Gärten besucht, die ab 2006 restauriert wurden und sich am großen französischen Vorbild orientieren. Im anschließenden Parkgelände gibt es schöne Spazierwege, Teiche, chinesische Brücken, zahlreiche Statuen sowie eine Skulpturengalerie in der Meierei, einen Pavillon und eine Orangerie. Das Haus, das von 1839 stammt, war vom 13. Jh. bis 1917 im Besitz der Familie de Grey, deren Denkmäler das Mausoleum füllen.

April bis Sept. tägl. 10–18 Uhr, Okt. tägl. 10–17 Uhr, Nov. bis Febr. Sa–So 10–16 Uhr. 9,80 £, erm. 8,80 £, Kind 5,90 £, Familie 25,50 £. Silsoe, Luton, Bedfordshire, MK45 4HR, ✆ 01525/860000, www.english-heritage.org.uk/visit/places/wrest-park.

IWM Duxford (Imperial War Museum)

Auf dem Gelände eines früheren Truppenübungsplatzes 15 km südlich von Cambridge ist Europas größtes Luftfahrtmuseum zuhause, gebaut nach den Plänen von Sir Norman Foster. Hier gibt es 181 historische Kampfflugzeuge vom Spitfire und Flying Fortress bis zur SR-71 Blackbird zu bestaunen, fast alles, was in Kriegszeiten die Lüfte unsicher gemacht hat. Viele der Maschinen sind noch flugtauglich, im Sommer und Herbst finden Kunstflugveranstaltungen statt. Auch Waffen, Panzer und Amphibienfahrzeuge vom Ersten Weltkrieg bis zum Golfkrieg werden präsentiert. Das American Air Museum erinnert an die 30.000 gefallenen US-Soldaten der Luftwaffe, die im Zweiten Weltkrieg von britischen Stützpunkten aus im Einsatz waren und ihr Leben verloren. Die Abteilung *Normandy Experience* dokumentiert die Operation Pluto bzw. den D-Day, wie die Angelsachsen sagen, die Landung der Alliierten 1944 in der Normandie.

Tägl. 10–18 Uhr (letzter Einlass 17 Uhr), im Winter bis 16 Uhr (letzter Einlass 15 Uhr). 18 £, erm. 14,40 £, Kind unter 5–15 J. 9 £, Familie 31,50–47,25 £. Duxford, CB22 4QR, ✆ 01223/835000, www.iwm.org.uk/visits/iwm-duxford.

Saffron Walden und Thaxted

Nicht mehr durch süß duftende Krokus-, sondern durch Gerstenfelder folgt man der Turmspitze von St Mary nach **Saffron Walden,** einem wohlerhaltenen Marktflecken, der früher Chipping Walden hieß. Der Name stammt von den Safranfeldern (engl. *saffron*), die dem Städtchen vom 15. bis zum Anfang des 20. Jh. einen belebten Markt bescherten. Safranblüten zieren bis heute das Stadtwappen. Safran wurde im Mittelalter nicht nur als Gewürz und Färbemittel genutzt, es galt als Heilkraut gegen Pest, Depressionen und Seekrankheit.

East Anglia → Karte S. 272/273

Das Milliardengeschäft – Pferderennsaison in Newmarket

Ein Sprichwort sagt, Pferderennen sei in England ein Sport, in Frankreich Unterhaltung und in Amerika ein Geschäft. Dass das eine das andere nicht ausschließt, beweist das kleine Newmarket in Suffolk. Seit sich Jakob I. für die regelmäßige Teilnahme an den Rennen hier einen Palast bauen ließ und Karl II. sein eigenes Gestüt gründete, heißt die Hochburg des englischen Turfs „Newmarket". Etwa 6000 Menschen leben in dem kleinen Ort (100 davon Tierärzte) – und 7000 Pferde, von denen 2500 für die lukrativen Rennen trainiert werden. Die Kneipen nennen sich „Zum Hufeisen" oder „Zum Rennpferd", und jeder vierte Einwohner verdient sein Brot mit Pferden. Es gibt 80 Rennställe und den National Stud, in dem die Queen ihre Stuten decken und die Rothschilds und Aga Khan ihre Pferde trainieren lassen.

Der Hengst von Newmarket

2016 eröffnete im ehemaligen Reitpalast Karls II. das **National Heritage Centre for Horseracing and Sporting Art,** in dem das National Horseracing Museum mit fünf Ausstellungsräumen und die National Art Gallery of British Sporting Art mit vielen Pferdebildern von George Stubbs und Alfred Munnings (→ Dedham, S. 288) zusammengeführt wurden. In den Stallungen des Rothschild Yards kann man ehemalige Rennpferde beim Retraining (Umlernen) beobachten, im Museum darf man sich dann selbst auf einem Reitsimulator als Jockey versuchen.

Der Turf von Newmarket wartet mit der längsten und breitesten Geraden aller englischen Rennstrecken auf, zwei der bedeutendsten klassischen Galopprennen (Derbys) werden hier ausgetragen. Und die Rennsaison beginnt nicht etwa im berühmteren Ascot oder Epsom – sie startet im Mai in Newmarket. Jahr für Jahr werden hier für rund acht Milliarden Pfund Wetten abgeschlossen (seit 1961 ganz legal), bis zu 1 Mio. Pfund Preisgeld streicht der Sieger in einem Rennen ein (2016 waren es im Pferderennsport insgesamt 43,9 Mio. Pfund). Kein Wunder, dass man da für einen Zuchthengst aus gutem Stall gern auch mal fünf Millionen Pfund „berappt". Wie gesagt, Geschäft und Unterhaltung müssen sich nicht ausschließen.

Information: 63 The Guineas, CB8 8HT, ✆ 01638/7719749, www.newmarketracecourses.co.uk, discovernewmarket.co.uk.

National Heritage Centre for Horseracing and Sporting Art: Tägl. 10–17 Uhr. 16,50 £, erm. 15,50 £, Familie 40 £. Erfrischungen gibt es im Tack Room. Palace House, 99 High Street, Newmarket, CB8 8JH, www.bsat.co.uk/national-heritage-centre und www.palacehousenewmarket.co.uk.

National Stud: Führungen (90 Min.) März bis Sept. Mi–Fr um 11.15 Uhr, Sa, So und feiertags zusätzlich 14 Uhr; Febr. und Okt. Mi–So um 11.15 Uhr; während der Schulferien tägl. 11.15 und 14 Uhr. 11 £, Kinder unter 5 frei. Blick hinter die Kulissen ganzjährig tägl. (außer So) 6.45 Uhr, halber Tag inkl. Frühstück 65 £; an Renntagen ganztägig, 125 £. Buchung unter ✆ 0344/7489200, Option 1, oder www.nationalstud.co.uk.

Neben seinen Häuserreihen aus dem 18. und 19. Jh. am Market Square verfügt das Städtchen über ein uraltes Rasenlabyrinth, das es mit seinen 1500 m Irrweg in sich hat. Es liegt östlich der Burg und des Markts auf einer großen Gemeindewiese. Rund um die Kirche St Mary ist der Ortskern mit reich dekorierten Fachwerkhäusern aus dem 14. und 15. Jh. noch weitgehend erhalten. Besonders schön ist das Sun Inn, heute ein Secondhand-Buchladen. In der **Fry Art Gallery** in der Castle Street sind die Werke ortsansässiger Künstler zu sehen.

8 km südlich von Saffron Walden an der B 184 nähert man sich dem spitzen Kirchturm von **Thaxted.** Das charmante, ruhige Dorf liegt auf einer Anhöhe, oben die Kirche, in der Mitte die Guildhall aus dem 15. Jh., unten die Häuser. Vom Kirchhof führt ein Fußweg zu einer Windmühle aus dem 19. Jh.

Wer weitere Bilderbuchdörfchen in der Region sehen will, kann **Finchingfield** (östlich von Thaxted), **Steeple Bumpstead** und **Great Bardfield** einen Besuch abstatten.

Information Tourist Information Centre, Mo–Sa 9.30–17 Uhr. Hier bekommt man Hilfe bei der Zimmerbuchung, Informationen zu Attraktionen, Souvenirs und eine Veranstaltungsbroschüre (25 p). 1 Market Place, Saffron Walden, Essex CB10 1HR, ✆ 01799/524002, www.visitsuffronwalden.gov.uk.

Verbindungen Bus – die Buslinie „Citi 7" verkehrt stündlich zwischen Cambridge und Saffron Walden, So/Feiertage fährt die Linie 132. Nach London kommt man am besten über Stansted Airport (Village Link 6 & Bus 301), allerdings nur Mo bis Sa.

Bahn – nächster Bahnhof im 3 km entfernten Audley End. Züge alle 20 Min. von London Liverpool Station (ca. 1 Std.). Bus 59 fährt nach Saffron Waldon. Es gibt auch einen neuen Fahrradweg (3,5 km) dorthin.

Märkte Di und Sa auf dem Market Square.

Kultur Fry Art Gallery: April bis Okt. Di, Do–Fr 14–17 Uhr, Sa 11–17 Uhr, So 14.15–17 Uhr. Eintritt frei. Castle Street, CB10 1BC, ✆ 01799/513779, www.fryartgallery.org.

Saffron Hall: Die Veranstaltungshalle für 740 Zuschauer hat 2013 eröffnet. Hier finden Theateraufführungen, Opern und Konzerte renommierter nationaler und internationaler Künstler statt. Audley End Road, CB11 4UH, ✆ 0845/5487659, saffronhall.com.

Veranstaltungen Seit einigen Jahren findet im August das Maze Festival statt – Spiel und Spaß rund um das Rasenlabyrinth. www.saffronwaldenmazefestival.co.uk.

Übernachten *** The Acorn. Moderne Ferienwohnung in historischen Stallungen in zentraler Lage mit 2 Zimmern. Eigene Lounge, Garten, Parkplatz. 300–500 £/Woche (Selbstversorgung), auf Nachfrage gibt es auch Frühstück, ab 65 £/Nacht. 40 Audley Road, CB11 3HD, ✆ 01799/516733 und 07802/705555, www.theacornsaffronwalden.co.uk.

Warner's Farm Bed and Breakfast. Pension in 500 Jahre altem Farmhaus mit großen Zimmern, Garten mit Teich und Pool. Keine Kinder unter 15 Jahren, keine Hunde. DZ ab 100 £. Wimbish Green, Saffron Walden, CB10 2XJ, ✆ 01799/599525, www.warnersfarm.co.uk.

››› **Mein Tipp:** The Cricketers. Elegantes Country Inn mit 20 Zimmern (12 in einem Anbau) und Kaminen und Deckenbalken aus dem 16. Jh. Die Besitzer Trevor und Sally sind die Eltern von Fernsehkoch Jamie Oliver, eine hervorragende Küche mit Gemüse und Kräutern aus dem Biogarten ist also garantiert. EZ 70–75 £, DZ 95–135 £. Wicken Road, Clavering, Suffron Walden, CB11 4QT, ✆ 01799/550442, www.thecricketers.co.uk. ‹‹‹

Essen & Trinken Elder Street Café and Deli. Das Café-Bistro bietet ein modernes, leicht innovatives Angebot an Snacks und Speisen aus Bio-Produkten des Umlands in rustikalem Ambiente. Es wird dazu u. a. Real Ale von Mikrobrauereien in East Anglia verkauft. Wem's geschmeckt hat, der kann dort auch gleich im Deli einkaufen. Mo–Do und Sa 9–16.30 Uhr, Fr 9–23 Uhr, So 10–16 Uhr. Debden Barns, Elder Street, Debden, CB11 3JY, ✆ 01799/526444, www.elderstreetcafedeli.co.uk. ■

East Anglia → Karte S. 272/273

Sehenswertes

Saffron Walden Museum: Das kleine Museum auf dem Ruinengelände der normannischen Burg von 1125 zeigt eine umfangreiche Sammlung aus den Gebieten Naturwissenschaft, Geologie und Lokalgeschichte. Glanzlichter sind eine Wikingerkette, antikes Porzellan und – eine Mumie aus Theben.

Di–Sa 10–17 Uhr, So/Feiertage 14–17 Uhr. 2,50 £, erm. 1,20 £, Kind unter 18 J. frei. Museum Street, CB10 1JL, ✆ 01799/510333, www.saffronwaldenmuseum.org.

Bridge End Gardens: Wunderschön restaurierter viktorianischer Garten, der eigentlich aus sieben miteinander verbundenen Gärten besteht, u. a. einem Sunken Dutch Garden, einem Walled Garden und dem obligatorischen Maze (Irrgarten).

Immer geöffnet, Maze und Küchengarten Mo–Do 9–15 Uhr, Fr 9–13 Uhr, Sa/So 10–16 Uhr. Außerhalb dieser Zeiten bekommt man den Schlüssel gegen ein Pfand von der Touristeninformation ausgehändigt. Eintritt frei. 30 Bridge Street, CB10 1HR, saffronwalden.gov.uk/gardens.

Audley End House: Von Saffron Walden kann man durch die Wiesen und Felder des Anwesens 1,5 km in Richtung Westen nach Audley End House laufen. Dort befand sich die Benediktinerabtei von Walden, die Heinrich VIII. nach der Auflösung der Klöster seinem Günstling Sir Thomas Audley vermachte. Dessen Enkel errichtete den Palast von Audley End, der alle anderen Privatresidenzen im Land übertreffen sollte („zu groß für einen König“, soll Jakob I. zu dem Prachtbau bemerkt haben) und ihn seine Karriere kostete. Audley End House war wie Hampton Court als Schloss mit zwei Innenhöfen angelegt. Nach der Fertigstellung 1616 kam heraus, dass Audley Gelder für den Bau veruntreut hatte. Er wurde zwar begnadigt, hauste anschließend aber als gebrochener Mann alleine in dem Koloss. Später diente Audley End König Karl II. als Residenz, wenn er den Pferderennen in Newmarket beiwohnte. Heute ist das Anwesen auf ein Viertel seiner ursprünglichen Größe reduziert, doch ist es mit seinen 30 Räumen noch immer ein Meisterwerk der jakobinischen Baukunst. Das Haus liegt eingebettet in einen Landschaftsgarten des 18. Jh. Entlang des Cam-Flusses fährt eine Miniatureisenbahn.

April bis Sept. tägl. 12–17 Uhr, Okt. tägl. 12–16 Uhr. Gärten: April bis Sept. tägl. 10–18 Uhr, Okt. bis 17 Uhr, Nov. bis März Sa/So 10–16 Uhr. 16,40 £, erm. 14,80 £, Kind 9,80 £, Familie 42,60 £. Nahe London Road, Saffron Walden, CB11 4JF, ✆ 01799/522399, www.english-heritage.co.uk.

Ausflug von Saffron Walden

Über dem Bilderbuchdorf Castle Hedingham im Tal des River Colne erhebt sich auf einem bewaldeten Hügel der normannische Burgfried des **Hedingham Castle.** Erbaut wurde er um 1140 von Aubrey de Vere, dem Spross einer mächtigen normannischen Adelsfamilie. Aubrey hatte am ersten Kreuzzug teilgenommen und war zum Großkämmerer am Hofe Heinrichs I. avanciert. Zum Burgfried gelangt man über eine Tudorbrücke, die den ausgetrockneten Burggraben überspannt; der fast quadratische Burgfried ist mehr als 30 m hoch. Besonders prächtig ist die Banqueting Hall im 1. Stock, die gern für Hochzeiten gemietet wird. Im Burghof finden im Sommer Ritterspiele statt. Es gibt Wanderwege um den See herum oder auch durch den Garten, in dem Kamelien und Azaleen blühen.

März bis Okt. (wenige Ausnahmen) Mi 11–16 Uhr, So 10–17 Uhr, in den Ferien auch Di 11–16 Uhr. 8,50 £, erm. 7,50 £, Kind 6 £, Familie 25 £. Castle Hedingham, Halstead, CO9 3DJ, ✆ 01787/460261, www.hedinghamcastle.co.uk.

Bury St Edmunds

Der reizvolle Ort zwischen Ipswich und Cambridge repräsentiert ein bedeutendes Stück englischer Geschichte. Im Jahr 1215 war die Kirche die Geburtsstätte der berühmten Magna Carta. Heute ist Bury eine lebendige Stadt, die hauptsächlich von der Bierbrauerei und Zuckerrübenverarbeitung lebt.

Bereits um 633 entstand am Fluss Lark eine kleine Abtei, gegründet von Sigbert, dem ersten christlichen König der Angeln. König Edmund, ebenfalls christlichen Glaubens und mit zarten 15 Jahren von König Offa zum Nachfolger ernannt, musste bald gegen die Wikinger ins Feld ziehen. Da er seinem Glauben nicht abschwören wollte, wurde er Opfer eines Ritualmords. Man fand zunächst nur den von den Dänen enthaupteten Rumpf des Königs, erst 40 Tage später den Kopf, der zwischen zwei Wolfstatzen steckte. Der jugendliche König wurde zur Märtyrerfigur und bald heiliggesprochen. Edmund wurde zum Schutzpatron Englands, bis ihn der heilige Georg ablöste. Der Ort, an dem sich sein Grab befand, wurde in St Edmundsbury umbenannt. Um 1020 entstand unter König Knut eine sächsische Kirche für den heiligen Schrein von König Edmund, die um 1080 zur Abteikirche ausgebaut wurde. Das **Kloster** wurde im Jahr 1215 zur Geburtsstätte der Magna Carta. Hier versammelten sich am St.-Edmunds-Tag die 25 mächtigsten Männer Englands und schworen, König Johann Ohneland zur Unterzeichnung der Magna Carta zu zwingen, ein Vertragswerk, das ihnen gewisse Grundrechte sichern und die Macht des Königs begrenzen sollte. Die Magna Carta gilt als Grundstein des englischen Verfassungsrechts.

East Anglia → Karte S. 272/273

Das Zentrum von Bury St Edmunds steht heute fast gänzlich unter Denkmalschutz. Leider verbirgt sich das mittelalterliche Fachwerk oft hinter grauen Backsteinfassaden aus dem 17. und 18. Jh. Ein Rundgang durch die Stadt beginnt meist am Angel Hill, wo Stadt und Kloster aufeinandertreffen. Auf der anderen Seite steht das efeuberankte Angel Hotel, in dem auch Charles Dickens übernachtete, um im Athenaeum, dem Kurhaus nebenan, Lesungen zu halten.

Liebhaber des englischen Biers kommen in der Bierstadt Bury natürlich auch auf ihre Kosten. Der Geruch von Hopfen und Malz führt zur bekannten Greene-King-Brauerei, die das bitter-kräftige Abbot Ale braut. Und schließlich eignet sich Bury St Edmunds gut als Basis für Ausflüge ins **Stour Valley** und in die umliegenden Wool-Towns, die im 14. und 15. Jh. durch das Weberhandwerk zu Reichtum kamen.

Basis-Infos

Information **Tourist Information Centre**, Mo–Sa 10–17 Uhr. Sa bis 13 Uhr. The Apex Theatre, 1 Charter Square, IP33 3FD, ✆ 01284/764667, www.visitsuffolk.com, www.visit-burystedmunds.co.uk. Es gibt zwei Tourist Information Points, in Moyse's Hall Museum und in der Kathedrale. Neben einem Rundgang durch Stadt und Abteigarten (Mitte Mai bis Sept. tägl. 14 Uhr; 5 £) kann man auch Führungen buchen, bei denen Schauspieler als historische Personen auftreten und die Sehenswürdigkeiten aus ihrer Perspektive beschreiben.

Verbindungen **Bus** – Busse und Fernbusse starten von der Bus und Coach Station direkt gegenüber bzw. etwas oberhalb der Library (St Andrew's Street North). National Express fährt täglich mehrfach von London nach Norwich über Bury.

Bahn – Bahnhof in der Northgate Street (etwa 10 Min. zu Fuß vom Zentrum). Regelmäßig Verbindungen nach London über Cambridge, nach Ipswich, Colchester (in Ipswich umsteigen) und Peterborough.

Einkaufen Westlich der St Andrews Street South wurde der **Cattle Market** zum umstrittenen **Arc Shopping Centre** mit 30 Geschäften umgebaut.

Märkte Mi und Sa 9–16.30 Uhr Obst und Gemüse entlang Butter Market und Cornhill.

Theater **Theatre Royal**, ein sehenswertes Gebäude aus der Regency-Zeit, das das ganze Jahr über bespielt wird: Drama, Comedy und Tanz. Das Gebäude kann man besichtigen, Termine auf www.theatreroyal.org/tours/guided-tours. Führungen unregelmäßig Mi und Sa 11 Uhr, 7,50 £, erm. 5,50 £, NT Mitglieder frei. Westgate Street, IP33 1QR, ✆ 01284/769505, www.theatreroyal.org.

Veranstaltungen **Bury St Edmunds Festival**, alljährlich im Mai – eine zehn Tage währende Extravaganza mit Umzügen, Ausstellungen, Führungen, Vorträgen, Filmen, Tanz, Oper und Theater. Box Office: ✆ 01284/758000, www.buryfestival.co.uk.

Übernachten/Essen & Trinken

Viele Gasthäuser residieren in historischen, denkmalgeschützten Gebäuden. Es ist schon ein Erlebnis, einmal in einem Zimmer zu übernachten, in dem Wände und Decken schief sind und das Fachwerk in den Raum ragt. Leider haben die kleinen Häuschen oft nur ein, zwei Zimmer und der Andrang ist groß.

Übernachten **** **Angel Hotel**. Die erste Adresse der Stadt gegenüber den Abbey Gardens. Hier nächtigte schon Charles Dickens. Viel Komfort und gediegene Atmosphäre. Das Hotel ist auch als Restaurant ein guter Ort. Täglich wechselnde Gerichte (Hauptgericht 13–25 £). Das Einkehren lohnt besonders für den Afternoon Tea (14.30–17.30 Uhr, 17,50 £/Pers.) und die Steak Night am Do. B & B im EZ ab 100 £, DZ 100–326 £. 3 Angel Hill, IP33 1LT, ✆ 01284/714000, www.theangel.co.uk.

**** **Chantry Hotel**. Luxuriöses georgianisches Haus in der Nähe des Manor House Museums mit 14 wunderschönen Zimmern. EZ ab 79 £, DZ ab 105 £. 8 Sparhawk Street, IP33 1RY, ✆ 01284/767427, www.chantryhotel.com.

83 Whiting Street. Mittelalterliches Hallenhaus 5 Min. vom Zentrum entfernt. Im rustikalen Esszimmer hängt ein Wandgemälde von 1530. Alle 4 Zimmer bequem und mit Bad. Nur mit Vorbuchung. B & B EZ 50 £, DZ 75 £. IP33 1NX, ✆ 01284/704153, www.83whitingstreetbandb.co.uk.

Oak Farm Barn. Wunderschön erhaltene Scheune, geschmackvoll dekoriert, ruhig und gemütlich, 3 Zimmer auf zwei Geschossen, tolles Frühstück. EZ ab 70 £, DZ ab 80 £ mit traditionellem Farmhaus-Frühstück. Moat Lane, Rougham, Bury St Edmunds, IP30 9JU, ✆ 01359/270014 und 07946/462779 (mobil), www.oakfarmbarn.co.uk.

Camping **Brighthouse Farm Campsite**. Privater Platz auf einer schönen Wiese 16 km südlich von Bury. Zelt 8–14 £, Stellplatz 17 £. Im Farmhaus auch B & B (35 £/Pers.) und Selbstversorgung. Melford Road, Lawshall, IP29 4PX, ✆ 01284/830385, www.brighthousefarm.co.uk.

West Stow Pods. „Glamping" (luxuriöses Camping) in den holzhüttenartigen Pods, man wohnt mitten im Wald. Ab 65 £ für 2 Pers., weitere Pers. 25 £ (max. 4 Pers.), Kind 10 £. Old Schoolhouse, Ingham Road, West Stow (zwischen Bury und Thetford), IP28 6EX, ✆ 01284/728136, www.weststowpods.co.uk.

Essen & Trinken **Harriets Café Tearooms**. Hier werden die 1940er wieder wach, die Bedienungen tragen weiße Häubchen und Schürzen, Klaviermusik der Zeit versüßt den Kuchen und die Snacks. Mo–Fr 8.45–18 Uhr, Sa ab 8.30 Uhr, So 9.30–17 Uhr. 57 Cornhill, IP33 1BT, ✆ 01284/756256, harrietscafetearooms.co.uk.

Angel Hotel → Übernachten.

››› Mein Tipp: **Maison Bleue at Mortimer's**. Gepriesenes französisches Restaurant mit maritimem Dekor und Schwerpunkt Fisch, Spezialitäten aus der Nordsee, frisches Ale aus der benachbarten Brauerei. Fine Dining, „günstiges" Mittagsmenü. Di–Sa Lunch 12–14 Uhr, 2 Gänge 19,50 £, Dinner 19–21.30 Uhr, 3 Gänge 36,50 £, Sa nur à la carte. 30/31 Churchgate Street, IP33 1RG, ✆ 01284/760623, www.maisonbleue.co.uk. ‹‹‹

Nutshell. Angeblich Englands kleinstes Pub, bei Einheimischen und Besuchern jedenfalls beliebt und zum Bersten voll. Die Bar fasst normalerweise acht Leute, 1982 zwängten sich 102 Besucher und ein Hund in den mit Postkarten, Münzen und ausgestopften Tieren dekorierten Raum. Keine Küche – wo sollte die auch hin. 17 The Traverse, IP33 1BJ, ✆ 01284/764867, www.thenutshellpub.co.uk.

Leaping Hare Restaurant. 15 km nordöstlich von Bury, in einer mittelalterlichen Scheune auf dem Wyken-Weingut. Hier gibt es Lamm, Wild oder Waldpilze zu eigenen Weinen und so schmackhaft, dass die Küche seit 20 Jahren ihren Platz im Good Food Guide findet. 2 Gänge mit Wein 17 £. Lunch tägl. 12–14 Uhr, Dinner nur Fr/Sa 19–21 Uhr. Es gibt auch ein schönes Café, das günstiger ist. So–Fr 10–17.30 Uhr, Sa ab 9 Uhr. Sehenswert ist der Garten von Wyken Hall, So–Fr 14–18 Uhr, Eintritt 4 £. Farmers' Market jeden Samstag 9–13 Uhr im Hof. Wyken Vineyards, Stanton, IP31 2DW, ✆ 01359/250287, www.wykenvineyards.co.uk.

East Anglia → Karte S. 272/273

Sehenswertes

Abteiruinen: Beim Anblick der Ruinen braucht es viel Fantasie, um sich die imposante Benediktinerabtei vorzustellen, die sich hier im 11. Jh. erhob. Sie war damals eine der größten und prächtigsten in ganz England. Die Auflösung der Klöster unter Heinrich VIII. wurde auch dieser Abtei zum Verhängnis, deren Baumaterial für andere Gebäude geplündert wurde. Zwar sind die Grundrisse noch auszumachen, doch die Gemäuer sind fast vollständig zerstört, nur zwei Tortürme sind erhalten. Der Norman Tower entstand von 1120 bis 1148, über die Churchgate Street öffnete er den Weg zur Abteikirche. Das Abbey Gate wurde 1347 wieder aufgebaut, nachdem es bei einem Stadtbürgeraufstand niedergerissen worden war. Die Ruinen der Abtei liegen weit verstreut inmitten der sehenswerten Abbey Gardens (ein ehemaliger botanischer Garten). Hier findet man ein Sommercafé und kann am River Lark entlangspazieren.

Tägl. bis zur Dämmerung. Eintritt frei. www.english-heritage.org.uk/daysout/properties/bury-st-edmunds.

St Edmundsbury Cathedral: An die Ruinen der Abtei grenzt die Kathedrale von Suffolk an. Bis 1914 noch war sie eine schlichte gotische Pfarrkirche (16. h.), dann wurde sie vom Architekten Stephen Dykes Bower in großem Stil ausgebaut. Im Jahr 2000 wurde der zentrale Turm restauriert und ein neues Besucherzentrum eingerichtet. Das Innere prägen bläuliche Kniepolster, 1088 an der Zahl, die mit Motiven der Gemeinden in Suffolk bestickt sind, sowie die vor einigen Jahren neu verzierte Stichbalkendecke. Die viktorianischen Buntglasfenster im südlichen Seitenschiff zeigen Szenen aus dem Alten, die im nördlichen Seitenschiff Szenen aus dem Neuen Testament. Zeitgenössische Kunst ist in der Edmund Gallery zu sehen.

Tägl. 8.30–18 Uhr. Eintritt frei, Spende von 3 £ erbeten (Kind 0,50 £). Führungen April bis Sept. Mo–Sa 11 Uhr. Angel Hill, IP33 1LS, ✆ 01284/754933, www.stedscathedral.co.uk. Edmund Gallery tägl. 10–16.30 Uhr.

St Mary's Church: In der gotischen Kirche an der Crown Street liegt Mary Tudor (1496–1533) begraben. Mary war die Schwester Heinrichs VIII. und wurde durch Vermählung mit Ludwig XII. zur Königin von Frankreich. Achten Sie auf die schöne spätgotische Stichbalkendecke mit einem Spalier von Engeln, die man sich, wenn man freundlich fragt, von einem Mitarbeiter beleuchten lassen kann.

Mo–Sa 9–16 Uhr, im Winter 10–15 Uhr. Eintritt frei. www.stmarystpeter.net/stmaryschurch.

Greene King Brewery: Für Biertrinker ein Muss, denn hier wird seit über 200 Jahren das überall im Land bekannte Abbot Ale gebraut, ein bitter-süffiges und kräftiges Gebräu. Wie üblich beim britischen Gerstensaft enthält auch das Abbot weniger Kohlensäure als deutsche Biere. Probieren kann man das Ale bei einer

Brauereiführung (nach Voranmeldung) und natürlich in den Pubs der Stadt. Am bekanntesten ist The Nutshell (→ S. 364), das im Guinnessbuch der Rekorde als kleinstes Pub Großbritanniens verzeichnet ist. Besucherzentrum und Museum.

Führungen Mo und Di 14 Uhr, Mi–Fr 11 und 14 Uhr, Sa 11, 12.30, 14, 15.30 Uhr, So 11.30 Uhr (10 £); April bis Sept. auch Do 19 Uhr (12 £). Auskunft über das Besucherzentrum. ✆ 01284/714297, www.greenekingshop.co.uk/brewery-tours.

Moyse's Hall Museum: Hier, im Einkaufsviertel zwischen Buttermarket und Cornhill, steht eines der wenigen noch erhaltenen normannischen Häuser. Es wurde im Jahr 1180 aus Feuerstein und Kalk erbaut und ist damit das älteste erhaltene Haus der Stadt, vielleicht sogar des Landes. Im Laufe der Jahrhunderte diente die ehemalige Residenz eines reichen Juden u. a. als Polizeiwache und Gefängnis, seit über hundert Jahren ist es das Heimatmuseum. Innen gibt es eine Menge Kuriositäten zu bestaunen, u. a. den Skalp eines Mörders sowie ein Buch, das aus seiner Haut gebunden wurde. Wen das nicht reizt, den lockt vielleicht die Mittelaltergalerie mit einer in einem Medaillon gefassten Haarsträhne von Mary Tudor.

Mo–Sa 10–17 Uhr (letzter Einlass 16 Uhr), So 12–16 Uhr. 5 £, erm. 3 £, Familie 12 £. Cornhill, Bury St Edmunds, IP33 1DX, ✆ 01284/706183, www.weststow.org/moyses-hall.

Umgebung von Bury St Edmunds

Ickworth House

5 km südwestlich von Bury St Edmunds erreicht man über die A 143 das Örtchen Horringer, gleich dahinter steht auf der rechten Seite das ansehnliche Herrenhaus. Der exzentrische vierte Earlbishop of Bristol veranlasste den Bau gegen Ende des 18. Jh., um dort seine Kunstsammlung einzurichten, u. a. mit Werken von Tizian, Gainsborough und Velasquez. Auf dem Areal befinden sich ein italienischer Gar-

Die Rotunda von Ickworth House

ten, ein Tempel-Rosengarten und ein Park, den Capability Brown geplant hat. Der Landsitz gehört seit 1951 dem National Trust und kann besichtigt werden – mit Ausnahme des Ostflügels, der nach dem Tod des siebten Marquis von Bristol zum Ickworth Hotel wurde.

Hauptgebäude: Anf. März bis Okt. Mo/Di und Do–So 11–17 Uhr, in den Schulferien tägl., Nov. bis Mitte Dez. Sa–So 11–16 Uhr (nur Eingangshalle und Keller geöffnet). Zw. 11 und 12 Uhr sowie 16–17 Uhr Eintritt nur mit Führung. Ausnahmen bitte der Website entnehmen. **Garten**: ganzjährig tägl. 9.30–17.30 Uhr. **Park**: ganzjährig tägl. 8–20 Uhr. 14 £, Kind 7 £, Familie 35 £; nur Park und Garten 7 £, Kind 3,50 £, Familie 17,50 £. The Rotunda, Horringer, Bury St Edmunds, IP29 5QE, ✆ 01284/735270, www.nationaltrust.org.uk/ickworth.

West Stow Anglo-Saxon Village

Wer sich für die Frühgeschichte der Region interessiert, kann über die A 1101 in Richtung Nordwesten (vor Icklingham rechts ab) nach West Stow fahren und sich im dortigen Freilichtmuseum kundig machen. Hier stieß man bei Ausgrabungen zwischen 1965 und 1972 auf die Überreste eisenzeitlicher, römischer und angelsächsischer Siedlungen. Rekonstruktionen der Hütten sowie ein Film stellen das Leben der Bewohner realistisch nach.

Tägl. 9–17 Uhr (letzter Einlass 16 Uhr). 5 £, erm. 3 £, Familie 15 £. Parkplatz 2 £. Informationsblatt auf Deutsch an der Kasse. Icklingham Road, West Stow, IP28 6HG, ✆ 01284/728718, www.weststow.org.

East Anglia → Karte S. 272/273

Sudbury

Einen Ausflug in die landschaftlich reizvoll gelegenen „Wollstädte“ südlich von Bury St Edmunds sollte man nicht versäumen. Sudbury, die größte dieser Städte, liegt am Stour und war jahrhundertelang ein Zentrum des Textilhandels und der Seidenweberei. Noch heute werden in Sudbury exklusive Designerstoffe hergestellt.

Schöne Fachwerkbauten wie die Gerichtshalle und das Bürgerhaus **Salter's Hall** in der Stour Street sowie die Kirchen **St Peter** und **St Gregory** zeugen von der glanzvollen Zeit. Etwas gruselig ist der Anblick des Skalps von Simon of Sudbury, des Erzbischofs von Canterbury, der zusammen mit einer 3-D-Rekonstruktion seines Hauptes im Gotteshaus zu sehen ist. Der Mann war während eines Bauernaufstands um 1370 in London enthauptet worden, seinen Kopf hatte man dann in seine Heimatstadt zurückgeschmuggelt ...

Sudbury ist auch die Geburtsstadt des großen Porträt- und Landschaftsmalers Thomas Gainsborough (1727–1788,

→ Kasten), dessen Werke man in seinem zum Museum umgewandelten Geburtshaus sehen kann: Das **Gainsborough's House** stammt aus viktorianischer Zeit, hat drei Stockwerke mit Ausstellungsräumen und ist von einem schönen Garten umgeben. Es gibt Pläne, das Museum zu einem National Centre for Gainsborough zu erweitern.

Information Tourist Information Centre, Mo–Do 9.30–16.30 Uhr, Fr 9.30–16 Uhr, Sa 10–15.30 Uhr. The Library, Market Hill, Sudbury, Suffolk, CO10 2EN, ✆ 01787/881320, www.southandheartofsuffolk.org.uk.

Bootstouren Boot fahren auf dem Stour kann man an Sonn- und Feiertagen von April bis Okt. Am Granary-Kunstzentrum in der Quay Lane legt die „Rosette" Sa und So um 11 Uhr zum Swan Pub in Henny ab (zurück 14 Uhr), 12,50 £, erm. 7 £. Auch halbstündige Flussfahrten. The River Stour Trust, ✆ 0844/8005015 und 01787/313199, www.riverstourtrust.org/river-trips/sudbury.

Einkaufen Stephen Walters & Sons, Fabrikladen für Seidenstoffe und -produkte; Di und Sa 10–15 Uhr, Mi–Fr 10.30–16.30 Uhr. Sudbury Silk Mills, Cornard Road, CO10 2XB, ✆ 01787/372266, www.stephenwalters.co.uk.

Kultur The Quay Theatre, Comedy, Drama, Konzerte, Film und Kunstausstellungen stehen hier auf dem Programm. In der Bar auch kleine Gerichte. Quay Lane, CO10 2AN, ✆ 01787/374745, quaysudbury.com.

Schwimmen Kingfisher Leisure Centre, Pool mit Kunststrand und Wellenmaschine, Saunabereich und Café. Blackfriars, Catesby Meadow, CO10 2BD, ✆ 01787/375656, www.ssleisure.co.uk.

Sehenswertes Gainsborough's House: Mo–Sa 10–17 Uhr, So ab 11 Uhr. 6,50 £, erm. 2 £, Familie 15 £. 46 Gainsborough Street, Sudbury CO10 2EU, Eingang Weavers Lane, ✆ 01787/372958, www.gainsborough.org.

Sudbury Heritage Centre: Das Stadtmuseum zeigt vor allem historische Fotografien von Sudbury. Mo–Fr 10–16 Uhr. Eintritt frei. Gaol Lane, CO10 1TL, www.sudburysuffolk.co.uk/heritagecentre.

Thomas Gainsborough

Als jüngstes von neun Kindern eines Wollkreppwebers wurde er im Frühling 1727 in Sudbury geboren. Schon als kleiner Junge liebte er es, die Welt in Bildchen und Skizzen festzuhalten. Mit vierzehn erlaubte ihm der Vater, in London bei einem Kupferstecher in die Lehre zu gehen. Gleichzeitig studierte er Malerei an der Akademie. Nach seiner Heirat zog er, noch keine 20 Jahre alt, mit seiner jungen Braut Margaret Burr nach Ipswich, 1759 siedelte er auf Empfehlung seiner Gönner nach Bath um. Dort stieg er zum Modemaler der High Society auf.

Thomas Gainsborough gilt als Vater der englischen Landschaftsmalerei, auch wenn er als Porträtmaler bekannt wurde. Sein Lebenswerk umfasst um die 800 Porträts. Er galt als lässig, ja sogar als ein wenig faul – allzu oft mussten seine Kunden auf ihre Konterfeis lange warten. Seinem Erfolg tat das keinen Abbruch, traf er doch den Geist der Zeit, indem er die Menschen nicht mehr starr vor eine Kulisse stellte, sondern sie in Landschaften einbettete. Lebenslang rivalisierte er mit seinem Zeitgenossen Joshua Reynolds. Beide waren Gründungsmitglieder der Royal Academy, Reynolds sogar ihr Präsident und offizieller Hofmaler Georgs III. Beim Rest des Adels jedoch war Gainsborough der Favorit. An seinem Totenbett zollten sich die Konkurrenten gegenseitig Respekt: Gainsborough bat ausdrücklich um Reynolds Anwesenheit, während ihn dieser posthum in seinem Traktat „14th Discours" in höchsten Tönen lobte.

Camping **Clockhouse Farm Caravan Park**. Ruhiger kleiner Platz mit 25 von Bäumen begrenzten Stellplätzen mit Blick über das Stourtal. Caravan und Zelt mit 2 Pers. 12 £. Anfahrt von der A 134 bei Long Melford links auf die A 1092 Richtung Clare, nach 3 km rechts auf die B 1065 Richtung Glemsford, nach 1,6 km bei Tye Green links. Cavendish Lane, Glemsford, Sudbury, Suffolk CO10 7PZ, ✆ 01787/280257, www.clockhousefarmcaravanpark.co.uk.

Essen und Trinken **The Waggon and Horses**. Gemütliches Pub auf „alt" modernisiert, mit guter Küche und liveLivemusik am letzten Sonntag des Monats. Church Walk, Acton Square, CO10 1HJ, ✆ 01787/312147, www.thesudburywaggon.co.uk.

Long Melford

Nur einen Katzensprung nördlich von Sudbury liegt Long Melford. Über 3 km zieht sich die Hauptstraße durch den Ort, gesäumt von hübschen Fachwerkhäusern. Auch Long Melford wurde im Mittelalter durch die Wollverarbeitung wohlhabend. Die reichen Textilkaufleute des Orts finanzierten die imposante **Holy Trinity Church,** die 1460–1496 nördlich des Orts im Perpendicular-Stil erbaut wurde. Ihre farbenprächtigen Fenster wurden zum Teil von flämischen Künstlern gestaltet. Zwischen Mai und September finden in dem Gotteshaus jeden Mittwoch Mittagskonzerte statt.

Ebenfalls am nördlichen Ende der Hauptstraße steht **Melford Hall,** ein Herrenhaus aus der Tudorzeit mit kuppelartigen Türmchen, das Sir William Cordell um 1560 errichten ließ. Er war einer der Rechtsberater Heinrichs VIII. und späterer Master of the Rolls Königin Elisabeths. Neben dem Bankettsaal, einer Bibliothek und zahlreichen Porträts kann man hier auch Werke der Künstlerin Beatrix Potter bewundern, einer entfernten Verwandten der Familie. Auch der angrenzende Park ist einen Rundgang wert.

Mit **Kentwell Hall** besitzt die Stadt ein weiteres Herrenhaus aus der Tudorzeit, das sogar einen Burggraben vorweisen kann. Im Sommer finden hier Kostümfestspiele statt. Auf dem Gelände gibt es ein Café, einen Shop, einen Irrgarten sowie eine Musterfarm mit seltenen Nutztierarten.

Sehenswertes **Melford Hall**: Ostern bis Okt. Mi–So 12–17 Uhr. 7,50 £, erm. 3,75 £, Familie 18,75 £; nur Garten und Park 3,70 £, erm. 1,85 £, Familie 9,25 £. ✆ 01787/379228, www.nationaltrust.org.uk/melford-hall.

Kentwell Hall: unregelmäßig geöffnet, meist Sa/So, in den Ferien öfter (bitte Website konsultieren oder anrufen). 12,20 £, erm. 11,20 £, Kind 9,20 £ (online günstiger); sonst Eintritt je nach Event. Kostümfestspiele an diversen Wochenenden im Sommer, Termine unter ✆ 01787/310207, www.kentwell.co.uk.

Übernachten/Essen *** **Black Lion Hotel & Restaurant**. 10 Min. ins Zentrum; schicke Zimmer und ausgezeichnetes Essen. B & B EZ ab 113,50 £, DZ ab 150 £. The Green, CO10 9DN, ✆ 01787/312356, www.blacklionhotel.net.

**** **The George**. Hotel aus dem 16. Jh., 8 km westlich, in Cavendish. Hier wohnt man deutlich günstiger. Gemütliches Haus mit freigelegten Balken und prasselndem Kamin. B & B EZ 50 £, DZ 85–100 £. The Green, Cavendish, CO10 8BA, ✆ 01787/280248, www.thecavendishgeorge.co.uk.

Lavenham

Hier fühlt man sich ins Mittelalter zurückversetzt: Lavenham, an der A 1141 nordwestlich von Sudbury, ist Englands Rothenburg ob der Tauber, ein Gewirr von bunten Cottages, Antiquitätenläden, versteckten Tearooms, uralten Pubs. Die Fachwerkhäuschen gehören zu den besterhaltenen im Land, 300 von ihnen sind

East Anglia → Karte S. 272/273

denkmalgeschützt. Zur Zeit Heinrichs VIII. war Lavenham einer der wohlhabendsten Orte in England. Über die Jahrhunderte wurden in der alten Tuchhandelsstadt alle Arten von Textilien hergestellt. In der Blütezeit im 15. Jh. fertigten die Weber von Lavenham pro Jahr etwa bis zu 50.000 m^2 feinstes Tuch. Die letzte Weberei schloss im Jahr 1930.

Das **Rathaus** (Guildhall of Corpus Christi) aus dem Jahr 1502 dominiert den Marktplatz; in seiner langen Geschichte wurde es auch als Gefängnis und Armenhaus genutzt. Heute ist hier das Historische Museum zu Hause, das die Geschichte der Textilindustrie dokumentiert und u. a. einen alten Webstuhl zeigt. Im Garten des Hauses werden Pflanzen angebaut, die zum Färben der Wolle benutzt wurden. Angeschlossen sind ein Café und ein Laden. Bei Harry-Potter-Dreharbeiten diente Lavenham als das fiktive Dorf Godric's Hollow, die Guildhall als das verfallene Haus der Eltern Harry Potters.

Little Hall, das Haus eines Wollhändlers aus dem 15. Jh., befindet sich ebenfalls am Marktplatz. Das Anwesen wurde in den 1930er-Jahren komplett restauriert und kann besichtigt werden. Sehenswert ist auch die **Lavenham Church** im Perpendicular-Stil, deren ungewöhnlicher Turm die Blicke auf sich zieht. Lavenham Church ist eine der vielen Kirchen, die von reichen Wollhändlern gestiftet wurden.

Information **Tourist Information Centre,** Mitte März bis Okt. tägl. 10–16.45 Uhr; Nov. bis Mitte Dez. tägl. 11–15 Uhr; Jan. bis Febr. Sa/So 11–15 Uhr. Lady Street, Lavenham, Sudbury, Suffolk CO10 9RA, ✆ 01787/248207, www.discoverlavenham.co.uk; www.heartofsuffolk.co.uk.

Sehenswertes **Lavenham Guildhall (histor. Museum)**: Anf. März bis Okt. tägl. 11–17 Uhr; Nov. bis Dez. Do–So 11–16 Uhr; Jan. bis Febr. nur Sa/So 11–16 Uhr. 6,50 £, erm. 3,25 £, Familie 16,25 £. CO10 9QZ, ✆ 01787/247646, www.nationaltrust.org.uk.

Little Hall: Ostern bis Okt. Di–So 13–16 Uhr, Mo 10–13 Uhr. 3,50 £, Kind frei. CO10 9QZ, ✆ 01787/247019, www.littlehall.org.uk.

Englands Rothenburg ob der Tauber: Lavenham

Lavenham Church (Parish Church of St Peter and St Paul): Im Sommer 8.30–17.30 Uhr, im Winter bis 15.30 Uhr. ✆ 01787/247244.

Stadtführungen Für 4,50 £ kann man an einer Führung teilnehmen: Ostern bis Okt. Sa 14.30 Uhr, So 11 Uhr. Start an der Tourist Information.

Wandern Der Lavenham **Railway Walk** führt über 8 km bis nach Long Melford. Mitte Mai bis Anfang Juni **Suffolk Walking Festival**. www.suffolkwalkingfestival.co.uk.

Übernachten/Essen **Swan**. Schickes Hotel in einem historischen Haus aus dem 14. Jh. Hier nahm Glenn Miller seinen letzten Drink, bevor er 1944 über dem Ärmelkanal mit dem Flugzeug abstürzte. B & B DZ ab 170 £, mit Dinner ab 230 £. Nach Specials fragen. High Street, CO10 9QA, ✆ 01787/247477, www.theswanatlavenham.co.uk.

Angel Hotel. Restauriertes historisches Gebäude (15. Jh.) mit moderner britischer Küche. EZ ab 79 £, DZ ab 105 £, am Wochenende zwei Nächte inkl. Dinner 280 £. Market Place, CO10 9QZ, ✆ 01787/247388, theangellavenham.co.uk.

Scutchers. Ein Bistro mit Charme und lokalen Zutaten, moderne britische Küche. Hauptgericht 20–30 £. Do–Sa 12–14 und 17–21.30 Uhr. Westgate Street, CO10 9DP, ✆ 01787/310200, www.scutchers.com.

Greyhound. Schönes Dorf-Pub in altem Fachwerkhaus mit gutem Essen, von Austern über Steak und Burger bis zum Käsefondue gibt es eine große Auswahl. Tägl. 10–22 Uhr. 97 High Street, CO10 9PZ, ✆ 01787/249553; www.lavenhamgreyhound.com.

East Anglia → Karte S. 272/273

Thetford und die Brecks (Brecklands)

Wo die Flüsse Thet und Little Ouse zusammenfließen, stand einst die Turmhügelburg von Thetford, und es hieß: Wer Thetford hat, hat den Zugang nach Norfolk. Die Stadt war unter dem Dänenkönig Knut sogar Hauptstadt von East Anglia und hatte bis 1095 einen Bischofssitz, dann übernahm Norwich diese Rolle. Thetford wurde Provinzstadt, die immerhin Thomas Paine hervorbrachte, Autor von „Die Rechte des Menschen“ und einer der Gründerväter der Vereinigten Staaten von Amerika.

Heute ist Thetford Mittelpunkt einer eigenartigen Region, der **Brecklands:** Der Name stammt von den Brecks, Feldern, die von den frühen Siedlern auf den kargen Böden aus Sand und Geröll bereitet wurden. Später wurden die Felder der Brecklands zu Weideland, auf dem Schafe grasten. Die Überweidung führte zu massiver Erosion des Bodens, die Brecklands verwandelten sich in eine Art Wüste, in der Sandstürme nicht selten waren. Um die sandigen Böden zu festigen, pflanzte man vor allem nach dem Zweiten Weltkrieg Kiefern als Schutzgürtel – Monokulturen von Nadelbäumen, so weit das Auge reicht.

Heute ist der Thetford Forest 29.000 ha groß, wo früher Heide war, wird nun Holz produziert. Im Naturreservat East Wretham Heath 8 km nordöstlich von Thetford kann man noch erleben, wie die Brecklands aussahen, bevor sie aufgeforstet wurden: ein leicht gewelltes Heideland mit flachen Seen, den *meres*, gesäumt von Birken, Eschen, Weißdornsträuchern, Ginster und Farnen.

Bis in die Frühzeit reicht die Geschichte der **Grimes Graves** 13 km nordwestlich von Thetham zurück. Vor fast 5000 Jahren wurde hier in Hunderten von Gruben Flint, Feuerstein, gewonnen. Eine davon ist zu besichtigen; über eine Leiter klettert man neun Meter in die Tiefe dieses prähistorischen Steinbruchs.

Information **Thetford Leaping Hare Tourist Information**, Mo–Do 10–14 Uhr, Fr 10–17 Uhr, Sa 9–15 Uhr. Belmont House, 20 King Street, IP24 2P, ✆ 01842/751975, www.thetfordsgreat.org oder leapinghare.org.

Sehenswertes **Grimes Graves**: April bis Sept. tägl. 10–18 Uhr, Okt. Mi–So 10–17 Uhr. 3,80 £, erm. 3,40 £, Kind 2,20 £, Familie 9,80 £. Lynford, Thetford, IP26 5DE, www.english-heritage.org.uk.

Strand am Flamborough Head

Yorkshire

Ein beliebtes Feriengebiet, das von den Pennines im Westen zu den grünen Tälern der Dales, von den sanften Hügeln der Moore und Heidelandschaften bis hin zu den dramatischen Klippen und Stränden der Ostküste reicht. Hier findet man Städte mit mittelalterlichen Stadtmauern, aber auch eine untergegangene Welt der Schwerindustrie zwischen Stahlwerken, Kohlegruben und Spinnereien.

Die größte englische Grafschaft wurde nach mehreren Gebietsreformen aufgeteilt in South, North und West Yorkshire sowie das East Riding of Yorkshire (nördlich des Flusses Humber). Die grüne Lunge Yorkshires sind zwei Nationalparks: die Yorkshire Dales und die North York Moores. Die **Yorkshire Dales** mit ihren Hochlandmooren und den sich dazwischen ausbreitenden Tälern sind ein beliebtes Feriengebiet mit Bilderbuchansichten von aus Naturstein erbauten Marktstädtchen, Abteien und Burgen. Diese wildromantische Landschaft ist der Inbegriff der englischen *countryside*. Das Wetter ist recht wechselhaft, es regnet oft, allerdings bläst der Wind die Wolken meist schnell auseinander, und wenn dann die Sonne hervorlugt, entstehen faszinierende Farbspiele auf den Hügelketten, die der kargen Torf- und Heidelandschaft mit ihren kleinen grauen Orten ein dramatisches Aussehen verleihen. Hier wuchsen die drei Brontë-Schwestern auf und schrieben ihre Romane und Verse.

Auch die **North York Moors** mit ihren vielen Wandermöglichkeiten sind ein echtes Naturerlebnis. Die North York Moors Railway dampft gemütlich durch das karge

Yorkshire

Hochmoor, wo zottelige, braune Rinder und viele Schafe weiden und winzige Dörfer oder einsame Höfe verstreut liegen. Unzählige kleine Flüsse und Bäche plätschern hinab zum Meer. Hier siedelten im Mittelalter Mönche und Nonnen vieler Orden. Nach der Auflösung der Klöster waren die Abteien dem Adel wohl zu einsam, sie überließen sie dem Verfall, wie etwa Rievaulx Abbey und Fountains Abbey, die als die größte Klosterruine der Welt gilt. Manche bauten sich auf dem billig erworbenen Klostergelände lieber ihre eigenen Herrensitze, wie das gigantische Castle Howard.

An der **Küste Yorkshires** herrscht ebenfalls ein raues Klima. Dennoch finden sich hier einige Urlaubsorte, die sich Seebäder nennen. In Bridlington und Scarborough ist der Putz allerdings ziemlich ab, viktorianischer Glanz ist nur mehr als Hauch zu spüren. Die Kurstadt Harrogate ist da schon sehr viel eleganter und für ihre türkischen Bäder und das einmalige Betty's Café berühmt. Der Küstenabschnitt zwischen Spurn Head und der Dracula-Stadt Whitby ist landschaftlich sehr reizvoll und lädt zum Wandern und Spazierengehen ein.

Hauptanziehungspunkt der Grafschaft ist **York.** Für die alte Hauptstadt mit der größten mittelalterlichen Kathedrale Nordeuropas reicht ein Tag allein kaum aus. Doch nicht nur das Mittelalter wird in Yorkshire bewahrt. In einer Gegend, die lange Zeit weitgehend von der Textilindustrie bestimmt wurde, gibt es zahlreiche Monumente der frühen Industriegeschichte, darunter alte Spinnereien. Auch **Leeds,** mit etwa einer Million Einwohnern die größte Stadt in Yorkshire, war einst eine Textilhochburg. Heute dominieren dort Universität und Dienstleistungsindustrien; das Angebot an Kultur und Kommerz ist groß, und in der näheren Umgebung finden sich zahllose interessante Ausflugsziele. Die Baumwollweber von

Leeds schufen zusammen mit den Klingenschmieden von **Sheffield** die Voraussetzungen für Englands Industrieimperium im vorigen Jahrhundert. Auch Sheffield macht einen Strukturwandel durch, ist heute Universitätsstadt und versucht, Anschluss an die Moderne zu finden.

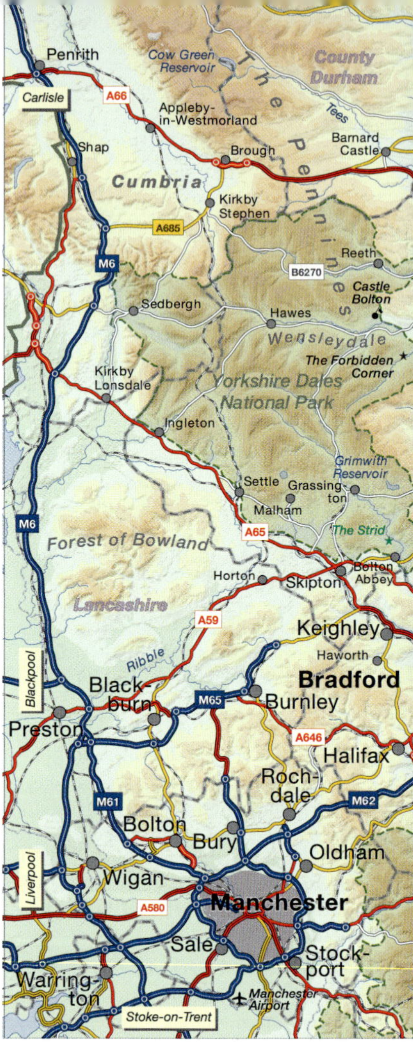

Sheffield

Früher war Sheffield die konkurrenzlose Stahlküche und eine der reichsten Städte des Landes. Aus dem Stahl wurde in den 1970er- und 80er-Jahren Rost, die meisten Stahlwerke mussten schließen. Dafür exportierte Sheffield Pop: Joe Cocker, Tony Christie, The Human League, Cabaret Voltaire, Pulp und die Arctic Monkeys kommen von hier.

Nach dem jahrzehntelangen Niedergang ist die mit 540.000 Einwohnern viertgrößte Stadt Englands wieder etwas im Kommen. Sie hat ihre industrielle Vergangenheit beiseite geschoben und sich für die Dienstleistungsbranchen Erziehung, Medien und Kultur geöffnet und begonnen, sich zu verschönern. Um das Image als *„The ugly picture set in a golden frame"*, das „hässliche Bild im goldenen Rahmen", wie sie auch beschrieben wird, abzuschütteln, wird sie aber noch eine ganze Weile brauchen. Immerhin gibt es in der Stadt angeblich dreimal mehr Bäume als Menschen.

Sheffield, benannt nach dem Fluss Sheaf, war schon im Mittelalter berühmt für seine Klingen. 1913 wurde hier der rostfreie Stahl erfunden (woran die Skulptur The Cutting Edge vor dem Bahnhof erinnert) und vor allem Besteck und Werkzeug gefertigt. Bis heute stammen mehr als die Hälfte aller chirurgischen Messer weltweit aus Sheffield, und Portland Works ist die einzige gemeinnützige Messerfabrik überhaupt.

Als Industriezentrum wurde Sheffield im Krieg von deutschen Bombern so gründlich zerstört, dass vom alten Kern nur wenige Backsteingebäude aus viktorianischer Zeit erhalten sind, wie etwa das prächtige **Rathaus** mit der Bronzestatue des Gottes Vulcanus auf der Turmspitze, dem Symbol für die Stahlindustrie. Auch der **Paradise Square** im Cathedral Quarter ist ein architektonisches Kleinod, das schönste klassizistische Gebäude-Ensemble der Stadt.

Die 1970er- und 1980er-Jahre waren für Sheffield von Verarmung und Arbeitslosigkeit geprägt, von da an galt die Stadt lange Zeit als schmutzig und unansehnlich. Um von diesem Image loszukommen, setzt sie heute auf Tourismus und Kulturprojekte. Die Stadt hinkt auf vielen Gebieten hinter ihren Nebenbuhlern aus dem Norden her, ist aber auf dem Weg, sich in eine lebendige Metropole mit guter Musik- und Kunstszene, einem aufregenden Nachtleben und einer spannenden Theaterszene zu verwandeln.

Viele der Fertigbetonbauten aus den 1950er- bis 70er-Jahren sind modernen, umweltfreundlichen Gebäuden gewichen. Das auffälligste ist der **Cheesegrater,** die Käsereibe, deren blitzende Stahlverkleidung ein Parkhaus (!) versteckt. Sehenswert ist auch die **Millennium Gallery,** in der vor allem wunderschöne Silberwaren ausgestellt sind. Das **Kelham Island Industrial Museum** mitten auf einer Insel im River Don zeichnet die Industriegeschichte der Stadt nach. Sheffield hat sich auch einige grüne Zonen zugelegt, etwa den **Winter Garden** (im Zentrum bei den Millennium Galleries), in dem mehr als 2000 Pflanzen aus aller Welt wachsen, und den **botanischen Garten,** gut 3 km vom Stadtzentrum entfernt. Weniger bekannt ist, dass Sheffield türkische Bäder besitzt, in denen man sich den üblichen Wellnessbehandlungen unterziehen kann.

Basis-Infos

Information **Sheffield Tourist Information Centre**, direkt neben dem Winter Garden und den Millennium Galleries, recht dürftig ausgestattet. Es liegt das Stadtmagazin aus (www.exposedmagazine.co.uk), auf Wunsch bekommt man auch einen Ausdruck aller Unterkünfte. So geschl. 14 Norfolk Row, S1 2PA, ✆ 0114/2757754, www.welcometosheffield.co.uk und für Aktive: www.theoutdoorcity.co.uk.

Verbindungen **Bus** – National Express bedient die London Route 42-mal in der Woche. Busse kommen am Pond Street Coach Terminal im City Centre an, S1 2BD. Für Busse, Straßenbahn und Züge gibt es ein vergünstigtes South Yorkshire Travelmaster Gold Day Ticket für 7,60 £ (27,30 £ für eine Woche). Wer den Peak District per Bus erkunden will, fragt nach einem First Day Peak Explorer Ticket für 6,50 £ (Service 272). www.travelsouthyorkshire.com.

Bahn – Die Sheffield Midland Station verbindet die Stadt mit allen wichtigen Städten und dem Flughafen Manchester. Züge verlassen London in St Pancras Station (Fahrtzeit gute 2 Std.), also auch Direktanbindung an den Eurostar. Regionalverbindungen mit dem TranspennineExpress (www.tpexpress.co.uk).

Supertram – Diese Straßenbahn befährt 29 km und bedient drei Routen: Sie verbinden fünf der P&R-Parkplätze mit dem City Centre, der Uni, der Kathedrale und der Sportarena. Tram & Bus Megarider Tickets erlauben eine Woche lang unlimitierte Fahrten und kosten 13 £, erm. 6,50 £. www.supertram.com.

Flugzeug – Der größte Flughafen der Gegend ist Manchester. Der nächste Flughafen ist Robin Hood Doncaster Sheffield Airport. Von hier werden 40 Charterziele in Europa angeflogen. First Avenue, Doncaster, DN9 3NH, www.robinhoodairport.com. Der Airlink Service 91 fährt von Doncaster her.

Park & Ride – Sheffield hat acht P&R-Parkplätze, die am besten ausgestatteten sind Middlewood, Nunnery Square und Halfway. Parken 4,50 £/Tag, Bus Shuttle ins Zentrum alle 10 Min. oder Anbindung an die Supertram. Traveline ✆ 01709/515151, www.travelsouthyorkshire.com/parkandridesheffield.

Einkaufen **Fargate** ist Sheffields Fußgängerzone und Haupteinkaufsstraße. Designer-Boutiquen und kleine Läden findet man im **Devonshire Quarter** westlich des Zentrums um die Devonshire Street, S3 7SB.

Moor Market, moderne Markthalle im Zentrum mit knapp 200 Ständen und internationalen Imbissen. So geschl. 77 The Moor, S1 4PF.

Meadowhall, das größte Shopping Centre in Yorkshire mit mehr als 280 Läden unter einem Dach. Mo–Fr 10–21 Uhr, Sa 9–20 Uhr, So 11–17 Uhr. 1 The Oasis, S9 1EP, ✆ 0845/-6006800, www.meadowhall.co.uk. Die Mall ist mit der Supertram zu erreichen.

The Sheffield Antiques Quarter, 6 Antiquitätenhallen und mehr als 20 Händler befinden sich zwischen Broadfield und Abbeydale Roads südlich des Stadtzentrums an der A 621. Unterschiedliche Öffnungszeiten, Kernzeit tägl. (außer So) 10–16 Uhr. sheffieldantiquesquarter.co.uk.

The Nichols Building Indie Arcade, handgefertigte Objekte und Schmuck sowie coole Second-Hand-Kleidung. Auf Erschöpfte wartet ein Café. Di–Fr 11–17 Uhr, Sa 10–17 Uhr, So 10–16 Uhr. Shalesmoor, S3 8UJ, ✆ 07973/528495.

Bird's Yard, Zusammenschluss regionaler Designer, die hier ihre Werke verkaufen. Mo–Fr 10.30–17.30 Uhr, Sa 10–17.30 Uhr. 44 Chapel Walk, S1 2PD, ✆ 0114/2788709, www.birdsyardsheffield.co.uk.

Record Collector, legendärer Shop für neue und gebrauchte CDs und Venyl. 10–18 Uhr, Mi und So Ruhetage. 233–235 Fulwood

Road, S10 3BA, ✆ 0114/2668493, record collectorsheffield.co.uk.

Kino The Showroom Cinema, Englands größtes unabhängiges Kino außerhalb von London. Um Halloween herum läuft das Festival Celluloid Screams (celluloid screams.co.uk). Gute Bar. 15 Paternoster Row, S1 2BX, ✆ 0114/2757727, www.showroomworkstation.org.uk.

Aktivitäten/Kultur

Aktivitäten SPA 1877, türkische Bäder, Mo–Fr 9.30–21.30 Uhr, Sa–So 9–18.30 Uhr, die Spa Experience (3 Std.) kostet 30 £. 65 Victoria Street, S3 7QD, ✆ 0114/2211877, www.spa1877.com.

The Foundry Climbing Centre, hier trainiert man für Kletterausflüge in den Peak District. Anfänger müssen einen Kurs buchen, Formulare gibt es auf der Website. Café und Shop vor Ort. Unit 2, 45 Mowbray Street, S3 8EN, ✆ 0114/2796331, www.foundryclimbing.com.

Sheffield Cable Waterski, Wasserskianlage im Rother Valley Country Park. Im Winter Mi und Sa/So 11 Uhr bis zur Dämmerung. 20 £, erm. 17 £, Kind 16 £ für 1 Std. plus Leihgebühr von 5 £, Öffnungszeiten je nach Saison. Mansfield Road, Wales Bar, S26 5PQ, ✆ 0114/2511717, www.sheffieldcablewaterski.com. Es gibt auch einen kleinen Campingplatz, vorzugsweise für Nutzer der Wasserskianlage, und eine Café-Bar.

Festival Tramlines, zweitägiges Musikfestival im Juli mit Konzerten an 70 Veranstaltungsorten. Alle Stilrichtungen von Indie, Pop, Folk oder Jazz. www.tramlines.org.uk.

Museen Graves Art Gallery, schöne Räume in einem Art-déco-Gebäude, in denen die historische Kunstsammlung der Stadt zu finden ist und spannende zeitgenössische Wechselausstellungen stattfinden. Di–Sa 11–16 Uhr, Mi 13–18 Uhr. Eintritt frei. Surrey Street, S1 1XZ, ✆ 0114/278255, www.museums-sheffield.org.uk.

Site Gallery, Sheffields kürzlich erweitertes Zentrum für zeitgenössische Kunst und experimentelle Digital- und Multimedia arbeiten mit gemütlichem Café. Di–Sa 11–17.30 Uhr. Eintritt frei. 1 Brown Street, S1 2BS, ✆ 0114/2812077, www.sitegallery.org.

Stadtrundgänge Stadtführungen im Sommer Di–Sa 10.30 Uhr ab der Touristeninformation. 5 £, www.sheffieldtours.com.

Yorkshire → Karte S. 394/395

Peace Gardens und Town Hall

Die **Steel City Ghost Tour** beginnt an der Town Hall, Mo, Mi und Do um 19.30 Uhr. 5 £. ✆ 0114/2203269, www.steelcityghost tours.co.uk.

Theater Drei Theater gruppieren sich um den Tudor Square zu einem Theaterkomplex: **Lyceum** – Merkur wacht auf dem Dach über Gastspiele aus dem Londoner West-End, Aufführungen der Opera North und eigene Produktionen. **Crucible** – hier werden hauseigene Produktionen auf die Bühne gebracht. **Studio** – diese intime Studiobühne mit 400 Plätzen von 1971 befindet sich innerhalb des Crucible Theaters. Alle drei Jahre findet das *Music in the Round Festival* statt. 55 Norfolk Street, S1 1DA, ✆ 0114/2496000, www.sheffield theatres.co.uk.

The Last Laugh Comedy Club, einer der ältesten Comedy Clubs des Landes und Veranstalter des gleichnamigen Festivals im Oktober. Jeden Do werden außerdem im **Lescar** (Lescar Lane, Sharrowvale Road, S11 8ZF, 8 £), jeden Fr und Sa in **Sheffields Memorial Hall** in der City Hall die Lachmuskeln gekitzelt. 20.30 Uhr, Tickets 16 £. Barkers Pool, S1 2JA, ✆ 0114/2210317, last laughcomedy.co.uk.

Übernachten

Da Sheffield eine Studentenstadt ist, gibt es eine große Auswahl an Unterkünften. Die Hotellandschaft wird von Hotelketten dominiert, allen voran **Premier Inn** und **Novotel**, die zwar etwas gesichtslos sind, dafür aber ein gutes Preis-Leistungs-Verhältnis bieten.

**** **Brocco on the Park** **17** Boutique Hotel mit skandinavischem Design, funktional, aber nicht kalt. 8 Zimmer und ein Café-Restaurant. Achten Sie auf all die Vögelchen, sie sind eine Referenz an die Friedenstaube Pablo Picassos, der 1950 an dieser Adresse übernachtet haben soll, um einer Friedenskonferenz beizuwohnen. Zimmer ohne Frühstück ab 90 £. 92 Brocco Bank, S11 8RS, ✆ 0114/2661233, brocco.co.uk.

**** **Mercure St Paul's Hotel und Spa** **12** Vier-Sterne-Haus in unschlagbarer Lage direkt am Winter Garden mit Schwimmbad. DZ ab 85 £ (ohne Frühstück). 119 Norfolk Street, S1 2JE, ✆ 0871/6630627 (Call Centre), ✆ 0114/2782000, www.mercure.com.

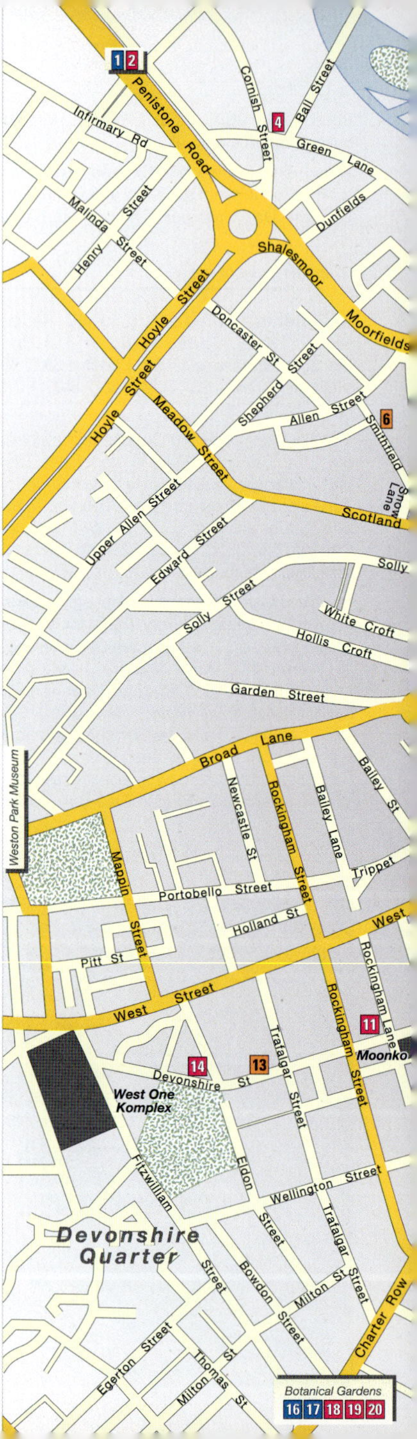

Nachtleben
5 The Fat Cat
6 The Night Kitchen
9 O_2 Academy
10 The Old Queen's Head
11 Bungalows & Bears
13 The Brew Dog
15 The Leadmill
Übernachten
1 Loadbrook Cottage B & B
3 Heavenly Nights Guest House
7 Houseboat Hotels
12 Mercure St Paul's Hotel
16 University of Sheffield und Endcliffe Village
17 Brocco on the Park
Essen & Trinken
2 Vito's Italian Restaurant
4 The Milestone
8 Blue Moon Café
10 The Old Queen's Head
11 Bungalows & Bears
14 Yummies Noodle Bar
18 Rafters
19 Otto's
20 Ashoka
Kelham Island
River Don
Alma Street
Russell St
Bowling Green
Cotton St
Corporation St
Gibraltar Street
Copper St
Trinity St
Plum La
Bridge Street
Millsands
Nursery Street
Johnson St
Nursery Lane
Stanley St
Wicker Lane
Wicker
Love St
West Bar
Furnace Hill
Lambert St
Bridge St
Blonk Street
Furnival Rd
Castlegate
Snig Hill
Waingate
Sheffield Market
Exchange St
West Bar Green
Silver Street
Paradise Street
North Church St
New St
Bank Street
Dixon La
King St
Campo Lane
Hawley St
Townhead St
Vicar La
York St
Sheffield Cathedral
High Street
Park Square
Church Street
Lane
Street
Leopold Street
Birds Yard
Fargate
Norfolk St
Arundel Gate
Flat Street
Pond Street
Pond Hill
Theater
Tudor Square
City Hall
Town Hall
Surrey Street
Peace Gardens
Norfolk Street
Millennium Galery & Wintergarden
Hammer Lane
Sheaf Street
Anson St
South Street
Backfields
Carver Street
Cambridge St
Burgess St
Pinstone Street
Sheffield Hallam University
Howard Street
Charter Square
Union St
Furnival Gate
Furnival Square
Eyre Lane
Arundel Street
City Hall
Showroom Cinema
Sheaf Square
Bahnhof
Brown Street
Shrewsbury Rd
The Moor
Matilda Street
Furnival St
Eyre La
Site Gallery
Shoreham St
Suffolk Rd
Eyre Street
150 m
Sheffield

Loadbrook Cottage B & B **1** Ländliche, aber luxuriöse Unterkunft in einem Bauernhof aus dem 18. Jh., rund 15 Autominuten außerhalb von Sheffield. Kostenloses WLAN und Parkplatz. EZ 50–60 £, DZ 70–80 £. Game Lane, Loadbrook, nahe Stannington, S6 6GT, ✆ 0114/2331619, www.loadbrook.co.uk.

Heavenly Nights Guest House **3** Eine kostengünstige, aber überaus freundliche und saubere Pension 15 Gehminuten vom Zentrum bei der Universität. Die Gastgeber bieten auf Wunsch einen Chauffeurdienst und Abendessen (Bangladeshi-Küche). EZ 30–50 £, DZ 50–60 £, Familienzimmer 55–100 £. 11 Minna Road, S3 9AZ, ✆ 0114/2215342, www.heavenly-nights.co.uk.

››› Mein Tipp: **Houseboat Hotels** **7** Übernachten Sie auf einem Boot, modern eingerichtet mit allem Komfort. Boot für 1 Erw. 79 £, 2 Erw. 99 £, 4 Erw. 159 £ (Kind unter 14 J. frei). Kontinentales Frühstück auf Anfrage 8 £, englisches 10 £. Parkmöglichkeit beim Boot. Victoria Quay, Wharfe Street, S2 5SY, ✆ 07776/144693, www.houseboathotels.com. ‹‹‹

University of Sheffield **16** In der vorlesungsfreien Zeit vermietet die Uni 99 Zimmer bzw. Apartments mit eigenem Bad für 44 £/Pers. The Endcliffe Village, 34 Endcliffe Crescent, S10 3ED, ✆ 0114/2228916, www.shef.ac.uk.

Essen & Trinken/Nachtleben

→ Karte S. 398/399

Im kosmopolitischen Süden auf der Ecclesall Road zwischen botanischem Garten und Endcliffe Park gibt es viele gute Restaurants und Cafés (samt Boutiquen). Die abendliche, eher laute Pub-Kultur spielt sich zwischen der Uni und dem Zentrum auf der West Street ab. Die Gastrobetriebe in der Division Street sind etwas kultivierter und entspannter. Traditionelle Arbeiter-Pubs wie das berühmte Fat Cat findet man in der Kelkham Island Region.

Essen & Trinken **Ashoka** **20** Sheffields ältestes und eines der besten indischen Restaurants. Spezialität: caramelised Kashmiri (karamelisierte Zwiebeln). Tägl ab 18 Uhr, 307 Ecclesall Road, S11 8NX, ✆ 0114/2683029, www.ashoka1967.com.

Vito's Italian Restaurant **2** Gastfreundlicher, kleiner Italiener mit gutem Ambiente, authentischer Küche und umfangreicher Speisekarte. Pizza und Pasta ab 9,95 £. Tägl. (außer Mo) 18.30–23.30 Uhr, So auch zum Lunch. 284 South Road, Walkley, S6 3TE, ✆ 0114/2333574; www.vitos.org.uk.

Rafters **18** Edles Restaurant 10 Min. vom Zentrum. Deckenbalken und handgefertigte Lampen aus Mailand, moderne britische Küche je nach Saison, 3-Gänge-Menü mit Canapés und Zwischengängen 42 £. Mi–Do 18.30–20.30 Uhr, Fr/Sa 19–21 Uhr, So 12–14 und 18–20 Uhr. 220 Oakbrook Road, S11 7ED, ✆ 0114/2304819, www.raftersrestaurant.co.uk.

››› Mein Tipp: **Blue Moon Café** **8** Vegetarische und vegane Gerichte in entspannter Umgebung, Mo–Sa 8–20 Uhr. 2 St James Street, S1 3EW, ✆ 0114/2763443, www.bluemooncafesheffield.co.uk. ‹‹‹

Otto's **19** Marokkanisch-mediterrane Küche, freitags und samstags Klaviermusik, auch Jazz- und Bauchtanznächte. Taste of Marocco mit verschiedenen Tagine–Angeboten, 2-Gänge für 16,95 £. Di–Sa 17–23.30 Uhr. Hunters Bar Jr. School, 344 Sharrowvale Road, S11 8ZP (nahe dem botanischen Garten), ✆ 0114/2669147, www.ottosrestaurant.co.uk.

The Milestone **4** Pub auf Kelham Island. Hier wird von der Pasta über die Chutneys bis zum Eis alles selbst hergestellt. Mo–Sa 11–23.30 Uhr, So 11–22.30 Uhr. Die Kunstfertigkeit gibt man in einer Kochschule an Interessierte weiter. 84 Green Lane, Ecke Ball Street, S3 8SE, ✆ 0144/2728327, www.the-milestone.co.uk. ■

››› Mein Tipp: **Yummies Noodle Bar** **14** Kleines Café, das sich als günstiges kantonesisches Restaurant entpuppt. Man bestellt am Tresen und nimmt sich das Besteck, aber das Essen wird gebracht. Schneller Service, große Portionen. Tägl. 11–23 Uhr. 140 Devonshire Street, S3 7SF, ✆ 0114/2755060. ‹‹‹

Nachtleben **The Brew Dog** **13** Diese internationale Bierhauskette schenkt 20 Biere vom Fass und weitere aus aller Welt in Flaschen aus. Der Raum hat Industriecharme (die Sitzbänke sind aus Baugerüstelementen) und ist dennoch gemütlich. Man kann Brettspiele nutzen, die fluoreszierende Graffitiwand ist der Blickfang. Units 5 u. 6 Eldon Court, 108–111 Devonshire Street, S3 7SF, ✆ 0114/2414193, www.brewdog.com.

Bungalows & Bears **11** Restaurant im Stil eines American Diner in einer alten Feuerwehrstation, Fischstäbchensandwich und Burger, am Wochenende Livemusik. Mo–Do 12–24 Uhr, Fr bis 1 Uhr, Sa 10–1 Uhr, So 11–24 Uhr. Küche tägl. bis 22 Uhr. Division Street, S2 3RL, ✆ 0114/2792901, www.bungalowsandbears.com.

The Old Queen's Head **10** Pub im ältesten Haus der Stadt (15. Jh.), im Sommer kann man draußen im Biergarten (Terrasse) sitzen, im Winter wird es gemütlich, wenn das Feuer im Kamin prasselt. Themennächte und Lunch-Specials. 40 Pond Hill, S1 2BG, ✆ 0798/3559073, www.theoldqueenshead.co.uk.

The Fat Cat **5** Zehn Ales aus dem Fass und recht gutes Essen bescheren dieser Institution viele Stammgäste. 23 Alma Street, S3 8SA, ✆ 0114/2494801, www.thefatcat.co.uk.

The Leadmill **15** Berühmter Veranstaltungsort, auf der Steel Stage standen in den 1980er-Jahren schon Human League, Cabaret Voltaire und Heaven 17. Bis heute werden Rock- und Pop-Gigs in dieser ehemaligen Kornmühle veranstaltet. 6–7 Leadmill Road, S1 4SE, ✆ 0114/2212828, www.leadmill.co.uk.

The Night Kitchen **6** Club in einer alten Besteckfabrik mit Warehouse-Feeling. Keine aufwendigen Lightshows, just Music. Verschiedene Clubnächte mit Live- und DJ-Events. 5–7 Smithfield, S3 7AR, www.facebook.com/TheNightKitchen.

O_2 Academy **9** Live-Gigs und Konzerte entweder im großen Saal für mehr als 2000 Leute oder im zweiten intimen Raum. Im Stadtzentrum gelegen, freitags Club Night. 37–43 Arundel Gate, S1 2PN, ✆ 0114/2537777, Buchungshotline ✆ 0844/4772000, www.ticketweb.co.uk; www.academymusicgroup.com/o2academysheffield.

Sehenswertes

The Winter Garden: Im Herzen der Stadt ist für 5,5 Mio. Pfund ein tropisches Paradies entstanden. Dieser Wintergarten ist eines der größten Gewächshäuser (70 m lang, 21 m breit und 22 m hoch), das in England in den letzten Hundert Jahren gebaut wurde – ein Treffpunkt, wo man zwischen 2500 subtropischen Pflanzen die Seele baumeln oder gemütlich bei einem Kaffee ausspannen kann. Die Konstruktion ist aus Lärchenholz, das sich über die Jahre silbergrau verfärben und dann – ja, genau – Stahl ähneln wird.

Mo–Sa 8–20 Uhr, So 8–18 Uhr. Eintritt frei. Winter Garden, Surrey Street, S1 2LH.

Millennium Gallery: Der elegante Bau aus Glas und weißem Beton besteht eigentlich aus einer Reihe von Gebäuden, die über eine verglaste, lichtdurchflutete Avenue über zwei Etagen verbunden sind. In den vier Ausstellungsbereichen gibt es u. a. zwei Dauerausstellungen: die John-Ruskin-Sammlung und die Sammlung der kostbarsten Metall- und Silberwaren der Stadt (13.000 Objekte). Der Kunstkritiker und Reformer Ruskin (→ S. 659) gründete im 19. Jh. ein Museum für die verarmten und unter schrecklichen Bedingungen lebenden Arbeiter von Sheffield. Es sollte sie aus ihrer dreckigen und lärmenden Welt herausreißen und mit inspirierenden Dingen wie Kunst, Büchern und der Natur zusammenbringen. Die Ausstellung von Metall- und Silberwaren beschränkt sich nicht auf faszinierende Designs der Sheffielder Besteckproduktion der letzten 400 Jahre, sondern zeigt auch Beispiele des Stardesigners David Mellor (→ S. 404) und zeitgenössische Stücke aus aller Welt. Wechselausstellungen zu Kunst, Handwerk und Design finden in den beiden anderen Galerien statt.

Mo–Sa 10–17 Uhr, So 11–16 Uhr. Eintritt frei. Arundel Gate, S1 2PP, ✆ 0114/2782600, www.museums-sheffield.org.uk.

Yorkshire → Karte S. 394/395

Millennium Square und The Peace Gardens: Verlässt man die Millennium Gallery und den Winter Garden zum Millennium Square, stößt man auf wasserumplätscherte Stahlkugeln verschiedener Durchmesser, die „Regen" heißen und symbolisieren. Die anschließenden Peace Gardens direkt hinter der Town Hall werden von einem Brunnen, der Goodwin Fountain, dominiert, dessen 89 Düsen mit Wasser spritzen. Davor erstreckt sich eine Kaskade aus Stahl, die die acht Flüsse symbolisieren soll, die durch oder nahe bei Sheffield fließen. Acht bronzene Wassergefäße stellen den Fluss von Wasser oder flüssigem Metall dar. Die Gestaltung des Platzes ist eine Hommage an die Industriegeschichte der Stadt: Wasser, Stahl und der Sandstein der Pennines sind die drei Hauptmaterialien.

Sheffield Cathedral: Die St.-Peter-und-Paul-Kathedrale ist die ehemalige Gemeindekirche, deren Ursprünge auf das 9. Jh. zurückgehen. Ein Kreuz aus dieser Zeit ist als Sheffield Cross im Britischen Museum ausgestellt. In ihrem Kern ist die Kathedrale gotisch und entstand zwischen 1280 und 1430, erfuhr jedoch in jedem Jahrhundert eine Erweiterung, bis sie 1880 fertiggestellt war. Auffällig ist die sogenannte Laterne, deren bunte Fenster den Eingang im Westen mit farbigem Licht durchfluten. Gehen Sie unbedingt auch in die St Georges Chapel, eine militärische Gedenkkapelle mit einem Fenster von Keith New, das an die weltweiten Einsätze des York-und-Lancaster-Regiments erinnert.
Mo 8.30–17 Uhr, Di–Fr 8.30–18.30 Uhr, Sa 9.30–15.30 Uhr, So 7.45–19.30 Uhr. Eintritt frei. Church Street, S1 1HA, ✆ 0114/2753434, www.sheffieldcathedral.org.

Cutting Edge und Howard Street: Wer das Bahnhofsgebäude verlässt, landet auf dem Sheaf Square und am Wasser. Ein Sandsteinbrunnen mit 426 Kaskaden bildet den Auftakt für The Cutting Edge, eine 60 t schwere, 90 m lange und 5 m hohe, rostfreie Stahlskulptur, die mit Dutzenden blauer LED-Lampen beleuchtet wird, während in einem endlosen Strom Wasser die glatten Wände hinunterrieselt. Von hier führt die verkehrsberuhigte Howard Street ins Stadtzentrum. Sie wurde mit

Wer an Sheffield denkt, denkt an Stahl – bis heute

Bäumen bepflanzt und mit zwölf beleuchteten Stahlsitzen versehen. Sechs terrassenförmige Rasenflächen, die von Wasser- und Lichtspielen umgeben sind, bilden den Eingang zur Hallam Universität. Ein Outdoor-Spielplatz aus Stahl.

Kelham Island Industrial Museum: Diese Halbinsel im River Don, von Menschen gemacht und bereits im 12. Jh. angelegt, ist heute ein schickes Wohnquartier mit hippen Bars und Gastropubs. Ihren Namen hat sie von dem städtischen Waffenschmied Kelham Horner, der in den 1630er-Jahren hier eine Werkstatt und eine Wassermühle betrieb. Seit 1990 gibt es auf der Halbinsel eine unabhängige Brauerei. Die Idee dazu wurde im Biergarten des Fat Cat in der Alma Street geboren. In einem ehemaligen Kraftwerk ist das Industriemuseum untergebracht, wo es natürlich um die Geschichte der Stahlherstellung mit all ihren Erfindungen bis zur Massenproduktion geht. In einer rekonstruierten viktorianischen Gasse gehen ein Schmied und ein Schleifer ihrem traditionellen Handwerk nach. Es gibt auch historische Maschinen wie den River Don Engine, eine Dampfmaschine mit 12.000 Pferdestärken, und eine Bessemerbirne, mit der bis 1975 Eisen in Stahl verwandelt wurde.

Mo–Do 10–16 Uhr, So 11–16.45 Uhr. Die Dampfmaschine River Don wird Mo–Do um 12 und 14 Uhr und So zusätzl. um 16 Uhr angeworfen. 5,50 £, erm. 4,50 £, Kinder unter 16 J. frei. Alma Street (bei der Corporation Street), S3 8RY, ✆ 0114/2722106, www.simt.co.uk.

Sheffield Botanical Gardens: Eröffnet 1836 in einer Zeit, als Sheffield zwar rauchende Schlote, aber kaum Park- und Gartenanlagen besaß. Der erste Kurator Robert Marnock verwirklichte hier sein Konzept eines malerischen Landschaftsgartens mit geschwungenen Blumenbeeten, in denen es heute 17.000 Pflanzenarten gibt. Man bummelt durch einige denkmalgeschützte Gewächshäuser aus dem 19. Jh. Im Marnock Garden ist zeitgenössisches Gartendesign zu sehen, von dem man sich für zu Hause inspirieren lassen darf. Eine weitere Attraktion ist der Rosengarten, Kinder begeistern sich für den Bären aus Sheffield-Stahl in der Originalbärengrube aus dem 19. Jh.

Mo–Fr 8–19.45 Uhr bzw. Sonnenuntergang, Gewächshäuser 11–17 Uhr; Sa/So ab 10 Uhr, im Winter nur bis 16 Uhr, Gewächshäuser bis 15.30 Uhr. Eintritt frei. Auch Shop und Tearooms. Clarkehouse Road, S10 2LN, ✆ 0114/2676496, www.sbg.org.uk.

Yorkshire → Karte S. 394/395

Weston Park Museum: Der klassizistische Herrensitz liegt 1,5 km westlich der Stadt in einem schönen Park nahe der Uni. Hier erfährt man in sieben Ausstellungen alles über die Geschichte der Stadt, der Region und ihrer Flora und Fauna. Das Museum ist besonders geeignet für Kinder, sie können einen kleinen Film über das Leben in der Arktis sehen, finden ausgestopfte Eisbären vor und dürfen in einem Plastik-Iglu herumklettern. In einer Steinzeithöhle schnarcht ein Bär – und das sind nicht die einzigen Geräusche (!). Erwachsene werden sich für die Repliken bronzezeitlicher Felsenkunst begeistern. Brillant ist die Ausstellung zur Geschichte von Sheffield von der Geologie bis hin zur Sozialgeschichte.

Mo–Sa 10–17 Uhr, So 11–16 Uhr. Eintritt frei. Weston Park, S10 2TZ, ✆ 0114/2782600, www.museums-sheffield.org.uk.

Umgebung von Sheffield

Yorkshire Sculpture Park: Die Anlage ist in England einmalig, selbst weltweit findet man wenig Vergleichbares. Auf einer Fläche von 200 ha sind in Dauer- und Wechselausstellungen rund 40 Skulpturen international bekannter Künstler zu sehen – darunter die Werke britischer Bildhauer wie Elizabeth Frink, Barbara

Hepworth, Henry Moore und Ronald Rae sowie Arbeiten des Amerikaners Sol LeWitt. Die Sonderausstellungen sind zum Teil hochkarätig bestückt, 2013 etwa mit Joan-Miró-Skulpturen.

Tägl. 10–17 Uhr, Galerie und Restaurant bis 16 Uhr. Führungen Sa/So um 11.30 Uhr. Eintritt frei. West Bretton, Wakefield, West Yorkshire (ca. 20 km nördlich von Sheffield), WF4 4JX, ✆ 01924/832631, www.ysp.co.uk.

Abbeydale Industrial Hamlet: Wie eine Zeitkapsel aus dem 18. Jh. ist dieses Dorf am River Sheaf, das vor 250 Jahren eine Stahlfabrik (Tysack) für landwirtschaftliche Geräte war. Die Wasserräder, die zwei gigantische Schwanzhämmer *(tilt hammer)* betrieben, sowie die Schleifhalle und ihre Dampfmaschinen sind noch voll funktionstüchtig. Fast die gesamte Produktion einer Klinge spielt sich vor dem Besucher ab. Neu sind die historische Ausstellung, u. a. mit einem Film zur Geschichte Abbeydales, sowie das Learning Centre mit Café. Im Dorf gibt es auch Werkstätten, in denen Handwerker ihrer Arbeit nachgehen.

Mo–Do 10–16 Uhr, So 11–16.45 Uhr. 4 £. erm. 3 £ inkl. Multimediaguide und Abbeydale Explorer App. Abbeydale Road South, S7 2QW, ✆ 0114/2722106, www.simt.co.uk.

David Mellor Cutlery Factory and Museum: David Mellor, *the cutlery king,* ist Sheffields berühmtester Designer für Besteck und Tafelgeschirr. Nach seinen Entwürfen wird hier heute noch produziert. Man kann eine Werksbesichtigung unternehmen oder die schönsten Stücke seiner Laufbahn und die seines Sohnes Corin im Design Museum betrachten. Wem das Anschauen nicht reicht, der kann Mellors Messer und Gabeln im runden Restaurant zum Einsatz bringen.

Fabrik - The Round Building, Design Museum, Shop und Café: Mo–Sa 10–17 Uhr, So ab 11 Uhr. Kostenlose Führungen Sa/So 15 Uhr. Hathersage (rund 20 km südwestl. von Sheffield im Peak District), S32 1BA, ✆ 01433/560220, www.davidmellordesign.com.

Man of Steel: Sheffield wird ein Äquivalent des „Engels des Nordens" bekommen, den „Man of Steel". Er wird 32 m messen und auf einem schwarzen Podest and der M1-Ausfahrt 34 bei Rotherham sitzen, um an Yorkshires Industrien alt und neu zu erinnern. Mit der Errichtung des Stahlmanns, dessen Design vom Sheffielder Bildhauer und ehemaligen Stahlarbeiter Steve Mehdi stammt, soll 2017 begonnen werden.

Informationen unter www.yorkshiremanofsteel.com.

Leeds

Mittlerweile nach London das größte Zentrum für Finanz- und Rechtsdienstleistungen in England, prosperierte die heutige Universitätsstadt in der Vergangenheit insbesondere durch die Textilindustrie und später durch den Maschinenbau. Im Gegensatz zu anderen ehemaligen Industriezentren gelang Leeds sehr viel früher der Absprung ins neue Zeitalter, und die Stadt wirkt entsprechend modern.

Mehrere Milliarden Pfund Investitionen im neuen Jahrtausend haben Leeds zu einer angesagten Hauptstadt des Nordens gemacht. Die Stadt zählt zu den Top-30-Geschäftsadressen Europas und bietet ein lebendiges Kultur- und Nachtleben. Das viktorianische Stadtzentrum wurde saniert und in ein riesiges Einkaufsparadies verwandelt. Viele alte Lagerhäuser am Fluss Aire sowie am Leeds-Liverpool-Kanal wurden zu Wohnhäusern und Café-Restaurants umgebaut. Im Art-déco-Gebäude der ehemaligen Tetleys-Brauerei befindet sich heute das **Tetley Contemporary Visual Art Centre.** In die ehemalige Druckerei Alf Cooke Printworks ist der Campus

Die Tuchproduktion in Yorkshire

Lange vor der industriellen Revolution weideten riesige Schafherden, die meist im Besitz von Klöstern waren, auf den unfruchtbaren Mooren und Hochebenen West Yorkshires. Aus ihrer Wolle wurde in Familienbetrieben Tuch produziert, fast jedes Haus war im Besitz eines Spinnrads sowie eines Webstuhles, und die ganze Familie war in den Prozess eingespannt. Die Wolle wurde gekämmt, gefärbt, gesponnen und dann zu einem groben Tuch gewebt.

Schwieriger war der Prozess der Weiterverarbeitung: Beim sogenannten Walken wurden die Fasern in einer Mischung aus Wasser, Urin und Walkerde getränkt; anschließend trat man kräftig darauf herum. Danach musste der Stoff auf Rahmen gespannt und getrocknet werden. Um 1322 wurde die erste Walkmühle in Leeds gebaut, in die die Weber der Umgebung ihre Stoffe zur Weiterverarbeitung brachten. Am Ufer des Aire entstanden große Trockenfelder für den bearbeiteten Stoff. Schon früh entwickelten sich Märkte für den Handel mit Tuch, und immer besser ausgebaute Transportwege wie der Leeds-Liverpool-Kanal (1770–1815) ermöglichten eine weite Verbreitung. Erfindungen wie die *Spinning Jenny,* ein handbetriebenes Spinnrad mit bis zu acht Spindeln (John Hargreaves, 1770), sowie wasserbetriebene Webstühle erleichterten den Menschen die Arbeit. Je nach Region spezialisierte man sich auf unterschiedliche grobe Stoffarten: breites Tuch aus verschiedenfarbigem Garn, weißes oder auch ungefärbtes Tuch und schmales Tuch und Kammgarn. Leeds war der Umschlagplatz für zwei Drittel der gesamten Wollproduktion der Regionen. Der Tuchmarkt, zunächst auf der Leeds Bridge und dann bis Mitte des 18. Jh. auf der Briggate abgehalten, verlagerte sich in eigens errichtete Tuchhallen, wobei jede Tuchart in einer eigenen Halle verkauft wurde.

Dann kam die Industrialisierung. Benjamin Gott (1762–1840) schuf den ersten Textilgroßbetrieb in Leeds. Um 1813 besaß er 133 Webstühle, an denen 235 Arbeiter tätig waren. Das heutige Museum in den Armley Mills informiert darüber. Die neue Technik der Dampfmaschine wurde mehr und mehr auch in der Textilindustrie eingesetzt. Die Fachkenntnisse, die die Handwerker über Jahrhunderte hinweg überliefert und perfektioniert hatten, waren nun nicht mehr gefragt. Mitte des 19. Jh. waren daher die meisten Familienbetriebe vom Untergang bedroht, und die Facharbeiter mussten sich in den Fabriken als Maschinenarbeiter verdingen.

Der Höhenflug für die Textilindustrie der Stadt endete Mitte des 19. Jh., als sich die Nachfrage hin zu leichteren, feineren Stoffen verlagerte und das traditionelle grobe Yorkshire-Tuch aus der Mode kam. Die Umstellung auf Flachs- (Leinen) und Baumwollverarbeitung begann zu spät, in der Zwischenzeit hatten Lancashire und East Anglia Yorkshire bereits den Rang abgelaufen. Leeds erlebte einen neuen Aufschwung, als John Barren (1821–1905) als einer der ersten Fabrikanten des Landes die Produktion von Konfektionsware in Angriff nahm. Dieser Industriezweig blieb noch bis nach dem Ersten Weltkrieg eine bedeutende Einnahmequelle für die Stadt, auch die bekannte Kaufhauskette Marks & Spencer nahm hier ihren Anfang. Nach dem Zweiten Weltkrieg überschwemmten jedoch bald synthetische Stoffe und Billigimporte den Markt, sodass die einheimischen Fabriken unrentabel wurden und die Städte endgültig eine neue Identität finden mussten.

des Leeds City College eingezogen. Die White Cloth Hall in Kirkgate – wo im 18. Jh. 4000–5000 Händler in der Woche zusammenkamen, um ihre Tuche feilzubieten – soll in ein Handelszentrum verwandelt werden. Für die neue Leeds **South Bank** sind bis 2030 weitere Projekte in Planung, unter anderem die Gestaltung eines 3,5 ha großen Stadtparks.

Das Stadtzentrum von Leeds lässt sich bequem zu Fuß erkunden. Das Herz des Einkaufsbezirks erstreckt sich in dem Viereck zwischen Park Row, The Headrow, Vicar Lane und Boar Lane. An der Headrow und nördlich davon liegen die meisten Museen und zivilen Prachtbauten. Parallel zur Vicar Lane durchschneidet die alte Hauptstraße Briggate den Bezirk, an der entlang Leeds vor rund 800 Jahren entstanden ist. Links und rechts davon erstreckt sich eine geschäftige Fußgängerzone, das **Victoria Quarter** mit seinen renovierten viktorianischen Arkaden. Auch einen Spaziergang am Fluss Aire bzw. dem Leeds-Liverpool-Kanal sollte man unternehmen. Hier befinden sich z. B. die **Royal Armouries,** das größte Waffenmuseum Englands.

Basis-Infos

Information **Visit Leeds and Art Gallery Shop**, Mo–Sa 10–17 Uhr, So 11–15 Uhr. Headrow (gegenüber der Town Hall), LS1 3AA, ✆ 0113/2425242, www.visitleeds.co.uk oder für eine virtuelle Tour www.vrleeds.co.uk.

Die Website www.leedsguide.co.uk enthält einen Veranstaltungskalender und hilft bei der Planung des Aufenthaltes. Ein recht neuer, unabhängiger Leedsführer mit vielen Tipps und Beiträgen von Einheimischen für Einheimische ist leeds-list.com.

Verbindungen **Flugzeug** – Der Leeds Bradford International Airport liegt nur 13 km entfernt, LS19 7TU. Direktflüge zu 35 Zielen, u. a. Wien, Berlin, Düsseldorf, München und Genf. ✆ 0871/2882288, www.leedsbradfordairport.co.uk. Der Flying-Tiger-Bus 757 verkehrt alle 20 Minuten zwischen dem Flughafen und dem Bahnhof Leeds (✆ 0113/2458004, www.flyingtigerbus.co.uk). Der nächste größere Flughafen ist Manchester.

Bus – Der Busbahnhof befindet sich am Kirkgate Market im Osten in der York Street, LS2 7HU. Der National Express fährt täglich nach Manchester und etwa stündlich nach London Victoria. Fahrtzeit etwa 4:30 Std. Der Yorkshire Coastliner bedient Routen nach York, Castle Howard oder Scarborough. Das Coastliner-Daytripper-Ticket gestattet unbeschränkte Nutzung den ganzen Tag (9 £, Kind 6 £), für eine Woche gilt das Freedom 7-Day Ticket für 39 £; www.yorkbus.co.uk.

Innerhalb von Leeds sind Day-Rover- oder Weekend-Tickets eine empfehlenswerte Option, man kann mit ihnen alle Züge und Busse in West Yorkshire nehmen. Außerdem gibt es den Leeds City Bus Service 5, der die Innenstadt Mo–Fr 7–19 Uhr und Sa 8–17.30 Uhr alle 10 Min. und So 9–18.30 Uhr alle halbe Stunde auf dem „Loop" vom Bahnhof über Town Hall, Metropolitan University und Eastgate zurück zum Bahnhof befährt (1 £). www.wymetro.com.

Bahn – Auch der Bahnhof im Süden der Stadt befindet sich praktisch mitten im Zentrum, LS1 1PL. Von Leeds zum Londoner King's-Cross-Bahnhof fahren täglich etwa jede halbe bis eine Stunde Züge der East Coast Line, Fahrtzeit ca. 2:30 Std. Außerdem ist Leeds Ausgangspunkt für die berühmte Linie Settle–Carlisle (→ Yorkshire Dales S. 427).

Auto – Das Stadtzentrum besteht aus einem verwirrenden Netz von Einbahnstraßen und Umgehungsstraßen. Wer sich verfährt, folge der Beschilderung „The Loop", und er kommt automatisch wieder an den Ausgangspunkt zurück. Es empfiehlt sich, **Elland Road Park & Ride** beim Leeds United Fußballstadion zu nutzen, LS11 8TU, Parken 3 £/Tag, Busse Mo–Sa 7–19 Uhr alle 10 Min.

Einkaufen Shopping, speziell für Kleidung, ist Big Business in der Textilmetropole Leeds, die lange auf Herren-Maßanfertigungen spezialisiert war:

Trinity Leeds: Glasüberdachtes Einkaufsmekka der Stadt zwischen Briggate und Albion Street mit 120 Geschäften sowie 20 Restaurants und Cafés auf drei Ebenen (trinityleeds.com).

Victoria Gate: Mit einem neuen John-Lewis-Kaufhaus als Dreh- und Angelpunkt eröffnete diese glasüberdachte Luxusmall im Herbst 2016 und will ebenfalls das Shopping-Erleben in Leeds bereichern (www.victoriagate.co.uk).

Weitere Läden befinden sich in der Fußgängerzone **Briggate** (hier sind Ketten wie Gap, Next, Borders und Marks & Spencer vertreten), und in dem eleganten **Victoria Quarter** („Knightsbridge of the North"), wo Designer wie Vivienne Westwood, Jo Malone und Louis Vuitton ihre Boutiquen haben. Dort bietet auch das **Harvey-Nichols-Kaufhaus** Luxus an.

Etwas alternativer geht es in der **Corn Exchange** mit knapp 35 eher unkonventionellen Geschäften zu, an den Wochenenden finden hier auch oft Märkte oder kulturelle Veranstaltungen statt.

Fahrradverleih **Leeds Cycle Point** am Bahnhof, Parkplatz für Räder und Bike-&-Go-Verleih, verleiht Räder für 3,80 £/Tag (Voraussetzung Jahresmitgliedschaft für 10 £). Mo–Fr 7–19 Uhr, Sa/So 10–18 Uhr. www.cyclepoint.org bzw. www.bikeandgo.co.uk.

Märkte **Kirkgate Market** (→ S. 416) ist mit mehr als 600 Ständen einer der größten überdachten Märkte in England. Außerdem befindet sich hier Jamie Olivers Ministry of Food (Stand 254, Row G, Mo–Sa 9–16.30 Uhr), wo man günstig Kochkurse belegen kann. ✆ 0113/2425685, www.jamieoliver.com/jamies-ministry-of-food/leeds.php. Sonntags werden daneben Dutzende Stände im Freien bestückt.

Auf der Briggate findet jeden ersten und dritten Sonntag des Monats der Leeds **Farmers' Market** statt (9–16 Uhr).

Musikläden **Jumbo Records**, großer unabhängiger Musicstore mit Ticketagentur, Mo–Fr 9.30–17.30 Uhr, Sa 9–17.30 Uhr, So 11–17 Uhr. 5–6 St John's Centre, LS2 8LQ, ✆ 0113/2455570, www.jumborecords.co.uk.

Crash Records, seit mehr als 25 Jahren im Geschäft, auch Ticketagentur für Gigs in Manchester und Sheffield. Mo–Sa 9.30–18 Uhr, So 11–16 Uhr. 35 The Headrow, LS1 6PU, ✆ 0113/2436743, www.crashrecords.co.uk.

Yorkshire → Karte S. 394/395

Boutiquen auf mehr als 1000 m^2: Corn Exchange in Leeds

Aktivitäten/Kultur

Bootsfahrten **Free Water Taxis** verkehren ganzjährig zwischen Granary Wharf und Leeds Dock (12–20 Min., wetterabhängig). Mo–Fr 7–19 Uhr, Sa–So 10–19 Uhr. www.leedsdock.com/find-us.

Fahrradtouren Eine schöne Route sind die 22 km von **Leeds nach Saltair** entlang des Flusses Aire. www.sustrans.org.uk/ncn/map/route/aire-valley-towpath.

Die **West Yorkshire Cycle Route** ist eine 240 km lange Rundstrecke entlang der Grafschaftsgrenze durch Farmland und malerische Dörfer, aber auch steile Bergstrecken durch die Pennines.

Festivals Das **Leeds Music Festival** im August (Bank Holiday Weekend, in Kooperation mit dem Reading Festival) im Bramham Park bietet sowohl globale Superstars als auch hausgemachte Talente aus allen Sparten von Punk und Metal über Indie bis hin zu Dance und Electro. Weekend-Tickets ca. 200 £. www.leedsfestival.com.

Während des Leeds **International Film Festival** im November gibt es an elf Tagen 200 Filmvorführungen, u. a. Trickfilme in der Town Hall, www.leedsfilm.com.

Am letzten Augustwochenende wird es karibisch, wenn in Chapeltown und Harehill der älteste **West Indian Carnival** Europas gefeiert wird.

Fußball **Leeds United Football Club**, Busse 51, 52 und 55 fahren von Kirkgate Market in die Elland Road, an Matchtagen Shuttlebusse mit der Kennzeichnung R2. SL11 0ES. Führungen durch das Stadion nur an Spieltagen um 10 Uhr (15 £, erm. 10 £), Buchung erforderlich: ✆ 0871/3341992, www.leedsunited.com/stadium-tours.

Kino **Hyde Park Picture House**, historisches Programmkino (seit 1914) mit Innendekor aus der edwardianischen Zeit. Anfahrt mit Bus Nr. 56. An der Kreuzung von 73 Brudenell Road und Queen's Road (etwa 3 km nordwestlich des Stadtzentrums), Headingley, LS6 1JD, ✆ 0113/2752045, www.hydeparkpicturehouse.co.uk.

Cottage Road Cinema, dieses Kino zieht seit 1912 Cineasten in seinen Bann und ist bekannt für seine Classic Film Night alle sechs Wochen. Headingley, Cottage Road, LS6 4DD, ✆ 0113/2751606, www.cottageroad.co.uk.

Everyman Cinema, kleine, intime Kino-Lounge mit bequemen Ledersitzen, Sofas und Tischen, man kann die Pizza aus der Pizzeria und Getränke von der Bar mit in eines der drei Auditorien nehmen. Level 4, Trinity Leeds, Albion Street, LS1 5AT, www.everymancinema.com/cinemas/leeds.

Kunst **The Tetley**, Project Space Leeds betreiben hier seit Nov. 2013 im ersten Stock ein Zentrum für zeitgenössische Kunst nach dem Vorbild der Tate Gallery. Hunslet Road, LS10 1JQ, ✆ 07930/236383, www.thetetley.org. Bar & Kitchen Mo–Sa bis 23 Uhr, So bis 20 Uhr.

Seven Arts, alternativer Veranstaltungsort mit Galerie, Kino und fast allabendlichen Veranstaltungen sowie angeschlossener Café-Bar. Jeden Montag werden um 20 Uhr zum *Screen Seven* Dokumentationen und Indie-Filme gezeigt. Tägl. ab 10.30 Uhr, Küche Mo–Sa ab 12 Uhr. 31A Harrogate Road, LS7 3PD, ✆ 0113/2626777, www.sevenleeds.co.uk.

Schwimmen **Aquatics Centre**, im John Charles Centre for Sports, schöner moderner 50-m-Pool. Beeston Road, Middleton Grove, LS11 5DJ, ✆ 0113/2475222.

Theater/Konzerthallen Leeds ist die einzige Stadt neben London mit einem eigenen Opern- und Ballett-Ensemble.

Leeds Grand Theatre and Opera House, Westend-Musicals, aber vorwiegend klassische Ballett- und Opernaufführungen, denn hier ist das Zuhause der Opera North, der Nationaloper Nordenglands. 46 New Briggate, LS1 6NZ, ✆ 0844/8482700, www.leedsgrandtheatre.com.

Innerhalb des Theaters wurde auch der wunderschöne **Howard Assembly Room** saniert, der für öffentliche Proben, Kammerkonzerte und experimentelle Stücke eine Bühne bietet. 46 New Briggate, LS1 6NU, ✆ 0113/2439999, Tickets: ✆ 0844/8482700, www.operanorth.co.uk.

Northern Ballet Theatre und Phoenix Dance Theatre, in diesem sechsgeschossigen Neubau mit der markanten schwarzen Zinkverkleidung haben beide Tanzensembles ihren Sitz. Das Nationalballett Nordenglands geht auch auf Tour. Quarry Hill, LS2 7PA, ✆ 0113/2208000, www.northernballet.com.

West Yorkshire Playhouse, auf dem Quarry Hill befindet sich das renommierte Theater mit zwei Bühnen: Quarry Theatre und Courtyard Theatre. Gezeigt werden moderne und klassische Stücke sowie avantgardistische Tanzveranstaltungen des Yorkshire Dance Centre. Playhouse Square, Quarry Hill, LS2 7UP, ✆ 0113/2137700, www.wyp.org.uk.

City Varieties Music Hall, eines der Varieté-Theater, wie sie in den 1950er-Jahren üblich waren. Schon Chaplin und Houdini traten hier auf. Das heutige Programm ist bunt gemischt und von Nostalgie geprägt. Swan Street, The Headrow, LS1 6LW, ✆ 0113/2430808, www.cityvarieties.co.uk.

The Carriageworks, hier wird alles gezeigt, was Spaß macht: Musicals, Tanz, Comedy, Zirkus und Film, für junge Menschen gratis. Im ersten Stock von The Electric Press (→ S. 415), Millennium Square, 14 Great Goerge Street, LS2 3AD, ✆ 0113/3760318, www.leeds.gov.uk/carriageworks.

Leeds Town Hall, verschiedene Veranstaltungen, u. a. Symphoniekonzerte (→ S. 414). www.leeds.gov.uk/townhall.

Übernachten

→ Karte S. 410/411

Die Hotels im Stadtzentrum sind etwas teurer. In den Boomjahren haben jedoch auch preiswertere Hotels in der Innenstadt eröffnet. Viele B & Bs finden sich im Stadtteil Headingley im Norden (10 Min. vom Zentrum). Von den außerhalb liegenden Stadtteilen gelangt man bequem mit dem Bus in die Innenstadt.

***** **42 The Calls** 28 Modernes Designer-Hotel in umgebauter Kornmühle am Fluss mit vielen Extras (u. a. kann man hier vom Zimmer aus die Angelrute auswerfen). Mitten im angesagten „Calls"-Viertel. 150–350 £, Wochenend- und Onlinetarife erheblich billiger (Advance Purchase ab 99 £). The Calls, LS2 7EW, ✆ 0113/2440099, www.42thecalls.co.uk.

***** **Residence 6** 17 23 großzügige Luxusapartments (1–2 Schlafzimmer) werden in dem umgebauten Postamt im Zentrum gegenüber dem Bahnhof vermietet. Es gibt kostenfreies WLAN und ein Fitnessstudio. Ab 120 £ ohne Frühstück. 3 Infirmary Street, LS1 2HT, ✆ 0113/2856250, www.quebecsluxuryapartments.co.uk.

*** **Malmaison** 31 Wie gewohnt dunkel und stylisch mit CD- und DVD-Playern auf allen 100 Zimmern, 2 Min. Fußweg vom Bahnhof. Das Haus war einst die Firmenzentrale der örtlichen Bus- und Straßenbahngesellschaft und wurde vom Tourist Board zum besten großen Hotel Yorkshires gewählt. B & B im DZ ab 85 £. Suiten ab 335 £. 1 Swinegate, LS1 4AG, ✆ 0113/4260047, www.malmaison.com/locations/leeds.

The Midland Hotel 33 Traditionelles Country Pub, das in den ehemaligen Stallungen schöne, gar nicht so kleine und moderne Zimmer mit Zugang vom Hof und kostenfreiem WLAN vermietet. Coffe Shop nebenan. B & B EZ 54,50 £, DZ 64,50 £, Familienzimmer 69,50 £. 97 Abberford Road, Woodlesford, LS26 8LQ, ✆ 0113/2822357, www.themidlandleeds.com.

Avalon Guest House 1 Viktorianische Stadtvilla 1,5 km vom Zentrum, der Putz bröckelt, aber 15 recht schön dekorierte Zimmer mit und ohne Bad, freies WLAN und faire Preise, EZ 28–40 £, DZ 45–50 £, Familienzimmer 60–75 £. 132 Woodsley Road, LS2 9LZ, ✆ 0113/2432545, www.avalonguesthouseleeds.co.uk.

Hinsley Hall 2 Eine etwas ungewöhnliche Unterkunft in einem ehemaligen Methodisten-College, das heute Konferenzzentrum der katholischen Diözese Leeds ist. Imposanter Bau aus dem 19. Jh. mit großer Parkanlage und Kapelle. 52 Zimmer mit Bad, Restaurant, Bar. EZ 50–70 £, DZ 60–90 £, auch Familienzimmer. 62 Headinglay Lane, LS6 2BX, ✆ 0113/2618000, www.hinsley-hall.co.uk.

››› Mein Tipp: **Roomzzz Aparthotel** 30 Auch hier ist dieser Veranstalter zuverlässig gut (weitere Aparthotels in Manchester und Newcastle). Sehr zentral beim Bahnhof gelegen, 36 luxuriöse Ferienwohnungen. Für 2 Pers. 79–149 £/Nacht, für 4 Pers. ab 109 £ (je nach Nachfrage sind die mitunter billiger als Apartments für 2!). 10 Swine Gate, LS1 4AG, Reservierung: ✆ 0203/5045555, www.roomzzz.co.uk/leeds-city. ‹‹‹

University Rooms Leeds. Besucher können über einen Zimmerservice der Universität in den Semesterferien im modernen

Yorkshire → Karte S. 394/395

Storm-Jameson-Court-Studentenwohnheim unterkommen (EZ ab 44 £). Die Zimmer besitzen Hotelqualität. Mount Preston Street, LS2 9JP, www.universityrooms.co.uk.

Essen & Trinken

In Leeds gibt es fast an jeder Ecke moderne Cafébars, die gängige Bistroküche wie Pasta und Salate anbieten. In den schickeren Restaurants ist vorherige Reservierung empfohlen. Leeds Waterfront hat sich zum Mittelpunkt kulinarischer Extravaganz entwickelt, abends ist auch viel um die Corn Exchange los.

Fazenda 32 Das Konzept stammt aus Brasilien. Jeden Abend grillen die Köche hier ungefähr 15 Fleischsorten am Spieß, vom Rind oder Schweinebauch bis hin zu Hühnerherzen. Wer bei diesem Marathon auf der Strecke bleibt, dreht seine Karte auf Rot, bei Grün geht's weiter. Beilagen und Salate gibt's vom Buffet. Lunch tägl. 12–15 Uhr, 17,50 £ (Fr–Sa 19,50 £), Dinner 17–22 Uhr, So 21 Uhr, 29,50 £. Waterman's Place (südl. des Bahnhofs), LS11 5PS, ✆ 0113/4001183, fazenda.co.uk.

The Greedy Pig Kitchen 4 In einem der besten Brunch-Cafés der Stadt findet jeden Donnerstag, Freitag und Samstag eine Art Supper Club statt: The Swine that Dines. Dann werden hier fantasievolle Tapasteller in acht Varianten á 5 £ zubereitet, den Alkohol kann man selber mitbringen. Es gibt nur vier Tische, aber wer warten muss, kann das bei einem Drink nebenan im Reliance tun. Do, Fr und Sa 18–21 Uhr. Sonst nur Brunch Mo–Fr 7–15 Uhr, Sa 8–13 Uhr. 58 North Street, LS2 7PN, ✆ 07477/834227, www.thegreedypigkitchen.co.uk.

Brasserie Fourty 4 29 Die raffinierte, britisch-französisch inspirierte Küche verschafft dem Restaurant seit Jahren regen Zulauf und konstant gute Kritiken. Die Zutaten stammen soweit möglich von örtlichen Anbietern. Mehr als 60 Weine. Kostenloser Lunchtime-Chauffeur-Service und Balkon mit Blick auf den Fluss. Hauptgerichte 15–25 £, gute Set-Menu-Angebote. Di–Fr 12–14 und 18–21.30 Uhr, Sa 13–15 und 17–22 Uhr. 44 The Calls, LS2 7EW, ✆ 0113/2444242, www.brasserie44.com.

Arts Cafe Bar & Restaurant 26 Alteingesessenes Weinlokal im französischen Stil

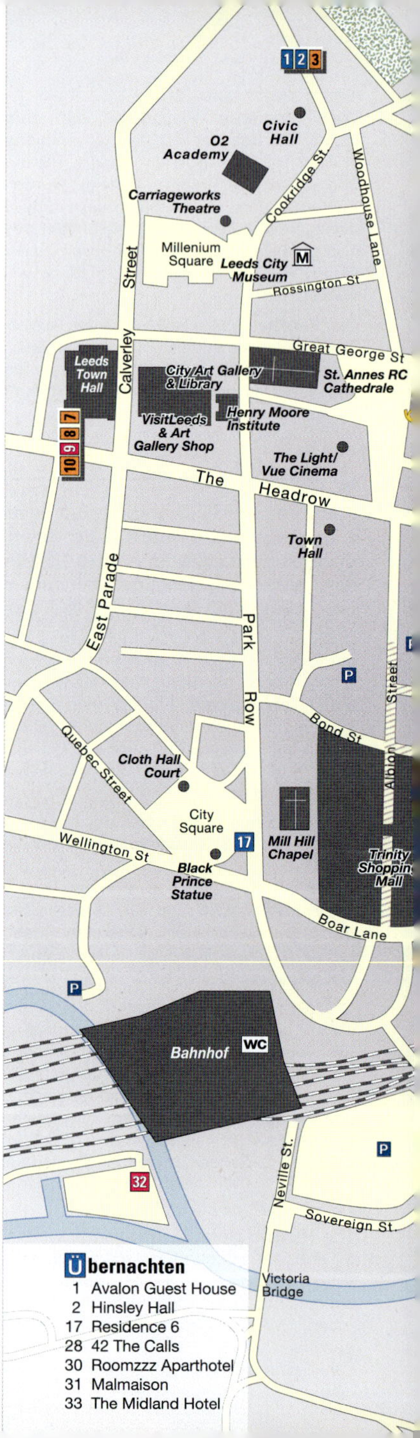

Essen & Trinken
4 The Greedy Pig Kitchen
6 Belgrave Music Hall & Canteen and Dough Boy
9 Town Hall Tavern
11 Hansa's
13 Harvey Nichols the Fourth Floor
14 Aagrah
15 Whitelock's
19 Little Tokyo
26 Arts Cafe
27 Shears Yard
29 Brasserie Forty 4
32 Fazenda
34 Skyliner Restaurant
Nachtleben
3 Leeds University Union
5 The Key Club
7 2 Oxford Place
8 The Warehouse
10 Baby Jupiter
12 North Bar
16 The Wardrobe
18 Milo
20 Wire
21 HiFi Club
22 Hirst's Yard
23 Queen's Court Bar
24 Oporto
25 Mission
First Direct Arena
Merrion Way
Merrion Centre
Wade Lane
Lovell Park
Briggate
New Briggate
Merrion St
St. John's Centre/ Jumbo Records
St. John's Church
Grand Theatre & Opera House
Opera North
Assembly Rooms
Grand Arcade
New York Road
Templar St
A 64
Regent Street
City Varieties
The Headrow
Lane
WC
The Arcades
Land's Lane
Victoria Quarter
Eastgate
Qu. Victoria St
Vicar Lane
Victoria Gate Shopping Mall
The Core Shopping Mall
John Lewis Kaufhaus
Albion Place
Central Square
Harvey Nichols
West Yorkshire Playhouse
Quarry House
St. Peter's Street
George Street
Outdoor Market
Commercial St
Kirkgate
Kirkgate Markets
BUS
Yorkshire Dance Center
Trinity Street
Trinity Church
New Market St
New York Street
Duncan St
Corn Exchange
Call Lane
Lower Briggate
High Court
Leeds Minster
The Calls
Swinegate
River Aire
Crown Point Road
Leeds Bridge
Brewery Wharf
Bowman Lane
Waterloo Street
Hunslet Road
Tetley Conemporary Visual Art Centre
175 m
Leeds

mit Bistroküche und heimeliger Atmosphäre. Tägl. 12–23 Uhr, Sa später, So nur bis 23 Uhr. 42 Call Lane, LS1 6DT, ✆ 0113/2438243, www.artscafebar.com.

Das Team hat ein zweites Restaurant eröffnet, **Shears Yard** 27, das mit seiner innovativen und gehobenen Küche in einem coolen Umfeld von Backsteinwänden und blanken Glühbirnen beeindruckt. 11–15 Wharf Street LS2 7EH, ✆ 0113/2444144, www.shearsyard.com.

Aagrah 14 Diese indische Restaurantkette hat sich in vielen nordenglischen Städten etabliert, einfach weil das Essen gut ist und die Einrichtung schick, nicht kitschig. 2015 haben sie erneut den Sieg bei den British Curry Awards im Nordosten eingeheimst. So und Mo abends Buffet für 12,95 £. St Peter's Square, Quarry Hill, LS9 8AH, ✆ 0113/2455667, www.aagrah.com.

Town Hall Tavern 9 Entspannte Gastro-Kneipe inmitten der City mit sehr gutem Essen (das Rindfleisch kommt aus den Yorkshire Dales und ist 30 Tage abgehangen). Witzige Tapeten in den Toiletten. Mo–Sa 11.30–21 Uhr, So 12–19 Uhr. 17 Westgate, LS1 2RA, ✆ 0113/2440765, www.townhalltavernleeds.co.uk.

»» Mein Tipp: **Hansa's** 11 Mrs Hansa Dabhi kommt eigentlich aus Uganda, kocht aber die besten vegetarischen Currys der Stadt. Das Restaurant hat fast Wohnzimmeratmosphäre. Hansa leitet auch Kochkurse. Mo–Fr 17–22 Uhr, Sa bis 23 Uhr, So 12–14 Uhr. 72–74 North Street, LS2 7PN, ✆ 0113/2444408, www.hansasrestaurant.com. ««

Skyliner Restaurant 34 Das Restaurant außerhalb der Stadt wurde oftmals für seine besten Fish & Chips gekürt. Es geht mit der Zeit und serviert jetzt auch glutenfreie panierte Filets. Mo–Mi 11.30–14 und 16.30–21.30 Uhr, Do 11.30–14 und 16–22 Uhr, Fr 11.30–22.30 Uhr, Sa bis 22 Uhr, So 16–20.30 Uhr. 15 Austhorpe View, LS15 8NN, ✆ 0113/2646853, www.theskyliner.co.uk/restaurant.

Harvey Nichols the Fourth Floor 13 Angesagtes Kaufhausrestaurant mit Terrasse und Blick über die Dächer der Stadt. Hell, offen, stilvoll und kinderfreundlich. Frühstück Mo–Fr 10–11.30 Uhr, Sa ab 9 Uhr, So 10.30–11.30 Uhr, Lunch Mo–Sa 12–15 Uhr, So 12–15.45 Uhr, Afternoon Tea Mo–Sa 15.30–17 Uhr, Dinner Di–Sa 17.30–22 Uhr. 107 Briggate, LS1 6AZ, ✆ 0113/2048888, Leeds. reservations@harveynichols.com.

Little Tokyo 19 Versteckt in einer Seitenstraße hinter dem House of Fraser findet man diesen Japaner, der u. a. eine große Auswahl an Sushi anbietet. Guter Lunch-Stopp. Mo–Do 11.30–22 Uhr, Fr–Sa bis 23 Uhr. 24 Central Road, LS1 6DE, ✆ 0113/2439090, www.littletokyoleeds.com.

Nelson Mandela Peace Garden am Millennium Square

Dough Boy 6 So ein Stück Minipizza, wie es die Pizzeria der *Belgrave Music Hall and Canteen* im Northern Quarter anbietet, geht immer, vor allem, wenn der Belag kreativ ist und die Zutaten aus der Region und so weit möglich Bio sind. Auch ganze Pizzen sind zu haben. Tolle Dachterrasse! 1–1a Cross Belgrave Street, LS2 8JP, ✆ 0113/2346160, www.belgravemusichall.com/kitchen.

2 Oxford Place 7 Die Küche ist zu 100 Prozent glutenfrei, trotzdem gibt es Fish & Chips oder Spaghetti – ein Paradies für die Vermeider von Weizenmehl, aber auch allen andern schmeckt's hier. Di–Sa 11.30–21 Uhr. 2 Oxford Place, LS1 3AX, ✆ 0113/2341294, 2oxfordplace.com.

Whitelock's 15 Hier wird seit mehr als 300 Jahren Bier ausgeschenkt (von unabhängigen Yorkshire-Brauereien), eines der ältesten Pubs der Stadt mit gutem Pub Food, traditionelle Gerichte in hoher Qualität und um die 10 £. Mo–Do 11–24 Uhr, Fr/Sa bis 1 Uhr, So 12–24 Uhr. Turks Head Yard, Briggate, LS1 6HB, ✆ 0113/2453950, www.whitelocksleeds.com.

Nachtleben

→ Karte S. 410/411

In den 1990er-Jahren entwickelte Leeds eine Clubkultur, die sogar Partygänger aus London für ausgelassene Wochenenden anzog, heute ist Leeds für seine Electronic-Szene und den New Yorkshire Sound geschätzt. In der Refectory nahmen The Who 1970 ihr „Live at Leeds"-Album auf. Heute werden neue und alte Talente auf der kostenlosen **„Party in the Park"** im Juli und dem **Leeds Festival im August** gefeiert. Viele Kneipen und Bars ballen sich um die Corn Exchange, südlich von Briggate End liegt das Schwulenviertel.

Leeds University Union 3 Im Keller der Studentengewerkschaft gibt es mit der Refectory („The Refec"), dem Stylus Nightclub und dem intimen „Mine"-Venue drei Veranstaltungsräume für Live-Gigs und Festivals. Lifton Place, LS2 9JT, www.leedsgigtickets.co.uk

HiFi Club 21 Entspannter Club in der ehemaligen Central School of Ballroom Dancing. Hier dominieren Jazz, Funk, Soul und Hip-Hop. Mittwochabends (MoveOnUp) und Fr (Funk Soul Nation) DJ-Nächte und Sa zunächst eine Comedy Sessions (20–23 Uhr) mit Küche vom Malmaison und danach Soul. 2 Central Road, LS1 6DE, ✆ 0113/2427353, www.thehificlub.co.uk.

The Key Club 5 Einziger Club in Leeds nur für Rock und Punk. Intime Location für nur 200-300 Partygänger. Live-Shows und Clubnächte, etwa die bekannte Slam Dunk Night dienstags. Ab 23 Uhr. 66 Merrion Street, LS2 8LW, www.thekeyclubleeds.com.

Mission 25 Untergebracht in sechs Eisenbahnbögen, bietet dieser Club mit seinen drei Tanzflächen Underground-Atmosphäre und Platz für 1200 Leute. Überwiegend House, studenten- und schwulenfreundlich. Mo, Do, Fr und Sa. meist ab 23 Uhr. Heaton's Court, LS1, ✆ 08701/220114, www.clubmission.com.

Wire 20 Hier laufen einige der ältesten Clubnächte der Stadt, u. a. Fuzzy Logic, auf der einen Tanzflächen werden Indie, Electro, Dubstep und House-Musik gespielt, auf der anderen Hits aus den 1980er-Jahren. Junges Publikum. 2A Call Lane, LS1 6DN, ✆ 0113/2430980, wireclub.co.uk.

The Warehouse 8 Seit 35 Jahren ist das Leeds Warehouse eine der führenden Adressen für Musik und Tanz mit legendären House Nights und hochkarätigen Liveacts. Die Technik ist auf dem neuesten Stand, die Turntables drehen sich mitunter bis 8 Uhr morgens. 19–21 Somers Street, LS1 2RG, ✆ 0113/2343535, www.theleedswarehouse.com.

The Wardrobe 16 *Die* Jazzadresse in Leeds mit vielen Live-Auftritten. Das Restaurant Soul Kitchen serviert Südstaatenküche und die Bar gute Mojitos. Di–Fr ab 12 Uhr, Sa ab 17.30 Uhr. St Peter's House, 6 St Peter's Square, LS9 8AH, ✆ 0113/3838800, www.thewardrobe.co.uk.

Baby Jupiter 10 Coole, aber sehr gemütliche Retro-Kellerbar im Financial District mit Mucke aus den 1960er- bis 90er-Jahren. Mo–Mi 12–24 Uhr, Do/Fr 12–2 Uhr, Sa 17–2 Uhr. 11 York Place, LS1 2DS, ✆ 0113/2421202, www.babyjupiter.co.uk.

Milo 18 Freundliche und lebhafte Bar mit trendigem Publikum, die Einrichtung erinnert

Yorkshire → Karte S. 394/395

an die 1970er-Jahre. Auch oft Livemusik. Mo–Fr ab 17 Uhr, am Wochenende ab 13 Uhr. 10–12 Call Lane, LS1 6DN, ✆ 0113/3450800.

Oporto 24 Diese Bar samt Club war eine der ersten hier in der Call Lane. Rustikal, underground und entspannt, die Musik ist folklastig. Mo Clubnacht „The Gaslight Club" (20.30 Uhr, Eintritt frei). Tägl. 12–3 Uhr. 33 Call Lane, LS1 7BT, ✆ 0113/2454444, www.oportobar.co.uk.

North Bar 12 Eine der ersten Bars, die Craft Beer ausschenkten. Entlang der langgestreckten Theke werden dem biertrinkfreudigen Publikum Late-Night-DJ-Abende geboten. Mo–Di 11–1 Uhr, Mi–Sa bis 2 Uhr, So 12–24 Uhr. 24 New Briggade, ✆ 0113/2424540, northbar.com.

Hirst's Yard 22 Stilechtes Retro-Dekor mit abgewetztem Charme, bis 21 Uhr entspannt, dann oft Livemusik und Party. Happy Hour 16–19 Uhr, geöffnet Di–Fr ab 16 Uhr, Sa ab 14 Uhr. 11–15 Hirst's Yard, LS2 6NJ, ✆ 0113/3229919, www.hirstsyard.co.uk.

Queens Court Bar 23 Lebhafte reine (!) Schwulenkneipe in historischem Hinterhofgässchen. Innen zieht sich die Kneipe auf mehreren Ebenen in die Länge. Im Sommer verlagert sich das Geschehen in den romantischen Hinterhof. Küche tägl. 12–20.45 Uhr. Happy Hour 17–21 Uhr. Mo und Fr 12–2 Uhr, Di, Mi und So bis 24 Uhr, Do bis 1 Uhr, Sa bis 4 Uhr. 167–168 Lower Briggate, LS1 6LY, ✆ 0113/2459449, www.queenscourtleeds.com.

Civic Quarter

Leeds Town Hall: Erst Mitte des 19. Jh. entschloss man sich zum Bau eines Rathauses für die Stadt, das am 7. September 1858 unter großem Pomp von Königin Viktoria eröffnet wurde. Bei der Fertigstellung war das von Cuthbert Broderick entworfene Gebäude mit dem 61 m hohen Glockenturm das größte Rathaus des Landes – und hatte anstatt der geplanten 45.000 satte 122.000 Pfund gekostet. Das imposante Gebäude ist auf allen Seiten von klassizistischen Kolonnaden umgeben; links und rechts vor dem Eingang wachen zwei Löwen. Im Inneren findet sich viktorianischer Glanz. Nur bis 1884 hatte die Stadtverwaltung hier ihren Sitz, heute dient die Town Hall als Konzert- und Ausstellungshalle sowie als Austragungsort für die Internationalen Filmfestspiele.

The Headrow, LS1 3AD, ✆ 0113/2478384; siehe aktuelle Veranstaltungshinweise auf www.leeds.gov.uk/townhall oder www.leeds.gov.uk/LeedsConcertSeason. Dort findet man auch einen Kalender mit den Terminen für Führungen (4,50 £). **Leeds Beer Festival** in der Town Hall Anfang Sept. www.leedsbeer.com.

City Art Gallery: Dieses Museum präsentiert Landschaftsmalereien aus dem 18. Jh. sowie herausragende französische und britische Gemälde des 19. und 20. Jh. Insbesondere die Sammlung britischer Kunst ist eine der besten des Landes. Gönnen Sie sich unbedingt ein Päuschen im Tiled Hall Café mit seinem gut ausgestatteten Museumsshop. Von dort hat man auch Zugang zur Stadtbibliothek, wo Sie das Internet nutzen können. Im Neubau ist die Leeds Central Library untergebracht, im Shop befindet sich das Visitor Centre.

Di–Sa 10–17 Uhr, So 12–16 Uhr. Eintritt frei. The Headrow, LS1 3AA, ✆ 0113/2478256, www.leeds.gov.uk/museumsandgalleries/Pages/Leeds-Art-Gallery.aspx und www.leedsartgallery.co.uk.

Henry Moore Institute: An die City Art Gallery grenzt das Henry Moore Institute an, dessen Fassade aus schwarzem, poliertem Granit ein passender Rahmen für die Sammlung seiner Werke darstellt. Henry Moore, der für seine großen, abstrakten Skulpturen, die meist abgewandelte Frauenfiguren darstellen, berühmt ist, wurde bei Leeds geboren und studierte an der Leeds School of Arts. Es finden außerdem regelmäßig Wechselausstellungen junger Künstler statt. Mehr zu bieten hat aber definitiv die Art Gallery.

Tägl. (außer Mo) 11–17.30 Uhr. Eintritt frei. 74 The Headrow, LS1 3AH, ✆ 0113/2467467, www.henry-moore.org/hmi.

Kostenfreier Zugang: Leeds City Museum am Millennium Square

Millennium Square

An der Nordseite des Millennium Square erhebt sich das jetzige Rathaus von Leeds, die **Civic Hall.** Sie wurde 1931–1933 erbaut, damit die Arbeitslosen während der Weltwirtschaftskrise in Lohn und Brot standen. Auf dem Gebäude mit den zwei spitzen Türmen sitzen goldene Eulen, das Wahrzeichen der Stadt. An der Ostseite des Platzes steht das um 1865 von Stadtbaumeister Cuthbert Brodrick (Architekt der Town Hall) erbaute ehemalige Civic Theatre, das jetzt das **Leeds City Museum** beherbergt. Das Museum ist kleiner, als man von außen vermuten würde. In der Ausstellung Ancient World werden Exponate zur Antike (Ägypten, Griechenland und Rom) gezeigt, Living Planet widmet sich naturwissenschaftlichen Phänomenen, World View zeigt Stücke aus der weltweiten Sammlung des Museums. Jedes Jahr wird ein neuer Schwerpunkt auf einen der Kontinente gelegt. Beeindruckend sind auch die Ausstellung zur Sozialgeschichte der Stadt (The Leeds Story) und die interaktiven Angebote für Kinder. **The Electric Press,** ein Backsteinkomplex von 1840, dominiert die Südhälfte des Millennium Square und dient als Tempel der kulinarischen Freuden. Die ehemals vier eigenständigen Gebäude gruppieren sich um einen Innenhof, in dem es sich im Sommer wunderbar entspannen lässt. Dort, wo sich heute die Revolution Bar, Red Chilli und die Northern Film School der Leeds University Räumlichkeiten teilen, produzierten bis 1866 Roodhouse & Sons Möbel. Danach zog bis etwa 1970 eine Druckerei ein, die dem Bau den Namen verlieh. Im mittleren Teil, wo sich das Carriageworks Theatre befindet, wurden ab 1848 Kutschen gefertigt. Neben dem Backsteinkomplex wurde 2001 zum zehnjährigen Jubiläum der Demokratie in Südafrika der **Nelson-Mandela-Garten** von ihm höchst persönlich eröffnet: The Walk of Freedom (Der Weg in die Freiheit).

Yorkshire → Karte S. 394/395

Unweit des Millennium Square steht die **St Anne's Cathedral** mit ihrem hohen Turm, der von einem flachen Pyramidenhelm bekrönt ist. Von 1901 bis 1904 wurde sie im Tudorstil als Bischofskirche des römisch-katholischen Bistums Leeds erbaut. Im Innern, wo weiß verputzte Wände mit unverputzten Säulen kontrastieren, gibt es eine Pietà, die die Pietà von Michelangelo in St. Peter in Rom zum Vorbild hat, mehrere neugotische Altäre und Wandgemälde im Stil der Nazarener.

Leeds City Museum: Di–Fr 10–17 Uhr, Sa–So ab 11 Uhr. Eintritt frei. Millennium Square, LS2 8BH, ✆ 0113/2243732, www.leeds.gov.uk/citymuseum.

The Electric Press: tägl. 12–3 Uhr. 41 Cookridge Street, LS2 3AW, ✆ 0113/3804992, www.electricpressuk.com.

St Anne's Cathedral: Mo–Sa 9–17 Uhr, So 10–16 Uhr. Great George Street, LS2 8BE, ✆ 0113/2454545, www.dioceseofleeds.org.uk/cathedral.

Shopping Quarter

Briggate und Victorian Quarter: Über die Headrow gelangt man zur Briggate, die nach Süden abzweigt. Diese alte Hauptstraße von Leeds, die auf das Jahr 1207 zurückgeht, ist auch heute noch eine der geschäftigsten Straßen der Stadt. Westlich und östlich erstreckt sich das Geschäftsviertel von Leeds mit Fußgängerzonen und hübschen Einkaufsarkaden aus viktorianischer Zeit. Achten Sie auf die kleinen Passagen und Durchgänge, in denen sich meistens gemütliche Pubs verstecken! Das bekannteste ist das **Whitelock's** (→ Nachtleben), aber auch **The Ship** und **The Angel** sind zu empfehlen. Auf der östlichen Seite der Vicar Lane wurde 2016 das verglaste Shoppingviertel Victoria Gate eröffnet (→ Shopping).

Shopping mit Stil: Leeds' Arkaden

Das **Victoria Quarter** am Nordostende der Briggate umfasst zwei Geschäftsarkaden aus den Jahren 1898–1900, in denen sich hauptsächlich teure Designerläden und ausgefallene Boutiquen befinden. Die **Thornton's Arcade** wurde im Jahr 1878 von Charles Thornton erbaut. Die riesige Uhr über der Arkade stellt Charaktere aus Sir Walter Scotts Roman „Ivanhoe" dar und läutet jede halbe Stunde. Hier und in der **Queen's Arcade**, die um 1889 entstand, finden sich preiswertere Designerketten. Außerdem gibt es die Country und die Cross Arkaden. Die Filiale des Luxuskaufhauses **Harvey Nichols** dokumentiert den Yuppiestatus des modernen Leeds. www.v-q.co.uk.

Kirkgate Market: Von der Vicar Lane gelangt man in Richtung Busbahnhof zu diesem Marktgebäude aus dem frühen 20. Jh., das gerade wunderbar restau-

Ein Haus wie gedruckt: flippiges Leeds

Yorkshire → Karte S. 394/395

riert und um ein Angebot von Frischwaren (Fisch, Fleisch, Käse, Gemüse) bereichert wurde. Der angrenzende Freiluftmarkt bietet nun eine Bühne, viele Sitzgelegenheiten und internationale Food Stalls, die auch weltgewandte und verwöhnte Gaumen kitzeln. Los ging es vor mehr als hundert Jahren, als hier Michael Marks seinen ersten Verkaufsstand aufbaute, an dem er „Waren für nur einen Penny" anbot. Aus diesen bescheidenen Anfängen entwickelte sich später in Zusammenarbeit mit Thomas Spencer eine der größten Kaufhausketten Englands: Marks & Spencer. Zum hundertjährigen Firmenjubiläum spendeten sie die Standuhr, die sich im Zentrum des Marktes befindet.

Tägl. (außer So) 8–17.30 Uhr. 28–34 George Street, LS2 7HY, www.leeds.gov.uk/leedsmarkets.

Corn Exchange: Am Südende der Boar Lane steht die runde Markthalle aus dem Jahr 1863, unter deren herrlicher Kuppel noch bis in die 1990er-Jahre Getreide verkauft wurde und sich heute rund 30 Läden für das kreative Publikum der Stadt befinden. Auch dieses Gebäude wurde von dem Architekten der Town Hall, Cuthbert Brodrick, erbaut, der sich bei dem Entwurf an römischen Vorbildern orientierte.

Mo–Mi und Fr/Sa 10–18 Uhr, Do bis 21 Uhr, So 10.30–16.30 Uhr. Call Lane, LS1 7RB, leedscornexchange.co.uk.

The Calls: Direkt dahinter erstreckt sich bis zur Straße The Calls ein Kneipenviertel (in restaurierten alten Lagerhäusern und den Arkaden der oberhalb verlaufenden Bahngleise). Nur ein paar Ecken weiter westlich haben sich in den engen, kopfsteingepflasterten Gässchen des Queen's Court weitere Kneipen angesiedelt. Überquert man die Straße The Calls, gelangt man hinunter zum Fluss Aire.

Leeds Minster: Flussaufwärts befindet sich die Gemeindekirche, die 2012 anlässlich des diamantenen Kronjubiläums der Queen zum Münster erhoben wurde. Die neugotische Basilika wurde 1841 St. Peter geweiht, unter den Anwesenden war auch die Krankenschwester Florence Nightingale. Im Altarraum befinden sich Denkmäler aus den Vorgängerkirchen und das Leeds Cross aus dem 10. Jh., das bei Abrissarbeiten gefunden wurde. Ein schönes Mosaik hinter dem Hochaltar zeigt die zwölf Apostel.

Mo–Fr 8.30–15 Uhr, Sa 9–13 Uhr, Café Mo–Fr 10–14 Uhr. Eintritt frei, Führung 7,50 £, nur nach Anmeldung. Kirkgate, LS2 7DJ, ✆ 0113/2452036, www.leedsminster.org.

South Bank Leeds

Flussabwärts erreicht man das Viertel um den **Leeds-Liverpool-Kanal,** eine der jüngsten Erfolgsgeschichten der Sanierungsbemühungen in der Stadt (southbank leeds.co.uk). Entstanden ist ein Wohngebiet am Wasser mit Hotels (z. B. das City Inn mit seiner Sky-Bar im 13. Stock) und Restaurants in gewagter Architektur. Vom Stadtzentrum spaziert man durch einen Tunnel in der Neville Street, der 2010 mit Lichtinstallationen verschönert wurde. Die Ostwand gestaltete übrigens der Berliner Hans Peter Kuhn, die Westwand der einheimische Grafikdesigner Andy Edwards. Das Hafenviertel feiert sich Ende Juni mit Straßentheater, Drachenbooten und Musikdarbietungen beim **Leeds Waterfront Festival** selbst (www.leedswater frontfestival.com).

Die große Besucherattraktion im Kanalviertel ist das burgartige Waffenmuseum **Royal Armouries,** zu dem der Treidelpfad entlang des Flusses Aire durch die Brewery Wharf führt. Diese königliche Waffenkammer umfasst die größte Waffensammlung Englands und zeigt auf fünf Stockwerken Waffen aus aller Welt von der Frühgeschichte bis heute. Zu den Highlights zählt die „Rüstung“ eines Elefanten. Regelmäßig führen Schauspieler Szenen aus verschiedenen Epochen der Geschichte vor. Außerdem können Interessierte an einem interaktiven Kriegsplanspiel teilnehmen. Selbst wer sich bislang nicht für Waffen und kriegerische Konflikte interessiert hat, wird von der Aufbereitung und der Vielfältigkeit dieses Museums

Leeds' moderne Seite: Architektur wie bunte Bauklötze

angetan sein. Die Themen reichen von asiatischer Kampfkunst über Ritterturniere bis Selbstverteidigung, und man erfährt etwas über die großen Konflikte dieser Welt und ihre historischen Hintergründe. Im angrenzenden Hof gibt es Werkstätten, wo man Schmieden bei der Arbeit zusehen kann, eine Falknerei sowie eine Arena für Turniere, wo im Sommer spektakuläre Wettkämpfe stattfinden.

Tägl. 10–17 Uhr. Eintritt frei. Armouries Drive, LS10 1LT, ✆ 0113/2201999, www.royalarmouries.org. Zu Fuß ungefähr 10 Min. vom Busbahnhof.

Leeds Industrial Museum @ Armley Mills: Folgt man von der Granary Wharf dem Fluss und dem Kanal, die hier eine ganze Weile parallel verlaufen, in westliche Richtung, gelangt man nach ca. 3 km zu der ehemaligen Spinnerei Armley Mills, der einst größten Wollspinnerei der Welt. Hier kann man sich ganz ausführlich über die Geschichte der Textilindustrie und über die Lebensbedingungen der Arbeiter informieren. Die Spinnerei entstand wahrscheinlich bereits Mitte des 16. Jh., wurde 1804 von dem erfolgreichen Fabrikanten Benjamin Gott aufgekauft und nach einem Feuer komplett wiederaufgebaut und modernisiert. Erst 1969 stellte die Spinnerei den Betrieb ein. Angeschlossen ist u. a. ein Kino im Stil der Stummfilm-Ära, in dem alte Filme gezeigt werden. Im Sommer fährt außerdem die alte Dampfeisenbahn hinunter zum Picknickplatz am Fluss.

Tägl. 10–17 Uhr, So ab 13 Uhr (letzter Einlass 16 Uhr). 3,80 £, erm. 3 £, Kind in Begleitung 1,90 £, Familie 8 £. Canal Road, Armley, LS12 2QF, ✆ 0113/3783173, www.leeds.gov.uk/museumsandgalleries/Pages/armleymills.aspx. Vom Bahnhof mit den Bussen 33, 33 a, 503 o. 757 zum Venue Cinema, von dort Verbindung über eine Fußgängerbrücke.

Yorkshire → Karte S. 394/395

Großraum Leeds

Kirkstall Abbey: Dieses wohl bedeutendste Gebäude im Großraum Leeds, die Abtei, die zur Entstehung der Wollindustrie beitrug und der Stadt ihren Reichtum bescherte, ist noch erstaunlich gut erhalten. Mit ihrer romantischen Silhouette hat sie die großen Landschaftsmaler der frühindustriellen Epoche immer wieder angezogen; Turner hat sie mehrmals gemalt, auch Thomas Girtin. Das riesige Kloster wurde wahrscheinlich von Zisterziensermönchen aus der Fountains Abbey bei Ripon gegründet. Über die bewegte Vergangenheit informiert eine audiovisuelle Ausstellung im Besucherzentrum. Man kann zwischen den imposanten Ruinen umherwandern, die inmitten eines Parks am Fluss Aire gelegen sind. Im Sommer finden auch Führungen statt, die einen tieferen Einblick in die verschiedenen Klosterräume sowie deren ehemalige Nutzung bieten. Es werden außerdem Open-Air-Vorführungen veranstaltet.

April bis Sept. tägl. (außer Mo) 10–16.30 Uhr, Okt. bis März tägl. (außer Mo) 10–16 Uhr, letzter Eintritt eine Stunde zuvor. Am letzten Wochenende des Monats 12–15 Uhr Deli-Markt, März bis Nov. sonntags monatlicher Flohmarkt. Eintritt frei. Audiotour. Kirkstall Road. LS5 3EH, ✆ 0113/3784079, www.leeds.gov.uk/museumsandgalleries/Pages/Kirkstall-Abbey.aspx.

Anfahrt mit den Bussen 33, 33A und 757 vom City Centre oder über die A 65 in Richtung Kirkstall/Otley.

Abbey House Museum: Direkt gegenüber der Abtei (auf der anderen Seite der A 65) befindet sich im großen Torhaus das Abbey House Museum, in dem man einen Einblick in die industrielle Blütezeit von Leeds gegen Ende des 19. Jh. gewinnen kann. Unter anderem wurde hier eine viktorianische Einkaufsstraße nachgebildet mit Läden, Wohnungen und Werkstätten, wie sie für das kleinstädtische

England zur Zeit von Charles Dickens typisch waren. Außerdem wird auch hier die Geschichte der Kirkstall Abbey dokumentiert.

Tägl. 10–17 Uhr, Sa ab 12 Uhr. Tearooms bis 16 Uhr. 4,20 £, erm. 3,40 £, Kind in Begleitung 2,10 £, Familie 8,80 £. Abbey Walk, Kirkstall, LS5 3EH, ✆ 0113/2305492, www.leeds.gov.uk/abbeyhouse.

Thwaite Mills Watermill: Die Manufaktur findet sich im Stadtteil Stourton im Südosten, und zwar auf einer Art Insel zwischen dem Fluss Aire und dem Aire & Calder Navigation Channel. Hier kann man die riesigen Wasserräder bei der Arbeit beobachten und einen Eindruck vom viktorianischen Alltagsleben gewinnen.

Sa/So 13–17 Uhr, letzter Einlass 15.30 Uhr, letzte Führung 15.15 Uhr. In den Sommerferien Mo–Fr 10–17 Uhr, Sa/So 13–17 Uhr. 3,80 £, erm. 3 £, Kind 1,90 £, Familie 8 £. Thwaite Lane, Stourton, LS10 1RP, ✆ 0113/3782983, www.leeds.gov.uk/museumsandgalleries/Pages/Thwaite-Mills-Watermill.aspx.

Anfahrt mit dem Bus Nr. 110 von Leeds Bus Station.

Middleton Railway: Im Süden von Leeds verläuft die älteste Eisenbahnlinie der Welt (von denen es einige zu geben scheint), auf der ab 1758 die Kohle aus der Grube direkt in die Stadt transportiert wurde. Sie wird heute immer noch an bestimmten Tagen befahren. Ab 1812 verkehrte hier die erste kommerziell genutzte Dampfeisenbahn der Welt. Die Strecke ist relativ kurz, aber die alten Dampfloks und die Waggons sind auf jeden Fall sehenswert. Hinter dem Bahnhof erhebt sich auf einem Hügel der Middleton Park mit einer ehemaligen Kohlengrube, wo man im Sommer gut picknicken oder spazieren gehen kann.

April bis Sept. jedes Wochenende, März/Okt. an ausgewählten Wochenenden, in den Ferien zusätzlich mittwochs. Sa Diesellokomotive, So Dampflok. Ab 11 Uhr. Hin- und Rückfahrt: 5 £, erm. 3,50 £, Familie 13 £. Moor Road Railway Station, Hunslet, LS10 2JQ, ✆ 0845/6801758, www.middletonrailway.org.uk.

Temple Newsam House and Park: Unweit des Stadtzentrums von Leeds, abgehend von der A 63 Richtung York, liegt eines der prächtigsten Herrenhäuser des Landes im Tudorstil, vollgestopft mit kostbaren Möbeln, Kunstschätzen und Artefakten. Das Land gehörte einst den Tempelrittern, daher der Name. Der Landsitz wurde von einem Höfling und Soldaten Heinrichs VIII. erbaut, der während der katholischen Rebellion zum Tode verurteilt wurde. Der Sohn der Lieblingsnichte Heinrichs, Lord Darnley, wurde hier geboren und ging in die Geschichte ein, weil er Mary Queen of Scots heiraten sollte. Im 17. Jh. wurde das Gut an die Ingram-Familie verkauft, bis es in den 1920er-Jahren an Lord Halifax überging. Heute gehört es der Stadt, die die 33 Zimmer der Öffentlichkeit zugänglich gemacht hat. Das 3000 ha große Gelände wurde im 18. Jh. von Capability Brown angelegt. Besonders beliebt sind der Rhododendron- und Azaleenweg zum See hinunter und die Farm mit rund 400 seltenen Zuchttieren. Außerdem gibt es einen Golfplatz und Festivals sowie Open-Air-Konzerte.

Mitte Febr. bis Okt. tägl. (außer Mo) 10.30–17 Uhr (letzter Einlass 16.15 Uhr), im Winter nur bis 16 Uhr, in den Schulferien auch Mo. Eintritt zum Park kostenlos, Haus und Farm: 7,20 £, erm. 3,90 £, Familie 16,50 £. Temple Newsam Road/Selby Road, LS15 0AE, ✆ 0113/3367461, www.leeds.gov.uk/museumsandgalleries/Pages/Temple-Newsam.aspx. Anfahrt mit Bus 10.

Harewood House: Nordöstlich des Stadtzentrums von Leeds auf der A 61 in Richtung Harrogate gelangt man zum Harewood House. Der heutige Besitzer, der 8. Earl von Harewood, ist ein Cousin von Königin Elisabeth II. und arbeitet als Film- und Fernsehproduzent. Die prunkvolle klassizistische Anlage aus dem Jahr 1772 erinnert stark an Versailles. Der Auftraggeber war einst ein gewisser Edward

Ladcelles, der Sohn eines reich gewordenen Westindienfahrers, der auch die wertvolle Sammlung von chinesischem Porzellan zusammentrug. Die Innenräume des Schlosses vereinen Mobiliar von Thomas Chippendale mit Stuckwerk von Robert Adam und Deckenmedaillons von Angelika Kauffmann und ihrem Mann Antonio Zucchi. Zu sehen ist darüber hinaus eine umfassende Sammlung an Renaissancekunst. Unter den Gemälden in der Galerie befinden sich Werke von Gainsborough, Turner und sogar Picasso. Natürlich gibt es auch einen riesigen Park mit einem See, auf dem man Boot fahren kann. Im angrenzenden Bird Garden sind über 30 exotische Vögel aus aller Welt untergebracht. Die einstigen Herren von Harewood Castle, dessen Ruine noch im Park zu sehen ist, ruhen in der kleinen Allerheiligen-Kirche aus dem 15. Jh., die einst Mittelpunkt eines Dorfes war, das der Architekt abtragen und außerhalb des Parks wieder aufbauen ließ. Im Sommer finden zahlreiche Festivals und Open-Air-Kulturveranstaltungen statt.

Schloss: Ostern bis Okt. tägl. 11–16 Uhr. Park tägl. 10–18 Uhr und der Vogelgarten bis 17 Uhr. 16,50 £, erm. 15,50 £, Kind 8,50 £, Familie 45 £. Auch Führungen und tägl. Pinguin-Fütterungen im Park. Wer mit dem Bus Nr. 36 von Leeds (Richtung Harrogate) oder mit dem Fahrrad kommt, zahlt nur den halben Preis. Harewood, LS17 9LG, ✆ 0113/2181010, www.harewood.org.

Bradford

Westlich von Leeds liegt Bradford, wo zu viktorianischen Zeiten ebenfalls die Wollindustrie boomte. Damals war die Stadt übrigens federführend bei der Einführung von Sozialleistungen wie z. B. der Schulspeisung, ärztlicher Betreuung oder dem Verbot von Kinderarbeit. Seit den 1960er-Jahren lebt hier eine große asiatische Gemeinschaft, vorwiegend Inder und Pakistani. Die Stadt ist offiziell „Curry Capital of Britain“, hier kann man in jedem Curryhaus eine gute Küche erwarten und in einem der größten asiatischen Kaufhäuser des Landes, den „Bombay Stores“, einkaufen. Für kulturell Interessierte lohnt ein Besuch der Stadt wegen zweier Museen: des **National Media Museum** und der **1853 Gallery** in Salt's Mill, wo Werke David Hockneys zu sehen sind.

Information **Bradford Tourist Information**, April bis Sept. Mo–Sa 10–17 Uhr, sonst nur 10–16 Uhr. Britannia House, Broadway, BD1 1JF, ✆ 01274/433678, www.visitbradford.com.

Einkaufen Viele indische Geschäfte ballen sich in der Leeds Road.

Bombay Stores, größtes indisches Kaufhaus des Landes, Mo–Sa 10–19 Uhr, So 12–18 Uhr. Bombay Buildings, Shearbridge Road, BD7 1NX, ✆ 01274/729993, www.bombaystores.biz.

Übernachten/Essen *** **Great Victoria**. Mix aus viktorianischer Architektur und modernem Minimalismus, gute Küche. Zimmer 65–159 £ mit Frühstück. Bridge Street, BD1 1JX, ✆ 01274/728706, www.victoriabradford.co.uk.

Mumtaz Paan House. Promi-Inder 2 km außerhalb des Zentrums in mittlerer Preisklasse, von der Queen und dem Premierminister gelobt. Keine Alkohollizenz, dafür aber Mumtaz-Babynahrung und milde Kindergerichte! So–Do 11–24 Uhr, Fr/Sa bis 1 Uhr. 390 Great Horton Road, BD7 3HS, ✆ 01274/571861, www.mumtaz.com.

Prashad. Vegetarisches Chaat-Haus mit Auszeichnungen. Chaat sind indische Tapas oder Snacks, es gibt aber auch komplette Gerichte. Di–Fr 17–23 Uhr, Sa–So ab 12 Uhr. 137 Whitehall Road, Drighlington, ca. 9 km südöstl. von Bradford, BD11 1AT, ✆ 0113/2852037, www.prashad.co.uk.

Einige Pubs und Bars befinden sich in Bradfords West End, z. B. **The Sparrow Bier Café**, tatsächlich mehr Café als Pub, berühmt für seine heimischen Ales. Tische aus dem Arbeiterclub und Kunst an den Wänden. Auch gute Sandwiches und Snacks. 32 North Parade, BD1 3HZ, ✆ 01274/270772, www.thesparrowbradford.co.uk.

Yorkshire → Karte S. 394/395

Sehenswertes

National Media Museum: Als UNESCO City of Film steht dieses interaktive Museum im Mittelpunkt der Stadt. Es gehört zu den meistbesuchten in England und ist Teil des National Museum of Science and Industry. Auf den sieben Stockwerken eines umgebauten alten Kinos können Sie in die Welt der Fotografie und des Films eintauchen. Es werden Kameras und Zubehör präsentiert (die Sammlung umfasst insgesamt 3 Mio. Ausstellungsstücke!) sowie technische Informationen über Film und Fernsehen. Als einer der ältesten Filme überhaupt gelten Louis Le Princes bewegte Bilder von der Leeds Brücke von 1888, die hier zu sehen sind. Man kann sich zahlreiche Ausschnitte aus Filmen verschiedener Epochen anschauen, außerdem drei Kinos besuchen (darunter das IMAX) oder in der Games Lounge daddeln.

Tägl. 10–18 Uhr, Kinos länger, Pictureville-Bar bis 21 Uhr. Eintritt frei, nur für Sonderausstellungen muss man zahlen. IMAX 13 £. Media Café ab 10 Uhr, und Pictureville Bar 17–21 Uhr. BD1 1NQ, ✆ 0844/8563797, Kino-Tickets ✆ 0871/9025756, www.nationalmediamuseum.org.uk.

Peace Museum: Dieses Museum stellt in drei Räumen Poster, Gemälde und Objekte aus, die Konfliktlösungen und Friedensprozesse auf persönlicher, nationaler und internationaler Ebene zum Thema haben.

Mi–Do 10–16 Uhr. 10 Piece Hall Yard, BD1 1PJ, ✆ 01274/780241, www.peacemuseum.org.uk.

Salt's Mill mit 1853 Gallery: Im Ortsteil Saltaire lohnt sich der Besuch der Fabrikanlage des Unternehmers Sir Titus Salt, der hier zwischen 1852 und 1872 eine Modellfabrik im Stil der italienischen Renaissance errichten ließ. Mit dem Bau des Produktionsortes, der Wohnhäuser für die Arbeiter und eine eigene städtische Infrastruktur besaß, wollte der Unternehmer sein soziales Engagement dokumentieren. Das Vorzeigedorf ist inzwischen UNESCO-Weltkulturerbe. In der Salt's Mill arbeiteten einst 3000 Leute an 1200 Webstühlen, um Mohair und Alpaka-Wolle herzustellen. Heutzutage stöbert man im Buchladen und den anderen Shops oder plauscht im Salts Diner (tägl.) oder dem Opera Café (Mi–So). Jeweils im September findet ein Festival mit Livemusik, Comedy und Theateraufführungen statt. In der 1853 Gallery, die in einer langen Fabrikhalle eingerichtet wurde, befindet sich die einzige permanente Ausstellung von Bildern des in Bradford geborenen Künstlers David Hockney. Der Maler, Grafiker, Fotograf und Kostümbildner hat ein Studio in London Kensington und zwei Häuser in Los Angeles, wo er sich zuletzt der Portraitmalerei und experimentellen Fotografie zuwandte. Er zählt zu den schillerndsten und berühmtesten Malern der Welt. 2017 widmet ihm die Tate Britain in London eine der größten Retrospektiven ihrer Geschichte.

Eine Mühle für die Kunst: Salt's Mill

Salt's Mill: Mo–Fr 10–17.30 Uhr, Sa/So bis 18 Uhr. Eintritt frei. Victoria Road, Shipley, Saltaire, BD18 3LA, ✆ 01274/531163, www.saltsmill.org.uk.

Saltaire Festival: Im Sept. werden eine Woche lang Filme gezeigt, Theaterstücke aufgeführt und Musik gespielt. www.saltairefestival.co.uk.

Hier kauften vielleicht schon die Brontë-Schwestern ihre Pillen

Haworth – Brontë Country

Westlich von Leeds gelangt man über die Landstraße A 650 nach Keighley, von wo man auch mit der Dampflok nach Haworth weiterfahren kann. Das Weberdorf liegt inmitten einer rauen Moorlandschaft und schmiegt sich an einen Hügel. Die kopfsteingepflasterte Hauptstraße führt steil nach oben in den Stadtkern, wo man sich sofort um 300 Jahre zurückversetzt fühlt. Jedes Jahr pilgern zahllose Touristen aus aller Welt an diesen Ort, um sich die mythenbehaftete Heimat der Brontë-Schwestern anzusehen, die hier in der georgianischen Pfarrei ihre literarischen Werke verfassten. Die Brontës gehören, gleich nach Jane Austen, zu den wichtigsten Schriftstellerinnen der englischen Literaturgeschichte. Dabei ist die tragische Lebensgeschichte der Schwestern mindestens genauso oft publiziert worden wie die Romane selbst (→ Kasten). Man kann sich nur schwerlich in dem Ort verlaufen, denn alle Wege führen früher oder später zu den Brontës. Zum Ausruhen gibt es zahlreiche hübsche Teestuben und Gasthäuser.

Information www.haworth-village.org.uk, www.bronte-country.com, www.visitbradford.com.

Festivals **Haworth 1940's Weekend**, das Wochenende Mitte Mai verspricht Nostalgie pur, alte Bomber aus dem Weltkrieg überfliegen das Dorf, Sir Winston Churchill und Queen Mary erstatten einen Besuch, in den Pubs kann man zur entsprechenden Musik das Tanzbein schwingen. www.haworth1940sweekend.co.uk.

Übernachten/Essen **** **Old Registry Guest House**. Sehr gemütlich und rustikal, neun ansprechende und individuell eingerichtete Themen-Zimmer, alle ensuite. Mo–Fr B & B 80–105 £. 2–4 Main Street, BD22 8DA, ✆ 01535/646503, www.theoldregistryhaworth.co.uk.

Jugendherberge Haworth. In einem großen alten Haus nordöstlich des Zentrums mit Blick übers Moor. Bett ab 15 £, Zimmer ab 29 £. Longlands Drive/Lees Lane, BD22 8RT, ✆ 0845/3719520, www.yha.org.uk.

The Cookhouse. Ausgezeichneter Tearoom und Bistro, das Fr/Sa abends auch Dinner anbietet. Main Street, BD22 8DP, ✆ 01535/958904, www.thecookhousehaworth.co.uk.

Embers. Die Schicke Bar (im ersten Stock) mit Restaurant (im Erdgeschoss) liegt im Herzen von Haworth, große Auswahl von Schwertfisch oder Ente bis Pizza. Mi–Sa 18–23.30 Uhr, So 12–16 und 18–22.30 Uhr. 81 Main Street, Keighley, BD22 8DAM, ✆ 01535/-642809, www.embersofhaworth.co.uk.

Camping **Ponden House Campsite**. Nur 20 Stellplätze für Zelte (keine Zufahrt mit dem Auto auf den Campingplatz!), ganz schlicht, nur eine Toilette und Dusche. 5 £ pro Pers. und Nacht. Im Haupthaus B & B. Die Gastgeberin kocht auch Dinner, unbedingt zu empfehlen. Neu ist der Hot Tub für Gruppen gegen heftigen Aufpreis draußen im Garten. Vier Zimmer, B & B EZ 50/70 £, DZ 75/80 £. Stanbury BD22 OHR, ✆ 01535/644154, www.pondenhouse.co.uk.

Sehenswertes

Brontë Parsonage Museum: Das ehemalige Pfarrhaus, in dem die Schwestern lebten, wurde von der Brontë Society in ein Museum umgewandelt. Diese Gesellschaft wurde bereits im Jahr 1893 gegründet, um das literarische Erbe der Familie zu bewahren. Daher finden sich hier viele handschriftliche Originaldokumente. Das Haus selbst entstand um 1778/79 und ist weitgehend mit den Originalmöbeln aus dem Besitz der Familie ausgestattet. Im Museumsshop kann man Bücher aller Art von und über die Brontës erstehen. Angeschlossen ist eine Bibliothek, für deren Besuch man sich allerdings anmelden muss. Das Fünfjahresprogramm Brontë 200 feiert mit Sonderveranstaltungen im Museum und an weiteren Orten den 200. Geburtstag der Geschwister Charlotte (2016), Branwell (2017), Emily (2018) und Anne (2020) sowie 2019 den Antritt ihres Vaters Patrick Brontë als Pfarrer in Haworth 200 Jahre zuvor.

April bis Okt. 10–17.30 Uhr, Nov. bis März 10–17 Uhr. 7,50 £, erm. 6,50 £, Kind 3,75 £, Familie 18 £. Church Street, BD22 8DR, ✆ 01535/642323, www.bronte.org.uk.

Haworth Parish Church: Schräg gegenüber vom Pfarrhaus befindet sich die Kirche mit dem alten Friedhof. In der Krypta liegt bis auf Anne Brontë die gesamte Familie begraben. Deren Grab findet man auf dem Friedhof in Scarborough.

Tägl. 9–17.30 Uhr. Eintritt frei. West Lane, BD22 8EN, ✆ 01535/640293, www.haworthchurch.co.uk.

Black Bull Inn: In diesem Pub, das direkt unterhalb der Kirche liegt, soll das „Enfant terrible“ der Familie, Branwell Brontë, schon gezecht haben. Heute gibt es hier annehmbare einfache Gerichte, und wer will, kann übernachten.

Mo–Do 11–23.30 Uhr, Fr/Sa bis 24 Uhr, So 12–22.30 Uhr. 119 Main Street, BD22 8DP, ✆ 01535/642249.

Wuthering Heights: In Anlehnung an den gleichnamigen Roman von Emily Brontë (auf Deutsch „Sturmhöhen“) verläuft hinter der Kirche ein Wanderweg hinauf auf das windige Moor, das Emily angeblich zu ihrem Roman inspirierte. Oben hat man einen Blick über die karge, windgefegte Landschaft, die tatsächlich eine sehr wildromantische Atmosphäre ausstrahlt. Es gibt verschiedene Rundwege von unterschiedlicher Länge, z. B. nach Top Withens, eine Bauernhausruine am Berg, zu den Brontë-Wasserfällen und zur Brontë Bridge.

Keighley & Worth Valley Railway: Eine der vielen alten Dampfeisenbahnen Yorkshires befährt die ca. 8 km lange Strecke von Keighley nach Oxenhope und hält unterwegs auch in Haworth. An bestimmten Wochenenden fahren historische Lokomotiven mit alten Holzwaggons.

The Railway Station, Haworth, BD22 8NJ, ✆ 01535/645214, Ansage: ✆ 01535/647777, kwvr.co.uk.

Geschichte der Brontës

Der aus Irland stammende Patrick Brontë nahm nach seinem Studium am St John's College in Cambridge eine Stelle als Gemeindepfarrer in Haworth an und zog mit seiner Frau Maria und sechs Kindern im Jahr 1820 in das dortige Pfarrhaus. Beide waren literarisch interessiert, Patrick Brontë verfasste selbst mehrere Gedichtbände und Kurzgeschichten. Kurz nach dem Umzug verstarb Maria Brontë im Alter von 39 Jahren an Krebs, und ihre Schwester zog in das Pfarrhaus, um die Erziehung der Kinder zu übernehmen und sie mit kornischen Geistergeschichten zu unterhalten.

Die ältesten Töchter wurden ins Internat geschickt, jedoch bald wieder nach Hause geholt, nachdem zwei von ihnen, Maria und Elizabeth, sehr wahrscheinlich aufgrund der ungesunden Lebensbedingungen in dem Internat an Tuberkulose erkrankt und gestorben waren. Die verbleibenden Geschwister, Charlotte, Branwell, Emily und Anne, lebten mit ihrem Vater und ihrer strengen Tante, die bald zur Stiefmutter wurde, in einer engen Gemeinschaft in dem Pfarrhaus, ohne andere Spielkameraden, inmitten der kargen Landschaft, die wenig Abwechslung bot. Die fantasiereichen Kinder erdachten sich ihre eigene Welt, die große Glasstadt und das Königreich Angria, die sie mit den Spielzeugsoldaten des Bruders Branwell nachspielten. Diese Abenteuer wurden ab 1826 bis ins Erwachsenenalter hinein in sogenannten Miniaturbüchern festgehalten (5 mal 4 cm). Jedes der Geschwister veröffentlichte so seine eigene „Zeitung". Emily und Anne gründeten schließlich ihren eigenen Staat Gondal.

Die Mädchen erhielten eine Ausbildung als Gouvernante, um später ihren Lebensunterhalt als Lehrerinnen verdienen zu können. Der aufstrebende Maler Branwell sollte eine Kunstakademie in London besuchen. Unterwegs verspielte und vertrank er allerdings das gesamte Geld. Wieder zu Hause, versuchte er erfolglos, als Maler zu überleben, und verfiel schließlich dem Alkohol und später dem Opium.

Charlotte nahm eine Stelle in dem Internat an, wo sie selbst ausgebildet worden war, während Emily ihre Ausbildung als Gouvernante bald abbrach, worauf Anne an ihre Stelle trat. Im Laufe der Jahre nahmen die Schwestern verschiedene Stellungen als Lehrerinnen an, die sie jedoch stets bald wieder verließen, um nach Haworth zurückzukehren. Diese Erfahrungen flossen in die Romane mit ein. 1842 gingen Charlotte und Emily als Englischlehrerinnen in ein Pensionat nach Brüssel. Charlotte verliebte sich in den Direktor Heger, einen verheirateten Mann. Wieder zu Hause, versuchten die Schwestern, eine eigene Schule einzurichten, jedoch ohne Erfolg.

Die Romane der Schwestern sind durchweg vom Freiheitsdrang gekennzeichnet und lehnen sich gegen die Unterdrückung der Frau und die traditionellen Geschlechterrollen auf, weshalb sie zunächst sehr kontrovers aufgenommen wurden. Das erste Buch, einen Prosaband, veröffentlichen die drei Schwestern 1846 unter dem männlichen Pseudonym Acton Bell, bekannten sich dann jedoch zu ihrer Literatur. Es folgen 1847 die Romane „Wuthering Heights" (Emily Brontë), „Agnes Grey" (Anne Brontë) und „Jane Eyre" (Charlotte Brontë). 1848 verstarben Branwell und Emily kurz hintereinander an Tuberkulose. Im Mai 1849 starb Anne. Charlotte übernahm die Fortsetzung des Lebenswerks der Geschwister und publizierte weitere Romane. 1854 heiratete sie den Hilfsgeistlichen ihres Vaters A. B. Nicholls und starb ein Jahr darauf schwanger.

Schafe im Winterpelz

Yorkshire Dales

Weite Teile dieser von fast hundert Flusstälern durchzogenen Landschaft wurden 1954 als Nationalpark unter Schutz gestellt. Das Hochplateau wird bestimmt von sanft geschwungenen Hügeln, kargen Gipfeln, zahlreichen Wasserfällen, Höhlen und Schluchten. An den Hängen und in den Tälern finden sich von Steinmauern durchzogene Felder, urige Dörfer und immer wieder Schafe.

Die Dales, also die Gegend nördlich des Ballungszentrums Leeds/Bradford, haben bereits mehrmals als Filmkulisse gedient, etwa der englischen TV-Serie „Der Doktor und das liebe Vieh“, die auf den Erzählungen des berühmten Tierarztes und Autors James Herriot basierte und im malerischen Dorf Askrigg im **Wensleydale** spielt. Der nördliche Teil der Yorkshire Dales wird in Broschüren inzwischen sogar als Herriot Country bezeichnet. Auch der britische Kinohit „Kalender Girls“ basiert auf einer wahren Geschichte aus den Dales und wurde in und um das Dorf Kettlewell (alias Knapely) im **Wharfedale** gedreht. Das dritte Haupttal im 1765 km^2 großen Nationalpark ist **Swaledale,** daneben gibt es zahlreiche Seitentäler.

Die Bewohner der Dales leben heute hauptsächlich von der Schafzucht und vom Tourismus. Bereits in der Bronzezeit wurde hier auf den einsamen Hügeln Landwirtschaft betrieben, in den zahlreichen Höhlen hat man Hinweise auf eine prähistorische Besiedlung gefunden. Die Römer nutzten einige der bereits vorhandenen Bleiminen und legten Höhenwege durch die Pennines an. Später hinterließen die einfallenden Wikinger und die Dänen ihr sprachliches Erbe, sodass sich nordische Wörter mit der altenglischen und keltischen Sprache zu einem eigenartigen Dialekt vermischten.

Im Mittelalter gewannen verschiedene Mönchsorden an Einfluss. Sie bauten zahlreiche beeindruckende Abteien und begründeten die Wollproduktion. Das Swaledale-Schaf mit seinem schwarzen Kopf und den markanten Hörnern ist das Symbol des Nationalparks. Auch die Nachfrage an Naturstein und Marmor aus den hiesigen Steinbrüchen führte kurzzeitig zu wirtschaftlicher Blüte. Im 17. und 18. Jh. erlebte die Region einen weiteren kurzen Aufschwung durch den Textilboom. Als moderne Industrieanlagen die traditionellen Produktionsweisen verdrängten, kehrten viele alteingesessene Familien der Region den Rücken. Heute leben in dem ganzen Gebiet nur noch etwa 18.000 Menschen. In vielen der aus Naturstein gebauten Dörfchen wirkt es, als sei die Zeit vor 200 Jahren stehen geblieben. Oft sind sie von Kanälen durchzogen, auf denen früher die Waren transportiert wurden, und in manchen alten Bahnhöfen verkehren für den Fremdenverkehr Dampflokomotiven auf historischen Bahnstrecken. Autofahrer können bei einer Rundfahrt die verschiedenen Dales beliebig miteinander kombinieren. Die Entfernungen zwischen den Orten sind nicht besonders groß, aber die Straßen können sehr steil, schmal oder kurvig sein. Hin und wieder blockiert auch schon mal eine Schafherde kurzfristig den Weg.

Die Schluchten und tief eingeschnittenen Täler des **Yorkshire-Dales-Nationalparks,** in denen sich Sand- und Kalksteinformationen abwechseln, wurden von den Gletschermassen der letzten Eiszeit geformt. Die nur spärlich bewaldete Landschaft mit ihren Höhlen und Wasserfällen präsentiert sich teils rau, teils lieblich. Die Gipfel reichen nirgends über 750 m in die Höhe, sind jedoch durch den fehlenden Bewuchs relativ ungeschützt, weswegen man dort mit Temperaturschwankungen rechnen muss.

Yorkshire → Karte S. 394/395

Basis-Infos

Die Touristenbüros und National Park Information Centres sind mit Auskünften, Infomaterial und zahlreichen Wanderkarten behilflich. Einen Tourenvorschlag für eine halbtägige Wanderung finden Sie auch in unserem Wanderteil (→ S. 691).

Information **Yorkshire Dales National Park Authority**, Colvent, Grassington, Skipton, BD23 5LB, ✆ 0300/4560030 oder 01756/751600. Eine der besten Webseiten für alles Wissenswerte rund um den Nationalpark ist www.yorkshiredales.org.uk.

Außerdem gibt die National Park Authority einmal jährlich die kostenlose Zeitung **The Visitor** mit allerlei nützlichen Informationen heraus. Man kann auch GPS-Geräte und einen Audioguide ausleihen.

Nationalparkzentren Öffnungszeiten: April bis Okt. tägl. 10–17 Uhr, Nov. bis März unterschiedliche Zeiten, meist am Wochenende 10–16 Uhr.

Aysgarth Falls, die Information befindet sich in umgebauten Eisenbahn-Cottages mit Café, Aysgarth Falls, Leyburne, DL8 3TH, ✆ 01969/662910, aysgarth@yorkshiredales.org.uk.

Grassington, Hebden Road, Grassington, BD23 5LB, ✆ 01756/751690, grassington@yorkshiredales.org.uk.

Hawes, im **Dales Countryside Museum**, Station Yard, Burtersett Rd, Hawes, DL8 3NT, ✆ 01969/666210, hawes@yorkshiredales.org.uk.

Malham, BD23 4DA, ✆ 01729/833200, malham@yorkshiredales.org.uk.

Reeth, Hudson House, Reeth, Richmond, DL11 6SZ, ✆ 01748/884059, reeth@yorkshiredales.org.uk.

Weitere Info-Stelle **Yorkshire Wildlife Trust**, Visitor Centre im Potteric Carr Nature Reserve, tägl. 9–17 Uhr, Café April bis Okt. 11–17 Uhr, Nov. bis März 10–16 Uhr. Sedum House, Mallard Way, Balby, Doncaster, DN4 8DB, ✆ 01302/570077, www.ywt.org.uk.

Fahrradverleih In den **National Park Information Centres** erhalten Sie eine Liste mit Fahrradverleihern. Zudem sind einige Adressen in The Visitor verzeichnet. Die Tagestarife für ein Mountainbike liegen bei 28–35 £/Tag (pro Woche etwa 60 £).

Dales Bike Centre, Parks Barn, Fremington, Richmond, North Yorkshire, DL11 6AW, ✆ 01748/884908, www.dalesbikecentre.co.uk. Auch Bunk & Breakfast, Doppelstockbett für 30 £, eigenes Zimmer 39 £. Es gibt auch ein buntes, gemütliches Café.

Verbindungen

Die Touristenbüros der umliegenden Städte sind gerne mit der genauen Ausarbeitung einer Reiseroute in den Dales behilflich. Insbesondere wenn man auf die Busverbindungen innerhalb der Dales angewiesen ist, sollte man sich vorher genau über die Abfahrtszeiten informieren.

Bahn Informationen über Fahrpläne erteilt National Rail Enquiry, ✆ 03457/484950.

Am schnellsten erreicht man die Dales, wenn man von Leeds mit dem Metro-Zug nach Skipton fährt (Airedale-Linie, www.wymetro.com/TrainTravel/traintimetables/AiredaleLine) oder nach Ilkley (Wharfedale-Linie, von Northern Rails, www.wymetro.com/TrainTravel/traintimetables/RoutesAndTimetables) und dort auf die Regionalbusse (s. u.) umsteigt.

In den Dales führt die **Settle-Carlisle-Bahnlinie** aus dem Jahr 1876 quer durch einige der schönsten Gegenden bis fast hinauf zur schottischen Grenze (www.settle-carlisle.co.uk); Fahrdauer ca. 1:45 Std. In Skipton, Settle, Garsdale und Kirkby Stephen kann man in den **Bus** umsteigen und weiter in die Dales vordringen. www.northernrail.org.

Die **Bentham Bahnlinie** bedient Skipton und Clapham und endet in Morecambe an der Westküste. www.communityraillancashire.co.uk/lines/bentham-line.

Beide Strecken sind Teil des offiziellen Eisenbahnnetzwerks Englands.

Die **Wensleydale Railway** fährt 3- bis 4-mal am Tag durch die nördlichen Dales von Leeming Bar nach Redmire, Fahrzeit ca. 50 Min. ✆ 01677/425805; www.wensleydalerail.com.

Bus Das Yorkshire County Council veröffentlicht das Faltblatt **Dales Explorer**, das alle Buslinien durch den Nationalpark verzeichnet. www.dalesbus.org.

Will man mit dem Bus anreisen, fährt der Bus **X84** vom zentralen Busbahnhof in Leeds nach Ilkley und Skipton in den South Dales (Mo–Sa). Bus **Nr. 36** (tägl.) steuert Harrogate und Ripon in den Ost-Dales an.

Von Mai bis Okt. werden zahlreiche Panorama-Routen durch die Dales von **Dalesbus** abgedeckt.

Am Sonntag gibt es für 12 £ **Dales Rover Tickets**, die für alle Routen gelten.

Der öffentliche Nahverkehr ist in vielen Teilen Englands recht unübersichtlich, da eine Vielzahl von Anbietern die Regionen bedienen. **Traveline Yorkshire** hilft im Internet mit der Reiseplanung für die gesamte Grafschaft: www.travelsouthyorkshire.com/journeyplanning.

Aktivitäten

Angeln Für einige Flüsse (in Nordengland als „Beck" bekannt) kann man auch als Besucher Angelscheine erwerben, die zum Fischen für einen Tag oder eine ganze Woche berechtigen. Adressen auf der Webseite www.yorkshire-dales-flyfishing.com. Für die **Lizenz** → S. 693.

Außerdem gibt es mehrere **Forellenfarmen**: **Kilnsey Park Trout Farm**, auch Fun Fishing für Kinder. Kilnsey, Skipton, BD23 5PS, ✆ 01756/752150, www.kilnseyfishing.co.uk. **Hawes Blackburn Trout Farm**, Gayle, Hawes, DL8 3NX, ✆ 01969/667524, www.blackburnfarmhawes.com. Hier auch Camping, 7 £/Nacht, Wohnmobile 17 £.

Fahrradtouren Routenvorschläge für Fahrradtouren sind in den Informationsbüros erhältlich.

Yorkshire Dales Cycle Way (→ Skipton).

Außerdem windet sich der **Pennines Cycle Way** durch die südlichen und westlichen Dales. Diese Route 68 des National Cycle Networks ist insgesamt 380 km lang, Abschnitt 2 führt von Holmfirth bis Appleby in Westmoreland überwiegend entlang schmaler Nebenstraßen.

Golf Golfspieler finden unter visittheyorkshiredales.co.uk/golf.php eine umfangreiche Liste der besten Golfplätze im Nationalpark.

Höhlenwandern Das **National Park Centre** in Grassington informiert über die zahlreichen Möglichkeiten zur Erkundung der Höhlen in den Dales.

Höhlenwandern (Caving and Potholing) ist im Angebot von **Live For Today Adventures**, ✆ 0330/0248676, www.live-for-today.com (ab 40 £/Person). Viele Showhöhlen bieten selbst Caving-Ausflüge an, etwa **Howstean** in Nidderdale, ✆ 01423/755666, www.howstean.co.uk/activities/caving (45 £/halber Tag).

Kanalfahrten Nähere Infos → Skipton.

Klettern Gesteinsinformationen zum Klettern (Rock Climbing bzw. Abseiling) befinden sich in Malham, Gordale und Kilnsey, außerdem bei den Brimham Rocks und den Felsen im Ilkley Moor.

Genauere Informationen gibt es über den **Leeds Mountaineering Club**, www.leedsmc.org.

Das **Dalesbridge Outdoor Centre** klettert in der Three Peaks Area, Dalesbridge, Austwick, nahe Settle, LA2 8AZ, ✆ 015242/51021, www.dalesbridge.co.uk.

Indoor Climbing Walls gibt es in Leeds (www.theleedswall.co.uk) und Ingleton (www.inglesport.com/our-climbing-wall).

Pferderennen **Ripon Races**, Boroughbridgeroad, Ripon, HG4 1UG, ✆ 01765/530530, www.ripon-races.co.uk.

Reiten **Ride Yorkshire**, ✆ 07583/451825, www.rideyorkshire.org.

Kilnsey Trekking Centre, Conistone, Skipton, BD23 5HS, ✆ 01756/752861, www.kilnseyriding.com.

Wandern In den National Park Offices gibt es viele hilfreiche Informationen. Vor einer Wanderung kann man sich in den Zentren auch über die aktuellen Wetteraussichten informieren. Informationen über geführte Wanderungen finden sich in der kostenlosen Publikation The Visitor und unter dalesbus.info/ramblers/index.html. Es gibt mehrere Fernwanderwege durch die Dales, die sich oft an einem bestimmten Thema orientieren:

The Herriot Way – auf den Spuren von James Herriott (90 km), von Aysgarth aus quer durch Wensleydale und Swaledale (www.herriotway.com);

The Dales Way – eine Wanderung durch die Täler von Ilkley bis Windermere (130 km, www.dalesway.org);

Dales Highway – 150 km von Saltaire bis Appleby (www.daleshighway.org.uk);

Three Peaks Race – berühmtes Rennen über die drei höchsten Gipfel Ingleborough, Whernside und Pen-y-ghent (40 km, www.threepeakschallenge.uk/yorkshire-three-peaks-challenge, → Horton-in-Ribbesdale, S. 437).

Wharfedale

Das Tal des Flusses Wharfe (keltisches Wort, dt. „gewunden“) verläuft in Nord-Süd-Richtung einmal längs durch den Nationalpark und ist eines seiner längsten und schönsten Täler. Der etwa mittig gelegene Hauptort ist **Grassington.** Das südliche Wharfedale ist sommers wie winters das Naherholungsgebiet für die Einwohner des Ballungszentrums Leeds/Harrowgate/Bradford. Von Leeds aus gelangt man über die A 660 zunächst durch **Otley,** wo der Möbeldesigner Thomas Chippendale 1718 geboren wurde. **Ilkley** ist ein guter Ausgangspunkt für weitere Erkundungen, z. B. ins angrenzende Ilkley Moor und die Bolton Abbey, die im Sommer oft recht überlaufen sind. Dafür kann man zu dieser Zeit auch im Wharfe baden und die Ausflugslokale entlang der Wanderstrecken sind geöffnet. Nördlich von Grassington liegt das weniger überlaufene nördliche Wharfedale, dessen Naturhöhepunkt der **Kilnsey Crag,** eine überhängende, steile Kalksteinklippe, ist. Über Conistone gelangt man nach Kettlewell bis Buckden, wo der Fluss Wharfe zum Langstrothdale wird.

Ilkley

Einst auf der Packeselroute durch die Dales gelegen, ist Ilkley heute ein hübsches grünes Städtchen, dem man seine Vergangenheit als Kurort immer noch ansieht. Wenn man von der Brücke über den Wharfe in Richtung Süden geht, gelangt man zu dem Fußweg, der recht abrupt hinauf zum **Ilkley Moor** führt. Hier steht das sehr bescheidene **White Wells Cottage,** das Anfang des 18. Jh. um die hiesige Kurquelle gebaut wurde, und in dem man heute noch eines der „Bäder“ besichtigen kann. An bestimmten Tagen (Neujahr, erster Weihnachtsfeiertag und Yorkshire Day) wird sogar im Heilwasser gebadet. Spätestens seit der Kirchenchor aus Halifax die schaurige Moritat „On Ilkley Moor B'aht'At“ veröffentlichte, weiß jeder Bewohner Yorkshires, dass man das Ilkley Moor nur mit guter Kopfbedeckung besteigt, denn sonst ergeht es einem wie dem Helden des Liedes, der sich „b'aht'at“ (ohne Hut) im kalten Wind hier oben verkühlte und verstarb. An den Cow and Calf Rocks vorbei, wo man im gleichnamigen Pub einkehren kann, gelangt man auf die **Ilkley Crags,** von wo man den wunderbaren Ausblick hinunter auf den Ort genießt.

Information **Tourist Information Centre,** Town Hall, Station Road, Ilkley, West Yorkshire LS29 8HB, So geschl., ✆ 01943/602319, ilkley.org und ilkley-online.co.uk.

Aktivitäten Ilkley hat einen **Lido**, schwimmen mit Blick übers Moor! Oft auch Livemusik und Veranstaltungen. Denton Road, LS29 0BZ, ✆ 01943/600453, www.ilkley lido.co.uk.

Ilkley Cinema: Das kleinste 4K-Kino Europas hat 2016 in Ilkley eröffnet. Das Mini-Auditorium mit 57 Plätzen verfügt über äußerst komfortable Sessel und Sofas und ein Dolby Surround Sound System. Tolle maurische Bar mit Snacks. 46a Leeds Road, LS29 8DP, ✆ 01943/660007, www.ilkleycinema.co.uk.

Sehenswertes **White Wells Spa Cottage**: April bis Sept., meist nur an Wochenenden und Feiertagen, immer wenn die Fahne weht, Eintritt frei. Wells Road, ✆ 01943/608035.

Veranstaltungen **Ilkley Literature Festival**, jedes Jahr Anfang Okt., www.ilkley literaturefestival.org.uk.

Übernachten/Essen *** **The Crescent Inn**. Eine elegante Freitreppe führt zu 11 Zimmern, die im englisch-französischen Country-Stil eingerichtet sind. Sie befinden sich über einem hervorragenden Pub mit hohen Fenstern und alten Eichenböden in einem viktorianischen Prachtbau mitten im Zentrum. B & B 72,50–137,50 £. Das Restaurant Bistro Pierre nebenan bietet eine gute Küche. Brook Street, LS29 8DG, ✆ 01943/ 811250, thecrescentinn.co.uk.

Tivoli Place Guest House. Familiengeführtes Gästehaus in einer viktorianischen Villa in ruhiger Seitenstraße 5 Min. vom Zentrum, luxuriöse Zimmer. B & B im EZ 45 £, DZ 65 £. 1 Tivoli Place, LS29 8SU, ✆ 01943/ 600328, www.tivoliplace.co.uk.

Box Tree Restaurant. Der Restaurant-Klassiker der Region seit den 1960er-Jahren, gleichbleibend hohe Qualität (Michelinstern) und gemütliches Ambiente. 3-Gänge-Menü 45-65 £. Dinner Mi–Sa 19–21.30 Uhr, Lunch Fr–Sa 12–14 Uhr, So bis 15 Uhr. 35–37 Church Street, LS29 9DR, ✆ 01943/608484, www.theboxtree.co.uk.

Ilkley Moor Vaults. Slow Food Pub mit spritzigem Service. Sogar die Würstchen sind hausgemacht, eigener Kräutergarten. Lunch tägl. (außer Mo) 12–14.30 Uhr (Sa bis 15 Uhr), Dinner Di–Sa 17.30–21 Uhr, So 12–18 Uhr. Stockeld Road, LS29 9HD, ✆ 01943/ 607012, www.ilkleymoorvaults.co.uk. ■

The Cow and Calf. Pub mit Zimmern direkt gegenüber den Cow und Calf Rocks,

Yorkshire → Karte S. 394/395

Die spektakuläre Karstlandschaft von Malham Cove

schöne Aussicht, gut für einen Drink. Parkplatz. B & B ab 80 £. Hangingstone Road, LS29 8BT, ✆ 01943/607335, Reservierung ✆ 08451/551551, www.innkeepers lodge.com und www.vintageinn.co.uk/the cowandcalfilkley.

>>> **Mein Tipp:** **Bettys Cafe & Tearoom.** An der von Bäumen bestandenen Straße The Grove, hier sollte man die Spezialität Fat Rascal probieren, einen keksartigen Kuchen. Tägl. 9–17.30 Uhr. 32 The Grove, LS29 9EE, ✆ 01943/608029, www.bettys.co.uk. <<<

Bolton Abbey

Von der A 65 zweigt man kurz vor Addingham auf die B 6160 nach Bolton Abbey ab (ausgeschilderte Parkplätze). In dem hübschen Ort selbst gibt es einige Geschäfte und Restaurants und die bekannte Bolton Priory. Sie wurde im 12. Jh. von Augustinermönchen gegründet, die hier fast 400 Jahre ansässig waren. Den Baugrund stiftete die Familie De Romilly, die mit Wilhelm dem Eroberer nach England gekommen war. Ihre normannische Burg bewacht mit sechs massigen Rundtürmen aus dem 14. Jh. vom nahen Skipton aus den Eingang des Wharfedales. Die imposanten Ruinen der Abtei befinden sich auf den Auen des Flusses Wharfe, der hier eine scharfe Biegung macht. Schon der Dichter Wordsworth und der Maler Turner ließen sich von der Schönheit dieses Fleckens inspirieren. Im Sommer ist das Flussufer mit Ausflüglern übersät, die hier baden und picknicken. Das Gelände gehört seit 1750 zum Besitz des Duke und der Duchess von Devonshire. Die angrenzende Kirche St Mary and St Cuthbert blieb von den Übergriffen Heinrichs VIII. verschont und hat noch einige Baumerkmale aus dem 12. Jh. bewahrt; sie wurde Mitte des 19. Jh. umfangreich restauriert. Mit dem Bau des Westturms wurde im Jahr 1520 begonnen, vollendet wurde er nie.

Sehenswertes Bolton Abbey Estate: Juni-Aug tägl. 9–21 Uhr (letzter Einlass 19 Uhr), März bis Mai und Sept. bis Okt. bis 19 Uhr (letzter Einlass 17.30 Uhr), sonst bis 18 Uhr (letzter Einlass 16 Uhr). Eintritt frei, aber Parkgebühr (8 £). Mehrere Tearooms. ✆ 01756/718000, boltonabbey.com.

Essen & Trinken *** **The Devonshire Arms Country House Hotel.** Im Süden des Ortes auf dem Bolton Estate an der Bolton Bridge gelegen. Stilvolle Herberge im Besitz des Herzogs und der Herzogin von Devon mit Health Club, Brasserie und Bar sowie dem Burlington Restaurant. B & B 135–415 £. Bolton Abbey, BD23 6AJ, ✆ 01756/718111, thedevonshirearms.co.uk.

The Strid, Simon's Seat und Stepping Stones: Von der Abteiruine gehen zahlreiche Wege in alle Richtungen über das Gelände und die Hügel. Ein Muss ist der Spaziergang entlang der bewaldeten Ufer des Wharfe bis zum Strid, einer Stromschnelle des Flusses durch eine Schlucht. Am besten läuft man direkt unterhalb der Abtei am westlichen Ufer des Wharfe stromaufwärts bis zur Brücke und geht dann am Ostufer weiter. Durch das Valley of Desolation gelangt man zur Erhebung Simon's Seat. Ein toller Panoramablick über das Wharfdale belohnt für den Aufstieg auf 486 Meter. Gleich hinter den Abteiruinen führt eine Stepping Stones genannte „Brücke" aus 60 Steinen über den Wharf, die Trittfestigkeit von allen verlangt, die sie überqueren. Sie diente einst den Laienmönchen als Abkürzung.

Embsay & Bolton Abbey Steam Railway: Vom Bahnhof in Bolton Abbey verkehrt dieser Dampfzug die 8 km lange Strecke nach Embsay bei Skipton. Er fährt ganzjährig jeden Sonntag (im Sommer sogar jeden Tag) und an einigen Abenden werden historische Waggons angehängt, in denen man einen Snack zu sich nehmen kann.

✆ 01756/710614. Fahrplanansage: ✆ 01756/795189. Erw. 10 £, erm. 9 £, Kind 5 £, Familie 25 £. www.embsayboltonabbeyrailway.org.uk.

Skipton

Nach dem Einfall der Normannen in die Dales fiel die Siedlung Skipton (angelsächsisch *Sceptone = sheep town*) um 1090 an Robert de Romille, der in der Nähe des Flusses Eller eine Festung errichtete, die noch immer extrem gut erhalten ist. 1204 erhielt Skipton das Marktrecht, und noch heute finden hier viermal wöchentlich Märkte statt (Mo, Mi, Fr und Sa). Von der Hauptstraße, die schon mehrfach als eine der besten Einkaufsstraßen des Landes gewürdigt wurde, zweigen viele kleine Sträßchen ab, die eine Erkundung lohnen. Man findet viele kuriose Geschäfte, Cafés und Kunsthandwerksläden und kann auf Ausflugsbooten den Leeds-Liverpool-Kanal befahren, der hier die Bergkette der Pennines überquert. Zum Skipton Waterway Festival im Mai versammeln sich hier Hunderte von bunten *narrow boats* (→ Bootfahren auf dem Leeds-Liverpool-Kanal, S. 434).

Information **Tourist Information Centre**, Town Hall, High Street, Skipton, North Yorkshire BD23 1AH, ✆ 01756/792809, www.welcometoskipton.com.

Bootsfahrten **Pennine Boat Trips**, eine Ausflugsfahrt nach Niffany oder Snaygill dauert ca. 1 Std. Täglich von April bis Okt. Erw. 8 £, Kind 4,50 £, Familie 23 £. ✆ 01756/790829, www.canaltrips.co.uk.

Pennine Cruisers, halbstündige Kanalfahrten tägl. 10.30 Uhr (11.30 außerhalb der Saison). 4 £, längere Trips etwas mehr. Verleiht auch Kähne (Narrow Boats) für Tagesausflüge und länger (ab 155 £). Wharf Office, 19 Coach Street, BD23 1LH, ✆ 01756/795478, www.penninecruisers.com.

Fahrradtouren In Skipton beginnt und endet der **Yorkshire Dales Cycle Way**, ein ca. 210 km langer, markierter Rundweg, den zu fahren durchschnittlich sechs Tage in Anspruch nimmt. www.cyclethedales.org.uk.

Fahrradverleih **Dave Ferguson Cycles**, pro Tag ab 25 £. Tägl. 9.30–17.30 Uhr, So 11–16.30 Uhr. 3 Albion Yard, Roapwalk, BD23 1ED, ✆ 01756/795367, www.davefergusoncycles.com/bicycle-hire-skipton.

Übernachten/Essen **Skipton Park Guest'Otel**. Komfortable Unterkunft in warmen Farben und sehr gepflegt, nur wenige Minuten vom Stadtzentrum entfernt. B & B EZ 60 £, DZ 75 £. 2 Salisbury Street, BD23 1NQ, ✆ 01756/700640, www.skiptonpark.co.uk.

*** **Herriots Hotel**. Modernes, elegantes Haus direkt am Kanal und Park, gutes Restaurant, sehr schöne Bar und Parkplatz. B & B EZ ab 65 £, DZ 85–95 £. Broughton Road, BD23 1RT, ✆ 01756/792781, www.herriotsforleisure.co.uk.

The Plough Inn at Whigglesworth. Gehobenes Country Pub aus dem Jahr 1725, schöne Aussicht und Restaurantküche. Di-Do 16–20.30 Uhr, Fr–Sa 12.30–21 Uhr, So 12.30–18 Uhr. Neun Zimmer im Landhausstil (B & B 69–95 £). 18 km von Skipton, Wigglesworth/Skipton, BD23 4RJ, ✆ 01729/840243, www.theploughatwigglesworth.co.uk.

The Red Lion. Das älteste Pub der Region soll einen geheimen Tunnel zum Castle besitzen. Einst lebten hier Mönche und dann Leprakranke, heute wärmt man sich am Feuer im Kamin von 1681 und knabbert an seinen Pommes. 27 High Street, B23 1DT, ✆ 01756/790718, www.redlion-skipton.co.uk.

The Narrow Boat. Das berühmteste Pub der Gegend versteckt in einer kopfsteingepflasterten Gasse. Es werden viele einheimische Gebräue ausgeschenkt. Mo Folk Club. Wochentags kann man zwischen 17.30 und 21 Uhr auch essen. 36-38 Victoria Street, BD23 1JE, ✆ 01756/797922.

Skipton Pie & Mash Shop. Einer der wenigen Läden, wo man dieses Traditionsgericht noch als Schnellimbiss bekommt. Mo–Fr 10–15.30 Uhr, Sa–So bis 16 Uhr. Waterside Court, 5 Coach Street, BD23 1LH, ✆ 01756/790829, www.skiptonpieandmashshop.co.uk.

Camping **Masons Campsite**. Cooler Grasplatz mit guter Ausstattung am Ufer des Wharfe und zwei Pubs in Laufnähe sowie einem Shop auf dem Gelände. Es gibt auch Zelte und Airstream Caravans zu mieten. Pitch 20 £. Appletreewick, Skipton, BD23 6DD, ✆ 01756/720275, www.masonscampsite.co.uk.

Yorkshire → Karte S. 394/395

Sehenswertes

Skipton Castle: Die gut erhaltene Burg, deren Eingang sich am Kopf der Hauptstraße befindet, wurde bereits 1090 erbaut und ist seit 1310 im Besitz der Familie Clifford. Das Torhaus des Schlosses stammt noch aus dem 12. Jh., während das übrige Gebäude unter der Leitung von Lady Anne Clifford nach dem Bürgerkrieg um 1657 wiederaufgebaut wurde. Ein Rundgang durch die Anlage führt von den Tiefen des Kerkers bis zu den Höhen des Wachturms. John Clifford („der Schlächter“ oder auch „blutiger Clifford“, 1430–1461) wurde übrigens in einem Drama Shakespeares verewigt – er kämpfte im Rosenkrieg gegen das Haus von York.

April bis Sept. tägl. 10–17 Uhr, So ab 11 Uhr, Okt. bis März 10–16 Uhr. 7,80 £, erm. 6,80 £, Kind ab 5 J. 4,90 £, Familie 24,90 £. Für den Rundgang erhalten Sie eine Broschüre in deutscher Sprache. High Street, ✆ 01756/792442, www.skiptoncastle.co.uk.

Bootfahren auf dem Leeds-Liverpool-Kanal

Die englischen Kanäle entstanden vorwiegend in der Zeit von 1760 bis 1840, waren aber schon bald den Anforderungen des modernen Gütertransports nicht mehr gewachsen. Der Leeds-Liverpool-Kanal wurde zwischen 1770 und 1815 gebaut und verband Leeds über den Fluss Aire mit den südlichen Dales und der Hafenstadt Liverpool im Westen. Inzwischen sind die Kanäle fester Bestandteil der Landschaft und werden hauptsächlich für den Freizeitspaß genutzt. Da sie sehr schmal ausgehoben wurden, mussten auch die Boote dementsprechend schlank sein – zum Ausgleich zog man sie in die Länge. In den letzten Jahrzehnten wurden diese *narrow boats* genannten Kähne liebevoll restauriert oder im alten Stil nachgebaut und dienen nun als Ausflugsboote. Früher wurden sie von Pferden gezogen, heute sind sie natürlich motorisiert. Wer ein Boot mietet, schippert mit höchstens 6 km/h durch einsame, ländliche Gegenden, aber auch durch die verborgenen Ecken kleiner und großer Städte. Ein „Problem“ sind die zahlreichen Schleusen (im Durchschnitt alle 3 km), die die Fahrtgeschwindigkeit erheblich drosseln, und die Pubs am Ufer, die eine Weiterfahrt mitunter deutlich verzögern. Auf der Strecke von Leeds nach Liverpool muss man bei Bingley fünf Schleusen hintereinander passieren, um den Höhenunterschied ins Flachland auszugleichen. Da man sie per Kurbel selbst öffnen und wieder schließen muss, reist man am besten in einer Gruppe. Wer nur einen kurzen Ausflug unternehmen will, sollte in Skipton eines der Ausflugsboote besteigen (→ S. 433). Nähere Informationen über Bootsvermietungen für längere Urlaube in der Region erteilt North East Waterways Canal & River Trust (www.canalrivertrust.org.uk), siehe dazu auch „Kanalboote“, S. 81.

Church of Holy Trinity: In der spätgotischen Kirche neben dem Schloss, die ebenfalls unter Lady Anne Clifford instand gesetzt wurde, befinden sich neben einigen Grabstätten und Gedenksteinen der Familie Clifford auch ein Taufstein aus dem 12. Jh. und eine Lettnerempore aus dem Jahr 1533. Der kleine Garten hat für seine Rosenbeete schon einen Preis gewonnen.

Tägl. 8.30–17.30 Uhr, im Winter bis ca. 16.30 Uhr. Eine Spende von 1 £ wird erbeten. ✆ 01756/793622, www.holytrinityskipton.org.uk.

Craven Museum & Gallery: Dieses Museum ist im ersten Stock des Rathauses von Skipton untergebracht. Hier erfährt man in einer bunt gemischten Ausstellung einiges über die Vergangenheit Skiptons und der Region. Neben Funden aus der Bronzezeit ist eine Ecke des Museums auch dem berühmtesten Sohn der Stadt gewidmet: Thomas Spencer, dem Mitbegründer der Kaufhauskette Marks & Spencer. Neuestes Highlight ist eine Erstausgabe von William Shakespeares Theaterstücken (First Folio).

Mo, Mi–Sa 10–16 Uhr, Mai bis Sept. auch erster So im Monat 10–16 Uhr. Eintritt frei. ✆ 01756/706407, www.cravenmuseum.org.

Grassington

Von Skipton führt die B 6265 in das hübsche Städtchen, in dem es bereits seit dem 13. Jh. Bleiminen gab. Landschaftlich reizvoller ist die B 6160 von Bolton Abbey durch das Wharfedale selbst. Die Innenstadt von Grassington ist eng, man parkt am besten auf dem Parkplatz des **National Park Centre** (an der B 6265, Hebden Road). Hier kann man sich auch gleich mit Informationen eindecken. Sie sollten aber einen Streifzug durch die engen Gässchen unternehmen, die vom winzigen Marktplatz abgehen. Touristen lieben den Ort und es wird vor allem im Juni zum Grassington Festival voll, aber auch im Dezember an den drei Samstagen des Dickensian Festivals. Die meisten Häuser entstanden hier zur Zeit des Bleibooms im 17. Jh. Wer von Grassington aus bis zum Hebden Moor wandert, kann noch Überbleibsel des Bleiabbaus sehen, z. B. einen 12 m hohen Schornstein und flache Tunnel, die davon abzweigen. Im **Grassington Folk Museum,** das in zwei ehemaligen Minenarbeiterhäuschen auf dem Marktplatz untergebracht ist, werden die letzten zwei Jahrhunderte der Geschichte des Wharfedale dokumentiert. Nur eine kurze Autofahrt entfernt liegt das bildschöne Dörfchen **Linton** mit vielen Parks zum Picknicken und einer Packpferdebrücke über den plätschernden Bach.

Information **National Park Centre**, Hebden Road, Grassington, BD23 5LB, ✆ 01756/751690, www.grassington.uk.com.

Sehenswertes **Grassington Folk Museum**: Mitte März bis Okt. tägl. 14–16.30 Uhr, Eintritt frei. 6 The Square, BD23 5AQ, ✆ 01756/753287, www.grassingtonfolkmuseum.org.uk.

Veranstaltungen **Grassington Summer Festival**, Musik, Theater und mehr. Mitte Juni bis Anf. Juli, ✆ 01756/753093, www.grassington-festival.org.uk.

Dickensian Festival, neun Tage im Dezember lang fühlt man sich zu Drehorgelmusik in die Zeit von Charles Dickens zurückversetzt. Gaukler, Marktschreier, Schuhputzer und traditionelle Handwerker in historischer Kostümierung bevölkern dann den Weihnachtsmarkt. www.grassington.uk.com/dickensian-festival/.

Übernachten ***** **Ashfield House**. B & B mit Hotelstandard in einem Haus aus dem frühen 17. Jh. B & B ab 52,50 £/Pers., im Winter günstiger. Summers Fold, BD23 5AE, ✆ 01756/752584, www.ashfieldhouse.co.uk.

***** **Grassington Lodge**. Nur wenige Meter vom Marktplatz entfernt, exklusives viktorianisches Gästehaus mit eigenem Parkplatz, Kamin und Sonnenterrasse. B & B im DZ 90–165 £. 8 Wood Lane, BD23 5LU, ✆ 01756/752518, www.grassingtonlodge.co.uk.

Essen & Trinken **The Cobblestones Café**. 400 Jahre altes Häuschen am Hauptplatz des Ortes mit göttlichen Kuchen und Cream Teas. Tägl. 10.30–17 Uhr, 3 The Square, BD23 5AQ, ✆ 01756/7512303. Auch Übernachtung in einem Self-Catering-Apartment.

Foresters Arms. Freundliches Dorf-Pub im Zentrum mit Plätzen im Freien, Mittagstisch und Abendessen, manchmal Quiznights. Auch Zimmer, EZ B&B 45 £, DZ 80 £. 20 Main Street, BD23 5AA, ✆ 01756/752349, www.forestersarmsgrassington.co.uk.

The Fish & Chip Shop. Traditionelle Fischbraterei mit glutenfreier Option. Mi, Fr und Sa 11.45–13.15, Di–Sa auch 16.45–18.30 Uh. 6 Garrs Lane, BD23 5AT, ✆ 01756/752436.

Rozi's Tandoori House. Indischer Schnellimbiss mit vier Tischen im ersten Stock. Sehr gute Küche. Tägl. 17–23.30 Uhr. Nur Barzahlung. 10 Main Street, BD23 5AA, ✆ 01756/753342.

Yorkshire → Karte S. 394/395

Malhamdale, Ribblesdale und die Three Peaks

Der Fluss Ribble entspringt am Ribblehead zwischen zwei der drei höchsten Peaks der Dales, Ingleborough und Pen-y-ghent und fließt durch Horton-in-Ribblesdale und Settle in Richtung Osten in die Irische See. Das Ribblesdale gehört zu den erstaunlichsten **Karstlandschaften** der Yorkshire Dales, die nur noch von den Formationen um Malham und dem Malhamdale übertroffen werden.

Settle und die Three Peaks Area

Settle bietet eine gute Ausgangsbasis für Besuche im Malhamdale und im Ribblesdale. Den Reisenden erwarten zahlreiche Höhlen, Schluchten und die drei höchsten Gipfel der Dales: Pen-y-ghent, Ingleborough und Whernside. Die kleine Marktstadt presst sich zwischen den Fluss Ribble und die Kalksteingebirge der Region Craven. Der Marktplatz hat noch sein ursprüngliches Aussehen aus dem 17. Jh., am Markttag (Di) geht es hier besonders lebhaft zu. Der zweistöckige Gebäudekomplex mit Geschäftsarkaden sind die **Shambles,** die ursprünglich eine offene Markthalle waren, bis Ende des 19. Jh. der zweite Stock hinzugefügt wurde. Das beliebteste Ausflugsziel ist die **Victoria Cave.** Diese Höhle, die sich tief ins Innere des Langcliffe Scar erstreckt, wurde im Jahr 1838 am Tag der Krönung von Königin Viktoria von einem Wanderer entdeckt. Bei Ausgrabungen fand man nicht nur die Knochen prähistorischer Tiere, sondern auch Artefakte aus der Bronzezeit sowie römische Münzen. Die Höhle ist frei zugänglich, Wanderer werden allerdings vor Steinschlag gewarnt.

Information Tourist Information Centre, April bis Okt. tägl. 9.30–16 Uhr, Nov. bis März nur Mo–Sa. Town Hall, Cheapside, Settle, North Yorkshire BD24 9EJ, ✆ 01729/825192, www.settle.org.uk.

Aktivitäten Settle Loop, 16 km Strecke für Wanderer, Reiter und Mountainbiker, www.nationaltrail.co.uk/penninebridleway.

Einkaufen Watershed Mill Visitor Centre, in einer alten Baumwollspinnerei aus dem frühen 18. Jh. werden in diesem Besucherzentrum auch Strickwaren, Töpferwaren und Kunsthandwerk aus den Dales verkauft. Man kann auch Biere aus zwölf Brauereien Yorkshires erwerben und sich dann im Country Kitchen Coffeeshop mit Kaffee ernüchtern. Mo–Sa 10–17 Uhr, So 11–17 Uhr. Langcliffe Road, BD24 9LR, ✆ 01729/825539, www.watershedmill.co.uk.

Fahrradverleih/-touren Three Peak Cycles, Mo–Fr 9–17.30 Uhr, Sa 9–17 Uhr, So 10–16 Uhr. 25 £/Tag, Market Place, BD24 9EJ, ✆ 01729/824232, www.3peakscycles.com.

Kultur Victoria Hall, Kino, Konzerte, Theater. Kirkgate, BD24 9DZ, ✆ 01729/825718, www.settlevictoriahall.org.uk.

Übernachten **** Littlebank Country House. In einem tiefen Tal umgeben von Hortensien liegt dieser 300 Jahre alte Landsitz, der allen Komfort (wie etwa hausgebackenen Kuchen) bietet. Craven Arms Pub nahe bei. B & B 80–110 £, drei Nächte 200–276 £. Rathmell, Settle, BD24 0AJ, ✆ 01729/822330, www.littlebankcountryhouse.co.uk.

**** The Lion. Ehemalige Kutschenstation aus dem 17. Jh. am Marktplatz, heute eine stimmungsvolle Herberge mit Kaminfeuer, renovierten Zimmern und gutem Restaurant. EZ 79–104 £, DZ 85–110 £. Duke Street, BD24 9DU, ✆ 01729/822203, thelionsettle.co.uk.

Camping Knight Stainforth Hall Caravan Park/Little Stainforth. Familiengeführte Anlage am Ufer des Ribble, Angeln möglich und WLAN. März bis Okt. 100 Pitches. Stellplatz für zwei Nächte (Minimum) 24–40 £. Little Stainforth, BD24 0BP, ✆ 01729/822200, www.knightstainforth.co.uk.

Essen & Trinken Ye Olde Naked Man Café. Café und Bäckerei in einem alten Pub, weit bodenständiger, als der Name vermuten lässt. Frühstück und kleine

Gerichte. Tägl. 7–17 Uhr, Mi bis 16 Uhr. Royal Oak, Market Place, BD24 9ED, ✆ 01729/823230.

The Shambles Fish Bar & Restaurant. Eine der ältesten „Chippies" (Fish-&-Chips-Restaurants) in England. Auch Pizza und Burger. Mo–Do und So 11.30–20 Uhr, Fr/Sa bis 21 Uhr. 1 The Shambles, Market Place, BD24 9EF, ✆ 01729/822652, www.fishandchipsyorkshire.co.uk.

The Italian Restaurant. Winziges Restaurant und Bar mit italienischer Küche, bei Pizza und Pasta können Wanderer Kohlenhydrate tanken. Auch Salate und Takeaway. Tägl. 17.30–23.30 Uhr. 5–6 The Shambles, BD24 9EH, ✆ 01729/824929.

Little House Restaurant. Traditionelle englische Küche mit kontinentalen Einflüssen. Wechselnde Tagesgerichte. Mi–Sa 18–21.30 Uhr. 17 Duke Street, BD24 9DJ, ✆ 01729/823963, www.littlehouserestaurant.co.uk.

Horton im Ribblesdale

Von Settle führt die B 6479 – immer parallel entlang der Bahnlinie – über Stainforth nach Horton. Der Ort ist besonders beliebt als Ausgangsbasis für Wanderungen auf die drei höchsten Gipfel der Dales. Wenn man von Süden auf Horton zufährt, fallen ab Hellwith Bridge zunächst die Steinbrüche auf. Im 19. Jh. wurde der hier abgebaute Kalkstein für Steinböden, Grabsteine, Torpfosten usw. verwendet. Über die Ebene hinweg sieht man in der Ferne den beeindruckenden Gipfel des Pen-y-ghent aufragen.

Weiter nördlich auf der B 6479 steht mit dem **Ribblehead Viaduct** aus dem Jahr 1875 das wohl beeindruckendste der zahlreichen Viadukte, die das Moorland auf der Eisenbahnstrecke Settle–Carlisle überspannen. (Auf der nur 116 km langen Strecke finden sich 14 Tunnel und über 20 Viadukte.) Vom Tal aus betrachtet, erheben sich die 24 Bögen des Viadukts in der beachtlichen Höhe von 50 m über das Batty Moss. Am anderen Ende verschwindet die Eisenbahn in den Bleamore-Tunnel.

Information **Pen-y-ghent Café**, Informationspunkt, Treffpunkt für Wanderer und Café. Mo und Mi–Fr 9–17.30 Uhr, Sa/So ab 8 Uhr (im Winter ab 9 Uhr). Pen-y-ghent View (B 6479), BD24 0HE, ✆ 01729/860333, www.horton-in-ribblesdale.com.

Wandern In Horton beginnt und endet die **Three Peaks Challenge**: Jedes Jahr kämpfen hier am letzten So im April Wanderer darum, wer die drei Berge Pen-y-ghent (694 m), Whernside (736 m) und Ingleborough (723 m) in der kürzesten Zeit in einem Marathonmarsch hintereinander erklimmen kann. Die Strecke ist insgesamt 41 km lang, und es müssen 1524 Höhenmeter überwunden werden. Ausgangspunkt ist das Pen-y-ghent Café, wo die Wanderer sich zur eigenen Sicherheit in ein Register eintragen können und den aktuellen Wetterstand erfahren. Jeder, der diese Wanderung unter 12 Std. schafft, wird in den Three Peaks of Yorkshire Club aufgenommen.

Beeindruckend: das Ribblehead Viaduct

Yorkshire → Karte S. 394/395

Übernachten **Crown Hotel**. Pub-Hotel und bei Weitem die luxuriöseste Unterkunft im Ort. DZ B & B ab 89 £. Wanderer können einen Koffertransfer buchen. Hawes Road (bei der Brücke), B 6479, ✆ 01729/860209, www.crown-hotel.co.uk.

The Willows Guest House. Die meisten Gäste sind Wanderer, die auf engagierte und sympathische Gastgeber treffen und ihr müdes Haupt auf bequeme Matratzen betten können, auf Wunsch sogar mit elektrischer Heizdecke. Auch für das leibliche Wohl wird hervorragend gesorgt. Bei Bedarf Frühstück ab 6 Uhr. Zwei Nächte Minimum an Wochenenden. B & B im DZ 66–85 £. Hawes Road, BD24 0HT, ✆ 01729/860200, www.thewillowshorton.co.uk.

3 Peaks Bunk Room. Umgebaute Scheune am Golden Lion Inn mit zwei Räumen für bis zu 20 Pers., großer Küche, mehreren Duschen, einem Trockenraum und Parkplätzen. 15 £/Pers. oder 600 £ für die ganze Scheune. ✆ 01729/860380 und 07870/849419 (mobil), 3peaksbunkroom.co.uk.

Malham

Vor hundert Jahren gehörte das östlich von Settle gelegene Malham den Mühlen und Minen, heute strömen Wanderer dorthin. Ein Großteil der erstaunlichen Felsformationen dieses Gebietes ist gut zugänglich und gehört wegen seiner besonderen geologischen Bedeutung dem English National Trust, der sie „vermarktet". Die Malham-Rundwanderung zu den schönsten Naturspektakeln ist in Wanderung 4 beschrieben (→ S. 693).

Information **National Park Centre**, Malham, BD23 4DA, ✆ 01729/833200, www.yorkshiredales.org.uk.

Übernachten/Essen ****** Lister Arms**. Postkutschenstation aus dem 17. Jh. am Dorfgrün von Malham, wunderschöne Zimmer, sehr gutes Essen. B & B EZ 70–104 £, DZ 76–110 £. 22 The Ave, BD23 4DB, ✆ 01729/830330, www.listerarms.co.uk.

***** Beck Hall Hotel.** Die neuen Eigentümer haben dieses Haus mit seinen 18 Zimmern, der tollen Lage direkt am Fluss und einem Bistro zu einer der schönsten Pensionen des Ortes gemacht. Im Sommer kann man sich im Secret Garden dem Rauschen des Wassers hingeben, im Winter knistert ein Feuer im Kamin. Wanderer und Hunde sind willkommen. DZ ab 80 £ mit Frühstück.

Nicht nur Wanderer können sich hier stärken

Cove Road, BD23 4DJ, 01729/830729, www.beckhallmalham.com.

River House Hotel. Pension in einem viktorianischen Landhaus aus dem Jahr 1664 mit kleinem Hof direkt am Fluss, sehr gutes Essen im Restaurant. Probieren Sie die Pies (Pasteten). B & B EZ 50–90 £, DZ 70–100 £. Chapel Gate, BD23 4DA, ✆ 01729/830315, www.riverhousemalham.co.uk.

YHA Malhalm. Familienfreundliche, erst 2013 renovierte Jugendherberge im Zentrum neben dem Lister Arms Pub. Fahrradunterstand und gut ausgestattete Küche, auch eigenes Restaurant. Bett 10-30 £, Zimmer ab 39 £. BD23 4DB, ✆ 0345/3719529, www.yha.org.uk/hostel/malham.

Der Wasserfall von Gordale Scar

Sehenswertes

Malham Cove: Vom Ort führen gut markierte Fußpfade am kleinen Flüsschen entlang bis zur Malham Cove, einer halbmondförmigen Kalksteinklippe, die terrassenförmig in das Flusstal abfällt und ungefähr 80 m hoch und 300 m breit ist. Einst erstreckten sich die Wassermassen des Sees Malham Tarn über das gesamte (inzwischen ausgetrocknete) Tal, und über die Klippen ergoss sich ein riesiger Wasserfall. Heute jedoch verschwindet das Wasser bei einer als Water Sinks bezeichneten Stelle unterhalb des Sees in den Untergrund und kommt südlich von Malham als Fluss Aire wieder nach oben. Wenn man auf der Klippe steht, kann man die bizarren Formationen sehen, die das Wasser in den Felsen gefressen hat. Vielen ist die Steilwand durch die Verfilmung von „Harry Potter und die Heiligtümer des Todes" bekannt, in der Harry und Hermine auf dem Kalksteinfeld ihr Zelt aufschlagen.

Janet's Foss: Der kleine Wasserfall liegt 20 Min. Fußweg von Malham entfernt. Der Name Janet bezieht sich auf eine Feenkönigin, die in einer Höhle hinter dem Wasserfall gewohnt haben soll. *Foss* ist ein nordisches Wort für Wasserfall. In der Gumpe unterhalb wurden früher Schafe gewaschen.

Gordale Scar: Während Janet's Foss verwunschen und romantisch wirkt, präsentiert sich die Kalksteinschlucht Gordale Scar mit ihren 100 m hohen Steilwänden und dem Doppel-Wasserfall dramatisch und hat William Turner 1816 zu einem Bild, William Wordsworth zu einem Sonett inspiriert. Wie Malham Cove entstand sie durch Erdbewegungen an der Craven-Verwerfung (Craven Fault System) vor 15–16 Mio. Jahren, an deren nördlichem Ende sie sich befindet.

Malham Tarn: Das auf einem Schieferuntergrund ruhende Gewässer ist einer der zwei natürlichen Gebirgsseen in den Dales. Der See hat einen Durchmesser von 800 m und liegt 377 m über dem Meeresspiegel, ist im Durchschnitt aber nur 2,4 m tief. Vom See führt ein Pfad zum Malham Tarn Field Centre, das Seminare zur Naturgeschichte der Gegend veranstaltet. Das Haus war ehemals eine Jagdhütte und später Heimat des Industriellen Walter Morrisson. Unter anderem waren hier Charles Darwin, John Ruskin und Charles Kingsley zu Gast; Letzterer wurde hier zu seinem Buch „The Water-Babies“ inspiriert.

Tour 4: Rundwanderung im Herzen der Yorkshire Dales → S. 693
Mittelschwere Wanderung von einem Naturspektakel zum nächsten

Ingleton

Das touristisch stark frequentierte Städtchen Ingleton lebte ursprünglich vom Kohlebergbau und später von der Woll- und Baumwollspinnerei. Heute reihen sich in den engen, gewundenen Gässchen der Innenstadt B & Bs, Souvenirläden und Restaurants aneinander. Die Pfarrkirche St Mary wurde mehrfach wiederaufgebaut, beherbergt aber noch eines der besterhaltenen normannischen Taufbecken in ganz Yorkshire.

Den größten Anreiz bietet jedoch die Nähe zu den umliegenden Naturschauspielen. Beim Fluss im Stadtzentrum beginnt der **Ingleton Waterfalls Trail** (7 km). Bis Mitte des 19. Jh. waren die spektakulären Wasserfälle der beiden Flüsse Twiss und Doe bei Ingleton weitgehend unentdeckt, da das Gelände nur schwer begehbar war. Für die Allgemeinheit wurde der Spazierweg an den Wasserläufen durch Stufen, Brücken und Pfade zugänglich gemacht. Von Ingleton ist es auch nicht weit bis zu verschiedenen Aufstiegsmöglichkeiten auf den **Ingleborough** mit seinem Gipfelplateau. Unterwegs erwarten den Wanderer einige berühmte Höhlen. Die **Ingleborough Cave** wurde um 1837 entdeckt, erst 1983 fanden Höhlentaucher **Gaping Gill**, die etwa 37 m hoch und 152 m lang ist. Sie folgten dem Flusslauf unterirdisch und stellten fest, dass er in der Ingleborough Cave wieder auftaucht. Die wohl beeindruckendste der begehbaren Höhlen der Region ist **White Scar Cave.** Während einer ca. 90-minütigen Führung wandern Sie entlang unterirdischer Wege, die über dem Flusslauf angelegt wurden, vorbei an tosenden Wasserfällen, durch weitläufige Höhlen mit Stalaktiten und Stalagmiten, engen Grotten und sogar prähistorischen Schlammlöchern. Ein Student entdeckte die Höhle, die stellenweise bis zu 30 m hoch ist, im Jahr 1923. Beim Parkplatz am Eingang gibt es ein Café sowie einen Souvenirladen.

Information **Tourist Information Centre**, Ostern bis Okt. tägl. 10–16.30 Uhr, im Winter 11–15 Uhr. Community Centre Car Park, Main Street, Ingleton, LA6 3HG, ✆ 015242/41049, www.ingleton.co.uk und www.thisisingleton.co.uk.

Aktivitäten/Sehenswertes **Ingleton Waterfalls Trail**: ganzjährig von 9 Uhr bis zur Dämmerung. Länge 7 km. 6 £, Kind 3 £, Familie 15 £. Broadwood Entrance, LA6 3ET, ✆ 01524/241930, www.ingletonwaterfallstrail.co.uk.

Ingleborough Cave: Febr. bis Okt. tägl. 10–16 Uhr, in den Schulferien bis 17 Uhr. Führungen jede volle Stunde. Unbedingt warm anziehen, es sind nur 9 °C in der Höhle. 9 £, erm. 7,50 £, Kind 4,50 £, Familie 25 £. Clapham, Clapdale Drive, LA2 8EE, ✆ 01524/251242, www.ingleboroughcave.co.uk.

White Scar Cave: Febr. bis Okt. tägl. 10–17.30 Uhr, im Winter Sa/So 11–14 Uhr. 9,95 £, erm. 6,50 £, Familie 27,50 £. Stündliche Führungen (80 Min., mit Sicherheitshelm), letzte Führung 16 Uhr. Warm anziehen, in der Höhle sind es nur 8 °C. LA6 3AW, ✆ 01524/241244, www.whitescarcave.co.uk. Anfahrt: Im Sommer hält der Ingleborough Pony Bus (Nr. 832) an der Höhle (www.dalesbus.org/pony.html).

Einkaufen **Ingleton Pottery**, dieser Familienbetrieb fertigt seit 1971 attraktive Töpferwaren. Tägl. 10.30–17.30 Uhr, im Winter variabel. Bank Bottom, LA6 EHB, ✆ 015242/41363, www.ingletonpottery.co.uk.

Übernachten **Holly Grange Guest House**. Am Rande des Dorfes mit Blick über die Felder steht dieses typische Steinhaus, in dem die Zimmer nicht nur geräumig, sondern auch ultramodern eingerichtet sind. Im kleinen Hof kann man Sonne oder frische Luft tanken. B&B DZ ab 80 £. Bentham Road, LA6 3HC, ✆ 01524/242543, www.holly-grange.co.uk.

The Dales Guest House. Sehr umweltbedachtes B & B mit Blick auf Ingleton und den Fluss Greta, alle Zimmer ensuite, etwas „blumig". 35 £ pro Pers., billiger ab mehreren Nächten. Frühstück 5 £, Dinner 17 £. Main Street, LA6 3HH, ✆ 01524/241401, www.dalesgh.co.uk.

Camping **Stackstead Farm**. Herrlicher Blick über die Three Peaks, 24 Stellplätze für Wohnwagen, Zelte (13-21 £), 12 £ für einen Schlafplatz im Bunkhouse. Leisure Centre mit Pool (Erw. 5 £, Kind 3 £). Anfahrt: Auf der A 65 Settle–Kendal nach Masons Arms Pub links in die Tatterthorn Road, bei den Cottages rechts, der Caravanpark kommt auf der linken Seite. LH6 3HS, ✆ 015242/41386, www.stacksteadfarm.co.uk.

Essen & Trinken **The Old Hill Inn**. Uraltes Pub, in dem die Zeit stehen geblieben ist. In der Küche allerdings nicht, hier gibt es Pasta oder Lachsburger. Tägl. (außer Mo) 12–14.30 und 18.30–20.45, Sa nur bis 18 Uhr. Chapel-le-Dale, LA6 3AR, ✆ 01524/241256, www.oldhillinn.co.uk.

Country Harvest Coffee Shop and Food Hall. Traditionelle englische Snacks in guter Qualität, die Backwaren stammen aus der eigenen Bäckerei. Mo–Sa 9–17 Uhr, So ab 10 Uhr, im Winter bis 16.30 Uhr. Rund 3,5 km von der White Scar Cave an der A65, LA6 3PE, ✆ 01524/242223, www.country-harvest.co.uk.

Yorkshire → Karte S. 394/395

Kirkby Lonsdale

Von Ingleton auf der A 65 in Richtung Nordwesten gelangt man nach Kirkby Lonsdale, das bereits hinter der Grenze zu Cumbria liegt. Das hübsche Marktstädtchen bietet zahlreiche Cafés und B & Bs, Kinder lieben die **Enchanted Chocolate Mine** im Keller des örtlichen Schokoladengeschäfts. Fotografen zieht es in die **Salt Pie Lane** nahe dem Marktplatz (Markttag ist Do), der bestimmt wird von Gebäuden aus dem 18. Jh. und im Oktober 2013 als Kulisse für die Neuverfilmung von Daphne du Mauriers Schmugglerpostille „Jamaica Inn" diente. Der Fluss Lune, der früher die Mühlräder der Spinnereien auf der steilen Mill Brow betrieb, wurde schon von William Turner gemalt und verläuft heute unterirdisch. Über den Fluss spannt sich die **Devil's Bridge,** die zum nationalen Kulturerbe erklärt wurde und nicht mehr für den Verkehr genutzt wird. Sie stammt wahrscheinlich aus dem 14. Jh.

Informationen **Tourist Information**, Community Shop, 24 Main Street, LA6 2AE, ✆ 015242/71437, www.kirkbylonsdale.co.uk oder www.visitcumbria.com/yd/kirkby-lonsdale. Am ersten Wochenende im September findet die **„Victorian Fair"** statt.

Sehenswertes **Enchanted Chocolate Mine**: Mo–Sa 10.20–17 Uhr, So ab 11 Uhr. Eintritt frei. 3 New Road, LA6 2AB, ✆ 015242/72830, www.chocolatemine.co.uk.

Übernachten/Essen *** **Hipping Hall**. Exklusives Landhaus aus dem 17. Jh. Neun Zimmer ganz in edlem Weiß. Die Küche wird gelobt und ist für viele der Grund für den Besuch, B & B im DZ 189–339 £. Cowan Bridge, LA6 2JJ, ✆ 015242/71187, www.hippinghall.com.

Blue Pig. Süßes Cottage mit nur drei Zimmern, alle ensuite, sehr gutes Frühstück und privater Parkplatz. B & B EZ 50–60 £, DZ 70–80 £. 4 Mill Brow, LA6 2AT, ✆ 01524/273272, www.bluepig.uk.com.

Orange Tree. Hübsches Land-Pub mit Bar und gutem Restaurant. Oft Themennächte, beliebt bei Mountainbikern. Das Bier kommt aus der eigenen Kirkby Lonsdale Brewery. Einfache Zimmer EZ 45 £, DZ 85 £. 9 Fairbank, Carnforth, LA6 2BD, ✆ 01524/271716, www.theorangetreehotel.co.uk.

Lunesdale Bakery and Tea Rooms. Hier wird seit 1812 Brot und vieles mehr gebacken. Sehr gutes Frühstück und Brunch! Wenn's draußen ungemütlich ist, brennt der Kamin. Tägl. 9–16.30 Uhr, 50 Main Street, LA6 2AJ, ✆ 01524/271296.

Howgill Fellside Ice Cream, auf der Lock Bank Farm bei Sedbergh 15 km nördl. von Kirkby werden aus der Milch der eigenen Herde Eis und Sorbets hergestellt. LA10 5HE, ✆ 015396/20252, www.daleswayluxuryices.co.uk.

Wensleydale

Das Wensleydale ist das bekannteste Tal des Yorkshire-Dales-Nationalparks. Es wurde vom Fluss Ure ausgewaschen und lockt mit mehreren der schönsten Wasserfälle. Im Süden grenzt es an das Wharfedale, im Norden liegt das Swaledale (www.swaledale.net), das man über den **Buttertubs Pass** erreicht und das weit weniger touristisch ist. Die Swaledale-Schafrasse ist das Wahrzeichen des Nationalparks. Englands kürzester Fluss, der Bain, fließt vom Semer Water bei **Bainbridge** in den Fluss Ure. Die historische **Wensleydale Railway** verbindet Leeming Bar mit **Castle Bolton.**

Hawes

Hawes ist eine der typischen alten Marktstädte der Region und Hauptort des Wensleydale (Di ist Markttag). In der **Wensleydale Creamery** im Süden der Stadt wird seit 1897 der Wensleydale-Käse hergestellt. Das Rezept für den Käse, der entweder als weißer oder blauer (nachgereifter) Wensley verkauft wird, kam ursprünglich aus Frankreich und wurde von den Zisterziensermönchen der Jervaulx Abbey eingeführt. Im Besucherzentrum der Creamery kann man bei der Herstellung dieses Weichkäses zusehen und darf ihn natürlich auch probieren. Wen dabei der Hunger packt, kann im angegliederten Calvert's Restaurant einkehren.

Ein weiterer Publikumsmagnet an verregneten Tagen ist das **Dales Countryside Museum** im ehemaligen Bahnhof mit einer interaktiven Ausstellung zur Geschichte der Dales und dem Alltag der Menschen von der Frühzeit bis heute (Time Tunnel). Im Anbau befinden sich das National Park Centre und die Tourist Information.

Bei schönem Wetter zieht es Besucher zum **Hardraw Force**, dem mit 29 m höchsten Wasserfall Englands. Die halbrunde Felsklippe hat eine gute Akustik, jeden Sommer spielen hier die für Yorkshire typischen Blaskapellen.

Information **Hawes Tourist Information und National Park Centre**, Dales Countryside Museum, Station Yard, Burtersett Road, DL8 3NT, ✆ 01969/666210, www.yorkshiredales.org.uk. Dienstag ist Markttag.

Sehenswertes **Wensleydale Creamery**: Tägl. 9–17 Uhr, Coffee Shop bis 16.30 Uhr, Restaurant 11–16 Uhr. Museum und Viewing Gallery tägl. 10–16 Uhr. 2,50 £, Kind 1,50 £, Familie 7,50 £. Gayle Lane, DL8 3RN, ✆ 01969/667664, www.wensleydale.co.uk.

Dales Countryside Museum: Tägl. 10–17 Uhr. 4,50 £, Kind frei. Parkgebühr. Station Yard, Burtersett Rd, DL8 3NT, ✆ 01969/666210, www.dalescountrysidemuseum.org.uk, www.thedales.org.uk/dales-countryside-museum.

Hardraw Force: Um dorthin zu gelangen, muss man durch das neue Heritage Centre, wo ein kleiner Eintritt von 2,50 £ erhoben wird. Im nahe gelegenen Pub Green Dragon erwischte Maid Marion Robin Hood beim Baden. Hardraw, DL8 3LZ, ✆ 01969/667392. Im September steigt im Freien das **Hardraw Scaur Brass Band Festival**. Im Pub findet im Mai das **Folk Festival** statt. www.greendragonmusic.co.uk.

Übernachten/Essen & Trinken

**** **Herriot's Guest House**. Kleines Familienhotel auf der Hauptstraße mit sechs

Die Landschaft, aus der ein berühmter Hartkäse stammt: Wensleydale

Zimmern, Café (Herriot's Kitchen, Di–Sa 10–16 Uhr, So ab 11 Uhr) und Galerie. B & B ab 40 £/Pers. Main Street, DL8 3QW, ✆ 01969/667536, www.herriotsinhawes.co.uk.

Loxley House. Eine modern englisch eingerichtete Pension, ruhig hinter dem Markt gelegen mit schönem Garten und Traumblick. Vier Zimmer, B & B DZ 85–99 £. The Holme, DL8 3QR, ✆ 01969/666964, www.bedandbreakfasthawes.co.uk.

The Crown. Country-Pub im Ort mit schöner Terrasse nach hinten und gehobener Küche aus regionalen Produkten. Unbedingt reservieren. Tägl. 11–23 Uhr. Drei Zimmer, B&B 30–35 £/Person. Market Place, DL8 3RD, ✆ 01969/667212, www.crownhawesltd.co.uk.

Camping **Bainbridge Ings Caravan & Campsite**. Campingplatz mit schlichter Ausstattung, Verkauf von Milch und Eiern, schön ruhig. Zelt mit Auto und 2 Pers. 16 £. Nur April bis Okt., nur Barzahlung. Auf der A 684 Richtung Gale, DL8 3NU, ✆ 01969/667354, www.bainbridge-ings.co.uk.

Yorkshire → Karte S. 394/395

Bainbridge und Askrigg

Auf der Fahrt entlang der A 684 Richtung Osten lohnt ein Zwischenstopp in **Bainbridge,** einem hübschen Bilderbuchdorf, wo jahrhundertelang jeden Abend ins Horn geblasen wurde, um Wanderern und Reisenden den Weg von den umliegenden Mooren in die örtlichen Inns und Pubs zu weisen. Das Horn hängt heute im Pup Rose & Crown und kommt noch immer vom 27. September bis Faschingsdienstag jede Nacht um 22 Uhr zum Einsatz. Von Bainbridge kann man einen Abstecher zum **Semer Water** machen, dem zweiten natürlichen See in den Dales.

Weiter geht es Richtung **Askrigg.** Sie wandeln jetzt im Herriot Country, denn hier wurde die Fernsehserie „Der Doktor und das liebe Vieh" („All Creatures Great and Small") gedreht. Im Jahr 1587 wurde dem Ort um St Oswald's Church das Marktrecht verliehen; danach erlebte er eine kurze Blüte in der Textilindustrie und im

Uhrmacherhandwerk. Dann fiel das Dorf in einen Dornröschenschlaf, wodurch es sich seine Authentizität bewahrt hat, die heute die Touristen anlockt. Askrigg liegt auch am **Herriot Way** (→ S. 430).

Übernachten/Essen **High Blean B & B**. Eine Pension nahe des Semer Water mit rustikalem Charme, Komfort und rührender Gastfreundschaft. DZ 80 £, günstiger bei mehreren Nächten. Raydaleside, Semer Water, Askrigg, DL8 3DJ, ✆ 01969/650205, highblean.co.uk.

The Crown Inn. Ganz schlichtes und traditionelles Dales Pub in Familienbesitz, die typischen Pub-Gerichte werden frisch zubereitet, das Fleisch stammt vom örtlichen Schlachter. Lunch 12–14 Uhr, Dinner 18.30–20.45 Uhr. In der umgebauten Scheune können bis zu sechs Personen übernachten (ab 60 £/Nacht). Main Street, Askrigg, DL8 3HQ, ✆ 01969/650387, www.crowninnaskrigg.co.uk.

Yorebridge House. Den Preis „Small Hotel of the Year" hat dieses Boutique Hotel 2015 für seine Ausstattung und den gleichbleibend guten Service ergattert. Es gibt sieben Zimmer in dem ehemaligen Schulgebäude direkt am Fluss. Sie kosten 175–200 £, einige haben einen Hot Tub. Leyburn, Bainbridge, DL8 3EE, ✆ 01969/652060, www.yorebridgehouse.co.uk.

Aysgarth

Die Landstraße A 684 windet sich nördlich des Flusses Ure an Farmen, Weideland und Trockensteinmauern entlang bis zum National Park Centre nach Aysgarth, wo sich die bekannteste Sehenswürdigkeit des Wensleydale befindet, die **Aysgarth Falls.** Vom Parkplatz des National Park Centre führt ein markierter Wanderweg zu den Upper Falls oder den Middle und Lower Falls. Der Fluss Ure fällt hier über mehrere nicht besonders steile, aber recht breite Stufen ins Tal hinab. Das Wasser hat eine etwas ungesunde gelbbraune Farbe, die durch die Pflanzenpartikel des Moores entsteht. Bei den Upper Falls, die man auch von der Brücke aus gut sehen kann, befindet sich eine Wiese, auf der im Sommer viele Besucher picknicken. Bei den Lower Falls kann man auf den Steinformationen am Ufer herumspazieren.

Information **Aysgarth National Park Centre**, die Information befindet sich in umgebauten Eisenbahn-Cottages mit Café, Aysgarth Falls, Leyburn, DL8 3TH, ✆ 01969/663399, www.yorkshiredales.org.uk.

Übernachten **** **Aysgarth Falls Hotel**. 2012 komplett renovierte Unterkunft, die 13 Zimmer sind in ruhigen Farben gehalten und haben sehr schöne Bäder, auch das Restaurant ist sehr gut. B & B DZ 80–100 £. Aysgarth, DL8 3SR, ✆ 01969/663775, ✆ 07972/273222 (mobil), www.aysgarthfallshotel.com. Auch Camping und Caravaning, nur Erwachsene, 7 £/Pers.

Castle Bolton

Dieselbe gewundene Landstraße A 684 nur in Richtung Nordosten führt über Caperby nach Castle Bolton mit der sehenswerten Burg Bolton Castle aus dem 14. Jh. Von Aysgarth führt übrigens auch ein schöner Wanderweg hierher. Maria Stuart wurde vom Juli 1568 bis zum Januar 1569 in der Burg gefangen gehalten. Außer dem Raum, den sie bewohnt haben soll, kann man eine Ansammlung an Wandteppichen, Waffen und ein Verlies besichtigen, die Küche bewundern, sich viktorianisch kleiden und einer Schatzsuche folgen. Die Filme „Ivanhoe" und „Elizabeth" wurden vor dieser Kulisse gedreht, die Ruine ist immerhin noch drei Stockwerke hoch.

Mitte Febr. bis Okt. tägl. 10–17 Uhr, viele Aktivitäten für Kinder. 8,50 £, erm. 7 £, Familie 30 £. Nur Garten: 4 £, erm. 3 £, Familie 12,50 £. Castle Bolton, North Leyburn, DL8 4ET, ✆ 01969/623981, www.boltoncastle.co.uk.

The Forbidden Corner

Von Castle Bolton fahren Sie am Rande der Dales am Dorf **Wensley** vorbei. Das Wensleydale ist ausnahmsweise nicht nach einem Fluss, sondern nach diesem kleinen Ort benannt, der in Bedeutungslosigkeit versunken war, nachdem die Pest hier gewütet hatte. Bei **Middleham** mit seiner berühmten Burgruine, die den Grafen von Warwick (den Königsmachern) gehört hat und in der Richard III. (→ S. 40) seine Ausbildung zum Ritter, Edelmann und künftigen König genoss, biegen Sie ab in Richtung Coverham. **The Forbidden Corner** ist eine echte Verrücktheit. Bäume wie Geister, Maueröffnungen wie Augen, Türen wie Münder, eine Pyramide aus Glas und ein unterirdisches Tunnelsystem verwandeln diese Gartenanlage in einen mystischen Spielplatz. Wirklich was Besonderes!

April bis Okt. Mo–Sa 12–18 Uhr, So 10–18 Uhr. Im Dez. nur So. 11,50 £, erm. 10,50 £, Kind 9 £, Familie 40 £. Einlass nur nach vorheriger Buchung! Tughill Park Estate, Coverham, Middleham, Leyburn, DL8 4TJ (Navigationsgeräte DL8 4TQ), ✆ 01969/640638, www.theforbiddencorner.co.uk.

Jervaulx Abbey

Wenn Sie durch das hübsche **East Witton** zurück auf die A 6108 fahren, erreichen Sie Jervaulx Abbey. Die Zisterzienserabtei aus dem Jahr 1156 gehörte einst zu den wichtigsten Abteien der Gegend, von den hiesigen Mönchen soll das originale Wensleydale-Käserezept stammen. Die mit Moos und Farnen überwachsenen Ruinen der Abtei liegen etwas abseits der Straße und sind heute in Privatbesitz. Eine besonders beeindruckende Atmosphäre herrscht hier an neblig-feuchten Tagen. Dann sind ringsherum die Wiesen nur schemenhaft zu erkennen, und über den dunklen Mauern krächzen die Raben.

Febr. bis Nov. tägl. 10–17 Uhr, im Winter 16 Uhr. 2 £, erm. 1,50 £ mit „Kasse des Vertrauens" (Honesty Box). ✆ 01677/460391, www.jervaulxabbey.com. In den Tearooms steht ein Modell der Abtei, wie sie 1530 ausgesehen hat.

Es gibt auch einen **Caravan Campingplatz** vor Ort, 400 m vom River Ure und dem Cover Bridge Inn entfernt. 12 £ pro Nacht mit Strom. Wohnmobilbesitzer müssen Mitglieder des Camping & Caravan Clubs sein. Buchung über **Park House**, eine schöne Pension der Besitzer von Jervaulx Abbey. B & B EZ 65–85 £, DZ 75–95 £, bei der Ankunft gibt es kostenfreien Kuchen im Tea Room. HG4 4PH, ✆ 01677/460184, www.jervaulxabbey.com/accommodation.

Im Osten der Yorkshire Dales – von Harrogate nach Richmond

Harrogate

Die mit rund 70.000 Einwohnern größte Stadt im Osten der Yorkshire Dales ist heute vorwiegend ein Konferenzzentrum, das sich jedoch den Charme aus seiner Blütezeit im 18. und 19. Jh. bewahrt hat. Hier holte übrigens 1982 Nicole mit „Ein bisschen Frieden" beim Grand Prix Eurovision de la Chanson erstmals einen Sieg für Deutschland. Mit den klassizistischen Gebäuden und schön angelegten Parks und Grünanlagen spürt man noch einen Hauch der vergangenen Kurbadatmosphäre.

Yorkshire → Karte S. 394/395

1700 gab es hier immerhin 88 Quellen und 20 öffentliche Badehäuser, und Harrogate war der bedeutendste Kurort Nordenglands! Im Grüngürtel im Süden, genannt *Stray*, fanden sich früher die meisten Pumpenanlagen für die Kurquelle. Die prächtigste Grünanlage sind sicher die **Valley Gardens.** Gartenfreunde sollten auch keinesfalls die **Gärten der Royal Horticultural Society** in Harlow Carr rund 3 km westlich an der B 6162 verpassen, die im 19. Jh. um ein Badehaus der Harlow-Quellen angelegt wurden und dem Besucher zeigen, was im rauen Norden so alles wachsen kann.

Um das Wasser zu erleben, sollte man einen halben Tag in den restaurierten viktorianischen türkischen Bädern verbringen, die sich in den **Royal Baths Assembly Rooms** befinden. Agatha Christie hat es vorgemacht, sie kam 1926 her, um die Scheidungsqualen von ihrem ersten Mann in den Fluten zu lindern, bevor sie für zehn Tage auf mysteriöse Weise spurlos verschwand. Die wunderschöne Trinkhalle über der Schwefelquelle ist als **Museum** eingerichtet, hier befindet sich auch die Touristeninformation. Wer lieber nur ein bisschen durch die Gassen bummelt, hat in Harrogate eine gute Auswahl an Antiquitätengeschäften, kann in der **Mercer Art Gallery** rund 2000 Kunstwerke überwiegend aus dem 19. und 20. Jh. bestaunen und sollte sich die Zeit nehmen, um in **Bettys** berühmtem Café einzukehren, von dem aus man einen herrlichen Blick auf die Montpellier Gardens hat.

Information **Tourist Information Centre, Royal Baths Assembly Rooms**, hier kann man sich u. a. über geführte Rundgänge informieren, die entweder von hier aus oder von den Royal Baths aus täglich mehrmals stattfinden. Crescent Road, HG1 2WJ, ✆ 01423/537300, www.visitharrogate.co.uk.

Verbindungen **Bahn** – Regelmäßige Verbindungen von Leeds und York zum Bahnhof in der Station Parade, HG1 1TE.

Bus – Der Busbahnhof befindet sich etwa 100 m entfernt ebenfalls in der Station Parade.

Einkaufen **Montpellier Quarter**, in dem kopfsteingepflasterten Viertel finden sich etwa 80 Antiquitätengeschäfte und viele weitere Shops, dazu Galerien und Restaurants. HG1 2SZ, www.montpellier harrogate.com.

Schön ist auch die viktorianische **Westminster Arcade** an der Parliament Street, HG1 2RN.

Farrah's of Harrogate, berühmte Toffees (mehr Bonbons), die seit 1840 in blau-silbernen Metallkisten verkauft werden und erfunden wurden, um den Schwefelgeschmack des Heilwassers zu übertünchen. Die anderen Leckereien kann man in Farrah's Food Hall und Palm Court Café auch gleich in Ruhe probieren. 31 Montpellier Hill, HG1 2TG, ✆ 01423/566220, www.palmcourtcafeharrogate.co.uk und www.farrahs.com.

Festivals **Flowershow**, im April und September finden auf dem Great Yorkshire Showground die wichtigsten Blumenfestivals des Nordens statt. www.flowershow.org.uk.

Kultur **Harrogate Theatre**, Cabaret, Musicals, Theater und Tanz im wunderschönen ehemaligen Opernhaus. 6 Oxford Road, HG1 1QF, ✆ 01423/502116, www.harrogate theatre.co.uk.

Royal Hall International Centre, dieses 100 Jahre alte und komplett sanierte Theater ist ein privates Kulturzentrum für Bankette und Konferenzen, es kommen aber auch Comedy, Konzerte, und Shows auf die Bühne. Ripon Road, HG1 2RD, ✆ 01423/500500, www.royalhall.co.uk.

Übernachten *** **The West Park Hotel** **10** Wohl das beste Hotel der Stadt der mittleren Preisklasse: Tolle Lage direkt gegenüber The Stray am Park, die 25 Zimmer sind modern und Ton in Ton mit liebevollen Details. Im Erdgeschoss kann man in einer schönen Brasserie mit Bar speisen. DZ ab 99 £. 19 West Park, HG1 1BJ, ✆ 01423/524471, thewestparkhotel.com.

*** **Ascot House Hotel-Restaurant** **1** Kleines, aber feines Hotel mit nur drei Zimmern. B & B EZ ab 49 £, DZ 69–140 £. 53 King's Road, HG1 5HJ, ✆ 01423/531005, www.ascothouse.com.

Alexandra Court **2** Viktorianisches Stadthaus in ruhiger Seitenstraße mit dem nöti-

gen Komfort und nagelneuen Duschen. Von der Terrasse blickt man in einen schönen Garten. 5 Min. von den Läden und Bars. Es gibt auch zwei Apartments zur Selbstversorgung. Eigener Parkplatz. B & B im EZ 72 £, DZ 96 £. 8 Alexandra Road, HG1 5JS, ✆ 01423/502764, www.alexandracourt.co.uk.

Camping **Rudding Holiday Park** **8** Riesiger, luxuriöser Urlaubspark mit Apartments, Gärten, Pub und Freizeitanlagen wie Golfplatz und beheiztem Freibad (samt Hubschrauberlandeplatz). Standplatz 19–42 £ (inkl. 4 Pers.), je nach Saison und Ausstattung. 4 km südlich von Harrogate, Rudding Lane, Follifoot, HG3 1JH, ✆ 01423/871350, www.ruddingholidaypark.co.uk.

Essen & Trinken **Bettys Café Tea Rooms** **7**, 1919 von einem Schweizer Einwanderer und Konditor gegründet und bis heute von seinem Neffen geführt, ist Bettys & Taylors inzwischen eine Institution im Lande. Der Teeimporteur Taylors wurde in den 1960er-Jahren übernommen und liefert seitdem die hauseigene Teemarke, am Patisserieangebot und den Berner Bären aus Schokolade lassen sich die alpinen Wurzeln des Erstinhabers erkennen. Inzwischen gibt es sechs dieser Cafés in Nordengland, eines auch in den Gärten von Harlow Carr. Das Original liegt im Zentrum auf der Parliament Street Nr. 1, wo das Personal noch immer weiße Schürzen trägt. Dezente Klaviermusik hilft ab 18 Uhr bei der stilvollen Verdauung. Das Ganze hat allerdings seinen Preis: Afternoon Tea 18,95 £. Tägl. 9–21 Uhr. 1 Parliament Street, HG1 2QU, ✆ 01423/814070, www.bettys.co.uk.

Hales Bar **5** Das älteste Pub von Harrogate voll viktorianischem Flair, man hat sogar die Gasbeleuchtung beibehalten. Das Essen wird hier zur Nebensache. Fr–Sa Party Night,

So Acoustic Afternoon. Mo–Mi 12–24 Uhr, Do–Sa bis 1 Uhr, So bis 23.30 Uhr, Küche 12–15 und 18–20.30 Uhr. 1–3 Crescent Road, HG1 2RS, ✆ 01423/725570, halesbar.co.uk.

Stuzzi 3 Gefeierter Italiener, Café und Deli, abends italienische Häppchen (z. B. mit Gorgonzola gefüllte frische Feigen in Prosciutto), die man mit ausgezeichneten Weinen und zu fairen Preisen goutieren kann. Das Dinner-Menü wechselt täglich, geöffnet 8–22 Uhr. 46b Kings Road, HG1 5NX, ✆ 01423/705852.

Harrogate Brasserie and Bar 4 Der richtige Ort für Genießer. Intime Bar mit Livemusik (außer Sa) und hervorragendem Essen. Early Bird bis 19 Uhr, Sunday Lunch 2 Gänge 15 £. 26–30 Cheltenham Parade, HG1 1DB, ✆ 01423/505041, www.harrogatebrasserie.co.uk. Es werden auch Boutique-Zimmer vermietet, EZ 95 £, DZ 135 £.

Olivers Fish Shop & Restaurant 9 Ganz schlichtes Großrestaurant mit Snackbar-Feeling, vor allem Fish & Chips. 34 Cold Bath Road, HG2 0NA, ✆ 01423/226084, www.oliversfishshoprestauranthg2.co.uk.

Major Tom's Social 6 Durchgestylte, aber dennoch freundliche Café-Bar im ersten Stock über dem Retro-Kaufhaus Space. An der rosarot beleuchteten Bar bekommt man auch Cocktails, es gibt eine kleine Speisekarte (Pizza) und ab und zu Live-Auftritte von Bands. Tägl. 12–23.30 Uhr, am Wochenende länger. The Ginnel, HG1 2RB, ✆ 01423/566984, www.majortomssocial.co.uk.

Sehenswertes

Royal Pump Room Museum: Finden Sie heraus, warum Charles Dickens meinte, Harrogate sei „ein schräger Ort mit den komischsten Menschen, die ein seltsames Leben führen“. Lag es vielleicht an den Torfbädern, Nasenduschen und Elektrotherapien, denen sich die Kurgäste hier unterzogen? Die Kurquelle wurde bereits im Jahr 1571 von einem Herrn namens William Slingsby entdeckt, der in Deutschland zum ersten Mal von solchen Quellen gehört hatte. Als Kurort boomte Harrogate allerdings erst gegen Ende des 18. Jh. Wie das so ablief, erfährt man in dem achteckigen Kuppelbau, der hier um 1842 um die Quelle herum entstand und heute ein interessantes kleines Museum ist. Außerdem kann man ein Glas des stark schwefelhaltigen Wassers (angeblich das stärkste in ganz Europa) zu sich nehmen.

Mo–Sa 10.30–17 Uhr, So 14–17 Uhr, Nov. bis März nur bis 16 Uhr, im Aug. So ab 12 Uhr. 4 £, erm. 2,90 £, Kind 2,35 £, Familie 11,50 £. Crown Place, HG1 2RY, ✆ 01423/556188, www.harrogate.gov.uk/info/20151/royal_pump_room_museum.

Turkish Baths & Health Spa: Wenn man die Cold Bath Road überquert, gelangt man auf der anderen Seite des Kreisverkehrs zu den Assembly Rooms. Hier kann man in den wunderschön gekachelten Bädern aus der viktorianischen Zeit auf türkische Art ein Dampfbad nehmen. Es gibt mehrere Dampfräume (Tepidarium, Caldarium und Laconium), einen Abkühlraum (Frigidarium), ein Tauchbad, Massageangebote und Ähnliches mehr.

Tägl. (für Männer und Frauen getrennte Saunazeiten), 15,50–29,50 £. Parliament Street, HG1 2WH, ✆ 01423/556746, www.turkishbathsharrogate.co.uk. Führungen Mi 9–10 Uhr, 3,75 £.

Mercer Art Gallery: Im ehemaligen Promenadengang aus dem Jahr 1806 (der gleichzeitig das erste Pumpenhaus war) wurde diese Kunstgalerie untergebracht. Hier trat einst die Mätresse Eduards VII., Lillie Langtry, in Sheridans Lästerschule auf und Oscar Wilde dozierte über Kleideretikette. Heute werden Wechselausstellungen aus der städtischen Kunstsammlung und interessante archäologische Funde präsentiert. Die Galerie ist nur wenige Meter vom Royal Pump Room entfernt.

Di–Sa 10–17 Uhr, So 14–17 Uhr, Nov. bis März schon 16 Uhr. Eintritt frei. Swan Road, HG1 2SA, ✆ 01423/556188, www.harrogate.gov.uk/mercerartgallery.

Harlow Carr RHS Gardens: Die 23 ha große Anlage ist der nördlichste der vier Gärten der Royal Horticultural Society und befindet sich in einem Tal, das durch ein Flüsschen namens Harlow Beck geteilt wird. Entlang des Flusses finden Sie einen

Bachgarten. Außerdem gibt es zauberhafte Rosenbeete, einen Küchengarten, einen Duft- und Kräutergarten, ein Arboretum und alpine Gewächshäuser sowie ein kleines Museum im Torhaus.

Tägl. 9.30–18 Uhr, im Winter bis 16 Uhr. 10 £, erm. 5 £, Familie 25,50 £. Auch eine Zweigstelle von Bettys Tea Rooms. Crag Lane, HG3 1QB (Navi-Gerät: HG3 1UE), ✆ 0845/2658070, www.rhs.org.uk/gardens/harlow-carr.

Knaresborough

Gut 6 km östlich von Harrogate liegt Knaresborough, ein sehenswerter, außergewöhnlich angelegter Ort mit Viadukt (eines der meistfotografierten Motive Yorkshires) und Burgruine. Die Stadt erhebt sich auf einer Anhöhe über dem Fluss Nidd, der dem **Nidderdale** seinen Namen gab. Das Tal ist ein „Gebiet von außerordentlicher natürlicher Schönheit" (Area of Outstanding Natural Beauty). Am Flussufer im unteren Teil der Stadt gibt es schöne Spazierwege; außerdem kann man hier Ruderboote mieten und hat einen wunderschönen Blick auf das Viadukt. Pflicht ist der Besuch von Englands ältester Touristenattraktion: **Mother Shipton's Cave.** Wer ein Faible für Felsformationen hat, fahre zum **Plumpton Rock Landscape Garden.**

Information **Tourist Information Centre**, hier gibt es Wissenswertes über alle Sehenswürdigkeiten sowie Veranstaltungshinweise für Ausstellungen und das alljährliche Sommer-Musikfestival. April bis Okt. Market Place, 9 Castle Courtyard, Market Place, HG5 8AE, ✆ 01423/866886, knaresborough.co.uk.

Verbindungen **Bahn** – Regelmäßige Verbindungen von und nach Leeds und York, der Bahnhof befindet sich in der Station Street, HG5 9AA.

Bus – National Express Busse zwischen London und Leeds/Bradford halten in Knaresborough.

Bootsfahrten **Marigold Café and Boating**, 1 Std. 6 £/Pers., Kind 4 £. März bis Okt. tägl. 10–16 Uhr, das Café ist Donnerstags geschl. 23 Waterside, Knaresborough, HG5 8DE, ✆ 01423/869773, www.marigoldcafe.co.uk.

Einkaufen **Henshaws Arts and Crafts Centre**, hier verkaufen Blinde Handarbeiten und Selbstgemachtes, schön ist der Sinnesgarten, lecker der Kuchen im Café. Mo–Fr 9–16 Uhr, So ab 11 Uhr. 50 Bond End, HG5 9AL, ✆ 01423/541888, www.henshaws.org.uk.

Veranstaltungen Im Juni findet das **Bed Race** statt, in dem verschiedene Mannschaften dekorierte Betten durch den Ort und über den Fluss schieben. Teilnehmer kommen auch aus der deutschen Partnerstadt Bebra. www.bedrace.co.uk.

Übernachten **Newton House Hotel**. Ehemalige Kutschenstation und Gasthaus aus dem 17. Jh., charmante Unterkunft mit Parkplatz nur wenige Minuten vom Zentrum entfernt, schöne, geräumige Zimmer. B & B im EZ ab 60 £, DZ ab 105 £. 5/7 York Place, HG5 0AD, ✆ 01423/863539, www.newtonhouseyorkshire.com.

Camping **Kingfisher Caravan & Camping Park**. Großer Campingplatz zwischen Wald und Feldern mit eigenem See. 20 Stellplätze für Zelte und Caravans. 18–20 £. Nur Barzahlung bei Ankunft. Geöffnet März bis Okt. Low Moor Lane, Farnham/Knaresborough, HG5 9JB, ✆ 01423/869411, www.kingfisher-caravanpark.co.uk.

Yorkshire → Karte S. 394/395

Sehenswertes

Mother Shipton's Cave: Diese Kuriosität befindet sich am gegenüberliegenden Flussufer – die Höhle der angeblichen Wahrsagerin und Hexe von Knaresborough, Mother Shipton. Die Legende besagt, dass Mother Shipton, die angeblich im Jahr 1488 in der Höhle geboren wurde, später zahlreiche Ereignisse vorausgesagt hat, z. B. das große Feuer in London 1666 und den Niedergang der spanischen Armada. Nahe der Höhle befindet sich der Versteinerungsbrunnen (Petrifying Well), in dem man einen Eindruck davon gewinnen kann, wie Objekte durch die dauerhafte Berieselung mit Kalkwasser „versteinert“ werden können. Außerdem gibt es ein kleines Museum.

Ostern bis Okt. tägl. 10–16.30 Uhr, in den Ferien bis 17.30 Uhr, März Sa/So 10–16.30 Uhr. 6 £, erm. 5 £, Kind 4 £, Familie 18 £, Parken 2 £. Prophecy Lodge, High Bridge, HG5 8DD, ✆ 01423/864600, www.mothershipton.co.uk.

Knaresborough Castle/Old Court House Museum: Von der Burg, die sich auf einer Klippe erhebt, und deren Parkgelände hat man einen schönen Ausblick auf den Fluss. Sie geht wahrscheinlich noch auf die Zeit der normannischen Eroberungen zurück und gehört heute zum Herzogtum Lancaster. Zahlreiche Könige waren hier zu Gast. Richard II. soll hier eine Zeit lang im Kerker gesessen haben. Das Originalverlies mit geheimem Zugang ist noch zu besichtigen. Das Court House stammt aus dem 14. Jh. und dient als Museum, in dem man einiges über die wichtigen Persönlichkeiten der Gegend erfahren kann. Außerdem wird die mittelalterliche Geschichte der Stadt lebendig dargestellt, und man kann noch den alten Gerichtssaal aus Tudorzeiten besichtigen.

Ende März bis Mitte Sept. tägl. 11–16 Uhr, dann bis Anf. Okt. an den Wochenenden. 3,40 £, erm. 2,30 £, Kind 1,90 £, Familie 9,50 £. Audiotour zum Download. Geführte Sallyport-Touren (durch den Geheimtunnel). Castleyard, HG5 8AS. ✆ 01423/556188, www.harrogate.gov.uk/museums.

Plumpton Rocks: Als „Heaven on Earth“ (Paradies auf Erden) beschrieb Queen Mary diesen wenig bekannten, 12 ha großen Landschaftspark um einen künstlichen See herum. Er bietet William-Turner-Motive, wenn sich die Felsen mit den sprechenden Namen Lion's Den, Lover's Leap und Needle's Eye im Wasser spiegeln.

Mai bis Aug. tägl. 11–18 Uhr, sonst nur Sa/So. 3,50 £, erm. 2,50 £. Wetherby Road, HG5 8NA, ✆ 01289/382322, www.plumptonrocks.com.

Pateley Bridge

Von der A 61 biegt die B 6165 nach Westen Richtung Pateley Bridge ab. Hier befinden Sie sich mitten im **Nidderdale,** das relativ unberührt ist, obwohl es nicht direkt zum Nationalpark der Dales gehört. Die Haupteinnahmequelle von Pateley waren früher die Bleiminen und später die Steinbrüche. In einem viktorianischen Arbeiterhaus in der King Street befindet sich das **Nidderdale Museum,** wo es neben Mineralien und Fossilien eine original ausgestattete Werkstatt eines Schuhmachers und Geschäfte aus dieser Zeit zu sehen gibt. Handwerker zeigen im selben Haus in ihren Werkstätten, wie man Glas bläst, Textilien fertigt oder Schmuck herstellt.

Heute eignet sich die Stadt vor allem als Ausgangspunkt für Ausflüge. 15 km entfernt ist **Ripley Castle,** seit 1320 im Besitz der Familie Ingilby, in dessen wunderschönem Schlossgarten wächst die nationale Hyazinthenkollektion. Zu den Natursehenswürdigkeiten der näheren Umgebung zählen Höhlen und eine Klamm, die **How Stean Gorge.** Sie wird auch „Kleine Schweiz“ genannt, denn ihre zerklüfteten Felsen erheben sich teilweise bis zu 24 m hoch. Die **Stamp Cross Caverns** wurden Mitte des 19. Jh. von Bergarbeitern gefunden. Eine spektakuläre Sammlung skurril geformter Felsen stellen die **Brimham Rocks** dar.

Information **Nidderdale Plus**, April bis Dez. Mo–Fr 10–16 Uhr, Sa–So bis 13 Uhr. Station Square, King Street, Pateley Bridge, HG3 5AT, ✆ 01423/714953. Im Sept. findet die berühmte Landwirtschaftsmesse **Nidderdale Show** statt (www.nidderdaleshow.co.uk).

Aktivitäten **Nidderdale Lamas**: Montags haben die Lamas Pause, ansonsten können Gäste das ganze Jahr hindurch tägl. zwischen drei Ausflugsrouten mit Lamas und Alpacas wählen. Ab 17,50 £. Kiln Farm, Wilsill, HG3 5EE, ✆ 01423/711052, www.nidderdalellamas.org.

Fahrradroute: Der **Way of the Roses** führt 170 Meilen von Küste zu Küste durch Pateley Bridge. wayoftheroses.info.

Sehenswertes **The Old Work House/ Nidderdale Museum**: Ostern bis Okt. tägl. 13.30–16.30 Uhr, Nov. bis Ostern nur Sa/So. 2 £, Kind 1 £. King Street, HG3 5LE, ✆ 01423/ 711225, www.nidderdalemuseum.com.

Ripley Castle: Gardens & Deerpark tägl. 9.30–16.30 Uhr, Eintritt frei. Castle-Besichtigung nur mit Führung, April bis Okt. Sa/So und in den Ferien tägl. 11–15 Uhr (Sa/So stündl. Führungen, Mo–Fr 11, 12.30 und 14 Uhr; März und Nov. Führungen Di, Do und Sa/So 11, 12.30 und 14 Uhr, Dez. bis Febr. Sa/So 11, 12.30 und 14 Uhr). 11 £, erm. 9,50 £, Kind 7,50 £, Familie 25 £. Ripley, HG3 3AY, ✆ 01423/771745, www.ripleycastle.co.uk.

Stump Cross Caverns: Mitte Febr. bis Nov. tägl. 10–17.30 Uhr (letzter Einlass 16.30 Uhr). 7,50 £, Kind 4,95 £. Greenhow/Pateley Bridge, ✆ 01756/752780, www.stumpcross caverns.co.uk.

Brimham Rocks: Die Felsen sind frei zugänglich, der National Trust hat dort ein Besucherzentrum (Juni bis Sept. tägl. 11–17 Uhr, sonst Sa–So 11–17 Uhr). Parkgebühr. Summerbridge, HG3 4DW, www.national trust.org.uk/brimham-rocks.

Übernachten/Essen & Trinken **The Yorke Arms**. Kreatives Restaurant mit einem Michelin-Stern in einem verwunschenen Gasthof mit Zimmern, der wie ein Schloss eingerichtet ist. Über Preise spricht man hier nicht. Man spart beim neuen Bar-Lunchangebot. Ramsgill-in-Nidderdale, Pateley Bride, HG3 5RL, ✆ 01423/755243, www.yorke-arms.co.uk.

The Willow. Margaret, die Besitzerin dieses Cottage B & Bs, ist von Beruf Köchin und betreibt das ausgezeichnete Restaurant The Willow (tägl. 10–16.30 und 18.30–21.30 Uhr. Zwei Doppelzimmer, die als EZ 55 £ und als DZ 75 £ kosten. Park Road, HG3 5JS, ✆ 01423/ 711689, www.thewillow-restaurant.com.

Roslyn House. In der Stadtmitte gelege nes, freundliches, kleines Hotel mit gutem Frühstück. Blumengeschmückt und sehr gepflegt. B & B DZ 85–98 £. 9 King Street, HG3 5AT, ✆ 01423/711374, www.roslyn house.co.uk.

Camping **Studfold Caravan and Camping Park**. Ländlicher Platz am Rande der Dales gelegen, moderne und blitzsaubere Ausstattung, kleiner Shop und Spielplatz. Stellplatz 12–20 £ inkl. 2 Erw., auch Hütten (Camping Pods) 55 £. Studfold, Lofthouse, HG3 5SG, ✆ 01423/755084, www.studfold.com.

Yorkshire → Karte S. 394/395

Fountains Abbey und Studley Royal Park

Wenn Sie auf der B 6265 in Richtung Ripon unterwegs sind, kommt nach kurzer Zeit die Ausschilderung zur **Fountains Abbey** – ein Abzweig, den Sie unbedingt nehmen sollten, denn die Anlage gehört zum Weltkulturerbe. Man passiert ein großes Besucherzentrum des National Trust und geht dann etwa 10 Min. bergab, bevor man vor den imposanten Mauern steht.

Die Zisterzienserabtei aus dem Jahr 1132 ist die größte Klosterruine in Europa. Der stellenweise noch sehr gut erhaltene Bau aus dem 12. und 13. Jh. zeugt in der Schlichtheit der Klosterkirche noch vom Enthaltsamkeitsideal der Zisterzienser, die umliegenden Klostergebäude deuten allerdings auf die tiefgreifende Veränderung der Gemeinschaft hin, nachdem sie zu Reichtum gekommen war. Imposant sind das Deckengewölbe des Cellariums (Vorratsraumes) sowie das Refektorium der Laienbrüder im Westen. Rund um den Kreuzgang sind im Osten die Reste des Kapitelsaals zu sehen, der Schlafsaal, der ursprünglich im oberen Stockwerk des Ostflügels untergebracht war, steht nicht mehr. Im Süden gibt es die Ruinen eines weiteren Refektoriums, das von einem Kalefaktorium (Wärmestube) und einer Küche flankiert war.

Der vielgestaltige Klosterkomplex mit einem Turm aus dem 16. Jh. liegt wunderschön in dem riesigen Parkgelände **Studley Royal Park** mit einem Wassergarten aus georgianischer Zeit. Gegründet wurde Fountains Abbey von 13 Mönchen der

Die Ruinen von Fountains Abbey sind Weltkulturerbe

Yorker St-Mary-Abtei, die ihrem Mutterhaus nach Unstimmigkeiten den Rücken gekehrt hatten. Zunächst konnte die Abtei nur durch Spenden der reichen Familien aus der Umgebung überleben, die den Ordensbrüdern enorm viel Land übereigneten. Hinzu kamen riesige Schafherden und Einnahmen aus der Bleiverarbeitung sowie den umliegenden Steinbrüchen, bis Heinrich VIII. mit der Schließung der Klöster im Jahre 1539 dem Ganzen ein jähes Ende bereitete.

Abtei und Wassergarten: März bis Okt. tägl. 10–18 Uhr, Nov. bis März nur bis 17 Uhr. 11,80 £, Kind 5,90 £, Familie 29,50 £. Fountains, Ripon, HG4 3DY, ✆ 01765/608888, www.nationaltrust.org.uk/fountains-abbey-and-studley-royal-water-garden.

Woodhouse Farm & Holiday Park. In der Nähe der Fountains Abbey inmitten eines großen Wiesengeländes mit zwei Seen zum Angeln und Restaurant. 16,50–24,50 £/Nacht. Winksley, HG4 3PG, ✆ 01765/658309, www.woodhousewinksley.com.

Ripon

Von der Nähe zur Fountains Abbey profitiert die mittelalterlichen Marktstadt Ripon, die eine kleine, aber sehenswerte **Kathedrale** mit einer Krypta aus dem 7. Jh. vorzuweisen hat. Ihre Westfront wurde 1220 im frühgotischen Stil (Early English) gebaut, der Turm stammt aus dem frühen 16. Jh. (Perpendicular Style), die Kanzel ist im Jugendstil gehalten. In den Schnitzereien des Chorgestühls aus dem 15. Jh. finden sich übrigens Figuren, die Lewis Carroll zu Roman-Figuren von „Alice im Wunderland“ inspirierten. Carroll war von 1852 bis 1868 als Dekan in der Kathedrale tätig. Die aufwendigsten Grabmäler gehören der Markenfield-Familie von **Markenfield Hall,** einem mittelalterlichen Landsitz, der leider nur an wenigen Tagen im Jahr zugänglich ist (www.markenfield.com).

Jeden Donnerstag findet auf dem **Marktplatz,** der von einem Obelisken aus dem Jahr 1780 dominiert wird, ein Wochenmarkt statt. Jeden Abend um 21 Uhr bläst

ein Wächter auf einem Horn den Zapfenstreich, einmal von jeder Ecke des Obelisken – eine jahrhundertealte Tradition, die früher dem Zeitvergleich aller Uhren der Stadt diente. Gleich drei **Museen** setzen sich mit Recht und Gerechtigkeit auseinander.

Etwa 6 km südlich von Ripon liegt **Newby Hall,** der klassizistische Landsitz der Familie Compton, dessen preisgekrönte Gärten – darunter ein Rosen-, ein Herbst- und ein Wassergarten – insgesamt 10 ha einnehmen.

Information April bis Okt., Minster Road gegenüber der Kathedrale, Ripon, HG4 1QT, ✆ 0845/3890178, www.discoverripon.org.

Sehenswertes **Ripon Cathedral**: Mo–Sa 8.30–18 Uhr, So bis 17 Uhr. Spende von 2–3 £ erbeten. Minster Road, HG4 1QS, ✆ 01765/603462, www.riponcathedral.org.uk.

Law and Order Museums: Mitte Febr. bis Nov. tägl. 10–16 Uhr, The Workhouse (Allhallowgate), Prison and Police Museum (St Marygate) und Courthouse (Minster Road). Eintritt für alle drei Museen: 12 £, erm. 11,50 £, Familie 18–26 £. ✆ 01765/690799, www.riponmuseums.co.uk.

Newby Hall: April bis Sept. tägl. außer Mo 11–17 Uhr, im Juli und Aug. auch Mo. Hausbesichtigung nur mit Führung: April, Mai, Juni, Sept. Di–Fr 12 und 14 Uhr, Juli, Aug. und Ferien/Feiertage an den Wochenenden 12–15.30 Uhr alle halbe Stunde. 15£, erm. 14 £, Kind 12 £, Familie 5–60 £. HG4 5AE, ✆ 0845/4504068, www.newbyhall.com.

Übernachten *** **Ripon Spa**. Etwas in die Jahre gekommenes Best Western Hotel 5 Min. vom Ort entfernt, wirklich old-fashioned. Schöner Garten mit Krocket-Rasen und prasselndes Kaminfeuer in der Lounge. B & B EZ ab 65 £, DZ ab 89 £ (online). Park Street, HG4 2BU, ✆ 0800/1585455 (kostenfrei), www.riponspa.com.

**** **The Old Deanery**. Gegenüber der Kathedrale gelegene Pension aus dem 17. Jh. mit einem herrlichen kleinen Garten, einem spannenden Restaurant (1625), wo mit historischen Rezepten aus den vergangenen Jahrhunderten gekocht wird. Man wohnt in elf luxuriösen Zimmern. DZ ab 110 £ (mit Frühstück), WLAN im Barbereich mit Kamin, Parkplätze vor dem Haus. Minster Road, HG4 1QS, ✆ 01765/600003, www.the olddeanery.co.uk.

Camping **Sleningford Watermill Caravan & Camping Park**. Etwa 7 km nördlich des Ortes am Fluss gelegen. Es gibt einen Shop, auch Unterricht in Kajakfahren und Bogenschießen. April bis Okt. Standplatz 20–29 £. North Stainley, HG4 3HQ, ✆ 01765/635201, www.sleningfordwatermill.co.uk.

The Swinton Bivouac. Luxuriöse Ökounterkünfte aus Holz nahe einem Druidentempel. Lodges, Yurts und Bunk Barn. Es gibt ein Café-Bistro. Das Bett in der Scheune (Bunk Barn) kostet 25 £. Masham HG4 4JZ, ✆ 01765/535020, www.swintonbivouac.co.uk. ■

Yorkshire → Karte S. 394/395

Thirsk

Zwischen den Yorkshire Dales und den North Yorkshire Moors liegt Thirsk. Das Marktstädtchen hat vor allem eines zu bieten: James Herriot. Dies war der Künstlername von James Alfred Wight, der am 3. Oktober 1916 in Sunderland geboren wurde, in Glasgow aufwuchs und ausgebildet wurde und dann als Landtierarzt nach Thirsk kam. Er begann, über seine Arbeit zu schreiben, viele komische Anekdoten, die er mit den Bauern in den Yorkshire Dales erlebt hatte. Bei seinem Tod war er einer der beliebtesten Autoren in Großbritannien und Amerika, sodass die BBC den Stoff aufgriff und zu einer Fernsehserie („Der Doktor und das liebe Vieh"/„All Creatures Great and Small") verarbeitete. In seiner ehemaligen Praxis im Skaledale House befindet sich heute die Ausstellung **World of James Herriot,** die den Besucher zurück in die 1940er-Jahre versetzt und wo man sowohl eine virtuelle Farm als auch die Requisiten der Dreharbeiten sehen kann.

Ostern bis Okt. tägl. 10–17 Uhr, im Winter 10–16 Uhr. 8,50 £, erm. 5 £, Familie 24–28 £. 23 Kirkgate, YO7 1PL, ✆ 01845/524234, www.worldofjamesherriot.org.

Richmond

Am östlichen Ende des Swaledale liegt Richmond, eine geschichtsträchtige, von einer stattlichen Burg dominierte Kleinstadt mit kopfsteingepflasterten Gässchen und vielen malerischen Gebäuden. Durch die Stadt führt der bekannte Coast to Coast Walk von St Bees an der Irischen See bis nach Robin Hood's Bay an der Nordsee. Auf dem Marktplatz aus georgianischer Zeit steht ein Obelisk aus dem Jahr 1771. Noch heute wird jeden Samstag ein **Markt** abgehalten. Die Stadt geht zurück auf die Normannen, die hier um 1071 in bester Hügellage über dem Fluss Swale eine Burg errichteten (Richemont). Bereits 1329 erhielt Richmond das königliche Stadtrecht, und neben den herkömmlichen landwirtschaftlichen Produkten wurde hier auch mit so exklusiven Waren wie Seide, Wein und Salz gehandelt. Dass die Stadt einst bedeutend war, zeigt sich auch am Theater, das in der Region wohl einzigartig ist. Ebenso einzigartig ist der romantische Privatgarten von **Millgate House,** wo sich Besucher von herrlichen Kletterpflanzen, Geranien und Rosen verzaubern lassen.

Information Tourist Information Centre, in der Library: Mo 10–18 Uhr, Di, Fr bis 17 Uhr, Mi bis 12 Uhr, Do bis 18 Uhr Sa bis 13 Uhr. Queens Road, DL10 4DN, ✆ 01748/850549, www.richmond.org.

Übernachten *** The Frenchgate Hotel. Das Hotel versteht sich in erster Linie als Restaurant, gut für Gourmets. Schöner georgianischer Bau mit romantischem alten Garten, edelste Materialien in den Zimmern. B & B im EZ ab 88 £, DZ ab 118 £. 59/61 Frenchgate, DL10 7AE, ✆ 01748/822087, www.thefrenchgate.co.uk.

Cordilleras House. Drei gediegene Zimmer werden in diesem georgianischen Stadthaus an Gäste vermietet, Empfang mit einem heißen Getränk und selbst gebackenem Kuchen. Zum Frühstück gibt es Farmprodukte des Nachbarn. B & B EZ 60–70 £, DZ 80–90 £, Dreibettzimmer 100–110 £. 11 Hurgill Road, Richmond, DL10 4AR, ✆ 01748/824628, www.cordillerashouse.co.uk. ■

Essen & Trinken Richmond Station. Züge halten an diesem alten Bahnhof schon lange nicht mehr, heute kommt man, um das Kino, Galerien, Märkte, Cafés und Restaurants zu besuchen. Station Yard, DL10 4LD, ✆ 01748/850123, www.richmondstation.com.

Sehenswertes

Richmond Castle: Wahrzeichen der Stadt ist die Burg, die von einem etwa 30 m hohen Felsen den Fluss Swale überragt. Dahinter breitet sich die Stadt aus. Auf der Seite, die der Stadt zugewandt ist, steht der etwa 25 m hohe Burgfried mit seinen 3 m dicken Mauern. In der Südostecke befindet sich Scolland's Hall aus dem 11. Jh. Der Legende nach schlummert König Artus mit seinen tapferen Rittern in einer

Höhle unterhalb der Burg. Ein Töpfermeister namens Thompson soll durch Zufall auf die Schlafstatt gestoßen sein, hat sie aber natürlich nie wiederfinden können.

April bis Sept. tägl. 10–18 Uhr, Okt. bis 17 Uhr, Nov. bis März Sa–So 10–16 Uhr. 5,30 £, erm. 4,80 £, Kind 3,10 £, Familie 13,70 £. Riverside Road, DL10 4QW, ✆ 01748/822493, www.english-heritage.org.uk.

Georgian Theatre Royal: Das Theater aus dem Jahr 1788 ist das zweitälteste bespielte Theater Englands und wurde von Samuel Butler erbaut. Die Familie Butler führte das Theater bis ins Jahr 1848, dann wurde es geschlossen. Erst im Jahr 1962 fand eine gründliche Renovierung statt. Heute wird das Theater wieder regelmäßig bespielt. Im angegliederten Georgian Royal Museum kann man sich viele Theater-Memorabilien aus verschiedenen Jahrhunderten anschauen; am besten schließt man sich einer Führung an.

Führungen: Mitte Febr. bis Okt. tägl. (außer So) 10–16 Uhr. 5 £, Kind 2 £. Café bis 17 Uhr. Richmond Road, DL10 4DW, ✆ 01748/823710, Theaterkasse ✆ 01748/825252, www.georgiantheatreroyal.co.uk.

Millgate House: Dieser winzige eingefriedete Garten hinter dem Haus mit der grauen Tür, das direkt am Marktplatz steht, liegt oberhalb des Swale. Verschlungene Wege und Stufen winden sich hinunter zum Fluss, gesäumt von dicht bepflanzten Beeten voller Farne, Herzblattlilien, Klematis, 40 verschiedenen Rosen, Büschen und Bäumen. Kleine Terrassen eröffnen immer wieder überraschende Ausblicke, z. B. auf einen Wasserfall. Für sein geschicktes Pflanzenarrangement wurde der Backgarden, der im Ort als „secret garden“ bekannt ist, von der RHS ausgezeichnet. Im Haus kann man auch übernachten.

April bis Okt. tägl. 10–17 Uhr. Eintritt 2 £. B & B DZ 125–165 £. 3 Millgate, DL10 4JN, ✆ 01748/823571, www.millgatehouse.com.

Holy Trinity Church und Green Howards Museum: Gegenüber vom King's Head Hotel steht die Trinity Church. Sie war einst die Kapelle der Burg, als die Burgmauern noch den Marktplatz umschlossen. Ursprünglich aus dem Jahr 1150, beherbergt sie heute u. a. das Green Howards Museum, das König Olaf V. von Norwegen 1973 eröffnet hat. Das traditionsreiche Regiment der Green Howards rekrutiert seine Soldaten seit mehr als 200 Jahren in Yorkshire.

Mo–Sa 10–16.30 Uhr, Juli bis Aug. auch So. 4,50 £, erm. 3,50 £. Trinity Church Square, DL10 4QN, ✆ 01748/826561, greenhowards.org.uk.

Richmondshire Museum: Dieses Museum beschäftigt sich mit der Stadtgeschichte. Freunde von James Herriot („Der Doktor und das liebe Vieh“) können hier die Originaldekoration der BBC aus der ersten Verfilmung der Fernsehserie bestaunen. Nach dem Abdrehen hatte der Fernsehsender die Ausstattung an das Museum abgetreten, da nicht mit einer Fortsetzung der Serie gerechnet wurde. Später versuchte man, das Ganze wieder zurückzukaufen – natürlich vergeblich, denn es hatte sich bereits zum Touristenmagneten der Stadt entwickelt.

Ostern bis Okt. tägl. 10.30–16.30 Uhr. 3 £, erm. 2,50 £. Rider's Wynd, DL10 4JA, ✆ 01748/825611, www.richmondshiremuseum.org.uk.

Easby Abbey und Agatha's Church: Ein Spaziergang am Ostufer des Swale flussaufwärts führt zu den Ruinen der Easby Abbey, einem 1155 für Prämonstratensermönche gebauten Kloster. In dessen Schatten steht die St Agatha's Church (benannt nach der Märtyrerin Agatha von Catania, der man nach ihrer Zurückweisung des Statthalters von Sizilien die Brüste abtrennte). Ihre Wandmalereien aus dem 13. Jh. sollen die besterhaltenen in Nordengland sein. Das Easby Cross dagegen ist eine Replik, die sächsische Originalskulptur befindet sich in London im Victoria & Albert Museum.

April bis Sept. tägl. 10–18 Uhr, Okt. bis 17 Uhr, Nov. bis März bis 16 Uhr. Eintritt frei. Richmond, DL10 7JU.

Yorkshire → Karte S. 394/395

Toller Blick von der Stadtmauer: York mit Münster

York

York zählt ohne Zweifel zu den attraktivsten Städten Englands und ist der Besuchermagnet des Nordens. Seine Geschichte reicht bis in die Römerzeit zurück, und innerhalb der noch erhaltenen mittelalterlichen Stadtmauer wird das Stadtbild von den elfenbeinfarbenen Türmen eines der größten Münster Europas sowie 18 weiteren mittelalterlichen Kirchen dominiert.

York wirkt trotz Touristenschwärmen recht heimelig und eher wie eine Kleinstadt. Dies hängt u. a. damit zusammen, dass die Industrialisierung mehr oder weniger spurlos an der Stadt vorbeigegangen ist. Alles wirkt sehr homogen, die wichtigsten Sehenswürdigkeiten liegen nah beieinander im Zentrum. Die schönsten Straßenzüge sind **The Shambles,** The Pavement, Stonegate und St Saviourgate. Überall trifft man auf kleine Tearooms und Restaurants, in denen man sich stärken kann.

Für die Erkundung der Stadt sollte man sich mindestens zwei Tage Zeit nehmen. Die früheren Bewohner der Stadt – ob es nun Römer, Sachsen, Dänen oder Normannen waren – haben überall ihre Spuren hinterlassen. Unter dem Feldherrn Quintus Petilius Cerealis begannen die Römer im Jahr 71 mit dem Bau von Befestigungsanlagen am wichtigen Flussübergang über die Ouse. Eboracum, so der römische Name, wurde schon bald ein bedeutendes Zentrum der römischen Provinz Britannia und diente Kaiser Hadrian als Stützpunkt für seine nördlichen Feldzüge. Die Reste des Legionslagers sind durch Ausgrabungen unter der Kathedrale geortet worden. 306 wurde Konstantin der Große in York zum Kaiser gekrönt, weshalb seine Statue am Südtor des Münsters zu finden ist.

Unter den Sachsen avancierte York unter dem damaligen Namen Eoforwic zur Hauptstadt des Königreiches Deira. Bis zum Jahre 625 hatte sich die Stadt zu einem christlichen Zentrum entwickelt, von dem die missionarischen Tätigkeiten der christlichen Sachsen ausgingen. Seitdem ist York ein Erzbistum. Glanzvollster Fund aus der sächsischen Epoche ist der **Coppergate Helmet** (im Castle Museum ausgestellt). Um 866 eroberten die Wikinger die Stadt, und Jorvik wurde zum Herrschaftszentrum einer neuen Macht, zur Hauptstadt des dänischen Reiches auf englischem Boden, des Danelag. Im **Jorvik Viking Centre,** das direkt auf einer Ausgrabungsstelle errichtet wurde, kann man sich ein gutes Bild von der damals blühenden Stadt machen. Geblieben sind aus dieser Zeit vor allem der Name York (von Jorvik) sowie viele Endungen von Straßennamen (*gate* = Straße, *bar* = Tor).

Als um 1075 die Normannen einfielen, zerstörten sie den Dom und einen Großteil der Stadt. Nach dem Wiederaufbau erstrahlte die Stadt jedoch prächtiger als je zuvor. Anfang des 13. Jh. begann man mit dem Bau einer Kathedrale; noch heute sind einige normannische Bauelemente im Münster zu bewundern. Auch der **Clifford Tower** der Burg stammt aus dieser Zeit.

Unter der Dynastie der Plantagenets wurde York zu einer bedeutenden Handels- und Hafenstadt, wobei Wolle sicher der wichtigste Exportartikel war. In dieser Zeit wurde auch die Stadtmauer gebaut, denn York war Stützpunkt der königlichen Armeen in den schottischen Kriegen. Eduard III. war der Erste, der den Titel „Herzog von York“ seinem viertgeborenen Sohn verlieh; damit begründete er eine Tradition, die bis heute Bestand hat (momentan ist Prinz Andrew Träger des Titels).

Im 17. Jh. musste York seine bedeutende Rolle im Textilhandel an andere größere Städte (z. B. Leeds) abtreten. Heute sind neben der Schokoladenherstellung (→ Sehenswertes, York's Chocolate Story) Dienstleistungen, die Universität und allen voran der Tourismus die Haupteinnahmequellen der Stadt.

Yorkshire → Karte S. 394/395

Basis-Infos

Information **Tourist Information Centre,** eines der besten Besucherzentren Nordenglands unweit der Kathedrale. Kostenloser Mini-Guide mit Straßenkarte und Auflistung der Sehenswürdigkeiten, es werden auch Karten für Veranstaltungen gebucht und Zimmer vermittelt. Internetanschluss und Souvenirshop. Mo–Sa 9–17 Uhr, So 10–16 Uhr. 1 Museum Street, York, North Yorkshire YO1 7DT, ✆ 01904/550099, www.visityork.org. Eine gute Webseite für Geschichtsfreunde ist: www.historyofyork.org.uk.

Mit dem **Yorkpass** erhält man Eintritt in bis zu 30 Attraktionen, er kann für 1–3 Tage erworben werden (inkl. Broschüre in Deutsch). www.yorkpass.com. Außerdem gibt es einen **Medieval Pass** (8 £) und einen **Passport**, der für 5 Attraktionen gilt und 2 Jahre gültig ist (18,95 £).

Verbindungen **Bus** – Busbahnhof (Central Interchange) in der Rougier Street (YO1 6HZ). National Express fährt nach London, Leeds und Schottland. Verschiedene Firmen sind für den Stadtverkehr zuständig, das All York Day Ticket erlaubt ihre unbeschränkte Nutzung für 4,50 £/Tag bzw. 18 £ für sieben Tage. (www.itravelyork.info/busses). Der Coastliner verbindet regelmäßig Mo–Sa 3-mal pro Std. mit Leeds im Westen sowie den Küstenorten Scarborough, Whitby, Filey und Bridlington im Osten (www.yorkbus.co.uk, ✆ 01653/692556). Allgemeine Businformation: www.metrojourneyplanner.info; Traveline Yorkshire: www.yorkshiretravel.net, ✆ 0871/2002233.

Bahn – Der Hauptbahnhof befindet sich in der Station Road, YO24 1AB. York ist ein Verkehrsknotenpunkt Nordostenglands. Intercity-Züge fahren mehrmals stündlich nach London King's Cross und über Durham nach Schottland. Regelmäßig auch über die Städte Harrogate, Leeds und Manchester nach Liverpool. Außerdem nach Bridlington, Filey, Hull, Scarborough und Newcastle. Northern Rail bietet Day Ranger sowie vier verschiedene Rover-

Tickets (eine Woche gültig oder an vier aufeinanderfolgenden Tagen) und Round-Robin-Tagestickets, mit denen man die Züge der gesamten Region nutzen und so oft ein- und aussteigen kann, wie man möchte. www.northernrail.org.

Park & Ride – Sechs kostenlose Park-&-Ride-Einrichtungen samt kostenfreien Fahrradständern. Die Busfahrt kostet 2,80 £. www.itravelyork.info/park-and-ride.

Einkaufen Einer der in der Touristeninformation ausliegenden Spaziergänge ist der **Shopping Trail**.

Bishopthorpe Road (im Volksmund Bishy Road) hat sich in den vergangenen Jahren von einem Schandfleck zum Gewinner von „Britain's Best High Street" 2015 gemausert und vermarktet sich als das Notting Hill of the North (www.bishyroad.net). Die Haupteinkaufsstraße von York ist die **Coney Street**. In der Gasse **The Shambles** befinden sich viele individuelle Läden und der Markt. In der **Stonegate** findet man Designer-Shops. Mehr als 120 Geschäfte befinden sich unter dem Dach des **York Designer Outlet** 15 Autominuten vom Zentrum entfernt (St Nicholas Avenue, Fulford, YO19 4TA, ✆ 01904/682700, www.mcarthurglen.com/uk/york-designer-outlet/en).

Monk Bar Model Shop, seit 50 Jahren werden hier Eisenbahn-, Flugzeug- und Schiffmodelle sowie Puzzles und Bastelbedarf verkauft. Tägl. (außer So) 9–17.30 Uhr, 2 Goodramgate, YO1 7LQ, ✆ 01904/659423, www.collectable-models.co.uk.

Raffi's Spice Box, indischer Delikatessenladen, in dem 28 Gewürzmischungen für Currygerichte verkauft werden. Mo–Sa 10–17.30 Uhr, So 11–16 Uhr. 17 Goodramgate, YO1 7LW, ✆ 01904/430850, www.spicebox.co.uk.

Fahrradverleih **Cycle Heaven from York Station**, Mo–Fr 8.30–17.30 Uhr, Sa 9–18 Uhr. April bis Sept. So 10–17 Uhr. 20 £/Tag, York Station, YO24 1AY, ✆ 01904/622701 oder 630378, www.cycle-heaven.co.uk/cycle-hire.

Kino **City Screen Picturehouse York**, im ehem. Verlagsgebäude des Herald am Fluss, Lounge mit Panoramablick. 13–17 Coney Street, YO1 9QL, ✆ 0871/9025726, www.picturehouses.co.uk/cinema/York_Picturehouse.

Märkte **Shambles Market**, tägl. (außer So) 8–17 Uhr. Letzter Freitag des Monats Famer's Market. 5 Silver Street, YO1 8RY, www.shamblesmarket.com.

Aktivitäten/Kultur

Antiquariate In York gibt es um die 20 Buchläden, die eine große Auswahl an seltenen und alten Büchern haben. Die Broschüre „Bookshops & Booksellers in York" ist in der Tourist Information kostenlos erhältlich. Darin findet sich eine Auflistung der Adressen und der Fachgebiete, auf die sich die Buchhandlungen spezialisiert haben. Eine gute Webseite ist www.yorkbooksellers.co.uk.

Bootsfahrten Auf Passagierschiffen kann man den River Ouse ab Lendal Bridge flussaufwärts fahren; flussabwärts ab Ouse Bridge. Auf manchen Booten gibt es auch Mahlzeiten.

York Boat, Lendal Bridge, YO1 7DP, Febr. bis Nov. Tagestouren, 8–9 £, erm. 7–8 £, Kind 4–5 £, Familie 22–24 £. Mai bis Sept. Floodlit Evening Cruises (21.15 Uhr). Auch ein Kombiticket mit einer Busrundfahrt ist erhältlich. ✆ 01904/628324, www.yorkboat.co.uk.

York Marine Services, Verleih von Motorbooten ab 40 £/Std., auch Urlaubsboote im Wochentarif und Ruderboote, Ferry Lane, Bishopsthorpe, YO23 2SB, ✆ 01904/704442, www.yorkmarine.co.uk. York Marine hat auch einen Camping- und Caravanpark.

Festivals **Februar**: **Yorvik Viking Festival**, größtes Wikingerfestival Europas.

September: **Festival of Food and Drink**, das größte des Landes.

Oktober/November: **Illuminating York**, Lichtinstallationen an den wichtigen Gebäuden. www.yorkfestivals.com.

Kultur **Theatre Royal**, hier werden seit 250 Jahren klassische und auch moderne Stücke gespielt (auch Comedy), vor allem auf der neuen Studiobühne. St Leonard's Place, YO1 7HD, ✆ 01904/623568, www.yorktheatreroyal.co.uk.

Grand Opera House, Teil der Live-Nation-UK-Gruppe und größter Veranstalter von

Konzerten, Musicals und anderen Großevents im Lande. Cumberland Street, YO1 9SW, ✆ 0844/8472322, www.atgtickets.com/venues/grand-opera-house-york.

National Centre for Early Music, hier finden im Frühjahr, Sommer und Winter Festivals sowie andere Veranstaltungen statt (York Early Music Festival). Das NCEM organisiert auch das Chinesische Neujahrsfest und die York Mystery Plays. St Margaret's Church of Walmgate, YO1 9TL, ✆ 01904/658338, www.ncem.co.uk.

York Barbican, die größte Veranstaltungshalle der Stadt mit einer Kapazität von 1850 Plätzen für Großveranstaltungen aus Sport, Pop und Showbusiness. Paragon Street, YO10 4NT, ✆ 0844/8542757, www.yorkbarbican.co.uk.

Stadtführungen Kostenlose Führungen werden von der **Association of Voluntary Guides to The City of York** angeboten (Infos beim Tourist Office, www.avgyork.co.uk). Daneben gibt es noch zahlreiche andere Führungen, die zum Teil unter verschiedenen Mottos stehen. April bis Okt. tägl. 10.15 und 14.15 Uhr, Juni bis Aug. auch 18.45 Uhr, Nov. bis März tägl. 10.15 und 13.15 Uhr. Start an der City Art Gallery am Exhibition Square.

The Original Ghost Walk of York, einer der in England beliebten Mystery Walks, bei denen Schauspieler die gruselige Vergangenheit lebendig werden lassen. Da York offiziell den Titel als Stadt mit den meisten Gespenstern für sich in Anspruch nimmt, gibt es viel zu erzählen; jeden Abend um 20 Uhr. 5 £, Kind 3 £. Kings Arms Pub, Ouse Bridge, ✆ 01759/373090, www.theoriginalghostwalkofyork.co.uk.

Stadtrundfahrten **York City Sightseeing**, wer mit dem Bus die Stadt erkunden will, kauft ein Tagesticket und steigt in die oben offenen Doppeldeckerbusse, Exhibition Square und 15 weitere Haltestellen (Hopon/Hop-off). 13 £, erm. 8 £, Kind 5 £, Familie 28 £. ✆ 01904/634296, www.yorkbus.co.uk/YorkCitySightseeing.htm.

Übernachten

→ Karte S. 460/461

Viele preiswerte B & Bs befinden sich in der Bishopthorpe Road, einer lauten Durchgangsstraße (am besten ein Zimmer nach hinten). Auch in The Moor (vom Bahnhof rechts die Blossom Street hinunter) befinden sich einige B & Bs. Wer mehr ausgeben will, findet in York einige sehr romantische und sehr luxuriöse Hotels in historischen Häusern.

››› **Mein Tipp:** ***** **Grays Court** **7** Fünf Jahre haben die Sanierungsarbeiten an diesem historischen Haus gedauert, bis das Boutiquehotel direkt am Münster fertig wurde. Entstanden ist eine ruhige Luxusoase mit 5-Sterne-Komfort und 4-Sterne-Preisen. Sieben Zimmer, es werden auch Lunch im Parlour und Dinner im Restaurant Duel @ Grays Court serviert. B & B EZ 100 £, DZ 175–280 £. Chapter House Street, YO1 7JH, ✆ 01904/612613, www.grayscourtyork.com. ‹‹‹

*** **The Churchill Hotel** **4** Privathotel in einem georgianischen Herrenhaus im Stadtzentrum, die Zimmer sind mit Antiquitäten ausgestattet, wahrhaft fürstlich. DZ ab 119 £ (ohne Frühstück). Pianobar und Restaurant. 65 Bootham, YO30 7DQ, ✆ 01904/644456, www.churchillhotel.com.

The Bloomsbury Guest House **1** Schönes, freundlich eingerichtetes viktorianisches Stadthaus, sehr elegant. B & B je nach Geschmack mit englischem oder kontinentalem Frühstück, EZ 45–65 £, DZ 75–90 £, günstiger bei mehr als einer Nacht. 127 Clifton, YO30 6BL, ✆ 01904/634031, www.bloomsburyhotel.co.uk.

The Hazelwood **6** Sehr luxuriöses und elegantes B & B in einer ruhigen Sackgasse unweit vom Petergate, der City Art Gallery und des Münsters. Alle Zimmer ensuite, Einrichtung im Country-Stil. Parkplatz hinter dem Haus, Anfahrt über die Claremont Terrace. EZ 75 £, DZ 75–145 £. 24–25 Portland Street, YO31 7EH, ✆ 01904/626548, www.thehazelwoodyork.com.

**** **The Guy Fawkes Inn** **10** In diesem georgianischen Stadthaus nahe dem Münster wurde angeblich der Terrorist Guy Fawkes geboren (→ Kasten, S. 467). 13 Zimmer, im Restaurant Holzdielen und Gaslampen. B & B im DZ ab 85 £, mit Himmelbett und Blick auf das Münster 129–200 £. 25 High Petergate, YO1 7HO, ✆ 01904/623716, www.gfyork.com.

Yorkshire → Karte S. 394/395

Staymor Guest House 34 Relativ preisgünstiges B & B in der Nähe der Stadtmauer und des Bahnhofs. Von der Bishopgate Road in Richtung Süden, dann rechts ab. B & B 35 £ pro Pers. 2 Southlands Road, YO23 1NP, ✆ 01904/626935, www.staymorguesthouse.com.

››› Mein Tipp: **** **Middlethorpe Hall** 33 In dem 300 Jahre alten klassizistischen Country House fühlt man sich in „gute alte Zeiten" zurückversetzt. Die 29 Zimmer haben antike Schreibtische und Sofas, der Rasen hinter dem Haus ist wie mit der Nagelschere manikürt, der Service fabelhaft. Es gibt sogar einen kleinen Wellnessbereich (Spa). Middlethorpe Hall gehört dem National Trust. B & B 108–329 £. Bishopthorpe Road, YO23 2GB, ✆ 01904/641241, www.middlethorpe.com. ‹‹‹

The Bar Convent 32 Übernachten wie Mönch und Nonne im ältesten noch bewohnten Kloster Englands, einfache Unterkunft im Gebäude aus dem 17. Jh. mit Café, Gärten und Shop. 18 Zimmer, viele mit Bad, EZ 36–65 £, DZ 68–116 £, englisches Frühstück gegen Aufpreis. 17 Blossom Street, ✆ 01904/643238, www.bar-convent.org.uk.

The Fort Boutique Hostel 14 Dieses Haus mit fantastischer Lage im Stadtzentrum ist eine gute Option für Reisende mit knappem Budget. Im Gemeinschaftsraum gibt es kostenfrei Tee, Kaffe und Säfte, man kann einen Waschsalon und eine gut ausgestattete Küche nutzen oder in Kennedys Bar & Restaurant im Erdgeschoss essen. Einheimische Künstler haben die Zimmer mit 6–8 Betten (Pod-Beds, ab 18 £) bzw. Privatzimmer mit Bad (ab 68 £) witzig gestaltet. Nichts für Ruhesuchende … 1 Stonegate, YO1 8AX, ✆ 01904/639573, www.thefortyork.co.uk.

York International Youth Hostel 2 Liegt etwa 1,5 km vom Zentrum entfernt, zu erreichen über die Museum Street, dann am nördlichen Ufer der Ouse entlang. Vorbildliche Herberge in einem alten Herrenhaus mit preisgekröntem Garten. Bett ab 10 £, Zimmer ab 20 £. 42 Water End, Clifton, YO30 6LP, ✆ 0845/3719051, www.yha.org.uk/hostel/york.

Camping **Naburn Lock Caravan Park** 35 Etwa 6 km vom Stadtzentrum entfernt an der Ouse gelegen (A 19). Geöffnet März bis Nov. Wohnwagen oder Wohnmobil 19–33 £. Naburn/York, YO19 4RU, ✆ 01904/728697, www.naburnlock.co.uk.

Buttercrambe Shepherd's Hut 31 Die liebevoll restaurierte Schäferhütte bietet Glamping im Doppelbett mit kleiner Küche. Sie steht im Obstgarten einer Farm, zum

Duschen muss man 30 m zum Farmhaus gehen. Morgens bekommt man einen Frühstückskorb. Die Hütte ist winzig klein, romantisch und einsam. Drei Nächte für 300 £. Buttercrambe, YO41 1ER. ✆ 01865/ 764087, www.sheepskinlife.com/holiday-home/buttercrambe-shepherds-hut.

Essen & Trinken/Nachtleben

→ Karte S. 460/461

Essen & Trinken **Yorkshire Lavender 5** 20 km von York bietet die Lavenderfarm nicht nur einen Augen-, sondern auch einen Gaumenschmaus. EJ's Tea Room verkauft alles mit Lavendelgeschmack, vom Tee bis zur Eiscreme. Ostern bis Okt. tägl. 10–17 Uhr. Terrington, YO60 6PB, ✆ 01653/648008, www.yorkshirelavender.com.

Jaipur Spice 3 Indische, vegetarische und englische Küche in einem opulent dekorierten Raum. Gewinner des „Best Curryhouse in Yorkshire"-Preises 2015. Leider außerhalb der Stadt. Tägl. 12–14 und 17–24 Uhr. 103 Haxby Road, YO31 8JS, ✆ 01904/673550, www.jaipur-spice.co.uk.

Ate O Clock 25 Hinter diesem seltsamen Namen verbirgt sich ein gutes, entspanntes Restaurant. Es gibt einen gemütlichen Hof, drinnen wimmelt es von Uhren, die alle um 8 Uhr stehen geblieben zu sein scheinen. Montag ist Steak & Burger Night mit vegetarischen Optionen, sonst gibt es eine einfallsreiche, aber bodenständige Küche mit mediterranem Einschlag. Lunch: Di–Fr 12–14 Uhr, Sa bis 14.30 Uhr, Dinner: Mo 17.30–20.30 Uhr, Di–Fr 18–21.30 Uhr, Sa 17.30–21.30 Uhr. 13a High Ousegate, YO1 8RZ, ✆ 01904/644080, www.ateoclock.co.uk.

The Whippet Inn 27 Das Steak and Ale House hat 2014 eröffnet und sich einen hervorragenden Namen bei Fleischfreunden ergrillt. Das verwendete Fleisch stammt ausschließlich von auf Yorkshire-Weiden gehaltenen Tieren, es gibt auch Fisch und andere Gerichte. 15 North Street, YO1 6JD, ✆ 01904/500660, www.thewhippetinn.co.uk.

Nineteen Restaurant 11 Luxusrestaurant in einem windschiefen Haus aus dem 15. Jh. auf zwei Etagen mit Blick über die Swinegate. Moderne britische Küche mit europäischem Einschlag, Hauptgerichte unter 20 £. Di–Do 12–14.30 und 18–21 Uhr, Fr–Sa 12–14.30 und 18–22 Uhr, So 12–15 und 18–21 Uhr. 19 Grape Lane, YO1 7HU, ✆ 01904/636366, www.nineteenyork.com.

Walmgate Ale House and Bistro 29 In diesem historischen Gebäude wird in erster Linie Ale aus Yorkshire getrunken, eine Grundlage verschafft das hausgemachte Pubfood mit Klassikern wie Fisch im Topf und Pulled Pork Sandwiches. Im loftartigen Bistro im 2. Stock gibt es handfestere Speisen, alles aus Produkten der Region. Di 17–23 Uhr, Mi–Fr ab 12 Uhr, Sa–So ab 9.30 Uhr. 25 Walmgate, YO1 9TX, ✆ 01904/,629222, www.walmgateale.co.uk.

Drakes Fisheries 15 Der Schnellimbiss hat mittlerweile seit fast einem Jahrhundert Tradition in York. Hier gibt es die besten Fish'n'Chips, die man im Sitzen essen kann. Tägl. 11–22 Uhr. 97 Low Petergate, YO1 7HY, ✆ 01904/624788, take-a-way.co.uk/menu/3744/drakes-fish-chip-restaurant-york.

The Blue Bicycle 26 Gemütliches Restaurant direkt am Fluss, im Keller sitzt man in den Nischen eines ehemaligen Bordells. Bodenständige britische Gerichte mit feinsten Zutaten. Hauptgerichte 9,50–16,50 £, hausgemachte Desserts. Mo–Mi 18–21.30 Uhr, Do–Sa 12–14.30 und 18–21.30 Uhr, So 12–14.30 und 18–21 Uhr. 34 Fossgate, YO1 9TA, ✆ 01904/673990, www.thebluebicycle.com. Zur Zeit der Recherche wegen Überschwemmung geschl.

The Earl Grey Tearooms 23 Ein kleines, gemütliches Café in der historischen Metzgerstraße – The Shambles. Massive schwarze Holzbalken sorgen für die altertümliche Atmosphäre. Cream Tea (5 £) und große Auswahl an Kuchen. Anbei ein Geschenkeladen. Tägl. ab 10 Uhr. 13/14 The Shambles, YO1 7LZ, ✆ 01904/654353.

The Below Stairs Café at Treasurer's House 8 Wer einen Tee trinken und dabei Gutes tun will, ist in diesem gemütlich eingerichteten Café mit hausgemachten Speisen gut aufgehoben, da man mit jeder Tasse die Arbeit des National Trust unterstützt. März bis Okt. tägl. 11–16.30 Uhr. Minster Yard, YO1 7JL, ✆ 01904/624247.

››› **Mein Tipp:** **Café Concerto 9** Um die Ecke vom Münster, alternativ und ungezwungen, überall Noten und Musikinstrumente, im Hintergrund wird Jazz gespielt, alle Kuchen und Snacks hausgemacht, bester Cappuccino. Abends verwandelt sich das Café in ein Bistro. Tägl. 9–21 Uhr. 21 High Petergate, YO1 7EN, ✆ 01904/610478, www.cafeconcerto.biz. ‹‹‹

Café Harlequin und **The Attic Gallery Coffee Bar 16** Das alteingesessene Café ist gut für einen günstigen Lunch und hat eine riesige Kaffee-Auswahl, unter dem Dach in The Attic gibt es offiziell den besten Espresso, es wird auch Bier ausgeschenkt und Kunst ausgestellt. Mo–Sa 10–16 Uhr, So 11–15 Uhr, Attic Bar Do 12–18 Uhr, Fr/Sa 12–20 Uhr. 2 Kings Square, ✆ 01904/630631, harlequinyork.com.

Bettys Café **18** Ableger der Harrogate Institution (→ Essen & Trinken S. 447), der Belmont Room wurde vom Kreuzfahrtschiff Queen Mary inspiriert. Tägl. 9–21 Uhr. 6–8 St Helen's Square, YO1 8QP, ✆ 01904/659142. www.bettys.co.uk/tearooms/locations/york.

King's Arms **28** Ein schön gelegenes Pub – direkt am Fluss kann man auf Holzbänken sein frisches Ale schlürfen. Achten Sie auf die Wassermarken der letzten Überschwemmungen. Drinnen ganz traditionell. King's Straith (am River Ouse), YO1 9SN, ✆ 01904/659435.

Black Swan **17** In dem ältesten Pub der Stadt (es gibt ungefähr sieben, die das behaupten) gibt es eine relativ preisgünstige traditionelle Küche (Fish & Chips, Yorkshire Puddings, Hamburger und Frittiertes sowie Pies). Neu ist der Biergarten. Do ab 20 Uhr Folk Music. Mo–Sa 12–23 Uhr, So bis 22.30 Uhr. 23 Peasholme Green, YO1 7PR, ✆ 01904/697131, www.blackswanyork.com.

The Maltings **22** In diesem leicht nostalgischen Pub bekommt man unter den 60 Biersorten auch das örtlich gebraute Black Sheep Ale und den hochprozentigen Ruby Tuesday Cider. Hausgemachte Chili con Carne und dicke Pommes. Und natürlich Malt Whisky! Postern Tower, Tanners Moat, YO1 6HU, ✆ 01904/655387, maltings.co.uk.

House of Trembling Madness **12** Wer diese mittelalterliche Trinkhalle, deren ältester Teil aus dem 12. Jh. stammt, aufsucht, kann das Zittern im Alkoholdelirium ganz einfach vermeiden – es gibt 600 Ale Sorten zur Auswahl. Den einen oder anderen erfasst vielleicht zitterndes Grauen in Anbetracht der vielen ausgestopften Jagdtrophäen. 48 Stonegate, YO1 8AS, ✆ 01904/640009, www.tremblingmadness.co.uk.

Nachtleben York hat angeblich 365 Pubs, eines für jeden Tag.

Pivni **21** Dieses winzige Pub im Zentrum ist ein Muss für alle, die ungewöhnliche Biersorten aus aller Welt mögen. 6 Patrick Pool, YO1 8BB, ✆ 01904/635464, pivni.co.uk.

Biltmore Bar & Grill **13** Trendige Bar in ehemaliger Kirche dominiert von Chrom und Glas, ein bisschen an Art-déco erinnernd. Unten eher Bistro, oben Champagnerbar und französisch inspiriertes Restaurant. Mo Ruhetag, Di ab 17 Uhr, sonst ab 12 Uhr,

Institution in Yorkshire: Bettys (→ Essen & Trinken S. 447)

Yorkshire → Karte S. 394/395

Fr/Sa bis 2 Uhr mit DJs. 29 Swinegate, YO1 8AZ, ✆ 01904/610075, www.biltmoreand oscars.co.uk.

Kuda Bar & Club **30** Wahrscheinlich Yorks beliebtester Club, bietet eine ultramoderne Soundanlage, Südsee-Tiki-Bar und mediterrane Mambo Lounge. Mehrere Tanzflächen, im ersten Stock kommerzielle Charts und Dancemusic, unten Indie, R'n'B und Hip-Hop. 12 Clifford Street, YO1 1RD, ✆ 01904/647947, www.kudaclub.com.

The Duchess **19** Livemusik-Veranstaltungsort für bekannte und weniger bekannte Indie- und Rockbands, kleine Bühne, kleine Preise, große Stimmung. Samstags Comedy Night. Stonebow House, The Stonebow, YO1 7NP, ✆ 01904/641413, www.theduchess york.co.uk.

Fibbers **20** Seit Anfang der 1990er-Jahre haben viele Talente der Region hier ihren Durchbruch erlebt. Breites Spektrum an Musikstilen, auch Clubnights. Warehouse-Location. 3–5 Toft Green, YO1 6JT, ✆ 0194/405550, www.fibbers.co.uk.

Basement Bar @ City Screen **24** Livemusik, Comedy, Theater, Lesungen und DJ Clubnächte – die intime Bar im Keller des City-Screen-Kinos bietet allabendlich inspirierende Unterhaltung. 13–17 Coney Street, YO1 9QL, ✆ 0871/9025726, www.thebase mentyork.co.uk.

Sehenswertes

Stadtmauer: Der beste Weg, einen ersten Eindruck von der Stadt zu gewinnen, ist ein Rundgang entlang der 3,4 km langen mittelalterlichen Stadtmauer. Der Erdwall mit der Mauer ist fast durchgängig begehbar, und man passiert auch die noch erhaltenen vier Stadttore *(bar)* aus dem 14. Jh. Angeblich ist es bis heute legal, einen Schotten mit Pfeil und Bogen zu erschießen, wenn man ihn nach Sonnenuntergang innerhalb der Stadtmauern von York antrifft – eine Sitte, die in der Praxis keine Anwendung mehr findet.

Richard III. Museum: Im Turm des größten Stadttores Monk Bar, das noch über ein intaktes Fallgitter verfügt – an dem man sich probieren kann – befindet sich das sehenswerte Museum über Richard III. (→ S. 40), der eine wirklich faszinierende Gestalt der englischen Geschichte ist. Über das Tun und Lassen des angeblich missgestalteten „Bösewichtes“, den bereits Shakespeare beschrieb, können Sie sich hier informieren. So wird er des Mordes an den Prinzen im Tower von London angeklagt, und Sie als Besucher dürfen über Schuld oder Unschuld urteilen.

April bis Okt. tägl. 9–17 Uhr, Nov. bis März bis 16 Uhr. 3,50 £, erm. 2,50 £, Kind 2 £, Familie 9 £. 6 Goodramgate, YO1 7LQ, ✆ 01904/615505, www.richardiiimuseum.co.uk.

Micklegate Bar Museum: Jedes gekrönte Haupt des Landes ist seit 800 Jahren durch dieses Stadttor gekommen. Auf drei Stockwerken erfährt man viel über die Geschichte des Tores und der Stadt und über die Leute, die hier zwischen 1189 und 1918 gelebt haben. Der dritte Stock ist ein Gedenkzimmer für die Menschen, die hier im wahrsten Sinne des Wortes ihren Kopf verloren haben. Die Totenköpfe sind allerdings sehr realistische Kopien!

Öffnungszeiten und Preise → Richard III Museum. Es gibt auch ein Kombiticket: 5 £, erm. 3,50 £, Kind 3 £, Familie 14 £. Auch ein Medieval Pass oder das Pastticket für fünf Attraktionen werden hier verkauft. Micklegate, YO1 6JX, ✆ 01904/615505, www.micklegatebar.com.

York Minster: Das Münster von York ist nicht nur die größte gotische Kirche in England bzw. nördlich der Alpen. York ist auch der Sitz eines Erzbischofs, der nach dem Erzbischof von Canterbury die zweitwichtigste Position in der anglikanischen Kirche einnimmt. Entsprechend hoch rangiert das Gotteshaus in der anglikanischen Kirchenhierarchie. Schon zur Römerzeit stand an dieser Stelle das Hauptquartier des Forts, dessen Überbleibsel man im Undercroft Museum begutachten

Ein Highlight des York Minster: das herzförmige Maßwerk des Westfensters

kann. Urkundlich erwähnt wurde die Kirche jedoch zum ersten Mal im Zusammenhang mit der Taufe von König Edwin von Northumbria im Jahr 627. Aus der kleinen Holzkirche wurde später ein Gotteshaus aus Stein. Nach der völligen Zerstörung der Stadt durch die Normannen errichtete Erzbischof Thomas Bayeux um 1080 eine neue Kirche. Aus dieser Baustruktur entwickelte sich im Laufe der Jahre durch Anbauten das jetzige Gebäude. Heute vereinigen sich daher unterschiedlichste Stilrichtungen zu einem prächtigen Gesamtbild.

Das im hochgotischen Stil erbaute Langhaus wurde um 1350 fertiggestellt. Am Deckengewölbe befinden sich hier täuschend echte Steinimitationen aus Holz. Man griff auf Holz zurück, da sich mit den damaligen Kenntnissen der Statik Steingewölbe noch nicht sicher bauen ließen. Das Chapter House (Kapitelhaus) im Decorated Style stammt aus dem Jahr 1300. Im südlichen Querschiff, das 1984 bei einem Brand fast zerstört wurde, finden sich noch frühgotische Bauelemente aus dem Jahr 1220. Sechs der Schlusssteine der Decke wurden von Kindern entworfen und zeigen Astronauten, Taucher, einen Wal und einen Hungertoten. 1404 wurde der Chor fertig, der zusammen mit dem Retrochor hinter dem Chorumgang und der Marienkapelle noch länger wurde als das Schiff, um den Wallfahrern am Grabe des heiligen William – eines Erzbischofs des 12. Jh. – Platz zu geben, der heute in der Krypta liegt. Im Chorgestühl sind Statuen der englischen Könige von Wilhelm I. bis Heinrich VI. zu sehen. Die Bauarbeiten an der gotischen Cathedral Church of St Peter wurden schließlich im 15. Jh. beendet, als der Mittelturm und die beiden Westtürme fertig waren. Man sollte unbedingt eine Turmbesteigung (Mittelturm) mitmachen.

Besonders sehenswert sind die mittelalterlichen Glasfenster – etwa die Hälfte der noch erhaltenen mittelalterlichen Glaskunst Englands befindet sich in dem Münster. Die mehr als hundert Fenster enthalten 2 Mio. Scherben. Das älteste Buntglas stammt aus dem 12. Jh. Beim Hauptportal an der Westfassade erkennt man ein achtteiliges Fenster aus dem Jahr 1338, in das als Heart of Yorkshire bekannte herzförmige Muster eingelassen sind. An der Außenwand des nördlichen Querschiffes befindet sich das Five Sisters Window aus dem Jahr 1290 (diese Bezeichnung stammt von Charles Dickens). Ganz am östlichen Ende dieses Querschiffes sieht man das Great East Window aus dem Jahr 1408 mit Darstellungen aus dem Alten Testament. Es ist so groß wie ein Tennisplatz! Die Fensterrose im südlichen Querschiff aus dem Jahr 1500 erinnert an die Beendigung der Rosenkriege der Häuser Lancaster und York.

In den 1960er-Jahren stieß man bei Grabungen, die wegen Fundamentsabsenkungen als Sicherungsmaßnahme nötig geworden waren, auf Mauerreste aus der römischen und angelsächsischen Zeit. Ausgehend von archäologischen Fundstücken wird dem Besucher seit 2016 im unterirdischen Gewölbe die 2000 Jahre alte Geschichte des Münsters und die seiner Restaurierung im Rahmen von „York Minster Revealed“ audiovisuell und interaktiv erfahrbar gemacht, beginnend bei den römischen Resten der Kaserne von Eboracum, die man unter Glas sehen kann. Das Highlight aus der Wikingerzeit dürfte das Horn of Ulf sein, ein wohl von arabischen Handwerkern in Italien geschnitzter Elefantenstoßzahn, der als Besitzurkunde für die Übertragung des Grund und Bodens an die Kirche diente. Erstmals sind auch die Handschriften der 1000 Jahre alten York Gospels zu bestaunen. Die mithilfe von moderner Technologie gestaltete Ausstellung ist das Ergebnis eines der größten Restaurierungs- und Konservierungsprojekte Europas, in das seit seinem Beginn 2011 über fünf Jahre 20 Mio. Pfund flossen.

Münster: Mo–Sa 9–17 Uhr, So 12.45–17 Uhr. 10 £, erm. 9 £, Kind frei. Der Besuch der Ausstellung York Minster Revealed in der Krypta (Mo–Sa 10–17 Uhr, So ab 13 Uhr) ist im Preis inbegriffen, das Ticket ist für zwölf Monate gültig. ✆ 01904/557200, yorkminster.org.

Tickets für Konzerte und Events unter www.boxoffice.yorkminster.org/public.

Kostenlose Führungen Mo–Sa stündlich zwischen 10–14 Uhr. Für Kinder kann man verschiedene amüsante Rundgänge im Internet herunterladen.

Central Tower: Wer einen unvergesslichen Blick von York erhaschen will, sollte vom südlichen Querschiff aus die knapp 280 Stufen des Mittelturms erklimmen. Von hier kann man auch halb Yorkshire sehen. Kombiticket mit Kircheneintritt: 15 £, erm. 14 £, Kind 5 £.

St William's College: Gleich hinter dem Münster findet man auf der College Street das St William's College. Seit 1453 eine Ausbildungsstätte für Priester, wurde das College unter Heinrich VIII. säkularisiert. Karl I. deponierte hier während des Bürgerkriegs (17. Jh.) die königliche Druckerpresse und Münze. Heute dient das Gebäude als Konferenzzentrum und Restaurant für Gruppen und Veranstaltungen.

Treasurer's House: Dieses elegante Stadthaus aus dem 17. Jh. war ursprünglich das Haus des Schatzmeisters des Münsters. Der Industrielle Frank Green restaurierte das Haus und lebte hier von 1895 bis 1930. Das Mobiliar stammt weitgehend aus dieser Zeit. Es gibt hier eine kleine Kunstgalerie mit Möbeln, Glas und Porzellan vom 16. bis 20. Jh. sowie ein Café. Gegen eine Extragebühr kann man den Keller des Gebäudes besichtigen, wo der Geist eines römischen Legionärs sein Unwesen treibt.

Febr. bis Mitte Dez. tägl. 11–16.30 Uhr (letzter Einlass 16 Uhr). 7,20 £, erm. 6,20 £, Kind 3,60 £, Familie 18 £. Kellerbesichtigung Ghost Cellar: 3 £, Kind 2,50 £. Chapter House Street/ Minster Yard, YO1 7JL, ✆ 01904/624247, www.nationaltrust.org.uk/treasurers-house-york.

York Art Gallery: Hier sind Werke europäischer Malerei aus sechs Jahrhunderten ausgestellt; darunter finden sich auch zahlreiche Werke englischer Künstler (z. B. Lowry, Hockney und Hepworth). Das Museum verfügt auch über die größte Sammlung des romantischen Malers William Etty, der als Sohn eines Müllers in der Stadt geboren wurde und für seine Aktbilder bekannt war. Seit dem Umbau liegt der Eingang auf der Rückseite der Galerie, es gibt eine wunderbare neue Gartenanlage, ein neues Stockwerk mit mehr Ausstellungsfläche und ein Centre for British Studio Ceramics, eine Töpferbewegung des 20. Jh. Sehr beliebt ist auch das erweiterte Cafe No 8 at York Gallery.

Mo–Fr 10–17 Uhr, Sa bis 18 Uhr, So 11–16 Uhr. 6,81 £, Kind bis 16 J. frei. Exhibition Square, YO1 7EW, ✆ 01904/687687, www.yorkartgallery.org.uk.

The Shambles: Am südlichen Ende der Goodramgate beginnt diese enge Gasse mit den mittelalterlichen Fachwerkhäusern, deren Dächer beinahe aneinander stoßen. Hier fühlt man sich in die Vergangenheit zurückversetzt. Die oberen Stockwerke ragen auf die Straße hinaus, auf diese Weise versuchte man den knappen Baugrund nach oben auszudehnen. Die meisten der Gebäude entstanden zwischen 1350 und 1450. Zum größten Teil lebten hier Metzger mit ihren Familien: In den oberen Zimmern wohnte man, unten wurde gearbeitet, und vor der Haustüre verkaufte man die Produkte. Daran erinnern noch heute die zahlreichen Fleischerhaken an den Hauswänden. In grausiger Erinnerung gehalten wird bis heute das Schicksal der Metzgerfrau Margaret Clitherow, die inzwischen die heilige Margaret von York ist. Sie wurde 1586 zu Tode gesteinigt, weil sie während der Reformationswirren Messe gehalten und Katholiken Zuflucht in ihrem Haus Nr. 14/15 gewährt hatte. The Shambles mündet in die Straße Pavement, wo man den Turm der All-Saints-Pavement-Kirche aus dem 15. Jh. sieht. York hat noch 17 Gemeindekirchen.

In den Shambles

Guy Fawkes – bekanntester Sohn Yorks

1570 wurde im heutigen Young's Hotel (Petergate) Guy Fawkes geboren. Er besuchte später die St Peter's School (Bootgate). Nachdem er zum Katholizismus übergetreten war, diente Fawkes als spanischer Soldat in den Niederlanden, wo er mit Sprengstoffen umzugehen lernte. Zusammen mit anderen hochrangigen Katholiken plante er den Gunpowder Plot (Pulververschwörung). Am 5. November 1605 wollte er in den Kellerräumen des Parlamentsgebäudes in London mit Schwarzpulver den protestantischen König Jakob I. samt Parlament in die Luft jagen. Die Verschwörung wurde jedoch aufgedeckt und der Übeltäter Fawkes im Januar 1606 hingerichtet. Seither werden vor jeder Eröffnung einer Sitzungsperiode die Keller des Parlaments nach Sprengstoff durchforstet und ein Abgeordneter als symbolische Geisel in den Buckingham Palast verfrachtet, bis die Queen von der Zeremonie heil zurück ist.

Am 5. November eines jeden Jahres wird noch heute in ganz England der Guy-Fawkes-Tag gefeiert. Kinder basteln und verkleiden Strohpuppen und sammeln unter dem Motto *„A penny for the guy"* Geld für das traditionelle Feuerwerk. Am Abend werden alle Puppen feierlich auf einem Lagerfeuer verbrannt – nur nicht in der St Peter's School. Dazu gibt es das größte Feuerwerk des Jahres.

Jorvik Viking Centre: Dieses Museum ist ein Erlebnis. Nach den Überschwemmungen von 2015 blieb es für mehr als ein Jahr geschlossen und soll mit der

Yorkshire → Karte S. 394/395

Wiedereröffnung im April 2017 noch besser und größer werden. Bei Bauarbeiten entdeckte man an der Stelle des heutigen Museums Fundamente von Häusern, Werkstätten und Höfen sowie viele Fundstücke aus der Zeit der Wikingerhochburg Jorvik und beschloss, direkt an dem Fundort diese Ausstellung einzurichten. Mit modernsten Audio- und Videoinstallationen inklusive „Geistern" erhält man einen Einblick in das Leben der Wikinger. In der interaktiven Ausstellung werden die Ausgrabungsfunde in nachgebauten Gebäuden präsentiert. Auf einem kleinen Wagen kann man sich außerdem auf eine Zeitreise von der Wikingerzeit bis heute begeben. Wahrscheinlich wird man nun beim Kartenkauf noch länger Schlange stehen, vorreservieren ist daher empfohlen.

Viking Centre: April bis Okt. tägl. 10–17 Uhr, Nov. bis März 10–16 Uhr. Vorreservierungen unter ✆ 01904/615505 oder über die Website. Preise vor der Wiedereröffnung im April 2017: 9,25 £, erm. 7,25 £, Kind 6,25 £, Familie 26–29 £ (ein Jahr gültig). Coppergate. YO1 9WT, ✆ 01904/615505, www.jorvik-viking-centre.co.uk.

Roman Baths Museum: Unter dem Roman Baths Pub kann man die Ausgrabungsstätte der alten römischen Bäder von Eboracum besichtigen, die mit einigen unterhaltsamen Fakten versehen wurden. Das 1800 Jahre alte Caldarium (Dampfbad) wurde in den 1930er-Jahren bei Renovierungsarbeiten entdeckt. Zu sehen gibt es auch Repliken von Alltagsgegenständen, Waffen und Schmuck. In der Touristeninformation liegt ein Spaziergang durch die Römerstadt Eboracum aus: „Walking with the Romans" (Audio-Tour als Download unter www.historyofyork.org.uk).

Tägl. 11–17 Uhr. 3,50 £, erm. 2,50 £, Kind 2 £, Familie 9 £. 9 St Sampsons Square, YO1 8RN, ✆ 01904/620455.

York Castle (Clifford's Tower): Von York Castle – eine der beiden Burgen, die William der Eroberer in der Stadt errichten ließ – ist nur noch der Clifford's Tower übrig. Wenn man seine 55 Stufen erklimmt, hat man einen herrlichen Blick über die Stadt. Die Burg wurde im Jahr 1190 zerstört, als nach antisemitischen Übergriffen etwa 150 Juden hier Schutz suchten. Das Dach des Burgfrieds fiel keiner feindlichen Kanone, sondern der Explosion des Pulvermagazins zum Opfer. Rund um den Burghügel sind drei palastartige Gebäude angeordnet, die einstigen Gefängnisse und das Schwurgericht (heute Castle Museum).

Ende März bis Anf. Sept. tägl. 10–18 Uhr. 4,70 £, erm. 4,20 £, Kind 2,80 £, Familie 12,20 £. Tower Street, YO1 9SA, ✆ 01904/646940, www.english-heritage.org.uk.

Castle Museum: Eines der bekanntesten und größten Volkskundemuseen Englands. Hier wurden filmsetartige Welten geschaffen, die die Lebensbedingungen der Menschen in 400 wechselvollen Jahren rekonstruieren. Nachgebildet sind Straßen aus der viktorianischen und edwardianischen Zeit mit Geschäften, einer Feuerwehrstation, Werkstätten und einem Gefängnis. Zu bestaunen gibt es auch Zimmer, die im Stil verschiedener Epochen eingerichtet sind und viele sehenswerte Details enthalten. Höhepunkt einer Besichtigung ist der Coppergate Helmet, ein Wikinger-Helm, der bei Ausgrabungsarbeiten gefunden wurde. Alles in allem eine gelungene und sehr sehenswerte Ausstellung. Durch den Garten kann man entlang des River Foss und der normannischen Mauern bummeln. Vom Café aus blickt man auf den Clifford's Tower.

Tägl. 9.30–17 Uhr. 9,09 £, Kinder unter 16 J. frei. Castle Museum, Eye of York, YO1 9RY, ✆ 01904/687687, www.yorkcastlemuseum.org.uk.

Barley Hall: Bis in die 1980er-Jahre noch lag Barley Hall verschüttet unter einem Gebäudekomplex von Werkstätten und Büros. Dieses mittelalterliche Stadthaus gehörte einst dem Prior von Nustell, später einem Goldschmied und Bürgermeister von York. Es wurde liebevoll restauriert, und eine Ausstellung mit Objekten, Kostümen und Requisiten der beliebten BBC-Show „Horrible Histories“ vermittelt die Qualen und Leiden des mittelalterlichen Menschen zwischen Pest und Cholera.

April bis Okt. tägl. 10–17 Uhr (letzter Einlass 16 Uhr), Nov. bis März nur bis 16 Uhr (letzter Einlass 15 Uhr). 6 £, erm. 4 £, Kind 3 £, Familie 15–17,50 £. Coffee Yard zwischen Grape Lane und Stonegate, YO1 8AR, ✆ 01904/615505, barleyhall.co.uk.

Yorkshire Museum and Gardens und St Mary's Abbey: Das Museum liegt mitten im botanischen Garten (York Museum Gardens), in dem sieben *champion trees* (besondere, meist alte Bäume, die im nationalen Baumregister gelistet sind) stehen – die größten ihrer Art in der Grafschaft. Man kann an Blumenrabatten der amerikanischen Prärie und des Orients entlang durch einen Farn- und einen Felsengarten spazieren. Wer sich losreißt, erfährt drinnen etwas über die Geschichte der Stadt. Präsentiert werden u. a. römische, angelsächsische und wikingische Funde; hier ist auch der Anhänger, Middleham Jewel, aus dem 15. Jh. ausgestellt, der bei Middleham Castle gefunden wurde. Zu dem Museumsgebäude gehört auch ein Teil der ehemaligen St Mary's Abbey aus dem Jahr 1080. Der Abt von St Mary war berechtigt, eine Mitra zu tragen. Das gab ihm das Recht auf Sitz und Stimme im House of Lords.

Tägl. 10–17 Uhr, Museum Gardens 7.30–18 Uhr. 6,81 £, Kinder unter 16 J. frei. Museum Gardens, YO1 7FR, ✆ 01904/687687, www.yorkshiremuseum.org.uk.

Guildhall York und Mansion House: Das imposante Rathaus der Stadt am Ostufer des Flusses Ouse (in der Nähe der Lendal Bridge) stammt ursprünglich aus dem 15. Jh. Im Zweiten Weltkrieg wurde das Gebäude weitgehend zerstört und in den 1950er-Jahren wiederaufgebaut. Die Buntglasfenster beschreiben die Geschichte von York, und groteske Gesichter schmücken die Decke des inneren Saals. Direkt neben der Guildhall befindet sich das Mansion House aus dem Jahr 1725, wo seitdem der Oberbürgermeister (Lord Mayor) der Stadt residiert, der für ein Jahr von der Königin als ihr Repräsentant ins Amt berufen wird.

Mansion House: Zum Zeitpunkt der Recherche wegen Renovierung für 12 Monate geschl. St Helen's Square, YO1 9QN, ✆ 01904/552036, www.mansionhouseyork.com.

Yorkshire → Karte S. 394/395

Clifford's Tower

Merchant Adventurer's Hall: Die Zunfthalle der international Handeltreibenden, die ihr Vermögen in abenteuerlichen Investitionen in Übersee riskierten – daher der Name –, wurde zwischen 1357 und 1361 gebaut und gilt als eine der schönsten in ganz Europa. Bis 1827 regierten die Zünfte die Wirtschaft und damit die Stadt, jedenfalls hier in York. Sie waren reich und mächtig geworden durch das Zollmonopol, das ihnen Elisabeth I. für alle Importe nach York außer Salz und Fisch überschrieben hatte. Handel und Handwerk wurden vollständig von den Zünften kontrolliert, sie setzten sich für eine gleichbleibende Qualität ein, gingen Beschwerden nach und regulierten die Preise. Natürlich machten sie dabei anständige Gewinne und wurden reicher und reicher. Allerdings erwiesen sie sich auch als großzügig den Armen gegenüber. Bis 1900 befand sich daher im Untergeschoss ein Armenhaus, wo Bedürftige aufgenommen und versorgt wurden. Neben der Halle, die als Saal für Empfänge und Feiern diente, gibt es noch die Chapel als Ort für das Seelenheil.

März bis Okt. Mo–Do 9–17 Uhr, Fr/Sa 9–15.30 Uhr, So 11–16 Uhr, im Winter Mo–Do 10–16 Uhr, Fr/Sa 10–15.30 Uhr. 6 £, erm. 5 £, Kinder unter 16 J. frei. Fossgate, YO1 9XD, ✆ 01904/654818, www.theyorkcompany.co.uk.

York Dungeon: 2000 Jahre blutrünstige Geschichte werden hier detailgetreu als schauerliche „Geisterbahnfahrt" durch Burgverliese, Folterkammern und Slums gestaltet, Sie müssen einer Enthauptung beiwohnen und die Pest überleben. Planen Sie 70 Minuten für die Tour ein, bei der kostümierte Schauspieler, Spezialeffekte und Horror-Requisiten dafür sorgen, dass es einen gruselt. Und das tut es, vor allem, wenn man bedenkt, dass alles, was man hier erlebt, tatsächlich passiert ist. Es geht um Leben oder Tod, und die Leute lieben es, wie der Erfolg der Dungeons auch in London und Edinburgh beweist.

Kernzeit 10–16.30 Uhr, die verschiedenen Öffnungszeiten bitte der Website entnehmen. 16,50 £, erm. 15,50 £, Kind 12 £, Rabatte bei Vorbuchung im Internet. 12 Clifford Street, YO1 9RD, ✆ 0871/4232260, www.thedungeons.com/york.

York Army Museum: An Militärfreunde richtet sich diese interaktive, moderne Ausstellung zum Yorkshire Regiment und den Royal Dragoon Guards, deren Name, wie man hier beispielsweise erfahren kann, auf ihre Waffen aus dem 17. Jh., die Musketen, zurückgeht: Beim Abfeuern stießen diese Rauchwolken aus, als wären sie wütende Drachen. Anhand der Sammlungen wird auf die Geschichte der britischen Armee und die Bedeutung Yorkshires in diesem Zusammenhang während der letzten 300 Jahre zurückgeblickt.

Di–Fr 9.30–16.30 Uhr, Sa–So 10–16 Uhr. 5 £, erm. 4 £, Kind 2,50 £, Familie 12 £. 3 Tower Street, YO1 9SB, ✆ 01904/731532, www.yorkarmymuseum.co.uk.

York's Chocolate Story: Wussten Sie, dass York die Geburtsstadt von KitKat, Smarties und After Eight ist? Wenn Sie einen „süßen Zahn" besitzen, wie der Engländer Naschkatzen beschreibt, und mehr über die jahrhundertealte Tradition der Schokoladenherstellung in der Stadt erfahren möchten, sollten Sie hier vorbeischauen. Zwar gehören Firmen wie Rowntree's (KitKat, After Eight und Smarties) heute zu Nestlè bzw. Mondelez, dafür knüpft Guppy's an alte Erfolge an und stellt seit 2010 Schokolade in Handarbeit her (www.guppyschocolates.co.uk). Während einer 90-minütigen Führung durch die interaktive Ausstellung York's Chocolate Story erfährt man mehr, wer lieber eigenständig auf Erkundung gehen möchte, kann sich auf dem „Chocolate Trail" (www.visityork.org/chocolate/chocolate-trail.aspx) zielsicher an die Orte der süßesten Versuchungen in York dirigieren lassen.

Tägl. 9.15–17 Uhr, 11,50 £, erm. 10,50 £, Kind 9,50 £, Familie 39,95–47,95 £, King's Square, YO1 7LD, ✆ 01904/527765, www.yorkschocolatestory.com.

York Brewery: Diese unabhängige Minibrauerei versteht sich auch als Touristenattraktion, weshalb man dem Herstellungsprozess, u. a. der Fermentierung, von einer Galerie aus zusehen kann. Die fünf bis sechs verschiedenen Ale-Sorten darf man auch verkosten, z. B. das berühmteste Ale Bitter namens Centurion Ghost (5,4 %), das malzige Guzzler (3,6 %), das hopfige Stonewall (3,8 %) oder das Bitter Yorkshire Terrier (4,2 %).

Führungen tägl. (außer So) 12.30, 14, 15.30 und 17 Uhr, geöffnet 11–23 Uhr. 8 £, erm. 6 £, Kind 4 £. 12 Toft Green, Micklegate, YO1 6JT, ✆ 01904/621162, www.york-brewery.co.uk.

National Railway Museum: Dieses größte Eisenbahnmuseum der Welt ist ein wahres interaktives Paradies für Eisenbahnfans. Mehr als 100 verschiedene Lokomotiven und zahlreiche Waggons garantieren eine vielfältige Ausstellung. Besonders sehenswert ist der luxuriöse Waggon von Königin Viktoria. Auch einer der berühmtesten Züge des Landes, der Flying Scotsman, ist hier zu sehen. Neuestes Prunkstück ist die Duchess of Hamilton, eine Art-déco-Lok. Durch Poster, Fotos, Filme und Objekte erfährt man Wissenswertes über den Bau und Betrieb der Eisenbahn seit dem 19. Jh.

Tägl. 10–18 Uhr. Eintritt frei. Leeman Road, YO26 4XJ, ✆ 08448/153139 (4,25 p/Min.), www.nrm.org.uk.

York Maize: Jedes Jahr von Mitte Juli bis Mitte September entsteht aus 1,5 Mio. Maispflanzen ein Irrgarten, der zur Hauptattraktion der Region avanciert ist. Auf dem Gelände befinden sich auch ein Rummel mit 20 Fahrgeräten und eine Picknickecke.

Mitte Juli bis Anf. Sept. tägl. 10–18.30 Uhr (letzter Einlass 16.30 Uhr). 14,50 £, erm. 14 £, Kind 13,50 £, Familie 54–79 £. Online Ermäßigungen. Auf der A 64 bis zum Kreisverkehr Richtung Hull, auf die B 1228 in Richtung Yorkshire Air Museum (Elvington), das Labyrinth ist kurz vor dem Museum. Elvington Lane, YO19 5LT, ✆ 01904/607341, www.yorkmaze.com.

Yorkshire → Karte S. 394/395

Umgebung von York

Burnby Hall Gardens: Nahe dem Marktstädtchen Pocklington liegt dieser Garten, der mit über 100 verschiedenen Varianten die größte Sammlung von Seerosen im Lande zur Schau stellt. Geschaffen wurde das kleine Paradies von Major Percy Stewart, einem viktorianischen Abenteurer, der achtmal die Welt umreiste, bevor ihn seine Frau überreden konnte, seine Energien weniger in Reisen und die Jagd, denn in die Anlage des Gartens zu stecken. In seinen Fischteichen schuf der passionierte Angler ein Paradies für Seerosen, die man am besten im Juli und August bewundern kann. Das Haus stammt aus dem 17. Jh., wurde von Robert Adam entworfen und wird seit 1748 von der Compton-Familie bewohnt (für Publikum nicht geöffnet). Ein kleines Museum widmet sich dem abenteuerlustigen Stifter und seinen vielen Mitbringseln aus aller Welt.

Ende März bis Anf. Okt. tägl. 10–17.30 Uhr, letzter Einlass 16.30 Uhr. Lilypad Café 10–16.30 Uhr. 5 £, erm. 4,30 £, Kind 2,80 £, Familie 13,85 £. Pocklington, YO42 2QF, ✆ 01759/307125, www.burnbyhallgardens.com.

Castle Howard: Ein Obelisk weist schon aus der Ferne den Weg zu diesem herrlichen Schloss aus dem 18. Jh. Castle Howard – majestätisch wie ein französischer Königspalast liegt es etwa 25 km nordöstlich von York und ist noch immer im Besitz der Howards. Für viele Besucher ist Castle Howard das schönste Schloss in England. Die großzügige Parkanlage (4000 ha) mit ihrem Tempel der Vier Winde, den Seen, dem Rosengarten und einem 250 Jahre alten Mausoleum von Stararchitekt Nicholas Hawksmoor ist weit mehr als nur ein würdiger Rahmen für den Prachtbau. Beeindruckend ist ebenso das Innere des Schlosses. Die Große Halle sollte dem Besucher gleich zum Empfang Bewunderung und Respekt einflössen. Die beeindruckende Kuppel, die der 100 m breiten Schlossfassade voller Putten, Statuen und Säulen die Krone aufsetzt, lässt Licht in den Saal fluten. Sie ist mit Fresken von Antonio Pellegrini bemalt, einem Venezianer, der viele Wände und Decken der europäischen Aristokratie mit Historienmalereien dekorierte. Auch die Ausstattung der anderen 145 Räume ist überwältigend. Die Lange Galerie will gar nicht enden und hängt voller kostbarer Gemälde von Gainsborough, Rubens, Canaletto, van Dyck und Holbein dem Jüngeren. In den verschiedenen Schlafzimmern und Drawing Rooms bestaunt man Möbel aus Seidenholz und Satin-Himmelbetten, die lange Tafel im Speisesaal ist mit Crown-Derby-Porzellan akkurat eingedeckt, als käme Besuch zum Abendessen. Henry Howard, der 4. Earl of Carlisle und Erbe des Erbauers, lebte lange in Rom und brachte von dort ganze Schiffsladungen von Kunstschätzen und antiken Statuen aus Pompeji und Herculaneum mit nach Hause, die in der „Antiken Passage" ihren Platz gefunden haben. Es gibt verschiedene Ausstellungen, u. a. „Brideshead Revisited" (nach Evelyn Waughs Roman „Wiedersehen mit Brideshead"), der hier verfilmt wurde, wodurch das Gebäude vielen in Erinnerung geblieben ist.

Mitte März bis Okt. tägl. 10–17 Uhr, (Haus ab 11 Uhr, letzter Einlass 16 Uhr), Park und Garten bis 18.30 Uhr, Café und Shop bis 17 Uhr. 17,50 £, erm. 16 £, Kind 9 £, Familie 44 £. Nur Park und Garten: 9,95 £, erm. 9 £, Kind 7 £, Familie 26,90 £. Castle Howard, YO60 7DA, Infos vom Band: ✆ 01653/648333, www.castlehoward.co.uk. Ruhig schläft es sich im Castle Howard Lakeside Holiday Park.

Barock in Reinkultur: Castle Howard

Maritime Museum

Yorkshire → Karte S. 394/395

Kingston-upon-Hull (Hull)

Kingston-upon-Hull – oder einfach nur Hull – liegt an der Nordseemündung des Humber und war früher der drittgrößte Hafen Großbritanniens. Inzwischen haben ihm die petrochemischen Umschlaghäfen den Rang abgelaufen. Dafür wird die Stadt zunehmend attraktiver und profitiert vom Tourismus.

Hull ist umgeben von flachem Farmland und kleinen Dörfern und wirkt auf den ersten Blick eher unspektakulär. Der Spruch *„Hull is dull"*, also langweilig, trifft heute aber kaum mehr zu. Denn auch diese nördliche Metropole ist auf dem Weg ins 21. Jh. und tätigt gigantische Investitionen im Stadtzentrum und den angrenzenden Wasserwegen. Im Herzen der Altstadt liegt der hübsche **Trinity Square** mit seinen Markthallen, der Kirche und der alten Grammar School sowie den kopfsteingepflasterten Straßen Saville Street und George Street voller Designer-Geschäfte und uriger Pubs. Den Queen Victoria Square überragen die Kuppeln des **Maritime Museum** und der **City Hall** von 1903. Die benachbarten **Queens Gardens** füllen das einst größte Hafenbecken der Stadt, das Queens Dock. Hauptattraktion der Innenstadt nicht nur für Shopaholics ist das von Sir Norman Foster entworfene **St Stephen's Shopping Centre** gleich bei der Transport Interchange. Wer abends ausgehen möchte, sucht inzwischen die regenerierte **Waterfront** oder noch besser das 2,5 km entfernte Vergnügungsviertel Princes Avenue („das Notting Hill von Hull") in der Nähe der Universität auf, wo sich rund 30 Cafés, Bars und Restaurants angesiedelt haben. Für Kulturinteressierte gibt es in Hull acht Museen (freier Eintritt). Hauptattraktion für Familien ist **The Deep,** wo mit viel Aufwand und 3500 Fischen die Geschichte des Ozeans erzählt wird. Hulls Verwandlung ist so radikal, dass die Tageszeitung Guardian die Stadt kürzlich unter den Top 15 der sehenswerten Städte Englands platziert hat und sie 2017 den Titel „UK City of Culture" tragen darf (www.hull2017.co.uk).

Die erste Siedlung am Zusammenfluss von Hull und Humber wurde von Mönchen der Zisterzienserabtei Meaux Abbey im 12. Jh. gegründet, um die Wolle zu verschiffen, die sie produzierten. Als Eduard I. auf seiner Kampagne gegen die Schotten 1293 hier Rast machte, erkannte er das Potenzial des Seehafens, kaufte ihn den Mönchen gegen den üblichen königlichen Rabatt ab, und Hull wurde als „Kinges town upon Hull" bekannt. Der Schiffsbau und der Handel waren in der Folgezeit die wichtigsten Einnahmequellen. Im Jahr 1642 weigerte sich die Stadt, Karl I. Zutritt zu gewähren, womit bereits dem späteren Bürgerkrieg vorgegriffen wurde. Ende des 18. Jh. wurde in Hull die erste Marineschule der Welt gegründet, und bis ins 19. Jh. war der Walfang eine der Haupteinnahmequellen der hiesigen Schifffahrt.

Im Zweiten Weltkrieg wurde Hull von deutschen Bombern fast völlig zerstört. Zwar waren an der Küste riesige Verteidigungsanlagen erbaut worden, doch hielten sie den Luftangriffen nicht stand. 1981 entstand die **Humber Bridge,** damals die größte Einzelspann-Hängebrücke der Welt, die noch heute wirklich sehenswert ist.

Basis-Infos

Information **Hull Tourist Information Centre**, ausreichend Informationsmaterial, Boxoffice und Auskünfte über die Fährverbindungen. 75–76 Carr Lane, Queen Victoria Square, Hull, North Humberside HU1 3RQ, ✆ 01482/300300, www.visithullandeastyorkshire.com.

Verbindungen **Bus** – Lokale Busse, Überlandbusse und Züge fahren alle von Hulls Paragon Transport Interchange, HU2 8LN. Hier befindet sich auch das örtliche Travel Centre. Der National Express verbindet in regelmäßigen Abständen mit London Victoria, York und anderen großen Städten ✆ 08717/818181. Auskünfte über örtlichen Busverkehr von Bus Call: ✆ 01482/222222.

Bahn – Paragon Interchange, Ferensway; acht tägliche Verbindungen nach London King's Cross (2:45 Std.), Newark und Doncaster. Regelmäßige Verbindungen auch nach York, Leeds (1 Std.) und Scarborough. Die Verbindung von London nach Hull wird von den First Hull Trains bedient. HU1 3QX, ✆ 0345/0264077, www.hulltrains.co.uk.

Land Train - eine Bimmelbahn verbindet das Stadtzentrum mit The Deep und dem Museum Quarter. Do–So 11–16 Uhr, in den Ferien tägl. hulllandtrain.wixsite.com/tablet.

Fähre – (→ Anreise, S. 59). Vom King George Dock Terminal fährt nach Ankunft der Fähre ein Shuttlebus ins Zentrum zum Bahnhof bzw. umgekehrt. Von der Stadt zum Hafen verlässt er den Interchange um 17 Uhr.

Flugzeug – Nationale Flüge landen auf dem Humberside International Airport (Fahrtzeit 30 Min.), der Stagecoach X1 „Humber Flyer" fährt Mo–Sa stündlich in die Innenstadt von Hull, 4,50 £, hin und zurück 6,90 £. Grimsby Road, Kirmington, DN39 6YH, ✆ 0844/8877747, www.humbersideairport.com. Auch die Flughäfen im Tees Valley sind leicht zu erreichen.

Park & Ride – Priory Park, nahe der A 63, HU4 7DY. Der Bus fährt Mo–Sa 7–18.30 Uhr alle 10 Min. 2 £ (DayRider) in die Innenstadt und zurück. Das Parken ist kostenfrei. www.parkandride.net/hull.

Einkaufen **St Stephen's Shopping Centre**, 50 Markennamen unter einem Dach, Restaurants, dem Multiscreen-Kino Reel und einer Bingo-Halle. Mo–Mi und Fr 9–19 Uhr, Do bis 20 Uhr, Sa bis 18 Uhr, So 10.30–16.30 Uhr. 110 Ferensway, HU2 8LN, www.ststephens-hull.com.

Princes Quay Shopping Centre, gläsernes Einkaufszentrum von 1991 auf rund 500 Stelzen gegenüber dem Jachthafen, Mo–Fr 9–17.30 Uhr, Sa bis 18 Uhr, So 10.30–16.30 Uhr. www.princes-quay.co.uk.

Prospect Centre, zwischen Prospect, West und Brook Streets, beherbergt u. a. Kaufhäuser wie Debenhams und House of Fraser.

In der **Hepworth's Arcade** gibt es gute Secondhand-Klamotten, Silver Street, HU1 1JU.

Kino **Odeon**, Kingston Park, www.odeon.co.uk.

Cult Cinema Sundays 1-mal im Monat im Kulturzentrum **Fruit** (5 £). http://www.fruitspace.co.uk/monthly-events/cult-cinema-sunday.

Märkte Mi und So 8–14 Uhr (Carboot Sale), einer der größten Wochenmärkte Nordenglands am Park & Ride **Walton Street** beim KC-Stadion mit fast 300 Ausstellern. Walton Street, HU3 6JB.

Erster Freitag im Monat 10–16 Uhr überdachter Markt am Trinity Square. Trinity Open Market, HU1 2JP.

Farmer's Market jeden 1. So im Monat, 9–13 Uhr, an der Humber Bridge Viewing Area in Hessle.

Aktivitäten/Kultur

→ Karte S. 477

Bootsverleih **Beverley Boat Hire**, paddeln auf dem River Humber, Ruder- oder Motorboote, 316 Hull Bridge Road, Tickerton, Beverley, HU17 8RT, ✆ 07726/491390, www.beverleyboathire.co.uk.

Fahrradtouren Hull besitzt 90 km Fahrradwege, und man kann eine Radkarte (Cycle Map) von der Touristeninformation erhalten. **Fahrradverleih** an der Interchange für 3,50 £/Tag, E-Bikes für 10 £ (50 £ Pfand). hullcyclehub.co.uk/cycle-hire.

Golf **East Yorkshire Golf Passport**, erlaubt die Nutzung von vier Golfplätzen zu einem Einheitspreis. Zwei Runden 45 £, vier Runden 74 £. eastyorkshiregolf.co.uk.

Fußball **KC Stadium**, das Stadion wird hauptsächlich vom Fußballverein Hull City und vom Rugby-League-Verein Hull FC genutzt. Manchmal gibt es andere Großveranstaltungen. West Park, Hull, HU3 6HU, ✆ 01482/504600, kcstadium.co.uk/kc-stadium/stadium-tours.

Konzert **Hull Arena**, auf der Westseite des Humber (in einiger Entfernung zur Stadt) befindet sich die Eishockeyhalle, die oft als Konzerthalle dient und in der die gängigen großen Bands spielen. Kingston Street, HU1 2DZ, ✆ 01482/325252, www.hullcc.gov.uk/hullarena. Tickets: www.ticketmaster.co.uk/Hull-Arena-Tickets-Hull/venue/256035.

Kultur **Fruit** 18 Neuer, spannender Veranstaltungsort in einer Lagerhalle im ehemaligen Fruit Market, der sich in ein Kreativzentrum mit Workshops, Studios und Galerien verwandelt hat. Hier finden Märkte und Festivals, Kino, Theater, Comedy, Bandauftritte und Club Nights statt. 62–63 Humber Street, HU1 1TU, ✆ 01482/221113, www.fruitspace.co.uk.

Stadtrundgänge Ab der Tourist Information finden April bis Okt. Fr, Sa, Mo um 14 Uhr, So um 11 Uhr Führungen statt. 4 £, www.tourhull.com. Es gibt auch verschiedene Faltblätter über Stadtrundgänge, die man auf eigene Faust unternehmen kann.

Theater **Hull New Theatre**, vielfältiges Angebot an Musicals, Opern, Ballettveranstaltungen und Konzerten. Kingston Square, HU1 3HF, ✆ 01482/300300, www.hullcc.gov.uk/hullnewtheatre.

Hull Truck Theatre, Ort für Theater, Musik und vor allem Comedy, auch schönes Café und Bar (Mo–Fr 10–17 Uhr, Sa bis 15 Uhr, an Vorstellungsabenden 10–19 Uhr). 50 Ferensway, HU2 8LB, ✆ 01482/323638, www.hulltruck.co.uk.

Veranstaltungen Das **Freedom Festival** im September ist ein Kulturfestival im Andenken an William Wilberforce und seine Kampagne für die Abschaffung der Sklaverei und die Freiheit dieser Menschen. Im neuen Amphitheater Stage@The Dock. www.freedomfestival.co.uk.

Im Juli findet ein **Jazzfestival** statt. www.jnight.org/hulljazzfestival.php.

Hull Fair ist ein großer Rummel seit 1279 im Oktober. hullcityfair.com.

Im November strapaziert das **Comedy Festival** die Lachmuskeln (www.hullcomedy.co.uk). Die Veranstalter planen die Eröffnung eines **Museums of Local Humour**.

Übernachten/Essen & Trinken

→ Karte S. 477

Übernachten Um den Bahnhof herum liegen die teuren Hotels. Einige B & Bs gibt es vor allem in der Spring Bank West und in der Beverley Road.

*** **Holiday Inn Hull Marina** 17 Am Jachthafen gelegenes Komforthotel mit Pool und Sauna im Spirit Health Club. DZ ab 75 £, mit Frühstück 20 £ mehr. Castle Street

Yorkshire → Karte S. 394/395

North, HU1 2BX, ✆ 0871/4234942, www.hihull marinahotel.co.uk.

*** **Kingston Theatre Hotel** 11 Eines der besten Preis-Leistungs-Verhältnisse bietet dieses zentrale und elegante viktorianische Haus nahe des New Theaters. 28 recht kleine Zimmer im englischen Stil, freies WLAN, einige haben Blick auf die Kingston Square Gardens. B&B EZ 40–75 £, DZ 50–150 £. 1–2 Kingston Square, HU2 8DA, ✆ 01482/225828, www.kingstontheatrehotel.com.

**** **Dowthorpe Hall B & B** 9 Landlady Caroline Holtby hat Geschmack, sie ist Gartendesignerin, kocht für ihr Leben gern und züchtet ihr eigenes Gemüse. Daher sollte man es nicht versäumen, hier auch zu Abend zu essen. Die Herberge ist ein georgianisches Landhaus nördlich von Hull an der A 165 nach Bridlington. EZ 60 £, DZ 100 £, Dinner 25 £. Skirlaugh, HU11 5AE, ✆ 01964/562235, www.dowthorpehall.com.

Acorn Guest House 6 Gehobenes B & B 3 km außerhalb der Stadt. Garage für Fahrräder und Motorräder, man kann im Garten sitzen. WLAN, Parkplatz, große Zimmer und Sonnenterrasse. EZ 50 £, DZ 66 £. 719 Beverly Road, HU6 7JN, ✆ 01482/853248, www.acornguesthousehull.co.uk.

Earlsmere Guest House 1 Freundliche, familiengeführte Pension in Laufnähe zum Zentrum mit einfachen, sauberen Zimmern und ruhig. Kostenfreies WLAN und Anwohnerparkerlaubnis (Straße). B & B EZ 28–36 £, DZ 45–55 £, Familienzimmer 65 £. 76–78 Sunny Bank/Spring Bank West, HU3 1LQ, ✆ 01482/341977, www.earlsmerehotel.co.uk.

Essen & Trinken Eine große Auswahl an trendigen Restaurant-Bars befindet sich in der **Prince's Avenue**, z. B. **Duke's Café-Bar** 2 (Nr. 46), **Pave Bar** 8 (Nr. 20, s. u.), oder **Lounge & Garbutts** 4 (Nr. 54). In Uninähe haben in der **Newland Avenue** viele Lokale eröffnet, z. B. die **Sleepers Café Bar** 3 (Nr. 47–49).

Ye Olde White Harte 15 Planen Sie bei einem mittäglichen Stadtbummel einen Besuch in diesem Pub mit ein. In dem uralten Haus aus dem 16. Jh. mit offenem Kamin herrscht viel Atmosphäre. Im ersten Stock wird gängiges Pub-Essen serviert. Tägl. 11–24 Uhr, So ab 12 Uhr. 25 Silver Street, HU1 1JG, ✆ 01482/326363, www.yeoldewhite harte.com.

Cerutti's 20 Hulls bekanntestes Restaurant, das für sein Fischmenü zu verträglichen Preisen geschätzt wird. Der Italiener liegt wunderschön nahe am Wasser am Old Pier. Monatlich wechselnde Menüs, 2 Gänge 19,95 £. Mo–Fr 12–14 Uhr und Mo–Sa 18.45–21.30 Uhr. Nelson Street, 10, HU1 1XE, ✆ 01482/328501, www.ceruttis.co.uk/hull.

Hitchcock's 14 Ausgezeichnetes vegetarisches Buffet-Restaurant, auch für Veganer. Fair-Trade-Tee und Kaffee. Mehrere Räume über einer alten Schmiede. Speisen aus aller Welt, der erste Anrufer, der einen Tisch bestellt, bestimmt, was gegessen wird: chinesisch, japanisch, spanisch etc. 16–19 £/Pers., für 1 £ Korkgebühr kann man seinen eigenen Wein mitbringen. Di–Sa ab 20 Uhr. 1 Bishop Lane, High Street, HU1 1PA, ✆ 01482/320233, www.hitchcocks restaurant.co.uk. ■

1884 Dock Street Kitchen 19 Ambitioniertes Restaurant in der Marina, hohe Decken, die Bedienung trägt historische Uniformen, irgendwie eine Mischung aus Brasserie und Gentleman's Club. Ausgezeichnete Küche, zwei Gänge für 20–30 £. Mo 18–21.30 Uhr, Di–Sa 12–14 und 18–2.30 Uhr, So 12–15 Uhr. Humber Dock Street, HU1 1TB, ✆ 01482/222260, 1884dockstreetkitchen.co.uk.

Pave Bar 8 Entspannte Cafébar mit Lesungen, Ausstellungen, Live-Jazz (Sonntagnachmittag) und einer saisonorientierten Speisekarte. 11–23 Uhr, Fr–Sa bis 24 Uhr. 16–20 Princes Avenue, HU5 3QA, ✆ 01482/333181, pavebar.co.uk.

Minerva Hotel 21 Pub in dem einst die Fischer verkehrten. Von hier aus hat man einen guten Blick über den Jachthafen, besonders von der Außenterrasse. Riesige Kabeljauportionen. Sa/So abends kein Essen. 10 Nelson Street, HU1 1XE, ✆ 01482/210025, minerva-hull.co.uk.

Crofters 5 Country-Restaurant in zwei umgebauten Cottages mit mehreren Räumen über zwei Etagen. Das Menü-Konzept erlaubt 3 Gänge zu einem festen Preis (50 £/Paar inkl. einer Flasche Wein), sonntags 14,95 £/Pers. Di–Sa 19–21.30 Uhr, So 12–14 Uhr. 9–11 Wilson Street, Anlaby, HU10 7AN, ✆ 01482/654661, crofters-restaurant.co.uk.

Operetta 12 Von außen macht der Laden nicht viel her, aber hier gibt es authentische italienische Küche von Pizza bis Pasta,, auch Steaks, und alles zu sehr fairen Preisen. 56–58 Bond Street, HU1 3EN, ✆ 01482/218687.

Nachtleben **Kardomah 94** **13** Bar und Restaurant mit einer Bühne für Veranstaltungen. Den Hunger stillen kreative Pizzavariationen, gemischte Platten (Salads and Sharers) und köstliche Nachtische. Di–Do 10–22 Uhr (Küche bis 20 Uhr), Fr–Sa bis 23 Uhr (Küche bis 20.30 Uhr). 94 Alfred Gelder Street gegenüber der City Hall, HU1 2AN, ✆ 01482/317941, www.kardomah94.com.

Fuel **10** Club mit funky Housemusic am Abend, schwulenfreundlich (metrosexuell), gutes Angebot an Cocktails und Shooters in der Propaganda Bar, freier Eintritt, wenn man sich im Propaganda ein Wristband ertrinkt. Geöffnet Mi, Fr und Sa; Fr/Sa After Party von 2 bis 6 Uhr. 6 Baker Street, HU2 8HP, ✆ 01482/228436, www.fuel-hull.co.uk.

The New Adelphi **7** Recht schräger, aber renommierter Club für Underground-Livemusik. Tägl. 89 De Grey Street; HU5 2RU, ✆ 01482/348216, www.theadelphi.com.

The Sugar Mill **16** Club am Prince's Dock in einem alten Warenlager. Sieben Bars auf drei Etagen, die mit unterschiedlicher Musik aus neuestem Soundsystem beschallt werden. Mo, Fr und Sa 22.30–3 Uhr. Dagger Lane, HU1 2LS, ✆ 01482/227222, www.sugarmillhull.co.uk.

Denkmäler und Aquarium

Humber Bridge: Wer mit dem Auto von Südosten kommt, kann direkt über die gigantische Humber Bridge fahren (1410 m, die Golden Gate Bridge in San Francisco misst nur 1280 m). Zur Zeit der Fertigstellung (1981) war sie die größte Einzelspann-Hängebrücke der Welt und kostete 91 Mio. Pfund. Die Türme sind je 155 m hoch, und das tragende Kabel besteht aus fast 15.000 ineinander gedrehten

Yorkshire → Karte S. 394/395

Stahlseilen. Die hier verarbeiteten Seile würden ausgerollt eineinhalbmal die Erde umspannen. Heute ist Humber Bridge nur noch die fünftlängste Brücke der Welt ist, bleibt aber die längste, die man zu Fuß überqueren kann. Wer sie sich nur einmal anschauen möchte, tut dies am besten vom angrenzenden Country Park, in dem sich ein Café und auch eine Tourist Information befinden, in der ein Video über den Bau der Brücke läuft. Mit dem Auto kostet die Überquerung 1,50 £.

Tourist Information und North Bank Viewing Area, Ferriby Road, HU13 0JG, ✆ 01482/640852, www.humberbridge.co.uk.

The Deep: Das futuristische Gebäude ist um ein riesiges Aquarium gebaut und will die Geschichte des Ozeans vom Big Bang bis heute aufzeigen. Computergesteuerte interaktive Stationen erklären die Entstehung der Meere, man kann ein U-Boot steuern oder 10 m unter der Oberfläche durch einen Tunnel laufen und die künstliche Unterwasserwelt bestaunen. Es geht vom seichten Strand bis auf den Meeresgrund, von polaren Welten zum Amazonas. Das größte Aquarium enthält 2,5 Mio. Liter Wasser, 87 Tonnen Salz und hat sogar einen gläsernen Fahrstuhl – darin schwimmen u. a. 19 verschiedene Hai-Arten. Neben zahllosen Fischen gibt es auch eine Pinguinkolonie. Vom Café aus kann man die braunen Gewässer der Humber-Flussmündung überblicken. Das Restaurant ist freitags und samstags abends ab 19 Uhr zum Dinner geöffnet und befindet sich am Haifischbecken.

Tägl. 10–18 Uhr, letzter Einlass 17 Uhr. 12 £, erm. 11 £, Kind 10 £, Familie 39,50/47,50 £. Online-Rabatte. Observatory Café im 3. Stock tägl. geöfffnet. Two Rivers Restaurant Do, Fr u. Sa ab 19 Uhr. (Reservierung unter ✆ 01482/382883). Tower Street, HU9 1TU (15 Min. zu Fuß vom Zentrum), Parken 2 £. www.thedeep.co.uk.

Holy Trinity Church: Vom Jachthafen in Richtung Osten gelangt man in die Altstadt. Die Holy Trinity Church am Market Place ist eine der größten Gemeindekirchen Englands – vom Grundriss, nicht von der Höhe. Sie wurde bereits 1285 gegründet und hat noch Mauerwerk sowie Glasmalereien aus dem Mittelalter vorzuweisen. Im Taufbecken aus dem 14. Jh. wurde auch William Wilberforce (→ Wilberforce House, S. 297) getauft, der Mann, der die Sklaverei in Großbritannien abschaffte.

Di–Fr 11–15 Uhr, Sa ab 9.30 Uhr, So ab 9 Uhr. Market Place, HU1 1RR, ✆ 01482/224460, www.holytrinityhull.com.

Market Place: Südöstlich der Kirche steht ein architektonisches Kleinod, das zu besichtigen den Herren vorbehalten ist. Seit 1902 können sich diese in wunderschönen Art-nouveau-Toiletten erleichtern. Gleich daneben steht die Statue König Wilhelms III. auf einem Sockel. Wilhelm von Oranien war der König, der aus seinem heimatlichen Holland den Gin nach England brachte. Sowohl der überdachte Markt als auch die hübsche Hepworths-Arkade befinden sich hier.

Museum Quarter

Die innerstädtischen Museen in der Altstadt von Hull, die sich überwiegend in der High Street befinden, wurden zum Museum Quarter zusammengefasst (www.hullcc.gov.uk/museumcollections, ✆ 01482/300300). Bei allen Museen ist der Eintritt frei und es gelten folgende Öffnungszeiten: Mo–Sa 10–17 Uhr, So 13.30–16.30 Uhr.

Hull Maritime Museum: In diesem Museum bei den Queens Gardens ist alles ausgestellt, was mit der langen Seefahrtstradition der Stadt zu tun hat (Schiffsbau, Fundstücke vom Meeresboden, Walfangausrüstungen etc.). Untergebracht ist das Ganze in dem beeindruckenden Gebäude der ehemaligen Town Docks Offices mitten in der Stadt.

Queen Victoria Square, HU1 2AA.

Ferens Art Gallery: Gleich gegenüber vom Maritime Museum befindet sich diese Kunstausstellung. Zu besichtigen sind Porträts aus dem 18. und 19. Jh. (von Malern wie Constable und Canaletto) sowie moderne Kunst (David Hockney).

Victoria Square, HU1 3RA. Oft Führungen zu den Highlights zwischen 10.30 und 15.30 Uhr.

Kunst für Amy Johnson, die als erste Frau solo nach Austalien flog

Spurn Lightship: Im Jachthafen an der Castle Street liegt dieses 75 Jahre alte Schiff, das früher mit seinen leuchtturmartigen Scheinwerfern den Schiffen von Spurn Head aus (→ S. 481) den Weg in den Hafen wies.

Ende Juni bis Mitte Sept. So 13.30–16.30 Uhr. Marina, Castle Street, HU1 1TJ.

Hull and East Riding Museum: Die folgenden drei Museen gruppieren sich um einen begrünten Platz entlang der kopfsteingepflasterten High Street, die parallel zum River Hull verläuft. In dem Gärtchen steht eine Bronzebüste Mahadma Ghandis. Die alte Getreidebörse (Corn Exchange) der Stadt am Südende des Platzes dient dem Hull and East Riding Museum für seine archäologischen Exponate und präsentiert umfassend und sehr anschaulich die Geologie und Naturgeschichte des östlichen Yorkshire mit vielen Ausgrabungsstücken von der Römerzeit bis heute.

36 High Street, HU1 1NQ.

Street Life Museum: Nächster Anlaufpunkt ist diese interaktive Ausstellung zu 200 Jahren Geschichte der Fortbewegungsmittel in Hull. Durch Nachbauten von Straßen der 1930er-Jahre gewinnt das Ganze an Authentizität, man kann auch Busse lenken, einen simulierten Postkutschenritt unternehmen und in einem alten Süßwarenladen einkaufen.

36 High Street, HU1 1NQ.

Arctic Corsair: Direkt hinter dem Street Life Museum hat auf dem Fluss Hull dieser Fischkutter festgemacht, der in den arktischen Gewässern auf Walfang ging. Die Jagd auf die Riesen der Ozeane war ein hartes Gewerbe und wird im Maritime Museum dokumentiert. Die Besatzung der Fangschiffe wurde sehr klein gehalten, denn man hatte nur bedingt Raum für Proviant und brauchte Platz für die kostbare Fracht. Wer hier anheuerte, musste sowohl Seemann als auch Fischer sein und war unglaublichen Entbehrungen ausgesetzt. Oftmals waren die Kutter für Wochen im Packeis eingeschlossen oder in Kämpfe mit anderen Walfangflotten verstrickt. Ein zehnminütiger Film stimmt Besucher auf die Führung ein.

Ostern bis Okt. Mi und Sa 10–16.30 Uhr (letzte Führung 15 Uhr), So 13.30–16.30 (letzte Führung 15 Uhr). Besichtigung nur per Führung. High Street, HU1 1PS.

Wilberforce House: Nördlich des Street Life Museums steht das Wohnhaus von William Wilberforce, einem ehemaligen Parlamentsabgeordneten. Zu Beginn des 19. Jh. setzte er sich 20 Jahre lang entgegen die wirtschaftlichen Interessen vieler einflussreicher Familien des British Empire für die die Abschaffung der Sklaverei.

Yorkshire → Karte S. 394/395

die „Abolition“, ein. England hatte sich seit 1562 an dem grausamen Menschenhandel beteiligt und in den folgenden 350 Jahren rund 30 Mio. Afrikaner nach Amerika verschleppt, wo sie als billige Arbeitskräfte benötigt wurden. Erst 1807 wurde er endlich dafür belohnt: Das britische Parlament stimmte mit 283 gegen 16 Stimmen für einen Gesetzentwurf, der den Sklavenhandel ab 1808 verbot. Die Sklaverei selbst wurde jedoch im gesamten Empire erst am 26. Juli 1833 durch Parlamentsbeschluss abgeschafft. Die Nachricht davon erreichte Wilberforce noch auf seinem Sterbebett. Das Gesetz trat ein Jahr später, am 1. August 1834, in Kraft und die Sklaven in fast allen britischen Besitzungen wurden freigelassen (weshalb der 1. August übrigens in vielen karibischen Staaten als Emancipation Day ein Feiertag ist). Dieser Erfolg war zum großen Teil Wilberforces Verdienst, darum wurde er in der Abtei von Westminster in London begraben und sein ehemaliges Wohnhaus zum Museum gestaltet, wo es viel über dieses traurige Kapitel der Geschichte zu sehen gibt. Außerdem kann man sich in dem Haus schöne Silber-, Kleider- und Möbelkollektionen anschauen, eine Ausstellung über westafrikanische Kultur und Sklaverei sowie die Bibliothek mit 144 seiner privaten Bücher. Eine 31 m hohe Statue des Reformers steht übrigens am Wilberforce Drive gegenüber den Queens Gardens vor dem Hull College. In Liverpool kann man seine Erkenntnisse übrigens im Internationalen Slavery Museum vertiefen (→ S. 585).

23–25 High Street, HU1 1NQ.

Scale Lane Bridge: Diese Schwingbrücke aus Stahl nahe dem Museum Quarter wurde 2013 eröffnet und verbindet das Ost- mit dem Westufer des Humber. Sie verfügt über windgeschützte Sitzplätze, auf der Westseite gibt es einen kleinen Park, und wer auf der Brücke steht (das geht selbst, wenn sie rotiert), hört eine Soundinstallation von Vogelgezwitscher.

Museum of Club Culture: Im ersten und einzigen derartigen Museum der Welt wollen der Fotograf, Grafiker, Pop-Art-Künstler und Kunstdozent Mark Wigan und seine Partnerin Kerry Baldry die Geschichte der Clubkultur visuell erfassen.

Bis 1988 im Einsatz: der historische Fischkutter Arctic Corsair

Wigan, selbst ein Teil der Club-Avantgarde der Stadt, stellt seine eigenen Fotos und Illustrationen aus sowie die Werke seiner Studenten und anderer Kollegen.

Öffnungszeiten bitte der Webseite entnehmen, sie variieren mit den verschiedenen Ausstellungen. Zur Zeit der Recherche war das Museum in temporären Räumen untergebracht (Suite 5, Bond 31, 42 High Street, HU1 1PS), 2017 will es zurück sein in der 10 Humber Street, HU1 1TG, www.museumofclubculture.com.

Umgebung von Hull

Spurn Head

Für Freunde von rauer See und Dünen! Die schmale Halbinsel reicht 4 km hinaus in die Humbermündung und verwandelt sich bei Hochwasser in Yorkshires einzige Insel. Spurn Head gilt als wichtiges Vogelschutzgebiet und ist nur zu Fuß, mit dem Fahrrad oder per offizieller Safari erreichbar. Mindestens 22 Dörfer sollen an diesem Teil der Küste schon ein Raub der Wellen geworden sein, und die Küste bröckelt und bröckelt weiter. Nach einer verheerenden Flutwelle 2013 haben die letzten Bewohner, die Mannschaft des örtlichen Rettungsbootes am Spurn Point und ihre Familien, die Insel verlassen. Sie bleibt jedoch Großbritanniens einzige Lifeboat-Station mit Vollzeit-Mannschaft, die Retter arbeiten nun in Sechstageschichten. Schön ist der Spaziergang die raue Nordseite bis zur Spitze hinauf, um den weiß-schwarzen Leuchtturm herum und auf der windgeschützten Humber-Seite wieder zurück. Der Leuchtturm wurde kürzlich restauriert und ist zu besichtigen.

Safari: Kosten 10 £, Dauer ca. 2 Std., ywt.org.uk/spurn-national-nature-reserve, ✆ 01904/659570. **Spurn Head Lighthouse**: Sa/So 11–15 Uhr, letzter Einlass 14.30 Uhr, Nov. bis Dez. nur So 11–15 Uhr. 4 £, erm. 3 £, Kind 2 £, Familie 10 £; mit Safari 12 £, Kind 6 £. **Blue Bell Visitor Café**: Ostern bis Okt. tägl. 10.30–16 Uhr, im Winter nur Do–So. Kilnsey, HU12 0UB, ✆ 01904/650139. Hunde sind auf Spurn Island nicht gestattet.

Beverley

Richtig lohnend ist ein Aufenthalt in der mittelalterlichen Marktstadt Beverley nördlich von Hull mit ihrem Münster aus dem 13. Jh., dem Nachfolgebau eines Klosters aus dem 8. Jh. und der Kirche St Mary. Im **Münster,** einem feingliedrigen Bau mit drei Schiffen und zwei Querhäusern im gotischen Perpendicular-Stil, befand sich vom 14. Jh. bis zur Reformation der Schrein des Stadtgründers John of Beverley, der viele Wallfahrer anzog. Heute ist die Grabkapelle der Percys der Anziehungspunkt – als Grafen von Northumberland waren sie eines der mächtigsten Adelshäuser Englands. Im Münster findet im Mai das Early Music Festival statt. In der gotischen **St Mary's Church,** die ursprünglich als Kapelle für das Münster gebaut wurde (1120–1525), beeindrucken vor allem die Holzschnitzereien, etwa 34 Musiker und unzählige Tiere sind zu entdecken. Die Decke ist verziert mit Gemälden von 40 englischen Monarchen aus der Zeit vom 7. bis 15. Jh., inklusive einiger legendärer Herrscher, z. B. Brutus. Das historische Stadtzentrum ist noch gut erhalten und voller Antiquitätenläden, Tearooms und Restaurants, sodass ein Rundgang richtig Spaß macht. Samstags ist Markttag.

Information Tourist Information Centre, Mo–Fr 9.30–17.15 Uhr, Sa 10–16.45 Uhr, So nur Juli/Aug. 11–15 Uhr. 34 Butcher Row, Beverley, North Humberside HU17 0AB, ✆ 01482/391672, www.visithullandeastyorkshire.com und www.yorkshire.com/places/east-yorkshire/beverley.

Yorkshire → Karte S. 394/395

Es gibt auch gutes Material zum Wandern, z. B. auf dem **Yorkshire Wolds Way** (125 km von Filey nach Hessle) oder dem **Trans Pennine Trail**. Ein Faltblatt informiert auch über die 22 Kopien von Gemälden der einheimischen Maler Fred und Mary Elwell, die in der Stadt verteilt stehen und in der **Beverley Art Gallery** zu bewundern sind.

Verbindungen **Bus** – Busbahnhof am Sow Hill nahe Walkergate, National Express verbindet 1-mal tägl. mit York und Carlisle. Die Nahverkehrsbusse fahren regelmäßig nach York und Hull. ✆ 01482/327146.

Bahn – Bahnhof am Station Square, HU17 0AS; regelmäßige Verbindungen nach York, Hull und Scarborough.

Sehenswertes **Beverly Minster**: Mai–Aug. Mo–Sa 9–17.30 Uhr, März/April und Sept./Okt. bis 17 Uhr, im Winter bis 16 Uhr. Sonntags immer 12–17 Uhr. Spende von 2 £ erbeten, Fotoerlaubnis kostenpflichtig. Digitale Führungen als Download. Dach-Touren Mo–Sa 11.15 und 14.15 Uhr. Jeweils 5 £, Kind 2,50 £, Kombiticket 7 £, Kind 3,50 £. ✆ 01482/868540, www.beverleyminster.org.

St Mary's Church: Mo–Sa 11–15 Uhr, So 7.30–12 u. 16–19.30 Uhr. Eintritt frei. North Bar Within, HU17 8DL, ✆ 01482/869137, stmarysbeverley.org.

Übernachten/Essen **Lazaat Restaurant Bar & Hotel**. Elegantes Boutiquehotel in umgebautem georgianischem Farmhaus mit Designerbar und Restaurant. Panasiatische Küche mit persischem Einfluss. Die 13 Zimmer sind groß und extravagant. B & B ab 89 £. Woodhill Way, Cottingham, HU16 5SX, ✆ 01482/847900, www.lazaat.com.

››› Mein Tipp: **Beverley Friary**. Schöne, frisch renovierte Jugendherberge in einem mittelalterlichen Dominikanerkloster. Große Küche. Betten ab 10 £, Zimmer ab 39 £. Friar's Lane, Beverley, HU17 0DF, ✆ 0345/3719004, www.yha.org.uk/hostel/beverley-friary. ‹‹‹

Hornsea

Ein ehemaliges Schmugglernest an der Nordsee mit gut ausgebauter Promenade, das besonders Angler und Sportfischer anzieht, liegt es doch zugleich am Meer und an einem der größten Süßwasserseen Englands, dem Hornsea Mere. Hier sollen um die 250 Vogelarten leben, von denen 65 auch hier brüten. Die Stadt war für ihre im Jahr 2000 geschlossene Töpferfabrik, die Hornsea Pottery, bekannt. Neben interessanten Exponaten aus der Stadtgeschichte kann man im lokalen **Heimatmuseum** eine gesonderte Ausstellung über die Töpfertradition und eine beachtenswerte Sammlung der Hornsea-Töpferwaren sehen. Gegenüber dem Museum steht das Wahrzeichen Hornseas, die **Bettisons Folly,** ein Turm, der im 19. Jh. von einem hier beheimateten Geschäftsmann Namens Bettison erbaut worden war. Der klassizistische Landsitz **Burton Constable Hall** ist dagegen noch bewohnt. Die Familie Wyville lädt Besucher im Frühjahr zum farbenprächtigen Tulpenfestival ein und lässt sie im Sommer durch das Anwesen touren.

Information **Tourist Information Centre**, im Shop des Heimatmuseums, April bis Okt. Mo–Sa 10–16 Uhr, So 13–16 Uhr. 11 Newbegin, HU18 1AB, ✆ 0844/8112070, Museum ✆ 01964/533443, www.hornseamuseum.com.

Sehenswertes **Burton Constable Hall**: Mitte Ostern bis Okt. Sa–Do 12–17 Uhr, Juli/Aug. auch Fr. Park und Shop tägl. 11–17 Uhr. 10 £, erm. 9,50 £, Kind 5 £, Familie 17–26 £. Tearoom in den Stallungen. Burton Constable, Skirlaugh, HU11 4LN, ✆ 01964/562400, www.burtonconstable.com.

Bridlington

Bridlington („Brid“) ist ein Badeort an der Nordseeküste mit einem Hafen, der über 900 Jahre alt ist. Hier gibt es die typisch Vergnügungsstätten und eine lange Uferpromenade. Der eigentlich schöne Sandstrand wird durch die vorgelagerte Bohrinsel entzaubert. In der Altstadt findet man ein paar hübsche, enge Gassen und

Hafen von Bridlington

Yorkshire → Karte S. 394/395

eine schöne gotische Marienkirche, die aus einem Augustinerkloster hervorgegangen ist. Im Vorort Sewerby sollte man den 20 ha großen Landschaftspark von **Sewerby Hall** aufsuchen. Der frühklassizistische Landsitz genießt eine dramatische Lage auf einem Felsvorsprung und präsentiert sich nach seiner Restaurierung zum 300. Geburtstag (2014) wie aus dem Ei gepellt. Auf dem Anwesen finden sich außerdem ein kleiner Zoo und eine Voliere, ein Golfplatz und verschiedene Gärten. Wer Vögel lieber in freier Wildbahn beobachtet, findet am Kap **Flamborough Head** ein bekanntes Vogelreservat an einer spektakulären Steilküste. Von fünf Klippenstationen lassen sich Dreizehenmöwen, Papageientaucher, Tölpel und die einzige Brutkolonie weißer Seeraben beobachten, im Sommer auch vom Boot aus.

Information **Tourist Information Centre**, Mo–Sa 10–15 Uhr. 25 Prince Street, Bridlington, North Humberside YO15 2NP, ✆ 01482/391634, www.bridlington.co.uk.

Öffnungszeiten **Sewerby Hall**: Mitte März bis Okt. tägl. 11 bis 16.30 Uhr, Nov./Dez. Mi, Sa/So 11.30 bis 15.30 Uhr. 6,50 £, erm. 4,40 £, Familie 20 £, Church Lane, Swerby, YO15 1EA, ✆01262/673769, www.sewerbyhall.co.uk.

RSPB Nature Reserve Bempton Cliffs, Visitor Centre tägl. 9.30–17 Uhr, Nov. bis Febr. bis 16 Uhr. 3,50 £, Kind 1,50 £, Familie 8,50 £. 11 Cliff Lane, Bempton, Bridlington, YO15 1JF, ✆ 01262/422212, www.rspb.org.uk.

Verbindungen **Bus** – Abfahrt ab Princess Street. Nahverkehrsbusse nach Hull und Scarborough. Der National Express verbindet mit York und Leeds.

Bahn – Hauptbahnhof an der Station Approach. Stündlich Bahnverbindungen nach Hull und Scarborough.

Bootsfahrt Von Bridlington Harbour North Pier zum Flamborough Head: 5–10 £, erm. 3–5 £, Familie 13–26 £ . Yorkshire Belle, ✆ 07774/193404, www.yorkshire-belle.co.uk.

Einkaufen Die kopfsteingepflasterte Hauptstraße ist voller Antiquitätengeschäfte, Kunstgalerien und Teestuben.

Kultur Bridlingtons Kurkomplex **Bridlington Spa Theatre and Royal Hall** von 1896 beherbergt ein edwardianisches Theater und einen Ballsaal aus den 1930er-Jahren. Die Anlage wird für Theater, Tanz, Comedy und Sportveranstaltungen genutzt. South Marine Drive, YO15 3JH, ✆ 01262/678258, www.thespabridlington.com.

Übernachten **Marton Grange Country House**. In diesem schönen Farmhaus ist man zwar nicht am Meer, aber man entgeht dem bröckelnden Charme vieler Bridlington Hotels. Große, elegante Zimmer, Blick in einen blühenden Garten, B & B EZ 55 £, DZ 95–105 £. Flamborough Road, Sewerby, Bridlington, YO15 1DU, ✆ 01262/602034, www.marton-grange.co.uk.

Camping **Wold Farm Camping**. Große Wiese, weiter Himmel, weit und breit nichts als Natur und die nahe Küste. Basisausstattung. Ein Weg führt vom Platz zur 400 m entfernten Klippe. April bis Nov. Holzhütte (2 Pers.) 35–40 £, Stellplatz 12–18 £, Strom 4 £ extra. Bempton Lane, Flamborough, Bridlington, YO15 1AT, ✆ 01262/850536 oder 07429/604782 (mobil), www.woldfarmcampsite.com.

Umgebung von Bridlington

Burton Agnes Hall and Gardens: Etwa 10 km südwestlich von Bridlington liegt der kleine Ort Burton Agnes (an der A 166). In dem Herrenhaus aus der Ära von Königin Elisabeth I im 16. Jh. sind besonders sehenswert die alten Wandteppiche, Möbel, das Porzellan und die Schnitzarbeiten. Es gibt auch eine beeindruckende Sammlung von Impressionisten. Gartenanlagen mit kunstvoll in Form geschnittenen Eiben, ein Mauergarten, in dem Gemüse gezüchtet und im zugehörigen Bauernladen verkauft wird, ein Labyrinth und ein Spielplatz umgeben das Gebäude. Wer sich für Geister interessiert: Anne, die jüngste Tochter des Erbauers von Burton Agnes Hall, wurde einst von einem Straßenräuber überfallen. Als sie erkannte, dass sie dem Tod nahe war, bat sie darum, dass ihr Kopf in dem Haus bleiben solle, das sie so liebte. Dies wurde ihr versprochen, aber nach ihrem Tod nicht eingelöst. Als ihr Geist daraufhin in Burton Agnes Hall umging, entschloss man sich schließlich, ihren Sarg wieder auszugraben. Solange ihr Schädel im Haus beigesetzt ist, hört der Spuk auf ... Im Hof befindet sich noch ein altes normannisches Herrenhaus mitsamt einer Tretmühle. Im Impressionist's Café gibt es frisch zubereitete Mahlzeiten und eine Eisdiele.

April bis Okt. und Mitte Nov. bis Weihnachten tägl. 11–17 Uhr. 10 £, erm. 9,50 £, Kind 5 £, Familie 26 £. Nur Garten 7 £, erm. 6,50 £, Kind 4 £, Familie 19 £. Burton Agnes, Driffield, YO25 4NB, ✆ 01262/490324, www.burtonagnes.com. Jazz- und Bluesfestival Anfang Juli.

Herrenhaus aus dem 16. Jh.: Burton Agnes Hall

Sledmere House & Gardens: Das Zuhause des 8. Barons Sir Tatton Sykes ist ein historischer Landsitz aus dem 18. Jh. mit originaler Einrichtung, u. a. einem opulenten türkischen Zimmer, dem Horse Room und einer spektakulären Bibliothek. Bemerkenswert sind die Stuckdecken von Joseph Rose, einem Handwerker aus Yorkshire. Nehmen Sie sich Zeit für die Gärten und Ländereien (entworfen von Lancelot Capability Brown) mit Kapelle, Spazierwegen, Skulpturenhof, einem elisabethanischen Knotengarten und einem ummauerten Rosengarten.

Haus April bis Okt. an verschiedenen Tagen (11.30–15.30 Uhr, Führungen meist 11.30, 12.30, 13.30 und 14.30 Uhr). Garten, Museum, Shop und Café ganzjährig Di–So 10–17 Uhr. 10,50 £, erm. 10 £, Kind 4 £, Familie 23 £, nur Garten 7,50 £, Kind 3,50 £. Sledmere, Driffield, YO25 3XG, ✆ 01377/236637, www.sledmerehouse.com.

Filey

Die gut ausgebaute A 165 führt in 20 Minuten in das attraktive Küstenörtchen Filey. Der Ort steht zum größten Teil auf einer Klippe, von der aus sich zwei Flüsschen (Church Ravine und Martins Ravine) auf den 8 km langen Sandstrand ergießen. Das ehemalige Fischerörtchen entwickelte sich im 19. Jh. mit eleganten, mondsichelförmigen Häuserreihen *(crescents)* und einigen schönen Parkanlagen zu einem Urlaubsort. Den alten und den neuen Teil verbindet die steile Union Street. Die Bucht von Filey endet in der Halbinsel **Filey Brigg**, einem Naturreservat mit gefährlichen Unterwasserriffs, das als Schiffsgrab der Region gefürchtet ist und das man bei Ebbe vom Strand aus erlaufen kann. Apropos Strand: Surfer, Vogelfreunde und Fossiliensammler zieht es an einen der schönsten Strände der Region. **Cayton Bay** liegt zwischen Filey und Scarborough.

Information Tourist Information Centre im Filey Evron Centre, tägl. 9.30–17 Uhr (Mi erst ab 10 Uhr), im Winter nur bis 16 Uhr und mittags geschl. John Street, YO14 9DW, ✆ 01723/383636, www.yorkshire.com/places/yorkshire-coast und www.filey.co.uk.

Übernachten ***** **All Season's Guest House**, eine der besten Pensionen im ganzen Lande, von Michelin empfohlen, sechs perfekte Zimmer, tolle Lounge und fantastisches Frühstück. B&B DZ 85–100 £, Familienzimmer 110 £. 11 Rutland Street, YO14 9JA, ✆ 01723/515321, www.allseasonsfiley.co.uk.

Scarborough

Scarborough ist seit langem der populärste Badeort im Norden Englands. An der North Bay konzentrieren sich die modernen Hotels samt zahlreicher Vergnügungsstätten wie „Kinderland“ (mit großen Wasserrutschen) und Sea Life Centre. An der South Bay mit dem alten Hafen gibt es die Restaurants. Hier kann man noch ein paar großartige Kurhotels aus vergangenen Zeiten bestaunen, z. B. das Grand Hotel aus dem Jahr 1867, das von Cuthbert Brodrick erbaut wurde. Wenn man an den ehemaligen Kuranlagen vorbeigeht, führt ein Spazierweg mit wunderbarer Aussicht über die südliche Klippe.

Zwischen North und South Bay steht auf einem ins Meer hinausragenden Felsen die Ruine der mittelalterlichen Burg. Wenn man vom Castle in Richtung Altstadt hinunterwandert, gelangt man zum alten Hafen. Hier legen die Fischkutter an. Kabeljau, Schellfisch, Weißfisch, Krabben und Hummer werden am Fish Pier entladen und später versteigert. Im East Harbour dagegen dümpeln die Vergnügungsboote und Jachten.

Yorkshire → Karte S. 394/395

Von der Atmosphäre des einstigen Kurortes ist im eleganten Scarborough noch heute ein wenig zu spüren. Auf den Klippen kann man auf schönen Wegen spazieren und einen wunderbaren Ausblick genießen. Lohnenswert ist auch ein Gang durch die eleganten Parkanlagen, wie den Italian Garden oder den Belvedere Rose Garden. Bereits ab dem 17. Jh. bis ins viktorianische Zeitalter hinein war Scarborough ein Heilbad. Wer es sich leisten konnte, wohnte damals im „Royal" oder im „Grand", den eleganten Hotels an der South Bay. In den 1950er-Jahren wurde die englische Nordseeküste zum Erholungsgebiet für die arbeitende Bevölkerung aus den Ballungsräumen. Nach einer Besucherflaute werden die alten Badeorte nun langsam wiederentdeckt. Naturfreunde können oberhalb der North Bay durch die Northstead Manor Gardens flanieren oder finden in den bezaubernden acht separaten Gartenbereichen des **Scampston Walled Garden** ein perfektes Ausflugsziel.

Basis-Infos

Information **Scarborough Harbour Tourist Information**, April bis Juni und Sept. bis Okt. tägl. 10–17.30 Uhr, Juli bis Aug. 9.30–19 Uhr, Nov. bis März Sa–So 10–16.30 Uhr. Sandside, South Bay Seafront am West Pier, YO11 1PP, und **Tourist Information Point**, tägl. 10–18 Uhr im Erdgeschoss des Stephen Joseph Theatre, Westborough, YO11 1JW, ✆ 01723/383636, www.scarborough.gov.uk.

Informationen zur Küstenregion: www.discoveryorkshirecoast.com.

Verbindungen **Bahn** – Bahnhof an der Westborough Road, YO11 1JW. Züge fahren in Richtung Bridlington/Hull und nach Malton/York, jeweils etwa stündlich.

Bus – Die Stadtbusse fahren vor dem Bahnhof ab, der National Express hinter dem Bahnhof (u. a. in Richtung York, Whitby und Hull). Der Yorkshire Coastliner 843 fährt nach Leeds und York. www.yorkbus.co.uk.

Park & Ride – Es gibt zwei P & R-Parkplätze, **Seamer Road** an der A64, YO12 4LW, und **Filey Road** an der A 165, YO11 3JY. Beide sind 7 Tage/Woche geöffnet.

Fahrradverleih **Lets Bike**, hier werden Fahrräder verliehen und Touren organisiert. 24 £/Tag. ✆ 078050/77200, www.letsbike.net/bike-hire.aspx. Eine schöne Route ist die stillgelegte Eisenbahnstrecke von Scarborough nach Whitby (Scarborough to Whitby Railway Trail), ca. 30 km.

Kino **Hollywood Plaza**, 159 North Marine Road, YO12 7HU, ✆ 01723/507567, www.hollywoodplaza.co.uk.

Märkte Mo–Sa 8–17 Uhr in den restaurierten **Market Hall and Vaults**, St Helens Square, YO11 1EU, scarboroughmarkethall.wordpress.com.

Aktivitäten/Kultur

Angeln **Skylark Fishing Trips** an der South Bay, die Ausrüstung wird gestellt. 5 £/Std. Golden Ball Slipway, Foreshore Road, Scarborough, YO11 3JG, ✆ 07939/025881 (Nick):

Jedes Jahr im Sept. findet in Scarborough das **Fishing Festival** statt, die Angler fahren übrigens mit Kajaks raus.

Bootsfahrten Auf dem Piratenschiff **Hispaniola** können Gäste für 3 £ eine Spritztour unternehmen. ✆ 01723355480.

Die **M.V. Queensferry** fährt Ostern bis Okt. zu Seehundbänken, 6 £, Kind 4 £. West Pier, South Bay, Scarborough YO11 1PP, ✆ 01723/379126 und 0783/4410309 (mobil), www.queensferrycruises.com.

Auch Dampferfahrten auf den **Scarborough Pleasure Steamers** werden angeboten, Buchung am Lighthouse Pier, nur Sommer Mo–Fr 13 Uhr, Sa–So 11.30 Uhr. YO11 1SN, ✆ 07855/381139, scarboroughpleasuresteamers.co.uk.

Eisenbahn **North Bay Railway**, diese Miniaturbahn fährt entlang der Northbay vom Peaseholm Park bis Scalby Mills bei der Sea Life Sanctuary. Tägl. mind. alle halbe Stunde ab 10, 10.30 oder 11 Uhr.

Yorkshire → Karte S. 394/395

Burniston Road, YO12 6PF, ✆ 01723/368791, www.nbr.org.uk.

Golf **North Cliff Golf Club**, anspruchsvoller Platz auf der Klippe, Nichtmitglieder willkommen. North Cliff Avenue, Burniston Road, YO12 6PP, ✆ 01723/355397, www.northcliffgolfclub.com.

Surfen **Scarborough Surf School**, Killerby Cliff, Scarborough, YO11 3NR, ✆ 01723/585585, scarboroughsurfschool.co.uk.

Theater/Musik **Stephen Joseph Theatre**, Kulturzentrum aus der Jugendstil-Epoche in der Nähe des Bahnhofs. Alle Stücke des Schriftstellers Alan Ayckbourn, der aus Scarborough stammt, werden hier uraufgeführt. Außerdem Filme, Konzerte und weitere Theateraufführungen von Stücken anderer Autoren. Gutes Restaurant. Westborough, YO11 1JW, ✆ 01723/370541, www.sjt.uk.com.

Das **Scarborough Spa** beherbergt das letzte verbliebene Orchester an einer Küste im Vereinigten Königreich. Zwischen Juni und September gibt es etwa zehn Konzerte pro Woche, es werden klassische Musik und Unterhaltungslieder gespielt. The Spa, South Bay, YO11 2HD, ☏ 01723/821888, www.scarboroughspa.co.uk/orchestra-welcome.

Europas größtes **Open-Air-Theater** ist im Sommer Bühne für große Rock- und Popkonzerte bis hin zu Comedy. Es wurde 1932 gebaut und befindet sich in den Northstead Manor Gardens in der North Bay, Anfahrt über A165 Burniston Road. www.scarboroughopenairtheatre.com.

Übernachten

→ Karte S. 487

In Scarborough gibt es Hotels und B & Bs aller Preislagen und Kategorien. In der Tourist Information ist eine Liste der Übernachtungsmöglichkeiten kostenlos erhältlich.

**** **Crown Spa Hotel** **15** Im alten Kurviertel an der South Bay gelegen, ist das Crown Spa das einzige Vier-Sterne-Haus an der Küste. Das viktorianische Haus hat wunderbare Ausblicke und Extras wie Schwimmbad und Sauna. B & B 95–197 £. Esplanade, YO11 2AG, ☏ 01723/357400, www.crownspahotel.com.

The Windmill Hotel **12** Umgebaute 220 Jahre alte Windmühle, um die herum elf Zimmer angeordnet sind. Lounge, Speisesaal und ein Spielzeugmuseum in der Windmühle selbst. Familiengeführt und sehr gepflegt. B & B 75–95 £. Auch Self-Catering Cottages. Mill Street (geht von Victoria Road ab), YO11 1SZ, ☏ 01723/372735, www.scarborough-windmill.co.uk.

Howdale Hotel **4** An der North Bay gelegen, mit schönem Ausblick auf die Burg und in Fußnähe zur Innenstadt. Die Zimmer sind klein, aber modern, einige mit Seeblick wurden kürzlich renoviert. Nur März bis Okt. geöffnet. B & B ab 60 £. 121 Queens Parade, YO12 7HV, ☏ 01723/372696, www.howdalehotel.co.uk.

Castle by the Sea **5** Gästehaus mit zehn frisch renovierten Zimmern direkt an der Burgruine auf der Landspitze mit Blick über die North Bay und Ravenscar Cliffs. B & B EZ ab 65 £, DZ ab 90 £. Mulgrave Place, YO11 1HZ, ☏ 01723/365166, www.thecastlebythesea.co.uk.

The White House **2** Jugendherberge in einer umgebauten alten Mühle (in Fußnähe zur Stadt). Anfahrt: auf der A 165 in Richtung Norden bis zum weißen Gebäude am Flussufer (in der Nähe der Brücke). Bett ab 18 £, Zimmer ab 60 £. Burniston Road, Scalby Mills, YO13 0DA, ☏ 01723/361176, www.yha.org.uk/hostel/scarborough.

Camping **Scalby Close Park** **1** In der Nähe der North Bay, mit kleinem Restaurant. Zeltplätze 16–28 £. Burniston Road, YO13 0DA, ☏ 01723/365908, www.scalbyclosepark.co.uk.

Essen & Trinken

→ Karte S. 487

Wer sich nicht jeden Abend am Hafen mit Fish'n'Chips begnügen will, sollte einmal in eines der großen Hotels zum Dinner gehen.

La Lanterna **6** Schickes, seit 40 Jahren etabliertes Restaurant mit italienisch beeinflusster Küche und vielen Auszeichnungen. Zu empfehlen sind auch die Fischspeisen zu mittleren bis hohen Preisen. Di–Sa 19–21.30 Uhr. 33 Queens Street, ☏ 01723/3636161, www.lanterna-ristorante.co.uk.

The Green Room **14** Fast schon Gourmetküche in einem kleinen, recht urigen Restaurant. Die Gerichte sind sehr saisonal, viel heimischer Fisch, Lamm und Geflügel aus der Region. Hauptgerichte bis zu 20 £. Di/Mi 17.30–21 Uhr, Do bis 21.30 Uhr, Fr bis 22 Uhr, Sa 17–22 Uhr. 138 Victoria Road, YO11 1SL, ☏ 01723/501801, www.thegreenroomrestaurant.com. ■

››› **Mein Tipp: The Watermark Café** **3** Frühstück mit herrlicher Aussicht. Windgeschützter Hof nach hinten, drinnen wärmt im Winter ein Ofen mit Holzfeuer.

Mo–Fr 6–18 Uhr, Sa/So ab 7 Uhr. In der Hauptsaison abends bis 21 Uhr und Livemusik. Royal Albert Drive, YO12 7TY, ✆ 01723/506506. «

Lazenby's on York Place 13 „Contemporary" nennt man diese moderne, auberginefarbene Ausstattung mit Kronleuchtern. Neu ist der Laden, bewährt sind die Rezepte, ein echter Erfolg. Linguini 9,95 £, Sirloin Steak 19,50 £. Di–Sa 9.30–14 Uhr, Mi–Sa 18–21 Uhr. Reservierung empfohlen. 11 York Place, YO11 2NP, ✆ 01723/373836, www.lazenbysonyorkplace.com.

Gianni's 9 Guter Italiener, der so erfolgreich ist, dass er ausbauen musste. Tägl. ab 17 Uhr solange der Laden brummt. Super Early Bird Specials. 13 Victoria Road, YO11 1SB, ✆ 01723/507388, www.giannisrestaurant.co.uk.

Royal Tandoori 8 Indisches Restaurant und Take-away, gutes Essen, kleine Preise, für einen schnellen Hunger. Banquet Night (vier Gänge) 10,95 £. Tägl. 12–14 und 17–24 Uhr, Fr/Sa bis 0.30 Uhr. 9–10 Queen Street, YO11 1HA, www.royaltandooris.co.uk.

Bonnets & Sons 10 Gemütliches Café im 40er-Jahre-Ambiente in der Einkaufsstraße. Angeboten werden seit 1880 Kaffee, Tee und Kuchen. Man verkauft auch handgemachte Pralinen. Kleiner Hof. Mo–Sa 9–17 Uhr, So 10–16 Uhr. 38–40 Huntriss Row, YO11 2EF, ✆ 01723/361033.

Golden Grid 7 Berühmtes Fischrestaurant seit über 100 Jahren, auf drei Etagen mit Blick über den Hafen, soll die besten Fish'n'Chips vor Ort zubereiten. Der Ausblick ist herrlich. 4 Sandside, YO11 1PE, ✆ 01723/360922, www.goldengrid.co.uk.

Le Café Jardin 11 Café auf drei Etagen. Die Gerichte werden in großen Portionen zu vernünftigen Preisen serviert. Tägl. 8.30–17 Uhr, Do–Sa bis 21 Uhr, Pizza und Pasta Happy Hour 17–19 Uhr. 25 Huntriss Row, YO11 2ED, ✆ 01723/354572, www.lejardincafe-bar.co.uk.

Sehenswertes

Scarborough Castle: Der ursprünglich aus dem 12. Jh. stammende Burgfried wurde im Bürgerkrieg und im Ersten Weltkrieg stark beschädigt. Vom Gemäuer hat man eine herrliche Aussicht über die Landschaft. Schon die Römer nutzten diesen von überall einsehbaren Platz für einen Signalturm; außerdem hat man bei Ausgrabungen Fundstücke aus der Zeit der Normannen und der Wikinger ans Tageslicht befördert. Erklimmen Sie unbedingt die Mauern und genießen die faszinierende Aussicht.

April bis Sept. tägl. 10–18 Uhr, Okt. bis 17 Uhr, sonst Sa–So 10–16 Uhr. 5,50 £, erm. 5 £, Kind 3,30 £, Familie 14,30 £. Castle Road, YO11 1HY, ✆ 01723/372451, www.english-heritage.org.uk.

North Bay und Scarborough Castle

St Mary's Church/Anne Brontës Grab: Gleich unterhalb der Burg (an der Castle Road) befindet sich die Kirche St Mary's mit dem Grab von Anne Brontë, der einzigen der berühmten Schwestern, die nicht in Haworth beerdigt ist. Kurz vor ihrem Tod reiste sie mit ihrer Schwester Charlotte und ihrer Freundin Ellen Nussey nach Scarborough. Zu dieser Zeit war Anne bereits todkrank. Ihr letzter Wunsch war ein Besuch am Meer; sie starb am 28. Mai 1849 an Schwindsucht.

Mai bis Sept. Mo–Fr 10–16 Uhr, So ab 13 Uhr. Castle Road, YO11 1TH, www.scarborough-stmarys.org.uk.

Peasholm Park: Der 14 ha große asiatisch angelegte Park im Norden der Stadt wurde 1912 eröffnet und ist Gastgeber zahlreicher Open-Air-Veranstaltungen. Es gibt einen See (Bootsverleih) mit japanischer Pagoda, einen Minigolfplatz und zwei Cafés. www.peasholmpark.com.

Rotunda Museum and Art Gallery: Die Art Gallery beherbergt die Kunstsammlung der Region, zu der auch Werke des aus Leeds stammenden Malers Atkinson Grimshaw zählen, und veranstaltet in den renovierten Räumlichkeiten der klassizistischen Villa regelmäßig zeitgenössische Ausstellungen. Das Rotunda Museum 100 m weiter ist ein Neubau, der eine naturwissenschaftliche Sammlung zur Geologie und den Fossilien der Juraküste Yorkshires zeigt. Hauptattraktionen sind der Gristhorpe Man, ein Skelett aus der Bronzezeit, und die Dinosaurier-Fossilien.

Di–So 10–17 Uhr. 3 £ (für beide Museen, das Ticket ist zwölf Monate gültig), Kinder unter 18 J. frei. The Crescent, YO11 2PW, ✆ 01723/374753; www.scarboroughmuseumstrust.com.

Sea Life & Marine Sanctuary: In diesem Aquarium werden Tausende von Meeresbewohnern präsentiert, es gibt Otter, eine Wasserschildkröten- und eine Robbenstation, wo verwundete und verwaiste Seehundbabys aufgepäppelt werden. Neu ist das Haifischbecken.

Tägl. 10–17 Uhr. 18 £, online 40 % billiger! Scalby Mills Road, YO12 6RP, ✆ 01723/373414, www2.visitsealife.com/scarborough.

Scampston Walled Garden: Auf halbem Wegen zwischen York und Scarborough an der A 64 liegt diese moderne Gartenanlage, die innerhalb der alten Mauern des Küchengartens von Scampston Hall 1999 vom niederländischen Landschaftskünstler Piet Oudolf (Serpentine Hyde Park, High Line New York) angelegt wurde. Sie besteht aus acht Bereichen, in denen Design auf Natur trifft. Eibenhecken sind in Wellenform geschnitten, wilde Beete werden von strengem Buchsbaum gerahmt, die hohen Prärie-Stauden und Gräser schaffen einen naturalistischen Stil, der für Oudolf typisch ist. Der Walled Garden ist eingebettet in einen Landschaftspark, der im 18. Jh. von Lancelot Capabilty Brown geschaffen wurde und zu einem Regency Haus gehörte, in dem eine edle Sammlung aus Gemälden, Möbeln und Porzellan zu sehen ist.

Haus: Nur Juni bis Juli für nachmittägliche Führungen geöffnet, Termine bitte der Webseite entnehmen. Garten und Grounds: Ostern bis Okt. Di–So 10–17 Uhr, 9,50 £, Kind 5 £, Familie 25 £. Malton, YO17 8NG, ✆ 01944/759111, www.scampston.co.uk.

Robin Hood's Bay und Ravenscar

Der Cleveland Way führt von Scarborough entlang einer fantastischen Küstenlandschaft nach Whitby. Nur ein paar Kilometer nördlich von Scarborough gräbt das Meer eine Bucht in die felsigen Klippen, die **Robin Hood's Bay** genannt wird. Mit dem Auto sind es nur ein paar Minuten. Der gleichnamige Ort liegt in einem engen Tal direkt am Meer, was ihm den Spitznamen „Clovelly of the North“ eingebracht hat. Die abgelegene Lage begünstigte die Schmugglerei, die kleinen Häuschen sollen durch ein unterirdisches Tunnelsystem miteinander verbunden sein, damit die Schmuggelware unentdeckt weiterbefördert werden konnte. Neben den Fischern leben hier auch einige Künstler, und im Sommer kommen die zahlreichen Touristen hinzu. Dennoch ist Robin Hood's Bay ein schönes, intaktes Dorf mit engen, gepflasterten Gassen und hell getünchten Häusern, ohne Musik-Pub oder Restaurantangebot, aber mit kleinen Künstlerstudios und mehreren Cafés.

Südlich von Robin Hood's Bay liegt die kleine Ansiedlung **Ravenscar**, ebenfalls ein ehemaliges Fischerdorf und Schmugglernest mit einem reizvollen Ausblick auf das Meer. Ein kleiner Pfad führt hinunter zum Strand.

Information **The Old Coastguard Station**, tägl. 10–17 Uhr, im Winter nur Sa/So 10–16 Uhr. The Dock, Robin Hood's Bay, Whitby, North Yorkshire YO22 4SJ, ✆ 01947/885900, www.nationaltrust.org.uk/yorkshire-coast/features/visitor-centres-on-the-yorkshire-coast, www.robin-hoods-bay.co.uk.

Ravenscar Visitor Centre, Ostern bis Nov. tägl. 10–16.30 Uhr. Informationsmaterial, Souvenirs und Picknickbänke. Alum Works, Ravenscar, YO13 0NE, ✆ 01723/870423, www.northyorkmoors.org.uk.

Reiten **Farsyde Stud and Riding Centre**, Ausritte für Anfänger und Könner auf geschulten Rappen von Pferdezüchtern. Hier gibt es auch Cottages zu mieten (ab 320 £/Woche). Farsyde Farm Cottages, Robin Hood's Bay, Whitby, YO22 4UK, ✆ 01947/880249 (Heidi Green), farsydefarmcottages.co.uk/horse_riding/.

Wandern **Cleveland Way**, Infos siehe North York Moors (→ S. 499). **Lyke Wake Walk**, 68 km langer Wanderweg über das Moor gen Westen nach Osmotherley.

Übernachten/Essen »» Mein Tipp: **The Pigsty**. Ehemaliger Schweinestall, aber keine Bretterbude, sondern ein klassizistischer Bau mit ionischen Holzsäulen vor dem Eingang. Herrlicher Blick über Robin Hood's Bay. Drei Nächte für 2 Pers., Self-Catering ab 420 £. The Landmark Trust, ✆ 01628/825925, www.landmarktrust.org.uk. ««

Boathouse Rooms @ Smugglers. Über diesem romantischen Bistro (Dinner bei Kerzenschein) direkt am kleinen Hafen 20 m vom Meer gibt es sowohl fünf Zimmer (alle en-suite) als auch Apartments. Kein Luxus, die Duschen können etwas launisch sein, aber voller Charme und Atmosphäre. B & B DZ ab 80 £. The Dock, Robin Hood's Bay, YO22 4SJ, ✆ 01947/880099, www.boathouserhb.co.uk.

Smuggler's Rock Country House. Wer es bequemer haben möchte: dieses umgebaute georgianisches Landhaus besitzt acht kleine, aber exquisite Zimmer mit Blick auf Nationalpark und Meer, auch hier sind Ferienwohnungen erhältlich. B & B nur April bis Okt. EZ 44–55 £, DZ 36–50 £ pro Pers., zwei Nächte Minimum. Smuggler's Rock, Staintondale Road, Ravenscar, YO13 0ER, ✆ 01723/870044, www.smugglersrock.co.uk.

Boggle Hole. Jugendherberge in einer alten Kornmühle auf dem Wanderpfad von Robin Hood's Bay nach Boggle Hole, rund 1,5 km entlang der Küste. Alles neu gemacht, Privatstrand, Spielplätze und das Quarterdeck Café mit Meerblick. Bett ab 14 £, Zimmer ab 39 £. Mill Beck, Fylingthorp, YO22 4OQ, ✆ 0345/3719504, www.yha.org.uk/hostel/boggle-hole.

Bay Hotel. Ein gemütliches, traditionelles Pub, das ein bisschen aussieht wie eine Schiffskajüte. Unschlagbare Lage, zwei Terrassen mit Blick aufs Meer und auch Zimmer im Angebot (75–90 £). The Dock, Robin Hood's Bay, YO22 4SJ, ✆ 01947/880278, www.bayhotel.info.

Swell Coffee Bar & Gift Shop. Perfekte Location für eine schnelle Tasse Kaffee, einen Scone mit Marmelade und Sahne (2,75 £) oder einen einfachen Lunch. Die Preise in dieser ehemaligen Methodistenkirche sind moderat, der Blick von der Terrasse über die berühmte Bucht ein Extrabonus. Tägl. 9.30–16 Uhr, im Winter bis 15.30 Uhr. The Old Chapel, Chapel Street, Robin Hood's Bay, YO22 4SQ, ✆ 01947/880180, www.swellcafe.co.uk.

In Ravenscar sollte man im **Panorama Restaurant** im **Raven Hall Hotel** einkehren, einem Country-House mit 9-Loch-Golfplatz, wo es sich auch hervorragend übernachten läßt (140–205 £ inklusive Frühstück und Dinner, in den Eco-Lodges 99–210 £). Es wird mit lokalen Produkten gekocht. Auch Afternoon Tea (15–17.30 Uhr) für 10 £. Ravenscar, YO13 0ET, ✆ 01723/870353, www.ravenhall.co.uk.

Yorkshire → Karte S. 394/395

Whitby

Wenn sich der Himmel über dem kleinen Fischerhafen verfinstert, die See rau gegen die Klippen peitscht und die Möwen schreien, scheinen die langen Schatten der Ruine von **Whitby Abbey** förmlich nach den Booten zu greifen. Drohend erheben sich auch die schiefen Grabsteine des Friedhofes **St Mary:** die perfekte Kulisse für Bram Stoker, der hier seine Inspiration zum Roman „Dracula" fand. Wenn allerdings die Sonne scheint, liegt der kleine Badeort friedlich an der Mündung des Esk River, der Whitby in zwei Hälften teilt, die durch eine Schwingbrücke miteinander verbunden sind. Der berühmte Seefahrer und Entdecker James Cook stammt von hier, eine Replik seines Schiffs Endeavour dümpelt im Hafen.

Das Klima an der Steilküste bei Whitby ist rau, aber die gut erhaltene Altstadt, die sich auf der Ostseite den Hügel hinauf windet, ist recht hübsch und wird bei vielen Film- und Fernsehproduktionen als Kulisse genutzt. 199 Stufen führen ziemlich steil von der Stadt hinauf zur Kirche St Mary und der oberhalb davon gelegenen Abteiruine, die auf das 7. Jh. zurückgeht. Im Stadtteil **West Cliff,** der auf der anderen Seite des Flusses liegt, stammt der Großteil der Gebäude aus dem 18. und 19. Jh., der Blütezeit der Stadt. Hier steht auch das Denkmal zu Ehren von James Cook, das den Badestrand der Stadt, Whitby Sands, überblickt.

Gegründet wurde die Abtei von Whitby von der heiligen Hilda im Jahr 657. Schon 664 fand die berühmte Synode von Whitby statt, die dem christlichen Glauben den Weg nach Nordengland ebnete. 867 wurde die Stadt von den Dänen zerstört. Erst um 1078 entstand ein Benediktinerkloster anstelle der zerstörten Abtei.

Im 18. Jh. diente besonders der Walfang als Einnahmequelle. 2761 Wale wurden in 80 Jahren von Waljägern aus Whitby erlegt, auch dank der Erfindung eines Kapitäns aus Whitby, dem *crow's nest,* dem Ausguck auf dem Mast. **James Cook** ging hier zur Marineschule und brach im Jahr 1768 zur ersten Entdeckungsreise in den Pazifik auf. Ein kleines **Museum** (→ S. 495) gibt einen Einblick in sein abenteuerliches Leben. Im 19. Jh. wurde Whitby zu einem beliebten Badeort, was die Stadt bis heute geblieben ist.

Ein typisches Souvenir von Whitby ist der schwarze Stein namens *jet stone* (tatsächlich handelt es sich um versteinertes Holz), der im 19. Jh. extrem beliebt wurde, nachdem Königin Viktoria ihn zum einzigen Schmuck erkor, der der Witwe zu tragen angemessen erschien. Der Hof und das Bürgertum folgten ihrem Beispiel und brachten Whitby einen regen Handel, bis die Jet-Stone-Vorkommen Anfang des 20. Jh. ziemlich erschöpft waren.

Bram Stokers Dracula

Der irische Autor Bram Stoker wurde bei einem Besuch auf dem Friedhof St Mary in Whitby im Jahr 1890 zu Teilen seines 1897 veröffentlichten Romans „Dracula" inspiriert. In drei Kapiteln des Buches werden Einzelheiten der Stadt so genau beschrieben, dass Besucher den Roman noch heute als Reiseführer benutzen könnten.

Dracula erreicht auf einem Schiff aus Transsilvanien in einer stürmischen Nacht die Ufer Whitbys. Das Schiff mit seiner mysteriösen Ladung von 50 Kisten Erde strandet im Nebel, und der Graf hetzt in Gestalt eines riesigen, zähnefletschenden Hundes die 199 Stufen hinauf zum Friedhof der St Mary Church, wo er sich über die Jungfrau Lucy hermacht. Vergeblich versucht Freundin Mina, sie zu retten; der Graf sucht sich anschließend in einem der Gräber eine sichere Bleibe. Im Touristenbüro kann man sich über einen Rundgang auf Draculas Spuren (Dracula Trail) informieren.

Basis-Infos

Information Das **Tourist Information Centre**, April bis Okt. tägl. 9.30–18 Uhr, Juli bis Aug. bis 19 Uhr, Nov. bis März bis 16.30 Uhr. Langborne Road, Whitby, North Yorkshire YO21 1YN, ✆ 01723/383636, www.discoveryorkshirecoast.com. Auch nähere Informationen über (thematische) Stadtführungen, z. B. den Dracula Trail.

Verbindungen **Bus** – Es gibt recht regelmäßige Verbindungen nach Scarborough und Middlesbrough sowie nach York und Pickering. Alle Busse halten am Station Square vor dem Bahnhof (dort befindet sich auch die Tourist Information).

Bahn – Die Stadt ist Endstation der Stichbahn von Middlesbrough. Dorthin fahren tägl. vier Züge.

Bootsfahrten Mit einer **Miniatur-Endeavour** kann man in der Hochsaison tägl. eine Rundfahrt unternehmen. Die Barkasse ist mit 14 m Länge und 4 m Breite zwar nicht einmal halb so groß wie das Original, das 1764 vom Thomas Fishborne hier in Whitby gebaut wurde, ansonsten jedoch authentisch ausgestattet. ✆ 01723/364100, www.endeavourwhitby.com.

Außerdem operieren **Yellow Boat Cruises** von Marine Parade, März bis Okt. tägl. 10.15–17 Uhr, ✆ 01947/601385, www.whitbycoastalcruises.co.uk.

Einkaufen **Whitby Jet Heritage Centre** Hier kann man den Handwerkern in einer viktorianischen Werkstatt über die Schulter gucken und ihre Produkte kaufen. 123 b Church Street, YO22 4DE, ✆ 01749/821530, www.whitbyjet.co.uk.

Fahrradverleih **Trailways** An der Hawkser Old Railway Station kann man für 21–39 £ Räder ausleihen. April bis Nov. 9.30–18 Uhr. Hawkser YO22 4LB, ✆ 01847/820207, www.trailways.info. Auch die Übernachtung in einem alten Eisenbahnwaggon ist möglich. Der **Coastal Cycle Rail Trail** führt 33 km von Scarborough nach Whitby und ist autofrei.

Fischen Ganzjährig kann man auf **Whitby Fishing Trips** gehen, Kontakte vermittelt die Touristeninformation.

Ghost Walks Haunting Harry nimmt Sie mit auf einen Geisterspaziergang „In Search of Dracula". 5 £, Kind 3 £. Im Sommer tägl. um 19.30 Uhr vom Whalebone Arch Westcliffe. ✆ 01947/821734, www.whitbywalks.com.

Markt Markttage sind Di und Sa (im Sommer auch So), Marketsquare.

Stadtrundfahrten **Whitby Open Top Bus Tour**, März bis Sept. jede Std. Erw. 6 £, erm. 5 £, Familie 10-20 £. ✆ 01947/602922, www.coastalandcountry.co.uk.

Veranstaltungen Im April und Ende Okt. zu Halloween wird es düster, wenn die Marilyn-Manson-Ebenbilder dank der Dracula-Reminiszenz zum **Goth Weekend** den Ort in Endzeitstimmung versetzen (www.whitbygothweekend.co.uk). Rocky Horror in Yorkshire.

Rund 40 Filme, Ausstellungen, Theatervorführungen und Lesungen werden während des **Bram Stoker International Film Festivals** im Oktober gezeigt. www.bramstokerfilmfestival.com.

Im August findet die **Regatta** statt mit bunten Booten und Feuerwerk (www.whitbyregatta.co.uk).

Ebenfalls im August fallen Sänger, Bands, Tänzer, Geschichtenerzähler und Künstler zur **Folk Week** ein (www.whitbyfolk.co.uk).

Yorkshire → Karte S. 394/395

Übernachten/Essen & Trinken

Die Gegend zwischen Crescent Avenue und Silver Street ist übersät mit B & Bs. Dennoch ist es in der Hauptsaison sehr schwierig, eine Unterkunft zu finden.

**** **The Arches Guest House**. Familiengeführte Pension im historischen Ostteil Whitbys. Neun gepflegte Zimmer, EZ 45 £, DZ 80–85 £ inkl. reichhaltigem Frühstück. 8 Havelock Place, Hudson Street, YO21 3ER, ✆ 01947/601880, www.thearcheswhitby.co.uk.

Sunnyvale House. Die großen, hellen DZ mit Kiefernmöbeln werden in der Vor- und Nachsaison manchmal auch als EZ vermietet. Reichhaltiges Frühstück. B & B im EZ 42 £, DZ 64–72. 12 Normanby Terrace, YO21 3ES, ✆ 01947/820389, www.sunnyvalehouse.co.uk.

Bramblewick. Im Stadtteil West Cliff in einem viktorianischen Haus untergebrachte Pension mit reichlichem Frühstücksbuffet, das auch lokalen Fisch beinhaltet. Mit Parkplatz! B & B EZ 33–38 £, DZ 72–80 £. 3 Havelock Place, YO21 3ER, ✆ 01947/604504, www.bramblewickwhitby.com.

Abbey House Whitby. 199 Stufen muss man erklimmen, dann wohnt man in dieser Jugendherberge direkt neben der berühmten Abteiruine in einem großen Anwesen, das der Guardian die beste Adresse in Whitby genannt hat. Anfahrt mit dem Auto vom Zentrum über die Bridge Street auf die Church Street, dann auf die Church Lane. Bett 10–30 £, Zimmer ab 39 £. Abbey House, East Cliff, YO22 4JT, ✆ 0345/3719049, www.yha.org.uk/hostel/whitby.

Camping **Abbey View House Campsite.** Endlich auch mal was für Camper, winziger Platz bei einer Farm (auch Alpacas) mit guter Ausstattung, nur fünf Wohnmobile oder Wohnwagenplätze und zehn Zelte. Ruhig mit tollem Blick. Whitby an der A 171, Stellplatz 15 £. High Normanby, Whitby, YO22 4PR, ✆ 01947/880106, www.campingandcaravanningclub.co.uk.

Essen & Trinken Die meisten Pubs und Cafés finden sich im Stadtteil West Cliff.

››› Mein Tipp: **Magpie Café.** Vor diesem Restaurant stehen die Gäste im Sommer Schlange, obwohl es zwei Etagen gibt. Die berühmten Fish & Chips sind der Grund. Tägl. 11.30–21 Uhr. 14 Pier Road, YO21 3PU, ✆ 01947/602058, www.magpiecafe.co.uk. ‹‹‹

Ditto. Das intime Restaurant hat italienischen Trattoria-Charme, es gibt ein italienisch-französisch beeinflusstes Menü (Zwei Gänge 25 £) mit saisonalen und lokalen Zutaten. Mi–Sa 18–21 Uhr. 26 Skinner Street, YO22 4BA, ✆ 01947/602751, www.ditto-restaurant.co.uk.

Falling Foss Tea Garden. Oberhalb der Stadt im Wald ist dieses schnuckelige ehem. Cottage eines Wildhüters zu finden, wo es nach dem Spaziergang zum gleichnamigen Wasserfall (20 m hoch) hausgemachte Kuchen und kleine Snacks zur Stärkung gibt. April bis Sept. tägl. 10.30–16 Uhr. Midge Hall, Sneaton Forest, Whitby, YO22 5JD, ✆ 07723/477929, www.fallingfossteagarden.co.uk.

White Horse & Griffin. Gutes Pub Food in rustikaler Umgebung eines alten Postkutschen-Inns, dessen berühmtester Gast Charles Dickens war. 87 Church Street, YO22 4BH, ✆ 01947/604857, www.whitehorseandgriffin.com.

The Moon & Sixpence. Elegantes Restaurant im Brasserie-Stil und Bar ganz in Schwarz, Weiß und Silber. Wer will, kann hier auch Champagner trinken und Austern schlürfen oder eines der drei Luxuszimmer mieten (100–135 £/Nacht). 13 Marina Parade, YO21 3PR, ✆ 01947/604416, www.moon-and-sixpence.co.uk.

Sehenswertes

Dracula Experience: Eine Art Geisterbahn, die sich als interaktive Reise durch den Roman versteht. Die blutrünstige Geschichte wird in acht Szenen mit Licht- und Soundeffekten, Spiegeln und kostümierten Schauspielern zum Leben erweckt. Das ganze dauert fünf Minuten und ist eher komisch!

Ostern bis Okt. tägl. 9.45–17 Uhr, Nov. bis Ostern nur Sa/So 9.45–17 Uhr. 3 £, erm. 2,50 £, Familie 9 £. 9 Marine Parade, YO21 1PR, ✆ 01947/601923, www.draculaexperience.co.uk.

St Mary: Um zu dieser Kirche zu gelangen, muss man die 199 Stufen hinaufsteigen (entspricht elf Stockwerken eines Gebäudes), die schon vom legendären Grafen Dracula erklommen wurden. Über die ursprünglich hölzernen Stufen trugen die Sargträger einst die Verstorbenen zur Beerdigung auf den Friedhof. Die Kirche selbst geht auf das Jahr 1110 zurück, hat aber auch Bauelemente aus dem 18. Jh. Im Inneren sieht man neben einer dreistöckigen Kanzel noch die sogenannten *box pews* aus dem 18. Jh. (Kirchenbänke wohlhabender Familien). Durch den Friedhof hinter der Kirche führt ein Weg direkt zur Abtei.

April bis Okt. tägl. 10–17 Uhr, Nov. bis März bis 16 Uhr. Eintritt frei. Whitby, YO22 4DW.

Whitby Abbey: Obwohl die Abtei bereits auf das 7. Jh. zurückgeht und hier im 12. Jh. ein Benediktinerkloster errichtet wurde, stammt der Großteil der heutigen

Inspiration für Dracula: die Hafenstadt Whitby zu Füssen von St Mary's Church

Yorkshire → Karte S. 394/395

Ruinen aus dem 13. und 16. Jh. Im Jahre 664 trafen sich hier die prominentesten Mitglieder der noch jungen christlichen Kirche aus allen Teilen Europas zur Synode von Whitby, um ein für alle Mal einen Streit zu schlichten, der die Christenheit spaltete: das genaue Datum, wann Ostern gefeiert werden sollte. Die Kelten gaben nach, und das römische Konzept wurde übernommen, es gilt noch heute. Nach der Auflösung der Klöster wurde die Abtei verkauft, und die Eigentümer bauten einen Landsitz daneben, der heute das Besucherzentrum ist.

Ostern bis Sept. tägl. 10–18 Uhr, Okt. bis 17 Uhr, sonst Sa–So 10–16 Uhr. 7,10 £, erm. 6,40 £, Kind 4,20 £, Familie 18,40 £. Audiotour. Abbey Lane, YO22 4JT, ✆ 01947/603568, www.english-heritage.org.uk.

Captain Cook Memorial Museum: Das hübsche Museum in der Grape Lane, wo Cook seine Lehrzeit verbrachte, erinnert an den großen Entdecker. Modelle, Seekarten, Schiffspläne, Möbel und Gemälde vermitteln einen Eindruck von der Seefahrt und ihren Helden, man erfährt auch einiges über Cooks Zeitgenossen, wie etwa Captain Bligh von der Bounty.

Ostern bis Okt. tägl. 9.45–17 Uhr, Mitte Febr. bis Ostern tägl. 11–15 Uhr. 5,40 £, erm. 5,10 £, Kind 3,50 £, Familie 14 £. Grape Lane, YO22 4BA, ✆ 01947/601900, www.cookmuseumwhitby.co.uk.

Umgebung von Whitby

Sandsend, Runswick Bay und Staithes

Auf dem Weg von Whitby an der Küsten gen Norden passiert man Sandsend und Runswick Bay, ehemalige Schmugglernester mit attraktiven Sandstränden, bevor man den nördlichsten Ort an der Küste Yorkshires erreicht: **Staithes** ist eines der meist fotografierten Dörfer. Auf den ersten Blick wirkt das Fischernest eher düster, wie es so grau in den Klippen hängt. Kaum etwas hat sich seit Captain Cooks Zeit hier verändert. Eine tiefe Schlucht zieht sich mitten durchs Dorf, überall liegen Fischernetze und Hummerfangkörbe aus oder hängen Fischerkutten zum Trocknen über den Geländern.

Besucher müssen ihr Auto im modernen Teil des Dorfes oberhalb der Klippen stehen lassen und dann die steilen Gassen hinunter zum Old Wharf laufen. Für den Autoverkehr ist der Ort zu eng, und es gibt wirklich keine Park- oder Wendemöglichkeiten. Beim Abstieg ist durchaus Vorsicht geboten, nicht umsonst heißt eine Gasse Slippery Hill, und die Dog Loup muss wohl eine der schmalsten Straßen Englands sein. Der kleine Hafen ist stolz auf seine Verbindung zu Captain James Cook, der hier im Alter von 17 Jahren als Assistent in einem Tante-Emma-Laden tätig war. Mehr über Cooks Zeit in Staithes erfährt man im **Captain Cook & Staithes Heritage Centre** in einer ehemaligen Methodistenkapelle, das allerdings mehr einer verstaubten Privatsammlung denn einem Museum gleicht.

Die kleine Fischerflotte läuft noch immer bei Wind und Wetter aus, um Krabben und Hummer zu fangen. Sie nutzen dazu traditionelle Boote *(cobles)*, die auf eine Schiffsform der Wikinger zurückgehen und direkt am Strand anlanden. In der Nähe baden Familien an einem kleinen Sandstrand, und ein bisschen weiter nördlich erhebt sich Boulby Cliff, mit 202 m der höchste Punkt an der englischen Ostküste.

Captain Cook and Staithes Heritage Centre: tägl. 10–17.30 Uhr, Jan. nur Sa/So. 3,30 £. High Street, TS13 5BQ, ✆ 01947/841454, www.captaincookatstaithes.co.uk.

Captain James Cook

Als Sohn eines Landarbeiters wurde James Cook am 17. Oktober 1728 in Marton geboren. Nach einer kurzen Episode in Staithes, wo er in einem Lebensmittelgeschäft arbeitete, ging er in Whitby bei Kapitän John Walker als Schiffsjunge in die Lehre. Danach trat er der Navy bei, diente im Siebenjährigen Krieg und startete 1768 auf die erste seiner drei Entdeckungsreisen in den Pazifik. Er wurde zum Kommandanten der Endeavour ernannt, die in Whitby gebaut worden war, und kartografierte Australien und Neuseeland, entdeckte vierzig Inseln und brachte eine stichprobenartige Auswahl von unbekannten Pflanzen und Tieren nach Hause. Cook erwarb sich auch den Ruf eines Menschenfreunds und geschickten Diplomaten. Nicht ein einziger Matrose starb an Skorbut auf seinen Booten, weil er – ohne den Zusammenhang zu kennen – auf der Mitnahme von frischem Obst und Gemüse bestand. Auf seiner zweiten Reise segelte er als erster Forscher in die Antarktis, besuchte Tahiti und die Neuen Hebriden, entdeckte Neukaledonien und weitere Inseln. Seine dritte und letzte Reise auf der Suche nach der Nordpassage um Kanada (die – wie wir heute wissen – nicht existiert) endete leider tragisch. Von der Beringstraße musste er nach Hawaii umdrehen, um Reparaturen am Schiff auszuführen und der Mannschaft eine Pause zu gönnen. Die Eingeborenen behandelten ihre Besucher mit Respekt, als jedoch ein Landungsboot gestohlen wurde, ging Cook an Land, um den Häuptling des Stammes als Geisel zu nehmen. Dessen Gefolgsleute gerieten darüber in Wut und Cook wurde erstochen, bevor er den Rückzug antreten konnte. Tribut kann man ihm zollen im Captain Cook Birthplace Museum.

Ostern bis Okt. tägl. (außer Mo) 9.30–16.30 Uhr. 3 £, erm. 2 £, Familie 6 £. Stewart Park, Marton-in-Cleveland, Middlesbrough, TS7 8AT, www.captcook-ne.co.uk/ccbm/.

Herrliches Farbenspiel der blühenden Heide

Yorkshire → Karte S. 394/395

North York Moors (Nationalpark)

Die North York Moors, neben den Dales der zweite Nationalpark in Yorkshire, bestehen zum Großteil aus Heideland und Wäldern. Begrenzt werden sie im Osten von der Nordseesteilküste, im Norden und Westen von schroff abfallenden Brüchen. Im Süden laufen die Höhenzüge aus und gehen ab Helmsley und Pickering ins Flachland über.

Schon seit dem Neolithikum ist diese touristisch nahezu unentdeckte Gegend (wenn auch spärlich) bewohnt. Das Hochmoor, stellenweise bis zu 450 m über dem Meeresspiegel gelegen, wird immer wieder von Tälern durchschnitten, wo man eine Landschaft aus Trockensteinmauern und Hecken vorfindet, die Generationen von Bauern angelegt haben. Von den hohen Graten bieten sich atemberaubende Aussichten, und das Heidekraut verwandelt sich im Spätsommer in einen leuchtend-violetten Teppich. Das Heidemoorland bietet Vögeln wie dem schottischen Moorschneehuhn, dem Regenpfeifer und dem Merlin eine Brutstätte. Mehr als hundert Dörfer sind über das Moor verstreut, **Goathland** dürfte der Harry-Potter-Fangemeinde als das Örtchen Hogsmeade bekannt sein. Die **North Yorkshire Moors Railway** ist Englands beliebteste historische Dampfeisenbahn.

3000 km Wanderwege durchziehen den Nationalpark. Der Moor-to-Sea-Fahrradweg führt 128 km durch Wälder, Moore und die Küstenregion. Wenige Kilometer nordwestlich von Helmsley liegt die Ruine der größten Zisterzienserabtei dieser Gegend: **Rievaulx Abbey.** Von Whitby zieht sich das **Esk Valley** in westliche

Richtung bis nach Danby. Dieses Tal ist eine der schönsten Gegenden im Moor. Wer es mit dem Auto durchfahren will, muss steile Berge hinauf und oft einen großen Umweg in Kauf nehmen, um von einem Ort zum anderen zu gelangen. Bequemer hat man es da schon mit der Eisenbahn, die das Tal durchquert.

Reisende, die wenig Zeit haben, sollten von Whitby wenigstens die A 169 hinunter nach Pickering fahren – einen kleinen Eindruck von der Gegend bekommt man so zumindest.

Basis-Infos

Information Umfassend über den **Moors National Park** informieren kann man sich auf der Website www.northyorkmoors.org.uk.

Nationalparkzentren **Danby**, The Moors National Park Centre, das größte Informationszentrum im Park wurde mit Galerien, einer Kletterwand und Tearooms ausgestattet. März bis Okt. tägl. 10–17 Uhr, Aug. 9.30–17.30 Uhr, im Winter eingeschränkt. Esk Valley, Lodge Lane, Danby, YO21 2NB, ☏ 01439/772737.

Sutton Bank, April bis Juli und Sept./Okt. tägl. 10–17 Uhr, Aug. 9.30–17.30 Uhr, Nov. bis März 10.30–16 Uhr. An der A 170, 9,5 km östlich von Thirsk und 12 km westlich von Helmsley, YO7 2EH ☏ 01845/597426. Hier gibt es auch einen Fahrradverleih.

Visitor Centre Dalby, das Besucherzentrum im Great Yorkshire Forest schlägt auf Anfragen auch Routen durch den Park vor. Die Sternwarte Dalby Astronomical Centre veranstaltet regelmäßige Sterngucker-Abende. Tägl. 10–16.30 Uhr, Mai bis Okt. 10–17.30 Uhr. Low Dalby, Thornton le Dale, Pickering, YO18 7LT, ☏ 01751/460295, www.forestry.gov.uk/dalbyforest.

Fahrradverleih Ein beliebter Sport in den North York Moors ist das Fahrradfahren. Mit dem Mountainbike geht es auf die Berge, an den Straßen entlang und durch den Wald. Hat man keins dabei, kann man sich ohne Probleme eines mieten. Im Moors Visitor sind mehrere Verleiher aufgelistet, z. B:

Dalby Bike Barn, Tägl. 9-17.30 Uhr, 29-39 £/Tag. Dalby Forest Courtyard, Thornton-le-Dale, YO18 7LT, ☏ 01751/460049, www.dalbybikebarn.co.uk.

Big Bear Bikes, Unabhängiger Bike Shop am Rande des Moores, auch Reparaturen. 30-40 £/Tag. Mo-Fr 9.30–17.30 Uhr, Di bis 19.30 Uhr, Sa ab 9 Uhr, So 10–16 Uhr. Succours House, Southgate, Pickering, ☏ 01751/474220, www.bigbearbikes.co.uk.

Trailways Cycle Hire → Whitby.

Offene Heidelandschaft: die Hochebene der North York Moors

Verbindungen

In jedem Informationsbüro ist ein kostenloses Flugblatt mit den Abfahrtzeiten von Bus und Bahn erhältlich. In der Zeitung „Out and About" sind die wichtigsten Verbindungen aufgeführt. Besonders sehenswert ist die von der North Yorkshire Moors Railway befahrene Strecke zwischen Pickering und Grosmont.

Bus Busverbindungen gibt es von Scarborough über Whitby und Helmsley bis nach Middlesbrough im Norden. Eine weitere Anfahrtsmöglichkeit besteht von York mit dem **Yorkshire Coastliner** nach Malton (Coastliner Service 840, ✆ 01653/692556, www.yorkbus.co.uk), der auch nach Castle Howard fährt.

Bahn Durch den nördlichen Teil des Parks führt die **Esk Valley Line** von Whitby nach Middlesbrough. Züge (etwa alle 2 Std.) halten in Danby, Grosmont und Kildale. Die andere Stichbahn bringt einen von York über Malton nach Scarborough (www.eskvalleyrailway.co.uk, ✆ 01947/601987).

Eine besonders schöne Art zu reisen erlebt man in einer alten Dampflok der **North Yorkshire Moors Railway**, → Pickering

Aktivitäten

Angeln Fischen kann man in den Flüssen Rye, Derwent und Esk sowie in verschiedenen Seen und Reservoirs, z. B. **Egton Estates River Esk**, Egton Bridge, Lachs und Forellen, April bis Okt., Tickets (25–30 £ pro Tag) vorher buchen. Egton Estate Office, YO21 11UY, ✆ 01947/895466, www.northyorkmoors.org.uk/visiting/what-to-see-and-do/activities/fishing.

Es gibt auch Hochseefischen von Scarborough, Staithes und Whitby aus (Anfrage jeweils im Hafen).

Fahrradtouren **Moor to Sea Cycle Route**, 128 km lange Fahrradroute durch Moore, Wälder und entlang der ehemaligen Küsteneisenbahnlinie. Fahrradverleiher an der Strecke (s. o.). www.moortoseacycle.net.

Golfen Mehr als ein Dutzend Golfplätze stehen Ihnen in den Moors zur Verfügung. Gut ist der 18-Loch-Championship-Kurs in **Ganton** an der A 64, 13 km westlich von Scarborough, YO12 4PA, ✆ 01944/710329, www.gantongolfclub.com. Besucher müssen sich vorher anmelden und im Besitz eines aktuellen Handicapzertifikats sein.

Pferderennbahn In Thirsk, Station Road, YO7 1QL, ✆ 01845/522276, www.thirskracecourse.net.

Reiten Die North York Moors sind ein Reiterparadies, für Anfänger wie für Profis. Adressen von Unternehmen, die Pferde verleihen oder Ausritte organisieren, sind in der Zeitung Out and About verzeichnet. Hier ein Beispiel:

Bilsdale Riding Centre, Reiterurlaub, Reitstunden oder Tagesausflüge mit erfahrenen Führern, 35 £ für 2 Std., 75 £ pro Tag. Shaken Bridge Farm, Hawnby Road, Hawnby, Helmsley, YO62 5LT, ✆ 01439/798225, www.horseholiday.co.uk.

Segelfliegen Seit 1931 betreibt man in dieser Gegend Segelfliegen. In der hügeligen Umgebung sorgen kräftige Westwinde für ordentliche Thermik. Wer gerne mal eine Runde drehen will, meldet sich am besten beim:

Yorkshire Gliding Club, ein Trial Flight (Versuchsflug) kostet 89,50 £. Sutton Bank, Thirsk, YO7 2EY, ✆ 01845/597237, www.ygc.co.uk.

Wandern Die schönste Art und Weise, das Moor kennenzulernen, ist auf Schusters Rappen. Allerdings ist es wie immer ratsam, sich gut vorzubereiten. Die Outdoor-Leisure-Karten Nr. 26 und 27 im Maßstab 1:25.000 decken das Moor ab. Eine aktuelle **Wettervorhersage** bekommen Sie kostenlos im Tourist Office. In den Informationszentren bzw. auf der Park-Authority-Webseite werden einige Wanderrouten vorgeschlagen und es liegen Programme für kostenfreie geführte Wanderungen der Ranger aus. Eine schöne, wenn auch recht anstrengende Wanderung zum Gipfel des Roseberry Topping am Rande des Nationalparks finden Sie im Wanderteil (→ S. 696).

Der **Cleveland Way** ist mit 176 km ein spektakulärer Fernwanderweg, der von Scarborough an der Küste entlang bis Saltburn und dann über Land bis Helmsley führt. Infos unter www.nationaltrail.co.uk/clevelandway.

Yorkshire → Karte S. 394/395

Unter Dampf: die North Yorkshire Moors Railway in Pickering

Pickering und das Ryedale

Das geschäftige Marktstädtchen am südlichen Rand des Nationalparks ist ein guter Ausgangspunkt für die Erkundung des Moores. Das romantische Dampfross der **North Yorkshire Moors Railway** stampft von hier durch ein enges, dicht bewaldetes Tal und dann über offenes Moorland bis nach Whitby. Im Jahre 270 v. Chr. gründete König Peredurus oberhalb dieses Tals eine Siedlung. Der Legende nach verlor er im nahen Fluss Costa einen wertvollen Ring und bezichtigte eine Jungfrau aus dem Ort des Diebstahls. Als jedoch der königliche Koch einen Hecht *(pike)* zubereitete, fand er den Ring im Magen des Fisches. Zum Zeichen der Reue heiratete der König die Jungfrau und nannte den Ort von nun an Pike-ring.

Pickering ist ein Hügelstädtchen, das von einer Burgruine bewacht wird. In der Burg hat Richard II. nach seiner Abdankung eine Zeit lang geschmachtet. Bekannt ist Pickering auch für seine Schweine bzw. seinen Schinken und für seine Pferde, die Cleveland Bay Horses mit ihren schwarzen Mähnen und Schweifen, die nur hier gezüchtet wurden (heutzutage in Eskdale). In der Umgebung von Pickering liegen die wenigen noch bewaldeten Gebiete des Moores. Wanderwege führen zu den schönsten Ecken, die Touren sind größtenteils in einem halben Tag zu schaffen.

Information Über die Region informiert die Webseite www.visitryedale.co.uk.

Antiquitäten **Pickering Antique Centre**, 40 Aussteller haben hier ihre Räumlichkeiten, Mo–Sa 10–17 Uhr, So ab 11 Uhr, South Gate, YO18 8BL, ✆ 01751/7477210, www.pickeringantiquecentre.vpweb.co.uk.

Mountainbiking **Newbridge Woods**. In dem Waldgebiet nordwestlich von Pickering Castle gibt es einen neuen Mountainbike Skills Park. Zur Nutzung ist eine Mitgliedschaft erforderlich, zu kaufen in Pickering bei Trailblazer Outdoors, 17 Marketplace. ✆ 01751/475183, www.newbridgepark.co.uk.

Übernachten **The White Swan.** Die tolle Herberge in einer 500 Jahre alten Poststation ist ein gelungener Mix aus Tradition und Moderne. Ausschließlich Hotelgäste können in der Lounge (The Boothy, eine umgebauten Scheune) am Kamin zu allen Tageszeiten kostenfreien Kaffee und Kekse genießen. DZ B & B 149–179 £, mit Dinner 209–239 £. Market Place, Pickering, YO18 7AA, ✆ 01751/472288, www.white-swan.co.uk.

Fox & Hounds Country Hotel. Hübsches Landhaus in einem Dorf wenige Kilometer nordwestlich von Pickering (über die A 170). Gutes Restaurant. B & B EZ ab 69 £, DZ 90–170 £, bei mehreren Nächten günstiger. Main Street, Sinnington, YO62 6SQ, ✆ 01751/431577, www.thefoxandhoundsinn.co.uk.

Vivers Mill. Umgebaute Wassermühle mit arbeitendem Rad und Originalmühlstein in der Lounge, sehr urig, rustikal. B & B DZ 70–80 £. Mill Lane, Pickering, YO18 8DJ, ✆ 01751/473640, www.viversmill.co.uk.

Camping **Vale of Pickering Caravan Park**. Guter Fünf-Sterne-Campingplatz in reizvoller Umgebung mit kostenfreiem WLAN; März bis 6. Jan. geöffnet. Anfahrt über die A 170 Richtung Allerston, dann auf die B 1415 (ab hier ausgeschildert). Zelte 18–30 £. Carr House Farm, Allerston, YO18 7PQ, ✆ 01723/859280, www.valeofpickering.co.uk.

Sehenswertes

Burgruine: Die gut erhaltende Burgruine aus dem 12. Jh. lohnt eine Besichtigung, vor allem wegen der fantastischen Ausblicke von hier. Acht englische Könige bewohnten die Burg, darunter auch Eduard II.

Ende März bis Sept. tägl. 10–18 Uhr, Okt. bis 17 Uhr. 4,60 £, erm. 4,10 £, Kind 2,80 £, Familie 12 £. Castlegate, YO18 7AX, ✆ 01751/474989, www.english-heritage.org.uk.

St Peter and Paul: In der hiesigen Gemeindekirche mit einem normannischen Taufbecken wurden im Jahr 1851 farbenfrohe Fresken aus dem 15. Jh. entdeckt. Der Pfarrer übertünchte die Malereien, da er sie für anstößig hielt. Inzwischen hat man versucht, sie wieder freizulegen; das Ergebnis können Sie in der Kirche bewundern.

North Yorkshire Moors Railway: Pickering ist Ausgangspunkt dieser historischen Eisenbahnstrecke. 29 km legt die alte Dampfeisenbahn in Richtung Norden zurück. Die Strecke führt durch für englische Verhältnisse recht bewaldete Täler (Newtondale, Raindale) über das kleine Dorf Goathland mit Harry-Potter-Ruhm weiter durch das Murk Esk Dale nach Grosmont. Die Eisenbahnlinie, eine der ersten des Landes, wurde im Jahre 1836 unter der Leitung von George Stephenson gebaut. Etwa zwölf Jahre lang zogen Pferde die Wagen, was die Überwindung der Höhenmeter etwas schwierig machte. Im Jahr 1847 wurde dann die Dampflokomotive eingeführt. Mit einem Tagesticket kann man unterwegs aus- und in einen späteren Zug wieder einsteigen.

Genaue Abfahrtzeiten (i. d. R. 11 Uhr) erfahren Sie auf der Webseite. Ticketpreise je nach Ziel 17–27 £, Kind 8,50–13,50 £, Familie 36–56 £ oder Tagestickets. Fahrplanauskunft ✆ 01751/472508, www.nymr.co.uk.

Umgebung von Pickering

Hutton-le-Hole

Ein Bach, der von hübschen kleinen Brücken überspannt wird, fließt durch dieses Bilderbuchdorf. Die Häuschen sind aus dem lokalen grauen Stein erbaut und tragen wie hier im Moor typisch rote Dachziegel. Sie gruppieren sich um ein weites Dorfgrün, auf dem friedlich Schafe weiden. Da merkt man kaum den Unterschied zum **Fydale Folk Museum**, einem Freiluftmuseum, in dem ein ganzes Moordorf wieder aufgebaut wurde.

Fydale Folk Museum: April bis Sept. tägl. 10–17 Uhr, Mitte Febr. bis März und Okt. bis Anf. Dez. tägl. bis 16 Uhr. 7,50 £, erm. 6,50 £, Familie 24 £. Hutton-le-Hole, YO62 6UA, ✆ 01751/417367, www.ryedalefolkmuseum.co.uk.

Yorkshire → Karte S. 394/395

Goathland

Ziemlich weit nördlich auf der Strecke der North Yorkshire Moors Railway liegt kurz vor Grosmont dieser Ort, der den Briten hauptsächlich als Aidensfield aus der Fernsehserie „Heartbeat“ bekannt ist. Goathland ist ein typisches Dorf dieser Gegend, seine alten Gehöfte umringen einen weiten Dorfanger. Die Bahnstation wurde erst im Jahr 1865 eröffnet, da man aufgrund des steilen Anstiegs der Strecke zwischen Beck Hole und Goathland die Bahngleise verlegen musste. Sie verwandelte sich für die Dreharbeiten zu „Harry Potter und der Stein der Weisen“ in Hogsmeade Station.

Der seltsame Name des Ortes geht wahrscheinlich auf frühe dänische Siedler zurück (Goda-land). Noch immer wird zu Neujahr ein heidnisches Ritual der Wikinger gefeiert, der Plough Stots Service. *Stots* ist skandinavisch und bedeutet Ochsen. Diese ziehen einen Pflug durch das Dorf, gefolgt von dreißig Tänzern, die wild mit Schwertern fuchteln. Allerdings wurden die Ochsen inzwischen durch junge Männer ersetzt. In Goathland gibt es ein sehr ungewöhnliches Hotel, das in einem umgebauten alten Eisenbahnwaggon untergebracht ist, den man für eine ganze Woche mieten kann. Der Waggon verfügt über alle Extras – vom modernen Bad bis hin zur vollständig eingerichteten Küche.

Übernachten/Essen *** **The Mallyan Spout Hotel**. Charmantes Country-Hotel mit Luxuszimmern in der Nähe eines kleinen Wasserfalls. Lassen Sie es sich in einer der drei Lounges oder dem schönen Garten gut gehen. EZ 75 £, DZ 100–165 £. Goathland, Whitby, YO22 5AN, ✆ 01947/896486, www.mallyanspout.co.uk.

Birch Hall Inn. Bodenständiges, hübsches Country Pub in der Nähe der North Moors Railway Line, winzige zwei Räume mit Sweet Shop. Es gibt nur Sorten von Pastete, Sandwiches und Ales. Mo nur 11–15 Uhr, Di geschl., Mi–So 11–15 und 19.30-23 Uhr. Beck Hole, Goathland, YO22 5LE, ✆ 01947/896245, www.beckhole.info/bhi.htm.

Helmsley

Helmsley am Ufer des River Rye ist ein weiterer guter Ausgangsort für Touren ins Moor. Mit Cottages, einer kleinen Brücke, einem bildschönen Kirchhof und den Ruinen einer normannischen Burg. Jeden Freitag findet auf dem Marktplatz der Wochenmarkt statt. Die gotische Statue dort erinnert an den 2. Grafen von Feversham, der im benachbarten Duncombe Park zu Hause war. Beim Marktkreuz beginnt der Wanderweg **Cleveland Way** (→ S. 499).

Information www.visithelmsley.co.uk.

Einkaufen Keith Pickering produziert aus den Hölzern des umliegenden Waldes Walking Sticks, Wanderstöcke, mit geschnitzten Tierverzierungen. The Stick Man, Unit 1 The Walled Garden, Helmsley, YO62 5AH, ✆ 01439/771450, www.thestickman.co.uk.

Übernachten Viele der B & Bs liegen in der Ashdale Road. Vom Marktplatz geht man die Bondgate hoch.

**** **Black Swan**. Exquisites Hotel mit schönem Garten, Tearoom, Pub, Restaurant und Champagner-Bar, 45 Zimmer. B & B nur So–Do EZ 110–160 £, Fr–Sa nur mit Halbpension (ab 249 £/2 Pers.). 80 Market Place, YO62 5BJ, ✆ 01439/770466, www.blackswan-helmsley.co.uk.

Stilworth House. B & B in einem georgianischen Stadthaus mit Ausblick aufs Schloss und die Kirche. 50 £/Pers., bei mehreren Nächten günstiger. 1 Church Street, YO62 5AD, ✆ 01439/771072, www.stilworth.co.uk.

Im Kirkbymoorside, östlich an der A 170 gelegen, gibt es einige kleine Gasthäuser, z. B.

Lion Inn. Freehouse (von Brauereien unabhängiges Pub) aus dem 16. Jh., sehr einsam auf dem höchsten Punkt der Moore, Blick über Rosedale und Farndale, offener Kamin. B & B 25–50 £/Pers. Blakey Ridge, Kirkbymoorside, YO62 7LQ, ✆ 01751/417320, www.lionblakey.co.uk.

Youth Hostel. Modern und schmucklos, etwa 500 m östlich des Marktplatzes (an der Kreuzung von Carlton Road und Carlton Lane), Bett ab 17 £, Zimmer ab 49 £. Carlton Lane, Helmsley, YO62 5HB, ✆ 0345/3719638, www.yha.org.uk/hostel/helmsley.

Cote Ghyll. Tees-Busse Nr. 80 und 90 halten auf der Strecke von Middlesbrough nach Northallerton in Osmotherley. Jugendherberge in der alten Leinenspinnerei, Bett ab 25 £, Zimmer ab 49 £. Osmotherley, Northallerton, DDL6 3AH, ✆ 01609/883425, www.yha.org.uk/hostel/osmotherley.

Camping **Golden Square Caravan and Camping Park**. 4 km südwestlich von Helmsley, ca. 1,5 km von Ampleforth entfernt (ausgeschildert). Liegt in offener Landschaft mit angrenzendem Wald. Beheizte Toiletten. Von März bis Okt. geöffnet. Caravanplätze 18,50–35,50 £, Wanderer und Biker mit Zelt 7–9 £. Oswaldkirk, YO62 5YQ, ✆ 01439/788269, www.goldensquarecaravanpark.com.

Sehenswertes

Helmsley Castle: Am Stadtrand stehen die Reste der Burg, die im 11. Jh. von den Normannen gegründet und um 1186 unter Robert de Roos, Lord of Helmsley, ausgebaut wurde. Über eine Holzbrücke, die den Burggraben überspannt, kommt man zum Turm am Haupteingang, der aus dem 13. Jh. stammt. Im Jahr 1644 wurde die Burg von den Republikanern erobert. Die Königstreuen flohen, und die Mauern der Anlage wurden geschleift. Später wurde die Burg an Sir Charles Duncombe verkauft. Im Walled Garden blühen von April bis Oktober die Blumenrabatten, im Vinehouse Café sitzt man im viktorianischen Gewächshaus zwischen rankendem Wein.

April bis Sept. tägl. 10–18 Uhr, Okt. bis 17 Uhr, sonst Sa/So 10–16 Uhr. 5,80 £, erm. 5,20 £, Kind 3,40 £, Familie 15 £. ✆ 01439/770442, www.english-heritage.org.uk. **Walled Garden**: April bis Okt. 10–17 Uhr, 7,50 £, www.helmsleywalledgarden.org.uk.

Sakrale Ruine: Rievaulx Abbey

Rievaulx Abbey: 4 km westlich von Helmsley liegt im landschaftlich schönen Tal des Rye das 1131 von französischen Mönchen gegründete Kloster und die größte Zisterzienserabtei der Gegend: Zeitweilig lebten hier bis zu 550 Menschen. Einkommensquelle war die Schafzucht – weite Gebiete des Moores gehörten dem Orden, 14.000 Schafe, eine Fischerei bei Teesmouth und Eisenbergwerke bei Bilsdale und Wakefield. 1536 war auch für Rievaulx das Ende gekommen, als Heinrich VIII. alle Klöster des Landes auflöste. Die romantischen Ruinen sind noch recht gut erhalten. Im 18. Jh. war dies Anlass genug für den Ausbau einer Parkanlage mit Terrassen und kleinen Tempeln (extra Eintritt). Eine Ausstellung informiert über die verschiedenen Erwerbszweige der Mönche (Schafzucht, Glasproduktion und Eisenverarbeitung).

April bis Sept. tägl. 10–18 Uhr, Okt. bis 17 Uhr, sonst Sa/So 10–16 Uhr. 8 £, erm. 7,10 £, Kind 4,80 £, Familie 20,80 £. Rievaulx, YO62 5LB, ✆ 01439/798228, www.english-heritage.org.uk. Zu Fuß entlang des ausgeschilderten Weges von Helmsley (5 km).

Great Ayton und das Esk Valley

Das hübsche Dorf **Great Ayton** ist ziemlich lang gezogen und folgt so dem Flusslauf des Leven. Gleich hinter dem Ort, in dem Captain Cook die Schulbank drückte, erhebt sich bis auf 322 m der Roseberry Topping, ein Berg mit einem markanten Bruch, der aussieht, als hätte ein Riese einmal davon abgebissen. Tatsächlich wurde hier in der Vergangenheit eisenhaltiger Stein gebrochen, die gesamte Region war ab den 1840er-Jahren mit Eisenbergwerken und -schächten gepflastert. Wanderung 5 führt Sie von Great Ayton auf den Roseberry Topping und von dort weiter durch eine Heidemoorlandschaft zu Captain Cooks Denkmal. Der steht als junger Mann in der Kleidung eines Schiffsmaats auch auf der Dorfwiese von Great Ayton, seine alte Schule ist zum Museum umgebaut.

Captain Cook Schoolroom Museum: April bis Okt. tägl. 13–16 Uhr, Juli/Aug. ab 11 Uhr, Eintritt frei. 101 High Street, TS9 6NB, ✆ 01642/724296, www.captaincookschoolroommuseum.co.uk.

Stamps Coffee Shop. Für seine Eiswaffeln bekanntes Café. Mo–Sa 9–17, So 11–16 Uhr. 107 High Street, TS9 6BW, ✆ 01642/722060, www.stampscoffeeshop.co.uk.

Tour 5: Rundwanderung am Rande der North York Moors → S. 696
Auf den Spuren von James Cook zum markantesten Berg des Nationalparks

Castleton und Danby

In **Castleton** fließt der Commondale Beck in den Esk. Vom Castle findet man heute allerdings keine Spur mehr, die Steine wurden komplett abgetragen und in den umliegenden Häusern sowie dem Castle des nahe gelegenen Danby verbaut. Nördlich von Castleton geht es durch raues Moor- und Heideland hinauf zum Castleton Rigg, einer Felsnase, die Panoramaausblicke über das Westerdale und Danby Dale bietet. Wer das Logo des Nationalparks, ein keltisches Kreuz mit dem für die Gegend typischen *wheelhead* (Wagenrad-Motiv), sucht, muss sich noch weiter auf das Danby High Moor begeben, wo das **Ralph Cross** steht – etwa tausend stehende Steine und Wegkreuze sind über den Nationalpark verstreut.

In **Danby** befindet sich das Besucherzentrum des Nationalparks in der einstigen Jagdhütte der Bewohner des Herrenhauses (→ S. 498). Ein Stückchen flussabwärts gelangt man zur **Duck Bridge** aus dem 14. Jh., auf der jedoch keine Enten, sondern Packesel unterwegs waren, um in den Satteltaschen Waren hinauf auf die Burg zu schleppen. Danby Castle (nicht zu besichtigen, aber heiraten kann man hier) entstand zur selben Zeit und ist eher ein befestigter Wohnsitz denn eine Burg. In dem Haus wohnte einst Catherine Parr, die sechste und letzte Gattin Heinrichs VIII., die ihn überlebte.

Als er noch ein Schuljunge war:
Captain James Cook

Von Eduard I im 14. Jahrhundert erbaut: Berwick Town Walls

Der Nordosten

Der Nordosten Englands ist eine Gegend voller Kontraste: eine einsame Küste, dahinter hügeliges Heideland und düstere Höhenzüge bis zum Horizont, durchkreuzt vom Weltkulturerbe Hadrianswall. Von der Schließung der Bergbauwerke, Schiffswerften und Industrien hat sich die Region inzwischen erholt. Längst heißt es in den Städten Kunst statt Kohle.

North East England ist die kleinste der neun Regionen Englands und besteht aus zwölf Grafschaften, deren größte und landschaftlich faszinierendste Northumberland an der Grenze zu Schottland ist. Sie bietet Naturparadiese wie die unberührten und wildromantischen Höhenzüge der **Cheviot Hills** oder das riesige Waldgebiet rund um das **Kielder Water.** Hier hinterließen die Römer mit dem **Hadrianswall** ihre deutlichsten Spuren, aber auch die Schotten und Wikinger haben das Land geformt.

An den Dünen und langen Sandstränden der Heritage Coast Northumberlands steht auf der Gezeiteninsel **Lindisfarne** das gleichnamige Kloster, die Wiege des englischen Christentums. Nicht weit davon bot **Bamburgh Castle** den Königen von Northumberland Schutz und eine Heimstatt. Das imposante **Alnwick Castle** ist bis heute der zweitgrößte Adelssitz des Landes und der wohl berühmteste Drehort der Harry-Potter-Filme. **Newcastle-upon-Tyne,** das Verwaltungszentrum der Region, gilt als interessante und kosmopolitische Stadt und rühmt sich des besten Nachtlebens im Lande. Vor ihren Toren breitet Antony Gormleys „Engel des Nordens" seine gigantischen Flügel aus.

Der Nordosten

Eine der sehenswertesten Städte ist **Durham** mit seiner formvollendeten normannischen Kathedrale und dem Castle, beide Weltkulturerbe. Von hier hat man schnell Zugang zum Naturschutzgebiet der **North Pennines** mit den reizvollen Tälern Teesdale und Weardale.

Bishop Auckland

Die 25.000 Einwohner zählende, ein wenig verschlafen wirkende Marktstadt liegt am Zusammenfluss zweier Flüsse (Wear und Gaunless) und gilt als Tor zum Weardale. Sie wurde jahrhundertelang von den mächtigen Fürstbischöfen von Durham dominiert (→ auch Durham, S. 514), die sich hier zunächst ein Jagdschloss einrichteten, das nach und nach zum gewaltigen **Auckland Castle** ausgebaut wurde. Heute ist Auckland Castle die Top-Sehenswürdigkeit des Ortes, die die ökonomisch sehr schwache Region belebt hat. Ansonsten ist das Städtchen unspektakulär. Das Zentrum wird vom viktorianischen Rathaus am Market Place dominiert, das gleichzeitig als Bücherei, Kino, Theater und Kulturzentrum dient. Wer kurz bummeln möchte, findet in der verkehrsberuhigten Fore Bondgate einige Cafés und Boutiquen. Und an der Ecke Newgate Street/A689 trifft man auf eine vertraute Gestalt: die von Arthur Stanley Jefferson, besser bekannt als Stan Laurel, der zwar nicht in Bishop Auckland geboren wurde, hier aber aufwuchs und zur Schule ging. Die Statue zeigt ihn in seiner typischen Pose: sich nachdenklich am Kopf kratzend und eine breite Unschuldsmiene aufsetzend.

Information **Visitor Information Point**, Mo–Fr 10–16 Uhr, Sa 9.30–12.30 Uhr. Bishop Auckland Town Hall, Market Place, DL14 7NP, ✆ 03000/262626, www.bishopaucklandtownhall.org.uk, www.thisisdurham.com.

Übernachten **Horsley Hall Country House Hotel**. Efeuumrankter Landsitz aus dem 17. Jh. Die Zimmer in dieser luxuriösen Herberge sind traditionell eingerichtet, viele Gäste kommen wegen der Küche. B & B EZ 85–95 £, DZ 140–160 £. Eastgate, DL13 2LJ, ✆ 01388/517239, www.horsleyhall.co.uk.

Essen & Trinken **Library Tea Room.** Im Castle speist man zwischen den Bücherregalen, die Zutaten stammen vielfach aus den Castle Gardens. Am letzten Samstag im Monat hat die Bibliothek zum Fünf-Gänge-Dinner geöffnet. Afternoon tea sollte 48 Std. vorab gebucht werden. Tägl. außer Di 10–17 Uhr. DL14 7NR, ✆ 01388/743750, www.aucklandcastle.org.

Chang Thai. Eines der beliebtesten (der wenigen) Restaurants im Ort, thailändische Küche mit vielen Fischgerichten für kleine Preise direkt am Marktplatz. Lunch ab 6,95 £. Tägl. 12–23 Uhr. 7 Market Place, DL14 7NJ, ✆ 01388/605011.

Saxon Inn. Traditionelles Dorf-Pub aus dem 17. Jh. gegenüber der Escomb-Kirche. Bodenständige Küche mit großen Portionen und guter Auswahl an glutenfreien und vegetarischen Gerichten. Tägl. 12–14 und 17.30–23 Uhr (Küche bis 20.30 Uhr), So ab 17 Uhr. Saxon Green, Escomb, ✆ 01388/662256, www.saxon-inn.co.uk.

Sehenswertes

Auckland Castle: Das Castle, eher ein gotischer Herrensitz als eine Festung, wurde ursprünglich als Jagdschloss der einflussreichen Fürstbischöfe von Durham errichtet, die von hier aus ab 1190 ihrer Leidenschaft, der Hirschjagd, nachgehen konnten. Ab 1832 war Auckland Castle dann der offizielle Hauptsitz der Bischöfe von Durham. 2013 ging das Schloss in den Besitz einer Stiftung über, ein Trakt ist aber immer noch der Diözese vorbehalten. Höhepunkte der Besichtigung sind der prachtvoll ausgestattete Thronsaal und der lang gezogene Speisesaal, in dem der größte Kunstschatz der Bischöfe präsentiert wird: zwölf der dreizehn Gemälde des spanischen Barockmeisters Francisco de Zurbarán (1598–1664, ein Zeitgenosse von Velázquez), die Jakob

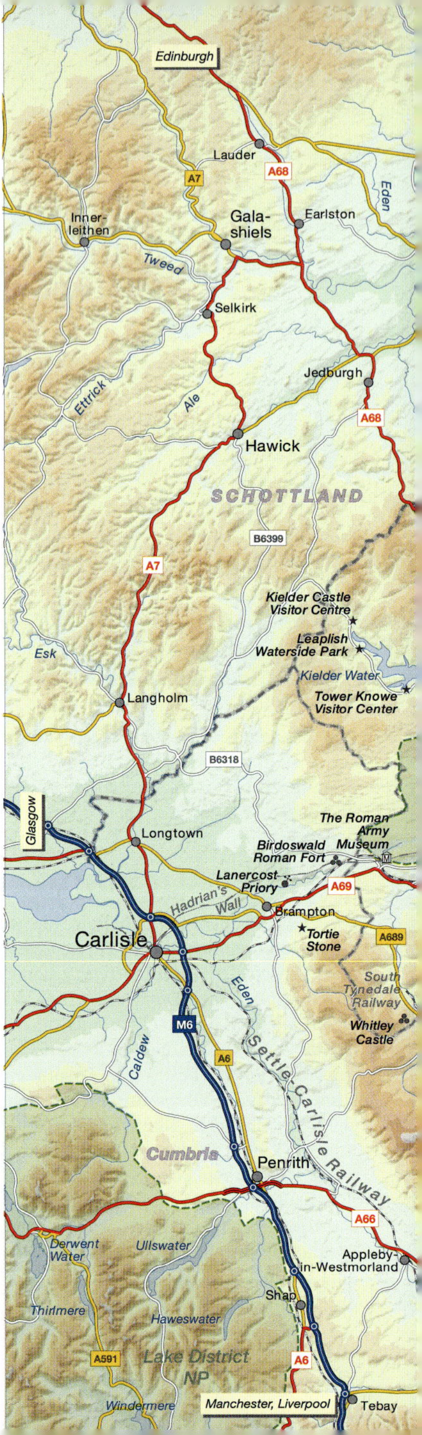

Edinburgh
Berwick-upon-Tweed
Duns
Whiteadder
Blackadder
Norham
Norham Castle
A697
A698
Etal
Ford
Kelso
Holy Island or Lindisfarne
Bamburgh Castle
Farne Islands
Seahouses
Belford
Kirk-newton
Wooler
Chilling-ham
Chillingham Castle
The Joiner's Arms
Dunstanburgh Castle
Craster
Howick Hall Gardens
The Cheviot 815
The Cheviot Hills
Ingram
Alnwick Castle
Alnwick
Coquetdale
Alwinton
Warkworth Castle
Amble
A1
Catcleugh Reservoir
Lady's Well
Rothbury
Cragside House
Northumberland NP
Drudrige Bay
Brinkburn Priory
A1068
Redesdale
Elsdon
Otterburn
Northumberland
Woodhorn Museum
Ashington
Morpeth
The Pheasant Inn
A696
Wallington
Wallington Hall
Bellingham
Hesleyside Hall
A68
Blyth
B6320
Seaton Delaval Hall
Cramlington
Belsay Hall & Quarry Garden
Whitley Bay
Newcastle upon Tyne
Visitor Centre Once Brewed
Chesters
Hadrian's Wall
Tynemouth
Mile-castle Inn
House-steads
Heddon-on-the-Wall
Wallsend
South Shields
Aydon Castle
Kastell Vindolanda
Hadrian's Wall Caravan & Camp Site
Halt-whistle
Hexham
Corbridge
Tyne
Gateshead
Jarrow
Prudhoe
Angel of the North
Sunderland
Tanfield Railway
Amsterdam
Derwent Reservoir
Beamish Museum
Washington
Consett
Stanley
Muggleswick
Chester-le-Street
Durham Heritage Coast
Seaham
Alston
A1(M)
North of England Lead Mining Museum
County Durham
Durham
Durham Dales Centre
Bowlees Visitor Centre
A689
Peterlee
A167
Weardale
Wear
North Pennines
Binchester Roman Fort
A19
Cow Green Reservoir
B6277
Low Barns
Auckland Castle
Hartlepool
Escomb
High Force
Hamsterley Forest
Bishop Auckland
Newton Aycliffe
Cauldron Snout
Teesdale
Middleton-in-Teesdale
Shildon National Railway Museum
Billingham
Middles-brough
Raby Castle
Stockton-on-Tees
Brackenber
Barnard Castle
Guisborough
Eden
Brough
Egglestone Abbey
A67
Darlington
Tees
A66
Leeds
Bowes Museum
Kirkby Stephen
A685
North Yorkshire
15 km
Nordostengland

und seine zwölf Söhne zeigen. Auch die größte Privatkapelle des Landes, St Peter's Chapel, kann man besuchen. Auf dem Parkgelände steht das zinnenbekrönte Deer House aus dem 18. Jh., das die Rotwildherde mit Futter versorgte und Mensch und Tier als Unterschlupf diente.

Tägl. außer Di 10–17 Uhr (letzter Einlass 16 Uhr), Führungen 11.30 und 14.30 Uhr. Im Januar geschl. 6 £, erm. 5 £, Kind unter 16 J. frei. Deer House (English Heritage) tägl. 10–16 Uhr, Eintritt frei. DL14 7NR, ✆ 01388/743750, www.aucklandcastle.org. Im April findet auf dem Burggelände ein **Food Festival** statt.

Umgebung von Bishop Auckland

Binchester Roman Fort: Ungefähr im Jahr 100 n. Chr. sicherten die Römer ihre wichtige Handelsroute vom Hauptquartier ihrer Legion in York bis zum Hadrianswall an der schottischen Grenze mit einem riesigen Fort. Dort, wo die Dere Street, die römische „A1", den River Wear kreuzte, waren fast 350 Jahre lang etwa tausend Soldaten eines Kavallerieregiments stationiert. Um die Festung herum entstand ein kleiner Ort, Vinovia, in dem die Familien wohnten. Teile dieser Anlage wurden in den 1870er- und 1930er-Jahren ausgegraben. In den Überresten des Hauses des Kommandanten fand man ein recht gut erhaltenes Badehaus mit Fußbodenheizung. Auch Teile der nördlichen Befestigungswälle sowie der Straße sind erhalten.

Ostern bis Juni und Sept. tägl. 11–17 Uhr. Juli/Aug. ab 10 Uhr. Im Juli **Roman Festival** mit Reenactments (historischen Nachstellungen). 3 £, erm. 2 £, Kind 1,50 £. 2,5 km nördlich von Bishop Auckland an der A 688 oder 20-minütiger Spaziergang entlang des River Wear. DL14 8DJ, ✆ 01388/663089, www.durham.gov.uk/binchester.

Escomb Saxon Church: Wahrscheinlich wurde diese Kirche 675 mit den Steinen der Ruine des Römerforts in Binchester gebaut und gehörte möglicherweise zu einem der Klöster in Whitby oder Hartlepool. St John's – wie die Kirche auch genannt wird – ist von einem kreisrunden Friedhof umgeben und eine Verschmelzung keltischer mit römischen Bauweisen. Wie die meisten solcher frühen Kirchen hat sie einen klaren Grundriss: ein rechteckiges Schiff mit einem sich anschließenden Rechteckchor für den Altar, dessen Altarkreuz wahrscheinlich älter ist als die Kirche selbst. Im Innenraum sind Reste mittelalterlicher Wandbemalung zu sehen, die wahrscheinlich aus dem 12. oder 13. Jh. stammen. Die gestickten Wandbehänge sind moderner Natur und im Stil der Lindisfarne Gospels gehalten. Draußen an der Südwand befindet sich eine Sonnenuhr aus dem Jahr 700, über der Eingangstür hängt eine weitere aus dem 17. Jh.

Juni bis Sept. tägl. 9–20 Uhr, sonst 9–16 Uhr. Wenn die Kirche geschlossen ist, kann man den Schlüssel in der 26 Saxon Green während den o. g. Zeiten abholen. Eintritt frei, Guidebook 2 £. Saxon Green, Escomb, DL14 7SX, ✆ 01388/602860, escombsaxonchurch.co.uk.

The National Railway Museum Shildon: Das Museum, das 2004 als Zweigstelle des aus allen Nähten platzenden National Railway Museums in York eröffnet wurde, befindet sich in einer neu erbauten Halle an der Straße von Stockton nach Darlington. Shildon ist außerdem der Geburtsort von Timothy Hackworth, einem Lokomotivenkonstrukteur, der nie aus dem Schatten des großen Eisenbahningenieurs George Stephenson heraustreten konnte. Hackworth baute die Lokomotive „Sans Pareil", die am berühmten Rennen von Rainhill 1829 teilnahm und gegen die „Rocket" von George Stephenson unterlag. Die „Sans Pareil" ist im Museum zweimal ausgestellt: im Original und als (fahrtüchtige) Rekonstruktion. Darüber hinaus sind etwa 60 weitere Schienenfahrzeugen zu sehen. Der Museumskomplex umfasst auch Hackworths bescheidenes Wohnhaus.

April bis Okt. tägl. 10–17 Uhr, Okt. bis März tägl. 10–16 Uhr. Eintritt frei. Shildon, DL4 1PQ (beim Navi bitte DL4 2RE eingeben), ✆ 01388/777999, www.nrm.org.uk.

Darlington: Auch die Marktstadt Darlington ist unwiderruflich mit der Geschichte der Eisenbahn verbunden. 1825 baute George Stephenson, Hauptbegründer des Eisenbahnwesens, eine Eisenbahnlinie für den Passagierverkehr nach Stockton-on-Tees, die von der Dampflokomotive „Locomotion No. 1" bedient wurde – Spitzengeschwindigkeit: 16 bis 20 km/h. 600 Gäste befanden sich an Bord, die meisten in Kohlekippen. Im Bahnhof North Road Station befindet sich das *Head of Steam – Darlington Railway Centre & Museum*, in dem neben der „Locomotion No. 1" auch andere Oldtimer des Schienenverkehrs zu sehen sind.

Head of Steam - Darlington Railway Centre & Museum, April bis Sept. tägl. (außer Mo) 10–16 Uhr, Okt. bis März Mi–So 11–15.30 Uhr. 4,95 £, erm. 3,75 £, Kind 3 £, Familie 10 £. North Road Station, DL3 6ST, ✆ 01325/460532, www.darlington.gov.uk/leisure-and-culture/head-of-steam.

Aus dem 7. Jahrhundert – Escomb Saxon Church

Raby Castle: Das nennt man eine stattliche Burg – mit Zinnen bestückt, von einer wehrhaften Mauer und einem Wassergraben umgeben, Rotwild grast im Park. Die mächtige Familie Neville baute sich hier im 13. Jh. einen Landsitz mit deutlich erkennbarem Verteidigungscharakter. Geschichtsträchtig ist vor allem die mittelalterliche Baron's Hall, wo sich 1569 rund 700 Rebellen versammelten, um einen Anschlag gegen Elisabeth I. (und zugunsten Maria Stuarts) anzuzetteln. Der Putsch scheiterte und die Nevilles verloren ihr gesamtes Vermögen. Das Castle wurde von der Krone an Sir Henry Vane verkauft, dessen Nachkomme, der 11. Lord Banard, noch immer hier wohnt.

Raby Castle liegt an der A 688 auf dem Weg von Bishop Auckland nach Barnard Castle. Mitte April bis Juni sowie Sept. Mi–So 12.30–16.30 Uhr (wochentags nur mit Führung, letzte Führung 15.15 Uhr, So keine Führung), Juli/Aug. tägl. (außer Mo) 12.30–16.30 Uhr (ohne Führung), Garten an denselben Tagen wie Castle 11–17 Uhr. 10 £, erm. 9 £, Kind 4,50 £, Familie 27 £, nur Garten 6 £, erm. 5 £, Kind 2,50 £, Familie 15 £. 1,5 km nördlich von Staindrop an der A 688, ✆ 01833/660202, www.rabycastle.com.

Barnard Castle/Bowes Museum: Dieses honigfarbene Marktstädtchen, von den Einwohnern liebevoll „Barney" genannt, besuchen die meisten Touristen wegen seiner Burgruine und eines französischen Schlosses, in dem das *Bowes Museum* untergebracht ist. Es wurde Ende des 19. Jh. von John Bowes und seiner französischen Frau gestiftet, die allerdings beide die Eröffnung im Jahr 1892 nicht mehr

erlebten. Das Ehepaar stopfte die 22 Räume mit erlesenen Schätzen voll: Gemälde von Goya, El Greco und Courbet, Möbel, Wandteppiche, Porzellan und Skulpturen, Juwelen und Spitzen. Das bekannteste Objekt ist der silberne Schwan, ein Automat, dessen Mechanik täglich um 14 Uhr vorgeführt wird. Erst kürzlich wurde zudem das Halbporträt einer Hofdame der Gattin König Karls I. als ein Originalwerk des Hofmalers Anthonis van Dyck identifiziert. Im Park können sich die Kinder an Klettergerüsten, Rutschen und Schaukeln austoben.
Das Castle, dem der Ort seinen Namen verdankt und das in Walter Scotts „Rokeby“ eine wichtige Rolle spielt, wurde im 12. Jh. von der Familie Balliol als Grenzfeste errichtet. Beschnuppern Sie den Garten der Sinne und besteigen Sie den Rundturm aus dem 14. Jh., um den Blick über die grünen Ebenen Durhamshires und über die karge Landschaft der Pennines zu genießen.

Information: Barnard Castle Visitor Information Point, Mo u. Mi–Sa 10–16 Uhr, im neuen Kulturzentrum The Witham, 3 Horsemarket, DL12 8LY, ✆ 03000/262626, www.thisisdurham.com.

Bowes Museum: tägl. 10–17 Uhr. 10,50 £, erm. 9,50 £, Student 6 £, Kinder unter 16 J. frei. Café tägl. 10–16.30 Uhr. DL12 8NP, ✆ 01833/690606, www.thebowesmuseum.org.uk.

Castle: April bis Okt. tägl. 10–18 Uhr, im Okt. bis 17 Uhr, Winter nur Sa/So 10–16 Uhr. 5 £, erm. 4,50 £, Kind 3 £, Familie 13 £. Scar Top, DL12 8PR, ✆ 01833/638212, www.english-heritage.org.uk.

Egglestone Abbey: Läuft man von Barnard Castle entlang des Teeside Way, gelangt man nach 1,4 km zur Egglestone Abbey. Bei der Ruine dieses Prämonstratenser-Klosters von ca. 1190 deutet nichts auf bedeutende Baumaßnahmen nach dem 13. Jh. hin. Das liegt wahrscheinlich daran, dass sich das Stift von den Verwüstungen während der schottischen Invasion von 1315 nie wieder richtig erholt hat. 1540 wurde es im Zuge der Reformation geschlossen. Am besten haben sich größere Teile der Kirche erhalten, darunter das große Ostfenster, dessen Maßwerkgestaltung Rätsel aufgibt, da es dafür in der Bauperiode keinerlei andere Entsprechung gibt. Außer einem Parkplatz gibt es keine weiteren Besuchereinrichtungen, in der Nähe findet man aber einen Tearoom.

Tägl. 10–18 Uhr, Eintritt frei. www.english-heritage.org.uk. 1,6 km südlich von Barnard Castle, die Abbey Lane geht von der B 6277 ab, DL12 9TN.

Weardale, Teesdale und die North Pennines

Nach den Cotswolds sind die North Pennines die zweitgrößte Area of Outstanding Natural Beauty (AONB) in Großbritannien (→ Naturschutz, S. 29) und ein wunderbares Gebiet für Naturfreunde. Der nördliche Teil des Mittelgebirges erstreckt sich über die Grafschaften Cumbria, Durham und Northumberland, wird im Süden durch den Yorkshire-Dales-Nationalpark begrenzt und reicht im Norden bis zum Tyne Valley südlich des Hadrianswalls. Hier findet man offene Heidelandschaften, erholsame Waldgebiete wie den 2000 ha großen **Hamsterley Forest** mit über 50 km Mountainbike-Routen und die atemberaubenden Täler der **Durham Dales** (Weardale und Teesdale) mit seinen spektakulären Wasserfällen wie dem High Force. Neben kleinen, aus hiesigem Sandstein erbauten Orten gibt es auch zahlreiche historische Siedlungsspuren: Der **Tortie Stone** ist ein behauener Stein aus dem Neolithikum, der noch heute Rätsel aufgibt, der **Brackenber Grabhügel** bei Appleby-in-Westmoreland stammt aus der Bronzezeit. Das römische Lager **Whitley Castle** nördlich von Alston sowie mittelalterliche Klosterbauten wie **Muggleswick Grange** dokumentieren die anhaltende Besiedlung des Gebietes, in dem noch heute die Spuren des späteren Bleiabbaus sichtbar sind. In einem stillgelegten Bergwerk macht das **North of England Lead Mining Museum** in Killhope die industrielle Vergangenheit der Region erlebbar. Selbstverständlich gibt es auch eine historische Dampfeisenbahn, die **South Tynedale Railway**, die gut 5,5 km von Alston über Kirkhaugh bis nach Lintley tuckert.

Information **Bowlees Visitor Centre**, März bis Okt. tägl. 9–18 Uhr, sonst Sa–So 10–16 Uhr, Newbiggin, Barnard Castle, DL12 0XF, ✆ 01833/622145, www.northpennines.org.uk.

Durham Dales Centre Visitor Information Point, April bis Okt. tägl. 9–17 Uhr, Nov. bis März tägl. 9–16 Uhr. Castle Gardens, Stanhope, DL13 2FJ, ✆ 01388/527650, www.durhamdalescentre.co.uk.

Aktivitäten **South Tynedale Railway**, Alston Station, CA9 3JB. Einfache Fahrt 5 £, Kind 2 £, Hin- und Rückfahrt 10 £, Kind 4 £, Familie 24 £. ✆ 01434/382828, www.south-tynedale-railway.org.uk.

Stanhope Pool, Freibad. Juni bis Anfang Sept. Waterside Court, Castle Park, Stanhope, DL13 2LU. ✆ 01388/528466, peterthompso8.wix.com/stanhope-pool.

Fahrradverleih **Wood N Wheels**, 25 £/Tag, Hamsterley Forest, Redford, DL13 3NL, ✆ 0333/8008222, woodnwheels.org.uk.

Sehenswertes **High Force und Coldron Snout**: Von der B 6277 von Middleton-in Tees Richtung Nordwesten geht es am Low Force Bowlees Parking vorbei. Nach etwa 1,5 km am Schild nach Ettersgil rechts abbiegen und in der nächsten Haltebucht parken. Entlang des Ufers gelangt man zum Wasserfall. Zur Coldron-Snout-Stromschnelle fährt man auf der B 6277 weiter und biegt nach Langdon Beck links ab in die kleine Straße zum Cow Green Reservoir, wo man parken kann. Von dort führt ein etwa 2 km langer Pfad zur Stromschnelle.

Hamsterley Forest: Beschilderung ab der A 68 ca. 16 km westlich von Bishop Auckland. Für Autos wird für den Forest Drive durch das Bedburn Valley eine Maut von 4 £ fällig (geöffnet April bis Sept. 10–17 Uhr, Okt. 11–16 Uhr, sonst Sa–So 11–16 Uhr). Am Information Point in Redford (DL13 3NL) gibt es einen Fahrradverleih (s. o.), Spielplatz, Picknickbänke und den Hamsterley Tearoom (geöffnet April bis Sept. tägl. 10–16 Uhr. ✆ 01388/488822). Infos zum Hamsterley Forest ✆ 01388/488312, www.forestry.gov.uk.

North of England Lead Mining Museum: April bis Okt. und in den Winterferien tägl. 11–17 Uhr. 8,60 £, erm. 7,60 £, Kind 4,70 £. Cowshill, Killhope, DL13 1AR, ✆ 01388/537505, www.killhope.org.uk.

Wandern **Teesdale Way**. 147 km von Dufton in Cumbria durch das Teesdale bis zur Nordseeküste bei Redcar. www.ldwa.org.uk.

Übernachten/Essen **Newlands Hall**. Bauernhof im Lower Weardale mit Blick ins Tal. Adrette Zimmer mit Kiefernmöbeln, moderne Bäder. Zum Frühstück gibt es hausgebackenes Brot und Eier von den eigenen Hennen. Auf Wunsch Afternoon Tea bei der Ankunft. EZ 50–60 £, DZ 70–80 £, Dreibettzimmer 105–110 £. Newlands Hall, Frosterley, Bishop Auckland, DL13 2SH, ✆ 01388/529233, www.newlandshall.co.uk.

Alston House Hotel. In dem Hotel gibt es ein Café und ein bistroartiges Restaurant, wo mit lokalen Zutaten gekocht wird, etwa Cumbrian Lammschulter (16,50 £). Mo–Sa 18–21 Uhr, So 12–20.15 Uhr. 7 Zimmer, wovon einige Blick auf die Berge oder ins Tal haben. EZ ab 50 £, DZ ab 65 £. Townfoot, Alston, CA9 3RN, ✆ 01434/382200, www.alstonhousehotel.co.uk. ■

Strathmore Arms. Bodenständiges, altes Pub mitten im Nichts mit Kamin, Real Ales und Cider. Hausgemachte Klassiker (ab 12 Uhr), auch vier freundliche Zimmer für 75 £. Fr meist Livemusik. Holwick, Middleton-in-Teesdale, DL12 0NJ, ✆ 01833/640362, www.strathmoregold.co.uk.

Lord Crewe Arms Die alte Priory aus dem 12. Jh. im Dorf Blanchland bedient gleichsam das Auge wie den Magen. In Bishop's Dining Room wird raffiniertes Countryessen serviert, man grillt auch am alten Spieß. Im mittelalterlichen Gewölbe der Crypt Bar hat schon der Abt sein Bierchen gezischt. Auch 21 fabelhafte Zimmer (ab 150 £). The Square, Blanchland, DH8 9SP. ✆ 01434/675469, www.lordcrewearmsblanchland.co.uk.

Der Nordosten → Karte S. 508/509

Die klassizistische Cosin's Hall am Palace Green

Durham

Durham ist eine Stadt mit aufregender Vergangenheit und prächtigen Bauten. Ihre Universität ist eine der wichtigsten im Lande, dank der Studenten gibt es auch eine lebhafte Kneipenszene und ein gutes Kulturangebot.

Gegründet wurde die Stadt am River Wear von den Mönchen der heiligen Insel Lindisfarne, als sie mit den Überresten des heiligen Cuthbert vor den Wikingern auf der Flucht waren. Im Stadtzentrum erhebt sich unübersehbar die schön gelegene normannische **Kathedrale,** Machtzentrum der Fürstbischöfe. Diese waren über viele Jahrhunderte mit ähnlichen Befugnissen wie der König ausgestattet und machten ihm nicht selten Konkurrenz. Der Letzte dieser allmächtigen Geistlichen war Bischof van Mildert, der federführend an der Gründung der Universität mitwirkte, die mit Oxford und Cambridge zu den ältesten des Landes zählt. Nach seinem Tod 1836 gingen die säkularen Rechte der Bischöfe von Durham an den König zurück, doch steht der Bischof von Durham in der Rangfolge der anglikanischen Kirche noch immer gleich hinter den Erzbischöfen von Canterbury und York. Das Vermächtnis der Bischöfe ist die **Burg** aus normannischer Zeit, die – nur durch den Palace Green getrennt – gegenüber der Kathedrale zu finden ist. Beide Bauwerke gehören zum UNESCO-Welterbe.

Vier Brücken führen über den River Wear, und man sollte zumindest einmal die **Framwellgate Bridge** überqueren, die aus dem 12. Jh. stammt und eine prächtige Aussicht eröffnet. Das Zentrum um den Market Square ist kompakt und kopfsteingepflastert, im Millennium Place neben der Millburngate Bridge ist das **Gala Centre** untergebracht, ein Komplex mit Besucherzentrum, Kinos, Theater, Bibliothek und Cafés. Lange Tradition hat der alljährlich im Juli stattfindende Marsch ehemaliger Kumpel und Gewerkschafter durch die Stadt, mit dem man auch nach der Schließung des letzten Bergwerks 2005 an die industrielle Vergangenheit erinnert.

Information **World Heritage Site Visitor Centre**, hier in den ehem. Armenhäusern gibt es persönliche Auskünfte sowie Broschüren zum Thema Weltkulturerbe und was es in Durham zu sehn und zu tun gibt. Ende Juni bis Ende Aug. tägl. 9.30–18 Uhr, sonst bis 17 Uhr, Okt. bis Anf. April nur bis 16.30 Uhr. 7 Owengate, DH1 3HB. ✆ 03000/262626, www.thisisdurham.com und www.durhamworldheritagesite.com.

Visitor Information Points: im **Indoor Market** mit Touchscreens und Broschüren. Market Place, DH1 3NJ. Ebenso im **Gala Theater**, Millennium Place, DH1 1WA, und im **Marriott Hotel**, Old Elvet, DH1 3JN.

Verbindungen **Bus** – Abfahrt 250 m vom Bahnhof entfernt in der North Road. Verbindungen mit dem National Express nach London (Dauer 6 Std.) und Leeds. Lokale Busgesellschaften (Go North East und Arriva North East) fahren nach Middlesbrough. Planung mit Traveline North East: www.travelinenortheast.info.

Bahn – Alle 2 Std. Züge über Newcastle nach Carlisle; regelmäßig nach Glasgow und Edinburgh; nach Hull über Thirsk und York. Intercityzüge fahren nach London. Über Middlesbrough geht es in die östlichen North York Moors. Für 1 £ fährt der **Cathedral Bus** ins Stadtzentrum, tägl. (außer So) 9.50–17.10 Uhr.

Auto – Durham war eine der ersten Städte, die eine Gebühr von 2 £ für das Durchfahren des Stadtzentrums eingeführt haben, die Mo–Sa zwischen 10 und 16 Uhr fällig wird. Am besten einen der drei Park-&-Ride-Plätze am Stadtrand nutzen, Mo–Sa 7–19 Uhr, Zubringerbusse £ 2, www.durham.gov.uk/parkandride.

Aktivitäten **Prince Bishop River Cruiser**, die Bootsrundfahrten dauern eine Stunde, Juni bis Sept. 8 £, erm. 7 £, Kind 5 £. Elvet Bridge, DH1 3AF, ✆ 0191/3869525, www.princebishoprc.co.uk.

Bootsverleih **Brown Boats**, handgebaute Ruderboote für die Paddeltour auf dem Wear, März bis Sept. tägl. 10–18 Uhr, Gebühr 6 £, Kind 4 £, 10 £ Pfand. Elvet Bridge, DH1 3AF, ✆ 0191/3863779, www.brownsboats.co.uk.

Fahrradverleih **Wood N Wheels**, im Hamsterley Forest, → S. 513.

Kino/Theater/Kultur **Gala Theatre and Cinema**, Kino, Livemusik, Theater-Gastspiele, Comedy und Tanz. 1 Millennium Place, DH1 1WA, Box Office: ✆ 03000/266600, www.galadurham.co.uk. **Fowlers Yard**: In diesem Gewerbehof befinden sich neun Künstlerstudios (Druck, Fotografie, Schmuck, Wollhandwerk u. v. m.), der **Leonards Coffee Shop** und das **City Theater**, das von Laiendarstellern bespielt wird. Mo–Sa 10–16 Uhr. Back Silver Street, DH1 3RA, www.fowlersyard.com.

Märkte **The Durham Indoor Market**, in viktorianischer Halle von 1851 mit rund 100 Ständen. Mo–Sa 9–16.30 Uhr. **Farmers' Market** jeden dritten Donnerstag des Monats 9–15.30 Uhr.

Veranstaltungen Die **Miners' Gala** (Marsch der Kumpels) findet am zweiten Samstag im Juli statt, (www.durhamminers.org), eine **Ruderregatta** im Juni (www.durham-regatta.org.uk).

Übernachten Viele B & Bs gibt es in den Straßen Gilesgate (nordöstlich des Marktplatzes) und Crossgate (südlich des Busbahnhofs).

** **Bannatyne Hotel** **3** Günstiges Hotel an der M 1, alles ein und derselbe moderne Standard, mit kostenlosem WLAN und Healthclub. Zimmer ab 45 £, am Sa ab 50 £. Eden Terrace, DH1 2HJ, ✆ 0844/2483834, www.bannatyne.co.uk.

**** **Castle View Guest House** **11** Georgianisches Gästehaus im Zentrum mit entzückendem kleinem Garten und großzügigen modernen Zimmern. EZ 80 £, DZ 100 £ mit Frühstück. 4 Crossgate, DH1 4PS, ✆ 0191/3868852, www.castle-view.co.uk.

**** **Moor End** **4** Die Ladestation für Elektroautos am Haus ist Teil des umweltfreundlichen Ansatzes dieses Gästehauses, in dem man sich wirklich wohlfühlen kann. 5 Zimmer, DZ 75–100 £, Familienzimmer 100–125 £. Etwas außerhalb im Dorf Belmont, 7–8 Moor End Terrace, DH1 1BJ, ✆ 0191/3842796, www.moorendguesthouse.com. ■

University College **10** In den Trimesterferien kann man in den Durham Halls of Residence der Studenten wohnen. Am schönsten ist das University College im

Der Nordosten → Karte S. 508/509

Castle selbst. Studentenzimmer EZ 50 £ (ensuite), DZ 87,50 £ (ensuite). Palace Green, ✆ 0800/289970, www.dur.ac.uk/university.-college oder www.durhamrooms.co.uk.

Camping **Finchale Abbey** **1** Etwa 5 km nördlich von Durham an der gleichnamigen Abtei am River Wear. Viele feststehende Wohnwagen, nur Caravans und nur Erwachsene. Möglichkeiten zum Angeln. Finchale spricht sich übrigens "Finkl". 23–30 £, Camping Pid 35 £. DH1 5SH, ✆ 0191/3866528, www.finchaleabbey.co.uk.

Essen & Trinken **Restaurant DH1** **14** In einer großen Gartenwohnung (der Pension Farnley Tower) mit Blick über Durham hat sich dieses Restaurant seit der Eröffnung 2014 sowohl für seine Qualität als auch für seinen Mut bei der Menügestaltung einen Namen gemacht. Fine Dining für 35 £ für 2 Gänge (Market Tasting Menue). Di–Sa 18–23 Uhr. The Avenue, DH1 4DX, ✆ 0191/3846655, www.restaurantdh1.co.uk.

The Town House **12** Speisen am Flussufer, das Dekor ist old-fashioned und Kronleuchter hängen von der Decke – ein Edelgrill. Mo–Sa 12–14.30 und 17–21.30 Uhr, So bis 12–15 Uhr. Auch fantastische B-&-B-Zimmer für 110–250 £. 34 Old Elvet, DH1 3HN, ✆ 0191/3841037, www.thetownhousedurham.co.uk.

9 Altar's Café **13** Ein Favorit bei Einheimischen und Besuchern dank der Lage direkt am Fluss Wear und der Framwelgate Brücke. Es gibt tolles Frühstück, eine kleine Auswahl an Speisen zum Lunch und ein riesiges Kuchenangebot. Tägl. 9.30–17 Uhr. 19 A Silver Street, DH1 3RB, ✆ 0191/3741120, www.9altarscafe.com

La Spaghettata (und Fabio's Bar) **9** Schnelle, italienische Gerichte zu moderaten Preisen werden in diesem als italienisches Dorf gestalteten Saal serviert. Darüber befindet sich eine Bar mit Tanzfläche. 66 Saddler Street, DH1 3NP, ✆ 0191/3839290, www.fabiosdurham.com.

Garden Gate Café **2** (→ Crook Hall & Gardens S. 519)

Vennel's Café **7** Man muss sich durch einen Hausdurchgang zwängen, um zu diesem hübschen Café zu gelangen, das sich über zwei Etagen erstreckt. Auch im Hof stehen Tische. Hausgemachte Kuchen. Mo–Sa 9.30–17.30 Uhr, So ab 10.30 Uhr. 71 Rear of Saddlers Street, DH1 3NP, www.vennels.com.

The Head of Steam **5** Eher Bar als Pub, es stehen fast 200 Biere aus aller Welt zur Auswahl. Netter Biergarten und Dachterrasse. Mo–Do und So 12–23 Uhr, Fr–Sa bis 24 Uhr. 3 Reform Place (Nebengasse der North Road), DH1 4RZ, ✆ 0191/3832173, www.theheadofsteam.co.uk.

Victoria Inn **15** Seit der Eröffnung zu Zeiten Königin Viktorias hat sich hier nicht viel verändert. Das ist das Schöne an diesem Pub. Auch sechs Zimmer (en-suite): B & B EZ 60–83 £, DZ 83–88 £. 86 Hallgarth Street, DH1 3AS, ✆ 0191/3865269, www.victoriainndurhamcity.co.uk.

Nachtleben **The Boat Club** **6** Bar, Restaurant und Nightclub in einem 500 Jahre alten Bootshaus am River Wear. Viele Studenten glühen hier für den Abend vor, es kommt jeder rein. Tagsüber 12–18 Uhr Küche vom Grill. Mo–Sa 10–1.30 Uhr, So ab 11 Uhr. Elvet Riverside, DH1 3AF, ✆ 0191/3866210, www.the-boat-club.com.

Klute Nightclub **8** Neben dem Boat Club. Vor einigen Jahren soll er der schlechteste Club Europas gewesen sein, hat aber nun einen Facelift erhalten. Hochprozentige „quaddies" (Wodkamix) sorgen für Stimmung, weiterhin besonders bei Studenten sehr beliebt. Tägl. 22–2.30 Uhr. Elvet Riverside, DH1 3AF, ✆ 01913/869859, www.klutedurham.co.uk.

Sehenswertes

Durham Cathedral: Sie gilt als eines der vollkommensten normannischen Bauwerke der Welt und ist zugleich der größte europäische Sakralbau der Romanik. Walter Scott dichtete über den beeindruckenden Kalksteinbau, er sei „halb für Gott, halb Feste gegen den Schott". Der Reiseautor Bill Bryson bezeichnete das Gotteshaus als *„the best cathedral on planet earth"*. Und wegen der herausragenden Akustik hat Sting 2009 sein Album „Winter's Night" hier live eingespielt.

Als im späten 9. Jh. Wikinger die Insel Lindisfarne überfielen, flüchteten der Legende zufolge die Mönche mit den Gebeinen des heiligen Cuthbert nach Durham,

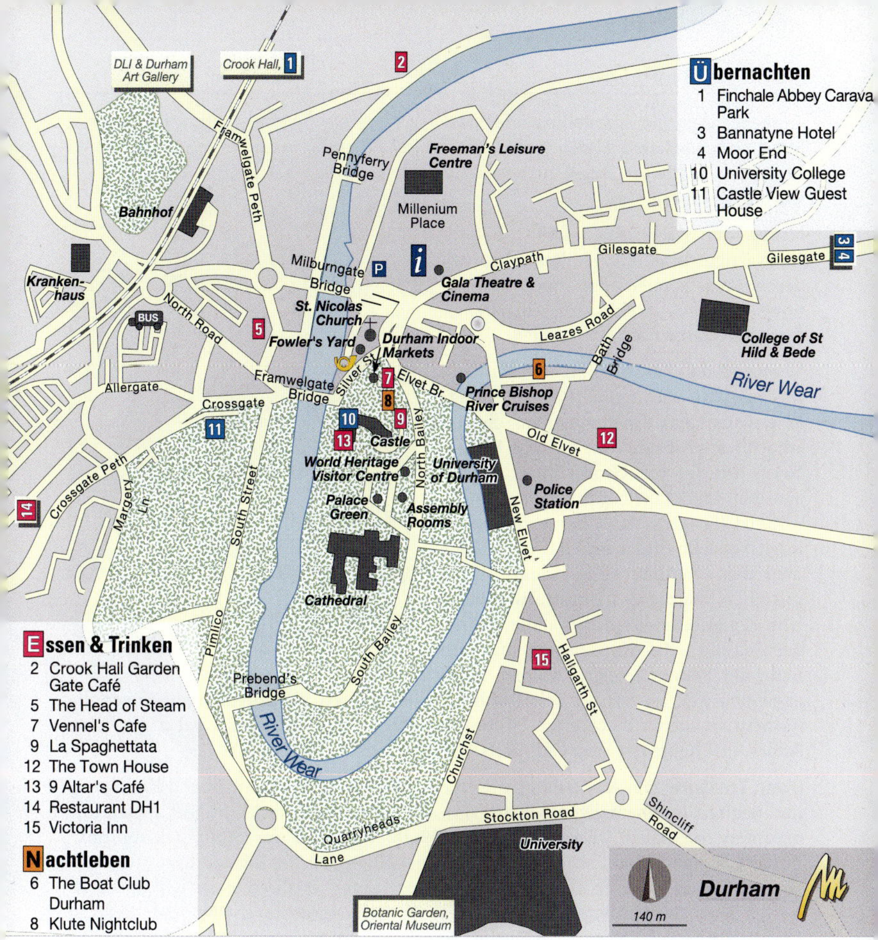

wo sie über seinem Grab eine Holzkirche errichteten (den Platz soll ihnen eine Kuh gewiesen haben). Im Jahr 1092 ließ Bischof Carileph die alte Kirche abreißen und veranlasste den Bau einer Kathedrale. Von außen gibt sie sich wehrhaft nüchtern und spart mit Figurenschmuck. Im Innern beeindruckt sie durch ihre Größe und mächtige, verzierte Rundpfeiler (Zickzackmuster). Ganz neu für die romanische Bauweise, verfügt die Kirche nicht über eine hölzerne Flachdecke, sondern über ein frühes Kreuzrippengewölbe. Der steinerne Bischofsthron beim Hochaltar aus dem 14. Jh. gilt als einer der elegantesten und prächtigsten seiner Art und steht in der Altarkapelle des Bischofs, der ihn errichten ließ.

Der Westfront mit ihren beiden Türmen ist eine wundervolle Halle vorgelagert, die Galilee Chapel, deren Gewölbe auf schlanken Säulen ruht. Hier befindet sich das Grab des Venerable Bede, eines Mönchs aus dem 8. Jh., der die erste Abhandlung über die Geschichte Englands verfasste.

Am Nordwesteingang befindet sich die Kopie eines *sanctuary knocker* in Form eines großen Löwenkopfes. Jedem Kriminellen, der hier anklopfte, wurden 37 Tage Schutz durch die Kirche gewährt. Nach Ablauf dieser Frist musste er sich entweder dem Gericht stellen oder das Land vom nächsten Hafen aus verlassen. Kam er dieser Regel nicht nach, wurde er hingerichtet.

Neben der Kathedrale steht die festungsartige bischöfliche Residenz, in deren Palastkapelle man noch einmal normannische Architektur im Reinformat bestaunen kann.

„Halb für Gott, halb Feste gegen den Schott": Durham Cathedral

Während der kurzen Nutzung der Kathedrale als Gefängnis für Tausende Kriegsgefangene aus dem nahen Schottland im englischen Bürgerkrieg (1642–1649) wurde der Großteil der Holzbauteile und Einrichtungsgegenstände verheizt. So ging das Chorgestühl verloren, weshalb dieses und der Baldachin über dem Taufbecken aus dem 17. Jh. stammen. Nur die spätmittelalterliche Uhr (Prior Castell's Clock), die außer der Zeit auch die Mondphasen und die Bahn der Planeten zeigt, ließ man heil, angeblich weil sie mit der schottischen Distel verziert ist. Bereits 1660 wurde die Kathedrale wieder restauriert. Hinter dem Hochaltar – in der Chapel of the Nine Altars – ist heute der Sarg Cuthberts ausgestellt.

Open Treasure: Die Ausstellung, die erst 2016 eröffnet hat, führt in den Kreuzgang und beginnt im ehemaligen Schlafsaal des Klosters aus dem 14. Jh. mit seinen imposanten originalen Deckenbalken. Im 19. Jh. wurde er zur Bibliothek umfunktioniert, in den Schlafnischen befinden sich seitdem 300.000 Bücher, darunter kostbare Handschriften. In der interaktiven Ausstellung erfahren Besucher Wissenswertes über die Christianisierung des englischen Nordostens, über den heiligen Cuthbert und das Leben der Mönche. Zu sehen sind u. a. Grabsteine, Gebetskreuze und mittelalterliche Schriften. In einem weiteren Ausstellungsraum ist die Sammlung der Kathedralenschätze untergebracht, u. a. das Kirchensilber und Kopien der Magna Carta. Abschließend gelangt man in die achteckige Küche des Priors, wo ab August 2017 der kostbarste Schatz zu sehen sein wird: die Reliquien des heiligen Cuthbert.

Kathedrale: Mo–Sa 9.30–18 Uhr, im Juli u. Aug. bis 20 Uhr, So 13.30–17.30 Uhr. Der Eintritt in die Kirche selbst ist kostenfrei (eine Spende von 5 £ wird erbeten). Führungen (11 und 14 Uhr, im Sommer auch 10.30 Uhr) kosten 5 £, erm. 4,50 £. *Open Treasure:* Mo–Sa 10–17 Uhr (letzter Einlass 16 Uhr), So 12.30–17 Uhr. 7,50 £, Kind 2,50 £. The College, DH1 3EH, ✆ 0191/3864266, www.durhamcathedral.co.uk.

Hinweis: In der Kathedrale darf nicht fotografiert oder gefilmt werden!

Turmbesteigung: Zur Zeit der Recherche wegen Reparaturarbeiten ausgestzt. Danach wieder April bis Sept. Mo–Sa 10–16 und 18–20.30 Uhr, So 13–14.30 und 16.30–20.30 Uhr. Okt. bis März Mo–Sa 10–15 Uhr, So 13–14.30 Uhr. 5 £, erm. 2,50 £.

Undercroft Restaurant: tägl. 10–16.30 Uhr.

Durham Castle: Gleich gegenüber der Kathedrale liegt Durham Castle, eine Feste aus der Zeit Wilhelms des Eroberers. Zusammen mit der Kathedrale bildete die einstige Burg der Fürstbischöfe für 750 Jahre eine wehrhafte Einheit. Ihr ist es zu verdanken, dass Durham als einzige englische Stadt im schottischen Grenzbereich nie von den Nachbarn überfallen wurde. Weil unter jedem Bischof an der Burg herumgewerkelt wurde, präsentiert sie sich als buntes Gemisch aus architektonischen Stilen. Highlights sind die schwarze Treppenhalle aus dem 17. Jh., in der eine geisterhafte graue Lady und ein Mönch ihr Unwesen treiben, und die normannische Kapelle in ihrer romanischen Urform. Die Burg ist heute im Besitz der Universität, die 1832 von Bischof van Mildert und dem Domkapitel gegründet wurde und als eine der besten im Lande gilt. Studenten, die hier wohnen, bieten geführte Rundgänge an.

Abhängig vom Unibetrieb, während des Lehrbetriebes meist tägl. 13.15, 14.15, 15.15 und 16.15 Uhr. In den Semesterferien auch 10.15, 11.15 und 12.15 Uhr. Besichtigung nur mit Führung. 5 £, erm. 3,50 £, Familie 12 £. ✆ 0191/3343805, www.dur.ac.uk.

Crook Hall & Gardens: Dieses mittelalterliche Anwesen aus dem 13. Jh. liegt rund 1 km nördlich des Stadtzentrums am Ufer des Wear in einem 1,6 ha großen und sehr sehenswerten Garten. Das Haus wurde überwiegend im 18. Jh. gebaut, der Bankettsaal und ein Jakobinerzimmer datieren aber noch aus dem 17. Jh., und am Westende ist die kleine mittelalterliche Halle erhalten. Im Garten finden sich uralte Obstbäume, Magnolien, Rosen und ein Beet, das das Kathedralenfenster von Durham nachstellt. Man sollte sich hier Zeit für einen Cream Tea im Garden Gate Café nehmen (tägl. 9.30–17 Uhr).

Ostern bis Okt. So–Mi 11–17 Uhr, sonst 10–15 Uhr. 7 £, erm. 6,50 £, Kind 5 £, im Winter günstiger. Frankland Lane, Sidegate, DH1 5SZ, ✆ 0191/3848028, crookhallgardens.co.uk.

Oriental Museum: Das universiätseigene Museum präsentiert Kunst und archäologische Funde aus China, Korea, Ägypten, Japan, Indien und Tibet. Entstanden ist es auf Initiative der School of Oriental Studies, die ihren Studenten mehr als die

Beliebtes Fotomotiv vom River Wear: Durham Castle

Der Nordosten → Karte S. 508/509

verschiedenen Sprachen vermitteln wollte. Die Sammlung des im Grünen zwischen anderen Unigebäuden liegenden modernen Museums umfasst inzwischen mehr als 23.000 Objekte und wird stetig erweitert.

Mo–Fr 10–17 Uhr, Sa/So und Feiertage 12–17 Uhr. 1,50 £, erm. 0,75 £, Familie 3,50 £. Elvet Hill, DH1 3TH, www.dur.ac.uk/oriental.museum.

University Botanical Gardens: Inmitten natürlicher Landschaften und alter Waldbestände mit Wildblumenwiese befindet sich seit 1970 der Lehrgarten der University of Durham. Auf 10 ha kann man durch ein Alpinum und einen Bambushain wandeln sowie Pflanzensammlungen aus Nordamerika, China oder aus dem Himalaja bestaunen. Es sind auch sechs Holzskulpturen von Colin Wilbourne zu sehen. Wer mehr über die Pflanzen erfahren möchte, folgt dem Science Trail (etwa eine Stunde). Es gibt auch wunderbare Wüsten- und Tropengewächshäuser, in denen Käfer, Skorpione und Taranteln ihr Unwesen treiben.

März bis Okt. tägl. 10–17 Uhr, Nov. bis Febr. nur bis 16 Uhr. 4 £, erm. 3 £, Kind 1,50 £. Hollingside Lane, DH1 3TN, ✆ 0191/3345521, www.dur.ac.uk/botanic.garden.

Umgebung von Durham

Durham Heritage Coast

Seaham: Östlich der Stadt Durham fällt das Land fast senkrecht zur Nordsee ab. Die für ihren Vogelreichtum (vor allem Kormorane) bekannte Küste bietet neben Wiesen, Kies- und Sandstränden einsame Landschaften mit Felsformationen und Gezeitentümpeln wie den Blackhall Rocks. Nicht ganz so einsam ist es im kleinen Hafen Seaham samt luxuriösem Kurhotel in der **Seaham Hall** (www.seaham-hall.co.uk). Einst war der Ort von den umliegenden Kohlebergwerken geprägt, deren Schließung auch die blutigen Streiks 1984/85 nicht verhindern konnten. In den vergangenen Jahren sind hier Coffeeshops und Skulpturen entlang der Strandpromenade, Spazierwege an den Klippen und ein Jachthafen entstanden. Im Ort gibt es auch eine der ältesten Kirchen des Landes: St Mary the Virgin aus dem 7. Jh.

Saltburn by the Sea in Redcar: Mit dem ältesten Klippenlift Europas kommen Sie hinunter an die hellen Sandstrände und den 424 m langen Pier aus dem 19. Jh., wo früher die Dampfer anlegten. In der Nähe von Saltburn kann eine aufgegebene Eisenerzmine besichtigt werden.

Cleveland Ironstone Mining Museum: März bis Okt. Mo–Fr 10–15.30 Uhr, Sa 13–15.30 Uhr. 6 £, erm. 5,50 £, Kind 3 £, Familie 15 £. Deepdale, Mill Lane, Skinningrove, TS13 4AP, ✆ 01287/642877, ironstonemuseum.co.uk.

Beamish – The Living Museum of the North: In diesem wirklich faszinierenden Open-Air-Museum 13 km nordwestlich von Durham werden die Lebens- und Arbeitsbedingungen der Menschen im Nordosten Englands vor und nach der Industriellen Revolution plastisch dargestellt. Das Museum umfasst den Nachbau einer Stadt (u. a. mit Schule und Zahnarztpraxis), einer Farm sowie ein Bergwerk mit Stallungen für die Grubenponys. St Helens, ein mittelalterliches Kirchlein aus Eston, wurde abgetragen und originalgetreu hier wieder aufgebaut. Auch mit einem Nachbau von Stephensons berühmter Lokomotive „Locomotion No. 1“ sollte man durch die Gegend zuckeln und unbedingt Fish & Chips von Davy's kosten, die wie vor hundert Jahren in einer mit Kohle befeuerten Fritteuse zubereitet werden.

Mitte März bis Okt. tägl. 10–17 Uhr (letzter Eintritt 15 Uhr). 18,50 £, erm. 13,50 £, Kind 10,50 £, Familien 34,50/48,50 £. Anfahrt: A 1 (M), Ausfahrt 63, dann der Beschilderung folgen. Beamish, DH9 0RG, ✆ 0191/3704000, www.beamish.org.uk.

Brücken über den Tyne in Newcastle

Newcastle upon Tyne

Newcastle ist nicht nur die größte, sondern auch die lebendigste Stadt des Nordostens, und sorgt seit einigen Jahren mit ehrgeizigen Projekten landesweit für Schlagzeilen. Die ehemalige Industriestadt, deren Exportschlager seit dem 13. Jh. die Kohle war, und das benachbarte Gateshead haben in den vergangenen Jahrzehnten mehr als 250 Mio. Pfund in kulturelle Institutionen, Parks und Anlagen gesteckt.

Den Anfang in einer Reihe von gewagten Kulturprojekten machte in den 1990er-Jahren die gigantische Skulptur **Angel of the North** von Antony Gormley. Sie ist zum Wahrzeichen der Erneuerung von Newcastle (280.000 Einwohner) diesseits und **Gateshead** (200.000 Einwohner) jenseits des River Tyne geworden. Die beiden Orte werden in der Regel in einem Atemzug genannt.

Newcastle ist eine Stadt, die einem manches über den Reichtum und die Not Nordenglands erzählen kann. Bereits im Mittelalter war Newcastle eine bedeutende Handelsstadt, erlebte aber mit ihrem erfolgreichen Kohlehandel während des 16. Jh. nochmals einen gewaltigen Aufschwung. Aus dieser Zeit stammt die noch heute gebräuchliche Redewendung *„carrying coals to Newcastle“*, die unserem „Eulen nach Athen tragen“ entspricht. Newcastles Blütezeit war das 19. Jh., als Kohlenexport, Werften und Waggonbau florierten. Damals brach ein Bauboom aus, ein ganzes elegantes Stadtviertel entstand neu und wurde nach seinem Erbauer **Grainger Town** genannt. Einer der schönsten Straßenzüge in dieser „Stadt der Paläste“ ist Grey Street mit dem Theatre Royal, lediglich überragt von dem Grey's Monument, das dem Politiker Earl Grey gewidmet ist.

Do you speak Geordie?

Wer in Newcastle und Umgebung im Gespräch mit Einheimischen nicht immer alles versteht, sollte nicht gleich Zweifel an seinen Englischkenntnissen bekommen, sondern wissen, dass er es unter Umständen mit einem Sprecher des regionalen Dialekts zu tun hat. Der nennt sich „Geordie" – was übrigens auch als Bezeichnung für die Einwohner von Newcastle upon Tyne und Umgebung verwendet wird – und klingt ziemlich anders als alles, was man sonst so auf der Insel zu hören bekommt. Er gilt als einer der ältesten im Land und soll noch sehr nah am mittelalterlichen Englisch sein. Wegen seines lebendig und freundlich wirkenden Singsangs sind die ihn Sprechenden bei Marktforschungsinstituten als Interviewer heißbegehrt. Mitunter ist er allerdings ähnlich schwer verständlich wie das Londoner Cockney, was zum einen an der sehr eigenen Aussprache liegt („cold" wird z. B. „caald" ausgesprochen), zum anderen an dem z. T. spezifischen Vokabular, das im Rest des Landes unbekannt ist (z. B. „divvy" für „idiot"). Es hat seine Ursprünge überwiegend im Angelsächsischen, während der Wortschatz des Standardenglischen stark vom Lateinischen beeinflusst ist. Warum man das Ganze „Geordie" nennt? Darüber streiten sich die Gelehrten. Einig ist man sich, dass es sich um eine Koseform des Vornamens George handelt. Auf welchen Namenspatron konkret diese im vorliegenden Fall allerdings zurückgeht, ist nicht eindeutig erwiesen. Eine der gängigen Theorien ordnet den Namen dem Eisenbahnpionier George „Geordie" Stephenson zu, wobei auch hier die Meinungen auseinandergehen. Die einen vertreten die These, dass die Arbeiter seiner Fabrik mit diesem Spitznamen bezeichnet worden seien, die anderen sehen einen Zusammenhang zu der von Stephenson für Grubenarbeiter entwickelten Sicherheitslampe, der „Geordie lamp", von der sich der Ausdruck Geordie als Synonym für „Bergabeiter" abgeleitet haben soll. Wie auch immer, „laddies" and „lassies" (Jungs und Mädels) – Abhilfe schafft für den Ortsfremden das Internet: www.englandsnortheast.co.uk/Geordie Dictionary.html zum Nachschlagen und www.geordie.org.uk zum Übersetzen.

Neben dem Schiffs- und Lokomotivbau war vor allem die Stahlindustrie der Brötchengeber in Newcastle. Ihr Niedergang führte hier, wie auch in den anderen Metropolen des Nordens, zu großer Arbeitslosigkeit. Heute blühen die Banken- und Geschäftswelt und ganz besonders das Nachtleben, zu dem auch die fast 30.000 Studenten der University of Northumberland beitragen.

Von Gateshead hat man einen guten Überblick über einige der wichtigsten Sehenswürdigkeiten: die historischen Brücken, die massive Burg und die Kathedrale St Nicholas. Seinen Namen hat Newcastle übrigens nicht von dieser Burg, sondern von der hölzernen Vorgängerin, die im Jahr 1080 entstand. Lange davor, um das Jahr 120, hatten die Römer bereits eine Festung und eine erste Brücke über den Fluss errichtet, die den östlichen Außenposten des Hadrianwalls markierten. Inzwischen führen über den River Tyne sieben einzigartige Brücken, die jüngste ist die **Millennium Bridge,** die weltweit erste Kippbrücke *(tilting bridge).* Sie schlägt einen eleganten Bogen hinüber zu den Gateshead Quays und dem BALTIC, einem Zentrum für zeitgenössische Kunst. Der Musikveranstaltungsort **Sage Gateshead** von Sir Norman Foster sitzt wie eine gläserne Made daneben.

Basis-Infos

Information Von der Webseite www.newcastlegateshead.com kann man sich die meisten relevanten Informationen, Stadtpläne und eine City App downloaden.

Verbindungen **Bus** – Newcastle Coach Station, von hier fährt der National Express u. a. nach Edinburgh, Nottingham, Chester, Hull und London. St James Boulevard, NE1 4EE.

Die Buslinien für den ganzen Großraum und die Küste fahren ab **Eldon Square Shopping Centre** (Station unterirdisch). Am besten ein Explorer North East Ticket kaufen, das für alle Busse gilt: Arriva North East, Go North East, Stagecoach North East, Travesure & Weardale Motor Services.

Innerhalb der Stadt fahren Busse (One Day Rover Tagesticket 7 £) und die Metro (s. u.). Besonders praktisch sind die gelben Elektrobusse von Quaylink (Q1 und Q2), die von Haymarket über Monument und die Central Station bis zu Newcastle Quayside und Gateshead Quays verkehren. www.nexus.org.uk/bus.

Bahn – Newcastle ist eine wichtige Durchgangsstation für Züge von Edinburgh über Birmingham in den Süden. Die Central Station liegt an der Neville Street (NE1 5DL, ✆ 08457/225225) und hat eine Gepäckaufbewahrung! Nach London mit dem Zug dauert es 2:45 Std., nach Edinburgh 1:20 Std. Der TransPennine Express verbindet die Stadt mit Liverpool und Manchester.

Die **Tyne and Wear Metro** ist das beste Fortbewegungsmittel in der Region, auch zum Airport, nach Gateshead, North und South Shields. Von 5.30 Uhr bis Mitternacht alle 8–15 Min. ab Grey's Monument, Central Station, St James und Haymarket. Ein einfaches Metroticket kostet zwischen 1,80 £ für eine Zone und 3,30 £ für drei Zonen. Der Daysaver gilt einen Tag lang im gesamten Schienennetz und kostet 2,80–4,80 £. www.nexus.org.uk/metro.

Flugzeug – Der Flughafen von Newcastle liegt rund 10 km nordwestlich des Zentrums. Vom Hauptbahnhof fahren regelmäßig Züge (25 Min. ab Central Station) sowie die Metro (25 Min ab Haymarket, Monument oder Central Station). Die Busse X77, X78 und X79 fahren tägl. (außer So) ab dem Busbahnhof Eldon Square. ✆ 0871/8821121, Flugauskunft 0871/8821131, www.newcastleairport.com.

Fähre – **The Shields Ferry** verbindet North- und South Shields in 7 Minuten über den Tyne. Alle 30 Min. www.nexus.org.uk/ferry.

Einkaufen Die Haupteinkaufsstraße von Newcastle ist die **Northumberland Street**. Dort befindet sich auch das **intu-Eldon Square Shopping Centre**, ein modernes Einkaufszentrum mit Geschäften, Restaurants, Busbahnhof und mehreren Parkhäusern, NE1 7RA, intu.co.uk/eldonsquare. Eines der größten Kaufhäuser des Landes ist **Fenwick** in der 39 Northumberland Street.

JG Windows, das beste Musikgeschäft findet man in der 1–7 Central Arcade, Mo–Sa 9–17.30 Uhr, So 10.30–17 Uhr. NE1 5BP, ✆ 0191/2321356, www.jgwindows.com.

Die größte Shoppingmall Englands hat Gateshead zu bieten: das **intu-MetroCentre** mit Vergnügungspark und rund 330 Geschäften. Mo–Fr 10–21 Uhr, Sa 9–19 Uhr, So 11–17 Uhr. Anfahrt mit Bus 10 vom City Centre oder mit der Tyne Valley Line (Richtung Carlisle) bis MetroCentre Railway Station. NE11 9YG, www.intu.co.uk/metrocentre.

Designer Boutiquen und unabhängige Läden findet man im Stadtteil **Jesmond** auf der Brentwood Avene und Acorn Street.

Fahrradverleih **The Cycle Hub**, tägl. 9–16 Uhr. 15 £/halber Tag, 25 £/Tag, E-Bike 45 £. Quayside, Ouseburn, NE6 1BU, 0191/2767250, www.thecyclehub.org.

Kino **Empire**, The Gate, Newgate Street, NE1 5TG, ✆ 08714/714714, www.empirecinemas.co.uk.

Tyneside Cinema, 10 Pilgrim Street, NE1 6QG, ✆ 0191/2275500, www.tynesidecinema.co.uk. Das neue Café wurde zu einem wichtigen kulinarischen Treffpunkt (→ Nightlife)

The Star & Shadow, Arthouse Cinema, nur Mi, Do, Fr und So 19.30 Uhr, auch Live-Art und Ausstellungen. 210 Warwick Street, NE2 1BB, ✆ 0191/2610066, www.starandshadow.org.uk.

Märkte Mehr als 100 Stände mit moderaten Preisen machen den überdachten Grainger Market von 1835 zu einem Erlebnis (Mo-Sa 9–17.30 Uhr). Außerdem ist samstags

Der Nordosten → Karte S. 508/509

Arts and Craft Market in der Arcade. In schöner Lage, nämlich auf der Newcastle Quayside von der Tyne Bridge bis fast zur Millennium Bridge, findet sonntags (9.30–16 Uhr) der Quayside Market (Flohmarkt) statt. Jeden ersten Freitag im Monat findet ein Farmers' Market am Grey's Monument statt (9.30–14.30 Uhr).

Aktivitäten/Kultur

Über aktuelle Konzerte, Theater und darstellende Kunst in der Region informiert die kostenlose Zeitung The Crack Magazine (www.thecrackmagazine.com), die in der Touristeninformation ausliegt.

Aktivitäten **Newburn Activity Centre**, Kletterwand, Fitnesstraining und Gymnastik sowie Wassersport. Mo–Fr 9–22 Uhr, Sa–So 9–17 Uhr, Grange Road, Newburn, NE15 8ND, 15 Min. vom Stadtzentrum, ✆ 0191/2640014, activenewcastle.co.uk/venue/newburn-activity-centre.

Newcastle Climbing Centre, 1200 m² ist diese Kletterwand in einer ehemaligen Kirche groß. Toll an verregneten Tagen. St Marks Church House, 285 Shields Road, Byker, NE6 2UQ, ✆ 0191/2856060, newcastle climbingcentre.co.uk.

Das **Fußballstadion** St James' Park des Premier-League-Clubs Newcastle United („Magpies") kann man hinter den Kulissen besichtigen. Tägl. 11.30, 12.30 und 14.30 Uhr, an Spieltagen 10.30 Uhr (Änderungen vorbehalten). 15 £, erm. 12 £, Kind 8 £, an Spieltagen 3 £ mehr. Zeiten und Anmeldung unter ✆ 0844/3721892. St James' Park, NE1 4ST, www.nufc.co.uk.

Newcastle Racecourse, größtes Pferderennen hier ist das Northumberland Plate im Juni. High Gosforth Park, NE3 5HP, ✆ 0191/2362020, www.newcastle-racecourse.co.uk.

Bootsfahrten **Afternoon River Cruises**, dreistündige Flussfahrt sonntagnachmittags (nur Sommer) von South Shields nach Newcastle Gateshead. ✆ 0191/2033315, www.nexus.org.uk/ferry/river-trips.

River Escapes, dreistündige „Quay to Sea"-Fahrten (12 £) beginnen an der Gateshead Millennium Bridge flussabwärts. Die Sehenswürdigkeiten sieht man auf der „Quay to City"-Fahrt für 6 £. Livekommentar; nur März–Okt. ✆ 01670/785666, www.riverescapes.co.uk.

Festivals Selbstverständlich hat Newcastle auch einige Festivals zu bieten, davon hier eine Auswahl:

Summer Tyne Americana Festival Im Juli wird drei Tage lang amerikanische Roots Music von beiden Seiten des Atlantik gespielt. www.sagegateshead.com/whats-on-live-music-gateshead-newcastle/summertyne-americana-festival.

Ein großes Sportereignis ist der **BUPA Great North Run** Mitte Sept., ein Halbmarathon von Newcastle bis South Shields, an dem um die 50.000 Läufer teilnehmen. www.greatrun.org.

Das **Jesterval North East Comedy Festival** findet im Juni statt. www.jesterval.com.

Beim **Tyneside Irish Festival** im Okt. gibt es drei Wochen lang irische Musik, aber auch Theater und Literaturlesungen an verschiedenen Plätzen der Stadt. Tyneside Irish Centre, 43 Gallowgate, NE1 4SG, ✆ 0191/2610384, www.tynesideirish.com/tyneside-irish-festival.

Jazzgrößen aus aller Welt stellen sich im April im Sage Gateshead zum **International Jazz Festival**, dem größten seiner Art in Großbritannien, ein. www.sagegateshead.com/whats-on-live-music-gateshead-newcastle/gateshead-international-jazz-festival.

Galerien The **Side Gallery**, am Ende der Dean Street widmet sich dokumentarischer Fotografie und dem Fotojournalismus. Di–Sa 11–17 Uhr, Do bis 19 Uhr. Eintritt frei. 9 Side, NE1 3JE, ✆ 0191/2322208, www.amber-online.com/sections/side-gallery. (Zur Zeit der Recherche geschl. wegen Umbau).

Vane Gallery, Galerie im ersten Stock des Commercial Union House, die ausschließlich zeitgenössische Kunst ausstellt, etwa persische Pop-Art oder Skulpturen von Ben Applegarth, einem Absolventen der Newcastle University. Mi–Sa 12–17 Uhr. Eintritt frei. 39 Pilgrim Street, NE1 6QE, 0191/2618281, vane.org.uk.

Shipley Art Gallery, eine der umfangreichsten Sammlungen zeitgenössischer Handwerkskunst und Designs des englischen

Nordens mit Schmuck, Möbeln, Glas und Keramik. Hier hängt William Irvings Gemälde „The Laydon Races“. Di–Fr 10–16 Uhr, Sa bis 17 Uhr. Eintritt frei. Prince Consort Road, Gateshead, NE8 4JB, ✆ 0191/4771495, shipleyartgallery.org.uk.

Stadttouren Die **City-Highlights-Tour** startet von Juni bis Sept. tägl. 10.30 Uhr, im Okt. nur Sa am JG Music Shop bei der Central Arcade. 4 £, erm. 3 £, Kinder unter 16 J. frei. www.newcastlecityguides.org.uk. Sie können an 40 verschiedenen „Heritage Walks“ teilnehmen, das Programm zum Downloaden finden Sie hier: www.newcastlegateshead.com/city-guides/brochure.

Außerdem fahren rote **City-Sightseeing-Busse** von Ende März bis Okt. ihre Runden (ca. 1 Std.), wo man an 17 Stopps ein- und aussteigen kann. Ab Central Station. 8 £, erm. 6 £, Kind 4 £, Familie 19,50 £. ✆ 0191/2288900, www.city-sightseeing.com.

Newcastle City Tours, Fahrradausflüge und Stadtrundfahrten, die Räder kann man zu diesem Anlass mieten. ab 40 £/2 Std. 10 Dykefield Avenue, NE3 2QB, ✆ 07780/958679, www.newcastlecitytours.co.uk.

Theater/Konzerte In Newcastle ist das international anerkannte Kammerorchester **Royal Northern Sinfonia** zu Hause, dessen Konzerte meist im attraktivsten Veranstaltungsort der Stadt, im **Sage Gateshead** (→ Sehenswürdigkeiten, S. 531) stattfinden. St Mary's Square, Gateshead Quays, NE8 2JR, ✆ 0191/4434661, www.sagegateshead.com.

Comedy, Rock und Tanzshows gehören zum Gastspiel-Repertoire der **City Hall**, einer Konzerthalle mit mehr als 2000 Plätzen. Northumberland Road, NE1 8SF, ✆ 0191/2778030, www.newcastlecityhall.org.

Prachtvoll im altmodischen Sinne ist das **Tyne Theatre and Opera House** von 1867. In dem alten Opernhaus finden auch heute noch Opernaufführungen, Musicals und Pantomimen statt. 117 Westgate Road, NE1 4AG, Tickets ✆ 0844/42491000, tynetheatreandoperahouse.uk.

Die bekannteste Bühne ist das schöne viktorianische **Theatre Royal** an der Grey Street – seine unveränderte klassizistische Architektur ist allein schon sehenswert. Hier gastiert auch die Royal Shakespeare Company jeden Herbst für rund sechs Wochen. 100 Grey Street, NE1 6BR, Box Office ✆ 08448/112121, www.theatreroyal.co.uk.

Im **Northern Stage** gibt es neben Klassikern auch zeitgenössische Bühnenstücke. Barras Bridge, NE1 7RH, ✆ 0191/2305151, www.northernstage.co.uk.

Übernachten

→ Karte S. 526/527

Da Newcastle mehr auf Konferenzbesucher und Geschäftsreisende als auf Touristen eingestellt ist, sind in den letzten Jahren einige neue gehobene Hotels entstanden. Es gibt auch viele preisgünstige Kettenhotels. In der Innenstadt finden sich nur wenige preiswerte Unterkünfte, dafür müssen Sie in den Vorort Jesmond.

**** **Vermont Hotel** 27 Das Hotel liegt nahe der Burg und bietet traditionellen Komfort, rund 100 Zimmer auf zwölf Etagen. Den Blick über den River Tyne in Richtung The Sage hat man nicht nur von der Dachterrasse. Auch kleines Fitnessstudio mit Sonnenbank und einige kostenlose Parkplätze. Zimmer 109–199 £ mit und ohne Frühstück, Suiten 169–479 £. Viele Sonderangebote außerhalb der Saison. Castle Garth, NE1 1RQ, ✆ 0191/2331010, www.vermont-hotel.com.

**** **Hotel Indigo Newcastle** 19 Makelloses Boutiquehotel mit 148 Zimmern im Stadtzentrum, manche haben eine kostenfreie Minibar. Marc Pierre White betreibt im Haus sein erstes Restaurant im Nordosten. Im Bad kommt Musik aus den Lautsprechern. Ein Fitnessclub ist im Haus, das Parken kostet 12 £. DZ inkl. Frühstück ab 89 £, mit Balkon ab 129 £. 2–8 Fenkle Street, NE1 5XU, ✆ 0191/3009222, Reservierung ✆ 0871/4234942, www.hotelindigonewcastle.com.

**** **Jesmond Dene Hotel** 3 Ländlich an einem Bach liegt dieser grandiose „Stadtpalast“ mit 32 luxuriös ausgestatteten Zimmern, die den Charme eines Countryhotels besitzen. Holzvertäfelung, Kamin und bequeme Sofas werden kombiniert mit gewagten Farbtupfern und moderner Kunst. Drei der Zimmer haben eine Dachterrasse. Im Restaurant lässt es sich gediegen speisen. Parkplatz und WLAN. B & B im DZ 120–160 £. Jesmond Dene Road, Jesmond, NE2 2EY, ✆ 0191/2123000, jesmonddene house.co.uk.

**** **The Townhouse Hotel Gosforth** **4** Luxuriöses Boutiquehotel in diesem wohlhabenden Vorort, mit Café und gutem Restaurant im Haus. Man kann sich hier richtig wohlfühlen. Zehn Zimmer 85–120 £. 1 West Avenue, Gosforth, NE3 4ES, ✆ 0191/2856812, www.thetownhousehotel.co.uk.

Roomzzz **29** 14 Apartments mit Rezeption und Hotelservice werden in diesem klassizistischen Stadthaus nahe dem Bahnhof vermietet. Sie sind groß und modern, morgens steht ein Früstückskorb an der Rezeption bereit. 59–99 £ für 2 Personen. Friar House, Clavering Place, NE1 3NG, ✆ 0203/5045555, www.roomzzz.com/newcastle-city.

The Cumberland Arms **10** Dieses Pub hat sechs frische, moderne Zimmer und versteckt sich unweit der Quays mit Blick über das Ouseburn Tal (nach vorne raus). Oft Livemusik, große Auswahl an Ales und Cider, Feuer im Kamin und Frühstück aufs Zimmer. B & B EZ 70 £, DZ 80 £. James Place Street, NE6 1LD, ✆ 0191/2651725, www.thecumberlandarms.co.uk.

** **Dene Hotel** **5** In einer ruhigeren Wohngegend, aber in der Nähe von einigen Pubs und Restaurants gelegen. Wenig originelles, sehr einfaches Mittelklassehotel mit Parkplatz und kleiner Bar. B & B im EZ ab 45 £, DZ ab 80 £, Familienzimmer ab 115 £. 38–42 Grosvenor Road, Jesmond, NE2 2RP, ✆ 0191/2811502, www.thedenehotel.co.uk.

The Albatross Newcastle **17** Moderne Jugendherberge mit 26 Zimmern und 171 Betten, 18,50–25 £ mitten im Zentrum, also mitunter laut. Internet, Lounge und supersaubere Küche, unbedingt langfristig buchen. 51 Grainger Street, NE1 5JE, ✆ 0191/2331330, www.albatrossnewcastle.com.

Camping **The Croft Campsite** **18** Abgelegener Campingplatz auf einer Schaffarm. Nur Grasplätze auf einer Wiese und im Wald. Einfache Ausstattung, Duschen 50 p. Es gibt einen Fahrradunterstand. Zelt 12 £, Wohnmobile 14 £. Nur März bis Okt. geöffnet. Anfahrt über die B 1404 zwischen Seaham und Houghton-Le-Spring. Le Croft, Warden Law, Houghton-Le-Spring, DH5 8LX, ✆ 0191/5842141, www.thecroftcampsite.co.uk.

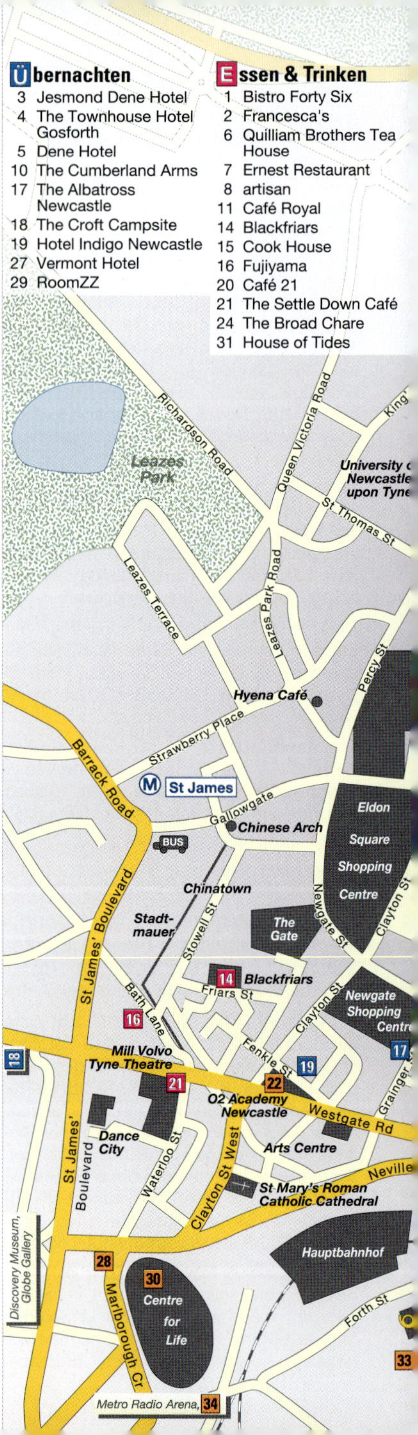

Nachtleben
9 Tyneside Bar Café
12 World Headquarters
13 Shinding@Warehouse 34
22 O2 Academy
23 House of Smith
25 Tup Tup Palace
26 Tokyo Bar
28 Powerhouse
30 Digital
32 Riverside
33 The Boiler Shop
34 Metro Radio Arena
Newcastle upon Tyne
200 m
International Airport Newcastle, Exhibition Park
Central Motorway
Jesmond
Jesmond Road
Osborn Terrace
Portland Terrace
Park Terrace
Great North Road
Windsor Terrace
Jesmond Road West
Sandyford Rd
Chester St
Milton Close
Milton Pl
Claremont Rd
Great North Museum Hancock
Hatton Gallery
Northern Stage
Civic Centre
Sancyford Road
Northumbria University
Radnor St
Church of St Thomas the Martyr
University Gallery
Sandyford Road
Haymarket
Barras Bridge
Vine Lane
Ridley Place
City Hall
Northumberland Road
College St
John Dobson St
Camden St
Motorway
Byron St
Napier St
Stoddart St
Portland Rd
Rock Terrace
Falconar St
Shield St
Wretham Pl
The Biscuit Factory
BUS
Northumberland Road
Ellison Pl
Copland Terrace
Eldon Square Shopping Centre
Saville Row
Northumbria University City Campus East
Union St
Albert St
Clarence St
Lisle St
Laing Art Gallery
City Library
Back New Bridge St
Eldon Square
New Bridge St West
New Bridge St
Ouseburn, Victoria Tunnel
Monument
Blackett St
Tyneside Cinema
Manors
Vane Gallery
Market St East
Nelson St
Grey St
Stepney Lane
Gibson St
Argyle St
Grainger Market
Central Arcade
Worswick St
Bahnhof Manors Station
Howard St
Market St
Melbourne St
Theatre Royal
Pilgrim St
City Church
Ouseburn
Grainger St
Grainger Town
High Bridge
Jubilee Rd
Garth Heads
Tower St
City Road
Melbourne St
Bigg Market
Grey St
Cloth Market
St Ann's St
Quayside
Sandgate
Manor Chare
Mosley St
Pudding Chare
St Nicholas Cathedral
Central Motorway
Dean St
All Saints
Trinity House
Gateshead Millenium Bridge
St
Westgate Rd
Side Gallery & Cinema
Side
King St
Quayside
Tyne
Castle
Sandhill
Baltic Centre for Contemporary Art
Bessie Surtees House
Clavering Place
Swing Bridge
Tyne Bridge
St Mary's Heritage Centre
The Sage Gatehead
South St
Hanover St
Close
High Level Bridge
Tyne
Shipley Art Gallery

Essen & Trinken

→ Karte S. 526/527

Die meisten Restaurants im Zentrum sind, genau wie die Hotels, auf eine solvente Geschäftsklientel eingestellt und bieten zum Großteil Gerichte der gehobenen Preisklasse an. Es gibt aber außer den üblichen Schnellrestaurants auch einige erschwingliche Lokale, vor allem im alternativen Stadtviertel von Ouseburn.

House of Tides **31** Fernsehkoch Kenny Atkinson hat sich in nur 18 Monaten an der Quayside seinen dritten Michelin-Stern erbrutzelt. Das Ambiente in dem über 500 Jahre alten Händlerhaus ist rustikal mit moderner Note, was auch für seine Küche gilt. Die Lounge-Bar ist im Erdgeschoss, das Restaurant im 1. Stock. Lunch (4-Gänge 35 £, 2 Gänge 25 £) Di–Sa 12–14 Uhr, Dinner (4 Gänge 55 £) Di–Fr 18–21.30 Uhr, Sa 17–22 Uhr (Sa nur Dinner Tasting für 70 £, vegetarisch 60 £). 28–30 The Close, Quayside, NE1 3RF, ✆ 0191/2303720, houseoftides.co.uk.

Café 21 **20** Ein ähnlich gutes Lokal mit vorzüglicher internationaler Küche zu gehobenen Preisen. Reservierung empfohlen. Mo–Sa 12–14.30 und 17.30–22.30 Uhr, So 12–20 Uhr. Trinity Gardens, Quayside, NE1 2HH, ✆ 0191/2220755, www.21newcastle.co.uk.

Cook House **15** Newcastles Pop-up-Dining-Queen Anna Hedworth hat ihr eigenes Café eröffnet, für das sie zwei Schiffscontainer umbauen ließ. Im dahinterliegenden Garten pflanzt sie ihr eigenes Gemüse an, man kann draußen in der Sonne lunchen. Es gibt ein kleines, täglich wechselndes Menü. BYO, Bring Your Own Alcohol. Mo–Fr 8.30–15.30 Uhr. 20 Ouse Street, hinter dem Hotel du Vin im Ouseburn Valley, NE1 2PF, cookhouse.org. ■

Quilliam Brothers Tea House **6** Die drei Brüder schufen ein Paradies für Teefreunde, denn hier gibt es mehr als 100 Sorten zur Auswahl, dazu ein tolles kleines Speisenangebot zum Frühstück und zum Lunch. Der Laden dient auch für Kunstausstellungen, Musikdarbietungen und sogar Kinovorstellungen. Mo–Fr 10–24 Uhr, Sa ab 9 Uhr. 1 Eldon Place, Claremont Buildings, NE1 7RD, ✆ 0191/2614861, www.quilliambrothers.com.

››› Mein Tipp: **Blackfriars** **14** Dieses Restaurant mit viel Atmosphäre in 800 Jahre alten Klostermauern erhebt für sich den Anspruch, das älteste Restaurant des Landes zu sein, da es schon im 13. Jh. die Dominikanermönche kulinarisch versorgte. Gute neubritische Küche mit Zutaten aus der Region und guter Auswahl an vegetarischen und glutenfreien Speisen, außerdem gibt es Mittelalterbankette in der mittelalterlichen Halle und eine Terrasse im Klostergarten. Mo–Sa 12–14.30 Uhr und 17.30 bis spät, So 12–16 Uhr. Friar Street, NE1 4XN, ✆ 0191/2615945, www.blackfriarsrestaurant.co.uk. ‹‹‹

Francesca's **2** Hier gibt es die beste Pizza (ab 5,85 £!) der Stadt, finden Einheimische. Ein Italiener wie früher … Keine Reservierung, am besten kommt man früh am Abend. Tägl. (außer So) 12–14.30 und 17–21.30 Uhr. Manor House Road, Jesmond, NE2 2NE, ✆ 0191/2816586, www.facebook.com/PizzeriaFrancesca.

Bistro Forty Six **1** Modernes, kleines Bistro in Jesmond mit hochwertigen Zutaten und professionellem Service. Di–Mi 17–22 Uhr, Do–Fr 12–14.30 und 17–22 Uhr, Sa 12–16 und 17–22 Uhr, So traditionelles Roast 12–17 Uhr. Günstiges Prix Fix Menu von 17–18 Uhr (zwei Gänge 14,50 £). 46 Brentwood Avenue, Jesmond, NE2 3DH, ✆ 0191/2818081, www.bistrofortysix.co.uk.

artisan **8** Das Restaurant findet man in einer alten Keksfabrik, die die Biscuit Factory Art Gallery beherbergt. In der Küche steht ein „Koch des Jahres von Nordostengland", der ausschließlich regionale Produkte verwendet. Man schmeckt es! Lunch tägl. 12–14 Uhr, Dinner Mo–Fr 17.30–21 Uhr, Sa bis 22 Uhr. 16 Stoddart Street, NE2 1AN, ✆ 0191/2605411, www.artisannewcastle.com. ■

Fujiyama **16** Einer der besten Japaner vor Ort, man sitzt an langen Tischen, Spezialität Teppan-Yaki, auch vegetarisches Buffet. Der Koch ist bekannt für seine unterhaltsamen Kunststückchen an der heißen Platte. Set Lunch für 9 £. Mo–Sa 12–14 und 18–23 Uhr, So 12–15 und 18–23 Uhr. 35 Bath Lane, Chinatown, NE4 5SP, ✆ 0191/2330189, www.fujiyamarestaurant.co.uk.

Ernest Restaurant **7** Unkonventioneller und unabhängiger Laden im Ouseburn Valley. Tagsüber entspanntes Café, toll zum

Brunchen, abends Bar, wo oft Musik spielt und getanzt wird. Außerdem Tischtennis, Tango oder Filmabende. 1 Boyd Street, The Ouseburn, ✆ 0191/2605216, weareernest.com.

Café Royal **11** Kosmopolitisches Bistro-Café mit eigener Bäckerei, es werden aber auch exquisite Salate, Pastagerichte und Delikatessen von der Theke im Herzen der Stadt serviert. Berühmter Afternoon Tea. Mo–Sa 8–18 Uhr, So 10–16 Uhr. 8 Nelson Street, NE1 5AW, ✆ 0191/2313000, sjf.co.uk/our-pubs/cafe-royal.

The Settle Down Café **21** Schlichtes, entspanntes Café mit einem alternativen Touch. Selbstgemachte Kuchen und viele vegetarische Snacks. Mo–Fr 8–18 Uhr, Sa ab 9 Uhr, 61–62 Thornton Street, NE1 4AW, ✆ 0191/2220187, www.thesettledown.com.

The Broad Chare **24** Beliebtes, weil gutes Gastro-Pub in einem alten Kornwarenlager am Live Theatre mit wechselnden Tagesgerichten am Blackboard. Oben Restaurant, unten tapasartiges Bar Food, u. a. Lindisfarne Austern. Geöffnet tägl. 11–23 Uhr, Lunch Mo–Sa 12–14.30 Uhr, So bis 17 Uhr, Dinner tägl. (außer So) 17.30–22 Uhr. 25 Broad Chare, Quayside, NE1 3DQ, ✆ 0191/2112144, www.thebroadchare.co.uk.

Nachtleben

→ Karte S. 526/527

Die lebenslustigen Geordies (→ Kasten S. 522) haben ihrer Stadt einen Spitzenplatz in der Rangliste der besten Partymetropolen beschert, praktisch jeden Tag geht in Newcastle das Nachtleben gleich nach Feierabend los. Das Epizentrum des lauten Vergnügens ist der Bigg Market. Die Webseite www.newcastlegateshead.com/food-and-drink/bars-pubs-and-clubs listet jede Menge Ess-, Trink- und Tanzlocations, informativ ist auch das kostenlose Monatsmagazin The Crack (www.thecrackmagazine.com). Über schwulenfreundliche Adressen informiert die Seite www.mesmacnortheast.com/whats-on/newcastle-scene.

Boiler Shop **33** Die Halle mit dem alten Dampfkessel von Stephensons Eisenbahnwerk hinter dem Hauptbahnhof wurde zur Zeit der Recherche gerade zu einem kulturellen Veranstaltungsort umgebaut, den man im Auge behalten sollte. Sussex Street, NE1 3PD.

Tyneside Bar Café **9** Das neue Bar Café des Tyneside-Kinos fällt allein durch sein 6 m langes Wandbild Dialogue auf, das aus 30.000 Wörtern besteht, die von Bargesprächen aus 100 Filmen stammen. Nachmittags sollten Sie den Artisan Afternoon Tea für 10,95 £ probieren, bevor abends Cocktails und Snacks angeboten werden, jedenfalls wenn freitags DJs an den Turntables agieren. Mo–Do 9–23 Uhr, Fr–Sa bis spät, So ab 10 Uhr. Pilgrim Street, NE1 6QG, ✆ 0191/2275522, www.tynesidecinema.co.uk.

Tokyo Bar **26** Urbanes Ambiente mit Kronleuchtern und Trash-Schick, besonders beeindruckend ist die überdachte Dachterrasse, super Cocktails, hippes Publikum. 17 Westgate Road, NE1 1SE, ✆ 0191/2321122, www.tokyonewcastle.co.uk.

Digital **30** Newcastles größter Club, mehrere riesige Tanzsäle, die eigene House-Nacht am Sa heißt „Love". Times Square, NE1 4EP, ✆ 0191/2619755, yourfutureisdigital.com.

Shindig@Warehouse 34 **13** Beliebteste House-Nacht von Newcastle, in einem Warenlager im Industriegebiet. Shindig hat einst die Loveparade nach Newcastle gebracht, aus der das Evolution Festival entstanden ist. Hoults Yard, Walker Road, NE6 2HL, www.shindiguk.com.

Powerhouse **28** Der bekannteste und älteste Schwulenclub im Gay Village über vier Etagen samt Dachterrasse. Di/Mi Ruhetag. 7–19 Westmorland Road, NE1 4EQ, ✆ 0191/2616824, für die Aufnahme auf die Gästeliste SMS an ✆ 0795/8391351, www.clubph.co.uk.

Riverside **32** Der recht kommerzielle Club hat nichts mit dem legendären Riverside aus den 1990er-Jahren zu tun, wo Oasis, David Bowie und The Stone Roses gespielt haben. Am besten ist die Samstagnacht mit The Voodoo Project. Viel R'n'B und Charts. 1 The Close, Quayside, NE1 3RQ, ✆ 0191/6911602, www.riversidenewcastle.co.uk.

World Headquarters **12** Entspannter Underground Club in sechsstöckigem Arts Centre (Curtis Mayfield House). Ohne Dresscode und Pomp auf zwei Ebenen, unten Bar, oben Club. Viel Funk, Hip Hop und R'n'B. Fr/Sa 23–5 Uhr. Curtis Mayfield

House, Carliol Square, NE1 6UF, ✆ 0191/ 2813445, www.welovewhq.com.

Tup Tup Palace 25 Newcastles flashigster Club auf dem Diamond Strip (Central Station/Collingwood Street) mit Wasserfällen, Privattischen mit Bedienung und strikter Türpolitik. Dress to impress! Tägl. bis 3 Uhr. 7 St Nicholas Street, NE1 1RE, ✆ 0191/ 2618579, www.tuptuppalace.com.

House of Smith 23 Ballroom im Stil der 50er-Jahre, Backsteinwände, aber total plüschig. Sieben verschiedene Clubnights. 26 Collingwood Street, NE1 1JF, ✆ 0191/ 2618271, house-of-smith.com.

Ein Pubcrawl durch **Ouseburn** führt einen für gewöhnlich auch in **The Tyne Bar** (Malting Street, NE6 1LP, Mi und So oft Gigs), **Free Trade** (Tynesides Pub of the Year 2013, NE6 1AP), **The Cluny** (36 Lime Street, NE1 2PQ) oder **The Tanners** (Ouseburne Warehouse, Lime Street, NE1 2NS).

O_2 Academy 22 Konzertbühne in ehemaliger Bingohalle auf zwei Ebenen für 2000 Besucher, große Shows und Events. Westgate Road, NE1 1SW, ✆ 0191/2602020, Tickets: ✆ 0844/4772000, academymusicgroup.com/o2academynewcastle.

Metro Radio Arena 34 Nicht nur größere Popkonzerte (z. B. Elton John oder André Rieu), sondern auch Eishockey- und Basketballspiele werden hier veranstaltet. Arena Way (südwestlich des Bahnhofs), NE4 7NA, ✆ 0844/4936666, www.metroradioarena.co.uk.

Quayside und Old Newcastle

Die markantesten Wahrzeichen von Newcastle sind die Brücken. Die älteste ist die 1849 eröffnete und von Robert Stephenson erbaute **High Level Bridge,** die erste Brücke der Welt, über die gleichzeitig Züge und privater Verkehr rollten. Nach umfangreicher Restaurierung ist sie nur noch für Busse, Taxis, Fahrradfahrer und Fußgänger geöffnet. Nur wenige Meter flussabwärts spannt sich die **Swing Bridge** von 1876 über das Wasser; sie ist um 90 Grad schwenkbar, um höhere Schiffe durchzulassen. An dieser Stelle soll sich auch die alte Römerbrücke befunden haben. Die grüne **Tyne Bridge** (Baujahr 1929) genießt den höchsten Bekanntheitsgrad. In Sydney gibt es eine nahezu identische Brücke, die vier Jahre später eröffnet wurde. Jüngster Zuwachs und inzwischen so etwas wie ein Wahrzeichen der Quayside ist die **Millennium Bridge** oder auch Blinking Bridge („Blinzelbrücke“, Baujahr 2002), die sich wie ein Augenlid öffnet, um Schiffe passieren zu lassen. Sie ist die erste

Die Blinzelbrücke: Gateshead Millennium Bridge

„The Sage“ von Sir Norman Foster

derartige Kippbrücke der Welt (nur für Fußgänger und Fahrradfahrer) und wird nachts wunderbar beleuchtet.

BALTIC Centre for Contemporary Art: Moderne Kunst findet man an der Gateshead Quayside in einer alten Mehlfabrik neben der Millennium Bridge. Keine permanente Ausstellung, sondern in vier Abteilungen wird auf 3000 m² ein ehrgeiziges Programm von Wechselausstellungen, Veranstaltungen, Vorlesungen und Workshops angeboten. Der Erfolg des BALTIC wurde 2011 deutlich, als die Galerie als erste außerhalb von London die Ausstellung der Teilnehmer des renommierten Turner-Preises ausrichten durfte. Für den Ausblick sollte man unbedingt in den fünften Stock in die Viewing Box fahren. Im Baltic Café kann man sich dann von den mitunter verwirrenden Eindrücken erholen. Es gibt auch ein Restaurant auf dem Dach, das Six Rooftop, und im Stadtzentrum unterhält das Museum eine Projektgalerie und Künstlerstudios, das BALTIC 39.

BALTIC: tägl. 10–18 Uhr, Di ab 10.30 Uhr. Eintritt frei. Baltic Kitchen Mo–Fr 9–17.30 Uhr, Sa–So ab 10 Uhr. Six Rooftop Restaurant: Mo 17.30–21.30 Uhr, Di–Sa 12–22 Uhr, So 12–15.30 Uhr. sixbaltic.com. Gateshead, South Shore Road, NE8 3BA, ✆ 0191/4781810, www.balticmill.com.

Baltic 39: Mi–So 12–18 Uhr, Do 12–20 Uhr. Eintritt frei. 31–39 High Bridge, NE1 1EW, www.baltic39.com.

Sage Gateshead: Wie ein glitzernder Käfer ohne Beine oder ein Schneckenhaus hockt *The Sage* am Flussufer der Quayside von Gateshead. Das von Sir Norman Foster entworfene internationale Musikzentrum beherbergt unter seiner sanft geschwungenen, gläsernen Hülle drei als eigenständige Baukörper konzipierte Auditorien. Wegen seiner phänomenalen Akustik sind hier die Royal Northern Sinfonia beheimatet und der Veranstaltungsort zieht die besten Orchester und Interpreten der Welt an. In der kleineren Halle finden auch Folklore-, Pop- und Jazzkonzerte statt, das dritte Auditorium steht der Regional Music School zur Verfügung.

Tägl. 9 Uhr bis eine Stunde nach Veranstaltungsende. Eintritt frei. Gateshead, St Mary's Quay, ✆ 0191/4434661, www.sagegateshead.com.

Der Nordosten → Karte S. 508/509

Quayside Sandhill: In diesem Viertel in der Nähe der Tyne Bridge wurden die alten Häuser restauriert. Man trifft hier auf viele interessante Läden und Restaurants. Sonntags findet ein Kunstmarkt statt. Außerdem kann man ein altes Händlerhaus besuchen, **Bessie Surtees' House**. Bessie machte 1772 Schlagzeilen, als sie mit ihrem mittellosen Liebhaber durchbrannte, der später Lordkanzler von England wurde.
Mo–Fr 10–16 Uhr. Eintritt frei. 41–44 Sandhill, NE1 3JF, historicengland.org.uk/get-involved/visit/bessie-surtees-house.

Castle Keep: An der Stelle der heutigen Anlage im normannischen Stil stand bereits zur Zeit der Römer deren Kastell Pons Aelius (benannt nach dem Familiennamen Kaiser Hadrians). Die Angelsachsen bauten eine Festung aus Holz, ebenso Robert Curthose, ein Sohn Wilhelms des Eroberers, der wegen seiner Kleinwüchsigkeit „kurze Hose" genannt wurde. Seine Burg, das New Castle, gab der Stadt ihren Namen. Der steinerne Bergfried aus den Jahren 1172 bis 1178 wurde unter Heinrich II. errichtet. Die Kapelle ist im spätnormannischen Stil erbaut. In der recht kleinen Burg wird auf Schautafeln ihre Geschichte erklärt, die Aussicht vom Bergfried ist einmalig.
Tägl. 10–17 Uhr (letzter Einlass 16.15 Uhr). 6,50 £, erm. 5,50 £, Kind 3,90 £, Familie 15,90 £. Castle Garth, NE1 1RQ, ✆ 0191/2306300, www.castlekeep-newcastle.org.uk. Von hier kann man historische Stadtführungen mit Iles Tours buchen (www.ilestours.co.uk).

St Nicholas Cathedral: Bald nach dem Bau der normannischen Burg entstand auch die erste Pfarrkirche von Newcastle, die zweimal niederbrannte und im 14. und 15. Jh. als lang gestreckte Basilika mit einem Querschiff wiederaufgebaut wurde. Erst 1882 wurde sie zur Kathedrale der nördlichsten Diözese Englands – der kleinsten im Lande. Besonders hervorzuheben ist die auffällige Turmspitze, der Lantern Tower aus dem Jahr 1470, eine Bauweise, die es auf der gesamten Insel nur viermal gibt. Der Turm war gleichzeitig Navigationshilfe für die Schifffahrt auf dem Tyne. Im Innern der heutigen Kathedrale sind noch einige Reste des mittelalterlichen Baus zu sehen. Besonders schön sind die fein gegliederten Bleiglasfenster mit ihren Malereien und die Fülle feinster Steinmetz- und Holzschnitzarbeiten.
So–Fr 7.30–18 Uhr, Sa und feiertags 8–16 Uhr. Lantern Café Mo–Fr 8.30–15.30 Uhr. Eine Spende von 5 £ ist willkommen. St Nicholas' Square, NE1 1PF, ✆ 0191/2321939, www.stnicholascathedral.co.uk.

Stephenson Quarter/Blackfriars und Chinatown

Stephenson Quarter: Das historische Viertel südlich des Hauptbahnhofes, wo sich einst die Lokomotiv-Werke von Robert Stephenson und Hawthorne Leslie befanden, wird seit 2014 unter dem Label „Stephenson Quarter" neu gestaltet. Auf dem 4 ha großen Gelände entstanden Büro- und Apartmenthäuser, Hotels (Crown Plaza) und eine Shopping-Arkade. Der Hauptbahnhof soll in den kommenden Jahren für die Ankunft des Hochgeschwindigkeitszuges aus London fit gemacht werden.

Science Village/Centre for Life: Am Times Square hinter dem Bahnhof ziehen drei Gebäude die Aufmerksamkeit auf sich. Links steht das Institute of Human Genetics, wo Erbkrankheiten erforscht werden und geklont wird, rechts befindet sich das Bio Science Centre, wo u. a. Techniken der künstlichen Befruchtung weiterentwickelt werden, und in der Mitte erklärt das Museum in interaktiver und unterhaltsam aufbereiteter Form, was in den beiden Forschungsstätten so vor sich geht. Außerdem gibt es ein Planetarium und ein 4-D-Kino. Das Science Village richtet sich an Schüler im Alter von etwa 14 Jahren, doch fast jeder kann hier noch was lernen. Die Skulptur vor dem Haupteingang zeigt die DNA-Spirale, das „F" im Logo von Life ist einem Chromosom nachempfunden, und aus der Luft betrachtet sieht der Gebäudekomplex aus wie ein Embryo.

Mo–Sa 10–17 Uhr, So ab 11 Uhr (letzter Einlass 15 Uhr). 14 £, erm. 11 £, Kind bis 17 J. 8 £, Familie 34 £. Times Square, NE1 4EP, ✆ 0191/2438210, www.life.org.uk.

Discovery Museum: Im größten Museum der Stadt und der ganzen Gegend wird die Geschichte von Newcastle erzählt (z. T. in Szenen und Bildern), und man kann sich eine Menge Artefakte von Tyneside anschauen: etwa die windschnittige „Turbinia", ehedem das schnellste Schiff der Welt. Bei Kindern sehr beliebt ist die Science Factory, wo alles nach Herzenslust ausprobiert werden darf.

Mo–Fr 10–16 Uhr, Sa/So 11–16 Uhr. Eintritt frei. Blandford Square, NE1 4JA, ✆ 0191/2326789, www.twmuseums.org.uk/discovery.

St Mary's Cathedral: Weithin sichtbar ist der 60 m hohe, quadratische Turm der Marienkathedrale. Die 1842–1844 erbaute neugotische Hallenkirche ist die Bischofskirche der römisch-katholischen Diözese Hexham and Newcastle. Ihre Existenz ist der katholischen Emanzipation und dem Zuzug vieler Iren während der Industrialisierung zu verdanken. Das Ostfenster ist ein Jessefenster, das die Abstammung Jesu Christi darstellt. Es wurde nach einem Entwurf von Augustus Welby Pugin gestaltet, dem Archtitekt der Kirche. Ein gotisches Triumphkreuz hängt über dem Altar, der ein figurenreiches Retabel (Altaraufsatz) besitzt.

Mo–Sa 8.30–17 Uhr, So 9–14 Uhr. Eintritt frei. Cloister Café und Restaurant Mo–Fr 8.30–17 Uhr, Sa 9–16.30 Uhr, So 9–14 Uhr. Clayton Street West, NE1 5HH, ✆ 0191/2326953, www.stmaryscathedral.org.uk.

Citywalls und Chinatown: An der Westgate Road, Ecke Bath Lane kann man die Überreste der mittelalterlichen Stadtmauer sehen, die 1265 gebaut wurde und einst das gesamte Zentrum umschloss. Viele der alten Türme stehen noch, hier etwa der Morden Tower, der heute für Autorenlesungen genutzt wird. Kein mittelalterlicher Turm, sondern ein 11 m hoher, bunter, chinesischer Torbogen markiert den Eingang zu Chinatown. Die Stowell Street ist das Zentrum von Newcastles chinesischer Gemeinde, die in den 1970er-Jahren entstand und in der heute etwa 3000 Asiaten leben, zu denen sich weitere 3000 chinesische Studenten gesellen. Hier gibt es vor allem chinesische, aber auch koreanische oder japanische Restaurants und Supermärkte.

Der Nordosten → Karte S. 508/509

Grainger Town

Grey's Monument: Auf der 40 m hohen Säule steht Charles, der 2. Earl Grey. Der Politiker wurde in Northumberland geboren und stieg 1830 zum Premierminister auf, da er den *Reform Act* für neue Stimmenverteilung bei den Parlamentswahlen im Oberhaus durchgedrückt hatte. Der Earl-Grey-Tee war die Teemischung, die ihm am besten schmeckte und nach ihm benannt ist. In London ließ sich der Adlige jedoch nur ungerne blicken. Da seine Frau ihm 15 Kinder gebar, hatte er immer eine passende Ausrede: Er konnte nicht anreisen, weil seine Frau entweder kurz vor einer Geburt stand oder gerade ein Kind zur Welt gebracht hatte.

Grainger Market: Unter diesem Dach wurden 1832 die acht mittelalterlichen Märkte der Stadt zusammengelegt. Er war der erste überdachte Markt des Landes, wurde von Richard Grainger entworfen und beherbergt heute rund 100 Stände. Ein verstecktes Highlight ist die Originalfassade des Marks & Spencer Penny Bazaards, der kleinsten Marks-&-Spencer-Zweigstelle der Welt.

Mo–Sa 9–17.30 Uhr. Jeden zweiten Sa im Monat Arts & Craft Market. Grainger Street, NE1 5QG, www.graingermarket.org.uk.

The Laing Art Gallery: Alexander Laing war ein wohlhabender Weinhändler aus Newcastle, der dieses Museum 1900 finanzierte, da es bis dato trotz einer recht aktiven Künstlerszene keinen einzigen Ausstellungsort in der Stadt gab. Sammlungsschwerpunkte der Kunstgalerie sind Gemälde, Aquarelle und Drucke hauptsächlich britischer, ortsansässiger Künstler, aber auch Kunsthandwerk, Glas und Kostüme aus der Region. Beliebt ist die Galerie mit Werken führender Präraffaeliten wie William Holman Hunt und Edward Burne-Jones. Besonders für Kinder bis acht Jahre ist die Kindergalerie gedacht. Vor dem Haus können Sie eines der vielen Kunstwerke im öffentlichen Raum bestaunen, den blauen „Teppich“, der aus 22.000 Glasscherben von Sherryflaschen mosaikartig zusammengesetzt ist und den man beinahe übersieht, gäbe es nicht einige Stellen, wo er umgeklappt ist.

Di–Sa 10–17 Uhr, So 14–17 Uhr. Eintritt frei. New Bridge Street, NE1 8AG, ✆ 0191/2781611, laingartgallery.org.uk.

City Library: Der „Glaskasten“ auf Stelzen, das Charles Avison Building, gegenüber der Laing Art Gallery ist nach einem klassischen Komponisten der Stadt, Charles Avison, benannt, und stellt das Bibliotheksgebäude dar, das 2009 zusammen mit dem Great North Museum von der Queen eröffnet wurde. Neben Büchern, Tonträgern und Computer-Arbeitsplätzen gibt es hier auch eine Aussichtsplattform im sechsten Stock, ein Theater, ein Café und eine Galerie.

Mo–Do 8.30–20 Uhr, Fr 8.30–17.30 Uhr, Sa 9.30–17.30 Uhr, So 11–17 Uhr. Eintritt frei. Charles Avison Building, 33 New Bridge Street West, NE1 8AX.

Universitätsviertel – Cultural Quarter

Im Universitätsviertel wurde für rund 26 Mio. Pfund ein neues **Cultural Quarter** für Newcastle gebaut. Die ehemals drei Museen (Hancock Museum, Museum of Antiquities und Shefton Museum) wurden unter dem Dach des **Great North Museum** vereint, das die Queen im November 2009 eröffnete.

Great North Museum: *The World under One Roof* ist das Motto des Museums, das auf 5600 m² rund 3500 Exponaten Platz bietet. Die hochkarätige Sammlung zur Naturgeschichte, Archäologie und Ethnografie hat viele Höhepunkte, u. a. ein Modell der Hadriansmauer, ägyptische Mumien, Artefakte der Etrusker und Griechen, das Skelett eines T-Rex-Dinosauriers und eine interaktive Bio-Wand mit Hunderten von Lebewesen aus der Arktis bis zur Wüste. Es gibt auch ein Planetarium. Die Hatton Gallery befindet sich in unmittelbarer Nähe und bietet Wanderausstellungen zu moderner Kunst. Sie beherbergt auch eine permanente Kunstsammlung von der Renaissance bis heute. Stolz ist man auf Kurt Schwitters' Merzbarn Wall, die der Dadaist als eine Art psychologische Collage mit autobiografischen Bezügen aus Fundsachen schuf.

Great North Museum: Mo–Fr 10–17 Uhr, Sa 10–16 Uhr, So 11–16 Uhr. Eintritt frei. Hancock, Barras Bridge, NE2 4PT, ✆ 0191/2226765, greatnorthmuseum.org.uk.

Hatton Gallery: Bis vorauss. Sept. 2017 wegen Umbauarbeiten geschlossen. The Quadrangle, Newcastle University, NE1 7RU. hattongallery.org.uk.

Ouseburn Valley

Entlang der Quayside (rund 1,5 km östlich in Richtung Mündung des River Tyne) hat sich der einst recht heruntergekommene Stadtbezirk Ouseburn Valley unterhalb der Brückenbögen zu einem kreativen Viertel gemausert. Zu verdanken ist das der Eröffnung von **Seven Stories**, einem Zentrum für Kinderbücher, das in einem umgebauten viktorianischen Kornspeicher interaktiv, mit vielen Lesungen und Vorführungen die Freude am Lesen wecken möchte. Familien und Kunstsinnige folgen dem Ruf in Scharen.

Direkt gegenüber befindet sich der Eingang zum **Victoria Tunnel** von 1842, durch den einst Kohle vom Bergwerk zum Kai transportiert wurde und der im Zweiten Weltkrieg als Luftschutzbunker diente. Die zweistündige Führung muss vorab gebucht werden.

Seit 2003 wurden mehr als 50 dahinrottende Industriegebäude des Viertels saniert und Künstlerstudios, Probenräume für Musiker, Möbellager und Pubs sind entstanden. Nicht weit von hier befindet sich in einer alten Keksfabrik Europas größte Verkaufsgalerie, die **Biscuit Factory,** wo von Bildern und Skulpturen über Glas- und Porzellanwaren bis hin zu Schmuck lauter Originale in einer Preisspanne von 20 bis 20.000 Pfund verkauft werden. Das Restaurant *artisan* (→ S. 528) nebenan ist so beliebt, dass Sie unbedingt einen Tisch reservieren sollten. Und wenn die Kinder quengeln, ist die **Ouseburn Farm** eine gute Wahl, ein Gemeindeprojekt und Lehrbauernhof.

Seven Stories: Mo–Sa 10–17 Uhr, So und Feiertage 10–16 Uhr. 7,70 £, Kind 4–16 J. 6,50 £, Kind 1–3 J. 2,50 £, Familie 23,10–27,50 £. Lime Street, NE1 2PQ, ✆ 0845/2710777, www.sevenstories.org.uk.

Biscuit Factory: Mo–Fr 10–17 Uhr, Sa 10–18 Uhr, So 11–17 Uhr. Eintritt frei. 16 Stoddart Street, NE2 1AN, ✆ 0191/2611103, www.thebiscuitfactory.com.

Victoria Tunnel: Mo 13.30 Uhr, Mi u. Fr 10.30 u. 13.30 Uhr, Do 18.30 Uhr, Sa 10 u. 13 Uhr, So 13 Uhr. 55 Lime Street, NE1 2PQ, ✆ 0191/2304210, www.ouseburntrust.org.uk.

Ouseburn Farm: tägl. 9.30–16.30 Uhr, Sa–So ab 10.30 Uhr. Eintritt frei. Ouseburn Road/Lime Street, NE1 2PA, ✆ 0191/2323698, www.bykerbridge.org.uk/farm.

Kunst für jedermanns Geldbeutel – the Biscuit Factory

Umgebung von Newcastle

The Angel of the North: Die riesige, rostbraune Stahlskulptur von Antony Gormley ist breiter, als die Freiheitsstatue hoch ist, und gilt mittlerweile als eine der zwölf Ikonen Englands. Der 20 m hohe 200-Tonnen-Engel wird jährlich von mehr als 33 Mio. Menschen gesehen, die an ihm vorbeifahren. Einen Fotostopp legen rund 150.000 Besucher im Jahr ein.

Anfahrt: 15 Min. vom Stadtzentrum an der A 1/A 167; ein spezieller Angel-Bus (21) fährt ab Eldon Square Bus Station und Gateshead Interchange. Low Eighton, Gateshead, NE8 7UB, www.angelofthenorth.org.uk.

200 Tonnen schwer: The Angel of the North

Tanfield Railway: Ganze 5 km nur ist die älteste noch existierende Eisenbahnstrecke der Welt (noch eine!) lang, die 1725 eröffnet wurde. Eine historische Dampflok zieht historische Waggons über die Causey Arch Bridge von 1727, die das Causey Woods Valley überspannt. In der Marley Hill Shed gibt es alte Lokomotiven zu sehen, die hier gebaut wurden.

So und Feiertage 11–17 Uhr, in den Schulferien auch Mi/Do. 10 £, erm. 7 £, Kind 6 £, Familie 26 £. The Engine Shed, Old Marley Hill, Gateshead, NE16 5ET, ✆ 0845/4634938, Buchung: ✆ 07508/092365, www.tanfield-railway.co.uk.

South Tyneside und South Shields: Auf der südlichen Seite des River Tyne am Rande von Sunderland gibt es wundervolle Strände und eine dramatische Küstenlandschaft. Wer gerne am Sandstrand baden und sich abends in den Trubel der Amusement Centres stürzen will, ist in South Shields genau richtig. Hier findet man auch die Reste des römischen Kastells von Arbeia, eines Teils des Hadrianswalls (→ S. 554). Mit der Tyne Metro ist der Vergnügungsort von Newcastle aus in kurzer Zeit erreichbar. Auch ein Museum mit Kunstgalerie ist hier zu besichtigen (Eintritt frei). Schön ist der Leuchtturm von Souther etwas weiter südlich an der A 183, der erste der Welt, der für den Einsatz elektrischer Lampen konstruiert wurde. North und South Shields werden mit der Shields Ferry verbunden, die sieben Minuten über den Tyne braucht.

Visitor Information Centre South Shields, tägl. 10–13 und 13.30–17 Uhr. Haven Point, Pier Parade, South Shields, NE33 2JS, ✆ 0191/4247788, www.visitsouthtyneside.co.uk.

Museum & Art Gallery, Mo–Fr 10–17 Uhr, Sa 11–16 Uhr. Eintritt frei. Ocean Road, ✆ 0191/2115599, southshieldsmuseum.org.uk. **Shields Ferry**, www.nexus.org.uk/ferry.

North Tyneside, Tynemouth und North Shields: Die Region auf der Nordseite des River Tyne ist für ihre makellosen Sandstrände bekannt, beispielsweise Tynemouth Longsands. Im Örtchen Tynemouth geht es noch recht idyllisch zu, hier können Sie

Wassersport betreiben oder Tynemouth Priory and Castle aus dem 11. Jh. besuchen. An der King Edward's Bay wird in **Riley's Fish Shack** frisches Seafood gegrillt. In Whitley Bay stehen der Leuchtturm St Mary's und das römische Kastell Segedunum. Auch Tynemouth ist mit der Metro zu erreichen. Eisenbahnfreunde können in North Shields dem **Stephenson Railway Museum** einen Besuch abstatten, wo u. a. Billy zu sehen ist, die Vorgängerlokomotive der Rocket.

Priory und Castle: April bis Sept. tägl. 10–17 Uhr, sonst Do–Mo 10–16 Uhr. 4,20 £, erm. 3,60 £, Kind 2,10 £. North Pier, ✆ 0191/2571090, www.english-heritage.org.uk.

Riley's Fish Shack, Di Ruhetag, NE30 4BY, rieysfishshack.com.

Stephenson Railway Museum: Sa–So und in den Ferien tägl. 11–16 Uhr. Eintritt frei. Eisenbahnfahrt 11.30, 12.30, 14 u. 15 Uhr. 6 £, erm. 4 £, Familie 15 £. Middle Engine Lane, North Shields, NE29 8DX, ✆ 0191/2007146, stephensonrailwaymuseum.org.uk.

Seaton Delaval Hall: Der Auftraggeber brach sich fünf Jahre nach Baubeginn 1718 bei einem Sturz vom Pferd den Hals, doch sein lebensfroher Erbe, Captain Francis Blake-Delaval, ließ die Arbeiten an dem Vanbrugh-Landsitz weiterführen. Haus und Park gehörten bis 2007 dem 22. Lord Hastings, der das Anwesen vor dem Verfall bewahrte und hier mittelalterliche Bankette veranstaltete. Leider war der schöne Mittelteil des Baus mitsamt der imposanten Central Hall 1822 einem Feuer zum Opfer gefallen und blieb danach 40 Jahre ohne Dach, was fast genauso schlimm war. Die Außenmauern zeigten sich zwar standhaft, im Innern aber gab es große Schäden, die zum Teil erst jetzt vom National Trust behoben werden, der sich seit 2009 um den Herrensitz kümmert. Das Haus ist noch immer völlig überdimensioniert, wie fast alles, was Vanbrugh geschaffen hat (Blenheim, Castle Howard), und passt damit zum Ruf der Delaval-Familie, die als besonders lasterhaft galt. Betrug, Verrat und Verführung waren an der Tagesordnung, und die vielen Töchter und Söhne Blake-Delavals waren hemmungslos in ihrer Genuss- und Verschwendungssucht. In die Gästezimmer von Delaval Hall bauten sie zum Spaß versenkbare Wände ein, damit wie von Geisterhand zusätzlich Badezimmer entstanden. Ihr Vermögen kam aus den umliegenden Kohlezechen.

März bis Juli und Sept./Okt. Mo, Do–So 11–17 Uhr, in den Ferien (Anfang April und Mitte Juli bis Sept.) tägl. 11–17 Uhr, Nov. bis Febr. Sa/So 11–15 Uhr. 6,30 £, erm. 5,40 £, Kind 3,15 £, Familie 15,80 £. The Avenue, Seaton Sluice, NE26 4QR, ✆ 0191/2379100, www.nationaltrust.org.uk/seaton-delaval-hall. Anfahrt: an der Küste zwischen Blyth und Whitley Bay.

Klassisches Design in South Tyneside: der Souther Leuchtturm

Parklandschaft als Skulptur – die Northumberlandia

Von Newcastle bis Berwick

Die Küste Northumberlands mit ihren würfelförmigen Basaltklippen und Sanddünen steht über weite Strecken unter Naturschutz. Sie gehört zu den schönsten Landschaften der Britischen Inseln. Northumberland ist Englands Burgenland. Wer weiter nach Norden fährt, sollte unterwegs nicht versäumen, sich die eine oder andere Burg an der Küste anzuschauen. Heimliches Wahrzeichen der Grafschaft ist das gigantische Land-Art-Projekt Lady of the North als Herzstück der 2012 eröffneten 19 ha großen Parkanlage Northumberlandia. Aus 1,5 Millionen Tonnen Erde, Ton und Stein wurde die Landschaft dort in der Form einer liegenden Frauen gestaltet (ca. 30 m hoch und 1,6 km lang), die vor allem auf Luftaufnahmen sehr schön zu erkennen ist (tägl. von Sonnenauf- bis Sonnenuntergang, Besucherzentrum Mi–So 10–16 Uhr, nahe Cramlington, NE23 8AU, www.northumberlandia.com).

Morpeth

Das Städtchen am River Wansbeck hat eine schöne Altstadt mit kleinen Gassen und Höfen, einem Uhrenturm aus dem 17. Jh. und einer Chantry-Kapelle, in die die Touristeninformation und eine Galerie eingezogen sind. Von Morpeth Castle, der ursprünglich aus dem 12. Jh. stammenden Burg, ist lediglich das Torhaus erhalten. Es steht am Ha' Hill in der Nähe der St Mary Church (deren Buntglasfenster aus dem 14. Jh. einen Blick wert sind) und dient heute als Ferienunterkunft des Landmark Trust.

Von Morpeth ist man in 20 Minuten an der Küste, wo in **Druridge Bay** 11 km goldener Sandstrand auf Entdecker warten. 20 Minuten Fahrt in die andere Richtung, und Sie stehen vor **Belsay Hall**, einem alten Landhaus mit imposanten Säulen, die an antike griechische Tempel erinnern. Auf dem Gelände gibt's auch eine mittelalterlichen Burguine; wer die dortige Wendeltreppe nach oben erklimmt, wird mit einer fantastischen Aussicht auf den romantischen **Quarry Garden** belohnt. Die Industriegeschichte der Region wird im **Woodhorn Museum** lebendig, dem größten Museum der Grafschaft am Rande des Queen Elisabeth II Country Park. In dem alten Kohlebergwerk brachen einst rund 2000 Kumpels 600.000 Tonnen Kohle.

Information Im **Tourist Information Centre** findet man auch ein Craft Centre mit Handwerkskunst und das Bagpipe Museum, in dem Dudelsäcke den Ton angeben. Tägl. (außer So) 10–17 Uhr. Eintritt frei. The Chantry, Bridge Street, NE61 1PD, ✆ 01670/623455, www.visitnorthumberland.com.

Belsay Hall, Castle & Gardens: Ostern bis Sept. tägl. 10–18 Uhr, Okt. bis 17 Uhr, sonst Sa–So 10–16 Uhr. 8,80 £, erm. 7,90 £, Kind 5,20 £, Familie 22,80 £. Belsay, 15 km südwestl. von Morpeth, NE20 0DX, ✆ 01661/881636, www.english-heritage.org.uk.

Woodhorn Museum: April bis Sept. Mi–So 10–17 Uhr, Okt. bis März nur bis 16 Uhr. Eintritt frei. Parken 3,50 £. Winding House Café. www.experiencewoodhorn.com.

Festivals **Northumbrian/Morpeth Gathering**, dreitägige Kulturfeier im April mit Straßentheater, Barndancing, Lesungen und Musik. www.northumbriana.org.uk/gathering.

Märkte Mi 9–16 Uhr Markt, jeden ersten Sa im Monat Farmers' Market 9–15 Uhr. Market Place gegenüber der Town Hall, NE61 1HG.

Übernachten **Morpeth Castle**. Zum Wohnzimmer im ersten Stock gelangt man über die Wendeltreppe, die Schlafzimmer liegen in den beiden Etagen darüber. Alt, aber gemütlich, Platz für 7 Pers., vier Nächte ab 472 £. Castle Walk, NE61 2PP, www.landmarktrust.org.uk.

Der Nordosten → Karte S. 508/509

Warkworth Castle and Hermitage

„Ein wurmzerfressenes Loch aus zerlumptem Stein", nannte William Shakespeare den recht beeindruckenden Burgfried von Warkworth Castle geringschätzig – und nutzte ihn dann doch als Schauplatz für mehrere Szenen seiner Tragödie „Heinrich IV." Vielleicht auch nur, weil Henry Percy (auch Harry Hotspur genannt), der in Shakespeares Stück eine bedeutende Rolle spielt, hier zu Hause war. Die Königsmacher der Percy-Familie lebten bis zum 16. Jh. hauptsächlich hier, weshalb auch ihr Wappen mehrfach zu sehen ist. Acht Türme sind erhalten, der Burgfried steht dank seiner Restaurierung durch den Duke of Northumberland im 19. Jh. sogar noch in seiner vollen Höhe. Einen knappen Kilometer weiter liegt versteckt am River Coquet ein friedvolleres Anwesen, die spätmittelalterliche Höhle und Kapelle eines heiligen Mannes, die Hermitage. Sie ist nur mit dem Boot erreichbar.

Warkworth Castle: Ostern bis Sept. tägl. 10–18 Uhr, Okt. bis 17 Uhr, Nov. bis März Sa/So 10–16 Uhr. 5,80 £, erm. 5,20 £, Kind 3,40 £, Familie 15 £. **Hermitage**: April bis Sept. Mi und So 11–16 Uhr, in den Ferien Fr–Mo, Nov.–Mitte Febr. geschl. 4 £, erm. 3,60 £, Kind 2,30 £, Familie 10,30 £. Castle Terrace, NE65 0UJ, ✆ 01665/711423, www.english-heritage.org.uk.

Alnwick

Mit ihren engen Gassen rund um Kirche und Castle ist Alnwick eine der schönsten Städte in der Grafschaft Northumberland. Sie vermittelt immer noch die Atmosphäre eines mittelalterlichen Militär- und Handelszentrums. Vor wenigen Jahren wurde eine historische Bahnstrecke wiedereröffnet, auf der die Diesel- und Dampfzüge der Aln Valley Line vom neuen Bahnhof Lionheart nach Alnmouth an die Nordseeküste fahren.

Berühmter Harry-Potter-Drehort: Alnwick Castle

Alnwick Castle, die zweitgrößte bewohnte Burg des Landes, war die Stammburg der Herzöge von Northumberland, die hier seit dem 14. Jh. Hof hielten. Im 19. Jh. wurden die Gemächer im Stil der italienischen Renaissance umgebaut und mit Kunstwerken (u. a. von Canaletto, Tizian und Van Dyck) geschmückt. Die Burg diente schon für viele Filme als Drehort, z. B. Robin Hood oder Harry Potter („Stein der Weisen“ und „Kammer des Schreckens“), und auch in der Serie „Downton Abbey“ hatte sie als Brancaster Castle ihren Auftritt (den Dreharbeiten ist eine eigene Ausstellung und Führung gewidmet). Feuerspucker, Akrobaten auf Stelzen, Schwert- und Turnierkämpfer sowie Falken, deren Flugkunst präsentiert wird, machen den Besuch zu einem Erlebnis. An Ständen wird Kunsthandwerk angeboten. Kinder können sich bei Ritterspielen und Unterrichtsstunden im „Potter'schen Besenreiten“ beweisen. Der 5 ha große Burggarten ist das persönliche Projekt der Herzogin und eine der ambitioniertesten Anlagen des modernen Gartenbaus. Sein Herzstück bildet eine geschwungene Kaskade, im besonders schön angebrachten Rosengarten gedeihen rund 200 Arten. Das Betreten des Gartens der Gifte (Poison Garden), wo hochgefährliche Pflanzen wie die Schwarze Tollkirsche gedeihen, ist nur mit spezieller Führung möglich. Der Gartenbesuch kostet extra.

Information **Tourist Information Centre**, Mo–Sa 9.30–17 Uhr, So 10–16 Uhr. 2 The Shambles, Market Street, NE66 1TN, ✆ 01665/622152, www.visitalnwick.org.uk.

Aktivitäten **Adventure Northumberland**, Fahrradverleih (20 £/Tag; E-Bikes 25 £), Hike-and-bike-Wochenenden, Klettern, Kajakfahren, Wildcampen u. v. m. Unit 2b, Greensfield Court, Anlwick, NE66 2DE, ✆ 01665/602925, www.adventurenorthumberland.co.uk.

Kino/Theater **Alnwick Playhouse & Arts Centre**, hier werden im Sommer Northumbrian Abende und traditionelle „Rapper Sword Dances“ dargeboten, sonst Filmvorführungen, Musik, Theater und Tanz. Bondgate Without, NE66 1PQ, ✆ 01665/510785, www.alnwickplayhouse.co.uk.

Märkte Do (April bis Dez.) und Sa 9–16 Uhr ist Markt mit allerlei Lebensmitteln, Haushaltsgegenständen, Klamotten, Kunsthandwerk. Farmers' Market am letzten Fr des Monats 9–15 Uhr (außer Dez., dann ist Weihnachtsmarkt). Market Place, NE66 1HW, www.alnwickmarkets.co.uk.

Sehenswertes **Aln Valley Line:** Den Fahrplan können Sie der Webseite www.alnvalleyrailway.co.uk/index.php/plan-your-visit entnehmen, an diesen Tagen immer 10.30–16.30 Uhr. Lionheart Railway Station, Alnwick, NE66 2EZ.

Alnwick Castle: April bis Okt. tägl. 10–17.30 Uhr, letzter Einlass 16 Uhr (State Rooms 10.30–16.30 Uhr). 14,95 £, erm. 12,10 £, Kind 7,75 £, Familie 40 £. ✆ 01665/511100, www.alnwickcastle.com. **Alnwick Garden** (Denwick Lane): April bis Okt. tägl. 10–18 Uhr, Nov. bis Dez. 10–16 Uhr, 12,10 £, erm. 10,45 £, Kind 4,40 £, Familie 29,70 £, Parken 3 £. ✆ 01665/511350, www.alnwickgarden.com.

Übernachten **** **Oronsay House**, viktorianische Stadtvilla unweit des Hotspur-Turms im Zentrum. Neue Ausstattung in neutralen Cremefarben und eigener Parkplatz hinterm Haus. Charles und Christine haben für die Qualität ihrer Unterkunft Auszeichnungen erhalten. B & B EZ 55 £, DZ 90–110 £. 18 Bondgate Without, NE66 1PP, ✆ 01665/603175, www.oronsayhouse.co.uk.

Essen & Trinken **Alnwick Tree House**, das magische Baumhaus steht beim Castle und ist eines der originellsten Restaurants des Landes. Komplett aus Holz mit einem Kamin in der Mitte, einer Terrasse, Bar und Hängebrücken. Sehr gute Küche, Lunch 2 Gänge für 18,50 £. Mo–Sa 12–15 Uhr, Do–So auch 18.30–21.15 Uhr. Denwick Lane, NE66 IYU.

Station Buffet @ Barter Books, Café im viktorianischen Bahnhof, der als Second-Hand-Buchladen fungiert. Stilecht, es gibt typische traditionelle englische Kost. Tägl. 9–19 Uhr. The Old Station, Waggon Way Road, NE66 2NP, ✆ 01665/604888, www.barterbooks.co.uk.

Lilburns. Kleines, etwas schlicht eingerichtetes Restaurant mit wechselnden Tagesgerichten und großzügigen Portionen. Tägl. 11.30–23 Uhr. 7 Paikes Street, NE66 1HX, ✆ 01665/603444, www.lilburns.co.uk.

Der Nordosten → Karte S. 508/509

Craster

Das malerische Dorf Craster scheint fast von der See verschluckt zu werden. Der Ort lebte einst vom Fischfang, später wurde vom hiesigen Hafen Basalt verschifft, der Steinbruch ist heute der National-Trust-Parkplatz. Von dort erreicht man auf einem Spaziergang (ca. 2 km) entlang der windigen Küste **Dunstanburgh Castle.** Die 1313 vom Earl of Lancaster in traumhafter Lage errichtete Burg war mit einer Fläche von 4,4 ha eine der größten der Grafschaft. Die Mauerreste mit dem noch recht gut erhaltenen Torhaus werden an drei Seiten von der See umtost.

Etwa 1,6 km südlich von Craster liegen die **Howick Hall Gardens,** die einen klassischen Landsitz mit Arboretum und Naturgärten umgeben. Wo einst Premierminister Charles Grey (der zweite Earl Grey) zu Hause war, können Sie heute im Earl Grey Tea House den nach ihm benannten berühmten Tee schlürfen. Seine markante Note erhält er durch die Zugabe von Bergamotte, mit der man den Kalkgeschmack aus dem Brunnenwasser des Landsitzes kaschierte. Das Gebäude selbst ist nicht zugänglich, hat aber ein neues Besucherzentrum in der Eingangshalle.

Sehenswertes **Dunstanburgh Castle**: April bis Sept. tägl. 10–18 Uhr, Okt. tägl. 10–16 Uhr, Nov. bis März Sa–So 10–16 Uhr. 4,70 £, erm. 4,20 £, Kind 2,80 £, Familie 12,20 £. Dunstanburgh Road, NE66 3TT, ✆ 01665/576231, www.english-heritage.org.uk.

Howick Hall Gardens: Ostern bis Sept. tägl. 10–18 Uhr, letzter Einlass 17 Uhr, Okt. bis Nov. tägl. 10.30–16 Uhr. 7,70 £, erm. 6,60 £, Kinder frei. Alnwick, NE66 3LB, ✆ 01665/577285, www.howickhallgardens.org.

Essen & Trinken **L. Robson & Sons Craster Seafood Restaurant**. Fischräucherei mit eigenem Restaurant. Tägl. (außer So) 12–14 und 18.30–20 Uhr. Haven Hill, Craster, NE66 3TR, ✆ 01665/576223, www.kipper.co.uk.

The Jolly Fisherman, gemütliches, renoviertes Pub mit offenem Feuer und Garten mit Seeblick. Frischer Fisch, Spezialität sind die Muscheln. Haven Hill, NE66 3TR, 01665/576461, www.thejollyfishermancraster.co.uk.

Chillingham Castle

Hübsche Tudorhäuser machen Chillingham Village zu einem charmanten mittelalterlichen Ort, vor dessen Toren das wohl berühmteste Spukschloss des Landes steht: Chillingham Castle. Die Grafen von Tankerville, durch Heirat mit den Greys verwandt, die durch Heirat mit den Greys verwandt waren. Sie kämpften oft gegen die Schotten und gingen manchmal auch gegen die Percys von Alnwick vor. Wie ihre Nachbarn begannen sie in diesen gefährlichen Zeiten um 1245 mit dem Bau einer zinnenbewehrten Festung als Landsitz, Chillingham Castle. Es wurde von den Schotten eingenommen, gelangte bald darauf in die Hände der Rivalen, die es fast gänzlich zerstörten. Der Wohnsitz wurde später wieder aufgebaut und um ein Kloster erweitert. Im Zweiten Weltkrieg wurde das nunmehr leere Schloss als Kaserne genutzt, danach verfiel es. Ein Nachfahre der Greys rettete das alte Gemäuer schließlich in den 1980er-Jahren vor dem völligen Verfall und richtete es neu ein. Zu besichtigen sind die Minstrel's Hall, der Festsaal mit antiken Möbeln, Bannern, Waffen und Wandbehängen, die Schlosskapelle und die königlichen Apartments, in denen u. a. Karl I. zu Gast war. Es gibt auch eine Folterkammer, in der der Geist von John Sage sein Unwesen treibt. Der Folterknecht soll einst 50 Menschen in der Woche grausam ins Jenseits befördert haben, bevor ihn Eduard I hinrichten ließ. Wer all dem Hokuspokus entrinnen möchte, begebe sich in den großen Park, der sich im Frühling in ein friedliches Blumenmeer verwandelt. Hier ist die einzige noch wild lebende Rinderherde Englands zu Hause. Den Tieren ist sogar eine eigene Website gewidmet (www.chillinghamwildcattle.com). Westlich des Hauses verbreitet ein Renaissancegarten eher höfischen Charme. Es gibt einige Zimmer im Schloss, im Coachhouse werden Urlaubsapartments vermietet (ab 130 £ ohne Frühstück). Im Coachhouse werden Urlaubsapartments vermietet (ab 130 £ ohne Frühstück).

Ostern bis Okt. tägl. (außer Sa) 12–17 Uhr, letzter Einlass 16.15 Uhr. 9,50 £, erm. 8,50 £, Kind 5,50 £, Familie 23 £. Chillingham, Alnwick, NE66 5NJ, ✆ 01668/215359, www.chillinghamcastle.com.

Seahouses und die Farne Islands

Um den Craster Square herum gruppieren sich einige malerische Fischerkaten, es gibt einen feinen Sandstrand und man kann um die Landspitze Snook Point spazieren, die meisten Besucher treibt es aber zum Hafen von Seahouses. Von hier starten die Boote zu den Farne Islands. Bei Ebbe sind es 28 Inseln, bei Flut nur noch 15, die seit 1925 dem National Trust gehören. Besucht werden **Inner Farne** oder **Staple Island.** Auf Inner Farne soll der heilige Cuthbert von 676 bis 685 gelebt haben. Seine Zelle war von einer Mauer umgeben, sodass er von dort nichts als den Himmel über sich sehen konnte. Heute steht an dieser Stelle St Cuthbert's Church, die überwiegend aus dem späten 14. Jh. stammt, wobei das Holzgestühl aus dem 17. Jh. aus der Durham Cathedral hergebracht wurde. Westlich der Kirche thront Prior Castell's Tower, der wohl als Leuchtturm fungierte, als noch Benediktinermönche auf der Insel lebten. Der heutige Leuchtturm stammt von 1809. Noch weiter draußen hinter Staple Island liegt **Longstone Island,** eher ein Felsen denn eine Insel; zu erkennen an dem rot-weiß gestreiften Longstone-Leuchtturm von 1826. Hier wohnte die junge Grace Darling zusammen mit ihrem Vater, dem Leuchtturmwächter. Sie wird als Lokalheldin verehrt, weil sie beim Untergang eines Passagierdampfers im September 1838 trotz stürmischer See in ihrem Ruderboot neun Schiffbrüchige rettete. Die Geschichte erfährt man im **Grace-Darling-Museum** in Bamburgh (→ S. 544).

Hauptattraktion der Farne Islands ist aber die Natur. Hier nisten Vögel 17 verschiedener Arten, die beliebtesten sind die Puffins, die Papageientaucher. Mit etwas Glück sieht man jedoch auch Austernfischer, Regenpfeifer, Wasserhühner, Eissturmvögel, Sturmvögel, Tordalke, Strandpieper oder Eiderenten. Auch Seerobben leben hier. Während der Brutzeit von Mai bis Juli ist der Zugang zu den Inseln eingeschränkt; die Anlandung ist kostenpflichtig *(landing fee)*.

Toller Ausflug – von Seahouses zu den Farne Islands

In einem Wachturm, den ein Prior aus Durham um 1500 auf Inner Farne errichten ließ und der den Fischern und Schiffen Feuerzeichen gab, befindet sich heute die Vogelschutzwarte des National Trust mit einem Besucherzentrum. Von hier kann man die zahlreichen Vogelarten und bisweilen auch Kegelrobben beobachten.

Information **Seahouses Tourist Information**, Seafield Car Park, Seafield Road, NE68 7SW, ✆ 01670/625593, www.visitnorthumberland.com/seahouses.

Verbindungen **Inner Farne**, Überfahrt mit Kommentar (2:30–3 Std., mit einer Stunde Aufenthalt auf der Insel. Fahrten ohne Landgang 1:30 Std.). April bis Mitte Sept. 11.45 u. 12.45 Uhr. Überfahrt: 15 £, Kind 10 £. Landing Fee: 6,30–7,40 £.

Staple Island, Mai bis Juli tägl. 10 Uhr. Überfahrt: 15 £, Kind 10 £. Landing Fee s. o.

Longstone Island, Dauer ca. 2 Std. mit Besichtigung des Leuchtturms, Termine bitte erfragen. 13 £, Kind 9 £, Eintritt Leuchtturm 2 £.

Außerdem werden **All Day Bird Trips**, **Sunset Cruises** und mehr angeboten.

Alle Fahrten mit **Serenity Farne Islands Boat Tours**, Seahouses Harbour, NE68 7RN, ✆ 01665/721667 und ✆ 07984/668093 (mobil), www.farneislandstours.co.uk.

Aktivitäten **Slate Hall Riding Centre**, 1 Std. Strandritt 38 £. South Lane, NE68 7UL, ✆ 01665/720320, www.slatehallridingcentre.com.

Boards and Bikes, Sportveranstalter in der Beadnell Bay. Verleih von Mountainbikes 20 £/Tag u. Surfbrettern 15 £/Tag; auch Surfunterricht und Tauchgänge. The Smithy, Swinhoe, Chathill, NE67 5AB, ✆ 07563/040195, www.boardsandbikes.co.uk.

Übernachten ***** **St Cuthbert's House**. Pension in einer 200 Jahre alten ehemaligen Kapelle. Unterkunft mit Charme und entzückende Gastgeber, die allen nur erdenklichen Service bieten. 10 Min. zu Fuß zum Hafen. B & B EZ 90–125 £, DZ 110–125 £. 192 Main Street, NE68 7UB, ✆ 01665/720456, www.stcuthbertshouse.com.

***** **The Joiner's Arms**. Das Inn mit 5 luxuriösen Boutique-Zimmern (DZ 140–155 £) ist ein gehobenes Gastro-Pub. Es liegt zwischen Dunstanburgh Castle und Seahouses. Küche Mo–Do 12–15 und 18–21 Uhr, Fr–So 12–16 und 17–21 Uhr. Newton by the Sea, Alnwick, NE66 3EA, ✆ 01665/576112, joiners-arms.com.

Essen & Trinken **Swallow Fish**. Eines der ältesten Smokehouses für Fisch des Landes. Mo–Fr 9–17 Uhr, Sa bis 16 Uhr. Kein Restaurantbetrieb. Fisherman's Kitchen, 2 South Street, Seahouses, NE68 7RB, ✆ 01665/721052, www.swallowfish.co.uk.

Olde Ship Inn. Dieses Pub hat ein nautisches Thema und einen guten Ruf wegen seiner Küche, v. a. Nachtische. Wer danach bleiben will, kann hier auch übernachten: B & B DZ 47–65 £. Mitte Nov. bis Mitte Jan. geschl. NE68 7RD, ✆ 01665/720200, www.seahouses.co.uk/theoldeship/home.htm.

Der Nordosten → Karte S. 508/509

Bamburgh Castle in den Dünen

Bamburgh Castle

Das Besondere an dieser Burg ist ihre Lage in einer einsamen Dünenlandschaft in Seenähe, wo das Gemäuer seit Urzeiten Wind und Wetter ausgesetzt ist. Das beste Foto bekommt man als Autofahrer von der B 1340 am späten Nachmittag. Schon die Kelten hatten hier eine Befestigungsanlage errichtet. Unter dem angelsächsischen König Oswald gewann sie im 7. Jh. an Bedeutung, und viele glauben, dass sie die Hauptstadt des Königreiches Northumbria war. Diese erste Burg wurde von den Wikingern geschleift, und die Normannen bauten sich eine neue. Ende des 19. Jh. gelangte das Gebäude in den Besitz der Armstrong-Familie. Der erste Baron Armstrong entwickelte eine ungezügelte Leidenschaft für die Festung und scheute keine Mühen, sie bewohnbar zu machen. Heute befindet sich dieses renovierte Schloss mit allerlei Memorabilien (z. B. Waffen und Ritterrüstungen) noch immer im Besitz der Armstrongs und kann besichtigt werden. Der Ort Bamburgh ist ein hübsches Fischernest, vor dem 28 Basaltinseln liegen: die Farne Islands (→ S. 543).

Sehenswertes **Bamburgh Castle**: Mitte Febr. bis Okt. tägl. 10–17 Uhr, letzter Einlass 16 Uhr, Nov. bis Mitte Febr. an Wochenenden 11–16.30 Uhr, letzter Einlass 15.30 Uhr. 10,50 £, erm. 10 £, Kind 5 £, Familie 25 £. NE69 7DF, ✆ 01668/214515, www.bamburghcastle.com.

RNLI Grace Darling Museum: Ostern bis Sept. tägl. 10–17 Uhr, Okt. bis Ostern tägl. (außer Mo) 10–16 Uhr. Eintritt frei. Radcliffe Road, NE69 7AE, ✆ 01668/214910, www.rnli.org.

Essen & Trinken **The Copper Kettle Tea Rooms**. Tägl. 10–18 Uhr. 21 Front Street, Bamburgh, NE69 7BW, ✆ 01668/214315, www.copperkettletearooms.com.

Lindisfarne

Bei Flut vom Meer umspült, bei Ebbe bequem durchs Watt zu erreichen: Lindisfarne, auch Holy Island genannt, ist eine Gezeiteninsel, und deshalb sollte man bei einem Besuch den Gezeitenkalender im Kopf haben (www.lindisfarne.org.uk). Sonst muss man unter Umständen unfreiwillig auf der Insel übernachten.

Schon in der Römerzeit war das Königreich Northumbria christianisiert worden; doch nach dem Abzug der Römer wurde der christliche Glaube zunächst wieder verdrängt. Um sein Reich zum Christentum zu bekehren, holte König Oswald im Jahr 635 irische Mönche unter Führung von Aidan von Iona nach Lindisfarne, die auf der Insel ein Kloster errichteten. Ihrem Beispiel folgte ein halbes Jahrhundert später Cuthbert, der zunächst Prior auf Lindisfarne wurde, sich dann aber in eine Einsiedelei auf der Insel Inner Farne zurückzog. Später zum Bischof von Lindisfarne ernannt, kehrte er zum Sterben in seine Einsiedelei zurück. Nach seinem Tod entstanden die berühmten Lindisfarne Gospels (→ Kasten, S. 546) und das Kloster wurde zu einem Wallfahrtsort.

Im späten 8. Jh. wurde Lindisfarne von Wikingern überfallen, Ende des 9. Jh. flohen die Mönche endgültig nach Durham, wo sie den sterblichen Überresten ihres heiligen Cuthbert in der Kathedrale einen Schrein bauten. Erst um 1080 kamen wieder Benediktiner nach Holy Island. Sie bauten hier die **Lindisfarne Priory,** deren Ruinen man noch besichtigen kann. Deren Missionare trugen von hier aus den christlichen Glauben bis auf das europäische Festland hinaus.

Ebenfalls sehenswert ist **Lindisfarne Castle** (16. Jh.), das Anfang des 20. Jh. von Edwin Lutyens umfassend umgestaltet wurde und besichtigt werden kann. Der von Gertrude Jekylls angelegte Garten (→ Kasten „Gärten in England“, S. 26) ist vor allem im Juli und August ein Farbenmeer. Im Shop wird das eigene Bier verkauft (Lindisfarne Castle's Ale).

Naturbeobachter haben zwei „Fenster in die Natur“: Der ehemalige Turm der Küstenwache wurde vollständig verglast und dient als Aussichtsturm. In einem umweltfreundlichen Neubau an der Harbour Road zwischen dem Dorf und dem Castle befinden sich Informationstafeln, die bei der Identifizierung der Tier- und Pflanzenwelt behilflich sind (Eintritt frei). Zusätzlich kann man sich im Heritage Centre über das Inselleben und die Geschichte des Eilandes informieren.

Gründer des Klosters Lindisfarne: St Aidan

Sehenswertes **Lindisfarne Priory**: April bis Sept. tägl. 10–18 Uhr, Okt. tägl. 10–17 Uhr, Nov. bis März Sa–So 10–16 Uhr. 6 £, erm. 5,30 £, Kind 3,60 £, Familie 15,60 £, ✆ 01289/389200, www.english-heritage.org.uk.

The Lindisfarne Heritage Centre: Tägl. 10–17 Uhr, im Winter bis 16 Uhr. 4 £, erm. 3,50 £, Kind 2 £, Familie 10 £. Marygate, TD15 2SD, ✆ 01289/7389004, www.lindisfarne-centre.com.

Der Nordosten → Karte S. 508/509

Lindisfarne Castle: März bis Okt. Mo–Sa. Die Öffnungszeiten richten sich nach den Gezeiten, meistens 10–15 Uhr oder 12–17 Uhr, bitte die Zeiten auf der Website prüfen. Nov./Dez. geschlossen, Jan. bis März an manchen Wochenenden geöffnet. 7,30 £, erm. 6,20 £, Kind 3,60 £, Familie 18,10 £. ✆ 01289/389244, www.nationaltrust.org.uk/lindisfarne-castle.

Übernachten/Essen **The Crown and Anchor**. Traditionelles Pub, in dem die einheimischen Fischer verkehren. Vier schlichte, freundlich-blumige Zimmer, B & B EZ 55-80 £, DZ ohne Bad 70 £, en-suite 70–100 £. Bei Buchung Kaution. The Market Place, TD15 2RX, ✆ 01289/389215, holyislandcrown.co.uk.

Pilgrim's Coffee House, eigene Kaffeerösterei in einem Zelt, Kamin und Garten, alles hausgemacht. Tägl. 10–16 Uhr. Front Street, TD15 2SJ, ✆ 01289/389109, www.pilgrimscoffee.com.

Leuchtende Farben keltischer Kunst: Lindisfarne Gospels

Das komplett erhaltene Evangeliar der Lindisfarne Gospels ist ein seltenes Meisterwerk der Buchkunst, dem nur das irische Book of Kells ebenbürtig ist. Es wurde vom damaligen Bischof von Eadfrith zwischen den Jahren 715 und 721 „zu Ehren Gottes und des heiligen Cuthbert" geschaffen. Die lateinische Abschrift der vier Evangelien in der Vulgata des Hieronymus besteht aus 259 Folios auf sorgfältig verarbeitetem Kalbspergament (für das 130 Kälber ihre Haut gaben) und erfolgte in besonders schönen insularen Majuskeln, die durch ihre Exaktheit der Flechtbandornamentik, atemberaubend leuchtende Farbigkeit und die Natürlichkeit der Tier- und Menschendarstellungen begeistern. Zwischen die lateinischen Originaltexte wurde später eine altenglische Übersetzung eingefügt. Die Mönche verehrten das Evangeliar wie eine Reliquie, dem Kunsthistoriker ist es ein frühes Zeugnis künstlerischer Kreativität und handwerklichen Geschicks, der Sprachwissenschaftler findet in ihm die älteste Übersetzung der Evangelien aus dem Lateinischen ins Altenglische. Dem Besucher vermittelt es einen Einblick in das goldene Zeitalter von Northumbria, als diese wellenumtoste Halbinsel ein Wallfahrtsort und klösterliches Zentrum von Weltrang war, wo die besten Gelehrten und Schreiber ihrer Zeit innere Einkehr und Inspiration fanden.

Heute befinden sich die Lindisfarne Gospels in der British Library in London, wo sie von den Kuratoren wie ein Staatsschatz gehütet werden. Faksimiles sind in der Kathedrale von Durham und im Lindisfarne Heritage Centre zu sehen.

Norham Castle

William Turner hat die Ruinen dieser attraktiven Burg aus rotem Sandstein (aus dem 12. Jh.) mehrfach gemalt – das beste Bild hängt in der Tate Gallery in London. Norham Castle liegt am Südufer des Tweed und bewachte eine Furt über den Fluss nach Schottland. Die Burg war die nördlichste Feste des Bischofs von Durham und damit eine Enklave der Grafschaft Durham inmitten Northumberlands. Die Festung wurde von den Schotten vor der Schlacht von Flodden eingenommen und zerstört. Informationstafeln erklären die Hintergründe der Kämpfe. Sir Walter Scott siedelt sein Gedicht „Marmion" über die Schlacht hier an.

April bis Sept. 10–17 Uhr. Eintritt frei. Audiotour zum Downloaden. Norham, TD15 2JY, www.english-heritage.org.uk.

Über drei Brücken kannst du gehen – nach Berwick upon Tweed

Der Nordosten → Karte S. 508/509

Berwick upon Tweed

Englands nördlichste Stadt hat durchaus Charme, obwohl sie lange Zeit im Grenzgebiet zwischen England und Schottland lag, dreizehnmal den Besitzer wechselte und erst 1482 endgültig England zugesprochen wurde. Bei so viel Hin und Her verwundert es kaum, dass die Elf des Fußballclubs Berwick Rangers nicht etwa in der englischen, sondern in der schottischen Liga (leider nur in der dritten) kickt. Die alte Stadtmauer aus dem 16. Jh. ist gut erhalten. Ebenfalls sehenswert ist die Festung aus dem 16. Jh. Die Stadt besticht aber nicht nur durch Sehenswürdigkeiten, sondern auch durch ihre Lage am River Tweed, der 1018 nach der Schlacht von Carham zur Grenze zwischen Schottland und dem angelsächsischen Königreich Northumbria wurde. Den Fluss überspannen die wunderschöne **Old Bridge** aus dem 17. Jh., die **New Bridge** von 1928 und Stephensons berühmtes Eisenbahnviadukt der **Royal Border Bridge** aus dem Jahr 1850. Berwick war im Mittelalter eine florierende Hafenstadt mit Schiffsbau und Fischerei als Haupteinkommensquellen. Aus dieser Zeit stammt die Tradition, jeden Juli die Salmon Queen, die Lachskönigin, zu küren und sie durch die Straßen paradieren zu lassen. Heute lebt Berwick vom Durchgangstourismus. Unterhalb der Klippen findet man den schönen Sandstrand Fisherman's Haven.

Information **Tourist Information Centre**, Ostern–Okt. Mo–Sa 10–17 Uhr, So 11–16 Uhr. Zimmervermittlung und Auskünfte über Ausflüge in die Umgebung. 106 Marygate, TD15 1BN, ✆ 01670/622155, www.visitberwick.com und www.visitnorthumberland.com/berwick-upon-tweed. Hier bekommt man auch das Faltblatt zum **Lowry Trail**, auf dem man sich auf die Spuren von Laurence Stephen Lowry begeben kann. Der Maler verbrachte in Berwick seine Urlaube.

Verbindungen **Bus** – Der Busbahnhof befindet sich am Golden Square, TD15 1BG.

National-Express-Busse halten in Berwick auf dem Weg von London nach Edinburgh.

Bahn – Berwick Railway Station wird von der East Coast Mainline angefahren. Von Newcastle dauert es 50 Min. Enterprise Avenue, TD15 1NF.

Fahrradverleih **Wilson's Cycles**, Di–Sa 9.15–17 Uhr. 20 £/Tag, ab vier Tagen billiger. 17A Bridge Street, TD15 1ES, ✆ 01289/331476, www.wilsoncycles.net.

Eine tolle Mountainbike-Route ist der **Sandstone Way** von Berwick nach Hexham (195 km). www.sandstoneway.co.uk.

Festivals **Riding of the Bounds**, am 1. Mai um 9.30 Uhr können geübte Reiter an dieser Parade teilnehmen, die die Engländer symbolisch vor den schottischen Angreifern schützen soll. Die meisten Besucher werden jedoch wohl nur zusehen. Barracks Square, www.visitberwick.com/outdoor-event/riding-of-the-bounds.

Food and Beer Festival, im Sept. kann man örtliche Leckereien kennenlernen. www.berwickfoodandbeerfestival.co.uk.

Märkte Mi und Sa 9–16 Uhr auf der Hauptstraße Marygate bis zur Town Hall, TD15 1BN.

Kino/Theater **The Maltings Theatre and Arts Centre**, 325 Plätze im Auditorium, Studios, Restaurant und Bar. Tägl. 10–23 Uhr. Eastern Lane, TD15 1AJ, ✆ 01289/330999, www.maltingsberwick.co.uk.

Wandern **Northumbrian Coastpath**, in Berwick beginnt der 103 km lange Fernwanderweg bis nach Cresswell südlich von Newcastle. www.ldwa.org.uk.

Übernachten *** **Queens Head Hotel**. Kleines, traditionelles Hotel mit nur sechs Zimmern, sehr gastfreundlich und sauber und direkt im Stadtzentrum. Hervorragende Küche. B & B EZ 70–95 £, DZ 80–95 £. 6 Sandgate, TD15 1EP, ✆ 01289/307852, www.queensheadberwick.co.uk.

YHA Berwick. Schicke Herberge in einem alten Kornlager, eher wie ein einfaches Hotel mit 13 Zimmern, alle en-suite. Café-Bistro und eigene Galerie. Betten ab £ 15, Zimmer ab 39 £. Dewars Lane Granary, Dewars Lane, TD15 1HJ, ✆ 0345/3719676, www.yha.org.uk/hostel/berwick.

Essen & Trinken **The Barrels Ale House**. Urgemütliche, kleine Kneipe mit Charme. Fr abends Livemusik. Mo–Do und So 12–24 Uhr, Fr/Sa bis 1 Uhr. 59–61 Bridge Street, TD15 1ES, ✆ 01289/308013, www.exploreberwick.com/pubs/the-barrels-ale-house.

Foxtons. Eine der besten Adressen in der historischen Altstadt mit ausgezeichneter Weinkarte und kleinem, sonnigem Hof. Mediterrane Küche mit regionalen Zutaten. März–Okt. Mo–Sa 12–18 Uhr, So 12–17 Uhr, Mo–Do 18–20.30 Uhr, Fr–Sa bis 21 Uhr. 26–28 Hide Hill, TD15 1AB, ✆ 01289/303939, www.foxtonswinebar.com. ■

Sehenswertes

Berwick Citywalls: Den größten Teil der Stadt kann man bei einem Spaziergang entlang der Stadtmauern erkunden (ca. 45 Min.). Sie umschließen den Ort noch vollständig, von hier oben hat man spektakuläre Ausblicke auf die drei Brücken über den River Tweed, die schönen georgianischen Gebäude am Flussufer und bei klarer Sicht sogar auf Bamburgh und Lindisfarne Castle in der Ferne. Eigentlich gab es zwei Befestigungsanlagen, von der ersten, die von Eduard II. gebaut und ca. 4 km lang war, sind nur noch Fragmente übrig. Die zweite aus dem Jahr 1558 ist gute 3 km lang und erlaubt den Zugang ins Zentrum durch vier Stadttore. Sie wurde nach italienischem Vorbild mit fünf großen Bastionen errichtet, potenzielle Invasoren wurden außerdem von einem Wassergraben abgeschreckt.

Barracks: Auf dem Gelände dieser alten Infanteriekaserne befinden sich gleich mehrere Attraktionen. Von den Museen ist das **Berwick Museum and Art Gallery** das interessanteste. Es ist im Clock Block untergebracht, der 1721 von Nicholas Hawksmoor entworfen wurde. Zu sehen sind Highlights der Sammlung von Sir William Burrell, etwa Gemälde von Degas und Boudin sowie chinesisches Porzellan. Wer sich für die kriegerische Geschichte der Stadt interessiert, kann **The King's Own Scottish Borderers Regimental Museum** besuchen, wo die Memorabilien des Regiments, das bis Mitte der 1960er-Jahre hier stationiert war, gezeigt werden. In der By-Beat-of-Drum-Exhibition werden das Leben britischer Infanteriesoldaten und die Geschichte der Kaserne unter die Lupe genommen (nur Juni bis Sept. geöffnet). Wechselausstellungen und eine zeitgenössische Kunstgalerie, die **Gymnasium Gallery** of Contemporary Art, sorgen für zivile Abwechslung. Geschichtsinteressierte finden in der Main Guard unweit der Kaserne am Berwick Quay die kleine Ausstellung „The Story of a Border Garrison Town" zur Stadtgeschichte.

Barracks und Main Guard: Ostern bis Sept. tägl. 10–18 Uhr, Okt. bis 16 Uhr, 4,60 £, erm. 4,10 £, Kind 2,80 £, Familie 12 £. The Parade, TD15 1DQ, ✆ 01289/304493, www.english-heritage.org.uk. Gymnasium Gallery: April bis Sept. Mi–So 11–17 Uhr, Eintritt frei.

Stephensons Eisenbahnviadukt: Die Royal Border Bridge stammt von George Stephensons Sohn, Robert, der als der größte Brückenbauer seiner Zeit gilt. Die Brücke wurde zwischen 1847 und 1850 von rund 2000 Arbeitern gebaut und von Königin Viktoria und ihrem Mann Albert eingeweiht. Die Steinbrücke ist 659 m lang (auf 37 m erstreckt sie sich über den Fluss), 18 m breit und hat 28 Bögen. Seit ihrem 160. Geburtstag 2010 wird sie nachts bunt beleuchtet.

Northumberland National Park

Eine turbulente Geschichte und das Gefühl, am Ende der Welt zu sein, kennzeichnen die hohen, windumfegten Moore und tiefen Täler des Northumberland-Nationalparks. Er ist 1050 km^2 groß und umfasst Abschnitte des Hadrianswalls, viel Moorlandschaft mit Heide und Ginster, einige Kiefernplantagen, die rauen Hügel der Cheviot Hills und den Kielder Water, den größten künstlichen See Europas. Er wurde angelegt, um den Durst Nordenglands zu stillen, bietet mit insgesamt 43 km Uferlinie aber auch zahlreiche Wassersportmöglichkeiten. Teile der ehemals so hart umkämpften Region sind dicht bewaldet, und die Landschaft ist von frühgeschichtlichen Monumenten und befestigten Landsitzen geprägt. Es gibt nur wenige Straßen, und mit gerade mal 2500 Einwohnern ist Northumberland der am dünnsten besiedelte Nationalpark des Landes. Der Reisende trifft hier auf Ruhe und Einsamkeit, denn die Region ist so unwirtlich, dass die Bevölkerung entweder abwanderte oder sich in den Ebenen im Süden niederließ. Allerdings hauchen rund 1 Mio. Besucher im Jahr der Region touristisch etwas Leben ein. 60 % des Nationalparks befinden sich übrigens in Privatbesitz, weshalb manche Straßen nur mit einer Durchfahrtserlaubnis (Car Permit) befahren werden dürfen. Die meisten Landeigner sind Farmer, die das Wandern über ihre Felder oft, aber nicht immer gestatten, darum achten Sie bitte auf etwaige Verbotsschilder.

Für die Erkundung des Nationalparks gibt es einige gute Ausgangsorte: **Wooler** im Nordosten eignet sich für das Erwandern der Cheviot Hills. **Rothbury, Otterburn** und **Bellingham** im Osten sind Tore für das Croquetdale und **Haltwhistle** im Süden für den Hadrianswall. Der **Pennine Way** folgt der Grenze des Parks südlich von Kirk Yetholm zum Gipfel des Cheviot und trifft dann auf den Hadrianswall. Auch **St Cuthbert's Way** führt durch den Nationalpark: Er zeichnet den 100 km langen Fluchtweg des Heiligen von Melrose Abbey in Schottland nach Lindisfarne nach.

Information **The Sill – Landscape Discovery Centre and YHA Youth Hostel**, ganz nach dem Motto „Explore, Learn, Eat, Play, Stay" soll hier 100.000 Besuchern im Jahr die Geologie und Natur des Nationalparks durch Ausstellungen und Aktivitäten nahegebracht werden. Eröffnung ist 2017. Military Road, Barden Mill, Hexham, NE47 7AN, ✆ 01434/605555, www.thesill.org.uk und www.northumberlandnationalpark.org.uk.

Walltown Visitor Centre, im Walton Quarry Country Park an der B6318 nahe Greenhead

Der Nordosten → Karte S. 508/509

und Roman Army Museum am Hadrian's Wall, April bis Okt. 9.30–17 Uhr, sonst Sa–So 10–15 Uhr. CA8 7JD, ✆ 01434/344396.

14 **Information Points** wurden in Café, Pubs und Hotels mit Infomaterial und WLAN zum Downloaden von Routen eingerichtet.

Mountainbiking **The Bike Place**, tägl. 9.30–17.30 Uhr. Mountainbikes ab 15 £/ 2 Std., auch E-Bikes. Kielder Village, NE48 1ER, ✆ 01434/250457, www.thebikeplace.co.uk. Fahrradverleih in Bellingham, Mo–Fr 10–17.30 Uhr, Sa 9–17 Uhr, 1 King Street, NE48 2AX, ✆ 01434/220210. Informationen auch auf der Website www.visitkielder.com/play/adventure/mountain-biking.

Wissenswertes rund ums Fahrradfahren in Northumbria erfährt der Besucher auf der Website www.cyclepad.org.uk.

Wandern Regelmäßig führen im Sommer ehrenamtliche **Voluntary Rangers** Besucher durch den Nationalpark. Die Routen sind meistens für einen halben Tag ausgelegt und das Angebot ist gratis. Informationen über Termine unter www.northumberlandnationalpark.org.uk/volunteerguidedwalks.

Wassersport **Leapish Waterside Park**, → Kielder Water, S. 526.

Sonstige Aktivitäten **Sternegucken**: Der Northumberland International Dark Sky Park ist das größte Gebiet in Europa, in dem der Nachthimmel vor Lichtverschmutzung geschützt ist. Auf 580 km² erlaubt er die Beobachtung von 2000 Sternen, der Milchstraße und mitunter des Nordlichts. Professionelle Hilfe kann man in der Kielder Sternwarte (Observatorium, s. u.) in Anspruch nehmen. visitnorthumberland.com/darkskies.

Eine **Liste weiterer Anbieter** verschiedenster Freizeit- und Sportaktivitäten finden Sie unter www.outdoorsnorthumberland.co.uk.

Die Cheviot Hills

Die Cheviot Hills bilden die Grenze zu Schottland. Wanderer und Mountainbiker können hier den alten Pfaden von Viehtreibern durch eine sanfte Landschaft folgen, deren Hügel überwiegend aus Granit und Vulkangestein bestehen. Wooler ist ein attraktives Örtchen aus Steinkaten, malerisch vor dem Panorama des Humbleton Hill gelegen, den bereits William Shakespeare in der Eröffnungsszene seines

Die schneebedeckten Cheviot Hills

Dramas „Heinrich IV." erwähnt. Westlich des Ortes erheben sich die markanten Umrisse des Yeavering Bell. Wer den Hügel erklimmt, trifft auf die Überreste von 130 Rundhütten aus vorrömischer Besiedlung und hat wunderschöne Ausblicke entlang der Küste und hinüber nach Schottland. Ehrgeizige Wanderer können sich auch am mit 815 m höchsten Berg, dem Cheviot, versuchen. Zu seinen Füßen liegen die winzigen Ortschaften Kirknewton, Ingram und Alwinton. Wanderer begegnen mitunter auch einer der vier Herden der Cheviot-Wildziegen.

Information **Wooler Information Centre**, April bis Okt. tägl. 10–16.30 Uhr, Nov. bis April tägl. (außer So) 10–16.30 Uhr. The Cheviot Centre, 12 Padgepool Place, Wooler, NE71 6BL, ✆ 01668/282123, www.wooler.org.uk.

Veranstaltungen **Border Shepherds' Show**, im Okt. in Alwinton. Border Collies führen vor, was ein Schäferhund hier so alles drauf hat. www.alwintonshow.co.uk.

Die **Northumberland Fell Runners** organisieren das im April stattfindende Wettrennen auf den Cheviot-Gipfel.

Übernachten **Mounthoody**. Bunkhouse für 24 Gäste mitten im Nichts, ein privates Zimmer und ein Familienanbau. Bett ab 13 £, Zimmer ab 60 £. Wanderer können auch Schlafsäcke ausleihen. College Valley, Kirknewton, NE71 6TX, ✆ 01668/216358, www.college-valley.co.uk/Mounthooly.htm.

Essen & Trinken **The Rose and Thistle**. Von Einheimischen stark frequentiertes Country Inn mit Pooltischen und Pub Games. B & B 35 £/Pers. Auch Selbstversorger-Cottage für neun Gäste, 250–650 £/Woche. NE65 7BQ, ✆ 01669/650226, www.roseandthistlealwinton.com.

Coquetdale

Dieses ruhige, unwirtliche Tal des River Coquet war im 15. und 16. Jh. blutgetränkter Zankapfel zwischen Engländern und Schotten. Die malerischen Dörfer entlang des Flusses sind aus dem Sandstein der Simonside Hills gebaut, durch die Hügel ziehen sich alte Viehtreiberwege, und an den Seitenarmen des Flusses stößt man auf die Ruinen illegaler Whiskydestillerien. Größter Ort ist **Rothbury,** ein attraktives Städtchen, dessen Steinkaten sich vor dem Hintergrund des 426 m hohen Berges um einen Anger drängen. Eine mittelalterliche Brücke überspannt den River Coquet, der unweit östlich des Ortes durch eine Engstelle peitscht, die sich The Thrum nennt (erreichbar auf einem Fußweg von der Brücke am Ufer entlang).

In einem Buchenwald rund 6 km östlich von Rothbury liegt **Brinkburn Priory,** seit 1130 bis zur Reformation Heimat einiger Augustinermönche. Die schöne Kirche aus dem 12. Jh. wird wegen ihrer beeindruckenden Akustik oft für Konzerte genutzt.

Westlich von Rothbury, nahe dem hübschen Dorf Holystone, findet man eine Quelle, deren schwarze Wasser sich im **Lady's Well** sammeln, einem hinter einem Wäldchen versteckten Teich. In seiner Mitte steht ein keltisches Kreuz; es markiert den Ort, wo angeblich der heilige Paulinus von York 627 n. Chr. Tausende Einheimische getauft haben soll. Auf der B 6342 bei Lordenshaws in Richtung Simonside führt ein Pfad zu einer Eisenzeitfeste, wo ein Stein mit sehr gut erhaltenen prähistorischen Cup-and-Ring-Markierungen zu sehen ist.

Festivals **Traditional Music Festival**, Mitte Juli in Rothbury. Musik, Tanz und die Folklore des hohen Nordens erfreuen Einheimische und Schaulustige. www.rothburymusicfestival.co.uk.

Einkaufen/Kunst **Coquetdale Arts Centre**, April bis Dez. Mo–Sa 10.30–16 Uhr, So 13–16 Uhr. Court Buildings, Rothbury, NE65 7TZ, ✆ 01669/621557, www.coquetdalearts.co.uk.

Sehenswertes **Brinkburn Priory**: April bis Sept. Mi–So 10–18 Uhr. 3,60 £, erm. 3,20 £, Kind 2,10 £. Longframlington, Morpeth, NE65 8AR, ✆ 01665/570628, www.english-heritage.org.uk.

Der Nordosten → Karte S. 508/509

Übernachten Tomlinson's. Anlaufstelle für eigentlich alles: Bunkhouse (27 Betten in fünf Schlafsälen, 20 £/Nacht), Fahrradverleih (ab 15 £/Tag) und Café (Mo–Mi und So 9–17.30 Uhr, Do–Sa 9–22 Uhr). 2 Bridge Street, Rothbury, NE65 7SF, ✆ 01669/621979, www.tomlinsonsrothbury.co.uk.

Essen & Trinken Harley's Tea Room. Süßes Café mit Alte-Welt-Charme. Fr–Di 11–16 Uhr. 9 Bridge Street, Rothbury, NE65 7SE, ✆ 01669/620240, www.harleystearoom.co.uk.

Cragside House, Garden and Estate

Etwa 1,5 km nördlich von Rothbury befindet sich der Landsitz von Lord Armstrong. 1870 hatte er den Stararchitekten Richard Norman Shaw mit der Entwicklung eines Systems künstlicher Seen und unterirdischer Rohre beauftragt, das sein neues Heim als erstes Haus der Welt mit durch Wasserkraft produziertem Strom versorgen würde. Der viktorianische Bau, der von außen wie ein märchenhaftes Schloss mit gotischen Türmchen und Tudorfachwerk aussieht, steckt voller technischer Spielereien. Es gibt 30 Räume zu besichtigen, die auch Lord Armstrongs umfangreiche Sammlung an zeitgenössischer Kunst, Möbeln, Keramik und naturwissenschaftlichen Objekten enthält.

Beim Rundgang durch die 400 ha großen Gärten kann man die Seen und einen beeindruckend großen Steingarten besichtigen. Die Gartenanlage ist übrigens im Mai am schönsten, wenn die Rhododendren blühen. Für eine Stärkung gibt es einen Tearoom.

April bis Sept. tägl. 11–17 Uhr, Garten 10–18 Uhr. Febr. und März nur Di–So und in den Schulferien tägl.; Nov. bis Mitte Dez. nur Garten, Fr–Sa 11–16 Uhr. 15,80 £, Kind 7,90 £, Familie 39,40 £; nur Garten 11 £, Kind 5,50 £, Familie 27,50 £. Rothbury, Morpeth, NE65 7PX, ✆ 01669/620333, www.nationaltrust.org.uk/cragside.

North Tyne und Redesdale

Der nördliche Nationalpark wird von den beiden Flusstälern des Tyne und des Rede dominiert. So nah an der Grenze, trieben hier die Border-Clans ihr Unwesen, weshalb im 13. Jh. drei Protektorate gegründet wurden und die Menschen vielfach zusammen mit ihrem Vieh in befestigten Häusern lebten, die man hier *bastles* nennt. Die hügelige Grenzregion ist mit Schlachtfeldern übersät. Bei der Schlacht von **Otterburn** 1388 wurde der englische Führer Henry Percy (auch Harry Hotspur genannt) gefangen genommen, der schottische Clanführer James Douglas verlor sein Leben. Seit 1911 sind große Teile von Otterburn militärisches Übungsgelände der NATO. Das nahe gelegene **Elsdon** war die Hauptstadt des Protektorats Middle March und wurde ab dem frühen 12. Jh. von einer Burg bewacht. Ihre recht imposanten Ruinen auf den Mote Hills sind heute noch zu sehen. Neben der Dorfkirche St Cuthbert's steht der Elsdon Tower, der den Vikaren des Örtchens Schutz gewähren sollte.

Übernachten YHA Byrness. Gute Jugendherberge mit 16 Einzelzimmern, auch En-suite-Doppel- und Familienzimmer. Foresters Restaurant und Bar. Bett ab 18 £, Zimmer ab 60 £. Transportmöglichkeit zu/vom Pennine Way. 7 Otterburn Green, Byrness Village (nahe Otterburn), NE19 1TS, ✆ 01830/520425, www.yha.org.uk/hostel/byrness.

Essen & Trinken Carriage Tea Room, Café in einem alten Eisenbahnwaggon aus den 1950er-Jahren beim Visitor Centre nahe Bellingham. Spezialität ist der Afternoon Tea. Tägl. 10–16.30 Uhr. Woodhorn Road, The Heritage Centre, NE48 2DG, ✆ 01434/221151, carriages-tearoom.co.uk.

Wallington

Vier steinerne Drachen bewachen diesen Herrensitz, den Sir Charles Philips Trevelyan 1942 dem National Trust schenkte. Ursprünglich stand hier ein mittelalterliches Castle, das den Fenwicks gehörte. 1688 baute die Familie Trevelyan auf den teilweise noch immer im Keller erhaltenen Ruinen der Burg das heutige Haus, das 1745 sein gegenwärtiges Aussehen bekam. Seine Blüte erlebte Wallington Hall im 19. Jh., als Sir Walter und seine Frau Pauline Schriftsteller, Künstler und Wissenschaftler empfingen. In dieser Zeit wurde auch der Hof überdacht, um acht großen Wandgemälden des präraffaelitischen Künstlers William Bell Scott einen prominenten Platz zu bieten. Die Bilder zeigen Szenen aus der Geschichte Northumberlands: vom Bau des Hadrianswalls über den Angriff der Dänen bis hin zu den qualmenden Schloten der Eisen- und Stahlfabriken.

Im Salon hat Sir Joshua Reynolds den Hausherrn Sir Walter verewigt, die Vitrinen in der Eingangshalle enthalten eine berühmte Porzellansammlung, und das Mobiliar des Gesellschaftszimmers ist von Chippendale und Sheraton. Das Kinderzimmer im ersten Stock ist vollgestopft mit Puppenhäusern und Porzellanpüppchen. Im obersten Stockwerk befindet sich ein Kuriositätenkabinett mit einem Sammelsurium aus Fossilien, ägyptischen Figuren, Kängurupfoten und vielen anderen sonderbaren Objekten.

Da die Trevelyans auch große Naturfreunde waren, sollte man Zeit für die Außenanlagen einplanen: Die Stallungen mit Uhrenturm sind fast so imposant wie das Haus selbst. Danach gelangt man in einen der schönsten National-Trust-Gärten der Region. Im Frühling werden die Zierseen zu einer farbenfrohen Oase, der eingefriedete Garten hat seine Blütezeit im Hochsommer.

Haus März–Okt. tägl. 12–17 Uhr, Walled Garden 10–18 Uhr, ab April bis 19 Uhr. Nov.–Febr. Haus geschl. Garten bis 16 Uhr. 12,40 £, Kind 6,20 £, Familie 31 £. Cambo (nahe Morpeth and der B6342), NE61 4AR, ✆ 01670/773600, www.nationaltrust.org.uk/wallington.

Kielder Water

Der Stausee Kielder Water ist 14,5 km lang und befindet sich im Westen des Nationalparks. Die Gegend wurde in den letzten hundert Jahren mit Nadelwald aufgeforstet. Die sauberen Bäche sind sehr fischreich; hier lebt die größte Otter-Population Englands. Durch den Kielder Forest führen 110 km ausgewiesene Fahrradwege aller Schwierigkeitsgrade. Ausgangspunkt für Wanderungen und Radtouren ist meist das südliche Ufer des Kielder Water am Tower Knowe Visitor Centre. Vom dortigen Steg kann man eine Bootstour über den See unternehmen. Auch der Ausgangspunkt des Lakeside Way, des 44 km langen Rundwegs um den See, befindet sich hier. Wassersportler zieht es zum **Leaplish Waterside Park**, wo ebenfalls Ausflugsboote vom Pier starten. Am nordwestlichen Ende findet man im ehemaligen Jagdschloss des Duke of Northumberland das **Kielder Castle Visitor Centre**. Am Kielder Castle beginnt eine knapp 19 km lange, gebührenpflichtige Straße, der Kielder Forest Drive. Achten Sie auch auf die vielen begehbaren Kunstwerke (www.kielderartandarchitecture.com/home.html).

Information **Tower Knowe Visitor Centre**, April bis Sept.. tägl. 10–17 Uhr, im Winter verkürzt. Interaktive Ausstellung im Explore Centre, Bootsfahrten mit der Osprey (April bis Okt., vorab buchen), Souvenirshop, Café. Parken 4 £/Tag. Kielder, NE48 1BX, ✆ 01434/240436, www.visitkielder.com.

Der Nordosten → Karte S. 508/509

Kielder Castle Visitor Centre, umfangreiche Informationen zum Kielder Water und was man dort so unternehmen kann. Fahrradverleih, Irrgarten, Spielplatz und Café. Parken 4 £/Tag. März bis Okt. tägl. 9.30–17 Uhr, sonst 11–16 Uhr. Kielder, NE48 1ER, ✆ 01434/250209, www.visitkielder.com.

Verbindungen **Kielder Forest Drive**, die Route führt 19 km auf unbefestigten Straßen durch den Wald. Beginn ist am Kielder Castle im Westen, die Runde endet bei Blakehopeburnhaugh an der A 68 im Osten. Es geht auf einer der höchsten Straßen des Landes über den 450 m hohen Pass am Blakehope Nick. Von hier hat man einen schönen Blick über Northumberland. Die Maut von 4,50 £ wird am Kielder Castle entrichtet (Automat).

Aktivitäten **Leaplish Waterside Park**, Segeln, Wasserski und Kajakfahren, auch ein Hallenbad mit Sauna und eine Falknerei. Tägl. 9–17 Uhr, Mo und Fr bis 18 Uhr. NE48 1BT, ✆ 01434/251000, leapish.co.uk.

Kielder Observatorium: Kielder Water & Forest Park, NE48 1ER, ✆ 0191/2655510, www.kielderobservatory.org.

Übernachten ***** **Hesleyside Hall**. Drei standesgemäße Schlafzimmer vermietet die Charleton-Familie in ihrem historischen Landsitz aus dem 14. Jh. Es gibt Ferngläser zur Himmelsbeobachtung, Gemüse aus dem eigenen Garten und kostenfreien Afternoon Tea. Zimmer B & B 130–150 £. Bellingham, Hexham, NE48 2LA, ✆ 01434/220068, www.hesleysidehall.co.uk. ■

Camping **Leaplish Waterside Park**. Hier gibt es auch einen Caravan-Campingplatz und Lodges (ab 400 £/Woche). April bis Okt. ✆ 01434/251000, Reservierung ✆ 0345/4986060, www.hoseasons.co.uk/lodges/kielder-water-lodges-KIEL.

Hadrian's Wall

Wer den Norden Englands bereist, sollte einen Ausflug zum alten Römerwall machen. Die Mauer ist eines der imposantesten Relikte der römischen Britannia und gehört zum UNESCO-Welterbe. Kaiser Hadrian ließ sie ab 122 n. Chr. als Grenzbefestigung aus örtlichem Sandstein errichten. Insgesamt war der Hadrianswall 80 römische Meilen lang (ca. 117,5 km) und zog sich von Küste zu Küste: von Wallsend nahe Newcastle bis nach Bowness bei Carlisle. Das bis zu 3 m breite Bollwerk (über die Höhe rätseln die Archäologen bis heute – angenommen werden bis zu 6,5 m) wurde von ca. 100 kleinen und größeren Kastellen und Türmen gesichert. In den 14 großen Kastellen (Auxiliarlagern) war die Mehrheit der römischen Besatzung untergebracht. Nur wenige dieser Männer waren Römer, die meisten waren Söldner aus den nördlichen Regionen des Römischen Reichs. Zwischen den Wachtürmen patrouillierten diese rund um die Uhr hinter hohen Zinnen als Wachen.

Es gibt fünf bedeutende Museen entlang der Mauer, die unten beschrieben werden, und weitere fünf etwas abseits, die hier kurz vorgestellt werden. Wer wenig Zeit hat, sollte für einen ersten Eindruck die Kastelle Housesteads und Vindolanda besuchen. Ein beeindruckender Mauerabschnitt, wo der Wall über lange Strecken sichtbar ist, führt durch eine dramatische Landschaft nahe Hexham. Diesen Abschnitt können Sie mit Wanderung 8 erlaufen (→ S. 704). Der Hadrian's Wall Path (ein National Trail) führt von einem Ende zum anderen und bietet eine gelungene Mischung aus Landschaft und Kulturerbe. Wer auf den fahrbaren Untersatz nicht verzichten will: Zwischen Corbridge und Haltwhistle führt die B 6318 teilweise fast parallel an der Mauer entlang. Ebenfalls recht gut erhalten ist eine Teilstrecke bei Heddon-on-the-Wall an der A 69 vor den Toren Newcastles. Hier kommt man gut mit den stündlich verkehrenden Bussen (684, 685) von Newcastle hin. Auch zur Tynemündung in Wallsend (fünf Metrostationen ab Newcastle Hauptbahnhof) haben es Eilige nicht weit: Am östlichen Ende des Römerwalls ist eine Rekonstruktion des Kastells Segedunum zu sehen.

Neben dem Hadrianswall gab es übrigens noch eine zweite Mauer, die Kaiser Antoninus Pius 138 n. Chr. weiter nördlich bauen ließ. Der Antoninuswall führte vom River Forth zum Clyde und liegt heute in Schottland.

Information **Hadrian's Wall Visitor Information Centre**, tägl. 9.30–17 Uhr. Lanercost Tea Room, Lanercost, Cumbria, CA8 2HQ, ✆ 01697/741267, www.lanercosttearoom.co.uk und www.visithadrianswall.co.uk.

Verbindungen Der **AD122 Hadrian's Wall Country Bus** verkehrt von April bis September alle 1–2 Std. zwischen Newcastle und Carlisle und hält an den Besucherattraktionen des Hadrianswalls. Infos unter www.visithadrianswall.co.uk.

Aktivitäten **Fahrradfahren**, die Fahrradroute 72 verläuft von Haltwhistle nach Newcastle. www.cycle-routes.org/hadrianscycleway.

Auch der Hadrian's Wall Bus AD122 nimmt Fahrräder mit, wenn man sie am Vortag bis 15 Uhr anmeldet (Ostern bis Ende Okt.). Traveline gibt Auskunft unter ✆ 0871/2002233, www.traveline.info.

Wandern, man kann die gesamte Länge der Mauer von Küste zu Küste auf dem Hadrian's Wall Path erwandern oder sich einen der 40 Teilabschnitte aussuchen. www.nationaltrail.co.uk/hadrians-wall-path.

Museen abseits des Walls **Senhouse Roman Museum**: älteste und eine der bedeutendsten Sammlungen römischer Artefakte aus der Zeit der römischen Herrschaft in Britannia. Vom Aussichtsturm hat man einen Überblick über die Ruinen eines Forts, das wahrscheinlich aus dem 1. Jh. stammt, und den Solway Firth. April bis Okt. tägl. 10–17 Uhr, Nov.–März Fr–So 10.30–16 Uhr. 4 £, Kind 1,50 £, Familie 10 £. The Battery, Sea Brows, Maryport, CA15 6JD, ✆ 01900/816168, www.senhousemuseum.co.uk.

Tullie House Museum & Art Gallery → Carlisle, S. 649.

Arbeia Roman Fort & Museum: Am östlichsten Teilstück der Mauer wurden einige Gebäude auf den alten Grundrissen rekonstruiert. Im Westtor gibt es eine kleine Dauerausstellung. April bis Sept. Mo–Fr 10–17 Uhr, Sa 11–16 Uhr, So 13–16 Uhr. Eintritt frei. Baring Street, South Shields, NE33 2BB, ✆ 0191/4561369, www.arbeiaromanfort.org.uk.

Segedunum Roman Fort, Baths & Museum: interaktives Museum mit 35 m hohem Aussichtsturm auf die Ausgrabungsstätte des größten Forts. Tägl. 10–16.30 Uhr. 4,95 £, erm. 2,95 £, Kinder unter 16 J. frei. Buddle Street, Wallsend, NE28 6HR, ✆ 0191/2369347, www.segedunumromanfort.org.uk.

The Great North Museum → Newcastle, S. 508.

Übernachten/Essen **Simonburn Tea Room**. Zwischen Hexham und Bellingham an der B 6320 in einem kleinen Dorf gelegen. Hier wird auch Handwerkskunst der Region verkauft, und man kann Tee und hausgemachten Kuchen auf der Terrasse einnehmen. B & B in drei hübschen, kleinen Zimmern für 80–90 £ (kein eigenes Bad). The Mains, Simonburn, NE48 3AW, ✆ 01434/681321, www.simonburntearooms.com.

Camping **Hadrian's Wall Camping and Caravan Site**. Hübscher Platz mit einem Café und blitzsauberen Duschen. Nahe Melkridge. Auch Bunk Barns, ebene Rasenplätze ab 12 £, Betten in der Bunkbarn ab 15 £. Melkridge Tilery, Haltwhistle, NE49 9PG, ✆ 01434/3204965, www.hadrianswallcampsite.co.uk.

Essen und Trinken **Milecastle Inn**. Vom Campingplatz zu Fuß zu erlaufen, erwartet Sie hier ein Feuer im Kamin und eine solide Stärkung. Tägl. 12–23 Uhr. Military Road, Haltwhistle, NE49 9NN, ✆ 01434/321372, www.milecastle-inn.co.uk.

Tour 8: Rundwanderung entlang des Hadrianswalls → S. 704
Leichte Teilstrecke auf den Spuren der Römer

Museen entlang des Hadrianswalls

Corbridge Roman Site and Museum: Corbridge Fort liegt etwa 5 km südlich des Hadrianswalls an der Militärstraße Stanegate am River Tyne, unweit von Chesters. Es wurde bereits unter dem Statthalter Agricola 30 Jahre vor dem Hadrianswall gebaut. Der Nachschubposten für die Bemannung des Walls entwickelte sich zu einer wohlhabenden Garnisonsstadt. Das Museum zeigt viele Funde und Skulpturen; man kann hier u. a. über die echte Römerstraße Stanegate marschieren. Corbridge selbst war vor langer Zeit die Hauptstadt Northumberlands und litt immer wieder unter den Überfällen der Schotten und der Wikinger. Entsprechend gibt es zwei Wehrtürme: der eine aus dem 13. Jh. (heute ein Wohnhaus), der andere aus dem 14. Jh. aus römischen Steinen erbaut.

April bis Sept. tägl. 10–18 Uhr, Okt. bis 17 Uhr, Nov. bis März nur am Wochenende bis 16 Uhr in den Ferien tägl. 10–16 Uhr. 6,10 £, erm. 5,50 £, Kind 3,70 £, Familie 15,90 £. Corchester Lane, Corbridge, NE45 5NT, www.english-heritage.org.uk. Anfahrt: 1 km nordwestlich von Corbridge, ab Dorf und A 69 ausgeschildert.

Chesters Roman Fort and Museum: An der Stelle, an der der Wall den North Tyne überquert, bauten die Römer eine Holzbrücke, die vom Cilurnum Fort bewacht wurde, das heute Chesters heißt. Hier waren Teile der Kavallerie stationiert. Es handelt sich um die sehr gut sichtbaren Überreste eines römischen Kastells mit dem Haus des Kommandanten, einem militärischen Badehaus und vielen Fundstüken der Clayton-Sammlung.

April bis Sept. tägl. 10–18 Uhr, Okt. bis 17 Uhr, Nov. bis März Sa/So 10–16 Uhr, in den Ferien tägl. 10–16 Uhr. 6,20 £, erm. 5,60 £, Kind 3,70 £, Familie 16,10 £. Chollerford, NE46 4EU, ✆ 01434/681379, www.english-heritage.org.uk. Anfahrt: 0,5 km westlich von Chollerford an der B 6318 den braunen Schildern zum Hadrianswall folgen.

Housesteads Roman Fort and Museum: Das besterhaltene römische Kastell in Großbritannien bietet eine spektakuläre Lage mit imposanter Aussicht. Man hat zahlreiche Funde aus dem Alltag der hier stationierten Fußsoldaten entdeckt, die im Museum zu sehen sind. Außerdem kann man den Kornspeicher, die Kasernen, das Krankenhaus und die Latrinen besichtigen. Die Ausstellung arbeitet mit Video-Rekonstruktionen und 3-D-Modellen.

April bis Sept. tägl. 10–18 Uhr, Okt. bis 17 Uhr, Nov. bis März tägl. 10–16 Uhr. 7 £, erm. 6,20 £, Kind 4,10 £, Familie 18,10 £. Haydon Bridge, Hexham, NE47 6NN, ✆ 013434/344363, www.english-heritage.org.uk. Anfahrt: 4,5 km nordöstlich von Bardon Mill auf der B 6318, vom Parkplatz muss man rund einen Kilometer bergauf laufen.

Kastell Vindolanda und Roman Army Museum: Diese Anlage war schon vor der Mauer da, denn sie bewachte eine Handels- und Militärroute. Im Museum finden sich Funde aus dem Alltag der Römer, etwa Haushaltswaren und Kleidungsstücke, sowie die maßstabsgetreue Replik eines Mauerabschnitts. Im angrenzenden Roman Army Museum gibt es die dazugehörigen Waffen, Rüstungen und Standarten zu sehen, ein Film hilft der Fantasie auf die Sprünge.

April bis Sept. tägl. 10–18 Uhr, Okt. bis 17 Uhr, Winteröffnungszeiten bitte der Webseite entnehmen. Kombiticket: 10,50 £, erm. 10 £, Kind 6 £, Familie 32 £. Bardon Mill, Hexham, NE47 7JN, ✆ 01434/344277, www.vindolanda.com.

Birdoswald Roman Fort: Birdoswald mit seiner malerischen Lage am Hadrianswall hoch über dem Irthing-Tal ist ein Römerkastell mit Wachturm und Wehrburg. Ebenso sind die Reste einer Basilika vorhanden. Schön ist an dieser Stelle der Hadrianswall selbst.

April bis Sept. tägl. 10–18 Uhr, Okt. bis 17 Uhr. Nov. bis März. Sa/So 10–16 Uhr, in den Ferien tägl. 10–16 Uhr. 6,10 £, erm. 5,50 £, Kind 3,70 £, Familie 15,90 £. Gisland, Brampton, CA8 7DD, www.english-heritage.org.uk. Anfahrt: 3,5 km westlich von Gilsland. Ab A 69 ausgeschildert.

Birdoswald Roman Fort

Der Nordosten → Karte S. 508/509

Hexham

Hexham Manor war ein Geschenk der heiligen Etheldreda an den Bischof von York, Wilfrid, zum Dank dafür, dass er sie bei der Trennung von ihrem Gatten, König Egfrith, unterstützt hatte. Wilfrid errichtete um 674 n. Chr. das **Priorat St Andrew** und schwärmte in seiner Autobiografie vor allem von der Krypta, die später in die neue Abtei aus dem 11. Jh. integriert wurde und die man bis heute besichtigen kann. Ebenfalls aus dieser sächsischen Zeit stammen das Taufbecken und der Bischofsthron, der im Chor steht. Dieses erste Kloster, aus den Steinen der römischen Ruinen von Corbridge gebaut, wurde von den Wikingern niedergebrannt. Die neue Kirche entstand überwiegend zwischen 1170 und 1250. Sie fiel dem Vandalismus der Schotten zum Opfer, doch Chor (die Chorschranke datiert in das Jahr 1200) und Querschiffe stammen noch aus dem Mittelalter. Die Schließung des Klosters löste den einzigen größeren prokatholischen Volksaufstand in England aus, die „Pilgrimage of Grace" (→ Geschichte, S. 42).

Hexham selbst entstand als Siedlung um das Kloster herum und wurde durch die Grenzkriege immer wieder in Mitleidenschaft gezogen. Dennoch ist der mittelalterliche Stadtkern gut erhalten. Zugang zum idyllischen Marktplatz hat man durch den Torbogen der **Moot Hall,** einer Art Miniburg (um 1400), die früher als Gericht diente. Auf der anderen Seite steht ein weitaus furchteinflößenderer Turm, **The Old Gaol.** Es handelt sich um das erste Gefängnis, das je in England eigens für 55diesen Zweck gebaut wurde (um 1330). 500 Jahre lang diente es als Zuchthaus, dessen Kerker man beim Besuch des **Border History Museum** besichtigen kann.

Information **Hexham Tourist Information Centre**, gut ausgestattete Info. April bis Okt. Mo–Sa 10–17 Uhr, So 11–16 Uhr. Wentworth Car Park, Wentworth Place, NE46 1QE, ✆ 01670/620450, www.visithexham.net.

Festivals In der Abbey findet jedes Jahr Ende Sept. das **Hexham Festival of Music and Arts** statt. www.hexhamabbey.org.uk/whats-on/festival.

Einst aus Steinen des Hadrianswalls gebaut: Hexham Abbey

Im Okt. findet im Queen's Hall Art Centre das **Hexham Book Festival** statt, www.hexhambookfestival.co.uk.

Kino/Theater **Queen's Hall Art Centre**, kleines Theater mit 350 Plätzen, Bibliothek, zwei Galerien und Studios. Beaumont Street, NE46 3LS, ✆ 01434/652477, www.queenshall.co.uk.

Forum Cinema, Market Place, NE46 1HF, ✆ 01434/601144, www.forumhexham.co.uk.

Märkte **Farmers' Market**, jeden zweiten und vierten Sa des Monats 9–13.30 Uhr. Market Place, NE46 1XQ. **Wochenmarkt** Di in den Shambles.

Sehenswertes **Hexham Abbey**: tägl. 9.30–17 Uhr, nicht während der Gottesdienste. Krypta tägl. nur 11 und 15.30 Uhr. Um eine Spende von 3 £ wird gebeten. Neues Refectory Café. Beaumont Street, NE46 3NB, ✆ 01434/602031, www.hexhamabbey.org.uk.

The Old Gaol/Border History Museum: April bis Sept. Di–Sa 11–16.30 Uhr, Okt. bis Nov. und Febr./März Di und Sa 11–16.30 Uhr. 3,95 £, erm. 3,20 £, Kind 2,50 £, Familie 12 £. Hallgate, NE46 1XD, ✆ 01670/624523, www.hexhamoldgaol.org.uk.

Essen & Trinken **Bouchon**. Bistro-Restaurant mit authentisch französischer Küche und hervorragenden Weinen. Tägl. (außer So) 12–14 und 18–21.30 Uhr. 4–6 Gilesgate, NE46 3NJ, ✆ 01434/609943, www.bouchonbistrot.co.uk. **The Pheasant Inn**. Gemütliches, modernisiertes Pub mit tollen Zimmern. B & B EZ 65 £, DZ 90 £. Stannersburn, Nr. Kielder Water, Falstone, Hexham, NE48 1DD, 01434/240382, www.thepheasantinn.com.

Heute ganz friedlich – The Old Gaol

Der Nordosten → Karte S. 508/509

Lanercost Priory

Das Augustinerkloster wurde zwischen 1165 und 1174 von Robert de Vaux gegründet und zum Teil mit Steinen aus dem Hadrianswall gebaut, weshalb man bis heute römische Inschriften im Gemäuer finden kann. Die so nahe am Hadrianswall gelegene Abtei hat eine recht blutige Geschichte. Im 13. und 14. Jh. stand sie im Mittelpunkt der Grenzkriege und wurde mehrfach belagert, 1311 sogar vom schottischen König Robert the Bruce höchstpersönlich. Eduard I., der „Hammer der Schotten", zog 1306 für fünf Monate im Kloster ein, um hier zu genesen und seinen nächsten und letzten Feldzug zu planen. Es war eines der ersten Klöster, das von Heinrich VIII. aufgelöst wurde und in private Hände überging. Die Dacre-Familie, Barone und Grafen von Carlisle, die ihren Familiensitz in Sichtweite im Naworth Castle hatten, verbauten Teile der Abteianlage in ihre Privatresidenz. Mit ihrem Aussterben verfiel auch das Anwesen, jedoch wurden das Hauptschiff und das nördliche Seitenschiff in den 1740er-Jahren wieder überdacht und dienen seitdem als Gemeindekirche. In ihr gibt es einige schöne Buntglasfenster aus dem 16. Jh. und drei Fenster des präraffaelitischen Künstlers Sir Edward Burne-Jones. Auch Teile der Klosterruine können besichtigt werden, sie sind seit 1929 im Besitz von English Heritage. Man findet dort neben einem Tearoom und Restaurant auch einen Hofladen und eine Galerie.

April bis Sept. tägl. 10–18 Uhr, Okt. tägl. 10–17 Uhr, Nov. bis März Sa/So 10–16 Uhr, in den Ferien tägl. 10–16 Uhr. 4,10 £, erm. 3,70 £, Kind 2,50 £, Familie 10,70 £, inkl. Audioguide. Lanercost (nahe Brampton), CA8 2HQ, ✆ 01697/73030, www.english-heritage.org.uk.

Kreativ: Liverpools Northern Quarter

Der Nordwesten

In Englands Nordwesten wurde die industrielle Revolution geboren. Entsprechend viele ehemalige Industriezentren sind hier zu finden, die ab den 1960er-Jahren einen bitteren Abstieg durchlebten. In den 1990ern ging es wieder halbwegs bergauf, die Finanzkrise brachte vielen Problembezirken jedoch schmerzhafte Rückschläge.

Englands Nordwesten bietet dem Besucher viel Abwechslung – von den Bilderbuchlandschaften des Lake District und der unberührten Natur Lancashires über das Vergnügungsmekka Blackpool und das eher gemächliche Chester bis hin zu den Metropolen Manchester und Liverpool.

In den Docks der Beatles-Stadt **Liverpool** sind heute zwei der interessantesten Museen Nordenglands untergebracht, in **Manchester** befindet sich das wohl beste Museum des Landes zur industriellen Revolution.

Nördlich dieser Ballungsgebiete befinden sich in der Region **Lancashire** die Strände der Badeorte Blackpool und Morecambe, wo Englands moderner Massentourismus geboren wurde und heute intensiv versucht wird, den Glanz alter Zeiten wiederzubeleben. Das Gebiet an der Irischen See ist relativ flach, umso imposanter erheben sich hier mit knapp 1000 m die höchsten Berge Englands. Die Bergwelt des Nationalparks wird kontrastiert von hübschen Tälern und großen Seen, den Lakes, die der Region den Namen gaben: **Lake District.** Unzählige Wanderwege führen durch die bergige Region und bieten imposante Fernsichten, oft bis zur **Isle of Man.**

Der Nordwesten

Wenige Kilometer südöstlich von Manchester breitet sich Englands ältester Nationalpark aus, der **Peak District.** Hochmoore, grüne Täler und hübsche Dörfer, aber auch einsame Hügel bestimmen dort das Bild. Über die Hügelkette der **Pennines** führt der Fernwanderweg Pennine Way bis zur schottischen Grenze. Und südlich von Liverpool (an der Grenze zu Wales) liegt in der wiesenreichen Landschaft der Cheshire Plains **Chester,** eine der schönsten mittelalterlichen Städte Englands.

Chester

Chester ist die Perle des Nordwestens. Die Stadt am Dee-Fluss, der die Grenze zu Wales bildet, kombiniert auf gelungene Weise Tradition und Moderne. Hinter mit Schnitzwerk verzierten mittelalterlichen Fachwerkfassaden verstecken sich moderne Geschäfte, Restaurants und Cafés.

Die Einkaufsarkaden von Chester (im Englischen *rows* genannt) stammen aus dem frühen 14. Jh. Hier kann man geschützt und gemütlich ganze Straßenabschnitte durchwandern – immer mit hübschem Logenblick auf das Straßenleben.

Die hübschesten Fachwerkhäuser findet man in der Lower Bridge Street, etwa das Bear and Billet Inn, ein Zollhaus aus dem 17. Jh., oder das King's Head. Für einen ersten Überblick ist ein **Spaziergang auf der alten Stadtmauer** zu empfehlen, die teilweise noch römisches Mauerwerk zeigt. In der Römerzeit hieß die Stadt *Deva Victrix,* benannt nach der Göttin des Flusses Dee, ab 79 n. Chr. war Chester eine der drei Garnisonsstädte in Britannien und wichtiger Außenposten des Römischen

Reiches gegen die Kelten, die sich in das heutige Wales zurückgezogen hatten. Nach dem Abzug der Römer wurde Chester ein blühendes Handelszentrum. Die Burg war militärisch weiterhin bedeutsam, denn man hatte die Waliser auch weiterhin direkt vor der Haustür. Noch heute wird um 21 Uhr das Stadttor bei der Kathedrale symbolisch versperrt, damit sich nachts kein „Feind“ einschleichen kann. Im Handel mit diesen Feinden brachten es die Bürger der Stadt im Mittelalter jedoch zu Wohlstand. Von Chester, einem der größten Häfen Englands, ging auch reger Handel mit Irland aus, einige Schiffe fuhren sogar bis nach Portugal. Doch mit der Zeit versandete der Dee, und Liverpool schickte sich an, Chester den Rang abzulaufen.

Basis-Infos

Information **Tourist Information Centre**, Mo–Fr 9.30–16.30 Uhr, Sa 9–17 Uhr, So 10–16 Uhr. Town Hall, Town Hall Square, Chester, Cheshire, CH1 2HJ, ✆ 0845/6477868, www.visitchester.com.

Verbindungen **Bus** – lokaler Busbahnhof in der Princess Street („Princess Street Bus Exchange“, außerhalb des Northgate hinter dem Rathaus). Regelmäßig Fahrten über Birmingham, Coventry nach London Victoria Station sowie nach Nordwales. Busse nach Schottland über Manchester, Preston und Carlisle.

Bahn – Hauptbahnhof nordöstlich des Zentrums in der City Road/Foregate Street, CH1 3NS. Stündlich Züge nach London Euston Station mit Virgin Trains. Weitere Anbieter sind Merseyrail (alle 30 Min. nach Liverpool) und Cross Country. Vom Bahnhof fährt Mo–Sa alle 6 Min. (So alle 15 Min.) der City Centre Bus zur Frodsham Street/Ecke Eastgate Street. 1 £. www.traveline-northwest.co.uk.

Parken Der größte Teil der Innenstadt ist von 10.30 bis 16.30 Uhr für Autos gesperrt. Es gibt zwei Arten von Parkplätzen, Long Stay und Short Stay Car Parks (beschildert). Für Besucher empfiehlt sich der P & R-Service.

Park & Ride – Vier Parkplätze (Boughton Heath, Sealand Rd., Upton Park, Wrexham Rd), tägl. 7–19 Uhr, So ab 9.30 Uhr. Busse fahren alle 10–15 Min. ins Zentrum und zurück; Fahrt 2 £.

Bootsverleih/-touren Am River Dee vermieten einige Unternehmen Ruder-, Tret- und Motorboote. Oder man macht einfach auf einem der Passagierschiffe eine kleine Rundreise.

Chester Kayak Hire, Kajaks und Kanus für Trips von Ecclestone nach Chester (knapp 20 km) 30 £/Pers. April–Okt. Treffpunkt Sandy Lane Car Park, Sandy Lane, CH3 5UL. ✆ 01244/422007, www.chesterkayakhire.co.uk.

Chester Boat, Ostern bis Ende Okt. tägl., sonst nur Sa/So. 30 Min. 7 £, erm. 6,50 £, Kind 2,50 £; Kombiticket mit Bus-Sightseeingtour 13,50 £, erm. 11 £, Kind 5 £. Souters Lane, The Groves, CH1 1SD. ✆ 01244/325394, chesterboat.co.uk. Auch zweistündige Ironbridge Cruises.

Einkaufen Chesters Shopping Centre **The Mall** befindet sich an der Grosvenor Street.

The Arc, interessanter Laden mit Kunsthandwerk aus der Region, Porzellan, Glas, Textilien und Schmuck. Mo–Sa 10–17 Uhr. 4 Commonhall Street/Bridge Street, CH1 2BJ, ✆ 01244/348379, www.thearcgallery.co.uk.

Fahrradverleih **Chester Cycle Hire**, ganzer Tag 12 £, wer in der Pension Victoria Lodge übernachtet, zahlt nur 5 £. 64 Hoole Road, Chester CH2 3NL, ✆ 01244/351305, www.chestercyclehire.com.

Tracs Cycle Hire, speziell Mountainbikes, nur Sa/So (in den Schulferien Do–So) im Linmere Visitor Centre im Delamare Forest. 3 Std. ab 24 £. Northwich, CW8 2JD. ✆ 01606/881802, www.delamerebikes.co.uk.

Fahrradkarten und allgemeine Infos und zum Downloaden unter www.chestercyclecity.org. Eine schöne Route führt entlang der alten Eisenbahntrasse über 13 km von Chester nach Connah's Quay.

Märkte Mo–Sa 8–17 Uhr in der 6 Princess Street, über 70 Stände. Jeden Di Antiquitätenmarkt.

Nordwestengland
20 km
Glasgow
A69
Carlisle
Newcastle upon Tyne
Tyne
Derwent Reservoir
Stanley
Eden
Wigton
Caldew
M6
Alston
A596
Little Salkeld Watermill
Stanhope
A689
Wear
Mary-port
Cocker-mouth
Bassenthwaite Lake
Skiddaw 931
A66
Penrith
Cow Green Reservoir
County Durham
Bishop Auckland
Working-ton
Keswick
Dalemain House and Gardens
Rheged Discovery Centre
The Pennines
Tees
Appleby-in-Westmorland
Derwent Water
White-haven
Butter-mere
Ulls-water
Brough
Barnard Castle
Cumbria
St Bees
Scafell Pike 978
Grasmere
Kirkstone Pass 454
A66
Ambleside
A685
Rich-mond
Sella-field
Hardknott Pass 393
Winder-mere
M6
Coniston
Windermere
Bow-ness
Ravenglass
Lake District National Park
Coniston Water
Kendal
Sedbergh
Hawes
Leyburn
Haverth-waite
Lakeside
A595
Jervaulx Abbey
Kirkby Lonsdale
Yorkshire Dales National Park
North Yorkshire
Leighton Hall
Ulverston
Lofthouse
Southwaite Reservoir
Warton
Ribble
Carnforth
Grimwith Reservoir
Fountains Abbey
Barrow-in-Furness
Belfast
Morecambe
Settle
Heysham
Lancaster
Nidd
Wharfe
Douglas (Isle of Man)
A65
Forest of Bowland
Fleetwood
Skipton
Ilkley
Irish Sea
Lancashire
Aire
Cleveleys
Thornton
A59
Leeds/Bradford Internat. Airport
Belfast
Keighley
Nelson
Bronte Personage Museum
Haworth
Ribble
Blackpool
Black-burn
M65
Burnley
Leeds
Bradford
Preston
Lytham St Anne's
Bamber Bridge
A646
Halifax
Douglas (Isle of Man)
Darwen
Roch-dale
Hudders-field
Southport
M61
M62
Bolton
Bury
Holmfirth
A. Gormley's Another Place
Wigan
Oldham
Crosby
St Helens
Atherton
Heaton Park
Manchester
Dublin
Liverpool
Glossop
New Brighton
U-Boat Story
Trafford
Hoylake
Dunham Massey Hall
Stockport
West Kirby
Spaceport
Warring-ton
Manchester Airport
Edale
Birkenhead
Speke Hall
Liverpool Airport
Castleton
Thorton Hough
Anderton Boat Lift
Tatton Hall
Quarry Bank Mill
Lyme Park
Port Sunlight
Ellesmere Port
A6
Peak District NP
A55
Blue Planet Aquarium/ National Waterways Museum
North-wich
Buxton
Chester Zoo
M6
Maccles-field
Winsford
Stoke-on-Trent
Bakewell
Buckley
Chester
Haddon Hall
Cheshire
WALES
Dee
Crewe
Wrexham

Aktivitäten/Veranstaltungen

In der Tourist Information kostenlos erhältlich ist die Broschüre „What's on in Chester" mit Veranstaltungstipps, Ausflugsmöglichkeiten und Terminen für die Stadtrundgänge.

Stadtführungen **Rundgänge** starten bei der Tourist Information in der Town Hall von Ostern bis Okt.: Tägl. 10.30 und 14 Uhr. 7 £, erm. 6 £, Familie 16 £. Bei Kindern und Eltern gleichermaßen beliebt ist die Roman Tour, die ein Centurion in Römerrüstung mitreißend leitet. Schon weit vor der Geisterstunde um 19.30 Uhr beginnt die Ghost Tour, von Mai bis Dez. Do, Fr und Sa, sonst nur am Sa. 10 £, erm. 9 £, Familie 25 £. www.visitchester.com.

Erkunden kann man die Stadt auch mit den offenen **Bussen**, die am Bahnhof starten (März bis Nov. tägl. 10–17 Uhr, 10 £, erm. 8,50 £, Kind 3,80 £, Familie 20 £, www.citysightseeing.com, ✆ 01244/381461). Das ganze gibt es auch als Oldtimer-Variante. Kombiticket mit Bootsfahrt ist möglich. Den Spaziergang als **Audioguide** kann man herunterladen von www.walktalktour.com/chestertourfull.html, Preis 5,10 £. Der **Millennium Trail** führt an 40 typischen und wichtigen Gebäuden vorbei.

Stadtschreier Chester ist die einzige Stadt in England, in der mittags noch der Stadtschreier seine wichtigen und weniger wichtigen Nachrichten recht humorig ausruft. Mai bis Aug. Di–Sa 12 Uhr am High Cross (an Renntagen 10.30 Uhr) chester towncriers.com.

Theater **Forum Studio Theatre**, auf dem Programm stehen Konzerte, Theaterstücke, Filme. The Forum, Hamilton Place, CH1 2BH. ✆ 01244/341296, www.tiptop productions.co.uk.

Chester Mystery Plays sind ein Zyklus mittelalterlicher Religionsspiele von der Schöpfung bis zum Jüngsten Gericht, der etwa alle fünf Jahre aufgeführt wird –das nächste Mal vom 27. Juni bis 14. Juli 2018. www.chestermysteryplays.com.

Veranstaltungen **The Rodee** im Südwesten der Stadt ist Chesters Pferderennbahn. 4-mal pro Jahr (Anfang Mai, Ende Juni, Mitte Juli, Ende Aug.) werden hier die ältesten Rennen Englands veranstaltet. CH1 2LY. ✆ 01244/304610, www.chesterraces.co.uk.

Chester misst sich auch gern im **Wassersport**: Neben einem **Floßrennen** auf dem Dee und einem Drachenbootrennen (www.chesterdragonboatfestival.co.uk) startet Mitte Juni die älteste **Ruderregatta** der Welt. www.chesterregatta.org.

Beim **MBNA Chester Music Festival** rückt die Kathedrale in den Mittelpunkt. Zahlreiche Orchester und Bands geben hier in den ersten beiden Juniwochen Konzerte. www.storyhouse.com.

Übernachten

Preiswerte B & Bs finden sich an der Hoole Road und in Hoole (nordöstlich von Chester). Auch in der Brook Street nahe dem Bahnhof gibt es Pensionen für den schmaleren Geldbeutel. In der Tourist Information erhält man ein Unterkunftsverzeichnis.

***** **The Chester Grosvenor Spa** 13 Wunderhübsches Fachwerkhaus in unmittelbarer Nachbarschaft zum Eastgate und das bekannteste Luxushotel der Stadt (eröffnet 1866), das dem 6. Herzog von Westminster gehört. Das Restaurant „Simon Radley" schmückt sich mit einem Michelinstern. Die Arkle Bar & Lounge ist eine beliebte Adresse für den Afternoon Tea. DZ 121,50–985 £. Eastgate Street, CH1 1LT, ✆ 01244/324024, www.chestergrosvenor.com.

**** **Macdonald New Blossoms** 12 Seit etwa 400 Jahren existiert dieses Hotel, doch die Inneneinrichtung ist auf dem neuesten Stand. Flexible Preise je nach Auslastung, am günstigsten bei Direktbuchung im Internet. DZ ab 84 £. St John Street beim Eastgate, CH1 1HL, ✆ 0344/8799113, aus dem Ausland ✆ 01244/323186, www.macdonald-hotels.com.

*** **The Mill & Spa Hotel** 4 Nur 5 Min. vom Zentrum am Kanal, etwas ältliches Haus, aber citynah und mit schönem Schwimmbad und Sauna; große Zimmer – unbedingt eines mit Kanalblick wählen – die Straße ist laut. Kostenlose Parkplätze. DZ inkl. Früh-

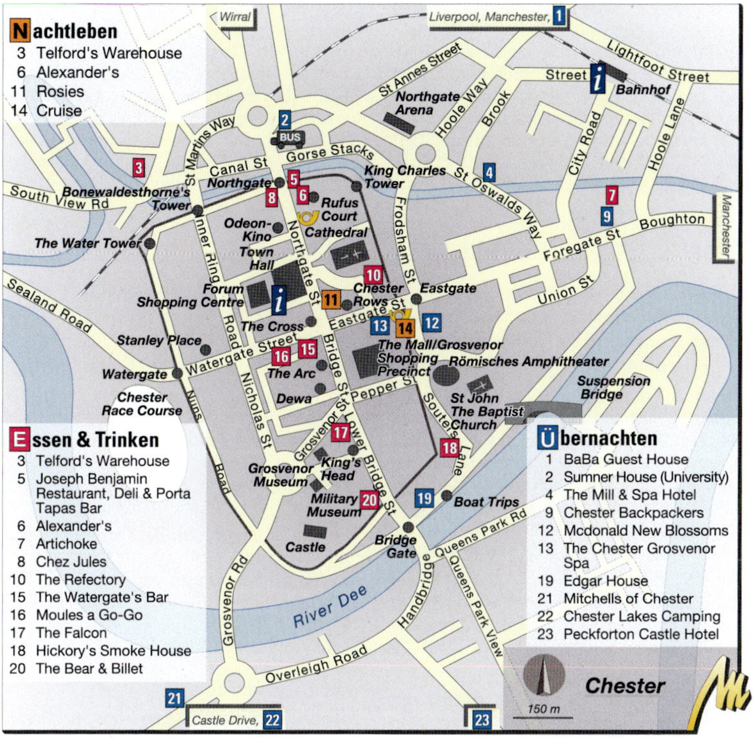

stück ab 88 £. Milton Street, Chester, CH1 3NF, ✆ 01244/350035, www.millhotel.com.

Edgar House **19** Diese Villa liegt an der Stadtmauer im Zentrum, sie hat fünf große Zimmer, vier davon mit Blick auf den Fluss Dee. Den überschaut man auch vom Garten und der Lounge aus. Sehr stylisch mit Kupferbadewanne im Raum. Es gibt eine Bar des Vertrauens in einer alten Telefonzelle, an der man sich bedienen darf und bei der Abreise angibt, was man konsumiert hat. Kinder sind hier fehl am Platz. Ab 99,50 £ pro Person. 22 City Walls, CH1 1SB, ✆ 01244/347007, edgarhouse.co.uk.

BaBa Guest House **1** Elegante viktorianische Stadtvilla, sehr freundlich und heimelig. WLAN kostenlos. B & B im Vierbettzimmer 30 £/Pers., EZ 37,50 £, DZ 75 £, Familienzimmer 95 £. 65 Hoole Road, CH2 3NJ, ✆ 01244/315047, www.babaguesthouse.co.uk.

Mitchells of Chester **21** Gepflegtes Stadthaus knapp 2 km vom Zentrum, mit kleinem Garten und sehr netten Gastgebern; liebevoll und leicht kitschig eingerichtet, sehr sauber und gepflegt. Drei frisch renovierte Luxuszimmer, B & B DZ 105–110 £. 28 Hough Green, Chester CH4 8JQ. ✆ 01244/679004, www.mitchellsofchester.com.

Peckforton Castle Hotel **23** In den Cheshire-Hügeln in einer Burg aus dem 19. Jh. – mit Kamin und Himmelbett. Restaurant und neue Brasserie. EZ ab 115 £, DZ ab 180 £ inkl. Frühstück; Sonderangebote in der Nachsaison. Stonehouse Lane, Peckforton, Tarporley, CW6 9TN, ✆ 01829/260930, www.peckfortoncastle.co.uk.

** **Chester Backpackers** **9** Das gut ausgestattete Hostel in schwarz-weißem Fachwerkhaus im Osten der Stadt wurde 2016 einiger dringend nötiger Schönheitsreparaturen unterzogen. Es gibt WLAN, TV und eine Terrasse. Bett im Schlafsaal ab 16 £, EZ mit Bad ab 22 £, DZ mit Bad ab 34 £. 67 Boughton, CH3 5AF, ✆ 01244/400185, www.chesterbackpackers.co.uk.

Der Nordwesten → Karte S. 563

University of Chester – Sumner House 2 In diesem ehemaligen Budget-Hotel leben Studenten, in den Semesterferien (im Sommer Juli bis Sept.) werden die 160 Zimmer an Touristen vermietet. Schlichte funktionale Einrichtung, Spottpreise. EZ 35 £, DZ 39 £ ohne Frühstück. Delamere Street, CH1 4DS, ✆ 01244/513112, www.chester.ac.uk/node/21359.

Camping **Chester Lakes 22** Camping an Karpfenteichen, nur wenige Minuten südwestlich von Chester. Ganzjährig geöffnet, Duschen verbesserungswürdig. Stellplatz 10–30 £, Strom 5 £, auch Pods (Holzhütten) für bis zu 11 Pers. ab 70 £. Im Sommer veranstaltet Stellas Kitchen samstagabends ein Barbecue. Church Road, Dodleston, Chester, CH4 9LQ. Busroute DB1. ✆ 07860/133133, www.chesterlakes.co.uk.

Essen & Trinken/Nachtleben

→ Karte S. 565

Die Innenstadt ist voller Bäckereien, denen teils nette Cafés angeschlossen sind. Die meisten Restaurants befinden sich in und um die Northgate und Watergates Street. Zudem gibt es innerhalb der Stadtmauern rund 50 Pubs und Weinstuben. Auf Studenten trifft man im Telford's am Kanal (nahe der nördlichen Stadtmauer).

Essen & Trinken **Hickory's Smoke House 18** Amerikanisches Barbecue am Ufer des Dee, also Steaks und Rips im Biergarten. Drinnen Bildschirme mit Sportübertragungen. Auf dem Tisch stehen statt Brot und Butter Popcorn und Wasser. Am besten reservieren. Tägl. 9–23 Uhr. The Groves, Souters Lane, CH1 1SD, ✆ 01244/404000, hickorys.co.uk/chester.

The Falcon 17 Pub gegenüber der Rows, die Kellerfundamente sind 700 Jahre alt. Lower Bridge Street, CH1 1RS, ✆ 01244/342060.

Moules a Go-Go 16 Beliebte Grillbar mit französisch-belgischen Spezialitäten wie Muscheln mit Pommes, aber auch klassische Barbecue-Gerichte und sogar Vegetarisches. Modernes, farbenfrohes Ambiente. Mo–Do 12–21 Uhr, Fr–Sa bis 22 Uhr, So 12–17 Uhr. 39–41 Watergate Row South, CH1 2LE, ✆ 01244/348818, moulesagogo.co.uk.

Chez Jules 8 Guter Franzose in einer alten Feuerwehrstation, Hauptgerichte wie Lammschulter 15,95 £. Täglich wechselndes Menü, jeden Donnerstag Film Night. Mo–Sa 12–22.30 Uhr, So 12–21.30 Uhr. 71 Northgate Street, CH1 2HQ, ✆ 01244/400014, www.chezjules.com.

Artichoke 7 Der Laden in einem umgebauten Speicher im Canal Quarter ist vieles in einem: Café, Bar und Bistro mit charmantem Retrodesign. Umfangreiche Menükarte für jeden Gaumen, von der Taubenbrust über Salate bis hin zur Pizza. Mo–Do 8.30–24 Uhr, Fr/Sa bis 1 Uhr, So 10–24 Uhr. The Steam Mill, Steam Mill Street, Canal Quarter, CH3 5AN, ✆ 01244/329229, artichoke chester.co.uk.

The Refectory 10 Günstige Alternative in der Kathedrale von Chester, ein bisschen wie eine Schulkantine, aber hier haben schon die Mönche im 13. Jh. gegessen; viele hausgemachte Imbisse. Mo–Sa 9.30–16.30 Uhr, So 12–16 Uhr, ✆ 01244/500964.

The Watergate's Bar 15 Kerzenbeleuchtete Krypta aus dem Jahr 1120 mit Sitzen in verwinkelten Erkern und Ecken, trendy und romantisch. Mo–Mi 10–23 Uhr, Do bis 24 Uhr, Fr/Sa bis 2 Uhr, So bis 22.30 Uhr. 11–13 Watergate Street, CH1 2LB, ✆ 01244/320515, www.taylor-walker.co.uk/pub/thewatergates-chester/p0926.

Joseph Benjamin Restaurant & Porta Tapas Bar 5 Zwei engagierte Brüder betreiben die beiden Lokale, das Restaurant mit Bar und Delikatessenladen ist von Michelin empfohlen (Makrelenfilets 16,95 £). Tägl. 9.30–15 Uhr, Dinner Do–Sa 18–21.30 Uhr. Die Tapasbar nebenan ist eine relaxte Weinbar. Tägl. 17–22.30 Uhr. 134–140 Northgate Street, CH1 2HT, ✆ 01244/344295, www.josephbenjamin.co.uk und www.porta tapas.co.uk.

The Bear & Billet 20 Wunderhübsches Fachwerk-Pub nahe des Wallwalk – und Geburtsort von John Lennons Oma. Live-Sport und traditionelles Pubfood. 94 Lower Bridge Street, CH1 1RU, ✆ 01244/311886, www.bearandbillet.com.

Nachtleben **Alexander's 6** Tagsüber Cafébar - Jazzclub und Comedy (1. Mi des Monats) bei Nacht. Es können 150 Leute unterhalten werden, für den kleinen Hunger gibt es Tapas. Im Juli Konzertstätte für das Chester Jazz Festival. Mo–Sa 11 Uhr bis spät, So 12–20 Uhr. Rufus Court, CH1 2JW, ✆ 01244/340005, www.alexanderslive.com.

Telford's Warehouse 3 Hier legen gute DJs auf, oft gibt es auch Live-Bands. Man kann essen oder an der Bar einen Drink nehmen (umfangreiche Weinliste). Mo/Di 12–23 Uhr, Mi/Do 12–0.30 Uhr, Fr/Sa/So bis 1 Uhr. Canal Basin, Tower Wharf, CH1 4EZ, ✆ 01244/390090, www.telfordswarehouse chester.com.

Rosies 11 Der größte Club in Chester, hier tanzt die junge Generation auf drei Etagen mit drei Tanzflächen, unten Funk und Dance, in der Mitte Hip-Hop und Dance, oben Rock. Geöffnet Di/Mi und So 22–3 Uhr, Do/Fr 22–4 Uhr, Sa 21–4 Uhr. 12–16 Northgate Street, CH1 2HA, ✆ 01244/327141, www.rosieschester.co.uk.

Cruise 14 Alternative zum Rosies, sechs verschiedene Bar- und Tanzbereiche, die wie Etablissements in Bangkok, New York oder als englisches Landhaus gestaltet sind. Très chic. Geöffnet Do–Sa und Mo. 4 St John Street, CH1 1DA, ✆ 01244/408000, www.cruisechester.com.

Sehenswertes

Town Wall: Einen schönen Gesamteindruck von Chester bekommt man bei einem Spaziergang über die 3 km lange Stadtmauer. Die Römer hatten einst einen Wall um ihr Lager errichtet; dieser war teilweise die Basis für die im Mittelalter erbaute Stadtmauer aus rotem Sandstein. Nach dem Bürgerkrieg wurde die Stadtmauer zur modischen Promenade ausgebaut.

Unser Rundgang beginnt im Gegenuhrzeigersinn am Eastgate mit dem berühmten Uhrenturm. Im Norden befindet sich der **King Charles' Tower.** Im Jahr 1645 beobachtete der König hier vom Dach des Turmes aus die entscheidende Schlacht seines Heeres gegen die Parlamentarier unter Oliver Cromwell, die mit einer vernichtenden Niederlage seiner Truppen endete. Im Turm ist heute ein kleines Museum eingerichtet, das an den Bürgerkrieg erinnert. Vorbei am Northgate kommt man zum halbrunden Pemberton's Parlour und zum Bonewaldesthorne's Tower. Hier geht es in Richtung Süden weiter, wo sich ein Eckpunkt der Stadtbefestigung erhebt, der **Water Tower.** Er steht im Water-Tower-Garten, der mit einem als Mosaik gestalteten Labyrinth versehen wurde, und beherbergt mit „Sick to Death" eine familienfreundliche Ausstellung zu den Themen Geschichte der Medizin, Krankheit und Tod. Außerdem hat man Zugang zu einer Camera Obscura aus den 1830er-Jahren. Außerhalb auf dem ehemaligen Hafenareal liegt die Roodee-Rennbahn. Nun geht es wieder Richtung Norden am Bridgegate vorbei. In der südöstlichen Ecke beim Newgate hat man einen Blick auf das römische Amphitheater und kommt zu den Wishing Steps, denen man nachsagt, dass der Wunsch desjenigen, der sie hoch und hinuntersteigen kann, ohne Luft zu holen, in Erfüllung gehen wird.

Die Türme sind Water Tower und Bonewaldesthorne's Tower sind nur Sa und So 11–16 Uhr zur Besichtigung der Ausstellung „Sick to Death" geöffnet (sicktodeath.org). Auf den Secret-Chester-Touren öffnen die Guides sie zur Besichtigung. Führung April bis Okt. Di, Fr, So um 11.30 Uhr (7 £, erm. 6 £). Reservierung über die Touristeninformation empfohlen.

Eastgate: Das Eastgate ist auf fast jeder Stadtansicht von Chester zu finden. Als Haupttor zur Stadt wurde es zum 60-jährigen Krönungsjubiläum Königin Viktorias mit einem Uhrturm versehen, der nach Big Ben der meistfotografierte im Lande ist. Von oben hat man einen schönen Blick auf die Eastgate Street, die Haupteinkaufsstraße der Stadt mit ihren Rows, den mittelalterlichen Arkadengängen im ersten Stock.

Newgate und Amphitheater: Von diesem Teil der Stadtmauer hat man den besten Blick hinunter auf das römische Amphitheater aus dem 1. Jh. n. Chr. – es ist das größte römische Theater in England. 7000 Menschen konnten hier den Spielen und Gladiatorenkämpfen beiwohnen. Es wurde 1928 entdeckt, doch erst in den 1960ern

Der Nordwesten → Karte S. 563

freigelegt. Ein Modell findet sich im Grosvenor Museum (→ s. u.). Direkt an der Stadtmauer verläuft der Roman Garden mit den Resten eines Badehauses. Dahinter führt die Promenade The Groves am Dee-Fluss entlang zum Grosvenor Park, der 1857 eröffnet und vom Gartenarchitekten Edward Kemp geplant wurde – ein guter Ort zum Verweilen und für ein Picknick.

Tägl. bei Tageslicht. Eintritt frei, www.english-heritage.org.uk. Vicar's Lane, CH1 2HS.

Watergate: In dieser Straße stehen zwei prächtige Fachwerkhäuser, u. a. das God's Providence House (Nr. 9), das auf einem Querbalken die Inschrift „Gottes Vorsehung ist mein Erbe" trägt; es war das Stoßgebet seines puritanischen Besitzers, nachdem sein Haus als einziges in der Stadt von der Pest verschont geblieben war. Das andere Schmuckstück ist das Bishop Lloyd's House (Nr. 41), das über und über mit Schnitzereien verziert ist, eine skurrile Fabelwelt, die man am besten von den Rows aus entziffert.

Northgate: Anfang des 19. Jh. wurde das alte Stadttor mit Gefängnis durch ein neueres ersetzt. Dahinter befindet sich der Shropshire-Union-Kanal mit den Schleusen, die der Kanal- und Brücken-Ingenieur Thomas Telford 1779 bauen ließ.

Kathedrale: Von der Northgate Street gelangt man zur Kathedrale. Der Vorgängerbau, um die erste Jahrtausendwende erbaut, war der heiligen Werburgh geweiht, einer wundertätigen Prinzessin von Mercia und Nichte von Ethelreda, die in Ely verehrt wird. Ihr Schrein war Ziel der vielen Pilger, die Chester im Mittelalter bereisten. 1541 wurde die Wallfahrtsstätte zur Kathedrale erweitert und Christus und der Jungfrau Maria geweiht. Die Miserikordien erzählen die Legende von der heiligen Werburgh und der Graugans: Diese war von einer hungrigen Magd verspeist worden, die ihre Untat reumtig gestand, woraufhin Werburgh das Tier wieder zum Flattern brachte. Der heutige Bau zeigt Elemente des normannischen Stils, des Early English (Chor, Kapitelhaus und Vorhalle) und des Perpendicular. In der Kathedrale dirigierte Georg Friedrich Händel vor der Uraufführung in Dublin eine Generalprobe seines Messias – Händels Partitur ist hier zu sehen. Der Kathedralengarten dient als Greifvogelpark, wo die Falkner stolz ihre Erfolge im Training mit Eulen und Falken demonstrieren.

Mo–Sa 9–18 Uhr, So 11–16 Uhr. Eintritt frei, Spende von 3 £ erbeten. Führungen inkl. Turmbesteigung Mo–Fr ab 11 Uhr, 6–8 £. 12 Abbey Square, CH1 2HU, ✆ 01244/324756, www.chestercathedral.com.

Grosvenor Museum: In den beiden Abteilungen des sehenswerten Museums, die sich der römischen Zeit der Stadt widmen, findet man die meisten römischen Grabsteine außerhalb von Rom selbst – die Steine wurden im 19. Jh. bei Arbeiten an der Stadtmauer entdeckt. Zu sehen sind zudem Aquarelle, Zeichnungen und Drucke zur Stadtgeschichte sowie Werke einheimischer Künstler.

Beliebtes Fotomotiv: das Eastgate

Chester Rows am High Cross

Außerdem gibt es eine naturhistorische Abteilung und ein Haus, das im Stil des 18. Jh. eingerichtet ist.

Mo–Sa 10.30–17 Uhr, So 13–16 Uhr. Eintritt frei, Spende von 3 £ erbeten. 27 Grosvenor Street, CH1 2DD, ✆ 01244/972197, grosvenormuseum.westcheshiremuseums.co.uk.

Chester Castle/Chester Military Museum: Sie ist eine der zahlreichen Burgen, die von Wilhelm dem Eroberer in Auftrag gegeben wurde. Vom ursprünglichen Gebäude ist seit dem Umbau im 18. Jh. nicht mehr viel zu sehen. Die St-Mary-de-Castro-Kapelle im Agricola Tower zeigt Wandmalereien aus dem 13. Jh. Im modernen Teil der Burg befindet sich ein Militärmuseum, in dem man durch die Schützengräben von Ypres gehen kann.

Burg: April bis Sept. tägl. 10–17 Uhr, Okt. bis März nur bis 16 Uhr. Eintritt frei. **Museum**: Tägl. 10–17 Uhr. 3 £, erm. 2 £, Familie 8 £. The Castle, Chester, CH1 2DN, ✆ 01244/327617, www.cheshiremilitarymuseum.co.uk.

Dewa Roman Experience: Das interaktive Museum gibt dem Besucher interessante Einblicke in das Leben der Stadt zur Zeit der Römer. Von einer rekonstruierten Galeere mit dem Lärm und Gestank eines Sklavenschiffs (*„Row you dogs!“*) betritt man eine römische Straße oder steigt drei Meter hinab in die Ausgrabungsstätte des Forts. Man kann sich im Bogenschießen üben, Mosaike legen oder einen Hypocaust bauen. Ein kleiner Film rundet den unterhaltsamen Besuch ab.

Febr. bis Nov. Mo–Sa 9–17 Uhr, So 10–17 Uhr. Dez./Jan. 10–16 Uhr. 5,50 £, erm. 4,95 £, Kind 3,95 £, Familie 17,50 £. Pierpoint Lane, 1–2 Bridge Street, CH1 1NL, ✆ 01244/343407, www.dewaromanexperience.co.uk.

Die Rows: Die ersten Rows entstanden in Chester vermutlich zur Zeit der Renaissance, als man in vielen Städten Europas die Vorzüge von Arkaden und Kolonnaden entdeckte. Das Ungewöhnliche an den Rows von Chester ist, dass sie nicht ebenerdig sind, sondern sich im ersten Stock befinden – eine Art fortlaufende, von Treppenfluchten unterbrochene Passage, die hinunter zur Straße und zu den

Der Nordwesten → Karte S. 563

Untergeschossen führen. Diese Arkadengänge wurden nach den dort verkauften Waren benannt, etwa „Pepper Alley“ oder „Fish Shambles“. Neben den Rows aus der Tudorzeit findet man georgianische, viktorianische und moderne Arkaden aus dem 20. Jh. wie die St Michael's Arcade.

Chester Town Crier: Die mittelalterliche Tradition des Stadtschreiers wird in Chester mittags um 12 Uhr wieder lebendig; das unterhaltsame Spektakel dauert rund 15 Minuten. Wer dabei sein möchte: von Mai bis August jeden Dienstag bis Samstag am High Cross, Ecke Bridge Street/Watergate Street.

Umgebung von Chester

Chester Zoo: Englands größter Zoo ist für seine Gartenanlagen fast so bekannt wie für die rund 11.000 Tiere (400 Arten). Großer Wert wird auf die artgerechte Haltung in „near-natural“-Gehegen gelegt, eingebettet in gepflegte Anlagen. Natürlich gibt es auch einen Streichelzoo, und mit der Zoofari-Hochbahn oder dem Waterbus man kann am Kanal entlangfahren.

Tägl. ab 10 Uhr, im Sommer bis 18 Uhr, im Winter bis 16 Uhr. 28 £, Kind 24 £, online billiger. Upton-by-Chester, 3 km nördl. der Stadt, CH2 1LH, ✆ 01244/380280, www.chesterzoo.org.

National Waterways Museum: Dieses Museum in den historischen Docks von Ellesmere Port macht die Entwicklung des britischen Kanalsystems anschaulich. 1850 gab es nicht weniger als 6500 km Kanäle, auf denen jährlich 30 Millionen Tonnen Güter transportiert wurden. Gezeigt wird hier die weltgrößte Sammlung an Kanalbooten. Man kann auf Narrowboats klettern, mit der Centaur durch die Schleusen fahren (1,50 £, erm. 1 £), ein Hafenarbeiter-Cottage besuchen, eine Dampfmaschine in Betrieb erleben – und danach im Café entspannen.

Tägl. 10–17 Uhr, im Winter bis 16 Uhr. 6,30 £, erm. 5,40 £, Kind 4,50 £. South Pier Road, Ellesmere Port, CH65 4FW, ✆ 0151/3555017, canalrivertrust.org.uk. Anfahrt: Über die M 53, Ausfahrt 9, oder mit dem Fahrrad entlang des Shropshire-Union-Kanal (13 km).

Blue Planet Aquarium: Eine lange, interaktive Reise durch die Gewässer der Welt, von den dunstigen Flüssen des Nordens bis zu den exotischen Gewässern der Karibik. Tausende Fische, gigantische Tintenfische, giftige Frösche und Otter tummeln sich hier, im Unterwassertunnel schwimmen Haie dicht an einem vorbei – wer mutig und gut bei Kasse ist, kann eine halbe Stunde mit ihnen tauchen. Der Tauchgang erfolgt natürlich unter Anleitung und nach einem Sicherheitstraining. Wem das nicht reicht, der geht in den Venom, wo Vogelspinnen, schwarze Witwen, Vipern oder giftige Quallen ihr Gift *(venom)* verspritzen. Das Restaurant dagegen ist wieder eine Oase der Entspannung.

Tägl. ab 10 Uhr, Mo–Fr bis 17 Uhr, Sa/So und in den Ferien bis 18 Uhr. 17 £, erm. 15 £, Kind 12,25 £, Familie 56 £. Auch Tauchen mit Haifischen. Cheshire Oaks, CH65 9LF, ✆ 0151/3578800, www.blueplanetaquarium.com. Anfahrt über M 53, Ausfahrt 10, oder mit Buslinie X8 ab Chester Bahnhof.

Anderton Boat Lift: Das Schiffshebewerk von 1875 ist das erste hydraulische Presskolben-Hebewerk der Welt. Es war mehr als hundert Jahre kontinuierlich in Betrieb, wurde in den 1980er-Jahren wegen Korrosionsschäden stillgelegt und funktioniert seit 2002 wieder, allerdings schon seit 1908 elektrisch. Man kann das technische Meisterwerk von einer Aussichtsplattform aus bewundern, wem bei 15 m Höhenunterschied zwischen dem Weaver und dem Trent and Mersey Canal nicht schwindlig wird, kann sich auch auf eine Bootstour begeben.

März bis Nov. tägl. 9.30–16 Uhr. Lift Lane, Anderton, Northwich, CW9 6FW, canalrivertrust.org.uk/enjoy-the-waterways/museums-and-attractions/anderton-boat-lift.

Port of Liverpool Building und Open Eye Gallery am Pier Head

Liverpool

Dort, wo der River Mersey in großem Bogen in die Irische See strömt, liegt Liverpool, was so viel heißt wie „schlammige Bucht". Eine Stadt der Gegensätze, die an die Beatles und an Fußball denken lässt, mit einem der größten tideunabhängigen Häfen der Welt. Büro- und Verwaltungspaläste aus dem 19. bis 21. Jh. stehen Seit an Seit mit Bausünden aus den 1970er-Jahren.

Neuen Glanz in die alte Hafenmetropole brachten Investitionen von fünf Milliarden Pfund, seitdem tut sich hier vor allem kulturell viel: Die sanierten **Albert Docks** (seit 2004 UNESCO-Weltkulturerbe), die 1972 für den kommerziellen Schiffsverkehr geschlossen wurden, haben sich zu einem lebendigen Stadtviertel entwickelt, interessante Museen, Cafés und Restaurants locken Scharen von Touristen. Die **Tate Liverpool** ist heute eines der größten Museen für moderne Kunst außerhalb von London. Und pünktlich zum 200. Jahrestag des Verbots des Sklavenhandels öffnete 2007 das neue **International Slavery Museum** im Merseyside Maritime Museum seine Pforten.

Weitere kulturelle Impulse brachte der Status Liverpools als Kulturhauptstadt Europas 2008: Die Waterfront wurde mit einem durchgehenden Spazierweg erneuert, dem Riverside Walk, der am neuen **Liverpool Museum** vorbei zur futuristischen Waterfront Echo Arena im Kings Dock führt, die bei Konzerten mehr als 10.000 Besuchern Platz gibt. Für zwölf Millionen Pfund entstand eine neue Anlegestelle für große Kreuzfahrtschiffe am Pier's Head. Zudem wurde ein 2,5 km langer Kanal mit zwei Schleusen gegraben, der es Booten erstmals ermöglicht, vom Leeds- und Liverpool-Kanal direkt bis ins Albert Dock zu schippern.

Die Neuerungen in Liverpool beschränken sich jedoch nicht auf die Docks. Direkt gegenüber an der Schnellstraße The Strand wurde auf 170.000 m² Brachland das

Liverpool One Shopping Centre aus dem Boden gestampft, das neben den üblichen Kaufhäusern, Läden, Kinos und Restaurants auch den neuen Busbahnhof sowie Apartmentblocks beherbergt.

Im Stadtzentrum selbst ist die **Walker Art Gallery** nicht erst seit 2008 eine feste Größe. Auch **FACT** hat für Aufmerksamkeit gesorgt, das Zentrum für neue Medien und Technologien, in dem auch ausländische Produktionen und Arthouse-Filme zu sehen sind. Alle zwei Jahre findet in Liverpool die Biennial statt, bei der mehrere Wochen lang die Arbeiten internationaler Künstler, Architekten und Filmemacher gezeigt werden, das nächste Mal wieder im Sommer 2018. Durch den Zustrom von Querdenkern und Kreativen wurden alte Industrieviertel in neue Lebensräume verwandelt, wie Rope Walks oder das noch im Werden begriffene Baltic Triangle.

Viele Besucher bringen die Stadt nach wie vor mit ihrem bekanntesten Exportartikel in Verbindung: mit den **Beatles** (→ Kasten, S. 591). Nicht nur eingefleischte Pilzkopffans betten ihr Haupt im weltweit ersten Beatles-Hotel zur Ruhe, dem „Hard Day's Night" – wenn sie es denn betten, denn besonders wach wird Liverpool bei Nacht. Die rund 450.000 Liverpooler kann man am treffendsten mit dem deutschen „Herz und Schnauze" charakterisieren – freundlich sind sie, aber direkt – und feierfreudig. Darum haben viele Pubs eine Lizenz bis 2 Uhr früh, und angesichts der lebhaften **Musikszene** kann man den unterschiedlichsten Konzerten lauschen oder bis in die Morgenstunden clubben.

Bis ins 17. Jh. war Liverpool kaum mehr als ein Fischernest. Erst als die Stadt Chester den Rang als **Handelshafen** ablief, ging es bergauf. 1715 wurde das erste Dock eröffnet, und bald reihten sich auf über 11 km Länge die Docks aneinander. Aus Westindien und Amerika kam die Baumwolle, die dann in den Spinnereien und Tuchfabriken Lancashires weiterverarbeitet und schließlich von Liverpool wieder in die Welt verschifft wurde. Liverpool hat den kürzesten Seeweg in die USA und dabei das ganze englische Industriegebiet im Rücken, mit dem es durch schiffbare Kanäle verbunden ist. Eine weitere gewaltige Einnahmequelle war der Sklavenhandel mit Amerika, für den Liverpool der Haupthafen Europas wurde.

1840 eröffnete die erste Passagierschiffslinie von Liverpool über Halifax nach Boston in die Neue Welt. Binnen kurzer Zeit avancierte die Stadt zum großen **Auswanderungshafen** nach Amerika und Australien. Mehr als neun Millionen Emigranten aus ganz Europa brachen zwischen 1830 und 1930 von hier aus auf, um in Übersee ihr Glück zu suchen. In den 1840er-Jahren trieb eine große Hungersnot die Iren nach Liverpool. Parallel dazu kam es zu Einwanderungswellen aus den Commonwealth-Gebieten in China und der Karibik. Und weil sich viele Ausreisewillige der unterschiedlichsten Nationalitäten letztendlich dazu entschlossen, hier vor Ort zu bleiben, wurde Liverpool zum multikulturellen Schmelztiegel. Dieses Völkergemisch ist übrigens der Hintergrund für den Dialekt der „Liverpudlians".

In den 1960ern setzte der wirtschaftliche Niedergang ein, der letztlich nicht aufzuhalten war. Nach und nach mussten die Docks geschlossen werden, wichtige Wirtschaftsunternehmen kehrten der Stadt den Rücken. Liverpool wurde zum Synonym der britischen Rezession. Allein auf kulturellem Gebiet erlebte die Stadt eine Blütezeit, aus jedem Keller ertönte ein neuer Sound – der **Merseybeat** (→ Kasten, S. 591). Die Beatles trugen ihn in alle Welt und wurden bald zur berühmtesten Popgruppe der Geschichte. Das kriselnde Liverpool kam als **„City of Pop"** ins Guinnessbuch der Rekorde – in Liverpool wurden mehr Nummer-1-Singles produziert als in jeder anderen Stadt der Welt. Seinen Ruf als Musikhauptstadt des Landes hat

Liverpool mit dem Umzug der British Music Experience, des Museums für Popmusik, von London nach Liverpool im Jahr 2017 weiter gefestigt.

Erst ab den späten 1980er-Jahren ging es auch wirtschaftlich wieder bergauf, u. a. mit Unterstützung durch die europäische Wirtschaftshilfe und der Ansiedlung von Autofabriken im Umland. Während in den Vororten Arbeitslosigkeit und Armut heute nach wie vor präsent sind, hat sich das Zentrum herausgeputzt. Und die Revitalisierung soll weitergehen: Auf 30 bis 50 Jahre ist der **„Liverpool Waters Masterplan"** angelegt, der die Erneuerung der Docklands nördlich des Stadtkerns bis zum Industriehafen vorsieht; ein zusätzlicher Kreuzfahrt-Terminal ist ebenso geplant wie ein neuer Containerhafen, damit auch die größten Schiffe der Welt wieder nach Liverpool finden.

Basis-Infos

Information **Albert Dock Visitor Centre**, April bis Sept. 10–17.30 Uhr, sonst 10–17 Uhr; kleine Touristinformation, es gibt Stadtpläne und Infos über öffentliche Verkehrsmittel, man kann Veranstaltungen und Stadtführungen buchen, etwa die „Magical Mystery Tour". Der informative Liverpool & Merseyside Visitor Guide enthält die wichtigsten Informationen. Anchor Courtyard, Albert Dock L3 4AS, ✆ 0151/2332008, www.visitliverpool.com. Auch auf Deutsch unter de.visitliverpool.com.

Information am Bahnhof Lime Street, Plattform 7. Tägl. 9–16.30 Uhr.

Information am Flughafen, tägl. 8–18 Uhr; John Lennon Airport, Arrivals Hall, Speke, Hall Road, L24 1YD, ✆ 0151/2332008.

Verbindungen **Allgemeine Infos** des Verkehrsverbundes Merseytravel für alle Verkehrsmittel unter ✆ 0151/2275181, www.merseytravel.gov.uk. Die Tageskarte „Saveaway Ticket" (Erw. 3,90 £, Kind 2,30 £) gilt außerhalb der Hauptverkehrszeiten für die ganze Region Merseyside (Busse, Züge und Fähren).

Bus – Liverpool hat zwei Busterminals: Liverpool One Bus Station am Canning Place, L1 8JX. Alle zwei Stunden fährt von dort der National Express nach London (5–6:30 Std.), mehrmals tägl. auch in alle anderen großen Städte Englands. Und Queen Square, L1 1RG, nordöstlich des Bahnhofs. Hier gibt es auch ein Travel Centre, das bei der Routenplanung behilflich ist.

Bahn – Liverpool hat vier Bahnhöfe, die meisten Züge kommen in der Lime Street Station an, L1 1JD; im Bahnhof befindet sich das Lime Street Travel Centre, wo man Tickets kaufen kann. Von hier aus regelmäßig in alle größeren Städte wie Manchester, York, Newcastle oder Birmingham. Fahrzeit nach London (Euston): gut 2 Std. Vom Bahnhof fährt Bus 86 in die Innenstadt sowie ein Shuttle zum Flughafen.

Merseyrail – An fünf unterirdischen Bahnstationen in der Stadt kann man in den Zug steigen, der wie eine Untergrundbahn funktioniert: Lime Street, Central und unterhalb von Ranelagh/Bold Street. ✆ 0151/5551111, www.merseyrail.org.

Fähre – Vom Princess Landing Stage nahe dem Pier Head startet die Fähre nach Douglas auf der Isle of Man (2:30 Std., Isle of Man Steam Packet Company, ✆ 08722/992992, www.steam-packet.com). Vom Gladstone Dock in Bootle und dem Birkenhead Ferry Port auf der anderen Seite des Mersey legen die Fähren nach Dublin (ca. 8 Std.), und Belfast (10 Std.) ab (P & O Irish Seas nach Dublin, Fahrzeit ca. 20 Std., www.poferries.com/de/liverpool-dublin) sowie Stenaline nach Belfast (www.stenaline.co.uk/routes/liverpool-belfast). Alle Fähren sind nicht gerade billig. Über Abfahrtszeiten und Tarife informiert der Fährenpavillon am Pier Head, Georges Parade, L1 1DP. ✆ 0151/6390609. Von hier fährt auch der City Link Bus für 3 £/Tag, ein- und aussteigen darf man, so oft man will.

Flughafen – Vom John-Lennon-Flughafen Flüge nach Amsterdam, in diverse Städte am Mittelmeer, nach Polen, Belfast und auf die Isle of Man; nach Berlin, Innsbruck, Salzburg, Genf. ✆ 0871/5218484, www.liverpoolairport.com.

Busverbindung mit Arriva Airlink 500 (tägl. alle 30 Min. ins Zentrum) und den Buslinien 80A, 82A und 86A. Ein größerer internationaler

Der Nordwesten → Karte S. 563

Flughafen befindet sich in Manchester, www.manchesterairport.co.uk.

Einkaufen **Liverpool One**, mehrere hundert Millionen Pfund kostete dieser Konsum- und Vergnügungstempel im Zentrum gegenüber der Docks: ein Kino mit 14 Sälen, 20 Restaurants und rund 160 Läden (www.liverpoolone.com). **Met Quarter** in Whitechapel, mit Designerläden von Armani, Gucci oder Prada, preist sich als die Bond Street Liverpools (www.metquarter.com). Ein interessanter Geschenkeladen ist der **made-here-Shop** im ersten Stock. **Cavern Walks Design Shopping**, Mathew Street, hier haben Größen wie Vivienne Westwood ihre Läden, aber auch viele kleine, extravagante Boutiquen. Preiswertere Klamottengeschäfte, alternative Boutiquen und innovative Cafés, Bars, Restaurants und Delikatessengeschäfte findet man in der **Bold Street**. Im Keller des Klamottenladen Soho's Vintage eröffnete **Dig Vinyl**, ein guter Plattenladen (80 Bold St, digliverpool.co.uk). Weitere Record Shops sind: **Probe Records** im Bluecoat-Kunstzentrum (www.thebluecoat.org.uk) oder **3B Records**, 5 Slater Street (www.3brecords.co.uk).

Kinos **Odeon** im Liverpool One, 14 Paradise Street, L1 8JF, ✆ 0333/0067777.

Picturehouse at Fact, das Art-House-Kino Liverpools, 88 Wood Street, L1 4DQ, ✆ 0871/9025737, www.picturehouses.co.uk.

Aktivitäten/Kultur

Bootsfahrten Am Pier Head kann man **Rundfahrten auf dem Mersey** buchen. → „Pier Head und Merseyfähren".

Fahrradverleih **City Bike Liverpool**. Nach der Registrierung (Tag/Woche/Jahr) kann man ein Fahrrad an einer der etwa 100 Verleihstationen für 1 £/Std. (ab 10 Std. pauschal 10 £) leihen und wieder abgeben. ✆ 0151/3742034, www.citybikeliverpool.co.uk.

Festivals **Liverpool International Music Festival**, der familienfreundliche 4-Tage-Event im Sefton Park ist aus dem Mathew Street Festival entstanden. Er findet Ende Juli statt, ist kostenfrei und bietet den rund 100.000 Besuchern ein breiteres Spektrum an Musikstilen auch jenseits der Beatles. www.limfestival.com.

Sound City, dieses Festival in den Bramley Moore Docks findet im Mai statt und zieht Headliner wie Ed Sheeran oder The Vaccines an. www.liverpoolsoundcity.co.uk.

Cavern City Tours organisiert Ende August nach wie vor die **International Beatles Week** (www.cavernclub.org/beatleweek).

An eingefleischte Clubber richtet sich das Open Air Electronic Music Festival **Creamfields** im August in Daresbury: mehr als 200 Acts auf 28 Bühnen, vor denen sich Zehntausende Tanzfreudige einfinden (www.creamfields.com).

Segler kommen im Juni drei Tage lang zum **Mersey River Festival**, dem größten maritimen Festival seiner Art in Europa (www.cultureliverpool.co.uk/international-mersey-river-festival-2).

Jeden Monat singen Fischerchöre im Baltic Sea Pub Sea Shantys, es gibt sogar ein dreitägiges **Sea Shanty Festival.** www.seashantyliverpool.co.uk.

Fußball Liverpool hat zwei Fußballmannschaften, die (derzeit) in der Premier League, der ersten englischen Liga spielen: den FC Liverpool, der Rekordmeister Englands, und den weniger erfolgreichen FC Everton. Der FC Liverpool („The Reds", zur Zeit der Recherche trainiert von Jürgen Klopp) spielt im **Anfield-Stadion**. Tickets unter ✆ 0870/2202345, aus dem Ausland ✆ 0151/9079399.

Der FC Everton ist im **Goodison Park** zu Hause; Führungen Mo, Mi, Fr, So 11 und 13 Uhr (12 £, Kind 6 £). Goodison Road, L4 4EL, ✆ 0151/5305212, www.evertonfc.com/content/tickets/stadium-tour-experience. Das englische System, nach dem fast nur noch Langzeitmitglieder die überteuerten Tickets erstehen können, minimiert allerdings die Chancen für die Teilnahme an einem Spiel.

Liverpool Football Club Museum & Tour Centre: Wer kein Glück beim Ergattern einer Karte hatte, kann zum Trost an einer Besichtigung des Stadions mit interaktivem Museum teilnehmen; die Führungen finden natürlich nur statt, wenn nicht gespielt wird. Museum & Tour Centre tägl. 10–15 Uhr außer an Spieltagen, Anfield Road, L4 0TH. 17–35 £, erm. 11–18 £. stadiumtours.liverpoolfc.com.

Golf Liverpool liegt am südlichen Ende der „Golfküste" mit etwa 20 Plätzen, von denen drei immer wieder Austragungsstätte für Championships sind: Birkdale, Liverpool, St Annes. www.englandsgolfcoast.com.

Konzerte **Royal Liverpool Philharmonic Orchestra**, das Ensemble zählt zu den besten Englands und spielt regelmäßig in der Philharmonic Hall in der Hope Street. L1 9BP. Studententickets schon für 7 £. Auch Führungen durch das Art-déco-Haus: 11 £, erm. 8 £ (vorher buchen). Im Juli auch Freilichtkonzerte am Albert Dock. ✆ 0151/7093789, www.liverpoolphil.com/tours-and-rehearsal-visits.

Echo Arena, Veranstaltungshalle an der Waterfront neben dem Albert Dock. Die Halle mit 11.000 Sitzplätzen befindet sich im ACC Arena and Convention Centre. Kings Dock, L3 4FP, Box Office ✆ 0844/8000400, www.echoarena.com.

Pferderennen Am ersten Aprilwochenende findet das in aller Welt wegen der brutalen Behandlung der Pferde umstrittene Hindernisrennen **Grand National** in Aintree statt. Das Hindernisrennen ist in Großbritannien einer der Höhepunkte des Pferdesports. Jeder, der etwas auf sich hält, wettet auf ein Pferd und verfolgt das Rennen zumindest am Bildschirm. Tierschützer protestieren jedes Jahr aufs Neue, da bei jedem Rennen Pferde stürzen und sich mitunter so schwer verletzen, dass sie eingeschläfert werden müssen. Aber auch für die Jockeys kann das Rennen erfahrungsgemäß gefährlich werden. Führungen Mai bis Okt. auf Anfrage. Ormskirk Road, L9 5AS, ✆ 0151/5232600, aintree.thejockeyclub.co.uk.

Riesenrad fahren Mit dem **Wheel of Liverpool**, → S. 587.

Stadtführungen/-rundfahrten Die einstündige **Beatles Magical History Tour** bringt Beatles-Fans auf einem Doppeldeckerbus vom Albert Dock zu den bekannten Plätzen wie Strawberry Fields und Penny Lane. Start am Visitor Centre Albert Dock. Tägl. 11 Uhr, im Sommer öfter. 16,95 £. ✆ 0151/2369091, www.cavernclub.org/the-magical-mystery-tour.

Yellow Duck Marines, die gelben Amphibienfahrzeuge gibt es in Liverpool wie in Manchester. Los geht es tägl. ab 10.30 Uhr am Gower Street Bus Stop beim Albert Dock Building. 12,95–16,95 £, erm. 10,95–13,95 £, Kind 9,95–11,95 £, Familie 38–48 £. ✆ 0151/7087799, www.theyellowduckmarine.co.uk.

City-Explorer-Liverpool-Busse, die roten offenen Busse fahren ganzjährig durch Liverpool, tägl. 10–15.30 Uhr (9 £, erm. 6 £, Kind 5 £, Familie 23 £). ✆ 0151/9332324, cityexplorerliverpool.co.uk.

Die Tate Gallery Liverpool am Albert Dock

Der Nordwesten → Karte S. 563

RIBA-Liverpool-City-Tour, die Tour richtet sich an Architektur-Interessierte (RIBA: Royal Institute of British Architects) und erkundet die Geschichte und Geschicke der Stadt anhand ihrer Gebäude. Mai bis Okt. Sa/So 11 Uhr, Mi 14 Uhr. 8,50 £, erm. 6,50 £. ✆ 0151/7070729, www.architecture.com, (regions and international, dann Northwest anklicken).

Liverpool-Cycle-Touren sind eine Option für passionierte Pedaltreter. 2-mal tägl. starten Halbtages-Touren (15 £) am Albert Dock, es gibt auch Beatles-Touren (25 £). Das Fahrrad samt Helm ist gratis. ✆ 07986/139531, www.liverpoolcycletours.com.

Theater/Kunst Einen guten Überblick über die Kunstszene Liverpools mit Galeristenverzeichnis, Ausstellungen, Webblog und News geben www.artinliverpool.com und www.liverpoolconfidential.co.uk.

Tate Gallery → S. 586.

Walker Art Gallery → S. 588.

Open Eye Gallery, die Galerie in dem schwarz verglasten Neubau direkt am Pier Head hat sich auf Fotografien britischer und internationaler Künstler spezialisiert und veranstaltet oft Events und Workshops. Di–So 10.30–17.30 Uhr. 19 Mann Island, L3 1BP, ✆ 0151/2366768, www.openeye.org.uk. Für viele Ausstellungen gibt es Audioguides zum Download. Von hier startet die RIBA-Führung „Liverpool – Gateway to the World" (So 11 Uhr, Mi 14 Uhr).

The Epstein Theatre, das Theater in der Music Hall aus dem Jahr 1913, das den Namen des Beatles-Managers Brian Epstein trägt, ist heute Aufführungsort für Popkultur, Musicals, klassische Konzerte, Theater und unterschiedlichste Shows. Hanover House, 85 Hanover Street, L1 3DZ, Theaterkasse ✆ 0844/8884411, www.epsteinliverpool.co.uk.

Liverpool Everyman and Playhouse Theatre, zwei Bühnen, die eine Meile auseinanderliegen, aber eng zusammenarbeiten – eines der interessantesten Theaterprojekte Liverpools. Gute Mischung aus alten und modernen Stücken, viele Premieren auch einheimischer Autoren sowie Comedy und Theatre befindet sich in der alten Music Hall aus dem 19. Jh. Williamson Square; das Everyman Theatre (→ Sehenswürdigkeiten) gewann Architekturpreise und befindet sich in der 7–11 Hope Street. ✆ 0151/7094776, www.everymanplayhouse.com.

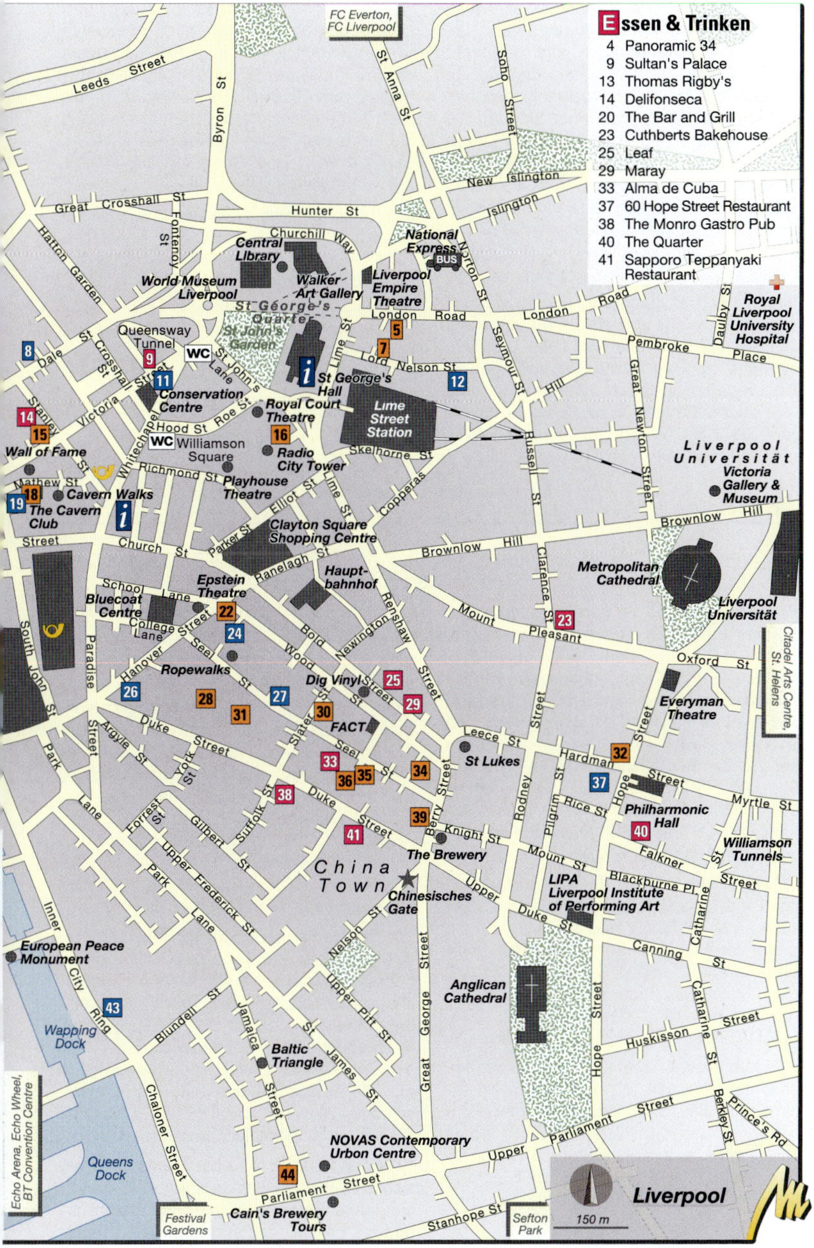

Der Nordwesten → Karte S. 563

Bluecoat Arts Centre, ebenfalls eine ausgefallene Mischung aus Theater, Tanz, Lesungen und Ausstellungen wird in diesem modernisierten Fabrikbau aus dem 18. Jh. geboten. Diverse Kunstgalerien, Bühnen und Studios, die Ausstellungen sind tägl. 9–18 Uhr, So ab 11 Uhr zu besichtigen. Eintritt frei. Außerdem gibt es einen Garten, ein nettes Café und im ersten Stock ein Bistro (Upstairs at the Bluecoat). School Lane, L1 3BX, ✆ 0151/7025324, thebluecoat. org.uk.

FACT, Foundation for Art & Creative Technology: der erste Kulturneubau seit 60 Jahren hat sich ganz den neuen Medien, der Internetkunst und dem Kino verschrieben. Mo–Sa 10–21 Uhr, So 11–21 Uhr. Eintritt wird nur für Ausstellungen erhoben. Das vegetarische Café **Garden by Leaf** (→ Essen & Trinken) ist bis 19, So bis 18 Uhr geöffnet. 88 Wood Street, L1 4DQ, ✆ 0151/7074444, www.fact.co.uk.

Rawhide Comedy Club **16** Im Royal Court Theatre treten Do–Sa auch bekannte Stand-up-Komiker auf. Wer hier isst (reservieren!), muss um 19 Uhr da sein, die Show beginnt um 20 Uhr. Die Küche bleibt bis nach Mitternacht offen, in der Downstairs Bar kann man einen gediegenen Drink zu sich nehmen. Roe Street, ✆ 0870/7871866, www.rawhidecomedy.co.uk.

Liverpool Empire Theatre, überwiegend Gastspiele von Musicals und Konzerten. Lime Street, L1 1JE, ✆ 0844/8717660, www. liverpooltheatres.com/empire.htm.

Citadel Arts Centre, Mix aus Musik, Theater, Comedy, Kunst und Café-Bar. Eine der besten Jazz- und Blues-Locations im Land. Waterloo Street, St Helens, WA10 1PX, ✆ 01744/735436, www.citadel.org.uk.

Übernachten

→ Karte S. 576/577

In der Innenstadt gibt es nur wenige günstige B-&-B-Adressen, dafür gewähren in der ruhigeren Jahreszeit die großen Hotels Vergünstigungen.

**** **Malmaison** **6** In dem zehnstöckigen Neubau fühlt man sich eher wie in Manhattan als in Liverpool. Großzügige Eingangshalle mit Kamin, gedämpfte dunkle Farben, die Flure sind mit Fotos von Merseyside behängt, riesige Betten und luxuriöse Bäder sind die Markenzeichen der 130 Zimmer. Standard-DZ ab 125 £, oft Specials. Wiliam Jessop Way, Princes Dock, L3 1QZ, ✆ 0871/9430350, aus dem Ausland ✆ 0121/6163612, www.malmaison. com/locations/liverpool.

**** **Hope Street Hotel** **37** Cooles Boutiquehotel mit fast 90 soliden Zimmern in einer alten Kutschenfabrik. Hier steigen auch die Kicker von ManU ab. Sehr gutes Restaurant „The London Carriage Works“. DZ ab 86 £ ohne Frühstück, Penthouse-Suite bis 544 £, Advance Rate 69 £. 40 Hope Street, L1 9DA, ✆ 0151/7093000, www.hopestreethotel.co.uk.

**** **Hard Day's Night** **19** Hinter einer imposanten Fassade mit Marmorsäulen verbirgt sich das Beatles-Themenhotel samt Lennon- und McCartney-Suite, deren Geschichte in den Fluren und 110 Räumen dokumentiert wird. Auch Hochzeitskapelle. Die Zimmerpreise starten bei 90 £ ohne Frühstück bis maximal 295 £ in der Hochsaison. Beatles Superstore im Foyer. Fr/Sa abends Livemusik. North John Street, LS 6RR, ✆ 0151/2361964, www.harddays nighthotel.com.

**** **Shankly Hotel** **11** Ein weiteres Themenhotel der Spitzenklasse, in dem sich sicher auch Fußballmanager Bill Shankly wohl gefühlt hätte. Wer dem Mann huldigt, kann das im hoteleigenen Museum tun. Das moderne Haus liegt mitten im Stadtzentrum, auf dem Dach erwartet Sie der Eden Garten mit Bar und Außenpool. Studios und Apartments, für 2 Pers. ab 81 £/Nacht ohne Frühstück. Millennium House, 60 Victoria Street, L1 6DN, 0151/9095571, shankly hotel.com.

**** **The Nadler Liverpool** **27** Boutiquehotel in einem alten Fabrikgebäude im trendigen Ropewalk District. Modernisierter Industriecharme in 106 Zimmern, tolles Preis-Leistungs-Verhältnis! EZ ab 49 £, DZ ab 59 £, am Wochenende ab 89 £. Frühstück muss man aufs Zimmer bestellen (ab 5 £). Alle Zimmer mit Miniküche, Mikrowelle und Kühlschrank. 29 Seel Street, L1 4AU, ✆ 0151/ 7052626, www.thenadler.com/liverpool.shtml.

**** **Posh Pads** **26** Die Apartments befinden sich im Casartelli Gebäude von 1790. Schon die Flure beeindrucken durch Marmorböden, glamourös ist wohl der richtige Ausdruck für die Wohnungen. Apartments ab 69 £/Nacht, Penthouse-Suiten ab 120 £, an Wochenenden eine Ecke teurer. Das Haus liegt zentral gegenüber des Shoppingzentrums Liverpool One. 16–20 Hanover Street, L1 4AA, ✆ 0151/7086666, posh-pads.co.uk.

**** **Titanic Hotel** 1 Seetüchtig brauchen Gäste dieses Hotels nicht zu sein. Die großzügigen 153 Zimmer befinden sich im umgebauten ehem. Tabakspeicher in den historischen Stanley Docks. Nix Plüsch, ultraklare Formen und Industrieschick bestimmen das Ambiente. Abtauchen können Sie in der Wellnessoase, die mit ihren blanken Backsteinbögen an römische Badekultur erinnert (extra Gebühr). Die Rum Bar ist gemütlich, Stanley's Bar & Grill hat eine Terrasse direkt am Wasser. DZ ab 125 £ ohne Frühstück, sonst ab 119 £. Kostenfreier Parkplatz. Stanley Dock, Regent Road, ✆ 0151/5991444, titanichotel liverpool.com.

*** **Z Liverpool** 17 Zentral gelegen, cool und auch sehr günstig. In einem alten Bürogebäude haben die Macher dieses Designhotels in den obersten drei Etagen wirklich Wunder gewirkt. 92 winzige, aber schöne Zimmer (10–12 m²). Zimmer ohne Blick ab 35 £, DZ 55–80 £. 2 North John Street, L2 4SA, ✆ 0151/5561770, www.thezhotels.com/liverpool.

*** **Premier Inn Albert Dock** 42 Ableger der renommierten Billigkette in fantastischer Dock-Lage. Zimmer ohne Frühstück ab 59 £, früh buchen, da oft voll. East Britannia Pavilion, Albert Dock, L3 4AD, ✆ 0333/0030025, www.premierinn.com.

*** **Ibis Style** 8 Knallebunt im Retro-60er-Jahre-Stil ist dieses Hotel im Geschäftszentrum eingerichtet, das sich als eine Hommage an die Beatles versteht. Die 123 Zimmer sind funktional und Gäste haben kostenfreies WLAN. Zimmer ab 60 £. 67 Dale Street, L2 2HJ, ✆ 0151/2431720, www.ibis.com.

** **Days Inn City Centre** 21 Stilsicher ausgestattete, große 154 Zimmer bietet das Innenstadthotel dieser Budgetkette. EZ ab 39 £, DZ ab 59,50 £, ohne Frühstück. James Street, L2 7PQ, ✆ 0151/2031910; Reservierung ✆ 0800/0280400, www.daysinn liverpool.com.

The Liner 12 Der Name ist Programm: In diesem Hotel schlafen Sie wie auf einer Luxus-Kreuzfahrt, die Zimmer nennen sich Kabinen, sind aber etwas größer als befürchtet. B & B DZ ab 68 £ inkl. Parkplatz. Lord Nelson Street, L3 5QB, ✆ 0151/7097050, www.theliner.co.uk.

**** **Liverpool Youth Hostel** 43 Nahe dem Albert Dock im Baltic Triangle. In dem frisch renovierten Haus gibt es alle Extras wie Selbstbedienungsküche und Waschmaschinen, aber auch ein Restaurant und guten Service. 24 Stunden geöffnet. Bett ab 15 £, DZ ab 39 £. 25 Tabley Street, L1 8EE, ✆ 0845/3719527, www.yha.org.uk.

Euro Hostel 24 Sauberes und flippiges Hostel mit Charme, flexible Zimmergestaltung vom Bett im 8-Bett-Zimmer ab 14 £ bis zum DZ für 35–120 £, inkl. WLAN. Ein Billardtisch ist vorhanden, in der Hatch Bar gibt es morgens Frühstück, abends Burger und an den Wochenenden oft Live-Gigs (Fr–Sa bis 2 Uhr). 54 Stanley Street, L1 6AU, ✆ 0845/4900971, www.eurohostels.co.uk/liverpool.

Camping **Willowbank Holiday Home and Touring Park** 3 Ruhige und komfortable Anlage an der Küste 6 km südlich von Southport. Beautysalon auf dem Gelände! Wohnwagen 16–19,50 £ plus 4,20 £/Pers. Coastal Road, Ainsdale, Southport, PR8 3ST, ✆ 01704/571566, www.willowbank cp.co.uk.

Essen & Trinken

→ Karte S. 576/577

Läuft man vom Falkner Square über die Duke Street Richtung Zentrum, kommt man nach Chinatown (im Ropewalks-Viertel), der ältesten chinesischen Gemeinde des Landes. Insbesondere in der Nelson Street reihen sich relativ preiswerte chinesische Restaurants aneinander. Entlang der Hope Street und Hardman Street finden sich weitere Restaurants, auch das Albert Dock ist ein guter Anlaufpunkt. Online-Dining-Guide für Liverpool unter www.onionring.co.uk/liverpool.

60 Hope Street Restaurant 37 Familiengeführtes Café-Restaurant über drei Etagen in einem georgianischen Stadthaus. Europäische Küche, gute Weine. Im neuen Bistro gibt es hervorragende Fish'n'Chips und für den Abend eine gemütliche Lounge.

Der Nordwesten → Karte S. 563

Reservierung empfohlen. Mo–Fr 12–14.30 und 17–22.30 Uhr, Sa 17–22.30 Uhr. 60 Hope Street, L1 9BZ, ✆ 0151/7076060, www.60hopestreet.com.

The Monro Gastro Pub 38 Altes Händlerhaus mit Atmosphäre und gutem Essen. Montagabend Weinclub. Tägl. 11 Uhr bis spät, Küche bis 21.30 Uhr. 92 Duke Street, L1 5AG, ✆ 0151/7079933, www.themonro.com.

››› Mein Tipp: **Alma de Cuba** 33 Bar und Restaurant in einer 200 Jahre alten Kirche, das häufig „Best of"-Preise gewinnt und in dem man höchst vergnüglich speist. Südamerikanisch beeinflusste Küche, Kerzenbeleuchtung, das Ambiente macht's. Viele Themenabende (Do Livemusik, So Gospelbrunch) und Partys. Tägl. 11–2 Uhr, Küche 12–22 Uhr. Seel Street, L1 4BH, ✆ 0151/7097097, www.alma-de-cuba.com. ‹‹‹

Sapporo Teppanyaki Restaurant 41 In dieser Sushi- und Noodle-Bar sitzt man um die Köche herum, um ihnen beim Spektakel der Essenszubereitung zuzusehen. Good Fun. Mo–Fr von 12 bis 14 Uhr Soup Noodles für 5 £. Mo–Sa 12–23 Uhr, So bis 22.30 Uhr. 134 Duke Street, L1 5AG, ✆ 0151/7053005, www.sapporo.co.uk.

››› Mein Tipp: **Panoramic 34** 4 100 m über dem Meeresspiegel im 34. Stock des West Towers zahlt man vor allem für den fantastischen Rundum-Blick über die Stadt. Probiermenü 55 £. Abends Bar. Di–Fr 12–15 und 18–21.30 Uhr, Sa 12–14.30 und 18–21.30 Uhr, So 12–20 Uhr. Bar Di–Sa 11–23.30 Uhr, So 11–23 Uhr. West Tower, 34. OG, Brook Street, L3 9PJ, ✆ 0151/2365534, www.panoramic34.com. ‹‹‹

The Bar and Grill 20 In einem klassizistischen Gebäude mit dicken Säulen vor dem Eingang; freistehende Bar, drum herum gruppieren sich die Tische, getrennt von gläsernen Weinregalen. In der Lounge kann man den Chefs in der offenen Küche beim Kochen zusehen. Die Karte reicht vom Chateaubriand bis zu Pizza aus dem Steinofen. Besser reservieren. Mo–Sa 11.30–23 Uhr, So bis 22.30 Uhr. Halifax House, Brunswick Street, L2 0UU, ✆ 0151/2366703, www.therestaurantbarandgrill.co.uk.

Sultan's Palace 9 Indische Küche, wie der Name andeutet, Mo–Fr Lunch Buffet inkl. Getränk für 12,95 £/Pers. Mo–Fr 12–14.30 und ab 17 Uhr, Sa/So nur ab 17 Uhr. 75–77 Victoria Street (Queen-Square-Ende, gegenüber Millennium-House), L1 6DE, ✆ 0151/2279020, www.sultans-palace.co.uk.

Thomas Rigby's 13 Gastropub in einem der ältesten Häuser Liverpools von 1726, wo schon Admiral Nelson eingekehrt sein soll. Das Essen wurde mehrfach ausgezeichnet. 23–25 Dale Street, L2 2EZ, ✆ 0151/2363269.

Delifonseca 14 Das Restaurant gehört einer Portugiesin und hat zwei Filialen, eine in den Docks, eine im Stadtzentrum. An der Tafel finden sich ein täglich wechselndes Menü und hausgemachte Desserts. So Ruhetag. Deli Mo–Sa 8–21 Uhr, Restaurant 12 Uhr bis spät. 12 Stanley Street, ✆ 0151/2550808, www.delifonseca.co.uk. Das Restaurant im Brunswick Dock ist tägl. ab 8 Uhr geöffnet. ■

››› Mein Tipp: **Leaf** 25 Unabhängiger Teashop, bodenständiges Café und Bar mit vielen Events für kreative Köpfe (von Yoga bis zur Open Mic Night). Liebhaber treffen sich für Themenabende, sog. Clubs. So–Do 9–24 Uhr, Fr/Sa bis 2 Uhr. 65–67 Bold Street, L1 4EZ, ✆ 0151/7077747, www.thisisleaf.co.uk. ‹‹‹

Cuthbert's Bakehouse 23 Wer ein gemütliches Café für traditionellen Afternoon Tea sucht, ist hier richtig. Weder die gigantischen Portionen noch die Preise lassen Pfunde purzeln. Mo, Mi–Fr 9–18 Uhr, Di bis 20.30 Uhr, Sa 10–18 Uhr, So 11–17 Uhr. 103 Mount Pleasant, L23 5 TB, ✆ 0151/7099912, www.cuthbertsbakehouse.co.uk.

Maray 29 Schwer zu beschreiben ist die Küche dieses schlauchartigen Restaurants mit Pop-Art an der Wand, denn die kleinen Speisen („small plates", um die 6 £) decken die halbe Weltkarte ab. Vieles ähnelt einem türkischen Basar und ist angelehnt an den Mittleren Osten, es gibt aber auch skandinavisch inspirierte Gerichte bis hin zu aufgemotztem Ami-Fastfood. Montags wird komplett fleischfrei gekocht. Mo–Do 12–22 Uhr, Fr–Sa bis 23 Uhr, So bis 21 Uhr. 91 Bold Street, L1 4HF, ✆ 0151/7095820, www.maray.co.uk.

››› Mein Tipp: **The Quarter** 40 Beliebter Treff von Studenten und Filmleuten, bestens für ein schnelles Lunch im Georgian Quarter. Sehr gute Qualität, italienische Gerichte dominieren die Karte. Bei schönem Wetter wird draußen serviert. Mo–Fr 8–23 Uhr, Sa/So ab 9 Uhr. 7 Falkner Street, L8 7PU, ✆ 0151/7071965, www.thequarteruk.com. ‹‹‹

Nachtleben

→ Karte S. 576/577

Zahlreiche Pubs konzentrieren sich um die Mathew Street, hier findet sich auch der wieder aufgebaute Cavern Club aus Beatles-Zeiten. In der zweiten Augustwoche steigt das Creamfields Festival of Music, mit bester Tanzmusik und Top-DJs am Start (Infos unter ✆ 0151/7071309, www.creamfields.com). Aktuelle Veranstaltungstipps gibt die Abendzeitung Liverpool Echo.

The Philharmonic (Dining Rooms) 32 Das viktorianische Innere des „Phil" ist ein Foto wert, die denkmalgeschützten Herrentoiletten sind für ihre Opulenz stadtweit bekannt. Gegenüber der Philharmonic Hall gelegen, viele Musikliebhaber kommen hierher. Die gemütlichen Lounges heißen Liszt und Brahms. Auch ein Restaurant im ersten Stock. Mo–Sa 11–24 Uhr. 36 Hope Street, Ecke Hardman Street. ✆ 0151/7072837, www.nicholsonspubs.co.uk/thephilharmonicdiningroomsliverpool.

Ma Egerton's Stage Door 7 Seit 150 Jahren tummeln sich in diesem historischen Pub bei der Lime Street Station Stars und Sternchen. Charlie Chaplin, July Garland oder Amy Winehouse waren hier, allerdings gab es da Ma's Old Fashioned Pizza Shop noch nicht (Soup & Slice 5 £). Pizza Shop tägl. 24 Std., Pub Mo–Sa 11–0.30 Uhr, So bis 23.30 Uhr. 9 Pudsey Street, L1 1JA, ✆ 0151/3453525, www.maegertons.com.

Berry & Rye 39 So muss eine Bar sein: intim, cool und mit einem Touch Geheimnis umgeben, wie eine alte Bluesspelunke. Schwer zu finden, es gibt nur eine schäbige schwarze Ladenfassade ohne Schild, aber gerade deshalb lohnt es sich. Tägl. ab 17 Uhr. 48 Berry Street, L1 4JQ.

The Attic Bar 36 Die Treppe hoch immer der gelben Sonne nach. Früh am Abend gibt es hier gute Burger, später sind DJs und Tanz angesagt. Di–So ab 12 Uhr bis spät. 33–45 Parr Street, L1 4JN, ✆ 0151/7086345, www.theatticliverpool.com.

Mosquito Bar & Nightclub 15 Pianobar mit gutem Restaurant und ausgezeichneter Cocktailbar im Keller. Zieht Promis an. Mo, Di, So 12–24 Uhr, Mi/Do bis 1 Uhr, Fr/Sa bis 2 Uhr. 15 Victoria Street, ✆ 0151/2361999, www.mosquitoliverpool.co.uk.

Mojo Bar 34 Leckere Snacks, super Stimmung, tolle Gigs. Der Laden wirkt ein wenig wie ein alternatives Hardrock-Café. Livemusik Di und Mi am Abend. Mo–Do 17–2 Uhr, Fr–So bis 4 Uhr. The Stables, Back Berry Street, L1 4BG, ✆ 0151/7070828, www.mojobar.co.uk

Motel Bar 22 Starke Cocktails, frittierte Hühnchen, eine volle Jukebox, ungeschliffenes Industrieambiente mit leicht verstörenden Grafikpostern und Neonleuchten an den blanken Backsteinwänden – fast wie eine amerikanische Absturzbar. Günstiger und besser als viele andere Läden. Tägl. 12–3 Uhr. 5–7 Fleet Street, L1 4AR, www.motelbarliverpool.com.

Dance-Clubs Zwei der berühmtesten Clubs von Liverpool befinden sich am Wolstenholme Square, wo derzeit für 40 Mio. Pfund ein neues Stadtviertel entsteht. Sobald möglich, sollen dann **Nation 31 (aka Cream)** als riesiger Underground Club und auch das **Kazimier 28** wieder eröffnen. Währenddessen führen die Besitzer des Kazimier eine Fabrikhalle für Windturbinen in den Northern Docks als experimentelle Kunst- und Performancestätte, eine Art intergalaktisches Speakeasy mit Drehbühne: die **Invisible Wind Factory 2 (IWF).** Seit Mai 2016 werden nun hier psychodelische Shows gezeigt. Carlton Street, L3 7DL, ✆ 0151/2368944, thekazimier.co.uk. Im Winter sollte man in Kazimier Garden reinschauen, wo es in einer alpinen Hütte Glühwein und Imbisse gibt. Seel Street, 4–5 Wolstenholme Square, L1 4JJ, ✆ 0151/3241723, thekazimier.co.uk/garden.

Heebie Jeebies 35 Beliebter Club auf drei Ebenen mit fünf Bars. Vor allem Rock und Indie. Die Bühne im Basement dient Live-Gigs, zudem eine Bühne im Innenhof. Mo–Mi und So 17–3 Uhr, Do/Fr 16–4 Uhr, Sa 12–4 Uhr. 80 Seel Street, L1 4BH, ✆ 0151/7093678, www.facebook.com/Officialheebiejeebies.

Garlands 10 Schwulenfreundlicher Superclub mit House und Dance Tunes, Drinks mit 10 £ recht teuer. Fr 22–3 Uhr, Sa bis 4 Uhr, manchmal auch bis 6 Uhr, So bis 1 Uhr. Carlton Hall, 8–10 Eberle Street, L2 2AG, ✆ 0151/2311105, www.garlandsbedlam.com.

Livemusik The Camp and Furnace

Der Nordwesten → Karte S. 563

Allgegenwärtig in Liverpool – John Lennon

Blade Factory 44 Theater, Comedy und nach einem Umbau viele Musik-Gigs von viel versprechenden Newcomern. Auch Kunstinstallationen, Food Slams und Kunst-Festivals. Essen kann man wochentags von 11 bis 17 Uhr in der Lobby, Fr und Sa auch abends. Ein Boutique Caravan Hotel ist geplant. 67 Greenland Street, L1 0BY, ✆ 0151/7082890, www.campandfurnace.com.

Cavern Club 18 Der ursprüngliche Cavern Club wurde hier originalgetreu wiederaufgebaut. Von 1961 bis 63 gaben die Beatles hier 275 Live-Gigs. Liveauftritte meist von Tribute Bands Do–So, am Sa im Anschluss Party Zone bis 2 Uhr. Mathew Street, www.cavernclub.org.

The Shipping Forecast 30 Live-Gigs und exzellente Club Nights aller Stilarten von Dance, Hip-Hop, Soul, Garage und Indie. After Work Social Clubs sind extrem beliebt. Vom Restaurant Top Deck geht's zum Basement Club die Treppe runter. Tägl. ab 12 bis meistens 3 Uhr. 15 Slater Street, L1 4BW, www.theshippingforecastliverpool.com.

O_2 Academy Liverpool 5 Livemusik unterschiedlicher Bands sowie Club Nights am Wochenende (60er/70er, Indie etc.). 11–13 Hotham Street, L3 5UF, ✆ 0151/7073200, Box Office ✆ 0844/4772000, academymusicgroup.com/o2academyliverpool.

Liverpool Waterfront: Das Hafenviertel

Liverpools Hafen zählt seit 2004 zum UNESCO-Weltkulturerbe. Zum Hafen gehört das Gebiet einschließlich der Lagerhallen und Kaufmannshäuser um die Duke Street sowie das St George's Quarter um die William Brown Street. Die hohe Auszeichnung ehrt die Bedeutung des Hafens für Englands Seefahrts- und Handelsgeschichte. Die Monumentalbauten aus der Blütezeit des Empire am Pier Head haben inzwischen futuristischen Zuwachs erhalten.

Royal Liver Building: Eines der prunkvollsten Gebäude am Hafen, 1908–1911 erbaut für die Verwaltung der Versicherungsgesellschaft Royal Liver Friendly Society. Es zeigt zwei markante Uhrtürme (die eine Uhr hat das größte Zifferblatt im Land, die andere diente als Esstisch für 40 Personen!) mit weißen Kuppelaufsätzen, auf denen je ein *Liver bird* (Kormoran) sitzt. Die Vögel sind das Wahrzeichen der Stadt und zieren auch das Stadtwappen. Der Legende nach ist einer der Vögel weiblich und blickt zur See hinaus, um sicherzustellen, dass die Seefahrer unbeschadet in den Hafen zurückkehren, der andere ist männlich und blickt zur Stadt, ob die Pubs auch offen sind. Sollten die beiden Vögel sich paaren und davonfliegen, so der Mythos, wird Liverpool untergehen. Das Gebäude wurde als eines der ersten Hochhäuser mit Stahlbeton gebaut. Es gehört, wie das Cunard-Gebäude und das Port of Liverpool Building zu den drei Grazien der Stadt („Three Graces“, wie die drei markantesten Bauwerke Liverpools genannt werden.

Cunard Building: In dem Anfang des 20. Jh. errichteten, von der italienischen Palastarchitektur beeinflussten Bau war früher die Verwaltung der Cunard Line untergebracht, die Mitte des 19. Jh. u. a. die bedeutsame Passagierschiffslinie von Liverpool nach Boston bediente. 2017 wird in die ehemalige Gepäckhalle des Gebäudes das *Museum für Popmusik, The British Music Experience*, einziehen und dort zahlreiche Memorabilia der Popgeschichte seit 1945 ausstellen, etwa David Bowies Ziggy-Stardust-Kostüm, Geri Halliwells Union-Jack-Kleid oder die Brille von John Lennon. Außerdem sollen die Besucher selbst aktiv werden können, indem sie beispielsweise Tanz-Choreografien oder Gitarrensolos einstudieren.

Museum ab März 2017: Tägl. 9 bis 19 Uhr, Do bis 21 Uhr. 16 £, erm. 14,50 £, Kind 11 £ (unter 5 J. frei), Familie 43 £. ✆ 0151/5190915, www.britishmusicexperience.com.

Port of Liverpool Building: Die dritte Grazie im Bunde. Die neobarocke Stahlbeton-Konstruktion mit der markanten 67 m hohen Kuppel entstand 1907 und war bis 1994 Sitz der Liverpooler Hafenbehörde. Heute wird hier gewohnt und in Büros gearbeitet.

Beatles-Skulptur: Vor den drei Grazien stehen seit Dezember 2015 vier Prachtkerle. Die bronzenen Fabulous Four am Pier Head wurden vom Cavern Club gespendet und vom Bildhauer Andrew Edwards geschaffen, der sich von einem berühmten Foto der Jungs inspirieren ließ. John Lennons Schwester Julia Baird enthüllte die 1,2 t schwere und 8 m hohe Skulptur. Damit gerieten die Beatles überlebensgroß, wie es ihnen zusteht.

Aushängeschild der Stadt – die neuesten Fab Four am Pier Head

Der Nordwesten → Karte S. 563

Engineer's Memorial/Titanic Memorial: Westlich der drei eben genannten Gebäude und der Beatles erinnert ein Gedenkstein an die auf der Titanic umgekommenen Maschinisten, die ihre Posten auch dann nicht verließen, als das Schiff sank. Die Titanic war in Liverpool bei White Star registriert, im Maritime Museum befindet sich ein Modell des unglücksseligen Kreuzfahrtschiffs.

Pier Head und **Merseyfähren:** Der historische Ort, an dem früher die großen Passagierschiffe an- und ablegten, wird von modernster Architektur dominiert – dem neuen Terminalgebäude, dem schwarzen Koloss der Eye Gallery von Mans Island und dem neuen Museum of Liverpool. Der neue Cruise Liner Terminal am Princes Dock erlaubt es bis zu 350 m langen Kreuzfahrtschiffen, hier anzulegen. 2015 gingen dort nicht weniger als 50 davon vor Anker. Auch die Mersey Ferries, die vor 800 Jahren von Benediktinermönchen ins Leben gerufen wurden, legen vom Pier Head ab und fahren nach Birkenhead und Seacombe. Eine Fährfahrt gehört zu einem Liverpool-Besuch einfach dazu, vom Wasser aus hat man den besten Blick auf die Hafenanlagen und die Stadtsilhouette. Die Fähre selbst ist Attraktion, seit sie zur Biennale 2016 nach einem Design vom Pop-Art-Künstler Sir Peter Blake kunterbunt bemalt wurde. Tickets gibt es im Pier Head; dort finden sich auch die Ausstellungen „Elvis and Us" sowie „4-D-Beatles-Experience" (→ The Beatles Story, Albert Dock).

River Explorer Cruises: Abfahrt Mo–Fr stündl. 10–16 Uhr, Sa/So 10–18 Uhr. 9 £, erm. 7,50 £, Kind 5,50 £, Familie 24 £. Auch Kombiticket mit U-Boot-Museum, Spaceport oder beidem möglich. Die Rundfahrt dauert ca. 50 Min. ✆ 0151/3301444, www.merseyferries.co.uk.

Museum of Liverpool: Das lang gezogene Gebäude erinnert an einen Luxusdampfer. Hinter dem mittigen Eingangsbereich öffnet sich ein schneckenförmiges Treppenhaus, das beide überhängenden Gebäudeteile miteinander verbindet. Der Blick durch die mächtigen Fenster an beiden Enden des Hauptgeschosses lässt die Stadtsilhouette zum Teil der Ausstellung werden. Das Museum zeigt auf drei Etagen nicht nur Vergangenheit und Gegenwart der Hafenstadt, sondern macht auch das Leben der einfachen Leute erfahrbar. Um vier Schwerpunkte ranken sich die Themen: Port City – die Hafenstadt, Global City – Weltstadt, The People's Republic – Bürgerstadt und Wondrous Place – Kulturstadt. Aktuelle Wechselausstellungen ergänzen das Angebot. Dem angeschlossene Piermaster's House zwischen Museum und Albert Dock liegt das Konzept einer Zeitreise in das durch deutsche Luftangriffe erheblich zerstörte Liverpool während des Zweiten Weltkriegs zugrunde. Das von den Bomben verschont gebliebene Haus wurde 2003 restauriert und mit Originalmöbeln und -Alltagsgegenständen aus der Zeit wie Gasmasken, Luftschutzhelmen, Propagandapostern und Ähnlichem ausgestattet.

Museum tägl. 10–17 Uhr, Piermaster's House tägl. 10–16.30 Uhr, Eintritt frei. www.liverpoolmuseums.org.uk/mol.

Albert Dock: Die weitläufige Anlage des Albert Dock, das Mitte des 19. Jh. in der Blütezeit Liverpools als moderner Lager- und Umschlagplatz für Segelschiffe gebaut wurde, ist eine der Hauptattraktionen der Stadt. Fünfstöckige Lagerhallen aus rotem Ziegelstein mit mächtigen Pfeilern säumten damals die Hafenbecken. Von hier wurden die Erzeugnisse der weltgrößten Industrienation in alle Herren Länder exportiert, hier starteten die meisten Passagierschiffe nach New York und in die Kolonien Afrikas und Asiens. Als die Schiffe zu Beginn des 20. Jh. immer größer und tiefgängiger wurden, kamen die Docks allmählich an ihre Grenzen; das letzte Schiff lief 1972 aus und das Albert Dock wurde nach dem Bankrott der Eigentümergesellschaft geschlossen. In den 1980er-Jahren beschloss man eine neue Nutzung, bis Anfang der 90er-Jahre wurden die Lagerhallen saniert und in ein Freizeit-

Wie ein Luxusdampfer: das Museum of Liverpool

gelände umgebaut. Man kann durch Museen und Geschäfte schlendern oder sich in einem der schicken Cafés oder Restaurants verköstigen.

Merseyside Maritime Museum: Das Museum nimmt einen kompletten Flügel des Albert Docks ein und hat zwei Schwerpunkte: die Titanic, ihr Untergang und die Schicksale ihrer Passagiere und Besatzung sowie die Geschichte des Hafens. Zahlreiche Schiffsmodelle und Schautafeln zeichnen diese Geschichte und das Leben auf hoher See nach. Als Mitte des 19. Jh. die große Auswanderungswelle aus Europa nach Amerika und Australien einsetzte, entstanden im Zentrum von Liverpool ganze Straßenzüge mit kleinen Hotels, in denen die Emigranten bis zur Abreise Unterkunft fanden. Eine dieser Straßen ist im Museum nachgestellt. Ein weiteres großes Thema ist die Sklaverei.

Tägl. 10–17 Uhr. Eintritt frei. Albert Dock, L3 4AQ, ✆ 0151/4784499, www.liverpoolmuseums.org.uk/maritime und www.liverpoolmuseums.org.uk/ism.

International Slavery Museum: Das Museum im dritten Stock des Maritime Museums eröffnete 2007 zum 200. Jahrestag des Verbots des Sklavenhandels und dokumentiert die Rolle Liverpools in diesem grausamen Kapitel der Stadtgeschichte. Liverpooler Reeder verschifften rund eineinhalb Millionen Sklaven, deren Geschichte von Leid, Tapferkeit und Rebellion hier erzählt wird. In drei Abteilungen zeichnet das Museum das Leben in Westafrika nach, das Trauma der Versklavung und die Überfahrt zu den Plantagen in der Karibik – und auch die bis heute andauernden Folgen im weltweiten Kampf um Freiheit und Gleichheit. Im Jahr 2000 bat die Stadt Liverpool die Gemeinschaft der Schwarzen offiziell für ihre schändliche Rolle im Sklavenhandel um Vergebung.

Tägl. 10–17 Uhr. Eintritt frei. Albert Dock, L3 4AQ, ✆ 0151/4784499, www.liverpoolmuseums.org.uk/maritime und www.liverpoolmuseums.org.uk/ism.

Der Nordwesten → Karte S. 563

Ein Schrein für die Pilzköpfe: The Beatles Story

Tate Gallery Liverpool: Dieses Museum, ein Ableger der berühmten Tate Gallery in London, zeigt Teile der Tate-Sammlung sowie Sonderausstellungen zeitgenössischer moderner Künstler. Zum Museum gehört ein Café mit Außenterrasse, von der man einen schönen Blick über das Dock hat. Sir Henry Tate, der Stifter des Museums, betrieb in Liverpool eine Zuckerfabrik.

Tägl. 10–17 Uhr. Eintritt für die ständige Ausstellung frei, Sonderausstellungen (4. OG) um 10 £. Albert Dock, L3 4BB, ✆ 0151/7027400, www.tate.org.uk/visit/tate-liverpool.

The Beatles Story – Albert Dock und Pier Head: Im südlichen Flügel des Docks ist das Beatles-Museum untergebracht. Am Eingang begrüßt den Besucher das legendäre Yellow Submarine, während einem schon die ersten Beatles-Hits um die Ohren geblasen werden. Wir befinden uns im Beatles Country, in dessen Epizentrum natürlich die Beatles Story steht – die Erfolgsgeschichte der Band und die Solokarrieren der Bandmitglieder nach ihrer Auflösung. Viele Originalstücke sind zu bestaunen, etwa das Manuskript von „All you need is Love“ oder das Originalbettzeug „Bed-in-for-Peace“ neben allerlei weiteren Reliquien wie John Lennons Sonnenbrille oder seinen Gitarren. Da die Beatles inzwischen Eingang in den Lehrplan der englischen Schulen gefunden haben, wurde für Kinder eine „Discovery Zone“ eingerichtet. Erfrischen kann man sich im Nachbau des Cavern Clubs oder im Beatles-Themen-Starbucks-Café. Nach Souvenirs stöbert man anschließend im Fab4-Shop. Ein Shuttlebus (C 1) fährt Ticketinhaber gratis hinüber zum Pier Head Ferry Terminal Building, wo unter anderem die „Beatles Hidden Gallery“, eine Fotoausstellung ihrer Tour von 1963/64, die „4-D-Experience“ sowie die Ausstellung „Elvis and Us“ zu sehen sind, in der das Treffen der Beatles mit Elvis Presley 1965 in Kalifornien im Mittelpunkt steht.

Tägl. 9–19 Uhr, letzter Einlass 18 Uhr, Nov. bis März tägl. 10–18 Uhr, letzter Einlass 17 Uhr. Kombiticket inkl. Discovery Zone, Elvis and Us etc. 14,95 £, erm. 11,50 £, Kind 9 £. Hintergrundwissen vermittelt der Audioguide (auch auf Deutsch), in der englischen Version spricht John Lennons Schwester Julia. Britannia Vaults, King's Dock, L3 4AD, ✆ 0151/7091963, www.beatlesstory.com.

Wapping Dock: Südlich des Albert Docks

Südlich des Albert Docks türmt sich ein weiterer raffinierter Neubau auf, das silberfarbene **Echo Arena** und **BT Convention Centre,** ein mit modernster Umwelttechnik ausgestatteter Veranstaltungskoloss, der für Konzerte, Konferenzen und Messen genutzt wird und für sein Design etliche Architekturpreise erhalten hat (www.echoarena.com)..

Wheel of Liverpool: Auf der Piazza vor dem Convention Centre dreht sich ein Riesenrad, das wie das „London Eye" für seine Betreiber zum Goldesel werden soll. Die 42 Gondeln erreichen eine Höhe von 60 m.

Mo–Do 10–22 Uhr, Fr bis 23 Uhr, Sa 9–23 Uhr, So 10–21 Uhr. 9 £, erm. 7,50 £, Kind 6,50 £, unter 3 J. 2 £. Keel Wharf, L3 4FN, www.freijwheels.com/our-wheels.php?city=Liverpool.

European Peace Monument: Gleich hinter dem Wheel of Liverpool steht das Denkmal „Frieden und Harmonie". Es zeigt eine von Musiknoten und Notenlinien umgebene Weltkugel, über die Friedenstauben hinwegfliegen. Über den handbemalten Metalltauben schwebt eine weiße, gläserne Feder. Das Denkmal ist ein Werk der jungen amerikanischen Bildhauerin Lauren Voiers und wurde zum 70. Geburtstag John Lennons am 9. Oktober 2010 von seinem Sohn Julian und dessen Mutter Cynthia, Lennons erster Ehefrau, enthüllt.

European Peace Monument

Sefton Park: Die grüne Lunge der Stadt 5 km südöstlich gehörte einst zum Wildgehege des Earl of Sefton und wurde im 19. Jh. angelegt. Auf dem Boating Lake kann man rudern oder an seinem Ufer unter wogenden Weidenbäumen Kaffee trinken. Hauptattraktion ist das viktorianische Palmenhaus. Darin stehen die Statuen von acht Persönlichkeiten, u. a. Captain Cook und Christopher Columbus.

Aigburth, Liverpool, Merseyside, L17 1AP, liverpool.gov.uk/leisure-parks-and-events/parks-and-greenspaces/sefton-park.

Liverpool International Festival Gardens: Die restaurierten japanischen und chinesischen Gärten mit zwei Pagoden, mehrere Seen, Waldwanderwege und eine Promenade stammen noch von der Bundesgartenschau in den 1980er-Jahren, wurden restauriert und bilden nun die Grundlage für den Ausbau des Ufers südlich der Docks zum New Waterfront Park.

Mai bis Sept. tägl. 8.30–20 Uhr, April und Okt. bis 18 Uhr, Nov. bis März bis 16 Uhr. Eintritt frei. Riverside Drive an der Bempton Road, L17 5BU. Anfahrt mit Bus 82 A von Liverpool One. liverpoolfestivalgardens.com.

Baltic Triangle: Zwischen Queen's Dock und Liver Street

Das Viertel zwischen Queen's Dock und Kathedrale sowie Parliament Street und Liver Street ist ein von Speicherhäusern geprägtes Industriegebiet, das sich zur Heimstatt von Künstlern, Designern, Handwerkern und Musikern entwickelt. Das Baltic Triangle erinnert an die engen Handelsbeziehungen mit Skandinavien, nicht nur im Namen. Stein geworden sind sie mit dem roten Ziegelsteinbau der Nordic Church oder auch der Gustaf Adolfs Kyrka an der Park Lane. Das Viertel zieht zu jeder Tages- und Nachtzeit Kulturinteressierte und Nonkonformisten an. Nachtschwärmer lassen sich in The Camp and Furnace Blade Factory (→ Nachtleben) durch unkonventionelle Performances unterhalten. Livemusik gibt es auch im „Baltic Social" und im „Constellations", Komödianten mit scharfer Zunge präsentieren sich im „Lantern Theatre". Dem ist offenbar nicht genug, die Cains-Brauerei soll in den kommenden Jahren zu einem Shopping- und Freizeitgelände mit Kino, Bierbrauerei, Hotel, Restaurants und Shops umgebaut werden. Kurz: Das baltische Dreieck hat Potenzial!

Aktuelle Infos unter www.liverpoolbaltictriangle.co.uk, für Kreative: www.baltic-creative.com. Am letzten Wochenende im März findet das multi-arts Threshold-Festival statt.

St George's Quarter: Die Innenstadt

Architektonisch attraktiver als das baltische Dreieck ist der Innenstadtbezirk, der zahlreiche Bauten im klassizistischen Stil zeigt, wobei auch hier vor gewagter Erneuerung nicht haltgemacht wurde – unter anderem zu sehen an der neuen, umgebauten Central Library. Um das Quarter erfolgreicher zu vermarkten, wird am 21. April ein kostenfreies St George's Festival zu Ehren des Namenspatrons und Schutzheiligen Englands veranstaltet (www.stgeorgesquarter.org/discover-st-georges-quarter).

St George's Hall: Gleich gegenüber vom Hauptbahnhof erhebt sich in der Lime Street die ehrwürdige, in den Jahren 1838 bis 1854 erbaute Halle. Sie ist einer der klassizistischen Prunkbauten, die den Reichtum Liverpools durch den Transatlantikhandel widerspiegeln. Mittelpunkt des Gebäudes ist die Great Hall, ein kathedralenartiges Meisterwerk, geschmückt mit 30.000 Kacheln und zwölf Statuen einheimischer Würdenträger. Die knapp 1800 Menschen fassende Halle, gebaut für das alle drei Jahre stattfindende Musikfestival, ist von der Besucherterrasse aus zu sehen. Regelmäßig finden hier Konzerte auch auf der schönen Orgel statt, die zu den größten in Europa zählt.

Tägl. 10–16 Uhr, Heritage Centre und Tourist Information bis 17 Uhr, Eintritt frei. ✆ 0151/2333020, liverpoolcityhalls.co.uk/st-georges-hall.

Walker Art Gallery: Der Musentempel gleich hinter dem dekorativen Brunnen an der William Brown Street ist eine der schönsten Kunstausstellungen und war die erste öffentliche Galerie des Landes. Europäische Malerei und Bildhauerei vom Mittelalter bis 1950 ist hier seit 1877 unter einem Dach versammelt, nachdem der Liverpooler Brauer und Stadtälteste Barclay Walker der Stadt 20.000 Pfund geschenkt hatte. Neben Werken von Rembrandt und Poussin sind solche von Degas, Cézanne, Monet sowie britische Maler wie Turner zu sehen. Nur wenig moderne Kunst zwar, aber wenn schon, denn schon: David Hockney hängt neben Lucien Freud und Gilbert and George. Hochkarätige Sonderausstellungen zeitgenössischer Künstler und die Verleihung des John-Moores-Preises für zeitgenössische Malerei, deren Sieger im Rahmen der Biennale hier ihre Werke zeigen, machen das Museum zu einer festen Größe im englischen Kunstgeschehen.

Tägl. 10–17 Uhr. Eintritt frei. William Brown Street, L3 8EL, ✆ 0151/4784199, www.liverpoolmuseums.org.uk/walker.

Central Library: Das nächste auffällige neoklassizistische Gebäude an der William Brown Street wurde für 50 Millionen Pfund in die Moderne katapultiert, was man von außen allerdings kaum wahrnimmt. Das mehr als 150 Jahre alte und damit älteste Bibliotheksgebäude des Landes hat vom Architekturbüro Austin-Smith-Lord einen neuen Eingang erhalten, der in einen sechsgeschossigen Lichtturm führt. In diesem mit einer verglasten Kuppel gekrönten Atrium reihen sich neben weißen Regalen Bildschirm-Leseplätze für jedermann. Die Ausleihe ist kostenfrei, es gibt einen E-Book-Service, man kann an iPads spielen, ins Internet gehen oder Musik hören. Im historischen Kuppelbau nebenan wurde der malerische Picton Reading Room ebenfalls frisch renoviert. Erstmals zeigt auch die Hornby Library von 1906 ihre bis dahin verborgenen Schätze: Druckwerke aus acht Jahrhunderten. Und ganz oben bietet die Dachterrasse einen herrlichen Blick über die Stadt.

Mo–Fr 9–20 Uhr, Sa 9–17 Uhr, So 10–17 Uhr. William Brown Street, L3 8EW, liverpool.gov.uk/libraries/find-a-library/central-library.

Futuristisches Atrium der Central Library

World Museum Liverpool: Das Museum im linken Flügel des alten Library-Gebäudes widmet sich der Naturgeschichte (vom Ozean bis zu den Sternen) sowie der Archäologie und Völkerkunde (mit Exponaten aus der ganzen Welt). Besonders sehenswert ist die Ägypten-Abteilung. Zudem gibt es interessante Sonderausstellungen, eine Abteilung mit Wissenswertem über das Weltall sowie ein Planetarium. Auch hier ist nach dem aufwendigen Umbau ein sechsgeschossiges Atrium mit Café und Shop entstanden, das in den Erweiterungsbau, in die ehemalige John Moores University, führt. Draußen am St John's Garden erinnert seit 2013 ein bronzenes Denkmal an eine Tragödie: 1989 kamen während eines Fußballspiels des FC Liverpool im Hillsborough-Stadion in Sheffield 96 Menschen zu Tode.

Tägl. 10–17 Uhr. Eintritt frei. William Brown Street, L3 8EN, ✆ 0151/4784393, www.liverpoolmuseums.org.uk/wml.

Der Nordwesten → Karte S. 563

Cavern Quarter

Das Viertel zwischen Mathew Street, Button Street und Temple Court ist noch immer eine der „Must see"-Attraktionen Liverpools. Die paar engen Gassen mitten im Netzwerk der Einkaufsstraßen der Stadt waren früher der Obst- und Gemüsemarkt. Heute dreht sich hier alles um die Beatles und das Nachtleben.

Mathew Street: Die berühmteste Straße des Cavern Quarter ist die kurze Mathew Street, durch die man spaziert, um dem alten Liverpool und den Beatles zu huldigen (→ Kasten): Vorbei am Hard Days Night Hotel und dem Hard Days Night Shop gelangt man zur Statue von John Lennon, der sich lässig an der Wand lehnt – in der gleichen Pose lässt sich der Besucher dann für ein Souvenirfoto ablichten. Weitere Prominenz, die die Stadt hervorgebracht hat, sind an der Wall of Fame gleich daneben verewigt. Gegenüber führt eine dunkle Stiege hinunter in den Cavern Club (→ Nachtleben), der erst am späten Nachmittag zu Leben erwacht. Selbiges gilt für den Cavern Pub und Eric's Live, dem Nachfolger des 70er-Jahre-Clubs, der heute Rockbands eine Bühne bietet.

Cavern Pub: tägl. ab 11 Uhr, abends Livebands. 5 Mathew Street, L2 6RE, www.cavernclub.org.

Hard Days Night Shop: Mo–Fr 9–18 Uhr, Sa 9–19 Uhr, So 10.30–18 Uhr. Eintritt frei. 1 Mathew Street, L2 6RR, ✆ 0151/2031340, www.harddaysnightshop.com.

Cavern Walks: Vivienne Westwood ist die Star-Designerin, die den Cavern Walks Glanz verleiht. Für schmalere Geldbeutel bietet Weaver's Door Herrenbekleidung, Damen können im Cricket oder in der Boudoir Boutique stöbern. Zudem findet man hier eine Figurengruppe der Beatles und die Originaltür zum legendären Cavern Club. Mo–Mi 9–17.30 Uhr, Do–Sa bis 18 Uhr, So 10–16 Uhr. www.cavernwalks.co.uk.

The City: Das Bankenviertel

Im Banken- und Verwaltungsbezirk von Liverpool springt von den vielen Büropalästen vor allem der neue 140 m hohe **West Tower** ins Auge, der auf der 34. Etage das Restaurant „Panoramic 34“ beherbergt (→ Essen & Trinken). Zu den größten und schönsten historischen Gebäuden zählt das **India Building** von 1923 gleich bei den Docks, einst das Hauptquartier der Ocean Steamship Company. Derselbe Architekt, Herbert J. Rowse, schuf auch das **Bank Building,** das wie eine Hochzeitstorte aussieht. Auf dessen Balkon nahmen die Beatles die Ehrenbürgerrechte der Stadt entgegen. Daneben steht die klassizistische Town Hall von John Wood dem Älteren und gegenüber die **Oriel Chambers;** der Glaspalast von 1864 gilt architektonisch wegen des so frühen Einsatzes von gusseisernen Fertigteilen und der riesigen geschwungenen Fenster als eines der bedeutendsten modernen Gebäude der Welt.

Town Hall (Rathaus): Das Rathaus der Stadt gönnt dem Auge zwischen all den modernen Bürogebäuden der Highstreet die Ruhe des Vertrauten. Gestaltet wurde es von John Wood, dem Architekten des georgianischen Bath, Investoren waren Liverpooler Kaufleute und Unternehmer, von denen viele durch Sklavenhandel zu Reichtum gekommen waren. Angeblich waren 16 Bürgermeister der Stadt Sklavenhändler.

Die Fassade schmücken steinerne Meerjungfrauen, Krokodile und Elefanten, auf dem domartigen Dach steht Minerva, die Göttin der Weisheit. Sie wacht über eine Vielzahl schöner, klassizistischer Säle, die Eduard VII. mit dem Winterpalast der Zaren in St. Petersburg verglich. Hinter dem Gebäude auf dem Exchange-Flags-Platz steht Nelsons Monument – das älteste Denkmal der Stadt.

Führungen monatlich (3 £); aktuelle Termine und Termin des Tages der offenen Tür unter ✆ 0151/233320, liverpoolcityhalls.co.uk/town-hall.

Radio City Tower/St John's Beacon: Sie können den 125 m hohen Fernsehturm über 540 Treppenstufen erklimmen (macht aber niemand) oder in den Highspeed-Fahrstuhl einsteigen. Vom St John's Beacon hat man einen fantastischen Panoramablick über Nordwestengland. Nachts wird die Ikone bunt beleuchtet. Derzeit befinden sich hier oben die Studios und Büros diverser Radiostationen.

Tägl. 10.30–17.30 Uhr. 5,50 £, erm. 4,50 £, Kind 3,50 £. 1 Houghton Street, L1 1RL, ✆ 0151/4726828, www.radiocity.co.uk/local/radio-city-viewing-gallery.

Beatlemania und der Mersey-Beat

Ein Phänomen besonderer Art breitete sich in den Swinging Sixties von Liverpool wie ein Virus aus, bis es die ganze Welt erfasst hatte: die Beatlemania. Sie ließ mehr Frauen ohnmächtig werden als die Schwindsucht und nötigte die meisten Frisöre der Welt dazu, den Pilzschnitt in ihr Repertoire aufzunehmen. Im Gegensatz zu vielen anderen Bands ihrer Zeit schafften die „Fab Four" den Sprung zur Unsterblichkeit.

Nirgendwo in Liverpool lebt die Erinnerung an die Beatles bis heute so fort wie im Cavern Club, wo die vier Fabelhaften fast 300 Gigs gespielt haben. Am Bank-Holiday-Wochenende im August gibt es dazu die International Beatleweek, ein inzwischen etwas heruntergekochtes Event mit Tribute Bands aus rund 20 Ländern. Gegenüber existiert noch immer der Grapes Club (25 Mathew Street, www.thegrapesliverpool.co.uk), wo die Beatles nach so manchem Gig entspannt haben. Weniger bekannt ist der Casbah Coffee Club in West Derby, wo noch vor der Epstein-Ära alles mit der ersten Live Performance der Vier begann. Die Decke des Kellerraums (Regenbogen mit Sternen) ist noch immer in der Originalbemalung von Pete, John, George und Paul erhalten (tägl. 10–17 Uhr, 15 £, erm. 7,50 £, 8 Hayman's Green, West Derby Village, L12 7JG, ✆ 07872/017473, www.petebest.com). Pete Best und Band spielen hier einmal jährlich zum Best Fest.

All You Need Is Love

Mehr über die Hintergründe der Band erfährt man im Museum The Beatles Story im Albert Dock (→ S. 586), wo die Stadtrundfahrten zur „Beatles Magical Mystery Tour" und den Originalschauplätzen starten. Natürlich führen sie zur Penny Lane, zu den Strawberry Fields und auch zu Sir Paul McCartneys Kinderstube in Allerton (20 Forthlin Road), wo die Beatles probten und die meisten Songs schrieben. Auch John Lennons Haus Mendips, wo er mit Onkel George und Tante Mimi aufwuchs, liegt auf der Route. Beide Häuser gehören dem National Trust, der auch Minibustouren anbietet (tägl. 10, 12 und 14.15 Uhr ab Jurys Inn, um 15.15 Uhr ab Speke Hall, 23 £, Kind 7,25 £, Dauer 2,5 h, www.nationaltrust.org.uk/beatles-childhood-homes). Wer es individueller mag, kann eine Taxirundfahrt zum Thema buchen: Fab Cabs of Liverpool Heritage Tours (www.fabcabsofliverpool.com) halten in rund drei Stunden für etwa 30 Fotostopps. The Beatles Fab Four Taxi Tours (www.fab4tours.co.uk) bieten gar eine fünfstündige Hardcore-Tour.

Der Mersey-Beat bescherte noch diversen anderen Gruppen in den 1960ern große Erfolge und in den Folgejahrzehnten Künstlern wie z. B. Elvis Costello, Echo and the Bunnymen, Ladytron oder The Wombats. Unvergessen ist der Song von Gerry and the Pacemakers, der bis heute auf den Fähren gespielt wird: „O Ferry, cross the Mersey" …

Rope Walks

Durch vorsichtige Revitalisierung entwickelt sich Rope Walks zu einem der angesagtesten Viertel von Liverpool. Hier wurden früher Schiffstaue *(ropes)* gefertigt, die vom Beginn bis zum Ende einer Straße ausgelegt wurden und der Standardlänge für Segelschiffe entsprachen. Die deshalb sehr geraden, parallel verlaufenden Straßen sind gesäumt von langen Lagerhallen, die sich bestens für Studios und Werkstätten oder fürs Nachtleben eignen. In der **Bold Street** und der **Seel Street** wurden die eleganten klassizistischen Reihenhäuschen der Händler und Reeder vorbildlich restauriert. Das alternative Selbstverständnis der Bewohner manifestiert sich im **Medien- und Technologiezentrum FACT** (→ Kultur/Theater/Kunst). Kulinarisch beschreiten das Leaf und das Maray neue Wege (→ Essen & Trinken). Mehrere Locations für Live-Gigs fördern die junge Musikszene der Stadt. Mit **Dig Vinyl** hat sogar ein neuer Plattenladen eröffnet (→ Einkaufen).

Mehr Infos auf der Community-Website www.ropewalksliverpool.com.

Hope Street Quarter, die Kathedralen

Die Hope Street verbreitet Vorstadtatmosphäre, obwohl sie die beiden Kathedralen der Stadt verbindet. Liverpool hat mehr als 2400 denkmalgeschützte Häuser, die georgianischen hier gehören zu den schönsten. Es gibt etliche Bars, Bistros und Restaurants sowie Public Art, Kunst im öffentlichen Raum, etwa das Werk „A Case History“: Alte Koffer sind auf dem Gehweg aufeinandergestapelt, die an die Einwanderung vieler Iren in die Stadt am Mersey, vor allem aber an die Auswanderung vieler Liverpooler in die Neue Welt erinnern. Das große Gebäude hinter dem Kunstwerk ist übrigens das Liverpool Institute of Performing Arts.

Anglican Cathedral: Die Duke Street führt von Rope Walks und China Town zur mächtigen Anglican Cathedral of Christ and the Blessed Virgin, die auf einem kleinen Hügel thront und aus dem gesamten Umland zu sehen ist. Sie sieht auf den ersten Blick um Jahrhunderte älter aus als ihr katholisches Pendant am anderen Ende der Hope Street, ist aber tatsächlich ein paar Jahre jünger. Nach Plänen von Sir Giles Gilbert Scott wurde dieses letzte neugotische Großprojekt ab 1904 gebaut – und erst 70 Jahre später fertiggestellt. Im 100 m hohen Turm hängt ein Glockenspiel, dessen schwerste Glocke vier Tonnen wiegt. Man kann ihn besteigen und hat einen überwältigenden Ausblick auf Liverpool und die walisischen Hügel. Sehenswert im Kircheninnern ist die Willis-Orgel, die mit ihren 9704 Pfeifen zu den größten der Welt gehört. Interessierte können sich einen zehnminütigen Film ansehen (The Great Space) und mit einem Audioguide durch das Gotteshaus führen lassen, in dem drei interaktive Stationen weitere filmische Einblicke gewähren. Das Visitor Centre verfügt über einen Shop und ein ansprechendes Café.

Tägl. 8–18 Uhr, Tower Mo–Fr 10–17 Uhr, Sa ab 9 Uhr, So 12–16 Uhr. Eintritt frei, Film, Audiotour und Turmbesteigung 5,50 £, erm. 4,50 £, Familie 15 £. April bis Okt. am Donnerstag Twilight Tower Tours zum Sonnenuntergang. **Café**: Mo–Fr 9–16 Uhr, Sa bis 16.30 Uhr. **Restaurant**: Mo–Fr 10–15.30 Uhr, Sa bis 16.30 Uhr, So 12–17 Uhr. St James' Mount, L1 7AZ, ☏ 0151/7027255, www.liverpoolcathedral.org.uk.

Metropolitan Cathedral: Die beiden Kathedralen Liverpools sind durch die Hope Street miteinander verbunden, die alljährlich zu Pfingsten Schauplatz einer Prozession wird – dann beginnt der Gottesdienst in der katholischen Metropolitan Cathedral of Christ the King und endet im anglikanischen Pendant. Der katho-

Für die Iren im Exil gebaut – die Metropolitan Cathedral

lische Bau, der einem riesigen Zelt mit spitzer Krone (Symbol für die Dornenkrone Jesu) ähnlicher sieht als einer Kirche, wird von den Einwohnern treffend „Paddy's Wigwam" genannt. Die Stahl-Beton-Konstruktion mit farbigen Fenstern vom Boden bis zur Decke und einem Glasturm wurde nach nur fünf Jahren Bauzeit 1967 fertiggestellt. Von den vorangegangenen vier Konstruktionsversuchen steht noch die sehenswerte Krypta, der einzige Rest der Kathedrale von Edwin Lutyens aus dem Jahr 1930, der hier die zweitgrößte Kirche der Welt mit einer Kuppel höher als der Petersdom von Rom geplant hatte. In der Krypta findet jeden Februar das Liverpool Beer Festival statt. Ebenso beliebt sind die kostenfreien Orgelkonzerte von Juli bis Anfang September (Sa 14.15 Uhr). Im Besucherzentrum gibt es ein Fairtrade-Café und einen gut sortierten Shop.

Tägl. 7.30–18 Uhr, im Winter bis 17 Uhr. Shop 10–17 Uhr. Eintritt frei, Spende von 3 £ erbeten; Lutyens Krypta und Treasury 3 £. Mount Pleasant, L3 5TQ, ✆ 0151/7099222, www.liverpoolmetrocathedral.org.uk.

Everyman Theatre: Vier markante, an Industrieschornsteine erinnernde Lüftungsschächte prägen die Silhouette des 2013 fertiggestellten Neubaus und setzen damit die Vorgabe um, Bezüge zur Vergangenheit und der Umgebung herzustellen, was auch durch die Verwendung von 25.000 Ziegelsteinen des Vorgängerbaus in Ergänzung zu Beton, schwarzem Stahl und Lack erreicht wird. Wie Heilige die Nischen einer Kathedrale ausfüllen, schmücken 105 lebensgroße Porträts von Liverpudlians unterschiedlichster Altersgruppen und sozialer Schichten die komplett verglaste 32 m lange Hauptfassade und repräsentieren den Namen des Theaters, dessen Anspruch, eine Spielstätte für jedermann zu sein, die Architekten auf diese Weise visuell umsetzen wollten. Angebracht sind die Abbilder auf in ihrer Ausrichtung dem Sonnenstand anpassbaren Aluminiumpaneelen, die als Sonnenschutz

Der Nordwesten → Karte S. 563

fungieren. Mittelpunkt des mehrfach prämierten Gebäudes ist natürlich der 400 Plätze fassende Theatersaal mit Hebebühne und flexibler Bestuhlung.

5–11 Hope Street. L1 9BH, ✆ 0151/7094776, www.everymanplayhouse.com/new-everyman.

Williamson Tunnels: Dieses Netz aus künstlichen Tunneln und Höhlen unterhalb des Edge-Hill-Wohnviertels wird gern als unterirdisches Königreich bezeichnet. Es wurde Anfang des 19. Jh. in 35 Jahren mühselig von Tausenden von Arbeitern für den Tabakwarenhändler Joseph Williamson geschaffen. Bis heute rätselt die Welt (oder zumindest die Liverpudlians), warum. Ein Teil der weitläufigen Anlage ist zur Besichtigung freigegeben.

Tägl. 10–17 Uhr, letzte Tour 16 Uhr; im Winter Do–So 10–17 Uhr, letzte Tour 16 Uhr. 4,50 £, erm. 4 £, Kind 3 £, Familie 14 £. Williamson Tunnels Heritage Centre, The Old Stable Yard, Smithdown Lane, L7 3EE, ✆ 0151/7096868, www.williamsontunnels.co.uk.

Umgebung von Liverpool

„Another Place"

Rund 10 km von Liverpool entfernt, bei Sefton Crosby Beach, hat der Bildhauer Antony Gormley, der auch den berühmten „Angel of the North" bei Newcastle schuf, 2006 sein Projekt „Another Place" installiert. Es besteht aus einhundert eisernen, lebensgroßen Männerskulpturen, die Gormley nach seinem eigenen Körper modelliert und dann weitläufig über den 3 km langen Sandstrand verteilt hat. Alle Skulpturen sehen gleich aus, nehmen dieselbe Pose ein und blicken starr aufs Meer hinaus. Bei Flut sind nur wenige der 650-kg-Männer zu sehen, bei Ebbe alle hundert, manchmal stehen die Figuren kniehoch im Wasser, manchmal bis zur Hüfte, und jedem Besucher zeigt sich ein anderes Bild, je nachdem, wann er kommt und wo er steht.

Anfahrt: Mit der Bahn (Mersey Travel Northern Line) von Liverpool Lime Street alle 15 Min. – bis Hall Road Station, Blundellsands oder Waterloo Station. Mit dem Auto auf der A 565 Richtung Crosby und den Schildern folgen. Vom Parkplatz zu Fuß gut 600 m. www.sefton.gov.uk.

Speke Hall

Hinter einem grasbewachsenen Wassergraben 9,5 km südlich von Liverpool steht eines der berühmtesten elisabethanischen Fachwerkhäuser im Land. Speke stammt überwiegend aus dem Jahr 1530, als der Besitzer für seine 19 Kinder anbauen musste. Im Innern haben diverse Epochen ihre Spuren hinterlassen, doch die Great Hall und das Priest's Hole stammen noch aus dem 16. Jh. Der viktorianische Küchentrakt gibt Einblick in die Lebensart auf einem Landsitz, einige der Schlafzimmer sind mit William-Morris-Tapeten dekoriert (→ Kasten „William Morris", S. 145). Draußen locken der Rosengarten, ein Irrgarten und eine Parklandschaft, in der man nach einem kleinen Spaziergang zu einem restaurierten Bauernhof gelangt, der heute ein Restaurant beherbergt. Die Führungen durch das Haus machen Guides in Tudorkostümen.

März bis Okt. Haus tägl. 12.30–17 Uhr, Garten tägl. 10.30–17 Uhr. Nov. Haus nur Fr–So 12.30–16 Uhr, Garten 10.30–16 Uhr. Dez. Haus nur Fr–So 10.30–16 Uhr, Garten tägl. 10.30–16 Uhr. 10,90 £, Kind 5,45 £, Familie 27,27 £. Nur Garten 7,27 £, Kind 3,63 £, Familie 18,18 £ The Walk, Speke, L24 1DX, ✆ 0151/4277231, www.nationaltrust.org.uk/speke-hall-garden-and-estate.

Anfahrt: Mit Bus 500 von Liverpool Lime Street nach Speke.

Halbinsel Wirral

Die Halbinsel vor den Toren Liverpools wurde vor 700 Jahren von Benediktinern erschlossen, die die erste Fähre über den Mersey betrieben. Wirral ist von den Flüssen Mersey, Dee und der Irischen See umgeben. Hauptattraktion ist die Küste, es gibt mehrere Naturreservate und schöne Strände, etwa Meols, Wallasey und Moreton im Nordwesten. Bei Ebbe kann man ebenfalls im Nordwesten der Halbinsel von West Kirby 3 km zu den Hilbre Islands hinüberlaufen. Der Marine Lake eignet sich für Wassersport. Auch die Seebäder New Brighton und Hoylake sind beliebte Ziele für Ausflügler aus Liverpool.

Eines der schönsten Dörfer im Inland ist **Thornton Hough.** Bei Raby können Sie im ältesten Pub von Wirral einkehren, im Wheatsheaf Inn von 1611, neben dem man im Restaurant Cowshed hervorragend essen kann. Von hier ist es auch nicht weit zu den 1898 angelegten botanischen Gärten der Universität Liverpool, den **Ness Gardens.** Am einfachsten kommt man mit der Merseyside-Fähre nach Wirral (Birkenhead, www.visitwirral.com). Von dort ist mit braunen Schildern auch die **U-Boat Story** ausgeschildert, wo man das deutsche U-Boot U-534 besichtigen kann. Und wer lieber die Galaxie erkundet oder ein Planetarium besuchen möchte, ist im **Spaceport** richtig.

Ebenfalls auf der Wirral-Halbinsel liegt das Modelldorf **Port Sunlight Village** mit seinen gepflegten Cottages, das als eines der besten Beispiele für gelungenen sozialen Wohnungsbau im England des 19. Jh. gilt. Der Ort wurde 1888 von William Hesketh Lever errichtet, einem Sozialreformer, dem die Lever-Brothers-Seifenfabrik gehörte. Die Häuser waren für seine 28 Arbeiter gedacht, deren Lebensumstände er damit komfortabler, gesünder und freundlicher gestalten wollte. Nebenbei wurde er dabei noch reicher, und am Ende standen hier 850 Häuser im alten englischen Stil (zwei davon Reproduktionen von Shakespeares Geburtshaus), aber mit größerem Komfort, wie etwa Badezimmern. Die Fabrik gibt es heute noch, sie produziert aber nicht mehr Sunlight-Seife, sondern Persil und Surf, und nur ein kleiner Prozentsatz der 10.000 Arbeiter lebt hier.

Dem Reichtum der Familie Lever ist auch die Existenz der **Lady Lever Art Gallery** zu verdanken. In dem klassizistischen Gebäude ist ihre Sammlung von Landschaftsbildern aus dem 18. Jh., Skulpturen und chinesischem Porzellan zu sehen – eines der besten Kunstmuseen der Stadt.

Sehenswertes **Ness Gardens**: März bis Okt. tägl. 10–17 Uhr, sonst bis 16.30 Uhr. 7,50 £, erm. 6,50 £, Kind 3,50 £, Familie 20 £. Neston Road, Neston CH64 4HY, ✆ 0151/7956300, www.nessgardens.org.uk.

U-Boat Story: tägl. 10.30–17 Uhr. 7,50 £, erm. 6,50 £, Kind 5 £, Familie 21 £ (auch Kombitickets mit der Mersey-Fähre). Woodside, Birkenhead, CH41 6DU, ✆ 0151/3301000, www.u-boatstory.co.uk.

Spaceport: Di–Fr 10–15 Uhr, Sa/So/Feiertag bzw. Ferien 10–17 Uhr. 9 £, erm. 8 £, Kind 6 £, Familie 24 £ (auch Kombitickets mit Mersey Ferries). Victoria Place, Seacombe, Wallasey, CH44 6QY, ✆ 0151/3301333, www.spaceport.org.uk.

Port Sunlight Village: mit Bus 464 ab Sir Thomas Street in Liverpool bis Bebington Road.

Port Sunlight Museum: tägl. 10–17 Uhr, Führung 1,25 £, im Sommer Führungen durch das Dorf. 3,95 £, erm. 3,50 £, Kind 2,75 £, Familie 11,50 £. Auch Edwardian Tea Rooms. 23 King George's Drive, CH62 5DX, ✆ 0151/6446466, www.portsunlightvillage.com.

Lady Lever Art Gallery: tägl. 10–17 Uhr. Eintritt frei. Port Sunlight Village, Wirral, CH62 5EQ, ✆ 0151/4784136, www.liverpoolmuseums.org.uk/ladylever.

Essen & Trinken **Wheatsheaf Inn & Cowshed Restaurant**. Raby Mere Road, Raby, Wirral, CH63 4JH, ✆ 0151/3363416, www.wheatsheaf-cowshed.co.uk.

Der Nordwesten → Karte S. 563

Historisches Pub mitten im Stadtzentrum

Manchester

Die einstige Hauptstadt des Weltbaumwollhandels und Hochburg der Arbeiterbewegung ist seit geraumer Zeit bemüht, ihr Image als Industriewüste abzuschütteln. Nachdem Teile der Innenstadt 1996 durch einen Bombenanschlag der IRA zerstört worden waren, versuchte man, der drittgrößten Stadt Englands ein neues Gesicht zu geben – herausgekommen ist ein kleines Manhattan.

Wer durch die Vororte in die Stadt fährt, bekommt einen Eindruck davon, wie das „alte Manchester“ mit seinen backsteinernen Arbeiterhäuschen einmal ausgesehen hat. Bis heute zählen einige dieser Stadtteile zu den am stärksten benachteiligten Vierteln des Landes. Teile der Innenstadt wurden bereits im Zweiten Weltkrieg zerstört und in den 1960ern mit hässlichen Hochhäusern wieder aufgebaut. Die nochmalige Zerstörung durch die IRA bewirkte, dass das heutige Zentrum ein ganz neues Gesicht zeigt. In der Zentrale eines früheren Verlagshauses ist ein Vergnügungstempel mit Restaurants, Läden und Kinos entstanden, die alte Kornbörse hat sich in ein ultra-smartes Shoppingcenter verwandelt, gegenüber befinden sich der neue Selfridge Store und das Flaggschiff aller Warenhäuser: Harvey Nichols. Hypermodern geriet das futuristische Urbis am Cathedral Square, in dem das National Football Museum dem Lieblingssport der Briten huldigt. Derselbe Architekt, Ian Simpson, plante auch das weithin sichtbare neue Wahrzeichen der Stadt, den 171 m hohen Glaskoloss des Hilton Hotels (Beetham Tower) in Castlefield, wo man im 23. Stock seinen Cocktail mit dem besten Blick über die Stadt schlürfen kann. In **Spinningfields** entstand Manchesters Antwort auf New Yorks Fifth Avenue und an der Victoria Station wächst gerade das letzte neue Stadtviertel heran, das sich **NOMA** (für North Manchester) nennt und in dessen Mitte ein Büropalast – „One Angel Square" (Spitzname „Sliced Egg") – wie ein Dampfer auf die Innenstadt zuzusteuern scheint. Das **Hafenviertel** ist saniert und Standort für zwei architektonisch herausragende Museen, der Galerie- und Theaterkomplex Lowry von Michael Wilford und das Imperial War Museum North von Daniel Libeskind, die über eine kühne Brücke miteinander verbunden sind.

Doch viele Besucher kommen einzig wegen der Musikszene und des Nachtlebens in die Stadt. Aus Manchester stammen Oasis, M-People und Simply Red, um nur die bekanntesten Bands zu nennen. Auch die BeeGees begannen hier ihre Karriere. Mit etwas Glück wird man Zeuge eines Live-Auftritts von Musikern, die vielleicht morgen schon an der Spitze der Charts stehen. Bohemians zieht es ins **Northern Quarter,** wo die Alternativkultur gepflegt wird. Konventionellere Cafés, Restaurants und Clubs findet man in **Castlefield** und im Gebiet um die **Canal Street** (das Gay Village), die beide am Kanalufer liegen. Dort lässt sich's im Sommer auch gut draußen sitzen.

Eine ganz andere Szene wiederum bejubelt einen der beiden traditionsreichen **Fußballclubs:** Manchester United, wegen ihrer Trikots Red Devils genannt, sicherten sich mehrfach die Meisterschaft und dominieren seit Jahren die Premier League, die „1. Bundesliga" Englands. Der Arbeiterverein Manchester City dagegen stand lange im Schatten seines Rivalen.

Durch den Import von Baumwolle entwickelte sich Manchester im 19. Jh. von der Kleinstadt zur führenden Industriestadt in England und zur Keimzelle der **industriellen Revolution.** Innovationen in der Spinn- und Webtechnik und der Einsatz dampfbetriebener Maschinen machten Manchester bald zum europäischen Zentrum der baumwollverarbeitenden Industrie. Kanäle wie der 1761 eröffnete Bridgewater Canal und ab 1830 auch Eisenbahnlinien waren wichtige Transportwege. 1929 erhielt Manchester gar den ersten Flughafen des Königreichs. Symbol für die Geschäftigkeit der Stadt und ihrer Bewohner ist seit dem 19. Jh. die Biene, die man überall in Manchester sieht, etwa auf Kanaldeckeln. „Was Manchester heute tut, tut die ganze Welt morgen", so hieß es damals.

Die Industriegesellschaft hatte jedoch ihre bekannten Schattenseiten: Große Teile der Bevölkerung arbeiteten unter unmenschlichen Bedingungen, Hunderttausende lebten in ärmlichsten Verhältnissen. Am 16. August 1819 fanden sich in den St Peter's Fields, das Gebiet um den heutigen St Peter's Square, 80.000 Arbeiter, Arbeiterinnen und Kinder ein, um gegen diese Verhältnisse in einer genehmigten Demonstration zu protestieren. Die Stadtverwaltung wollte die Kundgebung trotzdem noch verhindern und ließ die Versammlung von berittenen Truppen auseinandertreiben. Dabei gab es zwölf Tote und Hunderte von Verletzten. Der Tag ging als das **Massaker von Peterloo** in die Geschichte ein. Eine Gedenktafel an der Free Trade Hall, St Peter's Street (jetzt Radisson Edwardian Manchester Hotel), markiert den Ort des Geschehens. 1842 kam der Wuppertaler Fabrikantensohn Friedrich Engels nach „Cottonopolis", um in der Fabrik seines Vaters Erfahrungen zu sammeln. Seine Eindrücke von den sozialen Problemen hielt er in seinem Buch „Die Lage der arbeitenden Klasse in England" fest. Seine Gedanken fanden später in das mit Karl Marx zusammen verfasste „Kommunistische Manifest" Eingang.

Der Nordwesten → Karte S. 563

Mitte des 20. Jh. verlor Manchester seine Schrittmacherrolle, die meisten Industrieanlagen wurden stillgelegt, die Arbeitslosigkeit war immens. Inzwischen haben sich große Unternehmen vor allem aus der **Finanz- und Versicherungswelt** wieder angesiedelt, auch die **Film- und Musikindustrie** spielt eine große Rolle. In Salford ist eine neue Medienstadt entstanden. Die beliebte Soap-Opera „Coronation Street", Englands Lindenstraße, spielt seit 1960 (!) ebenfalls in Manchester. Ein weiterer Wirtschaftsfaktor sind die Universitätsinstitute entlang der Oxford Road, die in den letzten Jahren mit hohen Forschungsetats aufgepäppelt wurden. Die **University of Manchester** ist den Bewerberzahlen nach die beliebteste im Land, sicher auch dank der Beliebtheit der Stadt. Ian Brown von der Band Stone Roses fasste es in dem Satz zusammen: „Manchester hat einfach alles, außer einem Strand."

Basis-Infos

Information Visitor Information Centre, Mo–Sa 9.30–17, So 10.30–16.30 Uhr; hier kann man auf einem interaktiven Stadtplan Auskünfte abrufen, den monatlichen Veranstaltungskalender What's On einstecken oder unter ✆ 0333/20143701 ein Zimmer buchen. Auch die Stadtführungen beginnen hier. 1 Picadilly Gardens, M1 1RG, ✆ 0871/2228223, www.visitmanchester.com.

Eine weiteres Informationszentrum befindet sich in **Trafford** (Access Trafford), Stamford New Road, Altrincham, WA14 1EJ, ✆ 0161/9125931.

Digitaler, alternativer Stadtführer unter www.creativetourist.com.

Verbindungen **Bus** – Manchester Central Coach Station (in der Chorlton Street westlich vom Piccadilly-Bahnhof, M1 3JF) ist der größte Busbahnhof in der Stadt. Von hier fahren National-Express-Busse und Megabus regelmäßig in alle größeren Städte. Außerdem gibt's hier eine Gepäckaufbewahrung. Der Lokalverkehr wird von Stagecoach-Bussen und der Straßenbahn bedient, wichtigster Knotenpunkt ist Piccadilly Garden nur einige Meter weiter nördlich.

Erbaut in der Blütezeit der Stadt: das Rathaus

Kostenlos (!) ist der **Metroshuttle**, der auf drei Routen regelmäßig durchs Stadtzentrum fährt. www.tfqm.com/metroshuttle.

Straßenbahn – die Metrolink-Straßenbahn (kurz Met) fährt quer durch das Zentrum und verbindet es mit den Außenbezirken, u. a. mit dem Stadion Old Trafford im Südwesten. Das Tagesticket Day Travelcard kostet 5–7 £. www.metrolink.co.uk. Es gibt mehrere Tramstationen mit **P & R**, so etwa Sale Water Park im Süden (M33 2LX) oder Ashton Moss im Osten (OL6 7UB).

Bahn – Manchester hat drei Bahnhöfe. Piccadilly Station liegt im Osten der Stadt (London Road, M1 2QF). Hier oder in der Oxford Road Station (die bis 2018 komplett saniert wird, M1 6FU) halten die Züge aus dem Süden, Westen und Osten. Für den Norden Englands ist die spektakulär runderneuerte Victoria Station zuständig (M3 1AR). Die Metro-Shuttle-Busse verbinden die Bahnhöfe miteinander und sind gratis.

Flugzeug – Manchester International Airport liegt etwa 20 km südlich des Zentrums und ist mit der Bahn gut zu erreichen. Der eher unansehnliche Flughafen hat drei Terminals, ist der zweitgrößte in England und bietet zahlreiche Verbindungen in alle Welt. Die direkte Bahnverbindung von/nach Piccadilly mit dem First TransPennine Express braucht rund 20 Min. Der Bus 44 vom Zentrum benötigt rund 1 Std., National Express fährt 2-mal die Std. und braucht rund 30 Min. ✆ 0871/2710711, Flugauskunft ✆ 090/10101000, www.manchesterairport.co.uk.

Einkaufen Mancunians gelten als Schnäppchenjäger. Es gibt mehrere große Einkaufszentren in der Stadt, die unter dem Begriff „Central Retail District" zusammengefasst sind, u. a. das **Arndale Centre** zwischen Market Street und Cannon Street im Nordosten oder der **St Ann's Square** gegenüber in der Corporation Street, wo neben Vivienne Westwood oder Louis Vuitton Marks & Spencer, Selfridges und das In-Kaufhaus **Harvey Nichols** zu finden sind. Shopaholics können ihren Bankrott stilecht mit einem Champagnercocktail in der Bar im 2. Stock feiern. Ein Stück weiter südlich in der St Ann Street befindet sich die **Royal Exchange Arcade** mit einigen exklusiven Läden.

Entlang der **Deansgate** und **King Street** finden sich teure Designerboutiquen. In der Oldham Street im **Northern Quarter** trifft man entlang und um Oldham Street und High Street auf die meisten Plattenläden. **Affleck's Palace** ist wohl das berühmteste Kaufhaus der Stadt im Northern Quarter, ein Sammelsurium von Geschäften und Flohmarktständen, wo man regional hergestellte witzige Klamotten, Schmuck, Krimskrams und antiquarische Bücher findet (Mo–Fr 10.30–18 Uhr, Sa 10–18 Uhr, So 11–17 Uhr; 52 Church Street, M4 1PW, www.afflecks.com).

The Avenue, im Bankenviertel Spinningfields wurde eine Luxuseinkaufsstraße wie in New York angelegt (Hardman Street, M3 3HF, www.spinningfieldsonline.com). Etwas außerhalb in Salford lässt sich günstige Designerware im **Lifestyle Outlet Manchester** erstehen (The Quays, Saltford, M50 3AH).

Markt **Spinningfield Makers Market**, Kunsthandwerk, Essstände und Musik. Jedes 3. Wochenende des Monats von 11 bis 17 Uhr.

Kino **Home**, fünf Kinos, zwei Theater und drei Galerien befinden sich in diesem nagelneuen Kulturzentrum (→ S. 611). Mix aus Kassenschlagern, Independent- und ausländischen Filmen. 2 Tony Wilson Place, First Street, N154FN, ✆ 0161/2001500, homencr.org.

Grimm Up North, Freunde von Horror-, Fantasy- und Scifi-Filmen finden in Manchester Erfüllung. Aus dem Grimmfest, einem zu Halloween stattfindenden Filmfestival für obige Genres, entstand eine Serie mit monatlichen Screenings, Events und dem Festival im Oktober. Programm und Veranstaltungsorte (u. a. Gorilla, → Nightlife) erfährt man über grimmfest.com.

The Savoy Cinema, dieses in Heaton Moor im Süden Manchesters gelegene Kino, dessen Geschichte bis in die 1920er-Jahre zurückreicht, wurde erst im Oktober 2015 wieder eröffnet. Außen alt, innen modern, bezeichnet es sich als „Luxus-Boutique" Kino. Mo Arthouse-Filme. Heaton Moor Road, Stockport, SK4 4HY, ✆ 0161/4322114, www.savoycinemaheaton.com.

Odeon/Imax 3D-Kino, 20 Screens über 4 Etagen im Printworks Entertainment Complex. Millennium Quarter, 27 Wihty Grove, M4 2BS, ✆ 0333/0067777, www.odeon.co.uk.

Nur im Sommer: **Screenfields** – Freilichtkino in Spinningfields (Hardman Square). Nur bei gutem Wetter und nur Do 20.30 Uhr. www.spinningfieldsonline.com.

Der Nordwesten → Karte S. 563

Aktivitäten/Kultur

Bootsfahrten **City Centre Cruises** bieten Fahrten auf dem Irwell-Fluss von Castlefield bis Salford Quays (nur für Gruppen), zudem Sunday Lunch Cruises und Fahrten nach Old Trafford für Fußballspiele. 14 Falterley Road, Northern Moor, ✆ 0161/9020222, www.citycentrecruises.com.

Den **Manchester Ship Canal** kann man mit den Merseyside Ferries erkunden; Touren ab Salford Quays bis nach Liverpool zum Pier Head. April bis Okt. 39 £. Unbedingt vorher buchen: ✆ 0151/3301444, www.merseyferries.co.uk.

Fahrradfahren Manchester ist das Zuhause der englischen Nationalmannschaft Team Sky und besitzt eines der besten Velodrome. Trotzdem ist Manchester keine ideale Fahrradstadt, es gibt zu wenig Fahrradwege und viele Einbahnstraßen, aber man müht sich: cycling.tfgm.com.

Verleih bei **Manchester Bike Hire**, 24 Std. vorher anrufen und das Bike wird (umweltfreundlich auf einem Fahrradanhänger) gebracht (9–17 Uhr), ab 20 £/Tag. ✆ 07523/092285, manchesterbikehire.co.uk.

Am Bahnhof **Piccadilly** gibt es eine **Brompton Bike Station** (www.bromptonbikehire.com).

Festivals Wie von einer Stadt mit Schwulenviertel nicht anders zu erwarten, findet hier im August mit **Manchester Pride** *das* Festival der Lesben, Schwulen und Transsexuellen statt – das größte in Europa. www.manchesterpride.com.

Auch das **Chinesische Neujahr** wird hier groß gefeiert – am 1. Februar.

Die Kulturszene wartet alle zwei Jahre im Juli gespannt auf das **Manchester International Festival** (nächstes Juli 2017), wenn Musik, Theater und Tanz (nur zeitgenössische, neue Stücke und Aufführungen) verschiedene Bühnen der Stadt einnehmen. www.mif.co.uk.

Am jährlichen Kulturwochenende **Park Life** im Oktober nehmen die meisten Museen und Kulturstätten teil. parklife.uk.com.

Das **Dot to Dot Festival** im Mai gibt jungen Bands eine Bühne. dottodotfestival.co.uk.

Fußball Zwei Vereine – **Manchester United** und **Manchester City** – ziehen Fans aus ganz England an. Manchester United ist ohne Zweifel bislang der erfolgreichere; die Spieler werden wie Popstars verehrt.

United spielt im größten Premier-League-Stadion des Landes (76.000 Plätze) in **Old Trafford**, das man mit dem Zug von der Oxford Road oder mit der Metrolink erreichen kann (→ Das Hafenviertel). Old Trafford ist auch das Zuhause des **Lancashire County Cricket Club**.

Manchester City spielt im **Etihad-Stadion**, das für die Commonwealth-Spiele gebaut wurde. Andenken gibt es im Shop, Infos im Museum, Kulinarisches im angegliederten Restaurant. Tickets sind schwierig zu ergattern – probieren Sie es unter www.checkfootballtickets.com/manchester-city-tickets und www.manchester-united-tickets.de. Auch hier kann man zum Trost an einer Stadion- und Museumsbesichtigung teilnehmen. Stadion-Führungen unter ✆ 0161/4441894 (tägl. 9–17 Uhr, So bis 16 Uhr, Fr Abendtour beginnt um 17 Uhr); 17 £, erm. 12 £, Kind 11 £), Ashton New Road, M11 3FF, www.mcfc.co.uk.

Konzerte Konzerte bekannter Bands und andere Großveranstaltungen bieten u. a. die folgenden Bühnen:

Albert Hall, Rock- und Pop-Venue in ehem. Methodistenkapelle, 22 Peter Street, M2 5QR, ✆ 0161/8173490, www.alberthallmanchester.com.

Manchester O2 Apollo, Stockport Road, Ardwick Green, M12 6AP, ✆ 08444/777677, www.o2apollomanchester.co.uk.

Manchester Arena, Großveranstaltungen von JayZ, MPeople über Musicals bis hin zum Boxsport. Victoria Station, Hunts Bank, M3 1AR, ✆ 0844/8478000, www.manchester-arena.com.

The Bridgewater Hall, Heimat des Hallé Orchestras und anderer Ensembles. Lower Mosely Street, M2 3WS, ✆ 0161/9079000, www.bridgewater-hall.co.uk.

Opera House, von Tosca bis Ken Dodd. Quay Street, M3 3HP, ✆ 0844/8717660, www.manchestertheatres.com/operahouse.htm.

The Lowry, → S. 612.

Stadtführungen Das Tourist Office organisiert zahlreiche Führungen, die unter den unterschiedlichsten Mottos stehen. Discover Manchester April–Okt. tägl. 11 Uhr ab Central Library. 8 £ Zu manchen Führungen muss man sich zuvor anmelden. Infos unter www.visitmanchester.com/what-to-do/walkstours/guided-walks.

Zudem führt Craig Gill, Schlagzeuger der aufgelösten Band Inspiral Carpets, 2 Std. lang auf seinem **Manchester Music Walk** durch die Stadt (Mi 10.30 Uhr, 10 £); ab Town Hall. ✆ 07958/246917, www.manchestermusictours.com.

Theater Manchester hat 13 Theater, Flaggschiff ist das **Royal Exchange Theatre**, eine Kapsel in der Great Hall Exchange mit einer runden Bühne in der Mitte. Bekannte Theaterstücke werden hier aufgeführt. St Ann's Square, M2 7DH, ✆ 0161/8339833, www.royalexchange.co.uk.

Contact Theatre, für moderne Einflüsse aufgeschlossen ist dieses der Universität von Manchester angeschlossene Theater. 15 Oxford Road, M15 6JA, ✆ 0161/2740600, contactmcr.com.

Frog & Bucket Comedy Club, Stand-up-Comedy, wie sie nur die Engländer fertigbringen – Do–Sa ab 20.30 Uhr. 96–102 Oldham Street, M4 1LJ, ✆ 0161/2369805, www.frogandbucket.com/manchester.

Reif fürs Museum

Green Room Theatre, eine anspruchsvolle Avantgardebühne. 54–56 Whitworth Street West, M1 5WW, ✆ 0871/9773810, www.manchestertheatres.com/greenroom.htm.

Manchester 235, Kasino und Unterhaltungskomplex in einem alten Lagerhaus, in dem man auch gediegen essen, trinken und einkaufen kann. 2 Watson Street, The Great Northern, M3 4LP, ✆ 0161/8265868, www.manchester235.com.

Übernachten

→ Karte S. 602/603

Im Stadtzentrum sind viele Hotels auf Geschäftsreisende eingestellt. Wegen des regen Nachtlebens gibt es aber auch für Budget-Traveller erschwingliche Unterkünfte in zentraler Lage. Nur B & Bs sind im Zentrum rar gesät.

***** **Radisson Blu Edwardian Manchester** 28 Die denkmalgeschützte Fassade der Free Trade Hall wurde bewahrt, innen dominiert zeitgenössischer Luxus; Zimmerpreise je nach Auslastung und Saison, DZ ab 215 £. Peter Street, M2 5GP, Reservierung ✆ 0800/374411, 0161/8359929, www.radissonbluedwardian.com.

***** **Hotel Gotham** 16 Nicht nur der Name will an die 1920er-Jahre anknüpfen, auch in seiner Opulenz und dem zur Schau gestellten Luxus setzt diese 2015 eröffnete Luxusherberge Maßstäbe. In die Bar im obersten Stock des Art-déco-Gebäudes dürfen nur Hotelgäste oder Mitglieder, die 60 Retro-Zimmer sind mit viel dunklem Holz, Leder, Kunstfell und einer Prise Humor eingerichtet. DZ ab 155 £ inkl. kontinentalem Frühstück. 100 King Street, M2 4WU, ✆ 0843/1787188, www.hotelgotham.co.uk.

**** **Kingstreet Townhouse Hotel** 19 Die 40 Zimmer sind wunderbar, aber einmalig in Manchester ist der Swimmingpool auf dem Hoteldach im 7. Stock. Es gibt auch einen Dachgarten. Wer sich vom Blick über Manchesters Skyline losreißt, den erwarten Zimmer wie in einem Grandhotel, nur kleiner. DZ ab 50 £. 10 Booth Street, M2 4AW, ✆ 0161/6670707, www.eclectichotels.co.uk/king-street-townhouse.

**** **Great John Street Hotel** 24 Das angesagte Boutique-Hotel in einer früheren Schule bietet 30 Luxus-Zimmer, teils mit freistehenden Badewannen, teils auf zwei Etagen. Es gibt einen Dachgarten mit Restaurant, beheizter Veranda und Whirlpool. DZ ab 168 £ ohne Frühstück. Great John Street, M3 4FD, ✆ 0161/8313211, www.eclectichotels.co.uk/great-john-street.

Der Nordwesten → Karte S. 563

**** **The Velvet** 26 2009 eröffnetes Hotel im Gay Village. Samt und sattfarbene Tapeten gehören zur üppigen Ausstattung. Das Haus orientiert sich an den Bedürfnissen von Stadtmenschen. Fr/Sa Clubbing Specials. DZ So ab 88 £ ohne Frühstück, B & B ab 109 £. Keine Parkplätze. 2 Canal Street, M1 3HE, ✆ 0161/2369003, www.velvetmanchster.com.

**** **Innside Hotel** 38 Diese Unterkunft ist bislang das erste Haus der spanischen Kette in Großbritannien. Es besticht durch bauhausklare Linien mit viel Stein und Marmor und verfolgt konsequenten Minimalismus. Riesige Betten, große Bäder, Spa mit Sauna und Fitnessangeboten sowie ein spannendes Restaurantkonzept sind die Markenzeichen, Do und Fr legt ein DJ zum Frühstück auf. DZ online ab 85 £ ohne Frühstück. 1 First Street, M15 4RP, ✆ 0161/2002500, www.melia.com.

*** **The Light Boutique Apart Hotel** 10 45 edel eingerichtete Wohnungen und Penthouses in einem Hochhausneubau im Stadtzentrum. Fitness-Studio und Spa. Studio ab 89 £, mit zwei Schlafzimmern (für 4 Pers.) ab 199 £, Penthouse mit Dachterrasse und Hot Tub ab 499 £. 20 Church Street, M4 1PN, ✆ 0161/8394848, www.thelight.co.uk.

*** **RoomZZZ** 27 Apartmenthotel im Zentrum in denkmalgeschütztem früheren Textilwarenhaus – georgianische Noblesse mit hohen Decken und Fenstern. Kleines Studio ab 79 £, für 4 Pers. ab 139 £. 36 Princess Street, M1 4JY, Reservierung ✆ 0203/5045555, www.roomzzz.co.uk/manchester-city.

*** **Motel One Manchester Picadilly** 30 Im Herzen der Stadt liegt diese bezahlbare und dennoch sehr schicke Unterkunft mit ausreichend großen, komfortablen Zimmern und einer guten Bar. DZ ab 69 £ ohne Frühstück, ab 78,50 £ mit. 34 London Road, Picadilly, M1 2PF, 0161/2005650, www.motel-one.com.

Potato Wharf 31 Tolle Jugendherberge mit 160 Betten in Zentrumsnähe direkt am Kanal; zu Fuß oder mit der Straßenbahn (Station Castlefield) zu erreichen. Übernachtung ab 15 £/Pers., Zimmer ab 79 £. Potato Wharf, Castlefield, M3 4NB, ✆ 0345/3719647, www.yha.org.uk/hostel/manchester.

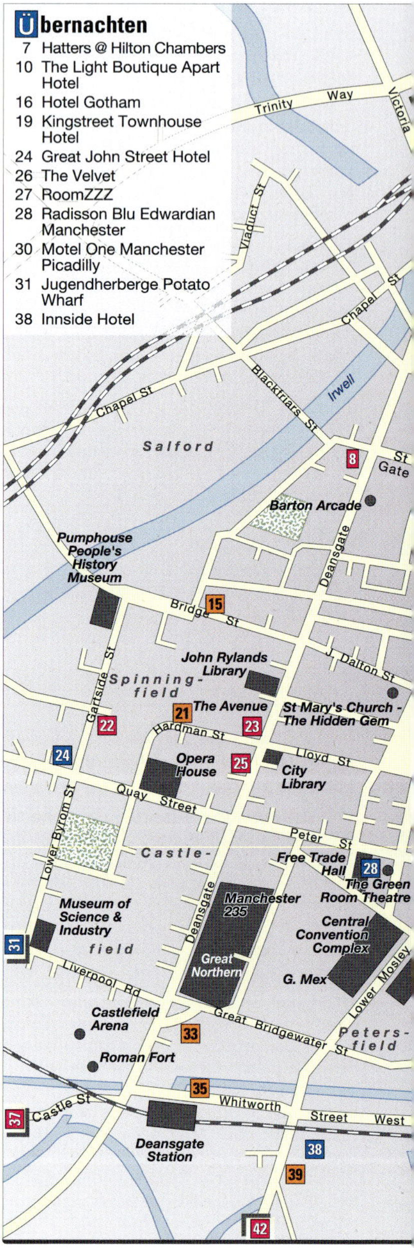

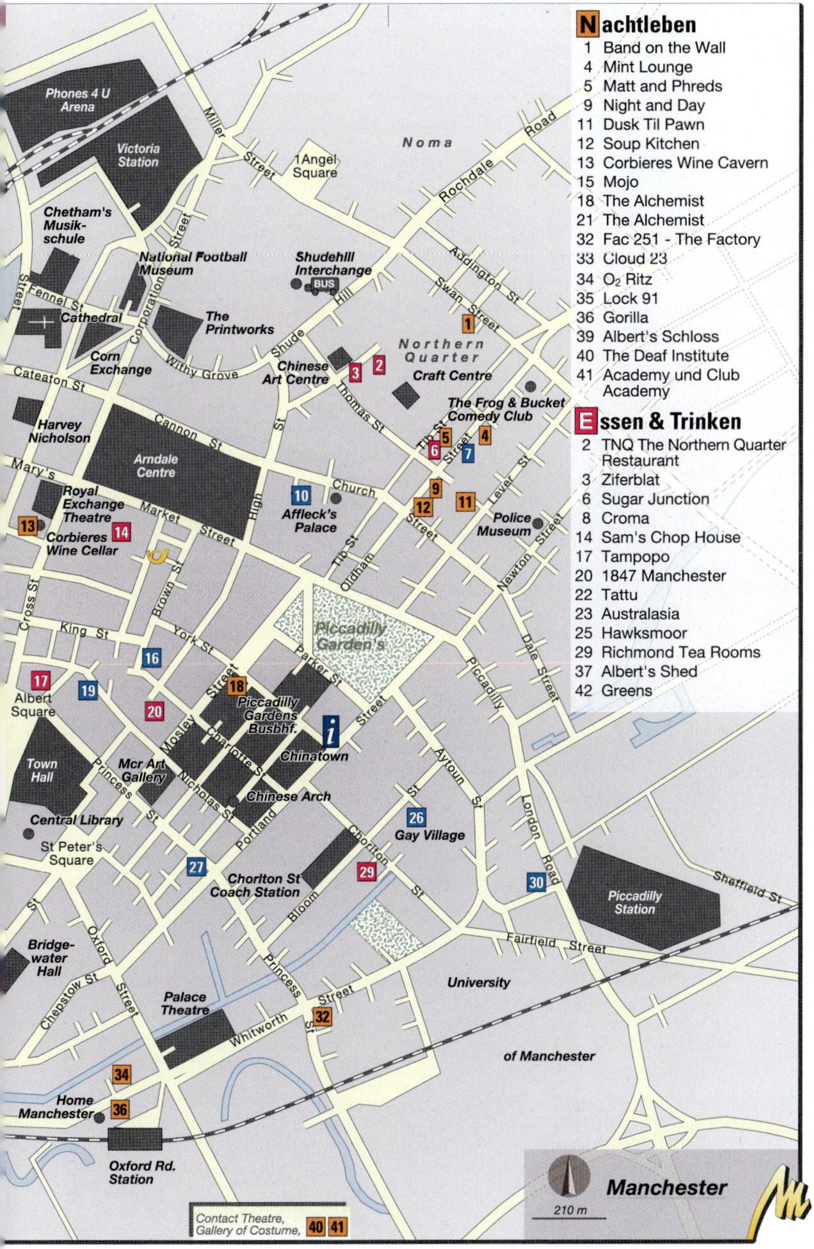

Der Nordwesten → Karte S. 563

Hatters @ Hilton Chambers 7 Hostel im Northern Quarter, jedoch höherer Standard, mehr Privatzimmer als Schlafsäle. Bett im 10er-Zimmer ab 15,50 £, DZ 59-169 £. 15 Hilton Street, ✆ 0161/2364414, hattershostels.com/manchester-hilton-chambers.

Essen & Trinken

→ Karte S. 602/603

In Chinatown gibt es viele gute und preiswerte Restaurants. Am Albert Square und rund um die Deansgate finden sich Bistros im europäischen Stil, in Spinningfields und Castlefield feine Restaurants. Angesagte, eher lässige Läden ballen sich im Northern Quarter. Wer gut indisch essen will oder neugierig ist auf die Küchen Afghanistans oder des Jemen, begibt sich auf die „Currymeile“ im Stadtteil Rusholme im Südosten. Hier findet man allein an der Wilmslow Road fast 50 indische Restaurants! Die Cornexchange wurde gerade für 30 Millionen Pfund in einen Ess-Tempel mit 12 Restaurants verwandelt.

Croma 8 Preiswerter Italiener in ansprechendem, modernen Ambiente, auf den Teller kommen dünne ofengebackene Pizzen und Pasta. Günstige Early-Bird-Angebote bis 19 Uhr. Nahe Albert Square. 1–3 Clarence Street, M2 4DE, ✆ 0161/2379799, www.cromapizza.co.uk.

Australasia 23 Der Gourmettempel im Untergeschoss eines Glaspalasts (Eingang durch louvreartige kleine Glaspyramide) serviert pazifisch inspirierte Küche aus Australien, z. B. Rindssalat auf grüner Papaya oder Makrelen in Bananenblättern. Tägl. 12–24 Uhr, die Lounge schließt Fr und Sa erst um 3 Uhr. 1 The Avenue, Spinningfields Square, M3 3AP, ✆ 0161/8310288, australasia.uk.com.

The Northern Quarter Restaurant 2 alteingesessenes, freundliches Kiezrestaurant mit zuverlässiger Qualität und genialen Angeboten wie dem „£ 10 Lunch Offer“ inklusive eines Getränks oder „Thirsty Thursday“, wo man 2 Gänge mit so viel Hauswein, wie man mag, für 29,95 £ bekommt. 108 High Street, M4 1HQ, ✆ 0161/8327115, tnq.co.uk.

Das Tor zu Manchesters China Town

Tattu 22 Dieser Chinese bricht mit vielen Erwartungen. Blickfang der traumhaft schönen Einrichtung, die von der Körperkunst Tatoo inspiriert wurde (daher der Name), ist ein vier Meter hoher Kirschbaum in „Trockenblüte" (seine Blüten wurden getrocknet und danach wieder angebracht), die Bar wirkt eher nautisch wie ein Piratenschiff. Gekocht wird chinesisch in moderner Interpretation. Mo–Do 12–15 und 7–22.45 Uhr, Fr–So durchgehend. Hauptgerichte 12–26 £. Gartside Street, Spinning fields, M3 3BE, ✆ 0161/8192060, www.tattu.co.uk.

Albert's Shed 37 In Castlefield; in dem frontverglasten Großraumrestaurant gibt es eine gelungene Mischung aus englischer und italienischer Küche. Auf der Außenterrasse speist man mit Blick auf den Bridgewater Canal. 2-Gänge-Lunch 11,95 £. Mo–Do 12–22 Uhr, Fr bis 22.30 Uhr, Sa 10.30–23 Uhr, So 10.30–21.30 Uhr. 20 Castle Street, M3 4LZ, ✆ 0161/8399818, albertsshed.com.

Sam's Chop House 14 Traditionelle englische Küche mit frischen, saisongerechten Zutaten in lauschigem Ambiente mit dunklen Balken und Kamin. Mo–Fr 12–15 und 17–21.30 Uhr, Sa 12–22.30 Uhr, So 12–20 Uhr (Bar länger). Chapel Walks, Back Pool Fold (zweigt von der Cross Road ab), M2 1HN, ✆0161/8343210, samschophouse.co.uk. ■

Hawksmoor 25 Holzboden, Kacheln und 50er-Jahre-Beleuchtung sind das Umfeld, in dem einige der besten Steaks der Stadt gegrillt werden. Sie stammen von britischen Rindern und sind mind. 28 Tage dry aged. Das Express Menu mit zwei Gängen für 25 £ ist etwas weniger kostspielig ... Lunch Special: Rumpsteak mit Pommes für 15 £. Do–Sa 12–15 Uhr, Mo–Do 17–22 Uhr (Bar bis 24 Uhr), Fr–Sa bis 22.30 Uhr (Bar bis 0.30 Uhr), So 12–21.30 Uhr (Bar bis 22.30 Uhr). 184–186 Deansgate, M3 3WB, 0161/8366980, thehawksmoor.com.

Tampopo 17 Manchesters Original-Noodlebar mit japanischem Einschlag gibt es inzwischen dreimal in der Stadt. In der Cornexchange sind sie die einzigen alten Hasen im neuen Gewand. Express Lunch für 6-8,95 £. Mo–Mi 12–22.30 Uhr, Do-Sa bis 23 Uhr, So bis 22 Uhr. Corn Exchange, M4 3TR, ✆ 0161/8396484, www.tampopo.co.uk.

Ziferblat 3 Erstes Pay-as-you-go-Café Manchesters, wo alles kostenfrei konsumiert werden kann, man zahlt für die Dauer des Aufenthalts, und zwar 8 p pro Minute. Viele Leute nutzen es als ihr zweites Wohnzimmer, andere als co-working Space. Zu finden im ersten Stock eines Bürohauses. Mo–Fr 8–22 Uhr, Sa–So ab 10 Uhr. 23 Edge Street, Northern Quarter, M4 1HW, ✆ 07714/468257, www.ziferblat.co.uk/edgestmanchester.html.

Sugar Junction 6 Tearoom mit Alte-Welt-Charme, hausgebackene Kuchen und Bio-Snacks, 25 verschiedene Teesorten. Mo 9–20 Uhr, Di–Do bis 22 Uhr, Fr –Sa bis 23 Uhr, So 9–20 Uhr. 60 Tib Street, M4 1LG, ✆ 0161/8391444, www.sugarjunction.co.uk.

Richmond Tea Rooms 29 Café und Cocktail-Lounge im Zentrum, plüschig, aber geschmackvoll. Von Frühstück bis Afternoon Teas mit hausgemachtem Kuchen, auch leichte Imbisse und Salate. Mo–Do 11–22 Uhr, Fr 11–23 Uhr, Sa 10–23 Uhr, So 10–22 Uhr. Richmond Street, The Village, M1 3HZ, ✆ 0161/2379667, www.richmondtearooms.com.

Fleisch – nein danke!

Die Anti-Fleisch-Kampagne des Abgeordneten Joseph Brotherton aus Manchester löste vor 150 Jahren die Vegetarierbewegung aus. 1847 wurde hier in Manchester die „Vegetarian Society" geboren und die Idee lebt unbestritten fort. Vegetarier können z. B. im **1847 Manchester** 20 zwischen vegetarischen und veganen Mezze-Tellern oder Probemenüs wählen (58 Mosley Street, M2 3HZ, by1847.com), in Didsbury mit **Greens** 42 das bekannteste und eines der besten vegetarischen Restaurants der Stadt ausprobieren (41–43 Lapwing Lane, Didsbury, M20 2NT, www.greensdidsbury.co.uk) oder ihren Gaumen im **Punjab Tandoori** auf der „Currymeile" im Stadtteil Rusholme orientalisch kitzeln (177 Wilmslow Road, M14 5AP, ✆ 0161/2252960). Fleischfreunde sind natürlich ebenso willkommen.

Der Nordwesten → Karte S. 563

Nachtleben

→ Karte S. 602/603

Die großen Rock- und Pop-Konzerte finden in einem der beiden Fußballstadien statt (→ Aktivitäten/Kultur). Newcomer und regionale Bands füllen kleinere Locations wie das Deaf Institute oder Soup Kitchen. Das Northern Quarter und der Stadtteil Castlefield bieten viele Café-Bars, in denen DJs auflegen, von September bis Neujahr veranstaltet das Warehouse Project (www.thewarehouseproject.com) Clubnächte unter der Manchester-Picadilly-Station. Und das Gay Village um die Princess Street garantiert Unterhaltung bis in die Nacht.

Pubs & Bars **Albert's Schloss** 39 ist ein bayerisch-böhmischer Bierkeller mit Bäckerei, aus der die frischen Brezeln stammen. Schweinshaxen, Würstchen und Schnitzel stehen auf der Speisekarte. Tägl. 11–2 Uhr. 27 Peter Street, M2 5QR, ✆ 0161/8334040, albertschloss.co.uk.

The Alchemist 21 Angesagte Lifestyle-Bar in Spinningfields. Riesige Auswahl an individuellen Cocktailkreationen, die entsprechend kosten. Dazu gibt es Häppchen und Steak-Sandwiches. Mo–Mi 10–24 Uhr, Do bis 1 Uhr, Fr/Sa bis 2 Uhr, So bis 23 Uhr. 3 Hardman Street, M3 3HF, ✆ 0161/8172959, thealchemist.uk.com. Eine weitere Bar gibt es in der 1 New York Street, M1 4HD 18.

Musiktrends aus Manchester: Das Nachtleben ist es, wofür die Stadt so bekannt ist, und seit Jahren werden hier Trends geboren, die sich weltweit ausbreiten. So initiierte Oasis in den 1990ern eine „Britpopwelle". Ministry of Sound produzieren bis heute Compilations mit den größten Talenten des Nordwestens. Aktuelles zum Nachtleben unter www.skiddle.com/whats-on/Manchester und www.manchestereveningnews.co.uk/whats-on.

Cloud 23 33 Bar im 23. Stockwerk des Hilton Hotels mit Hilton-Preisen. Darüber befinden sich Apartments, darunter das Hotel. Super Blick über die Stadt, vereinzelte Glasscheiben im Boden erlauben auch den Blick hinunter aufs Trottoir, wonach man was Starkes braucht. Achtung: Es gibt kein Bier, nur teure Cocktails! Keine Turnschuhe etc. Die Bar ist so beliebt, dass ab 18 Uhr nur noch reinkommt, wer sich vorab auf die Gästeliste hat eintragen lassen. So–Do 11–1 Uhr, Fr–Sa bis 2 Uhr. Beetham Tower, 303 Deans Gate, M3 4LQ, ✆ 0161/8701670, www.cloud23bar.com.

Corbieres Wine Cavern 13 Gleich hinter dem St Ann's Square, alteingesessene Bar mit Musikbox. Mo–Do 12–23 Uhr, Fr/Sa bis 1 Uhr, So 14–23 Uhr. 2 Half Moon Street, M2 7PS, ✆ 0161/8343381.

Lock 91 35 Bar, Club und Lounge im ehemaligen Haus eines Schleusenwärters am Rochdale Canal. Die Clubsofas, der Billiardtisch und viel unbehandeltes Holz machen es richtig gemütlich. 9 Century Street, M3 4QL, ✆ 0161/8195444, www.lock-91.co.uk.

Dusk Til Pawn 11 Was aussieht wie ein Leihhaus (pawn=Pfand), entpuppt sich beim Eintreten als eine der besten Cocktailbars der Stadt. Mo–Do 16–1 Uhr, Fr–Sa bis 3 Uhr, So 18–1 Uhr. Stephenson Square, Northern Quarter, M1 1FB, ✆ 0161/2365355, www.manchesterbars.com/dusktilpawn.htm.

Mojo 15 Rock-'n'-Roll-Cocktail-Bar in Deansgate mit etwas schäbigem Schick, eigene Online-Radiostation, man nimmt hier Musik „ernst". Mo–Mi 12–3 Uhr, Do–So bis 4 Uhr. Bar Snacks bis 23 Uhr. 59 Bridge Street, M3 3BQ, ✆ 0845/6118643, www.mojobar.co.uk.

››› **Mein Tipp: Night and Day** 9 Am Tag entspannte Café-Bar, abends Pub mit Live-Bühne für Rock-'n'-Roll-Gigs mitten zwischen den Plattenläden in der Oldham Street. 26 Oldham Street, Northern Quarter, M1 1JN, ✆ 0161/2364597, www.nightnday.org. ‹‹‹

Clubs & Livemusik **Academy** 41 Die Veranstaltungsräume befinden sich in der Studentengewerkschaft auf dem Campus der Universität. In drei engen Räumen treten neue und altbekannte Bands auf. Oxford Road, M13 9PR, ✆ 0161/8321111, www.manchesteracademy.net.

Mint Lounge 4 Super-Club im Northern Quarter zum Abtanzen nach House, Hip-Hop, Reggae Beats, auch Live-Events. Die Clubnacht Funkademia am Samstagabend läuft schon seit Jahren. Do 22–3 Uhr, Fr/Sa 22.30–3.30 Uhr. 46–50 Oldham Street, M4 1LE, ✆ 0161/2281495, www.mintlounge.com.

Fac 251 – The Factory 32 Indie- und Rock'n-Roll-Club mit Live-Auftritten in der ehemaligen Fabrik von Factory Records. New Orders Peter Hook leitet den Club auf drei Ebenen im Geiste des berühmten Hacienda. Freitag Clubnacht mit House und Dubstep, Samstag regionaler Soul, Indie und Funk, So Ruhetag. Eventnächte 20–4 Uhr. Ab 3 £. 118 Princess Street, M1 7EN, ✆ 0161/2727251, www.factorymanchester.com.

Band on the Wall 1 Non-Profit-Unternehmen mit langer Tradition, das Live-Acts von Jazz, Reggae und New Folk aus aller Welt einlädt. In der Picturehouse-Bar in einem alten Kino wird man kulinarisch versorgt. 25 Swan Street, Northern Quarter, M4 5JZ, ✆ 0161/8341786, Box Office ✆ 0845/2500500, bandonthewall.org.

The Deaf Institute 40 Café, Bar und Musikhalle über drei Etagen mit Dachterrasse in einer früheren Schule für taube und sehbehinderte Menschen. Coole Beats und surrealistische Tapeten von Timorous Beasties und Saint Honoré. Eigenes Recordlabel „Suffering Jukebox". Art Corner Gallery im obersten Stockwerk. 135 Grosvenor Street, M1 7HE, ✆ 0161/2769350, www.thedeafinstitute.co.uk.

Gorilla 36 In den Eisenbahnbögen fungiert diese Location als Bar, Restaurant, Live-Bühne und Club. Das Brot wird vor Ort gebacken, deshalb schmecken die Burger so gut, in der Mezzanine Bar gibt es Gin aus aller Welt, im Stage Club ist mehrmals die Woche Konzert. 54–56 Whitworth Street, M1 5WW, ✆ 0161/4080301, Tickets: ✆ 0844/8588521, www.thisisgorilla.com.

Soup Kitchen 12 Canteen, Bar und Club – natürlich ebenfalls im Northern Quarter. Einheimische Bands spielen oft im Basement, dort finden sich auch internationale DJs oder andere Künstler mit ihren Performances ein. So–Mi 12–23 Uhr, Do bis 1 Uhr, Fr/Sa bis 4 Uhr. 31–33 Spear Street, M1 1DF, ✆ 0161/2365100, soup-kitchen.co.uk.

Matt and Phreds 5 Klasse Jazz-Club. Am besten einen Tisch vorbuchen. Mo–Do 18–2 Uhr, Fr/Sa bis 3 Uhr. 64 Tib Street, M4 1LW, ✆ 0161/8317002, www.mattandphreds.com.

O_2 Ritz 34 Einer der ältesten Clubs mit loyaler Gefolgschaft, vor allem bei den Studenten. Clubnights von Indie über Rock bis Techno. Whitworth Street West, M1 5NQ, ✆ 0161/2363234, Box Office ✆ 0844/4772000, o2ritzmanchester.co.uk.

Stadtzentrum, Spinningfields und Deansgate

Town Hall: Am Albert Square (etwa in der Mitte des Zentrums) erhebt sich das neugotische Rathaus, das vor Türmchen nur so strotzt. Der viktorianische Architekt Alfred Waterhouse plante den ansehnlichen Bau, der 1877 eröffnet wurde und gern als Filmkulisse dient, z. B. in „The Iron Lady" mit Meryl Streep (2011). In der Great Hall erzählt ein Bilderzyklus in 12 Wandgemälden die Geschichte der Stadt. Beachten Sie auch die Bienen im Mosaikboden davor, die die Industrien von Manchester symbolisieren. Im Erdgeschoss sitzt man zwischen Säulen und Büsten gemütlich im Sculpture-Hall-Café bei Kaffee und Kuchen.

Mo–Sa 9–16 Uhr, Führung nach Vereinbarung, gelegentlich geführte Turmbesteigungen. Café: Mo–Fr 9–16 Uhr, Sa/So 10–16 Uhr. ✆ 0161/8277661, www.manchester.gov.uk/townhall.

Central Library: Die Zentralbibliothek gleich hinter dem Rathaus erinnert eher an das Pantheon in Rom als an eine Bücherei. Kein Wunder, ist sie doch eine der größten öffentlichen Bibliotheken Europas und zugleich die Zentralbibliothek der Universität. Der monumentale Kuppelbau wurde 1930–1934 errichtet, hat einen großen Lesesaal und im Erdgeschoss ein eigenes Theater. Seit ihrer Wiedereröffnung 2014 entwickelt sich die Central Library mit ihren Ausstellungsflächen, der Media Lounge, dem Café und der Bühne zum neuen „Kulturwohnzimmer" der Stadt.

Mo–Do 9–20 Uhr, Fr/Sa bis 17 Uhr. St Peters Square, M2 5PD, ✆ 0161/2341983, www.manchester.gov.uk/libraries.

Der Nordwesten → Karte S. 563

City Art Gallery: Geht man vom Rathaus bis zur Mosley Street, gelangt man zu dieser Kunstgalerie, die in einem klassizistischen Tempel untergebracht ist. Auf drei Etagen ist eine große Gemäldesammlung aus dem 17. bis 20. Jh. zu sehen. Der Schwerpunkt liegt auf britischen Künstlern aus dem 18. bis 20. Jh., man stößt aber auch auf moderne Amerikaner wie Francis Bacon, französische Impressionisten, auf Picasso, Modigliani und Ernst. Über die Princess Street gelangt man in den Teil der Art Gallery, in dem Wechselausstellungen gezeigt werden.

Tägl. 10–17 Uhr, Do bis 21 Uhr. Eintritt frei. Mosley Street, M2 3JL, ✆ 0161/2358888, www.manchestergalleries.org.

St Mary's Church – The Hidden Gem: Zwischen Lincoln Square und John Dalton Street versteckt sich die katholische Kirche von 1794, die sich von außen sehr schlicht zeigt. Im Innenraum fallen die 14 zeitgenössischen Gemälde der Passion ins Auge, für die das Gotteshaus berühmt ist, ein Werk von Norman Adams. Sehenswert sind auch die steinernen Skulpturen der Engel und Heiligen am Hochaltar.

Tägl. 8–18 Uhr. Mulberry Street, M2 6LN, ✆ 0161/8343547, hiddengem.catholicfaith.co.uk/home.html.

Spinningfields: Dieser Sanierungsbezirk westlich von Deansgate, der gern mit Londons Canary Wharf oder Paris' La Defense verglichen wird, zeigt das neue Gesicht der Stadt. Renommierte Architekten haben hier auf einer Fläche von 12 ha bislang rund 20 spektakuläre Gebäude entlang übersichtlich geplanter Straßenachsen hochgezogen – eine davon, The Avenue, ist zum teueren Shoppingrevier avanciert. In der Folge eröffneten hier zahlreiche Restaurants und Bars, die dem District auch nachts Leben auf hohem (Preis-)Niveau einhauchen, etwa The Alchemist (→ Nachtleben). Am Hardman Square präsentiert die Artzu Gallery zeitgenössische Malerei, Skulpturen und Fotografie.

Artzu Gallery: Mi–Fr 12–17 Uhr, Sa 11–17 Uhr. Quay House, Hardman Square, M3 3JE, ✆ 0161/8271717, www.artzu.co.uk.

John Rylands Library: Einen Kontrast bildet die historische Fassade der Bibliothek aus den 1930er-Jahren, die nach gelungener Renovierung in alter neugotischer Pracht mit modernen Elementen erstrahlt. Sie ist eine Stiftung der Witwe des

Wie das Pantheon in Rom: die Central Library

Baumwollfabrikanten und Sammlers John Rylands und verfügt über einen Schatz von über dreitausend Wiegendrucken sowie Tausenden Handschriften aus allen Kulturen. Die Bücherei zeigt sich im Stil der viktorianischen Gotik. Im Lesesaal findet man u. a. ein Exemplar der Gutenberg-Bibel von 1455, eine Ausgabe der Canterbury-Geschichten von William Caxton, dem englischen Erfinder des Buchdrucks, sowie das angeblich älteste Fragment des Neuen Testaments.

Di–Sa 10–17 Uhr, So/Mo 12–17 Uhr. Eintritt frei. Ab und zu kostenfreie Kurz-Führungen. Auch Audioguide. 150 Deansgate, M3 3EH, ✆ 0161/3060555, www.library.manchester.ac.uk/rylands.

People's History Museum: Westlich der Bibliothek in Richtung River Irwell (und auf der Rückseite der Avenue) residiert dieses Museum in einem sanierten Hydraulikwerk. Die Pumpstation wurde durch einen Anbau erweitert, der im Erdgeschoss komplett verglast ist. Die teils interaktiven Ausstellungen geben Einblick in die Geschichte der britischen Gewerkschaftsbewegung, die eng mit Manchester verbunden ist, sowie die Erfolge und Rückschläge auf dem Weg zur Demokratisierung. Ein separates Archiv dokumentiert die Geschichte der Labour Partei von Manchester (Besichtigung nach Vereinbarung). Das familienfreundliche Left Bank Café (mit Sonnenterrasse) lädt zum entspannten Ausklang des Besuchs ein.

Tägl. 10–17 Uhr. Eintritt frei. Left Bank, M3 3ER, ✆ 0161/8389190, www.phm.org.uk.

Der Norden: Exchange Square, Chinatown, Northern Quarter

Die Straßen um den Exchange Square sind zum Central Retail District aufpoliert worden und Manchesters Brennpunkt in Sachen Shopping. Der Platz ist rund wie ein Amphitheater und verbindet die Designerläden in der New Cathedral Street und den Nobelkaufhäusern Harvey Nichols und Selfridges, hinter denen die Kathedrale geradezu verblasst.

Manchester Cathedral: Das 1421 geweihte Gotteshaus, man übersieht es fast, wurde 1847 zur Kathedrale erhoben. Drinnen zeigt sie sich spätgotisch, mit wunderschönen Schnitzarbeiten im Chor und an der Decke. Die Buntglasfenster aus dem 20. Jh. setzen einen gelungenen Kontrast, ebenfalls aus dem 20. Jh. stammen die Wandgemälde im Kapitelhaus. Das Besucherzentrum, das sich unter der 600 Jahre alten Hanging Bridge befindet, informiert in einer interaktiven Ausstellung über die Geschichte des Gotteshauses.

Mo und Fr 8.30–17.30 Uhr, Di–Sa bis 18.30 Uhr. Eintritt frei. Führungen Mo–Sa zw. 10.30 und 15.30 Uhr, 3 £. Victoria Street, M3 1SX, ✆ 0161/8332220, www.manchestercathedral.org.

National Football Museum: Im Urbis-Gebäude, einem modernen, von Ian Simpson entworfenen Glaspalast inmitten der fußballverliebten Stadt, dreht sich alles um König Fußball. Über 150 Jahre entwickelte sich der Sport im Mutterland des Fußballs von einer elitären Ertüchtigungsmethode zum globalen Phänomen, sein medialer Kurswert bemisst sich am Preis der Übertragungsrechte im Fernsehen und an den Millionen-Gehältern seiner Ikonen, den höchsten weltweit. Das Museum zeigt nicht nur Pokale, alte Trikots (u. a. von Maradona) und zerbeulte Lederbälle (u. a. den orangefarbenen aus dem Finale der WM von 1966 zwischen England und Deutschland). Besucher begeben sich auf eine Zeitreise durch die Geschichte des Sports und seiner Protagonisten, die im Erdgeschoss in der „Hall of Fame" beginnt. Im 2. Stock kann man sich über Regeln und Taktik des Spiels kundig machen, Tricks wie Ronaldos Übersteiger erlernen und in einer der Sonderausstellungen im 3. und 4. Stock die künstlerischen Darstellungen der Sportart begutachten.

Tägl. 10–17 Uhr, Eintritt frei. Führungen tägl. 11 u. 15 Uhr, 3,50 £. Urbis Building, Cathedral Gardens, Todd Street, M4 3BG, ✆ 0161/6058200, www.nationalfootballmuseum.com.

Der Nordwesten → Karte S. 563

Chinatown: Manchesters Chinatown entstand erst in den 1970er-Jahren, auf kleinstem Raum lebt hier eine der größten chinesischen Gemeinden des Landes. Seit 1987 begrüßt der kaiserlich-chinesische Triumphbogen an der Faulkner Street den Besucher. Wer hier einen etwas exzentrischeren Abend verleben möchte, suche das K 2 oder das Fab Café auf; Ersteres ist ein abgefahrener Karaoke-Club, in dem singfreudige Menschen in 31 neonbeleuchteten Räumen voller psychedelischer Farbenspiele ihre Stimmbänder ölen (52–56 George Street, M1 4HF, www.k2 karaoke.com); Letzteres ist eine TV- und Film-Themenbar, in der man auch Milk Shakes und Ice Lollies serviert bekommt (109 Portland Street, M1 6DN, www. fabcafe.co.uk).

Northern Quarter: Das Viertel der Künstler und Kreativen – von Chinatown führt der Weg an der Tourist Information und den Picadilly Gardens vorbei und entlang der Portland Street hierher (northernquartermanchester.com). Streifen Sie tagsüber durch die farbenfrohen Straßen des Viertels oder kommen Sie am Abend, auch nach Einbruch der Dunkelheit ist hier einiges los. Seit Jahren zieht das Northern Quarter wegen der noch günstigen Mieten in den stillgelegten Lagerhäusern Kreative aller Couleur an. Hier werden Kunstaktionen wie das Out House organisiert – der öffentliche Toilettenblock am Stevenson Square wird derzeit alle drei Monate von Street-Art-Künstlern neu besprüht (outhousemcr.thecolouring box.co.uk). Auf dem einstigen Gelände eines Fisch- und Geflügelmarkts haben sich Kunsthandwerker niedergelassen und arbeiten in den 18 Studios des **Craft and Design Centres.** Man kann ihnen dabei zusehen und natürlich auch erwerben, was sie geschaffen haben (Mo–Sa 10–17.30 Uhr, So 11–17 Uhr; 17 Oak Street, M4 5JD, ✆ 0161/8324274, www.craftanddesign.com).

Zwei Blöcke weiter an der Ecke Thomas Street/High Street hat sich das **Chinese Arts Centre (CAC)** in einem ehemaligen Marktgebäude eingerichtet. Der Kulturtreff gibt zeitgenössischen Künstlern aus dem Reich der Mitte Raum für Veranstal-

Schräge Mode im Northern Quarter

tungen und Ausstellungen (Di–Sa 10–17 Uhr; Eintritt frei; Market Buildings, 13 Thomas Street, M4 1EU, ✆ 0161/8327271, www.chinese-arts-centre.org).

Und schließlich ist das Northern Quarter ein Eldorado für alternative und individuelle Mode, zum Beispiel Affleck's Palace (→ Einkaufen), wo Lady Gaga schon nach Schrägem Ausschau hielt. Trotz der Streamingdienste behaupten sich im Viertel noch viele Secondhand- bzw. Vinyl-Plattenläden. Eine Auswahl:

Eastern Bloc, gut für Dance Music für die Ohren und hausgemachten Kuchen für den Magen. 5a Stevenson Square, M1 1DM, ✆ 0161/2286555, www.easternblocrecords.com.

Vinyl Exchange, größter Secondhand-Plattenladen des Landes. 18 Oldham Street, M1 1JN, ✆ 0161/2281122, www.vinylexchange.co.uk.

Picadilly Records, Spezialist für fast alle Genres. 53 Oldham Street, M1 1JR, ✆ 0161/-8398008, www.piccadillyrecords.com.

Vinyl Revival, auch CDs, DVDs, T-Shirts und Poster. 5 Hilton Street, M4 1LP, ✆ 0161/6616393, www.vinylrevivalmcr.com.

Der Süden: Manchester-Castlefield und University Quarter

Der historische Stadtteil Castlefield, benannt nach dem Römerfort, das hier im ersten nachchristlichen Jahrhundert stand, liegt im Südwesten der Stadt an den Werften des Kanals und war einst der Warenhafen der Stadt. Heute führen Spazierwege entlang der Kanalbecken, zahlreiche Cafés und Restaurants haben sich in den alten Lagerhäusern eingerichtet. Das ganze Gebiet wurde kurzerhand zum **Urban Heritage Park** erklärt und darf heute als Freiluftmuseum bezeichnet werden. An der Liverpool Road steht noch eine intakte Häuserreihe mit Dachbodenwerkstätten aus dem späten 18. Jh., heute ein Zeitungskiosk, eine Imbissbude und eine Bierbar. Hauptattraktion ist das MOSI. Oxford Road und First Streets werden derzeit in ein **Creative Quarter** verwandelt, den Anfang machte das Centre for International Contemporary Art, Theatre and Film, das Home.

Museum of Science and Industry (MOSI): Auf dem Gelände der ältesten Passagierbahnhofs der Welt wird die Entwicklung der Industriemaschinen und -techniken thematisiert und wie sie das Leben in der Stadt prägten. In der Power Hall stehen zahllose Dampfmaschinen aus dem 18. und 19. Jh., die regelmäßig zum Laufen gebracht werden. Ein weiterer Höhepunkt ist die Eisenbahnabteilung. Hier steht ein originalgetreuer Nachbau der „Planet", einer Lokomotive, die 1830 von Robert Stephenson konstruiert wurde. An Wochenenden können die Besucher mit ihr einen halben Kilometer zum ältesten Bahnhof der Welt fahren. Unterhalb des Bahnhofs beschäftigt sich eine Ausstellung mit dem Abwassersystem Manchesters im 19. Jh. In der Textile Gallery dröhnen originale Klöppelmaschinen, Spinnmaschinen und Webmaschinen; hier erfährt man auch, dass in den 1940ern zwei Baster der Manchester University den Personalcomputer entwickelten. In der Experiment! Gallery können Jungforscher physikalischen und wissenschaftlichen Gesetzen im Selbstversuch auf den Grund gehen, etwa beim Fahrradfahren ihr eigenes Skelett analysieren. Zusammen mit Siemens organisiert das MOSI alljährlich Ende Oktober das Manchester Science Festival (www.manchestersciencefestival.com).

Tägl. 10–17 Uhr. Eintritt frei, 4D-Kino 4 £, erm. 3 £. Spende von 3 £ erbeten. Liverpool Road, M3 4FP, ✆ 0161/8322244, www.mosi.org.uk.

Home: Das Cornerhouse Cinema and Art Gallery hat sich mit dem Library Theatre zusammengetan, um gemeinsam dieses futuristische Zentrum für zeitgenössische Kunst, Theater und Film zu gründen, das größte seiner Art außerhalb von London.

Der Nordwesten → Karte S. 563

Hinter der Fassade aus verdunkeltem Glas verbergen sich ein 500-Plätze-Theatersaal und ein Studiotheater (Tickets ab 5 £), drei Galerien auf 500 m² und fünf Kinoleinwände. Die niederländischen Architekten beschreiben das Konzept als „urbanes Wohnzimmer" („a home from home"). Besonders nett ist das Café im Erdgeschoss.
Galerien: Di–Sa 12–20 Uhr, So bis 18 Uhr. Café-Bar: Mo–Do 10–23 Uhr, Fr–Sa bis 24 Uhr, So 11–22.30 Uhr. Eintritt frei. 2 Tony Wilson Place, First Street, M15 4FN, ✆ 0161/2001500, www.homemcr.org. Anfahrt Busse 105 und 256 von Picadilly Gardens bis Medlock Street.

Manchester Museum: Auf vier Etagen sind 15 Abteilungen der wissenschaftlichen Sammlung der Universität mit Fundstücken aus aller Welt untergebracht. Von den Räumen über die Antike ist die Ägyptengalerie besonders hervorzuheben. In der naturwissenschaftlichen Abteilung sind quicklebendige Frösche, Eidechsen und Schlangen sowie Fossilien, Mineralien und, natürlich, auch Dinosaurier zu sehen.
Tägl. 10–17 Uhr. Eintritt frei. University of Manchester, Oxford Road, M13 9PL, ✆ 0161/2752648, www.museum.manchester.ac.uk.

Whitworth Art Gallery/Gallery in the Park: Die Kunstgalerie in einem roten Backsteingebäude der Universität ist für ihre Sammlung von Textilien und Tapeten bekannt, auch Aquarelle (Turner, Constable), Drucke und Skulpturen gehören zu ihren Schätzen. Nach ihrem Umbau zum Museum des Jahres 2015 gekürt, sind in den neuen Räumlichkeiten spannende Wechselausstellungen zeitgenössischer Künstler zu sehen. Die Malerin und Landschaftsarchitektin Sarah Price, die in London den Olympischen Park mitgestaltet hat, schuf einen „Naturgarten der Künste" *(art garden)*. Im verglasten Café sitzt man mit schönem Blick und guter Auswahl.
Tägl. 10–17 Uhr, Do bis 21 Uhr. Eintritt frei. Oxford Road, M15 6ER, www.whitworth.manchester.ac.uk.

Frisch ausgebaut: die Whitworth Art Gallery

Gallery of Costume: Fashionsüchtige finden außerhalb der Stadt gleich hinter der Currymeile in Rusholm einen eleganten klassizistischen Landsitz, in dem sie Modeabteilung des Museum of Art mit historischen Kostümen und zeitgenössischen Ausstellungen ihre Sammlung präsentiert. Zu sehen sind Kleidungsstücke und Accesoires seit dem 17. Jahrhundert bis heute, darunter auch ein Givenchy Kleid von Audrey Hepburn.
Gallery of Costume Do–Fr 13–17 Uhr, Sa–So 10–17 Uhr. Eintritt frei. Platt Hall, Rusholme, M14 5LL, ✆ 0161/2457245, manchesterartgallery.org.

Hafenviertel: Trafford und die Salford Quays

The Lowry: Das Kulturzentrum in Salford Quays am Manchester Ship Canal mit zwei Bühnen sowie Kunstgalerien zeigt schwerpunktmäßig Werke von Laurence Stephen Lowry, der vor allem die Industrielandschaften Nordenglands malte. Das im Industriedesign gestaltete Gebäude an den Salford Quays (etwas außerhalb des Zentrums am Irwell-Fluss) wird wegen seiner silbernen Stahlhaut als das „Guggenheim des Nordens" bezeichnet. Hier kann man einen ganzen Tag verbringen, diverse Kultureinrichtungen besuchen, Konzerten lauschen, sich in einem der Cafés und

Einzug der Moderne: Media City in den Salford Quays

Restaurants am Fluss entspannen oder in der Lifestyle Outlet nach Schnäppchen jagen. Die Millenium Bridge, eine extravagante, 65 m lange Spannbrücke (auch Lowry Bridge genannt), führt zum Imperial War Museum North – sie ist das neue Wahrzeichen von Salford Quays.

So–Fr 11–17 Uhr, Sa 10–17 Uhr. Eintritt frei, außer für Sonderausstellungen. Shop geöffnet bis 19.30 Uhr. Pier 8, Salford Quays, M50 3AZ, ✆ 0843/2086000, www.thelowry.com.

Imperial War Museum North: Der aluminiumverkleidete Bau, ein Werk des Stararchitekten Daniel Libeskind, besteht aus drei 55 m hohen, scherbenartigen Flügeln, die eine geborstene Erdkugel symbolisieren – die Konflikte und Kriege zu Land, zu Wasser und in der Luft seit Beginn des 20. Jh. bis zu den aktuellen Kriegen z. B. in Syrien. Obwohl auch Waffen und Militärausrüstung zu sehen sind, ist der Ansatz des Museums weniger militärhistorisch; vielmehr sollen vor allem die Erfahrungen der Menschen anschaulich werden, deren Leben durch Krieg geprägt oder sogar zerstört wurde. Besonders eindrücklich sind die Abteilungen zur Kriegsmedizin und zur Kriegsberichterstattung. Im Zentrum des hallenartigen Raums ist stündlich eine Multimediashow zu ausgewählten Themen zu sehen. Der historische Schwerpunkt des Museums ist der Zweite Weltkrieg: In Manchester wurden rund 30.000 Häuser bei den deutschen Luftangriffen 1940 („The Blitz“) beschädigt oder zerstört.

Tägl. 10–17. Eintritt frei. Fahrt zur Aussichtsplattform AirShard auf 29 m Höhe: 1,20 £, erm. 0,60 £. Auch Führungen. The Quays, Trafford Wharf Road, M17 1TZ, ✆ 0161/8364000, Kartenbestellung ✆ 0161/8364007, www.iwm.org.uk.

Manchester United FC Old Trafford: Wie die meisten englischen Stadien hat auch Old Trafford schon Jahre auf dem Buckel – bereits seit 1910 kickt Manchester United in diesem „Theater der Träume“. Mit 76.000 Sitzplätzen ist es nach dem

Der Nordwesten → Karte S. 563

Wembley-Stadion in London das zweitgrößte des Landes. Sir Matt Busby, von 1945 bis 1969 Trainer des Fußballclubs, wacht als Skulptur vor dem Stadion.

Museum tägl. 9.40–17.30 Uhr. „Behind-the-scenes"-Führungen tägl. 9.40 bis 16.30 Uhr (nicht an Spieltagen). Museum & Tour 18 £, erm. 16 £, Kind 12 £. Es gibt auch Audioguides auf Deutsch. Sir Watt Busby Way, M16 0RA, ✆ 0161/8261326, www.manutd.com/en/Visit-Old-Trafford.aspx.

Umgebung von Manchester

Tatton Hall und Park: Eines der imposantesten Herrenhäuser des Nordwestens, ca. 25 km von Manchester entfernt, stammt aus dem frühen 19. Jh. und zeigt eine Sammlung von Gemälden, Möbeln, Keramik und Silberwaren. In dem 400 ha großen Wildpark mit zwei Seen sind italienische, amerikanische und japanische Gärten angelegt. Auch die Farm und das Herrenhaus Old Hall aus der Tudorzeit sind zu besichtigen. In Tatton Hall und Park finden alljährlich mehr als 100 Veranstaltungen statt, z. B. die Flowershow, die moderne Kunstmesse Biennal oder die Summer Picnic Concerts. Wer übernachten möchte, kann in der Dairy (wochenweise) ein Apartment mieten oder auch zelten.

Park: April bis Okt. tägl. 10–19 Uhr, Nov. bis März Di–So 10–17 Uhr. **Farm**: April bis Okt. Di–So 12–17 Uhr, Nov. bis März nur Sa/So 11–16 Uhr. **Haus**: April bis Okt. Di–So 13–17 Uhr, Nov. bis März geschl.

Parkgebühr 6 £. Alle Attraktionen 11 £, erm. 5,50 £, Familie 27,50 £. Führung 3,50 £ extra. ✆ 01625/374435, www.tattonpark.org.uk, www.nationaltrust.org.uk/tatton-park.

Anfahrt: M 56 Ausfahrt 7, Knutsford, Cheshire, WA16 6QN. **Apartments**: Kontakt über Sykes Cottages, www.sykescottages.co.uk.

Dunham Massey Hall and Gardens: Ein weiterer wunderbarer klassizistischer Landsitz, der ca. 16 km südlich von Manchester eingebettet in einen Wildpark und gefüllt mit Kunstschätzen ist. Die rund dreißig zu besichtigenden Räume wurden Anfang des 20. Jh. den Bedürfnissen der Zeit angepasst, doch weil die Grafen von Stamford Altes nicht wegwarfen oder zerstörten, spiegelt die Einrichtung deren Geschmäcker der letzten 400 Jahre. Besonders sehenswert sind die Silberwaren und Möbel aus Walnussholz. In der Bibliothek befindet sich Grinlin Gibbons Meisterwerk „The Crucifixion". Der weitläufige Park enthält auch einen schönen Rosengarten.

März bis Anfang Nov. Sa–Mi 11–17 Uhr. **Garten**: März bis Okt. tägl. 11–17.30 Uhr, Nov./Dez. tägl. 11–16 Uhr. **Park**: März bis Okt. tägl. 9–19 Uhr, Nov./Dez. tägl. 9–17 Uhr. 12,50 £, Kind 6,20 £, Familie 31,20 £. Nur Garten 8 £, Kind 4 £, Familie 20 £. Parkplatz 6 £. Altrincham, WA14 4SJ, ✆ 0161/9411025, www.nationaltrust.org.uk/dunham-massey.

Quarry Bank Mill: Nahe dem Dorf Styal am Flughafen von Manchester atmet man die Gerüche und Dämpfe der industriellen Revolution. Die wasser- und dampfbetriebene Baumwollspinnerei ist bestens erhalten und heute das Museum für Baumwollproduktion. Besucher erleben die 200 Jahre alten Maschinen im Betrieb, sie können Spinnrad und Webstuhl testen und sich freuen, dass sie nicht auf diese Art ihr Brot verdienen müssen. Kaum zu glauben, dass die harten Lebensbedingungen in der fabrikeigenen Arbeitersiedlung noch immer besser waren als in der Stadt. Das bescheidene Lehrlingshaus etwa war zeitweise Unterkunft für mehr als 100 Kinder und Jugendliche, die in der Fabrik schufteten und ist im Rahmen einer Führung zu besichtigen. Zurück zur Natur gelangt man in den Upper Gardens, die kürzlich restauriert wurden.

Mitte Febr. bis Okt. tägl. 10.30–17 Uhr, Jan./Febr. und Nov./Dez. Mi–So 10.30–16 Uhr. 15,75 £, Kind 7,85 £, Familie 39,35 £. Parkplatz 5 £. Es gibt ein Garden Café. Styal, Wilmslow, Cheshire, SK9 4LA, ✆ 01625/527468, www.nationaltrust.org.uk/quarry-bank-mill.

Liebliche Kalksteinhügel im White Peak

Peak District National Park

Der Peak District ist Englands ältester Nationalpark. Das seit 1951 geschützte Gebiet breitet sich auf gut 1400 Quadratkilometern in dem Dreieck zwischen den Industriestädten Manchester, Sheffield und Derby aus und ist das Naherholungsgebiet für die Großstadtbewohner.

Entstanden war der Nationalpark durch einen Massenprotest von Wanderfreunden aus Manchester und Sheffield, die in den 1930er-Jahren vom Herzog von Devonshire verlangten, den Kinder-Scout-Berg für die Allgemeinheit zu öffnen. 1949 verabschiedete das Parlament schließlich den „National Parks and Access to the Countryside Act", der den Forderungen der Wanderer (Ramblers) weitgehend entsprach.

Der Peak District besteht aus zwei recht gegensätzlichen Landschaften. Der nördliche Teil, nur etwa 25 km von Manchester entfernt, ist geprägt von Hochmooren, Torf- und Heideland sowie schroffen Sandsteinfelsen und Schluchten *(cloughs)*. Dieser Northern Peak oder **Dark Peak** genannte Teil liegt an den südlichen Ausläufern des Pennine-Gebirgszugs, die hier bis über 600 m aufragen. Höchster Berg mit 636 m ist der Kinder Scout. Der Untergrund ist wasserundurchlässig, sodass sich im Norden auch die meisten Stauseen befinden, die sich mit dem Fahrrad hervorragend umrunden lassen. Besonders beliebt ist die Gegend natürlich bei Wanderern – der Fernwanderweg Pennine Way führt hier entlang: Vom Edale zieht er sich durch die Yorkshire Dales (→ ab S. 549) bis zur schottischen Grenze.

Der zentrale und südliche Teil des Peak District, nach seinem hellgrauen Kalkstein **White Peak** genannt, ist von flachen, lieblichen Kalksteinhügeln geprägt, die von bewaldeten Tälern durchschnitten werden, die die letzte Eiszeit geformt hat. In den Tälern liegen kleinere Dörfer, die durch Wanderwege miteinander verbunden sind. Hier ist die Natur am schönsten, die durch das Derbyshire Dales National Nature Reserve geschützt wird. Ein hübsches Dorf ist Eyam (sprich: Eem), das von der Touristenschwemme weitgehend verschont geblieben ist. Auch Ashford in the Water bietet schöne Fotomotive, etwa die Sheepwash Bridge und seinen Old Market Stand. Bemerkenswert in der Gegend sind die vielen teilweise schon in der Steinzeit besiedelten Höhlen, die man z. B. um Castleton und Buxton besichtigen kann. Buxton ist ein alter Kurort, der wegen seines jährlichen „Well-Dressing" bekannt ist, ein vorchristlicher Brauch, bei dem die Menschen die Brunnen mit Blumen schmücken und eine Art Karneval feiern. Diese Tradition ist in den etwa 70 Dörfern der Grafschaft Derbyshire bis heute lebendig, Hauptzeit sind die Monate Juni und Juli.

Hauptattraktionen des Peak District sind auch die vielen Landsitze sowie das industrielle Erbe: Die Spinnereien entlang des Derwent-Flusses zählen zum UNESCO-Weltkulturerbe. Die beiden schönsten Herrenhäuser sind Chatsworth House und Haddon Hall. Wer aktiv sein möchte, kann den Chesterfield-Kanal mit einem Boot befahren, in einem Kabinenlift die Heights of Abraham im Derwent Valley hochgleiten, eine Kutschfahrt unternehmen oder in Höhlen klettern bzw. tauchen.

Basis-Infos

Information **Visit Peak District**, die Peak District National Park Authority unterhält vier Besucherzentren: Bakewell, Castleton, Derwent und Edale. Adressen und Öffnungszeiten siehe an den entsprechenden Stellen in diesem Kapitel. ✆ 01629/816200, www.peakdistrict.gov.uk oder www.visitpeakdistrict.com.

Die Parkbehörde organisiert kostenfreie Ranger Walks und Fahrradtouren. www.peakdistrict.gov.uk/visiting/rangerwalk.

Verbindungen **Bus** – der National Express fährt 1-mal tägl. (vormittags) von Manchester über Leicester in den Peak District nach Matlock, Bakewell, Buxton. Transpeak-Busse fahren stündlich von Nottingham und Derby nach Matlock, Bakewell und Buxton sowie alle 2 Std. nach Stockport und Manchester. Vom Flughafen Manchester fährt Bus 199 nach Buxton. www.highpeakbuses.com. Am preiswertesten ist die Tageskarte Derbyshire Wayfarer (12,40 £).

Bahn – drei Bahnlinien führen von Manchester in den Peak District. Während die eine Linie schon in Buxton endet (Manchester – Whaley Bridge – Buxton), führt die zweite (Hope Valley Line) von Manchester durch den Nationalpark hindurch nach Sheffield (hält in Derwent, Hope, Edale Valley) und die dritte bis nach Glossop. Eine vierte Strecke durchfährt den Peak District: die Derwent Valley Line von Derby nach Matlock. Einen Überblick gibt www.peakdistrict.gov.uk/visiting/publictransport.

Aktivitäten/Veranstaltungen

Bootsfahrten Wassersportlern stehen riesige Stauseen, schnell fließende Flüsse und Kanäle zur Verfügung.

Den Chesterfield Canal befährt ein nagelneues **Narrowboat** ab Tapton Lock Visitor Centre, Chesterfield, ✆ 01246/551035, oder die **Seth Ellis** ab Retford, ✆ 07925/851569, Termine unter www.chesterfield-canal-trust.org.uk.

Kanu fahren kann man in der Region Matlock mit **Peaks and Paddles**, 60 Dal Bank Crescent, New Whittington, Chesterfield, S43 2DN, ✆ 07896/912871, www.peaksandpaddles.org; oder mit **Peak Persuits**, ✆ 01782/722226, www.peakpursits.ouk.

Windsurfen, Segeln und Paddeln mit Verleih bietet **Carsington Sports & Leisure**,

Carsington Water, Ashbourton, DE6 1ST, ✆ 01629/540478, www.carsingtonwater.com.

Fahrradtouren/-verleih Das Radeln wird derzeit auch im Peak District massiv gefördert. Das Pedal Peak District Project betreut neun zwischen 11 und 45 km lange Touren und legt derzeit vier weitere Rundwege zwischen 5 und 23 km an (www.lovetoride.net/peakdistrict).

Es gibt drei Fahrradverleiher der Parkverwaltung: **Fairholmes Derwent**, Fairholmes Car Park, Bamford, Hope Valley, S33 0AQ, ✆ 01433-651261. **Parsley Hay**, Buxton, SK17 0DG, ✆ 01298/84493. **Ashbourne**, Mapleton Lane, DE6 2AA, ✆ 01335/343156. April bis Sept. tägl. 9.30–17.30 Uhr, sonst nur Sa/So; halber Tag 14 £, ganzer Tag 17 £, www.peakdistrict.gov.uk/visiting/cycle.

Festivals Ein Wochenende voller Outdoor-Aktivitäten wie Wandern, Klettern, Fahrradfahren, Kayaking u. v. m. erwartet Teilnehmer des **Basecamp Festival** im September, www.basecampfestival.co.uk.

Das **Buxton Festival** im Juli ist ein opernlastiges Kulturfestival (www.buxtonfestival.co.uk).

Funsport Klettern, Höhlentauchen, Kanu- und Kajakfahren veranstaltet **Blue Mountain Activities**, www.bluemountainactivities.co.uk.

Klettern, Höhlentauchen oder Pfadfinden kann man auch mit **Aspire Adventure Specialities**, aspireadventureactivities.co.uk.

Paragliding und Hang Gliding lernt man bei **Peak Airsports**, peakairsports.com.

Golf **Buxton & High Peak Golf Club**, traditioneller 18-Loch-Golfplatz seit 1887. Townend, Waterswallows Road, Buxton, SK17 7EN, ✆ 01298/26263, www.bhpgc.co.uk.

Reiten Der Nationalpark ist durchzogen von vielen Packeselrouten und Treidelpfaden, auf denen es sich hervorragend reiten lässt. Ein Veranstalter ist **Northfield Farm Riding and Trekking Centre** nahe Buxton, www.northfieldfarm.co.uk.

Übernachten

Der Nationalpark ist übersät mit B & Bs, Zeltplätzen und Jugendherbergen. Wer nicht gerade zur Hauptsaison anreist, dürfte bei der Unterkunftssuche keine Schwierigkeiten haben.

Man kann auch in sogenannten **Camping Barns** absteigen, umgebaute Scheunen mit Platz für 6–30 Pers. Übernachtung 8 £/Pers. Buchung über YHA, www.yha.org.uk/places-to-stay/camping-and-cabins/camping-barns.

Dark Peak (Northern Peak)

Saddleworth Moor

Wer auf der A 635 von Manchester in Richtung Holmfirth fährt, bekommt bereits einen Eindruck von der dunklen Seite des Dark Peak angesichts der kargen, windgefegten Moorlandschaft. Mit den lieblich grünen Tälern des südlichen Peaks hat dies nichts zu tun. Die jährlich rund 10 Mio. Besucher und Wanderer wissen die Gegend zu schätzen, leider führen ihre Schritte und die Überweidung durch Schafe zu starker Erosion. Der National Trust, dem 12 % des Nationalparks gehören, ist dabei, diese Schäden zu reparieren und die Moore zu renaturieren. Inzwischen sind viele Wanderwege natursteingepflastert. Ganz unbedenklich ist eine Fahrt mit dem Narrowboat Pennine Moonraker entlang des Huddersfield Narrow Canals. Im Standedge Tunnel und Visitor Centre in Marsden erfährt man mehr zum Kanalbau und über diesen mit 5 km längsten und tiefsten Kanaltunnel des Landes.

Information **Saddleworth Tourist Information**, Saddleworth Museum, High Street, Upper Mill, Saddleworth, Lancashire, OL3 6HS, ✆ 01457/8770336.

Bootsfahrten Hinter dem Museum legen die **Saddleworth Canal Cruises** am Sa, So und Mi ab. ✆ 0161/6526331, www.saddleworth-canal-cruises.co.uk.

Standedge Tunnel and Visitor Centre, Mo-Fr 11–16 Uhr, Sa/So 10–17 Uhr. Eintritt frei, Bootstouren und Führungen 5 £, erm. 4,50 £, Kind 4 £, Familie 15 £. Waters Road, Marsden, Huddersfield, HD7 6NQ, canalrivertrust.org.uk/standedge-tunnel.

Holmfirth

Der wunderhübsch inmitten der Hügel gelegene Ort am nordöstlichsten Rand der Peaks ist aus einer englischen Fernsehserie bekannt: „Last of the Summer Wine“

wurde hier verfilmt und die Originalschauplätze sind zu besichtigen. In der Serie, die bis 2010 von der BBC ausgestrahlt wurde, philosophieren drei vitale Rentner aus Holmfirth über die Dinge des Lebens und bringen sich durch irrwitzige Ideen in peinliche Situationen.

Die A 6024 führt im Anschluss über das dramatische **Holme Moss,** dessen View Point auf 525 m Höhe eine der besten Aussichten auf die imposante Szenerie erlaubt. Wie eine Rodelbahn, so steil und gewunden, schraubt sich die Straße von dort zum Woodhead Reservoir hinab. Die B 6105 führt am dramatischen Torside Reservoir entlang und durch die mörderischen Kurven des Devil's Elbow nach Glossop.

Information **Library and Tourist Information**, Mo 9.30–19 Uhr, Di 9.30–13.30 Uhr, Mi 13–17.30 Uhr, Do/Fr 9.30–17.30 Uhr, Sa 10–16 Uhr, So 11–15 Uhr (im Winter geschl.) 47 Huddersfield Road, Holmfirth, West Yorkshire HD9 3JH, ✆ 01484/414868, www.holmfirth.org.

Essen & Trinken **Sid's Café**. Tägl. 10–16 Uhr, Nov./Dez. Mittwoch Ruhetag. 4a Towngate, Holmfirth, HD9 1HA, www.sidscafe.com.

The Huntsman Inn. Schönes Pub mit 15 frisch renovierten Zimmern und neuen Bädern hoch oben auf dem Moor. DZ mit Frühstück 65–90 £. Greenfield Road, Holmfirth, HD9 3XF, ✆ 01484/850205, www.the-huntsman-inn.com.

Glossop

Um den Markplatz mit mittelalterlichem Marktkreuz herum gruppieren sich hübsche Cottages aus dem 17. und 18. Jh. Besucher, die von Westen kommen, haben gerade den 512 m hohen Snake Pass (A 57) hinter sich; er ist im Winter der erste, der bei schlechtem Wetter geschlossen wird, denn die Passstraße ist so gewunden, wie es der Name vermuten lässt. Über Bamford gelangt man gefahrlos in die Derbyshire Dales ins Hope Valley nach Castleton.

Information **National Park Visitor Centre – Upper Derwent**, Ostern bis Okt. Mo–Fr 10–17, Sa/So ab 9.30 Uhr; Nov. bis Ostern Mo–Fr 10–15.30 Uhr, Sa/So 9.30–16.30 Uhr. Fairholmes, Bamford, Hope Valley, S33 0AQ, ✆ 01433/650953.

Übernachten **Allman's Heath Cottage**. Gemütliches Farmhaus-Cottage mit freigelegten Balken, offenem Feuer und Panoramablick. Geschmackvolle rustikale Einrichtung im Tudorstil. 2 Zimmer, B & B im EZ 45 £, DZ 80 £. Woodhead Road, Glossop, SK13 7QE, ✆ 01457/857867 und 07783/842900 (mobil), www.allmansheathcottage.co.uk.

Castleton und Hope Valley

In Castleton befinden sich mit den Peak und Speedwell Caverns zwei der größten Höhlen des Peak District, weitere Höhlen (insgesamt vier) sowie die Ruine der mittelalterlichen Burg **Peveril Castle** zählen zu den Touristenattraktionen. Letztere wurde im 11. Jh. von William Peverel, einem illegitimen Sohn von Wilhelm dem Eroberer, erbaut. Von hier aus wurde der königliche Jagdforst in den Peaks überwacht. Noch heute hat man eine fantastische Aussicht, für die man allerdings zahlen muss. Zu Füßen der Burg heißt The Peaks Inn Ausflügler und Wanderer willkommen. In der **Peak Cavern,** auch Devil's Arse genannt, befand sich einst eine kleine Ansiedlung und die Werkstatt eines Seilmachers; sie liegt direkt hinter der Stadt.

Castleton ist auch bekannt für seine blauen und gelben Halbedelsteine, die es sonst nirgendwo auf der Welt gibt und die in Verballhornung des Französischen *bleu et jaune* „Blue John“ genannt werden. Jedes Jahr am 29. Mai wird das Garland Festival

Der Nordwesten → Karte S. 563

Castleton am Fuße des Peveril Castle

gefeiert. Dann verkleiden sich die Einwohner von Castleton, um die Wiedereinsetzung Karls II. auf den Thron zu feiern. Das Hope Valley, benannt nach dem Nachbarort Hope, stellt die geografische Grenze zwischen dem Dark und dem White Peak dar. Unsere Peak-District-Rundwanderung startet und endet in Castleton (→ Tour 3).

Tour 3: Beliebte Rundwanderung im Herzen des Peak District → S. 691
Über einen Bergkamm auf dem Moorplateau von Höhle zu Höhle

Information **National Park Visitor Centre – Castleton**, April bis Okt. tägl. 10–17 Uhr, Aug. bis 17.30 Uhr, im Winter ab 10.30. Buxton Road, Castleton, S33 8WN, ✆ 01629/816572.

Sehenswertes **Peveril Castle**: März bis Sept. tägl. 10–18 Uhr, Okt. bis 17 Uhr, sonst Sa–So 10–16 Uhr, in den Ferien tägl. 5,10 £, erm. 4,60 £, Kind 3 £, Familie 13,20 £. Market Place, Castleton, S33 8WQ, ✆ 01433/620613, www.english-heritage.org.uk.

Peak und Speedwell Caverns: April bis Okt. tägl. 10–17 Uhr, Nov. bis März nur Sa/So. Führungen jede volle Stunde. 10,25 £, Kind 8,25 £, Familie 33 £. Kombiticket mit der Speedwell Cavern: 17 £, Kind 13,50 £, Familie 55 £. ✆ 01433/620285, www.peakcavern.co.uk.

Übernachten/Essen **The Castle**. Countrypub mit Biergarten und vier Geistern, drinnen gemütlicher Kamin. 15 Zimmer in der Innkeeper's Lodge, Online-Wochenendpreis ab 75 £, wochentags ab 54 £. Castle Street, Castleton, S33 8WG, ✆ 01433/620578, www.vintageinn.co.uk/thecastlecastleton.

Im winzigen Dorf Bretton gibt es **The Barrel Inn,** ein 400 Jahre altes und das höchstgelegene Pub in Derbyshire, DZ ab 85 £. Bretton nahe Eyam, Hope Valley, S32 5QD, ✆ 01433/630856, www.thebarrelinn.co.uk.

Im 16 km entfernten Eyam befindet sich das hervorragende **Eyam Youth Hostel**. Es sieht aus wie ein Schloss und verfügt über 60 Betten, nur Selbstversorgung. Bett ab 15 £, Zimmer ab 39 £. Hawkhill Road, Eyam, Hope Valley, S32 5QP, ✆ 0345/7319738, www.yha.org.uk/hostel/eyam.

The Cheshire Cheese Inn aus dem 16. Jh. in Hope hat eine ausgezeichnete vegetarische Auswahl und vier Zimmer ab 75 £. Edale Road, Hope, S33 6ZF. ✆ 01433/620381, www.thecheshirecheeseinn.co.uk.

Edale

Edale ist ein guter Ausgangspunkt für Wanderungen in die nördlichen Peaks, denn hier beginnt der Pennine Way, der sich auf den 636 m hohen Kinder Scout windet. Von hier kann man exakt 463 km bis nach Kirk Yetholm an der schottischen Grenze wandern, was rund zwei Wochen dauert. Wer nur einen Nachmittag zur Verfügung hat, steige hinter dem Old Nag's Head Pub den Grindsbrook Path entlang des Gletschertales auf den Kinder Scout. Das Highlight ist der **Kinder Downfall,** ein 30 m hoher Wasserfall auf der Westseite bei Hayfield. Obwohl das Gebiet den Arbeitern zur Erholung diente, war bis in die 1930er-Jahre das Wandern hier nicht erlaubt – die Landbesitzer verboten den Durchgang. 1932 demonstrierten Arbeiter in einer „Massenwanderung" gegen diese Regelung, und obwohl einige dafür im Gefängnis landeten, führten die Proteste zwanzig Jahre später zur Öffnung des seither für alle zugänglichen Nationalparks.

Auf der A 6187 geht es durch **Hathersage**, wo angeblich das Grab von Robin Hoods Komplizen Little John sein soll, zu einem weiteren schönen Aussichtspunkt: **Stanage Edge.** Ein Abstecher kurz vor dem Fox House Inn auf der Hathersage Road nach rechts führt zum **Longshaw Estate** mit Picknickbänken und wunderschönen Ausblicken. Spätestens beim nahen **Grindleford** geht das braunschwarze Farbspektrum der Landschaft in Grün über – ein Zeichen dafür, dass man den Dark Peak verlassen hat. Nach dem wunderhübschen Örtchen **Baslow** weisen Schilder zu einer der Hauptattraktionen der Region: Chatsworth House (→ S. 622).

Information **The Moorland Centre Edale**, April bis Sept. tägl. 9 bis 17 Uhr, sonst nur an den Wochenenden 9.30–16.30 Uhr. Fieldhead, Edale, Hope Valley, S33 7ZA, ✆ 01433/670207. Vom Bahnhof bergaufwärts, ca. 400 m.

Longshaw Estate Von Sonnenauf- bis Sonnenuntergang geöffnet, Parkplatz 1,50–4 £. Tea Room in der Saison tägl. geöffnet von 10.30 bis 17 Uhr. Longshaw, nahe Grindleford, S11 7TZ, ✆ 01433/631757, www.nationaltrust.org.uk/longshaw.

Übernachten **** **Stonecroft Country Guest House**. Diese familiengeführte Pension in einem viktorianischen Landhaus hat schöne Zimmer mit liebevollen Extras, es ist alles sehr sauber und gepflegt, das fantastische Frühstück gibt es auch für Veganer oder in asiatischer Variante. DZ 99 £. Edale, Hope Valley, S33 7ZA, ✆ 01433/670262, stonecroftguesthouse.co.uk.

YHA Edale and Activity Centre. Die Übernachtung kann mit dem großen Sportangebot (Wandern, Klettern, Höhlentauchen, Kanufahren, Bogenschießen u. v. m.) verbunden werden. Bett ab 18 £, Zimmer ab 55 £. Ganzjährig geöffnet. Rowland Cote, Nether Booth, Edale, Hope Valley, Derbyshire, S33 7ZH, ✆ 0345/3719514, www.yha.org.uk/hostel/edale.

Essen & Trinken **The Old Nag's Head**. In dem Pub aus dem 16. Jh. lässt sich's beim Bier draußen an der frischen Luft entspannen oder drinnen am knisternden Kaminfeuer. Auch Cottages ab 350 £/Woche. Edale, Hope Valley, S33 7ZD, ✆ 01433/670291, www.the-old-nags-head.co.uk.

Der Nordwesten → Karte S. 563

Der White Peak (Southern Peak)

Chatsworth House

Bereits die Fahrt durch das Anwesen ist ein Augenschmaus, als würde man sich in einem romantischen Gemälde bewegen. Chatsworth House, eines der protzigsten und bekanntesten Herrenhäuser Englands, stammt ursprünglich aus dem 16. Jh. Aus dieser Zeit steht jedoch nur noch der Hunting Tower. Seine heutige Form erhielt das Haus Ende des 17. und Anfang des 18. Jh., als die Cavendish-Familie Herzöge von Devonshire wurden. Die Innenausstattung und die Kunstschätze, zu denen Gemälde von van Dyck, Rembrandt, Tintoretto oder Canaletto gehören, stehen dem äußeren Prunk in nichts nach. Vor allem mit der Bibliothek und der Skulpturengalerie voller antiker Schätze wollte man beeindrucken. Berühmt sind auch die Deckengemälde Louis Laguerres in der Painted Hall.

Seit über 400 Jahren gehört das Gebäude den Dukes of Devonshire, der jetzige hat es in einen gemeinnützigen Verein überführt. Planen Sie für den Besuch genug Zeit ein, das Haus hat Hunderte von Zimmern (30 sind zu besichtigen), im großen Park finden sich Irrgarten, 8 km Wanderwege und ein 200-Meter-Wasserfall – eine Prachtkulisse, die Hollywood beispielsweise für die 2005er-Version von „Stolz und Vorurteil“ nutzte. Am Rande des Estates in Rowsley kann man im einzigen Michelin-Sterne-Restaurant des Nationalparks speisen und übernachten: Fischer's of Baslow.

Chatsworth House Ende Mai bis Anf. Sept. tägl. 10.30–17 Uhr (letzter Einlass 16 Uhr). Garten tägl. 11–18 Uhr. Mitte März bis Mai und Sept./Okt. tägl. 11–17 Uhr. Haus und Garten 20 £, erm. 18 £, Kind 12 £, Familie 56 £; nur Garten 12 £, erm. 11 £, Kind 7 £, Familie 33 £. ✆ 01246/565300, www.chatsworth.org.

Übernachten/Essen Fischer's of Baslow. Lunch 60 £, kleines DZ mit Frühstück 200 £, Calver Road, Baslow, DE45 1RR, ✆ 01246/583259, www.fischers-baslowhall.co.uk.

Bakewell

Der Hauptort des Peak District (ca. 4000 Einwohner) ist in ganz England für die Bakewell Puddings bekannt. Dieser trockene Kuchen aus Mandelmehl ist sozusagen „verunglückt“, sollte er doch eigentlich eine Erdbeertorte oder ein Weihnachtspudding werden. Das Originalrezept befindet sich angeblich im Besitz des Original Bakewell Pudding Shop (Bridge Street), was vom Bloomers Original Bakewell Pudding Shop (Water Street) heftig dementiert wird.

Die Sehenswürdigkeiten des Orts selbst beschränken sich auf die Pfarrkirche All Saints mit Stilelementen aus normannischer und frühgotischer Zeit und einem sächsischen Steinkreuz sowie das **Old House Museum.** Letzteres ist in einem Haus aus der Tudorzeit untergebracht.

Information Visitor Centre, April bis Okt. tägl. 9.30–17 Uhr, sonst 10.30–16.30 Uhr. Old Market Hall, Bridge Street, Derbyshire DE45 1DS, ✆ 01629/816558, www.peakdistrict.gov.uk.

Einkaufen The Old Bakewell Pudding Shop, Bakery und Restaurant, The Square, DE45 1BT, ✆ 01629/812193, www.bakewellpuddingshop.co.uk.

Museum April bis Okt. tägl. 11–16 Uhr. 4 £, Kind 2 £, Familie 11,50 £. Cunningham Place/North Church Street, Bakewell DE45 1DD, ✆ 01629/813642, www.oldhousemuseum.org.uk. Von hier starten auch die „Hill of History“-Spaziergänge durch Bakewell, 4 £.

Übernachten/Essen Hassop Hall. Schlossartige Unterkunft aus dem 17. Jh.

mit 13 exquisiten Zimmern und wunderschönen Gärten. Standard Room 110 £. Hassop nahe Bakewell, DE45 1NS, ✆ 01629/ 640488, www.hassophallhotel.co.uk.

Tiroler Stuberl: Isch des bärig!!! Ein Coffee Shop als österreichische Almhütte in einer englischen Steinkate aus dem 17. Jh., wo es neben Teacakes und Strudel auch Tiroler Würstchen gibt. Wem das zu skurril ist, der sitze im herrlichen Courtyard zwischen unzähligen Blumengehängen. Das Konzept kommt so gut an, dass der Laden seit 24 Jahren voll ist. Tägl. außer Do 10–17 Uhr. Water Street, DE45 1EW, ✆ 01629/ 813899, www.tirolerstuberl.co.uk.

››› **Mein Tipp: Packhorse Inn**. Eines der besten Pubs im Peak District mit örtlichen Ales und Wildschwein, Büffel, Reh, Hartington-Käse und Bakewell-Pudding auf der Karte. Main Street, Little Longstone, Bakewell, DE45 1NN, ✆ 01629/640471, www.packhorselongstone.co.uk. (An der Buslinie 173 von Bakewell nach Castleton). ‹‹‹

Haddon Hall

Der mittelalterliche Landsitz 3 km südlich von Bakewell, oben auf einem Hügel, gehört seit 800 Jahren der Manners-Familie, den Herzögen von Rutland. Zu besichtigen sind die Tudor-Schlafzimmer, eine mittelalterliche Kapelle, die wunderschöne Long Gallery, der Bankettsaal, in dem Teile des Films „Elizabeth“ gedreht wurden, sowie ein romantischer Walled Garden. Die Gärten sind erfüllt vom Duft der Rosen. Die BBC verfilmte hier schon 2006 Charlotte Brontës Roman „Jane Eyre“, 2011 nahm sich Regisseur Cary Fukunaga erneut des Stoffes an.

Mai bis Sept. tägl. 10.30–17 Uhr, April und Okt. nur Sa–Mo. Haus und Park 13,50 £, erm. 13 £, Kind 7 £, Familie 35 £. Parken 2,50 £. ✆ 01629/812855, www.haddonhall.co.uk.

Matlock und Matlock Bath

Beide Orte liegen an der A 6 in der Derwent-Schlucht. Matlock Bath ist eine der größeren Ortschaften im Peak District, umgeben von Hügeln und überragt von einer „Folly“, dem Riber Castle. Der Glanz des Spa-Städtchens am River Derwent ist etwas verblichen. An Sommerwochenenden trifft man jedoch viele Motorradfahrer, die sich auf der Promenade ihren Weg in die nördlichen Moore bahnen. In den alten viktorianischen Bädern steht ein Brunnen, dessen Dekor durch die Verkalkung langsam zur steinernen Skulptur wird. Im ehemaligen Kurhaus ist das **Peak District Lead Mining Museum** untergebracht. Zudem kann man mit einer Sesselbahn *(cable car)* auf die **Abraham Heights** hinauffahren und dort die Bleiminen aus dem 18. Jh. erkunden. Auf der Peak-Rail-Trasse entlang des Derwent-Flusses zuckeln Dampfloks und alte Railcars. Im Mittelpunkt des Derwent-Tals aber steht die Derwent Valley Mills World Heritage Site (→ S. 624). Und wer sich für Frühgeschichte interessiert, findet 5 km nordwestlich von Matlock im Stanton Moor die **Nine Ladies,** einen Steinkreis aus der Bronzezeit, der eigenartigerweise aus zehn Steinen besteht. Die Legende sagt, dass hier Jungfrauen am Sabbat getanzt haben sollen – und zur Strafe versteinert wurden.

Sehenswertes **Peak District Lead Mining Museum, Temple Mine**: Ostern bis Okt. tägl. 10–17 Uhr; Nov. bis März Mi–Fr 11–15 Uhr, Sa/So bis 16 Uhr. Bergwerksführungen tägl. 12 und 14 Uhr, im Winter nur Sa/So. 7 £, erm. 6 £, Kind 5 £, Familie 20 £. Matlock Bath, The Grand Pavilion, South Parade, DE4 3NR, ✆ 01629/583834, www.peakmines.co.uk.

Heights of Abraham Cable Car: Mitte März bis Okt. tägl. 10–16.30 Uhr. Fahrpreis 15 £, erm. 12 £, Kind 10,50 £, Familie 46 £. Matlock Bath, DE4 3PD, ✆ 01629/582365, www.heightsofabraham.com.

Peak Rail: Tageskarte 8 £, erm. 6,50 £, Kind 2,30–4,30 £, Familie 24 £. Matlock Station, DE4 3NA, ✆ 01629/580381, www.peakrail.co.uk.

Der Nordwesten → Karte S. 563

Nine Ladies: Anfahrt ausgeschildert nach Stanton-in-Peak, Stanton Lees oder Birchover. Stanton Moor, DE4 2LW.

Übernachten/Essen **Riverbank Guest House**. Renoviertes Haus am Fluss, nahe der Ortsmitte; 12 Zimmer mit traditionell blumiger Einrichtung. DZ ab 100 £, Familienzimmer ab 125 £, inkl. Frühstück. Derwent Avenue, Matlock, DE4 3LX, ✆ 01629/582593, www.riverbankhouse.co.uk.

Stones Restaurant. Kleines, elegantes, aber entspanntes Restaurant. Dinner 2 Gänge 32 £, 3 Gänge 36 £ (Di–Sa 18.30–20.30 Uhr); Lunch 2 Gänge 22 £ (Mi–Sa 12–13.30 Uhr). 1c Dale Road, Matlock, DE4 3LT, ✆ 01629/56061, www.stones-restaurant.co.uk.

Lea Garden Tea Room. Im Frühjahr sitzt man mitten in der Blumenpracht der Rhododendren. März bis Sept. tägl. 10 bis 17 Uhr, Küche bis 15 Uhr. Die privaten Gärten mit mehr als 500 Rohododenronarten sind zu besichtigen: Eintritt 5 £, Kind 0,50 £. Lea Gardens, Long Lane, Lea, Matlock, DE4 5GH. www.leagarden.co.uk/cafe.

Derwent National Heritage Corridor, Derwent Valley Mills

Das Tal des Derwent-Flusses ist auf dem 24 km langen Abschnitt von Matlock Bath nach Derby UNESCO-Weltkulturerbe (www.nationalheritagecorridor.org.uk). Obwohl selbst im eigenen Land nicht sehr bekannt, nimmt dieses Fleckchen einen wichtigen Platz in der englischen Industriegeschichte ein. Hier wurden Hargreaves' Spinnmaschine („Spinning Jenny“) und Arkwrights Waterframe entwickelt, Maschinen, die die Produktionsprozesse in der Textilindustrie auf der ganzen Welt verändert haben (→ Kasten S. 405). Viele Spinnereien sind heute Museen, Höhepunkt ist Sir Richard Arkwirght's **Masson Mills Working Textile Museum.** Die Baumwollspinnerei wurde 1783 von Arkwright gebaut und war das Vorzeigeprojekt für die Nutzung der Wasserkraft. Besucher der **Cromford Mill** werden in einem nagelneuen Besucherzentrum empfangen, wo neben einer Ausstellung die 3D Animation „The Arkwright Experience“ zum Besuchermagneten wurde. Es gibt Führungen und ein gutes Café.

Masson Mills Working Textile Museum: Mo–Sa 10–16 Uhr, So 11–16 Uhr. Die Maschinen werden Mo–Sa um 11 und 14 Uhr angeworfen. 3 £, erm. 2,50 £, Kind 2 £, Familie 6,50 £. Es gibt auch ein großes Shopping Village auf 5 Etagen mit Gastronomie (Mo-Sa 10-17.30 Uhr, So 11-17 Uhr). Derby Road, Matlock Bath, ✆ 01629/581001, www.massonmills.co.uk.

Cromford Mill: Tägl. 9–17 Uhr. Eintritt frei. Arkwright Experience 3 £. Führungen tägl. 11 Uhr, Fr um 13.30 Uhr mit Spaziergang durch das Dorf; 4 £, erm. 3,50 £, Familie 11,50 £. Mill Lane, Cromford, Matlock, DE4 3RQ, ✆ 01629/825995, www.cromfordmills.org.uk.

Arbor Low, Gib Hill

Über die A 5012 geht es in Richtung Westen nach Buxton. Zuvor jedoch sollten Sie am „Stonehenge des Nordens“ halten. Doch der Vergleich hinkt, gemein ist den Steinkreisen nur, dass sie beide aus dem Neolithikum stammen. Kein einziger dieser wahrscheinlich einst 50 Steine in dem 90 m messenden Ringwall steht noch, und ob sie jemals hier standen, ist ebenfalls unklar. 200 m entfernt findet sich der Gib-Hill-Grabhügel aus der Spätsteinzeit.

Im ganzen Peak District finden sich zahlreiche Zeugnisse der urmenschlichen Lebenswelt verstreut, denn auch das Gebiet ist seit der Steinzeit besiedelt.

20 km südlich von Buxton bei Hartington, Zugang über die Upper Oldhams Farm, dort muss man parken. Eintritt frei, Spenden willkommen. Anfahrt: Auf der A 515 nahe Monyash.

Buxton

Der Ort ist in England vor allem wegen seines guten Mineralwassers bekannt, das man überall im Land kaufen kann. Schon die Römer schätzten die Heilquellen, deren Wasser man sich bis heute am Brunnen abfüllen kann. Im 18. Jh. ließ der Duke of Devonshire die Stadt planmäßig errichten und dabei auch die klassizistische Häuserzeile The Crescent sowie The Stables erbauen, eine Reihe von Pferdeställen, die heute als Ferienwohnungen dienen. Derzeit werden Teile des Crescent zu einer modernen Thermenanlage mit Fünfsternehotel umgebaut, die Trinkhalle wird Besucherzentrum (buxtoncrescent.com).

Als 1863 die Eisenbahnlinie eröffnet wurde, folgten bald die Touristen. Für sie wurde der große Glaspalast „The Pavilion" gebaut, der die Pavilion Gardens überblickt, in denen eine Miniatureisenbahn an Teichen und Rasenflächen entlang tuckert. In den folgenden Jahrzehnten setzte ein langer Aufschwung ein, Hotels und ein Opernhaus wurden gebaut. Im Juli und August ist es fast immer ausverkauft, dann finden das **Buxton Opera Festival** und das **International Gilbert and Sullivan Festival** statt. Nur einen guten Kilometer von Buxton entfernt (10 Min. zu Fuß von den Pavilion Gardens) kann man im Buxton Country Park die Tropfsteinhöhle **Poole's Cavern** besuchen, die mit Solomon's Temple einen fantastischen Aussichtsturm auf 440 m Höhe besitzt. Die Höhle, die nach einem Raubritter aus dem Mittelalter benannt ist, der hier seine Opfer wie auch sein Diebesgut vergraben haben soll, wartet mit den größten Stalaktiten und Stalagmiten der Region auf.

Information **Tourist Information Centre**, tägl. 9.30–17 Uhr. Pavilion Gardens, SK17 6XN, ✆ 01298/25106, www.visitpeakdistrict.com.

Festival-Office, 3 The Square, SK17 6AZ, ✆ 01298/72190, www.buxtonfestival.co.uk.

Aktivitäten **Go Ape!** An Seilen und über Schwebe-, Hänge- und Leiterbrücken bewegen Sie sich durch die Baumwipfel, als wären Sie Tarzan und Jane. April bis Okt. tägl. außer Mi und Fr, im Nov. nur Sa/So. Buxton Country Park, SK17 9DHM, ✆ 0843/7704128, goape.co.uk/days-out/buxton.

Fast immer ausverkauft: Buxton Opera House

Der Nordwesten → Karte S. 563

Buxton Riding School, Fern Farm, London Road, SK17 9NP, ✆ 01298/72319, www.buxtonridingschool.co.uk.

Sehenswertes **Buxton Museum and Art Gallery**: Geologie und Geschichte des Peak District werden hier in einem Zeittunnel erkundet, mit Ton und Gerüchen. Ostern bis Sept. Di–Fr 9.30–17.30 Uhr, Sa 9.30–17 Uhr, So 10.30–17 Uhr. Eintritt frei. Terrace Road, SK17 6DA, ✆ 01629/533540, www.derbyshire.gov.uk/leisure/buxton_museum.

Poole's Cavern, Ostern bis Okt. tägl. 9.30–17 Uhr, Nov. bis Ostern tägl. 10–16 Uhr. Führungen alle 20 Min. 9,75 £, erm. 8,50 £, Kind 5,25 £, Familie 26 £. Green Lane, SK17 9DH, ✆ 01298/26978, www.poolescavern.co.uk.

Übernachten/Essen **** **Roseleigh**. Dieses Gästehaus liegt wunderschön am See der Pavilion Gardens. Die reiseerfahrenen Gastgeber stehen mit Rat und Tat zur Seite. 16 recht englische Zimmer. Ab 42 £ pro Person mit einem reichhaltigen Frühstück. Kostenfreies WLAN. 19 Broad Walk, SK17 6JR, ✆ 01298/24904, roseleighhotel.co.uk.

Simply Thai. Günstig und gut. 2–3 Cavendish Circus, SK17 6AT, ✆ 01298/24471, www.simplythaibuxton.co.uk.

››› Mein Tipp: **The Dome Fine Dining**. Hier kochen und servieren Studenten, manchmal exotisch, meistens gut. In den Semesterferien geschlossen. Lunch (10 £) Mo–Fr 12 Uhr, Dinner (15 £) nur Di und Do um 18.45 Uhr. University of Derby Buxton, 1 Devonshire Road, SK17 6RY, ✆ 01298/330345, www.devonshiredome.co.uk. ‹‹‹

The Monk Cocktailbar. Di–Do und So 15–24 Uhr, Fr/Sa bis 2 Uhr. 8 Cavendish Circus, SK17 6AT, ✆ 01298/24255, www.buxtoncafebar.co.uk.

Macclesfield und Lyme Park

Macclesfield, 20 km östlich von Buxton, ist von einer Ringstraße umgeben, die den Spitznamen „Silk Road“ (Seidenstraße) trägt. Die Spieler der örtlichen Fußballmannschaft heißen „Silkmen“, denn der Ort war um 1830 das Zentrum der Seidenweberei in England, deren Geschichte im Heritage Centre erzählt wird. Im **Macclesfield Silk Museum & Paradise Mill** erfährt man mehr über die Lebensbedingungen der Weber.

Im Umland bei Disley steht ein prächtiger Landsitz, den manch einer auch aus der Verfilmung von „Stolz und Vorurteil“ von 1995 kennt: **Lyme Park**. Im Film stellt der palladianische Bau „Pemberley“ dar, in dem Mr Darcy (Colin Firth) zuhause ist. Die berühmte Badeszene verschaffte ihm den Ruf eines Sexsymbols, sie wurde sogar im Londoner Hyde Park nachgestellt, wo eine Fieberglas-Statue von Colin Firth aus den Fluten des Hyde-Park-Sees auftaucht. In Lyme Park ist neben Kunst und kostbarer Einrichtung auch eine Sammlung von Uhren zu sehen.

Information **Tourist Information**, April bis Sept. Mo–Fr 9–17 Uhr, Sa 10–16 Uhr; Okt. bis März Mo–Fr 10–16 Uhr, Sa bis 15 Uhr. Town Hall, Macclesfield, SK10 1DX, ✆ 01625/378123, www.visitmacclesfield.co.uk.

Sehenswertes **Macclesfield Silk Museum & Paradise Mill**: Mo–Sa 10–16 Uhr, Führungen durch Paradise Mill 11.45, 13 und 14.15 Uhr, sonn- und feiertags 13 und 14.15 Uhr. Alle Sehenswürdigkeiten 8 £, erm. 7 £. Park Lane, SK11 6TJ, ✆ 01625/612045, www.silkmacclesfield.org.uk.

Lyme Park, Mitte Febr. bis Okt. Fr–Di 11–17 Uhr, Garten tägl. 11–17 Uhr, Park ganzjährig tägl. 8–20 Uhr, im Winter bis 18 Uhr. 9,90 £, erm. 8,90 £, Kind 5 £, Familie 22,50 £; nur Garten 6,30 £, Kind 3,15 £, Familie 15,75 £. Disley, Stockport, SK12 2NR, ✆ 01663/762023, www.nationaltrust.org.uk/lyme-park.

Leek

Wer von Buxton über die A 53 nach Leek fährt, kommt am südlichsten Berg des Peak District vorbei – die 505 m hohen Roaches sind bei Wanderern und Kletterern beliebt. Schöner noch ist allerdings die A 54 über Allgreave, auf der Sie im höchsten Pub des Nationalparks (manche behaupten gar Englands), dem Cat and Fiddle, an der Kreuzung von A 537 und A 54 einkehren können, bevor die Route durch eine mondartige Landschaft gen Süden führt. Egal, welche Route Sie wählen, Leek ist ein charmantes Marktstädtchen und hat eine enge Verbindung zur Arts-and-Crafts-Bewegung um William Morris (→ S. 145), der hier zwischen 1875 und 1878 lebte, um Färbetechniken zu studieren. Die Seide für seine Möbel und Tapeten kam aus Leek.

Zur Sommersonnwende kommen übrigens viele Besucher, um den mysteriösen „Double Sunset“ zu beobachten. Dabei geht die Sonne zunächst hinter dem Chrome Hill unter, um dann an der Nordseite des Hügels wieder aufzutauchen und ein zweites Mal im Tal zu versinken (bei schönem Wetter ist das Phänomen von der Glutton Bridge auf der B 5053 zu beobachten).

Information **Tourist Information Centre**, Mo–Sa 10–16 Uhr. Nicholson Institute, Stockwell Street, ST13 6DW, ✆ 01538/483741, www.visitpeakdistrict.com.

Essen & Trinken **Cat and Fiddle**. Tägl. 9.30–20 Uhr, an klaren Tagen bis 23 Uhr. Wildboarclough, Cheshire, SK11 0AR, ✆ 01298/78366, www.catandfiddleinn.com.

Ashbourne und Sudbury Hall

Ashbourne ist für seine Lebkuchen bekannt, die man am besten im Gingerbread Shop probiert. Der nach William Shakespeare in England meistzitierte Gelehrte, Dichter und Herausgeber des ersten englischen Wörterbuchs Samuel Johnson kam oft zum Urlaub hierher, ein lokales Ale ist nach ihm benannt (und wird im von ihm geschätzten The Green Man and Black's Head Royal Hotel gebraut). Nicht weit von hier steht **Sudbury Hall**, ein Herrenhaus aus dem 17. Jh., das dank seiner opulenten Schnitzarbeiten fast barock anmutet. In den Stallungen ist das Museum of Childhood untergebracht, wo die Kleinen einen alten Schornstein hochklettern können. Wenn auch Ihnen nach Bewegung zumute ist – der Tissington-Trail-Fahrradweg (→ Kasten S. 628) führt entlang der stillgelegten Eisenbahnlinie von Ashbourne nach Buxton.

Information **Tourist Information Centre**, Townhall, von hier kostenfreie Führungen Mai–Sept. Sa und Do 11 Uhr. 13 Market Place, DE6 1ES, ✆ 01335/343666, www.visitpeakdistrict.com.

Einkaufen **Gingerbread Shop Tea Rooms**, Mo–Sa 8.30–17 Uhr. 26 St John Street, DE6 1GH, ✆ 01335/346753.

Festivals **Royal Shrovetide Football Match:** Faschingsdienstag und Aschermittwoch treten Hunderte zum Kicken des Balles an, das „Spielfeld“ ist zwei Meilen breit und drei Meilen lang. **Ashbourne Highland Gathering:** Die größten Hochlandspiele außerhalb von Schottland finden im Juli statt.

Sehenswertes **Sudbury Hall**: Mitte Febr. bis Okt. Mi–So 13–17 Uhr. Hall Tours 11.30–12 Uhr. **Children Museum**: April bis Okt. tägl. 11–17 Uhr, sonst 11–16 Uhr. Hall und Museum: 15 £, Kind 7,50 £, Familie 37,50 £. Sudbury, Ashbourne, DE6 5HT, ✆ 01283/585305, www.nationaltrust.org.uk/sudbury-hall-and-museum-of-childhood.

Camping **Callowtop Holiday Park**. Mit Swimmingpool und See zum Angeln. Zeltplatz 24,75 £, außerhalb der Saison günstiger. Buxton Road, Sandybrook, Ashbourne, DE6 2AQ, ✆ 01335/344020, www.callowtop.co.uk. In einer umgebauten Scheune produziert die Minibrauerei Haywood Bad Ram Gerstensaft mit den klingenden Namen Bad Ram, Dr Samuel Johnson und Woggle Dance.

Der Nordwesten → Karte S. 563

Pedalgerecht

Der Nationalpark bietet mehr als 100 km markierte Fahrradwege abseits der Straße. Hier sind die Top 6 aufgelistet. Über weitere Outdoor-Aktivitäten informiert das „Peak Pursuit Activity Pack", das man in der Tourist Information erhält:

Monsail Trail: Vier alte Eisenbahntunnel wurden 2011 wieder eröffnet, um Wanderer, Reiter und Radfahrer die 14 km off-road von Bakewell nach Wyedale gelangen zu lassen.

Biddulph Valley Way: Auf einem gepflasterten Pfad geht es 7,5 km entlang der ehemaligen Eisenbahnlinie ab Biddulph Old Station durch das Biddulph Tal.

Longdendale Trail: 10 km auf dem Trans-Pennine-Weg von Hadfield nach Woodhead Tunnels. Der 346 km lange Trans-Pennine-Fernweg von Küste zu Küste führt durch die dramatischen Landschaften des Peak District. www.transpenninetrail.org.uk.

Manifold Track: 13 km von Waterhouses nach Hulme End.

Tissington Trail: 20 km von Ashbourne nach Parsley Hay.

High Peak Trail: 28 km von Dowlow zum Cromford Canal nahe Matlock.

Beschreibungen unter www.visitpeakdistrict.com/see-and-do.

Badeorte an der Irischen See

Ab Mitte des 19. Jh. bis in die 1960er-Jahre waren die Badeorte an der nordenglischen Westküste das Urlaubsmekka der Arbeiter aus den Industriezentren. Durch den Bau von Vergnügungsarkaden, Jahrmärkten und Pubs rüstete man sich für die Massen. Nachdem dann Reisen in die Mittelmeerregionen Mode und erschwinglich wurden, begannen die heimischen Seebadeorte zu „versanden" – die Besucher blieben aus. Heute erfüllen einige Strände die neuen, strengeren EU-Richtlinien für Wasserqualität nicht, und die Vergnügungsangebote sind mittlerweile nicht mehr zeitgemäß. Ein Promenadenspaziergang in einem der Seebäder ist trotzdem zu empfehlen, denn hier wird eine eher unbekannte Seite Englands sichtbar.

Blackpool

Blackpool ist zwar keine Schönheit, doch immerhin eines der wenigen Seebäder, die sich einigermaßen erfolgreich über die Flaute gerettet und in den letzten Jahren Millionen in das Stadtbild investiert haben. Dies hängt auch damit zusammen, dass die Menschen aus den Ballungsgebieten in Lancashire und Yorkshire den Ort nach wie vor als Naherholungsgebiet für Kurz- und Tagesausflüge nutzen.

Vor 150 Jahren gab es hier kaum mehr als ein Fischerdorf in den Sanddünen des Fylde. Im 19. Jh., nach dem Bau der Eisenbahnlinie, wurde Blackpool zum Glanzlicht für die Arbeiterklasse der umliegenden Industriestädte – drei Landungsstege, das höchste Gebäude und die erste elektrische Straßenbahn des Landes waren Symbole für die Blüte der Stadt. In den 1950er-Jahren entwickelte sich die größte Stadt der Grafschaft Lancashire zu einem Familienbad. Heute versucht sie, in Sachen Vergnügungstourismus keiner geringeren als Las Vegas Konkurrenz zu machen. Alljährlich kommen immer noch mehr als 10 Mio. Besucher, um am Trubel teilzuhaben.

The Great Promenade Show: Blackpools Skulpturenpark

Wahrzeichen von Blackpool ist der 158 m hohe Nachbau des Eiffelturms, der **Blackpool Tower** von 1894, der an der Strandpromenade in der Nähe des Nordpiers im Herzen des Orts zu finden ist und nach einer Komplettsanierung mit seiner Aussichtsplattform wieder ein attraktives Touristenziel darstellt. Sie bietet als „Skywalk" für Schwindelfreie den besten Blick über Stadt und Küste. Im Basisgebäude sorgen nunmehr ein hauseigener Zirkus, ein Indoor-Spielplatz und die Wachsfiguren von Madame Tussauds für Unterhaltung, das Dungeon-Gruselkabinett lehrt Besucher eher das Fürchten. Sein Tanzbein kann man im Rokoko-Ballsaal schwingen, wo noch immer traditionelle Tea Dances stattfinden. Vergnügungssüchtige sind in Blackpool genau richtig, der Ort ist eine Art permanentes Oktoberfest, eine Hochburg für die Teilnehmer von Hen- and Stagparties (Junggesellen- und gesellinnenabschiede), die ihren Spaß in Drag- und Cabaret-Shows oder Karaoke-Bars suchen, mit Vorliebe an den Wochenenden.

Von September bis Oktober wird die 10 km lange Promenade mit ihren drei Piers von über einer Million Lichtern hell erleuchtet: **The Illuminations** oder auch „künstlicher Sonnenschein" nennt sich die Aktion, bei der die Lichter an der Promenade von einem oder mehreren Prominenten angestellt werden – 2010 von Robbie Williams, 2012 waren es sechs britische Olympiamedaillengewinner, 2015 der amerikanische Filmregisseur Tim Burton. Auch die Feuerwerks-Weltmeisterschaft findet hier alljährlich statt.

Ein ständiger Rummelplatz befindet sich am **Pleasure Beach** am Südpier, der 1896 eigentlich für Erwachsene eingerichtet worden war, damit sie sich einmal wieder wie Kinder fühlen könnten. Höhepunkt ist die 70 m hohe und 140 km/h schnelle Riesenachterbahn. Daneben lockt der weltgrößte Spiegelball, ein viereinhalb Tonnen schwerer Koloss aus 47.000 Einzelteilen. Entlang der 2 km langen Strecke zwischen North Pier und Sandcastle Waterworld erfreuen Kunstwerke die Besucher,

Der Nordwesten → Karte S. 563

wie die Walfischschwänze von Liam Curtin und John Gooding, die als Windschutz dienen. Und natürlich gibt es neben dem **Zoo** auch ein neues **Sea Life Centre.**

Wer sich dem Rummel entziehen möchte, fährt ins Inland: Dort liegt das **Lune Valley,** ein malerischer Landstrich, der durch die Gemälde von William Turner berühmt wurde.

Basis-Infos

Information **Tourist Information Centre**, Mo/Di 9–18 Uhr, Mi–Sa 9–17 Uhr, So 10–16 Uhr. Hier erhält man auch den **Backpool Resort Pass**, der ermäßigten Eintritt in sechs bzw. neun Attraktionen gewährt (www.blackpoolresortpass.com). Festival House, Promenade, FY1 1AP, ✆ 01253/478222, www.visitblackpool.com.

Straßenbahn Blackpool hat eine Straßenbahn, die 18 km an der Küste entlangfährt. Ticket 1,50–2,50 £. www.blackpooltransport.com.

Aktivitäten/Kultur

Theater **Winter Gardens & Opera House Theatre**, ein Komplex mit Theatern, dem Opera House und dem Empress Ballroom, in dem neben Tanzveranstaltungen auch Konzerte stattfinden. 97 Church Street, FY1 1HL, ✆ 0844/8561111, www.wintergardensblackpool.co.uk.

Grand Theater, im National Theatre of Variety kommen Musicals, Ballett, Opern und Theaterstücke auf die Bühne. 33 Church Street, FY1 1HT, ✆ 01253/290190, www.blackpoolgrand.co.uk.

Freizeitangebote **The Blackpool Tower and Circus**: Der Eintritt in den Tower selbst ist kostenfrei. Tägl. ab 10 Uhr geöffnet. Man kann auf der Terrasse einen Burger mit Meeresblick verzehren oder in der Intergalactic Games Zone Computerspielen frönen. Zudem gibt es kostenpflichtige Attraktionen: Das Big Ticket erlaubt den Eintritt auf die Aussichtsplattform Tower Eye, in das Gruselkabinett The Dungeon, den Zirkus, den Ballsaal (10–15 Uhr), den Indoor-Spielplatz Jungle Jim's, Madame Tussauds und das Aquarium Sea Life: 92,95 £ an der Kasse, 45 £ online; Kind bis 14 J. 68 £/32,50 £. Die Tickets sind 90 Tage gültig. The Promenade, Blackpool, FY1 4BJ, ✆ 01253/622242, Bookings ✆ 0871/2229929, www.theblackpooltower.com.

The Blackpool Tower Eye, 4 D Experience: Nach einem kurzen 4D-Film (mit Einsatz von Sprühwasser und Rauch) über die Geschichte des Blackpool Tower fährt man mit dem Fahrstuhl zum rundum verglasten Skywalk auf 115 m Höhe (auf dem Walk of Faith ist auch der Boden verglast!). An guten Tagen reicht der Blick bis in den Lake District und zur Isle of Man. Mo–Do 10–17.45 Uhr, Fr–So bis 20.45 Uhr. **The Dungeon**: Schauspieler sind im Einsatz, um dem Besucher die blutige Geschichte von Englands Nordwesten in einer 70-minütigen Liveshow mit englischem Humor nahezubringen. So–Fr 10–17 Uhr, Sa bis 19 Uhr. Bank Hey Street, Blackpool, FY1 5BJ, ✆ 0871/2229928, www.thedungeons.com/blackpool.

Blackpool Tower Circus: Der hauseigene Zirkus mit Clowns und Akrobaten tritt Ostern bis Anfang Nov. tägl. außer freitags auf, an den Wochenenden mehrere Shows. Ende Nov. bis Mitte Jan. gibt es die englandtypische „Pantomime".

Madame Tussauds Blackpool: Wachsfigurenkabinett, in dem Sie der Königin und Freddy Mercury begegnen, dessen Schlagzeug Sie ausprobieren dürfen. Auch viele britische Fernsehstars und Sportler, für Kinder Bob the Builder oder Shrek. Mo–Do 10–17 Uhr, Fr–So und Ferien bis 20 Uhr. 89 Promenade, FY1 5AA, ✆ 0871/2829200, www.madametussauds.com/blackpool/default.aspx.

››› **Mein Tipp:** **Blackpool Zoo**: 1500 Tiere leben hier auf 13 ha, die 32 lebensgroßen Dinosaurier sind Plastiken. Tägl. 10–17.45 Uhr, außerhalb der Saison kürzer. 16,99 £, erm. 14,99 £, Kind bis 15 J. 12,50 £, Familie 53,50–63,50 £, (online günstiger). E Park Drive, FY3 8PP, ✆ 01253/830830, www.blackpoolzoo.org.uk. ‹‹‹

Sealife Blackpool: Aquarium mit Haifischbecken und tödlichen Seeschlangen. Mutige können für 50 £ mit den Haien schnorcheln. Tägl. 10–17 Uhr. 17,50 £, online 13 £; Kind 14,50 £, online 10,50 £; 4 Pers. 58 £, online 43 £. ✆ 0871/2226933, www.visitsealife.com/blackpool.

Pleasure Beach: Meistbesuchte Attraktion ganz Englands, rund 40 kindgerechte Fahrgeräte (und einige Nervenkitzler für Erwachsene), Spielplätze, Karting und Nickelodeonland. Eislaufen in der Arena. März bis Nov. tägl. 11–17 Uhr, Sa/So 10–20 Uhr bzw. bis Sonnenuntergang; im Winter nur Sa/So. Eintritt 6 £, Armband mit Fahrten 30 £, online ab 19 £, Kinder 27 £, online ab 17 £. 525 Ocean Boulevard, FY4 1EZ, ✆ 0871/2221234, www.blackpoolpleasurebeach.com.

Sandcastle Waterpark: Funbad mit karibischem Einschlag und vielen Rutschen, Spielplatz und Wellenmaschine. Geöffnet Ostern bis Okt. zu unterschiedlichen Zeiten, i. d. R. mindestens 10.30–16.30 Uhr. 15,50 £, Kind 3–11 J. 12,50 £, Familie 38,50–70,50 £. Promenade gegenüber Pleasure Beach, FY4 1BB, www.sandcastle-waterpark.co.uk.

The Great Promenade Show: Zehn moderne Skulpturen an Blackpools South Shore; sie umfassen Abstraktes wie die 8 m hohe Stahlkonstruktion „Desire“ von Chris Knight, Makabres wie „The Frankenstein Project“ von Tony Stallard bis hin zu den Las-Vegas-inspirierten, in der Nacht glitzernden „Glam Rocks“ von Peter Freeman. www.visitblackpool.com/listing/great-promenade-show-6443.

Kopie des Eiffelturms

Blackpool Piers: Entlang der „goldenen Meile“ von Blackpool stehen drei Seebrücken – der North, Central und South Pier. Die älteste Landungsbrücke ist der Nordpier, auf dem Central Pier spielt sich der Rummel ab. Der Südpier ist der jüngste und kleinste und vermarktet sich als Familienattraktion. www.northpierblackpool.co.uk.

Übernachten/Essen & Trinken

Übernachten **** **The Big Blue Hotel**. Erstaunlich gutes Familienhotel mit 157 modernen, funktionellen Zimmern und neuen Bädern. Fitness-Studio, gute Bar und Brasserie. Privater Eingang zum Pleasure Beach, der sich direkt hinter dem Haus befindet. DZ inkl. Frühstück ab 97 £, im Winter günstiger. 1 Clifton Drive, Ocean Boulevard, Pleasure Beach, FY4 1ND, ✆ 0871/2224000, aus dem Ausland ✆ 01253/40045, www.bigbluehotel.com.

***** **Number One South Beach**. Die 14 Zimmer haben Namen wie „Passion“ und „Dekadence“, viele haben Balkon und Seeblick. Die Betten sind Kingsize und die Badewannen haben Whirlpoolfunktion. Es gibt auch ein Haute-Cuisine-Restaurant. B & B DZ 90–180 £ mit Frühstück. 4 Harrowside West, Blackpool FY4 1NW, ✆ 01253/343900, www.numberonesouthbeach.com.

Essen & Trinken **The Cottage**. Einer der besten Fisch-Imbisse in historischem Cottage-Ambiente, zubereitet wird fangfrischer Fisch aus Fleetwood. Mo–Sa 11.30–14 und 16.30–20 Uhr, So 16.30–19.30 Uhr. 31 Newhouse Road, FY4 4JH, ✆ 01253/764081, www.cottagefishandchips.co.uk.

Kwizeen. Die Besitzer aus Katalonien verwenden lokale Produkte und kombinieren britische Klassiker mit mediterranen

Der Nordwesten → Karte S. 563

Einflüssen. Lunch Mo–Fr 11.45–13.45 Uhr, Dinner Mo–Sa 18–21 Uhr. 47–49 King Street, FY1 3EJ, ✆ 01253/290045, www.kwizeen restaurant.co.uk.

Notarianni Ices. Seit 75 Jahren in der Hand derselben italienischen Familie, berühmt für das Vanille-Eis. 9–11 Waterloo Road, FY4 1AF, ✆ 01253/342510.

Nachtleben

Flamingo. Bekanntester Club des Ortes in einem ehemaligen Kino auf fünf Etagen, hier legten schon Gatecrasher auf. Mo–Do 23.30–4 Uhr, Fr 23–5 Uhr, Sa 23–6 Uhr, So 23.30–5 Uhr. Eintritt 6,50 £. 44 Queen Street, FY1 2AY, ✆ 01253/649151, www.flamingo online.co.uk.

Funny Girls. Der Laden befindet sich im selben ehemaligen Kino, begann als Drag Bar und zeigt heute Burlesken und Cabaret Shows. 5 Dickson Road, FY1 2AX, funny girlsonline.co.uk.

Roxys. Noch ein Riesenclub auf fünf Stockwerken, die in Anlehnung an das Musical Chicago dekoriert wurden. So, Mo, Di, Do 20.30–2 Uhr, Fr 19–3 Uhr, Sa 19–4 Uhr. 23 Queen Street, FY1 1NL, www.facebook.com/RoxysOnline.

The Flying Handbag. Die Schwulenbar mit Cabaret, Strippern, Karaoke und Gogo-Show, auch für Heteros offen. Mo–Do und So 12–2 Uhr, Fr und Sa bis 3 Uhr. 44 Queen Street, FY1 2Ay; www.facebook.com/FlyingHandbagOnline.

Fleetwood, Thornton Cleveleys, Lytham St Annes

Die Blackpool Tramway fährt 18 km entlang der Küste von Blackpool nach Fleetwood. **Fleetwood** ist ein traditioneller kleiner Küstenort, der im 19. Jh. auf dem Reißbrett entstand und viktorianisches Flair vermittelt – mit einem Pier, Jachthafen, Leuchtturm und schöner Promenade. Die Lord Street ist die hiesige Shoppingmeile. Mit Fleetwood Market besitzt der Ort eine der größten Markthallen des Nordwestens (Di, Do, Fr u. Sa 9–16.30 Uhr), im modernen Freeport Fleetwood Designer Outlet Village zelebrieren Bekleidungsketten den Abverkauf. Fleetwood ist übrigens die Heimat der Fisherman's-Friend-Bonbons.

Auf dem Weg nach Fleetwood passiert man **Thornton Cleveleys,** dessen Wahrzeichen, die Turmwindmühle **Marsh Mill,** eher nach Holland passen würde – sie steht in einem modernen Komplex voller Geschäfte und Cafés. Entlang der Promenade reihen sich neben Vergnügungspalästen und einem Kino Skulpturen, die Objekte und Charaktere der Kinderbuchgeschichte „The Sea Swallow" darstellen. Ebenfalls generalüberholt wurde der Jubilee Garden, in dem es sich herrlich entspannen lässt.

Von Blackpool in die andere, südliche Richtung am Nordufer der Ribble-Flussmündung liegt der elegante Badeort **Lytham St Annes** mit viktorianischer Promenade, ebenfalls einer weißen Windmühle auf dem Dorfgrün und dem viktorianischen St Annes Pier. Berühmt ist der Flecken jedoch für einen der renommiertesten Golfplätze, dem 1886 gegründeten Royal Lytham and St Annes Golf Course, der alljährlich Austragungsplatz für die British Open ist. Das **Ribble Valley** gilt als Vorbild für Mittelerde in J. R. R. Tolkiens „Der Herr der Ringe". Im Tal liegt auch der unberührte Wald von Bowland.

Information **Tourist Information Centre Fleetwood**, Tägl. 10–16.30 Uhr, im Winter Sa/So nur 11.20–14.40 Uhr. Marine Hall, The Esplanade, Lancashire FY7 6HF, ✆ 01253/887696, www.visitwyre.co.uk.

Lancaster

Am schönsten nähert man sich Lancaster über die Heidelandstraße quer durch den **Bowland Forest,** der nicht aus Wald, sondern aus flachen Bergen und Mooren besteht, die bereits Pikes, Fells und Crags heißen. Die Stadt auf einem Hügel am Lune-Fluss war einst ein blühender Hafen an der Westküste und gelangte besonders durch den Sklavenhandel zu Reichtum; die meisten Gebäude stammen aus der georgianischen Periode (18. Jh.).

Schon in römischer Zeit thronte auf dem Hügel inmitten der Stadt eine Festung. Noch heute werden Teile des **Castle**, das ihrer königlichen Hoheit der Queen gehört und bis 2011 als Gefängnis diente, als Gerichtshof genutzt, die **Shire Hall** ist deshalb nur außerhalb der Verhandlungen zu besichtigen. Berühmteste Insassen waren die „Hexen vom Pendle Hill", zehn von ihnen wurden im 17. Jh. hier hingerichtet. Die Burg war einst Sitz des Hauses Lancaster, in den Rosenkriegen der Kontrahent des Hauses York. König Eduard III. hatte im 14. Jh. zwei seiner Söhne zu Herzögen des Nordens gemacht: Seinem Viertgeborenen (Edmund) gab er York, dem Drittgeborenen (dem später so mächtigen John of Gaunt) Lancaster. Ein direkter Abkomme des Hauses ist die Queen, die den offiziellen Titel „Duke of Lancaster" trägt.

Sehenswert sind die gegenüberliegende **Priory Church** und **St George's Quay** mit dem Custom House, das heute das **Maritime Museum** beherbergt. Die Universität veranstaltet jeden Sommer zwischen Mai und September eine umfangreiche Ausstellung mit Werken von John Ruskin in der nach ihm benannten **Ruskin Library.** John Ruskin war nicht nur ein einflussreicher sozialkritischer Philosoph, er war Schriftsteller, Maler und Kunsthistoriker mit profundem Wissen in Politik, Botanik, Geologie, Architektur und Geschichte. Ruskin zählt zu den führenden Geistesgrößen Englands des 19. Jh. und wird heute als Pionier des interdisziplinären Denkens betrachtet (→ Lake District).

Wer in die Natur möchte, überquert die Millennium Bridge und befindet sich auf einem 15 km langen Wander- und Fahrradweg nach Caton. Man spaziert entlang einer stillgelegten Eisenbahntrasse am Südufer des Lune-Flusses, der schon von William Turner gezeichnet und von William Wordsworth besungen wurde. Eine Besonderheit sind die modernen Skulpturen, die die Strecke säumen.

Der Nordwesten → Karte S. 563

Basis-Infos

Information **Visitor Information Centre,** tägl. außer So 10–16 Uhr. The Storey (Kunstzentrum), Meeting House Lane, LA1 1TH, ✆ 01524/582394, www.lancaster.gov.uk und www.citycoastcountryside.co.uk/lancaster-city.

Die kostenlose **Visit Card** verschafft vergünstigte Eintrittspreise. Mit einem **Explorer-Multi-Pass-Ticket** für 8 £ hat man 1 Jahr lang kostenlos Zugang zu allen Sehenswürdigkeiten der Stadt.

Bootsfahrten **Lancaster Canal Boat Trips** fährt von Mai bis Okt. mit dem Waterbus zum Lune-Aquädukt von John Rennie oder nach Carnforth (ganztägig). Fahrplan unter www.budgietransport.co.uk.

Fahrradfahren **The Way of the Roses,** 275 km von Küste zu Küste nach Bridlington; wayoftheroses.info.

Kino/Theater **Dukes Theatre and Cinema,** befindet sich in einer umgebauten Kirche. Es werden fünf Stücke im Jahr produziert, Gastspiele eingeladen und Filme gezeigt. Moor Lane, LA1 1QE, ✆ 01524/598500, dukes-lancaster.org.

Märkte **Assembly Rooms Market**, ein überdachter Markt in einem historischen Gebäude. Di–Fr 10–16.30 Uhr, Sa 10–17.30 Uhr. Garden Street/Ecke King Street.

Street Market (Charter Market), im Market Square. Mi und Sa 9–16.30 Uhr.

Farmers' Market jeden 2. Mi im Market Square. 9–14 Uhr.

Ruskin Library & Gallery: Mo–Fr 10–16 Uhr. Lancaster University. Bailrigg, LA1 4YH, ✆ 01254/593587, www.lancaster.ac.uk/users/ruskinlib.

Übernachten/Essen & Trinken/Nachtleben

Übernachten »> **Mein Tipp: The Inn at Whitewell.** Das urgemütliche Gasthaus liegt in einer friedlichen Hügellandschaft im Forest of Bowland direkt an einem Fluss (ca. 45 Min. Fahrzeit). Das Haus, dessen Wurzeln auf das 14. Jh. zurückreichen, ist mit Antiquitäten ausgestattet. Es gehört der Queen und die Küche wird für ihre Wildgerichte gerühmt. 23 Zimmer, EZ 95–182 £, DZ 124–233 £. Clitheroe, BB7 3AT, ✆ 01200/448222, innatwhitewell.com. «<

The Sun Hotel. Modernisiertes Stadthaus, edle Bar, 15 Zimmer mit italienischen Bädern und Flachbild-TV, WLAN kostenlos. Zimmer B & B im EZ 80 £, DZ 90–125 £. 63–65 Church Street, LA1 1ET, ✆ 01524/66006, www.thesunhotelandbar.co.uk.

The Borough. Hier findet so etwas wie Lancasters Nachtleben statt (So Comedy), es wird hervorragend gekocht und die neun Zimmer sind so edel, dass es im Bad italienischen Marmor gibt. Hübsch ist der Garten. DZ inkl. Frühstück 100 £. Parkplätze vorhanden. 3–5 Dalton Square, LA1 1PP, ✆ 01524/64170, www.theboroughlancaster.co.uk.

The Wagon and Horses. Gasthaus in einem Pub direkt am Fluss, große Speisekarte. Wunderschön eingerichtete Zimmer. B & B im DZ ab 75 £. Kein Parkplatz. 27 St George's Quay, LA1 1RD, ✆ 01524/846094, www.wagonandhorseslancaster.co.uk.

Arnside. 25 km nördlich von Lancaster, Jugendherberge in einem Countryhouse mit Blick über die Morecambe Bay. Bett 18,50 £, Zimmer ab 34 £. Redhills Road, Arnside, Carnforth, LA5 0AT, ✆ 01524/761781, mobil ✆ 0777/3066849, arnsideindependenthostel.co.uk.

Essen & Trinken **Quite Simply French** tischt quite simply sehr gute französische Küche auf, vor allem Meeresfrüchte wie Austern, Muscheln und Hummer. Die Speisekarte wechselt täglich und zum Simply Squiffy gibt's 2 Gänge und eine Flasche Wein für 25 £. Di–Mi 17.30–21 Uhr, Do–Sa bis 21.30 Uhr, So–Mo 18.30–21 Uhr, So 12–14 Uhr. 27 a St George's Quay, LA1 1RD, ✆ 01542/843199, quitesimplyfrench.co.uk.

The Whale Tail. Vegetarisches Café-Restaurant mit innovativer Küche, alles Bio und Fairtrade, auch Optionen für Veganer. Salatplatte 7,75 £. Lassen Sie sich nicht vom Zugang abschrecken und essen Sie bei schönem Wetter im zugewucherten Hof. Mo–Fr 9–17 Uhr, So bis 15 Uhr. 78a Penny Lane, LA1 1XN, 01524/845133, www.whaletailcafe.co.uk. ■

Nachtleben **Elements**. Führender Nachtclub, jung und ausgelassen. 23–25 North Road, LA1 1NS, ✆ 01524/33323, www.elementslancaster.co.uk.

Apothecary Lounge and Bar. Late-Night-Cocktailbar und Club, Mo-Do ab 17 Uhr bis spät, Fr-So ab 12 Uhr. Bis 18.30 Uhr wird Afternoon Tea serviert. Viel Live Musik und DJs. 87 Penny Street, LA1 1XN, ✆ 01524/555999, www.apothecarybar.co.uk.

Sehenswertes

Lancaster Castle: Das Schloss, heute im Besitz der Queen, geht auf die römische Festung Lun-Castrum zurück. Um 1102 errichteten die Normannen einen soliden Turm, im 12. und 13. Jh. wurde die Anlage erweitert, ab dem 17. Jh. wurde hier Gericht gehalten. Das Gebäude dient bis heute als Gerichtssaal und ist daher nur im Rahmen einer Führung zu besichtigen. Das Gefängnis in den alten Gemäuern wurde erst 2011 geschlossen, inzwischen sind auch einige der Zellen zu besichtigen. Sehenswert sind u. a. die Shire Hall (Gerichtshalle), deren makabre Attraktion der Drop Room ist, in dem die Delinquenten für den Galgen vorbereitet wurden. Beachtenswert ist auch der Hadrian's Tower aus dem 13. Jh., der besonders dicke Mauern hat. Während eines Rundgangs kann man sich auf Wunsch probeweise in eines der finsteren Verliese einsperren lassen.

Unter anderem war das Schloss Schauplatz der berüchtigten Hexenprozesse im Jahr 1612. Damals wurden nach einer Serie von Morden mehrere Familien in Pendle der Hexerei beschuldigt; ihnen wurde der Prozess gemacht, zehn Männer und Frauen wurden gehängt. Ihre Geständnisse wurden später als Buch veröffentlicht: „The Wonderful Discoveries of Witches in the Countie of Lancaster". Alle zwei Jahre werden Ende Februar bis Ende März im Castle Shakespeare-Stücke aufgeführt, das nächste Mal wieder 2018.

Tägl. 9.30–17 Uhr. Eintritt nur mit Führung (von 10 bis 15 Uhr): 8 £, erm. 7 £, Familie 20 £. Castle Parade, LA1 1YJ, ✆ 01524/64998, www.lancastercastle.com. Theatertermine unter www.demiparadiseproductions.co.uk.

Priory Church of St Mary: Die Kirche in der Nähe der Burg stammt aus dem Jahr 1094, erbaut wurde sie von Normannen an der Stelle eines älteren angelsächsischen Gotteshauses. St Mary schmückt ein Portal aus sächsischer Zeit sowie ein schönes Chorgestühl. Der Turm wurde vor 250 Jahren errichtet, um den Seeleuten den Weg in den River Lune zu weisen. Jeden Monat gibt es Konzerte im Gotteshaus.

Tägl. 10–16.30 Uhr. Eintritt frei. Shop und Coffee Shop Mo–Sa 11–15 Uhr. ✆ 01524/65338, www.lancasterpriory.org.

Judges Lodging: Der Besuch des ältesten Stadthauses in der Church Street (unterhalb der Kirche) lässt sich gut mit dem Besuch der Burg kombinieren. Das Museum of Childhood im oberen Stock zeigt Spielsachen aus der Zeit ab dem 18. Jh., einige Räume sind wie alte Kinderzimmer eingerichtet. Im Gillow Museum im Erdgeschoss sind kostbare Möbelstücke aus der Werkstatt der Gillows zu besichtigen, die

Aus Liebe für die verstorbene Gattin gebaut: Ashton Memorial

Der Nordwesten → Karte S. 563

in Leighton Hall wohnen (→ S. 537); die Firma stattete bereits im 19. Jh. beispielsweise große Luxusschiffe aus.

April bis Juni Mo-Fr 13-16 Uhr, Sa ab 12 Uhr, Juli bis Sept. Mo–Fr 10–16 Uhr, Sa ab 12 Uhr. Eintritt 3 £, erm. 2 £. 15 Castle Hill, LA1 1YS, www.lancashire.gov.uk/museums.

The Cottage Museum: In diesem Steinhäuschen aus dem 18. Jh. wird auf fünf winzigen Etagen das Leben einer Familie in viktorianischer Zeit erfahrbar – ohne fließend Wasser, Heizung, Strom oder Toilette. Gut für einen Kurzbesuch.

Ostern bis Sept. tägl. 13–16 Uhr. 1 £, erm. 0,75 £, Kind frei. 15 Castle Hill, LA1 1YS, www.lancasthire.gov.uk/museums.

City Museum: Das Museum am Marktplatz im alten Rathaus aus dem Jahr 1781 erzählt seit 1923 die Geschichte der Stadt. Zu sehen sind Funde aus der Römerzeit, historisch eingerichtete Zimmer sowie eine Sammlung von Portrait- und Landschaftsbildern.

Di-So 10–17 Uhr. Eintritt frei. www.lancasthire.gov.uk/museums.

Maritime Museum: Weiter unten am Fluss präsentiert das Museum im alten Zollhaus von 1764 am St George's Quay seine Schätze. Mit Wachspuppen, Geräuschen und Gerüchen wird versucht, die Zeiten als Hafen- und Fischereistadt wieder wachzurufen. Auch das traurige Kapitel Sklavenhandel wird nicht ausgeklammert und man erfährt Interessantes über das Ökosystem der Morecambe Bay und wie eine Ölplattform arbeitet. Handwerklich Geschickte können sich in der Kunst der Schiffsknotentechnik üben, schauspielerisch Begabte sich als Händler kostümieren. Jedes Jahr über Ostern ist der Kai Schauplatz des Maritime Festivals.

April bis Okt. tägl. 11–17 Uhr, Nov. bis März tägl. 12.30–16 Uhr. 3 £, erm. 2 £, Kind frei. Custom House, St. George's Quay, LA1 1RB, ✆ 01524/64637, www.lancashire.gov.uk/museums.

Williamson Park/Ashton Memorial: Von dem auf einem Hügel gelegenen großen Park im Osten der Stadt kann man Lancaster und die Morecambe Bay gut überblicken. Etwa in der Mitte des Parks finden sich die Sehenswürdigkeiten: Ein altes Palmenhaus aus edwardianischer Zeit wurde zum Schmetterlingshaus, daneben gibt es einen Kleintierzoo und ein Café mit Shop. Davor steht auf dem höchsten Punkt Lancashires das weithin sichtbare Ashton Memorial, ein eindrucksvoller Kuppelbau, den der reiche Lord Ashton 1907 für seine verstorbene Frau errichten ließ. Wer auf die Viewing Gallery hinaufsteigt, hat den besten Blick über die Bucht.

April bis Sept. tägl. 10–17 Uhr, Okt. bis März tägl. 10–16 Uhr. Schmetterlingshaus 3,80 £, erm. 3,40 £, Kind 2,80 £, Familie 12 £. Ashton Memorial Viewing Gallery 1 £. www.lancaster.gov.uk/parks-and-open-spaces/williamson-park.

Morecambe

Obwohl an einer wunderschönen Bucht gelegen, bleibt der Ort in den meisten Reiseführern unerwähnt. Die weite **Morecambe Bay** öffnet den Blick auf die Berge des Lake District am gegenüberliegenden Ufer. Bei Ebbe ist die Bucht fast trocken, dann werden Wattwanderungen angeboten. Wie an der Nordsee gilt jedoch, dass man sich nicht auf eigene Faust auf den Weg machen sollte, sichere Cross-Sands Walks bietet die Tourist Information an. Der „Queen's Guide to the Sands", wie sich der offizielle Wattführer Cedric Robinson betiteln darf, führt Besucher regelmäßig von einer Seite zur anderen (nur Mai-Sept.). Seit 1963 hat er dieses Ehrenamt inne, das macht ihn zu einer lokalen Berühmtheit. Die Bucht ist Zwischenstation für zahlreiche Vogelarten auf dem Weg nach Süden oder Norden.

Die von Kunstwerken gesäumte Promenade ist kilometerlang und das Meer verlockend, doch die Vergnügungsanlagen und das Ortsbild bieten nach wie vor einen eher traurigen Anblick – wie eine Geisterstadt reihen sich geschlossene und verfallene Gebäude aneinander. Einige der Pensionen und Hotels aus den 1930ern, etwa das Midland-Hotel direkt an der Promenade (das in Morecambes Blütezeit entstand), wurden restauriert. Die Tourist Information bietet geführte Spaziergänge zu diesen architektonischen Sehenswürdigkeiten an. Auch wenn man nicht unbedingt die Nacht hier verbringen muss, ein Spaziergang am Strand lohnt – und nicht zuletzt die Verkostung der typischen Morecambe Bay Potted Shrimps.

Information **Tourist Information Centre**, und Heritage Centre im alten Bahnhof, Mo–Sa 9.30–17 Uhr, So 10–16 Uhr; im Winter nur Mo–Sa 9.30–17 Uhr. Old Station Buildings, Marine Road Central, LA4 4DB, ✆ 01524/582808, www.baytourism.co.uk, oder www.lancaster.gov.uk.

Cross-Sands-Führungen: Buchung in der Tourist Information von Grange-over-Sands, Victoria Hall, Main Street, LA11 6DP, ✆ 015395/34026. www.visitlancashire.com/whats-on.

Kultur **The Platform** im umgebauten Bahnhof an der Promenade ist die Bühne der Region für Jazz, Blues, Folk und klassische Musik. Station Buildings, Marine Road Central, LA4 4DB, ✆ 01524/582803, www.lancaster.gov.uk/platform.

The Hothouse, die gemeinnützige Organisation „More Music" lädt regelmäßig Musiker in diese ehemalige Music Hall ein, die bis zu 220 Zuschauern Platz bietet. 13–17 Devonshire Road, LA3 1QT, ✆ 01524/831997, www.moremusic.org.uk.

Essen & Trinken **Edmondson's Fish Shop**. In diesem Fischladen gibt es die Spezialität der Bucht zu kaufen – in Butter und einer geheimen Gewürzmischung gekochte Krabben aus der Morecambe Bay. Nur zum Mitnehmen. Mo-Sa 9-16 Uhr. 32A Yorkshire Street West, LA3 1QE, ✆ 01524/412828, www.edmondsonspottedshrimps.co.uk.

Leighton Hall

Der georgianische Landsitz vor dem malerischen Hintergrund der Lakeland Fells wurde im 18. Jh. gebaut, 100 Jahre später zogen die Gillows hier ein, die bis Anfang des 20. Jh. zu den bekanntesten Möbelmachern des Landes zählten. Die Nachfahren der Gillows wohnen bis heute hier, trotzdem ist das Haus im Rahmen einer Führung zu besichtigen, man kann im Park und den Gartenanlagen entspannen oder den Umgang mit Raubvögeln wagen.

Mai bis Sept. Di–Fr 14–17 Uhr, im Aug. auch So. Mit Führung. 7,95 £, erm. 6,95 £, Kind bis 12 J. 4,95 £, Familie 24,99 £; nur Garten 4,75 £. Carnforth, SA5 9ST, ✆ 01524/734474, www.leightonhall.co.uk.

Der Nordwesten → Karte S. 563

Isle of Man

Das 53 km lange, ca. 20 km breite Eiland mit rund 76.000 Einwohnern vor der Nordwestküste Englands besitzt grandiose Küsten, fruchtbare Täler, schattig-grüne Wälder, aber auch ein raues Klima. Am einfachsten reist man mit der Fähre von Liverpool bzw. Hesham/Morecambe an.

Zu den Hauptattraktionen der Insel zählen diverse Rennen, die im Sommer stattfinden, z. B. das Motorradrennen Manx Grand Prix (Aug./Sept., www.manxgrandprix.org) oder der Kart Racing Grand Prix (Ende Juni, www.iomkra.com). Es gibt viele Sport, Wander- und Radfahrmöglichkeiten, Museen und natürlich die wunderschöne Natur.

Ein guter Ausgangspunkt ist die Hauptstadt **Douglas** mit ihren zahlreichen Hotels und Restaurants. Fähren und Flugzeuge kommen hier an. **Peel** im Westen bietet einen schönen Strand und ein Schloss; **Port Erin** im Süden glänzt ebenfalls mit einem hübschen Strand und Wandermöglichkeiten auf den Klippen; in **Castletown** im Süden befindet sich eine mittelalterliche Festung; im Osten fährt von **Laxey** aus die Snaefell Mountain Railway durch frühere Bergwerksanlagen, zudem kann man im **Dhoon Glen** den wunderschönen Wasserfall besichtigen; und in **Ramsey** im Norden gibt es einen schönen Hafen und einen See.

Die Insel untersteht als „Crown Protectorat" zwar der englischen Krone, gehört aber weder zur EU noch zu Großbritannien, wird von einem Lieutnant-Governor geleitet und besitzt seit der Eroberung durch die Wikinger vor mehr als tausend Jahren ein eigenes Parlament. Sie hat ihre eigenen Briefmarken und eine eigene Währung, das Isle-of-Man-Pfund, dessen Wert dem des britischen Pfundes entspricht.

Das Wahrzeichen der Isle of Man ist der „dreibeinige Mann", der auf der Flagge und auf Geldscheinen zu sehen ist. Er steht symbolisch für die Unabhängigkeit der Insel und soll von heidnischen Darstellungen des Sonnenrads hergeleitet sein. Schließlich sind die Inselbewohner eine der sieben keltischen Nationen dieser Welt und besitzen ihre eigene keltische Sprache, das *Manx Gaelic*, das mit dem Schottischen und dem Irischen verwandt ist. Manx Gaelic wurde bis zum 18. Jh. inselweit gesprochen, starb dann aus, erlebt aber inzwischen dank der Manx Language Society eine Renaissance. Heute wird Manx wieder in der Schule gelehrt.

Schon zu Beginn des 19. Jh. war die Insel ein Ausflugsziel und der Tourismus spielt bis heute eine bedeutende Rolle. Ähnlich wie auf den Kanalinseln haben sich hier wegen der niedrigen Steuern viele Briefkastenfirmen niedergelassen; doch für ein „Steuerparadies" wirken die Ortschaften oft arm und schäbig – die Reichen haben eben nur Briefkästen hier. Immerhin hat man das Problem erkannt und nach 80 Jahren Vernachlässigung seit 2013 bereits 8 Mio. Pfund für Erneuerungsmaßnahmen an der veralteten Infrastruktur ausgegeben. 2016 ernannte die UNESCO die Insel zur neuen Modellregionen für die Umsetzung der globalen Nachhaltigkeitsagenda und erhob sie zu einem Biosphärenreservat.

Basis-Infos

Information Tourist Information Point, Mo–Sa 8–18 Uhr. Umfassende Informationen über die Insel, Hilfe bei der Zimmervermittlung. Sea Terminal Building, Douglas, Isle of Man, IM1 2RG, ✆ 01624/686766, www.visitisleofman.com, www.gov.im/mnh, www.manxnationaleritage.im.

Die Isle of Man verfügt über vier Besucherzentren:

Niarbyl Café und Visitor Centre, auf der Strecke Peel nach Dalby, Bus 7. Ostern bis Okt. tägl. 10–21 Uhr, Nov. bis Ostern 10–17 Uhr. Niarbyl Road, Dalby, IM5 3BS, ✆ 01624/843300.

The Sound and Calf of Man Visitor Centre, Ausstellung zur Geschichte und Wirtschaft der Region mit gutem Café und Ausblick über die Bucht zur Insel Calf. Bus 1 von Douglas. April bis Okt. tägl. 10 Uhr bis Sonnenuntergang, sonst Mo–Fr 10–16 Uhr, Sa/So 10–17 Uhr. Sound Road, The Sound, Port St Mary, IM9 5PZ, ✆ 01624/838123.

Scarlett Visitor Centre bei Castletown, hier wird die Entstehung des Vulkangesteins vor 250 Mio. Jahren erklärt; Naturpfad. Mai bis Sept. tägl. (außer Mo) 14–17 Uhr. Scarlett Point, Castletown, IM9 1TB, ✆ 01624/801985.

Ayres Visitor Centre mit Informationen über das Ayres-Natur-Reservat und sein Ökosystem. Mai bis Sept. tägl. (außer Mo) 14–17 Uhr. ✆ 01624/801985, www.manxwt.org.uk.

Verbindungen **Fähren** – von Liverpool oder Heysham/Morecambe verkehren ganzjährig Superseacat und Seacat; auch von Belfast und Dublin gibt es regelmäßig Verbindungen. Isle of Man Steam Packet,

✆ 08722/992992, von der Insel ✆ 01624/661661, www.steam-packet.com.

Flugzeug – von mehreren britischen Städten und Genf fliegen kleine Propeller- oder Düsenflugzeuge zum Ronaldsway Airport nach Ballasalla, IM9 2AS, im Süden des Eilands. ✆ 01624/821600, www.gov.im/categories/travel-traffic-and-motoring/isle-of-man-airport.

Bus/Bahn/Pferdewagen – auf der Insel fahren Busse, historische Dampfzüge, die Sneafell Mountain Railway (eine alte Zahnradbahn) und Pferdewagen (man kann ein Island-Explorer-Kombiticket für 1, 3, 5 oder 7 Tage erstehen). Beliebte Routen sind die mit der elektrischen Straßenbahn von Douglas über Laxey bis Ramsey, mit der Dampfeisenbahn von Douglas über Castletown nach Port Erin und die Snaefell Mountain Railway. Infos unter Isle of Man Transport, ✆ 01624/662525, www.gov.im/categories/travel-traffic-and-motoring/bus-and-rail.

Verkehrsregeln/Parken Um mit einem Wohnwagen-Anhänger auf die Isle of Man überzusetzen, brauchen Sie eine Erlaubnis. Der Antrag muss mindestens 2 Wochen vor Anreise gestellt werden. Caravans, Highway Services, Department of Infrastructure, Sea Terminal, Douglas, Isle of Man, IM1 2BY, ✆ 01624/686911, caravan@gov.im.

Die Verkehrsregeln auf der Insel sind denen im Rest Englands ähnlich, es gibt jedoch kein Geschwindigkeitslimit.

Go-Explorer-Heritage-Ticket: Das 5 Tage gültige Ticket gewährt kostenfreie Nutzung aller öffentlichen Transportmittel und freien Zugang zu allen Sehenswürdigkeiten – lohnend bei längerem Aufenthalt. Preis 55 £, Kind 27 £. www.gov.im/categories/travel-traffic-and-motoring/bus-and-rail.

Heritage-Holiday-Pass: 14 Tage gültiges Ticket, das freien Eintritt zu den Sehenswürdigkeiten der Insel erlaubt. 20 £, Kind 10 £. www.manxheritageshop.com

Aktivitäten/Kultur

Die Broschüre Active Guide liegt in den Besucherzentren aus oder kann heruntergeladen werden: www.visitisleofman.com/activeguides/welcome.xml.

Angeln Lizenzen zum Angeln und Fischen gibt's in der Tourist Information, Postämtern und einigen Angelläden. Die Saison für Forellen und Lachs geht vom 1. April bis Ende Sept.

Bootsfahrten Rundfahrten auf der **MV Karnia**, von Villiers Steps an der Douglas Promenade gegenüber dem Uhrenturm. 12 £, Kind 6 £. ✆ 01624/617436 oder 07624/493592 (mobil), www.iompleasurecruises.com. Über Bootsfahrten zum Wildlife-Beobachten oder Fischen informiert: www.visitisleofman.com/thingstoseeanddo/wildlife/boats.xml

Fahrradverleih/-touren **Cycle Hire**, Tag 15 £, Woche 90 £. Mo–Sa 9–17 Uhr. 15–17 Michael Street, Peel, IM5 1HB. Am besten ein oder zwei Tage vorher anrufen. ✆ 01624/842472, www.cyclehire.im.

In der Tourist Information gibt es Faltblätter für 6 Routen.

Golf Einer der 9 Golfplätze befindet sich in Castletown auf der Langness-Halbinsel: ein 18-Loch-Championship-Course, der in den 1920ern von Machenzie Ross geplant wurde. Green Fee 55-65 £. ✆ 01264/822211, www.castletowngolflinks.com.

Auf dem Mount-Murray-Course finden die Isle of Man Open statt. www.isleofmangolf.im.

Mountainbiking Ein Ausdauerrennen über 75 km end-to-end von Point of Ayre zum Sound wird alljährlich im Sept. organisiert. Die Strecke verläuft zu 75 % offroad. Die International Cycle Week im Juni nutzt Teile der TT-Strecke.

8 Mountainbike-Routen enthält das Faltblatt der Besucherinformation.

Reiten Es gibt mehrere Reiter- und Ponyhöfe auf der Insel, z. B. **Ballahimmin Riding and Pony Trekking Centre** nahe der Little London Hills, Little London, Cronk Y Voddy, IM6 1BB, ✆ 01624/878547 und 07624/482990 (mobil), www.ballahimmin.com.

Wandern Besonders schön ist eine Wanderung entlang des 145 km langen **Coastal Path**, der in 7 Abschnitte unterteilt ist.

Der **Millennium Way** führt 42 km von Ramsey nach Castletown; auf den Spuren der Fischer wandelt man auf dem eher beschwerlichen **Bayr ny Skeddan**, dem Hering-Weg, der 22,5 km von Peel nach Castletown führt.

Die kürzeste Langstreckenwanderung ist der **Heritage Trail** über 17 km von Douglas nach Peel entlang einer stillgelegten Bahnlinie.

Ein **Walking Festival** findet alle zwei Jahre im Mai statt (das nächste Mal 2017).

Wassersport Die Insel verfügt über vier größere **Jachthäfen** (Douglas, Port St Mary, Ramsey und Peel). **Surfer** steuern meist Gansey Bay nördlich von Port St Mary an, in Port Erin gibt es ein **Water Activities Centre**. 7th Wave, Strand Road, Port Erin, IM9 6HF, ✆ 01264/836366 und 07624/450801 (mobil), www.7thwave-iom.com.

Übernachten

Urlaub auf dem Bauernhof ist auch auf der Isle of Man beliebt. Adressen für B & B und Selbstversorger finden Sie unter www.isleofmanstayonafarm.com.

***** **Raymonds Bed and Breakfast**. Hier wohnt man bei einer Familie in einem luxuriös eingerichteten viktorianischen Stadthaus im Herzen von Douglas' historischem Zentrum. Nur 2 Zimmer, Entspannung bietet die Guest Lounge. DZ 75–150 £ inkl. super Frühstück. 9 Hutchinson Square, Douglas IM2 4HU, ✆ 01624/614621 und 07624/215025 (mobil), www.raymonds.co.im.

Knockaloe Beg Farm. Restauriertes Farmhaus aus dem 16. Jh. etwa 3 km von Peel; Familie Anderson vermietet 4 modernisierte Zimmer mit Du/WC, ein Cottage in den früheren Stallungen (6 Pers.) sowie ein ganz schlichtes Bunkhaus. B & B DZ 80–90 £, Cottage 500–750 £/Woche, Bunkbett ab 30 £. Patrick nahe Peel, IM5 3AQ, ✆ 01624/844279 und 07624/475330 (mobil), www.knockaloebegfarm.com. ■

Douglas

Als Mischung aus Urlaubsort, Finanzzentrum und Hafen verfügt Douglas über alle Annehmlichkeiten einer Stadt. Es gibt Möglichkeiten zum Schwimmen, Squash und für andere Sportarten, dazu ein Kasino und ein Theater. Empfehlenswert ist eine Fahrt mit der Pferdekutsche entlang der Strandpromenade oder ein Besuch im **Manx Museum** mit der National Art Gallery sowie Ausstellungen zu Geologie und Archäologie.

Manx Museum: Mo–Sa 10–17 Uhr. Eintritt frei. Kingswood Grove, IM1 3LY, ✆ 01624/648000, www.manxnationalheritage.im/attractions/manx-museum.

Laxey

Das frühere Bergarbeiterdorf nördlich von Douglas ist berühmt für seine Wollspinnereien, den kleinen Hafen und das **Great Laxey Wheel** „Lady Isabella", ein riesiges Wasserrad von 1854, das das Grundwasser aus den Bleiminen herauspumpte. Den Bergleuten wurde auf dem Dorfplatz ein steinernes Denkmal gesetzt, auf einer Tafel stehen die 32 Namen von Kumpels, die in der Mine ihr Leben ließen. Laxey ist auch der beste Ausgangspunkt, um den **Snaefell Mountain**, mit 621 m der höchste Berg der Insel, zu erklimmen – entweder mit der **Mountain Railway** oder zu Fuß. Von oben, so sagt ein Sprichwort, kann man an einem klaren Tag sechs alte Königreiche sehen: England, Schottland, Irland, Wales, die Isle of Man selbst und das königliche Himmelsreich.

Laxey Wheel: Mitte März bis Okt. tägl. 9.30–17 Uhr, Mitte Febr. bis Mitte März tägl. 11–15 Uhr, Anf. Febr. nur Sa/So 10–15 Uhr. 5 £, erm. 2,50 £. Mines Road, Laxey, IM4 7NL, www.manxnationalheritage.im/attractions/laxey-wheel.

Der Nordwesten → Karte S. 563

Snaefell Mountain Railway: Mitte März bis Okt. tägl. ab 10.15 Uhr. 10 £, erm. 5 £.

Laxey Woollen Mills: Seit hundert Jahren wird hier traditioneller Manx Tartan hergestellt, der vor Ort wie auch online zum Verkauf angeboten wird. Mo–Sa 9–17 Uhr. Glen Road, IM4 7AR, www.laxeywoollen mills.com.

Castletown

Die ruhige Hafenstadt am südlichen Ende der Isle of Man war einst die Hauptstadt der Insel. Castletown steht im Schatten von **Castle Rushen,** das über sieben Jahrhunderte Sitz der Könige und Lords von Manx war. **Rushen Abbey** wurde 1134 gegründet. Wer etwas über das Parlament der Insel erfahren will, besuche das **Old House of Keys.** Die Hauptattraktion des kleinen **Nautical Museums** beim Hafen ist Peggy, eine fast 200 Jahre alte Jacht; hier bekommt man auch einen Einblick in die Tricks und Verstecke der Schmuggler und das beschwerliche Leben der Fischer. Die **Old Grammar School** ist eine kleine Kirche aus dem 12. Jh., die vom 18. Jh. bis 1930 als Schule diente und so erhalten blieb, wie sie am letzten Schultag aussah.

Castle Rushen: Mitte März bis Mai und Sept./Okt. tägl. 10–16 Uhr, Juni bis Aug. tägl. 10–17 Uhr, Mitte Febr. bis Mitte März Sa/So 10–16 Uhr. 6 £, erm. 3 £. Castletown Square, ✆ 01624/648000, www.manxnational heritage.im/attractions/castle-rushen.

Rushen Abbey: Ende Mai bis Aug. tägl. 10–17 Uhr, April bis Mai und Sept./Okt. bis 16 Uhr. Restaurant Mo–Sa 10–22 Uhr. 5 £, erm. 2,50 £. Mill Road, Ballasalla, IM9 3DB, www.manxnationalheritage.im/attractions/ rushen-abbey.

Old House of Keys: April bis Okt. tägl. 11 und 14.45 Uhr. Besichtigung nur mit Führung. 5 £, Kind 2,50 £. Parliament Square, IM9 1LA, ✆ 01624/648000, www.manxnational heritage.im/attractions/old-house-of-keys.

Nautical Museum: April bis Okt. tägl. 10–16 Uhr. 5 £, erm. 2,50 £. Bridge Street, IM9 1AX, ✆ 01624/675522, www.manxnational heritage.im/attractions/nautical-museum.

Old Grammar School: April bis Okt. 10–16 Uhr. Der Eintritt ist frei. Chapel Lane, IM9 1LE, www.manxnationalheritage.im/ attractions/old-grammar-school.

Peel

Der schönste Ort an der Westküste, hier gibt es feinen Sandstrand und eine Burg aus dem 11. Jh., die auf St Patrick's Island steht. Das **House of Manannan** ist ein interaktives Museum, das die Geschichte der Insel und ihrer Seefahrer erzählt. Highlight ist ein Nachbau des Wikingerschiffs „Odin of Raven“. In Tynwald Hill, 5 km von Peel entfernt, findet alljährlich am 5. Juli die Parlamentszeremonie statt. Eine Spezialität der Gegend sind die Manx Kippers, eine Art Sardine, die hier zu Hause ist, und über die es mehr auf der **Moores Kippers Factory Tour** zu erfahren gibt. Auch Süßmäuler kommen im Ort zu ihrem Recht: An der Promenade gibt es auf der Insel hergestelltes Davison's Manx Ice Cream.

Castle Peel: Mai bis Anf. Sept. tägl. 10–17 Uhr, März–Mai u. Sept.–Okt. nur bis 16 Uhr. 5 £, Kind 2,50 £, Familie 11 £. West Quay, IM5 1TB, www.manxnationalheritage.im/ attractions/peel-castle.

House of Manannan: Tägl. 10–17 Uhr. 6 £, erm. 3 £. East Quay, IM5 1TA, ✆ 01624/ 648017, www.manxnationalheritage.im/ attractions/house-of-manannan.

Moores Kippers Factory Tours: Führung Mai bis Sept. Mo u. Fr 15.30 Uhr. 2 £. Mill Road, ✆ 07624/496362, www.manx kippers.com.

Manx Sea Quest, Bootsfahrten von ca. 1 Std. mit Marlyn und Bobby. ✆ 07624/ 450688, www.manxmarine.com/manx-sea-quest-rib-tours.

Hafen von Douglas

Royal Ramsey

Nach Ramsey ganz im Norden der Insel gelangt man entweder mit der elektrischen Eisenbahn oder über die berühmte TT-Bergstraße. Die zweitgrößte Stadt der Insel kann man vom Albert Tower aus überblicken; sie zeigt eine lange Strandpromenade, einen geschäftigen Hafen und den Mooragh Park samt See, auf dem man Bootfahren kann. Von hier ist es nicht weit zum nördlichsten Punkt der Insel, dem Point of Ayre, einem Naturschutzreservat.

The River House, georgianischer Landsitz am Sulby-Fluss mit wunderbaren Ausblicken. B & B EZ 80 £, DZ 100 £. Ramsey, IM8 3DA, ✆ 01624/816412, www.theriverhouse-iom.com.

Port Erin

Seit dem 19. Jh. ist Port Erin ein beliebter Ferienort mit geschützten sandigen Buchten und einer langen Promenade. Vom Raglan Pier kann man zu einer Bootstour starten, man kann Tauchgänge unternehmen, eine Pony-Trekkingtour buchen oder wandern.

Port Erin ist auch der südliche Endbahnhof für die **Steam Railway** nach Douglas und Standort des **Erin Arts Centre,** alljährlich Austragungsort des „Manannan International Festival of Music and the Arts".

Steam Railway: Ostern bis Anf. Nov. 4–6 Züge pro Tag. Fahrzeit ca. 1 Std. Preis je nach Strecke bis 12,40 £, Kind bis 6,20 £. ✆ 01624/686766, www.gov.im/categories/travel-traffic-and-motoring/bus-and-rail/heritage-railways/steam-railway.

Erin Arts Centre: Mo bis Fr 10–16 Uhr. Eintritt frei. Victoria Square, ✆ 01624/835858, Box Office ✆ 01624/832662, www.erinartscentre.com.

Port St Mary

Der Hafenort ist nicht nur Zentrum des Segelsports auf der Insel, sondern auch ein beliebter Ausgangspunkt für Wanderungen auf dem Küstenpfad nach Perwick Bay.

Der Nordwesten → Karte S. 563

Es gibt einen Golfplatz und im Sommer kann man mittwochs den Kunstmarkt besuchen. Das **Cregneash Village Folk Museum** vermittelt einen guten Einblick in die Lebensweise der Pächter und Landarbeiter der letzten Jahrhunderte. Vom Sound Visitor Centre hat man einen tollen Blick auf **Calf Island,** ein Naturreservat und Vogelschutzgebiet mit drei Leuchttürmen – Boote bringen einen hin. Mit ein bisschen Glück sichtet man auf der Fahrt einen der bis zu zehn Meter langen Riesenhaie *(Basking Sharks)*.

Sehenswertes Cregneash Museum: April bis Okt. tägl. 10–16 Uhr, Juni bis Aug. bis 17 Uhr. 5 £, erm. 2,50 £. Cregneash Road, IM9 5PS, ✆ 01624/648017, www.manxnationalheritage.im/attractions/cregneash.

Aktivitäten Haie beobachten/Bootsfahrt: Mit dem Katamaran Gemini und Bob Taylor. Perwick Bay, Port St Mary, ✆ 01624/832761 und 07624/483328 (mobil), www.geminicharter.co.uk.

Übernachten B & B Aaron House. Viktorianisches Stadthaus mit Blick auf Chapel Bay und Hafen. Die Zimmer (mit Du/WC) sind wie eine Zeitreise ins 19. Jh. Bio-Frühstück. B & B ab 35 £/Pers. The Promenade, IM9 5DE, ✆ 01624/835702, www.aaronhouse.co.uk.

Cumbria mit Lake District

Klar hebt sich der blaue Himmel von den kargen Bergen ab, tief unten bahnt sich das Wasser seinen Weg durch die Täler, in den Seen spiegeln sich die Gipfel des Bergpanoramas. Die Wolken ziehen wie schwarze Schatten über das Land, zusammen mit den Schafen scheinen sie das Einzige zu sein, was sich bewegt.

Der Lake District ist seit Menschengedenken ein Land der Hirten, Holzfäller, Jäger und Fischer – und der Dichter und Denker. Vier Eiszeiten schufen diese Bilderbuchlandschaft mit den höchsten Bergen Englands (bis zu 978 m), der steilsten Straße (Hardknott-Pass bis 33 % Steigung), mit 14 bis zu 74 m tiefen Seen, darunter der größte des Landes (Windermere mit 1459 ha), mit rauen Hochtälern und blumenübersäten Wiesen. Kein Wunder, dass der 2300 km^2 große Lake District National Park zu den beliebtesten Feriengebieten der Engländer gehört – im Jahr kommen etwa 18 Mio. Besucher, fast ein Drittel der Bevölkerung. In Mitteleuropa ist die **Grafschaft Cumbria,** in der dieser größte englische Nationalpark liegt, kaum bekannt. Engländer jedoch sind zu jeder Jahreszeit hier anzutreffen.

Die Landschaft teilt sich in verschiedene Zonen auf: Im Süden zwischen Coniston und Windermere ist es eher lieblich; im mittleren Teil um Wasdale und Wast Water finden sich die größten Extreme (vom höchsten Gipfel zum tiefsten See); der Norden wird von sanften Hügeln und den Seen Derwent, Crummock und Buttermere geprägt. Am 31. Juli 2017 wird darüber entschieden, ob die UNESCO den Lake District in Zukunft zum Welterbe zählt, dem „Schönsten, was Mensch und Natur uns hinterlassen haben" (lakesworldheritage.co.uk).

Entdeckt wurde die Schönheit der wilden Landschaft erst Ende des 18. Jh. von den Dichtern und Malern der Romantik. Der im Lake District geborene Dichter William Wordsworth (1770–1850) verbrachte hier fast sein ganzes Leben, die Landschaft inspirierte ihn zu seiner Prosa. 1810 veröffentlichte er den ersten Reiseführer über das Gebiet *(A Complete Guide to the Lakes),* der großes Interesse auslöste und viele bedeutende Schriftsteller anlockte, etwa Samuel Taylor Coleridge, Robert Southey, Thomas De Quincey und, später, Beatrix Potter (→ Kasten S. 655).

Glasgow
Carlisle Airport
Brampton
Carlisle
B5307
Silloth
Kingside Hill
Solway Firth
Dalston
Thursby
Eden
Wigton
B5301
B6413
B5300
A595
Peterill
A6
A596
Aspatria
Bothel
B5299
Cumbria
B5305
Little Salkeld Watermill
Senhouse Roman Museum
Maryport
Ellen
Bassenthwaite
Wordsworth House
Cockermouth
Skiddaw 931
Caldew
Derwent
A66
Penrith
Workington
Blencathra 868
Bassenthwaite Lake
A66
Dalemain House and Gardens
Rheged Discovery Centre
Castlerigg Stone Circle
Watermillock
Pooley Bridge
A5086
B5289
Keswick
Derwent Water
M6
Aira Force
Lowther
Crummock Water
Buttermere
Ullswater
Whitehaven
Thirlmere
Helvellyn 950
Glenridding
Honister Pass 356
Patterdale
Shap
Ehen
Buttermere
Rosthwaite
Langstrath Country Inn
Ennerdale Water
Seatoller
Haweswater
A591
St Bees
Great Gable 899
Easedale Tarn
Egremont
Kirkstone Pass 454
Grasmere
Dove Cottage
Scafell Pike 978
Langdale Valley
Calder
Bleng
Wast Water
Elterwater
Rydal
Ambleside
Hart Knott 550
Sellafield
Hardknott Roman Fort
Rydal Mount and Gardens
Gosforth
YHA Eskdale
Elterwater
Troutbeck
A6
Skelwith Bridge
Boot
Brockhole Visitor Centre
The Old Man Of Coniston 803
Eskdale
Hawkshead
Windermere
Staveley
Bowness
The World of Beatrix Potter
Esk
Coniston
Esthwaite Water
Ravenglass
Ravenglass Roman Bath House
Duddon
Ruskins Brantwood
Sawrey
Beatrix Potter's Hill Top Farm
Blackwell
Kendal
Oxenholme
Lake District National Park
Coniston Water
Windermere
Kent
Lakes Aquarium
Sizergh Castle
Broughton-inFurness
Lakeside
Newby Bridge
M6
A595
Levens Hall
Haverthwaite
A590
Milnthorpe
Millom
Ulverston
Cartmel
Arnside
Askam-in-Furness
Cark
Grange-over-Sands
A590
Laurel and Hardy Museum
Leighton Hall
Dalton-in-Furness
Warton
Carnforth
Lancashire
Morecambe Bay
Bolton-le-Sands
Barrow-in-Furness
Lune
Morecambe
Heysham
Lancaster
Manchester
Heysham - Douglas (Isle of Man)
Larne/Belfast - Fleetwood
12 km
Lake District

Einsamkeit kann man hier oben immer noch finden – Wanderungen auf die *Fells*, wie hier seit der Wikingerzeit die Berge heißen, sind schon wegen der fantastischen Ausblicke ein Erlebnis. Zehn fjordartige Seentäler fächern vom **Scafell Pike** strahlenförmig aus. Englands höchster Berg selbst mutet hochgebirgsgewohnten Kletterern mit seinen 978 m vielleicht wie ein Hügel an, doch gibt es auch hier teilweise schwierige Routen. Im Sommer sind die leichter zugänglichen Gebiete, z. B. **Lake Windermere,** leider völlig überlaufen. Wandern, Reiten und Radeln, Wassersport und Paragliding stehen dann hoch im Kurs. Es locken außerdem michelinsternprämierte Restaurants, gemütliche Tearooms, rund 25 Minibrauereien sowie Wellnessangebote.

Wer genug Zeit hat, sollte einen Ausflug zur Westküste nicht versäumen, wo man in kleinen Fischerorten wie etwa Ravenglass eine besondere Atmosphäre findet. Im Meer zu schwimmen oder zu baden ist an der gesamten Küste allerdings nicht empfehlenswert: Das Wasser ist immer noch stark radioaktiv verseucht – nur wenige Kilometer nördlich von Ravenglass bei Calder Bridge steht das Atomkraftwerk Sellafield.

Etwas Wikingisch

Im 10. Jh. war der Lake District von den Wikingern besiedelt, auf die viele landschaftliche Bezeichnungen zurückgehen. *Fell* heißt Hügel oder Berg, einen Wasserfall nennt man *Ghyll* oder *Force*, einen Fluss *Beck*, wohingegen ein Tal auf Wikingisch ein *Dale* ist und *Gill* eine Schlucht. Wer von einem *Tarn* spricht, meint einen See, der sich in Ortsnamen als angehängtes *-mere* manifestiert. Oft taucht in Ortsnamen auch *thwaite* auf – Rodung.

Basis-Infos

Information **Cumbria Tourism** unterhält mehrere Informationszentren im Nationalpark, u. a. das **Lake District Information Centre** in Brockhole, tägl. 10–18 Uhr, im Winter bis 16 Uhr: eine Besucherattraktion mit Café, Ausstellung, Garten, „Tree Top Trek" und Abenteuerspielplatz. Auch Fahrrad- und Bootsverleih, → auch S. 656. Brockhole, 3 km von Windermere, LA23 1LJ, ✆ 015394/46601, www.brockhole.co.uk, www.golakes.co.uk, www.lakedistrict.gov.uk.

Verbindungen **Bus** – National-Express-Busse fahren nach Windermere (Bahnhof), Ambleside, Grasmere und Keswick.

Das Busunternehmen, das die meisten Strecken im Lake District befährt, ist Stagecoach, ✆ 0871/2002233, www.stagecoachbus.com/northwest. Das Central-Lakes-Dayrider-Ticket erlaubt unbegrenztes Fahren im Nationalpark für 8 £, Kind 6 £, Familie 20 £. Das Explorer-Ticket kann man einen (oder drei Tage) in ganz Cumbria und Lancashire nutzen; 10.80 £ 24,70 £, Kind 7,70 £ (16,50/ £). Der North-West-Megarider-Gold gilt für eine Woche (27,30 £). In Windermere, Ullswater und Coniston gibt es auch Kombitickets für Bus & Boot. Die Hauptroute durch den Lake District ist die Nr. 555 von Lancaster nach Norden via Kendal, Stavely, Windermere, Ambleside, Rydal und Grasmere. www.lakedistrict.gov.uk/visiting/planyourvisit/travelandtransport.

Bahn – Mit der West Coast Mainline von London nach Glasgow/Edinburgh kommt man bis zum Ostrand des Lake District: Lancaster, Kendal (Oxenholme), Penrith oder Carlisle. Von Lancaster fahren regelmäßig Transpennine-Züge (www.tpexpress.co.uk) nach Windermere. Von Carlisle fährt Northern Rail (www.northernrailway.co.uk) entlang der Westküste bis nach Ravenglass. Ab Manchester gibt es eine Direktverbindung nach Windermere.

Alpine Landschaft des Lake District

Fahrradverleih **Country Lanes Cycle Hire**, tägl. 9–17 Uhr. 23–38 £/Tag, je nach Fahrrad. Windermere Bahnhof, LA23 1AH, ✆ 015394/44544, hwww.countrylaneslake district.co.uk.

Grizedale Forest & Visitor Centre, 9.30–15 Uhr. Pro Tag 25–50 £, Rückgabe bis 17 Uhr. ✆ 01229/860335, www.velobikes.co.uk/hire.aspx.

Festivals **Cumbria-Bike-Fest** im Mai, www.bikehub.co.uk/events/cumbria-bike-fest. **Kendal-Mountain-Festival** im November, www.mountainfest.co.uk.

Aktivitäten

Fahrradtouren Der Lake District ist ein Paradies für Mountainbiker; es gibt zahllose markierte Routen von 1 bis zu 5 Std. Guten Überblick geben die Websites www.golakes.co.uk/adventure-capital/cycling-lake-district.aspx und www.pedalnorth.com. Dort kann man Kartenmaterial herunterladen oder bestellen: www.bikemaps.co.uk/lake-district-mtb/lake-district-mountain-bike-maps.htm. Eine Auswahl an Karten und Publikationen (z. B. Cycle Tours Cumbria, 8,99 £) gibt es in Tourist Informationen und Buchhandlungen.

Langstreckenfahrern ist die **4 Seasons Fred Whitton Route** zu empfehlen, die 180 km über die berühmtesten Pässe der Region führt. Die Wettbewerbsstrecke kann man natürlich auch ohne Wettbewerb radeln (www.fredwhittonchallenge.org.uk).

Noch berühmter ist die 220 km lange **C-2-C-Route** von der Irischen See in Cumbria bis zur Nordsee in Tyneside (Sustrans-Karte 6,99 £, www.c2c-guide.co.uk).

Funsport **River Deep Mountain High**, einer der größten Veranstalter für abenteuerliche Aktivitäten. Clocktower Building, Lowick Old School, nahe Ulverston, Cumbria LA12 8EB, ✆ 015395/28666, www.riverdeepmountainhigh.co.uk.

OB Sailing, Segelkurse und Jachtcharter, Tageskurs ab 95 £/Pers., Charter 800–1200 £ pro Woche. Maiden Marine Jetties, Ferry Nab, Bowness-on-Windermere, LA23 3JH, ✆ 01539/552338 und 07836/525992 (mobil, Neil), www.obsailing.co.uk.

Der Nordwesten → Karte S. 563

Low Wood Bay Watersports Centre, Wasserski, Surfen, Segeln, Kajakfahren und vieles mehr. Low Wood, Windermere, LA23 1LP. ✆ 015394/39441, englishlakes.co.uk/watersports.

Summitrek, Klettern, Kajak- und Kanufahren, Canyoning und Abenteuer-Wanderungen sind nur einige der Aktivitäten, die in mehreren Summitrek-Zentren organisiert werden. Adventure Centre, Lake Road, Coniston, LA21 8EW, ✆ 015394/41212, www.summitreks.co.uk.

Lakeland Climbing Centre, Mo–Fr 10–22 Uhr, Sa/So 10–18 Uhr, im Winter bis 19 Uhr. Indoor-Kletterwand mit Kursen. Lake District Business Park, Mint Bridge Road, Kendal, LA9 6NH, ✆ 01539/721766, www.kendalwall.co.uk.

Lakeland Lama Treks, der etwas andere Ausritt auf dem Rücken eines peruanischen Lamas – vom Stunden- bis zum Tagesausflug, vom Picknick bis zum Pub-Besuch. Auch ungewöhnliche Übernachtungsangebote. Ravenstone Manor, Penrith, CA10 1HB, ✆ 01768/889389, www.lakelandllamatreks.co.uk.

Reiten Am Strand oder durch das Hinterland traben können Sie mit **Murthwaite Green Trekking Centre**, Silecroft, Millom, LA18 5LP, ✆ 01229/770876, www.murthwaitegreen.co.uk.

Sky Walking **Via Ferrata Xtreme**, neueste Kletter-, Wander- und Kraxelattraktion am Abgrund von Fleetwith Pike ist der Spaziergang über die Burma Bridges, eine Stahlkonstruktion 350 m über dem Tal. Die Route verschafft tolle Ausblicke über Buttermere. Honiston Slate Mine, Honister Pass, Borrowdale, CA12 5XN, ✆ 01768/777230, www.honister-slate-mine.co.uk.

Wandern **Jennings Adventure Ale Trails**, die Brauerei hat 6 zwischen 2 und 4 Tage lange Routen mit verschiedenen Schwierigkeitsgraden ausgearbeitet, bei denen am Ende immer ein wunderbares Pub zum Durstlöschen und Schlafen wartet. www.golakes.co.uk/adventure-capital/jennings.aspx.

Lake District Walker, bieten geführte Wanderungen und Orientierungstraining an. 11 Victoria Road, Cockermouth, CA13 9PA, ✆ 01900/826291 und 0780/5929132, www.thelakedistrictwalker.co.uk.

Wildlife Ein männlicher **Steinadler** (ein Golden Eagle namens Eddy), der letzte in ganz England, nistet seit etwa 40 Jahren im Riddingdale Valley am Südende des Haweswater und hofft darauf, dass ein Weibchen aus Schottland zu ihm findet, wo die meisten der noch 440 Paare in Großbritannien leben. Die RSPB hat ein Naturschutzreservat für ihn eingerichtet und bemannt einen Viewpoint (April bis Aug. Sa/So 11–16 Uhr, ✆ 01931/713376, www.rspb.org.uk). Anfahrt: Von Bampton nach Süden in Richtung Haweswater Reservoir. Entlang des Reservoirs kommt eine namenlose Straße, die an einem Parkplatz endet. Von dort sind es ca. 2 km zu Fuß.

Ein **Fischadlerpärchen** (Ospreys) nistet hoch über dem Bassenthwaite Lake im Norden des Nationalparks. In der Nähe des Nestes gibt es einen Viewpoint (Dodd Wood), die Bilder einer versteckten Kamera weren von April bis Aug. ins Whinlatter Forest & Visitor Centre übertragen, wo man die Vögel in Ruhe beobachten kann. Whinlatter Pass, Braithwaite, Keswick, CA12 5TW. ✆ 0176867/78127, www.forestry.gov.uk/whinlatter.

Rund 90 **Wanderfalken-Paare** (Peregrine Falcons) nisten vor allem im Süden und Westen des Lake District. Die Raubvögel erreichen fast 320 km/h, wenn sie auf ihren Fang herabschießen, und sind damit das schnellste Lebewesen der Erde. Ihre Hauptbrutstätte ist das Naturreservat Humphrey Head nahe Grange-over-Sands (Aug.). www.cumbriawildlifetrust.org.uk/reserves/humphrey-head.

Übernachten

Am besten übernachtet man in Unterkünften mit „Walkers Welcome"-Zertifizierung von Visit Britain, die z. B. mit einem Trockenraum ausgestattet sind.

Ungewöhnliche Unterkünfte **Holiday Houseboats**. Hausboote für bis zu 4 Pers. 3 Nächte 310–555 £, 7 Nächte 525–900 £, je nach Saison. Windermere Lake Holidays, Ferry Nab, Bowness-on-Windermere, LA23 3JH, ✆ 015394/43415, www.lakewindermere.net.

4Winds. Schlafen im Indianerzelt (Tipi) am Westende des Lake Windermere mit Blick auf Low Wary Castle. Tipi-Schläfer nutzen den Toilettenblock und die Duschen des National-Trust-Campingplatzes. Rezeption mit kleinem Laden und Waschmaschine. Ambleside ist 10 Min. mit dem Auto entfernt (5 km). Es gibt zwei Pubs im Umkreis von 3 km. Je nach Größe ab 360 £/Woche, ab 200 £/2 Nächte. Geöffnet Ostern bis Okt. Low Wray, Ambleside, LA22 0JA, ✆ 01539/821227, www.4winds lakelandtipis.co.uk.

Full Circle. Luxuriöse Jurten (russisch-asiatische Rundzelte der Nomaden) auf dem Gelände von Rydal Hall mit Ofen in der Mitte und Platz für bis zu 6 Pers. Spielplatz und Wasserfall in der Nähe. Ab 380 £ fürs Wochenende, ganze Woche 645 £. Racall Hall, Ambleside, LA22 9LX, ✆ 07811/385870 (Ben), www.lake-district-yurts.co.uk.

Grizedale Camping Site and Riding Centre. Kampieren mitten im Wald zwischen Coniston Water und Lake Windermere. Auch Jurten (50–55 £/Nacht für 6–8 Pers.) und Pods (kleine Holzhütten, 30 £/Nacht für bis zu 4 Pers.). Pferdefreunde können sich einen Ausritt organisieren lassen (ab 10 £). Bowkerstead Farm, Satterthwaite, Ulverston, LA12 8LL, ✆ 01229/860208, www.grizedale-camping.co.uk.

Kendal

Die 25.000-Einwohner-Stadt ist das Tor zum Lake District, die größte Stadt in der Region und daher oft überfüllt, obwohl der Kern des Nationalparks noch etliche Kilometer entfernt ist. Auf einem Spaziergang durch den Ort entdeckt man hübsche Gässchen, die sich bergauf und bergab winden, sowie eine Burgruine, die einen guten Ausblick bietet.

Kendal entstand als befestigte Marktstadt im Mittelalter und wird vom River Kent durchzogen, an dem sich mit wuchtigem Turm die Pfarrkirche Holy Trinity erhebt. Dort findet man das Grab von Catherine Parr, der letzten Frau Heinrichs VIII., die das Glück hatte, ihn zu überleben. Über eine Fußgängerbrücke gelangt man zu den Ruinen von **Kendal Castle,** wo sie geboren wurde. Neben der Kirche steht in einem Park am Fluss **Abbot Hall,** ein klassizistisches Herrenhaus aus grauem Naturstein,

Brewery Arts Centre in Kendal

Der Nordwesten → Karte S. 563

heute eine Kunstgalerie. Im alten Torhaus ist das **Museum of Lakeland Life and Industries** untergebracht. Vom Turm der Stadthalle ist sechsmal am Tag ein lustiges Glockenspiel zu hören. Achten Sie auch auf die schmalen kleinen Höfe hinter den Häusern (Yards), die einst den Bürgern bei Überfällen zum Schutz dienten. 600 Jahre lang haben die Einwohner von der Woll- und Tuchproduktion gelebt, was sich auch im Motto der Stadt wiederfindet: „Pannus mihi panis", was frei übersetzt „Wolle ist mein Brot" bedeutet.

Außerdem wurden hier 160 Jahre lang die „K Shoes" produziert. In ihrer Blütezeit beschäftigte die ortsansässige Schuhfabrik jeden fünften Einwohner des Städtchens und verfügte über 230 Geschäfte in Großbritannien und elf weitere in den Niederlanden. Im Shopping Outlet auf dem ehemaligen Fabrikgelände informiert darüber ein Heritage Centre. Kendal ist auch für seinen Minzkuchen bekannt, den man unbedingt probieren sollte; der Energie-Snack wird bereits seit 1839 verkauft und wurde von Abenteurern und Entdeckern wie Edmund Hillary und Ernest Shackleton geschätzt. Südlich von Kendal gibt es zwei der schönsten Landsitze von Süd-Cumbria: **Sizergh Castle** und **Levens Hall.**

Basis-Infos

Information **Tourist Information Centre**, Mo–Sa 10–17 Uhr, im Souvenir- und Kunstgewerbeshop „Made in Cumbria". 25 Stramongate, Kendal, Cumbria, LA9 4TX, ✆ 01539/735891, www.kendaltowncouncil.gov.uk und www.exploresouthlakeland.co.uk.

Einkaufen **K Village**: Outlet auf dem Fabrikgelände von K-Shoes am Fluss mit *Heritage Centre*. Mo–Sa 9.30–18 Uhr, So 10–18 Uhr. Lound Road, LA9 7DZ, ✆ 01539/732363, www.kvillage.co.uk.

Wainwright's Yard: Ansammlung von Boutiquen. Stricklandgate, LA9 4DO, www.wainwrightsyard.com.

Kultur Folk, Jazz, Comedy, Pantomime und modernes Theater erlebt man in einer alten Brauerei mitten im Zentrum von Kendal, im **Brewery Arts Centre** (mit Restaurant und Bar). Dazu ein neues 3-D-Kino. 122a Highgate, LA9 4HE, ✆ 01539/725133, www.breweryarts.co.uk.

Abbot Hall Art Gallery/Museum of Lakeland Life and Industries, → Sehenswürdigkeiten.

The Quaker Tapestry, der kostbare Wandteppich aus 77 Teilen erzählt die Geschichte der Quäkerbewegung; 4000 Menschen aus 15 Ländern haben 15 Jahre an ihm gewebt. Mitte Febr. bis Mitte Dez. Mo–Sa 10–17 Uhr, letzter Einlass 16 Uhr. 7 £, Kind bis 16 J. frei, Elternteil mit Kind nur 2,50 £. Schön sitzt man im **Meeting House Café**. Friends Meeting House, Stramongate, Kendal, LA9 4BH, ✆ 01539/722975, www.quaker-tapestry.co.uk.

Übernachten/Essen & Trinken

Übernachten *** **Riverside Hotel**. Die einstige Ledergerberei aus dem 17. Jh. ist heute ein komfortables Haus mit 47 Zimmern, teils mit Blick über den Fluss. Die Gemeinschaftsbereiche sind etwas abgenutzt, doch es gibt einen schönen Wellnessbereich und im Restaurant wird mit Produkten aus dem Kitchen Garden gekocht. EZ 80 £, DZ ab 88 £, inkl. Frühstück. Stramongate Bridge, Beezon Road, LA9 6EL, ✆ 01539/734861, www.riversidekendal.co.uk.

Hillside Guest House. B & B mit sechs Zimmern und allem, was man braucht, 500 m vom Town Centre. B & B EZ 38–42 £, DZ mit Du/WC 72–82 £. 4 Beast Banks, LA9 4JW, ✆ 01539/722836, www.hillside-kendal.co.uk.

Beech House. Diese zentral gelegene Fünf-Sterne-Pension hat Hotelstandard, es gibt eine Bar des Vertrauens, die Zimmer und Bäder sind makellos. DZ mit großer Frühstücksauswahl 75–100 £. 40 Greenside, LA9 4LD, ✆ 01539/720385, www.maggshowe.co.uk.

Kendal Hostel. Familiengeführte Jugendherberge in einem georgianischen Stadthaus über drei Etagen. Bett ab 20 £, EZ 30 £,

DZ und Familienzimmer 40–80 £. Nur Selbstversorgung. Klavier, Billardtisch und Internetanschluss. 118–120 Highgate (gleich neben Brewery Arts Centre), LA9 4HE, ✆ 01539/724066 und 07795/198197 (mobil), www.kendalhostel.co.uk.

Essen & Trinken **The Quaker Tapestry**. Tearoom im Quaker Tapestry Exhibition Centre, ein ausgezeichnetes vegetarisches Café.

Castle Dairy. In Kendals ältestem Gebäude (14. Jh.) stehen die Lehrlinge der Apprenticeship Academy am Herd und zaubern feinste Cuisine. Frisch, saisonal und regional. 2Gänge-Lunch 19.95 £. Es gibt auch ein vegetarisches Menue. 26 Wildman Street, ✆ 01539/733946, LA9 6EN, castledairy.co.uk. (Zur Zeit der Recherche war das denkmalgeschützte Lokal nach den Überschwemmungen von Dez. 2015 noch geschlossen.)

Romney's. Modernisiertes Pub mit guter Küche, Carvery Mo–Sa 12.30–18.30 Uhr, So 12–20.30 Uhr mit 4 Fleischsorten, Barmenü ab 18 Uhr und Tapas. Am Di Steak Night. Geöffnet ab 9 Uhr zum Frühstück. 72 Milnthorpe Road, LA9 5HG, ✆ 01539/720956, www.romneyskendal.co.uk.

New Moon Restaurant. Moderne britische Küche gegenüber dem Brewery Arts Centre, eigene Speisekarte für Vegetarier. Hauptgericht 12–18 £. Di–Fr 11.30–14.15 und 17.30–21.15 Uhr, Sa 11.30–14.15 und 18–21.30 Uhr. 129 Highgate, LA9 4EN, ✆ 01539/729254, www.newmoonrestaurant.co.uk. ■

»» Mein Tipp: **Vats Bar**. Im Brewery Arts Centre, bekannt für gute Biere, super Pizza und Tapas. Mo–Do 17–23 Uhr, Fr bis 23.30 Uhr, Sa 12–23.30 Uhr, So 12.30–22.30 Uhr. 122a Highgate, LA9 4HE, ✆ 01539/725133, www.breweryarts.co.uk/food-and-drink. ««

Sehenswertes

Kendal Museum: Diese zu den ältesten Museen Englands gehörende Sammlung gegenüber dem Bahnhof stellt die Flora und Fauna des Nationalparks vor und informiert über die Besiedlung seit der Steinzeit. Einige Pflanzenraritäten wachsen im kleinen „Wildlife Garden“.

Di–Sa 10.30–17 Uhr. Eintritt 2 £. Station Road, LA9 6BT, ✆ 01539/815597, www.kendalmuseum.org.uk.

Auch in Kendal lebte man von der Wolle

Der Nordwesten → Karte S. 563

Museum of Lakeland Life an Industries/Abbot Hall Art Gallery: Das Museum im alten Torhaus des Herrenhauses in der Nähe der Pfarrkirche zeigt eine sehr gute Ausstellung zum Lake District und seinen Bewohnern und geht dabei etwa 200 Jahre in die Vergangenheit zurück. Die Abbot Hall Art Gallery (direkt hinter dem Museum of Lakeland Life) zeigt in einem georgianischen Landsitz englische Landschaftsmalerei aus dem 18. bis 20. Jh. (u. a. Ruskin, Turner), Wechselausstellungen lokaler Künstler sowie Mobiliar aus der Gillows-Werkstatt. Ein netter Coffeeshop versüßt den Besuch.

Mo–Sa 10.30–17 Uhr, Juli/Aug. auch So 12–16 Uhr, Nov. bis März Mo–Sa 10.30–16 Uhr, Jan. geschlossen. 5 £, Gallery und Museum 8,60 £, Kind bis 16 J. frei. LA9 5AL, ✆ 01539/722464, www.lakelandmuseum.org.uk und www.abbothall.org.uk.

Umgebung von Kendal

Sizergh Castle: Das knapp Anwesen 5 km südlich von Kendal an der A 591 ist seit acht Jahrhunderten Stammsitz der Strickland-Familie; dank seines Turms aus dem 14. Jh. gilt es nicht als Landsitz, sondern als Burg. Das Gebäude stammt weitgehend aus elisabethanischer Zeit, die Räume sind mit dem typischen dunklen Eichenholz, die Decken mit aufwendigem Stuck verkleidet. Umgeben ist es von einer weitläufigen Gartenanlage, zu der ein in den 20er-Jahren des letzten Jahrhunderts angelegter großer Steingarten gehört. Erfrischen kann man sich im Castle Café oder in der nahen Low Sizergh Barn mit Farm Shop (www.lowsizerghbarn.co.uk).

März bis Okt. So–Do 12–16 Uhr, Führungen 11 u. 13.20 Uhr (1 £). Garten und Café tägl. 10–17 Uhr, Nov./Dez. tägl. 11–16 Uhr. Park tägl. 9–18 Uhr. 9,90 £, erm. 8,90 £, Kind 4,95 £, Familie 23,40 £. Nur Garten 4,90–6,10 £, erm. 2,45–3,06 £. Sizergh, LA8 8DZ, ✆ 01539/560951, www.nationaltrust.org.uk/sizergh.

Levens Hall: 2 km weiter südlich zurück auf der A 6 kommt man zu Levens Hall, einem elisabethanischen Herrenhaus mit normannischem Turm, ein Besitztum der Familie Bagot. Sehenswert ist der Essraum, der mit blumig bedrucktem Ziegenleder tapeziert wurde. Von den Schlafzimmern im ersten Stock hat man einen Blick auf den Garten, der ursprünglich im Jahr 1694 angelegt wurde und für seine kunstvollen Formschnitte berühmt ist.

Garten und Tearoom April bis Anfang Okt. So–Do 10–17 Uhr. Haus 12–16 Uhr. 13 £, Kind 5 £, Familie 35 £. Nur Garten 9,90 £, Kind 4 £, Familie 25 £. LA8 0PD, ✆ 01539/560321, www.levenshall.co.uk.

Staveley: Das vorwiegend aus grauem Schiefer erbaute Dorf liegt zwischen den Flüssen Kent und Gowan auf der Strecke nach Windermere. Die beiden Flüsse lieferten einst das Wasser bzw. die Energie, die für die Produktion von Holzspindeln für die Spinnereien Lancashires gebraucht wurde. Die alte Mill-Yard-Fabrik wurde zu einem geschäftigen Kultur- und Businesspark umgebaut mit Künstler-Studios, Bäckerei, Fahrradladen und der modernen Hawkshead-Brauerei mit Beer Hall. Das Eagle and Child im Dorf ist ein typisches Country Pub, in dem man auch übernachten kann. In der St-James-Kirche (Kentmere Road) kann man ein Fenster des Arts-and-Crafts-Künstlers Edward Burne-Jones bewundern.

Hawkshead Brewery Beer Hall. Mo–Do 12–18 Uhr, Fr/Sa bis 23 Uhr, So bis 20 Uhr. Brauereiführung Mi und Fr/Sa/So 14 Uhr (8 £). ✆ 015389/825260, www.hawksheadbrewery.co.uk.

Eagle and Child. B & B 85 £, Apartments 90–120 £. Kendal Road, Staveley, LA8 9LP, ✆ 01539/821320, www.eaglechildinn.co.uk.

Windermere und Bowness

Von Kendal führt eine Straße am Fuß der Berge direkt zum Windermere, Englands längstem und berühmtestem See. Bis zum Eisenbahnanschluss an den Rest der Welt im Jahr 1847 war der Ort Windermere am See (tatsächlich ist er 1,5 km vom See entfernt) gänzlich unbedeutend. Der Schriftsteller William Wordsworth wehrte sich energisch gegen diesen Einfall der Technik – bekanntlich half es nichts, British Rail transportiert heute die Urlaubermassen hierher. Ein Fußpfad führt den **Queen Adelaide's Hill** hinauf, von dem man eine gute Aussicht hat. Windermere ist ein Badeort und idealer Ausgangspunkt für Ausflüge in die Umgebung. Man findet hier keine Sehenswürdigkeiten, aber viele Übernachtungsmöglichkeiten, vor allem zahlreiche Ferienhäuser und -wohnungen.

Im Lake Windermere gibt es einige kleine Inseln, von denen eine, Belle Isle, sogar bewohnt ist (Privatbesitz, nicht zu besichtigen). Die unbewohnten Inseln kann man z. B. mit einem gemieteten Ruderboot erreichen. Nördlich der Ortschaft Windermere liegt das Dörfchen **Troutbeck** (Forellenbach), einst die letzte Station der Reisenden vor dem anstrengenden Ritt über den Kirkstone-Pass nach Ullswater.

Bootstouren sind die eigentliche Hauptattraktion von Windermenre; sie starten in **Bowness-on-Windermere,** einem verwinkelten Örtchen zwischen Windermere Stadt und dem See. Bowness ist der hübschere der beiden Orte, doch ebenso auf Massentourismus eingestellt. Der Bootstrip dauert rund 45 Minuten, es gibt auch Fahrten in historischen Booten, die an der **Windermere Jetty** zu finden sind.

Basis-Infos

Information **Tourist Information Centre Windermere**, tägl. 8.30–17 Uhr. Victoria Street (am Bahnhof), Windermere, LA23 1AD, www.golakes.co.uk/windermere, www.windermereinfo.co.uk.

Bowness Bay Information Centre, tägl. 9–17 Uhr; an der Bootsanlegestelle Pier 3 (mit Blue Bird by the Bay Café). Glebe Road, Bowness Bay, Bowness-on-Windermere, LA23 3HJ, ✆ 0845/9010845.

Verbindungen **Bus** – ab dem Hauptbahnhof Busse nach Kendal, Lancaster, Ambleside, Grasmere, Keswick, Newby Bridge, Ulverston, Penrith.Ticket-Optionen s. o.

Im Lake District fahren auf diversen Strecken zudem Mountain Goat und Bluebird Tours, die Ford-Transit-Busse einsetzen. www.mountain-goat.com, www.bluebird-tours.co.uk.

Bahn – Die Eisenbahn fährt ab Victoria Street. Regelmäßig Verbindungen nach Carlisle, Chester, Liverpool und London.

Bootsfahrten Schön sind die diversen Ausflüge auf dem See. Vom Lakeside Pier in Bowness fahren in den Sommermonaten tägl. mehrmals Dampfer nach Ambleside und Lakeside (Sealink): Bowness–Lakeside (80 Min.) ca. 10 £, erm. 6 £, Familie 29 £ (hin/zurück); Bowness–Ambleside (70 Min.) ca. 10 £, erm. 6 £, Familie 29 £ (hin/zurück). Round the Lake (Bowness–Lake Side–Ambleside) ca. 18 £, erm. 9 £, Familie 48,60 £.

Im Angebot sind auch Kombitickets, mit denen man die Bootsfahrt von Bowness nach Lakeside mit einer Fahrt mit der Dampfeisenbahn durch das Lever-Tal nach Haverthwaite verbinden kann.

Steam Railway: April bis Okt. ✆ 015395/31594, www.lakesiderailway.co.uk.

Näheres über **Windermere Lake Cruises** unter ✆ 015395/43360, www.windermere-lakecruises.co.uk.

Auch Verleih von Motor- und Ruderbooten.

Fahrradverleih/-touren **Country Lanes**, im Bahnhof, s. o.

Von hier auch geführte Radtouren, z. B. zu Beatrix Potters Haus in Hill Top. Nur Ostern bis Okt.

Der Nordwesten → Karte S. 563

Festivals Im August viele klassische Konzerte bei der **Lake District Summer Music** (www.ldsm.org.uk).

Im Juni kommen Tausende zum Wildwasserschwimmen über eine oder zwei Meilen (1,6–3,2 km), dem **Great North Swim** (www.greatrun.org/great-swim/great-north-swim).

Wassersport **Windermere Outdoor Adventure Centre**: Kajakfahren, Kanufahren, Windsurfen und Segeln. Nördlich von Bowness an der Rayrigg Road (A 591), LA23 1BP, ✆ 015394/47183, www.northcountry leisure.org.uk/south-lakeland/windermere-outdoor-adventure-centre.

Übernachten/Essen & Trinken

In Windermere *** **Merewood Country House Hotel**. Das Haus wurde 1812 für den ersten Grafen von Lonsdale gebaut; es steht in außergewöhnlich schöner Lage in einem Park mit Blick auf den Lake Windermere. In der holzverkleideten Lounge kann man es sich gemütlich machen, im Winter am Kamin. Die Zimmer sind komfortabel. EZ ab 94 £, DZ B & B 139–209 £, inkl. Dinner ab 229 £. Ecclerigg, Windermere, LA23 1LH, ✆ 015394/46484, Reservierung 0330/8220139, www.lakedistrictcountryhotels.co.uk/merewood-hotel.

**** **Kirkwood Guest House**. Umranktes Schieferhaus aus dem 19. Jh. zwischen Windermere und Bowness, etwas blumig-altenglisch, aber sehr gepflegt. DZ 70–90 £, einige Familienzimmer, im Winter Rabatt. Princess Road, Windermere, LA23 2DD, ✆ 015394/43907, www.kirkwoodguesthouse.co.uk.

Jugendherberge Windermere. 3 km außerhalb, in Troutbeck Bridge (am Beginn des Troutbeck Valley). Bett ab 10 £, Zimmer ab 39 £. Mit Restaurant/Bar und WLAN. Auf der A 591 in Richtung Ambleside, nach dem Abzweig der A 592 in die Bridgelane. High Cross Castle, Bridge Lane, Troutbeck, LA23 1LA, ✆ 0345/3719352, www.yha.org.uk/hostel/windermere.

In Bowness **FairRigg Guest House**. Große Herberge in viktorianischer Villa mit gutem Blick auf den See, der 400 m entfernt ist; eigener Parkplatz und 6 schlichte, saubere Zimmer. DZ 72–90 £ inkl. Frühstück. Ferry View, LA23 3JB, ✆ 015394/43941 und 0751/3009572 (mobil), www.fairrigg.co.uk.

Camping **Park Cliff Camping Site**. 7 km südlich von Windermere in einem Park mit Restaurant und Bar, Spielplatz und Waschmaschine. Zelt 11–34 £, Wohnwagen 27–34 £. Auch Camping Pods 44–52 £. Geöffnet März bis Anf. Nov. Caravan Estate, Birks Road, Windermere LA23 3PG, ✆ 015395/31344, www.parkcliffe.co.uk.

Essen & Trinken Entlang der Uferstraße bis hinunter nach Bowness reihen sich preiswerte Restaurants und Snackbars.

ChoccoBar. Die hausgemachte heiße Schokolade und Waffeln schmecken nicht nur im Winter. Auch Panini, spanische Churros (Brandteiggebäck) und Eiscreme. Tägl. außer Di 10.30–17.30 Uhr. Im Quarry Rigg Shopping Centre, 57–58 Lake Road, Bowness-on-Windermere, ✆ 015394/43712, www.choccobar.co.uk.

Hooked. Kleines, exzellentes Fischrestaurant im Bistrostil, das die Fische frisch aus Fleetwood an der Westküste bezieht. Hauptgerichte 20–25 £, unbedingt reservieren. Febr. bis Nov. tägl. (außer Mo) ab 17.30 Uhr. Ellerthwait Square, Tudor House, LA23 1DP, ✆ 015394/48443, www.hooked windermere.co.uk. ■

Francine's Restaurant. Hier kocht ein französisches Paar, er stand schon auf David Bowies Jacht am Herd. Spezialitäten sind Wild, Meeresfrüchte und viel Vegetarisches. Di–So ab 18 Uhr. 27a Main Road, LA23 1DX, ✆ 015394/44088, www.francines restaurantwindermere.co.uk.

Wild Boar Inn Smokehouse & Grill. Benannt nach dem unbezwingbaren Wildschwein, dass der Lokalheld Richard de Gilpin in der Nähe niedergerungen haben soll. Das alte Kutschenposthaus liegt im schönen Gilpin Tal etwas abgelegen, man kann aber auch über Nacht bleiben (ab 102 £). So traditionell-charmant die Ausstattung, so modern-britisch ist die Küche. Wildschwein gibt es auch (26 £), sowie viel Fisch, denn man räuchert selbst. Lunch Mo–Sa 12–14, So 12.30–14.30 Uhr, Dinner So–Do 18.30–21, Fr–Sa 18–21 Uhr. Crook Road, Windermere, LA23 3NF, ✆ 015394/45225, englishlakes.co.uk/hotels/lake-district-hotels/windermere-hotels/wild-boar-inn.

Beatrix Potter und ihre Märchenhelden

Die Welt der Beatrix Potter

Die Kindheit der Märchenerzählerin in einem strengen, steifen Elternhaus war ziemlich freudlos. Als junge Frau kaufte sich Beatrix Potter 1896 einen Bergbauernhof aus dem 17. Jh. und begann hier aufzuleben. In einfacher Sprache erzählte sie die Abenteuer des ungezogenen Feldkaninchens Peter Rabbit. Später folgten andere Charaktere, wie Tom Kitten, Jemima Puddle-Duck und Squirrel Nutkin, mit denen sie Millionen Kinder in aller Welt zum Lachen und Träumen brachte. Mit scharfer Beobachtungsgabe porträtierte sie in ihren Geschichten Land und Leute. Ihre Hill Top Farm in Far Sawrey am Westufer des Windermere vermachte sie 1944 dem National Trust. Seit der Verfilmung ihrer Lebensgeschichte mit Renée Zellweger und Ewan McGregor (2006) brach das Beatrix-Potter-Fieber aus. Auch in die Besucherattraktion „The World of Beatrix Potter" wurde investiert und die Landschaft des Lake District nachgebaut, um allen 23 Peter-Rabbit-Geschichten einen angemessenen Hintergrund zu bieten; man kann hier mit der Autorin in einer virtuellen Märchenwelt herumspazieren oder im Tailor of Gloucester Tearoom *„a nice cup"* zu sich nehmen ...

Hill Top Farm: Mitte März bis Okt. tägl. außer Fr 10–16.30 Uhr, Garten 10–17 Uhr. Juni bis Aug Sa–So bis 16.30 Uhr, Mo–Do bis 17.30 Uhr, Garten bis 17.45 Uhr. 10 £, Kind 5 £, Familie 25 £. Nahe Sawrey, Hawkshead, Ambleside, LA22 0LF, ✆ 015394/36269, www.nationaltrust.org.uk/hilltop.

Beatrix Potter Gallery Hawkshead: Mitte März–Okt. tägl. außer Fr 10–17 Uhr (Sa/So Mai–Okt. nur bis 16 Uhr). 6 £, erm. 3 £, Familie 15 £, zeitbeschränkte Karten. Main Street, LA22 0NS, ✆ 015394/36355, Shop ✆ 015394/36471, www.nationaltrust.org.uk/beatrix-potter-gallery.

The World of Beatrix Potter: Tägl. 10–17.30 Uhr. 7,20 £, erm. 6,20 £, Kind 3,70 £, Familie 20 £. The Old Laundry, Bowness-on-Windermere, LA23 3BX, ✆ 0844/5041233, www.hop-skip-jump.com.

Infos auch zu den Drehorten finden Sie auf der Website www.visitmisspotter.com.

Hole in T' Wall. Eigentlich heißt dieses nicht leicht zu findende, mehr als 400 Jahre alte Pub, das einmal eine Schmiede war, New Hall Inn. Seinen Spitznamen hat es dem Loch zu verdanken, das man einst ins Mauerwerk schlug, um dem Schmied ein erfrischendes Bier bei seiner harten Arbeit hindurchreichen zu können. Schon Charles Dickens kam zum Trinken in diese Schenke, in der Dutzende Tassen von den Deckenbalken hängen und mehrere Feuer lodern. Low Side Ecke Low Fold, LA23 3DH, ✆ 015394/43488, www.robinsonsbrewery.com/pubs-inns-and-hotels/find-a-pub/k-n/newhallinn.

Sehenswertes

Brockhole: Das große, Ende des 19. Jh. gebaute Landhaus, etwa auf halbem Weg zwischen Windermere und Ambleside an der A 591 gelegen, steht in einer ausgedehnten Parkanlage direkt am See und ist von einem wunderschönen Garten umgeben. Für die große Ausstellung im National Park Centre kann man sich ohne Weiteres einen halben Tag Zeit nehmen und von der Geologie und Zoologie über die Botanik bis zur Geschichte über den Lake District informieren; es gibt Bücher, Landkarten, Broschüren und Faltblätter mit Wandervorschlägen und ab und zu Filmvorführungen über spezielle Themen (auf Englisch). Auf dem Gelände können sich die Kleinen auf einem großen Spielplatz vergnügen, im Treetop Trek mit Seilen durch die Wipfel der Eichen schwingen oder im Watersports Centre ein Boot oder ein Fahrrad ausleihen. Übrigens: Die Ausflugsboote halten auch hier, wo es gute Parkmöglichkeiten gibt (allerdings gebührenpflichtig). Ein Garten sowie ein Café mit Terrasse sind ebenfalls vorhanden.

Brockhole Lake District National Park Visitor Centre, April bis Okt. tägl. 10–18 Uhr, sonst bis 16 Uhr. Eintritt frei, Parkplatz 7 £/Tag. Ecclerigg, Windermere, LA23 1LJ, ✆ 015394/46601, www.brockhole.co.uk.

Treetop Trek, Kurs mit 36 Hindernissen und einem 250 m langen Ritt am Harness (Zip), auch für Kinder ab 5 J. 1 Std. 21 £, erm. 18 £; 2 Std. 31 £, erm. 23 £; Kletterwand und Zip 18 £, erm. 15 £. ✆ 01539/447186, www.treetoptrek.co.uk.

Watersports Centre, Ruderboote, Paddelboote, Kajaks und Stand-up-Paddling-Board ab 12 £/Std., Kanu ab 15 £. **Fahrradverleih**, 2 Std. 15 £, Tag 25 £.

Windermere Jetty – Museum of Boats, Steam and Storys: Zu sehen sind historische Segler aus dem 18. bis 20. Jh., dampfgetriebene Kähne ab Baujahr 1850, Motor- und Rennboote aus den 1930er-Jahren und ein Wasserflugzeug selbiger Epoche. Die Museumsflotte besteht insgesamt aus 40 Booten, einige davon zählen zu den ältesten ihrer Art. In der Sammlung befinden sich außerdem Einbaumboote aus dem 13. Jh. Fotografien, Gemälde und Kostüme ergänzen die Ausstellung, die in mehreren schlichten, entlang des Bootsanlegestegs arrangierten Holzgebäuden untergebracht ist. Im Conservation Workshop kann man bei der Restaurierung von Booten zusehen.

Das Museum wird 2017 wiedereröffnet. Windermere Jetty, Rayrigg Road, LA23 1BN, www.windermerejetty.org.

Blackwell: Der Landsitz im Arts-and-Crafts-Stil ist für Architektur- und Kunstfreunde ein Genuss – und auch Startpunkt für einen Arts-and-Crafts-Trail (→ Kasten S. 145) durch den südlichen Lake District. Gebaut wurde das Anwesen 1898–1900 als Urlaubsdomizil für den Brauereibesitzer und Lord Mayor von Manchester, Sir Edward Holt, seine kinderreiche Familie und die sieben Angestellten. Inspiriert von William Morris und John Ruskin entwarf M. H. Baillie Scott auch das Innere, alle Möbel, die Fenster und die schmiedeeisernen Haushaltswaren. Faszinierend ist der Einsatz natürlicher Lichtquellen. Wer sich inspiriert fühlt, kann im Handwerks- und Bastelladen stöbern, bevor er bei einer Tasse Kaffee auf der Gartenterrasse die Eindrücke verarbeitet.

März bis Okt. tägl. 10.30–17 Uhr, sonst nur bis 16 Uhr. 7,70 £, bis 16 J. frei. Bowness-on-Windermere, 3 km südlich des Orts an der B 5360, LS23 3JT, ✆ 015394/46139, www.blackwell.org.uk.

Lakeside und Haverthwaite

Wer auf dem Lake Windermere mit dem Boot bis zum südlichen Ende fährt, erreicht Lakeside. Dort können Freunde des Schienenstrangs auf die historische Eisenbahn umsteigen, die durch das reizvolle Leven-Tal nach Haverthwaite tuckert. Bei Regen und mit Kindern lohnt ein Besuch im **Lakes Aquarium,** wo man neben den Fischen des Lake Windermere, der hier künstlich nachgebaut wurde, auch Otter und Enten beim Füttern beobachten kann, wie sie durch künstliche Tunnels tauchen.

Lakeside & Haverswaithe Railway: Haverthwaite Station, nahe Ulverston, LA12 8AL, ✆ 015393/31594; Ende März bis Okt., aktueller Fahrplan unter www.lakesiderailway.co.uk.

Lakes Aquarium: tägl. 10–18 Uhr. 6,95 £, erm. 5,95 £, Kind 4,95 £, Familie 15,95–23.95 £ (online günstiger). Newby Bridge, Ulverston, LA12 8AS, ✆ 015395/30153, www.lakesaquarium.co.uk.

Ulverston

Wer den südlichen Teil des Lake District in Richtung der Halbinsel Furness bereist, kommt durch Ulverston. In diesem wenig charmanten Provinznest steht im Zentrum vor der Tourist Information eine Dick-&-Doof-Statue mit Lucky Dog zu ihren Füßen, während die beiden Komödianten an einem Laternenmast lehnen. Ulverston ist die Geburtsstadt von Stan Laurel (Arthur Stanley Jefferson) und in Ulverston residiert auch das einzige **Laurel-&-Hardy-Museum** Englands. Der damalige Bürgermeister Bill Cubin gegründete es Anfang der 1980er-Jahre, inzwischen führen seine Tochter und sein Enkel das Museum in einem alten Kino weiter. Hier laufen nonstop Dick-&-Doof-Filme und Dokumentationen. Trennwände unterteilen die Bühne, die vollgestopft ist mit Laurel-&-Hardy-Reliquien: Fotos, Figuren, Nippes, Kitsch, aber auch Original-Autogramme. Für Fans gibt es natürlich einiges zu kaufen; und als Extra bekommt man eine Wegbeschreibung zu Stan Laurels Geburtshaus.

Museum Ostern bis Okt. tägl. 10–17 Uhr, im Winter Mo/Di Ruhetag. 5 £, erm. 4 £, Kind 2,50 £, Familie 10 £. On Stage at the Roxy, Brogden Street, Ulverston (Town Centre), LA12 7AH, ✆ 01229/582292, www.laurel-and-hardy.co.uk.

Laurel & Hardy, bei uns Dick & Doof

Der Nordwesten → Karte S. 563

Übernachten/Essen Sefton House, günstige Unterkunft in klassizistischem Stadthaus, im Erdgeschoss befindet sich das Natterjacks Coffeehouse im amerikanischen Stil. Mo–Fr 15–22 Uhr. EZ 35 £, DZ 60–65 £. 34 Queen Street, Ulverston, LA12 7AF, ✆ 01229/582190, www.seftonhouse.co.uk.

Gillam's Tearoom. Café der alten Schule, wo schon seit 1892 Kaffee und Kuchen (und vieles mehr) verkauft werden. Kleiner Hof und Delikatessenladen nebenan. Di–Sa 9–17 Uhr, So 10–16 Uhr. 64 Market Street, LA12 7LT, ✆ 01229/587564, gillams-tearoom.co.uk.

Coniston und Coniston Water

Coniston ist ein schlichter Ort mit knapp 1000 Einwohnern (in der Hochsaison sind es allerdings wesentlich mehr), der einst vom Kupferbergbau lebte. Der schmale Coniston-Water-See wird vom über 800 m hohen Old Man of Coniston überragt, auf den unsere Tour 6 (→ S. 698) führt. Die meisten Aktivitäten bietet das Nordende, besonders beliebt sind hier Bootsfahrten. Zu trauriger Berühmtheit gelangte Coniston 1967, als der Wissenschaftler Donald Campbell hier bei dem Versuch, den Geschwindigkeitsrekord auf dem Wasser zu brechen, tödlich verunglückte. Er erreichte 300 Meilen in der Stunde (482,7 km/h), bevor sich sein Gefährt Bluebird überschlug und explodierte. Nach jahrelanger Suche wurden die Überreste des Boots 2001 geborgen; sie werden noch immer Stückchen für Stückchen wieder zusammengesetzt und sollen im Ruskin-Museum ausgestellt werden, sobald die Arbeiten beendet sind. Bereits jetzt sind dort interessante Memorabilien zu sehen. Campbell liegt auf dem Friedhof von St Andrews begraben, auch der Maler und Philosoph John Ruskin fand hier seine letzte Ruhestätte.

Basis-Infos

Information Tourist Information Centre, Broschüren und Karten bekommt man an der Ruskin Avenue, Main Car Park. Ehrenamtliche Mitarbeiter öffnen das Besucherzentrum tägl., die Zeiten variieren. Coniston, LA21 8EH, ✆ 015394/41533, www.conistontic.org.

Grizedale Visitor Centre, 3,5 km südlich von Hawkshead, tägl. 10–17 Uhr, im Winter bis 16 Uhr. Auch **Fahrradverleih**, → auch S. 647. Parken 1,80 £/Std., 7 £/Tag. LA22 0QJ, ✆ 0300/0674495, www.forestry.gov.uk/grizedale.

Verbindungen Busse nach Ambleside (mit Anschluss nach Windermere und Keswick) und Ulverston (nicht in den Ferien).

Bootsfahrten Coniston Launch, Rundfahrt auf solarbetriebenen Fähren, Boote legen in Waterhead, Torver und Brantwood an (45 Min.). 11 £, Kind 5,50 £, Familie 25 £. Die 60-Min.-Route ist etwas teurer. ✆ 01768/775753, www.conistonlaunch.co.uk.

Steam Yacht Gondola, Mischung aus venezianischer Gondel und Dampfer, Rundfahrten ab Coniston Pier. Ostern bis Nov., aktueller Fahrplan siehe Website. Full Lake Cruise 20,50 £, Kind 10 £, Familie 51 £. Lake Road, LA21 8AN, ✆ 015394/32733, www.nationaltrust.org.uk/gondola.

Bootsverleih Coniston Boating Centre, tägl. 9–17 Uhr. Verleih von Ruder- und Paddelbooten, Segel- und Motorbooten, ab 15 £/Std., Kanu/Motorboot 25 £. Auch Fahrräder für 15 £/2 Std., 20 £/4 Std. und 25 £/Tag inkl. Helm und Schloss. Lake Road, Coniston, LA21 8EW, ✆ 015394/41366, www.conistonboatingcentre.co.uk.

Übernachten/Essen & Trinken

Übernachten The Old Rectory Hotel. Landsitz mit gutem Restaurant im Wintergarten. Unterschiedlich große, traditionell aber edel eingerichtete Zimmer mit Ausblick. B & B im DZ 80–100 £, Dinner 4 Gänge 27 £. Torver, LA21 8AX, ✆ 015394/41353, www.theoldrectoryhotel.com.

Meadowdore. Die Betreiber des gleichnamigen Cafés vermieten auch super saubere, freundliche und günstige Zimmer sowie Selbstversorger-Cottages im Zentrum von Coniston. Im Café gibt es reichhaltiges Frühstück, das für die Wanderung stärkt. B & B ab 60 £. Hawkshead Old Road, Coniston, LA21 8ET, ✆ 015394/41638, www.meadowdore.com.

Mountain View. Ein paar Minuten außerhalb von Coniston, eher ein Apartment (für bis zu 4 Pers.) mit kleiner Küche als nur ein Zimmer. Man hat den versprochenen Bergblick auf den Old Man of Coniston. B & B 70 £, mindestens 2 Nächte. 1 Oak Howe, Coniston LA21 8DX, ✆ 015394/41227 und 07789/275029 (mobil), www.mountainbbonline.com.

YHA Coppermines House. Jugendherberge auf halbem Weg völlig einsam zwischen „Coniston Old Man" und Wetherlam in einem Tal gelegen. Den Aufstieg zum „Alten Mann" schafft man von hier recht schnell. Mitte März–Okt. Bett ab 10 £, Zimmer ab 39 £. LA21 8HP, ✆ 0345/3719630, www.yha.org.uk/hostels/coniston-coppermines.

YHA Holly How. Schlichte Jugendherberge an der Straße nach Ambleside, kurz hinter Coniston. Bett ab 10 £, Zimmer ab 39 £. Far End, Coniston, LA21 8DD, ✆ 0345/3719511, www.yha.org.uk/hostel/coniston-holly-how.

Camping **Hoathwait**. National Trust Campsite am Ufer des Coniston Lake, gut 3 km von Coniston Village. Nur Grundausstattung, Portaloo-Toiletten. Ab 6 £ pro Pitch inkl. 1 Erwachsener. Aufenthalt mindestens 2 Nächte. Information ✆ 015394/32733, Buchung unter ✆ 015394/63862. Geöffnet Ostern bis Okt. An der A 593 zwischen Coniston und Torver, LA21 8AX, www.nationaltrust.org.uk/features/hoathwaite-campsite.

Grizedale Campsite → S. 649.

Essen & Trinken **Swallow and Amazons Tea Room**. Hier wird leckeres Lunch, hausgemachter Kuchen und Eiscreme mit herrlichem Blick über den See serviert. Von April bis Okt. tägl. (außer Mi) 12–17 Uhr, im Winter nur Do–So. East of the Lake, Bank Ground Farm, LA21 8AA, ✆ 015394/41264, www.swallowsandamazons.net. Auch Boots- und Fahrradverleih.

»» **Mein Tipp: The Wilsons**. Hübsches Pub mit Kamin, schönem Garten und Aussicht auf die Berglandschaft; gutes Essen und große Portionen. Zudem ein Deli, wo man alles Notwendige kaufen kann, sowie 7 Zimmer (EZ 63 £, DZ 97–147 £/Nacht). Torver, Coniston, LA21 8BB, ✆ 013594/41590, www.thewilsonsarms.co.uk. ««

Geistesgröße: John Ruskin

Der Nordwesten → Karte S. 563

Sehenswertes

Ruskin Museum und Brantwood: Ähnlich wie Grasmere mit William Wordsworth ist Coniston mit dem Maler John Ruskin (1819–1900) verbunden, der die letzten 28 Jahre seines Lebens hier verbrachte. In Brantwood am Ostufer des Sees Coniston Water befand sich sein Zuhause. Er beschrieb es als „little more than a hut" – der Mann hatte offensichtlich hohe Ansprüche oder neigte zur Untertreibung. Die meisten heutigen Betrachter würden dazu eher Landsitz sagen.

Ruskin war bereits in den 1850ern ein anerkannter Kunstwissenschaftler, als er sich hier niederließ. Er machte Furore als Sozialreformer, Philosoph und Künstler.

Des Wanderers Lohn: Ausblick auf dem Weg zum Old Man of Coniston

Einige seiner Aussagen, z. B. „Die Erde gehört uns und denen, die nach uns kommen“ oder „Das Gesetz der Wirtschaft verbietet es, für wenig Geld viel Wert zu erhalten“, klingen geradezu zeitgemäß. In seiner Essaysammlung „The Seven Lamps of Architecture“ definierte er Kriterien für den Umgang mit der Baukunst und beeinflusste die englische Architektur maßgeblich. In seinen Ausführungen zu sozialen Reformen entwickelte er viele konkrete Vorschläge, z. B. den Bau von Gartenstädten und Arbeiterhochschulen. Als Maler und Zeichner trat Ruskin vor allem durch Architekturdarstellungen und Landschaftsstudien in Erscheinung.

Museum (mit neuer Abteilung über Donald Campbell): Ostern bis Anfang Nov. tägl. 10–17.30 Uhr, im Winter Di–So 10.30–15.30 Uhr. 6 £, erm. 3 £, Familie 16 £. Yewdale Road, LA21 8DU, ✆ 015394/41164, www.ruskinmuseum.com. **Brantwood-Landsitz**: März bis Mitte Nov. tägl. 10.30–17 Uhr, im Winter nur bis 16 Uhr; 7,50 £, erm. 6 £, Kind bis 16 J. frei; ✆ 015394/41396, www.brantwood.rg.uk.

Old Man of Coniston: Coniston ist ein idealer Startpunkt für Wanderungen, z. B. für eine Besteigung des Old Man of Coniston (803 m). An den Hängen entdeckt man viele Kupferminen und Schieferbrüche und von oben hat man eine großartige Sicht, bei gutem Wetter bis zu den Yorkshire Dales, zum Snowdon (1085 m) in Nordwales oder zur Isle of Man.

Grizedale Forest: Zwischen Coniston Water und Windermere Lake liegt dieses Waldgebiet mit einem Besucherzentrum und einem Sculpture Trail, den 40 Kunstwerke schmücken. Man kann sich ein Fahrrad oder MTB leihen und entlang des North Face Trail seinen Adrenalinkick holen.

Tour 6: Über den Grat auf den Old Man of Coniston → S. 698
Fast alpine Rundwanderung mit Gipfelsturm

Hawkshead

Der Ort zwischen Coniston und Ambleside liegt am Ende des Esthwaite Water unterhalb des Near-Sawrey-Bergs, wo das Hill Top House von Beatrix Potter steht. Ihre Fans strömen in die **Beatrix Potter Gallery**, eine alte Kate, in dem sich einst das Anwaltsbüro ihres Gatten William Heelis befand und heute Notizbücher, Zeichnungen und Originalmanuskripte der Kinderbuchautorin zu sehen sind (→ Kasten „Die Welt der Beatrix Potter", S. 655). Auch erfährt der Besucher viel über ihre Leidenschaft für die Natur und ihren Schutz. Immerhin kaufte Potter im Lake District 18 Farmen auf, die sie allesamt dem National Trust vermachte.

Mit seinen weißen Katen, dem autofreien Zentrum und den kopfsteingepflasterten Gassen wirkt Hawkshead sehr gefällig. William Wordsworth verbrachte hier einen Teil seiner Kindheit, seinen Namen ritzte er in krakeliger Schrift in das Schreibpult der **Grammar School** (→ Kasten „Die Lake-Poeten" S. 667). Die wurde bereits 1585 gegründet, als die Klosterbrüder von Furness Abbey noch gut vom Verkauf ihrer Produkte auf dem bedeutenden Wollmarkt des Orts lebten.

Sehenswertes **Beatrix Potter Gallery**: → Kasten S. 655.

Grammar School: April bis Sept. Mo–Sa 10.30–13 und 13.30–17 Uhr. 2,50 £. Main Street, Hawkshead, LA22 0NT, ✆ 015394/36735, www.hawksheadgrammar.org.uk.

Übernachten **Yewfield**. Stattliche viktorianische Villa mit fast mittelalterlichem Charme und herrlichen Ausblicken. Dem Besitzer gehören zwei vegetarische Restaurants in Ambleside (Zeffirellis und Fellinis, → S. 664), und das macht sich beim Frühstück (vegetarisch) positiv bemerkbar. Der schöne Garten ist ein weiteres Plus. B & B EZ 70 £, DZ 98–140 £, bei längerem Aufenthalt billiger. Hawkshead Hill, Ambleside, LA22 0PR, ✆ 015394/36765, www.yewfield.co.uk.

Buckle Yeat Guest House. Das vierhundert Jahre alte, blumenbehangene Cottage ist so malerisch, dass Beatrix Potter die Kate auf einer Zeichnung verewigte. 6 lichte, liebevoll gestaltete Zimmer und eine gemütliche Lounge. B & B DZ 80–90 £, 560 £/Woche. Near Sawrey, knapp 5 km von Hawkshead, ganz in der Nähe von Beatrix Potters Haus, LA22 0LF, ✆ 015394/36446, www.buckle-yeat.co.uk.

Camping **The Croft Caravan and Camp Site**. Ruhiger Familiencampingplatz zu Füßen der Lakeland Fells. Zelt 18–22,50 £, Caravan 23,50–29 £. North Lonsdale Road, Hawkshead, LA22 0QS, ✆ 015394/36374, www.hawkshead-croft.co.uk.

Essen & Trinken **The Drunken Duck**. Gehobenes Pub in altem Gebäude mit moderner Einrichtung und toller Aussicht. Auf der Karte steht natürlich auch Ente. Tägl. 12–16 Uhr klassisches Pub-Lunch, umfangreichere und raffiniertere Abendkarte (besser reservieren, 18.30–21 Uhr). Viele Biere kommen aus der hauseigenen Brauerei und sind nach den Hunden des Besitzers benannt. Außerhalb von Hawkshead Richtung Norden den Berg hinauf. Auch Zimmer ab 105 £. Barngates, LA22 0NG, ✆ 015394/36347, drunkenduckinn.co.uk.

Ambleside

Das unscheinbare Städtchen am nördlichen Ende des Lake Windermere duckt sich unter den Gebirgszug Fairfield Range. Neben Keswick ist Ambleside die beste Ausgangsbasis für Trips in den Lake District. Durch den Ort fließt der Stock Ghyll-Fluss, auf einer der Brücken, die ihn überspannen, wurde vor 300 Jahren das Bridge House gebaut, um Grundstückssteuer zu sparen – ein malerisches Motiv nicht nur für William Turner. Die Pubs und Cafés hier wirken weniger touristisch, eher künstlerisch-alternativ. Der kleine Hafen liegt am Nordende des Sees. Schon vor

Der Nordwesten → Karte S. 563

2000 Jahren stand hier am See ein römisches Fort, im heutigen Borrans-Park im Süden. Ein Modell des Forts ist im **Brockhole Visitor Centre** zu sehen.

Eine lange Tradition hat das Kirchweihfest Ambleside Rushbearing am 1. Samstag im Juli, einer der Höhepunkte ist der von der Stadtkapelle angeführte Umzug von der St Mary's Kirche zum Marktplatz.

Im Kirchhof erinnert ein Gedenkstein an den bekannten Dadaisten Kurt Schwitters. Der „entartete" Künstler aus Hannover floh 1940 nach England ins Exil und landete 1945 verarmt und gänzlich unbekannt im Lake District, wo er 1948 an einer Lungenentzündung starb. Seine Installationskunst nannte er „Merz" (eine Konterkarierung des Wortes Kommerz), das Museum of Modern Art in New York finanzierte ihm den Umbau einer kleinen Steinscheune in Elterwater, der „Merz Barn", wo heute ein Gedenkplatz („Merz Platz") an die zahllosen Künstlerinnen und Künstler erinnert, die von den Nazis verfolgt und ins Exil getrieben wurden (zu finden im Wald des Cylinder Estate unweit von Elterwater). Das **Armitt Museum & Library** in Ambleside zeigt 23 seiner Arbeiten, u. a. das Ölgemälde „The Bridge House in Ambleside".

Östlich von Ambleside liegt das malerische Örtchen **Troutbeck,** wo zwei Sehenswürdigkeiten des National Trust die Besucher locken: das 400 Jahre alte Farmhaus Townend und die Gartenanlage von **Stagshaw**, die im Frühjahr und Frühsommer ihre Azaleen- und Rhododendrenpracht entfaltet.

Basis-Infos

Information **The Hub Tourist Information Centre**, Mo–Sa 9–17.30 Uhr, So 10–17 Uhr. Buchung von Unterkünften (4 £ Gebühr), Internetzugang, dient auch als Postamt. Central Buildings, Market Cross, Ambleside, Cumbria LA22 9BS, ✆ 0844/2250544 oder ✆ 015394/32582.

Verbindungen **Bus** – von der Keswick Road fährt der Bus 599 über Windermere nach Bowness, Nr. 505/506 nach Coniston und Nr. 555 nach Keswick bzw. über Windermere, Kendal nach Lancaster. Auch National-Express-Busse halten dort.

Fahrradverleih **Ghyllside Cycles**, Mo–Sa 9.30–17 Uhr. MTBs 25–35 £/Tag (auch E-Bikes). The Slack, ✆ 015394/33592, www.ghyllside.co.uk.

Minigolf **White Platts** April bis Aug. tägl. 10–18 Uhr, Sept.–Okt 11–17 Uhr. Compston Road, Ambleside, LA22 9DJ, ✆ 015394/31332, www.whiteplatts.co.uk.

Sehenswertes **Armitt Museum & Library**, Mo–Sa 11–16.30 Uhr. 3,50 £, erm. 2,80 £, Kinder frei. Rydal Road, Ambleside, LA22 9BL, ✆ 01539/431212, www.armitt.com.

Townend-Farmhaus, Mitte März bis Okt. Mi–So 13–17 Uhr, Führungen 11–12 Uhr, nach 13 Uhr Zugang auch ohne Führung. Garten 11–17 Uhr. 6,10 £, Kind 3,05 £, Familie 15,25 £. Troutbeck, LA23 1LB, ✆ 015394/32628, www.nationaltrust.org.uk/townend.

Stagshaw Gardens, Mitte März bis Juli tägl. von Sonnenauf- bis Sonnenuntergang. Eintritt frei. LA22 0HE, ✆ 015394/35599, www.nationaltrust.org.uk/ambleside/features/escape-to-stagshaw-gardens.

Übernachten/Essen & Trinken

Übernachten **Holbeck Ghyll**. Dieser Luxus war für Renée Zellweger und Joseph Fiennes gut genug. Country-Haus-Atmosphäre mit Spa, Golf- und Tennisplätzen. Der Michelinstern ging leider hops, die Preise sind geblieben. DZ inkl. Frühstück ab 160 £. Holbeck Lane, North Ambleside, LA23 1LU, ✆ 015394/32375, www.holbeckghyll.com.

3 Cambridge Villas. B & B in einem viktorianischen Stadthaus, super Frühstück, auch vegetarisch. Die Vermieter geben gute Tipps zur Region und zum Wandern. B & B EZ 45 £, DZ 60–70 £. Church Street,

Motiv schon für William Turner: das Brückenhaus in Ambleside

LA22 9DL, ✆ 015394/32307, www.3cambridgevillas.co.uk.

Thorneyfield Guest House. Viktorianisches B & B mit Blumentapeten und Kiefernholzmöbeln, aber lieb. EZ 28–34 £, DZ (mit/ohne Bad) inkl. Frühstück 60–76 £. Am Wochenende mindestens 2 Nächte. Compston Road, LA22 9DJ, ✆ 015394/32464, www.thorneyfield.co.uk.

Ambleside Youth Hostel. Riesige Jugendherberge mit 275 Betten in toller Lage am See. Bett 10–30 £, EZ ab 25 £, DZ ab 39 £. Mit Café-Bar. Waterhead am See, Windermere Road/A 591, Ambleside, LA22 0EU, ✆ 0345/3719620, www.yha.org.uk/hostel/ambleside.

Ambleside Backpackers. 60-Betten-Haus mit nettem Gemeinschaftsraum, Bike Storage, Waschmaschine, Internetzugang. B & B mit kontinentalem Frühstück 20–23 £, DZ 50 £. Iveing Cottage, Old Lake Road, LA22 0DJ, ✆ 015394/32340, www.amblesidehostel.co.uk.

Jugendherberge Elterwater. Familiengeführtes Haus in umgebauter Scheune und Farmhaus; 2- bis 6-Bettzimmer. Gute Basis für Fahrradfahrer und Wanderer mit Ziel Little und Great Langdale. Bett ab 23 £, Zimmer 58 £. Ambleside, LA22 9HX, ✆ 015394/37245, www.elterwaterhostel.co.uk.

Camping **Rydall Hall Campsite**. Idyllischer Platz nur für Zelte, Luxus-Dusch- und Toilettenkomplex, Wiese direkt am Fluss, nahe eines Wasserfalls. Seit 2015 wird hier der Strom mithilfe von Wasserkraft produziert. Pers. 8 £, Kind 4,50 £, Auto 3,50 £. Rydal, Ambleside, LA22 9LX, ✆ 015394/32050, www.rydalhall.org/stay/campsite. ■

Essen & Trinken Bei übersichtlichen Orten wie Ambleside hat man keine Probleme, Pubs und Snackbars auf eigene Faust zu finden. Gehobene Küche gibt es in den meisten Hotel-Restaurants, hier empfehlen wir Reservierung.

*** **Rothay Manor Restaurant**. Luxuriöses Hotel mit gediegener Landhaus-Atmosphäre und schönem Blick in die Natur. Die Zutaten stammen überwiegend aus der Region. Berühmt ist der Afternoon Tea von 15.30 bis 17 Uhr (18 £). Auch Zimmer (DZ ab 135 £). Rothay Bridge, LA22 0EH, ✆ 015394/33605, www.rothaymanor.co.uk.

Wateredge Inn. Pub und Hotel mit großem Biergarten am See, drinnen wärmt das Kaminfeuer, wenn es kühler ist. Spezialität ist die hausgemachte Cumberland Sausage. Tägl. 10–21 Uhr. B & B DZ 129 £???. Borrans Road, Waterhead, Ambleside, LA22 0EP, ✆ 015394/32332, www.wateredgeinn.co.uk.

Der Nordwesten → Karte S. 563

Rattle Gill Café. Schnuckeliges Café, das von zwei jungen Enthusiasten betrieben wird. Überschaubare Speisenauswahl, aber alles vegetarisch und hausgemacht bis auf das Brot. Bilder lokaler Künstler hängen an den Wänden. Mi–So 10–16.30 Uhr. 2 Bridge Street, LA22 9DU, www.rattlegill.com.

Lucy's on a Plate. Begonnen hat das Restaurant 1989 als Delikatessenladen. Dann kam mit Lucy's ein Tearoom dazu, der sich bald zum Restaurant entwickelte. Bei schlechtem Wetter wärmt das Kaminfeuer, bei schönem Wetter sitzt man im Walled Garden oder auf der Veranda. Super für Vegetarier, 30 hausgemachte Nachtische, der Seesaibling stammt aus dem See, das Rind grast auf heimischen Weiden. Tägl. 10–22.30 Uhr (ab 21.30 Lucy4 Winebar). Church Street, LA22 0BU, ✆ 015394/32288, www.lucysofambleside.co.uk. ■

Zeffirellis. Hier kann man in der Pizzeria bis 22 Uhr leckere Pizza essen (bis 22 Uhr), bevor man ins hauseigene Kino geht oder in der Café-Bar im 1. Stock Live-Jazz genießt (Fr/Sa). Das „Double Feature Menue" umfasst 2 Gänge und Kinokarte (19,75 £). Compston Road, LA22 9AD, ✆ 015394/33845, www.zeffirellis.com.

››› Mein Tipp: **Fellinis**. Edles „vegeterranean" Restaurant – die beste Adresse für Vegetarier. Die einfallsreichen Gerichte und großzügigen Portionen munden auch Fleischfressern. Alle Vorspeisen und Nachtische 6,45 £, alle Hauptgerichte 12,95 £. Tägl. 17.30–22 Uhr. Ebenfalls mit angeschlossenem Kino, hier vornehmlich Arthouse-Filme. Church Street, Ambleside, LA22 0BT, ✆ 015394/32487, www.fellinisambleside.com. ‹‹‹

Sehenswertes

Rydal Mount & Gardens: Etwa 2 km nördlich von Ambleside steht Rydal Mount, ein Bauernhaus aus dem 16. Jh. William Wordsworth (→ Kasten „Die Lake-Poeten", S. 667) lebte hier mit seiner Frau Mary, vier Kindern und Marys Schwester Sarah von 1813 bis zu seinem Tod 1850. Das Haus wirkt gemütlicher als Dove Cottage, in dem er acht Jahre wohnte, und das die meisten Besucher anzieht. Das Haus gehört bis heute einem seiner Nachfahren, gelegentlich gibt es hier auch Lesungen. Der Garten ist so erhalten, wie ihn der Dichter angelegt hat.

März bis Okt. tägl. 9.30–17 Uhr, Nov./Dez. und Febr. Mi–So 11–16 Uhr. 7,50 £, erm. 6,50 £, Kind 3,50 £, Familie 17,50 £; nur Garten 4,50 £. Tearoom. Anfahrt: an der A591. LA22 9LU, ✆ 015394/33002, www.rydalmount.co.uk.

Rydal Hall Gardens: Das Haus gegenüber gehört der Diözese von Carlisle, die es für Konferenzen und Seminare nutzt. Der Besucher kann durch den italienischen Garten schlendern und am Brunnen oder im Old School Room Tea Shop eine Pause einlegen. Der Stolz des Anwesens ist ein 500 Jahre alter Kastanienbaum, dessen Stamm mehr als zehn Meter im Umfang misst. Im bewaldeten Garten trifft man auf den Rydal-Falls-Wasserfall, es gibt einen Skulpturen-Pfad und einen Garten, in dem 30 Apfelsorten gedeihen. Auch 30 Zimmer.

Tägl. geöffnet. Eintritt frei, um einen Spende von 3 £ wird gebeten. Zimmer ab 46 £/Pers. Rydal, Ambleside, LA22 9LX, ✆ 015394/32050, www.rydalhall.org/gardens.

Stock Ghyll Force und Kirkstone-Pass: Die kleine Wanderung von Ambleside zum Stock-Ghyll-Wasserfall ist sehr beliebt. Der Weg beginnt am Salutation Hotel und führt durch die Parktore an einem Bach entlang bis zu dem 30 m hohen Fall.

Kirkstone Pass: Der Pass an der A 592 verbindet Ambleside mit Patterdale, mit 459 m ist er der höchste Punkt im Lake District, den man mit dem Auto erreichen kann. Ein Stein in der Nähe des Kirkstone Pass Inn (etwa 500 m in Richtung Ullswater), der einer Kirchturmspitze ähnelt, gab dem Pass den norwegischen Namen. In dem dritthöchsten Pub von England, in dem man sich seit 500 Jahren stärken kann, hat man eine gute Sicht über die Berge und den Brotherswater-See am nördlichen Ende der Passstraße, die sich dann an einem aufgelassenen Steinbruch vorbei ins Patterdale hinunterschraubt.

Kirkstone Pass Inn: Bunkhouse-Bett 9,50 £, B & B 36–65,50 £/Pers. Ambleside, LA22 9LQ, ✆ 015393/33888, www.kirkstonepassinn.com.

Grasmere und die Langdales

Grasmere, am gleichnamigen See im Herzen des Lake District gelegen und 13 km von Windermere entfernt, ist vielleicht der hübscheste Ort im Lake District. Bekannt wurde Grasmere als Wohnort von William Wordsworth, der hier von 1799 bis 1808 im **Dove Cottage** lebte, das man besichtigen kann (→ Kasten „Die Lake-Poeten", S. 667). Zwei Jahre lang wohnte der Literat auch in Allen Bank, einem eher öden großen Haus, das der Dichter zuvor als Schandfleck geschmäht hatte. Es wurde kürzlich vom National Trust geöffnet und ist eine gute Anlaufstelle für Informationen zum Nationalpark, ein Tässchen Tee, einen schönen Ausblick über den See und Spaziergänge im Park. William Wordsworth liegt auf dem Friedhof der St Oswald's Church begraben. Auch hier findet alljährlich das „Rushbearing"-Fest statt (→ Ambleside), bei dem Kinder ein Kreuz aus Gräsern und Blumen durch den Ort tragen und mit einem Stück Gingerbread belohnt werden.

Grasmere ist von hohen Bergen umgeben, vor allem die Langdales westlich des Orts warten mit einer dramatischen, fast alpinen Szenerie auf. Für Bewegungsfreudige bietet sich eine Wanderung zum **Easedale Tarn** an, eine von Wordsworths Lieblingswanderungen, oder Sie gehen hinunter zum Faeryland Tea Garden und leihen sich ein Ruderboot.

Basis-Infos

Information Im **Church Stile Shop** des National Trust im Dorfzentrum gibt es einige Faltblätter und Unterlagen. LA22 9SW.

Verbindungen → Ambleside.

Bootsverleih **Faeryland Tea Garden Boat Hire**, Ruderboote 14,50 £. März bis Okt. tägl. 10.30–18 Uhr. Red Bank Road, Grasmere Water, LA22 9PU, ✆ 015394/35060.

Einkaufen **Sarah Nelson's Gingerbread Shop**, traditionelle Lebkuchen neben St Oswald's in der alten Schule. Mo–Sa 9.15–17 Uhr, So 12.30–17 Uhr; im Winter kürzer. ✆ 01539/35428, www.grasmeregingerbread.co.uk.

Barney's Newsbox, bietet die größte Auswahl an Puzzles im ganzen Land – mehr als 8000! Tägl. 9–17 Uhr. Broadgate, Grasmere, LA22 9TA, ✆ 015394/35627, www.jigsawsuk.co.uk.

Wanderung Zum **Easedale Tarn** (See): Vom Parkplatz an der Easedale Lane geht es über die Goody Bridge. Überqueren Sie Easedale Beck und folgen Sie den Wegweisern vorbei am Sour-Milk-Gill-Wasserfall zum Easedale Tarn (ca. 8 km, einfache Route über Wiesen und Farmland). Wegbeschreibung in der Touristinformation. www.nationaltrust.org.uk/allan-bank-and-grasmere/features/great-walks-in-grasmere.

Übernachten/Essen & Trinken

Übernachten **Heidi's Grasmere Lodge**. Mitten im Zentrum, sehr traditionell und englisch. 6 luxuriös renovierte Zimmer, kontinentales Frühstücksbuffet, im Erdgeschoss ein Delikatessenladen und Heidi's Tearoom. Parkplatz. B & B DZ ab 99 £. Red Lion Square, LA22 9SP, ✆ 015394/35248, www.heidisgrasmerelodge.co.uk.

*** **Oak Bank Hotel**. Gepflegtes, modernisiertes Haus aus dem 19. Jh. mit dem

Der Nordwesten → Karte S. 563

Al fresco: Speisen im Freien

hochgelobten Restaurant „The Dining Room". 14 liebevoll gestaltete Zimmer, die Standard-Zimmer wie immer klein. B & B im DZ 136–184 £ (Dinner 40 £). Broadgate, LA22 9TA, ✆ 015394/35217, www.lakedistricthotel.co.uk.

****** The Wordsworth Hotel & Spa**. Die erste Adresse am Ort in einer großen Parkanlage mit Pool, Gymnastikraum und Spitzenrestaurant. 35 Zimmer und 2 Suiten. B & B im DZ ab 158 £. Stock Lane, LA22 9SW, ✆ 015394/35592, www.thewordsworthhotel.co.uk.

Grasmere Hostel. Tolle Jugendherberge mit luxuriösen Extras wie einer Sauna in noch tollerer Lage. Nur 24 Betten, daher schnell ausgebucht. Man kann auch das gesamte Haus mieten. Bett 20–23 £ pro Person, private Zimmer teurer. Weiterhin gibt es 4 Cottages und Glamping. Broadrayne Farm, Grasmere LA22 9RU, 015394/35055, www.grasmerehostel.co.uk.

YHA Langdale. Jugendherberge zwischen Elterwater und Grasmere, in einem viktorianischen Landsitz des National Trust, mit umlaufender Terrasse und Arboretum. Bett ab 10 £, Zimmer ab 39 £. Loughrigg, Ambleside, LA22 9HJ, ✆ 0345/3719748, www.yha.org.uk/hostel/langdale.

Essen & Trinken **Hiker's Bar**. Rustikales Pub mit Kamin im Old Dungeon Ghyll Hotel, Great Langdale. Neben lokalen Ale-Sorten große Auswahl an Whiskys und Weinen. Tägl. 12–14 und 18–21 Uhr. Great Landale, Ambleside, LA22 9JY, ✆ 015394/37272, www.odg.co.uk.

The Jumble Room. Farbenfrohes funky Restaurant mit Kunst an den Wänden (hoffentlich mögen Sie Kühe!), gekocht wird mit Bioprodukten aus der Region mit asiatischem Einschlag, es gibt aber auch Fish'n'Chips. Mi–So 17.30–21.30 Uhr. Langdale Road, LA22 9SU, ✆ 015394/35188, www.thejumbleroom.co.uk. ■

Baldry's. Beliebtes und günstiges Café mit hausgebackenem Brot, leckeren Salaten und Hausmannskost. Natürlich gibt es auch Cream Teas und Süßkram – und ein großes glutenfreies Angebot. Alison vermietet neuerdings auch ein Cottage (bis zu 6 Pers., 350–600 £/Woche). Red Lion Square, LA22 9SP, ✆ 015394/35301, www.baldryscottage.co.uk.

Sticklebarn. Beliebtes Pub des National Trust in einem alten Farmhaus, tolle Lage (gleich neben New Dungeon Ghyll Hotel) mit Blick ins Langdale. Solides Essen und große Auswahl an Ales. Es werden auch Abenteuerfilme gezeigt, Spielenachmittage oder Quizabende veranstaltet u. Ä. m. Tägl. 12–23 Uhr, So nur bis 22.30 Uhr. Great Langdale, Ambleside, LA22 9JU, ✆ 015394/37356, www.nationaltrust.org.uk/sticklebarn-and-the-langdales.

Die Lake-Poeten

Das Dove Cottage in Grasmere ist ein rührendes, fast ärmliches Steinhüttchen, in dem William Wordsworth mit Gattin Mary Hutchinson und deren Schwester Sarah von 1799 bis 1808 lebte und wo ihn seine berühmten Freunde wie Samuel Taylor Coleridge oft besuchten. Hier schrieb Wordsworth seine besten Gedichte, bevor er später nach Rydal umzog. Es war ein sehr einfaches Dasein, das die Dichter ihren Familien zumuteten. Die meisten Dinge des täglichen Bedarfs stellte man selbst her und es wurde viel gelesen, geschrieben und gewandert. Doch so liberal, wie sich das anhören mag, ging es nicht zu: Als der opiumabhängige de Quincey („Confessions of an Opium Eater"/„Bekenntnisse eines Opiumfressers"), der sich seit 1807 hier quasi einquartiert hatte, eine ungebildete Frau unter seinem Stand heiratete, weigerten sich die Damen Wordsworth, diese zu empfangen. Daraufhin brach de Quincey den Kontakt mit der Wordsworth-Familie notgedrungen ab.

William Wordsworth hat wahrscheinlich am meisten dazu beigetragen, den Lake District bekannt zu machen – er war der Autor des „Complete Guide to the Lakes" (1810). Neben dem Dove Cottage und dem Rydal Mount (→ Ambleside) kann man auch sein Grab in Grasmere, sein Geburtshaus in Cockermouth und seine Schule in Hawkshead besuchen.

Die anderen beiden Romantiker, Samuel Taylor Coleridge und Robert Southey, hatten zusammen in Cambridge studiert und dann in Bristol zwei für ihre Schönheit berühmte Schwestern geheiratet. Sie lernten Wordsworth kennen, worauf Coleridge ihn auf seiner Deutschlandreise nach Weimar, Jena und Heidelberg begleitete. Mit den deutschen Geistesgrößen jedoch kam man nicht zusammen, obwohl sich vor allem Coleridge für Schillers Dichtungen begeisterte und sie ins Englische übersetzte. Immerhin entdeckte man die Balladenform, die Goethe und Schiller so liebten, auch für sich, und Wordsworths berühmtestes Werk sollten die von den deutschen Klassikern inspirierten „Lyric Ballads" werden.

1799 schufen sich Southey und Coleridge mit den beiden Schwestern ein Heim in Keswick am Derwentwater, Greta Hall. Bald jedoch wurde Coleridge krank, verfiel dem Opium und ließ Frau und Kind in Southeys Obhut zurück.

Es gibt zwei Museen zum Thema, in denen man mehr über das Leben und die Lieben der Poeten aus dem Lake District erfährt.

Dove Cottage, Wordsworth Museum & Art Gallery: März bis Okt. 9.30–17.30 Uhr, sonst 10 bis 16.30 Uhr. Nur mit Führung, alle 30 Min. von 10 bis 16.30 Uhr. 8,25 £, erm. 7,25 £, Kind frei. Grasmere, ✆ 015394/35544, www.wordsworth.org.uk.

Wordsworth House & Garden: Anfang März bis Okt. Sa–Do 11–17 Uhr. Zeitticket, wenn es voll ist. Café 10.30–16.30 Uhr. 7,20 £, Kind 3,60 £, Familie 18 £. Main Street, Cockermouth, CA13 9RX, ✆ 01900/824805, www.nationaltrust.org.uk/wordsworth-house.

Der Nordwesten → Karte S. 563

Naturhafen: die Bucht von Ravenglass

Von Ambleside nach Ravenglass

Die Strecke hinüber nach Boot und weiter nach Ravenglass gehört zu den schönsten im Lake District. Man kann die 25 km zu Fuß oder mit dem Auto zurücklegen. Im Auto ist man nicht allzu viel schneller, denn es geht in schmalen Zickzackkurven auf und ab. Nehmen Sie von Ambleside die Straße in Richtung Coniston, dann hinter Skelwith Bridge nach rechts und über Colwith zum **Wrynose-Pass.** Durch das Tal schlängelt sich die Straße den Berg hinauf. Oben finden Sie den Three Shire Stone, der das „Dreiländereck" der Grafschaften Cumberland, Lancashire und Westmoreland markiert. Bei Colwith hat man einen schönen Blick über die kleinen Seen. Danach führt die Straße (Single Track) auf halber Höhe in das lange Tal hinein. Dort liegt malerisch ein kleiner See.

Besucht man das Tal im Frühjahr, sieht man im Hintergrund noch die schneebedeckten Berge. Je weiter man den Pass hinaufkommt, desto spärlicher wird die Vegetation. Über den **Hardknott-Pass** führt die Straße weiter nach Boot durch das Eskdale bis zur Einmündung in die A 595. Fahren Sie auf ihr nach Süden bis zum Abzweig nach Ravenglass.

Auf der oben beschriebenen Abfahrt ins Eskdale kommt man an den Überresten eines alten römischen Forts vorbei, heute **Hardknott Roman Fort** genannt. Von hier oben hat man eine herrliche Aussicht über das ganze Eskdale, bei gutem Wetter bis zum Meer. Auf dieser Seite des Gebirges ist es häufiger bereits klar, wenn es weiter im Osten noch regnet. Bei solchen Wetterlagen bilden die wolkenverhangenen Berge auf der einen und die klaren Hügel auf der anderen Seite einen reizvollen Kontrast. Auf der rechten Seite befindet sich die Jugendherberge Eskdale, die von allen Herbergen der Gegend sicher am schönsten liegt.

Etwa 2 km sind es von der Jugendherberge bis nach Boot, der Endstation einer privat betriebenen Minieisenbahn. Wer zu Fuß unterwegs ist und keine Lust mehr zum Wandern hat, kann auf einer Holzbank sitzend das Tal hinabgondeln. Wer mit dem Auto unterwegs ist, sollte hinter Eskdale Green den rechten Abzweig (Holmrock) bis zur Hauptstraße (A 595) nehmen. Dann nach Süden bis zu einer scharfen Kurve. Hier führt die kleine Straße nach Ravenglass (s. u.).

Jugendherberge Eskdale. Ein idealer Ausgangspunkt, um den höchsten Berg Englands, den Scafell Pike, zu besteigen. Die Herberge liegt an einem Bach; mit Wildlife Garden und Nature Trail. Mit oder ohne Verpflegung buchbar. Bett 10–30 £, Zimmer ab 39 £. Ganzjährig geöffnet. Boot, Holmrook, CA19 1TH, ✆ 0345/3719317, www.yha.org.uk/hostel/eskdale.

Das Küstengebiet und Ravenglass

Über diesem Teil Cumbrias thront mit 978 m Englands höchster Berg, der **Scafell Pike.** Hier befindet sich auch **Wast Water,** Englands tiefster See, angeblich auch die kleinste Kirche (St Olaf's in Wasdale Head) und der schönste Ausblick (von Wasdale Head). Trotzdem wird der Westen des Nationalparks nicht von den Massen angesteuert, hier trifft man vor allem auf passionierte Wanderer, Kletterer und Camper.

Ravenglass

Das Dorf an der Mündung des River Esk und zweier weiterer Flüsse besteht aus einer einzigen Straße. Auch hier stand einst eine römische Siedlung. Alles, was heute davon übrig ist, sind die Mauerreste eines Badehauses aus dem 4. Jh. Die Legende will, dass dort Morgan Le Fay zu Hause war, die Halbschwester von König Artus. In römischer Zeit war Ravenglass ein bedeutender Hafen, heute liegen nur Fischerboote an der versandeten Mündung, größere Orte gibt es weit und breit nicht. Eine historische Eisenbahn dampft durch das Eskdale-Tal. Touren hinauf in die Berge kann man von hier, von der Westseite aus, genauso gut unternehmen wie von den überfüllten Touristenzentren im Osten. Das große Dünengebiet lohnt einen Besuch – es ist Nistplatz tausender Möwen sowie der seltenen Seeschwalben.

Ravenglass & Eskdale Railway, 15 km bis zum Fuß des Scafell Pike nach Dalegarth. Hin und zurück 13,50 £, erm. 6,75 £, Familie 38 £. Ravenglass, CA18 1SW, ✆ 01229/717171, ravenglass-railway.co.uk.

Sellafield

16 km nördlich von Ravenglass ragt die Atomanlage in die Landschaft: 1400 Gebäude auf einer Fläche von sechs Quadratkilometern. Dieses Monster des Atomzeitalters war das erste britische Atomkraftwerk überhaupt, erbaut wurde es im Jahr 1950 – ein riesiger Komplex und das größte Atommülllager der Welt. Die beiden Atomkraftwerke Windscale und Calder Hall sind bereits zurückgebaut, 2018 soll auch der letzte Teil der Wiederaufbereitungsanlage geschlossen werden. Seit der Katastrophe von Fukushima gibt es kaum noch Kunden. In Sellafield wurden fünf Jahrzehnte lang Brennelemente aus der ganzen Welt aufgearbeitet, Deutschland zählte zu den größten Kunden. Zurückbleiben wird ein strahlendes Ruinengelände, das, wie die BBC berichtete, den Steuerzahler 80 Mrd. Euro für die Entsorgung kosten dürfte. Sellafield, das das Plutonium für die britischen Atombomben anreicherte, galt seit der Inbetriebnahme als eine der gefährlichsten Atomanlagen der Welt. Am meisten gefürchtet war die Wiederaufbereitungsanlage, denn bis Mitte der 1980er flossen deren plutoniumverseuchte Abwässer in großen Mengen in die Irische See – die zum stärksten radioaktiv verseuchten Meer der Welt wurde.

Der Nordwesten → Karte S. 563

St Bees

Kurz vor Whitehaven liegt das kleine St Bees mit einem herrlichen Sandstrand, leider in unmittelbarer Nähe zu Sellafield. Nicht, dass das die Einheimischen vom Baden abhielte; machen Sie Ihren Spaziergang trotzdem besser in Richtung Norden zum **St Bees Head,** einem Naturreservat, von dem aus man bei gutem Wetter die Isle of Man sehen kann. St Bees ist auch Ausgangspunkt des etwa 300 km langen Wanderwegs „Alfred Wainright Coast to Coast", der bis nach Robin Hood's Bay führt (www.wainwright.org.uk/coasttocoast.html).

Whitehaven

Die Küste südlich von Whitehaven ist schöner und interessanter als die im Norden. Whitehaven selbst ist eine graue Stadt, umgeben von zahlreichen Kohlegruben. An einem Regentag kann man das Museum **The Rum Story** besuchen, das in einem viktorianischen Speicherhaus untergebracht ist und die Geschichte des hochprozentigen Feuerwassers vom Sklavenhandel über die Royal Navy bis zur Prohibition erzählt. Um die maritime Vergangenheit und die Industriegeschichte der Region einschließlich Sellafield geht es auch im neuen, interaktiv gestalteten Museum **The Beacon.**

In Whitehaven beginnt der C2C-Radwanderweg (C2C – Coast to Coast; wwwc2c-guide.co.uk).

Information www.western-lakedistrict.co.uk oder www.copelandbc.gov.uk/section/visiting.

Sehenswertes **The Rum Story**: Tägl. 10–16.30 Uhr, letzter Einlass 15.30 Uhr, letzte Führung 14.30 Uhr. 5,45 £, erm. 4,45 £, Kind 3,45 £, Familie 16,45 £. Lowther Street, CA28 7DN, ✆ 01946/592933, www.rumstory.co.uk.

The Beacon: Tägl. 10–16.30 Uhr. 5 £, erm. 4 £, Kind 2 £, Familie 12 £. West Strand, CA28 7LY, ✆ 01946/592302, thebeacon-whitehaven.co.uk.

Cockermouth

Zwischen der eher industriell geprägten Küste und Keswick am Zusammenfluss des Cocker- und des Derwent-Flusses liegt in einem flachen Tal zu Füßen der nordwestlichen Fells dieser kleine Ort. Cockermouth zeigt einige hübsche baumbestandene Straßenzüge mit neoklassizistischen Stadthäusern, in einem davon ist die **Castlegate House Gallery** zuhause, die sich auf Gemälde und Keramik britischer Künstler aus dem 20. Jh. spezialisiert hat und einen guten Einblick in die Werke zeitgenössischer Künstler aus dem Norden gibt. Entlang der Haupteinkaufsstraße Main Street und über die Cocker Bridge gelangt man zum Marktplatz. In der Luft von Cockermouth hängt immer der Geruch von Hopfen, denn seit 1874 braut die **Jennings Brewery** (heute Marston's) hier das Cumberland Ale und etliche Sorten mehr.

Information **Tourist Information Centre**, Mo–Fr 10–16 Uhr, Sa/Feiertage 10–14 Uhr. 4 Old Kings Arms Lane (neben Cockermouth History Wall), Ecke Main Street, CA13 9LS, ✆ 01900/822634, www.cockermouth.org.uk.

Sehenswertes **Castlegate House Gallery**: Mo und Sa 10–17 Uhr, Mi–Fr 10–16 Uhr. CA13 9HA, ✆ 01900/822149, www.castlegatehouse.co.uk.

Jennings Brewery: Führungen März bis Okt. Mi–Sa 13.30 Uhr, Febr./Nov./Dez. Do–Sa 13.30 Uhr. Shop Mo–Sa 10–16 Uhr. 9 £, Kind 4,50 £, Abendführung 15 £ inkl. Bierprobe. ✆ 01900/820362, www.jenningsbrewery.co.uk.

Markttag in Keswick

Keswick und Derwentwater

Hauptmagnet für Touristen im Nordwesten des Lake District ist Keswick (sprich Kesick). Im Norden des Sees Derwentwater gelegen, umgeben von den imposanten Bergen des Skiddaw und Blencathra, ist das Zentrum des nördlichen Lake District ein guter Ausgangspunkt für Wanderungen; entsprechend reihen sich im Stadtzentrum die Outdoor-Läden. Zu Fuß ebenfalls leicht zu erreichen sind von hier aus die Seen Bassenthwaite Lake, Thirlmere und – etwas weiter – die drei kleinen Seen rund um Buttermere.

Insgesamt macht der 5000-Einwohner-Ort einen ruhigeren Eindruck als die Dörfer und Städte weiter im Süden; auch ist hier alles etwas billiger als in den Touristenzentren. Am Samstag findet auf dem Marktplatz vor der alten Moot Hall der Wochenmarkt statt. Keswick war einst ein Umschlagplatz für Wolle und Kupfer. Mineralien wurden in Cumbria schon in der Steinzeit im Tagebau gewonnen, die Stollen sind jedoch seit langem stillgelegt und nur noch Sammler und Geologen schürfen in den Felsen nach Mineralien. Vier Inseln liegen heute friedlich im Derwentwater. Einst hatten sich hierhin deutsche Bergarbeiter geflüchtet, nachdem mehrere von ihnen von den Einwohnern von Keswick ermordet worden waren, die um ihre Arbeitsplätze fürchteten.

Machen Sie einen kleinen Spaziergang, vorbei am Golfplatz, zum See hinunter. Im Sommer finden dort Freilichttheaterspiele statt. Von der Lake Road sieht man die Bootsanlegestelle. Man kann sich ein Motor- oder Ruderboot mieten und sich auf dem See treiben lassen oder auch eine Schifffahrt einmal um den See herum buchen. Hier beginnt auch unsere Wandertour 7.

Der Nordwesten → Karte S. 563

Basis-Infos

Information **Tourist Information Centre**, April bis Okt. tägl. 9.30–17.30 Uhr, Nov. bis März bis 16.30 Uhr; hier gibt es eine Fülle von Vorschlägen für Wanderrouten und sportlichen Aktivitäten, man wird individuell beraten. Moot Hall, Market Square, Keswick, CA12 5JR, ✆ 017687/72645, www.keswickplus.co.uk, www.dokeswick.com.

Verbindungen Von der Tithebarn Station an der Main Street fahren Stagecoach-**Busse** nach Grasmere, Ambleside und Windermere sowie nach York und Newcastle.

Bootsfahrten **Keswick Launch**, die Barkassen halten an 7 Anlegestellen rund um den See. 10,25 £, Kind 5,15 £, Familie 24 £. Auch Ruderbootverleih, 30 Min. 8 £, 2 Std. 18 £. ✆ 017687/72263, www.keswick-launch.co.uk.

Platty + Watersports vermietet Wikinger-Langschiffe, Kanus, Kajaks, Ruderboote. Kajak 8 £/Std., Kanu 15 £/Std. Lodore Boat Landings, Derwentwater, Borrowdale, CA12 5UX, ✆ 017687/776572, www.plattyplus.co.uk.

Keswick Adventure, Hauptveranstalter der Region für Outdoor-Aktivitäten. Brundholme Road, CA12 4NL, ✆ 017687/75687, www.keswickadventurecentre.co.uk.

Fahrradverleih **Keswick Mountain Bikes** vermietet MTBs mit 24 Gängen ab 25 £/Tag. Tägl. 9–17 Uhr. 133 Main Street, CA12 5NJ, ✆ 017687/75202, www.keswickbikes.co.uk.

Kultur/Veranstaltungen **Keswick Mountain Festival** im Mai, www.keswickmountainfestival.co.uk.

Theatre by the Lake, eigenes Ensemble, 6 Produktionen in 6 Monaten. Restaurant/Café. Lakeside, CA12 5DJ, ✆ 017687/74411, www.theatrebythelake.com.

The Square Orange, Café und Bar, wo man bei Pizza, Tapas und Drinks den Abend ausklingen lassen kann. Mittwochs gibt es Live-Musik. So–Do 10–23 Uhr, Fr–Sa bis 24 Uhr. 20 St John's Street, CA12 5AS, ✆ 017687/73888, www.thesquareorange.co.uk.

Keswick Jazz Festival, alljährlich im Mai, www.keswickjazzfestival.co.uk.

Beliebt ist auch das **Keswick Beer Festival** im Juni, bei dem 170 Ales und Ciders verkostet werden können. keswickbeerfestival.co.uk.

Übernachten/Essen & Trinken

Übernachten Viele Hotels hier in der Region sind wesentlich günstiger als im südlichen Lake District.

Pitcairn House, 5 Fußminuten vom Marktplatz; viktorianisches Eckhaus mit 8 Zimmern aus dem typischen Lakestein und Schiefer. Sehr gute Ausstattung, mitunter Dachschrägen und wenig Platz. B & B 70–92 £, Familienzimmer 115 £. 7 Blencathra Street, CA12 4HW, ✆ 017687/72453, www.pitcairnhouse.co.uk.

Number 10 Bed & Breakfast, hübsches viktorianisches Haus 5 Min. vom Ortskern; die Gastgeber servieren ein reichhaltiges Frühstück und halten einen Privatparkplatz frei. Zimmer modernisiert und renoviert. B & B im DZ 64–84 £. 10 Southey Street, CA12 4EF, ✆ 017687/73455, www.no10bedandbreakfast.co.uk.

Langstrath Country Inn, ca. 12 km südlich von Keswick; 400 Jahre altes, familiengeführtes Pub, versteckt in einem einsamen Tal. 8 einfache, aber schicke Zimmer mit modernen Bädern. DZ inkl. Frühstück 110–136 £. Am Wochenende mind. 2 Nächte. Stonethwaite, Borrowdale, Keswick, CA12 5XG, ✆ 017687/77239, thelangstrath.com.

YHA Keswick, 4-Sterne-Jugendherberge in einem ehemaligen Hotel direkt am Fluss. Mit oder ohne Verköstigung buchbar. Bett ab 10 £, Zimmer ab 39 £. Station Road, CA12 5LH, ✆ 0345/3719746, www.yha.org.uk/hostel/keswick.

Derwentwater, Hostel in einem Park mit Spielplatz. 88 Betten in 11 Zimmern des klassizistischen Landsitzes. Bett 22,50 £, Kind 16 £, Familienzimmer ab 66 £. Barrow House, Barrowdale, Keswick, CA12 5UR, ✆ 017687/77246, www.derwentwater.org.

Camping **Castlerigg Hall**, Anfahrt von Keswick über die A 591 (südlich), nach etwa 1,6 km ausgeschildert. Bus 555 von Keswick. Man kann von hier zum Castlerigg-Steinkreis wandern. Zelt pro Erw. 7,50–11 £, Kind 3,70–5,95 £, Auto 2,70–4 £, Caravan

19,75–34 £. Auch Pods ab 40 £/Nacht. Geöffnet März bis Nov. Keswick, CA12 4TE, ✆ 017687/74499, www.castlerigg.co.uk.

Essen & Trinken Gehen Sie abends mal ins **Dog and Gun**, zu vernünftigen Preisen bekommt man dort typisch englische Gerichte wie Shepherd's Pie oder Roast Ham. Urige Atmosphäre. 2 Lake Road, CA12 5BT, ✆ 01768/773463, thedogand gunkeswick.co.uk.

Morrel's. Das bekannteste Restaurant in der Stadt, ganz romantisch mit moderner britischer Küche und mediterranem Einschlag. Günstig ist das sonntägliche Menü mit 2 Gängen für 15,50 £. Tägl. (außer Mo) 17.30–22 Uhr. 34 Lake Road, CA12 5DQ, ✆ 017687/72666, www.morrels.co.uk.

Abraham's Café, kleines Café mit 12 Tischen im 2. Stock von George Fishers Laden und Blick über den Cat Bells Mountain. Gutes Lunch. Mo–Fr 10–17 Uhr, Sa ab 9.30 Uhr, So 10.30–16.30 Uhr. 2 Borrowdale Road, George Fisher Store, CA12 5DA, ✆ 017687/72178, www.georgefisher.co.uk/cafe.

The Square Orange → Kultur.

Sehenswertes/Wanderungen

Castlerigg Stone Circle: 3 km östlich der Stadt erhebt sich ein Steinkreis der „Glockenbechermenschen", die wahrscheinlich um 2500 v. Chr. von der Iberischen Halbinsel nach Westeuropa kamen und nach der Form ihrer Keramik benannt werden. Sie gelten als die Kulturbringer Westeuropas, die vermutlich Stonehenge in seiner zweiten Phase wie auch die Himmelsscheibe von Nebra schufen. Der um 1800 v. Chr. errichtete Steinkreis besteht aus 38 aufrecht stehenden Findlingen, in deren Oval noch einmal zehn mächtige Steine stehen. Von hier hat man eine schöne Aussicht auf die umliegenden Fells Skiddaw, Blencathra und Lonscale.

Pencil Museum: Das Museum erzählt die Geschichte des Bleistifts seit der Entdeckung des Borrowdale-Graphits im 16. Jh. Der Eingang zum Museum befindet sich in einem unscheinbaren Laden – Sie finden ihn auf dem Weg in Richtung Cockermouth (kurz vor der Brücke). Auf der anderen Seite steht die Bleistiftfabrik.
Zur Zeit der Recherche noch wegen Flutschäden geschlossen. Bitte die Webseite konsultieren. Southey Works, Greta Bridge, ✆ 017687/73626, www.pencilmuseum.co.uk.

Die 38 Findlinge vom Castlerigg Stone Circle

Der Nordwesten → Karte S. 563

Klassische Lake-Idylle: Boote am Derwentwater

Rund um Derwentwater: Um den wohl schönsten der nördlichen Seen (Spitzname „Königin der Seen") kann man verschiedene Spaziergänge unternehmen oder ihn ganz umwandern (ca. 14 km, man kann an den Bootsanlegestellen aber wieder direkt nach Keswick zurückfahren). Der etwa 5 km lange, 2 km breite See wird von den Derwent- und Borrowdale-Fells eingerahmt, deren bekanntester Skiddaw, der dritthöchste Berg des Landes ist. Den schönsten Blick hat man von Friar's Crag, einer Felsnase am Ufer unweit von Keswick. Oder man begibt sich auf eine Wanderung hoch zum Walla Crag (→ Tour 7).

Die Inseln im See sind alle im Besitz des National Trust und teilweise sogar bebaut. Mit Ausnahme der fünf Tage im Jahr, an denen die Hausbesitzer Tage der offenen Tür veranstalten, kommt man nur mit einem gemieteten Boot hin. Regelmäßige Fähren verbinden die Orte rund um den See mit Keswick (Fahrzeit ca. 50 Min.) – im Sommer fast stündlich. Im Folgenden die Anlegestellen und die von hier aus zu erwandernden Gebiete:

Ashness Gate: Einen 35 m hohen Wasserfall, die Barrow Falls, findet man direkt hinter der Jugendherberge, einem alten Landhaus, von dem man den See und die dahinter liegenden Cat Bells gut überblickt. Im Barrowdale führt ein Wanderweg bis zum High Seat (608 m).

Lodore: Der Pier am Südende des Sees (ca. 5 km von Keswick) ist ein guter Ausgangspunkt, um das Derwentdale in Richtung Süden zu erkunden. Kurz hinter der Bootsanlegestelle auf der anderen Straßenseite finden Sie die Lodore Falls. Die Straße führt nach Rosthwaite. Südlich des Orts rechts ab geht es zu einer weiteren Jugendherberge, von der man Wanderungen ins Borrowdale unternehmen und den Great Gable oder den Scafell Pike besteigen kann.

Hawes End: Von hier erreicht man Brandlehow Wood und Park am Fuß des Cat-Bell-Bergs.

Nichol End: In der Marina am Nordende des Sees gibt es einen Bootsverleih (auch Segelboote und Windsurfen). Bei schlechtem Wetter stärkt man sich im Café. www.nicholend.co.uk.

Skiddaw (931 m): Keswick ist klassischer Ausgangspunkt für die Besteigung des Skiddaw. Für die nicht besonders schwierige Tour muss man für Auf- und Abstieg etwa 5 Std. kalkulieren.

Tour 7: Von Keswick zum Aussichtspunkt über dem Derwentwater → S. 701
Zum Lady's Rake Viewpoint mit majestätischem Ausblick auf die „Königin der Seen"

Buttermere

Der See zählt zu den schönsten – immer noch stehen Maler am Ufer und mischen Farben, um ihre Kompositionen in Blau auf die Leinwand zu bannen. Im Kampf gegen die Normannen war das Tal von Buttermere das heimliche Hauptquartier der Einheimischen, die trotz vieler Kämpfe unbesiegt blieben. Wer zurück nach Keswick möchte, nimmt den schmalen Weg über den Newlands-Pass quer durch die Berge. Der kleine Ort selbst hat ein paar Pubs und Tearooms.

Übernachten *** **Bridge Hotel**. In Buttermere; 21 Zimmer im altenglischen Stil. Trockenraum für Wanderklamotten. Kein Handyempfang … B & B DZ ab 149 £, ab 189 £ inkl. 5-Gänge-Menü. Am Wochenende mindestens 2 Nächte mit Dinner. CA13 9UZ, ✆ 017687/70252, www.bridge-hotel.com.

YHA Buttermere. Jugendherberge 400 m südlich von Buttermere an der B 5289 zum Honister-Pass Borrowdale. Bett ab 10 £, Zimmer ab 39 £. Im Winter unregelmäßig geöffnet! Anfahrt mit Stagecoach 77A von Keswick. CA13 9XA, ✆ 0345/3719508, www.yha.org.uk/hostel/buttermere.

Essen & Trinken **Croft House Farm Café**. Sandwiches, Snacks und Kuchen in einem süßen, kleinen, weiß getünchten Cottage mit Vorhof und ein paar Bänken, innen modern ausgestattet. Tägl. 10–17 Uhr. CA13 9XA, ✆ 017687/70235, www.crofthousefarmcafe.co.uk.

Ullswater

Auch Ullswater besetzt im Schönheitswettbewerb der Seen eine Spitzenposition. Der Ullswater-See ist fast 15 km lang und lässt sich seit 2016 einmal ganz umwandern, sein Ufer zeigt sich in drei sehr unterschiedlichen Abschnitten (→ Aktivitäten). Der nördliche ist ländlich geprägt, in der Mitte scheinen die Berge direkt aus dem See aufzusteigen, im südlichen Teil dagegen typische Lake-District-Szenerie: Birken, Lärchen, Eichen und Azaleen säumen das Ufer.

Lohnend ist ein Ausflug mit dem Motorboot ab **Pooley Bridge** an der nördlichsten Spitze des Sees, wo sich die winzigen Örtchen Glenridding und Patterdale und der berühmteste Wasserfall des Lake District befinden: **Aira Force,** der durch eine enge Waldschlucht stürzt und den William Wordsworth in drei Gedichten verewigt hat. Zwei rund hundert Jahre alte Dampfer schippern zwischen Glenridding und Pooley Bridge hin und her und benötigen dafür etwa eine Stunde. Wer den Aufpreis nicht scheut, bucht anstelle einer Überfahrt eine Rundfahrt. Segelfreunde können im Glenridding Sailing Centre ein Boot mieten oder Segelunterricht nehmen.

Information **Tourist Information Centre**, tägl. 9.30–17 Uhr, am Ullswater Steaming Pier, Glenridding, Penrith, Cumbria, CA11 0US, ✆ 017684/82414, www.ullswater.com.

Aktivitäten **Glenridding Sailing Centre**, Kurse und Kanu-, Kajak-, Segelbootverleih. The Spit, Glendridding, Ullswater, CA11 0PE, ✆ 017684/82541, www.glenriddingsailingcentre.co.uk.

Der Nordwesten → Karte S. 563

Ullswater in der Abenddämmerung

Ullswater Way, ein ausgeschilderter Wanderweg 35 km einmal um den See herum. www.ullswater.com/the-ullswater-way.

Vom National-Trust-Parkplatz nahe Watermillock kann man durch ein Arboretum bis zum Fuß des Wasserfalls **Aira Force** laufen, der 21 m hinabstürzt. Steile Stufen führen über eine kleine Steinbrücke zur Spitze.

Bootsfahrten **Ullswater Steamers**, Fahrten 35, 65 und 140 Min. 6,60–13,90 £, Kind 3,30–6,95 £ (hin/zurück). The Pier House, Glenridding, ✆ 017684/82229. Aktueller Fahrplan: www.ullswater-steamers.co.uk.

Übernachten Möglichkeiten in Howtown, Glenridding und Pooley Bridge. Allerdings gibt es kaum B & Bs, sondern überwiegend Cottages oder Bungalows, meist nur ab einer Woche. Näheres über das Tourist Office.

**** **Elm House**. In Pooley Bridge, an der A 592 bei der Kirche; günstiges und sauberes Gästehaus mit 5 Zimmern. B & B EZ ab 60 £ DZ ab 80 £, Familienzimmer (4 Pers.) ab 120 £. Privater Parkplatz, Fahrradkeller. High Street, Pooley Bridge, CA10 2NH, ✆ 017684/86334, www.stayullswater.co.uk.

YHA Helvellyn. Umgebaute und erweiterte Jugendherberge, ziemlich isoliert, etwa 2,5 km von Glenridding entfernt. Bett ab 10 £, Zimmer ab 39 £, Frühstück und Bar. Die Jugendherberge ist Ausgangspunkt für Besteigungen des Great Dodd (856 m) und des Helvellyn (950 m). Nov./Dez. geschlossen. Anfahrt: zuerst auf der Straße Richtung Pooley Bridge, danach links hinauf Richtung Sticks-Pass. Greenside, Glenridding, CA11 0QR, ✆ 0345/3719742, www.yha.org.uk/hostel/helvellyn.

Camping **Waterside Farm Campsite**. Farmgelände (Schafzucht) direkt am Wasser, mit Bootsverleih – super Ausstattung. Zeltplatz inkl. 2 Erw. & Auto 16–26 £. Tipi-Verleih Mai bis Sept., Ruderboote, Kanus und Mountainbikes. Howtown Road, Pooley Bridge, CA10 2NA, ✆ 017684/86332, www.watersidefarm-campsite.co.uk.

Sykeside Camping Park & Brotherswater Inn. Gleich hinter dem Kirkstone-Pass, ein superschön und abgeschieden gelegener Platz, beliebt bei Wanderern, weil man am Ende eines anstrengenden Tages im Brotherswater Inn eine herzhafte Mahlzeit bekommt. Im Sommer gibt es einen Laden, auch Tipis, Bunkhouse und Farm Cottage. Zelt 14,40–24,40 £ (je nach Saison), Campervan 18–27 £. Ganzjährig geöffnet. Brotherswater, Patterdale, CA11 0NZ, ✆ 0176/8482239, sykeside.co.uk.

Essen & Trinken **Sharrow Bay**. Der Michelinstern ging verloren, das Essen in dem plüschig-traditionellen Country-Hotel ist trotzdem ein Ereignis. 3 bis 6 Gänge (20,50–95 £, auch vegetarische Option) mit Blick aufs Wasser – was will man mehr? 17 Zimmer, ab 128 £. Sharrow Bay, Lake Ullswater, CA10 2LZ, ✆ 01768/486301, sharrowbay.co.uk.

Fellbites Café and Restaurant. Am Tag rustikales kleines Café, am Abend Restaurant. Keine große Küche, aber hausgemachte leckere Klassiker: Suppen, Sandwiches, Salate, Burger. Tägl. 9–20.30 Uhr, Mi nur bis 17 Uhr. Croft House, Glenridding, CA11 0PD, ✆ 01768482781, www.fellbitescafe.co.uk.

Penrith

Die kleine Marktstadt an der M 6 war einst die Hauptstadt von Cumbria und hat eine lange Geschichte: schon um das Jahr 500 v. Chr. siedelten Kelten in dem Gebiet. Wie in vielen Orten im Grenzgebiet zu Schottland sind die Straßen hier sehr eng und um einen großen Marktplatz gruppiert – man hoffte, die Angreifer in engen Straßen besser bekämpfen zu können. Im **Castle Park** gegenüber dem Bahnhof stehen die Ruinen der alten Burg aus dem 14. Jh. Noch älter als die Burgruine ist die Kirche St Andrew aus dem 13. Jh. Im Friedhof stehen steinerne Hochkreuze, die noch aus normannischer Zeit stammen, sowie zwei Steingruppen, die Riesengrab und Riesendaumen genannt werden und wahrscheinlich die Grablege des sagenhaften Königs Oswald von Cumbria darstellen. Außerdem zeigt Penrith schöne alte Häuser aus dem 16. Jh.; der rote Baustein stammt aus dem Eden-Tal.

Penrith liegt am Zusammenfluss der Flüsse Eamont und Lowther, die in den Eden münden. Im Norden, Westen und Süden ist der Ort von Bergen umgeben. Auf dem Penrith Beacon wurden im Mittelalter Wachtfeuer angezündet, um vor schottischen Überfällen zu warnen. Entsprechend ist die Gegend mit Burgen und Wehrtürmen übersät. Nach Osten hin ist Penrith zur Ebene durch das Tal offen, das der Eden-Fluss gegraben hat. Der Ort zieht seit Jahrhunderten Künstler an – hier und in den umliegenden Dörfern gibt es entsprechend viele Galerien und Werkstätten, z. B. die Upfront Gallery.

Information **Tourist Information Centre**, Nov. bis März Mo–Sa 10–16 Uhr, April bis Okt. tägl. 10–17 Uhr, So 11–16 Uhr. Gut ausgestattet, mit allem Wissenswerten zum Lake District, Eden Valley und Penrith. Auch das Fahrrad kann man hier sicher unterstellen (3 £/24 Std.). Im Penrith und Eden Museum, Robinson's School, Middlegate, Penrith, Cumbria, CA11 7PT, ✆ 01768/867466, www.visiteden.co.uk.

Verbindungen **Busse** fahren vom Bahnhof nach Windermere und Bowness.

Bahn – Penrith liegt an der Linie Preston–Schottland. Regelmäßig Züge nach Carlisle, Glasgow, London und Windermere. Bahnhof an der Ullswater Road.

Aktivitäten **Rookin House Equestrian and Activity Centre**, Pony-Trekking, Go-Karting, Tontauben-Schießen, Angeln u. v. m. Troutbeck, CA11 0SS, ✆ 017684/83561, www.rookinhouse.co.uk.

Kino **Alhambra Cinemas** mit zwei Leinwänden, meist sind Hollywoodfilme zu sehen, Sonntagabend auch ausländische und Off-Produktionen. ✆ 01768/862400, www.penrith-alhambra.co.uk.

Kunst **Lonsdale Upfront Gallery**, Ausstellungsräume, Puppentheater und ein vegetarischer Coffee-Shop. Ausstellungen wechseln alle 6 Wochen, im Jan./Febr. bietet die Upfront Cumbrian Artists Open heimischen Talenten eine Bühne. Tägl. außer Mo 10.30–16.30 Uhr. Nahe Hutton-in-the Forest, Unthank, Penrith, CA11 9TG, ✆ 017684/84538, www.up-front.com.

Veranstaltungen **Potfest**, Anfang August treffen sich in Penrith rund 150 Töpfer und präsentieren auf zwei Veranstaltungen ihre Kunst: **Potfest in the Park** und **Potfest in the Pens**. www.potfest.co.uk.

Übernachten **Brandelhow Guest House**. Viktorianische Stadtvilla mit 5 netten Zimmern und privatem Parkplatz. Die Gastgeber sind enorm hilfsbereit und machen auch Lunchpakete. DZ inkl. Frühstück ab 80 £. 1 Portland Place CA11 7QN, ✆ 01768/864470, www.brandelhowguesthouse.co.uk.

››› **Mein Tipp: Laurel House**. Farmhouse B & B auf dem Lande. Freundlicher Empfang mit hausgemachten Scones und Tea, frisch renovierte Zimmer in großblumigem Dekor, moderne Bäder, Pub in Laufnähe.

Der Nordwesten → Karte S. 563

B & B EZ 76 £, DZ 96 £. Skirwith Road, Culgaith, CA10 1QL, ✆ 01768/886380 und 07746/622743 (mobil), www.laurelhousecumbria.co.uk. ⋘

Essen & Trinken **Foundry 34**. Brasserieartiges Restaurant mit bodenständigem Menü, Lounge Bar und Zimmern. Mo–Do 17–21 Uhr, Fr–So 12–15 u. 17–21 Uhr. Danach Snacks. 34 Burrowgate, CA11 7TA, ✆ 01768/210099, www.foundry-34.co.uk.

The Narrowbar Café. Gemütliches kleines Café mit Deckenbalken; hausgemachte Kuchen und tolle Lunchangebote. WLAN. Mo–Sa 9.30–17 Uhr. 13 Devonshire Street, ✆ 01768/891417, www.narrowbarcafe.co.uk.

Little Salkeld Watermill. Einzige funktionstüchtige Wassermühle des Nationalparks. Aus dem Biomehl wird Brot und Kuchen für das Café gebacken, es gibt auch Back-Kurse, eine Gallerie und einen Shop. Tägl. außer Mi 10.30–16 Uhr. Little Salkeld, Penrith, CA10 1NN, ✆ 01768/881523, organicmill.co.uk. ■

Sehenswertes

Dalemain House and Gardens: Das von akkurat getrimmten Rasenflächen umgebene Haus etwas abseits der Straße wird seit 1679 von derselben Familie bewohnt. Im 12. Jh. stand hier nur ein Wehrturm, jede Generation änderte oder fügte etwas an, sodass sich das Haus heute im Inneren elisabethanisch, von außen klassizistisch-georgianisch präsentiert. In der Medieval Hall wird alljährlich im Februar das Marmalade Festival mit Wettbewerben und Verkostungen rund um die Orangenkonfitüre abgehalten. Die fantastischen Gärten zeigen vom italienischen Terrassengarten über einen sogenannten Tudor-Knotengarten bis hin zum herrlichen Rosenwalk und einer Wildblumenwiese unterschiedlichste Formen der Gärtnerkunst – besonders prachtvoll zwischen Mai und Juli.

Ostern bis Okt. So–Do 10.30-15.30 Uhr. Gärten und Tearoom 10-16.30 Uhr. Nov./Dez. und Febr. bis Ostern Gärten und Tearoom So–Do 11–15 Uhr. 11,50 £, erm. 9,50 £, Kinder unter 16 J. frei; nur Gärten 8,50 £, erm. 8 £. Nahe Pooley Bridge, Penrith, CA11 0HB, ✆ 017684/86450, www.dalemain.com.

Rheged Discovery Centre: In einem stillgelegten Kalksandsteinbruch, mit Erde und Gras bewachsen, tarnt sich die Visitor Experience von Cumbria wie die umliegenden Berge. Rheged ist der alte Name des Königreichs von Cumbria, das sich einst von Schottland bis nach Cheshire erstreckte. Hier erfährt man viel zur Geschichte der Region, es gibt Ausstellungen, ein 3-D-Kino, das Familienfilme zeigt, einen Spielplatz und am letzten Sonntag im Monat (nur im Winter) sogar einen Farmers' Market. Und in der „Taste"-Food Hall kann man regionale Spezialitäten tasten, riechen und probieren.

Tägl. 10–17.30 Uhr, Do/Fr bis 22.30 Uhr. Eintritt frei. Redhills, an der A 66, CA11 0DQ, ✆ 01768/868000, www.rheged.com.

Carlisle

Wen es nach dem Naturerlebnis des Lake District in die Zivilisation zurückzieht, der sollte dieses hübsche Städtchen nicht versäumen. Die Grenzstadt zu Schottland war unter den Römern das Verwaltungszentrum für Befestigungsanlagen am Hadrianswall. An der Stelle des römischen Kastells steht heute allerdings die **Kathedrale.**

Carlisle war der ewige Zankapfel zwischen Cumbria (England) und Schottland, erst vor rund 200 Jahren kam das Städtchen zur Ruhe, nachdem es im 18. Jh. noch einmal Schauplatz des Machtkampfs zwischen den Häusern Stuart und Hannover geworden war. Prinz Charles Edward Stuart, besser bekannt als Bonnie Prince Charlie, war ein Jüngling von 25 Jahren, der die Unterstützung der schottischen

Zweitkleinste Kathedrale des Landes: Carlisle Cathedral

Clans hatte, um das Erbe seines Großvaters, Jakobs II., anzutreten. Das englische Parlament hatte die Krone nach dem Tod von Queen Anne, der letzten der Stuarts und ohne Nachkommen, an das Haus der Welfen in Hannover gegeben, um die protestantische Thronfolge sicherzustellen – und dabei Bonnie Prince Charlie übergangen. So war Georg I. gekrönt worden. Die Welfen trieben Charlie in mehreren Schlachten nach Schottland zurück, wo er von einem Ort zum anderen floh, ehe er nach Frankreich übersetzen konnte und fortan das Leben des Gescheiterten lebte, der aber nie den Traum aufgab, eines Tages doch noch König von England zu werden.

Carlisle hat wegen seiner unruhigen Geschichte kaum historische Denkmäler zu bieten, doch das **Castle** aus dem 11. Jh. ist sehenswert – ein beeindruckendes Monument englischer Befestigungstechnik mit 2,5 bis 5 m dicken Mauern. In einem Teil des Castle ist heute das **Border Regiment Military Museum** untergebracht. Wer mehr über die bewegte Vergangenheit der Stadt erfahren will, besucht am besten das **Tullie House Museum** daneben, das auch eine Einstimmung auf den Hadrianswall ist.

Information **Tourist Information Centre**, Mo–Sa 9.30–17 Uhr, Mai bis Aug. auch So 10.30–16 Uhr. Old Town Hall, Green Market (auch Town Hall Square genannt), CA3 8JH, ✆ 01228/598596, www.discovercarlisle.co.uk.

Verbindungen **Busse** fahren von der Lowther Street und der West Tower Street in die großen Städte. Busbahnhof in der Lonsdale Street, CA1 1BJ.

Bahn – Carlisle ist ein Verkehrsknotenpunkt: regelmäßig Züge nach Chester (umsteigen in Warrington), Glasgow und London. Nach Windermere umsteigen in Oxenhome. Bahnhof südlich des Stadtzentrums, 10 Min. Fußweg vom Town Hall Square.

Carlisle ist auch Endbahnhof von fünf malerischen Eisenbahnstrecken:

Die **Cumbrian Coast Line** folgt der Küste bis Lancaster. Die **Glasgow–Carlisle Line** verschafft einen Einblick in die spektakuläre schottische Landschaft. Mit der **Lakes Line** geht es durch den Lake District nach Windermere. Die **Settle–Carlisle Line** fährt in Richtung Südosten durch die Yorkshire

Der Nordwesten → Karte S. 563

Dales. Die **Tyne Valley Line** schließlich folgt dem Hadrianswall nach Newcastle. Verbilligung bekommt man mit dem „North Country Rover Ticket".

Einkaufen **Lanes Shopping Centre**, nahe der Kathedrale, ist die Einkaufsadresse für die ganze Region und bietet eine viktorianische Markthalle. CA3 8NX. www.lanes carlisle.co.uk.

Stadtführungen **Open Book Visitor Guiding**, Führungen durch Carlisle und das Umland, es gibt auch einen „Hadrian's Wall Country Bus" (AD122), in dem man kostenlos einen begleitenden Kommentar bekommt (nur April bis Okt.). ✆ 01228/670578, www.greatguidedtours.co.uk.

Übernachten ** **Ibis Hotel**. Neues, modernes Haus mit 102 Zimmern. Etwas anonym, aber mitten im Zentrum und mit kostenlosem Parkplatz. B & B ab 55 £. Botchergate, CA1 1RP, ✆ 01228/518000, www.ibis hotel.com.

Carlisle YHA. Neben dem Castle in der alten Brauerei, die als Hall of Residences der Universität dient, geöffnet daher nur in den Trimesterferien von Juli bis Sept. 56 Betten, ab 25 £. Old Brewery Residences, Bridge Lane, DA2 5SR, ✆ 01228/597352, www.yha. org.uk/hostel/carlisle.

Essen & Nachtleben Die meisten Lokale, Bars und Clubs findet man im Botchergate-Viertel im Stadtzentrum. Ebenfalls eine gute Gegend für Bars und Cafés ist das Cathedral Quarter südlich des Zentrums.

››› Mein Tipp: **David's Restaurant.** Gehobene britische Küche mit europäischem Einschlag wird in diesem eleganten Stadthaus serviert. Selbstverständlich kommen die Zutaten aus der Region. 2 Gänge ab 20,95 £. Di–Sa 12–15.30 u. 18.30–23 Uhr. 62 Warwick Road, CA1 1DR, ✆ 01228/523578, www.davidsrestaurant.co.uk. ‹‹‹

Bari Restaurant. Indisches Restaurant mit philosophischem Anspruch und exotischen Fleischsorten wie Känguru, Strauß oder Bison, aber auch Fisch und Vegetarisches. Mo–Do 17–22.30 Uhr, Fr/Sa bis 23 Uhr, So bis 22 Uhr. 21–23 West Tower Street, CA3 3QT, ✆ 01228/522970, www.bari restaurant.co.uk. ■

Bar Solo. Zeitgemäße Bistro-Bar, viel junges Volk und mediterranes Flair mit schönen Kacheln. Gegenüber vom Bahnhof, gegen eine Gebühr bewahren sie Gepäck auf. Tägl. 12–23 Uhr, Fr/Sa bis 24 Uhr. 1 Botcher Street/The Crescent, CA1 1QP, ✆ 01228/631600, www.barsolo.co.uk.

The Garden Restaurant. Im Tullie House, alles fairtrade, viel Fisch. Tullie House Museum & Gallery, Castle Street, CA3 8TP, 01228/818117.

Sehenswertes

Carlisle Cathedral: Nach Oxfords Christ Church Cathedral ist sie die zweitkleinste aller englischen Kathedralen – ein Teil ihrer Mauern wurden im Bürgerkrieg 1649 abgetragen und zur Verstärkung der Burg verbaut. Die Kathedrale wurde 1122 als Klosterkirche gegründet und im normannischen Stil errichtet, der im südlichen Transept und in den Kapellen des Border Regiments noch zu erkennen ist. Sensationell ist das hochgotische Ostfenster, das Buntglas aus dem 14. Jh. enthält und Szenen aus dem Leben Jesu sowie das Jüngste Gericht zeigt. Auch die wunderschön bemalte Decke im Chor sowie Teile des Chorgestühls wurden im 14. Jh. geschaffen. Das Altar-Tryptichon erzählt die Passion Christi und stammt aus Antwerpen. In der Kathedrale findet alljährlich das Summer Music Festival von Carlisle statt.

Mo–Sa 7.30–18.15 Uhr, So bis 17 Uhr. Eintritt frei, Spende von 5 £ erbeten. 7 The Abbey, CA3 8TZ, ✆ 01228/548151, www.carlislecathedral.org.uk.

Carlisle Castle/Cumbria Museum of Military Life: Wie so viele Burgen wurde auch Carlisle Castle auf Befehl Wilhelms des Eroberers erbaut. Die vielen Versuche der Schotten, Carlisle zurückzuerobern, führten zu einem schnellen Ausbau der Feste. Etwa 700 Jahre dauerte das Wechselspiel der Besitzer an. Erst nach der Vereinigung Englands und Schottlands 1707 spielte die Grenzlage der Stadt keine Rolle mehr. Teile der Burg wurden danach zur Materialgewinnung abgetragen, der Rest diente dem Grenzregiment als Lager. Schauerlich sind natürlich die Dungeons, das Ver-

Zankapfel an der Grenze zu Schottland: Carlisle Castle

lies, wo man die legendären „Licking Stones“ sehen kann. An diesen triefenden Steinen fanden die Gefangenen, die dort ohne Nahrung oder sanitäre Einrichtungen eingepfercht waren, etwas Feuchtigkeit, um nicht schon vor ihrer Hinrichtung zu verdursten. Berühmteste Gefangene war Mary Queens of Scots, die von ihrer Cousine Elisabeth I. hier festgehalten wurde. Den Turm, wo sie einsaß, kann man besichtigen. Im Alma Block erzählt das Cumbria Museum of Military Life die Geschichte des Grenzregiments „The King's Own Royal Border Regiment“ in den Kriegen von 1702 bis heute. Emotional berühren vor allem die persönlichen Fundstücke, etwa die Bibel des Gefreiten Fredrick Peil, die er in seiner Brusttasche trug, als eine deutsche Maschinengewehrkugel ihn traf – das heilige Buch rettete ihm das Leben.

März bis Sept. tägl. 10–17 Uhr, im Winter nur Sa/So 10–16 Uhr, in den Ferien tägl. 6,40 £, erm. 5,80 £, Kind 3,80 £, Familie 16,60 £. Militärmuseum 4 £, erm. 3 £, Kind 2 £, Familie 10 £. Im hinteren Teil der Burg findet sich auch eine aufschlussreiche Ausstellung über die Geschichte der Burg. Castle Way, CA3 8UR, ✆ 01228/591922, www.english-heritage.org.uk u. www.cumbriasmuseumofmilitarylife.org.

Tullie House Museum and Gallery: Das preisgekrönte Museum zeigt eine naturwissenschaftliche Sammlung zu Zoologie, Botanik und Geologie der Region. Man kann hier z. B. durch einen nachgebauten Minenschaft kriechen oder die Gemäldesammlung mit Werken des Arts-and-Crafts-Künstlers Edward Burne-Jones oder des auf christliche Motive spezialisierten Stanley Spencer oder des Impressionisten Winifred Nicholson bestaunen. In erster Linie aber macht das Museum die Geschichte des Grenzlandes lebendig. Nagelneu ist die Ausstellung über die Wikinger, in der erstmals archäologische Funde eines Wikinger-Friedhofs zu sehen sind. In seiner ständigen Ausstellung „The Roman Frontier“ (Die römische Grenze) geht es um 400 Jahre römische Besatzung. Höhepunkt ist eine Rekonstruktion des Hadrianswalls in Originalgröße, die die Ruinen der Originalschauplätze zum Leben erweckt und Lust macht auf einen Besuch vor Ort.

April bis Okt. Mo–Sa 10–17 Uhr, So 11–17 Uhr; Nov. bis März Mo–Sa 10–16 Uhr, So 12–16 Uhr. 9,90 £, erm. 8,80 £, bis 18 J. frei. Castle Street, CA3 8TP, ✆ 01228/618718, www.tulliehouse.co.uk.

Der Nordwesten → Karte S. 563

Abenddämmerung am River Bure

Kleiner Wanderführer

Ehemalige Bergarbeiterhütte: die Jugendherberge Coniston

Kleiner Wanderführer

Nord- und Mittelengland sind „The Great Outdoors", also das perfekte Land für Unternehmungen in der freien Natur, und Wandern ist der beliebteste Breitensport. Viele Wanderfreunde in England sind in der Ramblers Association organisiert, die 1935 als gemeinnütziger Verein gegründet wurde, um für Wanderer Zugang zu Landstrichen in Privatbesitz zu erstreiten und das Netz der National Trails zu erhalten. Die Organisation war maßgeblich an der Gründung der Nationalparks beteiligt und hat etwa heute 114.000 Mitglieder in rund 500 Ortsgruppen.

Gerade weil es oft über privates Land geht, das für die Viehzucht genutzt wird, müssen Wanderer häufig über Zäune oder Mauern. Es gibt Weidedurchgänge mit schwingenden Gattern *(kissing gates)*, oder man klettert auf Zauntritten bzw. Treppchen *(stiles)* über die zahlreichen Trockensteinmauern. Um Schafe und Kühe auf ihren Weiden zu halten, sind auch oft Viehgitter/Weideroste *(cattle grids)* in den Straßenbelag eingelassen. In bergigem Gelände werden Gipfel nicht wie in den Alpen üblich mit Gipfelkreuzen, sondern mit sogenannten Cairns, aufgetürmten Steinhaufen, gekennzeichnet. In England gibt es auch keine klassischen Wanderhütten, am nächsten kommen diesen die *bunkhouses,* das sind Sammelunterkünfte in umgebauten Scheunen. Selbst die kleinsten Dörfer verfügen noch über ein Pub oder einen Tearoom, in dem man sich nach der Tour stärken kann. Und in der Hauptsaison stehen entlang mancher Routen auch Imbisswagen.

Die Küsten Englands sind durch Küstenwanderwege gut erschlossen. Die Pfade immer am Meer entlang sind recht gut erkennbar und bedürfen keiner Führung. Die Besucherzentren der Nationalparks sind gut ausgestattet mit Wanderkarten und

-führern, oft gibt es sogar kostenfreie Faltblätter mit der Anleitung für einfache, familiengerechte Wanderungen. In diesem kleinen Wanderführer finden Sie sieben mittelschwere Halbtagestouren, die für die jeweilige Region typisch sind und einer gewissen Fitness bedürfen. Einzig Tour 6 im Lake District nimmt einen ganzen Tag in Anspruch und bedarf guter Ausdauer und Trittsicherheit.

In Mittelengland erwartet Sie eine sanfte, grüne Hügellandschaft mit Wiesen, Buchenwäldern und ruhigen Flusstälern, in denen reizvolle Dörfer liegen, die aus dem honigfarbenen Sandstein der Region gebaut sind. Viele Herrenhäuser *(manor hoses)* mit hübschen Gärten können besichtigt werden (Tour 1).

Der Osten ist sehr flach, und an der Küste von North Norfolk gibt es Sandstrände soweit das Auge reicht. Entspannte Spaziergänge führen durch Dünenlandschaften voller Sanddorn und Salzmarschen, die Lebensraum für unzählige Vogelarten wie dem Austernfischer sind (Tour 2).

Besonders schön sind auch die Wanderungen in den Nationalparks des Nordens: Im Peak District kontrastieren wilde Moore mit sanften Tälern und beeindruckenden Schluchten. Peak heißt so viel wie Spitze oder Erhebung, und das Erklimmen eben jener wird mit unvergesslichen Panoramablicken belohnt (Tour 3).

Die North York Moors in der Grafschaft Yorkshire sind Englands größte Heidelandschaft, ein Meer aus dichtem Lila und entrückter Stille. An den Küsten bricht das Gelände dann steil ab (Tour 5).

Nicht weniger attraktiv sind die runden Hügel und Berge des Yorkshire-Dales-Nationalparks, der durch die verfilmten Bücher „Der Doktor und das liebe Vieh" bekannt wurde. Weite Heidemoore, malerische Natursteindörfer und wilde Karstlandschaften prägen hier das Bild (Tour 4).

Der benachbarte Lake District ist ein klassisches, bergig-alpines Wanderrevier. „Der schönste Platz, den der Mensch je erblickt hat", beschrieb der große Dichter der Romantik, William Wordsworth, seine Heimat. Über den malerischen Seen, umgeben von Wiesen und knorrigen Bäumen, ragen rau und karg die höchsten Gipfel Englands auf. Diese zu erreichen ist eine schweißtreibende Herausforderung (Tour 6), doch gibt es auch leichtere Wanderungen, wenn sie (wenigstens zum Teil) am Ufer eines malerischen Sees entlangführen (Tour 7).

Am dünnsten besiedelt ist die Grafschaft Northumberland an der Grenze zu Schottland. Hier bauten die Römer unter Kaiser Hadrian ihren Verteidigungswall, den man komplett erlaufen kann (Tour 8).

Eine gute Wanderkarte ist in England unentbehrlich, am besten sind die topografischen Karten von Ordnance Survey. Die Orientierung vor allem im Moor- und Heideland fällt einfacher mit dem Maßstab 1:25.000 (OS Explorer), für Ostengland reicht 1:50.000 (OS Landranger) aus. Die GPS-Tracks der acht Wanderungen in diesem Buch stehen auf der Homepage www.michael-mueller-verlag.de als Download zur Verfügung, jedoch ohne die in den Texten speziell ausgewiesenen Waypoints.

Da das englische Wetter wechselhaft ist, empfiehlt es sich, besonders warme, atmungsaktive Kleidung in mehreren Lagen, robustes, wasserdichtes Schuhwerk sowie Wind- und Regenschutz mitzunehmen. In Mittel- und Ostengland kann man das ganze Jahr über wandern. Im Norden kommt es im Winter durch Schnee und Eis mitunter zu Einschränkungen, vor allem bei den Bergwanderungen *(fell walks)* – viele Briten sind jedoch selbst dann mit entsprechender Ausrüstung unterwegs.

Am Dorfgrün von Stanton

Tour 1: Rundwanderung von Stanton über Snowshill

Charakteristik: Einfache bis mittelschwere Wanderung mit wenigen, aber merklichen Anstiegen durch die typische Weidelandschaft der Cotswolds. Bis auf den mittleren Abschnitt durch ein schattiges Wäldchen ist der Weg klar erkennbar und gut ausgebaut. Sie kommen durch zwei entzückende, aus Sandstein gebaute Dörfer und können einen Landsitz mit herrlichem Garten besichtigen. **Länge/Dauer**: 10,5 km, ca. 3:30 Std. reine Gehzeit. **Auf- und Abstiege**: 407 m, 368 m. **Einkehrmöglichkeiten**: sehr gutes Pub in Stanton **18**, Pub in Snowshill und Snowshill Manor Café **10**. **Ausgangspunkt**: Gemeindeparkplatz beim Cricketfeld in Stanton. **Anfahrt**: Von der High Street der Beschilderung nach Broadway folgen, am Ende des Cricketfeldes ist rechts der Parkplatz. (Achtung: Am Parkplatz gibt keine öffentlichen Toiletten.) Die Buslinie 606 (Cheltenham – Willersey, Mo–Sa alle 1–2 Std.) hält an der Hauptstraße B 4632.

Wegbeschreibung: Sie verlassen den **Parkplatz 1**, folgen der Straße (High Street) nach rechts und biegen an der nächsten Kreuzung in die Stanway Road links ab. Stanton ist eines der hübschesten Dörfer der Cotswolds, allerdings total verschlafen ohne Shop und ohne Touristen. Der Ort liegt zu Füßen des Shanborrow Hill und sieht es so aus, als wäre hier die Zeit mindestens 300 Jahre lang stehengeblieben.

Wenn Sie der Straße 500 m bis zur nächsten Gabelung folgen, kommen Sie an blumenumrankten, spitzgiebeligen Häuschen mit typischen Rundbogenfenstern vorbei, alle aus demselben Sandstein. Sie treffen auf ein Dorfgrün mit einer historischen **Laterne 2**. (Geradeaus ginge es zum Mount Inn Pub, das Sie am Ende der Wanderung erreichen.) Sie folgen jetzt der geteerten, schmalen Sackgasse nach rechts. Kurz vor einer **Tränke** 3, die im Sommer mitunter von den Bäumen verdeckt ist, folgen Sie dem „Cotswold Way" am entsprechenden Wegweiser nach rechts auf einen Pfad und gehen durch zwei Gatter.

Nachdem Sie die Tränke (kleiner Teich) rechts vom Weg passiert haben, geht es zwischen einigen Buchen recht steil bergauf. Oben weist erneut ein Wegweiser den „Cotswold Way" aus. Gehen Sie durch den **Weidedurchgang** 4 links des Hauses und folgen Sie dem Pfad rund 800 m über die Wiese, bis Sie zu einem Weiderost und auf eine **Straße** 5 gelangen, die nach Snowshill führt. Nun verlassen Sie den Cotswold Way für eine Weile.

Gehen Sie die Straße nach rechts und nehmen Sie den ersten Wanderpfad nach links gegenüber dem **Auto-Wendehammer** 6. Es geht durch einen Weidedurchgang in den **Littleworth Wood,** der vom National Trust gepflegt wird. Nach etwa 150 m biegt der Weg nach rechts ab und führt bis zu einem steinernen **Zauntritt** 7 am Waldrand. Überqueren Sie das Feld und auch das nächste Feld bis zu einem **Weidedurchgang** in der linken Ecke. Hier gelangen Sie wieder auf die **Straße** 8 nach Snowshill. Sie wenden sich nach rechts und an der nächsten T-Kreuzung 9 links nach Snowshill.

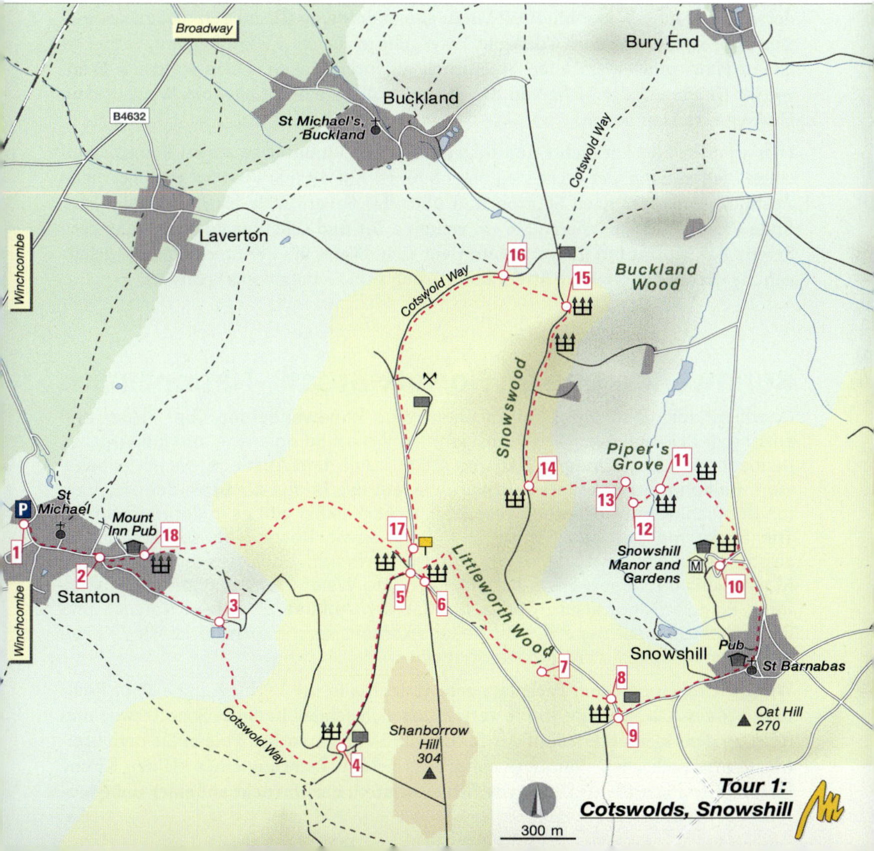

Sie gehen nun einmal durch das hübsche Dorf **Snowshill**, das oberhalb eines Steilhanges liegt, vorbei am Pub und der Kirche, und erreichen nach zwei weiteren Windungen einen Parkplatz, an dem braune Schilder zum Herrenhaus weisen: **Snowshill Manor and Gardens** **10** (→ S. 130). Nutzen Sie die Gelegenheit zu einem Besuch (April bis Juni und Sept./Okt. Mi–So 12–17 Uhr, Juli/Aug. tägl. außer Di 11.30–16.30 Uhr).

Gehen Sie zurück bis kurz vor die Hauptstraße, wo nach links ein **Weidedurchgang** aufs Feld führt. Marschieren Sie entlang der Eschenbäume über dieses und das nächste Feld, wo ein weiterer Weidedurchgang auf Sie wartet. Danach gehen Sie links und folgen dem Zaun ins Tal. Unten angelangt kommen Sie durch ein weiteres **Gatter** **11**, dann führt der Weg leicht ansteigend durch den Wald (Piper's Grove). Kurz vor dem nächsten Gatter führt der Pfad nach rechts **12** und steigt nun weiter am Rande des Wäldchens an, immer entlang eines **Zaunes** zu Ihrer Linken.

Oben angelangt passieren Sie ein weiteres **Gatter** **13**, an dem der Weg scharf nach links abbiegt und durch ein schmales Feld in Richtung einer Baumreihe bis zu einem alten **Weidedurchgang** **14** aus Eisen führt. Hier gehen Sie rechts und folgen dem Feldweg für ca. 800 m entlang des Snowswood bis zu einem Farmtor **15**.

Gehen Sie nun durch den Weidedurchgang zu Ihrer Linken und folgen dem Wanderweg über eine Wiese hinunter bis zu einem **Feldweg** **16**, auf den Sie links abbiegen. Nun wieder auf dem Cotswold Way, geht es für ca. 1,5 km bergauf, vorbei an einem Haus und einem alten Steinbruch zu Ihrer Linken. Oben steht ein **Wegweiser** **17** ganz in der Nähe von der Stelle, an der Sie den Cotswold Way auf dem Hinweg verlassen haben.

Hier wenden Sie sich rechts und folgen dem Weg hinunter zu einem Farmtor und einen Pfad entlang, der recht steil bergab führt. Auf diesem Pfad hat man herrliche Ausblicke hinunter nach Stanton und über das Severn Vale bis nach Wales. Am Ende dieses Pfades passieren Sie ein weiteres Tor und sehen nach wenigen Metern bereits das **Mount Inn** **18** von Stanton vor sich. Wenn Sie der Straße folgen, gelangen Sie wieder auf die High Street und zurück zum Gemeindeparkplatz **1**.

Tour 2: Rundwanderung im Norfolk-Broads-Nationalpark

Charakteristik: Einfache, ziemlich ebenerdige Rundwanderung über Felder und entlang der Deiche des River Bure. Nehmen Sie ein Fernglas mit, um die Vögel zu beobachten. **Länge/Dauer**: 8,5 km, ca. 2,5 Std. **Auf- und Abstiege**: Nicht nennenswert. **Einkehrmöglichkeiten**: Kurz vor Acle lädt das Bridge Inn **8** an der Old Road mit Bootsanlegestelle zum Verweilen ein. In Acle selbst gibt es in der Hauptstraße The Street mehrere Tea Rooms und Cafés sowie Restaurants (indisch, chinesisch). Jeden Donnerstag wird ein Markt veranstaltet, jeden zweiten Samstag im Monat verkaufen Bauern aus dem Umland ihre Waren. **Ausgangspunkt**: Kostenfreier Parkplatz am Leisure Centre und Library. **Anfahrt**: Zwischen Norwich und Great Yarmouth auf der A47. Wer freitags kommt, kann die kleine St Mary Kirche in Fishley besuchen, die nur dann offen hat.

Wegbeschreibung: Vom Parkplatz geht es rechts in die Pyebush Lane **1** in Richtung Fishley. Die schmale Straße verwandelt sich schnell in einen Schotterweg und führt an dem kleinen Friedhof der St.-Edmund-Kirche vorbei. Folgen Sie dem breiten, grasbewachsenen Pfad über ein großes Feld in Richtung einer kleinen Kirche (geöffnet freitags 10–16 Uhr, www.fishley.org.uk), die entrückt auf einer unbedeu-

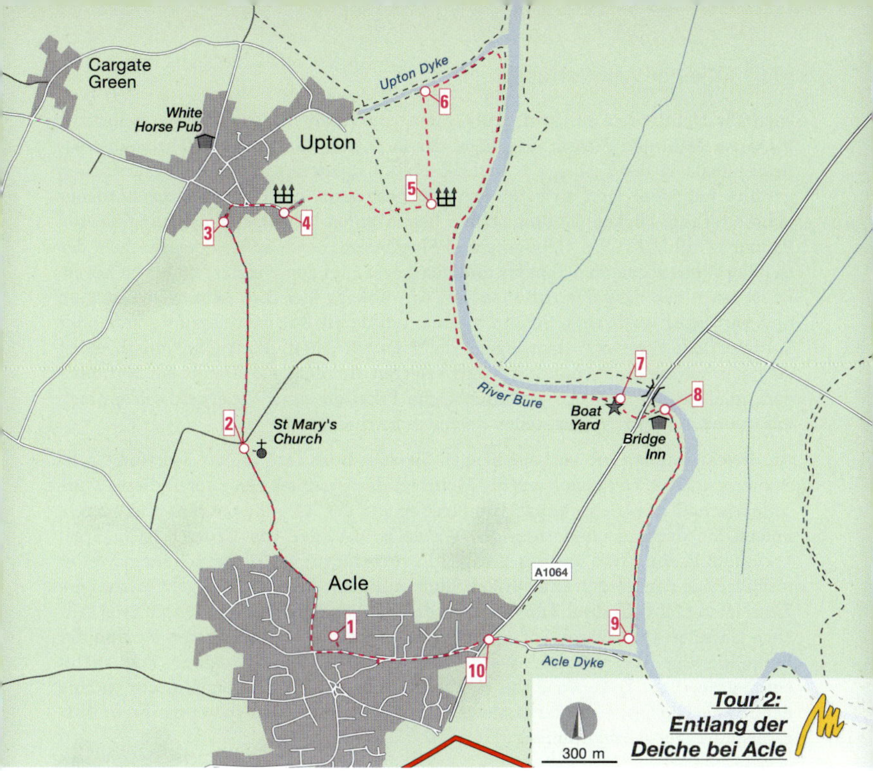

tenden Erhebung steht und dem Wanderer mit ihrem für East Anglia so typischen runden Turm ein wenig Schatten spendet **2**. Von hier aus gehen Sie auf einem Feldweg, der mit einem alten Holzwegweiser als Public Footpath gekennzeichnet ist, gerade zu über ein großes Feld. Lassen Sie Ihre Blicke über die beruhigende, weite Marschlandschaft streifen, die „bis ans Meer mehrere Meilen weit ihre grasreiche Ebene ausdehnt“ (Theodor Storm). Der leichteste Windhauch kann ungehindert über das flache Auenland hinwegziehen, Schutz bietet erst wieder das Dorf Upton.

Der nun von Hecken gesäumte Weg landet am Dorfgrün vor einem pinkfarbenen Haus **3**. Nehmen Sie die Straße nach rechts am Altenheim vorbei. Sie wird schnell wieder zu einem Weg, der einige Bungalows und zwei Feldtore passiert **4** **5**. Hinter dem zweiten biegen Sie scharf nach links auf den Deich und die Boote zu. Nach kurzer Zeit sind Sie oben auf dem Deich **6**. In Reih und Glied sind hier die Yachten und Motorboote von Anwohnern und Urlaubern am Ufer vertäut, bereit für die Fahrt durch die schleusenfreie Polderlandschaft. Wie in Holland wird sie durch traditionelle, mehrstöckige Windmühlenpumpen entwässert, eine davon haben Sie links im Blick.

Die Wanderung setzen Sie nach rechts fort. Von nun an führt der Weg immer auf dem Deich entlang, flussabwärts dem River Bure – 51 km lang und der nördlichste der drei Hauptflüsse der Norfolk Broads – folgend. Stockenten, Blässhühner, Haubentaucher, die auffällig gefiederte Kanadagans wie auch die farbenfrohe Nilgans lieben seine einsamen Ufer. Auch Graureiher, Kormorane, Falken, Sperber, Dommeln und sogar der seltene Seidensänger brüten in diesem Feuchtbiotop, das ebenfalls Heimat der einzigen Brutkolonie von Kranichen innerhalb Großbritanniens ist. Mitunter glitzern die Flügel der in Deutschland stark gefährdeten Keilfleck-Libelle in der Sonne, die sich die Nationalparkverwaltung als Wahrzeichen gewählt hat, oder lässt sich der Schwalbenschwanz, ein bei uns ausgestorbener Schmetterling, blicken. Untätig stehen fünf Mühlen in einiger Entfernung herum: Palmer's, Tall Mill, Oby, Clippesby und Fleggburgh. Doch außer dem Rascheln des sich im Wind wiegenden Schilfes und den Lockrufen der Vögel ist nichts zu hören. Es ist lange her, dass Generationen von Anwohnern hier ihre Aalreusen auslegten und das üppig wachsende Schilf ernteten, um damit ihre Hütten zu decken, oder kommerzielle Jäger mit einer eigens dafür entwickelten „Punt Gun" durch einen einzigen Schuss bis zu hundert Vögel erlegten. Seitdem die Broads ein Nationalpark sind (1988), hat sich die artenreiche Pflanzen- und Vogelwelt vollkommen erholt und nur Sportangler stellen noch den Fischen nach.

Am Rivers Sailing Club vorbei gelangen Sie zum Boat Yard **7**, wo „Horizon Craft" Boote vermietet, von denen aus die Mehrheit der Urlauber den Zauber dieser Wasserlandschaft aus erlebt, fernab von Straßen wie der A47, die Sie nun überqueren. Folgen Sie der Ausschilderung des Weaver's Way, der von Cromer nach Great Yarmouth verläuft und hier am Bridge Inn vorbeiführt, wo Sie bei schönem Wetter im Riverside Beergarden einkehren sollten. Auf dem Weaver's Way geht es vor dem Zaun nach rechts **8** rund 2 km am Ufer des Bure entlang , bis man durch zwei sehr enge Gates an eine Wegekreuzung an einer Brücke gelangt **9**. Folgen Sie nun der Beschilderung Acle Circular Walk halbrechts. Sie erreichen kurze Zeit später entlang der Boat Dyke Road die Hauptstraße **10**, die Sie überqueren, um entlang der Straße The Drive, die zur Bridewell Road wird, kurze Zeit später zu Ihrem Ausgangspunkt zurückzukommen.

Wasser, wohin man blickt: die Norfolk Broads

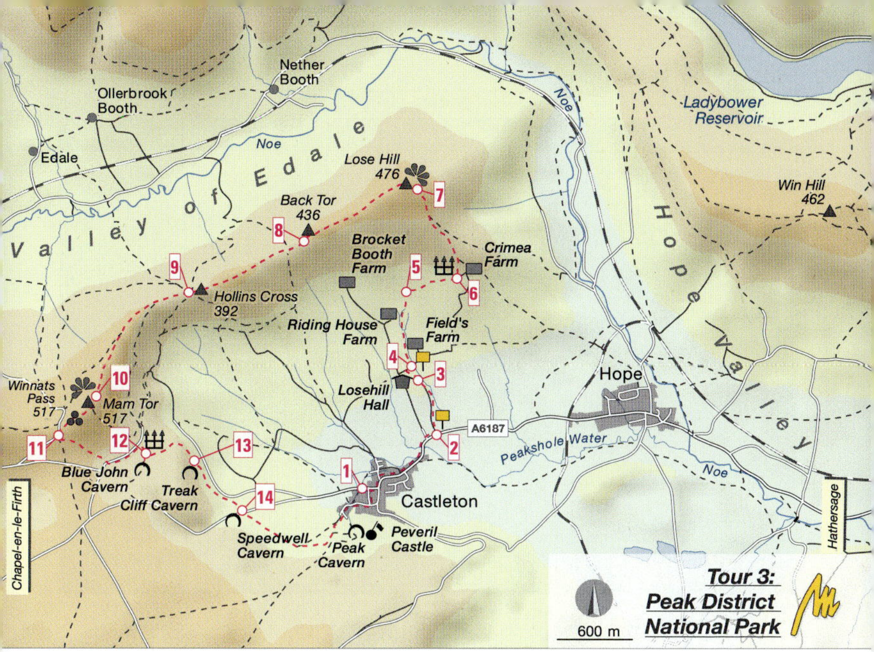

Tour 3: Beliebte Rundwanderung im Herzen des Peak District

Charakteristik: Mittelschwere Wanderung, die über einen längeren Anstieg und steileren Abstieg oben auf einem Bergkamm entlangführt. Drei Höhlen können besichtigt werden, eine vierte Höhle (Peak Tavern) sowie die Burgruine von Peveril Castle sind ein kurzer Abstecher. **Länge/Dauer**: 11,4 km, ca. 3:30 Std. reine Gehzeit. **Auf- und Abstiege**: 515 m, 516 m. **Einkehrmöglichkeiten**: In Castleton **1** gibt es viele Pubs und Tearooms, die Betreiber der Höhlen verkaufen Snacks. **Ausgangspunkt**: Parkplatz des National Trust Visitor Centre am westlichen Ortsrand von Castleton an der A 6187 (gebührenpflichtig, kostenfreie öffentliche Toiletten). **Anfahrt**: Achtung, von Chapel-en-le-Frith und der A 623 kommend führt der direkte Weg nach Castleton über den Winnats Pass, der nicht für Wohnwagen geeignet ist! Betroffene fahren weiter auf der A 623 und nutzen stattdessen die B 6049.

Wegbeschreibung: Vom **Parkplatz** **1** gehen Sie zur Hauptstraße am Kreisverkehr und wenden sich nach links. Sie schlendern etwa 0:15 Std. durch das Dorf. Kurz hinter dem Ortsende weisen Schilder **2** nach links zur Jugendherberge Losehill Hall. An der **Jugendherberge** **3**, einem stattlichen Landsitz, überqueren Sie den Parkplatz und gehen durch das Tor auf einen Schotterweg. Gleich bei der nächsten Möglichkeit an einem maroden **Wegweiser** **4** geht es links immer den Bach entlang über eine Weide in Richtung Brocket Booth Farm.

Vor der Farm biegt der Weg nach rechts ab **5**, es geht durch ein Tor und einige Stufen hinunter, über einen Bach und am anderen Ufer wieder hinauf. Sie halten sich immer in Richtung der Crimea Farm. Vor der Farm kommen Sie durch einen **Weidedurchgang,** hinter dem der Weg zum Lose Hill nach links **6** abzweigt (ausgeschildert). Nun folgt ein recht steiler, direkter Anstieg über eine Wiese auf ein Plateau. Hier angelangt, befinden Sie sich auf etwa der Hälfte der Strecke auf den

Auf dem Kamm zum Mam Tor

Lose Hill und bereits hier können Sie einen schönen ersten Blick hinunter nach Castleton genießen. Folgen Sie dem Pfad, der nun leicht ansteigt und bald zu einem weit steileren, ausgebauten Weg wird. Sie kommen über mehrere Zauntritte. Hier wurde der Weg vom National Trust gepflastert, um weitere Erosionsschäden zu verhindern. Etwa 0:20 Std. nach der Crimea Farm erreichen Sie den Gipfel des **Lose Hill** **7** auf 476 m, wo Sie auf einen gemauerten, runden Richtungsweiser treffen und einen tollen Blick nach Osten zum Win Hill (der auffällige pyramidenartige Berg) und ins Hope-Tal haben.

Auf dem Lose Hill (Verliererhügel) haben dem Mythos nach im 7. Jh. die Könige von Wessex und Mercia eine Schlacht gegen den König von Northumbria verloren, der mit seinen Truppen auf dem Win Hill (Siegerhügel) getauften Berg campierte, sich hinter einer Steinmauer verschanzt hatte und die Angreifer in die Flucht schlug, indem er Felsen auf sie hinunterregnen ließ.

Ab dem Lose Hill bleiben Sie auf dem Kamm, der Weg bleibt gepflastert und ist leicht gehbar. 10 Min. später stehen Sie am **Back Tor** **8**, der abrupt ins Tal abbricht, was man erst so richtig wahrnimmt, wenn man ein Stückchen weiter die Stufen hinabgegangen ist und sich zu ihm umdreht. Nach rechts überblicken Sie das Edale Valley und die moorigen Anhöhen des Dark Peak. Sie kommen am **Hollins Cross** **9** vorbei, nun trennen Sie nur noch 2 Tore und gut 100 Höhenmeter entlang des Bergkamms vom Mam Tor.

Mam Tor **10** ist ein herrlicher, wenn auch sehr windiger Aussichtspunkt auf 517 m Höhe mit Blick über das Hope Valley, das Edale Valley und auf den Kinder Scout, den mit 636 m höchsten Berg des Peak District. Hier kann man bei Ostwind oft beobachten, wie sich Hang- und Paraglider von der Klippe stürzen.

Folgen Sie von hier aus weiter dem gepflasterten Weg. Vorbei an einer eisenzeitlichen Feste, treffen Sie am Fuße des Berges auf eine Straße, der Sie ein kurzes Stück nach links folgen. Gehen Sie durch das **Tor** und folgen Sie der Beschilderung **11** zur

Blue John Cavern. Über das unebene Gelände der ehemaligen Odin Mine stoßen Sie auf die Zufahrtsstraße zur Höhle, **Blue John Cavern 12**. Sie ist nach dem bläulich verfärbten Feldspat benannt, den es nur in diesem Berg und seinen beiden Höhlen gibt, und ist im Sommer täglich von 9 bis 16.30 (letzte Tour) zu besichtigen.

Lohnenswerter ist jedoch die nächste Höhle, die Sie 0:15 Std. später erreichen. Dazu gehen Sie links neben der Blue John Cavern durch ein Gatter und folgen dem Trampelpfad einmal um den Berg herum. Wenn die Wellblechdächer vor Ihnen auftauchen, sind Sie an der **Treak Cliff Cavern 13** angelangt. Hier wird nicht nur der seltene bläuliche Feldspat gewonnen, sie ist auch eine Tropfsteinhöhle mit Stalagmiten und Stalaktiten, die man täglich von 9.30 von 17.30 Uhr besichtigen kann.

Von der Höhle folgen Sie dem betonierten Weg nur kurze 50 m und halten sich rechts auf dem Trampelpfad über die Weide. Er bringt Sie nach 10 Min. zur nächsten Höhle, **Speedwell Cavern 14**. Man erreicht sie jedoch nur mit einem elektrisch betriebenen Boot (täglich von 10 bis 17 Uhr). Überqueren Sie die Straße (A 6187), die rechts vom spektakulären Winnats Pass kommt, und laufen Sie immer geradeaus entlang der Mauer zu Ihrer Linken. Nach weniger als einem Kilometer erreichen Sie die ersten Natursteinkaten von **Castleton.**

Wer möchte, kann einen Abstecher zum **Peveril Castle** machen oder die **Peak Cavern** besichtigen (→ S. 619), die mit 800 m Länge die größte Höhle Englands sein soll. Zurück an der Hauptstraße biegen Sie nach links und sind bald darauf wieder am Ausgangspunkt **1** angelangt.

Tour 4: Rundwanderung im Herzen der Yorkshire Dales

→ Karte S. 695

Charakteristik: Eine der beliebtesten Wanderung der Region, denn sie verbindet die bekanntesten Naturhöhepunkte der Yorkshire Dales: zwei Wasserfälle, spektakuläre Kalksteinfelder (Karstplateaus), einen See, eine Schlucht und eine Steilklippe. Ein großer Teil davon gehört zum Malham Estate des National Trust und steht unter Naturschutz. Mitunter ist halb Yorkshire hier auf den Beinen, daher am besten die Wochenenden meiden. Zwei Drittel der Wanderung sind einfach bis mittel und die Wege sehr gut ausgebaut, dazwischen gibt es jedoch einen sehr steilen Aufstieg über den New Close Knotts und einen schwierigen Abstieg über Geröllfelder durch die Malham Cove (knöchelhohe Wanderschuhe erforderlich). **Länge/ Dauer**: 13,9 km, ca. 4:30 Std. **Auf- und Abstiege**: 334 m, 335 m. **Einkehrmöglichkeiten**: In Malham **1** gibt es mehrere Pubs, bei Gordale Scar **5** und Low Trenhouse **13** in der Hauptsaison Imbisswagen. **Ausgangspunkt**: Parkplatz des Besucherzentrums Yorkshire-Dales-Nationalpark in Malham (öffentliche Toiletten). **Anfahrt**: Von der A 65 biegt man in Gargrave auf kleine Landstraßen ab. In Gargrave ist auch der nächste Bahnhof, die Züge kommen aus Leeds (über Skipton). Busse 210 und 211 fahren von Skipton über Gargrave.

Im Besucherzentrum gibt es verschiedene Informationstafeln zu Geologie, Flora und Fauna der Region sowie Karten- und Informationsmaterial. Die Dales sind ein für englische Maßstäbe recht hohes Gebirge aus Kalkstein, mit Mooren und großen Weideflächen für Schafe. Die Trockensteinmauern um die Weiden sind allgegenwärtig und müssen durch Gatter, per Leiter oder Treppen überwunden werden. Auf dieser Wanderung passieren Sie vor allem Gatter.

Wegbeschreibung: Gehen Sie vom **Besucherzentrum** **1** die Straße entlang etwa 50 m in Richtung Dorf und überqueren Sie vor der **Malham Smithy** **2** (Schmiede) auf einer alten Packeselbrücke rechts den Malham Beck, der ein Zufluss der Aire ist. Folgen Sie der Beschilderung zum Janet's Foss (Wasserfall) – nach wenigen Minuten entlang eines Teilstücks des Pennine Way treffen Sie auf das Flüsschen Gordale Beck, dem Sie folgen. Nach ca. 1,5 km gelangen Sie zu einem Wäldchen (Wedber Wood), das zum Malham Estate des National Trust gehört. Nach einem kurzen, leichten Anstieg kommen Sie zum Wasserfall **Janet's Foss** **3**.

Janet soll dem Volksglauben nach eine Feenkönigin gewesen sein, die in einer Höhle hinter dem Wasserfall gewohnt hat. Foss ist ein nordisches Wort für Wasserfall. In dem Pool, wo sich das Wasser sammelt, wurden früher Schafe gewaschen. Während Janet's Foss verwunschen und romantisch ist, präsentiert sich Gordale Scar dramatisch. Diese Kalksteinschlucht mit ihrem doppelten Wasserfall wurde 1816 von William Turner gezeichnet, und William Wordsworth hat ein Sonett über sie verfasst.

In die Schlucht gelangen Sie, wenn Sie dem Weg an Janet's Foss vorbei weiter bis zur Straße folgen. Hier gehen Sie etwa 100 m rechts an der **Gordale Bridge** **4** vorbei, zu der Sie im Anschluss zurückkehren werden, und biegen dann hinter dem Straßenschild (Verengung) bei dem hölzernen Wegweiser „FP Gordale Scar“ links durch ein Gatter. Nach 500 m erreichen Sie das Ende des Weges und stehen vor den über 100 m hohen Kalksteinwänden von **Gordale Scar** **5**. Links erhebt sich New Close Knotts, rechts Cross Field Knotts und vor Ihnen stürzt sich über Gordale Scar gleich zweimal der Gordale Beck in die Tiefe.

Kehren Sie auf demselben Weg zurück zur **Gordale Bridge** **4** und überqueren Sie die ansteigende Wiese rechts der Brücke. Wer eine kürzere, weniger anstrengende Wanderung unternehmen möchte, bleibe nach dem **Weidedurchgang** **6** auf dem Weg geradeaus (in Richtung des Mauertritts über die nächste Trockensteinmauer) und gelangt so direkt zur Malham Cove, einer riesigen Kalsteinwand in Form eines Amphitheaters.

Rast am Malham Tarn

Wer mehr Zeit und Energie mitbringt, folge dieser Route über den New Close Knotts zum Malham Tarn (See) und durch die Schlucht zur Malham Cove. Dazu biegen Sie nach besagtem **Weidedurchgang** oberhalb der Wiese scharf rechts ab und folgen dem steilen Trampelpfad durch ein Tor in der Trockensteinmauer auf den **New Close Knotts** **7**. Auf 368 m bietet er fantastische Ausblicke in die Gordale-Schlucht.

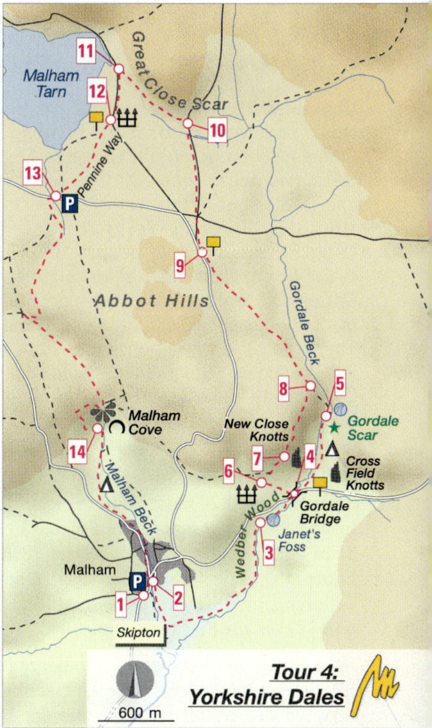

Überqueren Sie den Berg immer geradeaus, bis Sie an der Klippe oberhalb des Wasserfalls auf den Wanderweg nach Malham Tarn stoßen. Hinter einem **Zauntritt** **8** führt ein langer, ebener Grasweg etwa 2 km immer geradeaus, an ausgedehnten zerklüfteten Kalksteinfeldern entlang und endet wieder an einer Trockensteinmauer, die Sie über einen **Mauertritt** **9** überwinden. Davor steht eine Informationstafel über die Kalksteinformationen (Limestone Country), wo zu erfahren ist, dass sich der Kalkstein vor etwa 300 Mio. Jahren aus Meerestieren bildete und die Schicht hier bis zu 200 m dick ist.

Folgen Sie dem Schotterweg (nicht der Straße!) nach rechts und biegen nach ca. 1 km hinter einer vereinzelten Baumgruppe links ab auf einen **Trampelpfad** **10** über die Wiese. Nach ca. 500 m gelangen Sie zur nordwestlichen Spitze des **Malham Tarn** **11**. Der See hat einen Durchmesser von 800 m und ist zum Teil künstlich angelegt, seine tiefste Stelle misst 4,4 m, und er liegt 377 m über dem Meeresspiegel.

Am See halten Sie sich links, bis Sie durch ein weiteres **Gatter** **12** kommen. Gleich danach folgen Sie dem Wegweiser „Pennine Way“ nach rechts über die Wiese. Nach etwa 500 m gelangen Sie an eine Straße und den **Parkplatz** **13** von Low Trenhouse, wo in der Saison ein weiterer Snackwagen auf Sie wartet. Überqueren Sie die Straße, nach wenigen Metern geht es links weiter auf dem Pennine Way und nach kurzem Spaziergang über den Rasen gelangen Sie zu den ersten Geröllfeldern.

Der Weg ähnelt nun mehr einem Gebirgspfad und windet sich durch die Schlucht. Über einen Zauntritt steigen Sie in die **Schlucht** hinab, an deren Ende die 80 m hohe und 300 m breite Kalksteinwand **Malham Cove** **14** den Reigen der Naturspektakel beschließt. Die Wand gilt als eines der bedeutendsten und schwierigsten Kletterziele und ist der breiten Masse durch die Verfilmung von „Harry Potter und die Heiligtümer des Todes“ bekannt, wo Harry und Hermione auf dem Kalksteinfeld (Karstplateau) ihr Zelt aufschlagen. Entlang des Flüsschens Malham Beck führt der ausgebaute Weg nach rund 2 km zurück nach **Malham** und zum Besucherzentrum **1**.

Tour 5: Rundwanderung am Rande der North York Moors

Charakteristik: Mittelschwere Wanderung auf die markanteste Erhebung der North York Moors, Roseberry Topping. Der Anstieg auf diesen Berg, der von den Einheimischen gerne als Yorkshire Matterhorn oder auch weniger respektvoll als Hakennase bezeichnet wird, ist recht kurz, aber steil und anstrengend, egal welche Route man wählt. Ohne große Steigungen geht es entspannt über ein Teilstück des Cleveland Way durch eine moorige Heidelandschaft zum Denkmal für Captain Cook. Von hier beginnt der Abstieg durch Wald und Wiesen zurück nach Great Ayton. Nach viel Regen können einige Passagen sehr morastig sein. **Länge/Dauer**: 11,9 km, ca. 4 Std. **Auf- und Abstiege**: 548 m, 571 m. **Einkehrmöglichkeiten**: Im berühmten Café Suggitts von Great Ayton unbedingt ein Waffeleis probieren, The Royal Oak ist ein sehr gutes Pub. **Ausgangspunkt**: Parkplatz vor der Touristeninformation von Great Ayton. Öffentliche Toiletten am Captain Cook School Museum (50 m rechts in die Seitenstraße). **Anfahrt**: Great Ayton liegt an der A 173 südlich von Middlesbrough. Great Ayton ist mit den Zügen der Esk Valley Line (Northern Rail) zu erreichen, auch der Bus 29 von Stokesley nach Middlesbrough hält hier.

Wegbeschreibung: Verlassen Sie den **Parkplatz 1** an der High Street nach rechts und nach rund 20 m links die Newton Road hinauf bis zum **Roseberry Crescent 2**, in den Sie rechts einbiegen. Folgen Sie der Straße bis zur Hausnummer 55 (linke Seite aufsteigend), wo an Laterne 18 (Schildchen) ein grünes Schild den **„Public Footpath" 3** nach rechts ausweist. Der Fußweg führt durch einen metallenen Weidedurchgang über eine Wiese und durch einen weiteren metallenen **Weidedurchgang 4** bis zur Eisenbahnlinie.

Hier gehen Sie links einen mit Bäumen und Büschen bewachsenen Pfad entlang, überqueren die Brücke über die Eisenbahnlinie und folgen dem leicht ansteigenden Weg weiter. An der Stelle, an der der Weg nach rechts abbiegt, gehen Sie **gerade-**

Auf dem Roseberry Topping

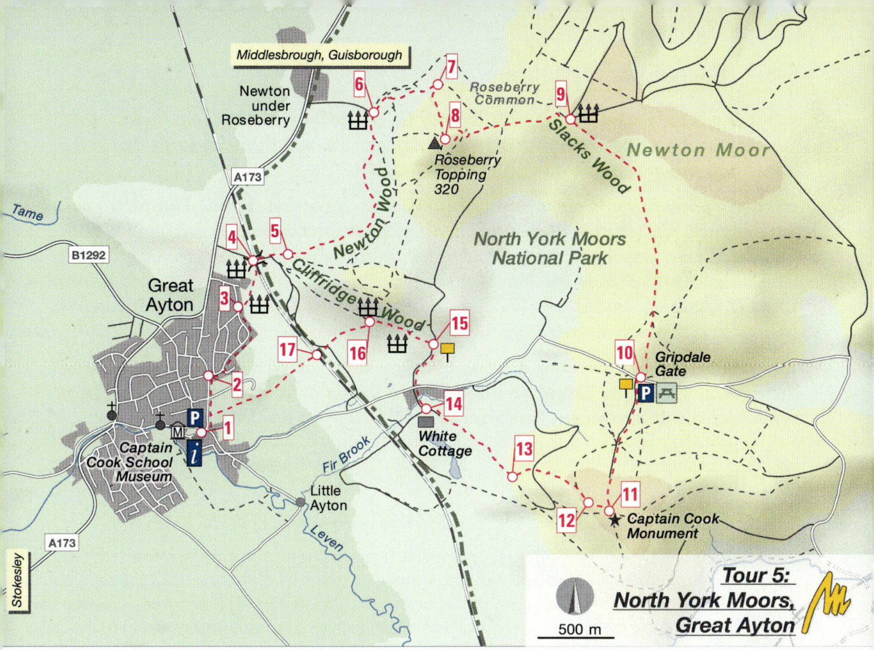

aus 5 und nehmen den Pfad in den Wald (Newton Wood) hinein. Wann immer dieser **Waldweg** sich gabelt (3-mal), halten Sie sich bitte links am Waldrand (linker Hand liegt eine Weide). Der Weg führt über zwei Holzstege und Sie gelangen an eine Kreuzung mit dem Wegweiser „Bridleway". Hier gehen Sie links.

Es folgt eine **Weggabelung** 6 (Roseberry Lane) an einem Farmtor: Nehmen Sie den schmaleren Pfad geradeaus, nicht den steilen und größeren Pfad nach rechts, wenn Sie einen etwas weniger steilen Anstieg auf den Roseberry Topping haben möchten. Unser Weg ist gepflastert und führt nun immer steiler bergauf und über einen Zauntritt. Wenn Sie oben auf der Grasfläche angekommen sind, nehmen Sie rechts den **Trampelpfad** 7 durch den Farn, der steil auf den Gipfel des **Roseberry Topping** 8 (320 m) führt. Die Wikinger nannten ihn Odins Berg und waren überzeugt, dass ihr Gott hier wohnte. Er besteht aus Sandstein, der sich in der mittleren Juraperiode vor rund 200 Mio. Jahren formte, und sah bis 1912 noch aus wie ein Zuckerhut, bevor er wegen eines Erdrisses und umliegenden Bergarbeiten kollabierte.

Danach geht es auf dem Bergrücken über den mit Steinen gepflasterten Weg ein gutes Stück den Cleveland Way entlang ins Tal und rechts an dem nächsten Berg, Roseberry Common, vorbei in Richtung Kiefernwald (Slacks Wood). Sie kommen durch ein **Holztor** 9 auf die offene Heidelandschaft des Newton Moor. Am Ende des Weges führen Treppen hinunter zum **Gripdale-Gate-Moor-Parkplatz** 10, wo sich auch zwei Picknicktische befinden. Hier folgen Sie nach der Informationstafel (Captain Cook Country Tour) links dem ausgeschilderten Wanderweg hinauf zum Easby Moor, wo das **Captain Cook Monument** 11 (324 m) steht.

Für den Abstieg zurück nach Great Ayton gehen Sie am Denkmal rechts in Richtung der alten **Steinpfeiler** 12, die von einem Tor übrig geblieben sind. An der nächsten Gabelung halten Sie sich links und folgen dem Pfad hinunter in den Wald. Laufen Sie weiter über die nächste Wegkreuzung, wo Sie den Wald verlassen und gehen Sie geradeaus. Unten am **Bridleway** 13, der recht matschig sein kann, gehen Sie rechts. An einer **weißen Hütte** 14 gelangen Sie zur Kreuzung mit der Dyke Street und gehen geradeaus die Aireyholme Lane hoch.

Nach etwa 500 m weist ein grünes **Schild** 15 nach links den „Public Footpath“, den Sie nehmen. Klettern Sie über den Zauntritt und überqueren Sie auf diesem Fußweg die Wiese. Durch ein Tor geht es hinein in den vom National Trust gepflegten Cliff Ridge Wood. Folgen Sie dem Waldweg, bis Sie zu den Resten eines alten **Eisentores** 16 kommen, wo Sie den Wald verlassen und links recht steil hinuntergehen – halten Sie sich am Wiesenrand rechts.

Überqueren Sie mit Vorsicht die nur mit den üblichen Weidedurchgängen (keine Schranken) gesicherte **Eisenbahnlinie** 17 und folgen dem Weg zurück nach Great Ayton, wo Sie kurz vor dem Parkplatz 1 auf die Newton Road treffen.

Tour 6: Über den Grat auf den Old Man of Coniston

Charakteristik: Diese Bergwanderung verläuft an stillgelegten Kupferminen vorbei über den Grat einer Bergkette (Fell), die am Old Man of Coniston (803 m) endet. Auf- und Abstieg sind nicht ganz einfach, da die Wege aus Schieferbruch bestehen. Oben auf dem Kamm ist der Weg alpin-felsig. **Länge/Dauer**: 13,4 km, ca. 5:30 Std. **Auf- und Abstiege**: 908 m, 907 m. **Einkehrmöglichkeiten**: Im Black Bull Inn ist die Coniston Brewery zu Hause. Es gibt mehrere Pubs und Cafés. **Ausgangspunkt**: Parkplatz an der Touristeninformation in Coniston (öffentliche Toiletten vorhanden). **Anfahrt**: Coniston liegt an der B 593, 13 km südwestlich von Ambleside. Der nächste Bahnhof ist knapp 25 km entfernt in Windermere. Der Coniston-Rambler-Linienbus 505 bringt Sie von dort stündlich über Ambleside, wo National-Express-Busse halten, nach Coniston (45 Min. bis Coniston).

Über dieses Wasser kann man gehen: Levers Water

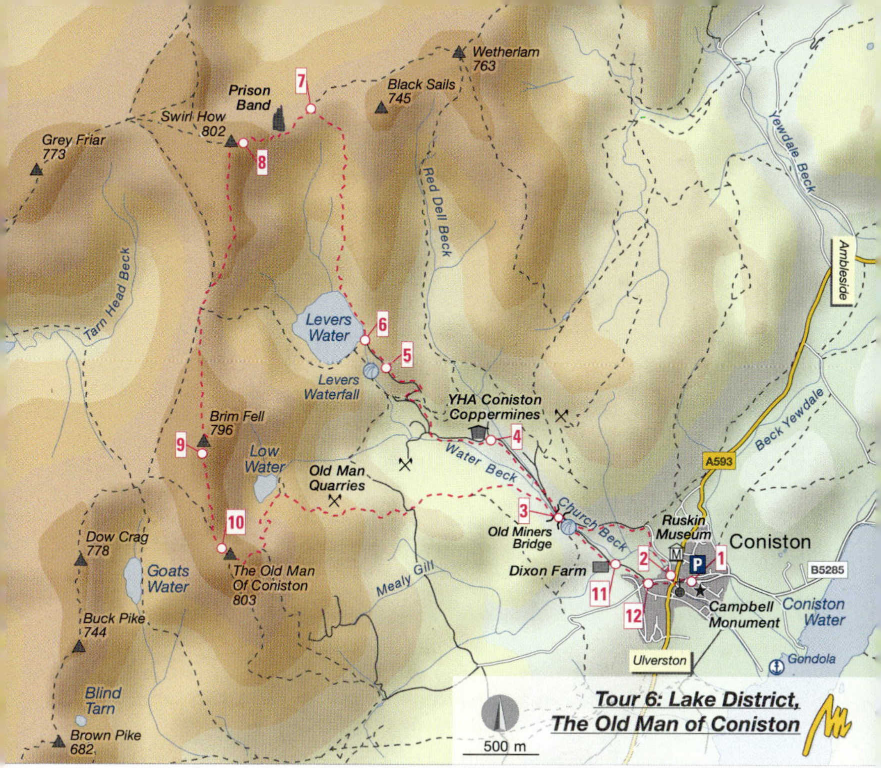

Wegbeschreibung: Gehen Sie vom **Parkplatz 1** vorbei an der St Andrew's Church von 1891, auf deren Friedhof John Ruskin begraben liegt, bis zur Hauptstraße (Yewdale Road), die Sie überqueren. Am **Black Bull Hotel & Inn 2** biegen Sie links ab und folgen dem Schild „Youth Hostel". Die Schotterstraße führt am Ruskin Museum vorbei. Folgen Sie dieser Straße und dem River Church Beck, der bald links von Ihnen verläuft, vorbei an der **Old Miners Bridge 3**, die Sie auf dem Rückweg erneut passieren. Die weiß getünchte **Jugendherberge 4**, die in einer alten Bergarbeiter-Hütte untergebracht ist, umrunden Sie links.

Der Weg steigt nun merklich an, es geht hinaus aus dem Kupferminental (Coppermines Valley) mit seinen stillgelegten Schiefersteinbrüchen und Bergwerken, in denen Ende des 16. Jh. deutsche Bergarbeiter Pioniere waren und ihr Know-how vermittelten. Nach ca. 700 m gelangen Sie an einen **Wasserfall 5**, an dem Sie sich rechts immer noch auf dem Schotterweg aus Schieferspänen halten. An den Paddy End Water Treatment Works (benannt nach dem ehemaligen Paddy-End-Kupferbergwerk) halten Sie sich wieder rechts und steigen entlang der Seitenflanke des Tongue Brow Fells zum **Levers Water 6**.

Ab hier wird der Schieferweg zu einem eher alpinen Pfad. Über felsiges Terrain und Wiesenabschnitte steigen Sie nun auf den Kamm **Prison Band** zwischen den beiden Bergen Swirl How auf der linken und Wetherlam auf der rechten Seite. Umrunden Sie beim Aufstieg die Felsnasen am besten rechts durch das weglose Gelände. Oben angekommen, erwartet Sie auf ca. 620 m ein **Steinhaufen 7**, der den Kamm des Prison Band markiert. Die Anstrengung des Aufstiegs wird mit dem ersten spektakulären

Kurz vor dem Ziel am Old Man of Coniston

Blick über die Berglandschaft belohnt. An der Küste ist das Atomkraftwerk bzw. die Wiederaufbereitungsanlage von Sellafield zu erkennen (→ S. 669).

Folgen Sie dem Pfad den Kamm entlang nach links. Über die Felsen von Prison Band erreichen Sie den Gipfel von **Swirl How** **8** (802 m) mit seinem Steinhaufen. Der von nun an leicht zu gehende Kammweg Swirl Band fällt von hier wieder ein wenig ab auf den begrasten Rücken von **Brim Fell** **9**, um dann nach ca. 0:20 Std. auf den Gipfel von **The Old Man of Coniston** **10** (803 m) zu führen.

Hier werden Sie auf einige Wanderer treffen, die den direkten Weg hinaufgekommen sind, den Sie nun absteigen. Er ist zum Teil etwas befestigt, zum größten Teil besteht er jedoch wieder aus Schieferabbruch und Fels, und führt direkt hinter dem „Gipfelkreuz", einem gemauerten Steinhaufen auf einer Schieferplattform, nach unten. Hier können Sie nichts falsch machen, der Pfad ist breit und gut erkennbar. Am **Low Water** vorbei, der trotz seines Namens der höchste See der Coniston Fells ist, gelangen Sie nach etwa nach der Hälfte des Abstiegs zu den Ruinen eines stillgelegten Schiefersteinbruchs.

Danach geht es mit Blick in Richtung Jugendherberge immer gen Tal. Nach 1,5 km entlang der Flanke des Bell-Berges und durch zwei Tore hindurch, erreichen Sie das Flüsschen Church Beck, das sie bereits vom Hinweg kennen. Passieren Sie die **Old Miners Bridge** **3** mit dem recht spektakulären Wasserfall und unten noch einen Weidedurchgang, bevor Sie den Hof der **Dixon Farm** **11** überqueren.

Gleich hinter dem Bauernhof „Ground Farm" geht es nun die Straße entlang zurück in den Ort. Achten Sie am Ortseingang auf die entzückende, umwucherte Kate namens **„Bend or Bump"** mit ihrer winzigen roten Tür – wer sich nicht duckt, stößt sich hier „certainly" den Kopf. An der nächsten **Kreuzung** **12** steht das Sun Hotel & Inn, wo Sie sich einen Drink redlich verdient haben. Von hier geht es nach links zurück zum Parkplatz **1**.

Tour 7: Von Keswick zum Aussichtspunkt über dem Derwentwater

→ Karte S. 703

Charakteristik: Leichte bis mittelschwere Wanderung mit einem etwas beschwerlichen Aufstieg und eben solchem Abstieg, die aber zu mehr als einem Drittel der Strecke eben am Derwentwater entlangführt. Die besten Blicke über den See und seine Inseln hat man vom Lady's Rake Viewpoint aus. **Länge/Dauer**: 8,5 km, ca. 3 Std. **Auf- und Abstiege**: 414 m, 411 m. **Einkehrmöglichkeiten**: In Keswick neben Cafés, Pubs und Restaurants auch Läden. **Ausgangspunkt**: Parkplatz beim Theatre at the Lake in Keswick (öffentliche Toiletten vorhanden). **Anfahrt**: Keswick liegt südlich der A 66. Busse X4 und X5 von Penwith. Lakesland-Busse 554, 555 und 556 halten hier.

Wegbeschreibung: Vom **Parkplatz 1** gehen Sie links, vorbei am Theater, und hinunter bis an die Bootsanlegestelle (The Launch). Sie kommen am National Trust Shop vorbei und biegen an der **Steinkate 2** links ab (Wegweiser „Public Footpath" und „Cockshot Wood") in den Cockshot Wood. An der nächsten Gabelung laufen Sie weiter geradeaus, der Weg steigt jetzt leicht an und führt zur Borrowdale Road. Überqueren Sie die Straße bei den **Stufen 3**. Auf der anderen Straßenseite befinden sich wieder drei Stufen, die auf einen Waldweg durch Castlehead Wood führen, dem sie nach links folgen.

Nach nur 10 m kann man an einer Gabelung einen Abstecher zu einem Aussichtspunkt machen. Dazu gehen Sie geradeaus auf den höchsten Punkt des Wäldchens zum Castlehead Wood Viewpoint. Wieder zurück, folgen Sie dem Weg bis zum Denkmal für Sir John Scurrah Randles, einem Unterstützer des National Trust, der diesen Wald der Nation schenkte. Am Denkmal biegen Sie rechts ab. Der Weg steigt nun an. An der nächsten Gabelung auf der Anhöhe wählen Sie den Pfad, der nach links den Hügel wieder hinunterführt. Auf ihm gelangen Sie durch ein Tor auf

Zu mieten: Ruderboote am Derwentwater

einen heckengesäumten Weg, der – an einer Weide entlang – zur Straße **Spring Road 4** führt. Folgen Sie der Straße in Richtung eines Funkturms bis zur **Spring Farm 5**. Hier gehen Sie über den Fluss (Brockle Beck) und am Tearoom und Farm Shop vorbei. Folgen Sie der Beschilderung „Castlerigg" den Fluss entlang.

Nach kurzer Zeit sehen Sie eine Brücke vor sich. Ignorieren Sie diese und gehen stattdessen rechts am Feld den Zaun entlang. Der Weg steigt nun an und offenbart erste Ausblicke auf Keswick und Derwentwater. Am nächsten Wegweiser bleiben Sie geradeaus, bis Sie, durch einen Weidedurchgang, auf einem Hügel ankommen. Nun führt der Weg durch einen Wald am Fluss entlang und über eine Brücke und erreicht eine **Straße 6**, in die Sie rechts einbiegen. An der Farm vorbei, folgen Sie dem Schild „Walla Crag". Nach etwa 150 m gehen Sie rechts über eine **Brücke 7** (Rakefoot Bridge) und folgen weiter dem Schild „Walla Crag Footpath".

Der Weg führt jetzt über Gras und steigt recht steil an. Nach etwa 200 m kommen Sie durch ein Gatter und kurz vor dem höchsten Punkt der Anhöhe markiert ein **Steinhaufen 8** den Weidedurchgang, durch den Sie nach rechts gehen. Sie laufen nun durch eine herrliche Heidelandschaft und gelangen zum **Lady's Rake Viewpoint 9** mit großartigen Ausblicken über Derwentwater, seine Inseln, das Vale of Newlands und die umliegende Berglandschaft. Sie bleiben auf dem Kamm und erreichen kurz danach eine weitere Plattform **10** auf dem **Walla Crag**, mit 385 m der höchste Punkt dieser Wanderung.

Der recht steile Abstieg erfolgt in zwei Abschnitten, zunächst durch Heide und Weide, dann über felsigen Grund entlang des Flusses Rigg Beck durch den Great Wood. Am Ende des Walla-Crag-Kamms gelangen Sie zu einem **Zauntritt.** Nachdem Sie diesen überwunden haben, halten Sie sich entlang der Mauer. Sie erreichen ein Tor. Ignorieren Sie die Zauntritte und gehen Sie rechts. Nach einem Weidedurchgang wird der Abstieg steiler und sehr felsig. Sie kommen durch einen weiteren **Weidedurchgang 11** und halten sich am Fluss links. Kurz nach einem Tor passieren Sie den **Cat-Gill-Wasserfall 12**. Unten angelangt ignorieren Sie die Brücke und bleiben Sie rechts des Flusses. Der Weg führt weiter durch den Wald bis zu einer Schranke. Dahinter (an einer großen Buche) laufen Sie weiter geradeaus und gelangen zum **Great-Wood-Parkplatz 13**. Kurz darauf überqueren Sie die **Borrowdale Road 14**.

Hundert Jahre National Trust

Auf der anderen Straßenseite erreichen Sie nach etwa 50 m eine Brücke. Sie überqueren diese nicht, sondern wenden sich stattdessen nach links, um zum Kieselstrand der Calfclose Bay am **Derwentwater 15** gelangen. Der See ist Lebensraum für die Kleine Maräne, einen seltenen Lachsfisch. Im Wasser befindet sich ein gespaltener Stein, der **Hundred Year Stone** oder Centenary Stone, der mit zehn konzentrischen Kreisen verziert wurde. Er erinnert an den 100. Geburtstag des National Trust im Jahre 1995.

Nun folgen Sie dem Uferweg zurück nach Keswick. Er führt zunächst durch

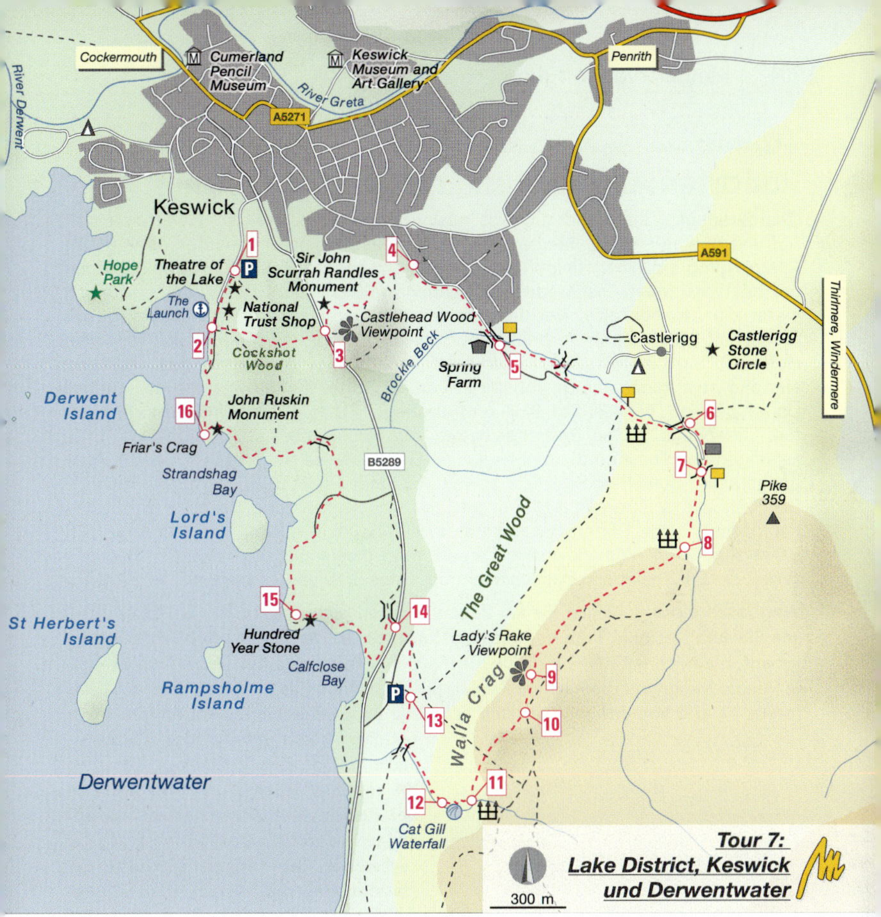

das Wäldchen The Ings und mehrere kleine Tore an Feldern und den Stable-Hills-Katen entlang. An der Strandshag Bay trifft man meist auf Heerscharen von Grauenten, kommt durch ein Tor und gelangt über Steinstufen nach links zum Denkmal für John Ruskin (→ S. 659) an der kleinen Landzunge **Friar's Crag** **16**. John Ruskin, Künstler, Dichter, Kunstkritiker und Sozialreformer kam erstmals im Alter von 5 Jahren hierher. Später hat er dieses Fleckchen Erde berühmt gemacht, indem er den Blick auf die Berge der zentralen Seenlandschaft auf die Leinwand bannte und ihn als eine der besten Aussichten der Welt pries.

Am Ufer steht eine Informationstafel, die an Canon Rawnsley, einen der drei Gründer des National Trust, erinnert und über die vier Inseln Auskunft gibt. Derwent Island ist die Insel mit dem Haus (1778), Lord's Island ist das Zuhause der Grafen von Derwentwater, St Herbert's Island ist „Owl Island" in Beatrix Potters „Die Geschichte von Eichhörnchen Nusper" und Rampsholme Island ist nach dem nordischen Begriff für – den bis heute dort wachsenden – wilden Knoblauch benannt.

Weiter auf dem Uferweg, vorbei an der **Steinkate** **2**, erreichen Sie kurz darauf die Keswick Launch Piers und sind zurück am Ausgangspunkt **1**.

Tour 8: Rundwanderung entlang des Hadrianswalls

Charakteristik: Die Wanderung ist relativ leicht mit einigen schweißtreibenden Auf und Abs an den Steilhängen. Die letzten paar Kilometer verlaufen ohne große Anstrengung auf einer ruhigen einspurigen Straße. Die Route führt entlang eines der besterhaltenen Abschnitte des Hadrianswalls auf dem Peel-Crag-Felsen und bietet die Möglichkeit, zwei der ebenfalls sehr gut erhaltenen Militärlager der römischen Hilfstruppen zu besichtigen: Housesteads und Vindolanda. Teilweise läuft man auf einem felsigen Trampelpfad oder über Weideland, das nass und sumpfig sein kann, darum unbedingt wasserdichtes Schuhwerk tragen. **Länge/ Dauer**: 12,9 km, ca. 4:30 Std. **Auf- und Abstiege**: 611 m, 617 m. **Einkehrmöglichkeiten**: Unterwegs in den Besucherzentren von Housesteads und Vindolanda, Erfrischungen und Toiletten darüber hinaus im Once Brewed National Park Centre. **Ausgangspunkt**: Steel-Rigg-Parkplatz unweit des Once Brewed Visitor Centre. **Anfahrt**: Der Parkplatz ist über die B 6318 anzufahren. An der Kreuzung, an der das National Park Visitor Centre Once Brewed steht, zweigt gegenüber eine Straße ab, die nach 500 m zum Steel Rigg Viewpoint Carpark führt (kostenpflichtig, 4 £). Der Hadrians Wall Bus AD122 hält beim Besucherzentrum Once Brewed und fährt alle 1–1:30 Std.

Wegbeschreibung: Gehen Sie am Parkautomaten rechts durch das **Tor 1** und folgen Sie dem National Trail in Richtung Housesteads. Der Pfad ist mit Treppen ausgebaut, die hoch auf die Felsklippe führen. Nach einer erneuten Vertiefung **2** geht es wieder hinauf auf die nächste Felsklippe, Highshield Crags, die oft Ziel von Kletterern ist und von der aus man den See Crag Lough überblickt. Auf diesem spektakulären Teilabschnitt des Hadrianswalls entlang dem Felsmassiv kommen Sie an verschiedenen „Milecastles“ vorbei, Ruinen ehemaliger Kastelle, die absteigend durchnummeriert sind. Im Tal (Sycamore Gap) angelangt, führt der Hadriansweg nun durch einen Pinienwald, an der **Hotbanks Farm 3** vorbei und einen Hügel hinauf. Hier erleben Sie, warum Northumberland das „land of the far horizons“ genannt wird. Nach etwa einem weiteren Kilometer entlang verschiedener Steilhänge (Hotbanks-, Cuddy's- und Housesteads Crag) mit tollen Weitblicken erreichen Sie **Housesteads 4** (→ S. 556). Hier verlassen Sie nun den Hadrianswall, der weiter geradeausführt, und gehen rechts durch ein Tor auf das Gelände des ehemaligen Militärlagers, das einen Besuch lohnt. Sie halten sich nun rechts, vorbei am Farmhouse mit der alten Stechpalme (National Trust Cottages) die Treppen hinunter, wo ein geteerter Weg Sie nach ca. 1 km auf die Military Road führt. Durch ein **Tor 5** überqueren Sie die

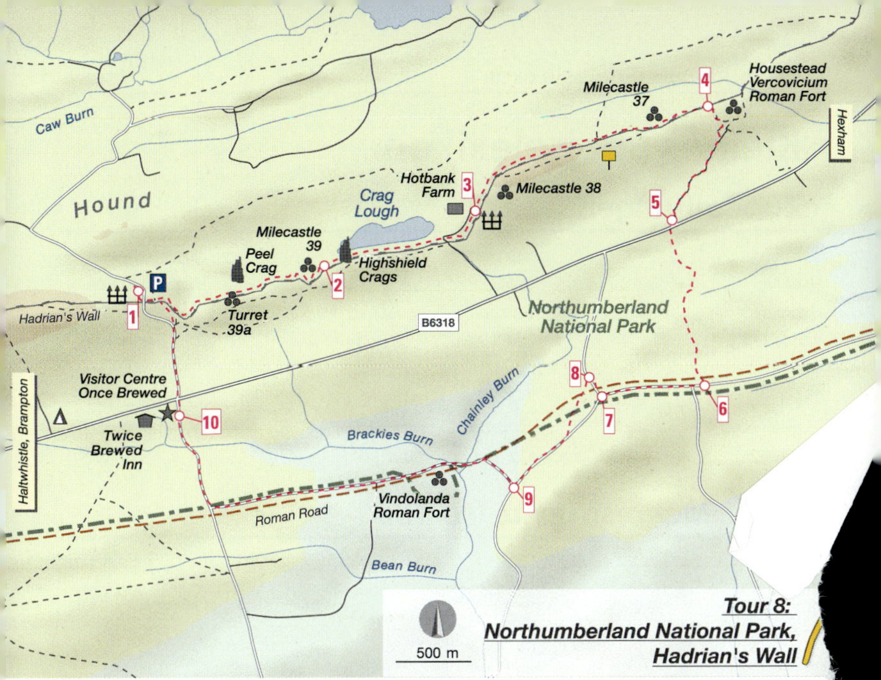

Tour 8: Northumberland National Park, Hadrian's Wall

Straße und folgen auf der gegenüberliegenden Seite dem Schild Public Bridleway. Über einen Mauertritt kommen Sie auf einen Weg, der eine Anhöhe hinauf auf Weideland führt. Folgen Sie auf dem Sattel des Hügels dem gelben Schild mit der Aufschrift Bridlewalk durch eine Mulde an einem Strommast vorbei und durch eine Baumgruppe zur nächsten Kuppe, wo ein Wegweiser in Richtung eines Farmhauses weist. An der Farm vorbei und durch zwei Weidetore gelangen Sie auf eine **Straße** **6**, in die Sie rechts einbiegen. Nach wenigen Metern treffen Sie am Straßenrand auf einen gusseisernen Wegweiser, der einer von 1000 ist, die die Royal Bank of Scotland gestiftet hat, um die Fahrradroute 72 entlang des römischen Bollwerks zu markieren und die Einrichtung des National Cycle Networks zu feiern. An der nächsten **Kreuzung** **7** gehen Sie rechts.

Sie kommen nun an dem Ende der 1980er-Jahre restaurierten **Crindledykes Lime Kiln** **8** vorbei, einem von mehr als 300 Kalkbrennöfen Northumbrias aus dem 19. Jh., in denen einst Düngekalk für die Landwirtschaft produziert wurde. Kurz danach klettern Sie über einen Mauertritt und haben bereits das **Fort Vindolanda** vor Augen **9** (→ S. 557), von dem aus es an der nächsten Straßenkreuzung nach rechts geht. Das Schild nach etwa 100 m informiert darüber, dass Sie sich im Nationalpark Northumberland befinden, und zeigt Großbritanniens größten Stelz- oder Watvogel, den Curlew, dem man mit etwas Glück vielleicht, wie auch einigen der wenigen verbliebenen roten Eichhörnchen des Landes, begegnet. Die Stonegate, eine römische Straße, die von Corbridge nach Carlisle führte, bringt sie vorbei an einem für die Region untypischen strohgedeckten Haus (ursprünglich war es, wie zu seiner Bauzeit im 18. Jh. üblich, mit Heide gedeckt) zum **Once-Brewed-Besucherzentrum** **10**. Wenn Sie hier die Military Road überqueren und der Fahrradroute 68 sowie den Schildern Hadrian's Wall Path folgen, gelangen Sie zurück zum Ausgangspunkt **1**.

Kleines Speiselexikon

Zubereitungen

baked	*gebacken*	well done	*gut durchgebraten*
boiled	*gekocht*	rare	*kaum durchgebraten*
braised	*geschmort*	poached	*pochiert*
cooked	*gekocht*	roasted	*im Ofen gebacken*
fried	*gebraten*	smoked	*geräuchert*
jellied	*geliert*	steamed	*gedünstet*
marinated	*mariniert*	stewed	*geschmort*
medium	*halb durchgebraten*	stuffed	*gefüllt*

Fisch, Meeresfrüchte (seafood)

bass	*Barsch*
bream	*Brasse*
brill	*Meerbutt*
chowder	*Fischsuppe (auch Schalentiere)*
clams	*Venusmuscheln*
cockles	*Herzmuscheln*
cod	*Kabeljau*
crabs	*Krebsfleisch*
crawfish	*Languste*
eel	*Aal*
elvers	*Babyaale*
haddock	*Schellfisch*
hake	*Seehecht*
halibut	*Heilbutt*
kippers	*geräucherte Heringe*
lobster	*Hummer*
mackerel	*Makrele*
monkfish	*Seeteufel*
mussels	*Muscheln*
oysters	*Austern*
plaice	*Scholle*
prawn	*Garnele*
red mullet	*Seebarbe*
salmon	*Lachs*
scallops	*Jakobsmuscheln*
sea trout	*Meeresforelle*
shellfish	*Schalentiere*
shrimps	*Krabben*
squids	*Kalamares*
sole	*Seezunge*
trout	*Forelle*
tuna	*Thunfisch*
turbot	*Steinbutt*
on/off the bone	*mit/ohne Gräten*

Fleisch (meat)

bacon	*Schinkenspeck*
beef	*Rindfleisch*
blackpudding	*Blutwurst*
chicken	*Huhn*
chicken curry	*ind. Hühnerfrikassee*
chop	*Kotelett*
cornish pasty	*gefüllte Teigtasche mit Rind, Steckrüben Kartoffeln und Zwiebeln*
duck	*Ente*
escalope	*Schnitzel*
gammon steak	*gegrillter Schinken*
ham	*gekochter Schinken*
hare	*Hase*
joint	*Keule*
lamb	*Lammfleisch*
leg of lamb	*Lammkeule*

liver	*Leber*
loin	*Lendenstück*
meatballs	*Fleischklößchen*
minced meat	*Hackfleisch*
quail	*Wachtel*
rabbit	*Kaninchen*
roast	*Braten*
roast beef	*Rinderbraten*
pheasant	*Fasan*
pork	*Schweinefleisch*
pork pies	*Schweinepasteten*
pork scratchings	*Chips aus gegrillter Schweinehaut*
poultry	*Geflügel*
rabbit	*Kaninchen*
rib	*Rippe*
roast	*Braten*
roast beef	*Rinderbraten*
saddle of lamb	*Lammrücken*
sausage	*Wurst*
shepherd's pie	*Rind- bzw. Hammelfleisch mit Zwiebeln und Kartoffeln überbacken*
sirloin steak	*Rumpsteak*
steak and kidney pie	*Fleischpastete mit Nieren*
turkey	*Truthahn*
veal	*Kalbfleisch*
venison	*Reh bzw. Hirsch*

Gemüse (vegetables), Salate (salads), Obst (fruit)

asparagus	*Spargel*
aubergine	*Aubergine*
beans	*Bohnen*
Brussels sprouts	*Rosenkohl*
cabbage	*Kohl*
carrots	*Karotten*
cauliflower	*Blumenkohl*
celery	*Sellerie*
cesar salad	*Eisbergsalat mit Parmesansplittern*
chips	*Pommes frites*
chutney	*würziges Kompott*
coleslaw	*Krautsalat*
creamed potatoes	*Kartoffelbrei*
cucumber	*Salatgurke*
date	*Dattel*
egg mayonnaise	*russische Eier*
fennel	*Fenchel*
French beans	*grüne Bohnen*
fruit salad	*Obstsalat*
grapes	*Weintrauben*
horse radish	*Meerrettich*
jacket potato	*in der Schale gebackene Kartoffel*
leek	*Lauch*
lentils	*Linsen*
lettuce	*Kopfsalat*
mashed potatoes	*Kartoffelbrei*
mushrooms	*Pilze (Champignon)*
onions	*Zwiebeln*
parsnip	*Pastinaken*
parsley	*Petersilie*
peach	*Pfirsich*
pear	*Birne*
peas	*grüne Erbsen*
peppers	*Paprikaschoten*
pineapple	*Ananas*
potato	*Kartoffel*
quince	*Quitte*
radish	*Radieschen*
raisin	*Rosine*
spinach	*Spinat*
stewed fruit	*Kompott*
strawberries	*Erdbeeren*
suede	*Kohlrübe*
sweetcorn	*Mais*
sweet potatoes	*Süßkartoffeln*
turnips	*weiße Rüben*
yam	*Süßkartoffel*

Sonstiges

cereals	*Müsli*
cheese	*Käse*
cream	*Sahne*
custard	*Vanillesauce*
dumplings	*Klöße*
egg	*Ei*
garlic	*Knoblauch*
jam	*Marmelade, Konfitüre*
marmalade	*Orangenmarmelade*
mint sauce	*Pfefferminzsauce*
mustard	*Senf*
noodles	*Nudeln*
oats	*Haferflocken*
pancake	*Pfannkuchen*
pasta	*(italienische) Nudeln*
porridge	*Haferbrei*
rice	*Reis*
scrambled eggs	*Rühreier*
slice	*Scheibe*
soup	*Suppe*
sour cream	*saure Sahne*
sugar	*Zucker*
stilton	*Blauschimmelkäse*
trifle	*(süßer) Auflauf*
tartar sauce	*Remouladensauce*
vinegar	*Essig*
Yorkshire pudding	*aufgeblasener Pfannkuchen*

Brot (bread), Gebäck (pastry)

apple crumble	*mit Streuseln überbackenes Apfeldessert*
biscuits	*Kekse*
bread and butter pudding	*armer Ritter*
brown bread	*Weizenvollkornbrot*
brownies	*Schokoladenkuchen*
cheesecake	*Käsekuchen*
gingerbread	*Lebkuchen*
lemon meringue pie	*Zitronencremekuchen mit Baiserhaube*
eton mess	*Baiser-Sahne-Traum mit Erdbeeren*
scones	*Teegebäck*
soda bread	*Sodabrot*
sticky toffee	*Pudding mit*
profiteroles	*Windbeutel*
pudding	*Datteln und Karamell*
tart	*Obsttorte*
treacle tart	*Kuchen mit Überzug aus Sirup*
Victoria sponge	*Rührkuchen mit Buttercreme*

Getränke (beverages)

appletizer	*Apfellimonade*
beer	*Bier*
stout	*dunkles Bier, Typ Guinness*
lager	*helles, pilsähnliches Bier*
ale	*leichtes Dunkelbier, Typ Export*
bitter	*leichtes Dunkelbier, Typ Alt*
cider	*Apfelwein*
elderflower presse	*Holunderbeer-limonade*
ginger ale	*Ingwerlimonade*
latte	*Latte macchiato*
malt beer	*Malzbier*
red wine	*Rotwein*
pimm's	*Sommerbowle mit Pimm's, Zitronenlimonade, Minze, Gurke und Erdbeeren*
shandy	*Radler*
soda & wine	*Mineralwasser mit Limonensirup*
sparkling wine	*Sekt*
white wine	*Weißwein*

NOTIZEN

NOTIZEN

Abruzzen • Ägypten • Algarve • Allgäu • Allgäuer Alpen • Altmühltal & Fränk. Seenland • Amsterdam • Andalusien • Andalusien • Apulien • Athen & Attika • Australien – der Osten • Azoren • Bali & Lombok • Baltische Länder • Bamberg • Barcelona • Bayerischer Wald • Bayerischer Wald • Berlin • Berlin & Umgebung • Bodensee • Bretagne • Brüssel • Budapest • Bulgarien – Schwarzmeerküste • Chalkidiki • Chiemgauer Alpen • Cilento • Cornwall & Devon • Dresden • Dublin • Comer See • Costa Brava • Costa de la Luz • Côte d'Azur • Cuba • Dolomiten – Südtirol Ost • Dominikanische Republik • Ecuador • Eifel • Elba • Elsass • Elsass • England • Fehmarn • Franken • Fränkische Schweiz • Fränkische Schweiz • Friaul-Julisch Venetien • Gardasee • Gardasee • Genferseeregion • Golf von Neapel • Gomera • Gomera • Gran Canaria • Graubünden • Griechenland • Griechische Inseln • Hamburg • Harz • Haute-Provence • Havanna • Ibiza • Irland • Island • Istanbul • Istrien • Italien • Italienische Adriaküste • Kalabrien & Basilikata • Kanada – Atlantische Provinzen • Kanada – der Westen • Karpathos • Kärnten • Katalonien • Kefalonia & Ithaka • Köln • Kopenhagen • Korfu • Korsika • Korsika Fernwanderwege • Korsika • Kos • Krakau • Kreta • Kreta • Kroatische Inseln & Küstenstädte • Kykladen • Lago Maggiore • La Palma • La Palma • Languedoc-Roussillon • Lanzarote • Lesbos • Ligurien – Italienische Riviera, Genua, Cinque Terre • Ligurien & Cinque Terre • Liparische Inseln • Lissabon & Umgebung • Lissabon • London • Lübeck • Madeira • Madeira • Madrid • Mainfranken • Mainz • Mallorca • Mallorca • Malta, Gozo, Comino • Marken • Mecklenburgische Seenplatte • Mecklenburg-Vorpommern • Menorca • Midi-Pyrénées • Mittel- und Süddalmatien • Mittelitalien • Montenegro • Moskau • München • Münchner Ausflugsberge • Naxos • Neuseeland • New York • Niederlande • Niltal • Norddalmatien • Norderney • Nord- u. Mittelengland • Nord- u. Mittelgriechenland • Nordkroatien – Zagreb & Kvarner Bucht • Nördliche Sporaden – Skiathos, Skopelos, Alonnisos, Skyros • Nordportugal • Nordspanien • Normandie • Norwegen • Nürnberg, Fürth, Erlangen • Oberbayerische Seen • Oberitalien • Oberitalienische Seen • Odenwald • Ostfriesland & Ostfriesische Inseln • Ostseeküste – Mecklenburg-Vorpommern • Ostseeküste – von Lübeck bis Kiel • Östliche Allgäuer Alpen • Paris • Peloponnes • Pfalz • Pfälzer Wald • Piemont & Aostatal • Piemont • Polnische Ostseeküste • Portugal • Prag • Provence & Côte d'Azur • Provence • Rhodos • Rom & Latium • Rom • Rügen, Stralsund, Hiddensee • Rumänien • Rund um Meran • Sächsische Schweiz • Salzburg & Salzkammergut • Samos • Santorini • Sardinien • Sardinien • Schleswig-Holstein – Nordseeküste • Schottland • Schwarzwald Mitte/Nord • Schwarzwald Süd • Schwäbische Alb • Shanghai • Sinai & Rotes Meer • Sizilien • Sizilien • Slowakei • Slowenien • Spanien • Span. Jakobsweg • St. Petersburg • Steiermark • Südböhmen • Südengland • Südfrankreich • Südmarokko • Südnorwegen • Südschwarzwald • Südschweden • Südtirol • Südtoscana • Südwestfrankreich • Sylt • Teneriffa • Teneriffa • Tessin • Thassos & Samothraki • Toscana • Toscana • Tschechien • Tunesien • Türkei • Türkei – Lykische Küste • Türkei – Mittelmeerküste • Türkei – Südägäis • Türkische Riviera – Kappadokien • Umbrien • Usedom • Venedig • Venetien • Wachau, Wald- u. Weinviertel • Westböhmen & Bäderdreieck • Wales • Warschau • Westliche Allgäuer Alpen und Kleinwalsertal • Westungarn, Budapest, Pécs, Plattensee • Wien • Zakynthos • Zentrale Allgäuer Alpen • Zypern

Reisehandbuch MM-City MM-Wandern

Register

Die in Klammern gesetzten Koordinaten verweisen auf die beigefügte Nord-&-Mittelengland-Karte.

Lindisfarne Castle spiegelt sich und die Vergangenheit

ISBN 978-3-95654-463-7

 Druck: hofmann infocom GmbH, Nürnberg.

W1-8
Wanderung
Durham
Hervorhebungen weisen auf die 25 besonders sehenswerten Orte, Nationalparks etc hin
Arbroath
Dundee
Perth
Glenrothes
Kirkcaldy
Dunfermline
Edinburgh
Berwick-upon-Tweed
Norham
Etal
Ford
Bamburgh Castle
Seahouses
Galashiels
SCHOTTLAND
Wooler
Chillingham Castle
Dunstanburgh Castle
Craster
Alnwick
Hawick
Warkworth Castle
Cragside House
Wallington Hall
Morpeth
Bergen